PROCÈS CONTRE LES REBELLES ADF À BENI

Récit d'une tragédie politico-judiciaire

Collection « Études africaines »

dirigée par Denis Pryen et son équipe

Forte de plus de mille titres publiés à ce jour, la collection « Études africaines » fait peau neuve. Elle présentera toujours les essais généraux qui ont fait son succès, mais se déclinera désormais également par séries thématiques : droit, économie, politique, sociologie, etc.

Dernières parutions

Ruddy KABAMBI TSHITADI, *Internationalisation de l'insécurité des eaux du bassin du Congo. Géostratégie de la sécurité*, 2023.
Émile AMOUZOU, *Littérature comparée et enseignement du français. Pour une didactique des humanités en Afrique :*
le cas de la Côte d'Ivoire, 2023.
Sena Yawo AKAKPO-NUMADO et Bilakani TONYEME (dir.), *L'école en Afrique. La fin des mythes et le début d'une nouvelle ère*, 2023.
Sabine NDZENGUE AMOA, *Justice pour l'environnement en Afrique et ailleurs. La cour internationale pour le climat (CIC)*, 2023.
Fernand Ghislain Ateba Ossendé, *Politiques et développement des industries culturelles et créatives. Vers une possible adéquation au Cameroun*, 2023.
Antoine NGUIDJOL, *Métapolitique africaine. Une contribution à la renaissance de la pensée*, 2023.
Mandiou TRAORÉ, *Le règlement des litiges commerciaux en Afrique de l'Ouest*, 2023.
Léon KOUNGOU, *Sahel indocile. Coup d'Etat, institution et impuissance de la puissance française*, 2023.
Michel Fabrice AKONO ABINA, *Jean Abessolo Nkoudou, un militant nationaliste camerounais. D'agent de l'État à homme politique*, 2023.
Anne-Marie DAUPHIN-TINTURIER, *L'initiation des filles en Zambie. Métamorphoses du cisungu dans la zone de parler cibemba*, 2023.
Alain MARLIAC, *Archéologie socio-active, en Afrique et au-delà. Étudier, raconter et vivre le passé des autres*, 2023.
Emmanuel Alain ATANGANA, Nathan ONANA NOAH, *L'Etat du Cameroun dans tous ses états*, 2023.
NIAMKEY-KOFFI, *Une lecture de* Kaydara *d'Amadou Hampâté Bâ*, 2023.

Jaribu Muliwavyo

PROCÈS CONTRE LES REBELLES ADF À BENI

Récit d'une tragédie politico-judiciaire

Préface de Jacques Djoli Eseng'Ekeli

L'Harmattan

DU MÊME AUTEUR

- *La guerre des ADF dans le Ruwenzori. Entre xylocopéisation et privativation du territoire*, Beau Bassin, Editions universitaires européennes, 2018.
- *Relations Internationales. Une science appliquée au service du pouvoir* (en collaboration avec Mwayila Tshiyembe et al.), Paris, L'Harmattan, 2018.
- *République Démocratique du Congo. Biographie des acteurs de la Troisième République* (en collaboration avec Jean Omasombo Tshonda et al.), Tervuren, Musée Royal de l'Afrique Centrale-CEP-CERDAC, 2009.

5-7, rue de l'École-Polytechnique – 75005 Paris

www.editions-harmattan.fr

ISBN : 978-2-14-048951-8
EAN : 9782140489518

Une justice médiocre est un cochon qui dévore ses porcelets

A la mémoire de mon Assistant Samuel Muhindo Sirasi, retrouvé pendu à Toya, zone sous contrôle des ADF, de Charly Kambale Kamabu, tué par les ADF à Kenehambaore, du Journaliste Pius Muhindo Manzikala, kidnappé par les ADF et dont les traces restent inconnues, de Jean-Marc Muhindo Kinzaghu alias Jamaïcain, acteur de la société civile de Kalivuli/Karuruma, assassiné par les ADF, et de toutes les victimes des massacres de Beni.

SIGLES ET ABREVIATIONS

ACOPE	: Agence Concrète pour la Protection de l'Enfant
ADF	: Allied Democratic Forces (Forces Démocratiques Alliées)
ADRA	: Agence Adventiste du Développement et de l'Aide humanitaire
AGF	: Avocat Général des Forces armées
AK47	: André Kalachnikov (1947)
ANR	: Agence Nationale des Renseignements
APAGRIMA	: Association des Producteurs Agricoles de Mavivi
APC	: Armée du Peuple Congolais
AT	: Administrateur de Territoire
BCDC	: Banque Centrale du Congo
BIAC	: Banque Internationale en Afrique pour le Congo
CA	: Cour d'Appel
CCO	: Centre de Coordination des Opérations
CPM	: Code Pénal Militaire
CBCA	: Communauté Baptiste au Centre de l'Afrique
CCL II	: Code Civil Livre II
CECA 20	: 20ème Communauté Evangélique au Centre de l'Afrique
CECI	: Coordonnateur des Ecoles Conventionnées Islamiques
CEPIMA	: Centre de Promotion des Indigents et Malades mentaux
CEPROMAD	: Centre de Promotion en Management et Développement
CEERAO	: Centre d'Education et d'Encadrement pour la Réinsertion des Enfants non accompagnés et Orphelins
CJM	: Code Judiciaire Militaire
COMICO	: Communauté Islamique du Congo
CONADER	: Commission Nationale de Désarmement, Démobilisation et Réinsertion
CEPAC	: Communauté des Eglises Pentecôtistes en Afrique Centrale
CPI	: Cour Pénale Internationale
CPO	: Code Pénal Ordinaire
CPP	: Code de Procédure Pénale
DDRR	: Désarmement, Démobilisation, Réintégration et Rapatriement
DEMIAP	: Détection Militaire des Activités Anti-Patrie

DG	: Directeur Général
DGDA	: Direction Générale des Douanes et Accises
DGI	: Direction Générale des Impôts
DGM	: Direction Générale de l'Immigration
DI	: Dommages-Intérêts
ENRA	: Enzymes Raffiner Association
FARDC	: Forces Armées de la République Démocratique du Congo
FDLR	: Forces Démocratiques pour la Libération du Rwanda
HCM	: Haute Cour Militaire
HCR	: Haut Commissariat des Nations Unies pour les Refugiés
ICCN	: Institut Congolais pour la Conservation de la Nature
M23	: Mouvement du 23 Mars
MONUSCO	: Mission Onusienne pour la Stabilisation du Congo
MSF	: Médecin Sans Frontière
NALU	: National Army for the Liberation of Uganda
OFIDA	: Office des Douanes et Accises
OMP	: Officier du Ministère Public
ONU	: Organisation des Nations Unies
OPJ	: Officier de Police Judiciaire
OPS	: Opérations
OZACAF	: Office Zaïrois du Café
PAP-RDC	: Programme d'Assistance aux Pygmées en RDC
PC	: Partie Civile
PCR	: Partie Civilement Responsable
PK	: Point Kilométrique
PKM	: Pulemyot Kalashnikova Modernizirovanniy
PNC	: Police Nationale Congolaise
PPRD	: Parti du Peuple pour la Reconstruction et la Démocratie
PSPEF	: Police Spéciale pour la Protection de l'Enfant et de la Femme
RCD-KML	: Rassemblement Congolis Pour la Démocratie-Kisangani Mouvement de Libération
RDC	: République Démocratique du Congo
REI	: Règlement d'Entraînement d'Infanterie
RMP	: Rôle du Ministère Public
RP	: Rôle Pénal
RPG	: Rocket Propelled Grenade
SOFEPADI	: Solidarité Féminine pour la Paix et le

Développement Intégral

SOFICOM	: Société de Finances et des Communications
TGI	: Tribunal de Grande Instance
TMG	: Tribunal Militaire de Garnison
UAEPCO	: Union des Agriculteurs, Eleveurs et Pêcheurs du Congo
UCBC	: Université Chrétienne Bilingue du Congo
UN	: United Nations (Nations Unies)
UNIGOM	: Université de Goma
UPDF	: Uganda People Defense Forces
URR	: Unité de Réaction Rapide

REMERCIEMENTS

Je tiens vivement à remercier les membres de ma famille, en particulier mon épouse, Docteur Elisabeth Soki Saamoja, et mes enfants, Tecla Soki Muliwavyo, Jean Willy Sambi Muliwavyo, Hélène Muleryabuyirwa Muliwavyo et King Bwambale Muliwavyo, ma mère Jacqueline Kavira Kaleghana et mes frères et sœurs Kamable Muliwavyo, Wavumundu Muliwavyo, Noella Kathongerwaki Muliwavyo, Faida Kavira Muliwavyo et la Révérende Sœur Faida Sikulisimwa Muliwavyo.

Mes remerciements s'adressent également aux Professeurs Fréderic Esiso Asia-Amani, Jean Otemikongo Mandefu Yahisule, Arsène Mwaka Bwenge, Michel Ekili Tabu, Louison Musau Bakajika, Nissé Nzereka Mughendi et aux Chefs de Travaux Nelson Paluku Shayipuma, Jean-Baptiste Kasekwa et Kimbere Kitaka pour leurs conseils le long de mon cheminement académique.

Enfin, je tiens spécialement à remercier le journaliste Issa Musango Mwanaweka, Directeur de la Radio du Peuple d'Oïcha et son caméraman Fauza Kambale pour avoir rendu disponibles les sources audio-visuelles du « Procès ADF », et mon Assistant Victoire Kasereka Musubao ainsi que mon Secrétaire Christopher Kambale Mulakirwa pour leur collaboration tout au long de la rédaction.

PREFACE

Le professeur Jaribu Muliwavyo a cru me faire l'honneur de préfacer cet important document de 794 pages sur le « Procès contre les rebelles ADF à Beni » avec comme sous-titre « Récit d'une tragédie politico-judiciaire ».

Cet honneur a été au connaitre pour moi un vrai privilège. Privilège d'accéder aux sources et fondements de cette tragédie qui déstructure la République Démocratique du Congo dans sa partie la plus utile et dynamique depuis plus de décennies.

Cet opus s'inscrit et conforte la quintessence du mémoire d'Etudes Spécialisées du Professeur Jaribu, mémoire qui a fait l'objet d'une publication en 2018 sous le titre « La guerre des ADF dans le Ruwenzori. Entre xylocopéisation et privatisation du territoire »[1].

Cette fois, il compile les extraits, les minutes, les feuilles d'audience du procès contre les Rebelles ADF dans une approche qu'il qualifie de sociologie du droit. Cette branche de sociologie se donne pour mission de saisir les phénomènes juridiques en prêtant attention aux pratiques effectives des acteurs du champ et pas seulement aux textes juridiques. Le professeur Georges Gurvitch, l'un des pères de cette science, la nomme sociologie juridique avec comme ambition « d'étudier le rapport fonctionnel entre la réalité sociale et les espèces du droit »[2].

Ce travail de déconstruction tragique du professeur Jaribu, comprend outre l'introduction et sa conclusion, treize chapitres mieux actes ou tableaux. Le livre se lit comme un thriller ou un roman noir décrivant la décomposition de cette société xylocopeisée, rongée et vouée à la putréfaction et à la degensecerence pathologique. Il nous décrit avec minutie comment se structurent les liens entre les poseurs des bombes et les motocyclistes, les liaisons incestueuses entre les égorgeurs, les éventreurs des femmes, les trafiquants d'enfants et les agents des organisations internationales de surcroit professionnels de sexe.

Que dire des alliances entre ces imans recruteurs dans les mosquées et des faux miliciens pseudo-protecteurs de leurs communautés mais en somme des gangsters et supplétifs des tueurs ADF en complicité avec des féticheurs escrocs ? Que penser de cette jeunesse désœuvrée, radicalisée au nom d'un djihadisme de pacotille, de la délinquance militaire avec des officiers et soldats clochardisés incapables d'arrêter des massacres planifiés,

---

[1] Jaribu Muliwavyo, *La guerre des ADF dans le Ruwenzori. Entre xylocopeisation et privatisation du territoire*, EUE, Beau Bassin, 2018, 432 p.

[2] Georges Gurvitch, *Eléments de sociologie juridique*, Dalloz, Paris, 2012, p.141.

des règlements des comptes entre communautés, qui jettent les bases de l'autochtonisation du phénomène ADF. On Comprend dès lors les contraintes pour éradiquer cette violence devenue endémique, multiforme qui s'est xylocopeisée et privatisée jusqu'à générer la décomposition du corpus étatique totalement gangrené et dégradé par des micro-organismes violents que sont ces multiples groupes armés endogènes et exogènes.

Ainsi, le récit du Professeur Jabiru qui porte sur « ce procès de Beni », procès qui a duré dix-sept mois, procès qui a suscité l'espoir, qui a malheureusement abouti en une immense désillusion pour le peuple congolais en général et la communauté locale, est une manifestation juridique, l'expression formelle de ce dérèglement stato-societal. Ce travail a le mérite de nous révéler le degré de déstructuration et de complexification de ce phénomène ADF et nous offre les éclairages de sa pérennisation.

On saisit en effet à travers les auditions et les déclarations des uns et des autres lors du procès, les ramifications nauséabondes de cette nébuleuse. On peut retracer la complexité de l'ancrage local et les tentacules extérieurs de cette pieuvre, allant du Kenya, en passant par l'Ouganda, le Tchad, la Tanzanie, le Rwanda, la Somalie... Jusqu'aux extrémités de l'Asie et même à New York au siège même des Nations unies.

L'enfer dans lequel vit notre peuple est donc le fruit immonde de ces relations incestueuses, des interpénétrations négatives, des complicités maffieuses des marchands de la mort, des relations incestueuses entre égorgeurs nationaux et étrangers et certains agents des services de renseignements, des FARDC et de la MONUSCO. L'imbroglio criminel est la cristallisation des liens entre des ONG internationales venues « sauver » les enfants mais qui, à la lumière de ce procès, se livrent honteusement à des trafics d'êtres humains, au commerce de sexe avec les terroristes bradés de gilets et des moyens de ces organisations internationales.

La complexité des réseaux et la pérennité de cette instabilité congolaise sont le fruit de l'entrelacement des intérêts économiques et de la vitalité des mouvements criminels qui opèrent dans les Etats de la région de grands lacs. Toute cette région constitue le champ magnétique de cette entreprise de pillage qui s'étend sur toute l'Afrique de l'Est et des connexions sur le monde asiatique, épicentre des mouvements terroristes ; mais ce champ de prédation s'étale pour s'incruster dans les pays occidentaux qui sont en « friendly business » avec des Etats relais, valets receveurs des réfugiés ou autres chercheurs d'or, de coltan, de pétrole. Ces Etats utilisent des Etats vassaux–locaux comme le Rwanda ou l'Ouganda, jouant le même rôle des royaumes côtiers esclavagistes d'hier. Pour s'en convaincre, il suffit de lire la décision du département de trésor américain sanctionnant le Belge Alain

Goetz, propriétaire d'une raffinerie d'or installée en Ouganda. Selon les termes dans cette action du 17 mars 2022, il est dit clairement qu'il est :

> Involved in the illcit movement of gold valued at hundred of millions of dollars par year from the Democratic Republic of The Congo (DRC). The illicit movement of gold provides revenue to armed groups that threaten the peace, security, and stability of DRC". Ce texte précise que "more than 90 percent of DRC gold is smuggled to , regional state, including Uganda and Rwanda where it is then refined and exported to international markets, particularly the UAE.

Alain Goetz a reconnu que sa société raffine environ 150 kilogrammes d'or de la RDC chaque semaine, soit 8.5 tonnes d'or par an, d'une valeur de 496 millions de dollars, représentant la quasi-totalité des exportations totales d'or de l'Ouganda.

On peut alors comprendre l'hypocrisie de cette communauté internationale, la complicité de nos voisins et en même temps l'incapacité de notre Etat à s'assumer, incapacité qui se traduit notamment par la vacuité des opérations militaires mais aussi la « parodie de notre justice ».

« Le procès » de Franz Kafka est juste un roman, qui met certes « le droit en procès » et fait de Kafka le prophète de la perversion du droit en dévoilant le paradigme de la disparition du droit, en décrivant l'absurdité de « l'en deçà de la loi ». Le procès de Kafka dévoile « le mal social endémique ; la répression ajoute celui que produisent les « criminels légaux » ; geôliers, enquêteurs, procureurs, juges» Le « Procès » de Kafka reste une œuvre littéraire, imaginaire et fictive.

Mais, le « Procès contre les rebelles ADF à Beni » décrit par le professeur Jaribu n'est pas une utopie, même pas une dystopie juridique, mais une réalité vivante, violente et abjecte. Ce procès nous fournit les éléments de compréhension de cette guerre sauvage en plein XXIème siècle, essentiellement et intentionnellement dirigée contre les civils innocents, les médecins, les prêtres, avec des exécutions d'enfants, des viols, des égorgements avec des machettes et des haches, des incendies des centres médicaux, des éventrements des femmes enceintes devant leur progéniture... une violence brute, aveugle, apparemment inexplicable, gratuite.

Mais le récit de Kafka et le procès des ADF Beni se rejoignent dans leur nœud explicatif à savoir le dérèglement de la fonction symbolique et restauratrice du droit. Le procès de Kafka ressemble à la tragédie politico-judiciaire de Jabiru parce que les deux procès sont singuliers ; ils sont l'expression d'un processus sordide et morbide de déstructuration statosocietale, d'un statocide et d'un génocide. Le professeur Jabiru dit avec pertinence que « Si la justice (la bonne) élève la nation, la médiocre ressemble à un cochon qui dévore ses porcelets ». En effet, comment comprendre cette légèreté procédurale, ces évasions spectaculaires mieux des « libérations maffieuses » de ces terroristes et criminels dangereux ?

Comment comprendre l'évasion le 20 octobre 2020 de 1337 prisonniers sur 1444 pensionnaires dont 979 étaient des combattants ADF ? Le même scenario de Kangbayi de Beni va d'ailleurs se répéter le 10 août 2022 à la prison de Kakwangura de Butembo où plus de 874 détenus vont s'évader ou « être libérés » et dans leur repli, ces assaillants ADF vont « paisiblement » piller des maisons et boutiques, enlever des civils pour leur servir de porteurs.

Le procès de Beni nous apprend qu'il ne s'agit pas d'une guerre sans nom, d'une guerre asymétrique, déstructurée, classique. Le récit du procès nous fournit la trame rationnelle du drame. Le drame est le fruit d'une planification qui offre une opportunité à l'effondrement, à la xylocopeisation d'un Etat, à sa disparition et sa réduction en Etat croupion aux fins de mieux piller. Il s'agit d'une volonté à plusieurs échelons et niveaux de créer un espace chaotique ingouvernable, un foyer endémique de violence, une zone anaetatique de chasse et de pillage par la domestication de la violence et la privatisation ou la marchandisation des oripeaux d'un appareil étatique affaibli.

Cette entreprise criminelle de statocide bénéficie hélas des complicités conscientes ou inconscientes de certaines instances qui incarnant l'autorité de l'Etat y compris la justice.

Cette guerre de prédation a pour schéma matriciel l'affaiblissement du Congo en vue de contrôler les ressources dont l'exploitation est au cœur des enjeux géopolitiques d'un pays aux richesses potentielles considérables. Faire de RD Congo un « territoire sans Etat afin de mieux piller au service de leurs dynamismes économiques »[3].

La solution n'est pas dans les plaintes, dans les complaintes, les gémissements, les lamentations, les interpellations, les geignements, les échafaudages des accords, des protocoles, des forces extérieures... ces subterfuges ne sont que des placebos qui nous empêchent de penser notre agir pour ne pas périr et disparaitre.

L'antibiogramme contre cette stratégie d'effondrement programmé du Congo, sa balkanisation, est dans un travail interne d'élaboration et de mise en œuvre d'une stratégie holistique de refondation de l'Etat, sa survie et de prospérité de l'Etat avec comme pilier central, l'outil de défense et de sécurité.

Cette refondation vise donc à faire de l'Etat congolais l'instrument de contrôle physique et dispensateur du bien-être collectif. Friedrich Leibniz

---

[3] Roland Pourtier, Du zaïre au Congo : un territoire en quête d'un Etat, *Afrique contemporaine*, n° 183, vol 3, 1997, pp7-30.

nous dit que « L'État [...], que le latin appelle la République, c'est une [...] société dont l'objectif commun est la sécurité »[4].

Rousseau, Locke, Hobbes nous préviennent que « le problème fondamental auquel l'institution étatique doit apporter une solution est la protection de la société contre la violence et de l'invasion des autres sociétés ». Il est dommage que l'élite politique congolaise c'est-à-dire celle qui se veut et se propose de gérer la « polis », n'ait pas intégré cet impératif primaire.

La République Démocratique du Congo est donc dans l'urgence de définir une stratégie nationale de défense et de sécurité qui est l'ensemble des mesures militaires, politiques, diplomatiques, économiques, scientifiques, psychologiques et culturelles permettant en permanence à un Etat d'assurer et de garantir sa capacité à parer à toute menace contre ses intérêts vitaux de la nation et sa prospérité ;

De gaulle disait pour son pays que « La nation française se refleurira ou périra suivant que l'Etat aura ou n'aura pas assez de force, de constance, de prestige pour la conduire où elle doit aller ».

Le rempart de la souveraineté d'un pays, est sa force armée ; et il n'y a pas de souveraineté sans puissance, et il n'y a pas puissance sans armée ; l'Armée est donc l'accoucheuse de l'Etat.

Le monde ne peut prendre au sérieux un peuple qui prend pour faits divers les massacres et le dépeçage de milliers de ses compatriotes, un peuple qui fait des autres les boucs-émissaires de ses problèmes et préfère la jouissance à la puissance. Cette jouissance ne peut que vous amener la distraction stratégique et à l'impuissance.

Jacques Djoli Eseng'Ekeli

Professeur Ordinaire à la Faculté de Droit de l'Université de Kinshasa

[4] Friedrich Leibniz, « Lettre de 1705 », *Die Werke Von Léibniz*, vol. IX éditée par Onno Klopp, Hannover, Klindworth, 1864-1873, p.143.

INTRODUCTION

La justice, lorsqu'elle est médiocre, ne saura jamais élever les nations. Si les tueries, massacres et autres crimes graves continuent, c'est puisqu'il règne, en République Démocratique du Congo (RDC) et principalement dans sa partie est une complicité impliquant toutes les instances qui incarnent l'autorité de l'Etat y compris la justice. C'est pour éviter l'asymétrie cyclique de la violence des Forces Démocratiques Alliées (ADF) que la justice a été mobilisée à l'occasion du procès contre certains membres de ce mouvement rebelle d'origine ougandaise. Des civils et des militaires congolais accusés ou soupçonnés de collaborer avec les ADF ont aussi été parmi les prévenus. Ce procès avait suscité l'espoir dans le chef des Congolais en général et particulièrement la population habitant la zone sous influence des ADF, victime des atrocités, qui y voyaient un ouf de soulagement parce que ces chambres foraines étaient présentées par le régime de Joseph Kabila comme une étape décisive pouvant mettre fin à l'activisme des ADF. Cet espoir aura été illusoire et éphémère.

C'est le Général Major Timothée Mukunto[5], premier avocat général des FARDC, qui dresse le bilan du procès public contre les ADF qui avait duré dix-sept mois d'audiences soit du 20 août 2016 au lundi 22 janvier 2018 à la tribune de la Mairie de Beni. Selon lui, 60 dossiers avaient au départ été déposés devant la Cour militaire opérationnelle du Nord-Kivu siégeant à Beni pour la circonstance. L'accusation portait sur 179 prévenus. Partant de la même source, de 56 arrêts rendus, 134 furent condamnés, parmi lesquels 60 à la peine capitale, 68 à des peines allant de deux à vingt ans de prison et 45 acquittés.

Après les verdicts, une vingtaine de condamnés avaient été embarqués pour la prison militaire d'Angenga, située à Gemena, chef-lieu de la province du Sud-Ubangi dans le Grand Equateur au nord-ouest de la RDC. Les motifs infligés aux condamnés portaient sur la participation à un mouvement insurrectionnel, au terrorisme ou crime de guerre, à l'enrôlement d'enfants dans la rébellion, à la détention illégale des effets militaires et association des malfaiteurs ou encore à la participation à une entreprise de démobilisation des
FARDC.

Le procès a permis de dénicher, avec exactitude, les identités et les origines des éléments qui composent le mouvement subversif ADF. La cour

[5] Entretien nous accordé par le Général Major Timothée Mukunto Kiyana au Bureau de l'Auditorat de Beni. Beni-Cité, le samedi 11 novembre 2017, décédé le vendredi 15 janvier 2021 en Afrique du Sud.

avait entendu des ressortissants de différentes nationalités, notamment des Ougandais, des Congolais, des Tanzaniens, des Kenyans, des Burundais, des Rwandais, des Somaliens et un Tchadien.

Le procès avait montré que la violence des ADF, principalement, les massacres étaient commis pour le besoin d'approvisionnement des ADF qui attaquaient les villages pour piller les vivres, les médicaments nécessaires pour leur survie au maquis. D'autres massacres étaient en caractère politique. On le verra même si cet aspect était moins intéressant pour la cour qui voulait coûte que coûte laver le pouvoir en place. Des chefs coutumiers, des notables locaux, des civils et militaires avaient été coupables de collaboration ou d'adhésion au mouvement rebelle ADF. Quant à l'implication des Chefs locaux, le Général Major Timothée Mukunto déclara : « Il existe des conflits des terres entre les autochtones ». Pour lui, les conflits terriens opposent les Bambuba aux Banande d'une part, les Bapakombe aux Banande, d'autre part.

En ce qui concerne cet ouvrage, le procès ADF offre trois avantages.

Primo, le dégonflement de certains officiers de l'armée qui se croyaient intouchables alors qu'ils étaient cités et soupçonnés d'être instigateurs de massacres contre les civils. Même si certains d'entre eux n'avaient pas été condamnés, peut-être pour leur appartenance à la mouvance politique au pouvoir de l'époque, ce procès a permis à démasquer certaines confidences qui existaient entre ces militaires de haut rang et les ADF. Bien que l'organe de la loi tente d'offusquer la réalité, certains se dénoncent mutuellement à la barre. Des civils pointaient du doigt certains hauts gradés des FARDC. Cette ramification du réseau des ADF oscillait aussi bien dans les services de sécurité que dans les milieux civils. Aussi est-il prouvé qu'il existe un réseau élargi entre les rebelles ougandais et certains membres des services congolais de sécurité.

Secundo, le procès éveilla l'opinion sur l'existence d'un conflit latent entre les Banande et les Bambuba associés aux Bapakombe autour de la gouvernance foncière. Ce conflit mobilisa un groupe de chefs coutumiers avec des militaires appuyés par le Parti du Peuple pour la Reconstruction et la Démocratie (PPRD) de Joseph Kabila pour créer une milice d'interface contre le Rassemblement Congolais pour la Démocratie-Kisangani Mouvement de Libération (RCD-KML) de Mbusa Nyamwisi dont le terrain d'affrontement fut l'électorat du Grand-Nord de la province du Nord-Kivu sous prétexte de revendiquer les terres de Mayangose au Parc National des Virunga (PNVi).

Tertio, la Cour eut le mérite d'éclairer le public sur le fait que le conflit était d'une échelle régionale ; les acteurs des massacres comptaient dans leurs rangs des ressortissants de plusieurs nationalités de la région. Mais, comme le procès ressemblait à un règlement des comptes entre camps politiques, cet aspect d'internationalisation du phénomène ADF n'eut pas intéressé le juge qui, pourtant, pouvait élargir le champ de poursuite des bourreaux. Le Ministère Public se contenta de faire porter la croix aux victimes et aux originaires. D'ailleurs, le régime en place avait installé la peur et la terreur au point que certaines familles pleuraient et enterraient dans la clandestinité leurs proches tués par les ADF. Les radios avaient été interdites de diffuser les cas d'assassinat sous prétexte qu'elles démobilisaient les militaires au front ; mais en réalité, ce fut pour intimider, terrifier et soumettre et réduire la communauté locale au silence. Raison pour laquelle, au-delà des personnes fauchées dans la forêt ou jetées dans les rivières, le nombre de morts pourtant enterrés n'a jamais été révélé ni par l'administration publique, ni par la société civile qui se contente aussi des estimations.
En dépit de ces éclairages, l'opinion publique continue à estimer que la justice était politisée et que le procès était un poudrage ou une blanchisserie pour laver le soupçon qui pesait sur le régime en place depuis l'assassinat du Colonel Mamadou Ndala Moustapha[6] et la mort mystérieuse du Général Jean-Lucien Bahuma Ambamba qui étaient pourtant engagés dans la traque contre les ADF.

Cependant, deux faits sont à considérer comme facteurs d'échec du « procès ADF » :

Premièrement, une justice expéditive à l'endroit de certains prévenus, membres des partis politiques de l'opposition, qui n'étaient pas impliqués dans un quelconque cas d'accusation au procès. Le cas d'un acteur politique local provoqua une clameur populaire. Il était accusé, puis

---

[6] Mamadou Mustafa Ndala (né le 8 déembre 1978 à Ibambi dans le territoire de Wamba dans le Haut-Uele fut colonel des FARDC. Formé par des instructeurs belges, angolais, américains et chinois, il est commandant du
42è bataillon des commandos des Unités de Réaction Rapide des FARDC. Il s'est rendu célèbre en remportant des victoires éclatantes sur les combattants du M23, un mouvement qui sévissait dans l'Est de la RDC, avec l'appui du Rwanda. Il est mort calciné dans sa jeep avec deux de ses gardes du corps le 2 janvier 2014, des suites d'une embuscade tendue, selon le gouvernement congolais, par les ADF à Ngadi sur la route qui mène du centre-ville de Beni vers l'aéroport de Mavivi. Mais l'opinion continue à croire à un assassinat commandité par le régime de l'époque. Il a été inhumé au camp Kokolo de Kinshasa et nommé Général de brigade à titre posthume.

poursuivi pour « démoralisation de l'armée en vue de nuire à la défense nationale »[7]. Un motif arbitraire pour justifier son arrestation alors que le procès en cours concernait les ADF et leurs collaborateurs. Il était pourtant intervenu dans une émission-débat dénommée « Le professionnel » à la Radio Télévision Muungano aux côtés d'autres codébateurs. Mais, ces derniers n'avaient pas été inquiétés en raison de leur proximité avec l'Auditeur Général de la République.

Dans le même lot, des journalistes et des enquêteurs ou membres de la société civile furent interpellés pour avoir témoigné sur l'implication des hauts dirigeants de l'armée dans les massacres au moment où leur rôle avait pourtant été documenté dans plusieurs rapports internationaux, onusiens ou indépendants. C'est le cas d'un Américain[8], expert du groupe d'étude sur le Congo, qui pilotait une étude sur les massacres. Il s'était vu expulser de la RDC, le samedi 7 avril 2010.

Deuxièmement, la manipulation de la justice. La plupart des actions du ministère public semblaient être téléguidées. Tel est le cas des dossiers dans lesquels sont cités des généraux et des politiciens locaux des hauts rangs qui n'avaient pas été suffisamment creusés. Visiblement, la Cour était passive, si pas désarmée ou affaiblie par la position de ces gens au sein de l'armée ou dans le système politique de l'époque. Même les politiciens en exil accusés au procès par le Ministère Public, n'ont jamais fait objection d'une quelconque poursuite après leur retour au pays. Ce qui fait croire à une parodie de justice.

En plus, comparativement à la manière dont était organisé le procès contre les ADF en Ouganda[9], la RDC avait brillé par une légèreté dans les précautions aussi bien procédurales que sécuritaires. La preuve est

---

[7] Entretien nous accordé par Thembo Kalimuli à la Prison Centrale de Goma (Munzenze). Goma, le 6 septembre 2017.

[8] Entretien nous accordé par Jason Stearn, Coordonnateur du groupe d'étude sur le Congo, Gisenyi-Rwanda, le 9 décembre 2017.

[9] Pour plus de détail sur l'organisation du procès contre les ADF en Ouganda, lire :

- Aboubakar Kirunda, « ADF's Mukulu charged with terrorism », Daily *Monitor*, 4 thurday, July 23, 2015.
- Ivan Okunda, « Jamil Mukulu case Uganda's », *Saturday Monitor*, Saturday, May 19, 2018.
- New vision, « Mukulu's 40 days end », Kampala, July 12, 2015.
- Risdel Kasasira, « Who is ADF's Jamil Mukulu? », *Daily Monitor*, 20 Friday, August 7th, 2015.

qu'en plein jour à 15 heures 30', alors que le procès était encore en cours, 930 prisonniers, parmi lesquels des ADF arrêtés, s'étaient évadés de la prison de Kangbwayi, la journée du 12 Juin 2019. Aussi, le 20 octobre 2020, alors que la reprise du « procès ADF » était annoncée pour le 1er novembre, la même prison a été attaquée par un–commando d'une coalition ADF-Mayimayi à 4 heures du matin[10]. Le bilan livré par Modeste Muhindo Bakwanamaha, alors Maire intérimaire de la ville de Beni, était de :

> 1337 évadés sur les 1447 pensionnaires de la prison. Parmi les évadés, 227 étaient des prévenus des juridictions civiles, 979 étaient des combattants ADF et Mayimayi, prévenus des juridictions militaires et 258 des détenus condamnés pour des infractions graves. Parmi eux figuraient 11 présumés auteurs de l'assassinant de l'épidémiologiste camerounais Richard Mouzouko, tué en avril 2019 à Butembo, pendant qu'il travaillait dans l'équipe de la riposte contre la maladie à virus Ebola[11].

Un autre scandale qu'on peut considérer comme une « libération mafieuse », est l'évasion du dimanche 11 juin 2017, vers 15 heures. Les sources officielles parlent de 933 libérés (évadés) sur le total de 965 locataires de la prison de Kangbwayi. En effet, lors d'une audience publique à la tribune du 8 mars de Beni, dans le dossier du Mwami Mbunguma et compagnie, le Ministère Public, représenté par le Général-Major Mukuntu Kiyana Timothée, avait déclaré qu'il était informé qu'un groupe des Mayimayi se préparaient pour libérer les leurs, dont le Mwami Mbunguma. Apparemment, aucune disposition n'avait été prise pour sécuriser la prison de Kangbwayi, qui hébergeait de grands criminels et des condamnés à la peine capitale. Selon une source pénitentiaire, en mai 2017, une personne présentée comme avocat conseil avait récolté 800$ auprès de la femme d'un détenu en brandissant le nom d'un Général-Major des FARDC. Il lui promettait une évasion organisée en faveur de son mari détenu. Cet avocat conseil fut arrêté puis relâché sans procès.

Dans la semaine du 1er au 7 mai 2017, un jeune d'une trentaine d'années, habitant le quartier Matonge, en ville de Beni avait séjourné à Kampala où, avec ledit avocat, avait rencontré la famille d'un leader ADF, encore actif, pour solliciter de l'argent au nom d'un officier supérieur de l'auditorat militaire, afin d'obtenir la libération de certains ADF. Ce groupe était même arrivé à Juba, au Soudan du Sud, pour contacter les membres des familles des prisonniers ADF en RDC. Il était régulièrement reçu par un

---

[10] Les évasions étaient planifiées et annoncées bien avant aux passionnaires de la prison.

[11] Entretien téléphonique nous accordé par le Maire de Beni, Modeste Muhindo Bakwanamaha, le 20 octobre 2020.

Général des FARDC, sous la casquette d'humanitaire. Le groupe de l'avocat se rendait aussi régulièrement à la prison pour visiter les prisonniers ADF.

Ironie de l'histoire, selon le journaliste Christian Muke, l'évasion de Kangbwayi était programmée. Elle est intervenue après deux visites successives et suspectes dudit Général-Major aux détenus[12]. Il serait passé à la prison le samedi 10 et le matin du dimanche 11 juin 2017 où il se serait entretenu avec quelques détenus. Le même dimanche, vers midi, il aurait pris son avion à l'aéroport de Mavivi et pendant qu'il atterrissait à Goma, la prison fut attaquée. Le journaliste précité avait été recherché pour ses révélations et fut contraint à l'exil en Ouganda.

De ce fait, le procès organisé à Beni est considéré par certains comme une parodie de justice qui visait à innocenter les militaires et les officies proches du régime de l'époque, y compris les anciens rebelles originaires de la région, lesquels y étaient accusés de complicité avec les ADF. Ce procès semble viser comme objectif de traquer les acteurs politiques qui s'opposaient au « kabilisme »[13]. Parmi ces politiciens, on compte à tort ou à raison les opposants qui dénonçaient la mauvaise gestion de la question sécuritaire par le gouvernement.

Le présent ouvrage s'inscrit dans une approche de la sociologie du droit[14] ou de la sociologie juridique qui est une branche de la sociologie qui étudie les phénomènes juridiques en prêtant attention aux pratiques effectives des acteurs du champ juridique, et non simplement aux textes réglementaires. Notre démarche n'entend pas contredire le juge ni émettre

---

12 Christian Kahindo Muke, « L'évasion de Kangbwayi trahit le Général Major Mukuntu », *Journal Rafiki*, n° 23, Beni, 25 juin-25 juillet 2017.

13 Dans ce travail, le kabilisme signifie tout simplement l'idéologie qui a prévalu vers la fin du régime de Joseph Kabila où ses fanatiques ne juraient que par son éternisation au pouvoir en RDC. Cette philosophie se comprend mieux à travers des slogans tels que « umela » en lingala, pour dire « régnez pour toujours », « totondi nano yo te » en lingala ou « nous ne sommes pas encore rassasié de toi », repris dans la chanson de Tshala Mwana, et « Kabila Désir » slogan conçu par Tryphon Kin-Kiey Mulumba pour justifier que Joseph Kabila pouvait briguer le troisième mandat malgré l'esprit de la constitution de la RDC à son article 70 alinéa 1 qui limite le mandat à cinq ans une seule fois renouvelable.

14 Evelyne Serverin, *Sociologie du droit,* La Découverte, Paris, 2000, 128p. Lire aussi Thierry Delpeuch,
Laurence Dumoulin, Claire de Galembert, *Sociologie du droit et de la justice*, Armand Colin, Paris, 2014, 320p

un point de vue sur la chose jugée que les juristes considèrent eux comme parole d'évangile. Il vise trois objectifs.

Premièrement, l'ouvrage a pour but de conserver la mémoire. C'est une base des données qui assure la transmission du procès ADF de génération à génération.

Deuxièmement, l'ouvrage offre un instrument de qualité pour les recherches sur le phénomène ADF.

Troisièmement, l'ouvrage est un document de plaidoyer pour les acteurs étatiques et non étatiques, les défenseurs des droits humains, les victimes qui voudraient ouvrir la boite de pandore pour assouvir la soif de ceux qui jusqu'en présent continuent à demander que justice soit faite.

Sur le plan méthodologique, il existe de nombreuses méthodes de collecte de données et de recherche que l'on peut utiliser dans les parties théoriques et empiriques d'un support de recherches. Il est parfois difficile de déterminer quelle est la meilleure méthode pour répondre à la préoccupation de recherche. Cette étude en a utilisé deux, l'observation et le documentaire.

Nous avons participé à certaines séances du procès à la turbine de la Mairie de Beni. Mais, comme notre séjour était limité, nous avons chargé des observateurs, membres de la presse de nous filmer des vidéos à chaque séance du procès. Cette démarche documentaire nous a permis d'accéder à tout le procès que nous avons auditionné et transcrit pour aboutir à la production de cet ouvrage.

Ce livre s'adresse, en premier lieu, aux autorités politiques de la RDC chargées d'instaurer l'état de droit et de rendre justice à leurs administrés, le peuple. Les informations fournies par différents accusés et témoins ne devaient être passées sous silence. Elles méritent d'être revisitées pour que la vraie justice soit rendue aux victimes de la barbarie des ADF et leurs alliés ou complices. L'ouvrage s'adresse aussi aux chercheurs et aux étudiants en science politique, en droit public, en sociologie des conflits, en histoire politique du Congo, en économie, en criminologie et dans les études de stratégies militaires. Tous devraient puiser à la source pour comprendre à partir des données empiriques, comment l'organisation criminelle des ADF influe sur chacun de ces domaines et, de façon transversale.

Hormis l'introduction et la conclusion, ce livre constitue une télescopie du procès et permet de comprendre comment et sur quelles stratégies, l'organisation criminelle des ADF s'est enracinée dans la région sous son influence.

BUSINESS ET MOTOCYCLISTES : RUSE DE RECRUTEMENT

Audience publique du 25 août 2016

RP N° 0106/2016
RMP N° 0663/KN6/2016
En chambre foraine à laquelle siègent :

1. Lt Col. Mag. Ntshaykolo Esosa Masele JP, 1er Président ;
2. Maj. Mag. Kabondo Pibwe Serge, Conseiller ;
3. Lt Col. Ndiba Bulangiti, Juge Assesseur ;
4. Lt Col. Simisi Tuve Serge, Juge Assesseur ;
5. Lt Col. Kwed Gbia Ayembi Benjamin, Juge Assesseur ;
6. Maj. Mag. Kumbu Ngoma, OMP ;
7. Mag. Bonyoma Kaisala Rigobert, Greffier.

En cause : l'auditeur militaire supérieur Près la cour militaire opérationnelle du Nord-Kivu, Ministère Public.
Contre :

- Monsieur Kabaale Faruku Samuel ;
- Monsieur Baseme Batachoka Elie, alias Idrissa ;
- Monsieur Ngabo Oscar ;
- Monsieur Katembo Matsoro Elias ;
- Monsieur Keiz Mussa Kizuula ;
- Monsieur Wekoye Steven ;
- Monsieur Sekabira Hakumu ;
- Monsieur Aposha Aposhi et Mme Zaituni Adidja.

Prévenus de : Participation à un mouvement insurrectionnel

A l'appel de la cause, les prévenus cités ci-haut comparaissent en personne et assistés par leurs conseils :

- Me David Wambale, conjointement avec
- Me Idy Djuma, conjointement avec
- Me Charles Omumoki Ayalinga, tous avocats au barreau de Kisangani
- Me Joël Shanyungu, avocat au barreau de Goma ;
- Kiwunga Makila, défenseur militaire agrée.

Tandis que les parties civiles sont représentées par :
Me Jonathan Piema, conjointement avec Me Jean-Marie Simba, conjointement avec Nathan Tagirabo et Me Alain Kangatoko, tous avocats au barreau de Kisangani
Et la Partie civilement responsable, l'Etat congolais est représenté par deux avocats.

Après leur comparution, monsieur le Premier Président accorde la parole au MP pour son réquisitoire, qui dit : tout nouveau juge, avant de siéger, doit prêter serment.
Ministère Public : Selon l'article 27 du CJM, tout nouveau juge avant de siéger non revêtu de la qualité de magistrat, doit d'abord prêter le serment.
Après son serment, le Premier Président prend acte de son serment en qualité de Juge Assesseur et membre de la composition.
Premier Président aux Prévenus :
Parmi les 10 prévenus cités devant comparaitre, il y a 5 qui ont choisi de parler en swahili. Il s'agit de : Monsieur Baseme Batachoka, M. Ngabo Oscar, Monsieur Katembo Matsoro, Monsieur Wekoye Steven et Monsieur Aposha Aposhi ; tandis que les 5 autres prévenus ont choisi la langue ougandaise. Il s'agit de : Monsieur Keiz Mussa Kizuula, Monsieur Sekabira Hakimu, Monsieur Kabaale Fakuru Samuel, Monsieur Mambe Richard et Madame Zaituni Adidja Rokia.
Identification des Prévenus
Premier Président au Ministère Public :
En vertu de l'article 64 du CJM, les experts, les interprètes et les traducteurs prêtent serment avant de parler. C'est ce que doit faire M. Ngbambo Jules comme interprète et traducteur de la langue ougandaise en swahili.

1. Madame Zaituni Adidja Rokia, qui comparait en Kiganda, que nous traduisons en français comme suit : Née à Mengo/Kampala vers 1942, fille de Salimani Mulumba (décédé) et de Zaituni Kabedya (décédée) ; originaire du village de Mengo, collectivité de Rubaga, district de Kampala. Etudes faites : illettrées. Etat civil : mariée à M. Abdoul Kiwamuka et mère de 09 enfants. Religion : Islam ; Profession : Néant ; Résidente à Kampala/Kawete. Nationalité : ougandaise ; Tribu : muganda.
2. Monsieur Baseme Batachoka Elie, alias Idrissa, qui comparait en swahili, la langue de son choix. Né à Kitchanga vers 1990, fils de Shamamba(en vie) et de Wimana (décédée). Originaire du village de Kautu ; secteur de Bashali Mokoto ; Territoire de Masisi ; Province du Nord-Kivu. Etudes faites : 1ère primaire ; Profession : Exploitant de bois et cultivateur ; Etat civil : marié à Mme Anuarite et père d'un enfant, domicilié à Madina camp ADF.

Question (Q). Quel est votre nom propre ?
Réponse (R). Je réponds au nom de Baseme Batachoka, c'est mon nom propre.
Q. D'où est venu le nom d'Idrissa ?
R. C'est un non qu'on m'avait donné chez les ADF/NALU et le nom de Elie mêmement.
Q. Où étiez-vous arrêté ?
R. Je n'étais pas arrêté.

Premier Président Comment vous n'étiez pas arrêté, alors que devant le MP vous aviez répondu que vous habitiez Madina au camp ADF et aujourd'hui vous dites à Kitchanga ? Kanyabayonga ?
R. Oui, j'habitais Madina au camp ADF.
Q. Vous restiez seul ?
R. Non
Q. Vous êtes de quelle religion ?
R. Je suis protestant.

Avocat Défense du Prévenu :

L'avocat défense voulait faire préciser à la Cour que son client habitait avant à Kanyabayonga. C'est après avoir été chez les ADF qu'il résidait à Madina au camp des ADF/NALU.

1. Ngabo Oscar qui comparait en swahili.
Né à Gisenyi, le 11 juillet 1992, fils de Simbonga Athanase (décédé) et de Nyirambazi Oliva (en vie). Originaire de Gisenyi ; Secteur de Mulenge Gisenyi, Territoire de Mutura ; Province de Rubavu ; Nationalité rwandaise ; Etudes faites : 5 Cycle d'Orientation (CO) groupe scolaire Mutura ; Etat civil : célibataire ; Profession : vendeur et acheteur de fer ; Religion : adventiste ; domicilié à Majengo, Av. Mapinduzi N° 08, Goma-RDC. Tribu : Tutsi.
Q. Où restiez-vous à Goma ?
R. Je restais chez un ami qui s'appelait Muhindo Alexis. C'est sous cette adresse que je travaillais.
2. Monsieur Wekoye Steven : Né à Mbale vers 1985 ; fils de Jamisi Kimanayi (décédé) et de Maomba Ayirine (en vie). Originaire du village de Busangayi ; Secteur de Nakopa, District de Mbale ; Tribu : Mugisu ; Nationalité : ougandaise ; Confession religieuse : catholique ; Etudes faites : 7ème année ; Etat civil : célibataire ; Profession : cultivateur, résident à Bosangayi Commune/Nakupa.
Q. Où est-ce qu'on vous a arrêté ?
R. Dans un marché, près d'une rivière.
Q. Vous dites que vous étiez cultivateur, c'est quelle activité que vous faisiez ici ?
R. Pas de réponse.
Q. Alors en Ouganda, il n'y a pas de terre pour cultiver ?
R. Il y en a.
3. M. Aposha Aposhi : Né à Otomabere ; Fils de Kesau (décédé) et d'Anawa (en vie). Originaire du village de Otomabere ; Territoire d' Irumu ; Province de l'Ituri ; Etudes faites : illettré ; Etat civil : marié et père d'un enfant ; Religion : catholique ; Profession : pisteur des ADF/NALU ; Résident à Mbimbi dans le rayon de Bunia.
Q. Que faisiez-vous comme activité chez les ADF/NALU ?
R. J'étais pisteur (Mufungula njia).

Q. Avez-vous un nom musulman ?
R. Non.
Q. Vous êtes de quelle tribu ?
R. Je suis pygmée.

4. Monsieur Katembo Matsoro Elias : Né à Kyondo le 04 juin 1992. Fils de Katembo Kimigha Joseph (en vie) et de Kahindo Shaliyaisua (en vie). Originaire du village de Vusorongi ; Groupement de Masiki/Vayana ; Secteur de Bashu ; Territoire de Beni ; Province du Nord-Kivu ; Nationalité : congolaise ; Etudes faites : 6ème primaire ; Etat civil : célibataire, sans enfant ; Profession : infirmier au poste de santé Mutiri à Butembo ; Religion : catholique, Résident à Butembo Commune/Mutiri, Quartier/ Kisingiri, Cellule Bulengera N°233.

Après l'identification de ces six prévenus, à ce stade, la Cour est bloquée, car les quatre autres prévenus qui sont restés vont comparaitre en Kiganda. Ainsi, la Cour décide de renvoyer cette cause à lundi 29 août 2016 afin de permettre au MP et au greffier (d'entrer en contact et) de chercher un interprète pour que le procès soit équitable.

Avocat Défense sollicite le changement de cellule en faveur de leurs clients, car ils souffrent des maux d'yeux.

Après, un volontaire s'est présenté devant la Cour comme interprète et traducteur de la langue ougandaise en swahili. Il s'agit de monsieur Paluku Muhasa Anicet. Il habite le Quartier/ Benengule l'Avenue/ Salongo N° 21, en Ville de Beni N° Tél : 0994439272.

Après avoir prêté serment en qualité d'interprète et traducteur, le 1er Président de la Cour prend acte de son serment.

La prévenue informe la Cour qu'elle est souffrante. Elle souffre de rhumatisme, de la tension etc…

Q. Etait-elle arrêtée à Kampala ou au Congo ?
R. Au Congo.
Q. Quand et où était-elle arrêtée ?
R. Je ne connais ni la date ni l'endroit de mon arrestation.
Q. Par qui et où vous étiez arrêtée ?
R. Par les militaires et là où ils étaient.
Q. Est-ce que vous étiez arrêtée à Madina ?
R. Je ne connais pas l'endroit où j'étais, mais j'étais avec mon fils.

La Cour renvoie cette cause à lundi 29 août 2016 afin de permettre au MP et au Greffier d'entrer en contact avec le nouvel interprète.

Audience publique du 29 août 2016

RP N° 0106/2016
RMP N° 0663/KNG/2016
A laquelle siègent :

1. Lt Col. Mag. Ntshaykolo Esosa Masele JP, 1er Président ;

2. Maj. Mag. Kabondo Pibwe Serge, Conseiller ;
3. Lt Col. Ndiba Bulangiti, Juge Assesseur ;
4. Lt Col. Simisi Tuve Serge, Juge Assesseur ;
5. Lt Col. Kwed Gbia Ayembi Benjamin, Juge Assesseur ;
6. Maj. Mag. Kumbu Ngoma, OMP ;
7. Mag. Bonyoma Kaisala Rigobert, Greffier.

En cause : l'auditeur militaire supérieur Près la cour militaire opérationnelle du Nord-Kivu, Ministère Public.

Contre :

- Monsieur Kabaale Faruku Samuel ;
- Monsieur Baseme Batachoka Elie, alias Idrissa ;
- Monsieur Ngabo Oscar ;
- Monsieur Katembo Matsoro Elias ;
- Monsieur Keiz Mussa Kizuula ;
- Monsieur Wekoye Steven ;
- Monsieur Sekabira Hakumu ;
- Monsieur Aposha Aposhi Et Mme Zaituni Adidja.

Prévenus de : Participation à un mouvement insurrectionnel

A l'appel de la cause, les prévenus cités ci-haut comparaissent en personne et assistés par leurs conseils :

- Me David Wambale, conjointement avec
- Me Idy Djuma, conjointement avec
- Me Charles Omumoki Ayalinga, tous avocats au barreau de Kisangani ;
- Me Joël Shanyungu, avocat au barreau de Goma ;
- Kiwunga Makila, défenseur militaire agrée,

Tandis que les parties civiles sont représentées par :

Me Jonathan Piema, conjointement avec Me Jean Marie Simba, conjointement avec Nathan Tagirabo et Me Alain Kangatoko, tous avocats au barreau de Kisangani

Et la Partie civilement responsable, l'Etat congolais est représenté.

1. Monsieur Kabaale Faruku Samuel, né à Kamuli, vers 1972. Fils de Djodji Mwase (décédé) et de Kako Rose (en vie). Originaire de Kasambira, Collectivité de Bugorondia, District de Kamuli ; Nationalité : ougandaise ; Etudes faites : 5ème primaire ; Etat civil : marié à Mme Malu et père de 2 enfants ; Profession : commerçant, vendeur des vêtements ; Religion : Islam, domicilié à Kampala ; Commune de Buyogerere, située au centre-ville de Bukasa, Tribu : Musoga. Le nom musulman c'est Fakuru

Q. Depuis quand vous êtes devenu musulman ?

R. En 2000

Q. C'était à quelle occasion ?

R. J'ai cinq amis qui m'avaient bien accueilli et formé. C'est ainsi que je suis devenu musulman.

2. Sekabira Hakimu, né à Bukugoro vers décembre 1988. Fils de Asmael Muawu (décédé) et de Sara Narugega (en vie). Originaire du village de Bugorogo ; Collectivité de Chirumba ; District de Rakai ; Etudes faites : 6ème primaire ; Etat civil : marié à Mme Janad Nakarimba, sans enfant ; Religion : musulmane ; Tribu : muganda ; Profession : motard et cultivateur en Ouganda ; Adresse : Bulenga/Kampala.

3. Keiz Mussa Kizuula, né à Kampala en 1979. Fils de Abdoul Kiwamuka (en vie) et de Zaituni Adidja Rokia (en vie). Originaire de Chibengo ; Collectivité de Kikyusa ; District de Luwero ; Nationalité : ougandaise ; Tribu : muganda ; Etudes faites : 4ème Humanités ; Etat civil : marié à Nganda Yudaya et père de 02 enfants ; Profession : petit commerce ; Religion : musulmane. Nom musulman : Keiz Mussa ; Adresse : Kabakonge/Kampala.

4. Mambe Richard, né à Djinja le 24 décembre 1982. Fils de Steven Goloba (décédé) et de Gorecti Ngobi (en vie). Originaire de Djinja ; Collectivité : Wahiraka ; District : Djinja ; Etudes faites : D6 ; Etat civil : marié à Mme Madina Ngobi et père de 4 enfants ; Profession : maçon ; Religion : catholique, domicilié à Kasobi/Kampala ; Tribu : musoga.

Après leur identification, monsieur le Premier Président accorde la parole au Greffier pour la lecture de la décision de renvoi.

Premier Président au prévenu Keiz Mussa

Q. Où étiez-vous arrêté ?

R. Je ne sais pas l'endroit.

Q. C'était dans une ville ou dans une forêt ?

R. Dans la forêt, près de Semuliki (rivière).

Après l'intervention de l'avocat défense de Mme Zaituni : si sa cliente peut s'assoir auparavant ! La Cour autorise qu'elle puisse se mettre par terre et le Premier Président demande au Ministère Public de chercher une longue chaise pour la dame Zaituni. Sur ce, la Cour suspend l'audience.

Premier Président au prévenu Keiz :

Q. Vous confirmez que vous étiez arrêté dans la forêt près de la rivière Semuliki ?

R. Selon la carte qu'on m'avait présentée, c'était à Semuliki.

Q. Qu'est-ce que vous faisiez ?

R. J'étais vendeur au centre de Kampala, je vendais des chaussures et j'avais deux jeunes dames qui m'ont rencontré là-bas, Charlotte et Jeannette qui m'ont dit qu'avec les histoires que je vends, si je pars à Butembo, je peux écouler dans une semaine au lieu d'un mois.

Q. Est-ce qu'elles n'ont pas d'autres noms ?

R. Pas Jeannette, mais plutôt Jeannot, le mari de Charlotte.

Le prévenu raconte comment il était arrêté.

Q. Est-ce que Jeannot et Charlotte sont des Congolais ?

R. Oui

Q. Vous êtes en difficulté de parler swahili, comment vous causiez avec eux ?

R. En swahili à cause du Business.

Après avoir rencontré ces gens qui m'ont dit que les marchandises que je vends à Kampala pendant un mois, je peux les vendre au Congo, à Butembo, dans une semaine, j'ai vite emballé mes histoires et l'on s'est dirigé vers la frontière. Quand nous sommes arrivés, Monsieur Jeannot a pris à location une moto pour me déposer dans sa maison et il est ensuite allé viser mon passeport. Dès son retour, il me dira que nous pouvons partir, mais un long voyage sur une route de terre. En cours de route, subitement les militaires m'ont appréhendé pour me ramener dans la brousse. Arrivé là-bas, j'avais vu beaucoup de personnes qui étaient toutes par terre. Après, je leur ai dit que je suis venu ici pour vendre. Après, ils ont commencé à me tabasser si bien que jusqu'à maintenant, je n'écoute plus bien à cause des coups subis. Ils m'ont mis dans une tente pendant trois mois. J'ai demandé si je peux causer avec ma femme et ce monsieur me dira de lui donner la vraie adresse et le numéro de téléphone de ma femme pour qu'il soit sûr. Après, il m'avait obligé de causer avec elle sous main libre afin qu'il puisse entendre la conversation avec mon épouse. Subitement ma femme avait pleuré et moi aussi. Quelques jours après, ils m'ont amené ma femme et les enfants tous malades et je ne savais que faire. Ces gens ont commencé à demander à mon épouse de leur donner de l'argent ; elle leur en avait donné et ils sont partis. Par après, ils sont encore revenus pour la seconde fois demander de l'argent et la dame avait refusé. Après quelques jours, j'avais perdu mes deux enfants qui souffraient de la malaria ; et comme ma femme était enceinte sans aucune prise en charge en brousse, elle en était morte.
Q. Quel est le nom de celui avec qui vous causez dans la forêt ?
R. Il s'appelait Seka Koko.
Après avoir encore vu ces gens, j'avais peur d'eux, car ils pouvaient me faire ce qu'on avait fait contre ma femme. Après m'avoir demandé pourquoi je pleurais, ils m'ont demandé qui est-ce qu'ils peuvent appeler. J'avais donné le numéro de ma mère, car elle est vieille ; même si elle arrive, on ne peut pas la tuer. Quelques jours après, ils sont arrivés pour que je puisse causer avec ma mère sous main libre.
Q. Quel est le numéro de la Sim que vous utilisez ?

R. C'était le téléphone des ADF et je ne savais pas si c'était de quel réseau. Et après avoir causé avec ma mère, ils m'ont envoyé douze ADF pour m'amener avec un autre monsieur qui s'appelle Yousouf. Après, nous sommes partis avec ces gens plus loin là où on avait caché ma mère. C'était pendant la nuit. Quelque part, j'avais rencontré ma mère et nous nous sommes embrassés. Quand nous causions avec ma mère, ils nous ont séparés et quand nous sommes partis, nous nous sommes rencontrés avec les militaires de FARDC, sitôt les ADF ont pris la fuite.

Q. Lorsque les militaires FARDC sont arrivés, après la fuite des ADF, est-ce que votre maman était restée ?
R. Elle est restée par terre.
Q. Est-ce que vous avez fait une formation militaire ?
R. Non, suite à ma condition physique et mon état maladif.
Q. Devant les militaires, vous avez dit que vous avez fait une formation et vous aviez une arme ?
R. Si vous arrivez dans la forêt, on va vous doter d'un bâton comme arme.
Q. Est-ce qu'il reconnait qu'il a subi une formation ?
R. Je connais ce qu'on nous a appris seulement : les parties d'une arme.
Q. Connaissez-vous d'autres prévenus avec qui vous étiez en formation ?
R. Oui, je reconnais Faruku, car c'est lui qui est venu ensemble avec ma mère.
Q. Est-ce que vous connaissez quelques commandants qui vous enseignaient ?
R. Buseruka, Masereka ; Buseruka est musoga de l'Ouganda et Masereka est Congolais ; Muzaya est musoga de l'Ouganda et Kambale comme instructeur congolais.
Q. Cette formation avait duré combien de mois ?
R. En ce qui me concerne, j'avais fait un mois et une semaine.
Conseiller au prévenu :
Q. Est-ce qu'il reconnait que sa mère était tombée dans une embuscade des FARDC ?
R. Les militaires venaient et nous nous sommes croisés.
Q. Est-ce qu'il reconnait que sa maman n'était pas seule avant de tomber dans l'embuscade ?
R. Ils étaient accompagnés par huit ADF.
Q. Parmi ces huit, vous pouvez reconnaitre certains de ceux qui sont ici ?
R. Non.
Q. Où étaient-ils partis ?
R. Ils ont pris la fuite lors des attaques des FARDC.
Q. Qui était votre chef lorsque vous étiez là ?
R. Il s'appelle Amigo.
Q. Quelle relation aviez-vous avec Amigo ?
R. Je ne peux pas être ami de celui qui a tué ma femme et mes enfants.
Q. Quelle autre formation avez-vous suivie à part celle de militaire ?
R. J'étais seulement cultivateur.
Juge Assesseur au prévenu Keiz :
Q. Lorsque vous étiez sur la moto, comment avez-vous su qu'il fallait vous arrêter ?
R. C'est le conducteur de la moto qui s'était arrêté.
Q. Ils étaient au nombre de combien ?
R. A peu près quinze ADF.
Premier Président au prévenu Keiz :
Q. Le motard était de quelle nationalité ?
R. Congolaise

Q. Vous conversiez en quelle langue tout au long du voyage ?
R. J'étais très fatigué, car je n'avais jamais fait un long voyage.
Q. Comment sa femme est-elle décédée ?
R. Elle avait avorté suite au saignement.
Q. Combien de fois depuis que vous êtes avec les ADF vous vous confrontiez avec la population ?
R. Plusieurs fois.
Q. Où habitaient précisément Jeannot et Charlotte ?
R. Ils parlaient beaucoup de Butembo et Kasindi.
Q. Qu'est-ce qu'ils faisaient comme activité ?
R. Depuis cinq ans que nous sommes restés ensemble avec eux, je ne savais pas leur activité.
Conseiller au prévenu :
Q. Pendant tout ce temps, ils ne causaient pas au téléphone ?
R. Nous causions.
Q. Quel est ce numéro de téléphone ?
R. 0772671979
Premier Président au prévenu Keiz :
Q. Qu'est-ce qui te prouve que monsieur Jeannot et Mme Charlotte étaient des Congolais ?
R. Parmi les cinquante clients, d'autres causaient avec mes amis dans la même langue.
Q. Vous pouvez reconnaitre votre dernière causerie et c'était quand ?
R. Je me souviens, nous avons causé avec eux, mais j'ignore l'année, car j'avais confiance en eux.
Q. Vous avez fait le commerce avec eux pendant cinq ans ?
R. Et plus de cinq ans.
Q. Jeannot et Charlotte arrivaient souvent à Kampala ?
R. Oui
Q. Avant de venir, ils vous appelaient ?
R. Comme les chercher était un grand travail.
Juge Assesseur au prévenu Keiz :
Q. Est-ce que vous causez avec un certain Kakoko ?
R. C'est lui qui était gardien au cachot ?
Q. Est-ce Kakoko qui avait tué votre femme ?
R. Non, ce sont les ADF.
Q. Ce n'est plus la grossesse qui avait tué votre femme ?
R. Ce sont les ADF.
Q. Où est allé l'autre détenu lors du contact des ADF et les FARDC ?
R. Il avait pris la fuite ensemble avec les ADF.
Q. Pourquoi vous n'avez pas suivi l'autre là ?
R. Je n'ai pas pris la fuite, car Jeannot et Charlotte m'ont trompé.
Q. Pourquoi vous n'avez pas pris la fuite ? Quelle conviction aviez-vous ?

R. Lorsque nous nous sommes embrassés avec ma mère, elle m'avait dit qu'on devait rentrer chez nous un jour.

Ministère Public :

La cause de l'arrestation de M. Keiz, le grand commandant des ADF. C'est dans la nuit du 29 mars 2016 vers 23 heures, pendant la patrouille de nos vaillants soldats des FARDC qu'on l'avait arrêté et sa mère qui était transportée sur tipoye, on l'avait jetée par terre ; après ils ont pris la fuite.

Q. Est-ce que votre maman était accompagnée d'un enfant et où est-il ?

R. C'est moi qui suis le fils cadet de ma mère.

Q. Est-ce qu'elle avait un enfant ou pas ?

R. C'est ma mère qui avait adopté cet enfant.

Q. Il est où pour le moment ?

R. Il était décédé.

Q. Est-ce que cet enfant n'était pas arrivé à Goma par le canal d'une ONG, après votre maman est allée le récupérer ?

R. En tout cas concernant cet enfant, je ne connais rien, car en quittant l'Ouganda, je n'avais pas laissé ma mère avec un autre enfant.

Défenseur du prévenu à la Cour :

Observation au MP : Pourquoi le Ministère peut poser la question à son client concernant l'enfant alors qu'il ne reconnaît rien.

Ministère Public au prévenu Keiz :

Q. Qu'est-ce qu'il avait dans sa main lors de sa traversée au Congo ?

R. Deux téléphones, un agenda et presque 1.000$ et la monnaie ougandaise 700.000 shillings.

Q. Aviez-vous des souliers que vous vendiez en sortant de l'Ouganda ?

R. C'est Jeannot qui était resté avec mes colis.

Q. C'était à la douane de Kasindi ?

R. C'était à Mpondwe en Ouganda.

Q. Où étaient restés Jeannot et Charlotte avec vos marchandises ?

R. Lorsque le bus s'était arrêté, on les a mises sur la moto ; Jeannot et Charlotte sont restés.

Ministère Public au prévenu Keiz :

Q. Est-ce que c'est permis au prisonnier de dormir avec sa femme au cachot des ADF ?

R. Je demande pardon, car je parlais de la prison de Kangbwayi. Ces gens-là me cherchaient seulement des problèmes.

Q. Lorsque vous étiez allé rencontrer votre maman, est-ce que les huit ADF avaient des armes ?

R. Oui

Q. Alors lui-même avait-il une arme ?

R. Non, je n'avais pas d'arme.

Premier Président au prévenu Keiz :

Q. Comment s'appelle celui qui vous a emmené ?

R. Il s'appelle Yousouf

Q. Où est-il pour le moment ?
R. Il avait fui avec les ADF.
Ministère Public au prévenu Keiz :
Q. Est-ce que le prévenu a des frères en Europe ou à Londres ?
R. Oui, nous sommes neuf dans notre famille et notre aîné s'appelle Padiri, il est en Amérique, et le deuxième reste à Kampala.
Ministère Public : Si nous avons posé cette question, ce n'est pas en vain, car nous avons des informations selon lesquelles ces ADF coopèrent avec leurs bureaux pour le financement de leurs groupes.
Avocat Défense du prévenu : Nous disons comme le MP vient de dire qu'il y a plusieurs Jeannot et Charlotte, qu'il nous amène les preuves de cet argent.
Avocat PC au prévenu Keiz :
Q. A Kampala où habitaient Jeannot et Charlotte ?
R. Dans un hôtel de là où je vendais.
Q. C'était pour vous la première fois d'arriver au Congo ?
R. C'est ma première fois.
Q. Comme c'était la première fois qu'ils arrivaient à Mpondwe, qu'est-ce que Jeannot lui avait dit ?
R. Jeannot avait recommandé au propriétaire de la moto de m'amener à la maison, car j'étais fatigué.
Avocat Défense du prévenu demande à l'avocat de l'Etat congolais s'il a une procuration spéciale qui lui permet de se présenter.
Avocat PCR : Oui, il a été mandaté par le Vice-Gouverneur de la Province du Nord-Kivu et c'est signé par lui-même.
Ministère Public : Concernant la partie civilement responsable (Etat congolais), elle ne peut pas à elle seule participer à tous les dossiers. Il faut qu'elle paie conformément à la loi. Il faut qu'elle se constitue et qu'elle paie la caution au Greffe.
Avocat PC à la Cour :
Nous posons la question de savoir si la défense du prévenu a été mandatée et commise d'office ?
Premier Président : Oui, ils ont été commis d'office.
Premier Président à la PC :
Q. Vous assistez qui dans ce dossier, car il n'y a pas de PC ?
R. Nous sommes ici pour assister les intérêts des victimes.
Premier Président : La Cour décide que la PC se retire de ce dossier, car il n'y a pas de parties civiles.
Avocat Défense au prévenu :
Q. Est-ce qu'il connait Madina ?
R. Non.
Q. Dans quel camp des ADF étiez-vous ?
R. Au camp Semuliki.
Q. Pendant que vous étiez dans ce camp, vous ne connaissiez pas le nom ?
R. Non

Q. Aviez-vous eu à participer à l'attaque des ADF contre la population congolaise ?
R. J'étais au cachot dans un trou.
Q. Lorsque votre groupe était tombé face aux ADF, qu'aviez-vous entre vos mains ?
R. Je n'avais rien.
Q. N'aviez-vous rien sur vous ?
R. Non, je n'avais rien sur moi.
Premier Président au prévenu Aposhi Aposha :
Q. Aviez-vous déjà été arrêté avant d'être arrêté pour ce dossier ?
R. Oui.
Q. Avez-vous déjà été condamné ?
R. Silence.
Q. Vous confirmez que vous étiez pisteur des ADF ?
R. Oui.
Q. Depuis quand vous faisiez cette activité ?
R. Depuis une année.
Q. Chez les ADF, qu'est-ce que vous faisiez ?
R. Silence.
Q. Vous reconnaissez avoir été arrêté par les FARDC ?
R. Oui.
Q. C'était où ?
R. A Otomabere
Q. Vous connaissez Kambi La Miba ?
R. Oui, je connais.
Q. Quels autres camps connaissez-vous ?
R. Mangina
Q. Comment êtes-vous arrivés chez les ADF pour qu'on puisse vous utiliser comme pisteur ?
R. Silence.
L'Avocat Défense sollicite à la Cour qu'on puisse décréter un huis clos pour son client, et la Cour va s'adresser à une ONG de la place pour un interprète.
Premier Président à Faruku Kabaale :
Q. Dans quelles circonstances vous êtes-vous retrouvé chez les ADF/NALU ?
R. Je ne suis pas venu chez les ADF, mais plutôt pour le commerce ; et je suis commerçant dans le marché de Kampala (grossiste). Je vendais les habits des femmes.
Q. Qu'est-ce qui lui est arrivé pour venir au Congo ?
R. J'avais un ami commerçant qui venait au Congo. Il m'avait dit qu'il restait à Goma et qu'il est Congolais.
Q. C'est lui qui vous a dit de quitter Kampala pour venir au Congo ?
R. Il m'avait dit que nous venions au Congo, précisément à Goma.
Q. N'est-ce pas que M. Felly vous avait dit de venir au Congo pour acheter de l'or ?

R. Oui, il m'avait parlé.
Q. Pourquoi devant le MP, il n'avait pas parlé du commerce des habits ?
R. J'avais tout dit.
Q. Comment avec le commerce des habits et de l'or, il s'est retrouvé au camp des ADF ?
R. Au camp des ADF, c'est M. Felly qui m'y avait amené. Arrivés à Mpondwe vers 18 heures, nous avons descendu nos bagages. Un moment donné lorsque nous étions déjà fatigués, Felly m'avait donné le motard pour m'amener et nous portions les bagages des FARDC. Arrivés plus loin dans la forêt, le motard s'était arrêté. Aussitôt, trois hommes en armes sont arrivés. C'étaient des ADF.
Q. Comment il a su que c'étaient des ADF ?
R. J'avais vu seulement les hommes en armes.
Q. Devant le MP n'avez-vous pas dit que vous avez vu Keiz Mussa et sa maman ?
R. Non.
Q. Alors là-bas, vous ne les connaissez pas ?
R. Oui, je reconnais les avoir vus et d'autres personnes aussi. Après, nous sommes partis pendant la nuit, là je ne reconnaissais personne. Dans notre parcours, nous nous sommes rencontrés avec les éléments des FARDC. Comme je portais le sac, avec le feu nourri des FARDC pendant 5 minutes, j'avais jeté le sac et je suis tombé par terre, puis je me suis mis débout et les mains en l'air, après je me suis rendu aux FARDC.
Q. N'avez-vous pas été au camp des ADF ?
R. Je n'y ai jamais été.
Juge au prévenu :
Q. Vous n'avez pas retrouvé Monsieur Keiz ni le voir ?
R. Oui, c'est lui qui était venu et qui était là.
Q. D'où est venu Keiz ?
R. Lorsque je suis venu de Kampala, c'est là que j'avais retrouvé Keiz.
Premier Président à Keiz :
Q. Connaissez-vous Monsieur Kabaale
R. Oui
Q. Où l'avez-vous vu pour la première fois ?
R. Je l'avais vu là où était ma mère.
Q. Kabaale venait-il avec sa maman ou il venait avec d'autres personnes ?
R. Il était aussi dans le groupe où était ma mère.
Q. Est-ce que Kabaale connait ça ?
R. Oui
Q. Est-ce que Keiz vous a retrouvé avec votre mère ?
R. Oui, nous étions tous assis en brousse.
Q. Votre groupe était de combien de personnes ?
R. Nous étions deux groupes des otages.

Q. Quel était votre avis lorsque vous avez croisé l'autre groupe, ou alors votre réaction ?
R. Premièrement, moi je n'étais qu'un otage, la 2ème fois je ne savais où j'étais et je suis venu au Congo pour le commerce pas pour autre chose ; et comme j'étais sous leur capture, je ne pouvais rien faire.
Q. Aviez-vous vu Keiz avec une arme ?
R. Non.
Juge Assesseur au prévenu Kabaale
Q. Le sac qu'on vous a fait porter par les ADF, que contenait-il ?
R. Il y avait seulement mes habits et ceux des autres.
Premier Président à Mme Zaituni Adidja
Q. Comment êtes-vous arrivée ici au Congo ?
R. Je ne sais qui m'avait amené au Congo, mais ce que je reconnais c'était dans un endroit où on vendait des bananes.
Q. Comment avez-vous quitté l'Ouganda pour arriver au Congo ?
R. C'était pour chercher mon fils.
Q. Comment avez-vous su qu'il est perdu et qu'il est au Congo ?
R. C'est la même personne qui m'avait fait venir au Congo qui m'a dit que mon fils se trouve au Congo.
Q. Par quel moyen avait-elle reçu l'information que son fils est au Congo ?
R. Ce sont les mêmes gens qui sont venus me dire que mon fils se trouve au Congo qui m'ont donné le téléphone. Comme il faisait nuit, je ne pouvais pas reconnaitre la personne qui était en ma face, et je ne pouvais ni manger, ni dormir. Je me souciais toujours à cause de mon fils qui était perdu ; qu'allais-je encore dire ? On m'avait dit que mon fils était perdu et qu'il se trouvait au Congo. Et comme je n'avais rien à leur donner, mon fils m'avait remis 100.000 shillings pour leur donner. Après, d'autres personnes sont arrivées pour me prendre.
Q. Quel est le nom de votre fils ? Qui est venu le chercher ?
R. Il s'appelle Keiz Mussa Kezuula
Q. Quel est le nom de l'enfant qu'elle avait ?
R. Il s'appelait Amza.
Q. L'enfant était de qui ?
R. Comme je n'avais plus d'enfant, je l'avais adopté.
Q. Où avait-on trouvé cet enfant et chez qui ?
R. J'avais un ami qui était à l'orphelinat ; il y avait un enfant dont la mère était morte. Il me propose si je pouvais l'adopter.
Q. Saviez-vous que cet enfant Amza était déjà arrivé au Congo et serait au camp des ADF/NALU ?
R. Je savais et je ne pouvais plus rien faire, car cet enfant était tout pour moi, il était trop petit.
Q. Cet enfant avait quel âge ?
R. Sept ans

Ministère Public : En 2014, Amza était amené à Goma. Pour le retourner en Ouganda, la mère est allée le réclamer à la Croix Rouge de l'Ouganda. Cet enfant n'avait que sept ans plus deux ans ça fait neuf ans pour l'amener chez les ADF/NALU en brousse.

Q. Comment vous qui êtes venue chercher votre fils au Congo, pouvez-vous venir avec un enfant au lieu de le ramener à l'orphelinat ?

R. Je ne m'attendais pas à ce qui va m'arriver au Congo. C'est un plan de Dieu.

Q. Vous qui n'avez pas de moyen, comment vous avez encore ramené cet enfant ?

R. Je n'avais pas le moyen de le laisser, car il avait un bas âge.

Q. Par rapport à son âge, comment elle pouvait encore l'amener ?

R. Cet enfant restait seul

Q. Quelle était vraiment l'importance de cet enfant pour le faire venir au Congo ?

R. Un petit enfant de son âge, qu'est-ce qu'il connait du Congo.

Devoir à faire comparaitre

- Le responsable de l'ACOPE/Beni
- Le responsable de l'ONG

Audience publique du 30 août 2016

RP N° 0106/2016
RMP N° 0663/KNG/2016
A laquelle siègent :

1. Lt Col. Mag. Ntshaykolo Esosa Masele Jp, 1er Président ;
2. Maj. Mag. Kabondo Pibwe Serge, Conseiller ;
3. Lt Col. Ndiba Bulangiti, Juge Assesseur ;
4. Lt Col. Simisi Tuve Serge, Juge Assesseur ;
5. Lt Col. Kwed Gbia Ayembi Benjamin, Juge Assesseur ;
6. Maj. Mag. Kumbu Ngoma, OMP ;
7. Mag. Bonyoma Kaisala Rigobert, Greffier.

En cause : l'auditeur militaire supérieur Près la cour militaire opérationnelle du Nord-Kivu, Ministère Public.

Contre :

- Monsieur Kabaale Faruku Samuel ;
- Monsieur Baseme Batachoka Elie, alias Idrissa ;
- Monsieur Ngabo Oscar ;
- Monsieur Katembo Matsoro Elias ;
- Monsieur Keiz Mussa Kizuula ;
- Monsieur Wekoye Steven ;
- Monsieur Sekabira Hakumu ;
- Monsieur Aposha Aposhi Et Mme Zaituni Adidja.

Prévenus de : Participation à un mouvement insurrectionnel

A l'appel de la cause, les prévenus régulièrement cités ci-haut comparaissent en personne et assistés de leurs conseils habituels :

- Me David Wambale, conjointement avec
- Me Idy Djuma, conjointement avec
- Me Charles Omumoki Ayalinga, tous avocats au barreau de Kisangani ;
- Me Joël Shanyungu, avocat au barreau de Goma ;
- Kiwunga Makila, défenseur militaire agrée.

Après la comparution des avocats conseils des prévenus, monsieur le 1er Président appelle le prévenu Aposha Aposhi. En ce qui concerne le représentant de PAP-RDC comme dit le Statut de Rome, il faut une protection pour eux, sur ce, le MP sollicite à la Cour, en ce qui le concerne, qu'on décrète un huis clos.
Premier Président au prévenu Baseme Batachoka
Conseiller :
Q. Qu'est-ce qui fait que vous soyez membre des ADF/NALU ?
R. Je réponds au nom de Baseme Batachoka. C'est le nom de la famille et Idrissa c'est le nom qu'on m'avait donné chez les ADF, et le nom d'Elie, c'est un nom qu'on m'avait donné, car un jour je ressemblais à un certain Patrick qui était arrivé. Après le contrôle de mes travailleurs, M. Samuel Patrick, je l'ai trouvé assis par terre et je lui ai posé la question de savoir s'il souffrait de quoi. Il me répondra qu'il a faim. Je suis allé acheter quelque chose à manger et c'était notre première rencontre. Après, il me dira qu'il va à Goma via Butembo. Après son départ, il est allé dans un hôtel nommé Kubata et je l'ai rencontré là-bas. Il me demanda de lui donner mon numéro et il était parti. Ce dernier est encore revenu pour la deuxième fois. Arrivés à Kanyabayonga, nous nous sommes retrouvés, ce monsieur me dira comme je l'ai aidé, il ne va pas m'oublier. Dans notre causerie, il me dira qu'il travaille trop dur, et il travaille à Madina là où il y a beaucoup d'argent. Si je pouvais aussi aller travailler avec lui, et sur moi j'avais 2700$ et ce monsieur me dira qu'après son retour si je suis prêt, je partirai avec lui. Et le type est revenu à Kanyabayonga chez Mastilot. Trop tôt matin quand il est venu me dire que nous pouvons partir, je n'étais pas content, et le type avait juré que je resterais pauvre dans ma vie et je peux rater une chance. Après, comme je l'entendais dire ainsi, je me suis décidé d'aller avec lui et nous sommes partis au parking là où on a écrit « Kubota Au revoir Madembo ». Arrivé à Butembo, le monsieur n'avait même pas d'argent pour payer le transport. Je lui ai posé la question de savoir comment il n'avait pas d'argent. Il me dira qu'il a l'argent sur Airtel money. Après, j'avais payé le transport pour lui. Ce dernier appela le motard et j'étais étonné de voir que celui qui est venu avec moi était resté et nous sommes partis avec le motard. Quelque part nous avons vu la position de PM et le motard me dira que si les PM nous demandaient, il faut leur répondre que nous sommes des acheteurs.

Le motard s'arrêta en brousse et il y avait deux personnes en tenue civile. A notre arrivée, directement le motard me demanda de lui donner mon téléphone et il s'en alla. Après notre départ avec ces deux messieurs, nous sommes arrivés dans un endroit où il y avait des femmes bien cagoulées et c'est seulement les yeux qu'on voyait. Ce qui m'avait surpris, c'est de voir encore mon téléphone entre les mains de ces femmes et elles m'ont bien accueilli. Après l'accueil, elles m'ont d'abord ravi l'argent et mes biens. Après, elles m'ont fouillé partout. Le matin, deux personnes en armes sont arrivées devant moi et m'ont dit que je suis encore nouveau, je ne peux pas faire quoi que ce soit, ni la formation. Directement j'ai vite compris que j'étais tombé entre les mains des bandits. Après, j'ai vu les gens en train de prier. Tous étaient des musulmans et c'était au camp de Madina. Après avoir marché pendant plusieurs jours, j'étais tellement fatigué, j'ai vu plusieurs personnes ; les consignes étaient de ne pas poser beaucoup de questions et au camp de Madina nous ne mangeons que de Mumbou (colocase). Après, ils ont commencé à m'enseigner le coran et je me suis posé mille et une questions. Je suis maintenant à Madina, comment puis-je fuir ? Et pourtant nous avons marché dans cette grande forêt pendant plusieurs jours. Après, je ne pouvais plus rien faire. Je me suis fait comme eux alors que je ne l'étais pas. Directement ils m'ont attribué une tâche en me plaçant sous l'autorité d'une femme ; et ce travail était de construire le WC et aller couper les bois. Un jour, on avait arrêté deux femmes supposant qu'elles étaient du gouvernement et qu'on allait les tuer. Pris de pitié, je les ai fait fuir. Après avoir organisé leur évasion, j'étais mal vu. On avait même ouvert un dossier contre moi.

Q. Depuis quand il avait connu Monsieur Samuel Patrick ?

R. Depuis trois semaines, au mois de février.

Q. Monsieur Patrick vous a promis une vie meilleure ?

R. Oui

Q. Avant de rencontrer Patrick, qu'est-ce que vous faisiez ?

R. J'étais cultivateur et exploitant de bois.

Q. L'activité d'exploitant de bois et cultivateur ne vous suffisait-elle pas ?

R. Non. L'argent que j'avais était insignifiant.

Q. Est-ce la recherche de la richesse qui vous a poussé à accepter l'offre de monsieur Patrick ?

R. Comme j'avais raté dès mon enfance les études, c'est pourquoi je suis allé chercher de l'argent.

Q. Est-ce qu'on vous a dit que Madina c'est un pays ?

R. Oui

Q. Depuis votre enfance, aviez-vous déjà entendu parler d'un pays appelé Madina ?

R. Depuis mon enfance, j'entendais parler de la Mecque et de Madina.

R. Avez-vous une femme et un enfant ?

R. Oui

Q. Quelle est la confiance que vous avez accordée à monsieur, vous en tant que responsable pour vous faire tromper ?
R. Je pensais que comme ma femme restait très loin du camp, je ne pouvais pas la signaler, car le transport coûtait cher.
Q. Combien le montant ?
R. 12000 FC, aller et retour.
Q. Comment vous avez fait sortir 2700$, alors que vous dites que 12000fc c'est trop cher ?
R. Monsieur Patrick m'avait seulement trompé.
Q. Vous confirmez que monsieur Patrick était assis près de votre porte ?
R. Oui
Q. Patrick n'avait pas d'argent pour acheter à manger ?
R. Il n'avait rien.
Q. Qui avait acheté la nourriture pour lui ?
R. Moi-même
Q. Comment lui qui est venu de Madina, là où il y avait beaucoup d'argent, n'avait rien sur lui ?
R. C'est après avoir mangé ce que je lui ai acheté que nous avons causé.
Q. Depuis que vous avez entendu dire de Mecque et Madina, n'aviez-vous pas d'envie d'y aller ?
R. Non
Q. Est-ce qu'on vous a donné la fonction de commandant second ?
R. Oui
Q. Vous étiez sous commandement de qui ?
R. J'étais sous le commandement de Bidi.
Q. Que signifie Bidi ?
R. Je ne sais pas si vous me demandez la signification de Basema Batachoka.
Q. Que faisait Bidi ?
R. Elle était chargée de l'électrification.
Q. Comment et pourquoi vous qui avez fait fuir ces deux femmes, vous êtes resté dans cette fonction ?
R. On avait ouvert un dossier contre moi, car je n'étais pas content du fait qu'on tuait les gens pour rien.
Q. Pourquoi vous avez fait évader les gens à deux reprises et comment vous-même vous n'avez pas pris la fuite ?
R. D'abord j'avais deux pensées en moi : premièrement à cause de mon argent et je n'avais pas d'arme.
Q. C'est à cause de votre argent que vous êtes resté ?
R. Oui. C'est pourquoi j'avais pris une bonne arme pour l'amener au gouvernement.
Q. Il y a combien de camps dans cette forêt ?
R. Ce que je connais c'est seulement Madina.
Q. Donc une fois vous êtes allé chercher à manger ?
R. Oui

Q. C'est le jour qu'on vous a envoyé au champ ?
R. Oui et c'est à partir de là que j'avais pris la fuite de Madina.
Q. Que signifie Madina ?
R. Madina, partout où ils campent, ils appellent Madina.
Conseiller au prévenu
Q. Quel était l'enseignement que vous avez appris ?
R. Avoir l'esprit des ADF et du Djihad.
Q. Avoir l'esprit des ADF c'est quoi ?
R. Tout le monde connait que ADF c'est une mauvaise personne.
Q. Vous-même vous connaissez que ce sont de mauvaises personnes ?
R. Oui
Q. Comment donc ?
R. Car ils s'entretuent eux-mêmes et ils coupent les têtes des gens.
Q. Vous souhaitiez fuir avec combien d'armes et de quel type ?
R. J'étais sorti avec une RPG 7.
Q. De deux versions, laquelle est vraie alors qu'il ignorait le chemin de retour ?
R. Je savais qu'en fuyant, je ne saurai pas le chemin de retour. Une bonne occasion de fuir était d'aller au champ.
Q. Pourquoi il n'a pas pris la fuite avec le groupe de femmes qui se sont évadées pour la première fois ?
R. Fuir avec les femmes, j'avais vraiment eu peur, car chaque fois qu'on attrapait les gens en fuite, on les tuait.
Q. Vous qui avez peur, pourquoi avez-vous voulu rester avec eux ?
R. C'est lorsqu'on avait promis la sentence, que j'avais eu peur. C'est alors que j'avais eu l'idée d'aller au champ.
Premier Président au prévenu
Q. C'est lorsqu'on vous a promis le jugement que vous avez eu l'idée de fuir ?
R. Oui
Q. Vous connaissez ou pouvez-vous citer les noms de ceux que vous avez fait fuir ?
R. Non
Q. Entre celui qui a fait fuir et celui qui a pris la fuite, qui commet la faute la plus grave ?
R. Je n'ai fait que par pitié et souci du patriotisme.
Q. Pourquoi vous qui avez commis des fautes graves on ne vous a rien fait ?
R. Car j'avais demandé pardon pour la faute commise.
Q. Combien de fois aviez-vous déjà vu les ADF tuer les gens ?
R. Le sang n'a pas de prix, j'avais vu 4 personnes tuées.
Premier Président au prévenu
Q. C'est combien de fois que les autorités des FARDC sont venues vous rendre visite ?
R. En aucun jour
Q. Est-ce que vous connaissez les noms de quelques-uns ?

R. Non
Ministère Public
Monsieur Baseme a tout dit et il mérite la mort.
Q. Quelle est la raison majeure qui l'a poussé à demeurer au camp des ADF/NALU ?
R. Je n'avais pas vraiment envie d'y rester, c'est un groupe qui n'a pas de pitié.
Président
Q. Connaissez-vous le vieux Muraro ?
R. Oui, je le connais. Il est chargé de prendre les colis ici à Butembo et d'aller avec à Madina dans la forêt.
Q. Il est de quelle nationalité ?
R. Il est Ougandais.
Q. Il reste où ?
R. A Madina.
Q. Il a combien de femmes ?
R. Deux femmes, toutes Ougandaises.
Avocat Défense au prévenu
Q. En quittant les ADF, dans quelle position il est sorti ?
R. Dans une position en dessous du mont Bekaengwa
Q. Est-ce qu'il n'y avait pas d'accrochage lors de rencontre avec les FARDC, lui qui avait deux femmes ?
R. Non.
Q. Qu'est-ce qui s'est passé après ?
R. Lorsque je suis arrivé au parking près du robinet là où on puisait de l'eau, je suis resté quelque temps. Après, un militaire était arrivé pour puiser de l'eau. En voyant le militaire, j'ai appelé et le militaire en question. Il avait peur et a reculé.
Président :
Q. Quelle tenue portiez-vous ?
R. La tenue qui ressemble à celle des FARDC ?
Juge au prévenu Baseme
Q. Combien de temps avez-vous pris pour l'attaque de Parking ?
R. Moi je n'y étais pas et je n'avais pas participé à l'attaque de Parking.
Q. Que dit-il de Kambi La Miba et que les ADF appellent partout où ils se trouvent Madina ?
R. En tout cas pour moi, je ne connais pas Kambi La Miba, car il y a beaucoup de camps.
Q. Vous avez fui parce qu'on vous a promis l'emprisonnement ou comment ?
R. J'avais seulement l'envie de fuir.
Q. Quelle est la sentence promise à un ADF qui a commis un forfait ?
R. Premièrement on doit vous poser des questions et après leur concertation, vient la décision.
Q. A quoi consistait la fonction du commandant second Bango ?

R. Moi je n'étais pas commandant Bango. Il y avait un seul chef qui commandait, Bango.
Q. Alors, vous commandiez quel secteur ?
R. Il y avait plusieurs secteurs dans la brousse, Kambi La Miba et autres.
Juge Assesseur au prévenu Baseme
Q. Pouvez-vous affirmer qu'on vous a nommé commandant second pour votre argent ?
R. Si on m'avait donné cette fonction, c'est parce qu'il n'y avait personne de courageux pour exercer cette fonction.
Avocat Défense au prévenu
Q. Pourquoi vous qui n'étiez pas commandant second, vous êtes arrivé à sortir avec ces deux armes ?
R. Je les remercie beaucoup pour m'avoir donné cette fonction.
Ministère Public au prévenu Baseme
Q. Qui vous a conduit jusque chez les ADF ?
R. Je ne cannais pas son nom.
Ministère Public : Nous disons que le monsieur qui l'a conduit est déjà aux arrêts et c'est un Tanzanien. Nos services de sécurité vont nous le transférer d'un moment à l'autre.
Premier Président au prévenu Mambe Richard
Q. Comment vous vous êtes retrouvé dans le camp ADF ?
R. Je ne connais pas.
Q. Comment il ne connait pas ?
R. Car le problème des ADF ne me concerne pas.
Q. Comment vous étiez arrêté ?
R. J'étais avec un grand-frère qui s'appelle Maende Razaras et nous restions tous à Kampala. Il me dira d'aller à Bwera. Quand nous sommes arrivés à Bwera, dans un hôtel, Africana, c'était le 7 juin, nous sommes entrés dans une chambre de cet hôtel et nous avons vu des gens que nous ne connaissions pas. Après beaucoup de causeries avec eux, mon grand-frère revient et me dit que nous avons trouvé du travail au Congo, celui d'aller exploiter de l'or au Congo. Après, mon grand-frère était arrivé avec un camion marque Primo dont j'ignore la plaque d'immatriculation. Il est revenu me dire de ne pas avoir peur, nous irons travailler avec ces militaires qui sont nos frères ougandais et que nous irons exploiter de l'or. Vers 22 heures, le véhicule était arrivé et directement nous sommes partis quelque part. Ce véhicule s'était arrêté et s'était retourné. J'ai posé la question : comment le véhicule est retourné ? Mon grand-frère me dira que c'est lorsque nous allons terminer à extraire de l'or qu'il viendra nous récupérer.
Q. Est-ce que vous connaissez ces deux messieurs avec qui vous causiez ?
R. Oui
Q. Citez les noms ?
R. Laurent Steven et Maende Razaras
Q. Comment s'appelle votre grand-frère ?

R. Maende Razaras
Q. Comment il peut avoir un même nom avec le militaire ? Est-ce qu'il est aussi militaire ?
R. Non. Après, nous avons continué notre voyage ensemble avec mon grand-frère. Arrivés quelque part, nous avons vu un monsieur qui s'appelait Delji. La nuit nous prenions du sucré, ignorant que les FARDC nous avaient déjà aperçus, directement il y avait les coups de feu et nous nous sommes dispersés, chacun dans son coin et direction. Et moi je me suis fait tomber dans les mains de la population. En nous posant des questions si nous venions d'où et nous allions où, comme je ne connaissais pas l'endroit, j'allais me plonger dans la rivière et peut-être j'allais être sauvé. Il y avait beaucoup de femmes à côté de cette rivière. Je croyais qu'en allant là-bas je serai sauvé alors que c'était la fausse destination.
Q. Cette rivière était au Congo ?
R. Oui, c'était au Congo.
Q. Est-ce que votre grand-frère vous avait dit la destination finale ?
R. Non
Q. C'est dans cette rivière que vous alliez creuser de l'or ?
R. Non. Pas creuser, mais aller voler.
Q. Voler précisément de l'or où ?
R. Je ne reconnais plus l'endroit à cause d'un long séjour en prison.
Conseiller au prévenu Mambe
Q. Aviez-vous de visa pour entrer au Congo ?
R. Non. Seulement des papiers qu'on nous a donnés à partir de la prison de Kampala.
Q. Aviez-vous montré ces papiers à la douane ?
R. C'est mon grand-frère qui est parti avec.
Ministère Public au prévenu Mambe
Q. Combien d'armes de guerre aviez-vous ?
R. C'étaient les deux militaires des ADF qui avaient des armes.
Premier Président
Q. Ces deux militaires étaient aussi entrés au Congo ?
R. Oui
Q. Ils avaient quel type d'arme ?
R. Je ne connais rien.
Ministère Public à monsieur Mambe
Q. Aviez-vous des machettes ? Oui ou non.
R. Je n'avais pas de machette.
Les prévenus étaient au nombre de quatre pour attaquer Kasindi. Après avoir été pourchassés par les FARDC, il y avait 4 morts ; donc son grand-frère était parmi.
Q. Votre grand-frère portait quelle tenue ?
R. Lui était en tenue civile.
Q. Pour voler de l'or, il faut venir avec des armes ?

R. Ces militaires-là étaient en tenue.
Q. C'étaient des militaires de quel gouvernement ?
R. Gouvernement ougandais.
Q. Vous veniez d'où précisément ?
R. De l'Ouganda et c'était le 7 juin et les soldats des FARDC nous ont attaqués le 8 juin de cette année.
Conseiller au prévenu Mambe
Q. Est-ce qu'ils avaient leurs armes ?
R. Oui
Juge au prévenu Mambe
Q. Sur cette photo, n'avez-vous pas reconnu Delji ?
R. Non
Q. Qu'est-ce qui lui est arrivé après confrontation avec les FARDC ?
R. Lors des crépitements des balles, nous nous sommes dispersés.
Q. Vous avez fait combien de temps au Congo ?
R. Nous sommes entrés le 7 juin.
Q. L'activité de votre grand-frère à Kampala ?
R. Il était voleur.
Q. Quel était votre objectif de venir au Congo ?
R. C'était de venir voler.
Premier Président au prévenu Mambe
Q. Qu'est-ce que vous allez faire pour que la justice congolaise vous aide ?
R. Je me reproche d'avoir été trompé, et en quittant l'Ouganda, notre objectif était de venir voler.
Q. Ces militaires étaient des Ougandais ?
R. Oui, des militaires ougandais incontrôlés et ils restaient dans la position de Masaka, et le militaire avait une carte avec lui.
Juge Assesseur au prévenu Mambe
Q. Comment aviez-vous traversé la frontière avec deux militaires ougandais qui avaient des tenues et des armes ?
R. Nous avons traversé la frontière pendant la nuit.
Q. Est-ce que les militaires ont traversé la frontière la nuit et ton grand-frère le matin ?
R. Oui
Avocat Défense au MP : Observation
Q. En lisant la décision de renvoi, à voir Madina, Mayimoya et consort, est-ce que c'était à Kasindi ou comment ?
R. Ministère Public : La Cour n'est pas saisie par les observations du MP, mais la Cour est saisie par la décision du renvoi. Le prévenu résidait à Madina. Cela n'empêchait pas d'aller attaquer Kasindi.
L'Avocat de la Défense soulève que leur inquiétude se pose au niveau du contrat judiciaire qui lie le prévenu à la Cour.
Le Premier Président voulait faire savoir que dans cette cause, aucune exception n'a été soulevée. Selon le MP, votre client est un ADF et selon lui,

il était venu au Congo pour voler de l'or. Et la Cour n'est pas là seulement pour condamner, mais pour chercher des prévenus à charge ou à décharge.
Avocat Défense au prévenu Mambe
Q. Avez-vous déjà été à Madina ou en avez-vous entendu parler ?
R. En aucun jour dans ma vie.
Q. Dans quelle attaque citée dans la décision de renvoi, Mayimoya, Kokola avez-vous participée ?
R. Je n'en sais rien.
Président
Q. Qui connaissez-vous parmi ces prévenus avant d'être arrêté ?
R. Personne.
Avocat Défense au prévenu Mambe
Q. Quel instrument aviez-vous en main pour voler de l'or ?
R. J'étais comme porteur.
Q. Est-ce que vous étiez seul ou comment ?
R. Nous étions nombreux et les autres étaient tous morts.
Q. Ils étaient au nombre de combien ?
R. Nous étions en huit : six étaient morts et les deux autres avaient pris la fuite.
Q. Saviez-vous que vous êtes venus au Congo pour voler ?
R. Oui
Q. Reconnaissez-vous que les huit militaires venus de l'Ouganda avaient les armes ?
R. Oui, deux avaient les armes et je n'avais plus peur.
Q. Vous étiez exactement au nombre de combien ? Combien sont morts et combien ont pris la fuite ?
R. Nous étions huit, six sont morts et deux ont pris la fuite, et moi j'étais arrêté.
Q. Vous étiez parmi les deux qui ont fui ?
R. Oui.
Avocat Défense au prévenu Mambe
Q. Quel est le sort de celui qui avait pris la fuite ?
R. Il avait même confirmé qu'il était bien arrivé à Kampala, ensuite les soldats ougandais qui gardaient la frontière étaient allés l'arrêter. Et pour le moment, il est en prison en Ouganda.
Premier Président
Q. Comment vous avez su qu'il était arrêté et qu'il se trouvait en prison ?
R. Les militaires congolais qui m'avaient arrêté, m'ont montré sa photo étant menottée.

Ministère Public

Le MP, fait observer à son contradicteur que le prévenu se donne le droit de mentir, mais « ce que je sais pour le mouvement insurrectionnel, c'est la peine de mort et ce que je cherche c'est la peine de mort. »

Premier Président au prévenu Katembo Matsoro

Q. Comment avez-vous intégré le camp des ADF ?

R. C'étaient le 24 février 2016, je quittais Butembo pour aller à Kasindi au marché. Après avoir dépassé Kisalala, le véhicule était tombé en panne. En voyant ainsi, comme nous étions deux, nous sommes allés à pieds. Arrivés quelque part, nous nous sommes croisés avec un motard en cours de route, qui roulait seul devant nous. Nous lui avons posé la question de savoir pourquoi il était seul. Il nous répondra qu'il est allé avec un client ; à son retour, il n'y avait personne à transporter. Il nous a demandé de lui payer 15 $ et nous avons refusé. Il nous a aidés et nous sommes partis. Arrivés au pont Nyaleke, nous sommes allés à une distance de quelques kilomètres, nous avons vu deux militaires qui portaient la tenue tâche-tâche comme des FARDC. Ils nous demandèrent d'où nous sommes venus. Et le motard leur répond ; ce sont mes clients. En cours de route, le motard avait reçu un coup de téléphone qu'il n'avait même pas décroché. Alors, nous sommes partis avec ces deux militaires et on avait déjà libéré ce motard. Arrivés à Semuliki, nous sommes encore partis dans la rivière Mughalika et là, nous avons passé presque deux semaines. On nous a séparés et chacun partait de son côté, et on nous a encore pris pour nous amener après un mois et une semaine à Talihya. Nous avons vu beaucoup de personnes qui nous ont apporté à manger. Après, nous sommes allés faire la formation pendant trois mois et on nous a présenté quelqu'un comme notre chef. Il répondait au nom de Chauffeur. Il nous demanda si nous connaissons la forêt. Comme nous avions peur d'être tués, nous avions accepté. Après, nous sommes encore repartis dans la forêt. Nous nous sommes retrouvés à Semuliki. Nous sommes repartis. Lorsque nous sommes arrivés quelque part, nous nous sommes retrouvés près de la route. Comme il voulait aller dans un kiosque, c'est alors que j'avais pris la fuite et je me suis croisé avec une maman. Après lui avoir demandé où se trouvait le chef, elle me répondra que le chef qui s'appelait Kalembo était déjà mort ; et je lui ai encore demandé où se trouvait le nouveau chef, elle demanda d'où je venais. Je lui ai dit que je veux voir le chef et c'est à lui seul que je vais parler. En voyant le chef Muungu, je lui ai parlé et le chef m'amena au commandant des FARDC parce qu'il avait peur de la population jusqu'à ce que j'étais acheminé ici à Beni chez le T2 secteur.

Q. A quel niveau le véhicule s'était arrêté ?

R. A Kisalala.

Q. C'était à quel mois ?

R. C'était au mois de février.

Q. Etiez-vous le seul passager à bord de ce véhicule ?

R. Nous étions nombreux et j'étais avec quelqu'un.

Q. Qui est celui-là ?

R. Il s'appelle Kasereka Matsoro.

Q. Vous alliez faire quoi là-bas ?

R. Nous voulions aller au marché.

Q. Qu'est-ce que monsieur Kasereka faisait comme activité ?
R. Il était stockeur.
Q. Vous alliez acheter quoi au marché ?
R. Des œufs.
Q. Est-ce que le motard portait le gilet ?
R. Non.
Q. Saviez-vous qu'il y a une consigne qu'il faut que les motards portent les gilets ?
R. Il y avait d'autres qui ne portaient pas de gilets.
Q. Lorsque le motard vous portait, a-t-il causé au téléphone ?
R. Non.
Q. Depuis quand habitiez-vous à Butembo ?
R. Depuis deux ans.
Q. Ne saviez-vous pas que les ADF campaient tout autour ?
R. Comme nous passons souvent sur cette route, nous ne craignions rien.
Q. Pourquoi le motard n'était pas arrêté ?
R. Moi aussi j'étais étonné qu'on ne lui ait pas ravi le téléphone.
Q. Qu'est-ce qui vous prouve que ce que vous dites est vrai ?
R. C'est seul Dieu qui connait tout.
Q. Pouvez-vous mettre Dieu comme votre avocat ?
R. C'est lui qui sonde les cœurs des gens et il sait tout.
Q. Pourquoi aujourd'hui vous citez le nom de Dieu ?
R. Car c'est Dieu qui sonde les cœurs des gens.
Conseiller au prévenu Katembo Matsoro
Q. Pendant tous ces six mois, à combien d'attaques aviez-vous participé ?
R. Aucune attaque.
Q. Vous ne faisiez aucun travail ?
R. Non.
Q. En aucun jour vous ne faisiez pas de travail ?
R. Non.
Ministère Public au prévenu Katembo Matsoro
Q. Pourquoi vous aviez voulu abandonner le véhicule et aller avec la moto ?
R. Je ne connaissais pas le moment que le véhicule allait arriver. Et j'étais trop pressé pour aller acheter les marchandises.
Q. Quelle somme aviez-vous ?
R. 380$ et 50.000fc.
Avocat Défense au prévenu Katembo Matsoro
Q. Est- ce qu'il connait le camp de Madina ?
R. Non, je n'ai jamais été à Madina.
Q. Connaissez-vous le nom de quelques armes ?
R. Non.
Q. Reconnaissez-vous avoir été commerçant ?
R. Oui, au petit marché de Mutiri à Butembo.
Q. Pouvez-vous citer quelqu'un qui peut être le témoin ?

R. Même mon père qui est à Kisingiri.
Q. A part votre père, qui d'autre ? Citez-en trois.
R. A cette question, pour la protection des témoins, que la Défense dépose la liste au Greffe.
Q. Avant d'arriver chez le colonel FARDC à Mutwanga, était-il avec le chef ?
R. Oui, j'étais avec le chef.
Président
Q. Au niveau de campement ADF, on vous a donné le nom musulman ?
R. Non.
Q. Qui est-ce que vous connaissez ?
R. Personne.
Q. Avez-vous participé à l'attaque de Kokola, Mayimoya, etc. ?
R. Non, je ne connais pas.
Ministère Public au prévenu Katembo Matsoro
Q. Pouvez-vous nous produire une quittance ou votre patente ?
R. Tous mes documents étaient perdus dans la brousse.
Observation Avocat Défense : Monsieur le Premier Président, la question du MP est un peu nerveuse, car notre client vient de vous répondre qu'il faisait le petit commerce et que nous allons déposer la liste de ses témoins au Greffe pour savoir s'il n'était pas petit commerçant. Et nous ne savons pas pourquoi à cet instant le MP demande à notre client la quittance. Nous voyons comme si le MP public est en train de nous exposer contre la population de Beni. Nous sollicitons à la Cour d'assurer notre protection.
Avocat Défense au prévenu Katembo Matsoro
Q. Vous connaissez le nom du chauffeur et la couleur du véhicule ?
R. Le chauffeur s'appelait Lewis, le véhicule était de marque FUSO de couleur blanche.
Premier Président à monsieur Aposha Aposhi
La Cour avait décidé et envoyé les Assignations à expert et traducteur à l'audience de ce jour.

Ministère Public
En vertu de l'article 64 du CJM, toute personne appelée ou désignée pour l'interprétation, doit avant tout prêter serment.
Identification

1. Nom : Pimo Mahalaki Ramazani : Né à Oïcha, le 12 décembre 1949. Fils de : Moussa Akutaloki (décédé) et de : Mwadjuma Siatpoti (décédé). Village de : Oïcha/Masosi, Collectivité de Mbau, Territoire de Oïcha, Province du Nord-Kivu, Etat civil : marié à madame Adonita Mutcheke et père de 10 enfants. Etudes faites : 6 ans primaires ; Profession : cultivateur et vieux sage de la communauté, Tribu : Mubila/Mukaiko. Domicilié à Oïcha, Avenue. Mahalaki ; Quartier Bakanja N°01 ; Tél : 0993582646.
2. Nom : Simon Mulemba Kamungwezi : né à Mbau, le 3 mai 1979, Fils de Omari (décédé) et de Kiabusiku Ndjeani (en vie). Village de : Mbau,

Territoire de Beni, Province du Nord-Kivu, Etudes faites : 1ère primaire ; Etat civil : marié et père de 10 enfants ; Profession : cultivateur ; Tribu : Mulese ; Adresse : Ngasi, Commune de Rwenzori.
Après leur identification et prestation de serment, monsieur le 1er Président prend acte de leur prestation de serment en qualité d'interprètes traducteurs.
Q. Comment vous vous êtes retrouvés au camp des ADF ?
R. J'étais capturé pour être leur pisteur.
Q. Depuis quand on l'a pris comme pisteur à Otomabere ?
R. Depuis 2 ans.
Q. Vous étiez dans quel camp des ADF ?
R. Silence
Q. Est-ce que vous travailliez pour un seul commandant ?
R. Oui, pour un seul
Q. Quel est le nom de ce commandant ?
R. Major Kobandoa
Q. Dans quelle langue vous parliez avec votre commandant ?
R. Le kiswahili
Q. Est-ce qu'un moment il arrivait de conduire les ADF à des positions des FARDC ou des civils ?
R. Oui, je partais avec les ADF/NALU.
Q. Est-ce que vous reconnaissez l'attaque de Kokola, Kalese ?
R. Oui, j'étais avec eux.
Q. Qu'est-ce qu'on vous donnait comme récompense ?
R. On ne me donnait rien.
Q. Est- ce que vous portiez l'arme et la tenue ?
R. Non, moi je n'étais que pisteur.
Q. Est-ce que vous viviez avec eux au camp ou comment ?
R. Je restais au camp de Mangina.
Q. Comment vous étiez arrêté ?
R. Dans la brousse à Otomabere.
Q. Vous avez dit que vous êtes marié, où sont votre femme et l'enfant ?
R. Ils sont à Otomabere.
Conseiller au prévenu Aposha
Q. Pendant ce temps que vous étiez là-bas, n'avez-vous pas appris la langue arabe ou l'armée ?
R. L'arabe oui, mais pas l'armée.
Q. Le nom musulman qu'on lui a donné ?
R. Aposhi
Q. Qu'est-ce qu'on vous a enseigné là-bas ?
R. Rien.
Juge Assesseur au prévenu Aposha Aposhi
Q. Il ne vous est jamais arrivé de vous battre contre les FARDC ?
R. Je n'entendais rien.
Q. Avant votre arrestation, qu'est-ce que vous faisiez ?

R. Leur montrer le chemin.
Avis du Ministère Public
Selon le MP, tout est clair. Il n'attend que la mort du prévenu et sa condamnation.
Premier Président à Madame Zaituni
Il était question que le responsable de l'ONG PAP-RDC témoigne.
Q. Quel est le nom de l'enfant que vous êtes allé récupérer ?
R. Amza Diba David. C'est lorsqu'il est arrivé chez moi que je lui ai donné le nom de Amza Diba.
Q. Cet enfant avait l'âge de 9 ans ?
R. Il avait entre 7 et 8 ans.
Q. Saviez-vous que cet enfant était déjà au camp des ADF ?
R. Peut-être il était né là-bas, mais moi je ne connais rien.
Conseiller à Madame Zaituni
Q. Devant le MP, il a été dit que pour cet enfant, le souci de la maman était de le récupérer et le remettre au camp des ADF ?
R. L'enfant marchait seul lorsque nous partions.
Q. Sa réponse est contraire par rapport à celle dite la fois passée.
R. C'est ce que j'avais dit.
Q. Par rapport au document, David Amza était chez les ADF depuis 2008 jusqu'à 2014. Qu'est-ce que vous dites ?
R. Cet enfant, on me l'avait donné.
Q. Est-ce qu'on vous a donné son identité ?
R. Non.
Q. N'aviez-vous pas demandé l'origine de cet enfant ?
R. Non.
Q. Selon le document de l'ACOP, il est renseigné que cet enfant est né en 2008 ; et le remettre en 2014 ?
R. Eux aussi, ils ne connaissaient rien.
Q. Cet enfant David, on ne lui avait jamais dit qu'il est né à Madina ?
R. Un jour j'avais seulement demandé à l'enfant si son père ressemblait à qui, et l'enfant ne reconnaissait rien.
Q. Alors où se trouve cet enfant pour le moment ?
R. Malheureusement cet enfant est mort.
Q. Où est-il mort, cet enfant et dans quelles conditions ?
R. Dans la forêt. Je ne connais pas l'endroit. D'ailleurs ce sont les militaires congolais qui me transportaient après avoir été fortement tabassée.
Ministère Public à Madame Zaituni
Q. Elle a combien d'enfants gardés en Ouganda ?
R. Trois enfants.
Q. Ces trois enfants sont-ils réellement en Ouganda ?
R. Le premier a déjà rejoint sa mère. On avait même prié pour lui.
Q. Chez sa mère ou bien ?
R. L'un à Kampala, mais tous sont à Kampala.

Q. Ces enfants sont tous en Ouganda ?
R. Tous ces enfants sont à Kampala.
Ministère Public
Nous disons qu'au sujet de la mort de cet enfant David Amza c'est lors de l'attaque près de la rivière Lume et Semuliki pendant la patrouille du vaillant Major des FARDC que cet enfant avait été atteint par balle.
Avocat Défense à la prévenue par rapport à la décision de renvoi
Q. Que savez-vous de Madina ?
R. Il y a des combattants là-bas, mais réfugiés.
Q. Etes-vous déjà arrivée à Madina ?
R. Je ne connais pas Madina et je ne veux pas le connaitre.
Q. Est-ce que vous étiez déjà arrivée à Madina ?
R. Non.
Q. Avez-vous déjà participé à une attaque ?
R. Non.
Q. Avez-vous déjà été en possession d'une arme ?
R. Non.
Avocat Défense au Ministère Public
Q. Quels sont les éléments qui prouvent que cet enfant a été tué ?
R. Il y a des institutions à Beni et à Goma, qui fonctionnent pour la récupération des enfants. Si vous en avez besoin, nous allons vous montrer même des photos attestant que la Monusco l'avait amené à Goma.

Audience publique du 31 août 2016

RP N°0106/2016
RMP N°0663/KNG/2016
En chambre foraine à laquelle siègent :

1. Lt Col Mag Ntshaykolo Esosa Masele Jp, 1er Président ;
2. Maj. Mag.Kabondo Pibwe Serge, Conseiller ;
3. Lt Col Ndiba Bulangiti, Juge Assesseur ;
4. Lt Col Simisi Tuve Serge, Juge Assesseur ;
5. Lt Col Kwed Gbia Ayembi Benjamin, Juge Assesseur ;
6. Maj. Mag. Kumbu Ngoma, Omp ;
7. Mag Bonyoma Kaisala Rigobert, Greffier.

En cause : l'auditeur militaire supérieur Près la cour militaire opérationnelle du Nord-Kivu, Ministère Public.
Contre :

- Monsieur Kabaale Faruku Samuel ;
- Monsieur Baseme Batachoka Elie, alias Idrissa ;
- Monsieur Ngabo Oscar ;
- Monsieur Katembo Matsoro Elias ;
- Monsieur Keiz Mussa Kizuula ;
- Monsieur Wekoye Steven ;

- Monsieur Sekabira Hakumu ;
- Monsieur Aposha Aposhi Et Mme Zaituni Adidja.

Prévenus de : Participation à un mouvement insurrectionnel

A l'appel de la cause, les prévenus cités ci-haut comparaissent en personne et assistés par leurs conseils habituels :

- Me David Wambale, conjointement avec
- Me Idy Djuma, conjointement avec
- Me Charles Omumoki Ayalinga, tous avocats au barreau de Kisangani ;
- Me Joël Shanyungu, avocat au barreau de Goma ;
- Kiwunga Makila, défenseur militaire agrée.

Premier Président au prévenu Ngabo Oscar

Q. Pouvez-vous dire à la Cour comment vous vous êtes retrouvés au rang des ADF ?

R. Je travaillais à Goma et je quittais chaque matin pour aller au travail. J'avais un ami qui s'appelait Muhindo Alexis et ce dernier avait sa sœur qui vivait au Rwanda. Mon ami Muhindo étudiait à l'UNIGOM. Après, il est allé à Butembo pour son mariage. Comme je ne connaissais pas Butembo, nous y sommes allés le 29 mars 2016. Nous étions parfois stoppés en cours de route. Je ne connaissais pas Butembo. Lorsque nous sommes arrivés à Butembo à une agence de transport, près de moi il y avait des policiers. J'ai appelé monsieur Alexis pour lui dire que je suis déjà au parking. Il me dira : j'envoie un motard pour vous récupérer. Ce motard était arrivé quelques temps après. Nous étions vers la route principale et de là, nous avons pris une autre route vers Muhindo. En arrivant quelque part, nous avons rencontré deux jeunes gens dans une maison ils étaient tous des motards. Muhindo Alexis n'était pas présent. J'ai demandé et posé la question au motard pour savoir où est Muhindo. Ce motard me dira que nous sommes en voyage et que je vais voir monsieur Muhindo après. Nous sommes partis très loin vers la forêt et là-bas je lui ai encore posé la question de savoir où serait Muhindo. Vers 16 heures, je ne voyais toujours pas monsieur Muhindo. Curieusement, ce dernier avait la mission de m'amener dans la forêt chez les ADF.

Q. Quel est le nom du conducteur de la moto ?

R. Je ne connaissais pas son nom.

Q. Il est de quelle nationalité ?

R. Il est de nationalité congolaise.

Q. Est-ce qu'il habitait Butembo ?

R. Non. Je ne savais pas.

Q. Devant le MP vous avez dit qu'il parlait Kinande ?

R. Oui. Après, je ne savais pas où ces militaires m'emmenaient. Et je leur posais la question de savoir où serait Muhindo. Leur réponse était que je ne puisse pas poser beaucoup de questions. Nous sommes partis et quand nous avons trouvé là où étaient des cultivateurs et je leur ai posé des questions si ces gens sont déjà endormis, de son retour, il dira oui, ils sont déjà en sommeil.

Après, nous avons avancé quelques mètres vers une maison, il y avait un homme et une femme et nous leur avons demandé s'il y avait à manger. Lorsque ces deux personnes voulaient s'opposer, ils leur ont braqué l'arme, et ils sont allés prendre la pâte et les condiments. Après avoir mangé, nous avons continué notre voyage. En cours de route, on me dira que nous sommes au point d'arriver là où nous allons. Et avec les deux ADF toujours, lorsque nous sommes arrivés au camp, on m'avait systématiquement fouillé en me mettant par terre. Après m'avoir tout ravi, on m'a pris pour aller au camp. C'est là que j'ai vu Muhindo Alexis, mais avec le nom de commandant section. Je lui ai posé la question de savoir si c'est ça le mariage dont il m'a parlé. Muhindo me répondra : « ici il n'y a pas à poser des questions et je ne suis plus ton ami ».

J'avais commencé la formation et j'avais appris à manier les armes du type AK47, RPG7 et MAG pendant 1 jour. Après, nous sommes partis en voyage de deux semaines. On nous a donné des colis qui contenaient des biscuits, piles et autres. Nous avions continué le voyage et quand nous étions à Madina, après que nous sommes arrivés au camp, ils ont commencé à nous informer que là personne ne peut fuir. « En fuyant, vous allez tomber aux mains des FARDC et quand nous vous poursuivons, nous allons vous tuer ». Après, on nous a encore séparés. Lorsque nous étions au camp Wispa, là-bas si vous n'exécutez pas ce qu'on vous dit et que vous n'êtes pas souple, vous n'allez pas avoir du travail. Je leur ai montré que je suis souple. Alors, ils m'ont doté d'une arme AK47, je suis allé au camp et de là j'avais pris la fuite. Après cinq jours de marche, j'avais rencontré un cultivateur vers 18 heures ; il avait peur de moi. En l'approchant, je lui avais demandé de me donner l'adresse de Butembo. Je lui demandai : d'ici Butembo je peux faire combien de temps ? Comme il faisait tard, j'avais passé la nuit avec lui. Malheureusement je n'étais pas sur la direction qui mène à Butembo, j'étais vers Mayisafi, près des positions des FARDC, où vous ne pouvez pas vous en sortir, car de gauche à droite, il n'y a que des positions des FARDC. C'est à moi de choisir entre les deux chemins. Or, là où je partais, il y avait aussi un danger et j'ai choisi la gauche. Comme j'avais une arme sur moi, je me suis dit que si je sors directement avec mon arme, ils vont me tuer. J'ai fait sortir le chargeur et je me suis rendu. Après, les militaires ont appelé le Général. Lorsque ce dernier est arrivé, il a donné l'ordre à un colonel qui était avec lui. C'est lui qui m'avait amené à bord de son véhicule jusqu'à la direction de T2, après j'étais transféré à la prison.

Juge Assesseur au prévenu Ngabo

Q. Vous pouvez nous donner le numéro téléphone de Muhindo ?

R. Je ne l'ai pas en tête.

Q. Quel est votre numéro de téléphone ?

R. 0787759249

Premier Président au prévenu Ngabo

Q. Vous confirmez que c'est monsieur Muhindo qui vous a amené chez les ADF ?
R. Oui.
Q. Vous affirmez que c'est à partir de Gisenyi que vous vous êtes connus ?
R. Oui.
Q. Chez sa grande sœur qui restait au Rwanda ?
R. Oui, à Gisenyi, secteur Bucakali.
Q. Est-ce que monsieur Muhindo est Nande ?
R. Oui.
Conseiller au prévenu Ngabo
Q. Vous avez suivi la formation militaire et musulmane ?
R. Non.
Q. Vous avez fait combien de temps ?
R. Huit mois.
Q. N'aviez-vous pas participé à une attaque ?
R. Non.
Premier Président
Q. Vous confirmez qu'on vous a donné la mission de chercher la nourriture ?
R. Oui.
Q. La nourriture que vous alliez prendre ou voler ?
R. Aller prendre.
Q. C'était quelle sorte de nourriture ?
R. Du riz, des haricots et mimbou (colocase).
Q. Est-ce que pour aller prendre de la nourriture il faut partir avec une arme ?
R. Là il y a une discipline à laquelle vous ne pouvez pas croire ; et il y a toujours des gens qui vous surveillent.
Q. Là où vous êtes entré pour aller dans la brousse, c'était où ?
R. C'est vers la route de Butembo.
Q. Est-ce que vous marchiez sur la route ?
R. C'était dans la brousse.
Q. C'est que vous connaissez le chemin ?
R. Non.
Q. Comment vous avez su que vous êtes arrivé au village ?
R. C'est en demandant à cette dame qui cultivait son champ.
Q. Alors qu'on vous interdit de poser beaucoup de questions ? Aussi, pourquoi vous n'êtes pas sorti directement sur Beni et que vous avez préféré Mbau ?
R. Je ne connaissais pas le chemin.
Ministère Public : Deux remarques importantes.

1. Il y a de fois, dans le secteur de Beni-Mbau, les véhicules sont pillés et emportés par des ADF.
2. C'est donc par mal chance que celui-ci est tombé dans le filet des FARDC.

Juge au prévenu
Q. Vous étiez invité dans ce mariage, c'était où précisément ?

R. Je ne connaissais pas le lieu du mariage.
Premier Président
Q. Est-ce qu'il ne vous a pas dit le lieu du mariage ?
R. Il m'avait dit que lorsque je serai à Butembo, c'est alors qu'il va envoyer quelqu'un pour me prendre.
Q. Saviez-vous que vous êtes arrivé à Butembo ?
R. Oui.
Q. Est-ce qu'il devait envoyer quelqu'un venir vous prendre et vous amener chez lui ou en brousse ?
R. Chez lui, non pas en brousse.
Q. Pourquoi vous ne lui avez pas demandé de vous montrer là où il était ?
R. Moi aussi j'étais surpris !
Q. Qu'est-ce qui vous a surpris lorsque vous avez vu Muhindo ?
R. Muhindo je l'ai laissé à Goma au point de venir à Butembo, mais pas en brousse.
Q. Comment avez-vous su que c'étaient des ADF ?
R. Car d'autres étaient en tenue civile et il y avait aussi des femmes parmi eux.
Avocat Défense du prévenu : voulait préciser que l'UNIGOM est une grande institution. Si vous pouvez mener des investigations pour savoir si monsieur Muhindo est passé par là.
Premier Président au prévenu Ngabo
Q. A quelle date êtes-vous sorti de la brousse ?
R. Le 6 mai 2016
Q. Est-ce que la population allait au champ ?
R. Cette date, c'est la date à laquelle je suis sorti de la brousse.
Premier Président au Ministère Public
Q. Est-ce qu'à cette date la population se rendait au champ ?
R. Non, il y avait une interdiction formelle, et il y avait des opérations.
A la question de l'Avocat Défense au Ministère public qu'il puisse amener la preuve et pour la Cour aussi, demander à l'Avocat Défense de prouver l'existence de Muhindo.
Premier Président au Prévenu
Q. Ce numéro est de quel réseau ?
R. MTN
Q. C'est quel pays ?
R. Le Rwanda.
Q. Est-ce que vous avez reçu des appels de Butembo ?
R. Lorsque j'étais à bord du véhicule.
Q. Est-ce que ce numéro peut appeler à partir de Butembo ?
R. Oui.
Ministère Public
Le secteur de Beni-Mbau et Eringeti n'est pas loin. Si la Cour peut autoriser d'effectuer une descente et poser des questions au chef.
Premier Président au prévenu Ngabo

Q. Le numéro de Muhindo était de quel réseau ?
R. C'était Airtel
Avocat Défense au prévenu Ngabo
Q. Etait-il en possession d'une arme et d'une machette ?
R. Je n'avais que l'arme.
Premier Président au prévenu
Q. Est-ce que vous êtes arrivé aussi à Madina ?
R. Oui.
Q. Et là-bas, vous étiez au nombre de combien ?
R. C'était à Wispa. Nous étions au nombre de cinq cents personnes y compris les enfants aussi.
Q. Aviez-vous l'idée d'aller prendre la nourriture ?
R. Non, mon idée était de fuir.
Q. Dans votre groupe, est-ce que tout le monde avait des armes ?
R. Non, les enfants n'avaient pas d'armes.
Q. Vous avez effectué combien d'opérations pour aller chercher de la nourriture ?
R. C'était la première fois.
La même question était posée à tous les autres prévenus ?
R. Non.
Juge Assesseur au prévenu
Q. Comment se compose l'équipe qui va chercher la nourriture ? Est-ce que tout le monde portait l'arme ?
R. Il y avait d'autres sans arme.
Q. Dans votre équipe ce jour-là, il y avait d'autres qui étaient sans arme ?
R. Oui.
Q. Vous étiez au nombre de combien ?
R. Je ne sais pas.
Q. Vous étiez-vous confiée la mission d'aller chercher de la nourriture ?
R. Oui.
Q. Avec qui vous étiez parti au champ ?
R. Nous étions avec les enfants.
Q. Vous étiez au nombre de combien ?
R. Cela ne peut pas dépasser 20 personnes.
Q. Quelle confiance qu'on vous a donnée !
R. A Madina, trois jours seulement suffisent.
Premier Président au prévenu Wekoye Steven
Q. Comment il s'est retrouvé au camp des ADF/NALU ?
R. Moi je n'ai jamais été dans le groupe des ADF. Lorsque je suis arrivé au Congo au mois de mai 2016, je suis venu comme cultivateur. A mon arrivée, je me suis présenté chez un monsieur qui s'appelait Joseph qui venait de l'Ouganda acheter des histoires. Il m'avait sollicité en disant : « Chez nous au Congo même si vous n'avez pas d'argent et que vous cultivez pour quelqu'un, vous allez avoir de l'argent ». Je lui ai demandé où il habitait ? Il m'a répondu

qu'il restait au Congo. Après qu'il aura terminé de vendre, que je me prépare pour aller au Congo, me confia-t-il. Lorsque ce monsieur avait terminé son travail, j'ai vite vendu mes biens et je suis allé à la frontière avec le numéro qu'on m'avait donné en me précisant qu'il y a quelqu'un qui va venir me prendre. Après avoir appelé par ce numéro, ce monsieur me répondra en disant qu'il est trop loin, et qu'il va envoyer quelqu'un. Lorsque ce monsieur était arrivé, c'était un motard. Je suis monté sur la moto et nous sommes allés en grande vitesse. Le motard ne voulait pas que je lui pose beaucoup de questions jusqu'à ce que nous sommes tombés dans le filet des ADF.

Q. Comment ils ont su que monsieur va venir et que ce godillot était de votre numéro ?

R. C'était petit par rapport à mes pieds et ça faisait trop mal. Et quand ces gens m'ont emporté dans la brousse, en cour de route, je leur avais dit que je me sentais mal au ventre. Et lorsqu'ils m'ont autorisé de me soulager à quelques mètres d'eux, c'est alors que j'avais pris la fuite dans la brousse pendant treize jours. Et comme je saignais, je n'avais quoi faire. Dans la forêt, je ne buvais que de l'eau. En continuant mon chemin, quelque part j'avais entendu des bruits de la moto. En allant, j'ai trouvé beaucoup de gens qui réparaient les motos et il y avait aussi des femmes vendeuses.

Q. Vous êtes cultivateur ?

R. Oui.

Q. Dans quelle contrée ?

R. A Mbale

Q. Mbale c'est à peu près combien de kilomètre de la frontière ?

R. Je ne sais pas.

Q. Monsieur Joseph vendait quoi ?

R. Des pagnes.

Q. Où est-ce que vous l'avez rencontré ?

R. Dans une église catholique.

Q. Vous confirmez que monsieur Joseph vous a dit que si vous allez au Congo vous allez cultiver ?

R. Oui.

Q. Pourquoi lui-même voulait vendre en Ouganda et non cultiver au Congo ?

R. Je ne sais pas.

Q. Où alliez-vous cultiver au Congo ?

R. C'est à partir de Joseph.

Q. La maison de Joseph se trouvait où, au Congo ?

R. Je ne sais pas.

Q. Joseph venait de quelle ville ?

R. Je n'avais pas eu la chance de connaitre la ville d'où il venait.

Q. En traversant la frontière, vous aviez quelle pièce ?

R. Aucune pièce.

Q. N'aviez-vous jamais entendu parler de la Province du Nord-Kivu ?

R. Non.

Q. Alors, vous êtes dans quelle province ?
R. Je ne sais pas.
Q. Vous n'avez jamais entendu parler du Congo ?
R. Non.
Q. Dans quelle ville vous habitez en Ouganda ?
R. A Mbale.
Q. Mbale, c'est où ?
R. C'est vers la frontière du Kenya.
Q. Est-ce qu'en Ouganda il n'y a pas de terre pour cultiver ?
R. Il y a des terres.
Q. Est-ce qu'en Ouganda vous ne pouvez pas cultiver ?
R. En Ouganda, les terres sont difficilement accessibles.
Q. Vous croyez qu'au Congo il n'y a pas de terres qui ont des propriétaires ?
R. Il y a des propriétaires, mais en Ouganda je n'avais pas de propriété.
Q. Combien d'argent aviez-vous en poche ?
R. J'avais 2.000 shillings.
Q. Par où est-ce que vous êtes arrivé ici à Beni ?
R. Au T2 Beni.
Q. Vous habitiez près du Kenya. Pourquoi n'alliez-vous pas cultiver au Kenya ?
R. Je ne sais pas.
Q. Dans une ville où il y a la guerre, allez-vous bien cultiver ?
R. Non.
Q. Ne saviez-vous pas qu'au Congo il y a la guerre ?
R. Si je savais, je ne pouvais pas venir.
Premier Président au prévenu Ngabo Oscar
Q. Avant de venir au Congo, vous ne saviez pas qu'ici au Congo il y a la guerre ?
R. Non.
Q. N'aviez-vous jamais entendu parler de la guerre de M23 ?
R. Oui. C'était déjà fini.
Q. Alors celle de FDLR, vous n'avez jamais entendu ?
R. Non, de M23 oui, mais c'était déjà terminé.
Q. Vous n'avez jamais entendu parler de kidnapping ?
R. Non.
Premier Président au prévenu Mambe
Q. Vous avez déclaré que vous étiez venu uniquement voler de l'or ?
R. Oui.
Q. Où devait-on voler cet or, si pas dans une maison ?
R. C'est mon grand-frère qui m'avait trompé. Or c'est lui qui avait pris la fuite qui est en prison qui pouvait vous expliquer.
Q. Ne savez-vous pas qu'ici au Congo nous combattons les ADF ?
R. Oui.

Q. Selon vous, les ADF ne sont pas des rebelles qui combattaient le gouvernement ougandais ?
R. Je ne reconnais que Joseph Kony[15].
Q. Même si vous êtes venu pour voler, est-ce le moment qu'il fallait venir pendant qu'il y a la guerre ?
R. Moi je ne savais rien.
Avocat Défense au prévenu Mambe Richard
Q. Avant de venir voler, quelle activité vous faisiez en Ouganda ?
R. Mon grand-frère et moi étions des charpentiers.
Q. Vous et votre grand-frère voleur ?
R. Oui.
Q. Aviez-vous subi une formation en Ouganda pour voler ?
R. C'est mon grand-frère qui allait vous répondre.
Ministère Public au prévenu Mambe Richard
Q. Quel document aviez-vous pour vous faciliter d'entrer au Congo ?
R. J'avais un document qui était dans le véhicule, mais je ne suis resté qu'avec ma carte. C'est mon grand-frère qui avait les documents, mais c'était les documents de transport.
Q. Pouvez-vous confirmer que vous avez reçu un document de la prison de Kampala ?
R. J'avais reçu ces documents près de la prison de Luzira dans une ville qui est près de la prison.
Premier Président au prévenu Mambe Richard
Q. Quand est-ce que les militaires ont traversé ainsi que les civils ?
R. Les militaires ont traversé à 21 heures et nous les civils à 19 heures 30.
Ministère Public au prévenu Mambe
Q. Vous avez payé combien pour traverser la frontière ?
R. Je n'avais rien payé.
Premier président
Q. Est-ce qu'on traversait à 19 heures ?
R. Silence
Q. Est-il permis qu'une personne traverse et vienne régulariser après ?
R. C'est possible si vous le faites conformément à la loi.
Devoir de la Cour au Greffier de faire comparaitre le responsable de la DGM.
Premier Président au prévenu Keiz Mussa Kizuula
Q. Vous avez déclaré que vous êtes venu au Congo faire du business ?

[15] Joseph Rao Kony né le 18 septembre 1961 à Odek dans le nord de l'Ouganda, est le chef des rebelles de l'Armée résistante du Seigneur (LRA pour Lord's Resistance Army) qui opèrent entre l'Ouganda et le Sud Soudan avec pour principal but de renverser le président ougandais Yoweri Museveni, et d'installer un système théocratique fondé sur les principes de la Bible et des Dix Commandements. Il est recherché par la Cour pénale internationale pour crimes de guerre et crimes contre l'humanité.

R. Oui.
Q. Précisément, où est-ce que vous devriez faire ce business ?
R. De Kampala à Butembo, mais nous avons été détournés de la destination.
Q. N'étiez-vous pas au courant qu'il y avait la guerre au Congo ?
R. J'avais beaucoup de clients qui quittaient Butembo pour Kampala.
Q. Pourquoi, en quittant Butembo pour Kampala, vous vous êtes retrouvés en brousse ?
R. Moi je ne connaissais pas Butembo.
Avocat Défense : C'est dans l'esprit de venir vite écouler sa marchandise.
Ministère Public : Le prévenu avait traversé la frontière sans marchandise.
Premier Président au prévenu Sekabira Hakuku
Q. Est-ce qu'il confirme qu'il était motard à Kampala ?
R. Oui, j'étais motard.
Q. Pourquoi vous avez abandonné votre boulot de motard à Kampala pour venir ici au Congo ?
R. J'avais un ami de nationalité ougandaise, qui s'appelait Mohamed. Après, il me dira qu'il va m'amener au Congo, il y a beaucoup de travail et on utilise que des dollars. Et là où vous m'amenez, ils parlent quelle langue ? Ils ne parlent que swahili.
Q. Que faisait ton ami Amadi ?

R. Je savais qu'il était seulement motard. Je lui ai dit que, même si vous m'amenez au Congo, il ne faut pas m'abandonner. Il faut que nous restions ensemble afin que je ne puisse pas me perdre. Il me dit : il ne faut pas penser toujours à ne pas connaitre la langue. Là-bas vous allez toujours vous adapter. Le vendredi, nous sommes montés dans un bus. Ensuite, lorsque nous sommes arrivés quelque part, c'est lui qui va me dire que nous sommes déjà au Congo et directement un motard s'est présenté, et le monsieur, qui m'avait amené avait causé avec le motard dans une langue que je ne connaissais même pas. Dès que nous sommes montés sur la moto, ce qui m'avait étonné est que monsieur Amadi n'est pas venu avec moi. Le motard m'a amené vers une destination inconnue. En brousse, deux militaires ADF sont arrivés et me diront de descendre. Après, nous sommes partis. Nous avons encore retrouvé d'autres personnes. Arrivés à une rivière, nous avons traversé à l'aide d'une pirogue pendant deux jours. Après notre traversée, nous avons continué le voyage et nous sommes arrivés dans un endroit où nous avons trouvé beaucoup de personnes.
Q. Qui étaient ces personnes ?
R. Je ne connaissais pas ces gens.
Q. Etes-vous resté avec eux ?
R. Oui, je suis resté avec eux.
Q. N'aviez-vous pas l'envie de les connaitre ?
R. Elles parlaient dans une langue que je ne connaissais pas.
Q. Ils sont sortis pendant combien de temps ?

R. Pendant trois semaines.
Q. Après trois semaines, où était-il ?
R. J'avais pris la fuite.
Q. Quelle activité vous faisiez pendant ces trois semaines ?
R. Je n'apprenais que les marques des pas. Et il y avait un ADF qui venait me montrer comment faire le montage et le remontage de l'arme et cela s'est fait à deux reprises.
Q. Pendant cet exercice de montage et de remontage, est- ce qu'on vous a doté de l'arme ?
R. Non.
Q. Pourquoi devant le MP vous avez accepté qu'on vous a doté d'une arme ?
R. On ne m'a appris que le montage et remontage de l'arme.
Q. Où habite Hamadi ?
R. Je ne connaissais pas l'endroit où habitait Hamadi.
Q. Pourquoi vous avez donné confiance à quelqu'un que vous ne connaissez même pas ?
R. Parce qu'il m'a dit qu'il me donnera de l'argent.
Q. Comment il est parvenu à sortir dans le camp des ADF ?
R. Je me suis étonné comment j'ai eu cette force et le courage de fuir.
Juge Assesseur au prévenu
Q. Vous connaissez le nom de cette rivière que vous avez traversée ?
R. Non.
Q. Vous étiez dans quel camp ?
R. Je ne reconnais plus le nom de ce camp.
Ministère Public au prévenu Sekabira
Q. Avant de quitter Kampala, est-ce que vous avez informé les membres de votre famille ?
R. Oui, j'avais parlé à ma femme.
Q. Vous avez informé vos parents ?
R. Non, car ils restaient très loin de nous.
Premier Président au prévenu Sekabira
Q. Combien d'argent avait-il laissé à sa famille ?
R. Je ne connais pas le montant.
Q. Etiez-vous le propriétaire de cette moto ou motard ?
R. J'étais motard.

Selon le Ministère Public, le prévenu se présente comme un bon monsieur, mais c'est un danger public. Il mérite la mort.
Avocat Défense au prévenu
Q. Notre client avait participé à quelle attaque ?
R. Vous êtes saisi par la décision de renvoi.
Q. Est-ce que notre client était porteur d'une arme de guerre et d'une machette ?

Premier Président de la Cour : Votre client avait tout avoué ici devant qu'il était porteur d'une arme AK47.
Avocat Défense au prévenu Sekabira
Q. Quelle est la circonstance dans laquelle vous avez fui les ADF ?
R. Je suis allé me baigner et c'est de là que j'avais pris la fuite.
Q. Vous n'êtes pas allé puiser de l'eau ?
R. Je suis allé me baigner.
Q. Vous étiez arrêté en possession d'une arme AK47 ?
R. Moi je n'avais pas d'arme.
Avocat Défense au prévenu
Q. Est-ce que notre client était porteur d'une arme ?
R. Le MP n'a pas fait le PV de saisie d'une arme, mais il précise qu'il avait participé à une attaque.
Ministère Public
A ce stade l'organe de la loi produit la photo dans l'audience devant la population et la Cour.
Ministère Public à Madame Zaituni
Q. Est-ce que la prévenue peut nous montrer sur la photo l'enfant qu'elle avait retiré de l'orphelinat en Ouganda ?
R. La Dame n'est pas en mesure de le reconnaitre. Après, elle suppose le reconnaitre.

Audience publique du 1er septembre 2016

RP N° 0106/2016
RMP N°0663/KNG/2016
En chambre foraine à laquelle siègent :
1. Lt Col. Mag. Ntshaykolo Esosa Masele Jp, 1er Président ;
2. Maj. Mag.g Kabondo Pibwe Serge, Conseiller ;
3. Lt Col. Ndiba Bulangiti, Juge Assesseur ;
4. Lt Col. Simisi Tuve Serge, Juge Assesseur ;
5. Lt Col. Kwed Gbia Ayembi Benjamin, Juge Assesseur ;
6. Maj. Mag. Kumbu Ngoma, OMP ;
7. Mag Bonyoma Kaisala Rigobert, Greffier.
En cause : l'auditeur militaire supérieur Près la cour militaire opérationnelle du Nord-Kivu, Ministère Public.
Contre :
- Monsieur Kabaale Faruku Samuel
- Monsieur Baseme Batachoka Elie, alias Idrissa
- Monsieur Ngabo Oscar
- Monsieur Katembo Matsoro Elias
- Monsieur Keiz Mussa Kizuula
- Monsieur Wekoye Steven
- Monsieur Sekabira Hakumu

- Monsieur Aposha Aposhi Et Mme Zaituni Adidja

Prévenus de : Participation à un mouvement insurrectionnel

A l'appel de la cause, les prévenus cités ci-haut comparaissent en personne et assistés par leurs conseils habituels :

- Me David Wambale conjointement avec
- Me Idy Djuma conjointement avec
- Me Charles Omumoki Ayalinga, tous avocats au barreau de Kisangani
- Me Joël Shanyungu, avocat au barreau de Goma

Mme Zaituni Adidja

Premier Président au MP

Q. Veuillez éclairer la Cour concernant cette photo.

R. Ministère Public : Monsieur le Premier Président à l'audience publique du 29 aout 2016, le Ministère vous a dit qu'il y a des preuves pour la photo de l'enfant.

Q. Où est-ce que vous avez tiré cette photo ?

R. A l'ONG ACOPE.

Avocat Défense : Selon les Avocats Défenses, on ne voit pas ce que cette photo viendra apporter et heureusement la Cour lui a dit d'expliciter.

Premier Président à la Dame Zaituni

Q. Est-ce que sur cette photo, parmi les enfants, reconnait-elle Amza David ?

R. La Dame n'a pas vraiment de précision, étant donné que l'enfant était encore trop petit, mais en chemise blanche.

Premier Président au MP

Q. Selon vous, qui est cet enfant sur la photo ?

R. Le MP montre l'enfant qui est en chemise carré-carré.

Avocat Défense : Nous avons dit que depuis hier, notre client avait des difficultés pour bien voir et nous avons des difficultés de constater comment le MP est en train de charger notre cliente. Quel est le rôle que vient jouer cette image ?

Nous sollicitons à la Cour que le MP nous produise les actes de l'Etat-civil et nous ne voyons pas la pertinence dans le débat.

Premier Président au prévenu Mambe Richard

Q. Vous aviez déclaré que vous n'étiez pas des ADF et que vous êtes venus voler de l'or ?

R. Oui, c'est vrai.

Q. Et vos avocats avaient estimé de ne pas vous poursuivre.

Premier Président : Par la décision de la Cour, compte tenu du fait que les éléments qui ont traversé ensemble avec lui étaient porteurs des armes, donc la Cour retient la même infraction poursuivie par le Ministère Public.

Premier Président au prévenu Katembo Matsoro

Q. Confirmez-vous que toutes ces personnes sont à Butembo ?

R. Oui.

Q. Confirmez-vous qu'ils peuvent facilement venir vous défendre ?

R. Oui
Q. Avez-vous une personne qui peut venir facilement ?
R. Oui.
Observation pour les Conseils du prévenu : avec l'allure dans laquelle évolue ce procès, nous ne croyons pas que ces gens seront ici.
La Cour remet cette audience au samedi 3 septembre 2016 avec comme recommandation que toutes les parties s'apprêtent pour la plaidoirie et le réquisitoire.

Audience publique du 3 septembre 2016

RP N° 0106/2016
RMP N°0663/KNG/2016
A laquelle siègent :
1. Lt Col. Mag. Ntshaykolo Esosa Masele Jp, 1er Président ;
2. Maj. Mag. Kabondo Pibwe Serge, Conseiller ;
3. Lt Col Ndiba Bulangiti, Juge Assesseur ;
4. Lt Col Simisi Tuve Serge, Juge Assesseur ;
5. Lt Col Kwed Gbia Ayembi Benjamin, Juge Assesseur ;
6. Maj. Mag.Kumbu Ngoma, OMP ;
7. Mag Bonyoma Kaisala Rigobert, Greffier.
En cause : l'auditeur militaire supérieur Près la cour militaire opérationnelle du Nord-Kivu, Ministère Public.
Contre :
- Mr Kabaale Faruku Samuel
- Mr Baseme Batachoka Elie, alias Idrissa
- Mr Ngabo Oscar
- Mr Katembo Matsoro Elias
- Mr Keiz Mussa Kizuula
- Mr Wekoye Steven
- Mr Sekabira Hakumu
- Mr Aposha Aposhi Et Mme Zaituni Adidja

Prévenus de : Participation à un mouvement insurrectionnel
A l'appel de la cause, les prévenus cités ci-haut comparaissent en personne et assistés par leurs conseils habituels :
- Me David Wambale conjointement avec
- Me Idy Djuma conjointement avec
- Me Charles Omumoki Ayalinga tous avocats au barreau de Kisangani
- Me Joël Shanyungu, avocat au barreau de Goma
- Kiwunga Makila, Défenseur militaire agréé
- Me Barume, avocat au barreau de Goma et de Kinshasa Gombe.

Premier Président au prévenu Katembo Matsoro

Conseiller : Comme les témoins cités n'ont pas comparu, est-ce qu'il y a des observations ?
R. Oui. Peut-être, ils n'étaient pas atteints.
L'Avocat Défense sollicite à la Cour qu'il faut une descente.
Q. Pouvez-vous nous confirmer que si le Greffier descend à Butembo, il peut les atteindre ?
R. Oui.
Premier Président : Comme la Cour avait déjà décidé qu'à l'audience d'aujourd'hui il y aurait plaidoirie et réquisitoire et la Cour, faute de témoins qui ne se présentaient pas le lundi, passera outre.

Audience publique du 5 septembre 2016

RP N° 0106/2016
RMP N°0663/KNG/2016
A laquelle siègent :
1. Lt Col Mag Ntshaykolo Esosa Masele Jp, 1er Président ;
2. Maj. Mag. Kabondo Pibwe Serge, Conseiller ;
3. Lt Col Ndiba Bulangiti, Juge Assesseur ;
4. Lt Col Simisi Tuve Serge, Juge Assesseur ;
5. Lt Col Kwed Gbia Ayembi Benjamin, Juge Assesseur ;
6. Maj. Mag. Kumbu Ngoma, OMP :
7. Mag Bonyoma Kaisala Rigobert, Greffier.

En cause : l'auditeur militaire supérieur Près la cour militaire opérationnelle du Nord-Kivu, Ministère Public.
Contre :
- Monsieur Kabaale Faruku Samuel ;
- Monsieur Baseme Batachoka Elie, alias Idrissa ;
- Monsieur Ngabo Oscar ;
- Monsieur Katembo Matsoro Elias ;
- Monsieur Keiz Mussa Kizuula ;
- Monsieur Wekoye Steven ;
- Monsieur Sekabira Hakumu ;
- Monsieur Aposha Aposhi et Mme Zaituni Adidja.

Prévenus de : Participation à un mouvement insurrectionnel
A l'appel de la cause, les prévenus cités ci-haut comparaissent en personne et assistés par leurs conseils habituels :
- Me David Wambale conjointement avec
- Me Idy Djuma conjointement avec
- Me Charles Omumoki Ayalinga tous avocats au barreau de Kisangani
- Me Joël Shanyungu, avocat au barreau de Goma
- Kiwunga Makila, Défenseur militaire agréé
- Me Barume, avocat au barreau de Goma et de Kinshasa Gombe.

Après comparution des avocats conseils des prévenus, la Cour appelle les témoins qui devaient comparaitre. Mieux identifiés par les exploits du Greffier, mais ces derniers ne se sont pas présentés, sauf l'un parmi les témoins qui s'est présenté à la Cour et à l'audience du 5 septembre 2016 à la personne du chef Muungu de Bulongo.

Premier Président au Chef Muungu

Chef Muungu qui comparait en swahili, la langue de son choix.

Muhindo Muungu Sibendire, né à Rugetsi, le 10 mai 1958 ; Etat civil : marié ; Etudes faites : 4 ans PP ; Profession : Chef de Groupement Malambo ; Domicilié à Bulongo. Après son identification, la Cour décide de l'entendre comme simple renseignant.

Avocat Défense au Chef Muungu :

Q. Aviez-vous déjà reçu un jour monsieur Matsoro chez vous et dans votre bureau ?

R. Moi je reçois beaucoup de personnes dont j'ignore même l'identité.

A Katembo Matsoro

Q. Etiez-vous déjà arrivé un jour chez le Chef Muungu de Bulongo et dans quelle circonstance ?

R. Je le cherchais pour qu'il puisse me faire voyager à Butembo.

A Chef Muungu

Q. Connaissez-vous le jour que vous l'aviez accueilli ?

R. Je ne le connais pas.

A Katembo Matsoro

Q. Où est-ce qu'il vous a reçu ?

R. Chez lui. Ils étaient avec sa femme et ses enfants. C'était pendant la journée et il avait même envoyé sa fille.

Chef Muungu de Bulongo

Je vous ai bien dit que je recevais beaucoup de personnes. Comment moi qui ai des garçons, au lieu de les envoyer je peux envoyer une fille ?

Avocat Défense : Ils n'étaient pas vraiment satisfaits des déclarations du Chef par devant la Cour.

Ministère Public

Nous disons que Dieu reste Dieu et la vérité reste toujours la vérité et restera toujours vérité ; et comme preuve, nous mettons à votre disposition la liste des enfants qui étaient emportés par les ADF, et son nom n'y figure pas.

Premier Président au prévenu Katembo Matsoro

Q. Vous étiez chez les ADF pendant combien de temps ?

R. Pendant trois mois.

Q. Où restent vos parents ?

R. A Butembo.

Q. Vous n'avez jamais appelé vos parents pendant tout ce temps que vous étiez dans la forêt ?

R. Non, en aucun jour.

Avocat Défense au prévenu Katembo Matsoro

Q. Dans quelle circonstance aviez-vous connu le nom du Chef Muungu ?
R. Lorsque je suis sorti de la brousse et après avoir rencontré une maman, la Dame m'avait conduit chez le chef.
Le Ministère Public s'est référé à un arrêt de la HCM Alamba.
Chef Muungu
Il est étonné de ce monsieur ! Comment il peut dire que j'avais envoyé ma fille, pour faire quoi, lui étant milicien ? Après avoir perdu sept de mes chefs[16], je ne pouvais pas venir témoigner. D'ailleurs j'ai déjà capturé quatre ADF.
La Cour lui fait des remarques.
Et à son tour, le chef retire sa parole.
Les Avocats Défenses du prévenu ne voient pas vraiment la pertinence de la présence du chef.
Avocat Défense du prévenu au Chef
Q. Parmi les quatre ADF qui s'étaient rendus, qui avez-vous reçu ?
R. Ils sortaient de la forêt et ils déambulaient. C'est la population qui les appréhendait à Makisabo près de la Semuliki.
Q. Parmi ces quatre personnes, est-ce que Katembo Matsoro était là aussi ?
R. Non.
Q. Les avez-vous vus ?
R. Moi, j'étais à peu près à 15 km à Bulongo. C'est pourquoi j'avais ordonné à la population de ne pas les faire trainer. Il fallait les acheminer au poste de patrouille des militaires au pont Semuliki.
Q. Après avoir arrêté ces gens, où est-ce que vous les avez identifiés pour les formalités ?
R. Moi j'étais informé, je n'étais pas sur place.
Conseiller au Chef
Q. De février à juillet, vous n'aviez jamais reçu un ADF chez vous ?
R. Non.
Q. Alors concernant les quatre ADF ?
R. Je n'étais pas présent ; moi j'étais à 18 km à Bulongo.
Après la Cour le remercie.
Premier Président à toutes les parties
Comme c'était dit à l'audience de ce jour, on devait plaider.
Le MP n'était pas prêt.

[16] Parmi les chefs coutumiers assassinés par les ADF en groupement Malambo, on peut citer :

- Amisi Abini du village Ntoma en localité Kilya ;
- Katambala Fataki du village Vuthotholya (Kisima) en localité Kilya ;
- Mate Kambilibaya du village Musimbila II (Mabule) en localité Kilya ;
- Lazaro Onteodu du village Malepe en localité Kilya, entre Halungupa et Kinehambaore ;
- Goma Untepu du village Musimbila I en localité Kilya.

Et concernant la mémoire unique, la Cour trouve cette requête sans objet, donc la rejette.

Audience publique du 7 septembre 2016

RP N° 0106/2016
RMP N°0663/KNG/2016
A laquelle siègent :
1. Lt Col. Mag. Ntshaykolo Esosa Masele Jp, 1er Président ;
2. Maj. Mag. Kabondo Pibwe Serge, Conseiller ;
3. Lt Col Ndiba Bulangiti, Juge Assesseur ;
4. Lt Col Simisi Tuve Serge, Juge Assesseur ;
5. Lt Col Kwed Gbia Ayembi Benjamin, Juge Assesseur ;
6. Maj. Mag. Kumbu Ngoma, OMP ;
7. Mag Bonyoma Kaisala Rigobert, Greffier.
En cause : l'auditeur militaire supérieur Près la cour militaire opérationnelle du Nord-Kivu, Ministère Public.
Contre :

- Monsieur Kabaale Faruku Samuel
- Monsieur Baseme Batachoka Elie, Alias Idrissa
- Monsieur Mambe Richard
- Monsieur Ngabo Oscar
- Monsieur Katembo Matsoro Elias
- Monsieur Keiz Mussa Kizuula
- Monsieur Wekoye Steven
- Monsieur Sekabira Hakumu
- Monsieur Aposha Aposhi
- Madame Zaituni Adidja Rokia

Premier Président à toutes les parties pour leurs conclusions
Les avocats défenses du prévenu sollicitent une remise à vendredi 9 septembre 2016 pour le réquisitoire et la plaidoirie.

Audience publique du 9 septembre 2016

RP N° 0106/2016
RMP N° 0663/KNG/2016
A laquelle siègent :
1. Lt Col Mag Ntshaykolo Esosa Masele Jp, 1er Président ;
2. Maj. Mag. Kabondo Pibwe Serge, Conseiller ;
3. Lt Col Ndiba Bulangiti, Juge Assesseur ;
4. Lt Col Simisi Tuve Serge, Juge Assesseur ;
5. Lt Col Kwed Gbia Ayembi Benjamin, Juge Assesseur ;
6. Maj. Mag. Kumbu Ngoma, Omp ;

7. Mag Bonyoma Kaisala Rigobert, Greffier.
En cause : l'auditeur militaire supérieur Près la cour militaire opérationnelle du Nord-Kivu, Ministère Public.
Contre :

- Monsieur Kabaale Faruku Samuel ;
- Monsieur Baseme Batachoka Elie, Alias Idrissa ;
- Monsieur Mambe Richard ;
- Monsieur Ngabo Oscar ;
- Monsieur Katembo Matsoro Elias ;
- Monsieur Keiz Mussa Kizuula ;
- Monsieur Wekoye Steven ;
- Monsieur Sekabira Hakumu ;
- Monsieur Aposha Aposhi ;
- Madame Zaituni Adidja.

Prévenus de : Participation à un mouvement insurrectionnel
A l'appel de la cause, les prévenus cités ci-haut comparaissent en personne et assistés par leurs conseils habituels :

- Me David Wambale conjointement avec
- Me Idy Djuma conjointement avec
- Me Charles Omumoki Ayalinga, tous avocats au barreau de Kisangani ;
- Me Joël Shanyungu, avocat au barreau de Goma ;
- Kiwunga Makila, Défenseur militaire agréé.

Après la comparution des avocats conseils des prévenus, monsieur le Premier président accorde la parole au MP et à la Défense des prévenus.
Le MP aimerait que la Cour retienne un défaut à l'égard de la RDC, partie civilement responsable qui s'est constituée en partie civile. Mais, à l'audience de ce jour, elle ne s'est pas présentée en personne pour son compte.
Ministère Public pour son réquisitoire
Le propos va s'articuler en trois causes :

- Les faits de la présente cause ;
- La confrontation en droit ;
- La conséquence.

1. Sujet rwandais : Ngabo Oscar qui a été recruté par une personne répondant au nom d'Alexis non autrement identifiée.
2. Sujets ougandais :

- Monsieur Keiz Mussa Kizuula
- Monsieur Mambe Richard
- Monsieur Wekoye Steven
- Monsieur Sekabira Hakumu
- Madame Zaituni Adidja Rokia, tous étaient dans la brousse au camp des ADF, mais la Dame Zaituni qui jouait un rôle très très important

d'aller récupérer les enfants auprès des différentes ONG et de les amener dans la brousse.

Par ces motifs

Plaise à la Cour militaire opérationnelle du Nord-Kivu de dire établi en fait comme en droit les infractions mises en charge des prévenus.

Les éléments constitutifs

1. Elément matériel,
2. Elément moral

Concernant la Dame Zaituni qui avait assuré le transport de David Hamza du Congo en Ouganda.

S'agissant des prévenus : Kabaale, Baseme Batachoka, Mme Zaituni, ils ont ouvert le feu sur nos vaillants combattants de FARDC.

S'agissant du prévenu Aposha Aposhi lui, par contre, facilitait les groupes pour ouvrir le chemin.

Par ces motifs

- Vu la loi N° 028/2002 du 18 novembre 2002 portant Code Judiciaire Militaire ;
- Vu la loi N° 024/2002 du 18 novembre 2002 portant Code Pénal Militaire à ses articles 136, 137, 138 et 139 ;
- Vu l'Ordonnance N° 08/003 du 19 janvier 2008 portant implantation d'une Cour Militaire Opérationnelle du Nord-Kivu ;
- Vu l'Ordonnance N° 015/015 du 21 mars 2006 ;

Qu'il plaise à la Cour militaire de céans dire établies en fait comme en droit les infractions mises en charge des prévenus :

1. Monsieur Baseme Batachoka Elie, alias Idrissa ;
2. Monsieur Mambe Richard ;
3. Monsieur Katembo Matsoro Elias ;
4. Monsieur Ngabo Oscar ;
5. Monsieur Wekoye Steven ;
6. Monsieur Keiz Mussa Kizuula ;
7. Monsieur Kabaale Faruku Samuel ;
8. Monsieur Sekabira Hakumu ;
9. Madame Zaituni Adidja ;
10. Monsieur Aposha Aposhi.

Dire Non : Pour bénéficier des circonstances atténuantes,

En conséquence,

- De les condamner tous à la peine de mort
- Dire recevable la constitution de la PC par la République Démocratique du Congo et faire droit à la requête de la Province du Nord-Kivu au nom de la République Démocratique du Congo.

Plaidoirie de la Défense (Me David Wambale)

Par ces motifs pour la prévenue Zaituni

- Plaise à l'Auguste Cour de céans :
- Dire recevable, mais non fondée l'action mue par l'organe de la loi.

- Dire non établi en fait comme en droit l'infraction de participation à un mouvement insurrectionnel par Mme Zaituni Adidja Rokia, faute d'éléments légaux et faute de preuves

En conséquence, lorsque vous allez vous retirer,
Ordonne l'acquittement purement et simplement de la prévenue Zaituni Adidja Rokia et mettre les frais en charge du Trésor.
Et ce sera œuvre de bonne justice.
Pour le prévenu Ngabo Oscar par Me Idy Djuma
Par ces motifs
Plaise à l'Auguste Cour
Dire non établi en fait comme en droit l'infraction de participation à un mouvement insurrectionnel.
Et, l'en acquitte tout simplement. Et, renvoyer la masse de frais en charge du Trésor.
Pour les prévenus Katembo Matsoro et Sekabira Hakumu par Me Charles Omumoki Ayalinga
Par ces motifs sous toutes réserves généralement
Plaise à la Cour militaire de céans

- Dire non établi en fait comme en droit l'infraction de participation à un mouvement insurrectionnel faute d'élément matériel de preuve d'arme AK47 et une machette et l'existence ou de la preuve d'empêchement de l'exercice de l'autorité ;
- Que si la Cour passait outre cet élément, il dira l'élément intellectuel non établi pour existence de la contrainte physique ou morale ;
- Renvoyer les prévenus Katembo Matsoro et Sekabira Hakumu en les acquittant ;
- Mettre la part de masse de frais en charge du Trésor pour l'acquittement de Katembo Matsoro et Sekabira Hakumu.

Pour les prévenus Mambe Richard et Baseme Batachoka par Me Joël Shanyungu
Par ces motifs pour le prévenu Mambe Richard
Qu'il plaise à l'Auguste cour de céans

- Dire non établi en fait comme en droit de participation à un mouvement insurrectionnel mise en sa charge ;
- D'acquitter purement et simplement le prévenu Mambe Richard pour faute de doute ;
- Mettre la masse de frais en charge du Trésor Public.

Pour le prévenu Baseme Batachoka
Lorsque vous allez vous retirer pour le délibérer, vous allez tenir compte du comportement qu'a affiché ce dernier,

- De le condamner non pas comme l'a dit le MP à une peine de mort,
- De le condamner avec une large circonstance atténuante

Et en faisant cela ce sera œuvre d'une bonne justice.

Pour les prévenus Aposha et Wekoye Steven par le Défenseur militaire Kiwunga Makila

Par ces motifs

Plaise à la Cour militaire de céans

- Non établi en fait comme en droit l'infraction mise en charge du prévenu Aposha Aposhi pour faute de preuves, donc l'en acquitter purement et simplement ;
- Concernant le prévenu Wekoye Steven de l'acquitter et mettre les frais en charge du Trésor Public.

Pour le prévenu Mr Keiz Mussa Kizuula par Me David Wambale

Par ces motifs

Qu'il plaise à l'Auguste Cour de céans

- Dire recevable l'action de l'organe poursuivant ;
- Dire non fondé, car son client s'est retrouvé à des contraintes irrésistibles ;
- Condamnera le prévenu Keiz Mussa à de très larges circonstances atténuantes ;
- De mettre la masse de frais en charge du Trésor Public.

Pour le compte de Kabaale Furuku Samuel par Me Idy Djuma

Par ces motifs

Qu'il plaise à l'Auguste Cour de céans

- Dira non établi à l'infraction de la participation à un mouvement insurrectionnel ;
- L'en acquitter purement et simplement ;
- Mettre les frais en charge du Trésor.

Réplique du MP

Concernant la Dame Zaituni, elle a quitté l'Ouganda jusqu'au Congo sans même un document et qu'elle s'est retrouvée dans la brousse. N'eût-été le repoussage des FARDC, elle ne serait pas capturée.

Concernant les autres prévenus, quelle contrainte irrésistible ? Comment est-ce qu'ils ont quitté là où ils étaient pour se retrouver dans la brousse ? Le MP en chutant, comme ils ont tué, eux aussi méritent la mort.

Contre réplique de la Défense

Pour les Avocats Conseils des prévenus, concernant les condamnations de peine de mort proposées par le MP, cela ne peut pas se faire faute de preuves.

Premier Président aux prévenus (tous)

1. Kabaale Faruku :

Q. Quel est ton dernier mot ?

R. Je vous demande que vous puissiez me faire retourner chez nous en Ouganda.

2. Mussa Keiz :

Q. Quel est votre dernier mot ?

R. Je préfère ou vous demande de me faire retourner chez nous en Ouganda, et comme j'avais perdu ma femme et mes enfants en brousse, je demande au Gouvernement congolais, moi et ma mère de nous faire retourner à Kampala.

3. Mr Wekoye Steven

Q. Quel est votre dernier mot ?

R. Je ne suis pas ADF et je sollicite mon acquittement.

4. Aposha Aposhi

Q. Quel est votre dernier mot ?

R. Silence

5. Baseme Batachoka

Q. Quel est votre dernier mot ?

R. Je demande à la Cour de me pardonner. Depuis que j'étais dans la brousse, je cherchais par tous les moyens comment fuir, mais je n'avais pas d'opportunité.

6. M. Mambe Richard

Q. Quel est votre dernier mot ?

R. Je me rallie aux déclarations de mon Avocat.

7. M. Sekabira Hakumu

Q. Quel est votre dernier mot ?

R. Je demande au Gouvernement congolais de me libérer et que je retourne en Ouganda retrouver ma famille ; et j'étais le seul à les faire nourrir, car ma femme est déjà morte.

8. M. Katembo Matsoro

Q. Quel est votre dernier mot ?

R. Je demande ma libération, que je puisse retourner chez nous.

9. M. Ngabo Oscar

Q. Quel est votre dernier mot ?

R. Je demande que vous puissiez m'aider à me faire retourner chez nous, car je suis tombé dans une affaire que je ne maîtrise pas.

10. Mme Zaituni Adidja Rokia

Q. Quel est votre dernier mot ?

R. Je suis malade. Je vous demande que vous puissiez me libérer et me donner les médicaments des yeux, car j'utilise souvent des lunettes.

Le Premier Président déclare le débat clos et promet d'en délibérer à la huitaine.

RESEAU DE RECRUTEMENT AU SEIN DES MADRASSA

Audience publique du 3 septembre 2016

RP N° 0107/2016
RMP N° 0664/NKG/2016
A laquelle siègent :

1. Ntshayikolo Esosa Masele Jp, 1er Président ;
2. Maj. Mag. : Kabondo Pibwe Serge, Conseiller ;
3. Lt Col : Ndiba Bulangiti, Juge Assesseur ;
4. Lt Col : Simisi Tuve Serge, Juge Assesseur ;
5. Lt Col : Kwed Gbia Ayembi, Juge Assesseur ;
6. Col Mag : Lufwa, OMP ;
7. Mag : Bonyoma Kaïsala Rigobert, Greffier.

En cause : L'Auditeur Militaire Supérieur, Près la Cour militaire opérationnelle du Nord-Kivu, Ministère Public et parties Civiles
Contre :

- Mr Nuhu Sekungu Djamada ;
- Mr Hamza Baguma Kasereka ;
- Mr Muhindo Mukanda Jibril.

Poursuivis pour : Participation à un mouvement insurrectionnel
A l'appel de la cause, les prévenus régulièrement cités comparaissent en personne et assistés de leurs Conseils habituels :

- Me John Muhindo Muyisa, Avocat près la C.A de Kisangani ;
- Me Mumbere Constant, Avocat près la C.A de Kisangani.

Premier Président aux Prévenus
Les prévenus ont choisi tous de comparaitre en swahili que nous traduisons en français comme suit :

1. Nuhu Sekungu Jamada : né à Kampala, le 25/12/1972, fils de Jamada (décédé) et de Rukia (en vie) ; Village : Isale ; Secteur : Bulambo ; Collectivité : Bashu ; Territoire : Beni ; Province : Nord-Kivu ; Tribu : Nande ; Etat civil : marié à Mme Kabuo et père de 4 enfants ; Etudes faites : 6 PP (D6 en Pédagogie) ; Profession : Sheikh ; Religion : Musulmane ; Résident à Butembo, Commune Mususa, AV. Cellule de Lusando N° Tél : 0998386918/0890249007.
2. Hamza Baguma Kasereka : né le 5/10/1979, fils de : Kiza Vitsongeri (décédé) et de Masika Zainamu (en vie) ; originaire du village de Mikondero, Secteur de Bashu ; Territoire de : Beni ; Province du : Nord-Kivu ; Etudes faites : L2 ; Tribu : Nande ; Etat civil : marié à… ; Profession : Imam titulaire Régionale de Butembo ; Résident à Butembo, Bulengera, Q/ Kyaghala, AV. Cellule Vutahira N° 169 ;

Tél : 0991448843/ 0816948149 ; Licencié en Théologie islamique ; Nationalité : Congolaise.

3. Muhindo Mukanda Jibril : né à Butembo, le 26/03/1970, fils de : Nzanzu Mbeho (en vie) et de Nzuva Syahombire (en vie) ; Originaire du village de Miveya ; Secteur de : Batangi ; Territoire de : Lubero ; Province du : Nord-Kivu ; Nationalité : Congolaise ; Tribu : Nande ; Etudes faites : 4ème Humanité ; Etat civil : marié à Mme Kavira Adidja, père de 4 enfants ; Religion : Islamique ; Profession : Vice Représentant Régional de la Région islamique de Butembo ; Q/ Evêché, AV. Cellule Masereka N° 81, Tél : 0994165360.

Après leur identification, Monsieur le Premier président accorde la parole au Greffier pour la lecture de la décision de renvoi.

L'Avocat de la Défense des prévenus prévient la Cour qu'ils étaient seulement consultés. Ils ne sont pas encore entrés en profondeur du dossier. Donc, ils sollicitent une remise.

Premier Président au prévenu Hamza Baguma

Q. Vous connaissez cette liste des témoins à charge ou à décharge en notre possession ?

R. Oui, je reconnais.

Q. Est-ce que parmi les témoins que vous venez de citer, il y a celui qui est présent à Beni ?

R. Oui, l'un est ici à Beni et d'autres sont à Butembo.

Monsieur le Président renvoie cette cause à lundi 5 septembre 2016.

Q. Vous confirmez que vos témoins vont arriver ou se présenter sans problème ?

R. Oui.

Comme devoir du Greffier : De lancer des assignations à témoins et informer le Chef du Parquet de Butembo pour l'exécution. Cette cause est remise au lundi 5 septembre 2016.

Audience publique du 5 septembre 2016

RP N° 0107/2016

RMP N° 0664/NKG/2016

A laquelle siègent :

1. Ntshayikolo Esosa Masele Jp, 1er Président ;
2. Maj. Mag. : Kabondo Pibwe Serge, Conseiller ;
3. Lt Col : Ndiba Bulangiti, Juge Assesseur ;
4. Lt Col : Simisi Tuve Serge, Juge Assesseur ;
5. Lt Col : Kwed Gbia Ayembi, Juge Assesseur ;
6. Maj. Mag. : Kumbu Ngoma, OMP ;
7. Mag : Bonyoma Kaïsala Rigobert, Greffier.

En cause : L'Auditeur Militaire Supérieur, Près la Cour militaire opérationnelle du Nord-Kivu, Ministère Public et parties Civiles

Contre :

- Mr Nuhu Sekungu Djamada ;
- Mr Hamza Baguma Kasereka ;
- Mr Muhindo Mukanda Jibril.

Poursuivis pour : Participation à un mouvement insurrectionnel

A l'appel de la cause, les prévenus régulièrement cités comparaissent en personne et assistés de leurs Conseils habituels :

- Me John Muhindo Muyisa, Avocat près la C.A de Kisangani ;
- Me Mumbere Constant, Avocat près la C.A de Kisangani.

Premier Président au Prévenu Jibril

Q. L'ordinateur vous appartient ?

R. Non.

Premier Président au Prévenu Baguma

Q. C'est votre ordinateur ?

R. Oui, c'est pour moi.

Q. Où est-ce qu'on l'avait trouvé ?

R. Dans notre office des enseignants.

Ministère Public

Q. Vous présentez cet ordinateur pourquoi ?

R. Nous disons que dans cet ordinateur, il y a des enseignements, des films terroristes qu'il enseignait aux jeunes gens comme un terroriste malien Amari Saifi[17] et le kenyan Aboud Rogo [18] pour montrer aux jeunes le bien et le mal.

Ministère Public au prévenu Baguma

Q. Saviez-vous lorsque vous étiez devant le MP ?

R. Non, je ne savais pas.

Le MP : Voilà le prévenu Jibril qui est en face de nous. C'est un monsieur très dangereux. Si les gens meurent aujourd'hui, c'est à cause de lui, un terroriste de haut niveau. Il enseigne aux jeunes gens le bien et le mal pour les amener dans la brousse. Il leur enseigne des films de grands terroristes comme le malien Amari Saifi et le kenyan Aboud Rogo et il a transformé la mosquée à un lieu d'enseignement djihadiste.

Avocat Défense du prévenu :

---

[17] Amari Saifi (né le 23 avril 1968) également connu sous ses pseudonymes Abou haidar ou Abderrazak le Para, est l'un des dirigeants de la milice islamiste de Groupe Salafiste pour la Prédication et le Combat (GSPC). Il aurait été chef de la garde du corps du ministre algérien de la défense entre 1990 et 1993. Il a été actif dans le mouvement des Islamistes Touaregs qui a endeuillé le Nord du Mali entre 2003 et 2010.

[18] Abou Rogo Mohammed (1968-27 août 2012) est un religieux musulman kényan. Il aurait été extrémiste islamiste et a été accusé d'avoir organisé le financement de la milice al-Shabaab en Somalie. Il a été abattu au Kenya et sa mort a déclenché des protestations et des violences par des centaines de manifestants. Il avait un art oratoire exceptionnel vigoureux. Dans ses prédications des années 2000, il avait vanté le courage des ADF dans l'ex Zaïre.

Nous disons que le Ministère Public vous relate des faits en précisant qu'il est terroriste alors qu'il n'est qu'un prévenu innocent. Nous nous basons ici sur des faits de la décision de renvoi.
Premier Président au prévenu :
Q. Vous n'avez pas encore donné des enseignements djihadistes ?
R. Non.
Q. Pourquoi ?
R. Le MP m'avait posé la question de savoir si j'enseignais aux jeunes gens le djihad et je lui ai répondu que dans mon ordinateur, il y a des films de deux terroristes, le malien Amari Saifi et le Kenyan Aboud Rogo pour enseigner aux jeunes gens de ne pas faire cela. Même si vous descendez à Butembo, vérifiez, vous allez constater.
Q. Reconnaissez-vous que cette pièce contient des enseignements djihadistes ?
R. Non, mais il y a des termes qui sensibilisent les jeunes gens d'aller en brousse.
Q. Vous confirmez dans le CD qu'il y a des enseignements qui sensibilisent les jeunes d'aller en brousse. Comme le CD d'Aboud Rogo, qui sensibilise les kenyans pour aller se joindre avec le El-Shebab ?
R. Qui est El-Shebab ?
Q. Alors des enseignements de Amari Saifi, quel est le contenu de ses enseignements ?
R. Dans le CD d'Amari Saifi, après avoir regardé, il faut haïr Satan et suivre Dieu. Il ne faut pas faire ce qui est contraire à Dieu. Après avoir vu, nous avons enseigné aux croyants musulmans que, s'ils suivent cela, ils iront périr.
Q. Vous confirmez que vous avez assuré ces enseignements de Seifu et Rogo dans votre mosquée ?
R. Oui, mais pour mettre les musulmans en garde.
Q. Ses enseignements étaient prestés en une seule journée ou comment ?
R. Ça se faisait régulièrement.
Q. Est-ce qu'il y avait des enseignements qui se faisaient régulièrement ?
R ; Non, nous organisions des séminaires ; c'était des prédications.
Q. Qui est Burogo ? C'est Aboud Rogo
R. Il était un prédicateur kenyan.
Q. Il était de quelle religion ?
R. Musulmane.
Q. Est-ce qu'il est vivant ?
R. Il a été tué.
Q. En quelle année ?
R. Je ne sais pas.
Q. La mosquée se trouvait dans quelle ville du Kenya ?
R. Je ne connais pas.
Q. Qui est Seifu ?
R. Je ne le connais pas.

Q. Vous êtes licencié, comment vous licencié ; vous n'avez pas ces informations ?
Q. Il a été arrêté où ?
R. Ici à Beni.
Q. Quand ?
R. Plus ou moins deux ans.
Q. Est-ce après son arrestation que vous avez préféré suivre les enseignements ?
R. Oui, c'est après sa mort.
Observation de l'Avocat Défense : sollicite à la Cour si l'on peut vérifier la source des CD.
Q. Qui vous avait amené le CD de Seifu après sa mort ?
R. Il y avait un jeune qui les vendait devant notre mosquée et selon notre structure, avant de vendre quoi que ce soit, il faut d'abord voir ce qui est dedans. C'est après avoir regardé que j'avais envie d'acheter. Je l'avais placé dans mon ordinateur alors que nous lui en avons interdit la vente.
Q. Pourquoi vous lui avez interdit de le vendre et que vous avez gardé un ?
R. Il y avait d'autres qu'il avait déjà achetés. C'est après que nous enseignons aux musulmans de ne pas suivre.
Q. Quelle est la raison fondamentale de lui avoir interdit ?
R. Première raison, l'acheteur de ce CD est en doute et ses enseignements vont à l'encontre de la foi musulmane. Deuxième raison, nous avons vu que ce n'est pas bon.
Q. Vous soutenez ces enseignements se trouvant dans les cartes mémoires ?
R. Oui, les autres musulmans.
Q. Comment avez-vous su que ces enseignements étaient mauvais ?
R. C'est parce qu'ils suivaient en les écoutant.
Q. Pourquoi ne les avez-vous pas saisis ?
R. Car il y avait déjà plusieurs croyants.
Q. Les enseignements d'Aboud Rogo que vous refusez, ça se fait où ?
R. Dans la mosquée de Butembo.
Q. Vous le faisiez pendant la prière ?
R. Oui, parfois pendant la prière ou après la prière.
Q. Devant cette Cour, les prévenus Kasimu et Isaaka ont confirmé que vous donniez les enseignements de djihadistes pour qu'ils puissent tous suivre cela afin de les décourager.
R. Oui.
Q. Aviez-vous dit que vous donniez ces enseignements pour décourager vos croyants ?
R. Oui.
Q. Aviez-vous déjà reçu des prédications dans votre mosquée ?
R. Oui, pas moi, mais les responsables régionaux islamiques.
Q. Ils prêchaient pendant combien de jours ?
R. Pendant trois jours et après ils rentraient.

Q. Qui faisaient ou invitaient ces prédicateurs ?
R. C'est Jibril qui peut vous répondre.
Q. Est-ce que vous n'étiez pas au courant ?
R. Non.
Q. Avant que les prédicateurs arrivent, vous ne contrôlez pas ces enseignements ?
R. Oui, nous contrôlons.
Conseiller au prévenu
Q. Pouvez-vous nous dire que ces commentaires dans le CD, vous le faisiez à la mosquée ?
R. Comme j'avais fait des études islamiques, il y a d'autres termes que nous n'utilisions que pour des gens qui sont formés dans la foi musulmane. Il y a des groupes qu'ils utilisent qui sont dures, même d'autres termes chez les ADF.
Q. Quelle relation avez-vous avec les responsables des ADF ?
R. Aucune.
Premier Président au prévenu
Q. Vous connaissez qu'il y a des djihadistes ici à Beni ?
R. Non, mais ce que je sais est qu'ils sont des rebelles.
Q. D'après vous comme licencié musulman, vous ne connaissez pas Djihad ?
R. En tout cas le mot Djihad non.
La Cour décide de commettre d'office un interprète de swahili de Nzanzibare et swahili local.
Intervention de Rachid Omar, né à Butembo avec un niveau d'études de 4ème année de Section Social, domicilié à Byautu en Commune Beu.
Q. Est-ce que les ADF sont des Djihadistes ?
R. Je ne reconnais pas si les Djihadistes existent dans ce monde.
Q. Quelle est l'importance de vos enseignements de dire aux fidèles musulmans qu'il n'y a pas de Djihadistes ?
R. Dans notre religion, nous ne connaissons pas de Djihadistes.
Juge Assesseur au prévenu Baguma :
Q. Est-ce que, dans la théologie, vous n'avez pas étudié l'antiterrorisme ?
R. Non.
Premier Président :
Q. Aviez-vous appris anti djihadiste ?
R. Non.
Q. Comment pouvez-vous expliquer que les enseignements que vous assurez dans votre mosquée étaient pour décourager les fidèles ?
R. Nous faisions décourager seulement les fidèles ?
Q. Les rebelles sont des Djihadistes ?
R. Dans ce monde, il n'y a pas de Djihadistes.
Q. Pensez-vous que les enseignements de Seifu et Aboud Rogo sont de nature à entrainer les jeunes à adhérer dans le camp des ADF ?

R. C'est vrai, car les jeunes ne connaissent absolument rien. C'est pourquoi nous leur enseignons de ne pas suivre ce que font les El-Shebab.
Ministère Public au prévenu Baguma :
Q. Pouvez-vous éclairer la Cour que vous donniez cours dans une salle qui se trouvait derrière la mosquée ?
R. Je ne suis pas le seul enseignant.
Q. Est-ce qu'il peut confirmer qu'après leur prière, il enseigne dans une salle qui se trouve derrière la mosquée ?
R. Il y a trois salles derrière, où nous enseignions les mamans et les enfants.
Q. Vous donnez les enseignements à quelle heure ?
R. Dans la mosquée c'est à 12 heures et derrière à 15 heures.
Q. Lorsque les Somaliens arrivent, ils passent la nuit où et qui les reçoit ?
R. Ils dorment à la mosquée et c'est le responsable régional, Jibril, qui les reçoit.
Q. Est-ce qu'il est fixé des dates de leur arrivée et de retour ?
R. Cela n'engage que Jibril.
Q. Djihad c'est quoi ?
R. Signifie avoir du zèle, du courage et ça se trouve même dans le Coran.
Q. Vous pouvez éclairer la Cour de quelle manière les ADF utilisaient les termes de Seifu ?
R. L'idée et l'objectif des ADF ressemblent à ceux de Seifu, de se séparer d'avec les autres.
Q. Que pouvez-vous expliquer de la lettre de suspension signée par le représentant légal le Cheik Awazi Kitenge en date du 11janvier 2016 ?
R. Je suis très content de voir encore cette lettre. Il est arrivé un moment que les jeunes musulmans se sont soulevés contre le CECI pour avoir mal dirigé les écoles musulmanes. Comme notre coordonnateur régional, moi, qui étais chef, j'étais accusé d'être le responsable de ce trouble, j'étais suspendu sous prétexte que j'enseignais les enseignements de Djihad.
Premier Président au Greffier pour la lecture de la lettre de suspension
Q. Vous connaissez cette lettre ?
R. Oui.
Q. Qui est Cheik Awazi ?
R. C'est le représentant régional
Q. Est-ce qu'il a le pouvoir de vous suspendre ?
R. Non.
Q. Est-ce qu'il n'était pas avec les autres représentants ?
R. Je ne sais pas, mais lui n'a pas cette compétence.
Q. Que dites-vous de cette lettre de révocation : incitation à la haine des fidèles musulmans, aux autorités et aux non musulmans ?
R. C'est du mensonge, car nous sommes même chez le procureur.
Q. Qu'avez-vous à dire : prédication régulière de Djihad. Qu'est-ce que vous pouvez dire de cette accusation en tant qu'Imam ?
R. Ces accusations avaient précédé nos enseignements.

Q. Est-ce que ce représentant régional n'avait pas raison ?
R. Même s'il avait raison, il donnerait des preuves devant le procureur.
Q. D'après vos enseignements de Seifu que vous dispensiez, c'était pour décourager les fidèles musulmans à rejoindre les ADF ?
R. Cette lettre existait avant même que nous commencions nos enseignements.
Q. Pourquoi ces prédications régulières alors que vous étiez accusé pour ces enseignements ?
R. J'étais d'abord celui qui était accusé comme promoteur du trouble dans les écoles islamiques.
Q. Vous étiez accusé des faits que vous n'avez pas commis en janvier 2014, pour lesquels vous aviez raison et au mois de juin 2016, vous recommencez encore à enseigner aux jeunes gens ?
R. C'était à cause du soulèvement des jeunes musulmans.
Q. Qu'est-ce que vous avez à dire aux prévenus qui vous ont cité que vous enseigniez le Djihad à la mosquée ?
R. Parmi les gens que j'avais enseignés, qu'ils amènent des preuves.
Q. Que dites-vous de la transformation de la mosquée en lieu d'hébergement ?
R. Quand ces visiteurs sont arrivés, nous les avons accueillis, après, nous leur avons dit qu'ici c'est la mosquée et non un lieu d'hébergement des visiteurs.
Q. Votre chef vous accuse que vous avez transformé la mosquée en lieu d'hébergement, où vous accueilliez les kenyans et les somaliens ?
R. C'est la religion musulmane qui les accueillait et c'est Jibril qui était représentant légal, car Jibril c'est mon beau-frère et c'est lui qui était candidat. C'est ainsi que j'étais accusé.
Q. Vous confirmez que c'est Awazi qui était représentant régional ?
R. Oui.
Avocat Défense au prévenu :
La personne qu'il avait accusée avait la même réflexion qu'Awazi ?
L'avocat Défense du prévenu sollicite à la Cour la confrontation de cette lettre. Si l'hébergement, il y avait, c'est monsieur Awazi qui devait le faire. Concernant cette lettre, nous disons que c'est le MP qui est l'organe de la loi qui veut toujours noyer notre client. Nous vous promettons que demain nous allons vous amener une lettre qui va annuler la première. Notre client n'avait pas dit qu'il enseignait des Djihadistes, il ne faisait que décourager les jeunes musulmans.
Ministère Public :
Q. Il ne donnait les enseignements qu'aux jeunes et aux papas ?
R. Nous enseignons tout le monde.
Q. Qu'est-ce qu'il dit à propos de (X) qu'il n'avait pas cité ?
R. Dans ce CD de soulèvement des jeunes ?
Q. Qui enseignait les gens dans un local ?
R. Moi, Nuhu et Ismaël.
Q. Le prévenu peut confirmer à la Cour qu'au sujet du somalien, cela ne concerne que Jibril ?

Ministère Public : Ce que nous pouvons dire ici concernant Baguma, c'est comme à la magistrature où on doit d'abord vous suspendre et on ouvre une action disciplinaire.
Avocat Défense : Partout dans la religion, il y a de nouveaux croyants. Est-ce que c'est un péché d'enseigner le Coran ?
Premier Président : Ce procès n'est pas un procès contre la religion musulmane.
Avocat : sollicite la confrontation avec Kasimu.
Juge :
Q. Quelle différence y a-t-il entre Djihad et ce qui est interdit par le Coran ?
R. Au niveau du Parquet, il n'avait même pas trouvé de réponse.
Q. Comment vous n'avez pas réagi à propos de Djihad dont il parlait ?
R. Silence
Q. Celui qui vendait le CD, est-ce qu'il était musulman ou chrétien ?
R. Il était musulman.
Q. Pourquoi vous avez interdit au vendeur de CD de vendre ?
R. C'est à cause d'abord de mon arrestation ici à Beni.
Q. Vous ne voulez pas que ces enseignements se propagent ?
R. Je ne voulais pas que nos croyants suivent.
Q. D'après vous, vous ne voulez pas que les enseignements se propagent ?
R. Non.
Juge au prévenu :
Q. Les Djihadistes dont vous parlez, sont-ils des Shebab ?
R. Ils sont des rebelles somaliens.
Avocat Défense : sollicite que la Cour ne puisse pas encore passer à la projection des films. Que la Cour entende d'abord la déclaration de Kasimu.
Ministère Public : La Défense devant la Cour n'a pas de moyen.

Audience publique du 6 septembre 2016

RP N° 0108/2016
RMP N° 0677/KNG/2016
En Chambre Foraine à Beni à laquelle siègent :

1. Ntshayikolo Esosa Masele Jp, 1er Président ;
2. Maj. Mag. : Kabondo Pibwe Serge, Conseiller ;
3. Lt Col : Ndiba Bulangiti, Juge Assesseur ;
4. Lt Col : Simisi Tuve Serge, Juge Assesseur ;
5. Lt Col : Kwed Gbia Ayembi, Juge Assesseur ;
6. Maj. Mag. : Kumbu Ngoma, Omp ;
7. Mag : Bonyoma Kaïsala Rigobert, Greffier.

En cause : L'Auditeur Militaire Supérieur, Près la Cour militaire opérationnelle du Nord-Kivu, Ministère Public et parties Civiles
Contre :

- Mr Nuhu Sekungu Djamada ;

- Mr Hamza Baguma Kasereka ;
- Mr Muhindo Mukanda Jibril.

Poursuivis pour : Participation à un mouvement insurrectionnel

A l'appel de la cause, les prévenus régulièrement cités comparaissent en personne et assistés de leurs Conseils habituels :

- Me John Muhindo Muyisa, Avocat près la C.A de Kisangani ;
- Me Mumbere Constant, Avocat près la C.A de Kisangani.

Après la comparution de l'Avocat Défense du prévenu, Monsieur le Premier Président au prévenu Baguma

Q. Vous avez dit que les prédicateurs venaient à la mosquée sous l'initiative du représentant légal ?

R. Oui.

Q. Et c'est Jibril ?

R. Oui.

Premier Président au prévenu Jibril :

Q. C'est vous qui étiez chargé de recevoir les prédicateurs qui venaient de l'extérieur ?

R. Oui, c'est moi.

Q. Comment cela se passe-t-il ?

R. Les prédicateurs, avant de venir ici chez nous, proposent d'abord et nous envoient leurs numéros de passeport, après nous leur envoyons des invitations.

Conseiller au prévenu Jibril :

Q. C'est vous qui les cherchez ou comment ?

R. C'est un groupe de prédicateurs qui ont la foi dans l'islam et nous leur envoyons des invitations. Après nous avoir envoyé leurs numéros de passeport pour aller aviser chez monsieur le maire pour le visa, à leur arrivée, nous les acheminons à la DGM.

Q. C'est l'organisation des prédicateurs qui se charge d'inviter les visiteurs ?

R. Il arrive parfois que, lorsque nous les accueillons, ils contribuent par leurs moyens.

Q. Qui fixe le thème du séminaire ou de la prédication ? Par exemple, la prédication contre le terrorisme ?

R. Ça se trouve dans l'organisation et ça se prêche toujours. Ce qui est dans le Coran, cette organisation s'appelle Tabia : faire arriver la parole au croyant ou bien la rappeler.

Q. Est-ce qu'il arrive parfois que vous envoyiez les jeunes aux études ?

R. Dans notre organisation, non.

Q. Lors de l'audience précédente, les deux prévenus Kasimu et Isaaka vous ont sollicités et contactés pour l'approfondissement des études coraniques ?

R. Non et en aucun jour.

Q. Reconnaissez-vous que vous lui aviez donné un numéro de téléphone d'une personne ?

R. Non.

Q. Est-ce que c'est la toute première fois d'être en justice pour le dossier de Kasimu ?
R. Oui, c'est la toute première fois.
Q. Reconnaissez-vous avoir été interpellé à l'ANR/ Butembo ?
R. C'était à cause de Djuma.
Q. Etiez-vous entendu sur PV à l'ANR/Butembo ?
R. Oui, j'étais entendu sur PV, après trois jours, j'étais relâché.
Q. C'était pourquoi ?
R. Silence
Conseiller au prévenu :
Q. Comment vous vous êtes présenté ?
R. Comme étant un croyant.
Q. N'avez-vous pas une autre relation avec Kasimu ?
R. Non, à part la religion.
Q. Que dites-vous du fait que vous êtes l'un de ceux qui ont conduit Kasimu dans la brousse ?
R. En tout cas, je n'en sais rien.
Q. Il n'y a personne qui vous a contacté pour aller aux études ?
R. Non, il faut que je voie cet homme.
Juge :
Q. Avez-vous déjà été interpellé à l'ANR concernant le dossier Isaaka ?
R. Non, en aucun jour.
Premier Président à Monsieur Kasimu
Q. Pouvez-vous nous dire tout ce que vous avez déclaré autrefois devant la Cour concernant monsieur Jibril ?
R. Je suis prêt à parler, mais ma santé n'est pas bonne.
Q. Qu'est-ce que la Cour peut faire maintenant concernant votre maladie ?
R. Je voulais seulement plaider que je suis malade.
Q. Est-ce que vous pouvez nous expliquer ce que vous avez dit ?
R. Un jour, je suis allé voir monsieur Jibril, car son fils avait étudié et venait parfois prêcher à la mosquée. Et comme nous avions ce souci des études, nous sommes allés voir Jibril, et il nous a répondu qu'il n'a pas encore eu le numéro de celui qui va nous accueillir. Après, il m'appela pour me dire qu'il a déjà le numéro, et moi plus joyeux que j'étais, je suis allé voir mon ami Isaaka, lui annoncer que j'ai le numéro de celui qui va nous amener aux études. Lorsque nous l'avons appelé, il nous a répondu qu'il est à Kasindi et que nous allons le retrouver là-bas. Nous avons cherché l'argent pour payer le transport et lorsque nous avons commencé le voyage, arrivés quelque part à Bulambo-Isale, nous avons rappelé ce monsieur, il nous dira de descendre. Et continuant le voyage, nous sommes tombés dans les mains des ADF. Arrivés au camp, nous étions séparés d'avec mon ami. Et ici devant vous, je n'ai pas de problème avec Jibril. C'est pour une cause et cette cause c'est le numéro qu'il avait donné et qui nous a égarés. Et celui qui avait cité Jibril pour la première fois à l'ANR est déjà décédé.

Premier Président au prévenu Jibril :
Q. Qui avait dénoncé monsieur Kasimu à l'ANR ?
R. C'est le Cheik Baguma.
Q. Par qui est-ce que vous avez appris que c'est Baguma qui l'avait dénoncé ?
R. On m'avait dit.
Q. Vous êtes Vice-Représentant Régional de Butembo et vous êtes très respectueux de tous les musulmans, selon vous, qu'est-ce qui a poussé un simple croyant à vous citer ?
R. Pour moi, Kasimu m'a cité et je ne connais même pas pourquoi il m'a cité et avant d'aller étudier il faut préparer.
Ministère Public : Nous voulons vous dire qui est Jibril. C'est un recruteur de terroristes.
Q. Lorsqu'ils invitent les somaliens, est-ce que votre supérieur signe ?
R. C'est le chef qui signe et nous les amenons à la DGM et chez le maire.
Q. Vous pouvez nous montrer ces invitations ?
R. Je vais causer avec mon avocat.
Q. Combien de mosquées aviez-vous déjà construit à Beni-Butembo ?
R. Deux mosquées et c'était par contribution.
Q. Qui était le superviseur ?
R. C'est bien moi qui suis chargé de cela.
Q. Pouvez-vous nous dire la source de financement ?
R. Nous cotisons.
Q. Est-ce qu'il y a quelque part où vous mentionnez ?
R. Oui, dans un cahier.
Q. Est-ce que ça passe directement chez vous ?
R. Oui, ça passe directement par moi.
Q. Avez-vous un enfant qui étudie en Ouganda ?
R. J'ai un enfant qui est en Ouganda où il étudie le Coran, l'école normale et non le Djihad.
Q. En 2014 et 2015, vous n'avez pas reçu des Kenyans et Somaliens prédicateurs dans votre mosquée ?
R. Je ne me souviens pas.
Ministère Public au renseignant Kasimu
Q. Est-ce qu'en 2014 il n'y avait pas de Somaliens et Kenyans qui arrivaient ?
R. Oui, même les croyants.
Ministère Public au prévenu Baguma :
Q. Vous en tant qu'Imam, vous avez reçu combien de fois des prédicateurs somaliens et kenyans ?
R. Depuis que je suis Imam, j'avais déjà vu les visiteurs kenyans et somaliens à la fin de 2013 jusqu'aujourd'hui.
Ministère Public au prévenu Jibril
Q. Est-ce que Baguma est informé de la date de retour des prédicateurs ?
R. Oui, il est informé.
Premier Président au prévenu Jibril :

Q. Est-ce qu'on annonce l'arrivée des prédicateurs à la mosquée et leur retour aux fidèles ?
R. Oui, on annonce.
Q. Qui annonce l'arrivée et le départ des prédicateurs visiteurs ?
R. C'est la Région qui s'en occupe.
Ministère Public au prévenu Kasimu :
Q. Combien de fois, après votre démobilisation DDRR, Jibril est venu vous voir au camp avec les somaliens et que vous êtes partis avec eux ?
R. Moi, je cultivais mon champ à Isale. Monsieur Jibril est venu avec cinq personnes qu'il me demandera d'accompagner en les aidant à porter leurs colis et nous allions dans la forêt vers chez les ADF et jusqu'aujourd'hui, j'ai son numéro dans mon téléphone. Même si vous vérifiez, ce numéro est dans ma Sim.
Q. Avez-vous déjà suivi les enseignements de l'Imam Baguma et du représentant Jibril ?
R. Non.
Premier Président au prévenu Isaaka :
Q. Avez-vous déjà suivi les enseignements de l'Imam Baguma et ceux du représentant Jibril ?
R. Oui.
Q. En quoi consistent ces enseignements ?
R. De la religion musulmane en général.
Q. Vous pouvez nous expliquer si c'est quel type d'enseignements ?
R. Comment jeûner, donner l'offrande.
Q. Est-ce qu'il n'y a jamais été montré comment se radicaliser ?
R. Non.
Q. Qui est Abdorogo ?
R. Il est Cheik de Kenya.
Q. Il n'a jamais enseigné à la mosquée ?
R. Ce que je connais est que lui, il est contre Abdorogo et moi je le supporte.
Ministère Public au prévenu Jibril
Q. Est-ce que le prévenu Jibril peut reconnaitre cette photo ?
R. Silence
Q. Vous l'aviez par le processus de DDRR ?
R. Oui.
Q. Où étiez-vous pour être démobilisé ?
R. J'étais en brousse chez les ADF/NALU.
Q. C'était en quelle année ?
R. C'était en 2014.
Q. Vous avez fait combien d'années ?
R. Quatre mois.
Q. Lorsque vous étiez là-bas pendant les quatre mois, c'est alors que vous étiez baptisé ?
R. Non, c'est après mon retour de là.

Q. Vous avez suivi une formation militaire pour la première fois ?
R. Non, je n'ai jamais suivi une quelconque formation et je n'ai jamais touché à une arme.
Premier Président au prévenu Jibril :
Q. Reconnaissez-vous avoir reçu cette lettre ?
R. Oui.
Ministère Public : Pour la confirmation de cette lettre qu'elle est venue de la brousse.
Avocat Défense : Nous disons que cette lettre n'est pas venue de la brousse. C'est à l'école de Malera qui se trouve dans un quartier de Butembo.
Premier Président au prévenu Kasimu :
Q. Pourquoi n'avez-vous pas cité Jibril comme l'autre qui était tabassé lorsqu'il avait cité ce dernier à l'ANR ?
R. Lorsque j'avais vu l'autre.
Défense à Monsieur Kasimu :
Q. Est-ce que vous connaissez monsieur Mulembele ?
R. C'est Jibril qui m'avait donné ce nom de Mulembele.
Q. Pourquoi n'avez-vous pas cité Jibril comme celui qui vous a donné le nom du chauffeur Mulembele ?
R. J'avais peur de citer le nom de Jibril pour préserver ma personne et ma sécurité.
Avocat Défense au prévenu :
Q. Pourquoi n'avez-vous pas cité le nom de Jibril lorsque vous étiez à l'ANR/Butembo ?
R. Car j'avais peur de voir encore monsieur Jibril à l'ANR.
Premier Président au prévenu Jibril :
Q. Qu'en dites-vous à ce propos ?
R. Je suis allé à l'ANR concernant le dossier de Djuma et je ne savais même pas qu'il était au cachot.
Défense au renseignant Kasimu :
Q. Est-ce que le nom de Jibril qu'il a cité c'est le même ou comment ?
R. C'est le même bien qu'il y ait plusieurs Jibril.
Pour l'Avocat Défense, le nom de monsieur Jibril qui était cité dans le PV de l'ANR, ce n'est pas celui de notre client, mais c'était un autre Jibril-Issa.
En rapport avec notre client Jibril.
Q. Est-ce que le prévenu peut soutenir qu'il avait refusé que Jibril n'y fût pour rien.
R. Tout ce qu'il vient de dire est faux. A l'ANR, si je n'avais pas cité ce monsieur, c'est parce que j'avais peur de mourir.
Q. Est-ce qu'il était tabassé aussi à l'Auditorat ?
R. Non, seulement à l'ANR.
Juge Assesseur :
Q. Comment expliquez-vous votre présence à l'ANR ?

R. Je ne peux rien vous dire concernant cette question, car ma présence à l'ANR, c'était pour cause de Djuma.
Q. S'il avait peur de mourir, il avait peur de qui ?
R. Silence
Q. Quelle est la nationalité dominante des prédicateurs ?
R. Ce sont des Indiens.
Lorsque le Ministère Public devait prendre la parole et qu'il y avait une grande pluie, Monsieur le Premier Président de la Cour de céans avait suspendu l'audience à cause de la pluie et après la pluie, l'audience avait repris.
Ministère Public : Nous disons que mon contradicteur ici présent vient de dire que le défunt prévenu Djuma, lorsqu'il était entendu sur PV à l'ANR, il avait cité les deux prévenus.
Ministère Public au prévenu Baguma :
Q. A quel titre vous aviez donné 20$ à Djuma ?
R. Premièrement, Djuma est un croyant musulman et il était malade de trouble mentale. A chaque fin du mois, les patrons de notre communauté doivent payer comme dîme 1/40ème de leurs revenus et Djuma était aussi concerné de cette récolte des fonds. Nous avons récolté plus de 600$.
Q. Comment aviez-vous donné ou remis les 20$ pour qu'il puisse aller préparer le terrain afin de planifier une attaque ?
R. Premièrement, Djuma dont vous parlez, était un fou. Comme sa tête ne fonctionnait pas bien, il a dit ce qu'il voulait, malheureusement il était mort et que Dieu le pardonne.
Q. Tout ce que Djuma avait dit c'est parce qu'il était fou ?
R. Non, certaines choses qu'il disait étaient vraies, et d'autres des faussetés.
Q. Qu'est-ce que vous dites de ce qu'avait déclaré Djuma que vous lui avez donné 20$ et votre chef Imam Baguma ?
R. Je ne sais pas cela.
Q. Vous avez une jeep ?
R. Non, je n'ai pas de jeep.
Q. Pourquoi il vous a cité lorsqu'il était à l'ANR, disant qu'il était à la mosquée y compris Kasimu ?
R. Je ne savais pas qu'il pouvait être à la mosquée.
Q. Comment lui qui était malade pouvait confirmer que vous vous trouviez tous trois à la mosquée ?
R. Silence
Ministère Public au prévenu Baguma
Q. Où est-ce que Kasimu a été arrêté ?
R. A la mosquée.
Ministère Public au prévenu Jibril :
Q. Où est-ce que Kasimu a été arrêté ?
R. J'avais entendu et appris qu'il était arrêté à la mosquée.
Ministère Public à Kasimu :
Q. Où est-ce que vous avez été arrêté ?

R. A la mosquée.
Conseiller au prévenu :
Q. Vous êtes à combien de Vices dans votre religion ?
R. Nous sommes deux vices. L'un qui est chargé du culte et moi je suis chargé du développement.
Q. Alors, qui devait prendre en charge les visiteurs ?
R. C'est le département qui est dirigé par moi du développement.
Avocat Défense : Dans la religion islamique, il y a deux départements : il y a un qui est chargé de culte et un autre qui est chargé de prédication.
Prévenu : Il y a une différence entre le culte et la prédication.
Lorsque le renseignant nous dit qu'il a quitté la brousse en passant par Semuliki vers Kaina, or pour aller à Kaina, il faut d'abord passer par Butembo, et Kaina c'est à plus de 100 km de Butembo. Nous disons qu'il est menteur.
Avocat Défense à monsieur Kasimu :
Q. Pourquoi n'avez-vous pas dénoncé à l'ANR que vous avez pris la fuite et que vous avez attendu deux mois ?
R. Car j'avais peur de dénoncer d'abord.
Q. Avant la démobilisation, vous étiez dans les rangs des ADF, et vous aviez pris la fuite. Pourquoi vous n'avez pas dénoncé ?
R. Lorsque j'avais eu le temps de sortir de la brousse, et après deux mois de cachette, je suis sorti dès mon arrivée à Butembo. J'avais trouvé Jibril à la mosquée et ayant participé à la prière, quelque temps après, on est venu m'arrêter.
Ministère Public à la Défense :
Le MP voulait expliquer à la Cour par les déclarations de son client que ce n'était pas Jibril qui est cité ici, que c'était l'autre Jibril Issa et nous disons non.
Avocat Défense : Il confirme que monsieur Djuma était vraiment un fou et nous allons vous prouver par une note que nous allons déposer au Greffe. Voir côte 68.PV : Djuma est une personne détraquée. Il ne faut pas prendre ses déclarations en considération.
Défense prévenu au renseignant Kasimu :
Q. Qu'est-ce qu'il peut dire de « Baguma anapinga mafundisho ya Aboud Rogo yenye mi ninaitika » ?
R. Silence de Baguma
Q. Quels sont les points des enseignements d'Aboud Rogo que vous détestez ?
R. C'était pour faire voir à nos croyants qu'il n'y a pas de Djihad dans ce monde.
Conseiller à Baguma
Q. Qui avait remis à Djuma les 20$?
R. C'est Jibril qui les lui avait remis.
Conseiller à Jibril
Q. Est-ce que vous confirmez que c'est vous qui les lui aviez remis ?
R. Oui.

Q. Est-ce qu'on peut remettre à un fou les 20$?
R. A ce temps-là, il raisonnait encore.
Q. Vous avez dit que les riches qui contribuaient au culte aidaient les soi-disant pauvres ?
R. Oui.
Q. Vous détestez les enseignements d'Aboud Rogo ?
R. Oui.
Q. Pourquoi vous en avez dans votre ordinateur ?
R. Avant de détester quelque chose, il faut que je voie.
Q. Vous avez combien d'enseignements d'Aboud Rogo ?
R. J'en ai beaucoup dans mon ordinateur.
Q. Ces gens qui mettaient ces enseignements dans votre carte mémoire, est-ce qu'ils le haïssaient aussi ?
R. C'est après avoir regardé cela que nous sommes passés à la démobilisation pour faire voir aux jeunes croyants qu'il ne faut pas le suivre et pratiquer ses prédications.
Premier Président au renseignant Kasimu :
Q. Avez-vous déjà été au camp des ADF ?
R. Oui.
Q. Vous aviez dit que vous étiez allé chez Jibril pour faire des études coraniques ?
R. Oui.
Q. Lorsque vous étiez là-bas, vous aviez quel âge ?
R. J'avais 14 ans.
Q. Où campent les ADF ? C'est dans la ville de Beni ou dans la forêt ?
R. C'était dans la forêt, mais un camp près de la ville.
Q. Pourquoi n'avez-vous pas rappelé que vous étiez dans le camp des ADF et que vous attendiez la nuit pour fuir ?
R. Moi, on m'avait pris par la force et ce n'était pas mon objectif.
Premier Président à Isaaka :
Q. Lorsqu'on vous a séparé d'avec Kasimu, où est-ce qu'on vous a amené ?
R. Dans le camp Kambi La Miba et après, à Madina.
Q. C'est là que vous étiez formé ?
R. On ne me montrait que le montage et remontage des armes.
Q. Lorsque vous étiez là-bas, vous ne saviez pas ce que vous faisiez dans le camp des ADF ?
R. Je savais que je me trouvais dans le camp des militaires.
Q. Est-ce que vous ne causiez pas avec les gens ?
R. On causait.
Q. N'avez-vous pas su leurs objectifs, qu'ils devraient venir attaquer le Congo ?
R. Non.
Défense du prévenu à Kasimu :

Q. Pouvez-vous nous donner le nom et l'adresse de celui qui vous a hébergé pendant ces 2 mois ?
R. C'est ma grande sœur. Et le nom pour la protection sera donné au Greffe.
Q. Lorsque vous accompagniez votre ami, c'était pour aller étudier ou comment ?
R. C'était pour aller étudier.

Audience publique du 7 septembre 2016

RP N° 0108/2016
RMP N° 0677/KNG/2016
A laquelle siègent :
1. Ntshayikolo Esosa Masele, Juje Président (JP) 1er Président ;
2. Maj. Mag. : Kabondo Pibwe Serge, Conseiller ;
3. Lt Col. : Ndiba Bulangiti, Juge Assesseur ;
4. Lt Col. : Simisi Tuve Serge, Juge Assesseur ;
5. Lt Col. : Kwed Gbia Ayembi, Juge Assesseur ;
6. Maj. Mag. : Kumbu Ngoma, Omp ;
7. Mag. : Bonyoma Kaïsala Rigobert, Greffier.

En cause : L'Auditeur Militaire Supérieur, Près la Cour militaire opérationnelle du Nord-Kivu, Ministère Public et parties Civiles
Contre :
- Mr Nuhu Sekungu Djamada ;
- Mr Hamza Baguma Kasereka ;
- Mr Muhindo Mukanda Jibril.

Poursuivis pour : Participation à un mouvement insurrectionnel
A l'appel de la cause, les prévenus régulièrement cités comparaissent en personne et assistés de leurs Conseils habituels :
- Me John Muhindo Muyisa, Avocat près la C.A de Kisangani ;
- Me Mumbere Constant, Avocat au barreau de Kisangani.

Après la comparution des Avocats Conseils des prévenus, Monsieur le Premier Président appelle le prévenu Nuhu Sekungu à la barre.
Premier Président au prévenu Nuhu, qui comparait en swahili :
Q. Vous connaissez monsieur Baguma ?
R. Oui
Q. Vous êtes aussi Cheik ?
R. Oui.
Q. Que signifie Cheik ?
R. Signifie Mwalimu, enseignant, chef.
Q. Il vous arrive parfois d'enseigner aussi à la mosquée ?
R. Oui.
Q. Vous êtes accusé qu'il vous arrive parfois que vous enseigniez les jeunes pour les préparer à aller chez les ADF ?
R. Non, en aucun jour.

Q. Comment pouvez-vous expliquer que vous enseigniez aux jeunes gens d'avoir un cœur dur ?
R. Nous n'enseignons que le Madrassa[19] qui signifie la connaissance du Coran.
Q. Est-ce que vous enseignez ensemble avec l'Imam Baguma ?
R. Oui, nous enseignons dans la même salle.
Q. Le prévenu Imam Baguma donnait aux jeunes gens de votre culte les enseignements d'Aboud Rogo tout en leur interdisant de suivre cet exemple ?
R. D'après ma petite connaissance, moi je ne peux pas le corriger.
Q. Vous confirmez que vous enseignez ensemble avec Baguma ?
R. Oui.
Q. Vous confirmez que ses enseignements découragent les gens ?
R. Je témoigne qu'il décourage les jeunes en ma présence.
Q. Vous confirmez que c'est l'Imam Baguma qui avait arrêté Kasimu et c'était lors de la prière ?
R. Oui, moi aussi j'étais présent.
Q. C'était pour quelle cause ?
R. C'est la maman d'Isaaka qui est venue nous dire que son fils était au camp des ADF.
Q. Qui est-ce que la maman d'Isaaka avait vu ?
R. Elle avait vu Cheik Bayunda.
Q. Etiez-vous aussi arrêté à l'ANR/Butembo après l'arrestation de Kasimu ?
R. Non, en aucun jour.
Q. Pourquoi le prévenu nous a dit que vous étiez ensemble ?
R. Non.
Q. Pourquoi il était invité à l'ANR/Butembo ?
R. Lorsqu'on avait décrété le deuil de trois jours, nous étions ensemble et un numéro a appelé le Cheik Amza. Nous lui avons demandé d'où vient l'appel ? Il nous répondra qu'il vient de l'ANR et nous sommes allés répondre.
Q. Aviez-vous déjà vu les enseignements de Baguma dans son ordinateur ?
R. Non, pas encore.
Conseiller au prévenu Nuhu :
Q. Qu'est-ce qui vous unit dans vos relations ?
R. Baguma d'abord c'est mon chef de direction et Jibril est le représentant.
Q. Vous connaissez Kasimu ?
R. Oui.
Q. Quelles relations vous unissent ?

---

[19] Une médersa, ou madrassa en arabe est une école coranique, théologique musulmane. Cette appellation est à rapprocher de l'hébreux Midrash dont la racine signifie examiner ou interroger en profondeur. Dans les temps modernes, elle désigne une institution où les sciences islamiques sont enseignées ; un collège d'études supérieures, par opposition à une école élémentaire du type traditionnel.

R. Il est mon frère croyant musulman.
Q. Vous avez son numéro de téléphone ?
R. Non.
Conseiller à Kasimu :
Q. Vous avez son numéro de téléphone ?
R. Non, j'avais seulement le numéro de celui qui m'avait trompé.
Conseiller à Jibril :
Q. N'avez-vous pas autre relation avec Kasimu ?
R. Non.
Q. Vous ne lui avez jamais donné votre numéro ?
R. Je suis grand représentant, tous nous sommes croyants.
Q. Il arrive parfois que les jeunes disparaissent à Butembo. Est-ce que vous leur demandez où ils vont ?
R. Ils nous disent qu'ils sont à Kisangani.
Q. Faire quoi à Kisangani ?
R. Parfois vendre et faire d'autres travaux.
Q. Combien de fois ils sont partis chez les ADF ?
R. Le premier cas, c'est celui de Kasimu.
Premier Président à Nuhu :
Q. Quand est-ce que la maman de Kasimu est venue se plaindre ?
R. Avant l'arrestation de son fils.
Ministère Public au prévenu Nuhu :
Q. Est-ce que vous avez en Ouganda un enfant qui étudie le Coran, le Djihad et le terrorisme ?
R. Non, il étudie l'école normale, le Coran.
Q. Est-ce que le prévenu avait suivi une formation en Arabie Saoudite et au Kenya ?
R. Oui.
Q. Vous connaissez avoir amené les enseignements d'Aboud Rogo ?
R. Non.
Q. Vous connaissez avoir fait la formation de Djihadiste au Kenya et en Arabie Saoudite ?
R. Non.
Premier Président au prévenu Nuhu :
Q. Est-ce qu'il vous arrive d'être en même condition lorsque l'Imam Baguma enseigne ?
R. Oui.
Q. Est-ce qu'il vous arrive d'être avec Jibril lorsqu'il donne les enseignements de Seifu et Aboud Rogo ?
R. Non.
Premier Président au prévenu :
Q. Est-ce qu'il vous arrive d'être ensemble lorsque le Cheik Baguma enseigne ?
R. Oui.

Q. Lorsque Baguma enseigne aux gens, dans la salle de derrière, le bien et le mal ?
R. Nous enseignons les mamans et les enfants.
Ministère Public au prévenu :
Q. Est-ce que vous pouvez dire qu'Isaaka avait suivi les enseignements d'Aboud Rogo ?
R. A cette question, le Premier Président intervient.
Q. Vous ?
R. Oui.
Q. Qu'est-ce qui vous plait dans ces enseignements ?
R. Silence
Q. Où avez-vous suivi ces enseignements ?
R. Dans ma carte mémoire.
Q. Où est-ce que vous tirez ces enseignements ?
R. A l'internet.
Q. Ces enseignements sont en quelle langue ?
R. En kiswahili.
Conseiller au prévenu :
Q. Le prévenu Baguma avait dit pour mieux connaitre ces enseignements, il faut avoir un niveau universitaire ; comment vous comprenez cela ?
R. Ces enseignements sont en kiswahili.
Ministère Public au prévenu Nuhu :
Q. Combien de fois il arrive ?
R. Silence
Q. Quelle est votre réaction par rapport à vos déclarations selon lesquelles Jibril aime bien trancher les problèmes des fidèles ?
R. Oui, voir même les problèmes.
D'après le Ministère, les prévenus Jibril et Nuhu jouent un grand rôle pour amener les jeunes gens en brousse, et l'Imam Baguma est un grand formateur qui prépare les gens à être très fort, et durs à tuer.
Avocat Défense du prévenu :
Si Nuhu était cité dans cette affaire, c'est parce qu'il avait accompagné Baguma à l'ANR. En ce qui concerne la salle qui se trouve derrière la mosquée de Butembo, ils y enseignent le Madrassa parce que c'est un lieu sacré, où l'on ne peut pas accepter des bêtises.
Premier président à l'Avocat :
Q. Qu'est-ce que cela signifie, Madrassa : lieu sacré qui n'accepte pas de bêtises ?
R. Lorsqu'on entend parler de Djihadisme.
Monsieur :
- Djihadisme, on fait allusion au recours à la violence qu'on fait contre l'église.
- Terrorisme c'est de la violence contre une nation.

Selon le Premier Président, pour faire comprendre à l'Avocat Défense du prévenu qu'on ne vise pas la religion islamique, mais nous jugeons les personnes.
Avocat Défense du prévenu :
A la question du MP à nos clients demandant toujours s'ils ont des enfants qui étudient le djihadisme en Ouganda, nous vous renvoyons à la côte 27. Nous considérons que tout ce que vient de dire le MP concernant le prévenu Nuhu est à rejeter.
Premier Président :
Q. Pouvez-vous nous préciser de la date où Jibril s'est occupé du prévenu Isaaka ?
R. Non.
Juge Assesseur au prévenu Isaaka
Q. Vous détestez les enseignements de Baguma et Baguma déteste ceux d'Aboud Rogo ?
R. Je n'ai jamais participé aux enseignements de Baguma à propos d'Aboud Rogo.
Q. Est-ce qu'il y a beaucoup de prédicateurs musulmans Aboud Rogo ?
R. Oui.
Q. Ils sont combien ?
R. Ils sont nombreux.
Q. Ils prêchent aussi les enseignements d'Aboud Rogo ?
R. Non, parmi ces prédicateurs.
Avocat Défense au prévenu Isaaka :
Q. Est-ce que Aboud Rogo est un terroriste ?
R. Non.
Premier Président au prévenu Baguma :
Q. Est-ce que Aboud Rogo est un terroriste ?
R. Il n'est pas un terroriste, mais ce sont ses enseignements qui ne sont pas bons.
Q. Est-ce que ses enseignements sont de nature du terrorisme ?
R. Ses enseignements sont mauvais, car ils ressemblent à ceux du groupe qui prétend qu'il lutte pour conquérir le monde.
Q. Est-ce que ces enseignements à large diffusion à la population peuvent amener les jeunes à se rallier aux Shebab ?
R. Lui, il enseignait aux Kenyans de s'aligner derrière les somaliens Shebab.
Q. L'enseignement d'Aboud Rogo ici au Congo peut-il être aussi incitatif pour pousser les gens d'aller dans la forêt ?
R. Les enseignements d'Aboud Rogo, nous ne les enseignons pas aux fidèles ; mais après avoir vu, nous leur enseignons de ne pas les suivre. C'est comme le groupe d'Awaridi.
Premier Président au prévenu Baguma :

Q. Les enseignements étaient déjà répandus dans presque tout Butembo. Qu'est-ce que vous avez mené comme action pour que vos fidèles se débarrassent de ces cartes mémoires qui prêchent contre l'islam ?
R. Nous leur disions que ce n'était pas pour le Prophète, qu'ils les amènent. Celles qu'ils vont retirer c'est ce qui est bon. Et tous les musulmans de Butembo peuvent en témoigner et même nous avons défendu de vendre le CD avant qu'on voie. Il fallait même que je censure.
Q. Est-ce que pour ces enseignements dans le Coran, on évite aux fidèles des mesures pour s'en débarrasser ? Des choses impures n'existent pas ?
R. Ils existent.
Q. Est-ce que vous prêchez aux fidèles de se débarrasser de CD ?
R. Nous avons pris comme décision de poursuivre tout le monde qui vendait le CD et nous ne savons pas qui en avait et combien.
Juge au prévenu Jibril
Q. Pourquoi vous appréciez les enseignements d'Aboud Rogo ?
R. Parce qu'ils enseignent l'Islam.
Q. Alors qu'ils enseignent aux jeunes gens le terrorisme ?
R. Je n'ai jamais entendu.
Conseiller au prévenu Jibril :
Q. Voir déclaration PV OMP. (Prévenu Kasimu), votre relation ?
R. A 2014, j'étais encore nouveau dans la religion musulmane. Je n'avais que 4 ans et je ne sais pas s'il s'agit de quel prédicateur. En ce qui concerne ces prédicateurs, je prends le chef de DGM à témoin.
Premier Président au prévenu :
Q. Vous avez vu Jibril au camp des ADF ?
R. Oui.
Q. Saviez-vous que Jibril était aussi le leur ?
R. Oui.
Q. Pourquoi, sachant que Jibril était l'un des coopérateurs des ADF, vous ne l'avez pas dénoncé ?
R. A ce temps-là, je n'avais pas encore été musulman et lorsque moi j'avais reçu ma carte de DDRR, en voyant Jibril, je croyais que lui aussi avait déjà laissé, car il y avait déjà bien des années passées.
Q. Pourquoi vous qui étiez là-bas et que vous n'avez pas vu Jibril dans la forêt, vous lui avez fait confiance ?
R. Je n'avais que 14 ans moi et là-bas, je n'avais fait que 4 mois et je n'avais plus l'idée que ces gens existaient encore dans cette forêt.
Jibril au prévenu Kasimu :
Q. Comment il a su que ces gens n'existaient plus et qu'ils étaient rentrés en Ouganda ?
R. Car ils étaient attaqués par les FARDC.
Avocat Défense au prévenu Kasimu :
Q. En 2014, vous avez fui le camp des ADF et qu'en 2016, soit après deux ans, vous êtes allé vous faire démobiliser ?

R. Pendant tout ce temps, les deux ans, je me cachais toujours et j'allais à la rivière Mupenda, où je me suis fait attraper par quelqu'un qui s'appelle Hamza.
Avocat Défense : Monsieur Kasimu a été arrêté.
Avocat Défense au prévenu Isaaka :
Q. Aviez-vous sollicité Jibril que vous alliez aux études en Ouganda comme son fils ?
R. Oui.
Q. Aviez-vous quelqu'un qui allait vous soutenir ?
R. Il nous disait que nous allions à l'internat.
Q. Lorsqu'on fait les enseignements de Madrassa, est-ce qu'il y a une catégorie des gens qu'on exclut ?
R. Silence
Q. Avait-il informé sa maman qu'il allait étudier sur invitation de Jibril ?
R. Nous tous nous prions dans une même mosquée et chose que je n'avais pas comprise, pourquoi il ne m'avait pas donné le nom de ce type et qu'il m'avait dit que le monsieur qui allait me conduire se trouvait à Kasindi et qu'en y arrivant, je vais appeler ma mère.
Juge à Kasimu :
Q. Comment aviez-vous fait confiance en Jibril alors que vous saviez qu'il était de mèche avec les ADF ?
R. Ce qui m'avait attiré, ce sont les enseignements de l'enfant de Jibril et j'avais même fait une année pour attendre les études.
Ministère Public :
Après les déclarations du MP, la Cour décide de suspendre l'audience pour la projection des films. La Cour remet la projection des films à demain.
La cause est renvoyée à demain pour la projection de films.

Audience publique du 8 septembre 2016

RP N° 0108/2016
RMP N° 0677/KNG/2016
A laquelle siègent :

1. Lt Col. Mag. Ntshayikolo Esosa Masele Jp, 1er Président ;
2. Maj. Mag. : Kabondo Pibwe Serge, Conseiller ;
3. Lt Col : Ndiba Bulangiti, Juge Assesseur ;
4. Lt Col : Simisi Tuve Serge, Juge Assesseur ;
5. Lt Col : Kwed Gbia Ayembi, Juge Assesseur ;
6. Maj. Mag. : Kumbu Ngoma, Omp ;
7. Mag : Bonyoma Kaïsala Rigobert, Greffier.

En cause : L'Auditeur Militaire Supérieur, Près la Cour militaire opérationnelle du Nord-Kivu, Ministère Public et parties Civiles
Contre :

- Mr Nuhu Sekungu Djamada ;

- Mr Hamza Baguma Kasereka ;
- Mr Muhindo Mukanda Jibril.

Poursuivis pour : Participation à un mouvement insurrectionnel

A l'appel de la cause, les prévenus régulièrement cités comparaissent en personne et assistés de leurs Conseils habituels :

- Me John Muhindo Muyisa, Avocat près la C.A de Kisangani ;
- Me Mumbere Constant, Avocat au barreau de Kisangani.

Après la comparution de l'Avocat Conseil des prévenus, Monsieur le Premier Président appelle monsieur Baguma à la barre.

Premier Président au prévenu Baguma :

A l'audience de ce jour, il était question qu'on puisse projeter les films.

Q. Vous confirmez que c'est votre ordinateur ?

R. Oui.

Q. Alors le CD qui est à l'intérieur c'est pour qui ?

R. Ce que je sais est que le CD n'était pas dans mon ordinateur ?

Q. La Cour appelle le prévenu Baguma pour vérifier le CD si cela lui appartenait. Et le prévenu en regardant, il ne reconnait pas d'autres CD et il doutait vraiment. Après, le Premier Président lui dit de trier parmi les objets saisis ceux qui lui appartiennent.

A ce stade, le Premier Président de la Cour l'envoie vérifier les fichiers qui se trouvaient dans l'ordinateur.

La Cour a fait reconnaitre au prévenu les pièces à conviction, ce qui lui appartient et on le lui a fait trier.

Q. Reconnaissez-vous ces fichiers qui sont dans votre ordinateur ?

R. Le prévenu reconnait que dans son ordinateur il y a des prédications d'Aboud Rogo.

Q. Reconnaissez-vous que celui qui prêche dans la projection c'est réellement Aboud Rogo ?

R. Oui, je reconnais.

Après avoir regardé le premier fichier

Q. Qu'est-ce que Aboud Rogo avait prêché ?

R. Il avait prêché sur l'Islam et la fraternité de l'Islam. L'Amérique combat l'Islam et l'islam doit combattre. Et à la fin, l'Islam doit être ferme et se tenir debout et il faut se tenir debout avec les armes.

Q. D'après vous, cette prédication, c'est de nature à inciter la haine ou la paix ?

R. Ces prédications peuvent soulever les gens.

A ce stade, la Cour a fait projeter le film des crimes, là où on coupait les gens.

Q. Ces images, est-ce que ce sont les images qu'on peut faire voir aux gens ?

R. Je ne les ai jamais fait montrer aux gens. Les photos étaient sur Google et sur un calendrier. Mon objectif n'était pas de les montrer aux gens, mais je les gardais seulement dans mon ordinateur comme archives.

Q. Quelle était votre réaction quand vos fidèles en avaient dans leurs cartes mémoires ?

R. Je n'étais pas content.

Q. Vous-même, en tant qu'Imam musulman, pourquoi vous les avez gardées ?
R. Moi en tant que Pasteur, je dois montrer aux fidèles s'il y a de la sorcellerie, il ne faut pas faire cela.
Q. Dans quel but avez-vous gardé ces photos que vous avez cherchées un peu partout dans votre ordinateur ?
R. Comme prédicateur et enseignant, je dois garder des documents qui parlent de la foi musulmane. Mes prédications avaient pour but d'enseigner aux fidèles les méfaits de ce que disait Aboud Rogo.
Q. Pourquoi avez-vous défendu aux gens de vendre le CD devant la mosquée ?
R. Car les prédications d'Aboud Rogo étaient contre l'Islam.
Q. Est-ce qu'il y a une loi qui interdit de vendre le CD d'Aboud Rogo au Congo ?
R. Nous sommes des musulmans. Nous-mêmes nous avons vu que cela n'était pas bon ; nous avons refusé.
Q. Est-ce que la liberté des cultes n'est pas constitutionnelle ?
R. Oui, la liberté des cultes existe, mais il ne faut pas salir la religion des autres.
Q. En vous fondant sur la prédication d'Aboud Rogo, est-ce que vos représentants étaient informés ?
R. Je n'ai jamais enseigné les enseignements d'Aboud Rogo. C'est moi-même qui les regardais.
Q. N'avez-vous pas dit que vous enseignez aux fidèles ces enseignements, le bien et le mal ?
R. Non.
Q. Alors les tueries qui se font par les ADF au nom d'Allah, c'était par rapport à ces enseignements ?
R. Tous les musulmans de Beni et de Butembo connaissent cela et ce que je connais, un vrai musulman ne peut pas se salir en se ralliant aux ADF/NALU.
Q. Qu'est-ce que vous allez expliquer par le fait que la plupart des prévenus sont des musulmans et originaires de Beni et Butembo et causent des préjudices uniquement aux enfants de Beni et Butembo ?
R. Première chose, tous ceux qui se sont retrouvés chez les ADF, ils sont partis d'eux-mêmes. Ce n'est pas la communauté musulmane qui les y a envoyés. Par exemple Laurent Nkunda, Morgan qui étaient des pasteurs et chrétiens mais se sont rebellé. Ce ne sont pas leurs églises qui les avaient envoyés.
Ministère Public :
En lisant le PV d'audience d'OMP
Ministère Public au prévenu Baguma :
Q. Qu'est-ce qui peut expliquer le fait d'avoir accepté devant nous que vous enseigniez aux jeunes le bien et le mal ainsi que le terrorisme ?
R. Avant de signer mes déclarations, si j'avais au moins fait la lecture et que j'avais parlé du terrorisme, je n'allais pas signer.
Q. Lorsque vous étiez devant l'OMP, n'aviez-vous pas un Conseiller ?
R. Oui, j'avais un Conseiller.

Q. D'où sont venus ces Avocats Conseils qui vous assistent ?
R. Ce sont nos frères musulmans qui nous ont fait assister.
Avocat Conseil du prévenu regrette comment son client n'avait pas été assisté.
Ministère Public : Je ne suis pas ici pour ajouter quelque chose que le prévenu n'avait pas dit, pour les condamner, mais je suis le seul ministre de Dieu. Le prévenu lui-même avait parlé de terrorisme, voilà nous avons encore d'autres preuves à soumettre au débat, qu'il enseignait des enfants, des mamans et des papas. Et comme il y a des photos comme preuves qu'il enseignait dans la salle de derrière. A moins qu'il nous prouve le contraire.
Premier Président à l'Avocat Défense :
Un droit est une latitude et non une obligation.
Après avoir passé les photos au regard de tout le monde
Ministère Public au prévenu Baguma :
Q. Est-ce que le prévenu Baguma peut nous dire que lorsqu'il enseignait, il y avait des jeunes, des enfants et des mamans ?
R. J'avais bien dit que nous enseignions les mamans, les enfants et les jeunes. Il y a deux sortes de Madrassa : des hommes et des mamans.
En explicitant les photos prises dans différents endroits
Premier Président au prévenu :
Q. N'est-ce pas la personne qui est à l'extrême du côté droit de la photo ?
R. Ce n'est pas moi.
Q. Est-ce que vous connaissez ce monsieur ?
R. Il s'appelle Sadiki.
Q. Vous le connaissez comment ?
R. C'est un croyant musulman.
Q. C'est que vous connaissez tous les musulmans ?
R. Quelques-uns.
Ministère Public au prévenu :
Q. Pourquoi il n'y a ni papa, ni mamans moins encore d'enfants ? Il n'y a uniquement que des jeunes ?
R. Cette photo était prise lorsqu'on avait un séminaire des jeunes. Nous n'avons pas l'habitude de mélanger les femmes et les hommes. Et chez nous les musulmans, nous n'avons pas droit de prendre la photo d'une femme d'autrui sans la permission de son mari.
Avocat Défense du prévenu :
Premier Président au prévenu :
Q. La première photo, qu'est-ce que cela signifie ?
R. Le cheval que montait Mohamed.
Q. Deuxième photo ?
R. Signifie qu'il n'y a qu'un seul Dieu qu'on peut adorer.
Q. Troisième photo, des grenades et armes AK47 ?
R. C'est montrer aux gens qu'il ne faut pas suivre cela.
Juge Assesseur au prévenu

Q. Pourquoi vous enseignez aux gens le CD que vous avez déjà dans votre ordinateur ?
R. Silence
Q. Où étiez-vous le jour que cette photo a été prise ?
R. Je n'étais pas présent.
Ministère Public au prévenu Baguma :
Q. Où se trouvait votre ordinateur ?
R. Il se trouvait dans notre office.
Q. Quel est le sens de cette photo que vous avez téléchargée dans votre ordinateur : de l'hélicoptère et une arme ?
R. C'est comme tout le monde qui peut avoir un film de guerre dans son ordinateur.
Q. Alors ces photos vous plaisent pourquoi ?
R. Je suis comme tout homme qui peut s'amuser.
Q. Quel nom que vous avez donné à votre fichier ?
R. Ram's
Q. Alors Dawa ya Kafir ?
R. Le prévenu ne reconnait pas cela.
Q. Que signifient Dawa et Kafir ?
R. Dawa signifie : médicament, et Kafir signifie : celui qui est à l'encontre de l'islam, le non croyant.
Q. La photo Butembo (51409), n'est-ce pas vous qui l'avez prise ?
R. A tous ceux qui voulaient que je donne, j'envoyais.
Kafir : tout celui qui combat la parole de Dieu.
Premier Président : Nous pouvons interpréter tout celui qui combat l'islam que son médicament c'est l'arme.
Q. Que pouvez-vous expliquer du nom sur le fichier de l'hélico de combat ?
R. Je ne connais pas sa signification.
Après série de questions, la Cour constate que les faits mis à charge d'Isaaka et Kasimu ont un lien avec les faits à charge de Nuhu et consorts et selon elle, il y a lieu de les disjoindre et les joindre au dossier sous RP N° 0108/2016.
Pour le Ministère Public, il ne trouve pas d'inconvénient. Mêmement pour les Parties civiles et pour la Défense de deux prévenus Isaaka et Kasimu.

Dans la cause que nous instruisons, le Ministère public sollicite à la Cour que le dossier RP N° 0107/2016 que les prévenus Baguma et consorts soient justifiés sur le terrorisme.
Pour les Avocats des parties civiles, ils ne veulent plus consigner pour la seconde fois dans un même dossier, s'il faut que les trois prévenus Nuhu, Baguma et Jibril comparaissent.

Premier Président à toutes les parties :
En vertu de l'article 74 du CJM, la Cour décide la disjonction de la cause sous RP N° 0107/2016 et le joindre au RP N° 0108/2016.

La cause est renvoyée au mardi 13 septembre 2016.

Audience publique du 13 septembre 2016

RP N° 0107/2016
RMP N° 0664/0677/KNG/2016
A laquelle siègent :
1. Lt Col. Mag. Ntshayikolo Esosa Masele Jp, 1er Président ;
2. Maj. Mag. Kabondo Pibwe Serge, Conseiller ;
3. Lt Col. Ndiba Bulangiti, Juge Assesseur ;
4. Lt Col. Simisi Tuve Serge, Juge Assesseur ;
5. Lt Col. Kwed Gbia Ayembi, Juge Assesseur ;
6. Maj. Mag. Kumbu Ngoma, Omp ;
7. Mag. Bonyoma Kaïsala Rigobert, Greffier.

En cause : L'Auditeur Militaire Supérieur, Près la Cour militaire opérationnelle du Nord-Kivu, Ministère Public et parties Civiles
Contre :
- Mr Nuhu Sekungu Djamada ;
- Mr Muhindo Mukanda Jibril ;
- Mr Hamza Baguma Kasereka ;
- Mr Isaka Muhindo Kinswamba ;
- Mr Kasereka Mupenda Kasimu.

Poursuivis pour :
- Participation à un mouvement insurrectionnel ;
- Crime contre l'humanité pour meurtre ;
- Terrorisme.

A l'appel de la cause, les prévenus régulièrement cités comparaissent en personne et assistés de leurs Conseils habituels :
- Me John Muhindo Muyisa, Avocat près la C.A de Kisangani, conjointement avec
- Me Mumbere Constant, Avocat au barreau de Kisangani.

Pour le compte du prévenu Baguma
- Me David Wambale conjointement avec
- Me Idy Djuma conjointement avec
- Me Charles Umumoki Ayalinga
- Me Joël Shanyungu, tous avocats au barreau de Kisangani
- Kiwunga Makila, Défenseur militaire agréé

Tandis que les parties civiles comparaissent en personne assistées par leurs Conseils.
Premier Président
Comme la loi dit que lorsqu'il y a un changement de la composition, il faut qu'il y ait un état de la procédure et cette cause est suffisamment avancée et

que cette avancée de la procédure à la séance tenante risque de ne pas tout rencontrer.
Donc la Cour renvoie cette cause à demain.

Audience publique du 13 septembre 2016

RP N° 0107/2016
RMP N° 0664/0677/KNG/2016
A laquelle siègent :

1. Lt Col. Mag. Ntshayikolo Esosa Masele Jp, 1er Président ;
2. Maj. Mag. Kabondo Pibwe Serge, Conseiller ;
3. Lt Col. Ndiba Bulangiti, Juge Assesseur ;
4. Lt Col. Simisi Tuve Serge, Juge Assesseur ;
5. Lt Col. Kwed Gbia Ayembi, Juge Assesseur ;
6. Maj. Mag. Kumbu Ngoma, Omp ;
7. Mag. Bonyoma Kaïsala Rigobert, Greffier.

En cause : L'Auditeur Militaire Supérieur, Près la Cour militaire opérationnelle du Nord-Kivu, Ministère Public et parties Civiles
Contre :

- Mr Nuhu Sekungu Djamada ;
- Mr Muhindo Mukanda Jibril ;
- Mr Hamza Baguma Kasereka ;
- Mr Isaka Muhindo Kinswamba ;
- Mr Kasereka Mupenda Kasimu.

Poursuivis pour :

- Participation à un mouvement insurrectionnel ;
- Crime contre l'humanité pour meurtre ;
- Terrorisme.

A l'appel de la cause, les prévenus régulièrement cités comparaissent en personne et assistés de leurs Conseils habituels :

- Me John Muhindo Muyisa, Avocat près la C.A de Kisangani, conjointement avec
- Me Mumbere Constant, Avocat au barreau de Kisangani ; pour le compte du prévenu Baguma, Nuhu et Hamza
- Me Idy Djuma conjointement avec
- Me Charles Umumoki Ayalinga
- Me Joël Shanyungu, tous avocats au barreau de Kisangani ; pour le compte des prévenus Isaaka et Kasimu ;
- Kiwunga Makila, Défenseur militaire agréé.

Tandis que les parties civiles comparaissent en personne assistées par leurs Conseils habituels :

- Me Jerry Ntondo, avocat au barreau de Bukavu ;
- Me Hervé Shabani, avocat au barreau de Goma.

Identification des Témoins

1. M. (Ismaeli Gadafi) Ismaeli Ndakala Bin Moussa, alias Gadafi, né à Oïcha, le 02 avril 1985, fils de : Moussa (décédé) et de Mariam (en vie), Etat civil : marié à Saïnali Kasoro et père de 2 enfants, Profession : vendeurs des pièces de moto (commerçant), Religion : musulmane, Domicilié à : Butahira à Butembo, Commune de Bulengera, Etudes faites : 1er CO.
2. M. Yunusu Kakule Tchimiombe, né à Katero, le 27 juillet 1982. Fils de Kambale (décédé) et de Nzuva (en vie), Etat civil : marié à Mme Aisha Sive et père de 2 enfants, Profession : sans profession, Religion : musulmane, Etudes faites : 6ème primaire. Commune Bulungera, Quartier Kyaghala, Cellule de Kyaghala.
3. Mme Katungu Esperance Virongwe, né à Butembo vers 1972. Fille de Paluku (décédé) et de Masika Souzane, Etat civil : divorcée et mère de 6 enfants, Etudes faites : 4 ans primaires, Profession : vendeuse, Religion : catholique, Domiciliée : Commune Bulengera.
4. M. Ismaila Paluku Bayunda, née à Mughola, le 06 mars 1975. Fils de Paluku (en vie) et de Kahindo Lukala (en vie), Etat civil : marié à Mme Aïsha et père de 5 enfants, Etudes faites : D6 en Pédagogie, Profession : Enseignant à Habraal Youssouf école privée français arabe. Religion : musulmane, Domicilié : C/ Bulengera, Cellule Ikongolo, Q/ Chaghala.
5. M. Muhindo Arafat Bin Kasai, né à Butembo, le 1er juillet 1978. Fils de Kasai (en vie) et de Charlotte Vuiyambi. Grade : APP Incorporation. En 2008 CI Kanyarutshinya ciat : Vulama. Fonction : COMD S/C marché Bwanandeke ; Etat civil : marié à Mme Asiya et père de 5 enfants ; Culte : musulman ; Q. Mutiri C/ Blebngera, Cellule : Musunvulia.
6. M. Ismael Kasereka Kakungu, né à Butembo, le 10 février 1982. Fils de : Katchelewa Kitoya (décédé) et Kaswera Kabuo. Etat civil : marié à Mme Kavira Kakundika, père d'1 enfant. Profession : Directeur EP Maendeleo, école conventionnée islamique en Territoire de Lubero, Etudes faites : D6 Pédagogie Générale, Culte : musulman ; Fonction : Imam Adjoint de la mosquée ABRAAL, Domicilié C/ Bulamba, Q. Kambali, Cellule de Kambali N°09
7. M. Moustafa Abdaala Matchongani, né à Beni, le 27 janvier 1976. Fils de Abdala et de Afsa Londisa, Etudes faites : D6 en Sociale et ADM, Etat civil : marié à Zawadi Mangese et père de 7 enfants, Profession : Représentant chef du Centre islamique de Bea Ville de Beni, Culte : musulman ; Beni Q/ Cité Belge, Av Maboko N° 13.

Après leur identification, la Cour décida de les nommer par les numéros codes de T1 et consorts.

Premier Président au prévenu Baguma

Q. C'est vous qui avez cité les témoins qui vont comparaitre tout à l'heure ?

R. Oui, c'est moi.

Premier Président au T1 en simple renseignant
La Cour met le renseignant T1 à la disposition du prévenu Baguma.
Défense du prévenu au Renseignant :
Q. Vous connaissez monsieur Kasimu ?
R. Oui, je le connais.
Q. De quelle manière vous le connaissez ?
R. Je connais monsieur Kasimu comme un frère musulman et nous prions ensemble.
Q. Avez-vous été contacté par monsieur Kasimu ?
R. Il m'avait consulté un jour en me disant qu'il allait m'amener quelque part pour me donner du travail.
Q. Quelque part où ?
R. Je vendais des soutanes à l'entrée de la mosquée et il venait acheter. Après, il me dira qu'ici vous n'allez pas mieux vendre. Je vais vous amener dans la brousse où vous allez vendre une soutane à 25$. C'est vers la frontière avec l'Ouganda.
Premier Président au Prévenu Kasimu :
Q. Vous connaissez ce monsieur T1 ?
R. Oui.
Q. C'est la première fois de le voir ?
R. Je l'avais déjà vu. Il était élève de Cheik Baguma.
Q. Il enseignait quoi ?
R. Le Madrassa, qui signifie Coran.
Q. Est-ce qu'il vend des soutanes ?
R. Non, c'est faux.
Défense
Q. Aviez-vous fait le travail qu'on vous a proposé et sinon, qu'est-ce qui vous a empêché ?
R. En vérifiant, j'avais vu qu'en brousse il n'y avait pas de musulmans et aux environs de Butembo, il n'y avait pas plus de 5 personnes qui vont là-bas. Je ne peux pas aller et vous suivre.
Q. Quand est-ce que vous avez appris l'arrestation de Kasimu ?
R. Un jour, nous sortions de la mosquée et nous habitions le même quartier avec le Cheik Hamza. Après notre sortie de la mosquée, il commençait à me prodiguer des conseils en disant avant de recevoir qui que ce soit, il faut d'abord l'identifier. Après, Cheik me dira que Kasimu est arrêté et il est ingrat et mauvais monsieur.
Q. Depuis quand vous connaissez monsieur Kasimu ?
R. Il y a de cela 3 ans.
Q. Depuis tout ce temps, qu'est-ce qu'il fait comme travail ?
R. Lui ne reste pas à Butembo. Il vit à Butembo comme un passant.
Conseiller :
Q. Est-ce que vous vous souvenez que vous avez dit que vous vendiez les pièces de rechange et qu'il n'avait pas dit qu'il vendait des soutanes ?

R. Ça fait trois ans passés que je vendais des soutanes et après, j'étais travailleur et vendeur dans un magasin des pièces de moto.
Q. Est-ce qu'il ne vous a pas dit ce que vous allez faire et dans quelle brousse ?
R. Moi j'avais vu qu'en brousse il y avait des cultivateurs.
Q. Est-ce que des cultivateurs ne peuvent pas acheter des soutanes ?
R. Un cultivateur ne peut pas acheter une soutane avec 25$ car même à Butembo c'est impossible.
Q. Est-ce que vous êtes élève de Baguma ?
R. Dans notre culte de musulman, il y a un programme à enseigner.
Premier Président au T1 :
Q. Vous suivez aussi certains enseignements auprès de Cheik Baguma ?
R. Oui.
Q. Quel enseignement et quel thème ?
R. Le Coran et connaitre Dieu.
Q. Depuis quand êtes-vous élève de Baguma ?
R. Il y a 2 ans déjà passés.
Q. Avant d'aller à la frontière congolo-ougandaise pour vendre, est-ce que vous avez informé les responsables ?
R. Non, car le Cheik Hamza m'avait dit qu'il ne faut pas écouter monsieur Kasimu, lui qui en vient que pour amener les gens en brousse.
Q. Dans quelle brousse ?
R. Il ne m'avait pas dit de quelle brousse il s'agissait.
Q. Pourquoi vous ne lui avez pas demandé si c'était dans quelle brousse ?
R. En tout cas, j'avais catégoriquement refusé d'aller vendre en brousse.
Q. Saviez-vous qu'au grand nord il y avait des rebelles qui dérangent la population ?
R. Nous entendons dire à la radio et de la part des chefs.
Q. Ne saviez-vous pas que parmi les rebelles, il y a des fils de ce pays qui collaborent avec eux ?
R. Nous écoutons seulement à la radio comme vous les juges.
Q. Vous qui étiez contacté par Kasimu pour aller en forêt, pourquoi vous n'êtes pas allé informer les autorités et que vous voulez cacher cela ?
R. Pour moi, je ne l'ai connu que lorsqu'Isaka était arrêté
Q. Pourquoi vous qui vivez à Butembo et que vous savez que dans une famille un membre est dans la brousse, vous n'êtes pas allé dénoncer auprès des chefs ?
R. Moi je n'étais pas au courant ; encore que lorsque je vendais les soutanes, je ne l'ai connu que lorsque monsieur Isaka était arrêté.
Premier Président au prévenu Baguma :
Q. Est-ce que vous étiez informé par le T1 qu'il y a d'autres jeunes qui vont vendre des soutanes en brousse ?
R. Oui, il m'avait informé.
Défense au prévenu Kasimu :
Q. Est-ce que vous connaissez les élèves qu'enseignait monsieur Baguma ?

R. Oui, l'un qui est ici T1 et l'autre n'est pas ici.
Q. Qu'entendez-vous par élève ?
R. C'est quelqu'un qui est enseigné par l'autre.
Premier Président au T1 :
Q. Est-ce que vous connaissez Aboud Rogo ?
R. Oui, par la radio. Il était kenyan.
Q. Aviez-vous déjà suivi les enseignements Aboud Rogo ?
R. Non, jamais.
Q. Que dites-vous des propos de votre Cheik Baguma, selon lesquels la plupart de vous avaient des cartes mémoires des enseignements d'Aboud Rogo ?
R. Non.
Q. Aviez-vous déjà vu des vendeurs qui exposaient devant la mosquée des articles divers ?
R. Oui, il y avait des vendeurs qui vendaient des CD et Cheik Baguma vérifiait ces CD avant de les vendre. Il y avait aussi d'autres articles comme des souliers et consorts.
Conseiller au T1 :
Q. Est-ce qu'il y a d'autres prédications dans votre mosquée, qui enseignaient les idéologies d'Aboud Rogo ?
R. Je n'ai jamais entendu.
Q. Vous priez à la mosquée centrale, est-ce qu'il y a des salles ?
R. Oui, il y a 1ère, 2ème et 3ème salle derrière la mosquée.
Q. Saviez-vous qu'on enseigne aussi dans ces salles ?
R. Oui.
Q. Dans ces locaux, en aucun jour on vous a enseigné ?
R. Non, je n'ai jamais entendu.
Premier Président au Renseignant T1 :
Q. Connaissez-vous un certain Djuma Elias ?
R. Je ne le connais pas, mais j'entendais souvent parler de lui.
Q. Comment entendiez-vous parler de lui ?
R. Qu'on avait écrit sur sa tête.
Premier Président au prévenu Kasimu :
Q. Est-ce que vous connaissez Djuma Elias ?
R. Oui.
Q. Il est où pour le moment ?
R. Il était mort en prison.
Premier président au prévenu Jibril :
Q. Pouvez-vous nous donner votre numéro vodacom ?
R. On avait volé mon téléphone et cette Sim était dedans.
Q. Vous connaissez monsieur Sadath, qui est en Ouganda ?
R. Oui.
Q. Vous avez son numéro ?
R. Pour le moment, non.
Ministère Public au T1 :

Q. En quelle année monsieur Kasimu vous a proposé d'aller en brousse ?
R. Il y a de cela 3 ans passés.
Q. Reconnaissez-vous que c'est monsieur Baguma qui vous a dit d'aller à la mosquée pour y dénoncer Kasimu, qui vous a proposé de vendre.
R. Pas de réponse.
Q. Reconnaissez-vous que monsieur Baguma vous a interdit de dire à personne et qu'il faut aller informer à la mosquée ?
R. Non, parce qu'on était à la recherche de Kasimu
Q. Vous confirmez que monsieur Baguma vous a instruit de ne rien dire à personne ?
R. Oui.
Premier Président au T1[20] :
Q. Est-ce que vous confirmez que Cheik Baguma vous a interdit de ne pas propager les infos de Kasimu ?
R. Oui.
Premier Président au prévenu Baguma
Q. Aviez-vous interdit au T1 de le dire à quiconque ?
R. Avant.
Ministère Public au prévenu Baguma
Q. Est-ce que vous saviez, vous et Nuhu, que Kasimu amenait les gens dans la brousse ?
R. Oui.
Q. Quel genre de travail Kasimu proposait aux jeunes ?
R. Il proposait aux jeunes l'extraction de l'or, l'exploitation de bois.
Q. Pourquoi vous n'avez pas parlé de la vente des soutanes ?
R. Tout ça entre dedans.
Ministère Public au prévenu Kasimu
Q. Où est-ce qu'il était et comment ?
R. Il avait raison, il défendait son père, car il était aux arrêts.
Ministère Public au T1
Q. Pourquoi vous ne l'avez pas dénoncé avant ?
R. Je le connaissais comme acheteur des soutanes.
Q. Vous ne le connaissiez pas avant ?
R. Non, c'est après l'arrestation d'Isaka que je l'ai connu.
Ministère Public au prévenu Baguma
Q. Est-ce que vous étiez ensemble avec le prévenu Nuhu ?
R. Oui, car nous recevions des messages et après j'informais le Cheik Nuhu.
Q. Vous confirmez avoir reçu le T1 à la mosquée ?
R. Oui, car chaque fois si nous sortons de la mosquée, nous sommes toujours ensemble.
Défense des prévenus

---

[20] Code attribué au premier témoin.

Observation : sollicite à la Cour de dire au MP de ne pas frustrer leurs clients. Selon les arguments de l'avocat Défense du prévenu, il voulait seulement éclairer la Cour sur son client.
Premier Président au prévenu Kasimu
Q. Qu'entendez-vous du jargon « Baba Yake » ?
R. Tous les témoins qui sont ici, avant de venir répondre, ils vont d'abord se réunir pour le défendre.
Défense du prévenu : Nous disons que le prévenu Kasimu veut toujours noyer notre client.
Conseiller au prévenu Baguma
Q. Quelle serait votre impression aux dires de T1 que lui n'a jamais entendu ni écouter les enseignements d'Aboud Rogo ?
R. Selon notre règle dans notre religion, lorsque vous corrigez quelqu'un vous n'allez pas citer son nom, vous allez cacher ce qui le concerne, mais ceux qui nous suivent vont comprendre de qui est-ce que nous parlons. C'est pourquoi la plupart à Butembo, parmi les musulmans, disent que je n'aime pas des enseignements d'Aboud Rogo.
Q. Que dites-vous de ce que votre élève nie qu'il n'a jamais entendu parler de l'enseignement d'Aboud Rogo ?
R. Lui-même le T1 vous a dit qu'il n'a jamais entendu les enseignements d'Aboud Rogo ?
Défense PC au T1
Q. Vous priez souvent à la mosquée avec Kasimu ?
R. Monsieur Kasimu vient souvent à la mosquée comme visiteur et nous ne savons pas là où il se trouve.
Premier Président au prévenu Baguma
Q. Pourquoi, dans votre ordinateur, vous avez surnommé *Helico Dawa ya Kafir* et la lance rocket Djiad ?
R. A chaque fois que nous recevons une carte mémoire de la part d'un fidèle, nous allons l'exploiter d'abord avec les autres et la télécharge si nécessaire.
Q. Qu'est-ce que vous pouvez dire des fichiers que vous avez téléchargés à l'internet ?
R. Vous savez que la technologie est tellement avancée.
Q. Pour quel intérêt aviez-vous voulu garder ces fichiers dans votre ordinateur et que vous ne voulez pas que les croyants ne les gardent pas dans leurs cartes mémoires ?
R. Mon ordinateur, c'est comme une bibliothèque. Souvent il y a plusieurs fichiers qui se trouvent dans mon ordinateur, et si je regarde cela, c'est comme un souvenir pour vivre au monde, comment les musulmans se comportent.
Q. Pourquoi vous, lorsque le MP avait dit de Djiad vous avez réagi alors que dans votre ordinateur, vous mentionnez le Djiad ? Comment le Djiad qui n'existe pas au monde se trouve dans votre ordinateur ? Est-ce que vous les gardez pour enseigner aux jeunes d'aller rejoindre les camps des ADF selon ce qui se rapporte dans les journaux ?

R. Premièrement, je n'ai jamais enseigné à aucun musulman de faire cela. Ce que j'enseignais aux gens c'est que dans le monde, il y a des groupes qui se préparent pour le Djiad. Mais en ce qui concerne le Djiad, il n'existe pas, même dans notre logique, si nous partons au cimetière, nous disons Djiad ; et même pour donner, nous disons Djiad. Mais en ce qui concerne couper la tête des gens, ce n'est pas bon.
Avocat Défense du prévenu
Notre client ne peut pas donner une signification à quelque chose qu'il ne connait pas. Nous disons que Kafir signifie rebelle.
Défense Isaka au T1
Q. A quel moment vous avez constaté l'absence de monsieur Isaka à la mosquée ?
R. Il y a 3 ans avant la fermeture de Ramadan.
Juge à Baguma
Q. T1 ne reconnait pas les enseignements d'Aboud Rogo.
R. En ce qui me concerne, j'avais dit après avoir reçu cela, j'ai fait d'abord la révision et pour bien comprendre.
Défense PC au prévenu Kasimu
Q. Comment et pourquoi le T1 vous cite chaque fois ? Est-ce qu'il y a quelque chose qui ne va pas ?
R. Ce que je peux dire, c'est qu'ils viennent le soutenir. Il vous a dit que toutes les mosquées de Butembo peuvent venir témoigner pour lui.
Ministère Public : Que pouvons-nous dire d'un père qui refuse à son fils de ne pas prendre quelque chose.
Défense prévenu au T2
Q. Est-ce que vous connaissez Kasimu et dans quelle circonstance ?
R. Je l'ai connu le jour où il était venu me proposer qu'il allait me donner un travail, que nous puissions aller à Mangina pour creuser de l'or. Et comme je n'avais pas d'argent à laisser à ma famille, le mercredi où nous nous sommes convenus pour le départ, je n'avais rien et je lui ai demandé s'il pourrait me donner 10$.
Q. Aviez-vous informé l'Imam Baguma ?
R. Oui, que c'est lui qui a amené Isaka dans la brousse.
Q. C'était quand et à quelle année ?
R. C'était à la fin de l'année dernière.
Q. Est-ce que vous avez informé l'Imam Baguma ?
R. Oui.
Q. Comment avait-il réagi après lui avoir parlé ?
R. Il n'avait rien dit.
Premier Président au prévenu Baguma
Q. Reconnaissez-vous qu'il y a des ADF dans la brousse ?
R. Oui, il y a aussi d'autres groupes comme les Interahamwe.
Q. Pourquoi vous qui avez déjà reçu deux personnes pour vous informer de Kasimu, vous avez voulu attendre seulement la venue de la maman d'Isaka ?

R. Moi je ne connais pas.
Q. Reconnaissez-vous avoir dit au T2 que vous allez l'amener en brousse pour creuser de l'or ?
R. Non, c'est faux et archifaux.
Défense prévenu au T3
Q. Quelle était l'attitude du responsable de la mosquée lorsque vous êtes venu l'informer de son enfant Isaka ?
R. Il m'a dit d'aller le chercher.
Q. Comment elle avait su que son enfant était arrêté ?
R. Je suis arrivé à la mosquée. Il m'a répondu d'aller le voir au bureau du T2 Beni. Après il me dira de retourner à Butembo.
Premier Président au prévenu Isaka
Q. Qu'est-ce que vous avez dit à votre maman lorsque vous étiez au cachot de T2 ?
R. Je lui avais dit qu'elle retourne à Butembo voir si Kasimu serait là.
Q. Pourquoi aviez-vous dit à votre maman que « si Kasimu arrive, je serais acquitté » ?
R. Car les chefs qui m'avaient arrêté, c'est lui qui m'avait demandé d'avouer que j'étais avec lui.
Q. Est-ce que vous avez informé votre maman avant d'y aller ?
Q. Non.
Q. Est-ce que vous habitez chez votre mère ?
R. Non, je vivais seul.
Q. Comment avez-vous su que c'est Kasimu qui avait amené votre fils dans la brousse ?
R. C'est lorsque je me suis rendu au bureau du T2.
Q. Qui vous a informé que son enfant était arrêté ?
R. C'est ma famille qui m'avait informé.
Q. Est-ce que votre fils habitait chez vous ?
R. Non, chez ma petite sœur.
(Kasimu) Défense prévenu au T3
Q. En quittant T2, vous êtes allé voir qui à la mosquée ?
R. Je suis allé voir Bayunda.
Défense Baguma au T3
Q. Qui vous a informé que votre fils était arrêté ?
R. On m'avait informé par les agents de l'ANR.
Défense prévenu Baguma au T4
Q. Qu'est-ce que vous pouvez dire de la réaction lorsque vous avez reçu la maman d'Isaka ?
R. Lorsque nous étions informés de l'arrestation d'Isaka et comme nous prions ensemble avec un policier, nous avons appelé le commandant Arafati Muhindo, avec qui le prévenu Kasimu restait souvent.
Q. Est-ce que vous avez gardé cette information pour vous seul ou vous avez partagé avec l'Imam Baguma ?

R. Oui, nous sommes arrivés même avec l'Imam Baguma à Beni voir le représentant.
Q. Vous confirmez que vous êtes venu avec Cheik Baguma à Beni voir le représentant ?
R. Oui, je le confirme.
Q. Comment connaissez- vous Kasimu ?
R. C'était en 2006 lorsque Kasimu et deux autres jeunes, qui étaient sorties chez les ADF et Jibril, étaient aussi là.
Ministère Public au T4
Q. Est-ce qu'il y a un représentant des musulmans à Butembo ?
R. Oui.
Q. Pourquoi vous n'avez pas informé le représentant de Butembo et que vous avez voulu venir à Beni ?
R. Car le représentant de Butembo était déjà au courant.
Q. Lors de votre arrivée à Beni, vous êtes allé rendre visite à Isaka au T2 ?
R. Non.
Q. Pourquoi vous qui étiez déjà ici à Beni vous n'êtes pas parti lui rendre visite ?
R. Car les gens étaient trop fâchés.
Premier Président au T4
Q. Est-ce qu'il est défendu que Kasimu fasse de prédication à Eringeti ?
R. Il faut avoir une autorisation.
Défense de prévenu Kasimu au T4
Q. Si Kasimu pouvait se retrouver à Eringeti, c'était en quelle qualité ?
R. Comme tout autre croyant.
Premier Président au T4
Q. Est-ce que Kasimu n'a pas le droit de se rendre à d'autres mosquées ?
R. Non, à ce moment-là, il n'était pas encore recherché.
Défense de prévenu Baguma au T5
Q. Qui vous a informé que Kasimu a été arrêté à Butembo ?
R. C'est l'Imam qui m'avait appelé lui-même, me disant qu'il a un suspect dans la mosquée qu'on vient de citer lors de l'arrestation d'Isaka au T2 et quand je me suis rendu moi-même à Butembo, j'avais appelé le chef de l'ANR. Je suis allé à bord d'un véhicule jusqu'à la mosquée pour son arrestation avec les agents de l'ANR.
Q. Qui est l'Imam principal de Butembo qui vous a appelé au téléphone ?
R. C'est l'Imam Baguma lui-même qui m'avait appelé.
Premier Président à Jibril
Q. Pourquoi aviez-vous été appelé à l'ANR ?
R. C'était pour l'arrestation de Kasimu.
Même question à Baguma
Q. Pourquoi aviez-vous été appelé à l'ANR ? C'était par qui ?
R. C'était d'abord par Kasimu et après par l'ANR.
Sixième témoin (T6)

Q. Comment vous étiez-vous retrouvé à l'ANR dans le problème de Kasimu ?
R. C'est l'Imam titulaire qui avait reçu l'appel de l'ANR et qui ne voulait pas aller seul. Je l'ai accompagné.
Premier Président au prévenu Jibril
Q. N'avez-vous pas passé la nuit au cachot de l'ANR ?
R. Oui, j'y avais passé la nuit.
Premier Président au prévenu Baguma
Q. N'avez-vous pas passé la nuit au cachot de l'ANR ?
R. Non.
Conseiller au prévenu Baguma
Q. Vous confirmez que c'était un samedi que vous étiez à l'ANR ?
R. Oui, et c'était le même jour que Kasimu a été arrêté.
Q. Pourquoi vous avez demandé à T6 de vous accompagner à l'ANR ?
R. C'est parce qu'il est mon adjoint.
Q. Pourquoi vous n'avez pas dit à Nuhu de vous accompagner ?
R. Monsieur Nuhu était absent ce jour-là.
Septième témoin (T7)
Défense de prévenu Baguma au T7
Q. Aviez-vous reçu Baguma et Bayunda au sujet d'Isaka ?
R. Oui, c'était le 12 juin 2016 vers 14 heures que je les avais reçus, lui et Bayunda, pour que nous puissions faire quelque chose pour appréhender monsieur Kasimu. Nous nous concertions. A mon tour, j'ai informé tous nos Cheik d'Eringeti, Mangina. Aussi, j'ai informé le Général Marcel.
Défense PC au T7
Q. Combien d'années est-il resté à Eringeti ?
R. Je ne sais pas. Il faut demander aux Cheik d'Eringeti et de Mangina.
Premier Président au T7
Q. Que signifie Mudjaidi ?
R. Signifie Courage.
Défense prévenu Kasimu au T7
Q. Qu'est-ce qu'il entend par Djiad ?
R. Signifie courage suprême, un courageux.
Premier Président au T7
Q. Que dites-vous de ces personnes qui tuent les gens au nom d'Allah ?
R. Ce ne sont pas de vrais musulmans.
Ministère Public au T7
Q. Est-ce qu'il a un ordinateur ?
R. Non.
Q. Est-ce que vous avez les CD d'Aboud Rogo et de Seifu ?
R. Non.
Q. Est-ce que vous avez les CD là où on coupe des têtes aux gens ?
R. Non.
Défense prévenu au T7
Q. Quel est le sens que vous pouvez donner à Djiad ? A une lance rocket ?

R. C'est la rébellion.
Q. Quel est le nom que pouvez donner à une arme Dawa ya Kafir ?
R. C'est une rébellion
Renseignant psychiatre
La Cour autorise qu'il comparaisse comme un simple renseignant, mais non pas comme un psychiatre.
Ministère Public : Si la Défense avait appelé leur psychiatre, ce n'est pas dans ce dossier. C'est dans un dossier de 2014.
Premier Président : Voulait faire savoir à la Défense que c'est le document qui devait être examiné.

Audience publique du 15 septembre 2016

RP N° 0107/2016
RMP N° 0664/0677/KNG
A laquelle siègent :

1. Lt Col. Mag. Ntshayikolo Esosa Masele Jp, 1er Président ;
2. Maj. Mag. Kabondo Pibwe Serge, Conseiller ;
3. Lt Col. Ndiba Bulangiti, Juge Assesseur ;
4. Lt Col. Simisi Tuve Serge, Juge Assesseur ;
5. Lt Col. Kwed Gbia Ayembi, Juge Assesseur ;
6. Maj. Mag. Kumbu Ngoma, Omp ;
7. Mag. Bonyoma Kaïsala Rigobert, Greffier.

En cause : L'Auditeur Militaire Supérieur, Près la Cour militaire opérationnelle du Nord-Kivu, Ministère Public et parties Civiles
Contre :

- Mr Nuhu Sekungu Djamada ;
- Mr Muhindo Mukanda Jibril ;
- Mr Hamza Baguma Kasereka ;
- Mr Isaka Muhindo Kinswamba ;
- Mr Kasereka Mupenda Kasimu.

Poursuivis pour :

- Participation à un mouvement insurrectionnel ;
- Crime contre l'humanité pour meurtre.
- Terrorisme

A l'appel de la cause, les prévenus régulièrement cités comparaissent en personne et assistés de leurs Conseils habituels :

- Me John Muhindo Muyisa, Avocat près la C.A de Kisangani, conjointement avec
- Me Mumbere Constant, Avocat au barreau de Kisangani ; pour le compte du prévenu Baguma, Nuhu et Hamza
- Me Idy Djuma, conjointement avec
- Me Charles Umumoki Ayalinga

- Me Joël Shanyungu, tous avocats au barreau de Kisangani ; pour le compte des prévenus Isaaka et Kasimu
- Kiwunga Makila, Défenseur militaire agréé

Tandis que les parties civiles comparaissent en personne, assistées par leurs Conseils habituels :

- Me Jerry Ntondo, avocat au barreau de Bukavu ;
- Me Herve Shabani, avocat au barreau de Goma ;
- Me Jean-Marie Singa, avocat au barreau de Goma ;
- Me Kangakoto.

La Cour constate qu'on pourrait passer pour le complément d'instruction. Comme le temps nous fait défaut, cette cause est remise à demain pour complément d'instruction.

Audience publique du 16 septembre 2016

RP N° 0107/2016
RMP N° 0664/0677/KNG/2016
A laquelle siègent :

1. Lt Col. Mag. Ntshayikolo Esosa Masele Jp, 1er Président ;
2. Maj. Mag. Kabondo Pibwe Serge, Conseiller ;
3. Lt Col. Ndiba Bulangiti, Juge Assesseur ;
4. Lt Col. Simisi Tuve Serge, Juge Assesseur ;
5. Lt Col. Kwed Gbia Ayembi, Juge Assesseur ;
6. Maj. Mag. Kumbu Ngoma, Omp ;
7. Mag. Bonyoma Kaïsala Rigobert, Greffier.

En cause : L'Auditeur Militaire Supérieur, Près la Cour militaire opérationnelle du Nord-Kivu, Ministère Public et parties Civiles

Contre :

- Mr Nuhu Sekungu Djamada ;
- Mr Muhindo Mukanda Jibril ;
- Mr Hamza Baguma Kasereka ;
- Mr Isaka Muhindo Kinswamba ;
- Mr Kasereka Mupenda Kasimu.

Poursuivis pour :

- Participation à un mouvement insurrectionnel ;
- Crime contre l'humanité pour meurtre ;
- Terrorisme.

A l'appel de la cause, les prévenus régulièrement cités comparaissent en personne et assistés de leurs Conseils habituels :

- Me John Muhindo Muyisa, Avocat près la C.A de Kisangani conjointement avec
- Me Mumbere Constant, Avocat au barreau de Kisangani ; pour le compte du prévenu Baguma, Nuhu et Hamza ;

- Me Idy Djuma conjointement avec ;
- Me Charles Umumoki Ayalinga ;
- Me Joël Shanyungu, tous avocats au barreau de Kisangani ; pour le compte des prévenus Isaaka et Kasimu ;
- Me David Wambale.

Tandis que les parties civiles comparaissent en personne, assistées par leurs Conseils habituels :

- Me Alain Kangakoto ;
- Me Jonathan Tagirabo.

Après la comparution des avocats défenses des prévenus et la PC, Monsieur le Premier président leur accorde la parole.

Concernant la lettre de suspension de Hamza Baguma, après nous avoir déposé des pièces justifiant que les constructions que son client, en la personne de prévenu Baguma entretenait, le faisait en faveur de la communauté musulmane et les 20$ que Djuma avait reçus, ce n'était qu'un don. Et le journal Rafiki, avait dénoncé son client pour diffamation et ce journaliste avait été condamné. Sur ce, nous disons que les moyens qui avaient été avancés par le Ministère Public sont balayés.

Premier Président à la Défense du prévenu

1. Suspension de la fonction de l'Imam Baguma de 1 à 10 ;
2. Invitation des prédicateurs musulmans venant du Kenya côté de 11 à 12 primes ;
3. Le jugement qui a condamné le journaliste du journal Rafiki côtés de 14à 25 ;
4. Certificat médical attestant l'état de santé de Djuma 26-2 ;
5. La preuve de scolarité de l'enfant de Jibril selon le Ministère qui avait soutenu qu'il était parti aux études du terrorisme ;
6. Zaka de 20$ ou l'aumône ;

Le premier Président leur accorde la parole

En quoi toutes ces pièces disculpent par rapport aux infractions qui sont sur la décision de renvoi ?

Défense prévenu : Par rapport à la lettre, selon son avocat conseil, c'est l'image de salir l'honneur de l'Imam Baguma dans sa fonction que son client, ayant senti la lourdeur des accusations qui ont pesé sur la personne de Awazi, n'avait que de la salive dans sa bouche.

La réunion de sécurité urbaine qui était élargie comptait 45 participants dont le commandant de la police, le chef de l'ANR, qui ont siégé dans cette réunion à Butembo, et ce n'était pas passé sous silence.

Selon l'avocat conseil, cette correspondance représente le conflit communautaire.

A la réunion de sécurité on avait demandé à Awazi de porter le démenti de la suspension.

En ce qui concerne les accusations de son client, le prévenu Baguma, la défense veut voir la côte 12 de la pièce versé au dossier. La côte 13 et 13 prime, l'avocat qui clarifie la Cour qu'il y a même de l'argent qui entre à la caisse du Trésor public.

En ce qui concerne l'accusation de son client par le journaliste du journal Rafiki, ce dernier était accusé faussement, et ce dossier a été jugé et condamnation a été prononcée à Butembo.

Q. Quels sont les griefs qui avaient été retenus à charge de Kahindo Muke Christian.

R. L'infraction de diffamation (voir page 5) là où il a dit que son client vient fraichement de l'Irak. (Voir cote 13 et 16).

En ce qui concerne le certificat médical, nous disons que monsieur Kambale Kalorenga souffrait à la tête.

Q. Les cotes 27 et 28 attestent quoi ?

R. Qui parle de l'enfant de Jibril atteste le bulletin.

A la cote 33 Djuma Ndjoro qui a reçu 20$, c'était donné à titre d'aumône.

Pièce cote de 34 à 43, où la communauté a donné de l'argent, voulait seulement balayer ces propos que c'était l'œuvre d'avancement de la communauté islamique.

Ministère Public Observation :

1. En rapport avec la suspension du prévenu Baguma au poste de porte-parole et représentant légal de la ville de Beni, selon le MP, c'était une mesure interne. Est-ce que c'est à cause de ce climat d'insécurité créé par Baguma et ces gens ? C'est ainsi que, pour remettre la paix, il s'est impliqué à créer de l'insécurité causée par ce dernier et ses partisans.
2. L'Editeur du journal Rafiki, monsieur Kahindo Muke Christian, les mêmes propos s'emboitent avec ceux de monsieur le maire. Kasimu est une personne qui était pertinente parmi les jeunes de Baguma. Le journaliste est allé dans la même logique que monsieur le maire.
3. Quant au MP, il ne voit pas que Djuma était un fou. Baguma et ses partisans créaient des agitations au sein de la population. S'il parle de Djuma qu'il traite d'un fou, il revient à la même allégation que le journaliste. Le ministère public atteste que c'est sept jours après l'arrestation de Baguma qu'on avait notifié le journaliste.
4. Tous les prévenus confirment que les ADF sont un mouvement proche du Chebab, un mouvement terroriste et djihadiste somalien.

Lorsqu'il y a une partie du territoire de l'Etat qui est occupée illégalement, c'est à l'Etat de protéger la population.

En chutant, le MP considère que ce papier est à rejeter.

Défense aux Parties civiles

Selon la PC, la Cour ne peut se prononcer du fait que le juge n'a pas vérifié la véracité de cette affaire. Concernant les études de l'enfant, il n'y a aucune preuve qui nous renseigne qu'il étudiait le Coran, et nous disons qu'être à l'école coranique n'exclut pas d'autres études.

Le moyen soulevé par la Défense est un moyen boiteux, et il est en train de creuser la tombe de son client. La Cour ne tiendra pas compte de toutes les

pièces. Nous considérons certaines comme de simples paperasses. Où est-ce qu'il les a ramassés ? Or il n'est pas membre du Conseil de sécurité et ces pièces ne sont pas copiées. Baguma est poursuivi pour des infractions précises. L'enfant du prévenu Jibril allait faire les études coraniques, c'est pour préparer sa relève.
Ministère Public
Si Kasimu a été épaté par le fils de Jibril, c'est parce que, lorsqu'il revenait au Congo, précisément à Butembo pour ses vacances, cet enfant qui avait entre 14 et15 ans, se tenait dans la mosquée entrain de prêcher avec une maitrise élevée du coran.
Avocat Défense Kasimu et Isaka
En ce qui concerne les 20$ que Djuma confirme, c'est une dîme. Est-ce qu'il avait réellement reçu cet argent ? Où est la signature ?
Avocat Défense du prévenu Baguma
Selon l'avocat défense du prévenu, le MP est en train d'échapper. Au lieu de saisir le gibier par la queue, il est en train de le saisir par la tête.
Le démenti est sous-entendu dans la lettre de levée de suspension, il ne cause tort à qui que ce soit. Nous sommes dans un procès pénal où la preuve est libre. Nuhu et Jibril sont accusés faussement par leur communauté, par le journaliste et aujourd'hui par le Ministère Public. Nous ne sommes pas en appel. Nous pouvons demander qu'on nous brandisse l'acte d'appel. Nous disons que le moyen est boiteux. Et lorsqu'on nous dit que Djuma a cité Baguma, qu'on nous montre ce PV. Personne n'avait cité le nom de son client. Il avait cité le nom d'un certain Muhindo Kahongo, habitant Beni. Dans l'islam, il y a aussi des pourritures.
Ce jugement est un jugement qui a une force probante. L'Etat congolais est laïc. Quelle est cette loi congolaise qui interdit d'aller étudier le Coran à l'étranger ? Comment donner à Djuma de l'aumône en sachant qu'il est fou ? Sa folie était intermittente ?
Selon Kasimu, ce sont les enseignements de l'enfant de Jibril qui les ont convaincus pour qu'ils puissent aussi aller poursuivre les études.
Par rapport à la preuve de visa, ce ne sont pas ses clients qui sont à gérer. Le visa était bien établi et il y avait même des quittances qui ont été données.
Concernant l'offrande, si vous donnez à votre pasteur une offrande, vous allez lui demander de signer quelque part ?
Premier Président au prévenu Baguma
Cause remise au mardi.

Audience publique du 20 septembre 2016

RP N° 0107/2016
RMP N° 0664/0677/KNG/2016
A laquelle siègent :

1. Ntshayikolo Esosa Masele Jp, 1er Président ;

2. Maj. Mag. : Kabondo Pibwe Serge, Conseiller ;
3. Lt Col : Ndiba Bulangiti, Juge Assesseur ;
4. Lt Col : Simisi Tuve Serge, Juge Assesseur ;
5. Lt Col : Kwed Gbia Ayembi, Juge Assesseur ;
6. Col Mag : Lufwa, Omp ;
7. Mag : Bonyoma Kaïsala Rigobert, Greffier.

En cause : L'Auditeur Militaire Supérieur, Près la Cour militaire opérationnelle du Nord-Kivu, Ministère Public et parties Civiles

Contre :

- Mr Hamza Baguma Kasereka ;
- Mr Muhindo Mukanda Jibril ;
- Mr Isaka Muhindo Kinswamba ;
- Mr Nuhu Sekungu Djamada ;
- Mr Kasereka Mupenda Kasimu.

Poursuivi pour :

- Participation à un mouvement insurrectionnel ;
- Crime contre l'humanité par meurtre ;
- Terrorisme.

A l'appel de la cause, les prévenus régulièrement cités comparaissent en personne et assistés de leurs Conseils habituels :

- Me John Muhindo Muyisa, Avocat près la C.A de Kisangani
- Me Mumbere Constant, Avocat près la C.A de Kisangani.

Pour le compte des prévenus Hamza Baguma, Nuhu Sekungu et Muhindo Mukanda Jibril

Et pour le compte des prévenus Isaka Muhindo et Kasimu sont assignés :

- Me David Wambale ;
- Me Idy Djuma ;
- Me Charles Omumoki Ayalinga ;
- Me Joël Shanyungu tous Avocats au barreau de Kisangani et
- Kiwunga Makila, Défenseur militaire agréé.

Tandis que les Parties Civiles comparaissent en personne et assistées de leurs Conseils :

- Me Alain Kangakoto ;
- Jonathan.

Après comparution de toutes les parties au procès, la Cour renvoie.

Mercredi 21 septembre 2016

Constatant qu'il est déjà 16 heures, faute de temps et faute de moyen de transport disponible d'amener tous les prévenus et que la Cour voulait à ce que le débat soit contradictoire, après la comparution des Avocats Conseils des prévenus, la Cour ordonne une remise au jeudi 22 septembre 2016.

Les Avocats Conseils des prévenus sollicitent à la Cour de leur accorder une courte remise pour leur permettre de mieux préparer les plaidoiries ainsi que les parties civiles.

Premier Président : La Cour remet la cause inscrite sous N° RP 0107/2016

Audience publique du 23 septembre 2016

RP N° 0107/2016
RMP N° 0664/0677/KNG/2016
En chambre foraine à laquelle siègent :

1. Lt Col. Mag. Ntshayikolo Esosa Masele Jp, 1er Président ;
2. Maj. Mag. Kabondo Pibwe Serge, Conseiller ;
3. Lt Col. Ndiba Bulangiti, Juge Assesseur ;
4. Lt Col. Simisi Tuve Serge, Juge Assesseur ;
5. Lt Col. Kwed Gbia Ayembi, Juge Assesseur ;
6. Maj. Mag. Kumbu Ngoma, Omp ;
7. Mag. Bonyoma Kaïsala Rigobert, Greffier.

En cause : L'Auditeur Militaire Supérieur, Près la Cour militaire opérationnelle du Nord-Kivu, Ministère Public et parties Civiles
Contre :

- Mr Nuhu Sekungu Djamada ;
- Mr Muhindo Mukanda Jibril ;
- Mr Hamza Baguma Kasereka ;
- Mr Isaka Muhindo Kinswamba
- Mr Kasereka Mupenda Kasimu.

Poursuivis pour :

- Participation à un mouvement insurrectionnel ;
- Crime contre l'humanité pour meurtre ;
- Terrorisme.

A l'appel de la cause, les prévenus régulièrement cités comparaissent en personne et assistés de leurs Conseils habituels :

- Me John Muhindo Muyisa, Avocat près la C.A de Kisangani conjointement avec ;
- Me Mumbere Constant, Avocat au barreau de Kisangani ; pour le compte du prévenu Baguma, Nuhu et Hamza.
- Me Idy Djuma, conjointement avec
- Me Charles Umumoki Ayalinga ;
- Me Joël Shanyungu, tous avocats au barreau de Kisangani ; pour le compte des prévenus Isaaka et Kasimu.
- Me David Wambale ;
- Kiwunga Makila, Défense militaire agréé.

Tandis que les parties civiles comparaissent en personne, assistées par leurs Conseils habituels :

- Me Alain Kangakoto ;
- Me Jonathan Tagirabo.

Après les comparutions de toutes les parties au procès, les Parties Civiles présentent leurs conclusions :
De dire établis en fait comme en droit les crimes mis à charge des prévenus.
De dire régulières et recevables les constitutions des Parties civiles et d'y faire droit.
De les condamner à 1.000.000 $US à titre de dommages et intérêts payables en francs congolais.
Ministère Public présente ses réquisitions :
De dire établie en fait comme en droit l'infraction de participation à un mouvement insurrectionnel mise à charge de tous les prévenus et de les condamner à la peine de mort, tous pour participation à un mouvement insurrectionnel sans admission des circonstances atténuantes.
De dire établies les infractions de crime contre l'humanité par meurtre et terrorisme mises à charge d'Isaka Muhindo et de le condamner :

- A la perpétuité pour crime contre l'humanité par meurtre ;
- A la peine de mort pour terrorisme.

De faire application de l'Art 7 CPM pour le prévenu Isaka Muhindo Kinswamba, de le condamner à l'unique peine, à la peine de mort.
Défense des prévenus Isaka Muhindo Kinswamba et Kasereka Mupenda Kasimu présente leur plaidoirie :
Plaide coupable pour le prévenu Kasereka Mupenda Kasimu, suite à ses aveux pour participation à un mouvement insurrectionnel.
Pour le prévenu Isaka Muhindo Kinswamba, sa conscience n'a pas été libre dans le camp des ADF, il a été roulé.
De dire non établies les infractions de participation à un mouvement insurrectionnel, crime contre l'humanité par meurtre et terrorisme mises à charge d'Isaka Muhindo Kinswamba.
De dire établie l'infraction de participation à un mouvement insurrectionnel à charge de Kasereka Mupenda Kasimu, de le condamner avec de très larges circonstances atténuantes du fait qu'il a coopéré avec la Cour, père d'une nombreuse famille.
Des constitutions des parties civiles, Isaka Muhindo n'a commis aucune faute, de mettre DI à charge de Baguma et Muhindo Mukanda Jibril.
Défense des prévenus Muhindo Mukanda Jibril, Hamza Baguma Kasereka et Nuhu Sekungu Djamada qui veut produire une nouvelle pièce à la Cour.
Premier Président : de mettre cette pièce dans leur note de plaidoirie et la Cour appréciera. Si elle estime utile, elle va procéder à la réouverture des débats, surtout que les autres parties au procès ont déjà plaidé.
Le doute plane dans cette affaire ; nous sommes dans un procès de vengeance, de colère.
La contribution des parties, de dire recevable et partiellement fondé pour ceux qui ont été en brousse, mais pas pour les trois prévenus.

De dire non établi en fait comme en droit l'infraction de participation à un mouvement insurrectionnel mise à charge des trois prévenus, de les laisser libres pour qu'ils puissent vaquer à leurs occupations.
Q. Le Ministère Public vous propose chacun à la peine capitale, le Conseil des prévenus Nuhu, Hamza et Jibril demande à la Cour de vous acquitter, la constitution des parties civiles pour ceux qui sont allés chez les ADF. S'agissant de Kasimu, ses Conseils ont plaidé coupable tout en sollicitant à la Cour des larges circonstances atténuantes. S'agissant d'Isaka, ses Conseils ont plaidé non coupable.
Quel est votre dernier mot ?
R. Baguma : Je vous remercie de m'avoir accordé la parole. Que Dieu vous bénisse. Toutes les accusations viennent de la haine. Je suis innocent dans cette affaire. Que la Cour me laisse libre. Que la Cour puisse considérer ce que mes Conseils ont dit.
R. Jibril : Je remercie beaucoup le Seigneur. Ma première fois d'être devant la Cour. Je suis à 100% innocent. Je me rallie à ce que mes Conseils ont dit.
R. Nuhu : Je vous remercie beaucoup ainsi que le Seigneur. Je n'y suis pour rien. Je me rallie à ce que mes Conseils ont dit.
R. Kasimu : Je remercie Dieu et la Cour. Je demande à la Cour de me laisser libre. Grace à moi, vous avez découvert les autres.
R. Isaka : Je remercie Dieu. Il a pu montrer la vérité. Je ne suis pas allé par ma volonté en brousse. Veuillez me laisser libre.
Débats clos, la cause prise en délibéré, le prononcé interviendra à la huitaine.

MILICIARISME SOUS PRETEXTE DE COMBATTRE LES ADF

Audience publique du 27 septembre 2016

RP N° 0109/2016
RMP N° /KNG/2016
En chambre foraine à laquelle siègent :

1. Lt Col. Mag. Ntshaykolo Esosa Masele Jean Paulin, 1er Président ;
2. Maj Mag Kabondo Pibwe Serge, Conseiller ;
3. Col Ndiba Bulangiti Matthieu, Juge Assesseur ;
4. LtCol Simisi Tuve Serge, Juge Assesseur ;
5. LtCol Mpoy Teddy Léonard, Juge Assesseur ;
6. LtCol Mag Kumbu Ngoma, Ministère Public ;
7. Maj Madoli Nzoki Guy Martin, Greffier.

En cause : l'auditeur militaire supérieur Près la cour militaire opérationnelle du Nord-Kivu, Ministère Public.
Contre : Monsieur Mumbere Erfaza Janvier et consorts.
Prévenus de :

- Participation à un mouvement insurrectionnel ;
- Association des malfaiteurs ;
- Violence à sentinelle

La cause est appelée à 10 heures 50 minutes.
A l'appel de la cause, les prévenus cités ci-haut comparaissent en personne et assistés par leurs conseils : Me Joël Shanyungu, Me Idi Djuma, et Me Nathan, tous avocats au Barreau de Goma et Kisangani et le défenseur militaire Kiwunga Makila.
Identité des prévenus

1. Mumbere Erfaza Janvier, né à Beni en 1982 ; fils de Lukusa Ntambwe (décédé) et de Inymeso Jacquie (décédée) ; originaire de Kyondo, Secteur de Bashu, Territoire de Beni, Province du Nord-Kivu ; Etat-civil : marié à madame Mbambu Shayira et père de 3 enfants ; Etudes faites : 2ème primaire ; Profession : machiniste ; Domicilié à Ndalia, Province de l'Ituri.
2. Kambale Mundenga Innocent, né à Katwa, le 28 juillet 1955 ; fils de Kawasa (décédé) et de Masika (décédée) ; originaire de Kanyatsi, Secteur de Bashwagha, Territoire de Lubero, Province du Nord-Kivu ; Etat-civil : marié à madame Masika et père de 5 enfants ; Etudes faites : 1 an PP ; Profession : cultivateur ; Confession religieuse : protestant ; Domicilié à Kyanzaba, sur la route Mangina.
3. Muhindo Sumbulani Adrien, né à Ntunda, le 27 février 1982 ; fils de Katembo Kalimendo (décédé) et de Kavugho Korogba (en vie) ;

originaire de Kasitu, Secteur de Bashu, Territoire de Beni, Province du Nord-Kivu ; Etat-civil : marié à madame Kahindo et père de 5 enfants ; Etudes faites : 5ème primaire ; Profession : cultivateur ; Confession religieuse catholique ; Domicilié à Bingo III, sur la route Mangina.

4. Katembo Moïse Anicet, né Mangangu, le 10 octobre 1987 ; fils de Kambale Tsongo (en vie) et de Kavugho Muhiwa (en vie) ; originaire de Batangi Bingo, Secteur de Mbau, Groupement de Buhulu, Territoire de Beni, Province du Nord-Kivu ; Etat-civil : célibataire et père de 3 enfants ; Etudes faites : 6ème primaire ; Profession : cultivateur ; Confession religieuse : catholique ; Domicilié à Kyanzaba, Quartier Kalemie, sur la route Mangina.
5. Muhindo Mbughulu Ephrem, né à Malende, en 1971 ; fils de Kamala Tsongo (en vie) et de Kaswera Mbusa (en vie) ; originaire de Malende, Groupement de Buyora, Chefferie de Baswagha, Secteur de Bashwagha, Territoire de Lubero, Province du Nord-Kivu ; Etat-civil : marié à madame Kahambu et père de 5 enfants ; Etudes faites : 2ème primaire ; Profession : cultivateur ; Confession religieuse : catholique ; Domicilié à Bingo I.
6. Muhindo Nkevunga Achille, né à Kianzaba, en 1995 ; fils de Kakule (décédé) et de Nzyavake (en vie) ; originaire de Musienene, Groupement Ngulo, Chefferie de Baswagha, Secteur de Batangi Bingo, Territoire de Lubero, Province du Nord-Kivu ; Etat-civil : célibataire ; Etudes faites : néant ; Profession : cultivateur ; Confession religieuse : catholique ; Domicilié à Kyanzaba, sur la route Mangina.
7. Kakule Masive Alberic, né à Lukanga, en 1971 ; fils de Kakule Dominique (décédé) et de Kahindo Lucia (décédée) ; originaire de Lukanga, Secteur de Musienene, Territoire de Lubero, Province du Nord-Kivu ; Etat-civil : marié à madame Kavira Kavunga Espérance et père de 6 enfants ; Etudes faites : 5ème primaire ; Profession : cultivateur ; Confession religieuse : catholique ; Domicilié à Kyanzaba.
8. Kasereka Machozi Musham alias Mwi Islam, né à Mangango, le 1er février 1986 ; fils de Tsongo Pascal (en vie) et de Masika Marie (décédée) ; originaire de Manguredjipa, Secteur de Batangi Mbau, Territoire de Lubero, Province du Nord-Kivu ; Etat-civil : célibataire ; Etudes faites : 6ème primaire ; Profession : cultivateur ; Confession religieuse : catholique ; Domicilié à Bingo II.
9. Kakule vangayi Ezéchiel, né à Mangondomo Kyanzaba, en 1993 ; fils de Kasereka Muyisa (décédé) et de Kahindo Tasiluvaka (en vie) ; originaire de Katondi/Kianzaba, Secteur de Batangi Bingo I, Territoire de Lubero, Province du Nord-Kivu ; Etat-civil : célibataire et père de 1 enfant ; Etudes faites : 4ème primaire ; Profession :

machiniste ; Confession religieuse : catholique ; Domicilié à Kyanzaba, Quartier Butakonda, Cellule de Batangi.

10. Kakule Muhongya Venestout, né à Nyamilima, en 1988 ; fils de Jean Pierre Katembo (décédé) et de Katungu Madeleine (en vie) ; originaire de Baseyi, Groupement de Bamate, Territoire de Lubero, Province du Nord-Kivu ; Etat-civil : marié à madame Jeanne et père de 4 enfants ; Etudes faites : néant ; Profession : cultivateur ; Confession religieuse : catholique ; Domicilié à Eringeti.
11. Paluku Mushahuri, né à Mangodomo, en 1996 ; fils de Kambale Tsongo (en vie) et de Kavira Charlotte (décédée) ; originaire de Mbau, Groupement de Batangi Mbau, Secteur de Musienene, Territoire de Beni, Province du Nord-Kivu ; Etat-civil : marié à madame Kahindo Tshiangalala et père de 5 enfants ; Etudes faites : néant ; Profession : cultivateur ; Confession religieuse : catholique ; Domicilié à Bingo III.
12. Kasereka Mahangaiko Elisée, né à Mangina, le 3 juin 1982 ; fils de Kamate Mutetu (en vie) et de Kahambu Thérèse (en vie) ; originaire de Malio, Groupement Malio, Territoire de Beni, Province du Nord-Kivu ; Etat-civil : marié à madame Kavira Brigitte et père de 5 enfants ; Etudes faites : 5ème primaire ; Profession : cultivateur ; Confession religieuse : catholique ; Domicilié à Beni, Quartier Butsili, Avenue Quartier Latin.
13. Kakule Kaperesi Piscas alias Rasta, né à Mayimoya, le 25 juillet 1999 ; fils de Paluku Kiangourou (en vie) et de Nzyavake Ndaliana (en vie) ; originaire de Katwa, Groupement Baswagha, Secteur de Bambuba Kisiki, Territoire de Beni, Province du Nord-Kivu ; Etat-civil : célibataire ; Etudes faites : 1 an PP ; Profession : machiniste ; Confession religieuse : protestant ; Domicilié à Mayi Moya, Quartier Lubero.
14. Kasereka Mbafumoja Melchior, né à Kalibo, en 1982 ; fils de Kakule Katsuva (en vie) et de Kavugho Nzyavake Marie (en vie) ; originaire de Butembo, Secteur de Baswagha, Territoire de Lubero, Province du Nord-Kivu ; Etat-civil : marié à madame Kahindo et père de 6 enfants ; Etudes faites : 4ème primaire ; Profession : cultivateur ; Confession religieuse : catholique ; Domicilié à Kyanzaba, Avenue du stade N°27/B.
15. Paluku Kayenga Emmanuel, né à Muhangi, le 24 décembre 1969 ; fils de Mutsutsulo Arnold (en vie) et de Katsuvu Stele (en vie) ; originaire de Muhangi, Secteur de Baswagha, Territoire de Lubero, Province du Nord-Kivu ; Etat-civil : marié à madame Masika Kyakimwa et père de 7 enfants ; Etudes faites : 3 ans PP; Profession : infirmier A3 ; Confession religieuse catholique ; Domicilié à Kyanzaba.
16. Kavugho Nyenze Amani, né à Mangina, le 15 juillet 1985 ; fille de Muhindo (décédé) et de Kavira Mwengesyali (en vie) ; originaire de

Musienene, Secteur de Baswagha, Territoire de Lubero, Province du Nord-Kivu ; Etat-civil : marié à monsieur Kakule ; Etudes faites : 2ème primaire ; Profession : cultivatrice ; Domicilié à Kyanzaba.

17. Kakule Samoya Samuel, né à Mangango, le 20 juin 1996 ; fils de Muhindo Mbusa (en vie) et de Kavira (en vie) ; originaire de Lubero, Secteur de Baswagha, Territoire de Lubero, Province du Nord-Kivu ; Etat-civil : célibataire ; Etudes faites : 6ème primaire ; Domicilié à Mangango.
18. Kakule Salambongo Daniel, né à Kianzaba, le 25 novembre 1986 ; fils de Mbusa Kasiviwe (décédé) et de Kahindo Djombi (en vie) ; originaire de Lubero, Secteur de Baswagha, Territoire de Lubero, Province du Nord-Kivu ; Etat-civil : marié à madame Kahindo et père de 1 enfant ; Etudes faites : 1 an PP ; Profession : cultivateur ; Domicilié à Nogera.
19. Moïse non autrement identifié ; en fuite.
20. Didi Mandefu non autrement identifié ; en fuite.
21. Dundose alias Rasta non autrement identifié ; en fuite.

Après l'identification des prévenus et la lecture des décisions de renvoi par le greffier, le Premier Président demande à la défense s'il y a des préalables.
La Défense demande à la Cour de renvoyer la cause pour leur permettre de lire le dossier et que, peut-être, après en avoir pris connaissance, il y aura des préalables.
Remise contradictoire à jeudi 29 septembre 2016 pour permettre au conseil des prévenus de lire le dossier.

Audience publique du 29 septembre 2016

RP N° 0109/2016
En chambre foraine à laquelle siègent :

1. Lt Col. Mag. Ntshaykolo Esosa Masele Jean Paulin, 1er Président ;
2. Maj. Mag Kabondo Pibwe Serge, Conseiller ;
3. Col. Ndiba Bulangiti Matthieu, Juge Assesseur ;
4. Lt Col. Simisi Tuve Serge, Juge Assesseur ;
5. Lt Col. Mpoy Teddy Léonard, Juge Assesseur ;
6. Lt Col. Mag Kumbu Ngoma, Ministère Public ;
7. Maj. Madoli Nzoki Guy Martin, Greffier.

En cause : l'auditeur militaire supérieur Près la cour militaire opérationnelle du Nord-Kivu, Ministère Public.
Contre : Monsieur Mumbere Erfaza Janvier et consorts.
Prévenus de :

- Participation à un mouvement insurrectionnel ;
- Association des malfaiteurs ;
- Violence à sentinelle.

La cause est appelée à 10 heures 30 minutes.

A l'appel de la cause, les prévenus cités ci-haut comparaissent en personne et assistés par leurs conseils : Me Charles Umumoki Ayalinga, Me Joël Shanyungu, Me Idi Djuma, et Me Nathan, tous avocats au Barreau de Goma et Kisangani et Me David Wambale, avocat au barreau de Kisangani et le défenseur militaire Kiwunga Makila que la Cour a désigné d'office.

Comparait monsieur Mumbere Erfaza Janvier :

Q. Depuis quand êtes-vous chez les ADF/Nalu ?

R. J'étais plutôt machiniste à Ndalia en Province Orientale. Les ADF sont venus me récupérer. On marchait toujours la nuit. On passait nuit au champ. Quand on trouvait quelque chose dans un champ, on préparait pour manger et on réservait une autre quantité pour partir avec. Quand on se promenait, je me suis retrouvé dans le milieu où je travaillais auparavant et c'est de là que j'ai profité de fuir le 13 mars.

Q. Qu'avez-vous fait chez les ADF ?

R. J'étais porteur, ceux qui avaient des armes passaient devant nous.

Q. Le pillage des chèvres était dans quel village ?

R. A Kayinama ; je ne connais pas la date fixe.

Q. Est-ce que les maisons étaient brûlées ?

R. Je ne sais pas ; peut-être après moi.

Q. Avec qui étiez-vous kidnappés ?

R. Nous étions trois personnes : il y avait Rasta, Janvier et moi.

Q. Où est Rasta ?

R. Je ne sais pas, chacun était de son côté.

Q. Quand avez-vous quitté chez les ADF ?

R. Au mois de février à Mambelenga, après l'affrontement entre les ADF et les FARDC.

Q. Où étiez-vous allé ?

R. Je suis allé à Mambelenga me présenter chez le chef de localité qui m'a reçu. Sa femme a préparé à manger pour moi. On m'a même acheté de la cigarette. J'ai relaté ce que j'ai vécu. Le chef a fait appel aux agents de l'ANR qui sont venus avec le policier pour me récupérer.

Q. Quel est le nom de ce groupe armé ?

R. Tsinja Tsinja.

Q. Qui est le chef de ce groupe ?

R. Jean Pierre, il est rwandais.

Q. Avez-vous été converti en musulman et avez-vous subi la formation militaire ?

R. Non.

Q. Quelles armes utilisait ce groupe ?

R. PKM et de petites armes de guerre.

Q. Quelles autres armes avaient-ils ?

R. C'est tout ce qu'ils avaient comme arme.

Q. Vous avez parlé des hélicoptères qui arrivaient là-bas ?

R. C'est à propos de la restauration, mais pas des armes.

Q. Quel est l'effectif de ce groupe ?
R. Ceux qui nous gardaient quand nous préparions étaient au nombre de 25 personnes.
Q. Pour le pillage, vous étiez partis au nombre de combien ?
R. Je voyais ces 25 personnes et les 5 qui nous gardaient. Quand nous étions à la cuisine, on comptait seulement 60 tartines pour les servir.
Q. Combien de fois avez-vous vu les hélicoptères ?
R. Trois fois. Ces hélicoptères n'atterrissaient pas, ils restaient en l'air et larguaient les colis. Les gens qui étaient chargés de les accueillir revenaient avec ces colis.
Q. A part ce chef rwandais, y avait-il d'autres rwandais ?
R. Il y avait deux groupes : les rwandais et les somaliens. Nous, personnellement, on était 6 ; on se parlait en kiswahili.
Q. Avez-vous déclaré chez l'auditeur que vous étiez chez le chef et à l'ANR ?
R. Oui.
Q. Etiez-vous auditionné à l'ANR ou à la police ?
R. Le commandant de la police d'Otomabere s'est étonné quand il m'a vu. Il a dit qu'il connait ce machiniste.
Q. Ce groupe Tsinja Tsinja opérait dans quel secteur ?
R. Entre le Nord-Kivu et la Province Orientale ; entre Bango et Ondoto.
Q. Confirmez-vous que le chef de Mambelenga vous a reconnu comme machiniste ?
R. Je me suis présenté chez le chef comme son visiteur.
Q. Qui avait payé la moto ?
R. Quand je suis sorti de Mambelenga I, j'ai vu un ami qui était sur le vélo, il s'appelle Claude, c'est lui qui m'a donné le pantalon puisque mes habits étaient sales.
Q. Les ADF Tsinja Tsinja portaient quelle tenue ?
R. L'ancienne tenue FARDC.
Ministère Public : En date du 29 avril jusqu'au 7 mai 2016, les ADF avaient lancé plusieurs attaques dans les différentes localités de la Province Orientale et du Nord-Kivu. A cette occasion, le secteur Sukola I avait lancé les opérations contre les ADF. Suite au feu nourri, ils se sont dispersés et le prévenu s'est retrouvé chez le chef.
La Cour doit vérifier la version des faits chez l'ANR et la police d'Otomabere.
Défense : Nous considérons ces déclarations comme des alibis. L'organe de la loi a eu tout le temps de vérifier les faits auprès de tous ces services. Nous avons lu le dossier ; il y a le PV de l'audition de l'OPJ. Le prévenu est resté constant dans ses déclarations.
Premier Président : C'est la Cour qui a parlé d'alibi. La Cour veut vérifier si le prévenu a été entendu chez l'OPJ d'Otomabere et à l'ANR.

Défense : Nous considérons que si le prévenu a été renvoyé devant la Cour, l'organe de la loi est dessaisi. Le prévenu parle des hélicoptères, peut-il nous détailler ces hélicoptères ?
Q. Pouvez-vous nous détailler ces hélicoptères ?
R. L'un de couleur noire et l'autre de la couleur blanche.
Q. Pourquoi avez-vous parlé de la couleur verte et blanche ?
R. C'est la couleur de la tenue que vous portez, couleur verte ; c'est le français qui me complique.
Q. Pouvez-vous nous détailler les écrits qui se trouvaient sur ces hélicoptères ?
R. C'était UN[21].
Q. Dans quel type d'emballage se trouvait la nourriture que ces hélicoptères amenaient ?
R. C'était dans des boites comme ce qu'on nous donne ici au cachot.
Q. Vous étiez à quelle distance des hélicoptères ?
R. Nous étions éloignés sur la colline. On voyait l'hélicoptère petit. L'hélicoptère qui ravitaillait restait sur place en l'air (couleur verte) et l'autre faisait la surveillance et tous les deux quittaient au même moment. L'hélicoptère de surveillance était de couleur blanche.
Q. Parmi ces prévenus, y a-t-il aussi ceux avec qui vous étiez chez Tsinja Tsinja ?
R. Non.
Q. Quelle sorte de farine de maïs utilisiez-vous là-bas ?
R. Paquet d'un kilo emballé en papier et couvert par des sachets semblables à celui qu'on utilisait au cachot.
Q. Tout le temps que vous avez fait en brousse, n'avez-vous jamais rencontré un autre groupe ?
R. Non.
Q. Qu'entendez-vous par secret pour le ravitaillement d'armes et munitions ?
R. Les civils ne se rapprochaient pas de ces hélicoptères. Nous ne voyions que la nourriture comme nous étions chargés de la nourriture. A propos des armes et munitions, nous n'étions pas au courant.
Q. Comment ce groupe était-il soigné ?
R. Je n'ai rien vu comme médicaments. J'ai moi-même souffert sans trouver de médicaments.
Q. Quel est le nom de votre groupe ? Tsinja Tsinja ou ADF ?
R. Moi, je parle du groupe des somaliens et des rwandais ; c'est le groupe Tsinja Tsinja.
Q. Quelle est votre zone d'exploitation ?
R. La Province Orientale, la rivière Ondoto qui nous sépare avec le Nord-Kivu.

---

[21] Les villageois ont souvent accusé la MONUSCO de ravitailler les ADF. Le dossier Mwaka Muheha Sarah en dira plus.

Q. Avez-vous participé aux attaques de Kayinama et de Tungwe ?
R. Quand Ndalya était attaqué, nous étions en brousse. Nous avons envoyé le gérant chercher la nourriture, il a fait 4 jours. Nous étions obligés de le suivre.
Q. L'attaque de Bianey et Tungwe ?
R. A Bianey c'est là que j'ai fui, nous étions de passage à Tungwe.
Q. A Bianey, Kayinama et Tungwe, vous avez tué combien de personnes ?
R. Je ne peux pas le confirmer.
Q. Pourquoi avez-vous dit qu'on a tué à Tungwe, Bianey et Kayinama ?
R. C'est difficile de déterminer le nombre, mais ils tuaient.
Q. Que veut dire Tsinja Tsinja ?
R. Ils disaient qu'ils sont les hommes de la paix.
Q. Pourquoi avez-vous parlé d'égorger devant l'OPJ ?
R. C'est vrai.
Comparait monsieur Kambale Mundenga Innocent :
Q. Comment étiez-vous arrêtés ?
R. Je revenais du champ.
Q. Connaissez-vous monsieur Rasta ?
R. C'est bien lui qui nous avait amené cultiver son champ de cacao et charger les planches.
Q. Est-ce suite à cela qu'on vous a arrêté ?
R. On ne connaissait pas sa position. Quand nous cultivions le champ pendant 3 jours, il nous a préparé des médicaments pour boire. Nous étions en groupe au niveau du village. Il a profité de ce groupe pour nous amener on ne sait où. D'autres sont ici. Le prévenu le cite : Kavira, madame Katembo, Moïse Anicet, Kasereka Mbafumoja, Kasereka Mahangaiko, Paluku Mashauri, Paluku Kayenga, Muhindo Nkevunga, Kakule Masive, Muhindo Sumbulani et Muhindo Mbuule.
Rasta nous avait amené au champ. Il y avait des bananes qu'on ne faisait que consommer. Nous avions besoin d'argent. Après, il nous a dit qu'il va nous donner les médicaments traditionnels. Il appelait un à un. Ce qui nous a fait peur est qu'il y avait des couteaux là où on prenait ces médicaments.
Q. Pour transporter des bois et cultiver, faut-il être initié ?
R. C'est bien lui notre patron ; on devrait suivre tout ce qu'il disait.
Q. Etiez-vous obligé de consommer les médicaments ?
R. Oui, et à un moment les médicaments étaient épuisés ; il en fallait d'autres.
Q. Est-ce que le chef était au courant du déplacement de ces personnes ?
R. Oui.
Q. Qu'est-ce que vous dites de vos déclarations selon lesquelles vous étiez là pour vous préparer à attaquer les ADF à Eringeti ?
R. Non, c'était un groupe pour cultiver.
Q. Que dites-vous de votre réponse devant l'OPM pour attaquer les ADF à Eringeti ?
R. Non, je n'avais pas déclaré cela.

Q. Rasta vous a recruté dans quel village ?
R. Kyanzaba.
Q. Où se trouvait son champ ?
R. A Oïcha.
Q. Votre groupe peut-il aller cultiver au-delà de 20 Km ?
R. Tout dépend du patron qui nous sollicite.
Q. Pourquoi cette nuance devant la Cour ? Devant l'OMP vous aviez déclaré que vous possédiez des lances pierres pour attaquer les ADF et ici une autre version ?
R. Nous étions allés cultiver tout en ne sachant pas qu'il est rebelle. Quand il nous a proposé nous avons refusé de combattre les ADF en disant que c'est le travail des militaires. C'est comme cela que nous nous sommes organisés de fuir un à un.
Q. Pour cultiver, faut-il être incisé ?
R. C'est notre patron, on ne connaissait pas sa position.
Q. Combien d'argent vous a-t-il promis ?
R. Nous comptons le nombre de jour par personne : 2500fc par jour.
Q. Comment êtes-vous retrouvé à 5 heures du matin devant la position militaire des FARDC ?
R. Vendredi quand nous avons terminé la cuisine, chacun de nous a pris sa direction pour fuir.
Q. Avez-vous oui ou non attaqué la position des FARDC ?
R. Moi j'ai dit ce que j'ai vécu. J'avais entendu de loin le dimanche quand je m'étais déjà perdu. J'ai rencontré des mamans qui m'ont dit qu'il y a eu des coups de feu.
Q. Où habitiez-vous ?
R. A Kyanzaba.
Q. Quelqu'un que vous ne connaissez pas vous amène à plus de 20 Km, comment expliquez-vous cela ?
R. Il est arrivé pour la première fois nous voir et nous dire qu'il a son champ à Oïcha. Il nous a proposé de rentrer, puis il a permis de revenir nous prendre pour aller cultiver son champ qui se trouvait à Samboko.
Q. A la question de savoir quelle est votre fonction dans ce groupe, MP lui donne sa réponse.
R. Le prévenu rejette la réponse.
Q. Dans le champ de Rasta, y aviez-vous rencontré d'autres personnes ?
R. Ayant vu les couteaux et lorsqu'on nous a amenés prendre des médicaments, nous nous sommes rencontrés pour décider de partir et laisser même l'argent qu'il a proposé nous payer.
Q. Avez-vous trouvé d'autres personnes là-bas ?
R. Non.
Q. Madame Kavugho, êtes-vous partie ensemble avec Kambale ?
R. Oui.
Q. Avez-vous trouvé d'autres personnes au champ ?

R. Non.
Q. Où étiez-vous arrêtée ?
R. A Mambabiro.
Q. Est-ce que vous étiez arrêtés ensemble ?
R. Non.
Q. En quittant le village, vous étiez au nombre de combien ?
R. Comme nous sommes ici. Rasta avait envoyé des motos pour nous prendre.
Q. Quel est le nom de votre groupe des cultivateurs ?
R. On voulait donner le nom quand le groupe venait de réaliser une année.
Q. Qui vous a mis en contact avec Rasta ?
R. C'était Rasta lui-même qui est venu nous parler en groupe.
Q. Le travail de Rasta était pour combien de jour ?
R. C'était pour une semaine. Nous avons fait 4 jours pour quitter au 5ème.
Q. Etiez-vous forcée d'être tatouée par ce groupe ?
R. Il y avait des couteaux et on nous avait forcés.
Q. Pouvez-vous donner les noms de deux ou trois personnes qui ont bénéficié de vos services ?
R. Il y a Katangais de Kyanzaba et nous sommes allés à Ngoya pour faire 3 jours, là nous avons cultivé le riz.
Q. Katangais pour combien de temps ?
R. Toute la journée. Nous sommes allés le matin pour rentrer le soir ; nous allions cultiver le riz.
Q. Qui est la 3ème personne ?
R. Nous sommes allés transporter les bois pour quelqu'un de Beni ; il s'appelle Ibrahim.
Q. Vous-avez fait combien de temps chez Ibrahim ?
R. Par semaine deux jours et c'était pendant 3 semaines.
Q. Votre groupe, c'est pour tous travaux ?
R. Nous faisons pour nous-mêmes. S'il faut construire des maisons, on le fait, même s'il faut mettre la boue à la maison.
Q. Dans votre groupe, Kavugho était cuisinière ?
R. Oui.
Q. Qui est votre chef de groupe ?
R. Personne.
Q. Qui était initiateur de vos décisions ?
R. Nous prenons des décisions ensemble.
Q. Votre association était-elle reconnue ?
R. Nos chefs locaux savent qu'il y a un groupe pour cultiver.
Q. Avez-vous l'habitude d'organiser de réunions ?
R. Oui.
Q. Qui les présidait ?
R. Si quelqu'un voulait parler, il levait la main pour prendre la parole.
Q. Qui a désigné Kavugho comme cuisinière ?

R. Nous avons décidé qu'une femme ne peut pas prendre la machette pour travailler ; son rôle est de préparer et de chercher des bois de chauffe.
Q. Quel est le nom de votre groupe et le chef qui connait votre groupe ?
R. Chef Mbuba de Kyanzaba.
Q. Le chef Mbuba était au courant de vos activités ?
R. Oui.
Q. Pouvez-vous citer le nom de chaque membre de votre groupe du fait que vous avez déjà fait une année dans ce groupe des cultivateurs ?
R. Kayenga, Masive, Moïse, Muyenga, Kavugho, Mbuule et Mundenga.
Q. Ceux qui sont nouveaux, ils ont combien de jours ?
R. Pas même un jour.
Q. Depuis combien de temps êtes-vous au cachot ?
R. Depuis le 13 juillet 2016.
Q. Dans le champ de Rasta, vous étiez au nombre de combien ?
R. Nous sommes au nombre de 13.
Q. Avez-vous cultivé le champ de Rasta ?
R. Oui, nous avons sarclé le cacao pendant 5 jours.
Q. C'était la première fois d'arriver au champ de Rasta ?
R. Oui.
Q. Quand est-ce que Rasta a eu le temps de vous tatouer ?
R. C'était le 5ème jour.
Q. Pourquoi devant la Cour 13 personnes et devant l'Inspecteur 34 personnes ?
R. Ce jour-là, nous avions vu d'autres personnes avec qui nous n'étions pas.
Ministère Public : Ils n'ont pas cultivé le champ qui est à 5 Km d'Eringeti. C'est lorsqu'on a envoyé des gens pour attaquer le champ de Rasta qu'on a arrêté Kavugho et l'autre personne.
Q. Qui avait le registre ?
R. Paluku Kayenga Emmanuel.
Q. Connaissez-vous l'autre nom de Rasta ?
R. Non.
Q. A quelle heure et où étiez-vous arrêté ?
R. A Mambabiro, le matin vers 9 heures. Je me dirigeais là où on cultivait. Nous avons quitté le vendredi. J'ai passé la nuit de vendredi et de samedi en brousse du fait que j'étais perdu. C'est le dimanche que j'ai rencontré des mamans.
Q. Vous êtes originaire d'où ?
R. De Kyanzaba.
Q. N'avez-vous jamais entendu parler des ADF ?
R. Nous savons que les ADF sont à Mayangos.
Q. Etiez-vous arrêté seul ?
R. On m'avait arrêté avec une autre personne.
Témoins : Chef Mbuba, Katangais et Ibrahim.

Premier Président : Chef Mbuba qui est au moins connu ; les autres, Katangais et Ibrahim, il n'y a pas de précision.
Comparait monsieur Paluku Kayenga Emmanuel :
Q. Kambale Mundenga a déclaré que vous avez le cahier ?
R. Il y a ce groupe de Kyaghanda Yira, c'est l'union des hommes noirs.
Q. Kambale Mundenga, vous avez déclaré que votre groupe n'a pas de nom, quelle est votre réaction par rapport aux déclarations de Paluku Kayenga ?
R. Je n'ai pas entendu ce nom, moi je suis aussi nouveau.
Q. Qui garde le registre ?
R. Il y a un Vieux, Ibrahim, qui garde ce cahier. Comme je ne reste pas à la maison, je ne fais qu'écrire.
Q. Qui est le chef de ce groupe ?
R. Sylvain Kataliko, il est à Kyanzaba.
Q. Qui connait ce nom de Kyaghanda Yira ?
R. C'est tout le monde qui le connait.
Q. Kavugho, que signifie Kyaghanda Yira ?
R. Je ne sais pas, mais j'entends parler de cela.
Q. Monsieur Paluku, que signifie Kyaghanda Yira ?
R. C'est le Barza.
Défense dit que c'est une association culturelle Noire Nande.
Ministère Public : C'est le groupement des Nande, de vos citoyens. Ce groupe n'a rien à avoir avec ce groupe de criminels.
Q. Où est basé votre groupe ?
R. A Kyanzaba.
Q. Ce groupe comprend combien de membres ?
R. Plus ou moins 20 personnes.
Q. Quel est l'objectif de votre groupe de Kyaghanda Yira ?
R. C'est l'union, le travail et le progrès.
Q. Quelle est l'activité de votre association ?
R. On organisait des réunions. S'il y a des visiteurs, on allait les présenter devant le chef. Il y avait même les agents de l'ANR.
Q. Selon Kambale Mundenga, Rasta vous a pris pour aller cultiver le cacao et transporter les bois ?
R. Je suis venu connaitre Rasta à Eringeti. Celui qui est venu me voir, monsieur Jackson le Blanc, il a dit qu'il a ses activités à Eringeti. Il est venu me voir seul.
Q. Comment êtes-vous tous retrouvés chez Rasta ?
R. Jackson m'a trouvé à Kyanzaba, il a commencé à me rappeler les évènements de Beni, comment on l'avait opéré. Il m'a demandé de l'aider à soigner ses gens à Eringeti. Il m'a dit que nous allons faire un mois. Il m'a promis 150$. J'estimais que cela pourrait m'aider à la rentrée scolaire. Il y a un ami qui m'a transporté sur la moto jusqu'à Eringeti. A partir d'Eringeti nous avons fait une heure pour arriver au champ. C'était le 28 juin 2016. Il y avait deux maisons. On m'avait isolé des autres pour les soigner. C'est le 29

juin 2016 qu'on nous a dit que nous allons à la parade. Il y avait Jackson, Rasta et une maman. La parade se tenait sur place. C'est là que j'ai vu les gens de Kyanzaba et d'Eringeti. Il a commencé à donner des ordres que les gens sont venus pour cultiver et travailler les bois. Le 30 juin 2013, il est allé à Oïcha. Il disait que c'est le patron qui a fait appel à lui. Il est rentré le soir. Vendredi matin à la parade, il a dit qu'à partir d'aujourd'hui vous êtes devenus des militaires pour attaquer les ADF. Il m'avait déjà ravi le téléphone et la carte. Il m'a dit que je serai incisé. Après avoir reçu les médicaments, il a dit que, le lendemain matin, il va trier quelques-uns. Il les a récupérés à 3 heures du matin et juste à 5 heures du matin, nous avons entendu des coups de feu. Je me suis décidé de fuir, c'était le 2 juillet 2016. Après 4 jours de marche, on m'avait arrêté à Mamove.

Q. Les gens de Kyanzaba avaient-ils participé à cette attaque ?

R. Oui.

Q. Parmi ceux qui sont restés, y a-t-il ceux de Kyanzaba ? Pouvez-vous citer leurs noms ?

R. Il y avait Kavugho Nyere et Kasereka Mbafumoja ainsi que l'autre qui est chez le minier.

Q. Kambale Mundenga Innocent, avez-vous cultivé le champ chez Rasta ?

R. Oui, les gens qui étaient là, nous ne les avons pas vus.

Q. Confirmez-vous que Rasta avait déclaré que vous êtes devenu des militaires ?

R. Après l'incision, il a déclaré cela. C'est après cette déclaration que j'ai quitté le vendredi soir.

Q. Pourquoi citer Kyaghanda Yira dans ce procès ?

R. C'est à cause des déclarations de Kambale Mundenga Innocent.

Q. Est-ce que réellement Kyaghanda Yira n'a rien à voir dans cette affaire ?

R. Oui.

Q. Quel est le nom du groupe de Rasta ?

R. Je ne connais pas le nom de ce groupe. Je suis parti là-bas comme infirmier.

Q. Etes-vous infirmier de formation ?

R. J'ai suivi la formation pendant une année.

Q. Il y avait combien de maisons ?

R. Deux tentes et deux paillottes.

Q. Confirmez-vous que dans chaque tente ou paillottes il y avait un commandant ?

R. Oui.

Q. Avez-vous suivi une formation militaire ?

R. Non.

Q. Les autres membres ont-ils suivi la formation ?

R. Il n'y avait aucune formation.

Q. Quelles sont les armes de Rasta ?

R. Lance, machette, couteau et lance-pierres.

Q. Reconnaissez-vous ces objets ?

R. Sauf l'arme. Les herbes, ce sont des signes de reconnaissance. On les portait à la tête et à la hanche. Il y avait beaucoup de lance-pierres. On était presque 40 personnes.
Q. Quel était votre objectif ? Etait-il d'attaquer Eringeti ?
R. Je ne sais pas. C'était pour chercher de l'argent.
Q. Qu'est-ce qu'on vous a dit à la parade ?
R. D'aller chercher les Nalu.
Q. Lorsque vous avez attaqué les FARDC à Eringeti, étaient-elles des Nalu ?
R. C'est ce qui nous a étonnés.
Ministère public : En date du 2 juillet 2016, le groupe de ces criminels avait attaqué les positions des FARDC. Lorsqu'ils étaient dispersés, il y e eu 4 décédés et une arme était retrouvée à côté de l'un des décédés, d'autres objets avaient été récupérés.
Q. Paluku Kayenga, savez-vous bien écrire ?
R. Je sais écrire, mais pas totalement bien.
Q. Pendant la formation des sciences infirmières, avez-vous reçu la théorie et la pratique ?
R. Oui.
Q. Savez-vous écrire ?
R. Oui.
Premier Président : La Cour précise que l'association culturelle Kyaghanda Yira n'a rien à voir avec cette affaire.
Q. Epelez les lettres de Kyaghanda Yira ?
R. Kyaghanda-Yira.
Q. Au champ de monsieur Rasta, êtes-vous parti dans le cadre de Kyaghanda Yira puisque vous avez déclaré qu'on vous a pris au parking de Kyanzaba ?
R. Je suis parti seul.
Q. Où est Jackson le Blanc ?
R. Il habitait à Beni. Pour le moment, il est à Butembo.
Q. Avez-vous informé les gens avant de partir ?
R. Oui, mon beau-frère et mon père. Mon père c'est Katembo Mututulo Arnold et mon beau-frère c'est Kamabu.
Q. Avez-vous déjà vu Rasta ?
R. Je l'ai connu à partir d'Eringeti.
Q. Pour qui devez-vous travailler ? Pour Jackson Le Blanc ou pour Rasta ?
R. J'ai dit que ce sont des frères.
Q. Avez-vous été tatoué ?
R. Oui.
Q. De quelle arme avez-vous été doté ?
R. Un lance-pierre que j'ai abandonné là où j'étais.
Q. Qui vous a tatoué ?
R. Il y avait deux groupes de trois personnes chacun.
Q. Avec quoi on vous tatouait ?

R. On utilisait la lame de rasoir ; on faisait sortir deux personnes qui se suivaient l'une après l'autre.
Q. A part ces trois personnes, n'y avait-il pas d'autres personnes qui étaient restées avant les crépitements des balles ?
R. Comme il m'avait dit que je vais rester, quand j'ai entendu les coups de feu, des murmures se sont fait entendre et j'ai profité pour fuir. Quand les FARDC sont arrivées, elles ont trouvé les trois personnes là-bas.
Q. A part vous 4, n'y avait-il personne parmi les gens de Rasta ?
R. Si, il y avait un petit là, un frère de Rasta.
Q. Qui était votre chef ?
R. Il m'avait dit que quand nous allons terminer les travaux de champ, le patron va amener les machines pour exploiter les bois ; mais il n'avait pas cité le nom du patron.
Q. Est-ce que le patron c'est celui que Jackson le Blanc était allé rencontrer à Eringeti ?
R. Il n'avait pas cité son nom.
Q. Confirmez-vous que Kambale Mundenga était parti avec Rasta ?
R. Les autres qui sont ici peuvent le témoigner.
Q. Qui vous proférait des menaces ?
R. Il y avait une maman, Jackson le Blanc et Rasta. Surtout quand on a utilisé ce langage de tatouage, ils nous ont dit que nous sommes devenus des militaires et nous allons combattre les Nalu.
Q. Est-ce qu'on vous a présenté les outils pour cultiver le champ ?
R. On avait présenté les machettes et chaque groupe allait travailler avant de rentrer à midi pour manger.
Remise contradictoire à lundi 3 octobre 2016.

Audience publique du 3 octobre 2016

RP N° 0109/2016
En chambre foraine à laquelle siègent :

1. Lt Col. Mag. Ntshaykolo Esosa Masele Jean Paulin, 1er Président ;
2. Maj. Mag. Kabondo Pibwe Serge, Conseiller ;
3. Col. Ndiba Bulangiti Matthieu, Juge Assesseur ;
4. Lt Col. Simisi Tuve Serge, Juge Assesseur ;
5. Lt Col. Mpoy Teddy Léonard, Juge Assesseur ;
6. Lt Col. Mag. Kumbu Ngoma, Ministère Public ;
7. Maj. Madoli Nzoki Guy Martin, Greffier.

En cause : l'auditeur militaire supérieur Près la cour militaire opérationnelle du Nord-Kivu, Ministère Public.
Contre : Monsieur Mumbere Erfaza Janvier et consorts.
Prévenus de :

- Participation à un mouvement insurrectionnel ;
- Association des malfaiteurs ;

- Violence à sentinelle.

La cause est appelée à 11 heures 15 minutes.

A l'appel de la cause, les prévenus cités ci-haut comparaissent en personne et assistés par leurs conseils : Me Charles Umumoki Ayalinga, Me Joël Shanyungu, Me Idi Djuma, et Me Nathan, tous avocats au Barreau de Goma et Kisangani et Me David Wambale, avocat au barreau de Kisangani et le défenseur militaire Kiwunga Makila.

La Cour est saisie d'un mémoire unique pour Kakule Kaperesi alias Rasta. Il est mineur d'âge, Article 114 CPM, est né le 25 juillet 1999 ; jusqu'au jour d'aujourd'hui, le prévenu a 17 ans. La Cour se déclare incompétente et juge de le renvoyer devant son Juge naturel.

Ministère Public : Le mémoire unique est déposé tardivement. Il y a la réquisition à médecin liée à l'âge du prévenu. Il y a lieu d'attendre la réponse du médecin. Le prévenu a 32 dents.

Défense : La Cour n'a pas encore instruit cette cause à l'endroit du prévenu Kakule Kaperesi. Il est resté constant sur la date du 25 juillet 1999, Article 19 alinéa 1 de la Constitution. Son juge est le juge de l'enfant qui est ici à Beni. Le moindre doute profite au mineur.

Ministère Public : Le retard sur le dépôt du mémoire unique est approuvé. Seul l'acte de naissance détermine l'âge et le médecin requis peut aussi déterminer l'âge.

Premier Président : Il y a une réquisition à médecin du 12 juillet 2016. La Cour prend cet incident en délibéré. La Cour instruit le greffier de contacter le médecin aujourd'hui même.

Comparait monsieur Muhindo Sumbulani Adrien :

Q. Etiez-vous du groupe Kyaghanda Yira ?

R. Oui.

Q. Comment êtes-vous retrouvé au champ de Rasta ?

R. Je suis allé au village à Eringeti pour transporter les bois. Nous étions avec Moïse ; nous nous sommes dirigés vers le champ de cacao et café. Nous avons rencontré 34 personnes là-bas. Je me suis posé la question de savoir si nous sommes venus transporter les planches ou alors cultiver. Le champ était éloigné du village.

Q. Parmi les 34, y avait-il d'autres qui sont ici ?

R. Oui, il y a Masive, Machozi Mwiislam, Kakule SaaMoya, Kakule Salamboko.

Q. Vous-avez passé combien de jours ensemble ?

R. Quatre jours et le 5ème jour, monsieur Rasta est allé au village chercher à manger. A son retour, il m'a appelé en m'isolant. Il avait une lance. Il a dit que le produit pharmaceutique est épuisé ; il va nous donner le produit traditionnel de malaria. Il m'a dit qu'en cas de refus, il va me percer avec la lance.

Q. Confirmez-vous la version des faits des autres ?

R. Ce que Paluku Kayenga a déclaré est vrai.

Q. Rasta avait combien d'hommes pour vous surveiller ?
R. Moi personnellement, j'étais surveillé par 4 personnes.
Q. Où étiez-vous gardés ?
R. Dans le champ ; il nous enfermait dans des maisonnettes. Mais pour cultiver, il prenait un petit groupe. Il y avait deux tentes et une bivouaque.
Q. Etiez-vous gardé seul ou avec les autres ?
R. Nous étions au nombre de 10, personne n'est ici.
Q. Confirmez-vous que Rasta tenait des parades.
R. Il faisait appel au moment où nos yeux étaient bandés.
Défense : Rasta et ses hommes bandaient les yeux des prévenus ; il n'a pas eu le temps de voir ces hommes.
Q. Paluku Kayenga, étiez-vous bandé ?
R. Non.
Q. Muhindo Sumbulani, votre réaction ?
R. Moi j'étais souvent bandé.
Q. Etiez-vous doté d'arme ?
R. Il m'avait doté d'une lance.
Q. Savez-vous que ceux qui étaient avec vous avaient attaqué les FARDC ?
R. Non ; il avait dit que nous allons chercher les égorgeurs. J'étais derrière eux et j'ai profité pour fuir.
Q. Vous étiez au nombre de combien ?
R. Nous étions en ligne ; j'étais derrière et j'ai profité de fuir.
Q. A quelle distance étiez-vous ?
R. J'étais le tout dernier ; il y avait l'intervalle de 10 mètres.
Q. Quatre hommes vous gardaient ?
R. Oui.
Q. Les autres avaient combien d'hommes pour les garder ?
R. Je ne sais pas.
Q. En progressant, la personne qui était devant vous s'apercevait à 10 mètres ?
R. Je ne voyais pas bien ; c'était vers 3 heures du matin.
Q. Est-ce qu'il faisait sombre ?
R. Oui.
Q. Comment faisiez-vous pour marcher dans l'obscurité ?
R. On s'efforçait pour progresser dans l'obscurité.
Q. Qu'avez-vous fait de cette lance ?
R. Je l'ai jetée au champ.
Q. Est-ce qu'on vous a dit là où vous alliez trouver les égorgeurs ?
R. Non.
Q. Qui vous guidait ?
R. C'était Moïse.
Q. Parmi les gens, qui est-ce qui vous incisait, est-ce que Paluku Kayenga était là ?
R. Non.
Q. Qui vous donnait le médicament en comprimé ?

R. C'était Kayenga.
Q. Quel est l'objectif de votre groupe ?
R. Nous étions allés là-bas pour cultiver et transporter les planches. C'est Moïse qui nous a dit d'aller chercher les égorgeurs.
Q. Confirmez-vous devant la Cour que vous avez formé un groupe pour attaquer les ADF ?
R. Oui.
Q. Pourquoi avez-vous attaqué la position des FARDC ?
Le Ministère Public donne sa réponse : Le prévenu dit que cela est arrivé à partir d'Eringeti.
Réponse du prévenu : On cherchait seulement des égorgeurs. Quand le groupe était à la position des FARDC, je n'étais plus là.
Q. Vous étiez recruté à combien de personnes ?
R. J'étais seul.
Q. Confirmez-vous avoir trouvé 34 personnes au champ ?
R. Oui.
Q. Paluku Kayenga, aviez-vous suivi Muhindo Sumbulani ? C'est vous qui leur donniez les médicaments ?
R. J'avais soigné plus ou moins seize personnes ; cent comprimés paracétamol, cent quinines, pommade étiolée et autres médicaments.
Q. Etes-vous infirmier ?
R. Oui.
Q. Les travaux de champ de cacao devraient durer combien de jours ?
R. Il nous a promis 2500 ou 3000fc par jour, pour 4 jours.
Q. Chez qui habitez-vous ?
R. Chez moi à Kyanzaba. Je suis marié et père de 5 enfants.
Q. Avez-vous informé que vous allez au champ pour cinq jours ?
R. J'avais dit à ma femme que j'allais chercher de l'argent pour le minerval des enfants.
Q. Avez-vous précisé que vous allez faire cinq jours ?
R. Non.
Q. Qu'est-ce que vous leur avez laissé à la maison ?
R. J'avais laissé deux bassins remplis de farine.
Q. Que dites-vous des déclarations de Paluku au sujet de trois personnes qui étaient restées lors de l'attaque contre les FARDC ?
R. Moi j'avais fui en cours de route.
Q. Pour cultiver, étiez-vous aussi bandé ?
R. Non.
Q. Etiez-vous toujours surveillé par 4 personnes pour cultiver ?
R. Oui.
Q. Qu'entendez-vous par les égorgeurs ?
R. Ceux qui sont en train de découper les gens.
Q. Pourquoi étiez-vous gardé par quatre personnes ?
R. J'étais gardé par quatre personnes.

Q. Comment étiez-vous recrutés ?
R. C'est Moïse qui est venu me prendre. Il m'a trouvé sur la route. J'ai lui ai demandé de m'attendre pour aller changer les habits. J'ai connu Moïse le même jour.
Q. Au champ, les égorgeurs vous empêchaient de cultiver ?
R. Ils n'arrivaient pas là-bas.
Q. Qu'avez-vous dit à votre femme avant de partir ?
R. J'avais dit à ma femme que j'allais chercher de l'argent pour la scolarisation des enfants.
Comparait monsieur Kakule Masive :
Q. Muhindo Sumbulani a déclaré qu'il vous a trouvé au champ ?
R. C'est comme cela.
Q. Comment étiez-vous recruté ?
Le prévenu répond à kinande. La Cour va chercher un interprète en kinade.
Comparait monsieur Kasereka Machozi Mwiislam
Q. Avez-vous suivi les déclarations de Muhindo Sumbulani ?
R. Oui.
Q. Muhindo vous a-t-il trouvé au champ de Rasta ?
R. Oui, il m'a trouvé là-bas.
Q. Avec qui étiez-vous au champ ?
R. Il nous a trouvés avec d'autres garçons d'Eringeti.
Q. Parmi les personnes qui sont ici, qui était là ?
R. Il y a aussi Mbuhule Ephrem.
Q. Que faisiez-vous dans ce champ ?
R. On cultivait et on sarclait le cacao et le café.
Q. Vous étiez au nombre de combien ?
R. Dix-sept personnes. Il y avait d'autres qui sont venus s'ajouter.
Q. Kayenga a dit que Rasta a déclaré, lors d'une parade, que vous êtes devenus des combattants et vous serez vaccinés ?
R. Oui, c'est vrai.
Q. Avait-il dit que vous êtes devenus des combattants ?
R. Il n'avait pas dit cela.
Q. Pourquoi vous a-t-il vacciné ?
R. Il nous a dit que nous allons chercher les ADF/Nalu.
Q. Pourquoi avez-vous accepté d'être vacciné ?
R. J'avais l'idée que le médicament allait me garder contre les ADF. On devrait devenir invulnérable.
Q. Où étiez-vous recruté ?
R. A partir de Nogera par monsieur Kiyemba.
Q. Le connaissiez-vous avant ?
R. Non, il est de Butembo, Congolais nande.
Q. Qu'est-ce qu'il vous a dit ?
R. Il cherche des gens pour cultiver son champ.
Q. Où vous étiez-vous rencontrés avec lui ?

R. Sur la route.
Q. Etes-vous parti le même jour ?
R. Non, c'est après deux jours que nous sommes partis avec Mbuhule et Kakule qui n'est pas ici.
Q. Aviez-vous rencontré monsieur Kiyemba ensemble ou il contactait chacun de vous individuellement ?
R. Il m'a trouvé avec Kakule et nous étions partis avec Kiyemba.
Q. Qui avez-vous trouvé au champ ?
R. Il y avait Masive.
Q. Qui vous a doté des armes ?
R. Moi on m'a doté d'un lance-pierre.
Q. L'avez-vous utilisé lors de l'attaque ?
R. Non, j'étais avec eux lors de l'attaque ; mais quand on a tiré, j'ai eu peur et j'ai fui.
Q. Parmi vous, y avait-il eu des morts ?
R. Oui.
Q. Qui avez-vous attaqué ?
R. Je n'ai pas pu identifier ces gens-là.
Q. Parmi ces prévenus, qui était présent lors de l'attaque ?
R. Papa Masive et Kakule ; d'autres étaient d'Eringeti.
Q. Qui avait tiré le premier coup de feu ?
R. Le militaires de l'autre côté.
Q. Qui était le premier à percevoir les autres ?
R. Ce sont eux qui nous ont vus les premiers.
Q. Muhindo Sumbulani a cité quatre personnes, qu'en dites-vous ?
R. J'étais avec Mbuhule et Kakule.
Q. Etiez-vous aussi vacciné ?
R. Oui, pour être invulnérable.
Q. Qui vous a vacciné ?
R. C'est Kiyemba.
Q. Pendant votre vaccination, où était Paluku Kayenga ?
R. Je ne l'ai pas vu.
Q. Où étiez-vous recruté ?
R. A Bingo II.
Q. Où se trouve Nogera ?
R. Sur la route Mangina.
Q. Parmi ces prévenus, y a-t-il ceux qui ont participé à l'attaque à part les trois que vous avez cités ?
R. Ceux que j'ai cités, ce sont eux que j'avais vus.
Q. A quelle heure avez-vous attaqué ?
R. Vers 6 heures ; il y avait des brouillards.
Q. Pendant l'attaque, étiez-vous à quatre seulement ?
R. Il y avait aussi les gens d'Eringeti.
Q. Quel était le rôle de Kiyemba ?

R. Je ne sais pas.
Q. Avez-vous sarclé le cacao et le café ?
R. Oui.
Q. Etiez-vous gardé par les gens de Rasta ?
R. Kiyemba et Rasta travaillaient ensemble. Nous n'étions pas surveillés lors des travaux de champ.
Q. Avez-vous vu aussi Muhindo Sumbulani ?
R. Je ne l'avais pas encore vu.
Q. Pourquoi avez-vous suivi Kiyemba au moment où vous ne le connaissiez pas.
R. On travaillait le champ des autres ; lui aussi allait me payer.
Q. Pour cultiver, est-ce qu'on vous prend en groupe ou chacun individuellement ?
R. Je travaille souvent seul.
Q. Où est Kiyemba aujourd'hui ?
R. Quand nous sommes arrivés à la position des FARDC, eux étaient devant. Quand on a tiré, nous nous sommes dispersés.
Comparait monsieur Muhindo Mbuhule Ephrem :
Q. Connaissez-vous le prévenu Kasereka Machozi ?
R. Oui, nous sommes allés cultiver à Eringeti.
Q. Vous êtes originaire de quel village ?
R. Kyanzaba.
Q. Où vous êtes-vous vu avec Moïse ?
R. Il nous a trouvé en train de prendre de l'alcool et nous a dit qu'il a un champ de cacao et de café à Eringeti. Il nous a demandé si nous pouvons sarcler son champ. C'était un samedi, au mois de mai. Après 3 jours, il est revenu pour me pendre jusqu'à Eringeti. J'ai trouvé Machozi là-bas. Il nous a montré le champ, il nous a dit d'attendre les autres pour commencer à cultiver ensemble. Une fois réunis, nous avons commencé à sarcler. Après 3 jours, Rasta est arrivé. Il est reparti avec Moïse pour nous chercher à manger. Ils sont revenus avec les gens que je ne connaissais pas. Il a dit qu'il veut parler à chacun de nous. Il s'est retiré loin de nous. Quand je me suis présenté devant lui, il y avait cinq hommes qui m'ont bloqué pour m'inciser. Il y avait des lances. Quand je suis rentré là où nous étions, on récupérait un autre. Après deux jours, on est venu avec des lance-pierres et des lances. On m'avait donné un morceau de bois et un lance-pierre. Ils nous ont dit qu'il y a des ennemis qui nous dérangent, nous allons les attaquer.
Q. Etiez-vous parmi les gens qui ont attaqué ?
R. J'étais malade, je suis resté là-bas. J'ai été surpris d'entendre les coups de feu. Je suis allé me cacher et c'est là qu'on m'a trouvé.
Q. Avec qui vous étiez resté au campement ?
R. Il y avait deux maisons et l'autre trop petite.
Q. Paluku Kayenga, qui était resté au campement ?

R. Kasereka Mbafumoja, Kavugho Nyere, Kambale Muhesi Patrick et un garçon de Mayi Moya dont je ne connais pas le nom.
Q. Muhindo Mbuhule, votre réaction ?
R. J'étais là.
Q. Rasta avait déclaré à la parade que vous êtes devenus ses combattants ; est-ce vrai ou faux ?
R. C'est vrai.
Q. Parmi les gens que vous avez trouvés au champ, y a-t-il ceux qui sont présents ici ?
R. C'est Sumbulani que je connaissais.
Q. Pourquoi êtes-vous vacciné ?
R. Je ne savais pas. Nous étions forcés deux jours après la déclaration de Rasta.
Q. Qui devriez-vous combattre ?
R. Rasta avait dit des égorgeurs.
Q. Rasta vous a-t-il donné l'identité des égorgeurs ?
R. Tous ceux qui tuent les gens.
Q. Qui d'autres étaient à la parade ce jour-là ?
R. Il y a deux personnes ici : Sumbulani et Mwiislam.
Q. Confirmez-vous avoir menti à la Cour que vous étiez resté au campement lors de l'attaque ?
R. Je n'ai pas menti.
Q. Etiez-vous gardé par les hommes de Rasta ?
R. Non.
Q. Lorsque vous sarcliez, étiez-vous gardé par les hommes de Rasta ?
R. Non.
Q. Lorsque Rasta a déclaré que vous êtes devenus ses combattants, étiez-vous surveillés ?
R. Oui.
Q. Par combien de personnes ?
R. Cinq personnes armées des lances, couteaux et machettes.
Q. Vous étiez au nombre de combien ?
R. Quinze personnes avec qui nous étions dans la maison.
Q. Muhindo Sumbulani, vous avez déclaré que lorsque vous sarcliez le champ, vous étiez gardé par quatre hommes ?
R. Oui.
Q. Muhindo Mbuhule, que dites-vous de ces déclarations ?
R. J'étais toujours gardé.
Q. Pourquoi étiez-vous gardé seul et pas les autres ?
R. Je ne connais pas la raison.
Q. Rasta vous a-t-il déclaré que vous êtes devenus ses combattants ?
R. Oui.
Q. C'était avant ou après la vaccination ?
R. Après la vaccination.

Q. Paluku Kayenga, la vaccination était-elle avant ou après la déclaration ?
R. C'est après la vaccination qu'il a déclaré cela.
Q. Quand est-ce que l'attaque avait-elle été lancée ?
R. La vaccination a eu lieu le vendredi 1er juillet 2016 et l'attaque le samedi 2 juillet 2016.
Q. La parade était en quelle date ?
R. Le même vendredi après la vaccination.
Q. Vous étiez au nombre de combien ?
R. Plus ou moins quinze à dix-sept personnes.
Q. Combien d'hommes étaient partis pour attaquer ?
R. Je ne peux pas préciser, j'étais parmi les gens qui sont restés.
Q. La vaccination aurait eu lieu quand et qui avait vacciné ?
R. Le matin ; il y avait Rasta et Le Blanc Jackson.
Q. Muhindo Mbuhule ?
R. C'était à 5 heures. J'ai vu Rasta et Kiyemba qui nous entouraient.
Q. Après la vaccination, chacun allait à la parade ou à la maison ?
R. A la maison.
Q. Quand est-ce que Rasta a déclaré ?
R. C'est au lendemain qu'il a déclaré cela.
Q. La vaccination était volontaire ou obligatoire ?
R. C'était forcé.
Remise contradictoire le 4 octobre 2016 à 9 heures 30 minutes.

Audience publique du 4 octobre 2016

RP N° 0109/2016
En chambre foraine à laquelle siègent :

1. Lt Col. Mag. Ntshaykolo Esosa Masele Jean Paulin, 1er Président ;
2. Maj. Mag. Kabondo Pibwe Serge, Conseiller ;
3. Col. Ndiba Bulangiti Matthieu, Juge Assesseur ;
4. Lt Col. Simisi Tuve Serge, Juge Assesseur ;
5. Lt Col. Mpoy Teddy Léonard, Juge Assesseur ;
6. Lt Col. Mag. Kumbu Ngoma, Ministère Public ;
7. Maj. Madoli Nzoki Guy Martin, Greffier.

En cause : l'auditeur militaire supérieur Près la cour militaire opérationnelle du Nord-Kivu, Ministère Public.
Contre : Monsieur Mumbere Erfaza Janvier et consorts.
Prévenus de :

- Participation à un mouvement insurrectionnel ;
- Association des malfaiteurs ;
- Violence à sentinelle

La cause est appelée à 10 heures 25 minutes.

A l'appel de la cause, les prévenus cités ci-haut comparaissent en personne et assistés par leurs conseils : Me David Wambale, Me Charles Umumoki Ayalinga, Me Joël Shanyungu, Me Idi Djuma, tous avocats au Barreau de Goma et de Kisangani et le défenseur militaire Kiwunga Makila.
Comparait monsieur Kakule Saamoja :
Q. Où et quand avez-vous été arrêté ?
R. J'ai été arrêté à Boikene le lundi. Je n'ai pas de précision pour la date.
Q. D'où veniez-vous pour être arrêté ?
R. Je venais de la brousse jusqu'à Oïcha. Quand nous sommes arrivés à Boikene, on nous a arrêtés. J'étais avec Kakule Salambongo.
Q. Dans quelle forêt ?
R. Dans la forêt d'Eringeti, dans le champ de Rasta. Il nous avait amenés pour cultiver son champ. Arrivé là-bas, il a changé la face contre nous. Vendredi matin, il a commencé par prendre un à un. Il y avait deux hommes qui m'ont bloqué pour m'inciser. C'était ma première fois d'aller cultiver le champ. C'est Rasta lui-même qui m'avait recruté.
Q. Quel est le nom complet de Rasta ?
R. Je ne connais que Rasta. Nous nous sommes croisés en cours de route. Il nous a amenés dans son champ. Il était avec ses deux amis et moi.
Q. Le travail de champ était pour combien de jours ?
R. Pour deux semaines.
Q. Avez-vous prévenu votre famille ?
R. Non.
Q. Le champ de Rasta est à combien de kilomètres de chez vous, à Mangango ?
R. Je ne sais pas. Nous sommes partis avec la moto. Nous sommes arrivés à Eringeti à 10 heures quand nous venions de quitter Mangango à 7 heures.
Q. Reconnaissez-vous avoir passé deux semaines en dehors de votre famille ?
R. Oui, j'habitais chez mon oncle.
Q. Votre oncle maternel allait-il vous chercher s'il ne connaissait pas votre destination pendant deux semaines ?
R. C'est une fois seulement que j'ai quitté la maison.
Q. Pourquoi Rasta vous a-t-il vacciné ?
R. Pour chercher les gens qui le dérangent.
Q. Vous avait-il cité ces gens qui le dérangent ?
R. Non.
Q. Avez-vous accepté et êtes-vous parti à l'attaque ?
R. Je n'étais pas là.
Q. Devant l'OMP, avez-vous déclaré avoir comme arme le bâton ?
R. Oui, on nous les avait donnés le vendredi soir et j'ai profité pour fuir avec Salambongo.
Q. Votre fonction au sein du groupe ?
R. Aucune fonction. Le bâton était pour combattre l'ennemi.
Q. Vous avez passé combien de jours chez Rasta ?

R. Quatre jours et c'est le 5ème jour que j'ai fui. Nous étions gardés dans le champ par les hommes de Rasta.
Q. Comment expliquer que vous ayez fui à partir du W.C alors que vous étiez surveillé ?
R. Vendredi soir quand je suis allé à la toilette, j'ai surveillé le mouvement d'une seule personne qui me gardait. J'ai profité pour fuir. J'étais le premier à fuir par rapport à Salambongo. Je suis allé à la toilette à 17 heures 30 minutes. Salambongo est venu me rejoindre à 18 heures 30 minutes et nous avons fui. C'était à 15 km où Salambongo m'avait retrouvé. On m'avait donné aussi un lance-pierre ; j'avais tout jeté.
Q. Etait-il la première fois de connaitre la forêt d'Eringeti ?
R. Oui.
Q. Comment vous êtes-vous retrouvés facilement avec Salimbongo ?
R. Je lui avais indiqué la direction de notre fuite.
Q. Celui qui vous gardait ne vous a pas suivi lors de la fuite ?
R. Non.
Q. Avez-vous participé à la parade de Rasta ?
R. Oui, il a dit que nous allons l'aider à chercher ces gens-là.
Q. Les autres ont dit que Rasta vous a dit que vous allez chercher les égorgeurs ?
R. Oui.
Q. Quels sont ces égorgeurs ?
R. Il n'avait pas précisé.
Q. Les autres disent que les égorgeurs ce sont des ADF ?
R. Cela m'a beaucoup étonné quand Rasta le déclarait.
Q. Comment êtes-vous arrivé à attaquer les FARDC à Wangata ?
R. Je n'étais plus là.
Q. Quand étiez-vous arrêté ?
R. Le lundi.
Q. Dans quelles circonstances avez-vous été arrête ?
R. A Boikene, un militaire nous a demandé la carte. Comme nous n'en avions plus, on nous a arrêtés.
Défense : L'axe Eringeti est protégé par plusieurs barrières.
Q. A quel niveau vous a-t-on demandé la carte ?
R. Avant Munyabelu, ici à Boikene dans la ville de Beni. Le militaire nous l'a demandée nous deux, Salambongo et moi.
Q. Vous aviez participé à combien de parades organisées par Rasta ?
R. A une seule.
Q. Parmi les prévenus arrêtés, avec qui étiez-vous enfermés dans une même maison ?
R. Avec Salambongo.
Q. Il y avait combien de maison dans le champ de Rasta ?
R. Salambongo et moi restions dans une même maison alors qu'il y en avait trois.

Q. Dans la maison où vous étiez, n'y avait-il pas les gens de Rasta ?
R. Il y en avait. Nous étions huit.
Q. Etiez-vous incisés avant ou après la parade ?
R. Après la parade. L'incision était à 17 heures. Il nous a dit que nous allons chercher les égorgeurs. La parade était le matin du jeudi et l'incision le soir.
Q. Comment Rasta est parvenu à dire que vous êtes ses combattants ? C'était avant ou après l'incision ?
R. Après l'incision.
Q. Quel était l'objectif de votre mission ?
R. Rasta nous a dit que nous allons chercher les gens qui nous tourmentent.
Q. Pourquoi avez-vous déclaré que votre mission était de libérer le pays ?
R. Nous étions beaucoup tabassés au niveau de 300 maisons.
Q. Etiez-vous torturé à l'auditorat ?
R. Non.
Q. Pourquoi avez-vous déclaré cela à l'auditorat ?
R. Je n'avais pas dit ainsi.
Q. Qu'est-ce que la Cour peut retenir parmi vos déclarations ?
R. Je n'ai pas dit cela.
Q. Quel jour avez-vous reçu le bâton et la lance ?
R. Le même jour de l'incision, le soir vers 17 heures.
Q. Combien étiez-vous dans la brousse ?
R. Plus ou moins 34 personnes.
Q. Pourquoi avez-vous déclaré l'effectif de 45 personnes ?
R. Il avait ajouté d'autres personnes après ; c'était avant l'attaque.
Q. Quel type d'arme aviez-vous ? Vous avez parlé d'un bâton, est-ce vrai ?
R. Oui, j'avais un bâton.
Q. Quelle fonction aviez-vous ? Vous avez dit que vous étiez simple combattant.
R. Je n'avais pas déclaré cela. Je n'avais aucune fonction.
Q. Pourquoi on vous a remis une lance et un bâton ?
R. C'était pour combattre avec.
Q. Etiez-vous satisfait de cette dotation de bâton et de lance-pierre ?
R. Non, c'est la raison pour laquelle je les ai jetés pour fuir.
Q. Rasta parlais quelle langue ?
R. Kiswahili.
Comparait monsieur Kakule Salambongo :
Q. Avez-vous suivi les déclarations de Kakule Saamoja ?
R. Oui.
Q. Reconnaissez-vous avoir été recruté ensemble ?
R. Non.
Q. Kakule Saamoja ?
R. Nous sommes sortis avec lui de la forêt.
Q. Comment avez-vous fui ensemble ?
R. Lui était devant, je l'ai suivi.

Q. C'était où ?
R. Dans la brousse, dans un sentier fréquenté par des gens. Je n'ai pas maitrisé ce milieu.
Q. Kakule Saamoja, arrêté à Boikene, où vous a-t-on amené ?
R. Dans leur position ; après on nous a amenés chez le chef de 300 maisons. C'était vers 12 heures.
Q. Combien de temps avez-vous passé au champ ?
R. Cinq jours. J'ai trouvé Kakule Saamoja là-bas. C'est le 5ème jour que nous avons fui. Pendant les quatre jours, on cultivait le champ.
Q. Où vous étiez-vous convenus pour fuir ?
R. Juste après l'incision, dans la maison.
Q. Où étaient les autres gens de Rasta ?
R. Ils étaient à l'extérieur, on en revenait un à un.
Q. Avez-vous aussi reçu une arme blanche ?
R. Un morceau de bois et un lance-pierre pour aller chercher les égorgeurs.
Q. Qui sont ces égorgeurs ?
R. Je ne sais pas.
Q. Combien de gens sont partis combattre les égorgeurs ?
R. Je ne sais pas. J'étais déjà parti.
Q. Qui vous a recruté ?
R. Un taximen qui était avec Rasta dans un terrain de football. Nous étions avec Kambale.
Q. Aviez-vous participé à la même parade avec Saamoja ?
R. Oui.
Q. Pourquoi n'avez-vous pas entendu ce que Rasta avait déclaré ?
R. Chacun a sa façon de comprendre.
Q. Avant d'aller au champ de Rasta, vous étiez-vous connus ?
R. Non.
Q. Reconnaissez-vous le groupe des travaux des champs et les autres gens ?
R. Je ne connaissais pas ce groupe ; c'est de là que je l'ai connu.
Q. Kakule Salambongo, confirmez-vous avoir fait quatre jours dans la forêt ?
R. Nous avons fait quatre jours en train de cultiver, le 5ème jour, on nous a incisés.
Q. Pourquoi avez-vous parlé d'une semaine à l'auditorat ?
R. Je n'avais jamais déclaré cela.
Q. L'objectif du groupe de Rasta ; votre réponse : nous allons combattre les ADF/Nalu.
R. C'est le 5ème jour que Rasta nous a donné cette mission.
Q. Kakule Saamoja, vous avez passé combien de jours en brousse ?
R. C'est le 5ème jour que nous avons fui.
Q. Pourquoi avez-vous déclaré avoir fait une semaine dans la brousse ?
R. C'est le 5ème jour que Rasta nous a dit que nous allons chercher ces gens.
Q. Salambongo et Saamoja, pourquoi Rasta vous a-t-il recrutés ?
R. Salambongo : Il nous a dit que nous allons cultiver son champ.

R. Saamoja : Il nous a dit que nous allons cultiver. Le 5ème jour, il a changé d'avis en nous disant d'aller chercher les égorgeurs. Raison pour laquelle nous avons fui.
Q. Salambongo, quand avez-vous été incisé ?
R. Avant la parade.
Q. Comment était Rasta ?
R. Taille moyenne, un peu brun ; il avait beaucoup de cheveux.
Q. Pourquoi avez-vous peur de lui ?
R. A partir du champ, quand il nous a bloqués.
Q. Kakule Salambongo, étiez-vous recruté pour extraire de l'or ?
R. C'était pour cultiver le champ.
Comparait monsieur Kakule Masive
Q. Comment êtes-vous retrouvé dans le champ de Rasta ?
R. J'étais chez moi à Kyanzaba. J'ai vu quelqu'un sur la route qui m'a demandé si je pouvais avoir la force pour cultiver. J'ai marqué mon accord. Il m'a fait savoir qu'il est question de cultiver le champ de cacao, du café et transporter les planches. Il a dit qu'il a une moto qui peut nous amener jusqu'au lieu du travail. Il a appelé au téléphone, le motard est arrivé avec la moto. Nous sommes partis avec le monsieur avec qui nous avons échangé ainsi que le motard jusqu'au parking d'Eringeti. C'était le même jour qu'on s'est parlé avec lui. Avant de partir, je suis d'abord allé informer ma famille
Q. Est-ce que vous le connaissiez avant ?
R. Je ne le connaissais même pas.
Q. Quelqu'un que vous ne connaissez pas, il propose le marché et vous acceptez ?
R. J'ai accepté par manque de boulot et j'avais besoin de l'argent.
Q. N'êtes-vous pas de Beni ?
R. Je suis de Beni, plus précisément de Kyanzaba.
Q. Ne savez-vous pas qu'il y a des kidnappings à Beni ?
R. Je sais cela. Je lui avais posé la question de savoir si là où il m'amène il y a la paix ; il a accepté.
Q. Qu'avez-vous amené comme effet personnel ?
R. Carte d'enrôlement, téléphone et mes habits.
Q. Etes-vous marié ou célibataire ?
R. Je suis marié et père de six enfants.
Q. Qu'avez-vous laissé à la famille ?
R. J'avais laissé un peu de riz, de haricots et de la farine de manioc.
Q. Combien de temps avez-vous fait chez Rasta ?
R. Une semaine dans son champ.
Q. Etiez-vous aussi gardé et surveillé par les gens de Rasta ?
R. Quand nous étions là, il nous a ravi les téléphones. Quand il a trouvé que les choses ne marchaient plus, il nous a ravi même les cartes l'électeur.
Q. Avez-vous été incisé ?
R. Oui.

Q. Avez-vous été doté d'arme blanche ?
R. Oui, j'ai été doté d'un lance-pierre, d'un bâton et des cailloux.
Q. Pour faire quoi avec ?
R. Pour aller chercher les ADF.
Q. Avez-vous combattu les ADF et êtes-vous du nombre ?
R. On nous a mis sur la route, mais on ne nous a pas dit ce qu'on allait faire.
Q. Aviez-vous des armes blanches ?
R. Nous avions ces armes blanches, mais nous avons eu peur de les jeter comme nous étions soumis.
Q. Comment étiez-vous organisés pour aller attaquer ?
R. Les chefs étaient devant, nous au milieu.
Q. Vous étiez avec qui ?
R. Parmi ceux qui sont ici, je connais quelques-uns : Machozi, Kakule Muhongya. Beaucoup d'entre nous étaient originaires d'Eringeti.
Q. Vous-avez attaqué quelle position, des FARDC ou des ADF ?
R. Quand on marchait, nous avons entendu quelqu'un tousser, nous avons reconnu que nous étions dans la position des FARDC. Quand nous avons voulu prendre la fuite, on nous a arrêtés. Nous avons entendu quelqu'un parler en lingala. On nous a demandé d'où nous venions à ces heures-là.
Q. Où étiez-vous arrêtés ?
R. A Eringeti, par des militaires et ils nous ont acheminés jusqu'ici.
Q. Y avait-il une femme qui accompagnait Rasta ?
R. Il y avait une femme qui a été tuée.
Q. Confirmez-vous que c'est monsieur Mayemba qui vous a recruté ?
R. J'accepte que c'est Mayemba qui avait appelé le taximan.
Q. Quel était votre objectif ?
R. De cultiver le cacao et transporter les planches.
Q. Que dites-vous de vos déclarations devant l'OMP auxquelles il donne lecture ?
R. C'est Mayemba qui avait appelé le taximan, mais nous n'avions pas comme objectif d'attaquer les FARDC.
Q. A quelle heure avez-vous lancé l'attaque contre les FARDC ?
R. C'était vers 5 heures 30 du matin.
Q. Combien de Mayi mayi étaient-ils décédés ?
R. J'ai vu deux corps ; un pour un homme et un autre pour une femme.
Q. Combien de capturés et des blessés ?
R. Nous étions trois capturés et un blessé par balle.
Q. Pourquoi avez-vous parlé d'un blessé, sept capturés et que l'attaque avait commencée à 4 heures ?
R. Nous sommes arrivés à la position défensive à 5 heures 30, mais nous avions attaqué à 4 heures.
Q. Avez-vous été formé avant d'être doté ?
R. Non.
Q. Comment alliez-vous utiliser les armes blanches ?

R. Nous ne nous sommes pas servi de ces armes blanches.
Q. Y avait-il des armes de guerre ?
R. Non, il n'y avait que des outils pour cultivateurs.
Q. Lors de votre progression, où était Rasta ?
R. Rasta n'était pas visible ; on ne voyait que le chef qui était devant.
Q. Qui portait cette arme ici présente ?
R. Je n'ai jamais vu cette arme. C'est dans la brousse, le jour de notre arrestation, qu'un militaire m'avait fait porter cette arme.
Q. Qu'est-ce qui vous empêchait de fuir comme il n'y avait pas d'arme ?
R. Comme on nous avait ravi nos cartes d'identité, il n'y avait pas moyen de fuir. La carte c'est la vie de l'homme.
Q. Avez-vous déclaré que cette arme, on vous l'a fait porter par force ?
R. Oui.
Comparait madame Kavugho Nyere Amani
Q. Avez-vous suivi les déclarations des autres que vous étiez cuisinière ?
R. Oui.
Q. Qui vous a recruté pour préparer ?
R. C'est Rasta. Nous étions avec une autre maman.
Q. Où Rasta vous a-t-il trouvée ?
R. Dans le groupe de jeunes Kyaghanda Yira.
Q. Pourquoi avez-vous accepté ce travail ?
R. Rasta avait envoyé une fille qui s'appelait Kimwanamwana, me sollicitant de partir avec elle. Je ne l'avais jamais vue ; elle est venue avec un taximen. Elle m'avait proposé de partir avec elle le lundi.
Q. Etiez-vous forcée de partir avec elle ?
R. Je ne sais pas ; elle était moins âgée que moi, mais elle avait deux enfants.
Q. Qu'est-ce qui vous a poussé à la suivre alors qu'elle était moins âgée que vous ?
R. Elle m'avait convaincu qu'elle prépare pour ces gens et on lui paye de l'argent.
Q. Avez-vous été en contact avec Rasta ?
R. Oui.
Q. Qu'est-ce que Rasta vous a dit ?
R. Il m'a dit qu'il va m'envoyer Kimwanamwana et que nous allons partir avec elle.
Q. Connaissiez-vous Rasta avant de le rencontrer ?
R. Non.
Q. Pourquoi avez-vous accepté ?
R. Chez nous à Kyanzaba, les gens viennent chercher une main d'œuvre pour travailler. J'ai un mari et quatre enfants.
Q. Où était votre mari ?
R. Il était en voyage.
Q. Rasta vous a-t-il fixé la durée du travail ?
R. Oui, pour une semaine.

Q. Comment expliquer que vous ayez laissé quatre enfants pour aller travailler ?
R. Je ne savais pas qu'il était mauvais.
Q. Même s'il était bon, comme femme normale, vous laissez les enfants au moment où votre mari est en voyage ?
R. Je l'avais appelé au téléphone ; il avait accepté que je parte. Il s'appelle Kakule Kamate. Il est au village à Kyanzaba, à 17 Km de Beni.
Q. Avez-vous reçu la visite de votre mari ?
R. Oui.
Q. Qui était resté avec les enfants ?
R. Ma sœur.
Q. Est-ce que c'est un comportement responsable ?
R. Oui, pour chercher comment vivre.
Q. Si c'était les ADF, alliez-vous accepter ?
R. Non.
Q. Si c'était un complice des ADF, alliez-vous accepter ?
R. J'accepterais du fait que je ne l'aurais pas su.
Q. A part la cuisine, aviez-vous une autre tâche ?
R. Non.
Q. C'était la toute première fois d'être soumise à cette tâche ?
R. Oui.
Q. L'autre prévenu a déclaré que vous êtes chargée de préparer dans votre groupe, qu'en dites-vous ?
R. Oui, c'est vrai.
Q. Combien de temps avez-vous passé au champ de Rasta ?
R. 5 jours.
Q. Etiez-vous informée de l'incision ?
R. Nous tous en brousse, même moi aussi j'étais incisée.
Q. Etiez-vous aussi à la parade ?
R. Non.
Q. Etiez-vous aussi armée ?
R. Un lance-pierre pour me prévenir des Nalu.
Q. Avez-vous appris l'attaque de vos hommes contre les FARDC ?
R. Oui, j'étais restée au champ avec Kasereka Mbafumoya, Patrick et Paluku Kayenga.
Q. Où était parti Kimwanamwana ?
R. Elle était partie avec les autres.
Q. Quel était votre sentiment après avoir été armée ?
R. Je ne me sentais pas bien.
Q. Quand les ADF attaquent, viennent-ils mains vides ?
R. Ils viennent avec des armes de guerre et des machettes.
Q. Comment alliez-vous combattre quelqu'un qui a une arme de guerre ?
R. Je n'allais pas m'en sortir. On ne pouvait pas refuser, car si vous refusez, on vous tue.

Q. Etiez-vous surveillée ?
R. Après l'incision, on a commencé à nous surveiller par un groupe de cinq personnes munies des bâtons et des lance-pierres.
Q. En voyant ces gens avec des bâtons et des lance-pierres, comment vous les considériez ?
R. Comme un groupe armé.
Q. Votre mari avait effectué quel type de voyage ?
R. Il était parti au deuil. Il est cultivateur et moi aussi cultivatrice.
Q. Acceptez-vous qu'aller au champ c'est pour la survie ?
R. Oui, Rasta m'avait promis 2500 FC par jour.
Q. Etiez-vous au courant de la position de Rasta pour attaquer les FARDC ?
R. J'étais encore au lit, je ne savais rien.
Q. Ces gens vous ont gardée avec des lances et des bâtons pendant combien de jours ?
R. Jeudi et vendredi.
Q. Rasta allait vous payer chaque jour ?
R. Après le boulot.
Q. A part la cuisine, n'étiez-vous pas soumise à d'autres tâches ?
R. Non.
Q. Où étiez-vous arrêtée ?
R. Dans le champ même de Rasta.
Q. A part votre mari, qui peut venir témoigner ?
R. Mon mari, ma mère et des amis.
Q. Quel est le numéro de téléphone de votre mari ?
R. Je l'ai oublié. Je l'avais dans mon téléphone ; on m'a tout ravi.
Ministère Public : La prévenue est partie volontairement pour préparer la nourriture.
Q. Où est Rasta pour le moment ?
R. Je ne sais pas.
Q. Comment est Rasta ?
R. Il était court avec une calvitie. On l'appelle Rasta Ka Lupala.
Q. Est-ce que Rasta avait tenu une réunion avec les jeunes de Kyaghanda Yira ?
R. Il nous avait trouvés assis quelque part ; il a dit qu'il avait un champ de cacao.
Q. Combien d'entre vous l'avaient-ils suivi ?
R. Nous étions au nombre de quinze quand nous avions quitté le village.
Q. Parmi les membres du groupe Kyaghanda Yira, qui sont ici ?
R. Paluku Kayenga, Kasereka Mbafumoja, Kambale Mundenga, Katembo Moïse Anicet, Kakule Masive et moi.
Q. Etiez-vous ensemble quand Rasta est venu vous voir ?
R. Paluku Kayenga : non.
R. Kasereka Mbafumoja : il cherchait chacun individuellement.
R. Kambale Mundenga : chacun de sa part.

R. Katembo Moïse Anicet : chacun de sa part.
R. Kakule Masive : il sollicitait un à un.
Q. Kavugho, qu'en dites-vous ?
R. Moi, j'ai dit que nous avons quitté le village au nombre de quinze personnes. Ceux avec qui nous étions ne sont pas ici.
Q. Où sont-ils ?
R. Je ne sais pas.
Q. Pourquoi avez-vous présenté ces gens-ci ?
R. Nous nous réunissions avec eux, mais ce jour-là, ils n'étaient pas présents.
Q. Quel discours Rasta avait tenu avant l'incision ?
R. Il n'avait rien dit. On nous bloquait avant de nous inciser.
Q. Pourquoi on a déclaré que chacun allait individuellement ?
R. L'un d'eux venait nous prendre. Quand vous arrivez là-bas, on vous bloque pour être incisé.
Q. Avant le rite d'incision, y avait-il des gardes ?
R. Non, les gardes sont venus après l'incision.
Remise contradictoire à lundi 10 octobre 2016.

Audience publique du 10 octobre 2016

RP N° 0109/2016
En chambre foraine à laquelle siègent :

1. Lt Col. Mag. Ntshaykolo Esosa Masele Jean Paulin, 1er Président ;
2. Maj. Mag. Kabondo Pibwe Serge, Conseiller ;
3. Col. Ndiba Bulangiti Matthieu, Juge Assesseur ;
4. LtCol. Simisi Tuve Serge, Juge Assesseur ;
5. LtCol. Mpoy Teddy Léonard, Juge Assesseur ;
6. LtCol. Mag Kumbu Ngoma, Ministère Public ;
7. Maj. Madoli Nzoki Guy Martin, Greffier.

En cause : l'auditeur militaire supérieur Près la cour militaire opérationnelle du Nord-Kivu, Ministère Public.
Contre : Monsieur Mumbere Erfaza Janvier et consorts.
Prévenus de :

- Participation à un mouvement insurrectionnel ;
- Association des malfaiteurs ;
- Violence à sentinelle

La cause est appelée à 11 heures 25 minutes.
A l'appel de la cause, les prévenus cités ci-haut comparaissent en personne et assistés par leurs conseils : le défenseur militaire Kiwunga Makila.
Comparait monsieur Kasereka Mbafumoja
Défense : demande à la Cour de renvoyer la cause du fait qu'ils se sont partagé les prévenus par rapport aux avocats.

Premier Président : soutient que le collectif c'est pour tous les prévenus.
Q. Où habitiez-vous avant votre arrestation ?
R. A Kyanzaba. J'étais arrêté à Eringeti quand je cherchais du travail pour cultiver. Quelqu'un qui s'appelle Rasta est venu chez nous à Kyanzaba pour chercher des cultivateurs.
Q. Où est-ce que Rasta vous a trouvé ?
R. Au centre d'Eringeti pour m'amener au champ. J'avais rencontré six personnes qui ne sont pas ici.
Q. Quand avez-vous vu ceux qui sont ici ?
R. Chacun arrivait à son tour. J'ai fait une semaine là-bas.
Q. Avez-vous été incisé ?
R. Oui.
Q. Etiez-vous à la parade ?
R. Oui.
Q. Aviez-vous été armé ?
R. On m'avait doté d'une lance et d'un lance-pierre. Comme je ne marchais pas bien, j'ai remis ça. J'étais tombé du palmier à Yangoya. Je suis devenu handicapé.
Q. Pourquoi avez-vous accepté de cultiver ?
R. Souvent, je cultive ; mais quand cela fait mal, je me repose.
Q. Vous étiez resté avec qui ?
R. Kambale Muhesi, Kavugho Nyere et moi.
Q. Avez-vous entendu les coups de feu de loin ?
R. Oui.
Q. Quelle était votre attitude ?
R. J'ai eu peur, je suis resté sur place. Je ne pouvais rien faire, on est venu m'arrêter là-bas.
Q. Quelle dimension a le champ de Rasta ?
R. Je ne peux pas apprécier, mais l'espace que nous avons cultivé envoisine 100 mètres.
Q. Vous étiez au nombre de combien ?
R. Nous sommes partis à dix. Les autres sont venus après.
Q. Au total, vous étiez au nombre de combien ?
R. Nous étions quinze avec cinq qui s'occupaient des palmiers.
Q. Pourquoi Rasta est allé à Kyanzaba et non à Eringeti ?
R. Je ne connais pas le motif.
Q. Les autres ont confirmé que les gens d'Eringeti étaient là ?
R. Oui, c'est vrai.
Q. Parmi les vingt personnes, combien de gens d'Eringeti ?
R. Les gens de Rasta et nous, nous étions au total quarante-cinq.
Q. Pour cultiver un champ de 100 mètres, faut-il quarante-cinq personnes ?
R. Rasta portait la peau de la brebis ; c'est par après qu'il est devenu léopard.
Q. Seules les vingt personnes de Rasta ne pouvaient pas travailler et vous laisser, vous autres qui étiez aussi au nombre de vingt.

R. Quand nous sommes arrivés, les gens de Rasta n'étaient pas là. Nous n'étions pas gardés auparavant. C'est par après que les gens de Rasta sont arrivés.
Q. Pourquoi un prévenu a déclaré qu'il a été gardé par quatre personnes ? Qui dit vrai et qui dit faux ?
R. Moi je dis ce que j'ai vécu.
Q. Quelle disposition avez-vous prise en famille avant d'aller au champ de Rasta ?
R. J'ai pris la disposition de leur laisser la nourriture récoltée au champ.
Q. Pour combien de jours alliez-vous travailler pour Rasta ?
R. Pour une semaine.
Q. Combien devrait-il vous payer ?
R. 3000fc par jour.
Q. Vous a-t-il donné une avance avant de quitter Kyanzaba ?
R. Il ne m'avait rien donné.
Q. Connaissiez-vous Rasta bien avant ?
R. Non.
Q. Qu'est qui vous a convaincu de le suivre ?
R. Suite à une vie difficile.
Q. Depuis quand habitez-vous Kyanzaba ?
R. Depuis 2013.
Q. N'avez-vous jamais entendu parler d'enlèvement par les rebelles au Nord-Kivu ?
R. J'avais déjà entendu.
Q. Qu'est-ce qui peut prouver à la Cour que vous n'êtes pas parti volontairement au champ de Rasta à Eringeti ?
R. Quand je suis arrivé, Rasta a changé de face. J'étais même vacciné par peur. Là où Rasta est allé avec mes collègues, je ne suis pas parti.
Q. La parade a eu lieu quand ?
R. C'était jeudi, avant l'incision.
Q. Avant d'aller au champ, avez-vous informé votre famille ?
R. Oui, j'ai informé ma femme Kahindo.
Q. Lorsque Rasta a déclaré que vous êtes devenus des militaires, quel était son objectif ?
R. Son objectif était de chercher des Nalu.
Q. Comment a-t-il lancé l'attaque contre les FARDC ?
R. Je ne peux pas le savoir.
Q. A quelle heure ont-ils quitté le champ de Rasta pour attaquer les FARDC ?
R. J'estime que ça devrait être vers 4 heures ; comme mon téléphone était déjà ravi le jeudi.
Q. Avait-il ravi pour tout le monde ?
R. Mon téléphone était ravi, je ne sais pas si pour les autres c'était le même cas. C'est Rasta lui-même qui me l'avait ravi. Il m'avait dit qu'il va me le remettre après.

Q. Qu'est-ce que Rasta avait donné comme mot d'ordre avant de quitter le champ ?
R. Il nous a dit d'aller chercher les Nalu.
Q. Est-il permis à une milice d'attaquer les ADF ?
R. Non.
Q. Qu'est-ce que vous entendiez par l'objectif selon lequel vous allez libérer le Congo ?
R. Moi je ne connais pas cela.
Q. Est-ce que vous étiez resté au champ, oui ou non ?
R. Oui.
Q. Avez-vous entendu les crépitements des balles ?
R. Oui.
Q. Quelle était votre réaction ?
R. Je cherchais à fuir, mais je n'avais plus ma carte d'électeur.
Q. Entre la carte d'électeur et votre vie, qu'est-ce qui est important ?
R. C'est par manque de carte et de la méconnaissance du chemin. C'était aussi ma chance ; Dieu avait combattu pour moi.
Q. A combien de kilomètre d'Eringeti se trouvait le champ de Rasta ?
R. Rasta parlait de 45 minutes pour arriver au champ. Quand nous sommes partis, il n'y avait pas moyen de calculer. Nous sommes partis à bord d'une moto.
Q. Combien de temps avez-vous fait d'Eringeti jusqu'au champ ?
R. Nous avons fait 1 heure et 30 minutes.
Q. Pourquoi avez-vous déclaré que Rasta avait parlé de 45 minutes pour atteindre son champ à partir d'Eringeti alors que vous avez fait 1 heure et 30 minutes à moto ?
R. C'était de la ruse.
Q. N'avez-vous pas quitté le champ lors des crépitements de balles ?
R. J'ai eu peur.
Q. Comment avez-vous connu Rasta ?
R. Lorsque j'ai été sollicité à cultiver son champ. Rasta était accompagné d'un certain garçon appelé Le Blanc.
Q. Connaissez-vous le Blanc ?
R. Je ne le connaissais pas.
Q. Et Rasta ?
R. Non plus.
Q. Où avez-vous connu Rasta ?
R. A Kyanzaba, quand je descendais vers le parking.
Q. Combien de temps avez-vous fait pour accepter de partir avec Rasta et Le Blanc ?
R. A peu près 20 minutes. Il est parti et il a dit qu'il va m'envoyer un motard. On s'est vu le dimanche et le motard est arrivé le vendredi.
Q. Connaissiez-vous le motard ?
R. Non.

Q. N'aviez-vous pas entendu que les motards transportaient des citoyens congolais pour les amener au campement des ADF ?
R. Non.
Q. Rasta avait envoyé le motard ; comment le motard vous a reconnu ?
R. Rasta avait fait la consigne que le motard va porter la jaquette noire et le chapeau noir ; qu'il va me trouver au parking de Kyanzaba.
Q. Ce motard vous a-t-il appelé ?
R. Quand il est arrivé, je lui ai posé la question de savoir s'il était le motard en question ; il a accepté.
Q. Quand les FARDC sont arrivés au champ de Rasta, qu'aviez-vous fait ?
R. Je les ai approchés.
Défense : Rasta a conquis notre client avec stratégie. Il est donc victime de Rasta lui et ses complices.
Ministère Public : A l'heure d'aujourd'hui, personne ne cultive son champ à Eringeti. Le prévenu avait donné son consentement.
Défense : La distance que mon client avait parcourue ne présente aucun danger. Les moyens avancés par le MP ne valent nul.
Comparait monsieur Katembo Moïse Anicet
Q. Avez-vous entendu les déclarations de ceux qui sont passés avant vous ?
R. Oui.
Q. Où avez-vous été pris pour aller au champ de Rasta ?
R. A Kyanzaba, plus précisément au parking. J'allais acheter des unités. Au lieu où je devrais payer ces unités, il y avait un banc où s'asseyaient les gens.
Q. Qui vous a contacté ?
R. Le Blanc ; je ne le connaissais pas.
Q. Kasereka Mbafumoja, comment Rasta avait su que vous cherchez du travail ?
R. Il s'adressait à tout le monde. Il m'a contacté personnellement.
Q. Vous avez déclaré que vous étiez parti chercher les unités ?
R. Oui.
Q. En allant au parking, vous étiez parti chercher de l'emploi, oui ou non ?
R. Je suis allé acheter des unités, mais nous avons l'habitude de chercher de petits travaux.
Q. Etes-vous membre de Kyaghanda Yira ?
R. Oui.
Q. Comment les membres de Kyaghanda Yira sont contactés ?
R. Il peut me contacter et moi à mon tour je contacte les autres.
Q. A combien vous étiez membres du Kyaghanda Yira pour aller travailler au champ de Rasta ?
R. Je n'avais dit à personne.
Q. Après combien de temps êtes-vous parti au champ de Rasta ?
R. Après une semaine, Le Blanc est venu me prendre sur une moto jusqu'à Eringeti. Après, nous avons marché à pied jusqu'au champ ; plus ou moins une heure de marche.

Q. Qui avez-vous trouvé au champ de Rasta ?
R. Kakule Masive, Paluku Mashahuri, Muhindo Mbuhule.
Q. Qui était le chef ?
R. Aucun chef.
Q. Comment étiez-vous organisés ?
R. Chacun avait l'envie de cultiver pour avoir de l'argent.
Q. Les autres sont –ils aussi membres du Kyaganda Yira ?
R. Oui.
Q. A part l'activité champêtre, avez-vous suivi une formation quelconque ?
R. Non.
Q. avez-vous été vacciné ?
R. Oui, par crainte de mourir.
Q. Le Blanc et Rasta étaient-ils armés ?
R. Oui, des lances, couteaux et autres.
Q. Quand la parade avait-elle eu lieu ?
R. Après l'incision, on m'avait doté d'un lance-pierre. Vers 18 heures, on m'avait envoyé chercher de l'eau. Je suis parti une fois pour toute ; j'ai eu la chance de partir seul.
Q. Comment étiez-vous parti seul ? Les autres étaient-ils gardés ?
R. Chez moi, c'était la grâce. J'avais l'arrosoir, c'était un vendredi.
Q. Que faisiez-vous avec cette eau ?
R. On l'utilisait après avoir mangé, soit pour aller avec à la toilette.
Q. Le Blanc, est-ce Didi Mandefu ?
R. Je ne connais pas Didi Mandefu.
Q. Le motif de votre arrestation, qu'en dites-vous ?
R. J'avais répondu qu'on m'accuse d'être Mayi mayi alors qu'on nous avait pris pour cultiver.
Q. Quel est l'objectif poursuivi lorsque vous avez jugé bon d'intégrer ce mouvement ?
R. J'avais dit que mon objectif était de cultiver. C'est quand nous étions déjà au champ que notre patron a changé de mission en disant que nous allons chercher des égorgeurs.
Q. Pourquoi à l'auditorat, vous avez reconnu avoir fui après l'attaque contre la position des FARDC ?
R. J'ai dit que je suis passé pour me retrouver dans un village tout près d'Eringeti.
Défense : Notre client ignore même les noms des villages cités par le MP, car il n'a pas participé à cette attaque.
Q. Où avez-vous abandonné le lance-pierre ?
R. Là où je suis allé puiser de l'eau.
Q. A quoi servait le lance-pierre ?
R. Il nous a dit que si vous voyez l'ennemi, vous mettez le caillou et vous appliquez sur lui.
Q. Qui vous a demandé d'aller puiser de l'eau ?

R. Le garde.
Q. A quelle heure aviez-vous l'habitude de puiser de l'eau ?
R. En cas de besoin ; une fois que l'eau est terminée.
Q. L'attaque a eu lieu quel jour ?
R. Je suis allé puiser de l'eau vendredi soir ; l'attaque a eu lieu le samedi matin.
Q. Etiez-vous torturé à l'auditorat ?
R. Non.
Q. Etiez-vous menacé à l'auditorat ?
R. Non.
Q. Votre niveau d'étude ?
R. 6ème primaire.
Q. Vous a-t-on donné lecture de ce PV ?
R. Non.
Q. Avez-vous singé sur ce PV ?
R. Oui.
Q. Expliquez-vous comment vous avez fui.
R. J'avais passé la nuit dans la forêt ; le matin, j'ai demandé à une maman la route à prendre.
Q. Pourquoi n'avez-vous pas demandé le nom de ce village ?
R. Quand j'ai demandé à la maman, elle m'a montré les gens qui étaient là qui m'ont demandé la carte. C'était vers 14 heures.
Q. Où étiez-vous entre 18 heures du vendredi et 14 heures de samedi ?
R. J'avais passé la nuit dans la forêt ; je ne savais pas par où passer.
Comparait monsieur Paluku Mushahuri :
Q. Avez-vous suivi les gens qui ont comparu avant vous ? Moïse a dit qu'il vous a trouvé au champ de Rasta.
R. Oui.
Q. Comment êtes-vous arrivé au champ de Rasta ?
R. Rasta et Le Blanc m'ont trouvé à Nogera.
Q. Nogera est un quartier ou quoi ?
R. C'est entre Kyanzaba et Beni.
Q. Où avez-vous eu l'entretien ?
R. Au niveau de la route ; je vendais de l'huile.
Q. Etiez-vous assis ou en marchant ?
R. Je vendais quinze bouteilles d'huile.
Q. Comment ils ont su que vous cherchez de l'emploi ?
R. Ils m'ont demandé de chercher pour eux des gens pour travailler. J'ai dit que je suis le premier candidat. C'était un dimanche. Ils m'ont dit que nous allons nous retrouver le lundi à Kyanzaba.
Q. Combien de gens avez-vous contacté ?
R. J'avais dit que j'allais parler aux gens le lundi après m'être imprégné de leur programme et pour éventuellement discuter le prix à payer.
Q. Qu'est-ce qui s'était passé le lundi à Kyanzaba ?

R. Ils m'ont dit de prendre la moto jusqu'à la brousse d'Eringeti. J'étais avec Rasta et le Blanc.
Q. Vous êtes-vous mis d'accord sur le prix avant de monter sur la moto ?
R. Oui, 3500fc pour une semaine.
Q. Vous ont-ils signifié l'étendue de ce champ ?
R. Non.
Q. Vous ont-ils dit de combien de gens ont-ils besoin ?
R. Ils m'ont parlé de trois hommes.
Q. Rasta et Le Blanc vous ont-ils indiqué le lieu où se trouve ce champ ?
R. Non.
Q. Avez-vous accepté volontiers de monter sur la moto ?
R. Je voyais souvent Le Blanc passer au village.
Q. Où habitez-vous ?
R. Nogera, je suis natif de là.
Q. N'avez-vous jamais entendu parler de kidnapping ?
R. Non, j'avais entendu une seule fois.
Q. C'était avant ou après être monté sur la moto avec Rasta ?
R. C'était avant.
Q. Qu'est-ce qui s'est passé au champ de Rasta ?
R. Ils m'ont dit d'attendre là-bas celui qui vient d'Eringeti. C'était Moïse qui nous avait apporté à manger.
Q. Etiez-vous enlevé par Rasta ou bien vous êtes allé de vous-même ?
R. C'était ma volonté d'aller voir le champ et de commencer à cultiver.
Q. Vous est-il déjà arrivé de cultiver un champ dans un milieu où vous êtes étranger ?
R. C'était ma toute première fois.
Q. Qu'est-ce que Rasta vous a dit ?
R. Il a dit comme il faisait nuit, il va passer me prendre le lendemain.
Q. Où habitez-vous ?
R. Chez moi à Noguera ; je suis marié et père de cinq enfants.
Q. Avez-vous informé votre famille avant de partir ?
R. Oui, j'ai dit à ma femme que j'allais voir un champ. C'était le même lundi.
Q. Combien de temps aviez-vous fait au champ ?
R. J'ai fait cinq jours.
Q. Etiez-vous passé par la vaccination ?
R. Oui, c'est Rasta lui-même qui m'avait vacciné.
Q. Comment vous êtes-vous senti ?
R. Très mal.
Q. Quel rôle avez-vous joué ?
R. Dans notre maison, le chef était une fille. Quand elle s'est déplacée pour aller voir les autres maisons, j'ai profité pour fuir vers 4 heures du samedi jusqu'à Kalondo.
Q. Quel jour avez-vous entendu les coups de feu ?
R. Le samedi, quand j'étais à Kalondo.

Q. Confirmez-vous avoir dit aux autres que vous avez fui ?
R. Oui, j'avais dit aux deux jeunes gens.
Q. Où sont-ils ?
R. Ils ne sont pas ici.
Q. Les autres prévenus ont allégué à la Cour que l'attaque a eu lieu à 4 heures ?
R. Je suis illettré, je n'entends que 4 heures. Je ne connais pas l'heure.
Q. Cette femme passait-elle nuit avec vous ?
R. Elle passait nuit à l'extérieur autour du feu avec d'autres gens.
Q. Il y avait trois maisons là-bas ; comment étiez-vous repartis ?
R. Chaque maison avait deux gardes et trois personnes.
Q. Quelle arme aviez-vous ?
R. Je n'avais aucune.
Q. Kasereka Mbafumoja, quel jour Rasta avait distribué des armes ?
R. C'était vendredi, je ne connais pas l'heure.
Q. Que dites-vous des déclarations de Paluku Mashahuri ?
R. Il s'est trompé un peu.
Q. Paluku Mushahuri, vous souvenez-vous que les armes étaient distribuées le vendredi, mais pas le samedi ?
R. Oui.
Q. De quelle arme avez-vous été doté ?
R. Je n'ai pas été doté.
Q. Connaissez-vous Jackson ?
R. Non.
Q. Rasta vous a demandé d'intéresser combien de gens ?
R. Je n'avais dit à personne. Je comptais d'abord voir le champ pour intéresser les gens après.
Q. Combien de temps avez-vous passé au sein du mouvement Mayi mayi ? N'est-ce pas que vous avez parlé de deux semaines ?
R. Je n'avais pas dit deux semaines, mais plutôt une semaine.
Q. Qui est le chef du groupe Rasta et Mwira ?
R. J'avais dit que c'est Rasta qui connait ce groupe.
Q. Reconnaissez-vous avoir signé ce PV ?
R. Oui.
Q. Etiez-vous torturé ?
R. Non.
Q. Etiez-vous menacé ?
R. Non.
Q. Combien gagniez-vous par jour en vendant l'huile de palme ?
R. Je n'ai vendu qu'un jour 7 bouteilles pour 2100fc.
Remise contradictoire à mardi 11 octobre 2016.

Audience publique du 11 octobre 2016

RP N° 0109/2016
En chambre foraine à laquelle siègent :

1. Lt Col. Mag. Ntshaykolo Esosa Masele Jean Paulin, 1er Président ;
2. Maj. Mag. Kabondo Pibwe Serge, Conseiller ;
3. Col. Ndiba Bulangiti Matthieu, Juge Assesseur ;
4. Lt Col. Simisi Tuve Serge, Juge Assesseur ;
5. Lt Col. Mpoy Teddy Léonard, Juge Assesseur ;
6. Lt Col. Mag. Kumbu Ngoma, Ministère Public ;
7. Maj. Madoli Nzoki Guy Martin, Greffier.

En cause : l'auditeur militaire supérieur Près la cour militaire opérationnelle du Nord-Kivu, Ministère Public.
Contre : Monsieur Mumbere Erfaza Janvier et consorts.
Prévenus de :

- Participation à un mouvement insurrectionnel ;
- Association des malfaiteurs ;
- Violence à sentinelle.

La cause est appelée à 10 heures 40 minutes.
A l'appel de la cause, les prévenus cités ci-haut comparaissent en personne et assistés par leurs conseils : le défenseur militaire Kiwunga Makila, Me Joël Shanyungu, avocat près la Cour d'Appel de Goma.
Comparait monsieur Kakule Vangayi Ezéchiel :
Q. Avez-vous suivi les déclarations de vos co-prévenus ?
R. Oui.
Q. Etiez-vous dans le champ de monsieur Rasta ?
R. Non.
Q. Où étiez-vous et pourquoi étiez-vous arrêté ?
R. A Kyanzaba et quelqu'un est venu me prendre pour travailler le bois.
Q. Connaissez-vous monsieur Le Blanc ?
R. Non.
Q. Pourquoi étiez-vous arrêté ?
R. Je revenais de champ avec Kakule Kaperesi et Muhindo Nkevunga Achille.
Q. Vous reveniez de quel champ ?
R. Le champ de Pabaota.
Q. Pabaota c'est quoi ?
R. Le nom de cette brousse.
Q. Qui vous a arrêté ?
R. Les militaires des FARDC.
Q. Comment êtes-vous retrouvé parmi les gens qui ont attaqué les FARDC ?
R. Parce que je suis reconnu comme l'un des habitants de ce village.
Ministère Public : Lorsque vous allez interroger le second prévenu, monsieur Kakule Kaperesi, il va vous relater comment le prévenu a été recruté par le prévenu Moïse en fuite.

Comparait monsieur Muhindo Nkevunga Achille
Q. Pourquoi êtes-vous arrêté ?
R. Puisque nous revenions du champ.
Q. Revenir de champ est-ce la seule raison de votre arrestation ?
R. Oui.
Q. Ce n'est pas par le fait que vous étiez recruté par Didi Mandefu ?
R. Non.
Q. Pourquoi avez-vous accepté devant l'OPJ ?
R. Je n'avais pas dit cela.
Q. Relatez-nous comment vous étiez arrêté ?
R. C'était sous la pluie ; je ne connais pas le nom du village où nous étions arrêtés. Nous revenions de Mayi Moya.
Q. Pour arriver à Pabaota, il faut passer par où ?
R. De Mayi Moya tout droit vers Pabaota.
Ministère public, veuillez éclairer la Cour sur leur arrestation.
Le prévenu Muhindo Nkevunga Achille a été appréhendé après l'attaque de 312ème bataillon mis en déroute. La population l'a appréhendé et l'a mis à la disposition des FARDC.
Q. Monsieur Paluku Kayenga, étiez-vous dans le champ de Rasta avec monsieur Muhindo Nkevunga, Kakule Vangeyi et Kakule Kaperesi ?
R. Non.
Q. Monsieur Muhindo Sumbulani Adrien, aviez-vous vu les trois messieurs dans le champ de Rasta ?
R. Non, je les ai connus en prison.
Q. Monsieur Katembo Moïse Anicet, étiez-vous avec les trois prévenus dans le champ de Rasta ?
R. Non.
Q. Monsieur Kakule Masive, reconnaissez-vous avoir été avec les trois prévenus dans le champ de Rasta ?
R. Non.
Q. Monsieur Kasereka Machozi, connaissez-vous ces deux messieurs ?
R. Ce sont mes amis du même village de Kyanzaba.
Q. Etiez-vous avec eux dans le champ de Rasta ?
R. Non.
Q. Monsieur Kakule Muhongya, reconnaissez-vous ces deux prévenus ?
R. Je les connais à partir de notre arrestation.
Q. Etiez-vous avec eux dans le champ de Rasta ?
R. Non.
Q. Monsieur Paluku Mashahuri, connaissez-vous ces deux messieurs ?
R. Je les ai connus à partir de la prison de Kangbayi.
Q. Etiez-vous avec eux dans le champ de Rasta ?
R. Non.
Q. Monsieur Kasereka Mbafumoja, vous avez reconnu devant la Cour que vous étiez dans le champ de Rasta ; avez-vous vu ces deux messieurs ?

R. Oui, je les ai vus quand nous étions arrêtés à l'auditorat.
Q. Etes-vous originaire de Kyanzaba ?
R. Oui, mais je ne les ai jamais vus à Kyanzaba.
Q. Madame Kavugho Nyere, vous aviez reconnu devant la Cour que vous étiez cuisinière chez Rasta ?
R. Oui, j'ai fait six jours chez Rasta, je ne les ai pas vus là-bas. Je les ai vus pour la première fois à l'auditorat.
Q. Monsieur Kakule Saamoja, étiez-vous au sein du groupe de Rasta dans le champ ?
R. Oui.
Q. Aviez-vous vu ces deux messieurs ?
R. Je les ai connus à partir de l'auditorat.
Q. Monsieur Kakule Salambongo, êtes-vous originaire de Kyanzaba ?
R. Je suis de Noguera.
Q. Où avez-vous vu ces deux messieurs ?
R. A l'auditorat, quand nous avons été arrêtés.
Q. Comment expliquer que tous les prévenus ont reconnu qu'ils ont été dans le champ de Rasta à part les trois autres ? Les avez-vous vus ?
R. Oui.
Ministère public, votre réaction par rapport aux déclarations de tous les prévenus.
Q. Muhindo Nkevunga Achille, étiez-vous torturé à l'auditorat ?
R. Non.
Q. Etiez-vous menacé ?
R. Non.
Q. Avez-vous signé le PV ?
R. Oui.
Q. Avez-vous vu ou fait lecture de ce PV ?
R. Non.
Cote 140 Question 1 : R. Aucun.
Question 2 : R. Aucune idée sur la raison de mon arrestation.
Cote 141 Question 3 : R. Oui, je reconnais ce fait.
Q. Prévenu, votre réaction ?
R. Je n'avais pas dit cela.
Question 4 : R. Moi et Kakule Vangayi
Question 5 : R. Nous avons fait une semaine.
Q. Kakule Vangayi, avec qui étiez-vous parti à Pabaota ?
R. Kakule Kaperesi et Muhindo Nkevunga.
Q. Muhindo Nkevunga, votre réaction ?
R. Nous étions avec lui.
Q. Kakule Vangayi, qu'est-ce que vous étiez parti faire à Pabaota ?
R. Travailler les noix de palme.
Question 6 : R. J'avais été trompé par mes frères.
Q. Votre réaction ?

R. Nous sommes allés travailler les planches à Eringeti. Quand j'étais chez ma tante, mon petit-frère Kakule Kaperesi m'avait demandé de l'aider.
Q. Qui vous a donné le travail des planches ?
R. C'est Moïse qui avait son machiniste Kakule Vangayi.
Q. Monsieur Kakule Vangayi, reconnaissez-vous que vous étiez machiniste de monsieur Moïse ?
R. Je n'étais pas son machiniste. Il m'a trouvé quand j'étais de retour de champ après avoir travaillé les planches à Komanda.
Q. Où est-ce qu'il vous a contacté ?
R. A Kyanzaba.
Q. En quelle date ?
R. Au mois de juin de cette année.
Q. La distance qui sépare Kyanzaba de Komanda ?
R. Je ne sais pas.
Q. Etiez-vous parti avec lui jusqu'à Komanda ?
R. Non, lui m'avait laissé à Kyanzaba tout en me promettant que nous irons avec lui jusqu'à Komanda.
Q. Entre Kyanzaba et Eringeti, qu'est-ce qui est plus proche de Komanda ?
R. C'est Eringeti.
Q. Etiez-vous parti avec lui à Eringeti ?
R. Non.
Q. Où avez-vous contacté Muhindo Nkevunga ?
R. A Kyanzaba pour m'aider à travailler les planches.
Q. Moïse vous a-t-il demandé de chercher votre aide ?
R. C'était ma proposition.
Q. Combien de fois avez-vous travaillé avec Muhindo Nkevunga ?
R. Plus d'une année.
Q. Monsieur Muhindo Nkevunga, votre réaction ?
R. C'est vrai.
Q. Où étiez-vous arrêté ?
R. A Eringeti, en cours de route.
Q. De quel champ reveniez-vous ?
R. C'était avec Kakule Vangeyi et Kaperesi, je ne connais pas le nom de cette forêt.
Q. Kakule Vangeyi, de quelle forêt sortiez-vous ?
R. De la forêt de Pabaota.
Q. Dans le champ de Pabaota, qu'est-ce que vous étiez parti faire ?
R. Nous étions partis aider le fils de notre tante à travailler les noix de palme.
Q. Votre mission était d'aller où ?
R. A Komanda pour scier les planches sur demande de Moïse.
Q. Avez-vous vu Moïse à Eringeti ?
R. Nous n'étions pas encore arrivés à Eringeti.
Q. Muhindo parle de forêt d'Eringeti et vous dites que vous n'étiez pas encore arrivé à Eringeti. Qui dit vrai et qui dit faux ?

R. Je dis vrai. J'avais jugé bon de voir ma tante qui est à Mayi Moya avant d'aller à Komanda.
Q. Muhindo Nkevunga, vous êtes sorti de quel village pour aller au champ ?
R. Mayi Moya.
R. Kakule Vangayi : Mayi Moya.
Q. Quel jour étiez-vous arrivé à Mayi Moya ?
R. Nous sommes arrivés à Mayi Moya le mercredi, le jeudi, nous nous sommes reposés et le vendredi, nous sommes allés au champ pour travailler et le même vendredi on nous a arrêtés.
Q. Où étiez-vous arrêtés ?
R. Nous étions arrêtés par les militaires d'Eringeti et on nous a amenés à Eringeti.
Q. Après combien de jour avez-vous vu les autres prévenus ?
R. Après une semaine.
Q. Qu'aviez-vous à la main ?
R. Rien à la main, sauf un bidon de quinze litres. J'avais tout laissé au village Mayi Moya : ma salopette, mallette avec deux pantalons et deux chemises.
Q. Est-ce à Eringeti que vous devriez trouver Moïse ?
R. Le même jour que je devrais voir Moïse, les militaires des FARDC m'ont arrêté.
Q. Avez-vous déclaré devant le commandant Ziro Ziro que vous êtes les travailleurs de Moïse ?
R. Non.
Q. Pourquoi Moïse ne l'a pas déclaré ?
R. Il ne savait pas que nous étions arrêtés.
Q. Moïse vous a-t-il fait des coordonnées ?
R. J'avais son numéro de téléphone.
Q. Avez-vous donné ce numéro au commandant Ziro Ziro ?
R. Le téléphone était déjà saisi.
Q. Comment pouvez-vous convaincre la Cour que ce que vous dites est vrai ?
R. Je suis machiniste ; j'ai une expérience de cinq ans dans ce travail.
Q. Qui vous a conduit de Mayi Moya à Eringeti ?
R. C'est un motard à qui j'ai payé 5000fc. Il est de Kyanzaba.
Q. Etiez-vous sortis à trois ?
R. Nous étions deux ; l'autre, nous l'avons trouvé à Mayi Moya.
Ministère Public : Et la police, et l'ANR, et les FARDC savaient que Moïse, Didi et Rasta ont organisé un mouvement. Les prévenus soutiennent qu'ils ont été arrêtés avant l'attaque.
Cote 110 citée par le MP qui donne lecture de ce PV de monsieur Kakule Kaperesi alias Rasta.
Q. Pouvez-vous montrer les gens que vous avez trouvés au cachot à Eringeti ?
R. Nous étions trois personnes. On nous a trouvés là-bas après avoir fait une semaine.
Q. Où étiez-vous le jour de l'attaque ?

R. A la position défensive ; nous étions déjà arrêtés.
Q. Qui vous ont trouvés là-bas ?
R. Kakule Masive Muhongya et Machozi.
Ministère Public : le 2 juillet, on n'a pas arrêté tout le monde au même moment. Trois personnes arrêtées sur le champ, les autres sont arrêtés un à un.
Défense : Les prévenus ont été arrêtés avant l'attaque de la position des FARDC.
Après, il y a eu la lecture de la réponse de réquisition du médecin qui a constaté la minorité d'âge de monsieur Kakule Kaperesi.
Comparait monsieur Kakule Muhongya :
Q. Avez-vous suivi les déclarations des autres prévenus ?
R. Oui.
Q. Qu'en dites-vous ?
R. J'ai quitté Eringeti pour mon champ.
Q. Où étiez-vous arrêté ?
R. A Eringeti.
Q. En quelle date ?
R. Je ne connais pas la date.
Q. Avant ou après l'attaque des FARDC ?
R. On m'a arrêté jeudi dans mon champ vers 18 heures moins. Nous sommes allés passer la nuit dans la forêt.
Q. Qui vous a arrêté ?
R. Un groupe de monsieur Kiyimba.
Q. Vous étiez-vous retrouvé dans le champ de Rasta ?
R. J'étais là le vendredi.
Q. Etiez-vous aussi vacciné traditionnellement ?
R. Oui.
Q. Par qui ?
R. C'est Kiyimba qui m'a vacciné.
Q. Aviez-vous été doté ?
R. Oui, d'un lance-pierre.
Q. Pour faire quoi avec ?
R. Pour chercher les coupeurs des têtes. Je pouvais m'en servir quand nous allions chercher les Nalu.
Q. Etiez-vous parmi les gens qui ont attaqué les FARDC ?
R. Oui, j'étais contraint par Rasta et Kihemba.
Q. Avez-vous attaqués les positions des FARDC ?
R. Non.
Q. Qu'est-ce qui s'est passé ?
R. Nous les avons combattus.
Q. Où et quand étiez-vous arrêtés ?
R. A la position défensive d'Eringeti.
Q. Etiez-vous arrêté le même jour de l'attaque ?
R. C'était le même jour.

Q. Est-ce que Kasereka Mangahiko était avec vous ?
R. Non.
Q. Avec qui étiez-vous ?
R. Avec Kasereka Machozi et Kakule Masive.
Q. Qu'est-ce que les FARDC vous ont fait pour les attaquer ?
R. Nous n'avions pas l'idée de combattre nos militaires. Celui qui nous guidait nous disait que nous allons seulement marcher. Nous étions surpris de cette attaque.
Ministère Public : Satisfait des déclarations du prévenu ; il mérite des circonstances atténuantes.
Q. Etiez-vous contacté pour faire le champ de Rasta ?
R. Il m'a pris par force ; c'était une embuscade. Il a dit que, comme sa famille vient d'être exterminée, il veut chercher les coupeurs des têtes.
Q. Pourquoi les autres ne sont pas pris par menace sauf vous ?
R. Je me trouvais dans mon champ et ils étaient au nombre de six. Ils m'ont trouvé seul, je ne pouvais rien faire.
Q. Vous avez fait combien de jours chez Rasta ?
R. Un seul jour.
Q. Comment êtes-vous arrivé au champ de Rasta ?
R. Je suis arrivé vendredi matin.
Q. Où avez-vous passé la nuit, étant donné que vous étiez kidnappé le jeudi ?
R. Nous avions passé la nuit en brousse.
Q. Où se trouve votre champ ?
R. Dans la Province Orientale.
Q. Quelle distance vous sépare du champ de Rasta ?
R. Je ne peux pas estimer.
Comparait monsieur Kasereka Mangahiko
Q. Etiez-vous vacciné dans le champ de Rasta ?
R. Oui.
Q. De quelle arme avez-vous été doté ?
R. Aucune arme.
Q. Comment êtes-vous arrivé dans le champ de Rasta ?
R. Le Blanc m'a trouvé lors de mon retour du travail chez les prêtres. On plantait les aubergines, les ananas et autres.
Q. Qu'est-ce qu'il vous a dit ?
R. Le Blanc m'avait demandé d'aller travailler chez lui.
Q. Le Blanc avait-il plus d'argent que les prêtres ?
R. J'étais au terme de mon contrat ; j'étais remplacé par une autre personne.
Q. Connaissiez-vous Le Blanc auparavant ?
R. Non.
Q. Etiez-vous parti le même jour avec Le Blanc ?
R. Non, après deux jours. Je lui ai demandé d'aviser d'abord ma femme. Nous sommes partis à moto au champ d'Eringeti.
Q. Avez-vous confirmé sur place que c'était son champ ?

R. Lui, il avait dit que c'est son champ.
Q. C'est là que vous avez vu Rasta ?
R. Rasta n'était pas là ?
Q. Qui vous a vacciné ?
R. C'est Le Blanc.
Q. Etiez-vous à l'attaque contre les FADC ?
R. Non, je m'étais caché dans un trou, dans le champ de monsieur Le Blanc.
Q. Pourquoi vous étiez-vous caché ?
R. Nous avons commencé à nous échanger de mauvais propos à cause de l'argent. Il m'a retourné casaque.
Q. Pourquoi vous n'étiez pas rentré chez vous ?
R. A ce moment, il avait une lance.
Q. Pour combien de temps étiez-vous caché ?
R. Toute la journée du jeudi.
Q. Comment étiez-vous vacciné avant vendredi ?
R. Il m'avait vacciné le jeudi pour me protéger contre la morsure de serpents.
Q. Avez-vous vu les autres prévenus ici présents ?
R. Non, j'étais isolé. Il y avait trois personnes dont je ne connaissais pas l'origine.
Q. Où étiez-vous le samedi, jour de l'attaque ?
R. J'étais au champ avec les trois autres personnes.
Q. Qu'est-ce qui vous a poussé d'aller avec Rasta ?
R. Mon remplaçant avait un mois de travail. J'ai profité de ce moment pour travailler mon champ.
Q. Comment étiez-vous arrêté ?
R. Quand je suis sorti du trou, je me suis dirigé vers Samboko.
Remise contradictoire à mardi 18 octobre 2016 pour réquisitoire et plaidoirie.

Audience publique du 20 octobre 2016

RP N° 0109/2016
En chambre foraine à laquelle siègent :

1. Lt Col. Mag. Ntshaykolo Esosa Masele Jean Paulin, 1er Président ;
2. Maj. Mag. Kabondo Pibwe Serge, Conseiller ;
3. Col. Ndiba Bulangiti Matthieu, Juge Assesseur ;
4. Lt Col. Simisi Tuve Serge, Juge Assesseur ;
5. Lt Col. Mpoy Teddy Léonard, Juge Assesseur ;
6. Lt Col. Mag. Kumbu Ngoma, Ministère Public ;
7. Maj. Madoli Nzoki Guy Martin, Greffier.

En cause : l'auditeur militaire supérieur Près la cour militaire opérationnelle du Nord-Kivu, Ministère Public.
Contre : Monsieur Mumbere Erfaza Janvier et consorts.
Prévenus de :

- Participation à un mouvement insurrectionnel ;
- Association des malfaiteurs ;
- Violence à sentinelle

La cause est appelée à 13 heures 28 minutes.

A l'appel de la cause, les prévenus cités ci-haut comparaissent en personne et assistés par leurs conseils : Me David Wambale, Me Idy Djuma, Me Charles Umumoki Ayalinga, Me Joël Shanyungu, tous avocats au barreau de Kisangani et de Goma et le défenseur militaire Kiwunga Makila.

La Défense sollicite une courte remise pour lundi.

Le Ministère Public est prêt avec son réquisitoire ; il veut le présenter aujourd'hui.

Ministère Public présente son réquisitoire :

1. Mumbere Erfaza Janvier, avec admissions des circonstances atténuantes ;
   - Participation à un mouvement insurrectionnel à 20 ans de servitude pénale principale ;
   - Association des malfaiteurs à 20 ans de servitude pénale principale ;
   - Violation à sentinelle non établie.

Faisant application de l'Article 7 CPM à 20 ans de servitude pénale principale.

2. Kambale Mundenga Innocent, avec admissions des circonstances atténuantes ;
   - Participation à un mouvement insurrectionnel à 20 ans de servitude pénale principale ;
   - Association des malfaiteurs à 20 ans de servitude pénale principale ;
   - Violation à sentinelle à 10 ans de servitude pénale principale.

Faisant application de l'Article 7 CPM à 20 ans de servitude pénale principale.

3. Muhindo Sumbulani, avec admissions des circonstances atténuantes ;
   - Participation à un mouvement insurrectionnel à 20 ans de servitude pénale principale ;
   - Association des malfaiteurs à 20 ans de servitude pénale principale ;
   - Violation à sentinelle à 10 ans de servitude pénale principale.

Faisant application de l'Article 7 CPM à 20 ans de servitude pénale principale.

4. Katembo Moïse Anicet, avec admissions des circonstances atténuantes ;
   - Participation à un mouvement insurrectionnel à 20 ans de servitude pénale principale ;
   - Association des malfaiteurs à 20 ans de servitude pénale principale ;
   - Violation à sentinelle à 10 ans de servitude pénale principale.

Faisant application de l'Article 7 CPM à 20 ans de servitude pénale principale.

5. Muhindo Mbuhule Ephrem, avec admissions des circonstances atténuantes ;
   - Participation à un mouvement insurrectionnel à 20 ans de servitude pénale principale ;

- Association des malfaiteurs à 20 ans de servitude pénale principale ;
- Violation à sentinelle à 10 ans de servitude pénale principale.

Faisant application de l'Article 7 CPM à 20 ans de servitude pénale principale.

6. Muhindo Nkevunga Achille, avec admissions des circonstances atténuantes ;
- Participation à un mouvement insurrectionnel à 20 ans de servitude pénale principale ;
- Association des malfaiteurs à 20 ans de servitude pénale principale ;
- Violation à sentinelle à 10 ans de servitude pénale principale.

Faisant application de l'Article 7 CPM à 20 ans de servitude pénale principale.

7. Kakule Masive, avec admissions des circonstances atténuantes ;
- Participation à un mouvement insurrectionnel à 20 ans de servitude pénale principale ;
- Association des malfaiteurs à 20 ans de servitude pénale principale ;
- Violation à sentinelle à 10 ans de servitude pénale principale.

Faisant application de l'Article 7 CPM à 20 ans de servitude pénale principale.

8. Kasereka Machozi Musham alias Mwi Islam, avec admissions des circonstances atténuantes ;
- Participation à un mouvement insurrectionnel à 20 ans de servitude pénale principale ;
- Association des malfaiteurs à 20 ans de servitude pénale principale ;
- Violation à sentinelle à 10 ans de servitude pénale principale.

Faisant application de l'Article 7 CPM à 20 ans de servitude pénale principale.

9. Kakule Vangayi Ezéchiel, avec admissions des circonstances atténuantes ;
- Participation à un mouvement insurrectionnel à 20 ans de servitude pénale principale ;
- Association des malfaiteurs à 20 ans de servitude pénale principale ;
- Violation à sentinelle à 10 ans de servitude pénale principale.

Faisant application de l'Article 7 CPM à 20 ans de servitude pénale principale.

10. Kakule Muhongya, avec admissions des circonstances atténuantes ;
- Participation à un mouvement insurrectionnel à 20 ans de servitude pénale principale ;
- Association des malfaiteurs à 20 ans de servitude pénale principale ;
- Violation à sentinelle à 10 ans de servitude pénale principale.

Faisant application de l'Article 7 CPM à 20 ans de servitude pénale principale.

11. Paluku Mashahuri, avec admissions des circonstances atténuantes ;
- Participation à un mouvement insurrectionnel à 20 ans de servitude pénale principale ;
- Association des malfaiteurs à 20 ans de servitude pénale principale ;
- Violation à sentinelle à 10 ans de servitude pénale principale.

Faisant application de l'Article 7 CPM à 20 ans de servitude pénale principale.

12. Kasereka Mangahiko, avec admissions des circonstances atténuantes ;
- Participation à un mouvement insurrectionnel à 20 ans de servitude pénale principale ;
- Association des malfaiteurs à 20 ans de servitude pénale principale ;
- Violation à sentinelle à 10 ans de servitude pénale principale.

Faisant application de l'Article 7 CPM à 20 ans de servitude pénale principale.

13. Kasereka Kaperesi alias Rasta : La Cour se déclare incompétente vu la minorité de son âge.
14. Kasereka Mbafumoja, avec admissions des circonstances atténuantes ;
- Participation à un mouvement insurrectionnel à 10 ans de servitude pénale principale ;
- Association des malfaiteurs à 10 ans de servitude pénale principale ;
- Violation à sentinelle non établie.

Faisant application de l'Article 7 CPM à 10 ans de servitude pénale principale.

15. Paluku Kayenga Emmanuel, avec admissions des circonstances atténuantes ;
- Participation à un mouvement insurrectionnel à 10 ans de servitude pénale principale ;
- Association des malfaiteurs à 10 ans de servitude pénale principale ;
- Violation à sentinelle non établie.

Faisant application de l'Article 7 CPM à 10 ans de servitude pénale principale.

16. Kavugho Nyenze Amanie, avec admissions des circonstances atténuantes ;
- Participation à un mouvement insurrectionnel à 12 mois de servitude pénale principale ;
- Association des malfaiteurs à 12 mois de servitude pénale principale ;
- Violation à sentinelle non établie.

Faisant application de l'Article 7 CPM à 12 mois de servitude pénale principale.

17. Kakule Samoja, avec admissions des circonstances atténuantes ;
- Participation à un mouvement insurrectionnel à 20 ans de servitude pénale principale ;
- Association des malfaiteurs à 20 ans de servitude pénale principale ;
- Violation à sentinelle à 10 ans de servitude pénale principale.

Faisant application de l'Article 7 CPM à 20 ans de servitude pénale principale.

18. Kakule Salambongo, avec admissions des circonstances atténuantes ;
- Participation à un mouvement insurrectionnel à 20 ans de servitude pénale principale ;
- Association des malfaiteurs à 20 ans de servitude pénale principale ;
- Violation à sentinelle à 10 ans de servitude pénale principale.

Faisant application de l'Article 7 CPM à 20 ans de servitude pénale principale.

19. Moïse par défaut sans admissions des circonstances atténuantes ;
- Participation à un mouvement insurrectionnel à la peine de mort ;
- Association des malfaiteurs à la peine de mort ;
- Violation à sentinelle à 10 ans de servitude pénale principale.

Faisant application de l'Article 7 CPM à la peine de mort.

20. Didi Mandefu par défaut sans admissions des circonstances atténuantes ;
- Participation à un mouvement insurrectionnel à la peine de mort ;
- Association des malfaiteurs à la peine de mort ;
- Violation à sentinelle à 10 ans de servitude pénale principale.

Faisant application de l'Article 7 CPM à la peine de mort.

21. Dundose alias Rasta par défaut sans admissions des circonstances atténuantes ;
- Participation à un mouvement insurrectionnel à la peine de mort ;
- Association des malfaiteurs à la peine de mort ;
- Violation à sentinelle à 10 ans de servitude pénale principale.

Faisant application de l'Article 7 CPM à la peine de mort.
Remise contradictoire à lundi 24 octobre 2016 pour plaidoirie de la Défense, répliques et contre répliques.

Audience publique du 24 octobre 2016

RP N° 0109/2016
En chambre foraine à laquelle siègent :

1. Lt Col. Mag. Ntshaykolo Esosa Masele Jean Paulin, 1er Président ;
2. Maj. Mag. Kabondo Pibwe Serge, Conseiller ;
3. Col. Ndiba Bulangiti Matthieu, Juge Assesseur ;
4. Lt Col. Simisi Tuve Serge, Juge Assesseur ;
5. Lt Col. Mpoy Teddy Léonard, Juge Assesseur ;
6. Lt Col. Mag. Kumbu Ngoma, Ministère Public ;
7. Maj. Madoli Nzoki Guy Martin, Greffier.

En cause : l'auditeur militaire supérieur Près la cour militaire opérationnelle du Nord-Kivu, Ministère Public.
Contre : Monsieur Mumbere Erfaza Janvier et consorts.
Prévenus de :
- Participation à un mouvement insurrectionnel ;
- Association des malfaiteurs ;
- Violence à sentinelle

La cause est appelée à 11 heures 00 minutes.
A l'appel de la cause, les prévenus cités ci-haut comparaissent en personne et assistés par leurs conseils : Me David Wambale, Me Idy Djuma, Me Charles Umumoki Ayalinga, Me Joël Shanyungu, tous avocats au barreau de Kisangani et de Goma et le défenseur militaire Kiwunga Makila.

La Défense présente leurs plaidoiries :

1. Maitre Idy Djuma pour le compte de 4 prévenus :

- Kakule Masive
- Participation à un mouvement insurrectionnel, non établie ;
- Association des malfaiteurs, non établie ;
- Violence à sentinelle, non établie.

De l'en acquitter.

- Kasereka Machozi Musham alias Mwi Islam
- Participation à un mouvement insurrectionnel, non établie ;
- Association des malfaiteurs, non établie ;
- Violence à sentinelle, non établie.

De l'en acquitter.

- Muhindo Mbuhule Ephrem
- Participation à un mouvement insurrectionnel, non établie ;
- Association des malfaiteurs, non établie ;
- Violence à sentinelle, non établie.

De l'en acquitter.

- Kavugho Nyenze Amanie
- Participation à un mouvement insurrectionnel, non établie ;
- Association des malfaiteurs, non établie ;
- Violence à sentinelle, non établie.

De l'en acquitter.

2. Maitre David Wambale pour le compte de 4 prévenus :

- Mumbere Erfaza Janvier
- Participation à un mouvement insurrectionnel, non établie ;
- Association des malfaiteurs, non établie ;
- Violence à sentinelle, non établie.

De l'en acquitter.

- Kambale Mundenga Innocent
- Participation à un mouvement insurrectionnel, non établie ;
- Association des malfaiteurs, non établie ;
- Violence à sentinelle, non établie.

De l'en acquitter.

- Muhindo Sumbalani Adrien
- Participation à un mouvement insurrectionnel, non établie ;
- Association des malfaiteurs, non établie ;
- Violence à sentinelle, non établie.

De l'en acquitter.

- Katembo Moïse Anicet
- Participation à un mouvement insurrectionnel, non établie ;
- Association des malfaiteurs, non établie ;
- Violence à sentinelle, non établie.

De l'en acquitter.

3. Maitre Joël Shanyungu pour le compte de 4 prévenus :

- Kakule Muhongya
- Participation à un mouvement insurrectionnel, non établie ;
- Association des malfaiteurs, non établie ;
- Violence à sentinelle, non établie.

De l'en acquitter.

- Kasereka Mangahiko
- Participation à un mouvement insurrectionnel, non établie ;
- Association des malfaiteurs, non établie ;
- Violence à sentinelle, non établie.

Si par l'impossible, on retient l'association des malfaiteurs à son égard, de retenir des circonstances atténuantes dues à son jeune âge, délinquant primaire et père d'une grande famille.

- Kakule Salambongo
- Participation à un mouvement insurrectionnel, non établie ;
- Association des malfaiteurs, non établie ;
- Violence à sentinelle, non établie.

De l'en acquitter.

- Le 4ème prévenu Kakule Kaperesi Piscas, alias Rasta : La Cour s'est déclarée incompétente à son égard comme développé dans leur mémoire unique.

4. Défenseur Militaire agrée, Commandant Kiwunga Makila pour le compte de 2 prévenus :

- Paluku Kayenga Emmanuel
- Participation à un mouvement insurrectionnel, non établie ;
- Association des malfaiteurs, non établie ;
- Violence à sentinelle, non établie.

De l'en acquitter, de le renvoyer de toutes fins de poursuite, mettre les frais à charge du Trésor Public.

- Kakule Samoja
- Participation à un mouvement insurrectionnel, non établie ;
- Association des malfaiteurs, non établie ;
- Violence à sentinelle, non établie.

De l'en acquitter, de le renvoyer de toutes fins de poursuite, mettre les frais à charge du Trésor Public.

5. Maitre Charles Umumoki Ayalinga pour le compte de 4 prévenus :

- Muhindo Nkevunga Achil (Cote 189), le prévenu n'a jamais été au champ de Rasta à Eringeti.
- Participation à un mouvement insurrectionnel, non établie ;
- Association des malfaiteurs, non établie ;
- Violence à sentinelle, non établie.

De l'en acquitter.

- Kakule Vangayi Ezéchiel (Cote 189), le prévenu n'a jamais été au champ de Rasta à Eringeti.
- Participation à un mouvement insurrectionnel, non établie ;
- Association des malfaiteurs, non établie ;
- Violence à sentinelle, non établie.

De l'en acquitter.

- Kasereka Mbafumoja
- Participation à un mouvement insurrectionnel, non établie ;
- Association des malfaiteurs, non établie ;
- Violence à sentinelle, non établie.

De l'en acquitter.

- Paluku Mushahuri
- Participation à un mouvement insurrectionnel, non établie ;
- Association des malfaiteurs, non établie ;
- Violence à sentinelle, non établie.

De l'en acquitter.

Ministère Public réplique : Les prévenus ont adhéré volontairement pour chercher à mettre fin à la vie des ADF. Les prévenus se sont incisés pour se rendre invulnérables. Contrainte irrésistible ; les prévenus n'étaient pas gardés lorsqu'ils travaillaient au champ, même lors de l'attaque des FARDC.

Les prévenus connaissaient le motif de se rendre au champ de Rasta. C'était un consentement, une entente préalable. Le Ministère Public conduit ses moyens.

Défense contre réplique : Les prévenus se sont regroupés pour chercher les égorgeurs, mais pas pour mettre la vie des autres en péril. Il y a eu contrainte irrésistible lorsque Rasta a déclaré que « vous êtes devenus mes combattants ».

Q. Le Ministère Public vous propose les uns à 20 ans, 10 ans et 12 mois ; pour les autres à la peine de mort. Vos conseils sollicitent l'acquittement. Quels sont vos derniers mots ?

R. Mumbere Efraza Janvier : je voudrais que vous puissiez me libérer.

R. Kambale Mundenga Innocent : je dis que nous sommes allés cultiver. Si on savait que celui-là était malfaiteur, on ne serait pas parti. J'ai fui le vendredi et je ne suis pas allé au champ de bataille.

R. Muhindo Sumbulani Adrien : je remercie la Cour de nous avoir aidés. Si je savais que ce sont des malfaiteurs, je ne les suivrais pas. On nous a promis de cultiver et de transporter les planches.

R. Kakule Masive : je voudrais qu'on puisse me libérer. Je ne connais rien.

R. Kasereka Machozi Mwi Islam : je sollicite ma libération ; je ne connaissais rien.

R. Katembo Moïse Anicet : je n'ai rien fait ; on nous a induits en erreur.

R. Muhindo Mbuhule Ephrem : dans ma vie, je n'ai rien fait de mal ; prière de me libérer pour que j'aille garder mes enfants.

R. Muhindo Nkevunga Achille : je sollicite ma libération ; je n'ai rien fait de mal.
R. Kakule Muhongya : je sollicite ma libération ; je n'ai rien fait.
R. Paluku Mashahuri : je ne suis jamais entré dans cette histoire ; prière de me libérer pour que j'aille garder mes enfants.
R. Kasereka Mangahiko : prière de me libérer ; nous sommes allés cultiver le café et le cacao. Je n'ai rien fait.
R. Kasereka Mbafumoja : je sollicite ma libération pour que j'aille garder ma famille.
R. Paluku Kayenga Emmanuel : pour me retrouver dans le groupe de Rasta, ce n'était pas de ma propre volonté et je n'ai jamais participé à cette histoire. Prière de me libérer.
R. Kavugho Nyenze Amanie : je vous demande de me libérer.
R. Kakule Samoja : dans ma vie, je n'ai jamais été partisan de pareils groupes. Prière de me libérer.
R. Kakule Salambongo : je vous demande de me libérer ; je ne suis qu'un simple cultivateur.
R. Kakule Vangayi Ezéchiel : depuis 2011, je ne suis qu'un simple machiniste ; je n'ai jamais fait cela et je n'ai jamais participé à cette attaque. J'étais déjà au cachot.
R. Kakule Kaperesi Piscas alias Rasta (La Cour se déclare incompétente vu la minorité d'âge du prévenu).
Débats clos ; la cause prise en délibérée ; le prononcé à la huitaine.

FETICHISME ET RECRUTEMENT DES ADF

Audience publique du 25 octobre 2016

RP N° 0111/2016
En chambre foraine à laquelle siègent :

1. Lt Col. Mag. Ntshaykolo Esosa Masele Jean Paulin, 1er Président ;
2. Maj. Mag. Kabondo Pibwe Serge, Conseiller ;
3. Col. Ndiba Bulangiti Matthieu, Assesseur ;
4. Lt Col. Simisi Tuve Serge, Juge Assesseur ;
5. Lt Col. Mpoy Teddy Léonard, Juge Assesseur ;
6. Lt Col. Mag. Kumbu Ngoma, Ministère Public ;
7. Maj. Madoli Nzoki Guy Martin, Greffier.

En cause : l'auditeur militaire supérieur Près la cour militaire opérationnelle du Nord-Kivu, Ministère Public.
Contre : Morisho Hussein Janson.
Prévenus de : Participation à un mouvement insurrectionnel ;
La cause est appelée à 11 heures 20 minutes.
A l'appel de la cause, les prévenus cités ci-haut comparaissent en personne et assistés par leurs conseils : Me Joël Shanyungu, Me Idi Djuma, avocat au Barreau de Goma et Kisangani conjointement avec le défenseur militaire Kiwunga Makila qui sont commis d'office.
Identité du prévenu
Qui a choisi la langue kiswahili.
Morisho Edson Janson, né à Kigoma/ Ujiji ; le 25 juin 1988 ; fils de Hussein Saidi Edson (décédé) et de Nehema Idiestha (en vie) ; originaire d'Ujiji, District de Kigoma, Ville et Province de Kigoma, Nationalité : Tanzanienne ; études faites : 4 ans PP ; Etat-civil : célibataire sans enfant ; profession : ajusteur ; confession religieuse : anglicane ; Domicilier à Tanzanie, District de Kasulu, Commune de Kumanyika, Province de Kigoma.
Après la lecture de la décision par le greffier et ce, sur ordre du Premier Président, celui-ci explique au prévenu les faits pour lesquels il est poursuivi.
La Défense sollicite la remise pour prendre connaissance du dossier.
Remise contradictoire au vendredi 28 octobre 2016

Audience publique du 28 octobre 2017

RP N° 0111/2016

En chambre foraine à laquelle siègent :

1. Lt Col. Mag. Ntshaykolo Esosa Masele Jean Paulin, 1er Président ;
2. Maj Mag Kabondo Pibwe Serge, Conseiller ;
3. Col Ndiba Bulangiti Matthieu, Juge Assesseur ;
4. LtCol Simisi Tuve Serge, Juge Assesseur ;
5. LtCol Mpoy Teddy Léonard, Juge Assesseur ;
6. Lt Col Mag Kumbu Ngoma, Ministère Public ;
7. Maj Bonyoma Kaisala Rigobert, Greffier.

En cause : l'auditeur militaire supérieur Près la cour militaire opérationnelle du Nord-Kivu, Ministère Public.

Contre : Morisho Hussein Janson.

Prévenus de : Participation à un mouvement insurrectionnel ;

La cause est appelée à 11 heures 45 minutes.

A l'appel de la cause, les prévenus cités ci-haut comparaissent en personne et assistés par leurs conseils : Me Joël Shanyungu, Me Idi Djuma, avocats au Barreau de Goma et Kisangani, conjointement avec le défenseur militaire Kiwunga Makila, qui sont commis d'office.

Comparait le prévenu Morisho :

Q. A quelle date étiez-vous arrêté ?

R. Je ne me souviens plus de la date, mais c'était l'année passée.

Q. Dans quelle ville étiez-vous arrêté ?

R. Je ne connais pas le lieu, mais celui qui m'avait accueilli c'est le commandant Soutan. Je me suis rendu moi-même après avoir été enlevé par les ADF à partir de Butembo.

Q. Vous êtes Tanzanien, comment êtes-vous arrivé au Congo ?

R. Je suis Tanzanien, mais j'étais amené ici par mon ami Mangala Ayubu ; nous avons étudié avec lui à l'école primaire Kipapa à Kigoma Ujiji. Ils étaient en Tanzanie comme des réfugiés. C'est en 2007 que nous nous sommes séparés d'avec lui et j'ai continué mes études. En 2010, nous nous sommes retrouvés sur Facebook et là, il m'a précisé qu'il était en Afrique du Sud et qu'il rentrait pour le Congo en passant par la Tanzanie. A son passage, il a fait trois jours chez moi. Nous avons planifié sur ce que nous allons faire. Il s'est identifié à moi comme musicien et coiffeur. Moi aussi je suis musicien. Il m'a dit qu'il a la possibilité de m'amener en Afrique du Sud. Il a dit qu'il va au Congo, dès que je serais prêt, il allait m'amener en Afrique du Sud. Il est allé au Congo, un mois après, je lui avais dit que j'étais prêt. J'ai payé le passeport. J'ai quitté Kasulu/Tanzanie pour Goma où j'ai fait un jour, et le deuxième jour, on m'a payé le billet. Nous avons passé nuit avant de nous rendre à Butembo le matin. Il m'a donné le numéro du féticheur à partir de Goma. Un moment, il m'avait laissé seul en disant qu'il va voir sa femme. Vers 11 heures, le conducteur de la moto est venu me prendre à Butembo/Ville. Il est entré au marché pour acheter du sel et de la viande de bœuf. Nous avons entamé le voyage. Nous sommes allés passer la nuit chez eux, mais lui n'a pas dormi là-bas. Nous sommes allés chez le féticheur qui a préparé une poule pour moi et nous avons passé la nuit chez lui. Le matin, nous sommes envahis par la foule. Il y avait une fille qui préparait pour nous. On nous a tous bandés les yeux pour nous donner des colis. Nous avons fait deux heures de marche. C'était un voyage pénible. Arrivé quelque part, on nous a fait asseoir et on nous a débandé les yeux. Pour marcher, je tenais cette femme. Nous avons fait trois jours là-bas, après on nous a amenés au bord de la rivière pour nous conduire dans un camp. Nous avons quitté ce camp pour Madina. Là-bas, je suis devenu comme un esclave. Ils étaient en jeûne. Quand ils sont allés chercher la vache, j'ai fui. J'ai fait quatre jours pour arriver dans le camp des FARDC pour me rendre.

Q. Avez-vous suivi une formation militaire ?

R. On nous a appris à endurer.

Q. Mangala Ayubu était-il un réfugié d'origine congolaise ?

R. Oui.

Q. Comment expliquer qu'un réfugié devienne Tanzanien ?

R. Il était né en Tanzanie, mais il me disait que ses parents sont des Congolais.

Q. Est-ce qu'en Tanzanie il n'y a pas de féticheurs pour que l'on soit excellent en musique ?

R. L'homme est libre de faire son choix ; il y en a.

Q. Il y a des féticheurs, mais vous, vous avez préféré les féticheurs congolais ?

R. Mon ami m'avait appelé pour venir au Congo.

Q. Votre ami est né en Tanzanie, comment peut-il connaitre les féticheurs de Butembo ?

R. Moi aussi j'ai de la peine à comprendre cela.

Q. Vous avez passé combien de jours à Madina ?

R. En quittant la Tanzanie, au Congo j'ai fait une année. J'ai quitté la Tanzanie au mois de mars de l'année passée.

Q. Quand avez-vous fui les ADF ?

R. Depuis que je suis arrêté, il y a de cela cinq mois.

Q. Pendant toute une année, vous n'avez fait aucune formation ?

R. On nous a appris le démontage de plusieurs armes : AK47, PKM, RPG 7, mortier 60.

Q. Avez-vous utilisé ces armes ?

R. Non, c'était seulement la théorie.

Q. Qui était votre commandant à Madina ?

R. Amir.

Q. Qui est Seka ?

R. C'est notre commandant ; il est Ougandais.

Q. Quels étaient vos effectifs ?

R. 400 à 500 personnes.

Q. Quelle quantité d'armes aviez-vous ?

R. Je ne sais pas en mesurer la quantité ; seulement les identifier.

Q. Vous avez organisé combien d'attaque ?

R. Je ne connais pas le nombre et je n'ai jamais participé à une attaque.

Q. N'avez-vous jamais été au champ pour chercher des vivres ?
R. C'était mon travail.
Q. Combien de fois aviez-vous fait cela ?
R. Plus ou moins 4 fois.
Q. Les propriétaires des champs étaient-ils présents ?
R. Ce sont des champs abandonnés.
Q. N'avez-vous jamais été à Eringeti ?
R. Non.
Q. Pourquoi avez-vous accepté devant le MP ?
R. Ce n'est pas vrai, je n'ai pas déclaré ainsi.
La Cour lui fait lecture de ses déclarations où le prévenu reconnait avoir participé à l'attaque d'Eringeti pour voler les vaches.
Q. Comment les combattants ADF étaient-ils habillés ?
R. Comme les FARDC, tenues tâches-tâches.
Q. Où est-ce que les ADF trouvaient ces tenues ?
R. Je ne sais pas.
Q. Pourquoi avez-vous déclaré qu'ils trouvaient ces tenues sur les corps des FARDC décédés ?
R. Je n'avais pas déclaré cela.
Q. En quittant la Tanzanie, avez-vous connu le nombre de jours à faire pour arriver au Congo ?
R. J'avais préparé deux semaines.
Q. Où restez-vous en Tanzanie ?
R. Chez moi, je suis célibataire. J'ai une famille en Tanzanie.
Q. Savent-ils que vous êtes venu au Congo ?
R. Oui.
Q. Mangala Ayubu était-il arrivé à Butembo ?
R. Non.
Q. Mangala vous a-t-il donné le nom du féticheur ?
R. Oui, il s'appelait Mukali.
Q. Avez-vous son numéro en tête ?
R. Non.
Q. Confirmez-vous vos déclarations devant l'OMP que vous étiez à Eringeti pour transporter les blessés ?
R. Je n'ai pas déclaré cela.
Q. Pour les blessés de Madina et Eringeti, confirmez-vous vos déclarations ?
R. J'ai déclaré que quand nous étions en voyage, nous étions attaqués par l'aviation des FARDC et de la Monusco. Il y a eu des blessés et des morts.
Q. Quand avez-vous quitté le camp ?
R. J'ai quitté le camp quand les ADF sont allés chercher les vaches.
Q. Pour chercher la nourriture au champ, vous étiez au nombre de combien ?
R. Entre vingt-quatre et trente personnes.
Q. Etiez-vous armés pour chercher la nourriture ?
R. Il y avait des gardes armés derrière nous.

Q. Où aviez-vous amené les blessés ?
R. A Madina.
Q. Avec les blessés et les morts sur le dos, vous avez fait combien de jours ?
R. Plus d'une semaine.
Q. Avez-vous transporté les morts ?
R. On les avait abandonnés.
Q. A Madina, avez-vous entendu parler de DDR ?
R. Non.
Q. Avez-vous entendu un jour à la radio demander aux groupes armés de se rendre ?
R. Là-bas, l'on n'est pas autorisé de suivre la radio.
Q. Confirmez-vous qu'en route vers Madina vous étiez tombés sous le feu des FARDC appuyées par la Monusco ?
R. Oui.
Q. Pourquoi n'avez-vous pas fui ?
R. Nous étions tous commandés : s'il faut se coucher, il faut se coucher !
Q. Est-ce que les FARDC vous ont poursuivis ?
R. Oui, ils nous ont poursuivis.
Q. Quand les FARDC ont ouvert le feu sur vous, aviez-vous fui ?
R. On n'était pas autorisé de fuir. Si vous fuyez, on tire sur vous.
Q. D'où veniez-vous lorsque vous étiez attaqués ?
R. Tout près de la rivière où nous avions passé un mois.
Q. C'est là que vous aviez appris le démontage et le remontage des armes ?
R. Oui.
Q. C'était pour combattre ?
R. Non.
Q. Si on vous apprend le démontage et le remontage, c'est pour faire quoi ?
R. J'étais pris en otage.
Q. Qu'est-ce qui vous a poussé de fuir les ADF ?
R. Dans ma vie, je ne souhaitais pas être militaire ou combattant.
Q. En quittant la Tanzanie, aviez-vous l'idée d'aller chez les ADF ?
R. Non.
Q. Avez-vous entendu parler des ADF ?
R. Non, mais je savais qu'au Congo, il y a des groupes armés.
Q. A partir de la Tanzanie, n'avez-vous jamais suivi RFI ou Voice of America ?
R. Je ne suis pas amateur des informations.
Q. A Madina, avez-vous vu monsieur Mangala Ayubu ?
R. Non.
Q. Mangala Ayubu est-il resté à Goma ?
R. Oui.
Q. Pourquoi avez-vous accepté de venir seul ?
R. Il m'avait rassuré.
Q. Comment vous êtes-vous retrouvé à Butembo chez le féticheur ?

R. On lui avait donné mon numéro.
Q. Pourquoi n'avez-vous pas demandé à Mangala de vous amener à Butembo ?
R. Je le lui ai demandé, seulement il m'a dit qu'il allait voir sa femme qui est malade.
Q. Pouvez-vous envoyer quelqu'un en Tanzanie avec seulement le numéro de téléphone ?
R. Je ne peux pas le faire.
Q. Devant le féticheur, avez-vous informé Mangala ?
R. Le féticheur lui-même a parlé avec Mangala.
Q. Etiez-vous content à Madina ?
R. Non.
Q. Avant d'arriver à Madina, aviez-vous appris à manier l'arme ?
R. Oui.
Q. Aviez-vous posé la question de savoir pourquoi apprendre l'armement et pour combattre contre qui ?
R. Quand on vous amène en groupe pour apprendre, vous n'avez même pas le temps de demander cela.
Q. Pourquoi avez-vous préféré vous rendre chez les FARDC ?
R. Suite à la relation qu'il y a entre le RDC et mon pays.
Q. Etiez-vous ajusteur, avez-vous mis en profit ce talent ?
R. Là-bas, c'est la brousse.
Q. Quelle est votre profession ?
R. Je suis musicien et ajusteur des vitres.
Q. Où serait Mangala Ayubu ?
R. Je ne sais pas.
La Cour demande au MP de présenter à l'audience prochaine monsieur Ayubu qui est en détention à la prison de Beni.
Q. Qu'est-ce que Mangala Ayubu vous a-t-il remis ?
R. Il a payé le billet et il m'a remis 2000fc.
Q. Où se trouve la résidence du féticheur ?
R. En dehors de la ville de Butembo.
Q. A part les 2000fc que Mangala vous a remis, aviez-vous de l'argent ?
R. 25$ et 7 francs rwandais.
Q. A Butembo, combien d'argent vous restait-il ?
R. 500fc.
Q. Combien comptiez-vous remettre au féticheur ?
R. Le problème d'argent avec le féticheur concernait Mangala.
Q. Combien d'argent aviez-vous au départ de la Tanzanie, sachant que votre noyage allait durer deux semaines ?
R. 300.000 shilling.
Q. Comment expliquer qu'à partir de Goma, vous êtes resté avec ce que vous avez dit ?
R. J'ai passé nuit à l'hôtel, le manger et le transport.

Q. Est-ce que c'est chez le féticheur que vous étiez enlevé ?
R. Oui, c'est Mangala qui m'avait trahi.
Ministère Public : Il n'a jamais été arrêté ou enlevé, il a adhéré volontairement à partir de la Tanzanie.
Remise contradictoire à jeudi de la semaine prochaine, le 3 novembre 2016.
Témoin : Mangala Ayubu, Ayubu ou Mangala. Au MP de l'extraire, réquisitoire et plaidoirie.

Audience publique du 3 novembre 2017

RP N° 0111/2016
En chambre foraine à laquelle siègent :
1. Lt Col. Mag. Ntshaykolo Esosa Masele Jean Paulin, 1er Président ;
2. Maj. Mag. Kabondo Pibwe Serge, Conseiller ;
3. Col. Ndiba Bulangiti Matthieu, Juge Assesseur ;
4. Lt Col. Simisi Tuve Serge, Juge Assesseur ;
5. Lt Col. Mpoy Teddy Léonard, Juge Assesseur ;
6. Lt Col. Mag. Kumbu Ngoma, Ministère Public ;
7. Maj. Madoli Nzoki Guy Martin, Greffier.

En cause : l'auditeur militaire supérieur Près la cour militaire opérationnelle du Nord-Kivu, Ministère Public.
Contre : Morisho Hussein Janson.
Prévenus de : Participation à un mouvement insurrectionnel ;
La cause est appelée à 12 heures 17 minutes.
A l'appel de la cause, les prévenus cités ci-haut comparaissent en personne et assistés par leurs conseils : Me David Wambale, Me Joël Shanyungu, Me Idi Djuma, tous avocats et le défenseur militaire Kiwunga Makila.
Comparait monsieur Muhindo Ayubu Omari :
Muhindo Ayubu Omari, né à Kiwanja, le 5 avril 1982, fils de Kakule (décédé) et de Zainabo (en vie), marié à madame Adidja et père de 6 enfants ; religion : musulmane ; Domicilié à Goma, Commune Karisimbi, Quartier Ndosho, Avenue Démocratie ; études faites : 2 ans PP.
Q. Morisho Hussein Janson, vous avez déclaré que c'est monsieur Mangala Ayubu qui vous a conduit chez le féticheur à Butembo ?
R. Il est resté à Goma.
Q. C'est bien lui qui vous a donné le numéro de téléphone du féticheur ?
R. Oui.
Q. C'est bien lui qui est à côté de vous ?
R. Non.
Q. Monsieur Muhindo, connaissez-vous monsieur Morisho ?
R. Non.
Q. Connaissez-vous un certain Mangala Ayubu ?
R. Non.

Défenseur : Nous allons continuer à aider le MP à trouver le prévenu Mangala Ayubu s'il continue à tâtonner.
Ministère Public : L'organe de la loi est à la recherche de la vérité. Monsieur Muhindo Ayubu est poursuivi pour participation à un mouvement insurrectionnel. Le MP l'a amené pour vérifier si le prévenu pourrait le reconnaitre.
Ministère Public présente son réquisitoire :
De dire établie en fait comme en droit l'infraction de la participation à un mouvement insurrectionnel ; de le condamner sans admission des circonstances atténuantes à la peine de mort ou à telle autre peine que la Cour estimera être en bonne justice.
Défense plaide : L'élément intellectuel ne peut être établi que si le prévenu a consenti librement. En cas d'espèce, le prévenu est victime de la ruse, l'élément moral fait défaut. L'infraction n'est pas établie ; de l'en acquitter et de le renvoyer de toutes fins de poursuite et mettre les frais en charge du Trésor Public.
Ministère Public réplique : Le prévenu a cité Mangala Ayubu, un personnage imaginaire. Le prévenu a utilisé des alibis qu'il a été enlevé. Il a adopté un comportement pour embellir le mensonge et chercher à se soustraire de cette infraction. Le MP réitère ses moyens.
Défense : Notre client était en ordre pour entrer ici au Congo. Lui-même a dit qu'il est libre de chercher un féticheur de son choix. La Cour constatera que sa volonté n'était pas libre. La Défense réitère son dispositif.
Q. Monsieur Morisho, le MP vous propose la peine capitale pour participation à un mouvement insurrectionnel. Votre Conseil dit que l'infraction n'est pas établie et sollicite votre acquittement. Quel est votre dernier mot ?
R. Que la justice puisse me laisser libre. S'il faut me condamner, qu'elle fasse que je purge cette peine chez nous en Tanzanie.
Débats clos, la cause prise en délibéré ; le prononcé interviendra à la huitaine.

GANGSTERISME MILICIEN LOCAL AU PROFIT DES ADF

Audience publique du 25 octobre 2017

RP N° 0113/2016
RMP N° 0679/KNG/2016
En chambre foraine à laquelle siègent :

1. Lt Col. Mag. Ntshaykolo Esosa Masele Jean Paulin, 1er Président ;
2. Maj. Mag. Kabondo Pibwe Serge, Conseiller ;
3. Col. Ndiba Bulangiti Matthieu, Juge Assesseur ;
4. Lt Col. Simisi Tuve Serge, Juge Assesseur ;
5. Lt Col. Mpoy Teddy Léonard, Juge Assesseur ;
6. Lt Col. Mag Kumbu Ngoma, Ministère Public ;
7. Maj. Bonyoma Kaisala Rigobert, Greffier.

En cause : l'auditeur militaire supérieur Près la cour militaire opérationnelle du Nord-Kivu, Ministère Public.
Contre :

- Kambale Rafiki Ramazani Matungulu ;
- Bayomba Kashani Abdallah ;
- Mbusa Witeshawira Flavien Abdoul Rachid.

Prévenus de : Participation à un mouvement insurrectionnel ;
La cause est appelée à 11 heures 42 minutes.
A l'appel de la cause, les prévenus cités ci-haut comparaissent en personne et assistés par leurs conseils : Me Joël Shanyungu, Me Idi Djuma, avocats au Barreau de Goma et Kisangani et le défenseur militaire Kiwunga Makila, qui sont commis d'office.
Les prévenus ont choisi le kiswahili comme leur langue.
Identité des prévenus
Kambale Rafiki Ramazani Matungulu, né à Luofu, le 17 juillet 1982 ; fils de Kasereka Mitahi (en vie) et de Kahambu Dina (en vie) ; originaire de Kasone, Groupement de Bamate, Territoire de Lubero, Province du Nord-Kivu, Nationalité : congolaise ; études faites : 4ème primaire ; état-civil : marié à madane Kahambu Zubeda Kinga Milovu et père de 4 enfants ; profession : Sheikh musulman à la mosquée de Lubero APA ; confession religieuse : musulmane ; résidant à Lubero-Centre, Quartier du 30 juin.
Bayomba Kashani Abdallah, né à Masisi, le 26 juin 1992 ; fils de Kashamingoy Jean (en vie) et de Lusia Lubuto (en vie) ; originaire de Bushani, Groupement de Bahunde, Territoire de Masisi, Province du Nord-Kivu, Nationalité : congolaise ; etudes faites : 3 ans PP HP ; Etat-civil : célibataire sans enfants ; profession : Motard ; confession religieuse : musulmane ; domicilié à Goma camp Butembo, Commune de Karisimbi, Quartier Bujovu N°110.

Mbusa Witeshawira Flavien Abdoul Rachid, né à Lubero, le 24 avril 1990 ; fils de Paluku Biyasoya (en vie) et de Katungu Christine (en vie) ; originaire de Tsirima, Secteur de Baswagha, Territoire de Lubero, Province du Nord-Kivu, Nationalité : congolaise ; études faites : 6ème primaire ; état-civil : célibataire sans enfants ; profession : boucher ; confession religieuse : musulamane ; domicilié sur l'Avenue Biondi N°104, Quartier Lubero, Territoire de Lubero.
Après la lecture des décisions de renvoi par le greffier, le Premier Président explique aux prévenus les faits mis à leur charge.
Remise contradictoire au vendredi 28 octobre 2016.

Audience publique du 28 octobre 2017

RP N° 0113/2016
RMP N°0679/KNG/2016
En chambre foraine à laquelle siègent :

1. Lt Col. Mag. Ntshaykolo Esosa Masele Jean Paulin, 1er Président ;
2. Maj. Mag. Kabondo Pibwe Serge, Conseiller ;
3. Col. Ndiba Bulangiti Matthieu, Juge Assesseur ;
4. LtCol. Simisi Tuve Serge, Juge Assesseur ;
5. LtCol. Mpoy Teddy Léonard, Juge Assesseur ;
6. Lt Col. Mag Kumbu Ngoma, Ministère Public ;
7. Maj. Bonyoma Kaisala Rigobert, Greffier.

En cause : l'auditeur militaire supérieur Près la cour militaire opérationnelle du Nord-Kivu, Ministère Public.
Contre :

- Kambale Rafiki Ramazani Matungulu ;
- Bayomba Kashani Abdallah ;
- Mbusa Witeshawira Flavien Abdoul Rachid

Prévenus de : Participation à un mouvement insurrectionnel ;
La cause est appelée à 15 heures 20 minutes.
A l'appel de la cause, les prévenus cités ci-haut comparaissent en personne et assistés par leurs conseils : Me Joël Shanyungu, Me David Wambale, Me Idi Djuma, et le défenseur militaire Kiwunga Makila.
Faute de temps, remise contradictoire à jeudi 3 novembre 2016.

Audience publique du 3 novembre 2017

RP N° 0113/2016
RMP N°0679/KNG/2016
En chambre foraine à laquelle siègent :

1. Lt Col. Mag. Ntshaykolo Esosa Masele Jean Paulin, 1er Président ;
2. Maj. Mag. Kabondo Pibwe Serge, Conseiller ;
3. Col. Ndiba Bulangiti Matthieu, Juge Assesseur ;

4. Lt Col. Simisi Tuve Serge, Juge Assesseur ;
5. Lt Col. Mpoy Teddy Léonard, Juge Assesseur ;
6. Lt Col. Mag Kumbu Ngoma, Ministère Public ;
7. Maj. Bonyoma Kaisala Rigobert, Greffier.

En cause : l'auditeur militaire supérieur Près la cour militaire opérationnelle du Nord-Kivu, Ministère Public.

Contre :

- Kambale Rafiki Ramazani Matungulu ;
- Bayomba Kashani Abdallah ;
- Mbusa Witeshawira Flavien Abdoul Rachid.

Prévenus de : Participation à un mouvement insurrectionnel ;

La cause est appelée à 15 heures 20 minutes.

A l'appel de la cause, les prévenus cités ci-haut comparaissent en personne et assistés par leurs conseils : Me Joël Shanyungu, Me David Wambale, Me Idi Djuma, et le défenseur militaire Kiwunga Makila.

Premier Président au Prévenu Kambale :

Q. Savez-vous pourquoi vous êtes devant la Cour ?

R. Non.

Q. Où et quand étiez-vous arrêté ?

R. A Lubero, le 28 juin 2016, à 10 heures du matin.

Q. C'était en quelle année ?

R. Cette année même.

Q. C'était dans quelle circonstance que vous étiez arrêté ?

R. Un jour, lorsque j'étais chez moi, un capitaine de T2, que je connais très bien, est venu me prendre.

Q. N'aviez-vous jamais été dans le camp des ADF ?

R. Oui, en 2003.

Q. Vous étiez dans quel camp ?

R. Au camp de Rwamusota.

Q. Que faisiez-vous dans ce camp ?

R. Je préparais à manger et j'étudiais.

Q. Pour qui prépariez-vous cette nourriture ?

R. C'était pour les gens qui se trouvaient dans le camp.

Q. Quel genre des gens ?

R. C'étaient des militaires ougandais mélangés à ceux du Congo.

Q. Cette armée était appelée comment ?

R. Elle s'appelait ADF.

Q. Qu'est-ce que vous étudiez là-bas au camp ?

R. J'étudiais le Coran.

Q. Pourquoi pour étudier le coran, il faut aller au camp des ADF ? Quel était l'enseignement précis ?

R. C'était seulement le coran, pas autre chose.

Q. Quand êtes-vous sorti de ce camp ?

R. En 2004.

Q. Comment êtes-vous entré chez les ADF ?
R. Je me suis d'abord converti à l'Islam.
Q. Est-ce que vous êtes allé seul ou comment ?
R. J'étais sollicité par quelqu'un et j'avais aussi l'idée d'être militaire.
Q. Par qui étiez-vous sollicité ?
R. Moussa Mwilu et Kambale Mohamed.
Q. Qui sont-ils ?
R. Ils étaient des commerçants qui achetaient des histoires. L'un était nande et l'autre Ougandais.
Q. Qui était Ougandais et qui était Congolais ?
R. Kambale Mohamed est Congolais et monsieur Moussa Mwilu Ougandais.
Q. Qui vous a sollicité parmi les deux ?
R. C'est Kambale qui me parlait.
Q. Il vous parlait en quelle langue ?
R. En kiswahili.
Q. Il vous sollicitait en vous disant que vous allez entrer ou être dans quelle armée ?
R. APC.
Q. Est-ce qu'il existait une armée APC au Congo ?
R. Oui, à cette époque.
Q. Où était basé son commandement ?
R. C'était basé à Nyaleke.
Q. Etes-vous allé volontairement ?
R. Oui.
Q. Vous êtes parti précisément où ?
R. A Nyaleke.
Q. Aviez-vous subi une formation militaire ?
R. Oui, je l'avais subie.
Q. Qu'avez-vous appris ?
R. Le REI, le remontage et le montage d'arme.
Q. Par qui étiez-vous enseigné ?
R. Par Kakolele.
Q. En quelle date aviez-vous quitté ce groupe ?
R. C'était en 2002.
Q. Combien de temps aviez-vous fait dans l'APC ?
R. Une année.
Q. Vous avez réellement quitté la brousse en 2002 ?
R. Oui.
Q. Et vous y êtes retourné en quelle année ?
R. En 2003.
Q. Vous étiez dans quel camp ?
R. Au camp de Rwamusota.
Q. Que faisiez-vous au camp de Rwamusota ?
R. J'étais cuisinier et j'étudiais.

Q. C'est en quelle année que vous êtes sorti de la brousse ?
R. En 2004.
Q. Qu'est-ce qui vous a motivé à quitter la brousse ?
R. J'avais constaté que je me suis introduit dans un groupe que je ne voulais pas.
Q. Quelle était l'activité de ce groupe ?
R. Ce groupe-là combattait pour renforcer l'APC. (L'Unité de renfort).
Q. Quel lien existe-t-il entre APC et ADF ?
R. Ils s'étaient introduits dans notre armée pour combattre Jean Pierre Bemba.
Q. Qui est Mbusa Witeshawirwa ?
R. Je le connais comme musulman.
Q. Vous aviez quel lien ?
R. Je ne suis que son enseignant.
Q. Où est-ce que vous l'aviez enseigné ?
R. A Lubero.
Q. Comment expliquer que vous soyez arrêté dans la participation à un mouvement insurrectionnel et quand est-ce que vous avez adhéré chez les ADF ?
R. En 2002.
Q. C'était en 2002 ou en 2003 ?
R. C'était à la fin de 2002.
Q. Vous êtes sorti du mouvement ADF en quelle année ?
R. En 2004.
Q. C'était dans quel camp ?
R. Avant c'était au camp de Rwamusota et par la suite Bundigoya, quand nous sommes allés combattre les éléments de Jean-Pierre Bamba.
Q. Combien d'APC étiez-vous pour intégrer les ADF ?
R. Je ne maitrise pas le nombre.
Q. Combien de personnes aviez-vous recruté pour le compte des ADF ?
R. Pas de réponse.
Q. C'est vous qui avez recruté Mbusa Witeshawirwa ?
R. Non.
Q. Depuis quand et où étiez-vous Imam ?
R. A Kanyabayonga, en 2006.
Q. Comment, étant invité par le capitaine T2, vous vous êtes transformé en prévenu ?
R. Il m'a demandé si je connais un certain monsieur qui répondait au nom de Moussa. Après, je serais arrêté et conduit ici à Beni.
Premier Président au prévenu Mbusa
Q. Où et quand étiez-vous arrêté ?
R. A Mayimoya, le 21 juin 2016.
Q. Dans quelle circonstance ?
R. Je me suis rendu de moi-même au poste patrouille des FARDC.
Q. Vous étiez avec quoi ?

R. J'avais des livres de l'Islam.
Q. C'était quel livre ?
R. C'était de l'enseignement islamique.
Q. Vous sortiez de quelle brousse ?
R. La brousse de Madina.
Q. Qui était à Madina ?
R. Ce sont des ADF qui résident là-bas.
Q. Que faisiez-vous là-bas ?
R. J'étais là comme un prisonnier.
Q. Dans quelle circonstance étiez-vous enlevé ?
R. Je quittais Lubero pour aller à Kasindi vers la fin du mois de décembre 2015. J'avais déjà dépassé Karuruma pour aller vers Semuliki moi et mon petit-frère.
Q. Il s'appelle qui ?
R. Il s'appelle Bayomba.
Q. Vous et votre frère vous veniez d'où ?
R. Nous quittions Lubero pour aller à Kasindi.
Q. Comment vous êtes tombés tous deux dans l'embuscade ?
R. Nous quittions Lubero, arrivés à Karuruma, le motard s'était arrêté pour nous faire descendre.
Q. Qu'alliez-vous faire à Kasindi ?
R. Lire les livres.
Q. Quel type des livres ?
R. Livres des arabes.
Q. Votre voyage était de quelle durée ?
R. Nous voulions faire une semaine.
Q. Comment alliez-vous vivre à Kasindi sans argent ?
R. Nous avions l'espoir que nos frères musulmans allaient nous aider.
Q. Vous aviez combien d'argent sur vous ?
R. J'avais 15.000fc au téléphone.
Q. Et votre frère avait combien d'argent ?
R. Il avait 5.000fc grâce auxquels nous avons payé le transport.
Q. Qui vous a initiés à aller là-bas ?
R. Personne. C'était seulement notre initiative d'aller chercher qui pouvait nous expliquer ce livre ?
Q. Combien vous demandait le motard de Lubero jusqu'à Kasindi ?
R. Il nous demandait 12.000fc.
Q. Comment cela, car vous aviez 15.000fc et votre frère 5.000fc ?
R. Pas de réponse.
Q. Qui vous a dit qu'il y a un maitre des enseignements islamiques à Kasindi ?
R. Silence
Q. Aviez-vous informé vos parents que vous allez à Kasindi étudier le coran ?
R. Non, car nous ne pratiquions pas la même religion : eux sont des chrétiens et moi je suis musulman.

Q. Aviez-vous 15.000fc en monnaie électronique et que votre frère Bayomba avait 5.000fc en quittant Lubero et arrivés à Karuruma, vous dites que le motard s'est arrêté ?
R. Oui.
Q. Qu'est-ce qui peut convaincre la Cour ?
R. Allez chercher un maitre. Nous savions que les enseignants musulmans ne demandent rien comme argent aux élèves.
Q. Vous aviez marché pendant combien de temps ?
R. Plus ou moins 2 heures.
Q. Combien de temps de marche de Karuruma à Kasindi ?
R. 4 heures de marche.
Conseiller au prévenu Mbusa
Q. Vous gardiez votre argent où ?
R. Dans mon téléphone sur Airtel Money.
Q. N'aviez-vous pas dit que vous n'allez pas utiliser cette somme et que vous alliez acheter des histoires pour votre famille ?
R. Oui.
Q. Est-ce qu'à Lubero il n'y avait pas de maitres ?
R. Oui, il y en avait.
Q. Qui était là comme maitre ?
R. Kambale Rafiki.
Q. Confirmez-vous que Kambale Rafiki était votre maitre ?
R. Oui.
Q. Pourquoi vous ne l'avez pas informé ?
R. Il n'était pas disponible, car il passait tout son temps à la mosquée.
Q. Est-ce qu'à Kasindi vous alliez trouver quelqu'un qui pouvait être disposé à vous apprendre ce livre ?
R. Non.
Q. Combien de temps avez-vous passé chez les ADF ?
R. Six mois seulement.
Q. Quel travail vous faisiez dans leur camp ?
R. Aller chercher la nourriture.
Q. Quel genre de nourriture.
R. Les colocases.
Ministère Public au prévenu Mbusa
Q. Par quel moyen ou quelle raison Kambale Rafiki vous a livré la feuille de route ?
R. C'était pour aller à Lunyasenge.
Q. Aviez-vous montré ce livre à Kambale Rafiki ?
R. Oui.
Q. Quelle était sa réaction lorsqu'il avait vu ce livre ?
R. Je ne lui avais pas remis ce livre.
Premier Président au prévenu Kambale Rafiki
Q. Aviez-vous vu ce livre ?

R. Oui, je l'ai vu.
Q. C'était quel genre de livre ?
R. C'était un livre de l'histoire de l'Islam.
Ministère Public au prévenu Mbusa
Q. Comment avait-il su qu'il y a quelqu'un qui pouvait les enseigner à Kasindi ?
R. On me disait qu'il y a des enseignants là-bas.
Ministère Public à Kambale Rafiki
Q. Pouvez-vous confirmer que l'APC vous a envoyé chez les ADF ?
R. Non, je suis allé de moi-même chez les ADF.
Q. Est-ce que vous confirmez que les ADF étaient un groupe de renfort de l'APC ?
R. Oui.
Q. Pouvez-vous dire que vous étiez envoyé par les ADF pour aller étudier ?
R. Non.
Q. Pouvez-vous confirmer que son commandant s'appelait Kakolele ?
R. De 2001 à 2002, c'était Kakolele.
Q. Est-ce que vous pouvez confirmer que Kakolele avait des relations avec les ADF ?
R. Oui. Monsieur Kakolele était en contact avec les ADF.
Défense au prévenu Mbusa
Q. Est-ce qu'il y avait un enseignant qui venait du Burundi pour enseigner à Kasindi et que l'Imam Rafiki lui a donné son numéro ?
R. Non. L'Imam ne m'avait jamais remis un numéro.
Q. Comment réagissez-vous à la question qui vous a été posé au sujet de l'Imam ?
R. J'avais répondu ainsi, car j'étais enfant de cette contrée.
Maitre David au prévenu Mbusa
Q. A quelle période était-il converti à la religion musulmane ? Est-ce pendant leur déplacement à Kasindi ?
R. C'était en 2013.
Q. C'était trois ans avant d'aller à Kasindi ?
R. C'était deux ans avant.
Q. Comment vous vous êtes retrouvé dans le camp des ADF et pourtant c'est votre commandant qui avait des relations là-bas ?
R. Pas de réponse.
Q. Est-ce que le prévenu Kambale avait étudié le coran chez les ADF ?
R. Oui, pour quelques temps seulement.
Q. Comment lui qui avait quitté l'APC en 2002 s'est retrouvé chez les ADF pour combattre Bemba ?
R. Je ne savais pas qu'il avait quitté.
Q. Etes-vous retourné à Lubero après avoir reçu la feuille de route pour Lunyasenge ?
R. Oui.

Q. Pourquoi vouliez-vous aller chercher un traducteur de kiswahili ?
R. Car le livre était en kiswahili.
Premier Président au prévenu Mbusa
Q. Chez les ADF, vous étiez dans quel camp ?
R. A Madina.
Q. Vous étiez à Madina pendant combien de temps ?
R. Pendant deux mois.
Q. Après deux mois, où est-ce que vous êtes parti ?
R. A Mana ya Salwa.
Q. Au total, vous avez fait combien de temps ?
R. Six mois.
Q. Vous exerciez quelle fonction ?
R. J'allais chercher de la nourriture au champ.
Q. Dans quel champ ?
R. Dans les champs de la population.
Q. Etiez-vous gardé par des militaires ou seul ?
R. Toujours gardé.
Q. C'est dans quelle circonstance que vous êtes arrivé chez les FARDC ?
R. C'est quand nous avons pris la fuite. Nous avons fait quatre jours en chemin le moment qu'il fallait se rendre aux FARDC.
Q. Vous étiez avec qui ?
R. Avec mon frère Abdallah.
Q. Etiez-vous prisonnier au camp des ADF ?
R. Oui.
Q. Comment un prisonnier était chaque fois envoyé ?
R. Ils ont des enfants qui maitrisent la brousse et ce sont eux qui accompagnent les gens dans les champs abandonnés.
Q. Est-ce que ce sont les enfants qui vous gardent ou les grandes personnes ?
R. Ce sont les enfants qui font cette tâche et ils choisissent le plus grand comme leur commandant.
Premier Président au prévenu Bayomba Kashale
Q. Aviez-vous suivi ce que vient de dire Mbusa, que vous étiez ensemble à Karuruma ?
R. Oui.
Q. Après votre capture, où est-ce qu'on vous a amené ?
R. Nous étions partis dans la brousse jusqu'à Madina.
Q. Arrivé à Madina, qu'est-ce qu'on a fait de vous ?
R. On nous a mis dans un trou considéré comme cachot pendant six mois. Après ce délai, nous étions maintenant un peu libres et nous avions la tendance de fuir. C'est ainsi qu'on nous a séparés mon frère et moi. On m'avait amené dans le camp de Mango et de là, nous nous croisions toujours avec mon frère. Un jour, quand j'étais avec Mbusa, nous sommes partis au champ. On m'a fait porter un sac de farine et je suis parti.
Q. Où avez-vous connu Mbusa ?

R. A Goma, depuis 2014.
Q. Comment vous vous êtes retrouvés à Lubero ?
R. C'est à partir de la mosquée centrale de Birere, quand il assistait à la célébration du mariage de son grand-frère.
Q. Comment est-il arrivé que vous deux vous puissiez vous retrouver à Lubero ?
R. C'est après le mariage que nous avons échangé les numéros.
Q. Ce livre avait quel titre ?
R. Al Buliskh Ma'Aram.
Q. Que signifie ce mot arabe ?
R. Chaque mot arabe a sa signification que parfois je ne connais pas.
Q. Comment vous aviez ce livre et Mbusa aussi ?
R. Oui.
Q. Comment vous vous êtes retrouvé étant en train de communiquer avec Mbusa ?
R. A partir du téléphone.
Q. Vous confirmez vous retrouver avec Mbusa à partir de la mosquée de Birere ?
R. Oui.
Q. Combien d'argent aviez-vous pour que vous puissiez proposer votre voyage de Goma jusqu'à Kasindi via Lubero ?
R. 34$US que j'avais au total et j'avais payé de Goma jusqu'à Lubero 25$.
Q. Pour votre voyage de Kasindi, vous avez prévu faire combien de temps ?
R. Après avoir vu le Mwalimu, nous allions retourner.
Q. Vous aviez au total 34$ et que de Goma à Lubero vous avez dépensé 25$; n'avez-vous pas eu d'aide ?
R. Ce que je sais est que les musulmans s'entraident entre eux.
Q. Alors à Goma, il n'y a pas de musulmans ?
R. Ils y sont.
Q. Pourquoi n'aviez-vous pas demandé à l'Iman de Goma qui était présent ?
R. Je ne pouvais pas lui demander, car j'avais mon argent.
Conseiller au prévenu Bayomba
Q. Est-ce qu'à la mosquée de Birere il n'y a pas d'Imam ?
R. Il y en a.
Q. Est-ce qu'il n'y a pas ceux qui ont fait les études supérieures ?
R. Ils ont leurs propres enseignements.
Q. Avez-vous pris soin de contacter les Imams ?
R. Non.
Juge Assesseur au prévenu Bayomba
Q. De qui aviez-vous eu ce livre ?
R. A la mosquée de Gisenyi.
Q. Alors Mbusa, où est-ce que vous avez eu votre livre ?
R. Chez un musulman qui passait à bord d'un véhicule.

Q. A qui est-ce que vous vous êtes confié parmi les fidèles à propos de votre voyage ?
R. Fazili et Ali Kuya Kusanga, y compris Obedi.
Premier Président au prévenu Mbusa
Q. Combien d'argent aviez-vous pour effectuer votre voyage ?
R. Je n'avais pas assez d'argent.
Q. Avant d'emprunter la route de Karuruma, n'étiez-vous pas informés qu'il y a des ADF qui la fréquentaient souvent ?
R. J'avais déjà entendu.
Conseil Défense au prévenu Bayombo
Q. Est-ce que vous connaissiez l'Imam de Lubero ?
R. Non.
Q. Pourquoi n'avez-vous pas cherché l'Imam de Lubero ?
R. Je ne l'ai pas fait, car je savais chez qui j'allais et celui-ci pourrait me conduire sans problème.
Q. Est-ce que Mbusa vous a dit qu'il avait le numéro de celui qui allait vous conduire à Kasindi ?
R. Non.
Q. Mbusa, avez-vous informé Bayomba que vous avez le numéro de celui qui allait vous conduire à Kasindi ?
R. Non.
Q. Mbusa, quel était le but de votre voyage ?
R. C'était de chercher la traduction de ce livre.
Q. Pourquoi aviez-vous privilégié d'engager des dépenses pour aller faire traduire ce livre au lieu de se consacrer à votre famille.
R. Car j'avais confiance que nous n'allions pas faire longtemps.
Q. Est-ce que vous confirmez que les musulmans s'entraident entre eux ?
R. Oui.
Q. Pourquoi n'avez-vous pas remis la somme d'argent que vous aviez ?
R. Car je n'avais pas beaucoup d'argent.
Conseil Défense au prévenu Bayombo
Q. Au niveau de la brousse, l'Imam Rafiki ne vous a pas remis le numéro de téléphone ?
R. Non.
Q. N'aviez-vous pas entendu parler d'un Imam, Ramazani Rafiki, dans la brousse ?
R. Non.
Juge Assesseur au prévenu Bayomba
Q. Est-ce qu'à Karuruma il n'y a pas d'Imam ?
R. Moi je ne connais même pas Karuruma.
Premier Président au prévenu Mbusa
Q. Est-ce qu'à Karuruma vous ne contribuez pas pour les visiteurs ?
R. Moi aussi je contribuais pour les gens.

Q. Pourquoi vous n'avez pas accompagné votre frère, car vous contribuiez pour les autres ?
R. Le prévenu ne répond pas.
Premier Président aux deux autres prévenus
Q. N'étiez-vous pas arrêtés par les éléments des FARDC ?
R. Non, nous n'étions pas arrêtés ; mais nous nous sommes rendus aux FARDC. Si vous doutez, vous pouvez même appeler le commandant secteur qui nous a reçus dès notre sortie de la brousse.
Ministère Public
C'est lors de la contre-attaque de nos éléments de la Monusco et des FARDC à Mayimoya après bombardement. C'est sous le feu qu'ils sont sortis brusquement pour rejoindre nos positions.
Q. A combien d'attaques avez-vous participé contre les FARDC ?
R. Aucune.
Q. Combien de fois vous avez transporté les combattants ADF blessés ?
R. Trois fois.
Q. Que faisiez-vous là-bas comme fonction ?
R. J'étais d'abord utilisé comme un esclave, puis on nous faisait transporter les blessés.
Q. Combien de fois on avait bombardé ?
R. Plusieurs fois.
Premier Président au prévenu Mbusa
Q. Est-ce que vous confirmez qu'il y avait bombardement ?
R. Oui, chaque matin et soir avec un hélicoptère.
Q. Pourquoi n'avez-vous pas pris la fuite ?
R. Car il y avait des gens qui nous gardaient.
Q. Ces bombardements faisaient combien de temps ?
R. Quarante-cinq minutes.
Ministère Public au prévenu Bayomba
Q. Dans quel centre vous transportiez les blessés ?
R. Ils ont construit leurs propres tentes dans la brousse.
Q. Que pouvez-vous dire à la Cour de la contradiction émise alors que devant l'OPJ vous avez parlé de 4 fois et que devant elle vous parlez de 3 fois ?
R. Avant, j'avais répondu à la question qu'on m'avait posée de savoir combien de fois. C'est alors que j'avais répondu à peu près.
Conseil Défense du prévenu, Maitre David Wambale voulait éclairer la Cour que leurs clients n'avaient pas été capturés, mais ils ont été accueillis par nos vaillants militaires.
Q. Pouvez-vous décrire ce commandant Jean Paul ?
R. Mince et élancé, sa mère est Hunde et lui est Munyabwisha.
Premier Président au prévenu Bayomba
Q. Comment est-il arrivé que vous puissiez causer avec lui ?

R. C'est lorsque nous sommes arrivés au T2, en nous posant des questions, j'ai dit que moi j'étais Hunde. C'est alors qu'il m'avait dit aussi qu'il est Hunde et que son père était Munyamulenge.
Conseil Défense au prévenu Bayomba
Q. Qu'est-ce que vous entendez par esclave ?
R. Un esclave c'est celui qu'on fait faire ce qui ne provient pas de sa propre volonté.
Q. Est-ce pour cela que vous vous êtes rendu ?
R. Oui.
Ministère Public aux deux autres prévenus
Q. Dans quel village êtes-vous allés chercher les gens de droit de l'homme.
R. Mbusa et Bayomba répondent : c'était à Mayimoya.
Q. A combien de kilomètre du village ?
R. C'est tout près du village et d'une école.
Q. A combien de kilomètre de là où ils sont sortis de la rivière et de la position des militaires ?
R. Je ne connais pas.
Q. Vous avez fait combien de nuits ?
R. Je ne sais pas.
Selon le Ministère Public, par rapport au kilométrage, c'est 2 Km.
Conseiller au prévenu Bayomba :
Q. Qui est Araphat et quel lien vous avez avec lui ?
R. C'est un nom que j'avais donné chez l'OPJ.
Q. Pourquoi l'avez-vous cité ?
R. Je croyais qu'en citant ce nom, je serai relâché.
Q. Alors le nom de Kambale ?
R. Kambale, je l'avais cité comme quelqu'un qui peut témoigner.
Q. Pourquoi êtes-vous arrivé à tromper l'OPJ ?
R. J'ai réalisé que cela devait se passer ainsi.
Q. Pourquoi et d'où vient le nom d'Araphat ?
R. J'aime ce nom.
Conseiller à l'Imam Kambale :
Q. Que signifie Araphat ?
R. Cela signifie que la mosquée c'est une montagne.
Premier Président au prévenu Mbusa :
Q. Confirmez-vous que vous avez menti devant l'OPJ en citant le nom d'Araphat ?
R. Oui.
Q. Qu'est-ce qui peut prouver à la Cour que d'autres déclarations ne sont pas des mensonges ?
R. Pas de réponse.
Q. Quels sont d'autres mensonges que vous avez dits à l'OPJ ?
R. Aucun.
Ministère Prévenu au prévenu Kambale Rafiki :

Q. Est-ce que vous êtes Imam à la mosquée Araphat ?
R. Oui.
Conseiller Défense au prévenu Mbusa :
Q. Lorsque vous êtes allé à Lunyasenga, on vous a remis une feuille de route ; pourquoi pas à Kasindi ?
R. Le programme de Kasindi c'était personnel et ça ne concernait pas l'Imam ni la mosquée.
La remise contradictoire à mardi prochain pour le réquisitoire et la plaidoirie.

Audience publique du 21 novembre 2017

RP N° 0113/2016
RMP N°0679/KNG/2016
En chambre foraine à laquelle siègent :

1. Lt Col. Mag. Ntshaykolo Esosa Masele Jean Paulin, 1er Président ;
2. Maj. Mag. Kabondo Pibwe Serge, Conseiller ;
3. Col. Ndiba Bulangiti Matthieu, Juge Assesseur ;
4. Lt ol. Simisi Tuve Serge, Juge Assesseur ;
5. Lt ol. Mpoy Teddy Léonard, Juge Assesseur ;
6. Lt Col. Mag Kumbu Ngoma, Ministère Public ;
7. Maj. Bonyoma Kaisala Rigobert, Greffier.

En cause : l'auditeur militaire supérieur Près la cour militaire opérationnelle du Nord-Kivu, Ministère Public.
Contre :

- Kambale Rafiki Ramazani Matungulu ;
- Bayomba Kashani Abdallah ;
- Mbusa Witeshawira Flavien Abdoul Rachid.

Prévenus de : Participation à un mouvement insurrectionnel ;
La cause est appelée à 15 heures 20 minutes.
A l'appel de la cause, les prévenus cités ci-haut comparaissent en personne et assistés par leurs conseils : Me Joël Shanyungu, avocat au barreau de Goma, Me David Wambale, avocat Près la Cour d'Appel de Kisangani, Me Idi Djuma, avocat Près la Cour d'Appel de Kisangani et le défenseur militaire Kiwunga Makila.
A cette audience, il est question que toutes les parties présentent leurs conclusions.
Le Premier président accorde la parole au Ministère Public.
Par ces motifs :

- Vu la loi N°023/2002 du 18 novembre 2002, portant code judiciaire militaire ;
- Vu la loi N°024/2002 du 18 novembre 2002, portant code pénal militaire, spécialement en ses articles 136, 137 et 138 ;

- Vu l'ordonnance N°08/003 du 9 janvier 2008 portant implantation d'une Cour militaire opérationnelle du Nord – Kivu ;
- Vu l'ordonnance d'organisation judiciaire N°16/86 du 10 mars 2016.

Plaise à l'Auguste Cour :

De dire établie en fait comme en droit la prévention mise en charge des prévenus Bayomba Kashami Abdallah, Mbusa Witeshawira et Kambale Rafiki Ramazani.

En conséquence de les condamner tous sans admission des circonstances atténuantes à la peine de mort pour participation à un mouvement insurrectionnel. De prononcer toute autre peine que la Cour trouvera convenable. Ainsi vous ferez œuvre utile à la nation congolaise.

Après le réquisitoire du Ministère Public, les avocats conseils de la défense des prévenus sollicitent une courte remise afin de mieux préparer leur plaidoirie.

Audience publique du 24 novembre 2017

RP N° 0113/2016

RMP N°0679/KNG/2016

En chambre foraine à laquelle siègent :

1. Lt Col. Mag. Ntshaykolo Esosa Masele Jean Paulin, 1er Président ;
2. Maj. Mag. Kabondo Pibwe Serge, Conseiller ;
3. Col. Ndiba Bulangiti Matthieu, Juge Assesseur ;
4. LtCol. Simisi Tuve Serge, Juge Assesseur ;
5. LtCol. Mpoy Teddy Léonard, Juge Assesseur ;
6. Lt Col. Mag Kumbu Ngoma, Ministère Public ;
7. Maj. Bonyoma Kaisala Rigobert, Greffier.

En cause : l'auditeur militaire supérieur Près la cour militaire opérationnelle du Nord-Kivu, Ministère Public.

Contre :

- Kambale Rafiki Ramazani Matungulu ;
- Bayomba Kashani Abdallah ;
- Mbusa Witeshawira Flavien Abdoul Rachid.

Prévenus de : Participation à un mouvement insurrectionnel ;

La cause est appelée à 15 heures 20 minutes.

A l'appel de la cause, les prévenus cités ci-haut comparaissent en personne et assistés par leurs conseils : Me Joël Shanyungu, avocat au barreau de Goma, Me David Wambale, avocat Près la Cour d'Appel de Kisangani, Me Idi Djuma, avocat Près la Cour d'Appel de Kisangani et le défenseur militaire Kiwunga Makila.

Par ces motifs :

Sous toute réserve généralement quelconque de droit et tous autres à faire valoir en cours d'instance,

- Vu la décision de renvoi ;

- Vu la Constitution de la République Démocratique du Congo, telle que révisée en ces jours ;
- Vu l'ordonnance N°08/003 du 9 janvier 2008, portant implantation d'une Cour militaire opérationnelle du Nord – Kivu ;
- Vu la loi N°023/2002 du 18 novembre 2002, portant code judiciaire militaire ;
- Vu la loi N°024/2002 du 18 novembre 2002, portant code pénal militaire, spécialement en ses articles 136, 137 et 138 ;

Plaise à la Cour de la Défense des prévenus :

De dire non établie en fait comme en droit l'infraction mise en charge des prévenus Bayomba Kashami Abdallah, Mbusa Witeshawira et Kambale Rafiki Ramazani

Par conséquent :

Les renvoyer de toutes fins de poursuite en les acquittant (défaut de l'élément moral pour les prévenus Mbusa et Bayomba et défaut de l'élément matériel pour le prévenu Ramazani). Mettre les frais en charge du Trésor Public.

Après réplique et contre réplique de toutes les parties, monsieur le Premier Président accorde la parole aux prévenus pour leurs derniers mots.

Q. Monsieur Kambale Rafiki Ramazani, qu'en dites-vous ? Quel est votre dernier mot ?

R. Merci. Je suis innocent. Moi je n'ai jamais été en contact avec quiconque et ce n'est pas moi qui lui avais proposé ni l'avais intéressé d'aller chez les ADF. Donc, je réclame ma libération.

Q. Bayomba Kashani Abdallah, votre dernier mot ?

R. Je réclame ma libération. Si je suis allé dans la brousse, ce n'était pas de ma propre volonté. Vous nous jugez aujourd'hui, mais les autres sont encore dans la brousse. Si aujourd'hui ils apprennent que vous condamnez les gens qui quittent la brousse, ils ne vont plus sortir.

Q. Mbusa Witeshawira Flavien (Abdoul Rachid), qu'en dites-vous ? Quel est votre dernier mot ?

R. Nous sommes devant votre Cour. Je suis d'accord de tout ce que les avocats viennent de dire. Si vous nous condamnez, ceux qui sont restés dans la brousse ne vont plus sortir. Je réclame ma libération.

OTAGES RADICALISES, INTRIGUES DES ADF ET TATONNEMENT DE LA JUSTICE

Audience publique du 25 novembre 2016

RP N° 0116/016
RMP N° 0735/NKG/2016
Siègent MM :

1. Col. Magistat. Jean Pauli Ntshaykolo Esosa Masele, 1er Président ;
2. Maj. Mag. Kabondo Pibwe Serge, Conseiller ;
3. Col. Ndiba Bulangiti, Juge Assesseur ;
4. Lt Col. Simisi Tuve Serge, Juge Assesseur ;
5. Lt Col. mpoy Teddy Léonard, Assesseur ;
6. Lt Col. Mag Kumbu Ngoma Jean Baptiste, Ministère Public ;
7. Mag. Madoli Nzoki Guy Martin, Greffier.

En cause : L'Auditeur Militaire Supérieur près la Cour militaire opérationnelle du Nord-Kivu, Ministère Public

Contre :
1. M. Waswa Hakimu Abdoul ;
2. M. Tumwesigire Alex Ghislain ;
3. M. Aradjabu Nzungu Mani Raphaël ;
4. M. Abdu Hamidu Sengendo ;
5. M. Kakule Musema ;
6. M. Gerlas Steven Luhovi ;
7. M. Liban Ussein ALI alias Farh Adid ;
8. M. Mumbere Mundenga Jean Baptiste ;
9. M. Mumbere Lwanga Fabrice ;
10. M. Kasereka Bayani Daniel ;
11. M. Asero Adidja Claudine.

Poursuivis pour :

- Participation à un mouvement insurrectionnel
- Association des malfaiteurs
- Détention illégale d'arme de guerre
- Crime contre l'humanité par meurtre
- Terrorisme

La cause est appelée à 11 heures 05 minutes.

A l'appel de la cause, les prévenus régulièrement cités comparaissent en personne assistés de leurs Conseils : Me Joël Shanyungu et le défenseur militaire agréé Kiwunga Makila, vous êtes désignés d'office par la Cour pour assister les prévenus « Pro deo ».

Identité du prévenu

Waswa Hakimu Abdoul ; Nationalité : Ougandaise ; Joyce né à Chegera, vers 1991, agé de 25 ans ; Fils de Asimwe Steven (décédé) ; et de Prohasie Joyce ; Originaire de Fot Potro Rubona ; Collectivité d'Isaza ; District de (Chisomoro) Chezozo ; Etudes faites : néant ; Etat civil : marié à Aisha Chamino (jois) et père de 02 enfants ; Profession : mécanicien ; Domicilié en Ouganda, Coustom (Bwera), Tél : 0708811506 qui a choisi Kiganda (langue de son choix).

Q. Avez-vous un avocat qui va vous assister ?
R. Non.
Q. Acceptez-vous tous que la Cour désigne un avocat pour vous ?
R. Oui.
Identité du prévenu
Kakule Musema ; nationalité : Congolaise ; né à Kirumba, vers 1986 ; Fils de Kakule Mukama (en vie) ; et de Kahambu (décédé) ; Originaire de Kimbulu ; Secteur de Baswagha ; Territoire de Lubero ; Province du Nord-Kivu ; Etudes faites : 2ème primaire ; Etat civil : marié à Mme Kavugho Judith et père de 04 enfants ; Profession : cultivateur ; Confession : Communauté Baptiste du Congo-Est (CBCE) protestant ; Domicilié à Kibirizi, Quartier Rutshuru qui a choisi le swahili (langue de son choix).
Q. Avez-vous un avocat qui va vous assister ?
R. Non.
Q. Acceptez-vous tous que la Cour désigne un avocat pour vous ?
R. Oui.
Identité du prévenu
Tumwesigire Alexis ; Nationalité : Ougandaise ; né à Mbarara, le 28 décembre 1996 ; Fils de Ibingira Jackson (en vie) ; et de Busingwe Furumera (en vie) ; Originaire du village Rugazi ; Collectivité de Ndeija ; District de Mbarara ; Etudes faites : 3 ans secondaires ; Etat civil : célibataire sans enfant ; Profession : restaurateur ; Confession : catholique ; Domicilié Mbarara/ Katadoba, qui a choisi à Kiganda.
Q. Avez-vous un avocat qui va vous assister ?
R. Non.
Q. Acceptez-vous tous que la Cour désigne un avocat pour vous ?
R. Oui.
Identité du prévenu
Aradjabu Nzungumani Raphaël ; Nationalité : Congolaise ; né à Mangina, le 06 février 1987 ; Fils de Akim Gaspard (en vie) ; et de Kavira Clarice (en vie) ; Originaire de Kantine Aloyi ; Secteur de Beni Mbau ; Territoire de Beni ; Province du Nord-Kivu ; Etudes faites : D6 Pédagogie générale ; Etat

civil : marié à Mme Soki et père d'01 enfant ; Profession : journaliste et enseignant ; Religion : musulmane ; Domicilié à Kantina Aloyi, qui a choisi de swahili

Q. Avez-vous un avocat qui va vous assister ?

R. Non.

Q. Acceptez-vous tous que la Cour désigne un avocat pour vous ?

R. Oui.

Identité du prévenu

Abdu Hamidu Sengendo ; Nationalité : Ougandaise ; né à Masaka/ Ouganda, vers 1985 ; Fils de Suleyimani Kiza (décédé) ; et de Fatuma Kaijeme (décédé) ; Originaire du village de Lugaga ; Collectivité de Katwe Butego ; District de Masaka ; Etudes faites : néant ; Etat civil : marié à Mme Zainabo Nyambirige et père de 03 enfants ; Profession : réparateur de téléphone ; Confession : islamique ; Domicilié à Masaka/ Quartier Kshimanya, qui a choisi le Kiganda.

Q. Avez-vous un avocat qui va vous assister ?

R. Non.

Q. Acceptez-vous tous que la Cour désigne un avocat pour vous ?

R. Oui.

Identité du prévenu

Gerlas Steven Luhovia Issa ; Nationalité : Tanzanienne ; né en Tanzanie/Kigoma, le /06/ 1980 ; Fils de Steven Luhovia (décédé) et de Siana Bilula (décédée) ; Originaire de Kitenia Kabwanzuyi ; Province de Kigoma ; Tribu de Muya ; Etudes faites : 8ème primaire ; Etat civil : marié à Mme Aida Ndimanye et père de 04 enfants ; Confession : musulmane ; Domicilié à Kasulu en Tanzanie, qui a choisi le swahili (langue de son choix).

Q. Avez-vous un avocat qui va vous assister ?

R. Non.

Q. Acceptez-vous tous que la Cour désigne un avocat pour vous ?

R. Oui.

Identité du prévenu

Liban Ussein Ali alias Farah Adid

Nationalité : Kenyane ; né au Kenya/ Kitale District, le12/ /06/ 1998 ; Fils de Ali Abdouba (décédé) ; et de Fatuma Assani (en vie) ; Originaire de Djabali en République du Kenya ; Etudes faites : 3ème secondaire ; Etat civil : célibataire ; Confession : musulmane ; Domicilié à Nairobi, qui a choisi swahili (langue de son choix).

Q. Avez-vous un avocat qui va vous assister ?

R. Non.

Q. Acceptez-vous tous que la Cour désigne un avocat pour vous ?

R. Non, je n'ai pas besoin d'avocat.

Q. La Cour vous dit que vous ne pouvez pas comparaitre seul, avec de lourdes préventions mises à votre charge.

R. J'accepte, mais l'avocat va dire ce que je dis.

Identité du prévenu

Mumbere Mundenga Jean Baptiste ; Nationalité : Congolaise ; né à Luhutu Kitangondo, en 1996, âgé de 22 ans ; Fils de Etienne Musaba (en vie) ; et de Baseme Katungu (en vie) ; Originaire de Kitangondo ; Secteur de Musienene ; Territoire de Lubero ; Province du Nord-Kivu ; Etudes faites : néant ; Etat civil : marié à Mme Katombo et père d'un enfant ; Religion : catholique ; Domicilié à Luhutu, qui a choisi le swahili (langue de son choix).

Q. Avez-vous un avocat ?

R. Non.

Q. Acceptez-vous tous que la Cour désigne un avocat pour vous ?

R. Oui.

Identité du prévenu

Mumbere Lwanga Fabrice ; Nationalité : Congolaise ; né à Butembo, le 01/06/1995 ; Fils de Kasereka Jeff (en vie) ; et de Kabugho Immaculée (en vie) ; Originaire de Musienene ; Secteur de Baswagha ; Territoire de Lubero ; Province du Nord-Kivu ; Etudes faites : 2ème C.O ; Etat civil : célibataire ; Profession : mécanicien ; Religion : catholique ; Domicilié à Butembo, Commune Kimemi, Quartier Katya, Cellule Bubange, qui a choisi le swahili (langue de son choix)

Q. Avez-vous un avocat ?

R. Non.

Q. Acceptez-vous tous que la Cour désigne un avocat pour vous ?

R. Oui.

Identité du prévenu

Kasereka Bayani Daniel ; Nationalité : Congolaise ; né à Kainama, vers 1982, âgé de 34 ans ; Fils de Musubaho Mahusu (décédé) ; et de Kavira Asmatte (en vie) ; Originaire de Kingamuvire ; Secteur de Beni Mbau ; Territoire de Beni ; Province du Nord-Kivu ; Etudes faites : néant ; Etat civil : marié à Mme Katabiyo Anuarite et père de 03 enfants ; Profession : cultivateur ; Confession : anglicane ; Domicilié à Mamove, qui a choisi le swahili (langue de son choix).

Q. Avez-vous un avocat ?

R. Non.

Q. Acceptez-vous tous que la Cour désigne un avocat pour vous ?

R. Oui.

Identité du prévenu

Ilunga Adidja Gertude Claudine ; Nationalité : Congolaise ; né à Kinshasa, en 1996 ; Fille de Mabele Pascal (en vie) ; et marie Thérèse (en vie) ; Originaire de Lokele ; Localité d'Ahame ; Province Orientale ; Etudes faites : 3ème primaire ; Etat civil : veuve et mère de 03 enfants ; Profession : combattante ADF ; Culte : catholique ; Domicilié à Mavivi, AV. Mbandaka, Ville de Beni.

Q. Avez-vous un avocat ?

R. Non.

Q. Acceptez-vous tous que la Cour désigne un avocat pour vous ?

R. Moi je n'ai pas d'argent. Je suis l'enfant d'un militaire. On m'avait enlevée à partir de Mavivi.
Q. Qui est Asero Adidja ?
R. C'est le nom qu'on m'avait donné là-bas.
La Défense sollicite la remise pour prendre connaissance du dossier et entrer en contact avec leurs clients.
Après lecture des décisions de renvoi par le Greffier sur ordre du Premier Président, la remise contradictoire est fixée au lundi 28 novembre 2016.

Audience publique du 28 novembre 2016

RP N° 0116/016
RMP N° 0735/NKG/2016
Siègent MM :

1. Col. Magistrat Jean Pauli Ntshaykolo Esosa Masele, 1er Président ;
2. Maj Mag Kabondo Pibwe Serge, Conseiller ;
3. Col. Ndiba Bulangiti, Juge Assesseur ;
4. Lt Col. Simisi Tuve Serge, Juge Assesseur ;
5. Lt Col. mpoy Teddy Léonard, Juge Assesseur ;
6. Lt Col. Mag Kumbu Ngoma Jean Baptiste, Ministère Public ;
7. Mag. Madoli Nzoki Guy Martin, Greffier.

En cause : L'Auditeur Militaire Supérieur près la Cour militaire opérationnelle du Nord-Kivu, Ministère Public
Contre :

1. M. Waswa Hakimu Abdoul ;
2. M. Tumwesigire Alex Ghislain ;
3. M. Aradjabu Nzungu Mani Raphaël ;
4. M. Abdu Hamidu Sengendo ;
5. M. Kakule Musema ;
6. M. Gerlas Steven Luhovi ;
7. M. Liban Ussein ALI alias Farh Adid ;
8. M. Mumbere Mundenga Jean Baptiste ;
9. M. Mumbere Lwanga Fabrice ;
10. M. Kasereka Bayani Daniel ;
11. Mme Asero Adidja Claudine.

Poursuivis pour :

- Participation à un mouvement insurrectionnel ;
- Association des malfaiteurs ;
- Détention illégale d'arme de guerre ;
- Crime contre l'humanité par meurtre ;
- Terrorisme.

La cause est appelée à 13 heures 30 minutes.

A l'appel de la cause, les prévenus régulièrement cités comparaissent en personne, assistés de leurs Conseils : Me David Wambale, Me Joël Shanyungu et la Défense militaire agrée Kiwunga Makila, qui sont tous commis d'office.
La Défense a déposé un mémoire unique pour le prévenu Liban Hussein Ali alias Farah Adid.
Sur la minorité d'âge, né le 12/06/1998 arrêté le 17/01/2015 ; en cette date, le prévenu n'avait pas encore atteint 18 ans.
Les faits qui font l'objet de poursuite datent du 27/02/2014, quand le prévenu avait encore 16 ans.
Que la cour se déclare incompétente de juger le prévenu de le renvoyer plutôt devant son juge naturel qui est le juge d'enfant.
Ministère Public : les Articles 4 CJM et 112 CJM point 6, décidant de renvoi est du 14/11/2016, à ce moment que la Cour a été saisie, le prévenu est renvoyé étant majeur.
L'appréciation est laissée à la Cour de céans.
Ministère Public : Article 104 CJM.
La Cour : l'infraction se cristallise au moment de la commission des faits. La date de la réquisition à médecin, l'état adulte du prévenu ne pouvait que se faire voir.
La Cour veut requérir le médecin pour avoir l'âge approximatif du prévenu, du fait que le prévenu a avancé son âge sans présenter l'acte de l'Etat-civil.
Comparait Mr Waswa Hakimu
Q. Dans quelle circonstance étiez-vous arrêté ?
R. J'ai été arrêté à Kastama. Je ne connais pas le motif de mon arrestation.
Ministère Public : Le prévenu Waswa et l'autre prévenu ont été arrêtés par la Police Ougandaise et mis à la disposition de la Police de frontière pour être transférés à l'Auditorat Militaire.
Q. Confirmez-vous que vous étiez arrêté par la police ougandaise ?

R. Non.
Q. Comment étiez-vous arrêté à la douane ?
R. J'étais arrêté en pleine rivière.
Q. Avec qui étiez-vous ?
R. Avec une fille.
Q. Confirmez-vous que vous êtes mécanicien ?
R. Oui.
Q. Connaissez-vous Cheik Muhamed ?
R. C'est lui qui m'avait donné l'amplificateur pour le réparer. Comme il ne m'avait pas donné de l'argent, je me suis décidé de rentrer avec ça.
Q. Avez-vous un amplificateur ?
R. Je n'ai pas de véhicule.
Q. Connaissez-vous Alexis Tumwesigire ?
R. Oui.
Q. Quelle relation avez-vous ?

R. Il a un restaurant, ma femme va là-bas pour manger.
Q. Alexis dit que vous étiez avec lui pour vendre l'amplificateur ?
R. Nous étions ensemble.
Q. Etiez-vous accompagné d'Alexis ou de la fille ?
R. J'étais avec Alexis seulement.
Q. Pourquoi aviez-vous déclaré que vous étiez avec une fille ?
R. J'étais accompagné d'Alexis, mais ma fille était malade.
Q. Vous avez dit que l'amplificateur que vous avez réparé, était à retourner à son propriétaire. Maintenant vous venez de dire que vous alliez le vendre ?
R. J'avais réparé l'amplificateur, on ne m'avait pas payé. Je suis allé dire au propriétaire que, comme mon enfant était malade, je proposai de le vendre.
Q. Pourquoi avez-vous dit à Alexis que votre véhicule était à Kasese et qu'il fallait vendre l'amplificateur pour arriver à Kasese ?
R. De tout ce que vous dites, je ne comprends rien et de tout ce qui s'est passé, Alexis n'a pas vécu cela.
Comparait Tumwesigire Alexis
Q. Waswa vous a promis que vous serez son boy chauffeur ?
R. Oui.
Q. Où se trouvait son véhicule ?
R. Le jour de notre arrestation, il avait dit que son véhicule se trouve à Kasese.
Q. Pourquoi êtes-vous arrêté ?
R. Nous étions à Bwera. Mon travail était de préparer les sabots des vaches.
Q. Waswa avait l'amplificateur le jour-là ?
R. Il avait l'amplificateur. Il m'avait dit qu'après la vente, nous allons à Kasese, là où se trouve le véhicule.
Q. Waswa, votre réaction ?
R. Vous pouvez lui demander, si depuis que je lui ai dit, il a vu le véhicule. Je n'ai rien comme véhicule.
Q. Alexis, qu'en dites-vous ?
R. Quelqu'un peut avoir le véhicule. Je ne suis pas de la famille.
Q. Waswa, étiez-vous auditionné par l'OPJ ?
R. J'oublie du fait que je n'ai jamais comparu.
Q. Reconnaissez-vous avoir posé votre empreinte digitale sur un PV ?
R. Oui, c'est moi.
Q. S'agissant de votre dernier mot, qu'avez-vous demandé au Gouvernement ?
R. Je supplie le 1er Président de la CM, si je peux avoir des fautes, qu'on me condamne avec plus de légèreté. J'ai une femme et des enfants. Je suis entré au Congo sans le savoir.
Q. Le 1er Président lui donne lecture de son dernier mot devant l'OPJ. Confirmez-vous ça ?
R. Je reconnais. On m'avait appréhendé pendant la journée.
Q. Reconnaissez-vous que vous étiez dans le rang des ADF ?

R. Je ne le reconnais pas. Ça se voit que l'interprète m'avait mis en erreur. Tout ça, je n'avais pas déclaré.
Remise contradictoire au 29 novembre 2016.

Audience publique du 29 novembre 2016

RP N° 116/2016
RMP N° 0735/NKG/2016
Siègent MM :

1. Col. Mag. Jean Pauli Ntshaykolo Esosa Masele, 1er Président ;
2. Maj. Mag. Kabondo Pibwe Serge, Conseiller ;
3. Col. Ndiba Bulangiti, Juge Assesseur ;
4. Lt Col. Simisi Tuve Serge, Juge Assesseur ;
5. Lt Col. mpoy Teddy Léonard, Juge Assesseur ;
6. Lt Col. Mag. Kumbu Ngoma Jean Baptiste, Ministère Public ;
7. Mag. Madoli Nzoki Guy Martin, Greffier.

En cause : L'Auditeur Militaire Supérieur près la Cour militaire opérationnelle du Nord-Kivu, Ministère Public
Contre :

1. M. Waswa Hakimu Abdoul ;
2. M. Tumwesigire Alex Ghislain ;
3. M. Aradjabu Nzungu Mani Raphaël ;
4. M. Abdu Hamidu Sengendo ;
5. M. Kakule Musema ;
6. M. Gerlas Steven Luhovi ;
7. M. Liban Ussein ALI alias Farh Adid ;
8. M. Mumbere Mundenga Jean Baptiste ;
9. M. Mumbere Lwanga Fabrice ;
10. M. Kasereka Bayani Daniel ;
11. Mme. Ilunga Gertrude Claudine Asero Adidja.

Poursuivis pour :

- Participation à un mouvement insurrectionnel ;
- Association des malfaiteurs ;
- Détention illégale d'arme de guerre ;
- Crime contre l'humanité par meurtre ;
- Terrorisme.

A l'appel de la cause, les prévenus régulièrement cités comparaissent en personne, assistés de leurs Conseils : Me David Wambale, Me Idy Djuma, Me Joël Shanyungu et la Défense militaire agrée Kiwunga Makila, qui sont tous commis d'office.
La comparante Mme Ilunga Gertrude
Q. Vous allez comparaitre en quelle langue ?

R. En kiswahili.
Q. Où et quand étiez-vous arrêtée ?
R. A Mavivi, à Kilokwa.
Q. D'où veniez-vous pour qu'on vous arrête ?
R. Nous étions dans un moulin à Kilokwa.
Q. Vous n'étiez pas au camp des ADF ?
R. Oui, j'étais au camp des ADF.
Q. Vous étiez au camp des ADF ?
R. Au camp de Madina.
Q. Combien de temps ?
R. Je ne pouvais pas déterminer, car j'ai eu la chance de fuir.
Q. Que faisiez-vous au camp de Madina ?
R. On m'enseignait l'islam, après on m'a changé le nom de Claudine pour Adjida. C'est après qu'on m'avait forcée de rester avec eux.
Q. Après, vous avez accepté d'y rester ?
R. Oui.
Q. Après le camp de Madina, vous êtes allé où ?
R. Nous sommes sortis à Madina pour un autre camp.
Q. Au moulin, c'était dans quelle contrée ?
R. Tepiyomba, au village Masulukwede.
Q. C'était en quelle année qu'on vous a enlevé ?
R. Je ne me souviens pas.
Q. Quel est le nom du chef de Mavivi ?
R. Il s'appelle Désiré.
Q. Au camp de Madina, aviez-vous appris le maniement des armes ?
R. Oui, on m'avait armée.
Q. Quel type d'arme ?
R. Seulement les bottines et le sac au dos.
Q. Vous étiez au nombre de combien de recrues ?
R. Au nombre de quinze.
Q. A combien de personnes vous étiez là-bas ?
R. Seize dont dix hommes et six femmes.
Q. Pourquoi, devant l'OPJ, vous aviez dit seize dont douze hommes et quatre femmes ?
R. Je ne me rappelle plus.
Q. Aviez-vous participé au pillage d'un véhicule ?
R. Non, moi je n'étais qu'à leur cuisine dans la brousse.
Q. Quel était l'effectif des combattants ?
R. Les Ougandais nonante, les Rwandais cent et Congolais septante.
Q. Devant l'OPJ, vous aviez dit que vous étiez enlevés par douze hommes et quatre femmes ; et devant la Cour vous dites dix hommes et six femmes, et par rapport aux effectifs que vous venez de nous donner, est-ce que vous n'avez pas trompé ?
R. La prévenue répond qu'elle est malade et qu'elle a faim.

Q. Vous pouvez citer les noms des personnes qui étaient là le jour que vous étiez enlevés ?
R. Chef Désiré et ma mère Marie Thérèse.
Conseiller à la prévenue
Q. Quel enseignement avez-vous reçu ?
R. La prévenue commence à chanter en islam.
Q. Que signifie Kafiri ?
R. Nous les civils on nous appelait Kafiri et les FARDC signifient ennemis.
Q. Que signifie ce que vous venez de chanter en kiswahili ?
R. Ça signifie celui qui n'accepte pas d'être musulman doit être tué.
Q. Vous étiez allée avec qui pour puiser de l'eau ?
R. J'étais avec l'enfant Asumani.
Q. Qu'aurait-il ? Est-ce qu'il avait une arme ?
R. Non, il avait une machette.
Q. Qui était cet enfant pour qu'il puisse vous garder ?
R. Il jouait seulement le rôle de me garder et après avoir puisé de l'eau, je l'ai trompé d'aller avec cette eau.
Juge assesseur Madame Ilunga
Q. Quels sont les aliments que vous mangiez ?
R. Les bananes, Matoke.
Q. Où aviez-vous l'habitude d'aller en acheter ?
R. Dans des champs des Kafiri.
Conseiller à la prévenue
Q. C'était quel type de chaussures et sac ?
R. Les godillots et la besace.
Premier Président à la prévenue
Q. Quel est le sort que devait subir le Kafiri devant les ADF sans pitié ?
R. Il doit être tué.
Q. Alors, quel sort les ADF subissent-ils lorsqu'ils se retrouvent devant les FARDC ?
R. Je ne sais pas.
Q. Que dites-vous de ce que vous avez déclaré devant l'OPJ que vous avez pris la fuite après les bombardements des FARDC ?
R. Nous avons quitté Madina pour aller à Ibartimate, la maison où on gardait l'argent.
Q. Confirmez-vous que les ADF exploitent de manière illicite l'or et le bois ?
R. Je ne sais pas. Les ADF tuaient beaucoup les Congolais.
Q. Est-ce que le mari qu'on vous a donné, c'était par force ou comment ?
R. Oui, par force.
Q. Quel était le nom de ce mari ?
R. Il s'appelait Moustapha Ndaye.
Q. Il était de quelle nationalité ?
R. Il était de nationalité ougandaise.
Q. Là où vous étiez enlevée au moulin, c'était dans quel village ?

R. C'était au Tepiyomba à Masulukwede.
Q. Vous dites que vous étiez enlevée. Est-ce que vous ne vous souvenez pas de la date ?
R. Je ne pouvais pas reconnaitre, car on nous faisait perdre toutes nos connaissances en nous donnant des fétiches.
Ministère Public à la prévenue
Q. Pouvez-vous confirmer devant notre office que la Monusco vous envoyait des vivres ?
R. Moi je voyais seulement l'avion.
Q. Devant nous vous avez accepté ?
R. Oui, car j'avais peur. Vous savez, quelqu'un qui a fui la brousse peut toujours avoir peur.
Q. Combien de fois vous avez participé à des attaques ?
R. Moi je n'étais qu'une recrue.
Q. N'avez-vous pas été à Kokola ?
R. Oui.
Défense à la Dame
Q. L'avion qui atterrissait dans la brousse, était de quelle couleur ?
R. Je ne sais pas.
La cause est renvoyée pour le lundi 5 décembre 2016.

Audience publique du 5 novembre 2016

RP N° 116/2016
RMP N° 0735/NKG/2016
Siègent MM :

1. Col. Magistat Jean Pauli Ntshaykolo Esosa Masele, 1er Président ;
2. Maj. Mag. Kabondo Pibwe Serge, Conseiller ;
3. Col. Ndiba Bulangiti, Juge Assesseur ;
4. Lt Col. Simisi Tuve Serge, Juge Assesseur ;
5. Lt Col. mpoy Teddy Léonard, Juge Assesseur ;
6. Lt Col. Mag Kumbu Ngoma Jean Baptiste, Ministère Public ;
7. Mag. Madoli Nzoki Guy Martin, Greffier.

En cause : L'Auditeur Militaire Supérieur près la Cour militaire opérationnelle du Nord-Kivu, Ministère Public
Contre :

1. M. Waswa Hakimu Abdoul ;
2. M. Tumwesigire Alex Ghislain ;
3. M. Aradjabu Nzungu Mani Raphaël ;
4. M. Abdu Hamidu Sengendo ;
5. M. Kakule Musema ;
6. M. Gerlas Steven Luhovi ;
7. M. Liban Ussein ALI alias Farh Adid ;
8. M. Mumbere Mundenga Jean Baptiste ;

9. M. Mumbere Lwanga Fabrice ;
10. M. Kasereka Bayani Daniel ;
11. Mme. Ilunga Gertrude Claudine Asero Adidja.

Poursuivis pour :

- Participation à un mouvement insurrectionnel ;
- Association des malfaiteurs ;
- Détention illégale d'arme de guerre ;
- Crime contre l'humanité par meurtre ;
- Terrorisme.

La cause est appelée à 10 heures 10 minutes.

A l'appel de la cause, les prévenus régulièrement cités comparaissent en personne, assistés de leurs Conseils : Me David Wambale, Me Idy Djuma, Me Joël Shanyungu et la Défense militaire agréé Kiwunga Makila, qui sont tous commis d'office.

La comparante la prévenue Ilunga Gertrude Asero Adidja

Q. Ministère Public avait fait observer que vous avez participé à l'attaque de Kokola et vous avez transporté les blessés, confirmez-vous ?

R. Je ne peux pas refuser. Là-bas, j'étais comme esclave. J'avais transporté les blessés Nalu, ils étaient sept. J'avais transporté avec un autre garçon congolais Hamza. Il est de Butembo. Lui aussi était pris en otage.

Défense : Nous sommes allés à Mavivi, nous avons constaté, le vendredi 29 juin 2016, que la prévenue a été kidnappée et il y a eu sept morts. Le Vice-Président de la société civile de Mavivi et le chef de quartier peuvent en témoigner.

Q. Combien de temps avez-vous passé chez les ADF ?

R. Ça fait beaucoup de jours, je ne cannais pas exactement.

Q. Lorsque vous êtes allée transporter les blessés à Kokola, pourquoi vous ne vous êtes pas soustraite des ADF ?

R. Je n'avais pas le moyen de me soustraire. J'étais gardée par un homme avec des machettes, des haches, des bombes et des chaines.

Comparait Mumbere Mundenga Jean Baptiste

Q. Comment étiez-vous retrouvée dans le camp des ADF et c'était en quelle date ?

R. Les Nalu m'avaient retrouvée au moulin des noix de palme. J'ignore exactement quand ils m'ont pris. J'avais profité de fuir à partir de la colline de Dimbo, au mois de juillet, mais je ne connais pas l'année.

Q. Combien de temps avez-vous fait chez les ADF ?

R. Un mois.

Q. Depuis quand avez-vous été arrêtée ?

R. Je ne sais pas.

Q. N'étiez-vous pas arrêtée à Mamove, le 1er mars 2016 ?

R. J'étais sorti de Mamove, je me suis présenté aux FARDC pour m'amener chez nous.

Q. Où et quand étiez-vous arrêté ?

R. Je suis sorti à Mamove et les FARDC m'ont amenée à Oïcha.
Q. Qu'est-ce qui s'est passé à Mayimoya ?
R. Mon oncle paternel m'avait appelé à partir de Butembo, m'annonçant qu'il m'a acheté un champ.
Q. Parmi les prévenus, qui était arrêté avec vous ?
R. Personne.
Q. Vous aviez déclaré que vous étiez enlevé au nombre de vingt-cinq, les cinq ont été libérés dont trois filles et deux garçons. Les vingt sont restés, le confirmez-vous ?
R. Oui.
Q. Où vous ont-ils amené ?
R. Jusqu'à la montagne de Ndimo.
Q. Qu'est-ce qui s'est passé à votre arrivée ?
R. Arrivés là-bas, on nous envoyait pour chercher de l'eau.
Q. Immédiatement on vous a envoyés chercher de l'eau ?
R. Trois vieillards nous ont ordonné de rentrer.
Q. Relatez-nous brièvement les faits que vous avez vécus depuis que vous avez été kidnappé jusqu'à votre fuite.
R. Quand on m'avait kidnappé, nous avons traversé une rivière, les Nalu m'ont dit que les FARDC sont déjà arrivés ici. Après un long moment, nous avons encore traversé l'autre rivière. Nous sommes allés nous arrêter à la montagne de Ndimo. Un jour, nous avons commencé à prendre de la boisson et fumer du chanvre qu'ils faisaient sortir de leurs sacs.
Q. Pourquoi le traitement particulier à votre égard ?
R. Ce sont les combattants qui fumaient ça.
Q. Avez-vous pris aussi de l'alcool et du chanvre ou ce sont les combattants eux-mêmes qui prenaient ça ?
R. Quand j'ai refusé de boire et de fumer, c'était un moment propice pour moi de les observer quand ils vont dormir, j'allais profiter de fuir et c'était vraiment loin.
Q. C'était le premier jour que vous étiez chez les ADF ?
R. Ça se faisait à maintes reprises, on nous donnait du chanvre et de la boisson.
Q. Avez-vous suivi une formation militaire chez les ADF ?
R. Non.
Q. Devant l'OPJ, vous avez dit que vous avez fait sept mois chez les ADF, devant la Cour un mois. Qu'en dites-vous ?
R. Les mêmes gens qui m'ont entendu au T2 ont dit cela du fait que mon kiswahili a changé.
Q. Pourquoi devant la Cour vous avez accepté de comparaitre en kiswahili ?
R. Si j'ai accepté, je sais que nos dialectes sont le kinande et le kiswahili.
Q. Combien de fois avez-vous attaqué les civils ?
R. Souvent on me mettait sous la garde du fait que je maitrisais ce coin.
Q. Avez-vous participé à l'attaque d'Eringeti en transportant les biens le 29 novembre 2015 ?

R. Lors des attaques, on me laissait derrière, gardé par deux combattants.
Q. Lors de l'attaque d'Eringeti, avez-vous transporté les biens pillés ? oui ou non.
R. A l'attaque d'Eringeti, on m'avait laissé loin tout en sachant que si j'étais là, j'allais fuir.
Q. Comment avez-vous connu le nom de celui qui dirigeait l'attaque d'Eringeti ?
R. On nous disait que nous les Congolais nous avons des militaires qui nous gardent.
Q. Devant l'OPJ, vous avez déclaré que l'attaque d'Eringeti était dirigée par le commandant Feza, confirmez-vous ça ?
R. Dans le groupe des ADF, il y avait un nande. J'ai profité de lui poser la question : qui est votre commandant ? Il m'a dit que c'est Feza.
Q. Qui est ce nande ?
R. Il m'avait dit que lui c'est Kasereka.
Q. Confirmez-vous vos déclarations devant l'OPJ selon lesquelles vous n'avez pas participé à l'attaque et vous avez transporté les biens une fois seulement ? Vous étiez gardé au campement des ADF ?
R. Ils nous laissaient derrière tout en sachant que si nous arrivons là-bas, nous allions fuir. On nous amenait ces biens à la brousse et on nous demandait de les transporter.
Ministère Public : Le prévenu était dans le 3ème groupe à Makembi, qui était chargé de transporter les biens pillés. Parmi les gens qui ont été déportés en brousse, le nom du prévenu ne se trouve pas. On avait déporté vingt-cinq personnes, parmi lesquelles les deux fils du chef de Mayimoya (le 16 juin 2015).
Défense : L'Organe de la loi, partie au procès, doit soutenir ces moyens. Les combattants revenaient avec leurs butins de guerre et ils leur demandaient de les transporter.
Q. Les ADF buvaient et fumaient du chanvre ; c'était après leur opération ?
R. C'était dans leur campement. Il faisait cela jour et nuit.
Q. Comment étiez-vous ravitaillé en vivre ?
R. Ils les faisaient sortir dans leurs sacs.
Q. Les ADF portaient quelle tenue ?
R. Couleur verte, semblable à celle des FARDC.
Q. Feza est de quelle nationalité ?
R. Je ne sais pas.
Q. Connaissez-vous Muhindo Mundenga Jean Baptiste ?
R. Non.
Q. Avez-vous transporté un jour un colis d'habits ?
R. On m'avait fait transporter un sac contenant des habits.
Q. Où se trouve votre domicile ?
R. Chez nous c'est le village Luotu.
Q. Comment êtes-vous retrouvée à Mayimoya ?

R. C'est mon oncle paternel Moustapha qui m'a fait quitter Luotu pour Mayimoya, où il m'avait acheté un champ.
Q. Pourquoi vous ne connaissez pas tous les noms de votre oncle paternel ?
R. Quand je lui demande tous les noms, il se fâche.
Défense : Il s'agit d'un monsieur de la famille de sa mère. Chez les nande, il est difficile d'appeler un parent par son nom. On risque de vous traiter d'impoli.
Q. Vous étiez chez votre oncle à Kisiki, comment étiez-vous arrivée à Mayimoya pour être enlevé ?
R. Quelqu'un qui est appelé Kalume Kisiki, c'est lui qui vendait des parcelles aux gens.
Q. Votre oncle habite tout près de l'église Nzambe Malamu ?
R. Il est tout près de l'église Nzambe Malamu, près du marché. Ça lui permet d'envoyer ses marchandises à Butembo.
Q. Connaissez-vous monsieur Musikitu Etienne ?
R. Je vous ai déjà dit le nom de mon papa. Pourquoi vous me faites encore répéter davantage ? Le nom de mon papa c'est Etienne Mosaba. Je ne le connais pas.
Q. Monsieur Mumbere Paluku ?
R. Non.
Q. Un garçon Zile Motema ?
R. Non.
Ministère Public : La date c'est le 26 juin 2015 à 15 heures que l'attaque a eu lieu.
Q. Confirmez-vous que la Monusco ravitaillait les ADF en vivres et en produits pharmaceutiques comme vous l'avez déclaré devant l'OPJ ?
R. Non, ils ont menti
Q. Combien de temps avez-vous passé en brousse ?
R. J'ai fait un mois comme j'ai déjà dit.
Q. Où est la vérité, un mois ou sept mois comme vous avez déclaré devant l'OPJ ?
R. L'OPJ a menti. Je lui ai dit que j'ai fait un mois.
Q. Combien de temps avez-vous fait en quittant chez les ADF pour comparaitre devant l'OPJ ?
R. Votre langage est très sévère. Depuis que j'ai fui, j'ai fait en route 2 semaines.
Ministère Public : Le prévenu n'a jamais fait un mois, mais plutôt plusieurs mois.
Q. Comment les FARDC vous ont-ils arrêtée et c'était où ?
R. A Mamove, quand je suis allé chez les militaires FARDC. Je leur ai dit que je voulais rentrer chez nous.
Comparait monsieur Mumbere Lwanga Fabrice
Q. Comment êtes-vous arrivé dans le camp des ADF et c'était en quelle date ?

R. Moi je n'ai jamais été au camp des ADF. La cause de mon arrestation c'est l'ivresse. J'avais 700$ que j'ai ramenés de Butembo. Je suis allé voir ma femme à Kabasha. Ce qui m'a fait arrêter, j'aime beaucoup le jazz.
Q. Avez-vous comparu devant l'OPJ ?
R. Oui, mais j'avais pris la drogue communément appelée « 36 oiseaux ».
Q. Où avez-vous acheté ces oiseaux ?
R. Je suis venu de Butembo avec ma bouteille.
Q. Vous étiez ivre pendant combien de mois ?
R. Ça peut même faire 5 jours.
Q. La dernière fois que vous avez pris les 36 oiseaux ?
R. J'ignore.
Q. Devant l'OPJ, étiez-vous toujours ivre ?
R. Je déclarais ce que je ne comprenais pas.
Q. Pourquoi avez-vous fait des déclarations cohérentes devant l'OPJ ?
R. Je déclarais ça sous les effets de la drogue. Ce n'est qu'après que j'ai compris que ce sont des choses sérieuses.
Q. Confirmez-vous que pendant la détention, vous n'avez pas pris de drogue ?
R. Oui.
Q. Comment expliquez-vous que vos premières déclarations devant l'OPJ et celles d'un mois après, devant l'OMP, se ressemblent ?
R. J'étais troublé et je parlais des choses que je ne connaissais pas. J'étais drogué. Je parlais des choses que je ne connaissais pas.
Q. Maintenant votre tête est normale ?
R. Maintenant ma tête est normale.
Q. Quelle est votre vraie version ?
R. Je n'ai jamais été chez les ADF. Je suis enfant de la maison. J'ai même des témoins et Dieu nous voit.
La Cour lui demande de déposer la liste des témoins au Greffe.
Q. Qui vous a arrêté et c'était où ?
R. Je venais de Butembo avec 700$. Je suis arrivé à Kabasha voir ma femme, puis je suis allé à Oïcha, où il y avait aussi beaucoup de chéries. Un militaire m'a arrêté à Oïcha à 9 heures.
Q. A quelle date étiez-vous arrêté ?
R. J'oublie la date. Je ne m'en souviens plus.
Défense : Le prévenu ne sait pas ce qu'il est en train de faire et ce qu'il est en train de dire. Il lui faut une expertise médicale.
Ministère Public : Le prévenu est en bon état.
La Cour appréciera. La Cour tient aussi à la déclaration de votre client qu'il est normal.
Q. Depuis votre arrestation, vos parents vous ont-ils recherché ?
R. Mon oncle paternel est venu me voir hier à Kangwayi. On m'avait même permis de communiquer à la radio.
Q. Où habitent vos parents ?

R. Butembo, Quartier Katsia, Commune Kimemi N°116 ; papa : Kasereka Jeph ; maman : Kabuo Immaculée.
Q. Quel jour avez-vous quitté Butembo pour Oïcha ?
R. J'oublie le jour.
Comparait monsieur Kasereka Bayani Daniel
Q. Où et quand avez-vous été arrêté ?
R. Eringeti, le 15 février 2016
Q. Pourquoi on vous a arrêté et par qui ?
R. Les FARDC. Je restais à Mamove. J'avais deux femmes. L'une m'avait quitté. La belle-famille m'avait demandé la dote. Je me suis décidé d'aller à Kainama. Les Nalu ont surgi à Kainama. Ils nous ont kidnappés avec mon père. C'était au mois de novembre en 2014. J'étais avec mon père biologique Mahusu Musubao. Je ne sais pas s'il est vivant. Moi, on m'avait amené dans un camp entre Bango et Semuliki.
Q. Avez-vous suivi un Film ?
R. Non.
Q. Avez-vous été chez les ADF pendant 2 ans ?
R. Les Nalu m'avaient pris en novembre 2014 et les FARDC en février 2016.
Q. Comment les FARDC vous ont-ils pris ?
R. J'ai fait une année dans leur camp. Après on m'a amené en brousse quand les FARDC ont incendié ce camp.
Q. Qui vous a transporté dans un autre camp ?
R. Les Ougandais, les ADF.
Q. Dans l'autre camp, vous avez passé combien d'années ?
R. Une année s'est terminée pendant que nous étions là-bas. Quand on voulait nous amener dans un autre camp, c'est à ce moment-là que j'ai fui ; je ne faisais rien quand j'étais blessé.
Q. Avant d'être blessé, que faisiez-vous ?
R. Je ne faisais rien.
Q. Comment viviez-vous dans le camp des ADF ?
R. Nous étions toujours assis.
Q. Confirmez-vous vos déclarations devant l'OPJ que vous avez tiré une fois quand les FARDC sont venus vous attaquer ?
R. C'est faux. Ibra est venu m'appeler. Il m'a demandé deux choses, de prendre l'arme ou de mourir. Il m'a demandé de m'amener quelque part. Ils m'ont demandé de prendre l'arme au lieu de mourir. J'avais pris l'arme. Lors de l'attaque, je ne sais pas là où j'ai laissé ça.
Q. Avez-vous participé aux attaques des ADF ?
R. Non.
Q. Pourquoi avez-vous accepté d'aller participer aux attaques de Lese et Bango ?
R. J'ai accepté pour l'attaque de Lese où on transportait du sel que les ADF avaient pris chez la population.
Q. Est-ce que la population avait remis de bonne foi ?

R. On avait pris de force.
Q. Pourquoi avez-vous dit que vous n'aviez rien fait chez les ADF ?
R. Je n'étais pas encore blessé. J'ai été blessé à la jambe gauche au niveau du tubia.
Q. Où seraient les trois personnes avec qui vous étiez kidnappées ?
R. Ils étaient dans l'autre camp, Kambale Lengwa, Lisembo et mon papa Musubao.
Q. Vous avez déclaré que les ADF ont plusieurs propriétés que les populations d'Eringeti, Oïcha leur avaient vendues ?
R. C'est mon ami qui m'avait dit. Il est Ougandais.
Q. Vous étiez kidnappé avec votre père biologique ?
R. Oui.
Q. Vous êtes sorti d'Eringeti plus précisément où ?
R. Chez mon grand-frère à Kainama, Paluku Mutsumbire.
Q. Comment étiez-vous blessé ?
R. Quand on lançait des bombes, j'étais débout. Je ne sais pas ce qui m'a blessé. Quelque chose m'avait touché à la jambe.
Q. Confirmez-vous que vous étiez kidnappé ? C'était dans quel village ?
R. Nous étions kidnappés à Kingamovire au mois de novembre 2014, la nuit, aux environs de 21 heures.
Q. Avez-vous des témoins ?
R. Mon grand-frère, il est à Kainama, il est venu me voir au cachot à Eringeti.
Q. Pourquoi votre grand-frère n'avait pas déclaré ça devant l'OPJ ?
R. Il avait dit ça.
Q. Pourquoi votre grand-frère n'a pas comparu devant l'OPJ ?
R. Il est venu me déposer la nourriture et il s'est entretenu avec les militaires de garde qui lui ont dit que mon dossier est grave. Ils vont me transférer à la hiérarchie.
Ministère Public : Les ADF ont commencé à Lese, puis Banga et Lume II, où ils ont tué et déporté des gens.
Comparait monsieur Tumwesire Alexis
Le MP et la défense n'ont pas de questions à poser au prévenu.
Q. Avez-vous autre chose à dire de vos déclarations précédentes ?
R. Oui.
Q. Relatez-nous les faits ?
R. Je voudrais parler depuis le début jusqu'à la fin. J'étais encore sur le banc de l'école. J'avais un ami à Bwera qui m'avait promis du travail. Il m'a donné le travail à Bwera, celui de préparer les sabots des vaches. Quand j'ai vu que le travail n'était pas rentable, un autre ami m'a montré le travail de chappattis. J'ai vu Hakimu qui cherchait un hôtel.
Q. Lors de la dernière audience, vous avez déclaré que Waswa vous avait pris comme boy chauffeur ?
R. C'est quand nous sommes arrivés au bar qu'il m'a parlé de ça. Il m'a demandé de me préparer le lendemain pour le voyage. Ce jour, il n'est pas

venu, il est venu deux jours après. Ce qui prouve que Hakimu m'avait promis du travail, il avait mon sac qu'il a mis sur son amplificateur. J'ai le numéro de téléphone de mon grand-frère qui voulait me suivre au Congo, mais on lui avait dit que, s'il arrive ici, on va l'arrêter.
Comparait monsieur Aradjabu Nzungumani Raphaël
Q. Est-ce votre grade de Major au sein des ADF ?
R. Non.
Q. Depuis quand êtes-vous membre des ADF ?
R. Silence
Défense : Le prévenu ici devant vous avait été arrêté. L'Auditorat avait vu qu'il n'y avait pas de charge sur son don, on l'avait relaxé.
Q. Etiez-vous arrêté ou relaxé ?
R. C'est le 12 juin 2015 que j'ai été arrêté et relaxé pour absence de cinq ans à Mangina, libéré le 18 juillet 2015.
Q. Qui vous a libéré ?
R. Le premier substitut de l'Auditeur Supérieur.
Q. Quand-est ce que vous étiez repris ?
R. J'avais fait quatre jours en dehors de la prison (libre). On m'a invité et je suis arrivé ; on me récupéra.
Q. En vous reprenant, quel était le motif ?
R. Moi aussi je me suis demandé pourquoi encore m'arrêter !
Q. Vous a-t-il donné un document lors de la libération ?
R. Il m'avait promis me rappeler pour le récupérer.
Q. Avant votre arrestation, quelle était votre fonction ?
R. Journaliste et enseignant.
Ministère Public : IL est major dans le rang des ADF cote 25 à 33. C'est lui qui donne des déclarations. Il a cité le nom de Feza. Il a suivi des films djihadistes. Ses déclarations corroborent celles des autres ADF. Ce prévenu, relaxé sans un acte de procédure, a été récupéré. Le MP propose de faire comparaitre le major qui a libéré le prévenu.
Comparait monsieur Kakule Musema
Q. En quelle date et lieu avez-vous été kidnappé ?
R. Le 23 décembre 2015 dans le Graben d'Isale. C'était dans des champs, car je suis allé aussi cultiver là-bas.
Q. Etiez-vous seul à être kidnappé ou avec les autres gens ?
R. Nous étions avec d'autres personnes. Il y avait Mbale, il est de chez nous à Kibirizi. Nous étions deux, mais il y avait aussi d'autres personnes.
Q. Comment étiez-vous kidnappés ?
R. Chez nous, tous les champs sont occupés par les FDLR. Même si les fruits ne sont pas encore murs, les FDLR viennent abîmer. Quand nous avons cessé de cultiver, Mbale a commencé à vendre de la viande. Je suis allé l'aider. Quand il a chuté dans son commerce, il m'a demandé d'aller à Isale. Son papa avait beaucoup de champs, il a payé le transport pour moi. Nous sommes arrivés à Butembo. Mbale m'a laissé là-bas et il faisait des tours. Il a acheté

deux houes et deux machettes. Je lui ai suggéré qu'il m'achète un téléphone. J'ai fait sortir 20$. Il a acheté pour moi un téléphone. Nous avons commencé la marche jusqu'au Graben. A la position des FARDC, on nous a demandé les cartes d'identité. Nous les avons présentées. Nous avons continué le voyage. Je lui ai demandé d'appeler son père. Il a dit qu'il ne va pas appeler son père, car nous sommes déjà près. Nous sommes arrivés tout près de la rivière, on nous a tous arrêtés. Ils ont laissé passer les mamans, ils ont commencé à trier les gens. Ils ont pris huit personnes pour libérer les autres. Je croyais que ce sont des militaires FARDC alors que c'étaient des ADF. On nous a fait transporter des bidons. Arrivés au camp, on nous a scindés en groupes. Nous avons passé la nuit là-bas. Le matin, on nous a rassemblés. Nous avons trouvé plusieurs personnes en tenues et en soutanes. On a commencé à nous enseigner la religion. Le 2ème jour, on a amené les armes pour nous initier. Ils ont démonté l'arme, ils ont commencé à nous former un à un. Le soir, nous sommes rentrés là où on passait la nuit. J'ai demandé à un ami si on peut fuir, lui a dit qu'il ne peut pas. Le jour suivant, nous sommes entrés dans leurs rangs pour prier, après nous sommes allés en faim jusqu'à 15 heures sans rien manger. Quand on nous a donné le repas, j'ai demandé à celui qui m'avait amené, il m'a dit de ne plus lui poser cette question, car on risque de nous faire mal. Après, on a dit qu'on va chercher un lieu propice pour nous enseigner à Madina. On nous disait à Madina, il y avait des filles vierges. Il y avait aussi un Tanzanien kidnappé. On nous a fait transporter des colis de 30kgs avec un enfant. Le soir, nous avons préparé à manger, puis nous avons commencé le voyage. Nous sommes arrivés dans un camp où nous avons été séparés. Après quatre jours, nous sommes arrivés dans un autre camp. Quand l'hélicoptère passait, on nous faisait coucher par terre (à couvert). Un autre musulman disait qu'ils sont en train d'utiliser mal le coran.

Q. Etiez-vous dans le camp des ADF ?

R. Oui.

Q. Combien de temps avez-vous passé chez les ADF ?

R. J'ai quitté le 21 décembre 2015 et c'est le 23 qu'on nous a arrêtés ; j'ai fait 3 semaines.

Q. Quel est votre nom d'islam ?

R. Isiaka.

Q. Vous étiez arrivé dans quel camp ?

R. Je ne connais pas le nom de ce camp.

Q. Etiez-vous aussi à Madina ?

R. Non.

Q. En quelle date avez-vous fui ?

R. La nuit du 15 au 16 janvier 2016.

Q. Auprès de qui vous êtes-vous présenté à la sortie ?

R. Auprès du chef de Kalau. Il m'a demandé d'être calme, il ne m'avait pas dit son nom.

Q. Avez-vous déclaré que vous vous êtes présenté personnellement chez le chef de Kalau ?
R. Oui.
Témoin : Chef de Kalau et Commandant PNC
Ministère Public : C'est suite à la puissance de feu des FARDC que le prévenu s'est retrouvé devant le chef de la localité.
Remise contradictoire le 6 juin 2016.

Audience publique du 6 décembre 2016

RP N° 116/2016
RMP N° 0735/NKG/2016
Siègent MM :
1. Col. Mag. Jean Pauli Ntshaykolo Esosa Masele, 1er Président ;
2. Maj. Mag. Kabondo Pibwe Serge, Conseiller ;
3. Col. Ndiba Bulangiti, Juge Assesseur ;
4. Lt Col. Simisi Tuve Serge, Juge Assesseur ;
5. Lt Col. mpoy Teddy Léonard, Juge Assesseur ;
6. Lt Col. Mag Kumbu Ngoma Jean Baptiste, Ministère Public ;
7. Mag. Madoli Nzoki Guy Martin, Greffier.

En cause : L'Auditeur Militaire Supérieur près la Cour militaire opérationnelle du Nord-Kivu, Ministère Public
Contre :
1. M. Waswa Hakimu Abdoul ;
2. M. Tumwesigire Alex Ghislain ;
3. M. Aradjabu Nzungu Mani Raphaël ;
4. M. Abdu Hamidu Sengendo ;
5. M. Kakule Musema ;
6. M. Gerlas Steven Luhovi ;
7. M. Liban Ussein ALI alias Farh Adid ;
8. M. Mumbere Mundenga Jean Baptiste ;
9. M. Mumbere Lwanga Fabrice ;
10. M. Kasereka Bayani Daniel ;
11. Mme. Ilunga Gertrude Claudine Asero Adidja.

Poursuivis pour :
- Participation à un mouvement insurrectionnel ;
- Association des malfaiteurs ;
- Détention illégale d'arme de guerre ;
- Crime contre l'humanité par meurtre ;
- Terrorisme.

La cause est appelée à 10 heures 38 minutes.
A l'appel de la cause, les prévenus régulièrement cités comparaissent en personne, assistés de leurs Conseils : Me David Wambale, Me Idy Djuma, Me

Joël Shanyungu et la Défense militaire agréé Kiwunga Makila ainsi que Me Charles Ayal Ayalinga, avocat.
Comparait monsieur Abdu Hanidu Sengendo
Q. Où et quand étiez-vous arrêté ?
R. Au Congo, mais je ne sais pas l'endroit.
Q. En quelle date ?
R. J'ignore la date.
Q. Comment vous êtes-vous retrouvé au Congo et qu'est-ce que vous êtes venu faire ici ?
R. Il y a quelqu'un qui m'a amené ici au Congo, il m'a dit que nous allions au Soudan.
Q. Quel est le nom de cette personne ?
R. Je connais son nom, mais il était locataire, il s'appelle Kaziro, il est Ougandais.
Q. Qu'est-ce que vous alliez faire au Soudan ?
R. Cet homme travaillait au Soudan et je lui ai demandé de me chercher aussi du travail au Soudan, c'était le travail de restaurant.
Q. Depuis quand connaissez-vous le monsieur ?
R. Je l'ai connu il y a une année.
Q. Avez-vous fait le déplacement avec lui ou vous étiez seul ?
R. Nous étions venus ensemble.
Q. Comment vous êtes-vous retrouvé dans le camp des ADF ?
R. Mon ami qui m'avait amené là-bas, nous étions deux.
Q. Depuis quelle date êtes-vous arrivé chez les ADF ?
R. Je ne me souviens plus.
Q. Aviez-vous suivi une formation militaire et le djihadisme ?
R. Je n'ai pas de formation militaire, mais j'ai étudié l'islamisme.
Q. Comment aviez-vous déclaré chez l'OPJ que vous aviez suivi pendant trois jours le démontage et le remontage de l'arme ?
R. Je n'avais pas dit ça ?
Q. Quel Faziro avez-vous cité comme formateur ? Et Souleman, le Tanzanien, n'est-ce pas votre ami Faziro ?
R. L'OPJ m'avait demandé si j'étais chez les ADF ? J'ai répondu par oui, mais il ne m'avait pas demandé si j'ai fait la formation militaire.
Q. Quelle est votre vérité ?
R. Tout ce qui m'avait été posé comme question, j'ai dit ce qui est vrai. De ma part, je croyais que j'allais au Soudan, à ma surprise, on m'a amené ici au Congo.
Q. Relatez-nous les faits.
R. Nous étions venus avec mon ami à moto. Nous sommes arrivés là où il y avait des militaires. On nous a pris, on nous a ravi tout ce que nous avions et nous avons passé trois jours, nous sommes allés pour nous reposer encore deux jours. A la dernière nuit, j'ai profité pour fuir. Je ne savais pas où j'allais. Je me suis rencontré avec un monsieur qui ne comprenait pas ce que je disais.

Il m'a amené à la police, puis aux FARDC, T2 et à l'auditorat jusqu'à Kangwayi et je me retrouve aujourd'hui devant la Cour.
Q. Combien de temps avez-vous passé en détention ?
R. Je ne sais pas.
Q. En vous écoutant, c'est comme si vous n'êtes pas arrivé dans le camp des ADF, est-ce vrai ?
R. D'après ce que je viens de dire, je ne sais pas si j'avais fait même dix jours.
Q. Etes-vous arrivé au camp des ADF ?
R. Là où je suis arrivé, il y avait beaucoup de militaires. Je ne sais pas si c'est le camp des ADF. Là-bas, nous avons fait plus ou moins quinze à vingt jours.
Q. Est-ce à cet endroit qu'il y a eu des bombardements ?
R. Oui.
Q. Où est Faziro pour le moment ?
R Je suis en prison, je ne sais pas là où il est.
Q. Confirmez-vous vos déclarations devant l'OPJ que le camp était dirigé par un Ougandais Jamil Mukulu ?
R. Oui, c'est lui le grand chef.
Q. Il est de quelle nationalité ?
R. Ougandaise, je l'ai vu quand il était arrêté par le Gouvernement ougandais.
Q. Etiez-vous arrivé avec Faziro avant ou après l'arrestation de Jamil Mukulu ?
R. Après son arrestation.
Q. Connaissez-vous le Soudan ?
R. Je ne connais pas le Soudan. C'est mon ami qui le connaît.
Q. Connaissez-vous le Congo ?
R. Non.
Q. Avant d'être contacté par Faziro, que faisiez-vous en Ouganda ?
R. Je vendais les habits usés, puis j'étais réparateur des téléphones.
Q. Qu'est-ce qui vous a poussé d'abandonner ce que vous faisiez pour aller au Soudan ?
R. J'étais encore débutant dans la réparation des téléphones et c'est quand j'ai vu mon ami que je l'ai intéressé pour me chercher du travail.
Q. Comment avez-vous traversé la frontière jusqu'en RDC ?
R. Je ne connaissais même pas la frontière.
Q. Connaissez-vous lire et écrire ?
R. Je ne sais ni lire ni écrire. Je connais seulement écrire mon nom.
Q. Quel document aviez-vous pour entrer au Congo ?
R. Le papier que j'avais c'était mentionné pour Soudan. Quand nous sommes arrivés ici, il m'a ravi ça pour me dire que nous sommes déjà au Soudan.
Q. Comment vous êtes-vous retrouvé dans les mains des FARDC ?
R. Je l'ai déjà dit, je me suis rencontré avec un monsieur qui m'a acheminé à la police, puis aux FARDC.
Ministère Public : Les circonstances de son arrestation, c'est lors de la patrouille de combat par les FARDC.

Q. Les militaires qui vous ont amené en brousse portaient quelle tenue et parlaient quelle langue ?
R. Tenue FARDC et beaucoup d'entre eux parlaient kiswahili.
Q. Pouvez-vous indiquer cette tenue ?
R. Tenue tâche-tâche noire.
Q. Pourquoi avez-vous demandé pardon devant l'OMP ?
R. Je reconnais avoir demandé pardon. On me demandait ce que le gouvernement peut faire pour moi. J'ai demandé au Gouvernement de me pardonner, car de ma part, je n'avais rien fait.
Q. Pourquoi avez-vous quitté le camp des ADF ?
R. Ce n'était pas mon objectif de rester dans le camp des ADF, mais plutôt de travailler au Soudan. L'occasion pour moi de fuir lors des bombardements de ce camp par l'hélicoptère.
Q. Avez-vous personnellement participé aux attaques ?
R. Non.
Q. Lorsque vous avez quitté chez les ADF, aviez-vous l'arme ? Si oui, où avez-vous laissé cette arme ?
R. J'étais formé, mais je n'avais pas touché l'arme.
Défense : Le prévenu était amené au Congo par ruse.
Q. Combien de temps avez-vous passé chez les ADF ?
R. Je ne me souviens plus.
Q. En quelle année avez-vous quitté l'Ouganda pour le Congo ?
R. C'était en 2015.
Q. C'était en quel mois ?
R. Je ne me souviens plus.
Q. A quelle année êtes-vous arrivé dans le camp des ADF ?
R. C'était l'année passée.
Q. Que dites-vous de vos déclarations selon lesquelles vous avez participé au pillage et vous étiez chez les ADF surpris en octobre 2015 ?
R. A propos du pillage, je n'ai jamais volé ; et pour le mois, je ne me souviens pas ; pour aller chercher la nourriture, c'est ce qu'on faisait.
Q. Combien de fois êtes-vous parti chercher de la nourriture ?
R. Ça doit être trois à quatre fois.
Q. Etiez-vous armé ou ceux qui vous accompagnaient étaient-ils armés pour chercher la nourriture ?
R. Ceux qui nous accompagnaient étaient armés.
Q. Wispa, vous le reconnaissez ?
R. Oui.
Q. Combien d'années avez-vous fait à Wispa ?
R. Je ne suis pas habitué à compter les jours.
Q. Chez Wispa, vous étiez à combien et qui était le chef ?
R. Je n'ai jamais été combattant. Les combattants, qui étaient là-bas, étaient au nombre de cinq et leur chef s'appelait Wispa.
Q. Que dites-vous de vos déclarations de 1000 personnes ?

R. Je n'ai jamais dit ça.
Q. Dans ce camp des ADF, qu'est-ce qu'ils faisaient comme travail ?
R. Tout ce que j'avais vu, les études islamiques, laver les habits et creuser les trous de WC.
Q. Que veut dire ADF et qui sont-ils ?
R. J'entends parler des ADF, mais je ne sais pas ce que cela veut dire.
Q. Connaissez-vous Jamil Mukulu ?
R. Je le voyais souvent à la télévision.
Q. Qu'est-ce qu'on disait de Jamil Mukulu ?
R. On disait que lui était rebelle et il était le chef des rebelles.
Comparait monsieur Gerlas Steven Luhovia
Q. De quelle ville êtes-vous venu pour enter au Congo à partir de Tanzanie ?
R. Je suis venu de Kigoma, Rwanda, Congo par Goma, je suis passé par Butembo.
Q. Comment étiez-vous arrêté à Beni ?
R. A partir de Butembo, je me suis retrouvé entre les mains des criminels, en quittant Butembo pour la brousse ; c'est là qu'on m'a récupéré.
Q. Qu'est-ce que vous êtes venu faire ici au Congo ?
R. J'étais venu vendre le miel.
Défense : En brousse à Butembo, il s'est retrouvé dans les mains des criminels ; en fuyant et ne connaissant pas le milieu, il est sorti à Beni.
Q. En quittant Kigoma, vous aviez combien de litres de miel ?
R. A Kigoma, j'avais 500 litres, mais je suis arrivé avec 5 litres.
Q. Étiez-vous venu seul ou accompagné ?
R. J'étais seul.
Q. Etiez-vous déjà arrivé à Butembo ?
R. C'était ma toute première fois.
Q. Et au Congo ?
R. C'était aussi ma première fois.
Q. Comment avez-vous fait pour arriver à Butembo ?
R. J'ai quitté la Tanzanie seul, mais j'avais un ami qui arrivait en Tanzanie. C'est monsieur Moussa qui m'avait accueilli à partir de Gisenyi.
Q. De Gisenyi, avez-vous fait route ensemble ?
R. Oui, jusqu'à Goma et nous étions avec lui jusqu'à Butembo.
Q. Où est Moussa pour le moment ?
R. Je ne sais pas.
Q. Etiez-vous arrêté ensemble avec Moussa ?
R. J'étais arrêté seul, Moussa était rentré à bord de sa moto.
Q. Comment communiquiez-vous avec Moussa pour se retrouver à Gisenyi en quittant Kigoma.
R. C'était mon ami, il venait là-bas vendre des pagnes et il achetait un litre du miel chez moi. Il faisait même deux semaines chez moi. Il faisait des va-et-vient. Il m'a sollicité de vendre le miel au Congo. Il m'a dit qu'un litre au

Congo c'est 20$. J'ai cru à ce qu'il disait. J'ai fait des calculs, j'ai vu que j'allais beaucoup gagner.
Q. Comment expliquer que quelqu'un que vous connaissez bien puisse vous livrer ?
R. Moussa était mon ami et je l'ai beaucoup considéré. Avec les Congolais, nous vivons sans problèmes ; ce qui a fait que je puisse tomber dans le piège.
Q. Où avez-vous passé la nuit à Goma ?
R. Chez Moussa.
Q. Dans quelle commune, quelle adresse ?
R. Je ne connais pas.
Q. Moussa vous a dit que le miel coûte plus cher à Goma qu'à Butembo ?
R. Il m'a dit qu'à Goma le miel coûte cher.
Q. Pourquoi vous êtes venu à Butembo ?
R. Il m'avait demandé de venir à Butembo pour voir ses parents.
Q. Moussa à Kigoma avait vu vos parents ?
R. Je n'ai pas de parents.
Q. Même vos frères ?
R. Non.
Q. A Butembo, avez-vous vu les parents de Moussa ?
R. Non.
Q. Combien de jours avez-vous fait à Butembo ?
R. Nous avons passé la nuit au parking, le lendemain, nous sommes partis.
Q. Pourquoi avez-vous passé la nuit au parking au moment où Moussa avait des parents là-bas ?
R. J'étais obligé de faire ce qu'il disait.
Q. Combien d'argent aviez-vous pour le voyage ?
R. 175.000 en monnaie rwandaise.
Q. Où se trouve la maison de Moussa à Goma ?
R. Tout près du Marché Birere.
Q. Au départ de Kigoma, avez-vous prévu d'arriver à Butembo ou c'était imprévu ?
R. Mon voyage devrait se terminer à Goma.
Q. Qui a payé le transport de Goma à Butembo ?
R. C'est Moussa qui avait payé le transport et il a récupéré mon argent pour changer en franc congolais.
Q. Avez-vous vendu le miel ?
R. Quand nous étions au parking, il a pris le miel pour le déposer chez lui et il a dit qu'on va régler le problème de miel après. Le miel est resté à Goma.
Q. Comment avez-vous abandonné le marché de miel pour quoi faire à Butembo, visiter les parents de Moussa ?
R. C'était le 26 décembre, nous avons quitté Goma pour Butembo. Il a dit que nous allons rentrer pour voir ce marché.
Q. Vous avez cinq cents litres de miel, vous êtes venu avec cinq litres. Où sont les 495 litres ?

R. Je les ai laissés à la maison.
Q. Vous êtes arrivés à Goma à quelle heure ?
R. 19 heures 30
Q. Quand êtes-vous parti de Goma pour Butembo ?
R. Le lendemain matin entre 7 heures et 8 heures.
Q. Qu'est-ce qui était plus important, les affaires ou la visite des parents de Moussa ?
R. L'important était le miel.
Q. Qu'est-ce qui vous a poussé d'abandonner votre marchandise ?
R. J'avais confiance en Moussa.
Q. Devant la Cour, avez-vous confiance en Moussa ?
R. Je n'ai plus confiance à lui.
Q. Veuillez donner le numéro de téléphone de Moussa.
R. Je n'ai pas ça en tête. C'était dans mon téléphone qui était cassé lors de mon arrestation.
Q. En Tanzanie, aviez-vous demandé à Moussa de laisser ses marchandises et vous allez à plus de 100 km ?
R. Il disposait ses colis là où il vendait et je ne l'ai jamais sollicité d'aller ailleurs.
Comparait le nommé Désiré Bulemomake, né à Mbau, le 07 octobre 1988, fils de Paluku Lufungola (en vie) et de Masika Kabosuko (décédée), chef de la localité Mavivi (témoin) qui prête serment.
Q. Depuis quand êtes-vous chef de la localité de Mavivi ?
R. Depuis 2014, je suis chef coutumier.
Q. Dans votre chefferie de Mavivi, y a-t-il déjà eu incursion des ADF avec le kidnapping de la population ? Si oui, en quelle année ?
R. C'était le 15 novembre 2016, ces gens sont passés là-bas et ils ont pris treize personnes.
Q. Par quel groupe armé ?
R. Les ADF/NALU
Q. Et avant le 15 novembre 2016, n'y a-t-il pas eu d'autres enlèvements ?
R. Il n'y avait pas d'autres enlèvements.
Q. Est-ce que, le mois passé, il y a eu enlèvement ?
R. C'est pour les gens qui ont été enlevés à Mvemba et qui ont été libérés. On les avait amenés ici à la mairie.
Q. Il vous est arrivé de visiter les familles victimes d'enlèvement ?
R. Oui, nous sommes allés voir les familles, même ceux qui sont arrêtés.
Q. Parmi ces gens, reconnaissez-vous ceux qui habitent Mvemba qui ont été enlevés ?
R. Je reconnais cette sœur, mais je ne connais plus son nom. Ça fait beaucoup de jours.
Q. Qu'est-ce que vous savez d'elle ?
R. Ça fait plus d'une année passée, quand ils sont allés moudre les noix de palme. Elle était avec son mari. Les gens les ont enlevés, ils sont allés jusqu'à

4 Km. Ils ont tué son mari. Nous sommes allés avec des militaires, nous avons retrouvé trois cadavres. Nous avons organisé le deuil. Après quatre à cinq mois, nous avons appris que cette sœur était sortie et qu'on l'avait envoyée à Goma. Quand nous avons appris qu'ils sont revenus, nous sommes venus la voir. On nous a dit qu'elle a été hospitalisée. Je suis très content de la revoir. Je demande à la Cour de libérer cette sœur.
Q. Adidja, avez-vous entendu les déclarations du chef ?
R. Oui, je vous demande de me libérer. J'ai été capturée et on avait même tué mon mari.
Comparait monsieur Paluku Aluta Assumani, né à Aloya, le 6 avril 1966, fils d'Apanaha (décédé) et de Kavugho (en vie), Originaire d'Aloya, Secteur Beni Mbau, Territoire de Beni, 1 niveau d'étude an PP, chef notable Aloya depuis 2002 (témoin) qui prête serment.
Ministère Public : Sollicite à la Cour que les témoins ont commencé à comparaitre au moment où le prévenu n'a pas encore répondu à la question de la Cour sur son inculpabilité.
Q. Que dites-vous à propos de votre arrestation ?
R. Je suis enseignant et journaliste. L'OPJ a fait ses investigations, on m'avait amené à l'auditorat pour être acquitté.
Q. Vous pouvez reprendre tout ce que vous avez dit à propos de votre situation d'être rendu ?
R. J'étais dans l'état d'inconscience.
Ministère Public : Le prévenu ne s'est pas rendu de lui-même. Il a déclaré lui-même comment il a adhéré au mouvement des ADF, cote 25.
Q. Reconnaissez-vous avoir comparu devant l'OPJ ?
R. Oui, à l'ANR, trois jours d'audition, au T2, j'avais fait deux semaines, mais j'ai comparu deux fois.
Q. Qu'est-ce que vous entendez par inconscience ?
R. Vous parlez de ce que vous ne connaissez pas suite à la drogue.
Q. Vous donnez cours à l'école en état d'inconscience ?
R. C'est la raison pour laquelle on m'avait renvoyé.
Q. Vous ne reconnaissez pas votre présence chez les ADF ?
R. Non.
Le prévenu opte pour la négation à toutes les questions posées.
Q. Pourquoi avez-vous demandé pardon à l'OPJ ?
R. Du fait que tout ce que je disais, c'était dans un état d'inconscience.
Q. Que faisiez-vous à Mangina pendant les cinq ans où on ne vous voyait plus circuler ?
R. Après avoir emporté notre émetteur à Mangina, je suis allé enseigner à Eringeti. Ensuite, je suis rentré à Cantine.
Q. Devant le T2, pourquoi avez-vous cité Braider et Feza comme des formateurs chez les ADF ?
R. Ce sont des mensonges.

Q. Qu'est-ce que vous avez raconté au Premier Substitut pour qu'il vous mette en liberté ?
R. Après ses enquêtes, il a trouvé que je n'y suis pour rien.
Q. Pour vous libérer, on vous a donné un document quelconque ?
R. Il m'avait promis de repasser pour le récupérer.
Q. Avez-vous payé quelque chose pour être libéré ?
R. J'avais payé de l'argent.
Q. Tout ce qui s'est passé à l'auditorat entre vous et le magistrat instructeur, vous n'étiez pas dans l'inconscience ?
R. J'avais expliqué et il m'a compris.
Q. Pourquoi avez-vous donné l'argent au premier Substitut ?
R. C'est pour mener des enquêtes.
La Défense demande de faire comparaitre le premier Substitut.
Ministère Public : Il y a le principe de l'unicité du MP, le MP est là.
Comparait monsieur Mbusa Mukiranya, né à Butembo, le 3 mai 1976, fils de Kambale Thomas (décédé) et de Masika (décédée), originaire de Musienene, Collectivité de Baswagha, Territoire de Lubero, 6ème primaire, célibataire avec 6 enfants, domicilié quartier Katuma N° 29, C/ Kimemi, Ville de Butembo (renseignant).
Q. Qui est le prévenu par rapport à vous ?
R. Le fils de mon grand-frère.
Q. Est-ce que votre neveu a déjà été soigné dans un centre psychiatrique ?
R. Oui, entre 2013 et 2014.
Q. C'était dans quel centre médical ?
R. CEPIMA à Butembo, sur l'Av. Mikundi en Commune Kimemi.
Q. Quand avez-vous constaté l'absence de votre neveu à Butembo ?
La Cour décide que c'est son papa qui peut répondre.
Q. Votre neveu habite chez vous ?
R. Non, chez son papa, il est vivant.
Q. Quelle est l'origine de ces cicatrices ?
R. Il était tombé au feu lors de son voyage à Kisangani.
Q. Etiez-vous au courant du déplacement de votre neveu pour qu'il soit introuvable et enlevé par les ADF ?
R. Non.
Ministère Public : Que la Défense nous produise des pièces pour prouver qu'il était malade.
Comparait monsieur Paluku Alutu,
Q. Connaissez-vous monsieur Aradjabu ?
R. Oui.
Q. Pouvez-vous dire les activités de monsieur Aradjabu entre 2011 et 2016 ?
R. Il était à Mangina de 2011 à 2012. Il avait quitté Cantine pour aller à Mangina. Il a connu un accident. Il était enseignant à Mangina et on l'avait chassé pour son ivresse. Il a été soigné à Mangina, il a été hospitalisé au centre de Mangina.

Q. Quand avez-vous vu le prévenu la dernière fois ?
R. En 2015.
Q. Après sa maladie, est-ce que le prévenu a continué à boire ?
R. Oui.
Q. Quand le prévenu ne prend de la bière, comment il se comporte ?
R. Il se comporte bien.
Comparait monsieur Paluku Kilima, né à Maboya, le 13 octobre 1968, fils de Kasereka (en vie) et de Kahambu (en vie), originaire de Kyondo, Territoire de Lubero (renseignant).
Q. Quels sont vos liens avec le prévenu ?
R. Je connais Radjabu depuis 2013, il est l'enfant de mes fidèles.
Q. Est-ce que c'est votre fidèle ou ses parents ?
R. Ses parents sont mes fidèles, Aradjabu était chez moi quand il était petit.
Q. Depuis quand il a quitté l'église et quand est-ce qu'il a disparu ?
R. Il a abandonné l'église à l'âge de treize ans, mais il vivait toujours à Cantine.
Q. Depuis qu'il a quitté l'église, avez-vous suivi qu'Aradjabu était chez les ADF ?
R. Aradjabu avait continué ses études et il a obtenu son diplôme. Par après, il est devenu enseignant et journaliste.
Comparait monsieur Kakulu Kabuyaya Wiston, né à Beni, le 15 juin 1983, fils de Katembo (en vie) et de Kavira (en vie), originaire de Vitshumbi, D6, Directeur de la Radio Cantine, Aloya (renseignant).
Q. Connaissez-vous monsieur Aradjabu ?
R. Oui, je travaillais avec lui.
Q. Pourquoi n'êtes-vous plus avec lui ?
R. Il a disparu un certain moment.
Q. Depuis quand il a disparu ?
R. Depuis 2007 jusqu'à 2011 et pour la 2ème fois en 2015 jusqu'à ce jour.
Q. Reconnaissez-vous avoir conduit monsieur Aradjabu à l'ANR ?
R. Non.
Q. Aradjabu ?
Temoigange du Directeur de la Radio Mangina
Q. Avez-vous l'information sur la disparition d'Aradjabu ?
R. Pour la première fois, il était allé à la Radio Mangina, je l'ai pris de 2013 à 2014.
Q. Vous vous voyiez lors de la disparition ?
R. Oui, sa famille était sur place.
Q. Après l'ivresse, comment il devenait ?
R. Il était à tout moment ivre. Au début, il était un peu bien ; par après, il buvait à tout moment.
Q. Comment il travaillait à la Radio ?
R. Il travaillait avec une certaine logique sous l'alcool.

Comparait monsieur Musubao Musalangi, né à Mangango, le 1er octobre 1967, fils de Muyubi (décédé) et de Dekubande (décédé), originaire de la localité Bapakombe Pendekali, D6, Directeur de l'école primaire Masala/ Aloya (renseignant).
Q. Connaissez-vous monsieur Aradjabu ?
R. Oui, il fut mon enseignant.
Q. Pourquoi n'est-il plus votre enseignant ?
R. L'ivresse publique exagérée, retard à l'école.
Q. En quelle année il fut votre enseignant ?
R. 2013-2014.
Q. De 2014 jusqu'à ce jour, vous le voyez ?
R. Il a quitté le milieu en 2014, nous avons appris qu'il était parti à Mangina.
Q. Avez-vous appris qu'il a été affilié aux ADF ?
R. Je ne saurai pas répondre à cette question.
Comparait monsieur Mapasa Sobiana, né à Aloya, le 30 septembre 1980, fils de Atigomana (en vie) et de Lakabusia (en vie), originaire de Cantine/ Lubena, 3 ans PP, cultivateur (renseignant).
Q. Quels sont les liens qui vous unissent avec Aradjabu ?
R. Nous sommes des amis d'enfance.
Q. Etiez-vous au courant que le prévenu avait connu un accident ?
R. Nous avons appris ça.
Q. Etiez-vous à côté de lui ?
R. Non.
Q. Dans quelle période il avait connu l'accident ?
R. J'ignore.
Q. Etiez-vous soigné par Aradjabu ?
R. Oui, quand nous avons connu l'accident sur la route vers Kisangani en 2015, j'étais fracturé, ça fait deux semaines et demie.
Q. L'accident était en quel mois ?
R. Mois d'avril. Aradjabu était à Mangina quand il est venu me soigner.
Comparait monsieur Paluku Sinamani Evariste, ciat Beu Matricule : 1197609100267, District Beni ville, né à Beni, le 10 juin 1976, Commandant S/Ciat Rwangoma (renseignant)
Q. Connaissez-vous le prévenu Kakule Musema ?
R. Non.
Ministère Public : Le prévenu a déclaré qu'il s'est présenté devant le chef et qu'il l'a amené à la police.
Q. Kakule Musema, vous vous étiez présenté devant ce commandant ?
R. Les jeunes gens m'ont amené chez le chef qui a appelé un autre qui m'a amené à la police.
Remise contradictoire pour lundi 12 décembre 2016.
Que les parties s'apprêtent pour plaider.

Audience publique du 12 décembre 2016

RP N° 116/2016
RMP N° 0735/NKG/2016
Siègent MM :

1. Col. Mag. Jean Pauli Ntshaykolo Esosa Masele, 1er Président ;
2. Maj Mag Kabondo Pibwe Serge, Conseiller ;
3. Col. Ndiba Bulangiti, Juge Assesseur ;
4. Lt Col. Simisi Tuve Serge, Juge Assesseur ;
5. Lt Col. mpoy Teddy Léonard, Juge Assesseur ;
6. Lt Col. Mag Kumbu Ngoma Jean Baptiste, Ministère Public ;
7. Mag. Madoli Nzoki Guy Martin, Greffier.

En cause : L'Auditeur Militaire Supérieur près la Cour militaire opérationnelle du Nord-Kivu, Ministère Public
Contre :

1. M. Waswa Hakimu Abdoul ;
2. M. Tumwesigire Alex Ghislain ;
3. M. Aradjabu Nzungu Mani Raphaël ;
4. M. Abdu Hamidu Sengendo ;
5. M. Kakule Musema ;
6. M. Gerlas Steven Luhovi ;
7. M. Liban Ussein ALI alias Farh Adid ;
8. M. Mumbere Mundenga Jean Baptiste ;
9. M. Mumbere Lwanga Fabrice ;
10. M. Kasereka Bayani Daniel ;
11. Mme. Ilunga Gertrude Claudine Asero Adidja.

Poursuivis pour :

- Participation à un mouvement insurrectionnel ;
- Association des malfaiteurs ;
- Détention illégale d'arme de guerre ;
- Crime contre l'humanité par meurtre,
- Terrorisme.

La cause est appelée à 13 heures 34 minutes.
A l'appel de la cause, les prévenus régulièrement cités comparaissent en personne assistés de leurs Conseils : Me Idy Djuma, avocat près la Cour de Kisangani.
Q. Kakule Musema, c'est bien vous qui avez appelé le chef de Kalau ?
R. Oui, mais ce n'était pas celui-ci.
Q. Le chef de Kalau ; à Kalau il y a combien de chefs ?
R. Il y a sept chefs des villages, c'est moi seul le chef coutumier.
Q. A part le chef de Kalau auquel vous faites allusion, avez-vous vu l'autre chef ici présent ?
R. Non.

Q. Qu'est-ce que le chef devrait confirmer pour vous ?
R. Ça c'est l'avis de mon avocat ; cela n'est pas venu de moi.
Le Greffe donne lecture du rapport de l'expertise médico-légale sur ordre du premier Président du prévenu Liban Hussein Ali.
Ministère Public : Le médecin n'a pas déterminé l'âge approximatif, il a parlé de dix-sept à vingt et un ans. Suite à ces difficultés, le MP laisse l'Auguste Cour à apprécier.
Défense : Le médecin a fini par une conclusion « l'âge inférieur ou égal à dix-huit ans », le prévenu a été arrêté à l'âge de seize ans.
Ministère Public : Lors de l'arrestation, il fut mineur. Nous laissons cela à la sagesse de la Cour.
La Cour se rend compte qu'il y a doute sur l'âge du prévenu. La Cour conclut qu'il est mineur.
Comparait le prévenu Aradjabu
Q. Comment expliquez-vous que vous avez demandé pardon et vous avez encore dit que vos déclarations étaient par contrainte ?
R. J'étais dans l'état d'inconscience.
Q. Pourquoi vous avez déclaré que vos déclarations étaient en état de sentiment ?
R. C'était plutôt en état d'inconscience.
Q. Reconnaissez-vous avoir fait un an à Eringeti ?
R. J'ai fait plutôt trois mois. Je donnais cours à Eringeti, j'étais enseignant.
Q. Comment expliquez-vous que votre séjour à Eringeti, votre vie privée, vous n'êtes pas en état d'inconscience ? S'il s'agit des questions des ADF, vous êtes en état d'inconscience ?
R/ Je répondais aussi devant l'OMP.
Les parties sont prêtes pour requérir et plaider ?
R. Ministère Public : Qu'on puisse renvoyer à la prochaine audience.
Remise contradictoire lundi 19 décembre 2016.

Audience publique du 26 décembre 2016

RP N° 116/2016
RMP N° 0735/NKG/2016
Siègent MM :

1. Col. Mag. Jean Pauli Ntshaykolo Esosa Masele, 1er Président ;
2. Maj. Mag. Kabondo Pibwe Serge, Conseiller ;
3. Col. Ndiba Bulangiti, Juge Assesseur ;
4. Lt Col. Simisi Tuve Serge, Juge Assesseur ;
5. Lt Col. Mpoy Teddy Léonard, Juge Assesseur ;
6. Lt Col. Mag. Kumbu Ngoma Jean Baptiste, Ministère Public ;
7. Mag. Madoli Nzoki Guy Martin, Greffier.

En cause : L'Auditeur Militaire Supérieur près la Cour militaire opérationnelle du Nord-Kivu, Ministère Public

Contre :

1. M. Waswa Hakimu Abdoul ;
2. M. Tumwesigire Alex Ghislain ;
3. M. Aradjabu Nzungu Mani Raphaël ;
4. M. Abdu Hamidu Sengendo ;
5. M. Kakule Musema ;
6. M. Gerlas Steven Luhovi ;
7. M. Liban Ussein ALI alias Farh Adid ;
8. M. Mumbere Mundenga Jean Baptiste ;
9. M. Mumbere Lwanga Fabrice ;
10. M. Kasereka Bayani Daniel ;
11. Mme. Ilunga Gertrude Claudine Asero Adidja.

Poursuivis pour :

- Participation à un mouvement insurrectionnel ;
- Association des malfaiteurs ;
- Détention illégale d'arme de guerre ;
- Crime contre l'humanité par meurtre ;
- Terrorisme.

La cause est appelée à 10 heures 38 minutes.

A l'appel de la cause, les prévenus régulièrement cités comparaissent en personne, assistés de leurs Conseils : Me David Wambale, Me Idy Djuma, Me Joël Shanyungu, tous avocats et le Défenseur militaire agréé Kiwunga Makila ainsi que Me Charles Ayal Ayalinga, tous avocats.

La Ministère Public présente ses réquisitions dont voici le dispositif :

1. Aradjabu Nzungumani Raphaël
   - Participation à un mouvement insurrectionnel, non établie, de l'en acquitter,
   - Association des malfaiteurs, non établie, de l'en acquitter.
2. Kakule Musema Markiole, sans admission des circonstances atténuantes :
   - Participation à un mouvement insurrectionnel, à la peine de mort,
   - Association des malfaiteurs, à la peine de mort.

Faisant application de l'article 7 CPM, à la peine capitale.

3. Abdu Hamidu Sengendo, sans admission des circonstances atténuantes :
   - Participation à un mouvement insurrectionnel, à la peine de mort,
   - Association des malfaiteurs, à la peine de mort.

Faisant application de l'article 7 CPM, à la peine de mort.

4. Gerlas Steven Luhovia Issa, avec admission des circonstances atténuantes :
   - Participation à un mouvement insurrectionnel, à 10 ans de servitude pénale principale,

- Association des malfaiteurs, à la peine de mort, à 10 ans de servitude pénale principale,

Faisant application de l'article 7 CPM, à 10 ans de servitude pénale principale.

5. Mumbere Lwanga Fabrice, avec admission des circonstances atténuantes :
- Participation à un mouvement insurrectionnel, à 10 ans de servitude pénale principale,
- Association des malfaiteurs, à la peine de mort, à 10 ans de servitude pénale principale,

Faisant application de l'article 7 CPM, à 10 ans de servitude pénale principale.

6. Mme Ilunga Gertrude Claudine Asero Adidja, avec admission de très larges circonstances atténuantes :
- Participation à un mouvement insurrectionnel, à 5 ans de servitude pénale principale,
- Association des malfaiteurs, à la peine de mort, à 5 ans de servitude pénale principale,
- Crime contre l'humanité par meurtre, à 5 de servitude pénale principale,
- Terrorisme, à 5 de servitude pénale principale,

Faisant application de l'article 7 CPM, à 5 ans de servitude pénale principale.

7. Mumbere Mundenga Jea-Baptiste, sans admission des circonstances atténuantes :
- Participation à un mouvement insurrectionnel, à la peine de mort,
- Association des malfaiteurs, à la peine de mort.

Faisant application de l'article 7 CPM, à la peine de mort.

8. Tumwesire Alexis
- Participation à un mouvement insurrectionnel, non établie, de l'en acquitter,
- Association des malfaiteurs, non établie, de l'en acquitter

9. Waswa Hakimu, sans admission des circonstances atténuantes :
- Participation à un mouvement insurrectionnel, à la peine de mort,
- Association des malfaiteurs, à la peine de mort.

Faisant application de l'article 7 CPM, à la peine de mort.

10. Kasereka Bayani Daniel, avec admission des circonstances atténuantes :
- Participation à un mouvement insurrectionnel, à 10 ans de servitude pénale principale,
- Association des malfaiteurs, à la peine de mort, à 10 ans de servitude pénale principale,

Faisant application de l'article 7 CPM, à 10 ans de servitude pénale principale.

11. Liban Hussein Ali alias Farah Adid

La Défense présente leurs plaidoiries dont voici les dispositifs :

- Défense de monsieur Waswa Hakimu et monsieur Tumwesire Alexis : Me David Wambale

De dire non établie l'infraction de participation à un mouvement insurrectionnel mise à charge de tous les deux prévenus.

Non établie l'infraction d'association des malfaiteurs.

De dire recevable l'action du MP, mais non fondée pour Waswa Hakimu faute d'éléments légaux et faute de preuves.

D'acquitter les deux prévenus et de mettre les frais à charge du Trésor Public.

Me Charles Ayal Umumoki Ayalinga

- Défense de monsieur Kakule Musema Markiole et monsieur Aradjabu Nzungumani Raphaël.

Pour Kakule Musema, de l'en acquitter au bénéfice de doute et défaut de l'élément moral du fait qu'il a été kidnappé. Défaut d'élément moral aussi pour l'infraction d'association des malfaiteurs. Si pas possible, la Défense sollicite l'indulgence de la Cour.

Pour Aradjabu Nzungumani Raphaël, de l'en acquitter au bénéfice de doute.

Pour Kakule Musema, de l'en acquitter pour défaut de l'élément constitutif et moral. Si pas possible de le condamner avec de très larges circonstances atténuantes.

- Défense de monsieur Mumbere Lwanga Fabrice et Mme Ilunga Gertude Claudine Asero Adidja : Me Idy Djuma

Pour Mumbere Lwanga Fabrice, la Défense ne saura pas présenter ses moyens aussi longtemps qu'elle avait demandé à la Cour de l'amener au centre CEPIMA pour vérifier son état mental, là où il avait fait beaucoup d'années.

Pour Ilunga Gertrude Claudine Asero Adidja, MP parle de 2015 au moment où la prévenue était encore chez son mari dans leur foyer ; mais le MP continue à coller à la prévenue les faits qui se sont passés en 2015.

Non établie, l'infraction de participation à un mouvement insurrectionnel, il y a eu enlèvement, séquestration et kidnapping.

Non établie, l'infraction d'association des malfaiteurs.

Non établies, les infractions de crime contre l'humanité par meurtre et terrorisme.

De l'en acquitter et de mettre les frais à charge du Trésor Public.

Ministère public réplique : Le prévenu Waswa Hakimu s'est servi de la ruse pour utiliser le prévenu Tumwesire Alexis. Le rôle du prévenu Waswa était de recruter les Ougandais pour les amener à Madina.

Kakule Musema qui a dit qu'il s'est rendu auprès du chef de Kalao : le chef était ici, il n'a pas reconnu le prévenu. Sa participation est confirmée, il était chargé de transporter les munitions.

Mumbere Lwanga Fabrice, la maladie mentale ne s'estime pas. Il faut la prouver.

Asero Adidja : la prévenue elle-même a déclaré devant la Cour comment ils ont mené l'attaque à Kokola.

Défense de Mme Asero : Mumbere Lwanga, parmi les moyens des preuves, il y a le témoignage. Le témoin a déclaré que c'est bien lui qui gardait le prévenu à l'hôpital.
Mme Asero : si le MP dit que les dates ne comptent pas, c'est faux. Il poursuit Mme Asero pour les faits qui se sont passés en 2015 au moment où elle n'était pas encore enlevée.
Remise contradictoire demain mardi 27 décembre 2016.

Audience publique du 27 décembre 2016

RP N° 116/2016
RMP N° 0735/NKG/2016
Siègent MM :

1. Col. Mag. Jean Paulin Ntshaykolo Esosa Masele, 1er Président ;
2. Maj. Mag. Kabondo Pibwe Serge, Conseiller ;
3. Col. Ndiba Bulangiti, Juge Assesseur ;
4. Lt Col. Simisi Tuve Serge, Juge Assesseur ;
5. Lt Col. Mpoy Teddy Léonard, Juge Assesseur ;
6. Lt Col. Mag. Kumbu Ngoma Jean Baptiste, Ministère Public ;
7. Mag. Madoli Nzoki Guy Martin, Greffier.

En cause : L'Auditeur Militaire Supérieur près la Cour militaire opérationnelle du Nord-Kivu, Ministère Public
Contre :

1. M. Waswa Hakimu Abdoul ;
2. M. Tumwesigire Alex Ghislain ;
3. M. Aradjabu Nzungu Mani Raphaël ;
4. M. Abdu Hamidu Sengendo
5. M. Kakule Musema ;
6. M. Gerlas Steven Luhovi ;
7. M. Liban Ussein ALI alias Farh Adid ;
8. M. Mumbere Mundenga Jean Baptiste ;
9. M. Mumbere Lwanga Fabrice ;
10. M. Kasereka Bayani Daniel ;
11. Mme. Ilunga Gertrude Claudine Asero Adidja.

Poursuivis pour :

- Participation à un mouvement insurrectionnel ;
- Association des malfaiteurs ;
- Détention illégale d'arme de guerre ;
- Crime contre l'humanité par meurtre ;
- Terrorisme.

La cause est appelée à 11 heures 55 minutes.
A l'appel de la cause, les prévenus régulièrement cités comparaissent en personne, assistés de leurs Conseils : Me David Wambale, Me Idy Djuma, Me

Joël Shanyungu Me Charles Ayal Ayalinga et la Défense militaire, agréé Kiwunga Makila.

- Défense de monsieur Abdu Hamidu Sengendo et monsieur Gerlas Steven Luhovia Issa : Me Joël Shanyungu.

Non établie l'infraction de participation à un mouvement insurrectionnel à charge du prévenu Abdu Hamidu Sengendo, de l'en acquitter.
Non établie l'infraction d'associations des malfaiteurs, de l'en acquitter.
Non établie l'infraction de participation à un mouvement insurrectionnel mise à charge du prévenu Gerlas Steven Luhovia et de l'en acquitter.
De les renvoyer de toutes poursuites judiciaires.

- Défense de monsieur Liban Ussein Ali alias Farah Adid, monsieur Kasereka Bayani Daniel et monsieur Mumbere Mundenga Jean-Baptiste.

Pour le prévenu Liban Ussein Ali alias Farah Adid, la Cour avait décidé à l'audience du 12/12/2016 de le renvoyer devant son juge naturel qui est le juge d'enfants.
Non établie l'infraction de participation à un mouvement insurrectionnel et d'associations des malfaiteurs mises à charge des prévenus Kasereka Bayani Daniel et Mumbere Mundenga Jean Baptiste.
De les en acquitter et de les renvoyer de toutes poursuites.
Ministère Public : Abdu Hamidu Sengendo, le prévenu s'est fait adhérer volontairement et il a été capturé par les éléments FARDC.
Gerlas Steven, avec un alibi qu'il est venu vendre le miel.
Mumbere Mundenga Jean-Baptiste avait donné son consentement, il n'a jamais été enlevé.
Kasereka Bayani, il ne s'est pas rendu de lui-même, mais il a été plutôt capturé.
Q. Ministère Public vous propose :
Messieurs Waswa Hakimu, Abdu Hamidu Sengendo, Kakule Musema et Mumbere Mundenga J.B, la peine de mort alors que vos conseils sollicitent votre acquittement ; vos derniers mots.
R.

- Waswa : Je vous remercie, Premier Président. Je suis marié, père de cinq enfants. Toute personne peut commettre une faute. Je demande à l'avocat de plaider ma cause pour qu'on diminue ma peine.
- Kakule Musema : Selon mon avocat et le MP, je m'étonne comment on m'a proposé la peine de mort. Je suis orphelin, un simple cultivateur et j'ai un enfant.
- Abdu Hamidu Sengendo : Je suis innocent. Je demande pardon, de m'aider à rentrer chez nous en Ouganda.
- Mumbere Mundenga Jean-Baptiste : On m'avait kidnappé. Je vous demande de m'acquitter.

Q. Ministère Public vous propose, Gerlas Steven Luhovia, Mumbere Lwanga Fabrice, Kasereka Bayani Daniel et Asero 10 ans et 5 ans de servitude pénale principale ?

R.

- Mumbere Lwanga Fabrice : Je suis le seul responsable de la famille, je vous demande de me libérer. C'est suite à l'alcool que je suis devant vous.
- Kasereka Bayani : Je vous remercie. C'est suite au fait de chercher de l'argent que je suis devant vous. Je ne voulais pas être chez les ADF.
- Gerlas Steven Luhovia : Je vous demande de me laisser libre pour rentrer chez nous.
- Asero : Je suis sous cure. Je prends les antirétroviraux. Je supporte ma mère et je vous remercie beaucoup.

Q. Ministère Public vous propose l'acquittement, vos derniers mots ?

R.

- Tumwesire Alexis : Je vous demande de m'aider à rentrer chez nous en Ouganda.
- Aradjabu Nzungumani : Je remercie la Cour pour mon acquittement.

Débat clos. La cause prise en délibérée. Le prononcé à la huitaine.

Audience publique du 11 janvier 2017

RP N° 141/2017

Siègent MM :

1. Col. Mag. Jean Paulin Ntshaykolo Esosa Masele, 1er Président ;
2. Maj. Mag. Kabondo Pibwe Serge, Conseiller ;
3. Col. Ndiba Bulangiti Matthieu, Juge Assesseur ;
4. Lt Col. Simisi Tuve Serge, Juge Assesseur ;
5. Lt Col. Mpoy Teddy Léonard, Juge Assesseur ;
6. Gen. Maj. Mukuntu Kiyana Tim, Ministère Public ;
7. Mag. Madoli Nzoki Guy Martin, Greffier.

En cause : L'Auditeur Militaire Supérieur près la Cour militaire opérationnelle du Nord-Kivu, Ministère Public

Contre : Mapoli Amundala Muhingo

Poursuivis pour :

- Participation à un mouvement insurrectionnel ;
- Association des malfaiteurs ;
- Vol d'arme de guerre ;
- Meurtre.

La cause est appelée à 11 heures 20 minutes.

A l'appel de la cause, les prévenus régulièrement cités comparaissent en personne, assistés de leurs Conseils : Me Joël Shanyungu, Me Nathan, tous avocats et le Défenseur militaire agréé Kiwunga Makila.

Identité du prévenu
Mapoli Amundala Muhingo Ramazani ; né à Kainama, en 1984 (28 ans) ; Fils de Atsibolo (en vie) ; et de Victorine ; Originaire de Kainama ; Secteur de Bambusa Batangi ; Territoire de Beni ; Province du Nord-Kivu ; Etat-civil : marié à Mme Rose, père de 6 enfants ; Etudes faites : Néant ; Profession : Sans profession ; Domicilié à Nobili.
Défense : déclare avoir entendu la charge qui pèse sur leur client et sollicite une remise à lundi aussi longtemps qu'ils sont commis d'office.
Ministère Public : report oui, mais à lundi c'est trop loin.
Remise contradictoire à vendredi 13 janvier 2017.

DELINQUANCE MILITAIRE ET IMBROGLIO CRIMINEL

Audience publique du 13 janvier 2017

RP N° 141/2017

Siègent MM :

1. Col. Mag. Jean Paulin Ntshaykolo Esosa Masele, 1er Président ;
2. Maj. Mag. Kabondo Pibwe Serge, Conseiller ;
3. Col. Ndiba Bulangiti Matthieu, Juge Assesseur ;
4. Lt Col. Simisi Tuve Serge, Juge Assesseur ;
5. Lt Col. Mpoy Teddy Léonard, Juge Assesseur ;
6. Gen. Maj. Mukuntu Kiyana Tim, Ministère Public ;
7. Mag. Madoli Nzoki Guy Martin, Greffier.

En cause : L'Auditeur Militaire Supérieur près la Cour militaire opérationnelle du Nord-Kivu, Ministère Public

Contre : Mapoli Amundala Muhingo

Poursuivis pour :

- Participation à un mouvement insurrectionnel ;
- Association des malfaiteurs ;
- Vol d'arme de guerre ;
- Double meurtre.

La cause est appelée à 16 heures 10 minutes.

A l'appel de la cause, les prévenus régulièrement cités comparaissent en personne assistés de leurs Conseils.

Faute de temps, la cause est remise au mercredi 18 janvier 2017.

Audience publique du 18 janvier 2017

RP N° 141/2017

Siègent MM :

1. Col. Mag. Jean Paulin Ntshaykolo Esosa Masele, 1e Président ;
2. Maj. Mag. Kabondo Pibwe Serge, Conseiller ;
3. Col Ndiba Bulangiti Matthieu, Juge Assesseur ;
4. Lt Col. Simisi Tuve Serge, Juge Assesseur ;
5. Lt Col. Mpoy Teddy Léonard, Juge Assesseur ;
6. Gen. Maj. Mukuntu Kiyana Tim, Ministère Public ;
7. Mag. Madoli Nzoki Guy Martin, Greffier.

En cause : L'Auditeur Militaire Supérieur près la Cour militaire opérationnelle du Nord-Kivu, Ministère Public

Contre : Mapoli Amundala Muhingo

Poursuivis pour :

- Participation à un mouvement insurrectionnel ;

- Association des malfaiteurs ;
- Vol d'arme de guerre ;
- Double meurtre.

La cause est appelée à 16 heures 30 minutes.

A l'appel de la cause, les prévenus régulièrement cités comparaissent en personne, assistés de leurs Conseils.

Faute de temps, la cause est remise au vendredi 20 janvier 2017.

RP N° 141/2017

Audience publique du 20 janvier 2017

Siègent MM :

1. Col. Mag. Jean Paulin Ntshaykolo Esosa Masele, 1er Président ;
2. Maj. Mag. Kabondo Pibwe Serge, Conseiller ;
3. Col. Ndiba Bulangiti Matthieu, Juge Assesseur ;
4. Lt Col. Simisi Tuve Serge, Juge Assesseur ;
5. Lt Col. Mpoy Teddy Léonard, Juge Assesseur ;
6. Gen Maj. Mukuntu Kiyana Tim, Ministère Public ;
7. Mag. Madoli Nzoki Guy Martin, Greffier.

En cause : L'Auditeur Militaire Supérieur près la Cour militaire opérationnelle du Nord-Kivu, Ministère Public

Contre : Mapoli Amundala Muhingo

Poursuivis pour :

- Participation à un mouvement insurrectionnel ;
- Association des malfaiteurs ;
- Vol d'arme de guerre ;
- Meurtre.

La cause est appelée à 13 heures 10 minutes.

A l'appel de la cause, les prévenus régulièrement cités comparaissent en personne, assistés de leurs Conseils : Me Joël Shanyungu, Me Nathan Tagirabo, Me David Wambale, tous avocats, conjointement avec le Défenseur militaire agréé Kiwunga Makila.

Comparait le nommé Mapoli Amundala Muhingo

Q. Où et quand étiez-vous arrêté ?

R. A Nobili, j'ai oublié la date.

Q. C'était dans quelle circonstance ?

R. J'étais chez moi.

Q. Qu'est-ce qu'on avait saisi chez vous ?

R. Une machine tronçonneuse.

Q. Est-ce que le fait de détenir une machine tronçonneuse est une infraction ?

R. Non.

Q. Est-ce qu'on n'avait pas saisi une arme chez vous ?

R. On avait saisi une arme. J'étais vendeur de boisson. Un jour, la nuit, j'avais refoulé les militaires de chez moi qui continuaient à boire à des heures tardives. Ils s'étaient fâchés en disant qu'ils ont le droit de circuler à tout

moment. Ils m'ont promis une vengeance. Et c'est ce jour-là que l'arme était restée chez moi à l'extérieur.
Q. Comment l'arme était restée chez vous ?
R. Le matin, quand je me suis réveillé, j'ai trouvé l'arme devant ma porte. J'ai alerté les voisins. Nous sommes partis à la position des FARDC et nous avons trouvé le militaire qui a abandonné l'arme arrêté. Quand nous sommes retournés à la maison, ils ont retrouvé l'arme devant ma porte et les militaires ont dit que j'ai ravi l'arme de leur compagnon et ils m'ont arrêté.
Q. Pourquoi avez-vous accepté d'avoir ravi l'arme au militaire ?
R. Suite à des tortures.
Q. Des militaires avaient pris combien de biens chez vous ?
R. Ils avaient pris deux cartons de chiefs. Ils étaient six militaires.
Q. Avec qui étiez-vous ce jour-là ?
R. J'étais seul.
Q. Connaissez-vous ce militaire ?
R. Oui, Adolphe.
Q. Pourquoi les cinq autres n'ont pas témoigné en votre faveur ?
R. Je ne peux pas mentir. Je leur disais verbalement de sortir.
Q. Tous les six étaient-ils ivres ?
R. Oui.
Q. Pourquoi un seul a déposé son arme ?
R. C'est lui seul qui avait l'arme. C'était à 00 heure.
Q. Où est-ce qu'ils prenaient cette boisson ?
R. Nous étions à la véranda. Quand on discutait beaucoup, j'ai fermé la porte et je les ai laissés là-bas.
Q. C'est vous qui avez amené l'arme à la position ?
R. Nous avons laissé l'arme là-bas et nous sommes allés à la position des FARDC pour les informer.
Q. Avez-vous une copine ?
R. Oui, c'est Marie.
Q. Avez-vous déjà été à Kamango ?
R. Oui, le chef de groupement s'appelle Bamukoka.
Q. La Cour lui donne lecture de ses déclarations devant l'OPJ, où le prévenu reconnait avoir volé l'arme chez un militaire à la maison d'une prostituée Patience. Quelle est votre réaction ?
R. C'est faux. Je n'ai jamais été interrogé.
La Cour lui donne ses déclarations devant l'OMP sur la mort du chef de groupement de Kamango.
Q. Quelle est votre réaction ?
R. Depuis ma naissance, je n'ai jamais été ni NALU ni Mayi mayi
Q. Pourquoi avez-vous déclaré que vous n'avez jamais comparu ?
R. On me remettait des PV, mais je n'ai jamais comparu.
Q. Comment l'OPJ a su que vous étiez arrêté à Gawa ?
R. A Gawa, c'est là où je restais. L'OPJ s'est référé au PV de Gawa.

Q. A la question de savoir si vous êtes combattant ADF ?
R. J'avais répondu que je ne suis pas un combattant ADF.
Q. Pourquoi avez-vous déclaré que vous êtes ADF ?
R. C'est faux.
Q. Vous êtes le seul jeune à Gawa ?
R. Il y a plusieurs jeunes.
Q. Pourquoi on n'a arrêté que vous ?
R. C'était à cause de l'arme retrouvée chez moi.
Q. C'est votre signature ?
R. Oui, mais je n'avais pas lu. On m'avait demandé seulement de signer.
Q. Connaissez-vous monsieur le chef de Totolito ?
R. Je l'ai connu quand on travaillait la route de Mbau-Kamango.
Q. Où est-il maintenant ?
R. Je ne sais pas.
Q. N'est-il pas tué par vous ?
R. Non.
Q. N'est-ce pas vous qui avez donné votre identité ?
R/ C'est bien moi. Cette identité était sur mon agenda. C'est mon père qui avait écrit ça. On avait pris cet agenda pour récupérer mon identité à partir de Nobili.
Q. Le 10 juin 2013, où étiez-vous ?
R. J'étais chez moi à Nobili-Gawa.
Q. Connaissez-vous monsieur Balebula Nelson ?
R. Oui, je le connais. On allait travailler avec lui.
Q. Qui était chef de groupement ?
R. Je ne sais pas.
Q. Vous connaissez monsieur Balebula Nelson. Comment vous ne connaissez pas le chef de groupement qui est ce monsieur ?
R. Je le connais, mais pas sa fonction.
Q. Vous n'avez jamais été kidnappé chez les ADF ?
R. Non.
Q. Pourquoi avez-vous avoué devant l'OPJ ? Étiez-vous torturé ?
R. Non.
Q. Pourquoi avez-vous avoué ?
R. Je n'avais pas avoué.
Q. Vous n'avez jamais avoué que vous avez volé l'arme d'un militaire ?
R. J'ai accepté du fait que l'arme a été retrouvée chez moi.
Q. Pourquoi avez-vous accepté avoir ravi l'arme à un militaire au moment où il y avait cinq autres militaires sur les six qui pouvaient témoigner pour vous ?
R. Eux aussi n'étaient plus là. Ils étaient envoyés à 25 Km (Mamundioma). J'avais accepté du fait qu'on avait trouvé ça dans ma parcelle.
Q. Etiez-vous torturé pour accepter ?
R. Non.
Q. L'arme a fait combien de jours chez vous ?

R. C'est le même jour, le matin à 8 heures qu'on avait récupéré l'arme. Nous sommes partis à la position des FARDC à 6 heures du matin avec les voisins.
Q. Vous avez des voisins, pourquoi ne pas les citer ?
R. Les voisins avaient déjà témoigné et on avait même pris la machine tronçonneuse.
Q. Où étiez-vous arrêté ?
R. A Nobili-Gawa.
Q. N'étiez-vous pas arrêté à la position défense des FARDC ?
R. Non.
Q. Etiez-vous torturé à l'Auditorat ?
R. Non.
Q. Pourquoi avez-vous déclaré que vous étiez arrêté à Kainama ?
R. C'est faux.
Le Ministère Public préfère présenter un renseignant qui va nous dire de quelle manière Mapoli a été arrêté.
Q. Vous venez de dire qu'on n'est jugé que sur ce que l'on connait. Vous avez volé l'arme ?
R. Oui, je reconnais ça.
Ministère Public : le prévenu a été entendu le 10 janvier 2014. Le MP lui donne lecture de ses déclarations que le prévenu rejette en bloc. (Devant l'OPJ)
Q. De quel type était cette arme ?
R. C'était l'arme AKA avec crosse pliante.
Q. A propos de l'arme, qu'avez-vous déclaré ?
R. Comme on l'avait retrouvée chez moi et que j'ai accepté.
Le Ministère Public lui donne lecture de ses déclarations devant l'OMP. Il demande à la Cour de faire comparaitre quelqu'un qui sait comment le prévenu a été arrêté.
Q. A quelle unité appartenait monsieur Adolphe ?
R. Je ne connais pas son unité, mais j'ai un voisin qui peut en témoigner.
Q. Quels sont les noms de vos voisins qui vous ont accompagné à la position défensive ?
R. Ils étaient au nombre de deux.
Q. Avez-vous ravi l'arme à un militaire ou l'arme s'est retrouvée chez vous ?
R. L'arme s'est retrouvée chez moi.
Q. Où avez-vous comparu devant l'OPJ ?
R. A la position défensive.
Q. Pourquoi avez-vous accepté que vous aviez volé ?
R. Quelque chose qui s'est retrouvé chez vous, vous n'allez qu'accepter.
La Défense : demande de ne pas faire droit au PV. D'après l'expérience, c'est la raison pour laquelle le prévenu se contredit dans toutes ses déclarations.
Q. Chief, c'est quoi ?
R. C'est la boisson en sachet.
Q. Un carton compte combien de sachets ?

R. Douze sachets.
Q. Quel pourcentage/volume d'alcool ?
R. Je ne sais pas.
Ministère Public : Patience, c'est une femme libre. Elle est dans une chambre avec un militaire et le prévenu dans une autre chambre avec une autre femme. Il a profité du sommeil pour voler l'arme. Il n'y a pas de témoin dans le dossier.
Remise contradictoire lundi le 23 janvier 2017 pour notifier les témoins de la défense.

Audience publique du 25 janvier 2017

RP N° 141/2017
Siègent MM :

1. Col. Mag. Jean Paulin Ntshaykolo Esosa Masele, 1er Président ;
2. Maj. Mag. Kabondo Pibwe Serge, Conseiller ;
3. Col. Ndiba Bulangiti Matthieu, Juge Assesseur ;
4. Lt Col. Simisi Tuve Serge, Juge Assesseur ;
5. Lt Col. Mpoy Teddy Léonard, Juge Assesseur ;
6. Gen. Maj. Mukuntu Kiyana Tim, Ministère Public ;
7. Mag. Madoli Nzoki Guy Martin, Greffier.

En cause : L'Auditeur Militaire Supérieur près la Cour militaire opérationnelle du Nord-Kivu, Ministère Public
Contre : Mapoli Amundala Muhingo
Poursuivis pour :

- Participation à un mouvement insurrectionnel ;
- Association des malfaiteurs ;
- Vol d'arme de guerre ;
- Meurtre.

La cause est appelée à 11 heures 40 minutes.
A l'appel de la cause, les prévenus régulièrement cités comparaissent en personne, assistés de leurs Conseils : Me Joël Shanyungu, Me Nathan Tagirabo, Me David Wambale, tous avocats, conjointement avec le Défenseur militaire agréé Kiwunga Makila.
Comparait le nommé Wapanza Tsibangila Serge, né à Mbujimayi, le 26 février 1972, Capitaine, Matricule 172980578330, 3409 Rgt, à Kasando Kirumba, D6 Péda, Adjt SA, Renseignant.
Q. Quel est le nom du militaire qui avait perdu l'arme ? Quel est le numéro de cette arme ?
R. Le Cpl est décédé dans l'embuscade des ADF, arme N° 2785 AKA volée par les ADF dans cette embuscade.
Q. Mapoli, étiez-vous auditionné ?
R. Oui.
Q. Qui vous a auditionné ?

R. Ce n'est pas celui-ci.
Q. Relatez-nous comment ça s'est passé.
R. Deux bataillons étaient déployés à Kamango. L'Etat-Major à Mutwanga, l'ordre était donné que toute l'unité fasse mouvement à Kamango. Le 1er bataillon était déployé le long de la route vers Kamango. Après environ trois à quatre jours, le militaire avait demandé l'autorisation d'aller à Nobili. Le Caporal (Cpl) Esiyi Laurent est allé prendre la bière. Mapoli est apparu. Ils ont commencé à boire ensemble. La nuit, le Cpl est allé dormir. Mapoli aussi dormait au salon. En pleine nuit, Mapoli est entré dans la chambre, il a pris l'arme et le béret, en sortant, il a laissé tomber le béret. Le matin, le Cpl a informé ses collègues qui, à leur tour sont allés informer le chef qui a communiqué à tous ses collaborateurs. Lors du salongo, les villageois ont aperçu Mapoli en tenue civile avec l'arme. Ils ont arrêté ce monsieur et le Mwami est venu le récupérer, moi-même j'étais présent.
Q. Mapoli, est-ce vrai ?
R. Oui, c'est vrai, mais ça fait longtemps.
Q. Tout ce que le renseignant a déclaré est-il vrai ?
R. Oui.
Q. Le Capitaine Serge a-t-il déclaré qu'il est ADF ?
R. Il avait dit qu'il est militaire ougandais démobilisé.
Q. Etiez-vous militaire ougandais démobilisé ?
R. Oui, militaire ougandais de Museveni.
Q. Capitaine Serge, continuez à nous relater les faits ?
R. Le Colonel Efomi était déployé à Totolito, quand on avait tué le chef de localité Macho, Mapoli avait reconnu qu'il était parmi ces gens. Je lui avais demandé là où allait avec cette arme. Il ne m'avait pas répondu. Quand je lui avais demandé : « qui êtes-vous ? », il m'avait répondu qu'il est agent de renseignements des ADF.
Ministère Public : Il a été entendu à propos de l'arme. A propos de la mort du chef de localité de Totolito et de ses activités.
Q. Vous souvenez-vous de Patience ?
R. Non, ce n'était pas Patience, c'était Kavira.
Q. Devant l'OMP, avez-vous accepté que vous êtes ADF ?
R. Non.
Q. Y a-t-il un PV de saisi ?
R. Non. L'unité était en opération. On avait remis l'arme au militaire pour aller directement en opération. L'arme était volée à 3 heures et c'est vers 6 heures du matin que le militaire est rentré à l'unité. Vers 15 heures, l'arme a été récupérée. Elle était récupérée au village Gawa II.
Q. Entre Gawa II et la position des ADF, il y a combien de Km ?
R. Dix Km.
Q. Mapoli, étiez-vous arrêté à Gawa II ?
R. Oui.
Q. Etiez-vous avec l'arme ?

R. Oui.
Q. En quelle année étiez-vous militaire de l'armée ougandaise ?
R. J'ignore.
Q. Comment étiez-vous recruté dans cette armée ?
R. Quand nous étions des réfugiés en Ouganda.
Q. Avez-vous reçu une formation militaire ?
R. Oui, au centre de Djinja, j'avais fait six mois de formation.
Q. Combien d'année avez-vous fait dans l'armée ougandaise ?
R. Une année et demie.
Q. Quelle était la réaction du recruteur quand vous avez dit que vous êtes Congolais ?
R. Il n'avait rien fait. Il y a beaucoup de Congolais dans l'armée ougandaise.
Ministère Public : Nous avons recherché le Colonel Mugisha qui est injoignable. Nous avons recherché l'unité, le commandant, le chef peleton, le S2 Maj. Kudia Kubanba et l'OPJ Serge. Nous les recherchons par rapport au dossier. Nous sommes là pour rechercher la vérité.
Le MP trouve inutile d'entendre le deuxième renseignant.
Remise contradictoire vendredi 27 janvier 2017 pour réquisitoire et plaidoirie.

Audience publique du 27 janvier 2017

RP N° 141/2017
Siègent MM :
1. Col. Mag. Jean Paulin Ntshaykolo Esosa Masele, 1er Président ;
2. Maj. Mag. Kabondo Pibwe Serge, Conseiller ;
3. Col. Ndiba Bulangiti Matthieu, Juge Assesseur ;
4. Lt Col. Simisi Tuve Serge, Juge Assesseur ;
5. Lt Col. Mpoy Teddy Léonard, Juge Assesseur ;
6. Gen. Maj. Mukuntu Kiyana Tim, Ministère Public ;
7. Mag. Madoli Nzoki Guy Martin, Greffier.

En cause : L'Auditeur Militaire Supérieur près la Cour militaire opérationnelle du Nord-Kivu, Ministère Public
Contre : Mapoli Amundala Muhingo
Poursuivis pour :
- Participation à un mouvement insurrectionnel ;
- Association des malfaiteurs ;
- Vol d'arme de guerre ;
- Meurtre.

La cause est appelée à 11 heures 10 minutes.
A l'appel de la cause, les prévenus régulièrement cités comparaissent en personne, assistés de leurs Conseils : Me Nathan Tagirabo, avocat au barreau de Kisangani et le Défenseur militaire agréé Kiwunga Makila.
Ministère Public : le prévenu Mapoli Amundala Muhingo est poursuivi pour :
- Participation à un mouvement insurrectionnel (peine capitale) ;

- Association des malfaiteurs (peine capitale) ;
- Vol d'arme de guerre (10 ans) ;
- Assassinat (peine de mort) ;
- Meurtre (peine de mort).

De dire établies en fait comme en droit toutes les infractions mises à charge du prévenu, de le condamner sans admission des circonstances atténuantes :

- A la peine capitale pour la participation à un mouvement insurrectionnel,
- A la peine capitale pour association des malfaiteurs,
- A 10 ans pour vol d'arme,
- A la peine de mort pour assassinat,
- A la peine de mort pour meurtre.

De faire application de l'article 7 CPM, de le condamner à la peine de mort.
De le condamner à telle autre peine que la Cour estimera juste et équitable.
Défense plaide :
La Ministère public n'a pas apporté la preuve que notre client appartenait au mouvement ADF en 2009, l'élément matériel fait défaut.
Non établie l'infraction de participation à un mouvement insurrectionnel. Notre client a été arrêté en 2013 puisqu'il portait une arme.
Défaut de preuve de cette association. Notre client n'a appartenu à aucune association. L'élément matériel fait défaut.
Non établie l'infraction de l'association des malfaiteurs, d'acquitter purement et simplement le prévenu Mapoli Amundala.
Vol d'arme : L'élément matériel est consommé, mais notre client n'avait pas l'intention de nuire avec cette arme. L'élément matériel fait défaut, d'acquitter purement et simplement notre client.
Meurtre de deux personnes : aucune pièce jointe au dossier n'atteste le meurtre de ces deux personnes, il y a doute.
Non établi le double meurtre mis à charge du prévenu, de l'en acquitter.
De dire non établies, les infractions mises à charge du prévenu faute de preuves et de documents attestant le meurtre, de l'en acquitter.
Ministère Public réplique : La population de Kamango, qui a arrêté Amundala, va vous comprendre si vous condamnez Mapoli Amundala. Un renseignant invité par le Ministère Public doit savoir pourquoi il est invité, qu'il soit muni d'un papier, cela ne dit rien.
Le soldat était autorisé d'aller à Nobili. Amundala a totalement encaissé tout ce que le renseignant a dit, s'agissant de l'arme.
Si le prévenu a été contraint au départ, par après il a adhéré volontairement ! Mapoli a volé l'arme la nuit et la journée où est-ce qu'il partait avec cette arme ? Il y a des pièces qui gisent au dossier, attestant la mort de ces deux chefs.
Nous avons saisi la Cour pour le meurtre (double meurtre). Que ce soit meurtre ou assassinat, tous sont punis de mort. Mapoli a facilité le double meurtre. Le Ministère Public reconduit le dispositif de ses réquisitoires.

Défense : De ne pas faire droit aux déclarations faites aux PV, notre client a été amené de manière inhumaine. La loi donne à votre Cour le droit d'apprécier les PV.
Ministère Public : Vous ADF, c'est une forme de formule. C'est comme on dit : Nous les prévenus. Il est auteur prévenu.
Q. Mapoli, le MP vous propose la peine capitale pour toutes les infractions et vos Conseils sollicitent votre acquittement faute de preuves, d'élément matériel et d'élément intentionnel. Quel est votre dernier mot ?
R. Moi, je n'ai rien à dire. Sur toutes les accusations, je ne reconnais qu'une chose et je laisse l'appréciation à votre sagesse.
Débat clos. La cause prise en délibéré et le prononcé à la huitaine.

Audience publique du 30 janvier 2017

RP N° 0152/2017
RMP N° 0745/KNG/016
Siègent MM:
1. Col. Mag. Jean Paulin Ntshaykolo Esosa Masele, 1er Président ;
2. Maj. Mag. Kabondo Pibwe Serge, Conseiller ;
3. Col. Ndiba Bulangiti Matthieu, Juge Assesseur ;
4. Lt Col. Simisi Tuve Serge, Juge Assesseur ;
5. Lt Col. Mpoy Teddy Léonard, Assesseur ;
6. Lt Col. Kumbu Ngoma Jean Baptiste, Ministère Public ;
7. Mag. Madoli Nzoki Guy Martin, Greffier.

En cause : L'Auditeur Militaire Supérieur près la Cour militaire opérationnelle du Nord-Kivu, Ministère Public
Contre :
- Col Katshanzu Hangi ;
- Monsieur Haruna Kitahoma Kiza.

Poursuivis pour :
- Participation à un mouvement insurrectionnel ;
- Violations des consignes ;
- Incitations des militaires à commettre des actions contraires au devoir ou à la discipline militaire.

La cause est appelée à 12 heures 00 minutes.
A l'appel de la cause, les prévenus régulièrement cités comparaissent en personne, assistés de leurs Conseils.
Composition irrégulière ; remise contradictoire à jeudi, le 2 février 2017.

Audience publique du 2 fevrier 2017

RP N° 0152/2017
RMP N° 0745/KNG/016
Siègent MM:

1. Col. Mag. Jean Paulin Ntshaykolo Esosa Masele, 1er Président ;
2. Col. Ndiba Bulangiti Matthieu, Juge Assesseur ;
3. Col. Dunia Kashindi Fabien, Juge Assesseur ;
4. Col. Busoki Wa Karaku, Juge Assesseur ;
5. Com. Sup. Ppl Ngumbi Kulinga, Juge Assesseur ;
6. Gén. Maj. Mokunto Kiyana Tim 1er AGF, Ministère Public ;
7. Mag. Madoli Nzoki Guy Martin, Greffier.

En cause : L'Auditeur Militaire Supérieur près la Cour militaire opérationnelle du Nord-Kivu, Ministère Public
Contre :

- Col Katshanzu Hangi ;
- Monsieur Haruna Kitahoma Kiza.

Poursuivis pour :

- Participation à un mouvement insurrectionnel ;
- Violations des consignes ;
- Incitations des militaires à commettre des actions contraires au devoir ou à la discipline militaire.

La cause est appelée à 16 heures 20 minutes.
A l'appel de la cause, les prévenus régulièrement cités comparaissent en personne, assistés de leurs Conseils : Me Charles Ayal plaide pour Col Katshanzu Hangi ; Me Joël Shanyungu plaide pour monsieur Haruna Kitahoma Kiza.
Remise contradictoire demain, le 3 février 2017.

Audience publique du 3 fevrier 2017

RP N° 0152/2017
RMP N° 0745/KNG/016
Siègent MM:

1. Col. Mag. Jean Paulin Ntshaykolo Esosa Masele, 1er Président ;
2. Col. Ndiba Bulangiti Matthieu, Juge Assesseur ;
3. Col. Dunia Kashindi Fabien, Juge Assesseur ;
4. Col. Busoki Wa Karaku, Juge Assesseur ;
5. Com. Sup. Ppl Ngumbi Kulinga, Juge Assesseur ;
6. Gén. Maj. Mokunto Kiyana Tim 1er AGF, Ministère Public ;
7. Mag. Madoli Nzoki Guy Martin, Greffier.

En cause : L'Auditeur Militaire Supérieur près la Cour militaire opérationnelle du Nord-Kivu, Ministère Public
Contre :

- Col Katshanzu Hangi ;
- Monsieur Haruna Kitahoma Kiza.

Poursuivis pour :

- Participation à un mouvement insurrectionnel ;
- Violations des consignes ;
- Incitations des militaires à commettre des actions contraires au devoir ou à la discipline militaire.

A l'appel de la cause, les prévenus régulièrement cités comparaissent en personne assistés de leurs Conseils.
Faute de temps, remise contradictoire à lundi, le 6 février 2017.

Audience publique du 6 février 2017

RP N° 0152/2017
RMP N° 0745/KNG/016
Siègent MM:

1. Col. Mag. Jean Paulin Ntshaykolo Esosa Masele, 1er Président ;
2. Col. Ndiba Bulangiti Matthieu, Juge Assesseur ;
3. Col. Dunia Kashindi Fabien, Juge Assesseur ;
4. Col. Busoki Wa Karaku, Juge Assesseur ;
5. Com. Sup. Ppl Ngumbi Kulinga, Juge Assesseur ;
6. Gén. Maj. Mokunto Kiyana Tim 1er AGF, Ministère Public ;
7. Mag. Madoli Nzoki Guy Martin, Greffier.

En cause : L'Auditeur Militaire Supérieur près la Cour militaire opérationnelle du Nord-Kivu, Ministère Public
Contre :

- Col Katshanzu Hangi ;
- Monsieur Haruna Kitahoma Kiza.

Poursuivis pour :

- Participation à un mouvement insurrectionnel ;
- Violations des consignes ;
- Incitations des militaires à commettre des actions contraires au devoir ou à la discipline militaire.

La cause est appelée à 16 heures 20 minutes.
A l'appel de la cause, les prévenus régulièrement cités comparaissent en personne, assistés de leurs Conseils : Me Charles Umumori Ayalinga pour le prévenu Col Katshanzu Hangi.
Faute de temps, remise contradictoire demain, le 7 février/2017.

Audience publique du 7 février 2017

RP N° 0152/2017
RMP N° 0745/KNG/016
Siègent MM:

1. Col. Mag. Jean Paulin Ntshaykolo Esosa Masele, 1er Président ;
2. Col. Ndiba Bulangiti Matthieu, Juge Assesseur ;
3. Col. Dunia Kashindi Fabien, Juge Assesseur ;
4. Col. Busoki Wa Karaku, Juge Assesseur ;
5. Com. Sup Ppl Ngumbi Kulinga, Juge Assesseur ;
6. Gén. Maj. Mokunto Kiyana Tim 1er AGF, Ministère Public ;
7. Mag. Madoli Nzoki Guy Martin, Greffier.

En cause : L'Auditeur Militaire Supérieur près la Cour militaire opérationnelle du Nord-Kivu, Ministère Public
Contre :

- Col Katshanzu Hangi ;
- Monsieur Haruna Kitahoma Kiza.

Poursuivis pour :

- Participation à un mouvement insurrectionnel ;
- Violations des consignes ;
- Incitations des militaires à commettre des actions contraires au devoir ou à la discipline militaire.

La cause est appelée à 16 heures 20 minutes.
A l'appel de la cause, les prévenus régulièrement cités comparaissent en personne, assistés de leurs Conseils : Me Pépin Kahindo et Me Charles Umumori pour le prévenu Col-Katshanzu Hangi ; Me Joël Shanyungu pour le prévenu Haruna Kitahoma Kiza.
Le Premier Président demande à toutes les parties s'il y a des préalables.
Défense : Il y a un mémoire unique qui n'est pas encore prêt, de leur accorder une brève remise.
Ministère Public : On a connu des remises contradictoires. S'il y avait de mémoire unique, il serait déjà.
Défense : C'est une indulgence ; si la Cour peut leur accorder une remise d'un jour.
Ministère Public : La Cour ne peut que vous accorder une remise de 30 minutes.
Me Charles Umomuki Ayalinga : La Cour vient de recevoir votre mémoire unique, le fondement de ce mémoire.
Colonel Katshanzu avoir participé à la fraude douanière. Conséquence de l'amnistie si les faits sont en cours, on doit cesser les poursuites relatives en fait insurrectionnel.
Pour Haruna Kitahoma, loi portant amnistie pour fait infractionnel, on doit cesser les poursuites.

Le Ministère Public demande à la Défense de produire la loi. Le MP lit la loi sur téléphone portant amnistie.
Les actes pour lesquels nous poursuivons le Colonel Katshanzu sont des faits insurrectionnels. Qu'on nous produise le document signé par le Colonel Katshanzu pour lequel il a conclu les actes prescrits par la loi.
De dire recevable le mémoire, mais de le rejeter, de poursuivre l'instruction jusqu'au fond.
La Cour vous accorde le temps d'imprimer la loi si c'est contraire à ce que le MP vient de donner, c'est à ce même moment que la Cour va répondre à votre mémoire unique.
La Cour prend ce mémoire unique en délibéré et poursuit son instruction.
Comparaissent le Col Katshanzu et monsieur Haruna
Q. Colonel, reconnaissez-vous avoir acheté un véhicule auprès de monsieur Haruna ?
R. Oui, à partir de chez moi à la maison.
Q. N'étiez-vous pas intervenu à la douane pour que ce véhicule passe sans payer la douane ?
R. Aucun jour ; je n'ai jamais été à Kasindi.
Q. Vous avez fait passer ce véhicule pour transporter les armes et les munitions des ADF ?
R. J'ai trouvé ce véhicule chez moi.
Q. Haruna, avez-vous vendu ce véhicule au Colonel ?
R. Oui, j'ai trouvé ce véhicule des mains de Gagwa. Je l'ai acheté à Kasindi.
Q. Avez-vous des documents ?
R. Je n'en ai pas ici, il fallait terminer avec lui pour me donner les documents. C'était un vendredi, je suis allé récupérer mes marchandises. J'ai trouvé ce monsieur qui me dira qu'un papa lui a proposé d'acheter son véhicule, mais il ne s'entendait pas avec lui. Si je peux voir ce véhicule. Je suis allé vendre mes marchandises. De mon retour, Gagwa m'a appelé pour acheter ce véhicule. Je lui ai fait une avance de 2000$. Il m'a remis son véhicule et son chauffeur Mutuani. Il me restait 4000$. Chez les Ougandais, si vous achetez un véhicule et si vous n'avez pas encore terminé à payer, vous n'aurez pas le document.
Q. Sur la route de Kasindi, il n'y a pas de barrières ?
R. Il y a une barrière à Bulongo. Le policier de roulage de Bulongo m'a demandé son rapport[22], je lui ai donné. Au point 5, j'ai présenté le document de FONER.
Q. Même sans document de FONER, on peut vous faire payer la taxe ?
R. Oui.
Q. Avec quel document avez-vous vendu le véhicule ?
R. Il n'avait pas terminé à payer. Je lui avais dit que s'il terminait, je lui remettrais le document.

---

[22] Expression utilisée dans le but de camoufler la corruption au sein de l'administration publique en RDC.

Q. Colonel, avez-vous payé le véhicule sans document ?
R. Il m'a dit qu'une fois je termine à payer, il va me donner le document.
Q. Qu'est-ce qui prouvait que ce véhicule avait de document ?
R. Il m'avait promis de remettre le document le jour où je terminerai à payer
Q. Haruna, avez-vous dit au Colonel que le document était entre les mains du sujet ougandais ?
R. Non ; j'attendais qu'il termine à payer pour que je puisse récupérer ce document. Le Colonel est venu me trouver pour me dire que le Général a besoin de moi.
Q. A quelle date étiez-vous arrêté ?
R. Entre le11 et le 12 novembre 2014.
Q. Depuis lors, n'avez-vous pas récupéré ce document ?
R. On ne m'avait pas dit qu'on a besoin de ce document.
Q. N'avez-vous pas reçu la décision de renvoi.
R. Oui.
Q. Avez-vous été entendu à l'auditorat ?
R. Oui.
Q. Avez-vous le document de la douane ?
R. Depuis que je suis arrêté, c'est aujourd'hui qu'on me demande ce document.
La Cour vous demande de produire le document de ce véhicule pour vérifier si le véhicule a légalement traversé la douane.
Q. Où se trouve celui qui vous a vendu le véhicule ?
R. Boss Gagwa, c'est lui qui m'a vendu le véhicule.
Ministère Public : une source de l'Ouganda nous informe que monsieur Haruna, qui a un véhicule ISUZU de couleur bleue, sert de transport au profit des ADF. On nous donne les noms de Haruna et du Colonel Katshanzu. Ce véhicule dépose armes et munitions au pont Semuliki au profit des ADF. On tombe sur Haruna, propriétaire du véhicule de couleur bleue, qui est entre les mains du Colonel Katshanzu.
Défense de monsieur Haruna : s'agissant de la traversée du véhicule de la frontière ougando-congolaise, qu'on nous donne le temps d'entrer en contact avec monsieur Gagwa qui est en Ouganda.
Ministère Public : Les vivres et les munitions ne viennent pas de l'Ouganda. Le Colonel Katshanzu, c'est le T4 du Général Bahuma[23] et le ravitailleur des ADF.

[23] Né le 26 juin 1957 à Tolaw dans le territoire d'Isangi en Province de la Tshopo, le Général Jean-Lucien Bahuma Ambamba avait fait partie de la dixième promotion de l'Ecole de formation des officiers EFO/Kananga. Il avait par ailleurs subi plusieurs formations militaires au sein de la Division spéciale présidentielle (DSP) sous Mobutu. Lors d'une mission diplomatique en Ouganda en août 2014, Bahuma a subi une crise cardiaque. Transporté dans un hôpital de Pretoria, en Afrique du Sud, il est décédé le 30 août à l'âge de 57 ans. Dans l'opinion, sa mort était considérée comme

Remise contradictoire à lundi 13 février 2017.

Audience publique du 13 février 2017

RP N° 0152/2017
RMP N° 0745/KNG/016
Siègent MM:

1. Col. Mag. Jean Paulin Ntshaykolo Esosa Masele, 1er Président ;
2. Col. Ndiba Bulangiti Matthieu, Juge Assesseur ;
3. Col. Dunia Kashindi Fabien, Juge Assesseur ;
4. Col. Busoki Wa Karaku, Juge Assesseur ;
5. Com. Sup. Ppl Ngumbi Kulinga, Juge Assesseur ;
6. Gén. Maj. Mokunto Kiyana Tim 1er AGF, Ministère Public ;
7. Mag. Madoli Nzoki Guy Martin, Greffier.

En cause : L'Auditeur Militaire Supérieur près la Cour militaire opérationnelle du Nord-Kivu, Ministère Public
Contre :

- Col Katshanzu Hangi ;
- Monsieur Haruna Kitahoma Kiza.

Poursuivis pour :

- Participation à un mouvement insurrectionnel ;
- Violations des consignes ;
- Incitations des militaires à commettre des actions contraires au devoir ou à la discipline militaire.

La cause est appelée à 16 heures 15 minutes.
A l'appel de la cause, les prévenus régulièrement cités comparaissent en personne, assistés de leurs Conseils : Me Charles Umumoki Ayalinga pour le prévenu Col Katshanzu Hangi.
Remise contradictoire demain mardi, le 14 février 2017.

Audience publique du 14 février 2017

RP N° 0152/2017
RMP N° 0745/KNG/016
Siègent MM:

1. Col. Mag. Jean Paulin Ntshaykolo Esosa Masele, 1er Président ;
2. Col. Ndiba Bulangiti Matthieu, Juge Assesseur ;
3. Col. Dunia Kashindi Fabien, Juge Assesseur ;
4. Col. Busoki Wa Karaku, Juge Assesseur ;

---

suspecte, et des manifestations s'en étaient suivies dans lesquelles la plupart accusaient le régime en place d'avoir empoisonné le Général comme ce fut avec l'assassinat de Mamadou Ndala, chef de l'Unité de réaction rapide huit mois auparavant.

5. Com. Sup Ppl Ngumbi Kulinga, Juge Assesseur ;
6. Gén. Maj. Mokunto Kiyana Tim 1er AGF, Ministère Public ;
7. Mag. Madoli Nzoki Guy Martin, Greffier.

En cause : L'Auditeur Militaire Supérieur près la Cour militaire opérationnelle du Nord-Kivu, Ministère Public

Contre :

- Col Katshanzu Hangi ;
- Monsieur Haruna Kitahoma Kiza.

Poursuivis pour :

- Participation à un mouvement insurrectionnel ;
- Violations des consignes ;
- Incitations des militaires à commettre des actions contraires au devoir ou à la discipline militaire.

La cause est appelée à 14 heures 45 minutes.

A l'appel de la cause, les prévenus régulièrement cités comparaissent en personne, assistés de leurs Conseils : Me Charles Umumori pour le prévenu Col Katshanzu Hangi ; Me Joël Shanyungu pour le prévenu Haruna Kitahoma Kiza.

Le Premier Président donne lecture de la loi portant amnistie pour fait insurrectionnel.

Q. Colonel, avez-vous singé un acte d'engagement auprès du Ministère de la Justice dans l'affirmatif, veuillez présenter cet acte.

R. Non.

Défense : Il ne le pouvait pas du fait qu'il n'était auteur d'aucun cas. Le MP poursuit notre client sur la base de soupçons comme lui-même a dit.

Q. Colonel, avez-vous suivi votre formation à Rumangabo ?

R. Oui, en 1978.

Q. Qui était le commandant centre ?

R. Je ne me souviens plus, ça fait longtemps.

Q. Citez au moins deux ou trois militaires de votre formation ?

R. Je ne me souviens plus.

Ministère Public : Le Colonel Katshanzu n'a jamais fait la formation à Rumangabo. Il a fait sa formation ailleurs, en Ouganda. Avec la réunification, il est arrivé chez nous. Nous le prenions avec ce grade nommé par le Président de la République.

Q. Haruna, comment avez-vous connu le Colonel Katshanzu ?

R. Comme le Colonel de FARDC, selon mon père, l'histoire que nous a racontée mon oncle.

Q. Savez-vous écrire votre nom et signer ?

R. Oui, je n'ai pas étudié, mais je fais un effort pour écrire mon nom et signer.

Q. Colonel, qui avait écrit cette décharge ?

R. Haruna.

Q. Haruna, qui avait écrit cette décharge ?

R. C'est moi.

Q. Haruna, souvenez-vous de ce que vous avez dit de ce véhicule ?
R. On m'avait dit que le Général a besoin de moi. Arrivé à l'auditorat, le Colonel Ntumba avait dit que je sois auditionné. Il fallait voir, j'avais quelle humeur ! Le Magistrat Hubert m'intimidait et le Capitaine Auditeur est venu me prendre pour m'auditionner.
Défense : le Magistrat a commencé le PV lorsqu'il y a eu des mésententes, l'auditeur lui-même a récupéré le dossier.
Q. Haruna, avez-vous l'habitude d'acheter des véhicules en Ouganda ?
R. Oui.
Q. Qu'est-ce que vous vendez en Ouganda ?
R. Les Tourteaux
Ministère Public : Le jour de son audition avant le capitaine Vicky, le Magistrat Hubert était en mission à Kinshasa.
Q. Où est la carte rose de ce véhicule ?
R. Dieu nous a aidés ; on nous a envoyé la photocopie de la carte rose.
Défense présente les photocopies des documents du véhicule.
Q. Quel service autorise l'entrée de véhicule au Congo ?
R. La DGDA.
Q. Quand on donne le délai de 30 jours au Congo, ce véhicule va rester au Congo au-delà de ces 30 jours ?
R. J'ai acheté le véhicule au Congo.
Ministère Public : Nous vous disons que le véhicule est entré frauduleusement. La défense nous amène le document que le véhicule est entré en fraude.
Q. Haruna, quel document monsieur Gagwa vous a montré avant d'acheter ce véhicule ?
R. La carte rose.
Q. Où est la carte rose ?
R. Le prévenu présente un autre document.
Q. Colonel Katshanzu, avec quel document avez-vous acheté ce véhicule ?
R. Il m'avait promis le document.
Q. Ce véhicule n'a pas circulé à Beni ?
R. Il est sorti de chez moi trois fois.
Q. Est-ce que le véhicule peut circuler à Beni sans document ?
R. C'était sur intervention des militaires.
Le MP Remercie la défense d'avoir amené le document de sa propre culpabilité.
Défense : L'achat est fait quatre jours après que le véhicule est entré au Congo.
Q. Haruna, qu'est-ce que vous étiez parti faire en Ouganda ?
R. Vendre les tourteaux en Ouganda.
Q. Est-ce avec le produit de la vente des tourteaux que vous avez acheté le véhicule ?
R. J'étais rentré à Beni, monsieur Gagwa m'a dit qu'il a son client, mais s'il n'y a pas d'entente, il va m'intéresser.

Q. Le véhicule que vous avez acheté en Ouganda auparavant n'avait pas de carte rose ?
R. La carte rose en Ouganda, c'est ça. (Il présente un document)
Q. Ce document a une valeur pour que ce véhicule reste ici au Congo ?
R. Non.
Q. Là où on a écrit, le document doit être retourné au bureau de sortie, que doit comprendre la Cour ?
R. J'avais acheté le véhicule. J'étais en procédure de le dédouaner.
Q. A quelle date avez-vous vendu ce véhicule au Colonel ?
R. Au début du 9ème mois.
Q. N'avez-vous pas ce document ?
R. Non.
Q. Comment le Colonel pouvait aller à la DGDA pour terminer avec eux ?
R. S'il avait terminé avec moi, on allait partir pour déclarer le véhicule.
Q. Colonel, en quelle date avez-vous acheté ce véhicule ?
R. Le 5 septembre
Q. Qu'est-ce qui vous a convaincu que monsieur Haruna l'avait acheté en bonne et due forme ?
R. J'avais confiance en lui parce qu'il vendait souvent des véhicules. Il m'a fait une décharge. Je le connais comme un garçon de Beni. Je savais qu'il va m'amener des documents après, dès que nous allons finaliser l'achat.
Q. Quel est le rôle de la DGDA ?
R. Bureau de dédouanement.
Q. Haruna, avez-vous le document de la caution qu'on avait payée ?
R. J'ai acheté le véhicule chez nous à Kasindi.
Q. Colonel Katshanzu, est-il vrai qu'en vous vendant le véhicule, il vous a dit qu'il n'y a pas de document et qu'il va vous donner ça après ?
R. Il n'avait pas dit ça ; l'avocat n'était pas là.
La Cour va faire intervenir un douanier pour nous préciser.
Ministère Public : Il n'a jamais parlé de l'entrepôt.
Q. Qui a conduit le véhicule pour entrer au Congo ?
R. Le chauffeur de monsieur Gagwa et j'étais à bord.
Témoin : un expert douanier sur le processus d'entrée de véhicule au Congo.
Remise contradictoire à mardi 21 février 2017.

Audience publique du 21 février 2017

RP N° 0152/2017
RMP N° 0745/KNG/016
Siègent MM:
1. Col. Mag. Jean Paulin Ntshaykolo Esosa Masele, 1er Président ;
2. Col. Ndiba Bulangiti Matthieu, Juge Assesseur ;
3. Col. Dunia Kashindi Fabien, Juge Assesseur ;
4. Col. Busoki Wa Karaku, Juge Assesseur ;

5. Com. Sup. Ppl Ngumbi Kulinga, Juge Assesseur ;
6. Gén. Maj. Mokunto Kiyana Tim 1er AGF, Ministère Public ;
7. Mag. Madoli Nzoki Guy Martin, Greffier.

En cause : L'Auditeur Militaire Supérieur près la Cour militaire opérationnelle du Nord-Kivu, Ministère Public

Contre :

- Col Katshanzu Hangi ;
- Monsieur Haruna Kitahoma Kiza.

Poursuivis pour :

- Participation à un mouvement insurrectionnel ;
- Violations des consignes ;
- Incitations des militaires à commettre des actions contraires au devoir ou à la discipline militaire.

La cause est appelée à 12 heures 05 minutes.

A l'appel de la cause, les prévenus régulièrement cités comparaissent en personne, assistés de leurs Conseils : Me Charles Umumori, avocat au barreau de Kisangani, assiste le prévenu Col. Katshanzu Hangi ; Me Joël Shanyungu, avocat au barreau de Goma, assiste le prévenu Haruna Kitahoma Kiza.

Comparait le nommé Monsieur Etshinzo Momepungu, Inspecteur de la brigade douanière, DGDA /Beni, Matricule : 901758 ; Expert pour éclairer la Cour, il prête serment.

Q. Monsieur Haruna, ce sont les documents que vous avez remis à la Cour ?

R. Oui.

Le Premier Président remet à monsieur l'Inspecteur tous les documents.

Q. Monsieur l'inspecteur, que vous renseignent ces documents, l'ensemble de tous ces documents.

R. Une carte d'entrée, carte grise ougandaise, un acte de vente, un véhicule venu d'Ouganda qui est passé au poste de Kasindi. Il n'y a pas de caution et l'engagement écrit du déclarant pour garantir le droit de taxe de l'Etat même si le client n'a pas d'argent à payer, le déclarant peut en faire face.

Q. Que vous renseigne la carte d'entrée ?

R. Ce n'est pas à n'importe quel véhicule qu'on accorde la carte d'entrée ; c'est uniquement aux véhicules étrangers pour une durée déterminée.

Q. Est-ce que c'est un titre légal pour que le véhicule reste au Congo ?

R. La carte d'entrée est pour un séjour limité.

Q. Est-il autorisé de vendre un véhicule avec la carte d'entrée au Congo ?

R. Non.

Q. N'est-il pas possible de vendre, après le vendeur se présente pour harmoniser la situation ?

R. Ce n'est pas possible.

Dépose sur le banc une note de service, concernant la carte d'entrée.

Q. Un véhicule ne peut entrer au Congo que par un acte d'engagement ou par une caution ? Avez-vous fait ça ?

R. Ce n'est pas moi qui suis entré avec le véhicule. Je l'ai payé à Kasindi.

Q. Lorsqu'on délivre une carte d'entrée, l'on doit obligatoirement ou facultativement payer la caution ?
R. On doit obligatoirement la payer (Articles 195, 196 et 198 du code douanier).
Q. Lorsqu'un véhicule vient de l'Ouganda, quels sont les documents qui restent à la douane ?
R. Tous les documents : carte grise, rose, permis de conduire du chauffeur et on doit payer la caution.
Q. Sur la carte d'entrée en photocopie, il est indiqué une durée de trente jours ?
R. C'est-à-dire après la durée de trente jours, il doit rentrer à la douane pour chercher une prorogation.
Q. On peut vendre un véhicule avec une carte d'entrée ?
R. Interdiction formelle.
Q. On peut acheter un véhicule avec une carte d'entrée ?
R. Interdiction formelle.
C'est un véhicule de contre bande.
Ministère Public : Monsieur Haruna a pour profession « voleur des véhicules ». Il a fait cinq ans de prison en Ouganda.
Q. Le sort du véhicule qui est vendu après avoir traversé par une carte d'entrée ?
R. La carte d'entrée ne vous permet pas de vous approprier un véhicule.
Q. Le véhicule entré par contrebande et vendu illégalement peut-il acquérir la nationalité congolaise ?
R. Impossible, immatriculation impossible. En cas de contre bande, la DGDA s'en prend à l'auteur, au coauteur ou au complice.
Q. Quel est le sort d'un véhicule entré en contre bande ?
R. De saisir le véhicule, l'obliger de payer et lui infliger une amende.
Q. Quelles sont les situations qui prévalaient avant la note ?
R. Le Directeur provincial rappelle les dispositions du code qui date de 2010.
Ministère Public : La défense dit, si on paye la douane, on paye la pénalité, on régularise la situation, le principe de la cristallisation des faits, même si on régularise, l'infraction demeure.
Q. Si le véhicule entré n'est pas retourné, il est de votre devoir de rechercher le véhicule ?
R. Ça fait partie de nos attributions.
Q. Pouvez-vous authentifier cette carte d'entrée ?
R. Je ne peux pas attester sans qu'on puisse vérifier à Kasindi. L'original de la carte doit se trouver dans le véhicule.
Q. Haruna, avez-vous la carte d'entrée originale ?
R. Elle se trouvait entre les mains du propriétaire du véhicule, j'ai vu ça.
Q. Inspecteur, on peut trouver dans les archives la carte d'entrée de cette photocopie ?
R. C'est difficile, mais pas impossible.
Devoir de l'Inspecteur de chercher cette carte d'entrée dans les archives.

Q. Vous souvenez-vous avoir dit devant la Cour que vous avez donné de l'argent à la barrière ou à des barrières ?
R. J'avais fait le rapport au roulage.
Q. Quel rapport ?
R. Je lui avais donné de l'argent, 1000 FC.
Q. Avant d'amener le véhicule à Beni, avez-vous vu le Colonel ?
R. Non.
Q. Depuis quand connaissez-vous le Colonel ?
R. Je le voyais entre 2014 et 2015.
Q. Qui vous a mis en contact avec le Colonel Katshunzu ?
R. Monsieur Sabuni.
Q. Colonel, connaissez-vous monsieur Sabuni ?
R. Oui.
Q. C'est bien lui qui vous a mis en contact ?
R. Oui.
Q. Quand vous avez amené le véhicule à Beni, est-ce que le Colonel est intervenu une fois ?
R. Non.
Q. Colonel, connaissiez-vous le véhicule avant de l'acheter ?
R. Non.
Q. A quel endroit le véhicule a été saisi ?
R. On m'avait demandé de l'amener et je l'avais amené à l'auditorat.
Remise contradictoire à lundi 27 février 2017 pour réquisitoire et plaidoirie.

Audience publique du 27 février 2017

RP N° 0152/2017
RMP N° 0745/KNG/016
Siègent MM:

1. Col. Mag. Jean Paulin Ntshaykolo Esosa Masele, 1er Président ;
2. Col. Ndiba Bulangiti Matthieu, Juge Assesseur ;
3. Col. Dunia Kashindi Fabien, Juge Assesseur ;
4. Col. Busoki Wa Karaku, Juge Assesseur ;
5. Com. Sup. Ppl Ngumbi Kulinga, Juge Assesseur ;
6. Gén. Maj. Mokunto Kiyana Tim 1er AGF, Ministère Public ;
7. Mag. Madoli Nzoki Guy Martin, Greffier.

En cause : L'Auditeur Militaire Supérieur près la Cour militaire opérationnelle du Nord-Kivu, Ministère Public
Contre :

- Col Katshanzu Hangi ;
- Monsieur Haruna Kitahoma Kiza.

Poursuivis pour :

- Participation à un mouvement insurrectionnel ;
- Violations des consignes ;

- Incitations des militaires à commettre des actions contraires au devoir ou à la discipline militaire.

La cause est appelée à 11 heures 30 minutes.

A l'appel de la cause, les prévenus régulièrement cités comparaissent en personne assistés de leurs Conseils : Me Pépin Kahindo et Me Charles Umumori, pour le prévenu Col. Katshanzu Hangi ; Me Joël Shanyungu, pour le prévenu Haruna Kitahoma Kiza.

Ministère Public : Monsieur Haruna en complicité avec le Colonel Katshanzu auraient pu faire traverser le véhicule en fraude. Le véhicule contenait des munitions, et la signature que nous avons sur le document de monsieur Gagwa est tout à fait différente de celle que nous avons sur la décharge. Le rapport entre monsieur Haruna, le Colonel Katshanzu avec les ADF est clair.

Q. Monsieur Haruna, c'est vous qui avez remis le document à la Cour ?

R. Oui.

Q. L'acte, c'est monsieur Gagwa qui avait signé ?

R. Oui.

Q. Qui avait amené ce véhicule au Congo ?

R. Je ne sais pas. J'ai acheté le véhicule au Congo chez monsieur Gagwa.

Q. Avez-vous acheté ce véhicule au parking ?

R. Oui, au parking, en face de la maison Okapi.

Q. Où habite monsieur Gagwa en Ouganda ?

R. Je ne connais que Kampala, sans connaitre l'adresse.

Q. Depuis quand connaissez-vous monsieur Gagwa ?

R. Depuis longtemps sans connaitre la date ; plus de dix ans.

Q. La personne que vous connaissez depuis dix ans, comment expliquer que vous ne connaissez pas son adresse ?

R. Lui, il est Ougandais ; moi je suis Congolais. J'ai des relations avec lui au niveau du commerce. Ça faisait deux fois que j'achetais le véhicule chez lui.

Q. Plus de 10 ans vous avez acheté seulement deux véhicules ?

R. Oui. La première fois une voiture Toyota Corona, la deuxième, un camion Isuzu.

Q. Quant au premier véhicule, où a eu lieu la transaction ?

R. Entre ses mains à Kampala, au parking là où on vend des véhicules.

Q. Le Second véhicule à Kasindi, au parking toujours ?

R. Oui.

Q. Vous confirmez que vous le connaissez il y a plus de dix ans ?

R. Oui.

Q. Monsieur Gagwa connait votre adresse ?

R. Il me connait, mais ce qu'on fait pour la toute première fois c'est d'échanger les numéros de téléphone.

Q. Pour le camion, le crédit était de combien ?

R. 6000$, j'avais avancé 2500$.

Q. Combien restait-il ?

R. 3500$.

Q. Le premier véhicule, l'avez-vous payé cash ?
R. Oui.
Q. Comment expliquez-vous que monsieur Gagwa vous accorde un crédit de 3500$ sans connaitre votre adresse ?
R. Il savait que j'amenais des marchandises là-bas, des tourteaux.
Q. Comment expliquez-vous que la signature sur la carte d'entrée est différente de la signature de l'acte de vente ?
R. Je ne peux pas connaitre ; j'ai acheté le véhicule.
Q. Avez-vous dit que vous n'avez pas étudié ?
R. Oui, mais je fais un effort pour lire et écrire.
Q. Comment avez-vous signé sur un document écrit en anglais ?
R. J'ai signé seulement. Il y avait des témoins qui ont pris connaissance et m'ont demandé de signer.
Q. Comment appelle-t-on vos témoins ?
R. Je les connais seulement, mais pas de noms.
Q. Quand est-ce que ce document a été établi ?
R. Quand j'ai acheté le véhicule.
Q. Qui avait écrit ce document ?
R. C'est lui-même, le vendeur.
Q. L'acte de vente, entre vous et le Colonel Katshanzu, qui l'a écrit ?
R. C'est moi ; je me débrouillais, mais si vous le lisez, vous y trouverez beaucoup de fautes.
Q. Entre celui qui doit vendre et celui qui doit acheter, qui écrit l'acte de reconnaissance ?
R. C'est monsieur Gagwa qui a écrit.
Q. Qu'est-ce qui prouve que vous restiez avec une dette de monsieur Gagwa ?
R. Au moins, que j'appelle celui qui sait lire, puisque moi je ne sais pas lire.
Q. Vous prétendez que le véhicule était vide ?
R. Oui. J'ai quitté Kasindi, le véhicule était vide avec le chauffeur. C'est chemin faisant que nous avons pris un papa avec son panier de poisson. Il nous a remis 4$. Le véhicule n'était pas utilisé comme taxi. Nous avons plutôt aidé ce papa. C'est lui-même qui nous a remis 4$. Nous avons transporté les poissons et il nous a suivis avec la moto.
Q. Vous connaissez personnellement ce papa ?
R. Non.
Q. Pourquoi n'avez-vous pas transporté la moto ?
R. Nous l'avons aidé pour qu'il roule bien avec la moto sans marchandise.
Q. Quelle garantie avez-vous donnée à cette personne pour prendre ses marchandises et l'abandonner en plein parc ?
R. Je ne l'avais pas abandonné, je l'ai aidé en transportant ses marchandises pour qu'il continue sa route jusqu'à Beni, puisque nous l'avons trouvé tombé par terre avec ses marchandises.
Q. Où avez-vous trouvé ce monsieur ?

R. Il nous a indiqué de déposer ses poissons au parking, là où les mamans vendent leurs poissons.
Q. Depuis quand êtes-vous à Beni ?
R. Je suis natif de Beni.
Q. Dans le rayon Beni, Kasindi et Lubero, où opère les rebelles ?
R. Je ne sais pas.
Le Ministère Public soutient que vous avez transporté les munitions et armes des ADF pour les déposer au pont Semuliki, quelle est votre réaction ?
R. J'ai plutôt aidé une personne en difficulté. J'ai transporté les poissons de cette personne pour les déposer au parking. Que le MP amène ce que j'ai déposé au parc ou celui qui m'a vu en train de décharger les armes et les munitions au pont Semuliki.
Défense : D'où venaient les munitions et les armes, de Beni vers le parc ou de Kasindi vers le parc via l'Ouganda ?
Ministère Public : Nous avons eu deux sources d'informations. Un officier qui se trouve en Ouganda nous dit : faites attention, un véhicule a traversé à une heure du matin avec des munitions déposées au pont Semuliki avec un certain Haruna qui travaille avec le Colonel Katshanzu. En vérifiant, nous avons trouvé Haruna et le Colonel Katshanzu, le véhicule retrouvé au domicile du Colonel Katshanzu. Après vérification, qui est Haruna ? On nous apprend que c'est un voleur des véhicules ; il a même été condamné en Ouganda. Le Colonel Katshanzu qui dit avoir été formé au Centre d'Instruction de Rumangabo ne connait rien de Rumangabo. Le Colonel Katshanzu, a donné la position des militaires FARDC aux ADF pour attaquer Eringeti avec armes et munitions du Secteur auquel il a accès en sa qualité de T4 Secteur.
Q. Haruna, connaissez-vous monsieur Kasimu ?
R. Oui.
Q. Quel est votre dernier mot, qu'avez-vous répondu ?
R. Monsieur Kasimu m'avait dit de demander pardon puisque je vous ai menti.
Q. Comment avez-vous menti ?
R. Votre réponse, vous avez détruit la barrière, le prévenu dit que c'est faux.
Q. C'est vous qui avez choisi monsieur Kasimu ?
R. Oui.
Le Ministère Public donne lecture du PV de monsieur Haruna, véhicule acheté le 29 aout 2014 et le véhicule acheté au mois de juin.
Q. Quand avez-vous acheté le véhicule ?
R. Au mois d'août.
Q. Monsieur Kasimu est aussi musulman ?
R. Oui.
Q. Colonel Katshanzu, à qui appartient ce véhicule ?
R. Il m'avait dit que c'était son véhicule.
Q. Le Colonel Katshanzu est votre oncle ?
R. Oui.
Q. Okapi, c'est quoi ?

R. Le parking des véhicules et Okapi c'est le dépôt de l'eau Okapi.
Q. Avez-vous envoyé de l'argent à monsieur Gagwa ?
R. Oui, 2500$. J'avais envoyé l'argent à partir d'ici à Beni à l'agence STC
Ministère Public : Gérant de l'agence STC.
Q. Combien de personnes avez-vous transportées en venant de Kasindi ?
R. J'ai transporté des poissons. A Bulongo, le roulage m'a demandé de l'aider à transporter une personne.
Q. Etiez-vous torturé en présence de monsieur Kasimu ?
R. Non.
Q. Monsieur Kasimu avait-il lu ce PV ?
R. Oui.
Q. Comment expliquez-vous qu'en présence de votre Conseil, vous avez déclaré que vous avez conduit le véhicule vous-même ?
R. On avait mal compris.
Q. N'avez-vous pas transporté d'autres personnes à part celle de Bulongo ?
R. A Kasindi, j'ai ajouté 3 personnes.
La Cour lui donne lecture de ses PV où le prévenu dit qu'il avait transporté deux vieilles mamans et un vieux papa à Kilya avec deux chèvres et un colis de foufou.
Q. Est-ce que monsieur Kasimu parle aussi le kiswahili des autres provinces ?
R. Monsieur Kasimu parle le kiswahili d'ici.
Défense : Notre client a parlé d'un motard avec le colis des poissons.
Q. Pouvez-vous continuer la suite de l'histoire après avoir pris les poissons ?
R. J'ai acheté le véhicule à Kasindi. C'est le chauffeur qui conduisait le véhicule. Je suis arrivé à la barrière de Kasindi, j'ai payé le FONER. Quand nous sommes arrivés à Hululu, une remorque s'est renversée. Nous avons arrangé une déviation. Nous sommes passés par là avec un motard qui nous a précédés. Nous l'avons trouvé un peu plus loin, renversé avec son colis de poissons. J'ai transporté son colis de poissons. A Kilya, j'ai transporté deux mamans avec un papa et à Bulongo, une personne à qui le roulage nous a demandé de rendre service et nous sommes venus jusqu'à Beni.
Q. Haruna, c'est votre profession de vendre des véhicules ?
R. Oui.
Q. La Toyota Corona, l'avez-vous achetée en Ouganda ?
R. Oui.
Q. On vous a donné le document ?
R. Oui.
Q. Qu'avez-vous fait pour entrer avec ce véhicule ?
R. J'ai payé la carte d'entrée pour revenir après et arranger les autres documents.
Q. Comment avez-vous accepté de prendre le véhicule sans document et entrer avec ce véhicule ici à Beni sans carte d'entrée ?

R. Je suis venu avec le chauffeur du propriétaire qui avait tous les documents du véhicule. Nous nous sommes entendus qu'après avoir terminé à payer, on va me donner les documents.
Q. Quand vous avez donné le véhicule au Colonel Katshanzu, vous lui avez remis la carte d'entrée ?
R. Lui aussi avait donné l'avance. Il fallait qu'il termine à payer la totalité pour que je lui remette les documents.
Le Ministère Public n'a pas de preuve directe de leur participation à un mouvement insurrectionnel ADF, si Haruna reconnait sa contre bande habituelle.
Q. Haruna, avez-vous une RAV4 saisie au dépôt de l'OFIDA ?
R. Non.
Q. Qui avait retiré l'argent au niveau de Kasindi ?
R. Mutuare.
Q. Après l'audience du 19, avez-vous vu Major Hubert, Major Amisi avec votre femme ?
R. Nous avons parlé entre nous.
Q. Pourquoi avez-vous demandé pardon au Major Hubert ?
R. L'eau, la nourriture, toute ma vie dépendait du Major Hubert ; pourquoi ne pas lui demander pardon ?
Le Ministère Public donne lecture du PV de Colonel Katshanzu sur le rappel des experts.
Q. Colonel Katshanzu, votre réaction ?
R. C'est faux. Nous avons un seul dépôt à Beni, ici à l'OZACAF. Je ne gère pas le dépôt des munitions et des tenues. Les Régiments reçoivent de l'argent pour acheter de la nourriture et on partage au niveau de l'Unité.
La Défense demande au Ministère Public de verser ce rapport au dossier puisqu'elle a le dossier, mais n'a pas vu ce rapport. Que le MP puisse mettre le nom tel que cité par notre client.
L'organe de la loi a cité un chef et deux officiers.
Ministère Public : Les experts protègent leur source. Nous ne pouvons pas amener les deux officiers dont on parle.
La Cour demande qu'une réquisition soit faite à la DGDA, pour qu'on puisse éclairer la Cour sur l'entrée de ce véhicule.
Défense : Qu'on invite le responsable de la DGDA avec le carnet des fiches.
Q. Haruna, comment avez-vous fait pour retrouver le document en photocopie ?
R. C'est à Gagwa que je me suis référé.
Q. Vous pouvez lui demander le document en original ?
R. J'ai son argent ; je ne sais pas s'il peut accepter.
Q. Combien d'argent le Colonel Katshanzu vous a-t-il donné ?
R. Nous nous sommes convenus pour 8000$; il m'a donné 2000$, puis 1800$.
Q. Combien devez-vous à monsieur Gagwa ?
R. Il me reste à payer 1500$

Q. Avant que le Colonel Katshanzu n'achète le véhicule, vous deviez à monsieur Gagwa combien d'argent ?
R. 1500$.
Q. Le Colonel Katshanzu vous a remis combien ?
R. La première tranche, 3000$; la deuxième 800$.
Q. Pourquoi n'avez-vous pas payé les 1500$?
R. Je devais d'abord payer l'argent que j'avais récupéré pour l'avance.
Q. Est-ce que monsieur Gagwa existe réellement ?
R. Oui, je peux même vous donner son numéro téléphone.
Défense : Nous sommes en face d'une personne étrangère, un sujet ougandais. Nous allons entrer en contact avec lui pour nous envoyer l'original.
Q. Combien avez-vous envoyé à Gagwa ?
R. 2500$.
Remise contradictoire le 28 février 2017.

Audience publique du 28 février 2017

RP N° 0152/2017
RMP N° 0745/KNG/016
Siègent MM:

1. Col. Mag. Jean Paulin Ntshaykolo Esosa Masele, 1er Président ;
2. Col. Ndiba Bulangiti Matthieu, Juge Assesseur ;
3. Col. Dunia Kashindi Fabien, Juge Assesseur ;
4. Col. Busoki Wa Karaku, Juge Assesseur ;
5. Com. Sup Ppl Ngumbi Kulinga, Juge Assesseur ;
6. Gén. Maj Mokunto Kiyana Tim 1er AGF, Ministère Public ;
7. Mag. Madoli Nzoki Guy Martin, Greffier.

En cause : L'Auditeur Militaire Supérieur près la Cour militaire opérationnelle du Nord-Kivu, Ministère Public
Contre :

- Col Katshanzu Hangi ;
- Monsieur Haruna Kitahoma Kiza.

Poursuivis pour :

- Participation à un mouvement insurrectionnel ;
- Violations des consignes ;
- Incitations des militaires à commettre des actions contraires au devoir ou à la discipline militaire.

La cause est appelée à 11 heures 04 minutes.
A l'appel de la cause, les prévenus régulièrement cités comparaissent en personne, assistés de leurs Conseils : Me Joël Shanyungu, pour le prévenu Haruna Kitahoma Kiza.
La Cour renvoie la cause en queue d'audience pour attendre l'avocat du Col. Katshanzu Hangi,
Me Charles Umumori.

Défense : La remise était pour citer les témoins et attester l'originalité de la carte d'entrée.
Q/ Etiez-vous déjà arrêté ?
R/ Non.
Q. En Ouganda ?
R. Non, c'était plutôt le problème d'une femme.
Q. Agence Assemence à Kasindi ?
R. Je la connais.
Q. Avez-vous entendu parler de vol à cette agence ?
R. Non.
Ministère Public : Parmi les devoirs, l'expert devrait nous amener les originaux de carte rose ou grise du véhicule Isuzu, couleur bleue.
Réquisition à l'expert : carte d'entrée.
Le Sous-Directeur aura pour devoir de venir présenter à la Cour les documents originaux du véhicule Isuzu, de couleur bleue, censés (supposés) rester (demeurer) à la douane.
Remise contradictoire le 7 mars 2017.
Prévenu Haruna : présenter les originaux de la carte d'entrée.

Audience publique du 7 mars 2017

RP N° 0152/2017
RMP N° 0745/KNG/016
Siègent MM:
1. Col. Mag. Jean Paulin Ntshaykolo Esosa Masele, 1er Président ;
2. Maj. Mag. Kabondo Pibwe Serge, Conseiller ;
3. Col. Ndiba Bulangiti Matthieu, Juge Assesseur ;
4. Lt Col. Tuve Simisi Serge, Juge Assesseur ;
5. Lt Col. Mpoy Teddy Léonard, Juge Assesseur ;
6. Gén. Maj. Mokunto Kiyana Tim 1er AGF, Ministère Public ;
7. Mag. Madoli Nzoki Guy Martin, Greffier.

En cause : L'Auditeur Militaire Supérieur près la Cour militaire opérationnelle du Nord-Kivu, Ministère Public
Contre :
- Col Katshanzu Hangi ;
- Monsieur Haruna Kitahoma Kiza.

Poursuivis pour :
- Participation à un mouvement insurrectionnel ;
- Violations des consignes ;
- Incitations des militaires à commettre des actions contraires au devoir ou à la discipline militaire.

La cause est appelée à 11 heures 46 minutes.

A l'appel de la cause, les prévenus régulièrement cités comparaissent en personne, assistés de leurs Conseils : Me Pépin Kahindo et Me Jean Marie Singa pour le prévenu Col. Katshanzu Hangi.
Remise en queue d'audience pour que le prévenu Haruna soit assisté ; Me Joël Shanyungu, pour le prévenu Haruna Kitahoma Kiza.
Comparait Monsieur l'Inspecteur de la DGDA
Q. Avez-vous amené les originaux du véhicule Isuzu de couleur bleue ?
R. L'Inspecteur a dit qu'il a amené celui qui est chargé de la carte d'entrée.
Comparait monsieur Ipongo Kasasa Médard, Receveur adjoint DGDA/ Kasindi (Renseignant)
Q. Lors de la comparution, l'Inspecteur de la DGDA avait affirmé que la carte d'entrée n'est remise qu'après avoir déposé les documents originaux du véhicule. Pouvez-vous présenter les documents originaux de ce véhicule ?
R. Vous m'avez posé la question si c'était possible de retrouver cette carte d'entrée. Nous avons amené les cartes d'entrée que la Cour appréciera. A la lecture de la photocopie, la série ne concorde pas avec la série que nous avons utilisée en 2014. Au niveau de la DGDA, lorsqu'on nous transmet le document de valeur, la Direction générale appose le sceau. Il y a deux sceaux : la Direction provinciale et le bureau qui l'a délivré. Il y a imitation de signature. Cette carte ne correspond pas à celle de la DGDA.
Premier Président : Le carnet déposé renseigne qu'en date du 25 août 2014, il y a deux entrées des véhicules de madame Kahindo et de monsieur Ugangu Logistique.
Le Premier Président donne toutes les caractéristiques des cartes d'entrée de Kasindi qui comportent sept chiffres.
Q. Votre réaction, Haruna ?
R. J'ai dit à la Cour que ce n'est pas moi qui suis entré avec le véhicule à Kasindi ; je l'ai acheté sur place à Kasindi. Je ne suis pas en mesure de défendre ce document. Ce n'est pas moi qui suis entré avec le véhicule.
La Défense soulève que, dans ce carnet, les souches portent de différentes signatures.
Le Premier Président fait montrer à la Défense. Il y a le même receveur avec la même signature.
Q. A Kasindi, il y a combien de receveurs ?
R. Il n'y a qu'un seul receveur.
Q. Pourquoi le sceau apposé sur la carte est celui de la DGDA ?
R. Le Premier Président montre à la Défense qu'en dessous de la mention DGDA, il n'y a pas la mention Kasindi comme ça se trouve sur la carte d'entrée du prévenu.
Q. Avez-vous le sceau qui reprend la mention Kasindi ?
R. J'avais expliqué devant la Cour.
Q. Pourquoi le carnet précède un jour avant la carte d'entrée de notre client et les autres fiches sont coupées ?
R. Après vérification, la Défense constate que c'est l'original qui a été coupée.

Tous les véhicules ne demandent pas de cartes d'entrée.
Q. Ce sceau correspond à celui de service ?
R. Comme ils avaient utilisé la fraude, ils ont apposé le même au-dessus et en bas.
Ministère Public : On a fabriqué maladroitement le sceau. Le véhicule que le Colonel Katshanzu a acheté n'est pas passé à Kasindi, il est passé ailleurs.
Q. Est-ce qu'officiellement, un véhicule peut traverser la nuit ?
R. Aucun véhicule ne peut traverser après 18 heures.
Remise contradictoire à mardi 14 mars 2017, éventuellement pour réquisitoire et plaidoirie.

Audience publique du 14 mars 2017

RP N° 0152/2017
RMP N° 0745/KNG/016
Siègent MM:

1. Col. Mag. Jean Paulin Ntshaykolo Esosa Masele, 1er Président ;
2. Col. Omeonga Taunya José, Juge Assesseur ;
3. Col. Ndiba Bulangiti Matthieu, Juge Assesseur ;
4. Col. Busoki Wa Karaku, Juge Assesseur ;
5. Com. Sup. Ppl Ngumbi Kulinga, Juge Assesseur ;
6. Gén. Maj. Mokunto Kiyana Tim 1er AGF, Ministère Public ;
7. Mag. Madoli Nzoki Guy Martin, Greffier.

En cause : L'Auditeur Militaire Supérieur près la Cour militaire opérationnelle du Nord-Kivu, Ministère Public
Contre :

- Col Katshanzu Hangi ;
- Monsieur Haruna Kitahoma Kiza.

Poursuivis pour :

- Participation à un mouvement insurrectionnel ;
- Violations des consignes ;
- Incitations des militaires à commettre des actions contraires au devoir ou à la discipline militaire.

La cause est appelée à 14 heures 03 minutes.
A l'appel de la cause, les prévenus régulièrement cités comparaissent en personne assistés de leurs Conseils : Me Charles Umomuki, Me Pépin Kahindo et Me Jean Marie Singa pour le prévenu Col Katshanzu Hangi.
Me Joël Shanyungu, pour le prévenu Haruna Kitahoma Kiza.
Remise contradictoire lundi 20 mars 2017.

Audience publique du 6 avril 2017

RP N° 0152/2017
RMP N° 0745/KNG/016

Siègent MM :

1. Col. Mag. Jean Paulin Ntshaykolo Esosa Masele, 1er Président ;
2. Col. Omeonga Taunya José, Juge Assesseur ;
3. Col. Ndiba Bulangiti Matthieu, Juge Assesseur ;
4. Col. Busoki Wa Karaku, Juge Assesseur ;
5. Com. Sup. Ppl Ngumbi Kulinga, Juge Assesseur ;
6. Gén. Maj. Mokunto Kiyana Tim 1er AGF, Ministère Public ;
7. Mag. Madoli Nzoki Guy Martin, Greffier.

En cause : L'Auditeur Militaire Supérieur près la Cour militaire opérationnelle du Nord-Kivu, Ministère Public

Contre :

- Col Katshanzu Hangi ;
- Monsieur Haruna Kitahoma Kiza.

Poursuivis pour :

- Participation à un mouvement insurrectionnel ;
- Violations des consignes ;
- Incitations des militaires à commettre des actions contraires au devoir ou à la discipline militaire.

La cause est appelée à 11 heures 30 minutes.

A l'appel de la cause, les prévenus régulièrement cités comparaissent en personne, assistés de leurs Conseils : Me Charles Umomuki Ayalinga pour le Col Katshanzu Hangi, conjointement avec Me Pépin Kahindo.

Me Joël Shanyungu, pour le prévenu Haruna Kitahoma Kiza.

Le Ministère Public présente ses réquisitoires :

De dire établies en fait comme en droit les infractions de : Participation à un mouvement insurrectionnel, violations des consignes et incitations des militaires à commettre des actions contraires au devoir ou à la discipline militaire.

De les condamner de la manière suivante :

1. Colonel Katshanzu Hangi

- Participation à un mouvement insurrectionnel : à la peine de mort sans admissions des circonstances atténuantes ;

- Violations des consignes : à 12 mois de servitude pénale principale avec sursis de 24 mois avec admission des circonstances atténuantes ; de faire application de l'Article 7 CPM à la peine capitale.

2. Haruna Kitahoma Kiza.

- Participation à un mouvement insurrectionnel : à la peine capitale sans admissions des circonstances atténuantes ;

- Incitations des militaires à commettre des actions contraires au devoir ou à la discipline militaire, à la peine capitale sans admissions des circonstances atténuantes, faisant application de l'Article 7 CPM à la peine capitale, de mettre les frais à charge du trésor public.

De le condamner à toute peine que la Cour estimera en bonne justice.

La défense sollicite une remise pour mieux préparer la plaidoirie.

Remise contradictoire demain vendredi 7 avril 2017 pour la plaidoirie, réplique et contre réplique.

Audience publique du 7 avril 2017

RP N° 0152/2017
RMP N° 0745/KNG/016
Siègent MM:

1. Col. Mag. Jean Paulin Ntshaykolo Esosa Masele, 1er Président ;
2. Col. Omeonga Taunya José, Juge Assesseur ;
3. Col. Ndiba Bulangiti Matthieu, Juge Assesseur ;
4. Col. Busoki Wa Karaku, Juge Assesseur ;
5. Com. Sup. Ppl Ngumbi Kulinga, Juge Assesseur ;
6. Gén. Maj. Mokunto Kiyana Tim 1er AGF, Ministère Public ;
7. Mag. Madoli Nzoki Guy Martin, Greffier.

En cause : L'Auditeur Militaire Supérieur près la Cour militaire opérationnelle du Nord-Kivu, Ministère Public
Contre :

- Col. Katshanzu Hangi ;
- Monsieur Haruna Kitahoma Kiza.

Poursuivis pour :

- Participation à un mouvement insurrectionnel ;
- Violations des consignes ;
- Incitations des militaires à commettre des actions contraires au devoir ou à la discipline militaire.

La cause est appelée à 11 heures 50 minutes.
A l'appel de la cause, les prévenus régulièrement cités comparaissent en personne assistés de leurs Conseils : Me Charles Umomuki Ayalinga, Me Pépin Kahindo et Me Nsinga pour le Col Katshanzu Hangi conjointement.
Me Joël Shanyungu, pour le prévenu Haruna Kitahoma Kiza.
La Défense de monsieur Haruna présente sa plaidoirie :
De dire non établie l'infraction de participation à un mouvement insurrectionnel pour défaut des éléments constitutifs ;
De dire non établie l'infraction d'incitation des militaires à commettre des actions contraires au devoir ou à la discipline militaire.
De l'en acquitter et de le renvoyer de toute fin de poursuite, que la Cour se déclare incompétente pour l'infraction de fraude douanière et de le renvoyer devant son juge naturel.
Défense du Col. Katshanzu Hangi plaide :
De la nécessité d'acquitter le prévenu pour manque (absence) de preuves ;
La nécessité d'acquitter le prévenu pour doute.
Les éléments constitutifs ne sont pas établis ; non établies en fait comme en droit les infractions mises à charge du prévenu, de l'en acquitter et de le renvoyer de toute fin de poursuite.

Remise contradictoire à lundi 10 avril 2017.

Audience publique du 10 avril 2017

RP N° 0152/2017
RMP N° 0745/KNG/016
Siègent MM:

1. Col. Mag. Jean Paulin Ntshaykolo Esosa Masele, 1er Président ;
2. Col. Omeonga Taunya José, Juge Assesseur ;
3. Col. Ndiba Bulangiti Matthieu, Juge Assesseur ;
4. Col. Busoki Wa Karaku, Juge Assesseur ;
5. Com. Sup. Ppl Ngumbi Kulinga, Juge Assesseur ;
6. Gén. Maj. Mokunto Kiyana Tim 1er AGF, Ministère Public ;
7. Mag. Madoli Nzoki Guy Martin, Greffier.

En cause : L'Auditeur Militaire Supérieur près la Cour militaire opérationnelle du Nord-Kivu, Ministère Public
Contre :

- Col. Katshanzu Hangi ;
- Monsieur Haruna Kitahoma Kiza.

Poursuivis pour :

- Participation à un mouvement insurrectionnel ;
- Violations des consignes ;
- Incitations des militaires à commettre des actions contraires au devoir ou à la discipline militaire.

La cause est appelée à 12 heures 50 minutes.
A l'appel de la cause, les prévenus régulièrement cités comparaissent en personne assistés de leurs Conseils : Me Pépin Kahindo, Me Charles Umomuki Ayalinga et Me Nsinga pour le Col Katshanzu Hangi conjointement.
Me Joël Shanyungu, pour le prévenu Haruna Kitahoma Kiza.
Réplique :
Ministère Public : Haruna a poussé le Colonel Katshanzu au processus de dédouanement de véhicule. Ce véhicule n'est pas passé à la barrière de Kasindi, il est passé par le Colonel. Il sait bien que le Colonel peut couvrir tout ce qui s'est passé en amont. Il n'y a aucun document, le Colonel n'aurait pas dû acheter un véhicule sans document, il n'aurait pas dû rouler avec un véhicule sans document. De retenir la violation de consigne et de le condamner à 24 mois fermes.
Contre réplique :
Défense : C'était une vente conclue en bonne et due forme. L'opération commerciale, on la pratique. Le véhicule n'a pas circulé longtemps. Notre client n'a violé aucune consigne. L'on reconduit l'ancienne plaidoirie.

Défense de monsieur Haruna : Il n'y a pas de munitions qui ont quitté l'Ouganda pour le pont Semuliki. Le véhicule est entré par l'entremise de monsieur Gagwa, reconduit ses moyens.
Q. Col Katshanzu Hangi, le MP vous propose 24 mois de servitude pénale principale pour violation de consigne et à la peine de mort pour participation à un mouvement insurrectionnel, quel est votre dernier mot ?
R. C'est ma première fois de comparaitre. Depuis qu'on a parlé de ce problème de rebelle, il n'y a pas de preuves. Haruna avait amené le véhicule chez moi à la maison. Une fois que je terminerai à payer, il va me donner le document.
Q. Haruna, le Ministère Public vous propose la peine capitale pour toutes les deux préventions. Votre Conseil a plaidé pour votre acquittement ; quel est votre dernier mot ?
R. Je n'ai jamais été dans un groupe quelconque. Je demande à la Cour de m'acquitter pour que j'aille garder mes enfants.
Débat clos, la cause est prise en délibéré, le prononcé interviendra dans la huitaine.

Audience publique du 2 mai 2017

RP N° 0168/2017
RMP N° 0747/KNG/016
Siègent MM:

1. Col. Mag. Jean Paulin Ntshaykolo Esosa Masele, 1er Président ;
2. Col. Omeonga Taunya José, Juge Assesseur ;
3. Col. Ndiba Bulangiti Matthieu, Juge Assesseur ;
4. Col. Busoki Wa Karaku, Juge Assesseur ;
5. Com. Sup. Ppl Ngumbi Kulinga, Juge Assesseur ;
6. Gén. Maj. Mokunto Kiyana Tim 1er AGF, Ministère Public ;
7. Mag. Madoli Nzoki Guy Martin, Greffier.

En cause : L'Auditeur Militaire Supérieur près la Cour militaire opérationnelle du Nord-Kivu, Ministère Public.
Contre : Kambale Sivialeana Jackson Nake
Poursuivis pour :

- Association des malfaiteurs ;
- Incitations des militaires.

La cause est appelée à 16 heures 10 minutes.
A l'appel de la cause, les prévenus régulièrement cités comparaissent en personne, assistés de leurs Conseils :
Faute de temps, remise contradictoire le 4 et le 5 mai 2017, 8 mai 2017 et le 11 mai 2017 et le 12 mai 2017.

Audience publique du 12 mai 2017

RP N° 0168/2017
RMP N° 0747/KNG/016
Siègent MM:

1. Col. Mag. Jean Paulin Ntshaykolo Esosa Masele, 1er Président ;
2. Col. Omeonga Taunya José, Juge Assesseur ;
3. Lt Col. Simisi Tuve Serge, Juge Assesseur ;
4. Col. Busoki Wa Karaku, Juge Assesseur ;
5. Lt Col. Mpoy Teddy Léonard, Juge Assesseur ;
6. Gén. Maj. Mokunto Kiyana Tim 1er AGF, Ministère Public ;
7. Mag. Madoli Nzoki Guy Martin, Greffier.

En cause : L'Auditeur Militaire Supérieur près la Cour militaire opérationnelle du Nord-Kivu, Ministère Public
Contre : Kambale Sivialeana Jackson Nake
Poursuivis pour :

- Association des malfaiteurs ;
- Incitations des militaires.

La cause est appelée à 15 heures 35 minutes.
A l'appel de la cause, le prévenu régulièrement cité comparait en personne, assisté de son Conseil : Me Nathan Tagirabo, avocat et le Défenseur militaire agréé Kiwunga Makila.
Identité du prévenu
Kambale Sivialeana Jackson Nake ; né à Butembo, le 20 octobre 1983 ; Fils de Kambale (en vie) ; et de Kavira Yalala (en vie) ; Originaire de Kyondo ; Secteur de Bashu ; Territoire de Beni ; Province du Nord-Kivu ; Etat-civil : Célibataire, père d'un enfant ; Etudes faites : Néant ; Profession : Démobilisé, ancienne unité : 1008 Regt, ancienne fonction : Cie SP 1Bn ; Domicilié à Beni, Cultivateur, grade : 1 Cl, Domicilié à Butembo, C/ Mususa, Q/ Kitulu.
Interprète en swahili, renouvelle son serment.
Remise contradictoire lundi 15 mai 2017 et mardi 16 mai 2017.

Audience publique du 16 mai 2017

RP N° 0168/2017
RMP N° 0747/KNG/016
Siègent MM:

1. Col. Mag. Jean Paulin Ntshaykolo Esosa Masele, 1er Président ;
2. Col. Omeonga Taunya José, Juge Assesseur ;
3. Lt Col. Simisi Tuve Serge, Juge Assesseur ;
4. Col. Busoki Wa Karaku, Juge Assesseur ;
5. Lt Col. Mpoy Teddy Léonard, Juge Assesseur ;
6. Gén. Maj. Mokunto Kiyana Tim 1er AGF, Ministère Public ;

7. Mag. Madoli Nzoki Guy Martin, Greffier.

En cause : L'Auditeur Militaire Supérieur près la Cour militaire opérationnelle du Nord-Kivu, Ministère Public

Contre : Kambale Sivialeana Jackson Nake

Poursuivis pour :

- Association des malfaiteurs ;
- Incitations des militaires.

La cause est appelée à 15 heures 30 minutes.

A l'appel de la cause, le prévenu régulièrement cité comparait en personne, assisté de son Conseil : Me David Wambale, Me Nathan Tagirabo, tous avocats et le Défenseur militaire agréé Kiwunga Makila.

La défense dépose un mémoire unique concernant l'irrégularité de la saisine.

Ministère Public : Il s'agit d'une erreur de manipulation des dossiers. Kambale Jackson a été transféré de prison en prison : Butembo-Beni-Kinshasa. Nous allons retrouver la sous farde des pièces de détention.

Remise contradictoire lundi 21 mai 2017.

Audience publique du 13 juillet 2017

RP N° 0168/2017

RMP N° 0747/KNG/016

Siègent MM :

1. Col. Mag. Jean Paulin Ntshaykolo Esosa Masele, 1er Président ;
2. Col. Omeonga Taunya José, Juge Assesseur ;
3. Lt Col. Mpoy Teddy Léonard, Juge Assesseur ;
4. Col. Busoki Wa Karaku, Juge Assesseur ;
5. Com. Sup. Ppl Ngumbi Kulinga, Juge Assesseur ;
6. Gén. Maj. Mokunto Kiyana Tim 1er AGF, Ministère Public ;
7. Mag. Madoli Nzoki Guy Martin, Greffier.

En cause : L'Auditeur Militaire Supérieur près la Cour militaire opérationnelle du Nord-Kivu, Ministère Public

Contre : Kambale Sivialeana Jackson Nake

Poursuivis pour :

- Association des malfaiteurs ;
- Incitations des militaires.

La cause est appelée à 16 heures 00 minutes.

A l'appel de la cause, le prévenu régulièrement cité comparait en personne assisté de son Conseil.

Remise contradictoire vendredi, le 14 juillet 2017.

Audience publique du 14 juillet 2017

RP N° 0168/2017

RMP N° 0747/KNG/016

Siègent MM:

1. Col. Mag. Jean Paulin Ntshaykolo Esosa Masele, 1er Président ;
2. Col. Omeonga Taunya José, Juge Assesseur ;
3. Lt Col. Mpoy Teddy Léonard, Juge Assesseur ;
4. Col. Busoki Wa Karaku, Juge Assesseur ;
5. Com. Sup. Ppl Ngumbi Kulinga, Juge Assesseur ;
6. Gén. Maj. Mokunto Kiyana Tim 1er AGF, Ministère Public ;
7. Mag. Madoli Nzoki Guy Martin, Greffier.

En cause : L'Auditeur Militaire Supérieur près la Cour militaire opérationnelle du Nord-Kivu, Ministère Public

Contre : Kambale Sivialeana Jackson Nake

Poursuivis pour :

- Association des malfaiteurs ;
- Incitations des militaires.

La cause est appelée à 13 heures 07 minutes.

A l'appel de la cause, le prévenu régulièrement cité comparait en personne, assisté de son Conseil : Le Défenseur militaire agréé Kiwunga Makila.

Comparait Sgt Mbala Ndombasi Dora, Matricule : 1832. ; Unité : 11 Bde URR basée à Kinshasa, Dipo 1er AGF, Garde-corps (Renseignant)

Q. Comment connaissez-vous monsieur Kambale Sivialeana ?

R. Je le connais comme Lt Jackson.

Q. Combien de fois vous êtes-vous vus ?

R. Je l'ai connu en 2012, quand on avait appelé les commandants des unités à Kinshasa. J'étais avec le général Mamadou à son retour, il allait atterrir à Butembo. Je suis allé pour l'accueillir. Un jour, je me promenais à Butembo. Nos militaires m'ont appelé dans un bar. Ils étaient avec le Lt Jackson qui m'a remis 3000Fc comme je ne prenais pas de la bière. Je l'ai encore revu en 2014. Il est repassé pour me voir, je n'étais pas à la maison. Ma femme m'a informé de son passage. Un jour, j'allais charger des téléphones, les militaires m'ont appelé. Ils étaient avec le Lt Jackson qui nous a demandé si nous avons tous des armes. Nous avons accepté. C'était à la résidence d'Ilunga. On nous dira qu'un papa a 18.000$ et qu'on voulait encore organiser un mouvement. Nous aurons des grades élevés. Il nous a promis quelque chose. J'ai appelé les autres militaires pour leur dire que son 40ème jour est aujourd'hui. Le Lt Jackson m'a appelé pour me dire que je lui ai promis du mal. J'ai appelé nos militaires pour leur demander pourquoi ils m'ont trahi. Quand j'étais opéré au centre hospitalier Santé Plus, les tueries ont commencé à Beni. J'ai dit que c'est ce que le Lt Jackson avait dit. Cette histoire était à la portée du Col Ntumba qui m'a remis le transport pour Butembo. Je suis allé le voir là où il était, malheureusement il avait déménagé. J'ai demandé auprès d'un petit qui m'a amené là où on le voyait. Je lui ai remis 5$, il m'a indiqué la maison de loin. Je suis arrivé à la maison, j'ai frappé à la porte, sa sœur est venue ouvrir. Elle m'a dit que Jackson n'est pas là. Quand lui-même a entendu ma voix, il a demandé qu'on me fasse entrer. Nous nous sommes parlé. Je suis sorti de la

parcelle, j'ai appelé l'auditeur Douglas qui a envoyé des militaires. J'ai encore frappé à la porte pour dire au Lt voici le numéro que vous m'avez demandé. Quand il a ouvert la porte, je l'ai tiré à l'extérieur. J'ai appelé le Col Ntumba qui a envoyé la jeep pour l'amener à Beni.
Q. Votre réaction ?
R. C'est faux.
Q. Ce n'est pas Mbala qui vous a arrêté ?
R. C'est bien lui.
Q. Avez-vous vu le renseignant dans la maison de Stalone ?
R. Non.
Q. Reconnaissez-vous avoir croisé Stalone au rond-point Tamende ?
R. C'est là qu'il avait donné l'ordre de m'arrêter.
Q. Reconnaissez-vous avoir vu Stalone avec d'autres militaires ?
R. Je l'ai vu une fois seulement.
Q. Pourquoi avez-vous parlé de moto, aujourd'hui vous parlez de RAV4 ? (Mbala)
R. Je n'ai jamais parlé de moto. Pour la deuxième fois, je l'ai vu à bord de sa jeep RAV4.
Q. Qu'est-ce qui vous a empêché d'entrer dans ce mouvement ?
R. Je ne peux pas faire la rébellion.
Q. Ce jour-là, il avait cité Djamil Mukul ou Mbusa ?
R. Il avait dit que le président lui a demandé de recruter les jeunes, le président Mbusa.
Comparait Ntambwe Tshitumba Alexis, Sgt, Unité : 111 B de URR, Dipo 1er AGF, Garde-corps.
Q. Connaissez-vous le prévenu ?
R. Je le connais au nom de Lt Jackson.
Q. Comment vous l'avez connu ?
R. En 2014 à Tamende.
Q. Avez-vous eu des entretiens avec le prévenu ?
R. J'étais à la même parcelle avec Stalone qui m'a appelé pour venir voir le Lt Jackson. Je l'ai connu à la Rwindi, à l'époque du Général Mamadou. Nous lui avons montré la maison, il est venu s'asseoir. Il nous a demandé si nous avons des armes, car on lui a confié une mission de 18.000$. Il nous a promis qu'il va venir avec le petit en question pour nous remettre quelque chose. Nous avons appelé Mbala. Nous sommes allés en face de notre domicile boire des sucrés. Il nous a dit qu'en 2015, il y a des petits formés à Madina qui seront sur terrain. Quand il est parti, nous avons dit avec Mbala : son 40ème jour est arrivé. Nous allons les arrêter lors de cette opération. Nous l'avons attendu, il n'est plus arrivé. Or il avait appelé Mbala pour lui dire que nous voulons l'arrêter. Or en 2015, les gens ont commencé à être massacrés. Nous avons dit : c'est ce que Lt Jackson avait dit. Nous avons expliqué au Col Ntumba qui a vérifié nos téléphones. On a retrouvé le numéro du Lt Jackson au téléphone de Stalone. C'est comme ça qu'on l'a arrêté.

Q. Où avez-vous bu du sucré ?
R. A Tamende ; c'est un enfant qui nous a vendu du sucré. Il peut avoir entre neuf et dix ans.
Q. La maman vous a vus ?
R. Oui.
Q. Votre réaction ?
R. J'étais à moto, ils m'ont demandé du sucré, je leur ai remis 1800 FC.
Q. De quoi avez-vous parlé ?
R. Ils m'ont demandé de m'arrêter en cours de route, nous nous sommes salués. Stalone m'a présenté celui-ci comme son ami. Sa femme est venue me saluer. Stalone m'a dit qu'il est chauffeur à l'auditorat et l'autre est garde du corps du Général. Je ne peux pas recruter les gardes du corps du Général.
Q. Pourquoi avez-vous présenté Mbala à votre maman ?
R. Nous étions des voisins.
Q. Col Boniface et Cpt Alain, vous les connaissez ?
R. Oui.
Q. Quelle mission avez-vous reçue du Col Boniface par le Cpt Alain ?
R. Le Col Boniface a fait défection, il est allé au M23. Il m'a demandé, où j'étais. J'ai dit à Kasindi. Il m'a demandé de quitter là-bas et qu'ils allaient attaquer Kasindi. Il était en Ouganda.
Q. Vous étiez en contact avec le Col Boniface ?
R. Oui.
Q. En contact avec un rebelle ?
R. Mon frère.
Q. Avez-vous informé les autorités locales ?
R. Le Cpt Alain. Mon téléphone avait une carte mémoire qui enregistrait tout. J'ai porté à la connaissance du Cpt Alain.
Q. Quelle était la réaction des FARDC ?
R. Mon problème était de dénoncer. Je n'étais pas dans leur boite. Je travaillais comme personnel civil.
Ministère Public : Le prévenu travaillait avec les ADF.
Q. Etiez-vous Mayimayi ?
R. Oui, Mayimayi Mbula.
Q. Après, vous êtes allé dans quel groupe ?
R. L'APC, branche militaire du RCD/KML.
Q. Etiez-vous en contact avec le Col. Boniface ?
R. Oui, j'avais dénoncé aux autorités.
Q. Vous êtes démobilisé des FARDC, vous vous entretenez avec votre frère qui était devenu ennemi des FARDC ?
R. C'est mon frère.
Q. Après vos contacts avec le Col Boniface, vous êtes retourné à Butembo ?
R. Le Cpt Alain m'avait donné une mission.
Q. Vous vous êtes démobilisé en quelle année ?
R. En 2010.

Q. Avez-vous votre carte de démobilisation ?
R. Le MP en a.
Ministère Public : Comme il ne produit aucune pièce de démobilisation, sa façon de dire n'est qu'un prétexte.
Q. Où étiez-vous démobilisé ?
R. A Mavivi, par la Monusco.
Q. Dans quelle armée étiez-vous ?
R. FARDC
Q. Quelle grade ?
R. Première Classe.
Q. Votre nom exact quand vous étiez soldat de Première Classe ?
R. Kambale Sivialeana Nake.
Q. Sous quelle Unité ?
R. 1008 Regt.
Q. Qui vous a démobilisé ?
R. La Monusco.
Q. La Monusco a démobilisé un soldat des FARDC ?
R. Oui.
Q. Quel est le service de la Monusco qui vous a démobilisé ?
R. DDRRR.
Q. Vous confirmez que vous étiez des FARDC ?
R. Oui.
Défense : Le MP était en possession de deux cartes de 2006 et 2010.
Q. Renseignant, l'adresse de la maman là où vous avez pris du sucré ?
R. Je connais l'endroit, on peut appeler cette maman.
Q. Pourquoi avez-vous déclaré que ces gens sont au Canada, puis à Madina ?
R. Dans la forêt, nous avons entendu qu'il y a Canada et Madina.
Q. Vous avez dit qu'on avait arrêté Kambale à partir de son numéro de téléphone retrouvé dans le répertoire de Stallone ?
R. Oui.
Q. Mbala, votre réaction ?
R. On avait retrouvé le numéro du Lt Jackson au téléphone de Stallone. Le Col. Ntumba nous a demandé celui qui connait la maison du Lt Jackson. Stalone a refusé. Moi j'ai dit, si je me souviens bien, je peux connaitre sa maison ; et le Col Ntumba m'a confié cette mission.
Q. Que faisait la CONADER ?
R. Je ne sais pas.
Q. Combien de mois avez-vous fait en soins médicaux traditionnels ?
R. J'étais malade, je ne faisais rien. C'est un Col de Butembo qui m'avait amené à Beni pour être démobilisé.
Ministère Public soutient que le prévenu est un élément du 1008 Regt, heureusement que l'unité est déployée non loin d'ici, à Eringeti.
Comparait le 1er Sgt Ilunga Kumisa, Matricule : 190025767732 ; unité : 11 Bde URR, Dipo 1er AGF, Chauffeur (Renseignant).

Q. Connaissez-vous Kambale Jackson ?
R. Depuis 2012 à Butembo. Je l'ai connu dans un débit de boisson ; il prenait de l'alcool.
Q. Depuis quand étiez-vous démobilisé ?
R. Depuis juin 2010.
Q. Qu'en dites-vous, Jackson ?
R. C'est vrai, je prenais du « Mandale ».
Q. Vous étiez malade, pourquoi preniez-vous de l'alcool ?
R. J'étais déjà guéri et j'avais déjà fait quatre mois à Butembo.
Q. Vous aviez un engagement personnel avec le Col à Butembo ?
R. Ma santé n'était pas bonne.
Q. Vous vous êtes vu avec Kambale en 2012 et en quelle année ?
R. En 2014, je l'ai vu à Beni à moto. Je l'ai arrêté. Nous nous sommes salués. Je lui ai dit que nous sommes avec mon vieux Mbimbi, nous restons ici. Il nous a demandé s'il y a une place où on vend du sucré. Nous sommes allés là-bas. Il a dit qu'il y a un petit qui demande de l'argent à son père, mais il ne lui donne pas. Il a 18.000$ pour acheter le Fuso. Il va nous amener là-bas, nous allons porter des jaquettes et des cagoules. Après cela, le président Nyamwisi lui a demandé de recruter des jeunes. Après, nous avons résolu de l'arrêter.
Q. Votre réaction ?
R. C'est faux.
Q. De quoi avez-vous parlé ?
R. On ne s'était rien dit. Sa femme est venue me saluer en route.
Q. Etiez-vous Lt ?
R. Ça c'est chercher des problèmes avec quelqu'un. C'est eux qui m'ont fait arrêter en cours de route.
Q. Où étiez-vous arrêté ?
R. A Butembo, à l'auditorat de Beni et à Kinshasa, plus précisément à Ndolo.
Q. Qui vous a conduit en prison ?
R. C'est le Col Ntumba qui nous a amené à l'aéroport de Mavivi. J'étais nouveau à Kinshasa. Ce sont des militaires qui nous ont amenés.
Q. Renseignant, comment avez-vous su que le prévenu est Lt ?
R. Il était avec un Cpt qui nous l'a présenté comme Lt Jackson.
Ministère Public : Lt Col Masumbuko Fariala qui était à Butembo, il est maintenant à Kirumba, Commandant 2nd OPS Rens.
Q. Comment on l'avait arrêté ?
R. On avait confondu le Lt J.C et le Lt Jackson quand on a vérifié les téléphones.
Q. Pourquoi vous ne vous êtes plus rencontrés ce jour-là ?
R. Il est parti pour ne plus revenir.
Q. Est-ce que Mbala n'est pas passé vous dire que vous avez signalé au Lt Jackson ?
R. Non.
Remise contradictoire mardi 18 juillet 2017 et jeudi 20 juillet 2017.

Audience publique du 20 juillet 2017

RP N° 0168/2017
RMP N° 0747/KNG/016
Siègent MM:

1. Col. Mag. Jean Paulin Ntshaykolo Esosa Masele, 1 Président ;
2. Col. Omeonga Taunya José, Juge Assesseur ;
3. Col. Busoki Wa Karaku, Juge Assesseur ;
4. Com. Sup. Ppl Ngumbi Kulinga, Juge Assesseur ;
5. Lt Col. Mpoy Teddy Léonard, Juge Assesseur ;
6. Gén. Maj. Mokunto Kiyana Tim 1er AGF, Ministère Public ;
7. Mag. Madoli Nzoki Guy Martin, Greffier.

En cause : L'Auditeur Militaire Supérieur près la Cour militaire opérationnelle du Nord-Kivu, Ministère Public
Contre : Kambale Sivialeana Jackson Nake
Poursuivis pour :

- Association des malfaiteurs ;
- Incitations des militaires.

La cause est appelée à 12 heures 03 minutes.
A l'appel de la cause, le prévenu régulièrement cité comparait en personne assisté de son Conseil : Le Défenseur militaire agréé Kiwunga Makila.
Remise à une date ultérieure.

Audience publique du 31 juillet 2017

RP N° 0168/2017
RMP N° 0747/KNG/016
Siègent MM:

1. Col. Mag. Jean Paulin Ntshaykolo Esosa Masele, 1er Président ;
2. Col. Omeonga Taunya José, Juge Assesseur ;
3. Lt Col. Mpoy Teddy Léonard, Juge Assesseur ;
4. Col. Busoki Wa Karaku, Juge Assesseur ;
5. Com. Sup Ppl Ngumbi Kulinga, Juge Assesseur ;
6. Gén. Maj Mokunto Kiyana Tim 1er AGF, Ministère Public ;
7. Mag. Madoli Nzoki Guy Martin, Greffier.

En cause : L'Auditeur Militaire Supérieur près la Cour militaire opérationnelle du Nord-Kivu, Ministère Public
Contre : Kambale Sivialeana Jackson Nake
Poursuivis pour :

- Association des malfaiteurs ;
- Incitations des militaires à commettre les actes contraires.

La cause est appelée à 14 heures 28 minutes.

A l'appel de la cause, le prévenu régulièrement cité comparait en personne assisté de son Conseil : Me Nathan Tagirabo, avocat et le Défenseur militaire agréé Kiwunga Makila.
Q. Etiez-vous Mayi mayi ?
R. Oui.
Q. Mayi mayi Tsheka ?
R. Oui. En 2009, on m'avait pris en cours de route.
Q. Etiez-vous militaire ?
R. Oui. Avant j'étais Mayi mayi Muhola, après nous avons fait le brassage à Nyaleke.
Q. A Nyaleke, vous avez décidé de rejoindre l'armée ?
R. Oui. En 2016, à la fin de l'année, nous étions attaqués et dispersés. Quand je suis arrivé à la maison, je me suis décidé de me reposer.
Q. Etiez-vous S3 chez Tsheka ?
R. J'ai fait trois mois au cachot, je n'étais pas S3.
Q. Après 2005, vous êtes encore retourné dans l'armée ?
R. Non. Je voulais commencer à me débrouiller. C'est en 2009 qu'on nous a récupérés chez Tsheka.
Q. Après Tsheka, vous êtes retourné dans l'armée ?
R. Oui.
Q. Avec quel grade ?
R. Soldat 1ère Classe.
Q. Etiez-vous empoisonné ?
R. Oui, à Mwenga.
Q. Etiez-vous soigné ?
R. Ça n'a pas tenu. Je suis venu me faire soigner traditionnellement.
Q. Etiez-vous du RCD/KML ?
R. Oui. Je n'ai pas fait une année.
Q. Etiez-vous taximen moto ?
R. Oui.
Q. Avez-vous connu Mamadou ?
R. Oui. Sa femme était notre voisine.
Q. Avez-vous connu les militaires de Mamadou ?
R. Oui, Kabuse, Stallone, Mbala et Safari.
Q. A Beni, avez-vous vu Stallone ou Mbala ?
R. Stallone en 2014, ente juillet et aout. Stallone m'avait stoppé en cours de route, nous nous sommes salués avec lui. Il a appelé son ami pour me saluer aussi. Il m'a dit qu'il est le chauffeur du Général de l'auditorat. Il m'a demandé du sucré, j'avais 1800Fc, je les lui ai remis.
Q. Qui vous a arrêté à Butembo ?
R. C'est Mbala.
Q. Avec Stallone, n'avez-vous pas parlé de recrutement ?
R. Non.
Q. Qui est le Col Boniface ?

R. Il est du 1008 Regt, il a fui. Il est en Ouganda. Kambale Boniface Mutsirana. Nous sommes d'un même village avec lui.
Q. Avez-vous parlé au téléphone avec le Col Boniface ?
R. Oui. Il me demandait de faire le suivi de sa famille comme elle n'avait pas de téléphone. Un jour, on avait dit qu'il est mort. Je suis allé au village, j'ai passé le téléphone à sa famille, il a parlé avec sa famille.
Q. Avez-vous son numéro ?
R. Oui, si on est en Ouganda avec le numéro du Congo, ça peut passer.
Q. Avez-vous parlé avec lui à Kasindi ?
R. Il m'avait appelé un jour quand il était à Kasindi. Il m'a dit, si je suis à Kasindi, de quitter ce milieu. J'ai informé la société civile qui m'a amené au T2. J'ai trouvé le Cpt Alain en 2014 au mois d'octobre.
Q. En quelle date étiez-vous arrêté ?
R. Le 8 janvier 2015.
Le MP sollicite la comparution de Jackson avec Mbala.
Q. Mbala, vous connaissez Jackson ?
R. Oui.
Q. Vous l'avez connu à Butembo ?
R. En 2012, quand nous avons fait le repli à la Rwindi.
Q. A Beni ?
R. Je l'ai vu deux fois ; la première fois à bord de la jeep RAV4.
Q. Jackson, votre réaction ?
R. A Beni, je n'ai jamais vu Mbala. J'ai vu plutôt Stallone. Ils ont planifié ça.
Q. Pourquoi, ils ont monté cette histoire ?
R. Nous sommes devant vous. Nous allons savoir ce qu'ils cherchent.
Q. Mbala.
R. La deuxième fois, j'allais charger le téléphone. J'ai vu trois personnes : Stalone, Mbimbi et Lt Jackson qui nous a demandé de chercher une place pour bien parler. Lt Jackson dit qu'il y a quelqu'un qui a 18.000$ pour acheter un véhicule. Nous allons porter des jaquettes avec des armes pour opérer. Après cette mission, nous aurons encore une autre mission. Le président lui a confié une mission et un groupe de petits va terminer la formation à Madina, ils seront sur le terrain.
Q. Le Nganda en question existe ?
R. Oui.
Q. Qui vous a servi ?
R. Les enfants qui étaient là.
Ministère Public : Nous allons vérifier si le Nganda existe jusqu'aujourd'hui.
Q. C'est le même jour qu'il vous a parlé de l'argent et du recrutement ?
R. Oui.
Défense : Les dépositions de trois renseignants ne sont pas cohérentes.
Ministère Public : Mbala est venu trouver Mbimbi et Stalone ; il a vu Jackson deux fois. Qu'on parle de Madina ou Canada, cela n'a pas d'inconvénient.
Remise contradictoire lundi 7 aout2017 et vendredi 11 aout 2017.

Audience publique du 11 août 2017

RP N° 0168/2017
RMP N° 0747/KNG/016
Siègent MM:

1. Col. Mag. Jean Paulin Ntshaykolo Esosa Masele, 1er Président ;
2. Col. Omeonga Taunya José, Juge Assesseur ;
3. Lt Col. Mpoy Teddy Léonard, Juge Assesseur ;
4. Com. Sup. Ppl Ngumbi Kulinga, Juge Assesseur ;
5. Gén. Maj. Mokunto Kiyana Tim 1er AGF, Ministère Public ;
6. Mag. Madoli Nzoki Guy Martin, Greffier.

En cause : L'Auditeur Militaire Supérieur près la Cour militaire opérationnelle du Nord-Kivu, Ministère Public
Contre : Kambale Sivialeana Jackson Nake
Poursuivis pour :

- Association des malfaiteurs ;
- Incitations des militaires à commettre les actes contraires au devoir et à la discipline.

La cause est appelée à 14 heures 00 minutes.
A l'appel de la cause, le prévenu régulièrement cité comparait en personne assisté de son Conseil : Me Nathan Tagirabo, avocat et le Défenseur militaire agréé Kiwunga Makila.
Ministère Public : Le témoin n'est pas venu ; c'est une vieille maman.
Remise contradictoire jeudi le 17 aout 2017 pour réquisitoire et plaidoirie et jeudi 24 aout 2017.

Audience publique du 15 septembre 2017

RP N° 0168/2017
RMP N° 0747/KNG/016
Siègent MM:

1. Col. Mag. Jean Paulin Ntshaykolo Esosa Masele, 1er Président ;
2. Col. Omeonga Taunya José, Juge Assesseur ;
3. Col. Ndiba Bulangiti Matthieu, Juge Assesseur ;
4. Com. Sup. Ppl Ngumbi Kulinga, Juge Assesseur ;
5. Lt Col. Mpoy Teddy Léonard, Juge Assesseur ;
6. Gén. Maj. Mokunto Kiyana Tim 1er AGF, Ministère Public ;
7. Mag. Madoli Nzoki Guy Martin, Greffier.

En cause : L'Auditeur Militaire Supérieur près la Cour militaire opérationnelle du Nord-Kivu, Ministère Public
Contre : Kambale Sivialeana Jackson Nake
Poursuivis pour :

- Association des malfaiteurs ;

- Incitations des militaires à commettre les actes contraires.

La cause est appelée à 14 heures 45 minutes.

A l'appel de la cause, le prévenu régulièrement cité comparait en personne assisté de son Conseil : Le Défenseur militaire agréé Kiwunga Makila.

Ministère Public présente ses réquisitoires : De dire établies en fait comme en droit les infractions mises à charge du prévenu et de le condamner :

- A 20 ans de servitude pénale principale pour incitation des militaires à commettre des actes contraires ;
- A la peine capitale pour association des malfaiteurs.

De faire application de l'Article 7 CPM, de le condamner à la peine capitale.

Les frais d'instance à charge du trésor.

De le condamner à telle ou telle autre peine que la Cour estimera en bonne justice.

Défense plaide :

Pour défaut de l'élément matériel : De dire non établies les préventions mises à charge du prévenu et par défaut de charge, insuffisance de preuves pour participation à un mouvement insurrectionnel ;

De l'en acquitter et de le renvoyer de toutes fins de poursuite sans frais.

Q. Kambale, le MP vous propose 20 ans et la peine capitale, votre Défense sollicite votre acquittement, quel est votre dernier mot ?

R. Je demande à la Cour de m'acquitter. Je ne suis pas fou pour tenter de recruter dans l'escorte de l'Auditeur général.

Débats clos, la cause prise en délibérée ; le prononcé dans la huitaine.

MASSACRES PLANIFIES ET REGLEMENT DES COMPTES

Audience publique du 2 mai 2017

RP N° 0170/2017
RMP N° 0760/KNG/2017
Siègent MM:

1. Col. Mag. Jean Paulin Ntshaykolo Esosa Masele, 1er Président ;
2. Col. Omeonga Taunya José, Juge Assesseur ;
3. Col. Ndiba Bulangiti Matthieu, Juge Assesseur ;
4. Col. Busoga Wa Karaku, Juge Assesseur ;
5. Com. Sup Ppl Ngumbi Kulinga, Juge Assesseur ;
6. Gen. Maj. Mukuntu Kiyana Tim, Ministère Public ;
7. Mag. Madoli Nzoki Guy Martin, Greffier.

En cause : L'Auditeur Militaire Supérieur près la Cour militaire opérationnelle du Nord-Kivu, Ministère Public
Contre : Kasereka Vahwere Grâce
Poursuivis pour :

- Participation à un mouvement insurrectionnel ;
- Association des malfaiteurs ;
- Crime contre l'humanité ;
- Terrorisme.

La cause est appelée à 16 heures 10 minutes.
A l'appel de la cause, les prévenus régulièrement cités comparaissent en personne, assistés de leurs Conseils.
Faute de temps, remise contradictoire le 4, 5 mai 2017 ; 8 mai 2017 ; le 11 mai 2017 et 12 mai 2017.

Audience publique du 12 mai 2017

RP N° 0170/2017
RMP N° 0760/KNG/2017
Siègent MM:

1. Col. Mag. Jean Paulin Ntshaykolo Esosa Masele, 1er Président ;
2. Col. Omeonga Taunya José, Juge Assesseur ;
3. Col. Ndiba Bulangiti Matthieu, Juge Assesseur ;
4. Col. Busoga Wa Karaku, Juge Assesseur ;
5. Com. Sup Ppl Ngumbi Kulinga, Juge Assesseur ;
6. Gen. Maj Mukuntu Kiyana Tim, Ministère Public ;
7. Mag. Madoli Nzoki Guy Martin, Greffier.

En cause : L'Auditeur Militaire Supérieur près la Cour militaire opérationnelle du Nord-Kivu, Ministère Public
Contre : Kasereka Vahwere Grâce

Poursuivis pour :

- Participation à un mouvement insurrectionnel ;
- Association des malfaiteurs ;
- Crime contre l'humanité ;
- Terrorisme.

La cause est appelée à 14 heures 50 minutes.

A l'appel de la cause, les prévenus régulièrement cités comparaissent en personne, assistés de leurs Conseils : Me David Wambale, Me Joël Shanyungu, Me Nathan Tagirabo et le défenseur militaire Kiwunga Makila et Me Théo Shota.

Identité du prévenu

Kasereka Vahwere Grâce ; né à Butembo, le 05 juin 1987 ; Fils de Muhindo (en vie) ; et de Kavira (en vie) ; Originaire de Pabuka ; Secteur de Rwenzori ; Territoire de Beni ; Province du Nord-Kivu ; Etat-civil : marié à Mme Rose, père d'1 enfant ; Etudes faites : 5 ans primaires ; Profession : Cultivateur ; Domicilié à Butembo.

Après lecture de la décision de renvoi par le Greffier, sur ordre du Premier Président, il demande s'il y a des préalables.

La Défense demande de prendre connaissance du dossier, le reste viendra après.

Remise contradictoire au mardi 16 mai 2017, vendredi 19 mai 2017 et jeudi 25 mai 2017.

Audience publique du 25 mai 2017

RP N° 0170/2017
RMP N° 0760/KNG/2017
Siègent MM:

1. Col. Mag. Jean Paulin Ntshaykolo Esosa Masele, 1er Président ;
2. Col. Omeonga Taunya José, Juge Assesseur ;
3. LLt Col. Mpoy Teddy Léonard, Juge Assesseur ;
4. Col. Busoga Wa Karaku, Juge Assesseur ;
5. Lt Col. Simisi Tuve Serge, Juge Assesseur ;
6. Gen. Maj. Mukuntu Kiyana Tim, Ministère Public ;
7. Mag. Madoli Nzoki Guy Martin, Greffier.

En cause : L'Auditeur Militaire Supérieur près la Cour militaire opérationnelle du Nord-Kivu, Ministère Public

Contre : Kasereka Vahwere Grâce

Poursuivis pour :

- Participation à un mouvement insurrectionnel ;
- Association des malfaiteurs ;
- Crime contre l'humanité.
- Terrorisme

La cause est appelée à 13 heures 15 minutes.

A l'appel de la cause, les prévenus régulièrement cités comparaissent en personne, assistés de leurs Conseils : Me Déo Shota, Me David Wambale, Me Blanchard Mbiya, Me Jean Marie Singa, Me Nathan Tagirabo et le défenseur militaire Kiwunga Makila.
Comparait monsieur Kasereka Vahwere Grâce,
Q. Où et quand étiez-vous arrêté ?
R. A Biakato, en 2014.
Q. Qui vous a arrêté ?
R. Les militaires.
Q. Pourquoi étiez-vous arrêtés ?
R. Je ne sais pas.
Q. N'avez-vous jamais été dans le campement des ADF ?
R. J'y étais.
Q. Depuis quand étiez-vous chez les ADF ?
R. Depuis 2012.
Q. Où ?
R. A partir de Mayimoya.
Q. C'est un village ou comment ?
R. Un village.
Q. Où étiez-vous pris par les ADF
R. Je me dirigeais au champ, dans la localité de Mayimoya, ils m'ont amené en brousse à Tsutsubo.
Q. Qu'est-ce qui s'est passé ?
R. Arrivé à Tsutsubo, ils m'ont fait asseoir dans une maison jusque tard la nuit et une maman est venue me demander : comment vous êtes arrivé ici ? Je lui ai dit que c'est quatre militaires et trois civils qui m'ont amené. J'étais surveillé. Le lendemain, on m'a amené trois autres personnes.
Q. Avez-vous suivi une formation ?
R. Après deux jours, un papa m'a dit : ici c'est le milieu des militaires.
Q. Est-ce que c'était un camp des FARDC ?
R. Je ne sais pas.
Q. Combien de temps avez-vous passé en brousse ?
R. De 2012 à 2014
Q. Qui vous a formé ?
R. Des instructeurs, Rufin et Elisha, un Congolais et un Ougandais.
Q. Devant le MP, vous avez parlé d'une année chez les ADF ?
R. Je lui ai dit de 2012 à 2014.
Q. On vous a appris le maniement des armes ?
R. Oui, AKA 47.
Q. Pendant combien de temps avez-vous suivi la formation ?
R. Trois mois.
Q. Après la formation, avez-vous participé aux attaques des ADF contre la population ?
R. Non.

Q. Pourquoi devant le MP vous avez parlé d'Oïcha, Eringeti et Ngadi, c'est vrai ou faux ?
R. C'est vrai.
Q. Qu'aviez-vous comme arme.
R. Je portais une arme AKA 47.
Q. Devant le MP, vous avez dit que vous avez participé à combien d'attaques ? Vous avez déclaré Oïcha, Eringeti et Ndadi. Devant la Cour, vous avez nié. Après la lecture des PV, vous avez reconnu. Vous avez aussi parlé des flèches empoisonnées et des butins où plusieurs personnes étaient mortes ?
R. Je ne reconnais pas ça.
Q. Vous reconnaissez que, lors de ces attaques, les gens ont été sauvagement tués ?
R. J'avais entendu ça.
Q. En quelle date ces attaques ont eu lieu ?
R. Toutes les attaques, c'étaient en 2014 (Oïcha, Eringeti et Ngadi).
Q. Il y avait combien de personnes tuées ?
R. A Oïcha, je ne connais pas le nombre, mais il y a eu des morts ; même chose à Eringeti et Ngadi.
Q. Vous êtes originaire d'où et où êtes-vous né ?
R. Village Pabuka, Groupement Buliki, Secteur Ruwenzori. Je suis né à Butembo.
Q. Comment était organisée l'attaque de Ngadi ?
R. Nous sommes sortis de la forêt de Tsutsubo. Arrivés sur la route de Mbau, nous avons trouvé des véhicules qui nous attendaient pour nous transporter. Le Colonel Chirimwami était à bord de ce véhicule. Nous avons stoppé à la station de Ngadi. Le Colonel Ngabo qui était là, ainsi que le Capitaine Eric et Major Patrick. Je connaissais le Colonel Chirimwami qui était arrivé à Tsutsubo en 2013. Nous avons quitté Tsutsubo à 6 heures du matin. Nous sommes arrivés sur la route Mbau à 18 heures moins. C'était le matin, le Capitaine Elisha est revenu de la route, il a dit : nous allons préparer les jeunes, nous allons à la route. Le matin, on a rassemblé des jeunes pour aller à la route. Nous étions au nombre de dix-huit. Arrivés à la route, nous avons trouvé deux véhicules qui nous attendaient. On nous a dotés des tenues que vous portez. Arrivés à Boikene, les véhicules sont allés stationner à Ngadi. On nous a briffés. Nous étions six sous le commandement de Rufin et les autres sous le commandement d'Elisha. On nous a demandé d'aller à Boikene prendre de l'argent chez le chef Alinde. Quand nous sommes arrivés chez lui, il a dit d'attendre quand l'honorable sera là, il va nous amener l'argent. Chez le chef Alinde, dans sa maison, c'est une maison en tôle, trois personnes sont entrées et les trois autres sont restées au barza. Je me trouvais à la porte. Quand il a dit d'attendre l'honorable, nous sommes rentrés à Ngadi. Quand Elisha est revenu, il nous a demandé de partir et nous sommes rentrés à Tsutsubo. C'est le groupe programmé pour aller à Ngadi qui a fait ce massacre.
Q. Qui vous a dotés des tenues militaires ?

R. Le Colonel Ngabo.
Q. Quelle arme Avez-vous ?
R. AKA 47.
Q. Connaissez-vous personnellement le chef Alinde ?
R. Je l'ai vu ce jour-là. Je l'ai connu personnellement.
Q. Combien de fois avez-vous pris de l'argent chez le chef Alinde ?
R. C'était la première fois ?
Q. Le groupe de massacre, où avait-il perpétré ce massacre ?
R. A Ngadi.
Q. Comment avez-vous su ?
R. C'était le groupe avec lequel nous étions venus.
Q. Le massacre de Ngadi, c'était de votre groupe ?
R. Je pense.
Ministère Public : Il y a eu deux attaques à Ngadi. Lors de la deuxième attaque, il n'y avait eu mort d'hommes. On a tiré sur les citernes, mais les citernes n'avaient pas explosé.
Q. vous connaissez le Colonel Chirimwami ?
R. Oui.
Q. Vous l'avez vu à Tsutsubo en 2013 ?
R. Oui, au milieu de l'année.
Ministère Public : Au milieu de l'année, nous sommes pendant les opérations contre le M23, le Général Bauma à Bweremana, le Colonel Chirimwami aussi là-bas. Les opérations reprennent contre le M23 au mois de juin. Le Colonel est là jusqu'à la chute de Kyanzu le 10 novembre 2013. Le 11 novembre, nous sommes avec le Colonel qui vient avec le Général Bauma début 2014 ici à Beni.
Q. Connaissez-vous le Colonel Ngabo ?
R. Je l'ai vu une fois. Il est noir, gros.
Comparait Mme Kavira Goreth Kamala, née à Beni, fille de Mbeba (en vie) et de Kavira (en vie) ; Profession : Cultivatrice à Mayangos/ Mangoloru ; mariée à monsieur Musedingi, mère de 5 enfants ; Etudes faites : Néant ; Domiciliée à Ndimo (victime témoin).
Q. Etiez-vous victime de l'attaque de Ngadi ?
R. Oui.
Q. Qu'est-ce qui vous est arrivé à l'attaque de Ngadi ?
R. Nous étions à la cuisine avec mon mari et le Bébé. Nous avons vu des gens qui couraient, portant des voiles. Une voix qui disait : toi, tu nous as fuis. Il y a eu un coup de balle, mon mari a fui. Au deuxième coup de feu, je suis sortie devant la porte, j'ai reçu une de balle à la jambe. J'ai fui et trouvé mon mari derrière la maison. Il a pris l'enfant et m'a aussi pris de l'autre main. Arrivés au bureau du quartier, les coups de balle ont diminué. Il m'a demandé : où allons-nous ? J'ai dit qu'il m'amène au dispensaire. Quand nous voulions partir, il y a eu un autre coup de feu. Nous sommes rentrés pour frapper à une porte. Une maman est sortie, nous avons demandé un foulard pour bander la

plaie. On est allé toquer chez l'infirmier qui a appelé l'ambulance. Celle-ci nous a amenés jusqu'à la barrière des policiers qui ont vérifié le véhicule. Mon mari a demandé d'aller prendre les enfants, les policiers ont refusé.
Q. Connaissez-vous là où se trouvent les stations ?
R. Chez maman Gétou.
Q. D'où venaient ces gens ?
R. De la route vers les plantations, ils ont traversé chez moi pour passer chez maman Gétou.
Q. Selon vous, qui tiraient : ceux qui fuyaient ou ceux qui poursuivaient ?
R. Ceux qui étaient derrière.
Q. Kasereka Vahwere, avez-vous une déclaration à faire par rapport à ce que Mme Kavira vient de dire ?
R. Aucune déclaration.
Q. Avez-vous suivi la direction que Mme Kavira vient de dire ?
R. Je ne connais pas chez maman Gétou. Nous sommes sortis vers Mavivi.
Q. Kavira, c'était à quelle heure ?
R. Vers 19 heures.
Q. Distance entre votre maison et chez maman Gétou ?
R. Je ne peux pas apprécier la distance.
Q. Avez-vous vu les phares des véhicules chez maman Gétou ?
R. Si vous êtes sur la route, vous pouvez voir, mais je n'avais pas vu ça.
Défense : Il y a un certain nombre d'officiers que le prévenu a cités. Nous souhaitons à chaque moment qu'il prend la parole, nous puissions le compléter.
Le Ministère Public évoque l'Article 250 du CJM.
Comparait Mlle Kavira Kabunga Merveille, née à Boikene, le 30 juillet 1999 ; fille de Kakule (en vie) et de Kahindo (en vie) ; élève 2ème secondaire, célibataire, pas d'enfant ; Domiciliée- (victime- témoin).
Ministère Public : Mbunguma doit faire attention à propos des dates, sur les heures. On ne sait pas si c'est le même groupe qui a tué à Ngadi, Tubameme et Kadou.
Q. Qu'est-ce qui s'est passé à l'attaque de Ngadi ?
R. Je venais au Kiosque. J'ai entendu un coup de feu, j'ai fui. J'ai réalisé que j'ai laissé la porte ouverte. Je suis rentré pour la fermer. Les coups de feu se sont poursuivis en rafale. Je n'ai pas pu fermer la porte, j'ai fui. J'ai reçu une balle au dos et elle est sortie vers le ventre.
Q. Quand avez-vous entendu les coups de feu ?
R. A 19 heures.
Q. Distance qui sépare le kiosque de la maison de votre tante ?
R. C'est tout près.
Q. Distance entre kiosque et chez maman Gétou ?
R. Je ne peux pas estimer.
Q. Kasereka, vous vous rappelez que vous êtes allés avec le Major Safari et le Colonel Ntumba à Ngadi ?

R. Je ne me rappelle plus.
Q. Kasereka, regardez Merveille. Vous voyez la personne sur qui vous avez tiré ?
R. Le prévenu regarde et tourne les yeux.
Q. Kasereka, qu'en dites-vous ?
R. Je n'ai rien à dire.
Remise contradictoire demain 26 mai 2017.

Audience publique du 26 mai 2017

RP N° 0170/2017
RMP N° 0760/KNG/2017
Siègent MM :
1. Col. Mag. Jean Paulin Ntshaykolo Esosa Masele, 1er Président ;
2. Col. Omeonga Taunya José, Juge Assesseur ;
3. Lt Col. Mpoy Teddy Léonard, Juge Assesseur ;
4. Col. Busoki Wa Karaku, Juge Assesseur ;
5. Lt Col. Simisi Tuve Serge, Juge Assesseur ;
6. Gen. Maj. Mukuntu Kiyana Tim, Ministère Public ;
7. Mag. Madoli Nzoki Guy Martin, Greffier.

En cause : L'Auditeur Militaire Supérieur près la Cour militaire opérationnelle du Nord-Kivu, Ministère Public
Contre : Kasereka Vahwere Grâce
Poursuivis pour :
- Participation à un mouvement insurrectionnel ;
- Association des malfaiteurs ;
- Crime contre l'humanité ;
- Terrorisme.

La cause est appelée à 11 heures 25 minutes.
A l'appel de la cause, les prévenus régulièrement cités comparaissent en personne, assistés de leurs Conseils : Me Déo Shota, Me David Wambale, Me Joël Shanyungu et le défenseur militaire agrée Kiwunga Makila.
Comparait monsieur Kasereka Vahwere Grâce,
Q. Avez-vous participé au massacre d'Eringeti ?
R. Oui, en 2014.
Q. Relatez-nous comment ça s'est passé ?
R. Nous venions de Tsutsubo, c'était le matin vers 7 heures 30. Quand nous sommes arrivés à Makembi, nous nous sommes reposés et puis nous avons continué le chemin. Tout près d'Eringeti, nous nous sommes reposés. Après, le Capitaine Rufin nous a répartis en trois groupes. Nous étions douze personnes. Elie commandait le premier groupe, le deuxième groupe est resté sur place. J'étais dans le groupe qui était resté sur place, commandé par Elisha, l'Ougandais. Ils ont dit qu'après la mission, ils vont nous rejoindre. Après, ils

nous ont appelés au téléphone, mission terminée pour nous rejoindre et nous sommes rentrés.
Q. Quelle arme aviez-vous ?
R. AKA 47.
Q. Premier groupe ?
R. Huit personnes.
Q. Deuxième groupe ?
R. Quatre personnes.
Q. Dans ces groupes, il y avait combien de Congolais ?
R. Deux, moi et Rufin.
Q. Qu'est-ce que ceux qui sont allés à Eringeti ont fait ?
R. Le deuxième groupe ne nous a pas informés sur l'objet de sa mission.
Q. A Eringeti, il y a eu combien de morts ?
R. Je n'ai pas connu le nombre de morts.
Q. Mlle Kavira est passée ici hier. Selon le MP, c'est vous qui avez tiré sur elle, qu'en dites-vous ?
R. Je n'ai pas tiré sur elle, ça m'a étonné. C'était la nuit, comment elle peut dire que j'ai tiré sur elle ?
Q. A quelles heures avez-vous commencé l'attaque d'Eringeti ?
R. Je ne sais pas, je n'avais pas de montre ; il faisait déjà nuit.
Q. Lorsque vous étiez restés, il y avait des gardiens ?
R. Non.
Q. Qu'est-ce que ce groupe a amené ?
R. Ils ont amené un carton moyen, des piles dans un sachet vert.
Q. Lorsqu'ils sont arrivés, vous vous êtes groupés pour partir ?
R. Oui.
Q. Comment étiez-vous habillés ?
R. Pantalon noir, tricot training.
Q. Et les autres ?
R. En tenue militaire.
Q. Il n'y avait pas de gens habillés en soutanes ?
R. Non.
Q. Aviez-vous vu le chef d'Eringeti quand vous étiez à Tsutsubo ?
R. Je n'avais jamais vu le chef.
Q. Qui vous guidait pour les attaques ?
R. L'un du groupe.
Q. Est-ce qu'il y avait une mission de reconnaissance ?
R. Je n'avais pas vu ça.
Q. Où sont vos parents ?
R. Maman est à Butembo. Papa je l'ai laissé à Butembo. Je ne sais pas là où il est pour le moment.
Q. Parmi les attaques, vous avez commencé par laquelle ? Donnez la chronologie ?
R. Première attaque à Eringeti, deuxième à Oïcha et puis la troisième à Ngadi.

Q. Attaque d'Oïcha : vous étiez à quel nombre ?
R. Je n'ai pas connu le nombre. Nous étions nombreux, commandés par Rufin. J'avais l'arme AKA 47 et les autres aussi avaient des armes. Nous étions tous en tenue militaire.
Q. Estimez un peu le nombre de personnes ?
R. Pas plus de vingt.
Q. Votre mission à Oïcha ?
R. De prendre les vivres au dépôt.
Q. Le propriétaire de ce dépôt ?
R. Je ne le connais pas. Il parlait avec le chef.
Q. Expliquez comment ça s'est passé ?
R. Nous avons quitté Tsutsubo. Nous sommes arrivés en route pour Eringeti. Les motards nous ont transportés deux à moto. Arrivés à Oïcha, nous sommes restés à l'église catholique. Le chef a parlé au téléphone. Deux papas sont arrivés pour nous amener au dépôt. C'est le Capitaine Rufin qui a parlé au téléphone. Le dépôt est situé derrière le rond-point. Nous avons pris du sel, les boissons qu'on devrait aussi prendre n'étaient pas là. Après, quand nous sommes arrivés en route, vers la paroisse catholique, le véhicule est arrivé pour prendre du sel. Il y avait un papa qui conduisait ; c'était une voiture de couleur blanche.
Q. Comment ce sel est arrivé à Tsutsubo ?
R. La voiture a pris du sel jusqu'à Eringeti. Quand nous sommes arrivés à Eringeti, chacun a transporté une quantité. La voiture est partie avec le capitaine Rufin. Nous sommes partis à pied comme il faisait déjà nuit.
Q. Où avez-vous trouvé le Capitaine Rufin à Eringeti ?
R. Avec cette voiture à Matembi.
Q. Parmi toutes les opérations, il n'y avait aucune attaque avec les FARDC ?
R. Non.
Q. A partir celle d'Eringeti, comment êtes-vous rentrés ?
R. A pied, en passant par Makembi.
Q. Pourquoi on n'avait pas amené du sel par véhicule jusqu'à Makembi, au lieu de passer par Eringeti ?
R. C'était le programme du chef, je n'en sais rien.
Ministère Public : Nous sommes à Oïcha, à Tsutsubo, à Eringeti, à Makembi. Le sel pris à Oïcha amené à Eringeti, on prend la route vers Makembi, pour amener le sel vers Tsutsubo ?
Q. Winy, vous connaissez toutes les localités ?
R. Oui.
Q. Tsutsubo-Eringeti combien de kilomètres ?
R. Tsutsubo-Makembi, 30 minutes ; Makembi-Eringeti, 30 minutes de marche.
Q. Vous avez quitté Tsutsubo le matin ?
R. Oui. On se reposait en route. Nous sommes arrivés à Eringeti le soir.
Q. Pourquoi vous reposez-vous ?

R. C'était sur ordre sur chef.
Ministère Public : Le récit de Grâce, c'est un récit compliqué.
Q. Grâce, vous connaissez Mumbere Biondi ?
R. Oui, je l'ai connu en prison, à partir de Bunia.
Q. Vous connaissez ce dont vous avez parlé avec lui ?
R. Je n'ai jamais parlé avec lui.
Q. Mumbere Biondi, vous connaissez Kasereka Grâce ?
R. Non.
Q. Vous ne l'avez jamais vu à l'audience ?
R. Je l'ai vu au cachot à Bunia.
Q. De quoi avez-vous parlé avec lui au cachot de l'auditorat ?
R. Chacun parlait de lui. On a voulu m'induire en erreur, c'est lui qui est venu me prendre à Kangbayi. On me demandait au sujet du problème de Kasereka. Nous nous sommes connus avec lui en prison.
Ministère Public : Mumbere nous a dit des choses. Nous avons l'enregistrement.
Q. Vous avez parlé de la chronologie de massacre Eringeti-Oïcha-Ngadi ?
R. Oui.
Q. Boroso, rappelez-nous cette chronologie de massacre ?
R. A Mukoko, deux personnes tuées ; Linzosisene, le 17 octobre à Eringeti.
Ministère Public : Ngadi, c'est 15 octobre, selon notre chronologie Oïcha-Ngadi et Eringeti.
Q. Grâce, vous n'avez pas oublié ?
R. La chronologie, je peux oublier, mais j'ai déclaré ce que j'ai vu.
Q. Vous rappelez-vous que Rufin était appelé Muluba ?
R. Oui, du fait qu'il est Muluba.
Q. D'où êtes-vous venus pour attaquer Oïcha ?
R. Nous avons quitté Tsutsubo pour Eringeti, nous avons pris des motos pour Oïcha.
Q. Vous souvenez-vous avoir dit que vous étiez au nombre de vingt-quatre ?
R. Le Ministère Public donne la cote. Il donne lecture de son PV sur l'attaque d'Oïcha.
Q. Vous vous souvenez de ça ?
R. Oui.
Ministère Public : Cote 38-39 sur l'attaque de Ngadi.
Q. Vous souvenez-vous avoir fait ces déclarations ?
R. Je me souviens.
Selon le Ministère Public, Kasereka a dit : j'ai tué une femme, j'ai blessé une fille en lui tirant sur le dos.
Q. Vous souvenez-vous avoir fait une descente à Ngadi avec les officiers de l'auditorat ?
R. Je ne me souviens pas.
Ministère Public : Nous avons fait une descente avec lui jusqu'à Ngadi. Nous sommes allés avec lui jusqu'à Oïcha.

Q. Hier vous avez parlé de deux jeeps ?
R. Oui.
Q. Pourquoi vous n'avez pas déclaré à l'auditorat ?
R. Je l'avais dit.
Q. Quand vous êtes arrivés à Mbau, vous avez pris quel itinéraire ?
R. Tsutsubo jusqu'à Mbau : nous avons quitté Tsutsubo le matin pour arriver à Mbau à 18 heures moins. C'est sur la route Mbau-Kamango que nous avons trouvé le véhicule. Nous étions dix-huit personnes. Nous avons rencontré le Colonel Chirimwami, le Colonel Ngabo et un autre colonel, Adrien.
Q. Mbunguma, Mbau-Ngadi combien de kilomètres ?
R. Beni-Mbau vingt-deux kilomètres ; Beni-Ngadi six à sept.
Q. Winy, quinze kilomètres pour vous les ADF à pied, combien de temps ?
R. Entre 1 heure et 2 heures de temps.
Ministère Public : Le prévenu a cité le Colonel Ngabo. Me Joël et Me David connaissent le Colonel Ngabo. Il n'est pas comme le prévenu l'a décrit. Il a cité le Colonel Chirimwami. On sait là où il était. Il a cité monsieur Alinde, on sait le pourquoi. Il est le témoin de monsieur Mbunguma.
Comparait monsieur Muhindo Alinde, né en 1972, fils de Olenga (décédé) et de Kavira (en vie) ; Agent de l'Etat, chef de quartier Boiken.
Q. Grâce, répétez ce que vous avez dit à propos du chef Alinde ?
R. Nous étions arrivés là-bas au nombre de six avec notre chef. Trois personnes étaient assises. Notre chef est entré avec son collègue chef. Ils ont parlé, Alinde a dit que l'argent n'est pas encore là, qu'on attend l'honorable et nous sommes partis.
Q. C'était à quelle heure ?
R. Aux environs de 19 heures.
Q. Le massacre avait déjà commencé ?
R. Je n'étais pas de ce groupe de massacre.
Q. Avant d'aller chez le chef Alinde, aviez-vous déjà tiré sur la jeune fille ?
R. Les balles n'avaient pas encore retenti.
Q. Ngadi-Boikene, par quel moyen ?
R. A pied.
Q. Dans la parcelle du monsieur, il y a combien de maisons ?
R. Il y a un barza, une maison en bois et une maison en tôle (toit bonjour), il y avait aussi un manguier.
Q. Comment était le barza ?
R. Eloigné de la maison, couvert de paille.
Q. Alinde, votre réaction ?
R. C'est faux. Il peut dire s'il y avait combien de véhicules chez moi ce jour-là ?
Q. Il y avait combien de véhicule chez Alinde ?
R. Un seul véhicule.
Q. Chez vous il y a des manguiers ?
R. Il y en a deux.

Q. C'était le véhicule de quelle marque ?
R. C'était la nuit ; je n'ai pas tiré attention.
Q. La parcelle était éclairée ?
R. Nous avions des torches. Notre mission n'était pas de venir regarder le véhicule.
Q. Dans le dossier Elisha, Général devant la Cour, capitaine ?
R. Je n'ai pas dit ça.
Q. A part les Colonels cités, quel autre militaire avez-vous vu ?
R. Aucun d'autre.
Q. Le véhicule était stationné en route ?
R. Oui.
Q. Aucune moto ne passait sur cette route ?
R. Je ne sais pas.
Q. Combien de véhicule aviez-vous en 2014 ?
R. Trois.
Q. Pouvez-vous orienter la Cour en allant vers Mavivi, à partir d'ENRA, où est la résidence du chef Alinde ? (Grâce)
R. A gauche.
Q. Alinde, où est votre maison ?
R. A gauche, mais je n'ai jamais vu ce monsieur ; c'est un montage.
Q. Grâce, hier vous avez cité les noms de certains officiers des FARDC. Aujourd'hui, vous avez parlé du Colonel Adrien, comment vous le connaissez ?
R. Avant le massacre de Ngadi, Adrien est venu avec trois Ougandais. Il nous a amené des tenues et des vivres. Avant le massacre, il est venu parler à Rufin. Lors de massacre de Ngadi, il était là.
Q. Quel est le nom complet d'Adrien ?
R. Adrien Muhumuza.
Ministère Public : En octobre, Adrien est à la Monusco. Vous croyez qu'au même moment Adrien peut être à la Monusco et à Ngadi.
Q. Mbunguma, vous vous rappelez avoir cité Kasereka comme témoin ?
R. C'est Kangeneti qui l'avait cité. J'avais soutenu l'idée des gens qu'on avait cités.
Q. Vous ne vous êtes jamais rencontrés avec Kasereka dans un cachot ?
R. Nous sommes avec lui dans un même cachot, mais je ne lui ai jamais parlé.
Ministère Public : Nous constatons qu'à un certain moment, Kasereka est en contact avec Mbunguma. Nous constatons qu'Alinde n'a pas voulu qu'on condamne à mort son chef.
Q. Aviez-vous une arme quand vous êtes partis chez Alinde ?
R. Tous les cinq avaient des armes, sauf une seule personne.
Q. Comment vous êtes allés sans que la population ne puisse vous voir ?
R. Nous sommes partis en colonne, les motos passaient.
Q. L'attaque a commencé à 19 heures. Comment êtes-vous sortis ? En courant ou comment ?

R. Nous sommes partis chez Alinde. Je ne connaissais pas le programme des autres. Nous nous sommes rencontrés à 21 heures pour partir.
Q. L'armée n'est-elle pas intervenue ?
R. Je n'ai pas vu ça.
Q. Point de rencontre de vos groupes ?
R. Là où il y avait les véhicules.
Q. Comment expliquer qu'on tue les gens, les véhicules des FARDC sont stationnés, et les gens sont en train de fuir tout en voyant ces véhicules ?
R. Je n'ai rien à dire.
Q. Alinde, vous connaissez Leki ?
R. Oui.
Q. Elle a été rendu grosse par un militaire ?
R. Le groupe du Général Ruhorimbere.
Ministère Public : On a cité un soldat comme auteur de la grossesse, or c'était une autre personne.
Comparait monsieur Nolu Monze Mosekuse, chef de quartier adjoint (renseignant)
Q. Kasereka, pouvez-vous nous rappeler combien d'hommes vous avez perdu dans ces trois attaques ?
R. Cinq personnes dans l'attaque de Ngadi (cote 40).
Q. Qu'avez-vous fait de ces corps ?
R. Ils sont enterrés ou amenés en Ouganda.
Q. Chef, comment avez-vous vécu l'attaque de Ngadi ?
R. C'était le 15 à 19 heures. J'étais chez moi à cent mètres de la route. Nous avons entendu les coups de feu, nous sommes entrés dans la maison. On a tué le commandant Matadi, on a tiré sur une fille et deux autres mamans. A côté de moi, on a tué une personne. Un peu avant, on a tué un commandant. Vers la plantation, on a tué six personnes. Dans le village, il y avait douze personnes tuées. Avec l'intervention des FARDC, ils ont fui dans la forêt.
Ministère Public : Dans leur fuite, d'autres personnes ont été tuées.
Q. Kasereka, vous connaissez ce monsieur ?
R. Non.
Q. Avez-vous suivi le récit des faits du chef de quartier adjoint de Ngadi ?
R. Oui.
Q. Comment pouvez-vous expliquer, les véhicules avec les Colonels et les chauffeurs militaires étaient là ?
R. Nous sommes venus avec ces véhicules et ils nous attendaient pour notre retour.
Q. Le chef de quartier dit que l'armée est intervenue pour arrêter le massacre, avez-vous vu l'intervention de l'armée ?
R. Je n'avais pas vu ça.
Q. Chef, comment pouvez-vous affirmer que le prévenu a tiré sur Merveille et sa maman ?
R. Je sais que c'est bien lui qui a tiré sur Merveille.

Ministère Public : Le feu du Colonel Fanda venait de Boikene vers Ngadi et le feu du Pléton venait de Mavivi vers Ngadi. Balance l'audio de sa conversation avec Mumbere Biondi.
Ce qu'on retient dans cet enregistrement, au cachot, Kasereka lui a dit : chez les ADF, on l'appelait Kadogo. Il buvait du sang humain. Il a même tué le docteur, la seule personne qu'il voyait en brousse, monsieur Boroso.
Q. Mumbere, avez-vous suivi l'enregistrement ?
R. Oui.
Q. C'est vous qui parlez là-bas ?
R. C'est moi.
Après la reprise des questions posées par la Cour, Mumbere a répondu par Oui.
Q. Saviez-vous que la conversation était enregistrée ?
R. On me forçait de dire ça, je ne savais pas.
Q. Kasereka, vous étiez aussi appelé Kadogo ?
R. Silence
Q. A Ngadi, il y a aussi des nande ?
R. Je n'ai jamais habité Ngadi.
Q. A Ngadi, il y a des Congolais ?
R. Oui.
Q. Vous êtes aussi Congolais ?
R. Oui.
Q. Quel effet avez-vous pour tuer vos frères congolais ?
R. Je ne sais pas. Ce n'est pas moi qui planifiais.
Q. Quel sentiment avez-vous pour tuer vos frères congolais ?
R. Je ne sais pas.
Q. Avez-vous demandé pardon chez le MP ?
R. Non.
Remise contradictoire à lundi prochain 29 mai 2017.

Audience publique du 29 mai 2017

RP N° 0170/2017
RMP N° 0760/KNG/2017
Siègent MM:

1. Col. Mag. Jean Paulin Ntshaykolo Esosa Masele, 1er Président ;
2. Col. Omeonga Taunya José, Juge Assesseur ;
3. Lt Col. Mpoy Teddy Léonard, Juge Assesseur ;
4. Col. Busoki Wa Karaku, Juge Assesseur ;
5. Lt Col. Simisi Tuve Serge, Juge Assesseur ;
6. Gen. Maj. Mukuntu Kiyana Tim, Ministère Public ;
7. Mag. Madoli Nzoki Guy Martin, Greffier.

En cause : L'Auditeur Militaire Supérieur près la Cour militaire opérationnelle du Nord-Kivu, Ministère Public

Contre : Kasereka Vahwere Grâce
Poursuivis pour :

- Participation à un mouvement insurrectionnel ;
- Association des malfaiteurs ;
- Crime contre l'humanité ;
- Terrorisme.

La cause est appelée à 13 heures 05 minutes.
A l'appel de la cause, les prévenus régulièrement cités comparaissent en personne, assistés de leurs Conseils : Me Déo Shota, Me David Wambale, Me Joël Shanyungu, Me Nathan Tagirabo et le défenseur militaire agrée, Kiwunga Makila.
Me Blaise Matokeo, représentant les Parties Civiles.
Comparait le Commandant Supérieur Principal Ngumbi Kulinga Bernard ; Matricule : 1196408624851 ; Fonction : Commandant Brigade GMI à Beni.
Q. Depuis quand êtes-vous affecté à Beni ?
R. Depuis août 2014.
Q. Avez-vous été informé de l'attaque de Ngadi ?
R. Oui, par notre centre d'information. L'attaque a eu lieu à 19 heures, nous sommes arrivés à 19 heures 7 minutes. Nous avons rencontré les blessés et les morts. C'est sur la route qui va vers le Kadou que nous avons rencontré les morts.
Q. Là où vous étiez, on peut voir la station ?
R. Oui, il y a des lampes solaires.
Q. Aviez-vous vu des véhicules militaires stationnés ?
R. C'est faux. D'ailleurs, il y a une position des militaires là-bas.
Q. Selon vous, quelle est la direction que l'ennemi a prise lors de sa fuite ?
R. L'ennemi a pris la direction de Kadou.
Q. Est-ce que l'ennemi n'a pas pris la route de Mavivi ?
R. L'ennemi a été pris en tenaille. Le feu venait de Mavivi et de Beni. Il a pris la direction de Kadou.
Ministère Public : Kasereka a cité Ngabo, mais il ne le connait pas. Qui était entre les mains du MP à ce moment ? Le Colonel Chirimwami qui était au front contre le M23 ; il cite Adrien, qui est ADF et qui était à Goma, entre les mains de la Monusco.
Q. Kasereka, avez-vous suivi les déclarations du Commandant Supérieur principal ?
R. Oui. Nous étions en tenues militaires comme les militaires FARDC avec des armes et on se promenait avec eux ensemble. C'était la nuit, il n'y avait pas moyen de se faire identifier.
Q. Que dites-vous à propos des militaires qui étaient positionnés sur la colline et qui ont répondu immédiatement ?
R. Je n'avais pas vu le renfort des militaires FARDC.
Q. Les deux véhicules vous attendaient sur la route et vous êtes partis à bord ?
R. Oui.

Q. L'attaque de Ngadi, les habitants de Beni ne l'ont pas vécue ?
R. Je ne sais pas.
Q. Il n'y avait pas de victimes de Beni-ville et Territoire ?
R. Il y en avait.
Kasereka demande si la Cour connait ceux qui ont vécu l'attaque, elle peut les amener ici.
Q. Les assaillants avaient quelle tenue ?
R. Tenue FARDC, très sale, nous ne les avons pas trouvés.
Q. Qui avez-vous trouvé sur le terrain ?
R. Le Colonel Fuata était entouré des militaires et les militaires de la crête étaient en poursuite de l'ennemi.
Q. Au niveau de CCO vous utilisez le mot de passe ?
R. Oui.
Q. Kasereka, vous connaissez le mot de passe ?
R. Oui.
Q. Quel est le mot de passe des FARDC de ce jour ?
R. Je ne connais pas le mot de passe des FARDC.
Ministère Public : Il ne connait pas le mot de passe des FARDC, or il prétend dire qu'il était avec le Commandant des FARDC. La meilleure façon de connaitre un ami, c'est le mot de passe. Cote 40, Kasereka dit : nous avons perdu cinq combattants.
Q. Winy, est-ce une manière de procéder chez les ADF avec des véhicules ?
R. Ce n'est pas normal. Je peux lui demander s'il s'agit des ADF qui opéraient avec des véhicules ?
Défense : Colonel Shabani est arrêté puisque Bonge la Chuma l'a accusé d'avoir amené le véhicule FARDC chez les ADF. Dans ce dossier, vérifions et la vérité aboutira.
Ministère Public : Kasereka nous a amené sur le terrain et il nous a relaté les faits à Ngadi, à Oïcha et à Eringeti.
Le Premier Président évoque l'Article 249 du CJM.
Q. Avez-vous trouvé des véhicules stationnés ?
R. Nous avons stationné notre véhicule en cours de route menant vers Kadou et le véhicule du Colonel Fuata était aussi stationné là-bas.
Q. Avez-vous attendu que les militaires prennent place dans leur jeep ?
R. Nous ne nous sommes pas tous déplacés. On y avait laissé des militaires pour continuer le service.
Défense : Si la Cour appréciera la comparution des gens cités par le prévenu.
Ministère Public : Il faut respecter l'uniforme que vous portez. Quelqu'un qui a opéré, il prend le véhicule jusqu'à Mbau, parlons avec des faits vérifiables.
Q. Kasereka, en contrepartie, qu'est-ce qu'on vous a promis après l'attaque ?
R. J'avais reçu l'ordre auprès du chef, je ne pouvais pas lui demander ce qu'on aurait après l'attaque.
Q. Combien de combattants étiez-vous à l'attaque de Ngadi ?
R. Dix-huit.

Q. Combien de combattants avez-vous perdu ?
R. Aucun combattant.
Q. Pourquoi avez-vous parlé de cinq combattants morts ?
R. Je ne l'avais pas déclaré.
La Défense rappelle l'Article 18 de la Constitution.
Comparution de monsieur Kakule Mayale Evariste, né à Beni en 1965 ; fils de Kabonga Joseph (décédé) et de Rosa Kavugho (décédée), cultivateur à Mayangos/Katota ; Etudes faites : 1ère primaire ; Domicilié à Ngadi.
Q. Où est-ce que vous étiez le jour de massacres à Ngadi ?
R. A Ngadi.
Q. Relatez-nous les faits ?
R. Le soir vers 19 heures, j'ai entendu les crépitements des balles. J'ai dit à Madame, ce sont des balles. Merveille était en route. Nous avons résolu d'aller la prendre. Nous avons entendu plusieurs coups de feu. Il n'y avait pas moyen. Nous sommes rentrés pour dormir. Le matin, nous avons commencé à chercher Merveille. Comme les corps étaient amenés à l'hôpital, nous sommes arrivés à l'hôpital, nous avons trouvé Merveille qui était blessée. Le kiosque était pillé.
Ministère Public : Kasereka avait dit que le kiosque appartenait aux gens qui ne voulaient pas rendre compte aux ADF. Ils attaquaient ceux qui ne rendaient plus compte aux ADF. Les ADF voulaient faire payer à la population leur argent.
Mise à mort du chef Poso Mbili.
Dans leur opération, il était question de récupérer l'argent appartenant aux ADF.
Q. Kasereka, votre réaction ?
R. J'ai cité des gens avec qui nous étions ; ce témoignage sert à quoi ?
Q. Pouvez-vous évaluer vos biens dans le kiosque ?
R. Deux cents dollars américains.
Comparait le Major Bienvenu Safari Ombeni, Unité : 31 Brigade Def Ppl, Chef S2, Matricule : - ; Domicilié à Mambasa ; Marié à Madame Iragi Sandra, père de trois enfants, CI : Rumangabo 1996.
Q. Quelles sont les fonctions que vous exerciez en 2014 ?
R. Chef S2 31ème Brigade.
Q. Vous souvenez-vous d'un ADF qui a parlé des massacres ?
R. Oui.
Q. Vous avez effectué une descente avec lui ?
R. Oui, avec le Colonel Ntumba, nous sommes partis avec ce prévenu jusqu'à Ngadi. Il nous a montré là où il avait tué trois personnes et blessé un enfant, qui a été transféré à Goma. Il a dit que le papa de cette boutique travaille avec l'argent de leur chef, mais il ne paye plus. A Oïcha, il nous a amenés à l'église catholique. Les autres combattants étaient restés là-bas. Ils ont pris la route de Mandume. Ils allaient aussi prendre de la bière au dépôt relais. Le propriétaire

du dépôt n'était pas là. Nous avons pris la fille qui y était, on l'a mise à la disposition de notre commandant.
En allant vers Eringeti, il nous a montré un endroit où ils avaient aussi tué des gens.
Q. Kasereka, vous rappelez-vous avoir pris place à bord d'une jeep blanche avec le Colonel Ntumba et le Major ?
R. Pour dire que nous sommes allés à Ngadi, Oïcha et Eringeti, il a menti.
Comparait Bagali Mokpu Papy, Commandant Police, Matricule : 119769898492 ; Unité : Ciat terrestre Oïcha ; Fonction : Chef P2 (Renseignant).
Q. Vous vous souvenez que le Col Ntumba et le Major Bienvenu ont amené une personne qui se disait ADF ?
R. Oui.
Q. Relatez-nous les faits ?
R. Un jour, j'ai reçu l'appel du Colonel qui m'a dit de le rejoindre. Je les ai rejoints, nous avons pris la direction de la commune rurale. Arrivés au parking de Mamove, nous sommes descendus. Ce monsieur qui était avec le Major et le Colonel, a pointé un dépôt. Le Colonel m'a dit de chercher à récupérer le propriétaire de ce dépôt. Je suis entré au dépôt, j'ai trouvé une demoiselle qui était là, Zawadi. Je lui ai demandé où était le propriétaire du dépôt. J'ai amené la démoiselle jusqu'à l'Etat-Major. Je suis entré en contact avec le Colonel Ntumba qui m'a demandé de chercher à entrer en contact avec le propriétaire. La demoiselle n'a pas voulu me donner le numéro de ce propriétaire. Par après, elle a dit que ce dépôt est contrôlé par deux personnes ; l'autre est malade, il est à Kasindi. Le Colonel m'a demandé de laisser la demoiselle en attendant que le propriétaire puisse guérir. Ce monsieur avait dit qu'il n'a pas de problèmes avec moi. Ils m'ont vu ce jour-là ; ils étaient devant ma parcelle. Ils me voyaient avec tous mes mouvements avant d'aller vers le dépôt relais pour récupérer de la bière.
Q. Kasereka, votre réaction ?
R. Je n'étais pas sur le terrain.
Q. Est-ce que Kasereka avait dit qu'ils avaient pris de la bière ?
R. Il ne me l'a pas dit.
Q. Kasereka, avez-vous pris de la bière ?
R. Nous n'avons pas trouvé de la bière, mais nous avons pris du sel.
Remise contradictoire demain 30 mai 2017, 1er juin 2017 et 5 mai 2017.

Audience publique du 5 juin 2017

RP N° 0170/2017
RMP N° 0760/KNG/2017
Siègent MM:

1. Col. Mag. Jean Paulin Ntshaykolo Esosa Masele, 1er Président ;
2. Col. Omeonga Taunya José, Juge Assesseur ;

3. Lt Col. Mpoy Teddy Léonard, Juge Assesseur ;
4. Col. Busoki Wa Karaku, Juge Assesseur ;
5. Lt Col. Simisi Tuve Serge, Juge Assesseur ;
6. Gen. Maj. Mukuntu Kiyana Tim, Ministère Public ;
7. Mag. Madoli Nzoki Guy Martin, Greffier.

En cause : L'Auditeur Militaire Supérieur près la Cour militaire opérationnelle du Nord-Kivu, Ministère Public
Contre : Kasereka Vahwere Grâce
Poursuivis pour :

- Participation à un mouvement insurrectionnel ;
- Association des malfaiteurs ;
- Crime contre l'humanité ;
- Terrorisme.

La cause est appelée à 14 heures 20 minutes.
A l'appel de la cause, les prévenus régulièrement cités comparaissent en personne, assistés de leurs Conseils : Me Déo Shota, Me David Wambale, Me Joël Shanyungu, Me Nathan Tagirabo et le défenseur militaire agrée Kiwunga Makila.
Partie Civile : réquisition au Médecin pour nous déterminer le degré des préjudices subis à Goma et à Beni.
Ministère Public : A l'Hôpital Général de Référence Beni, on peut avoir tous les éléments.
Remise contradictoire à une date ultérieure.

Audience publique du 4 août 2017

RP N° 0195/2017
RMP N° 0752/KNG/2017
Siègent MM:

1. Col. Mag. Jean Pauli Ntshaykolo Esosa Masele, 1er Président ;
2. Col. Omeonga Taunya Jose, Juge Assesseur ;
3. Col. Busoki Wa Karaku, Juge Assesseur ;
4. Com. Sup Ppl Ngumbi Kulinga, Juge Assesseur ;
5. Lt Col. Mpoy Teddy Léonard, Juge Assesseur ;
6. Gen. Maj. Mokunto Kiyana Tim 1er AGF, Ministère Public ;
7. Mag. Madoli Nzoki Guy Martin, Greffier.

En cause : L'Auditeur Militaire Supérieur près la Cour militaire opérationnelle du Nord-Kivu, Ministère Public
Contre :

- Monsieur Cheik Seifullah Bin Ramazani (Evadé) ;
- Monsieur Shabani Kasukulu ;
- Monsieur Djafari Kayunganyi ;
- Monsieur Amani Matungulu Jaffar (Evadé).

Poursuivis pour : Association des malfaiteurs ;

La cause est appelée à 12 heures 10 minutes.
A l'appel de la cause, les prévenus régulièrement cités comparaissent en personne assistés de leurs Conseils : Me Déo Shota, avocat au barreau de Goma et le Défenseur militaire Kiwunga Makila.
Identité du prévenu
Shabani Kasukula Kenner ; né à Bukavu, le 8 juillet 1987 ; Fils de Mushongeti Shabani (en vie) ; et de Tshibalonza Zigire (en vie) ; Originaire de Mutambala ; Secteur d'Itongwe ; Territoire de Fizi ; Province du Sud-Kivu ; Etat-civil : marié à Mme Aziza, père de 1 enfant ; Etudes faites : G3 Management ; Profession : Etudiant ; Domicilié sur Av Saio N° 45, Commune d'Ibanda, Ville de Bukavu.
Q/ Avez-vous déjà été condamné ?
R/ Non.
Djafari Kavunganyi Kabongo Wa Kabongo ; né à Minova, en 1976 ; Fils de Kavunganyi (décédé) ; Et de Buhoro Françoise (décédée) ; Originaire de Bulenga ; Secteur de Bahavu ; Territoire de Kalehe ; Province du Sud-Kivu ; Etat-civil : marié à Mme Tshikuru, père de 06 enfants ; Etudes faites : 5 ans primaires ; Profession : Commerçant ; Domicilié à Sake, Quartier Birere
Amani Matungulu Jaffar (évadé) ; né à Bulenga, le 30 mai 1986 ; Fils de Batumike (décédé) ; et de Nabanyere (décédée) ; Originaire de Bulenga ; Secteur de Buji ; Territoire de Kalehe ; Province du Sud-Kivu ; Etat-civil : Célibataire ; Etudes faites : G2 ; Profession : Etudiant ; Domicilié sur l'AV. Himbi I, Commune de Goma.
Ministère Public requiert le défaut pour les deux prévenus évadés (Cheik Seifullah Bin Ramazani et Amani Matungulu Jaffar).
Remise contradictoire à lundi 7 aout 2017, vendredi 11 aout 2017.

Audience publique du 11 août 2017

RP N° 0195/2017
RMP N° 0752/KNG/2017
Siègent MM:

1. Col. Mag. Jean Pauli Ntshaykolo Esosa Masele, 1er Président ;
2. Col. Omeonga Taunya Jose, Juge Assesseur ;
3. Lt Col. Mpoyi Teddy Léonard, Juge Assesseur ;
4. Com. Sup Ppl Ngumbi Kulinga, Juge Assesseur ;
5. Lt Col. Mpoy Teddy Léonard, Juge Assesseur ;
6. Gen. Maj. Mokunto Kiyana Tim 1er AGF, Ministère Public ;
7. Mag. Madoli Nzoki Guy Martin, Greffier.

En cause : L'Auditeur Militaire Supérieur près la Cour militaire opérationnelle du Nord-Kivu, Ministère Public
Contre :

- Monsieur Shabani Kasukula ;

- Monsieur Djafari Kayunganyi.

Poursuivis pour : Association des malfaiteurs

La cause est appelée à 14 heures 02 minutes.

A l'appel de la cause, les prévenus régulièrement cités comparaissent en personne assistés de leurs Conseils : Me Nathan Tagirabo, avocat et le Défenseur militaire Kiwunga Makila.

Comparait monsieur Shabani Kasukula,

Q. Où étiez-vous en 2014 ?
R. Chez nous à Bukavu.
Q. Que faisiez-vous ?
R. J'étais étudiant à l'université du CEPROMAD à Bukavu.
Q. Connaissez-vous Cheik Seifullah ?
R. Non.
Q. Comment expliquer que Cheik vous a sollicité pour la prédication à Goma ?
R. Il m'avait sollicité
Q. Vous étiez à combien de personnes ?
R. Deux personnes.
Q. Comment expliquez-vous devant le MP que vous l'avez trouvé au parking avec d'autres personnes ?
R. Je ne me souviens plus.

Le Premier Président lui donne la lecture de ses déclarations.

Q. Ce sont vos déclarations ?
R. Oui.
Q. Le voyage que vous aviez effectué ce jour-là, vous partiez d'où ?
R. De Bukavu pour Goma.
Q. Comment étaient habillés ces gens-là ?
R. Ils étaient habillés en pantalon.
Q. Ils parlaient avec Seifullah ?
R. Il y avait beaucoup de personnes ; je ne sais pas.
Q. Pourquoi on vous a associé avec ces gens-là ?
R. Moi-même je ne sais pas.
Q. Pourquoi on avait laissé d'autres personnes et on n'a arrêté que vous ?
R. On avait laissé des femmes, des vieux et des enfants.
Q. Où sont les autres avec qui vous étiez arrêtés ensemble ?
R. Je ne sais pas. On nous avait amenés au T2, à l'auditorat et puis à Ndolo.
Q. Ces personnes étaient au nombre de combien ?
R. Neuf.
Q. Ces personnes étaient de quelle nationalité ?
R. Je ne sais pas.
Q. Ils parlaient quelle langue ?
R. Kiswahili.
Q. Vous étiez ensemble en prison, n'avez-vous pas su découvrir leur nationalité ?

R. Je ne me souviens plus. Ça fait mal quand vous êtes arrêté à cause de telles personnes et avoir le courage de leur parler.
Ministère Public : Ils étaient arrêtés avec les Tanzaniens, avec l'accord bilatéral, les Tanzaniens ont été retournés chez eux.
Q. Vous ne saviez pas que ces gens étaient des Tanzaniens ?
R. Avant l'arrestation, non.
Le Ministère Public donne lecture de ses déclarations.
Q. Vous vous souvenez de ça ?
R. Non.
Q. A part les neuf Tanzaniens, avec qui étiez-vous arrêtés ?
R. Avec Cheik, au T2. Nous sommes arrivés à quinze ; on a libéré les autres.
Ministère Public : Les neuf Tanzaniens passent par le Burundi, Uvira, puis à la mosquée de Nyawera à Bukavu. Un groupe des recrues ADF doivent passer par Goma, Butembo, Isale pour rejoindre le maquis ADF à Mughalika. Lorsque vous lisez le PV Cheik, les Tanzaniens étaient reçus à la mosquée de Nyawera. Ils prêchaient à la mosquée. Shabani ne s'est pas par hasard retrouvé dans le bus qui accompagnait les Tanzaniens au maquis des ADF.
Défense : Cheik ne parlait jamais de Shabani, il parlait plutôt des Tanzaniens. Le prévenu était au courant d'accompagner le Cheik, son père spirituel. Mon client s'est retrouvé avec des personnes au moment non confortable. Nous pensons que les Tanzaniens pouvaient aussi être jugés et condamnés ici.
Comparait monsieur Djafari Kavungayi
Q. Où étiez-vous arrêté ?
R. A Sake.
Q. Pourquoi étiez-vous arrêté ?
R. Je ne sais pas ; pour raisons d'enquête. On disait que je suis ADF.
Q. Qui avait dit que vous êtes ADF ?
R. Les OPJ. C'est un certain samedi que j'étais arrêté vers 23 heures. Le Colonel Birotso est venu m'auditionner avec arme sur la table.
Q. Vous ne connaissez pas Amani Matungulu Jaffar ?
R. Non.
Q. Avez-vous comparu à Ndolo ?
R. Oui.
Le Ministère Public lui donne lecture de ses déclarations.
Q. On vous a trompé que vous allez étudier au Pakistan. Vous avez été recruté par les ADF et vous avez fui ?
R. C'est vrai. Je vais m'expliquer. Asani est venu avec deux personnes pour me dire : Djafari, la bourse est venue. Je suis allé dire à ma femme. Elle m'a demandé si la bourse de 205$ est vraiment là. J'ai accepté. Le lendemain, je suis allé leur confirmer mon accord. Ils m'ont pris une photo. Après ils m'ont dit : les documents sont là. Asani m'a remis120$ que j'ai remis à ma femme. Nous avons pris le véhicule jusqu'à Goma. A partir de « bon voyage », le bus est venu, nous sommes montés. On passait à toutes les barrières, c'est Asani qui descendait pour parler avec ceux qui y étaient commis. Nous sommes

arrivés à Butembo. Asani parlait au téléphone, les motos sont venues. J'ai pris la moto avec Asani. La moto roulait à vive allure. Quelque part, les motos se sont arrêtées, les gens en arme sont venus nous récupérer. Nous avons marché toute la nuit. J'ai commencé à pleurer. Quand nous sommes arrivés dans leur campement, on nous a remis de l'eau pour nous baigner et à manger. Après trois jours, nous avons décidé de fuir. La nuit, nous avons commencé à fuir. Le matin, nous avons entendu les gens en train de couper des arbres. Après, ils sont venus nous récupérer pour nous retourner au campement. Nous étions torturés, même Jésus n'était jamais torturé de cette manière. Nous étions torturés et ligotés. Après, on nous a délié pour nous demander de manger. J'ai refusé de manger parce qu'on disait après on va nous tuer. On a commencé à faire route quelque part, on a envoyé quelqu'un pour nous rappeler. Nous sommes rentrés. Au lieu de nous tuer, on nous a pardonné. Un garçon de Butembo nous a dit que nous avons pris une mauvaise direction. Quand on m'avait récupéré, on avait pris sur moi 20$ et 3000FC, l'autre 20$ et 2000FC. Je les ai regardés jalousement, j'ai profité pour fuir encore. Je suis arrivé à la grand-route jusqu'à Butembo. J'ai pris la moto jusqu'au parking pour Goma. J'ai cherché une maison à Sake. J'ai demandé à ma femme de me rejoindre. Au T2, on avait récupéré mon téléphone pour le checker, on n'avait rien trouvé. On demandait 1500$, je n'avais rien sur moi. Ma femme avait amené 100$, on l'a chassée. A Kinshasa, on m'avait demandé 200 dollars puisque mon dossier n'allait pas être gratuitement enregistré.
Q. En brousse, qui vous ont ligoté ?
R. Les Nalu.
Q. Qui est Amani Matungulu ?
R. C'est le Colonel Birotso qui a parlé d'Amani Matungulu.
Q. Comment le Colonel Birotso a su que vous étiez en brousse ?
R. Le Colonel Birotso avait dit que c'est Amani qui le lui avait dit.
Remise contradictoire à jeudi 17 aout 2017 pour réquisitoire et plaidoirie.

Audience publique du 17 août 2017

RP N° 0195/2017
RMP N° 0752/KNG/2017
Siègent MM:

1. Col. Mag. Jean Paulin Ntshaykolo Esosa Masele, 1er Président ;
2. Col. Omeonga Taunya Jose, Juge Assesseur ;
3. Col. Ndiba Bulangiti Matthieu, Juge Assesseur ;
4. Com. Sup. Ppl Ngumbi Kulinga, Juge Assesseur ;
5. Lt Col. Mpoy Teddy Léonard, Juge Assesseur ;
6. Lt Col. Kumbu Ngoma Jean Baptiste, Ministère Public ;
7. Mag. Madoli Nzoki Guy Martin, Greffier.

En cause : L'Auditeur Militaire Supérieur près la Cour militaire opérationnelle du Nord-Kivu, Ministère Public

Contre :

- Monsieur Cheik Seifullah Bin Ramazani (Evadé) ;
- Monsieur Shabani Kasukulu ;
- Monsieur Djafari Kayunganyi ;
- Monsieur Amani Matungulu Jaffar (Evadé).

Poursuivis pour : Association des malfaiteurs

La cause est appelée à 11 heures 25 minutes.

A l'appel de la cause, les prévenus régulièrement cités comparaissent en personne, assistés de leurs Conseils : Me Déo Shota, avocat et le Défenseur militaire Kiwunga Makila.

Ministère Public présente ses réquisitions :

De dire établie en fait comme en droit l'infraction d'association des malfaiteurs, de les condamner de manière suivante :

1. Shabani Kasukula avec admission des circonstances atténuantes, 30 mois de servitude pénale principale pour association des malfaiteurs.
2. Djaffari Kavunganyi avec admission des circonstances atténuantes, 30 mois de servitude pénale principale pour association des malfaiteurs.
3. Cheik Seifullah sans admission des circonstances atténuantes, par défaut à la peine de mort pour association des malfaiteurs.
4. Amani Matungulu Jaffar sans admission des circonstances atténuantes, par défaut à la peine de mort pour association des malfaiteurs.

Défense plaide non coupable.

De dire non établie en fait comme en droit l'infraction d'association des malfaiteurs à charge de deux prévenus. Et de les en acquitter pour faute d'élément moral.

Q. Monsieur Shabani Kasukula, votre réaction ?

R. Je sollicite à la Cour de m'acquitter, que j'aille voir mon fils qui a 2 ans.

Q. Monsieur Djaffari Kavunganyi, votre réaction ? MP vous a proposé 30 mois de servitude pénale principale avec admission des circonstances atténuantes. Votre Conseil sollicite votre acquittement ; quel est votre dernier mot ?

R. Je sollicite à la Cour de m'acquitter pour que j'aille garder mes enfants comme Patrice Emery Lumumba s'est retourné pour la famille.

Débat clos, la cause prise en délibéré pour un prononcé à la huitaine.

CIVILS LA JOURNÉE, ADF LA NUIT : CHAUFFEURS ET CULTIVATEURS DÉGUISÉS

Audience publique du 14 août 2017

RP N° 0203/2017
RMP N° 0904/NKG/2017
Siègent MM :

1. Col. Mag. Jean Paulin Ntshaykolo Esosa Masele, 1er Président ;
2. Col. Omeonga Taunya Jose, Assesseur ;
3. Col. Ndiba Bulangiti Matthieu, Juge Assesseur ;
4. Com. Sup. Ppl Ngumbi Kulinga, Juge Assesseur ;
5. Lt Col. Mpoy Teddy Léonard, Juge Assesseur ;
6. Gen. Maj. Mokunto Kiyana Tim 1er AGF, Ministère Public ;
7. Mag. Madoli Nzoki Guy Martin, Greffier.

En cause : L'Auditeur Militaire Supérieur près la Cour militaire opérationnelle du Nord-Kivu, Ministère Public
Contre : Monsieur Paluku Lumaliza, alias Mbaza Mabe
Poursuivis pour :

- Participation à un mouvement insurrectionnel ;
- Association des malfaiteurs.

La cause est appelée à 12 heures 26 minutes.
A l'appel de la cause, les prévenus régulièrement cités comparaissent en personne assistés de leurs Conseils : Me David Wambale, avocat et Me Déo Shota, avocat et le Défenseur militaire Kiwunga Makila.
Identité du prévenu
Paluku Lumaliza alias Mbaza Mabe Ousman ; né à Butembo, le 6 aout 1977 ; Fils de Paluku (décédé) ; et de Kavira Sondera (en vie) ; Originaire de Butuhe ; Secteur de Bashu ; Territoire de Beni ; Province du Nord-Kivu ; Etat-civil : marié à Kahindo Fasia, père de six enfants ; Etudes faites : 4 ans primaires ; Profession : Chauffeur ; Domicilié à Butembo, Av Mususa, Q/ Djiapanda Mutanga N° 255, Commune Mususa.
Q. Avez-vous déjà été condamné ?
R. Non.
Remise contradictoire jeudi, le 17 aout 2017 pour permettre au Conseil du prévenu de prendre connaissance du dossier.

Audience publique du 17 août 2017

RP N° 0203/2017
RMP N° 0904/NKG/2017
Siègent MM :

1. Col. Mag. Jean Paulin Ntshaykolo Esosa Masele, 1er Président ;
2. Col. Omeonga Taunya Jose, Juge Assesseur ;
3. Col. Ndiba Bulangiti Matthieu, Juge Assesseur ;
4. Com. Sup. Ppl Ngumbi Kulinga, Juge Assesseur ;
5. Lt Col. Mpoy Teddy Léonard, Juge Assesseur ;
6. Gen. Maj. Mokunto Kiyana Tim 1er AGF, Ministère Public ;
7. Mag. Madoli Nzoki Guy Martin, Greffier.

En cause : L'Auditeur Militaire Supérieur près la Cour militaire opérationnelle du Nord-Kivu, Ministère Public
Contre : Monsieur Paluku Lumaliza, alias Mbaza Mabe
Poursuivis pour :

- Participation à un mouvement insurrectionnel ;
- Association des malfaiteurs.

La cause est appelée à 14 heures 05 minutes.
A l'appel de la cause, les prévenus régulièrement cités comparaissent en personne assistés de leurs Conseils : Me Joël Shanyungu, avocat au Barreau de Goma et le Défenseur militaire agréé Kiwunga Makila.
Q. Comment vous vous appelez ?
R. Paluku Lumaliza Ousman
Q. Etiez-vous intégré au mouvement ADF ?
R. Oui.
Q. Comment étiez-vous intégré ?
R. J'étais chauffeur à Butembo. J'ai rencontré monsieur Okapi au niveau du parking. Il m'a dit que nous allons acheter les marchandises que je vais transporter. Il est entré à la banque, il est sorti avec de l'argent. Il est entré dans une boutique, il a acheté des articles à l'alimentation Alpha et dans une autre boutique, il a acheté des biens. Il a gardé de l'argent dans une autre boutique. J'ai amené les marchandises jusqu'au rond-point Nyamwisi. Les motards sont venus récupérer ces marchandises. Je suis rentré au parking de Beni. Un autre jour, il m'a appelé au moment où je passais nuit à Beni. Il m'avait demandé mon numéro, je le lui avais donné. Quand je suis arrivé à Butembo, j'ai trouvé Okapi. Il m'a donné des unités et des marchandises pour remettre à une personne à Beni. Lui, Okapi, est resté à Butembo. Quand je suis arrivé à Beni, quelqu'un m'a appelé. J'ai demandé à Okapi. Il m'a dit de les lui remettre. Ce jour-là, il y avait d'autres passagers que j'avais amenés à la destination où je passais nuit. Un jour, Okapi m'a appelé qu'il y avait des gens qui venaient de Goma. Je les ai reçus chez moi. C'était Assani. Le véhicule ne passe pas nuit chez moi. Le matin, j'ai récupéré le véhicule, j'ai fait mes courses. Après plusieurs jours, Okapi m'avait appelé pour dire qu'il y avait

des marchandises. J'ai amené Okapi avec une femme. J'avais aussi un autre client d'Oïcha. Je l'ai amené, Okapi est resté. Un autre jour, Okapi m'a appelé pour accueillir les gens qui venaient de Goma. Assani les avaient accueillis et logés dans un hôtel. Le lendemain, j'ai pris ces passagers, trois femmes et deux hommes jusqu'à Beni. On m'a appelé pour amener ces gens à Mavivi. Je suis allé les déposer et je suis rentré à Butembo. Un jour, quelqu'un m'a appelé avec son sac d'habits usés pour Oïcha à 40$. J'ai complété des passagers au parking. Nous sommes descendus. Après le rond-point, il a complété des marchandises pour ajouter de l'argent jusqu'à Oïcha. Il m'a dit que nous irons le matin jusqu'à Kamango. Là où nous étions la nuit avec le véhicule, les militaires FARDC nous ont arrêtés. Ils ont amené cet homme jusque chez lui. On a récupéré des motos chez lui et cet homme était amené ailleurs. Le patron est venu récupérer le véhicule et mon travail était fini. Un jour, Okapi m'a demandé de lui envoyer mon numéro. Je lui ai dit que je suis à l'hôpital, je me sentais mal. Okapi a envoyé Assani qui m'a amené 80$. Après quelque temps, Okapi m'a dit qu'il va aller en Tanzanie, il va me rappeler. Un jour Okapi va m'appeler pour me dire qu'il est à Kisangani pour ses affaires et qu'il va m'appeler. Un jour, Assani m'a appelé pour me demander si je parle avec mon patron. Il m'a appelé pour aller chez lui à Beni. Okapi m'a demandé si j'ai reçu de l'argent. J'ai répondu par oui, 70$. Il m'a appelé ce jour-là avec ma famille. J'ai amené ma famille à Beni. Les trois motards sont arrivés pour m'amener chez lui. Nous sommes allés jusqu'à Mavivi. Nous avons continué, nous avons trouvé des militaires qui ont pris tout ce qui était sur moi. Nous avons fait route pendant quatre à cinq jours. Nous sommes allés très loin. J'ai passé un mois au cachot pour être jugé par eux au motif que j'ai fait arrêter une personne avec des marchandises. Comme j'étais avec ma famille, je ne pouvais pas l'abandonner. Ils m'ont donné trois options : entre prison, formation et être tué, j'avais un seul choix. Ils m'ont amené à la parade. Nous avons commencé la formation pour à peu près six mois. Pendant cette formation, ils nous ont interdit de nous appeler par nos noms propres. D'abord chauffeur, je suis resté là où on formait les gens à Saididi. Les chefs ont envoyé les FARDC pour attaquer ce camp. On avait déplacé ce camp jusqu'à Madina. L'effectif des ADF diminuait en progressant. On utilisait tout le monde, même les femmes. Une nuit j'ai pris ma femme et mes six enfants, nous avons fui. Un voyage d'une semaine et demi. Je suis arrivé à Oïcha le 2 juillet 2014. La police était au courant de mon arrivée. Elle est venue me récupérer. J'ai raconté tout ce qui s'est passé. Les FARDC sont venues. Je leur ai montré là où se trouvait l'arme. La police voulait m'amener à la Monusco, les FARDC m'ont amené à Ntoni. Les gens sont venus voir mes enfants. Quand les Blancs sont arrivés là-bas, ils ont pris mes enfants et ma femme. J'étais auditionné par l'OPJ John, puis Madilu du T2 pour être acheminé à l'auditorat. Un chauffeur, qui était aussi présent, m'a dit que mes enfants sont déjà chez nous à la maison. Le 17 octobre 2014, le véhicule militaire est arrivé à l'auditorat. Ils ont demandé que tous les ADF sortent ainsi que les Mayi mayi pour l'aéroport. L'avion était là. Nous avons pris l'avion jusqu'à Kisangani, ensuite Kinshasa jusqu'à Ndolo. Nous avons fait longtemps à Ndolo. Un jour, nous avons vu le Magistrat Hubert ; après des jours, on est venu prendre des gens. Mon nom n'était pas sur la liste. Pour la deuxième fois, même chose. Je suis resté seul. Un jour, on est venu m'appeler, je suis sorti. Quatre militaires sont venus me prendre pour l'aéroport. Nous avons fait Goma-Bunia-Beni et on m'a amené à l'auditorat, ensuite à la police.

Ministère Public : A l'audience de la remise, nous allons montrer la dangerosité du prévenu Ousmane. Il a reçu le véhicule pour enlever le docteur à Oïcha, il transportait les vivres des ADF.

Défenseur militaire Kiwunga Makila retire sa comparution pour Paluku Lumaliza Ousmane du fait qu'il assiste le prévenu Hamad Shabani Okapi parce qu'ils ont des intérêts opposés.

Remise contradictoire demain vendredi 18 août 2017.

Audience publique du 18 août 2017

RP N° 0203/2017
RMP N° 0904/NKG/2017
Siègent MM :

1. Col. Mag. Jean Paulin Ntshaykolo Esosa Masele, 1er Président ;
2. Col. Omeonga Taunya José, Juge Assesseur ;
3. Col. Ndiba Bulangiti Matthieu, Assesseur ;
4. Com. Sup. Ppl Ngumbi Kulinga, Juge Assesseur ;
5. Lt Col. Mpoy Teddy Léonard, Juge Assesseur ;
6. Gen. Maj. Mokunto Kiyana Tim 1er AGF, Ministère Public ;
7. Mag. Madoli Nzoki Guy Martin, Greffier.

En cause : L'Auditeur Militaire Supérieur près la Cour militaire opérationnelle du Nord-Kivu, Ministère Public

Contre : Monsieur Paluku Lumaliza, alias Mbaza Mabe

Poursuivis pour :

- Participation à un mouvement insurrectionnel ;
- Association des malfaiteurs.

La cause est appelée à 14 heures 34 minutes.

A l'appel de la cause, les prévenus régulièrement cités comparaissent en personne assistés de leurs Conseils : Me Joël Shanyungu.

Comparait monsieur Hamadi Shabani Elie, alias Okapi. (Renseignant)

Q. Connaissez-vous monsieur Paluku Ousmane ?

R. Oui. C'était en 2012. J'étais coopérant des ADF. Pour amener les vivres, dans les mêmes circonstances, j'ai connu Paluku qui était aussi dans ce circuit.

Q. Connaissez-vous Assani ?

R. Je suis arrivé en 2011. Assani m'a présenté Paluku. On ne travaillait pas ensemble. Assani c'est un ancien.

Q. Qui est le patron. Qui vous utilisait ?
R. Notre patron c'est ADF.
Q. Entre vous, Assani et Ousmane, qui conduisait le véhicule des ADF ?
R. Ousmane.
Q. Qu'est-ce que vous achetiez pour les ADF ?
R. Les vivres et tout ce dont les ADF avaient besoin.
Q. Parmi vous, qui amenait les gens en brousse ?
R. Chacun travaillait selon les réquisitions des ADF. C'est Ousmane qui recevait beaucoup comme il avait le véhicule.
Q. Quelle marque de véhicule Ousmane conduisait ?
R. Voiture ordinaire, marque premium, couleur blanche.
Q. La voiture appartenait à qui ?
R. Ousamane avait son patron. Il faisait des versements, par après, les ADF ont acheté leur propre voiture.
Q. Qui conduisait la voiture achetée par les ADF ?
R. Paluku Ousmane.
Q. Est-ce que Djamil passait nuit à Butembo ?
R. Je n'ai pas eu la chance de voir Djamil, je ne sais pas.
Q. Qui parmi vous et Paluku s'est fait adhérer avant ?
R. Assani était ici bien avant c'est lui qui m'a présenté Ousmane. C'était un ancien des ADF.
Q. Qui avait amené Paluku Ousmane et sa famille en brousse ?
R. Je croyais qu'il est patriote et qu'il allait dire la vérité. Il était avec un taximan, Patrick qui chargeait les marchandises. Il avait donné comme condition qu'il voyage avec Adorachid qui a eu l'occasion de s'échapper. Je ne sais pas comment on l'avait amené en brousse.
Q. Votre réaction ?
R. Les noms qu'il cite, ce sont ses gens ; c'est bien lui qui les connait. Assani l'a amené chez moi
Q. En quelle date Assani et Okapi sont arrivés chez vous ?
R. Au mois de juin 2011.
Q. Où habitait monsieur Assani ?
R. A Butembo. Il habitait à l'hôtel. Quand il arrivait, il m'appelait au téléphone et il citait le nom d'Okapi.
Q. Entre Assani et Okapi, qui vous a connu avant ?
R. C'est Okapi qui a amené Assani chez moi.
Q. Connaissez-vous Bongela Chuma ?
R. C'est Okapi qui l'avait recommandé chez moi. Je l'avais amené dans un hôtel.
Q. Okapi, où et quand vous êtes-vous adhéré aux ADF ?
R. Depuis 2011, au téléphone entre Beni-Butembo. Celui qui m'a connecté c'est Sadiki Kasimu, on s'est connu depuis longtemps à Goma. Il m'a appelé à Beni, de venir me voir. On s'est parlé de tout et de rien. J'ai demandé s'il n'y a pas de danger, puis je suis rentré.

Q. A Beni, où habitez-vous ?
R. J'ai habité dans plusieurs endroits. Chaque fois que je recevais un visiteur qui arrivait chez moi, je déménageais.
Q. Avez-vous commencé à déménager au moment où vous veniez d'adhérer ?
R. Au moment où j'avais déjà adhéré.
Q. A Butembo, aviez-vous déjà adhéré ?
R. A partir de Goma, par téléphone. Celui qui m'a accueilli à Butembo, c'est Assani.
Q. Où habitez-vous à Goma ?
R. A Katindo.
Q. Paluku à bord d'un véhicule d'un patron ici à Beni ?
R. Système des ADF, on ne peut pas faire travailler quelqu'un qui n'est pas dans leur circuit. Il travaillait avec les ADF et on s'est connu dans ce circuit.
Q. Avez-vous pris en location le véhicule de Paluku ?
R. Nous nous sommes séparés depuis 2012, mais je regrette ; j'ai voulu salué Ousmane. Il cherchait à m'éviter. J'ai été arrêté en janvier 2016 sans aucun indice militaire à Mambasa. Je faisais mes affaires. J'avais déjà oublié l'affaire des ADF.
Q. Ousmane, avez-vous un témoin qui peut confirmer vous avoir vu avec Okapi ?
R. Mes frères.
Q. Reconnaissez-vous avoir été avec notre client à l'alimentation Alpha prendre des marchandises et les acheminer à Beni ?
R. Le fait pour lui de porter l'arme est à minimiser par rapport au fait d'acheminer les marchandises chez les ADF.
Q. Avez-vous vu le véhicule que les ADF ont acheté pour Ousmane ?
R. Oui, plusieurs fois.
Q. Okapi, qu'est-ce que vous avez dit à propos de la voiture des ADF ?
R. Assani m'avait dit qu'après s'être tourmenté pour louer le véhicule, les ADF ont acheté une voiture.
Q. A quel moment le véhicule du patron était retourné pour que les ADF achètent le leur ?
R. Je ne sais pas ?
Q. Ousmane, lorsque vous êtes arrivé en brousse, avez-vous vu Okapi ?
R. Il habitait Madina. Il restait toujours avec les chefs pour préparer leurs activités.
Comparait monsieur Geoffrey Ali,
Q. Connaissez-vous Paluku Ousmane ?
R. Oui.
Q. Dans quelle circonstance ?
R. A la fin de 2008, je suis passé par le Rwanda- Goma- Butembo. J'ai quitté Goma avec Shanga Yalala. A Butembo, j'ai vu ce monsieur qui nous a transportés avec trois enfants. Nous sommes passés par Beni. Arrivés en

brousse, la voiture s'est arrêtée, il a sifflé, les hommes en uniforme sont sortis pour nous amener en brousse.
Q. Ousmane, votre réaction ?
R. C'est faux.
Q. Avez-vous connu Geoffrey ?
R. Ils étaient tous à Madina avec Okapi.
Q. Geoffrey, avez-vous vu Ousmane, avec sa famille en brousse ?
R. Oui, comment on peut le prendre par force, alors que c'est lui qui acheminait des gens en brousse et il était libre. En prison, on parlait très bien comment il m'avait amené en brousse.
Q. Geoffrey, étiez-vous seul en prison quand vous parliez avec Paluku ?
R. Les autres Ougandais m'invitaient en prison.
Q. Paluku, reconnaissez-vous avoir transporté Bongela Chuma à bord de votre voiture jusqu'à Oïcha ?
R. Oui, c'est Okapi qui m'avait appelé.
Q. Okapi ?
R. Quand Bongela Chuma est arrivé, j'étais dans une autre mission.
Q. Reconnaissez-vous avoir déclaré que vous étiez conduit à motos avec votre famille jusqu'à Mavivi ?
R. Oui.
Le Ministère Public donne lecture des déclarations de Paluku Ousmane devant l'OMP le 18 octobre 2014.
Q. Le jour de votre arrestation sur la route Mbau-Kamango, vous étiez avec qui ?
R. J'étais avec une personne que je ne connaissais pas.
Q. Comment avez-vous su que ces marchandises étaient pour les ADF ?
R. Lors de notre arrestation.
Ministère Public : Paluku Ousmane a commencé avec les ADF depuis 2005 et Okapi en 2010 à partir de Goma. Le prévenu Paluku Ousmane a adhéré volontairement. Lorsque Djamil Mukulu partait à Butembo, il dormait chez Paluku. Lorsqu'il a été menacé d'être arrêté, il a fait appel qu'on l'amène en brousse. Il a joué un rôle important d'Officier de renseignement.
Défense : Quel est cet organe de loi qui a prouvé que Djamil a passé la nuit chez notre client à Butembo ? La voiture achetée par les ADF n'a jamais été montrée, même le garage où on la garde.
Remise contradictoire mardi 22 août 2017.

Audience publique du 4 décembre 2017

RP N° 0226/2017
RMP N° 0967/KNG/017
Siègent MM :

1. Col. Mag. Jean Paulin Ntshaykolo Esosa Masele, 1er Président ;
2. Col. Omeonga Taunya José, Juge Assesseur ;

3. Col. Ndiba Bulangiti Matthieu, Juge Assesseur ;
4. Com. Sup. Ppl Ngumbi Kulinga, Juge Assesseur ;
5. Lt Col. Mpoy Teddy Léonard, Juge Assesseur ;
6. Gen. Maj. Mokunto Kiyana Tim 1er AGF, Ministère Public ;
7. Mag. Madoli Nzoki Guy Martin, Greffier.

En cause : L'Auditeur Militaire Supérieur près la Cour militaire opérationnelle du Nord-Kivu, Ministère Public

Contre :

- Monsieur Ayubu Muhindo Gaston
- Monsieur Paluku Vyakuno Godet

Poursuivis pour : Association des malfaiteurs

La cause est appelée à 13 heures 03 minutes.

A l'appel de la cause, les prévenus régulièrement cités comparaissent en personne assistés de leurs Conseils : Me Nathan Tagirabo pour Ayubu Muhindo Gaston.

Paluku Vyakuno Godée n'est pas assisté.

Remise contradictoire à jeudi 7 décembre 2017 pour atteindre les témoins de la Défense et pour que Paluku Vyakuno Godée soit assisté.

Audience publique du 7 décembre 2017

RP N° 0226/2017

RMP N° 0967/KNG/017

Siègent MM:

1. Col. Mag. Jean Paulin Ntshaykolo Esosa Masele, 1er Président ;
2. Col. Omeonga Taunya José, Juge Assesseur ;
3. Col. Ndiba Bulangiti Matthieu, Juge Assesseur ;
4. Com. Sup. Ppl Ngumbi Kulinga, Juge Assesseur ;
5. Lt Col. Mpoy Teddy Léonard, Juge Assesseur ;
6. Gen. Maj. Mokunto Kiyana Tim 1er AGF, Ministère Public ;
7. Mag. Madoli Nzoki Guy Martin, Greffier.

En cause : L'Auditeur Militaire Supérieur près la Cour militaire opérationnelle du Nord-Kivu, Ministère Public

Contre :

- Monsieur Ayubu Muhindo Gaston ;
- Monsieur Paluku Vyakuno Godée.

Poursuivis pour : Association des malfaiteurs

La cause est appelée à 13 heures 00 minutes.

A l'appel de la cause, les prévenus régulièrement cités comparaissent en personne assistés de leurs conseils : Me Pipin Kavota pour Paluku et le Défenseur militaire agréé Kiwunga Makila pour Ayubu.

Comparait monsieur Atsu Kayubu Alphonse Bin Kitobi, né à Boikene, le 13 février 1986, fils de Kitobi (décédé) et de Kavira (en vie), Marié à Madame Francine Loavekwa, père de trois enfants, Agent de l'Etat, Chef de localité de

Pakakombe Bakondo, Domicilié au Q/ Boikene, Cellule Kitobi, AV. Kitobi, C/ Rwenzori, Ville de Beni, L2 en Gestion de l'Informatique (Renseignant).

Comparait monsieur Angali Amza Sakala, né à Loanoli, le 18 juillet 1968, fils de Sakala (décédé) et de Kavatoro (en vie), Marié à Madame Kavugho, père de sept enfants, Agent de l'Etat, Chef de quartier Masiani, C/Mulekera, Domicilié au Q/Masiani, AV. de l'Eglise, C/Mulekera, G3 en Psychologie (Renseignant).

Q. Kayubu, connaissez-vous le prévenu Ayubu ?

R/ Oui, comme chef de bloc à Nyaleke et membre de la famille ; l'un de la grande famille Pakakokombe.

Q. Avez-vous vu le prévenu en contact avec les FADC ?

R. Le Col Ramazani m'avait appelé un jour. Il cherchait à aller vers Nvemba, il y avait des militaires et la population. Ayubu était parmi ces gens. Le Colonel m'avait demandé de lui chercher un pisteur. Quand j'ai vu Ayubu, je lui ai demandé s'il maitrisait la route et je l'ai désigné.

Q. Durant cette opération, les FARDC étaient-ils en embuscade des ennemis ?

R. Non.

Q. Chef Angali, connaissez-vous Ayubu ?

R. Oui.

Q. Depuis quand êtes-vous chef ?

R. Depuis le 4 novembre 2014.

Q. Avez-vous appris ou suspecté Ayubu comme ADF ?

R. Ayubu reste souvent au champ, on le voyait rarement. A chaque mardi, nous faisons l'évaluation sur la situation sécuritaire. Un jour, nous avons appris que ce jeune homme a été enlevé. Sa femme est venue nous le dire. Après cela, nous avons appris qu'Ayubu est au T2. J'ai accompagné sa femme au T2 et nous avons vu Ayubu qui était arrêté.

Q. Est-ce que l'arrestation est un enlèvement ?

R. C'est la raison pour laquelle j'ai dit à sa femme de vérifier d'abord au lieu de parler d'enlèvement.

Q. Chef Atsu, depuis quand êtes-vous chef ?

R. Depuis le 22 janvier 2015.

Q. Vous connaissez bien Ayubu ?

R. Oui.

Q. Vous savez qu'il est féticheur ?

R. Non.

Q. Godé, est-ce qu'Ayubu est féticheur ?

R. Je ne sais pas, mais un jour il est venu dire que celui qui veut être incisé lui donne une poule.

Q. Au terrain Sun City, Ayubu n'avait pas incisé des gens ?

R. Nous avions entendu que les gens étaient en train d'inciser les autres.

Q. Parmi ces gens qui incisaient, Ayubu n'y était pas ?

R. Je ne l'avais pas entendu.

Q. S3 de Col Rama est mort, qui était le pisteur ?

R. Je ne sais pas.
Q. Comment vous ne connaissez pas ?
R. Après l'attaque de Kasinga, on avait incendié l'entité. Je n'avais pas envoyé un pisteur.
Q. Chef Atsu, vous connaissez monsieur Kambale Gabriel Sorone ?
R. Oui, il est cultivateur à Nyaleke.
Q. Où est-il ?
R. Je ne sais pas.
Q. Ayubu, vous le connaissez aussi ?
R. Oui, quand papa était en prison, Godé travaillait avec lui.
Q. Est-ce que Sorone n'avait pas dit qu'Ayubu était en connivence avec les ADF ?
R. Ayubu répond par oui.
Q. Ayubu, vous rappelez-vous que Sorone avait dit qu'il vous a vu avec une arme de guerre ?
R. Je n'ai pas entendu ça.
Q. Chef Atsu ?
R. J'avais entendu qu'il était parmi le groupe de Mayi mayi.
Q. Ayubu, vous connaissez le Major ?
R. Non, mais je le voyais au T2.
Comparait le Col Kasikila Mwendapeke Jean, Matricule : 16398, Unité : Secteur Opérationnel Sokola I Sud, Comd 2nd Adm Log (Renseignant).
Q. Avez-vous déjà vu Ayubu, où et dans quelle circonstance ?
R. C'est ma toute première fois de le voir, ici même.
Q. Ne vous est-il jamais arrivé de recevoir monsieur Ayubu après l'évasion de Kangwayi ?
R. J'avais arrêté plusieurs personnes et je les avais acheminées au T2.
Q. C'était après combien de jours de l'évasion ?
R. Le même jour, j'ai arrêté une personne.
Q. C'était à quelle heure ?
R. C'était à 18 heures 30 minutes.
Défense : Le prévenu a déclaré qu'il a été avec le Col Kasikila le même jour à 18 heures. Il y a eu le rassemblement après 18 heures au terrain, mais le prévenu n'est pas allé au terrain.
Q/ Vous connaissez Karate ?
R. Oui, cultivateur de Nyaleke.
Q. Qu'est-ce que Karate a dit à propos de vous ?
R. Je ne sais pas.
Le Ministère Public donne lecture des déclarations de Karate.
Ayubu : Karate qui savait que je venais de Kangwayi, pourquoi on ne m'avait pas arrêté chez lui. Karate avait appelé le Sous-Lt Kambale qui lui avait demandé de le gérer et il est venu le prendre pour l'amener au T2.
Q. Ayubu, à quel endroit précis étiez-vous arrêté après l'attaque de la prison de Kangwayi ?

R. C'était à 5.
Q. Vous reconnaissez avoir vu Karate après l'évasion de Kangwayi ?
R. Je l'ai vu à Païda.
Q. Quand Karate dit qu'il avait appelé le Lt Kambale, il dit vrai ?
R. Moi je ne sais pas s'il avait appelé quelqu'un.
Q. Vous êtes allé à l'Antenne seul ?
R. Les soldats sont venus nous prendre avec Karate et nous sommes montés vers eux.
Q. Est-ce que le Col Kasikila se promène à pied ou à bord d'un véhicule ?
R. A bord de véhicule.
Q. Ayubu, vous reconnaissez que les soldats sont venus vous prendre pour vous amener à la position défensive ?
R. Les soldats sont venus nous rencontrer en cours de route et nous sommes montés avec eux.
Q. Après l'évasion de Kangwayi, vous avez été arrêté combien de fois ?
R. Moi, je me suis rendu une fois. Je suis allé chez Karate pour lui demander d'appeler des militaires avec qui nous sommes allés ensemble.
Q. Les deux chefs, s'ils connaissent Godé ?
R. Comme cultivateur à Nyaleke.
R. je suis administratif. Je le connais comme Congolais de Beni.
Q. Avez-vous entendu dire de Godé comme pisteur des ADF ?
R. Non.
Q. Godé, est-ce que Karate vous a dit qu'Ayubu est un collaborateur des ADF ?
R. Karate a dit qu'on a essayé de le capturer, mais il a fui. On lui demandait où était la grande poule blanche. Karate voulait venir ici, mais il a dit qu'il évite des conflits.
Ministère Public : Karate peut être là demain et le Lt Kambale.
Remise contradictoire demain 8 décembre 2017.

Audience publique du 8 décembre 2017

RP N° 0226/2017
RMP N° 0967/KNG/017
Siègent MM :

1. Col. Mag. Jean Paulin Ntshaykolo Esosa Masele, 1er Président ;
2. Col. Omeonga Taunya José, Juge Assesseur ;
3. Col. Ndiba Bulangiti Matthieu, Juge Assesseur ;
4. Com. Sup. Ppl Ngumbi Kulinga, Juge Assesseur ;
5. Lt Col. Mpoy Teddy Léonard, Juge Assesseur ;
6. Gen. Maj. Mokunto Kiyana Tim 1er AGF, Ministère Public ;
7. Mag. Madoli Nzoki Guy Martin, Greffier.

En cause : L'Auditeur Militaire Supérieur près la Cour militaire opérationnelle du Nord-Kivu, Ministère Public

Contre :

- Monsieur Ayubu Muhindo Gaston ;
- Monsieur Paluku Vyakuno Godée.

Poursuivis pour : Association des malfaiteurs

La cause est appelée à 12 heures 15 minutes.

A l'appel de la cause, les prévenus régulièrement cités comparaissent en personne, assistés de leurs Conseils : Me Pipin Kavota pour le prévenu Paluku Godé et le Défenseur militaire agréé, Kiwunga Makila, pour le prévenu Ayubu Muhindo Gaston.

Comparait Katembo Musitu alias Karate, né à Kazebere en 1993, blessé de guerre à Païda Km, Domicilié à Païda.

Q. Connaissez-vous Ayubu ?

R. Oui, comme notre chef au champ à Nyaleke.

Q. Est-ce que vous vous visitez mutuellement ?

R. Oui, je vends des cigarettes. Je suis encore militaire, mais pas un civil.

Q. Avez-vous appris l'arrestation de monsieur Ayubu en 2016 ?

R. Oui.

Q. Quel est le motif de son arrestation ?

R. Nous étions au champ avec Ayubu. Un jour, Ayubu m'avait maudit. Il a dit qu'il peut me vendre à 20$. J'ai dit aux témoins qui étaient présents. Son papa m'avait dit un jour au Salongo qu'il va m'envoyer des visiteurs, que je dois leur donner une poule. Gaby m'a dit que mon sang va couler et les gens vont marcher dessus. Un jour, des bandits se sont introduits chez moi. Ils ont capturé une femme. Nous avons fui. Nous étions en trois, tous des hommes. Ils ont demandé à ma femme 12 poules. Je m'étais caché à 40 mètres, en train de regarder de loin. Ils ont pris toutes les poules de chez moi ; ils en ont pris aussi chez mon voisin. Ils ont commencé à préparer des poules. Le matin, le chef Godet est venu mener des enquêtes. Ayubu lui-même a reconnu sa machette qu'on a retrouvée chez moi. On lui a demandé comment sa machette est arrivée chez moi. Ces gens ont quitté le lieu vers 4 heures.

Q. Pourquoi on vous a maudit ?

R. Nous souffrons beaucoup, nous sommes des blessés. Quelqu'un va au champ pour éviter la prison, le danger le poursuit là-bas.

Q. Est-ce que c'est vous et le beau-frère de monsieur Dénis qui aviez accusé Ayubu qu'il est ADF ?

R. La population a peur de venir dénoncer ici. Un jour, Ayubu nous a rencontrés dans un débit de boisson. Il est venu me dire que je sois dans un mouvement. Il a dit qu'il a un secret à me livrer au champ à Mangolikene. Il a un travail à faire. Nous manquons de l'argent pour rien. Il m'a montré de l'argent : 3 billets de 20$ (60$). Ayubu a le plan de faire passer ces gens. Il est au champ quand on l'appelle. Il vient la journée en ville, il va faire passer ces gens la nuit. La nuit, il m'appelle : Karate, viens. Ces gens sont passés. Quand je suis allé visiter, j'ai quitté là-bas pour Kanzuli. J'ai été visité à Kanzuli le matin, Ayubu est venu chez moi.

Q. Si Ayubu vous a abordé sur la question dont vous venez de parler, c'est parce que vous êtes son proche ?
R. Quand les gens passaient, je ne fuyais pas ; je me cachais pour les voir.
Q. Après l'évasion, avez-vous vu Ayubu ?
R. J'étais à Nyaleke. Ayubu arrive chez moi, il demande à mes voisins l'heure de mon retour des champs. J'ai trouvé Ayubu chez moi. J'ai fait rapport aux cultivateurs. Ils ont dit que je suis rebelle comme Ayubu. Pourquoi il a laissé ses proches pour venir chez vous. J'ai appelé le chef des cultivateurs, il a refusé d'entrer en conflit avec les Bapakombe[24]. J'ai envoyé un petit chez les militaires qui nous ont attendus en route pour prendre Ayubu et l'amener au T2.
Q. Qui vous a donné ce champ ?
R. C'est Ayubu qui m'avait vendu ce champ.
Q. Connaissez-vous Kambale Gabriel Sorone ?
R. Je connais plutôt Gagy.
Q. Monsieur Sorone affirme qu'il vous a vu avec Ayubu aux côtés des ADF ?
R. C'est faux. Le chef des cultivateurs sait la position de chacun de nous au champ. Il cherche à m'impliquer dans des histoires que je ne connais pas.
Q. Le chef Taba a rapporté à monsieur Sorone qu'il vous a vu avec Karaté aux côtés des ADF.
R. C'est faux.
Q. Karate, avez-vous déjà vu Ayubu avec les ADF ?
R. Je ne l'ai pas encore vu, mais quand ils passent, Ayubu m'appelle et me dit « Karate, viens, nous allons voir par où ils sont passés ».
Q. Ayubu, Karaté dit que votre machette s'est retrouvée chez lui, votre réaction ?
R/ J'ai une seule machette avec laquelle je travaille. Ça ne pouvait pas se retrouver chez lui. Je n'ai pas de problèmes avec Karate. Je le considère comme mon enfant, je lui ai donné un champ.
Q. Vous lui avez donné un champ gratuitement ?
R. Il m'a donné une partie, mais il reste avec mon argent que je ne lui demande même pas. Ma machette ne s'est par retrouvée chez Karate. Nous sommes arrivés avec les FARDC.
Q. Godet, que savez-vous de la machette dont parle monsieur Karate ?
R. La machette d'Ayubu s'est retrouvée chez Karate. Nous sommes des Nande. Nous ne sommes pas là pour charger les Bapakombe. Ayubu avait reconnu sa machette.
Q. Votre réaction, Ayubu ?
R. Cette machette ne m'appartient pas.
Q. Karate, avez-vous appris que monsieur Godet est un ADF ?

---

[24] Une des communautés tribales du secteur de Beni-Mbau. Ce sont les babila, les balese, les bambuba, bambuti ou pygmées les banande, les bapakombe et les batalinga.

R. Non, je ne peux pas coller à Godet ce que je ne connais pas. J'ai travaillé chez lui pendant un mois, après je suis allé chez moi.
Ministère Public : Karate se comporte comme s'il n'est pas Nande. Il a le courage de parler. Il respecte son serment de mourir pour la patrie. Nous allons exploiter une à une les informations de Karate.
Comparait monsier Paluku Basianire Nestor, né le 23 décembre 1964 à Mbonga, fils de Paluku (en vie) et de Mbambu (en vie), Cultivateur, C/Rwenzori, Q/Kasabinyole, AV. Monganga N° 28 à Beni (Renseignant).
Q. Vous connaissez Ayubu, Godrt et Karate ?
R. Oui.
Q. Quand on a attaqué la prison de Kangwayi, vous saviez qu'Ayubu était là ?
R. Oui.
Q. Avez-vous appris qu'Ayubu était à Nyaleke après l'évasion ?
R. C'est le chef Dégagé qui m'avait informé que Karate l'a mis au courant.
Q. Après combien de jours ?
R. Deux semaines.
Q. Quelle était votre réaction.
R. Karate est un cultivateur. Comme il a dit qu'il a vu Ayubu, je lui ai suggéré d'avertir les militaires pour qu'il soit arrêté.
Q. Karate, vous avez envoyé un autre blessé de guerre à la position des militaires ?
R. Oui.
Q. Où était Ayubu à ce moment ?
R. Chez moi, il m'a demandé de le cacher. Les militaires nous ont attendus en cours de route pour ne pas paniquer la population. C'était vers 22 heures, Ayubu avait dit qu'il avait sa sœur à Païda. Qu'on l'amène là-bas, c'est là qu'il va se cacher.
Q. Basianire, votre chef de bloc ne vous a pas fait des soupçons sur Ayubu avec les ADF ?
R. Quand il est arrêté à Boikene, c'est dès lors qu'il y a eu des soupçons à partir de l'audition de Gaby, Ayubu et Godet. Gaby avait dit qu'Ayubu travaillait avec les ADF.
Ministère Public : Des personnes ont été tuées individuellement dans leurs champs à Mayangos, on a cité Didi et Ayubu. Tout le monde a fui Mayangos, eux sont restés. Ayubu et Didi n'ont pas de champs de cacao. Ceux qui osent visiter leurs champs sont tués.
Q. Ayubu, où est le champ de Karate ?
R. Silence
Q. Karate, où est votre champ ?
R. Ça se trouve à 9 Km.
Q. Chef Basianire, 9 Km c'est où ?
R. Jusqu'à 12 KM.
Q. Où se trouve la première position des gardes parc ?
R. A 8 Km.

Q. Karate, Ayubu a tenté de vous recruter en quelle année ?
R. En 2016.
Q. Quand avez-vous reçu les menaces ?
R. Avant d'envahir ma maison au champ en 2016, j'étais maudit par Gaby, Ayubu et son père en 2015.
Q. Qui était tué ?
R. Il a été enterré à Rwangoma. J'ignore son nom. Il a été fusillé. Il s'appelait Kakule Déo. Il se disputait l'arme avec l'assaillant et on lui a logé une balle.
Q. Comment avez-vous su qu'Ayubu voulait vous faire arrêter ?
R. Ayubu passait avec des gardes parc pour me faire arrêter.
Q. Avez-vous entendu ces gens parler ?
R. Ils parlaient kinyarwanda, lingala et kinande. Gaby était parmi ces gens.
Q. C'était à quelle période que ces gens passaient ?
R. En 2016, c'était des militaires.
Q. Selon vous, celui qui faisait passer ces gens, c'est Ayubu ?
R. Il faisait semblant de quitter la nuit. Le matin, il vient dire : ces gens sont passés. Ayubu me dévoilait beaucoup de secrets quand nous étions en train de fumer.
Q. Godet, qu'est-ce qui prouve qu'Ayubu travaillait avec les ADF ?
R. Si vous demandez aux cultivateurs, chacun dira quelque chose d'Ayubu. Il demande aux gens des poules pour les inciser.
Q. Karate, Ayubu ne vous a pas incisé ?
R. Moi, Ayubu ne peut pas me tromper.
Q. Godet ?
R. Il avait ravi le champ d'une personne où les ADF passaient. C'est le croisement de deux chemins des ADF.
Q. Chef, avez-vous entendu parler de la machette d'Ayubu retrouvée chez Karate ?
R. Non.
Ministère Public : Ayubu ne s'est pas rendu. Il a tenté recruter Karate. La machette d'Ayubu s'est retrouvée chez Karate. Le mouvement d'Ayubu correspond avec le passage des ADF.
Q. Karate, combien de temps avez-vous passé avec Ayubu après l'évasion ?
R. Je l'ai gardé pendant trois jours et les militaires l'ont arrêté.
Q. Ayubu, votre réaction ?
R. C'était le même jour de l'évasion.
Ministère Public : Lorsqu'on attaque la prison, le Col Kasikila est à la prison. Il a arrêté ceux qui avaient les cartes d'électeurs dans la prison.
Q. Karate, vous avez amené combien de gens à la position militaire ?
R. Ayubu seul.
Q. Quel entendement donnez-vous à ce terme « sorcier » ?
R. Il faut être magicien pour connaitre ce qu'Ayubu faisait la nuit ; il faut être féticheur.
Q. Avez-vous su ce qu'Ayubu faisait la nuit ?

R. Ayubu n'a pas peur ; même pendant la nuit, il peut traverser.
Remise contradictoire jeudi 14 décembre 2017 pour réquisitoire et plaidoirie ; 15, 18, 19 décembre 2017.

Audience publique du 19 décembre 2017

RP N° 0226/2017
RMP N° 0967/KNG/017
Siègent MM:

1. Col. Mag. Jean Paulin Ntshaykolo Esosa Masele, 1er Président ;
2. Col. Omeonga Taunya José, Juge Assesseur ;
3. Col. Ndiba Bulangiti Matthieu, Juge Assesseur ;
4. Com. Sup. Ppl Ngumbi Kulinga, Juge Assesseur ;
5. Lt Col. Mpoy Teddy Léonard, Juge Assesseur ;
6. Gen. Maj. Mokunto Kiyana Tim 1er AGF, Ministère Public ;
7. Mag. Madoli Nzoki Guy Martin, Greffier.

En cause : L'Auditeur Militaire Supérieur près la Cour militaire opérationnelle du Nord-Kivu, Ministère Public
Contre :

- Monsieur Ayubu Muhindo Gaston ;
- Monsieur Paluku Vyakuno Godet.

Poursuivis pour : Association des malfaiteurs
La cause est appelée à 15 heures 30 minutes.
A l'appel de la cause, les prévenus régulièrement cités comparaissent en personne, assistés de leurs conseils : Me Pipin Kavota pour le prévenu Paluku Godé et le Défenseur militaire agréé Kiwunga Makila pour le prévenu Ayubu Muhindo Gaston.
Ministère Public présente ses réquisitions :
De dire établie en fait comme en droit l'infraction d'association des malfaiteurs à charge de deux prévenus ;
De les condamner sans admissions des circonstances atténuantes à la peine capitale ;
Les frais d'instance à charge du trésor public.
Remise contradictoire jeudi 21 décembre 2017 pour la plaidoirie.

Audience publique du 21 décembre 2017

RP N° 0226/2017
RMP N° 0967/KNG/017
Siègent MM:

1. Col. Mag. Jean Paulin Ntshaykolo Esosa Masele, 1er Président ;
2. Col. Omeonga Taunya José, Juge Assesseur ;
3. Col. Ndiba Bulangiti Matthieu, Juge Assesseur ;
4. Com. Sup. Ppl Ngumbi Kulinga, Juge Assesseur ;

5. Lt Col. Mpoy Teddy Léonard, Juge Assesseur ;
6. Gen. Maj. Mokunto Kiyana Tim 1er AGF, Ministère Public ;
7. Mag. Madoli Nzoki Guy Martin, Greffier.

En cause : L'Auditeur Militaire Supérieur près la Cour militaire opérationnelle du Nord-Kivu, Ministère Public

Contre :

- Monsieur Ayubu Muhindo Gaston ;
- Monsieur Paluku Vyakuno Godet.

Poursuivis pour : Association des malfaiteurs

La cause est appelée à 12 heures 48 minutes.

A l'appel de la cause, les prévenus régulièrement cités comparaissent en personne, assistés de leurs conseils : Me Pépin Kavota pour le prévenu Paluku Godet et le Défenseur militaire agréé Kiwunga Makila pour le prévenu Ayubu Muhindo Gaston.

Défense de Paluku sollicite que Pekeyake puisse être confronté avec son client, puisqu'ils n'ont pas été confronté à la phase préjudictionnelle.

Ministère Public : Ils n'ont pas vécu les mêmes faits. Lui, il a entendu Godet parler avec le chef ADF. Il disait qu'il était à Kabasha et lui-même a reconnu qu'il a été à Kabasha.

Paluku Godet : Ce jour-là, j'étais à Kabasha puisque je revenais de Butembo. Dans mon champ, les militaires ne manquaient jamais. Quand on m'auditionnait, je ne connaissais pas celui dont on parlait.

Ministère Public : Peut-être qu'il y a un fait précis qui le gêne. Le PV n'ayant pas été discuté lors des débats, Pekeyake nous a été amené par le président des cultivateurs de Nyaleke.

Paluku Godet : Si dans mon PV j'avais accepté que les ADF me cherchent, nulle part personne ne m'avait informé que ces gens étaient arrivés dans mon champ. Une affaire de quarante-huit personnes qui arrivent dans mon champ sans que les militaires puissent les voir et pourtant leur position est à trois cents mètres de mon champ. Mon champ est tout près de la route. Je demande à la Cour que cette personne puisse se présenter.

Q. Pourquoi vous ne l'avez pas demandé avant la plaidoirie ?

R. C'est celui-là le témoin du MP, il était obligé de l'amener à tout moment.

Q. Pourquoi n'avez-vous pas fait observation à votre avocat ?

R. Je n'avais pas su qu'il y avait son PV dans le dossier. Je croyais qu'il est tout simplement témoin.

Défense : Les déclarations de Pekeyake peuvent même édifier la Cour. Nous sollicitons la comparution de Kasereka Pakeyake Jackson.

Q. Sur quoi veut-on que la comparution porte ?

R. La Défense déclare que Pekeyake est à Nyaleke depuis 2013. Il a quitté en janvier 2017.

Paluku Godet : Si j'insiste que Jackson comparaisse c'est puisque j'ai appris que les ADF sont arrivés chez moi pendant que je suis arrêté à l'Auditorat. Mon champ est à deux cents ou trois cents mètres de la position militaire. Les

ADF, s'ils arrivaient là-bas, les voisins le diraient. Aucun jour ne s'écoule sans que les militaires n'arrivent dans mon champ.
Ministère Public : Ce que vous pouvez faire, pour que la Cour visite votre champ, il faut formuler une demande. Pas d'inconvénient. Même demain, on peut faire venir le président des cultivateurs et Kasereka Pakeyake Jackson pour que Godet soit rassuré de sa condamnation.
Comparaissent les renseignants :

1. Kakule Vuma Didi, né à Kyondo en 1953, fils de Kambale (décédé) et de Kaswera (décédée), Profession : cultivateur, Vice-président des cultivateurs de Mayangos ;
2. Kasereka Mukiambuli Pekeyake Jackson, né à Beni, le 27/09/1972, fils de Kakule Mungwayiteka (en vie) et de Françoise kavugho (décédée), marié à Madame Kavugho Sahani.

Q. Godet, c'est bien lui Pekeyake ?
R. Je le connais comme Jackson.
Q. Et Kakule Vuma ?
R. Oui.
Q. Kakule Vuma, depuis quand étiez-vous cultivateur à Nyaleke ?
R. 2014-2015.
Q. En quelle année avez-vous quitté Nyaleke ?
R. Février 2017.
Q. Pourquoi devant le MP, vous avez parlé de janvier 2017 ?
R. A cause des gens qui nous surprenaient au champ.
Q. Depuis juin 2017, vous n'avez jamais été à Nyaleke ?
R. Non.
Q. Pourquoi devant le MP, vous avez dit que le 12 juin 2017, vous gardiez du riz à Nyaleke ?
R. Même papa Godet m'avait vu, ils étaient sept personnes. Il m'avait demandé : « papa, vous êtes revenu ? » Depuis ce jour-là, mon enfant a été frappé par l'épilepsie.
Q. Godet, vous confirmez ça ?
R. Oui, c'était au mois de février 2017, mais nous étions 3 personnes.
Q. La distance entre votre champ et le champ de Godet ?
R. Il y a au moins 5 champs.
Q. Godet, votre réaction ?
R. Neuf cents mètres, neuf champs.
Q. Entre le 12 et le 13 juin, étiez-vous à Nyaleke ?
R. Oui, mon champ est à Nyaleke.
Ministère Public : La date du jour où il a vu Godet ne peut pas être le 13 juin.
Q. Souvenez-vous à Nyaleke, les ADF étaient-ils passés pendant que vous étiez au champ ?
R. Ils étaient évalués en deux mille. En voyant le cortège, les mamans sont venues en courant. J'ai appelé papa Basyanirya, demandant s'il a envoyé les militaires avec des bâches. Ils ont dit, « il ne faut pas avoir peur, nous allons

passer nuit ici ». Papa Culpa a appelé pour nous dire que nous puissions faire attention, ces militaires ne sont pas les nôtres. Le matin, nous avons préparé la bouillie. Après en avoir pris, nous avons entendu les coups de feu. Les militaires nous ont demandé si nous connaissons Ayubu. Ils nous ont demandé de les amener dans le champ de Godet qui est en bas. Nous sommes arrivés au champ de papa Godet, il n'était pas là. Ils l'ont appelé, il a dit qu'il était à Kabasha. Ils m'ont dit, comme vous nous avez conduits, vous pouvez rentrer.
Q. Monsieur Godet, étiez-vous à Kabasha ce jour-là ?
R. Silence.
Q. Jackson, c'était avant ou après l'évasion de Kangwayi ?
R. Après l'évasion de Kangwayi ; une semaine après l'évasion.
Q. Avez-vous dit une semaine ou un jour après ?
R. Une semaine après.
Q. Didi Vuma, avez-vous entendu l'histoire de ces gens qui ont demandé à Jackson de les amener chez Godet ?
R. Il avait appelé Culpa, ce dernier a informé Basyanirya qui a dit que ce ne sont pas des militaires. J'avais entendu cette histoire. C'était une semaine après l'évasion de Kangwayi.
Godet : J'étais à Butembo à partir de dimanche jusqu'au 13. Je n'ai jamais reçu un appel pour dire que je suis à Kabasha.
Q. Godet, vous avez deux champs ?
R. Oui.
Q. Un champ près de la position militaire et l'autre non ?
R. Tous les deux près de la position militaire.
Q. Distance qui sépare les deux champs ?
R. Huit cents mètres.
Q. La position militaire, à quelle distance de la route ?
R. Zéro mètre, à côté de la route.
Q. A zéro mètre, on peut voir à huit cents mètres ?
R. Non.
Q. Celui qui est à la position de rizerie, peut-il voir le champ où vous avez amené les gens, chez Godet ?
R. Non.
Q. Là où vous étiez, on avait appelé Godet au Motorola ?
R. Oui.
Q. Godet : Jackson, qu'est-ce qu'il y avait chez moi ?
R. La bâche était enlevée. J'avais dit qu'il n'est pas là. Je n'avais rien vu. Quand on se promène avec les militaires, on ne peut pas voir partout.
Q. Godet : Où êtes-vous passé pour arriver dans mon champ ?
R. Nous avons traversé la rivière pour arriver chez vous.
Q. Jackson, avez-vous donné le numéro de Godet aux visiteurs ?
R. Non.
Q. Comment ils ont trouvé le numéro de Godet ?
R. Eux-mêmes dans leur Motorola.

Q. Pouvez-vous décrire ce Motorola ?
R. Ce qui a l'antenne de couleur noire.
Q. Didi, avez-vous déjà entendu dire que Godet est le collaborateur des ADF ?
R. Non.
Q. Godet : Didi, vous avez eu l'information que les ADF ont passé la nuit chez moi au champ alors que, jusqu'à mon arrestation, il ne m'a jamais vu ?
R. Je n'avais jamais dit que les ADF ont passé la nuit dans votre champ.
Ministère Public : Didi sait, mais il a peur des ADF. Qui n'a pas peur de Godet ou d'Ayubu ?
R. Oui.
Ayubu : Je n'ai jamais travaillé avec eux et je ne suis pas collaborateur des ADF comme dit le Ministère Public.
Q. Après avoir dit qu'Ayubu est arrêté, qu'est-ce qu'il a dit ?
R. Ils ont parlé en lingala pour me demander de les amener chez Godet.
Godet : Quand les ADF nous ont beaucoup dérangés, nous avons commencé à passer la nuit à la rizerie. C'est quand on a attaqué les commandos que nous avons quitté ce lieu. Depuis 2015, je ne cultive plus ce champ pour ne travailler que le champ qui est à côté de la route.
Remise contradictoire demain 22 décembre 2017 pour plaidoirie, répliques et contre répliques.

Audience publique du 22 décembre 2017

RP N° 0226/2017
RMP N° 0967/KNG/017
Siègent MM:

1. Col. Mag. Jean Paulin Ntshaykolo Esosa Masele, 1er Président ;
2. Col. Omeonga Taunya José, Juge Assesseur ;
3. Col. Ndiba Bulangiti Matthieu, Juge Assesseur ;
4. Com. Sup. Ppl Ngumbi Kulinga, Juge Assesseur ;
5. Lt Col. Mpoy Teddy Léonard, Juge Assesseur ;
6. Gen. Maj. Mokunto Kiyana Tim 1er AGF, Ministère Public ;
7. Mag. Madoli Nzoki Guy Martin, Greffier.

En cause : L'Auditeur Militaire Supérieur près la Cour militaire opérationnelle du Nord-Kivu, Ministère Public
Contre :

- Monsieur Ayubu Muhindo Gaston ;
- Monsieur Paluku Vyakuno Godet.

Poursuivis pour : Association des malfaiteurs
La cause est appelée à 12 heures 04 minutes.
A l'appel de la cause, les prévenus régulièrement cités comparaissent en personne assistés de leurs conseils : Me Pépin Kavota pour le prévenu Paluku

Godet et le Défenseur militaire agréé Kiwunga Makila pour le prévenu Ayubu Muhindo Gaston.
Le Défenseur militaire agréé Kiwunga Makila pour Ayubu Muhindo Gaston plaide :
Les éléments matériels font défaut ; non établie en fait comme en droit l'infraction mis en charge du prévenu, de l'en acquitter et de mettre les frais à charge du trésor public.
Me Pépin Kavota pour Paluku Vyakuno Godet plaide :
Non établie en fait comme en droit l'infraction mis en charge du prévenu, de l'en acquitter pour doute, par manque de tous les éléments constitutifs de cette infraction.
Ministère Public réplique : nous avons démontré que les ADF sont venus à Nyaleke, ils ont cherché Ayubu et Godet. Celui-ci joue un rôle pour cette organisation. Les ADF, lors de leur parcours à la recherche de la nourriture, ont besoin de se reposer. C'est Godet qui est chargé de leur chercher un lieu de repos.
Ayubu, il est chez Karate avec les ADF, il laisse sa machette chez Karate. En attaquant Boikene, Ayubu a été avec les ADF. Pisteur des FARDC, il est membre des ADF ; il recrutait les gens au compte des ADF. Ayubu est recherché parce qu'il vendait du cacao au moment où il n'a aucun champ de cacao.
Le Ministère Public requiert la peine de mort cotre Godet et Ayubu.
Défense, Me Pépin Kavota contre réplique : Godet ne se retrouve pas dans le système de recueil des ADF. Les faits ne sont pas établis, de l'en acquitter.
Défenseur militaire agréé Kiwunga Makila contre réplique : réitère ses moyens, de l'en acquitter.
Q. Monsieur Ayubu, le MP estime que les faits sont établis. Il vous propose la peine de mort. Il en est de même pour monsieur Paluku Vyakuno Godet. Vos Conseils ont conclu à l'inexistence d'infraction pour doute ; quel est votre dernier mot ?
R. Ayubu : Je remercie tout le monde. Je suis né à Beni et j'ai grandi à Beni. Je ne peux entrer dans des affaires bizarres, je suis innocent ; de me libérer.
R. Paluku Godet : Je remercie tout le monde. Nous regrettons le fait que nous les fils de Beni nous soyons derrière les ADF. Le travail que nous faisons en collaborant avec les militaires à Nyaleke est récompensé par une accusation selon laquelle je suis devenu ADF. Je vis à la sueur de mon front. Je demande à la Cour de m'aider pour que j'aille garder mes enfants.
Débats clos, la cause prise en délibéré, le prononcé à la huitaine.

AUTOCHTONISATION DU PHENOMENE ADF

Audience publique du 31 janvier 2017

RP N° 0155/2017
RMP N° 0738/KN6/2017
En chambre foraine à laquelle siègent :

1. Col. Mag. Ntshaykolo Esosa Masele Jean Paulin, 1er Président ;
2. Col. Omeonga Taunya José, Conseiller ;
3. Lt Col. Ndiba Bulangiti, Juge Assesseur ;
4. Lt Col. Simisi Tuve Serge, Juge Assesseur ;
5. Lt Col. Mpoy Teddy Léonard, Juge Assesseur ;
6. Gén. Maj. Mokunto Kiyana Tim 1er AGF, Ministère Public ;
7. Mag. Bonyoma Kaisala Rigobert, Greffier.

En cause : l'auditeur militaire supérieur Près la cour militaire opérationnelle du Nord-Kivu, Ministère Public.
Contre : Monsieur Mwami Bulemo Ando Kanzire Pierre, alias Rajabu, et Consorts.
Prévenus de :

- Participation à un mouvement insurrectionnel ;
- Association des malfaiteurs ;
- Crime contre l'humanité pat meurtre ;
- Terrorisme.

A l'appel de la cause, les prévenus cités ci-haut comparaissent en personne et assistés par leurs conseils :

- Me David Wambale, avocat Près la cour d'Appel de Kisangani ;
- Me Joël Shanyungu, conjointement avec
- Me Nathan Tagirabo conjointement avec

Et le défenseur militaire agrée, et pour le compte du prévenu Boroso Undelema, un avocat.
Le Ministère Public propose à la Cour de faire la jonction avec le dossier.
L'avocat Me Joël : Observation.
La Cour commet d'office maître Nathan pour l'assistance du prévenu Mwami.
Identification
Le prévenu qui comparait en swahili, langue de son choix, que nous traduisons en français comme suit :

1. Noms : Mwami Bulemo Ando Kanzire Pierre, alias Rajabu ; né à : Oïcha, le 1er javnvier 1997 ; Fils de : Anglere Mwami Didier (décédé) ; et de : Masika Fatuma (en vie) ; Originaire du village de : Kisiki ; Groupement de : Bambuba Kisiki ; Secteur de : Beni Mbau ; Territoire de : Beni ; Province du : Nord-Kivu ; Etudes faites : 4ème primaire ; Etat-civil : Célibataire ; Profession : Cultivateur ; Culte : Nzambe Malamu ; Domicilié à Ndalia.

2. Noms : Boroso Bin Bendera II, Désiré Undelema ; né à : Tungudu, le 17 février 1969 ; Fils de : Bendera Undelema (décédé) ; et de : Kekeyi Appolina (en vie) ; Originaire de la localité de : Baungatsu-Luna ; Groupement de : Bambuba Kisiki ; Secteur de : Beni Mbau ; Territoire de : Beni ; Province du : Nord-Kivu. Etudes faites : 6ème primaire ; Etat-civil : Marié à Madame Siviho Liyamena et père de dix enfants ; Profession : Chef du village Baungatsu-Luna/ Nord-Kivu. Culte : Anglican ; Domicilié au village Luna, en face du bureau du village Baungatsu-Luna.

3. Noms : Muhindo Mutsuva Joseph, alias Mohindo Mutuba ; Né à : Ndobi en 1989 ; Fils de : Kambale Mukuyi (décédé) ; Et de : Kahindo Stefani (en vie) ; Originaire de la localité de : Luutu ; Secteur de : Baswagha ; Territoire de : Lubero ; Province du : Nord-Kivu ; Etudes faites : Néant ; Etat-civil : Marié à Madame Ghislaine Sengamira et père d'un enfant ; Profession : Cultivateur ; Culte : Catholique ; Domicilié à Samboko-Sayuni dans le secteur de Beni-Mbau.

4. Noms : Mapoli Kamondo Gabriel ; Né à : Eringeti en 1987 ; Fils de : Beleka Kamondo (décédé) ; et de : Foïbe Anny (décédée) ; Originaire de la localité de : Chabi ; Collectivité de : Chabi ; Groupement de : babanilawo ; Secteur de : Beni Mbau ; Territoire de : Irumu ; Province de : Ituri ; Etudes faites : Néant ; Etat-civil : Marié à Madame Kavira Déborah Mave et père d'un enfant ; Profession : Creuseur d'or au village Lese et cultivateur au village Mayisafi ; Culte : Anglican ; Domicilié à Eringeti Luna, Q/ Mutsonge, AV.Boroso.

5. Noms : Muhindo Saidi Makuta Aimé ; né à : Beni en 1982 ; Fils de : Jeef Makuta (décédé) ; Et de : Kavira Tsongo (en vie) ; Originaire de : Musienene ; Secteur de : Katolo ; Territoire de : Lubero ; Province du : Nord-Kivu ; Etudes faites : 5ème primaire ; Etat-civil : Marié à Madame Bambukima et père de cinq enfants ; Profession : Commissionnaire des parcelles ; Culte : Catholique ; Domicilié au : Q/ Boikene, C/ Rwenzori, AV/ Kasambiro.

6. Noms : Kakule Baraka Tsongo, alias Mboma ; né à : Oïcha, le 10 octobre 1986 ; Fils de : Musubao Akupa Eraston (décédé) ; Et de : Masika Mado (en vie) ; Originaire de la localité de : Kainama ; Groupement de : Banande-Kainama ; Secteur de : Beni Mbau ; Territoire de : Beni ; Province du : Nord-Kivu ; Etudes faites : 6ème primaire ; Etat-civil : Marié à Madame Marie Moga et père de cinq enfants ; Profession : Taximen motocycliste ; Culte : Anglican ; Domicilié à : Eringeti, Q/ Butsonge, AV/ Route de Kainama.

7. Noms : Paluku Moïse Kasokola ; né à : Lukanga, le 11 décembre 1992 ; Fils de : Bernard Mwaka Kisu (en vie) ; Et de : Kahambu Lusiya Miyayango (en vie) ; Originaire de la localité de : Lukanga ; Secteur ou Groupement de : Baswagha-Lughenge ; Territoire de : Lubero ; Province du : Nord-Kivu ; Etudes faites : 4ème primaire ; Etat-civil : Célibataire ; Profession : Maçon ; Culte : Anglican ; Domicilié à : Beni, C/ Bungulu, Q/ Makutano, AV/ Wilonde N°01.

8. Noms : Kambale Kiyoma Philippe ; né à : Oïcha en 1975 ; Fils de : Paluku Kiyowa (décédé) ; et de : Kavira Kakimire (en vie) ; Originaire de la localité de : Butembo ; Secteur ou Groupement de : Bulengera ; Territoire de : Lubero ; Province du : Nord-Kivu ; Etudes faites : 6ème primaire ; Etat-civil : Divorcé et père de deux enfants ; Profession : Chauffeur de taxi ; Culte : Catholique ; Domicilié à : Butembo-Mutsanga, C/ Bulengera, Q/ Mutsanga.

9. Noms : Musubao Batsurana, alias Mupepe ; né à : Oïcha, le 07 octobre 1957 ; Fils de : Bahiseya Simeyi (décédé) ; et de : Muhindo Sera (en vie) ; Originaire de : Kainama ; Secteur de : Beni-Mbau ; Territoire de : Beni ; Province du : Nord-Kivu ; Etudes faites : 6ème secondaire, humanité Pédagogique ; Etat-civil : Marié à Madame kavira et père de seize enfants ; Profession : Attributaire axe Eringeti-Kainama ; Chef coutumier ; Culte : Anglican ; Domicilié à : Eringeti centre.

10. Noms : Bitwini Ngombe Nyama ; né à : Kisiki, le 17 décembre 1965 ; Fils de : Ngulamo Mabelo (décédé) ; et de : Magada Lena Emeyembi (en vie) ; Originaire de la localité de : Kisiki ; Groupement de : Bambuba Kisiki ; Secteur de : Beni Mbau ; Territoire de : Beni ; Province du : Nord-Kivu ; Etudes faites : 6ème primaire ; Etat-civil : Marié à Madame Anjeyan Fundi et père de dix enfants ; Profession : Cultivateur ; Culte : Nzambe Malamu ; Domicilié au village Muteuyi, Q/ Mayitiki cité dans le Groupement Bandabilema/ MayiMoya.

11. Noms : Okabo Mabruki François ; né à Kisiki, le 05 mai 1977 ; Fils de : Tabu Mabruki (en vie) ; et de : Yvonne Kaswera (en vie) ; Originaire de la localité de : Kisiki ; Groupement de : Bambuba Kisiki ; Secteur de : Beni Mbau ; Territoire de : Beni ; Province du : Nord-Kivu
Etudes faites : 6ème HP (diplômé) ; Etat-civil : Marié à Madame Masika Bibisombe et père de dix enfants ; Profession : Chef du village Boboiyo Kisiki ; Culte : CECA 20 ; Domicilié à : Kisiki.

Après l'appel de tous les prévenus à la barre, Monsieur le Premier Président demande, à part ceux qui ont des avocats, si la Cour peut commettre d'office à tout le reste des prévenus non assistés Me David Wambale et Me Joël Shanyungu.

Après leur identification, le Premier Président appelle le reste des prévenus qui n'ont pas été assistés. La Cour leur commet d'office les avocats défenses pour assurer leur défense.

Les avocats des prévenus sollicitent à la Cour de renvoyer cette cause à lundi de la semaine prochaine. La Cour demande à toutes les parties de déposer leurs listes des témoins au Greffe.

Audience publique du 21 février 2017

RP N° 0164/2017
RMP N° 807/KN6/2017
En chambre foraine à laquelle siègent :

1. Lt Col. Mag. Ntshaykolo Esosa Masele Jean Paulin, 1er Président ;
2. Lt Col. Ndiba Bulangiti, Juge Assesseur ;
3. Col. Dunia Kashindi Fabien, Juge Assesseur ;
4. Col. Busoki Wa Karaku, Juge Assesseur ;
5. Com. Sup. Ppl Ngumbi Kulinga, Juge Assesseur ;
6. Gén. Maj. Mokunto Kiyana Tim, 1er AGF, Ministère Public ;
7. Maj. Madoli Nzoki Guy Martin, Greffier.

En cause : l'auditeur militaire supérieur Près la cour militaire opérationnelle du Nord-Kivu, Ministère Public.

Contre :

- Monsieur Saa Mbili Bamukoka ;
- Monsieur Nkayalua Bankale Etienne.

Prévenus de :

- Participation à un mouvement insurrectionnel ;
- Crime contre l'humanité par déportation ou enlèvement.

La cause est appelée à 11 heures 40 minutes.

A l'appel de la cause, les prévenus cités ci-haut comparaissent en personne et assistés par leurs conseils : Me Nathan Tagirabo et le Défenseur militaire Kiwunga Makila pour le prévenu Nkayalua Bankale ; Me Matokeo, Me John Muhindo Muyisa et Me Constant Kalumende, représentent Saa Mbili Bamukoka.

Notre client a été atteint par contact téléphonique le soir au moment où il était à l'hôpital. Sa santé ne lui a pas permis d'être présent aujourd'hui. On croyait qu'il allait être à la queue de l'audience. La Défense sollicite la remise.

Ministère Public : on peut remettre la cause, mais à la prochaine fois, on doit constater la maladie.

Remise contradictoire lundi, le 27 février 2017.

Audience publique du 27 février 2017

RP N° 0164/2017
RMP N° 807/KN6/2017
En chambre foraine à laquelle siègent :

1. Lt Col. Mag. Ntshaykolo Esosa Masele Jean Paulin, 1er Président ;
2. Lt Col. Ndiba Bulangiti, Assesseur ;
3. Col. Dunia Kashindi Fabien, Assesseur ;
4. Col. Busoki Wa Karaku, Juge Assesseur ;
5. Com. Sup. Ppl Ngumbi Kulinga, Juge Assesseur ;
6. Gén. Maj. Mokunto Kiyana Tim, 1er AGF, Ministère Public ;
7. Maj. Madoli Nzoki Guy Martin, Greffier.

En cause : l'auditeur militaire supérieur Près la cour militaire opérationnelle du Nord-Kivu, Ministère Public.

Contre :

- Monsieur Saa Mbili Bamukoka ;

- Monsieur Nkayalua Bankale Etienne.

Prévenus de :

- Participation à un mouvement insurrectionnel ;
- Crime contre l'humanité par déportation ou enlèvement.

La cause est appelée à 15 heures 10 minutes.

A l'appel de la cause, les prévenus cités ci-haut comparaissent en personne et assistés par leurs conseils : Me John Muhindo Muyisa et Me Constant Kalumende pour Saa Mbili Bamukoka. Me Nathan Tagirabo et le Défenseur militaire Kiwunga Makila pour Nkayalua Bankale Etienne

Remise contradictoire le 28 février 2017.

Audience publique du 28 février 2017

RP N° 0164/2017

RMP N° 807/KN6/2017

En chambre foraine à laquelle siègent :

1. Lt Col. Mag. Ntshaykolo Esosa Masele Jean Paulin, 1er Président ;
2. Lt Col. Ndiba Bulangiti, Assesseur ;
3. Col. Dunia Kashindi Fabien, Juge Assesseur ;
4. Col. Busoki Wa Karaku, Juge Assesseur ;
5. Com. Sup. Ppl Ngumbi Kulinga, Juge Assesseur ;
6. Gén. Maj. Mokunto Kiyana Tim, 1er AGF, Ministère Public ;
7. Maj. Madoli Nzoki Guy Martin, Greffier.

En cause : l'auditeur militaire supérieur Près la cour militaire opérationnelle du Nord-Kivu, Ministère Public.

Contre :

- Monsieur Saa Mbili Bamukoka ;
- Monsieur Nkayalua Bankale Etienne.

Prévenus de :

- Participation à un mouvement insurrectionnel ;
- Crime contre l'humanité par déportation ou enlèvement.

La cause est appelée à 11 heures 06 minutes.

A l'appel de la cause, les prévenus cités ci-haut comparaissent en personne et assistés par leurs conseils : Me John Muhindo Muyisa et Me Constant Kalumende pour Saa Mbili Bamukoka. Me Nathan Tagirabo et le Défenseur militaire Kiwunga Makila pour Nkayalua Bankale Etienne

Identité des prévenus :

Noms : Saa Mbili Bamukoka Roger ; Fils de : Saa Mbili Mulyanzubha (décédé) et de : Kanyere Tabagua Souzane (en vie) ; Originaire de : Kamango ; Secteur/ Chefferie : Watalinga ; Groupement : Batalinga ; Territoire de Beni ; Province du Nord-Kivu ; né à Oïcha, le 17 avril 1960 ; Etudes faites : D6 ; Etat-civil : Marié à Kaswera Kasemengo et père de dix enfants ; Domicilié à Kamango, Chef-lieu de la Chefferie ; Tél : 0998499948 ;

Profession : Chef de la Chefferie Watalinga ; Président d'arbitrage de conflit coutumier du Nord-Kivu.

Noms : Nkayalua Bankale Etienne, alias Muganda ; Fils de : Bankale Mundala (décédé) et de : Tavoganya Prexeda (en vie) ; Originaire de : Ndama ; Secteur/ Chefferie : Watalinga ; Groupement : Batangi ; Territoire de Beni ; Province du Nord-Kivu ; Né à Ndama, le 2 octobre 1972 ; Etudes faites : D4 Pédagogie ; Etat-civil : Marié à Situka Antoinette et père de treize enfants ; Culte : Eglise de réveil Philadelphie ; Domicilié à Ndama ; Tél : 0998499948 ; 0825228777 ; Profession : Chef de localité de Ndama

Après lecture de la décision de renvoi par le greffier sur ordre du Premier Président, la Cour demande s'il y a des préalables.

La Défense de Mwami Saa Mbili Bamukoka Roger soulève un mémoire unique déposé au greffe de la Cour Militaire Opérationnelle. Sur ordre du Premier Président, le Greffier procède à la lecture de ce mémoire unique.

Défense : évoque deux choses : les immunités de poursuite et la compétence de juridiction. Leur client est chevalier de l'Ordre National des Héros Nationaux Kabila-Lumumba. Il doit être jugé à la Cour Suprême de Justice. La Défense présente à la Cour la médaille en or, décernée à leur client.

Ministère Public : L'organe de loi ne peut pas discuter sur une décision prise par le Chef de l'Etat, il constate. La médaille de mérite civique, qu'est-ce que cela a à faire avec l'Ordre National Kabila-Lumumba, Héros Nationaux ? Le MP demande qu'on présente l'Ordonnance portant admission à l'Ordre National des Héros Nationaux Kabila-Lumumba. Le MP renvoie la Défense à la Loi N° 15022 du 31 décembre 2015 modifiant et complétant le Décret du 15 juillet 1940 ; Article 24.

Mémoire unique est recevable quant à la forme, mais rejeté quant au fond, faute d'ordonnance à laquelle la dépense fait allusion mais sans la produire, l'Ordonnance portant admission à l'Ordre National des Héros Nationaux Kabila-Lumumba.

Défense : L'organe de la loi n'a pas montré le contenu de l'Ordonnance qu'il a évoqué. Le Général Major Shulungu a décoré notre client. Les démarches sont en train d'être menées à la Chancellerie et à la Présidence pour avoir cette Ordonnance.

Le brevet qu'on a décerné à notre client stipule : « pour des loyaux services rendus à la Nation ». Cela ne signifie pas que notre client va échapper aux poursuites qui pèsent sur lui, mais qu'il soit jugé devant son juge naturel.

Q. Quel grade avez-vous ?

R. Je suis Officier de l'Ordre et des Héros Nationaux.

Le MP demande si les signes distinctifs de la décoration de l'Ordre National Kabila-Lumumba sont dans la médaille concernée.

Q. Où est le ruban qui accompagne la médaille ?

R. Je suis détenteur d'une médaille que le Gouvernement m'a décernée, mais je ne sais pas si le Gouvernement m'a menti. J'ai été décoré à Kinshasa sur

ordre du Président de la République. Un jour, vous avez dit que, s'il n'y a pas de réponse, le prévenu a le droit de se taire. Le débat concerne le Ministère Public et mes avocats. Je ne peux plus parler. Cela ne veut pas dire que je refuse de comparaitre. Je vous demande de me protéger.
Disposition de l'article 4, spécificité de la médaille. Le MP donne tous les signes distinctifs de la médaille de l'Ordre National des Héros Nationaux Kabila-Lumumba. La Défense évoque l'Ordonnance N° 11/086 : cette médaille ne répond pas aux spécifiées données par le MP, mais nous attendons que l'Ordonnance soit là.
Ministère Public : Article 4 bis, il y a le ruban.
Q. Le Ministère Public demande s'il y a le ruban qui accompagne la médaille.
R. Défense : pour le moment, il n'y a pas de ruban.
La Cour estime qu'il y a lieu d'agréer la demande de la Défense pour brandir l'Ordonnance.
Remise contradictoire mardi, le 7 mars 2017.

Audience publique du 7 mars 2017

RP N° 0164/2017
RMP N° 807/KN6/2017
En chambre foraine à laquelle siègent :

1. Lt Col. Mag. Ntshaykolo Esosa Masele Jean Paulin, 1er Président ;
2. Maj. Mag. Kabondo Pibwe Serge, Conseiller ;
3. Col. Ndiba Bulangiti, Juge Assesseur ;
4. Lt Col. Tuve Simisi Serge, Assesseur ;
5. Lt Col. Mpoy Teddy Léonard, Assesseur ;
6. Gén. Maj. Mokunto Kiyana Tim, 1er AGF, Ministère Public ;
7. Maj. Madoli Nzoki Guy Martin, Greffier.

En cause : l'auditeur militaire supérieur Près la cour militaire opérationnelle du Nord-Kivu, Ministère Public.
Contre :

- Monsieur Saa Mbili Bamukoka ;
- Monsieur Nkayalua Bankale Etienne.

Prévenus de :

- Participation à un mouvement insurrectionnel ;
- Crime contre l'humanité par déportation ou enlèvement.

La cause est appelée à 15 heures 28 minutes.
A l'appel de la cause, les prévenus cités ci-haut comparaissent en personne et assistés par leurs conseils : Me John Muhindo Muyisa et Me Constant Kalumende pour Saa Mbili Bamukoka. Me Nathan Tagirabo et le Défenseur militaire Kiwunga Makila pour Nkayalua Bankale Etienne ; Me Kaniki et Me Jonathan Piema pour les Parties civiles.
La Défense n'a pas obtenu l'Ordonnance, elle soutient que les éléments qu'elle a fournis suffisent pour la Cour.

Ministère Public : Il n'y a pas de dire à la Cour que nous sommes trompés. La médaille que nous portons c'est la médaille de mérite civique. Nous sommes entrés dans le Journal Officiel. Cette Ordonnance existe. MP donne lecture de cette Ordonnance. Cette Ordonnance n'existe pas. L'octroi de mérite civique n'entre pas dans le cadre de l'Ordre National des Héros Nationaux Kabila-Lumumba.
Défense : Nous n'allons pas revenir sur l'Ordonnance aussi longtemps qu'on dit qu'elle existe.
Premier Président : L'Ordonnance n'est pas signée, on ne peut pas dire qu'elle existe.
Défense : Depuis que notre client a commencé à comparaitre, il n'est jamais rentré chez lui, il est à Beni. Il a bénéficié de la médaille de mérite civique ; il ne peut pas agir ainsi.
La Cour a pris la mémoire en délibéré pour un écrit avant dire droit à la huitaine.
Remise contradictoire mardi, le 14 mars 2017.

Audience publique du 14 mars 2017

RP N° 0164/2017
RMP N° 807/KN6/2017
En chambre foraine à laquelle siègent :

1. Lt Col. Mag. Ntshaykolo Esosa Masele Jean Paulin, 1er Président ;
2. Col. Omeonga Taunya José, Juge Assesseur ;
3. Col. Ndiba Bulangiti, Assesseur ;
4. Col. Busoki Wa Karaku, Juge Assesseur ;
5. Com. Sup. Ppl Ngumbi Kulinga, Juge Assesseur ;
6. Gén. Maj. Mokunto Kiyana Tim, 1er AGF, Ministère Public ;
7. Maj. Madoli Nzoki Guy Martin, Greffier.

En cause : l'auditeur militaire supérieur Près la cour militaire opérationnelle du Nord-Kivu, Ministère Public.
Contre :

- Monsieur Saa Mbili Bamukoka ;
- Monsieur Nkayalua Bankale Etienne.

Prévenus de :

- Participation à un mouvement insurrectionnel ;
- Crime contre l'humanité par déportation ou enlèvement.

La cause est appelée à 14 heures 10 minutes.
A l'appel de la cause, les prévenus cités ci-haut comparaissent en personne et assistés par leurs conseils : Me John Muhindo Muyisa et Me Constant Kalumende pour Saa Mbili Bamukoka. Me Joël Shanyungu et le Défenseur militaire Kiwunga Makila pour Nkayalua Bankale Etienne ; les Parties civiles représentées par Me Kaniki et Me Jonathan Piema et Me Matokeo, tous avocats.

La Défense présente l'Ordonnance N° 66-330 du 24 mai 1966 qui détermine les conditions de l'octroi de l'Ordre National du Léopard. Elle sollicite une contre-remise pour mieux exploiter les moyens.
Ministère Public : Sans objet, il faut la rejeter. L'Ordre National de Léopard est abrogé.
Remise contradictoire lundi, le 20 mars 2017.

Audience publique du 24 février 2017

RP N° 0155/2017
RMP N° 0738/KN6/2017
En chambre foraine à laquelle siègent :

1. Col. Mag. Ntshaykolo Esosa Masele Jean Paulin, 1er Président ;
2. Maj. Mag. Kabondo Pibwe Serge, Conseiller ;
3. Lt Col. Ndiba Bulangiti, Juge Assesseur ;
4. Lt Col. Simisi Tuve Serge, Juge Assesseur ;
5. Lt Col. Mpoy Teddy Léonard, Juge Assesseur ;
6. Gén. Maj. Mokunto Kiyana Tim 1er AGF, Ministère Public ;
7. Mag. Bonyoma Kaisala Rigobert, Greffier.

En cause : l'auditeur militaire supérieur Près la cour militaire opérationnelle du Nord-Kivu, Ministère Public.
Contre : Monsieur Mwami Bulemo Ando Kanzire Pierre, alias Rajabu, et Consorts.
Prévenus de :

- Participation à un mouvement insurrectionnel ;
- Association des malfaiteurs ;
- Crime contre l'humanité pat meurtre ;
- Terrorisme.

A l'appel de la cause, les prévenus cités ci-haut comparaissent en personne et assistés par leurs conseils : Me John Muhindo Muyisa pour le compte de Boroso ; Me Joël SHANYUNGU, conjointement avec le défenseur militaire agrée ; tandis que les parties civiles sont représentées par leurs Conseils : Me Kaniki, Me Jonathan et Me Paluku.
Le Défenseur Makila de la défense voulait une précision concernant les parties civiles. Maitre John Muyisa répond qu'il y a une liste des victimes dans le dossier. Et la Défense des parties civiles sollicite une remise pour la comparution des victimes et la comparution de l'Etat congolais.
Le Premier Président fait appel au prévenu qui comparait en swahili, langue de son choix.
Q. Etes-vous le chef de Baungatshu Luna ?
R. Oui.
Pour le prévenu Baungatshu : Moi j'étais chef du village de Baungatshu Luna. Avant de parler, j'ai fait en prison huit cent cinq jours. Avant de comparaitre, je demande au :

1. Ministre de l'Intérieur ;
2. Ministre de la Défense nationale ;
3. Ministre des affaires sécuritaires et coutumières ;
4. Président de l'Assemblée Nationale ;
5. Représentant de la Monusco ;
6. Députés élus de la ville de Beni ;
7. Gouverneur du Nord-Kivu ;
8. Administrateur du Territoire du Secteur Beni-Mbau, tous.

Q. Savez-vous pourquoi vous êtes devant la Cour ?
R. Non.
Q. Avez-vous signé ce document de la décision de renvoi ?
R. Oui, à Ndolo ; mais je ne connais pas lire.
Q. Comment, vous qui ne savez pas lire, avez-vous consulté votre avocat Conseil ?
R. Nous n'avons jamais eu même le temps de causer avec notre avocat Conseil.
Après lecture de la citation à prévenu faite par le Greffier, la loi recommande que le prévenu qui est cité puisse être notifié par le Greffier. Avant l'audience, avertissons que la liste des témoins, pour dire que la requête du prévenu n'a aucun apport, car il fallait faire cela avant. Le Premier Président renvoie la Défense voir l'article 249 de la loi organique.
Donc la requête de monsieur Boroso Undelema est irrecevable. La loi vous reconnait le droit de répondre tout comme vous pouvez aussi refuser.
Concernant la liste des témoins que vous avez cités, la Cour appréciera pendant l'instruction de ce dossier.
Q. Acceptez-vous de comparaitre ?
R. Oui. La poule ne discute pas avec le couteau.
Avocat Défense du prévenu Boroso, Me John Muhindo Muyisa s'excuse du comportement qu'affiche leur client par le fait qu'il parle comme s'il est dans son barza ; mais il est malade.
Ministère Public : Si monsieur Boroso se compare à une poule et que nous sommes des couteaux, il subira la loi du couteau.
Q. Connaissez-vous monsieur Mutembesi ?
R. Oui.
Q. Quel lien vous unit ?
R. Il est mon petit frère direct.
Q. Est-ce que vous connaissez monsieur Kakule Baraka ?
R. Non.
Q. Kakule, connaissez-vous monsieur Boroso ?
R. Oui, comme mon chef du village.
Q. En dehors de sa fonction, qu'est-ce que vous faites avec lui ?
R. Rien. Je n'ai aucune autre relation avec lui.
Q. Lui dit qu'il ne vous connait pas.

R. Il me connait comme son administré.
Q. Chef Boroso, que dites-vous par rapport à ces déclarations ?
R. Je le connais comme étant joueur.
Q. Baraka, est-ce que vous connaissez ce monsieur ?
R. Il est le petit frère de Boroso.
Q. Chef Boroso, avez-vous déjà une fois fait arrêter votre petit frère ?
R. Moi et ma famille, nous avons toujours les conflits de pouvoir.
Après lecture du PV d'audience
Q. Est-ce que le prévenu Boroso vous avait déjà sollicité pour que vous partiez chez les ADF ?
R. Oui. C'était un jour quand nous étions dans nos entrainements. Nous faisions la course comme étant des joueurs. Le chef nous a appelés pour nous dire que là où vous allez tous, ce que vous allez voir dans votre parcours, il faut garder le secret et il ne faut jamais dire à personne. Après, il nous a remis 40$. Comme nous étions deux personnes, nous avons reçu 20$ chacun, tout en nous posant des questions pourquoi le chef nous remet cet argent. D'un coup, nous avons vu les militaires.
Q. Quel était le nombre de ces militaires ?
R. Ils étaient au nombre de douze.
Q. Ils portaient quelle tenue ?
R. Tenue verte et, en haut, training.
Q. Ils avaient des armes ?
R. Oui, certains.
Q. Dans votre village, y avait-il une position militaire ?
R. Non.
Q. Selon vous, ces gens-là vous les considériez comme qui ?
R. Ils étaient des militaires.
Q. Accepteriez-vous que vous étiez collaborateur des ADF ?
R. Non.
Q. Pourquoi vous avez accepté devant l'OPJ ?
R. Je n'avais pas dit cela.
Q. C'était à quelle époque ?
R. C'était en 2014.
Conseiller au chef Boroso
Q. Que dites-vous par rapport à ces déclarations ?
R. C'est faux.
Q. Reconnaissez-vous que lorsqu'il faisait le sport, il avait vu un militaire ?
R. Non.
Premier Président au prévenu Kakule Baraka
Q. Lorsque le chef vous a remis les 40$, vous étiez avec qui ?
R. Avec Mumbere Patrick et lorsque j'étais en prison, j'ai entendu qu'il était égorgé.
Ministère Public à Mwami Boroso
Q. Lorsque les ADF étaient arrivés dans votre village, vous aviez quel âge ?

R. J'avais presque quatorze ans.
Q. Lorsque vous étiez en train de grandir, aviez-vous entendu parler des ADF ?
R. Oui, c'était à l'époque de Mobutu.
Q. Aviez-vous une sœur qui était ADF ?
R. Non.
Q. Vous dites que, par rapport à l'année 2014, c'est faux ?
R. Oui, c'est faux.
Q. Alors en 2011 vous étiez où ?
R. J'étais à Washington.
Ministère Public au prévenu Kakule Baraka
Q. Vous dites que c'était à quelle année ?
R. C'était en 2014.
Q. Est-ce que vous avez étudié ?
R. Non, je n'ai pas été à l'école.
Q. Lorsque vous étiez devant Gaston, l'OPJ, pourquoi vous avez accepté que vous avez étudié ?
R. Je n'ai pas dit cela.
Le Ministère Public passe à la lecture de son PV d'audition devant l'OPJ Gaston.
Q. Vous connaissez l'endroit qu'on appelle Bonake ?
R. Oui. C'est là où se trouvait mon champ.
Q. Aviez-vous discuté du problème des invitations ?
R. Non.
Q. Vous connaissez Madame Angabuo ?
R. Non.
Q. Connaissez-vous une personne qu'on appelle Okabu ?
R. Non.
Q. Où est le colis que vous êtes allé déposer chez les ADF ?
R. Je n'ai jamais travaillé avec les ADF.
Ministère Public au chef Boroso
Q. Pouvez-vous nous dire que vous n'avez jamais travaillé avec les ADF ?
R. Non. Comment puis-je travailler avec les gens qui ont tué ma tante ? Moi je ne travaille qu'avec le Gouvernement.

Ministère Public à Mwami Bulembo
Q. Est-ce que vous connaissez Mwami Boroso ?
R. Non, je ne le connais pas.
Ministère Public au chef Boroso
Q. Est-ce que vous connaissez le prévenu Mwami Bulembo ?
R. Non, je ne l'ai connu qu'à l'Auditorat.
Ministère Public à Mwami Bulembo
Q. Connaissez-vous celui qui est derrière moi ?
R. Oui, il est Magistrat.

Ministère Public à Mopepe
Q. Qu'est-ce que vous avez dit devant l'OPJ ?
R. Il avait refusé à trois reprises et c'était à la quatrième fois qu'il avait accepté concernant Mopepe.
Le Ministère public passe à la lecture du PV de l'OPJ que le prévenu rejette en bloc. Le ministère renvoie la Cour à la cote 114.
Premier Président au prévenu Kakule
Q. Vous avez une ancienne carte d'électeur ?
R. Oui.
Q. Comment avez-vous perdu l'actuelle ?
R. Lorsque j'étais arrêté.
Q. Pourquoi avez-vous déclaré que c'est le chef Boroso qui vous a ravi la carte d'électeur ?
R. Je n'ai pas dit cela.
Q. Comment avez-vous constaté que ces militaires étaient des ADF ?
R. C'est lorsque le chef nous faisait une instruction formelle de garder le secret.
Q. Vous étiez motard ?
R. Oui.
Q. En aucun jour n'avez-vous transporté les ADF ?
R. Non.
Monsieur le Premier Président passe à la lecture du PV.
Q. Vous confirmez ces déclarations ?
R. Certaines oui, d'autres non. C'est lorsque son frère cadet m'avait dit que même si le chef ordonne de transporter les clients, il faut refuser.
Q. Les questions qu'on vous posait, c'était en quelle langue ?
R. C'était en kiswahili, mais il écrivait ce que je n'avais pas dit.
Q. Pourquoi vous avez signé à côté de vos déclarations ?
R. C'était sous pression ; il me faisait seulement signer sans que je n'y comprenne rien.
Q. Pourquoi vous avez signé ce que vous ne comprenez pas ?
R. Il me faisait signer seulement.
Q. Même lorsque vous étiez à l'auditorat, vous étiez torturé ?
R. Non. A l'auditorat, j'étais à l'aise.
Q. Est-ce que le chef Boroso ne vous a jamais demandé votre parcelle ?
R. Oui, il avait demandé ma parcelle et je n'avais accepté que par peur.
Après lecture de ses déclarations.
Q. Est-ce que ces déclarations sont fausses ?
R. Elles sont vraies.
Q. Pourquoi acceptez-vous ces déclarations que le Magistrat a écrit ici ?
R. Certaines, c'était pendant la journée et d'autres, pendant la nuit.
Q. Pouvez-vous confirmer ici que le Chef Boroso vous a forcé de lui donner la parcelle familiale ?
R. Oui.

Premier Président au Chef Boroso
Q. Que dites-vous concernant la parcelle familiale que vous lui avez exigée de vous donner ?
R. C'est faux.
Premier Président au prévenu Kakule Baraka
Q. Est-ce qu'il y avait des témoins qui étaient présents ?
R. Kambale Satshungu, Musubao Tsongo et Katembo Tsongo.
Q. Est-ce que Musubao Tsongo est celui qui est dans la salle ?
R. Non.
Q. Est-ce qu'ils sont tous trouvables ?
R. Je ne sais pas.
Me John Muhindo Muyisa à Kakule Baraka
Q. Qui est Masika Mado ?
R. C'est ma grand-mère.
Q. Quels liens a-t-elle avec les témoins que vous avez cités ?
R. Il n'y a aucun lien, mais ils étaient tous présents.
Q. Quelle est la distance qui sépare la maison de la paillotte ?
R. C'est trois à quatre mètres.
Q. Les douze ADF que vous avez vus étaient sortis de la maison ?
R. Oui, ils sont sortis de la maison pour aller vers la route.
Q. Pourquoi vous avez dit que c'était à la paillotte ?
R. Non, c'est Mwami qui était à la paillotte.
Q. C'était à quelle heure ?
R. C'était à 6 heures du matin.
Q. Le Chef Boroso vous a remarqué sans problème ?
R. Oui.
Q. Alors, quel était le rôle de la torche à laquelle vous avez fait allusion ?
R. C'est lorsque nous voulions fuir. C'est en tournant le dos qu'il nous a braqué la torche en nous disant de nous arrêter.
Q. Que dites-vous du fait que ce sont les ADF qui vous ont braqué la torche ?
R. Non, ce n'est pas vrai.
Q. A cette époque, quel âge aviez-vous ?
R. J'avais vingt-huit ans.
Q. Est-ce qu'à vingt-huit ans vous pouvez être en 2ème secondaire ?
R. C'est faux, car je n'avais pas fait le secondaire.
Q. Que dites-vous de vos déclarations de transporter les biens des ADF lorsque vous étiez à l'ANR ?
R. Je n'ai jamais transporté les biens des ADF.
Q. Vous pouvez confirmer à la Cour par rapport aux trois années ?
R. C'était en 2014.
Q. Comment peut-il dire qu'il avait confirmé en étant collaborateur des ADF en 2006 ?
R. Peut-être qu'il avait mal compris. Or, lorsque nous étions à l'ANR, il y avait un autre Kakule qui était mort.

Q. Reconnaissez-vous avoir remis chaque année une chèvre au chef ?
R. Oui, je le confirme.
Q. Est-ce que vous confirmez qu'en 2006, le chef Boroso vous a mis en contact avec les ADF ?
R. Non, je ne peux pas mentir et dire des choses que je n'avais pas déclarées.
Q. A tous les prévenus : est-ce que vous connaissez Kakule Baraka ?
Les autres répondent non, sauf le prévenu Bitwimi qui reconnait Kakule Baraka, arrêté avant lui.

Défenseur à Kakule Baraka
Q. Depuis quand avez-vous vu ces gens ?
R. Deux mois et demi.
Q. Vous étiez arrêté depuis quand ?
R. Depuis 2014.
Q. Entre le prévenu Boroso et Kakule ?
R. C'est moi Boroso.
Q. Selon lui qui était chef, pourquoi Baraka était arrêté ?
R. Je ne savais pas.
Q. Pourquoi en tant que Chef de village, n'avait-il pas fait un suivi après l'arrestation de l'un de ses administrés ?
R. Je ne pouvais pas le faire, car le chef T2 était présent.
Q. Comment lui, étant chef, il était arrêté ?
R. C'est par jalousie : comment moi, étant un petit chef, je peux aller aux Etats-Unis ! Il voulait savoir d'où j'ai tiré les fonds.
Q. Est-ce que ce n'était pas quelqu'un d'autre qui vous a cité ?
R. Non.
Q. Que dites-vous par rapport aux déclarations selon lesquelles c'est vous qui avez recruté Kakule Baraka ?
R. Non, c'est faux et archifaux.
Q. Baraka, est-ce que vous étiez confronté avec Boroso ?
R. Oui, et nous étions au nombre de quatre.
Q. Vous vous souvenez qu'il vous a recruté ?
R. Oui, c'est lorsque j'étais motard et il y avait un commandant de la police répondant au nom de Moterne qui avait arrêté une moto en prétextant qu'elle appartient aux ADF. C'est pourquoi nous étions arrêtés.
Q. Le commandant Moterne est de la police roulage ?
R. Oui.
Premier Président au prévenu Boroso
Q. Qu'est-ce que vous dites concernant le problème de cette moto ?
R. C'était en 2009, j'étais dans mon bureau. Un moment donné on m'avait appelé, juste après, je suis descendu. Arrivé là-bas, j'avais retrouvé le commandant Moterne et comme il y avait le comité de sécurité et qu'il y avait un taximan qui disait que la moto appartient aux ADF et que si nous ne la libérons pas, ils vont bombarder le village. Alors, le comité de sécurité avait

ordonné au commandant Moterne de payer 600$. Après que ce dernier ait amené les 600$, l'autre est parti avec.
Q. Pourquoi n'avait-il pas dénoncé depuis ce temps-là ?
R. Comment, alors qu'il y avait le Gouvernement et l'Etat ?
Q. Comment étiez-vous arrêté ?
R. Lorsque nous étions à l'auditorat devant l'OPJ Gaston, après avoir peiné à l'ANR, nous sommes partis au T2 chez le Colonel Tumba. Après, il avait même chassé l'avocat en lui disant que ce problème ne le concerne pas.
Q. Quelle était son activité principale avant d'être arrêté ?
R. Je vous ai dit que je suis motard.
Le Ministère Public voulait apporter une précision concernant l'arrestation du chef Boroso et Kakule Baraka.
Lorsque nous étions en opération, nous travaillions avec les autres, qui étaient en collaboration avec les ADF comme le Colonel Birotsho, le Colonel Shabani Kamulete Jockers et le chef Boroso. Après avoir mené nos enquêtes et considérant le fait que le chef Boroso qui venait chaque fois au bureau de l'ANR et qu'il rentrait, c'est alors que nous avons constaté que ce dernier est très dangereux et qu'il travaillait pour les ADF. C'est pour cela que nous avons demandé le PV pour le transférer à l'auditorat. En chutant, le ministère voulait préciser à l'égard de tous que dans ce dossier, il n'y a pas de parties civiles.
Avocat de la Partie civile
Selon l'avocat défense, après la lecture de la décision de renvoi, l'avocat de la partie civile précise qu'il y a la liste des victimes en annexe.
Ministère Public : Concernant ce dossier, aucun d'entre les prévenus n'est lié aux massacres de Kididiwe, à part les prévenus Mawami Bulembo et Ando Kanzire.
Le Ministère sollicite à la Cour que le dossier de Henri Salimbongo soit lié à celui de Bulembo et que le dossier de Mwami Bulembo soit lié à celui de Bamukoka.
Après la précision faite par le Ministère public, les avocats défense de la partie civile se retirent de ce dossier. Après, ils sont encore revenus en précisant qu'ils ont consigné les frais au greffe, donc ils insistent d'être partie civile. Après, la Cour a suspendu l'audience.
La Cour reçoit la requête du Ministère public et délibère que c'est fondé. Il décide ainsi de disjoindre les dossiers.
Ministère Public à Boroso
Q. Qui avait dit que ça soit Boroso qui devait aller avec la moto ?
R. C'est le chef de poste d'Eringeti.
Q. Quelle est le nom du jeune que vous avez cité ?
R. C'est Maeshe.
Q. Qu'est-ce qu'il vous a dit au juste ?
R. Il avait dit que les ADF attendent cette moto ; si nous ne la libérons pas, Eringeti sera bombardé.

Q. Pourquoi vous êtes partis vers la brousse et vous n'êtes pas arrivés jusqu'au but ?
R. Tout le monde a peur de mourir.
Q. Vous pouvez confirmer que vous êtes chef et que vous n'étiez pas en contact avec les ADF ?
R. Non.
Q. Saviez-vous que les ADF sont entrés au Congo par le Canal du Gouvernement ?
R. Les ADF ne tuaient pas. Ils venaient ici à Beni et entraient au marché et dans les bars, je ne pouvais pas les reconnaitre.
Q. Comment pouvez-vous dire que les ADF vivaient en brousse sans pouvoir s'approvisionner ?
R. J'ai bien dit qu'ils venaient même au marché.
Ministère Public au chef Okabo
Q. Connaissez-vous le chef Boroso ?
R. Oui. Je l'ai connu comme mon voisin et il est mon adversaire. Si aujourd'hui je suis en détention, c'est à cause de lui depuis 2012, 2013 et 2014.
Ministère Public au chef Boroso
Q. Qu'est-ce vous dites par rapport à ces déclarations ?
R. C'est vrai.
Q. Que dites-vous par rapport à vos arrestations ?
R. C'est le chef Boroso qui me combattait à cause du pouvoir en disant que moi je ne suis pas ayant droit.
Q. Comment pouvez-vous justifier vos arrestations pendant ce temps ?
R. Premièrement, c'était en 2012, la deuxième fois en 2013 et la troisième fois en 2014. Il y avait quelqu'un qu'on cherchait, qui s'appelle Katanabo et qui circulait dans une zone rouge. Après avoir reçu cette information, je suis allé vérifier et c'est par la suite que nous avons arrêté Katanabo. Après son arrestation, il y avait massacre à Mukoko. Nous sommes allés directement chez le commandant FARDC qui voulait prendre cette information à la légère. C'était le Major Byamungu. Lorsque je lui ai dit que s'il ne veut pas intervenir, je vais porter plainte contre lui, c'est alors que nous sommes allés à la poursuite.
Q. Vous connaissez Winie, le commandant des ADF ?
R. Oui, je le connais.
Q. Il y avait quelques personnes qui étaient en contact avec Winie lorsqu'il était commandant ADF ?
Non.
Q. Reconnaissez-vous que vous avez cité Boroso ?
R. Oui, je l'ai cité parce que son frère Yenga était en brousse.
Ministère Public au chef Boroso
Q. Où se trouve Yenga pour le moment ?
R. Il est en brousse. Il était enlevé par les ADF.
Comparait le commandant Materne comme renseignant

Nom : Muturani Moterne Modeste ; né à Bukavu vers 1951 ; Profession : Policier ; Grade : Commandant Adjoint ; Fonction : Chef à la protection de l'enfant.
Q. Il y a un moment que vous étiez commandant Police ?
R. Oui.
Q. Reconnaissez-vous avoir arrêté une moto à Eringeti ?
R. Moi, j'avais acheté ma moto auprès d'un jeune qui s'appelait Sungura et cette moto faisait le taxi.
Q. C'était en quelle année.
R. En 2003.
Q. Lorsque le chef Boroso est venu vous informer, il était seul ou accompagné ?
R. Il était seul.
Q. Lorsqu'il est venu dire qu'il faut rembourser l'argent, il est passé chez qui ?
R. Chez le chef de poste.
Q. Qui réclamait cet argent et c'était pour qui ?
R. Il disait que c'était pour les ADF et qu'ils ne vont plus prendre la moto, ils exigeaient l'argent.
Ministère Public au chef Boroso
Q. Que dites-vous par rapport à ces déclarations ?
R. C'est faux et archifaux.
Ministère Public au commandant Moterne
Q. Est-ce que c'est le jour où vous avez acheté cette moto que vous êtes parti ?
R. Oui, c'était le même jour.
Ministère Public au chef Boroso
Q. Qu'est-ce que vous avez à contredire ?
R. Je ne reconnais rien.
Ministère Public au commandant Moterne
Q. Qu'est-ce que vous avez à contredire ?
R. Le chef Boroso veut toujours se soustraire.
Ministère Public à Okabo
Q. Pourquoi vous avez cité monsieur Boroso devant nous ?
R. Je l'avais cité, car c'est lui qui me fait souffrir ; c'est à cause de lui que je suis en détention.
Q. Est-ce que vous vous rappelez avoir dit que vous avez vu le training et les godillots dans sa maison ?
R. Oui. Lorsque le chef de T2 avait effectué la descente chez lui, on avait retrouvé des trainings et des godillots.
Ministère Public au chef Boroso
Q. Que dites-vous au sujet des trainings et des godillots ?
R. Lorsqu'on était arrivé chez moi, on n'a retrouvé que la bottine de la police.
Q. Où est-ce que vous avez trouvé cette bottine ?
R. J'avais des brigadiers qui montaient la garde chez moi.
Ministère Public à Okabo

Q. Connaissez-vous Yenga ?
R. Oui.
Ministère Public au chef Boroso
Q. Connaissez-vous monsieur Assani Kolosomo ?
R. Oui, il est le frère de Yenga.
Q. Est-ce que le commandant Moterne est venu avec la moto et l'argent ?
R. J'ai vu seulement l'argent sur la table.
Ministère Public au commandant Moterne
Q. Est-ce que vous étiez au courant que le chef Boroso collaborait avec les ADF ?
R. En tout cas, je n'étais pas au courant ; seulement on l'avait arrêté.
Q. Est-ce que Yenga rentrait souvent au village ?
R. Oui.
Premier Président au commandant Moterne
Q. C'était vers quelle heure que les ADF vous ont demandé de remettre la moto et l'argent ?
R. C'était vers 11 heures.
Avocat défense au commandant Moterne
Q. Etiez-vous au courant qu'à cette époque il y avait des motos des ADF qui circulaient ?
R. Non.
Q. Quand avez-vous acheté cette moto ?
R. En 2002.
Q. Confirmez-vous que les ADF n'étaient pas agressifs ?
R. Non.
Q. Pourquoi lui, qui était de la police, il n'avait pas pris la précaution de mobiliser les policiers pour aller traquer les ADF ?
R/ Je vous ai bien dit que les ADF venaient même au marché ; ils avaient des femmes[25] même à Eringeti.
Q. Y avait-il attaque à cette époque ?
R. Non.
Q. Pouvez-vous confirmer que Yenga venait souvent à Eringeti ?
R. Oui.
Q. Est-ce que vous avez déjà vu Yenga ?
R. Oui, je le connais.
Q. Lorsque Yenga revenait d'Eringeti, les ADF étaient-ils agressifs ?
R. Non.

[25] Nos études ont prouvé que certaines femmes libres de la région cotiennent à la fois les FARDC et les ADF. Lire le phénomène de la « femme d'opération », Jaribu Muliwavyo, *Gouvernance sécuritaire antagonique et violence des forces démocratiques alliées dans la région de Ruwenzori. Enjeux et stratégies des acteurs,* Thèse de doctorat en Sciences Politiques et Administratives, Université de Kisangani, 2021, pp. 264-272.

Ministère Public au chef Boroso
Q. Etiez-vous au courant que les ADF ravissaient les tronçonneuses de la population ?
R. Oui, même la mienne ; celle que j'avais payée chez le responsable Mayesi.
Le prévenu Boroso voulait tout simplement dire que Yenga n'était jamais retourné.
Ministère Public au commandant Moterne
Q. Depuis quand étiez-vous affecté à Eringeti ?
R. Depuis 2006.
Ministère Public au chef Boroso
Q. Vous nous avez dit que Mayesi était motard, maintenant pourquoi aujourd'hui vous le citez comme responsanble de la machine ?
R. Avant il était motard et après, responsable de la machine.
Q. Chez qui reconnaissez-vous avoir payé le jeton ?
R. Chez les Nalu.
Q. Saviez-vous qu'avant d'aller couper les bois, il fallait payer le jeton ?
R. Oui.
La cause est renvoyée au jeudi 2 mars 2017 avec comme devoir Commandant Papy, Chef de poste d'Encadrement Administratif et Commandant Winie.

Audience publique du 2 mars 2017

RP N° 0155/2017
RMP N° 0738/KN6/2017
En chambre foraine à laquelle siègent :

1. Col. Mag. Ntshaykolo Esosa Masele Jean Paulin, 1er Président ;
2. Maj. Mag. Kabondo Pibwe Serge, Conseiller ;
3. Lt Col. Ndiba Bulangiti, Juge Assesseur ;
4. Lt Col. Simisi Tuve Serge, Juge Assesseur ;
5. Lt Col. Mpoy Teddy Léonard, Juge Assesseur ;
6. Gén. Maj. Mokunto Kiyana Tim 1er AGF, Ministère Public ;
7. Mag. Bonyoma Kaisala Rigobert, Greffier.

En cause : l'auditeur militaire supérieur Près la cour militaire opérationnelle du Nord-Kivu, Ministère Public.
Contre : Monsieur Mwami Boroso-Bin-Bendera II Undelema et Consorts.
Prévenus de :

- Participation à un mouvement insurrectionnel ;
- Association des malfaiteurs.

A l'appel de la cause, les prévenus cités ci-haut comparaissent en personne et assistés par leurs conseils : Me John Muhindo Muyisa assiste le prévenu Boroso, conjointement avec Me Nathan Tagirabo.
Les collectifs des avocats assistent le reste des prévenus : Me David Wambale, avocat près la Cour de Kisangani ; Pépin Kahindi Kalwayi pour le compte de reste de tous les prévenus.

Conseiller à Boroso
Q. Quel autre lien avez-vous avec lui ?
R. Aucun autre lien.
Q. Où est-ce que vous avez déposé la moto ?
R. Je n'avais pas vu la moto.
Q. Que dites-vous par rapport aux dires que c'est vous qui avez dit que les ADF ont demandé qu'on leur amène la moto ?
R. Je ne connais rien.
Avocat Défense du prévenu à monsieur Boroso
Q. Qui avait dit que les ADF réclament la moto ?
R. C'est Maïs SaaMbili.
Q. Lorsque l'argent était remis, est-ce que Maïs était présent ?
R. Oui, il était présent.
Q. A l'audience passée, vous avez nié de la présence des ADF à Eringeti ?
R. Oui.
Premier Président au prévenu Boroso
Q. Que dites-vous par rapport à vos propos qui concernaient la question selon laquelle vous n'aviez jamais entendu parler des ADF, même à la radio ?
R. J'avais entendu et j'avais vu.
Q. Comment vous n'avez pas dénoncé ?
R. Ce jour-là, j'étais traumatisé.
Q. Pourquoi sur le champ vous avez nié que vous n'avez jamais vu les ADF ?
R. Moi, je ne connais pas le français.
Q. Comment, si ce n'est que pour accuser la Cour ? Car voter avocat parle français et l'interprète pour vous en kiswahili ?
R. Le prévenu ne répond pas.
Q. Est-ce que vous ne connaissez rien de la présence des ADF dans le parc à Eringeti ?
R. C'était à l'époque de l'APC, les ADF venaient à Eringeti et ils causaient même avec les militaires de Jean Pierre Bemba. Ce n'est que par après qu'ils les ont combattus (les militaires de Jean Pierre Bemba).
Q. Comment s'appelle votre tante ?
R. Angaubo Mutembe.
Q. Qui est-elle par rapport à vous ?
R. C'est ma tante propre.
Q. Où se trouve-t-elle pour le moment ?
R. Elle est de la brousse d'Angabo.
Q. Que dites-vous par rapport aux déclarations de Tsogno selon lesquelles vous êtes toujours en contact ?
R. C'est faux.
Q. Qui est Yenga ?
R. C'est mon cousin.
Q. Quels sont les rapports qui vous unissent pour le moment ?
R. Depuis qu'on l'avait capturé jusqu'à maintenant, je ne l'ai plus vu.

Q. Vous dites que vous ne connaissez rien de votre arrestation et que vous ne savez pas pourquoi vous êtes poursuivi ?
R. Je ne connais rien.
Q. N'êtes-vous pas poursuivi pour avoir été en connivence avec le dossier de la moto ?
R. Non.
Q. Alors, au sujet de la collecte des vivres ?
R. Je ne connais que le problème de ma tronçonneuse.
Q. Est-ce vous-même qui payiez la redevance chez les ADF ?
R. En ce qui me concerne, oui ; et je n'avais payé qu'une fois et j'avais abandonné le boulot.
Juge Assesseur au prévenu Boroso
Q. Que dites-vous des déclarations de Kakule qui avait vu douze ADF sortir de chez vous et ils avaient des armes ?
R. Non, c'est faux.
Défense Me John à Boroso
Q. Lorsqu'on vous a ravi votre tronçonneuse, pourquoi n'êtes-vous pas allé informer les militaires pour la poursuite ?
R. Les militaires étaient là, mais ils n'étaient pas informés.
Q. Quel est le nom du commandant ?
R. Il s'appelle Major Kalemire.
Q. C'était en quelle année ?
R. Entre 2007 et 2008 et jusqu'à présent ils continuent à scier les bois.
Q. Vous dites que même les militaires payaient aussi la redevance ? Qui par exemple ?
R. Oui, Major Kalemire.
Conseiller au prévenu Boroso
Q. Connaissez-vous un certain Kamondo ?
R. Oui, celui qui était mort.
Q. Que dites-vous par rapport aux déclarations de son enfant Gabriel, selon lesquelles c'est vous qui aviez envoyé les ADF à la carrière pour tuer son père ?
R. Non, c'est faux.
Q. Que dites-vous par rapport aux déclarations de Kamondo, Moterne et consorts ?
R. C'est faux.
Ministère Public
Il nous faut alors vérifier systématiquement ces faits :

- L'utilisation des transports des vivres chez les ADF ;
- L'utilisation de Maïs ;
- Le lien avec Yenga ;
- Le mariage qu'il avait organisé chez la tante ;
- Sa propre présence chez les ADF ;
- Le rôle qu'il avait joué chez les ADF sur la remise de la moto…

Q. C'est vous qui avez accusé Kakule Baraka ?
R. Non, ce n'est pas moi.
Q. Est-ce qu'en 2014, vous avez comparu devant l'OPJ Papy ?
R. Oui, il me posait des questions.
Q. Après, vous étiez aussi au T2 devant le Lt Gaston ?
R. Oui.
Q. Que dites-vous par rapport aux 500$ des exploitants forestiers ?
R. En tout cas je ne cannais pas.
Le Ministère Public passe à la lecture du PV de l'OPJ.
Ministère Public à Kakule Baraka
Q. Qui vous a arrêté ?
R. C'est le chef Boroso qui avait envoyé les militaires pour m'arrêter.
Le Ministère sollicite à la Cour que l'Inspecteur Gaston, qui est cité, soit présent.
Q. Boroso, vous connaissez Kakule Baraka ?
R. Je le connais comme étant joueur.
Q. Vous êtes au nombre de combien dans votre famille ?
R. Nous étions treize, deux sont morts.
Ministère Public à Kakule Baraka
Q. Connaissez-vous le jeune-frère de Boroso ?
R. Oui, il s'appelle Baleba.
Q. Connaissez-vous un certain Maïs ?
R. Non.
Ministère Public à Boroso
Q. Quel autre lien aviez-vous avec Maïs ?
R. Il coupait les bois et c'est lui qui était le gérant.
Ministère Public au prévenu Mabruki
Q. Dans quelle équipe jouiez-vous ?
R. Dans l'équipe de Vita-Club.
Q. Qui avait dit que Maïs est le frère du chef Boroso ?
R. C'est Théo qui l'avait dit.

Ministère Public à Boroso
Q. Connaissez-vous Théo ?
R. C'est mon petit-frère qui vient après moi.
Ministère Public au prévenu Mabruki
Q. Que connaissez-vous du mariage de sa tante Angaubo ?
R. C'est son petit-frère Théo qui m'avait informé que c'était Boroso qui a marié sa tante.
Ministère Public à Boroso
Q. Quel est le nom du mari de votre tante ?
R. Il s'appelle Mato.
Ministère Public à Mopepe

Q. Connaissez-vous bien chez Boroso ?
R. Je le connais comme étant chef.
Q. Par rapport au problème de sa connivence avec les ADF ?
R. Non, je ne connais rien.
Ministère Public à Boroso
Q. Vous n'avez jamais été en brousse chez les ADF ?
R. Non. En aucun jour.
Q. Depuis que Yenga était parti en brousse, il n'est jamais revenu ?
R. Depuis qu'il est parti, je ne l'ai jamais vu.
Identification du renseignant
Nom : Bwanandeke safari Kitobi Ismaeli, Né à Beni, le 2 décembre 1968, Etudes faites : 3 ans PP Math Physique, Profession : Chef d'atelier.
Ministère Public à Winie
Q. Qu'est-ce que vous connaissez du chef Boroso ?
R. Je l'ai mieux connu en prison à Kinshasa.
Q. Vous n'êtes jamais arrivé à Oïcha ?
R. Oui, j'étais à Oïcha après ma démobilisation à Goma.
Q. Avant cela, vous n'avez jamais connu Boroso ?
R. Je l'ai connu comme étant en connivence avec les ADF. A part cela, je ne connais rien, car j'aime dire la vérité.
Premier Président à Bwanandeke
Q. Est-ce que vous aviez le contrôle de tous les camps des ADF ?
R. A cette époque, je savais presque tous ceux qui étaient là.
Q. Quel grade aviez-vous chez les ADF ?
R. J'étais officier de renseignement.
Ministère Public à Winie
Q. Vous vous êtes rendu en quelle année ?
R. En 2010.
Ministère Public à Kakule Baraka
Q. Quand est-ce que vous avez vu les militaires chez Boroso ?
R. En 2006, mais concernant la moto, en 2010.
Ministère Public à Winie
Q. Etiez-vous au courant du problème de la moto ?
R. Non.
Q. Nous vous avions posé la question de savoir si Boroso était en connivence avec les ADF ?
R. Oui.
Q. N'avez-vous jamais transporté deux ADF à moto ?
R. Le prévenu ne reconnait pas.
Q. Vous n'avez jamais cité quelques noms dans notre office ?
R. Le Président des exploitants Sete-Petit.
Ministère Public à Boroso
Q. Qu'est-ce qui prouve que Kakule collabore avec les ADF ?
R. Je n'ai pas dit cela.

Premier Président à Boroso
Q. Qui vous a dit que Kakule Baraka collabore avec les ADF ?
R. J'avais refusé cette question.
Ministère Public au chef Boroso
Renvoie la Défense à la cote 139 (confrontation).
Q. Qui est Théo Mutembezi Déogracias ?
R. C'est mon petit-frère propre.
Q. Est-ce que vous avez écouté les réponses de votre petit frère ?
R. Oui.
Q. Connaissez-vous Amulani ?
R. Le prévenu ne reconnait rien.
Premier Président à Boroso
Q. Est-ce qu'il y avait quelques pressions lors de votre comparution ?
R. Le Colonel Ntumba ne voulait même pas que je parle.
Le prévenu précise qu'à l'auditorat, les magistrats ne leur permettaient pas de s'exprimer librement, mais ici devant la Cour, on leur pose des questions.
Q. Vous étiez membre du comité de sécurité, aviez-vous dit cela dans une des réunions pour dénoncer ?
R/ Oui, je disais à la réunion.
Premier Président à Boroso
Q. Vous confirmez que le Général, qui est MP, ne vous a pas entendu sur PV ?
R. Non.
Le Premier Président voulait tout simplement éclairer le prévenu que les Ministères publics sont un.
Ministère Public à Kakule et Mabruki Okabo
Q. Est-ce qu'on vous a fouetté lorsque vous étiez à l'auditorat ?
R. Non.
Le Premier Président à Mabruki Okabo
Q. Quelle était votre activité avec les ADF ?
R. Ce que j'avais dit avant, Boroso c'est mon adversaire.
Q. Vous êtes chef de quel village ?
R. Village Babohio. Si je suis en prison depuis 2012, comme j'avais un frère qui était chez les ADF, et moi aussi je suis accusé de collaborer avec les ADF !
Premier Président à Boroso
Q. Est-ce que vous confirmez que c'est vous qui avez fait en sorte que Okabo Mabruki soit arrêté ?
R. J'étais informé par quelqu'un. Celui qui m'avait parlé du chef Okabo c'est son grand-frère en disant que, si je meurs aujourd'hui, c'est à cause de mon petit-frère Okabo.
Q. Comment s'appelle-t-il ?
R. Burungu Kalume III.
Q. Vous étiez déjà arrêté avant que Boroso ne vous cite au forum ?
R. Pas de réponse.
Q. Pourquoi vous avez dit que le frère d'Okabo se trouve chez les ADF ?

R. Car c'est moi qu'on pointait du doigt.
Q. Est-ce que tout le monde, qui a un frère chez les ADF, collabore avec eux ?
R. Vous ne pouvez pas le dire si vous n'avez pas de preuves.
Q. Aviez-vous des preuves pour confirmer cela au forum ?
R. Si j'avais dit cela, c'est parce que c'est moi qu'on pointait du doigt au forum, m'accusant de collaborer avec les ADF. C'est alors que j'ai dit qu'Akobo est déjà en brousse.
Q. C'était en quelle année ?
R. Nous avons appris qu'il était en brousse, puis, il était libéré.
Q. C'était avant le forum ?
R. Il était déjà libéré avant le forum.
Q. Pourquoi n'avez-vous pas vérifié avant la confirmation ?
R. C'est lui-même qui avait dit qu'il était libéré à Kisiki.
Q. C'était avant ou après le forum ?
R. Avant le forum.
Q. Vous confirmez qu'Okabo vous a raconté chez le chef de Groupement qu'il a été libéré avant le forum ?
R. Oui, c'était avant le forum.
Q. Qu'est-ce qu'il y avait de nécessaire pour dénoncer cela ?
R. Car c'est moi qu'on pointait du doigt.
Q. Qui vous a dénoncé que vous êtes ADF ?
R. C'est Mika Baswagha.
Q. Lorsqu'on vous a cité, vous vous êtes défendu ?
R. Oui, je me suis défendu.
Q. Où était monsieur Okabo ?
R. Il était en détention.
Premier Président à Okabo
Q. Où étiez-vous pendant le forum ?
R. J'étais à la réunion.
Q. D'où est-ce que vous avez appris qu'il vous a cité au forum ?
R. J'avais entendu le chef Boroso dire à un politicien qu'il faut diviser pour mieux régner. Comme le chef Boroso savait qu'il n'allait pas nous séparer avec mon grand-frère, il s'est lui-même fait camarade de mon grand-frère ; et après l'avoir tué, il commença maintenant à nous chasser en disant que nous sommes des Banande, nous pouvons regagner chez nous.
Q. Où est-ce que vous étiez arrêté ?
R. Dans mon champ à Chunga Damu, à Abialose.
Q. Vous étiez arrêté par qui ?
R. Par le commandant Feza avec douze autres personnes.
Q. De quel sexe est-il ?
R. De sexe masculin, un homme robuste.
Q. Ce commandant Feza est de quelle armée ?
R. Il est commandant des ADF.
Q. Vous étiez enlevé depuis quand ?

R. Le mercredi 12 septembre 2007.
Q. Où étiez-vous gardé dans le cachot ?
R. J'étais bandé et c'était dans la brousse.
Q. C'était dans le camp des ADF ?
R. Oui.
Q. Quelle était la durée de votre détention ?
R. Du mercredi 12 septembre au 16 septembre 2007.
Q. Pourquoi le commandant vous a enlevé ?
R. Il avait cité trois personnes.
Q. Selon Feza, pourquoi il vous a arrêté ?
R. Il avait dit qu'il y a des gens du village qui ont disparu avec ses militaires dans mon entité.
Q. Quels sont les noms que ce commandant Feza vous a cités ?
R. Musavuli Twamba, Meso Kasine et Muhindo Kasine. Lorsqu'on m'avait demandé si je connais Musavuli, je leur ai répondu qu'il est mon proche, c'est lui qui prend la commande à mon absence. Meso Kasine, capita de secteur Abialose.
Q. Qu'est-ce que Feza vous a dit suite à son questionnement ?
R. Il avait dit qu'un chef peut aller au champ. Si ce ne sont pas les FARDC qui vous ont envoyé pour l'investigation, ils m'ont dit de leur remettre les armes de leurs militaires perdus dans mon village. Arrivé le soir, j'avais déjà désespéré. A l'arrivée de leur chef, et lorsqu'il m'avait aperçu, le chef leur posa des questions de savoir s'il y a des militaires perdus. C'est après que j'étais libéré parce qu'il s'agissait des trois personnes que je vous ai citées.
Q. Est-ce qu'il vous a accompagné jusqu'au village ?
R. Ils m'ont abandonné dans une colline près de Kokola.
Q. Pendant tous ces trois jours de votre captivité, est-ce que vous étiez libre ?
R. J'étais ligoté.
Q. Confirmez-vous que vous connaissiez l'endroit ou le point des rendez-vous des ADF ?
R. Oui, depuis mon investiture en 2006, lorsque je commençais à participer à la réunion du comité de sécurité.
Q. Est-ce que c'était depuis 2006 ou 2011 ?
R. C'était en 2006.
Q. Pourquoi devant l'OPJ, vous avez dit 2018 ?
R. C'était à la deuxième réunion.
Conseiller à Okabo
Q. Vous avez cité le lieu ou le point stratégique des ADF, c'était depuis quand ?
R. Depuis 2006.
Premier Président à Okabo
Q. Devant l'OPJ, vous aviez dit que vous connaissez ce lieu de rendez-vous depuis 2013 ?

Le Ministère Public sollicite à la Cour qui a la police de débat de suspendre l'interrogatoire d'Okabo. Le MP a un témoin à comparaitre.
Ministère Public à Kakule Baraka
Q. Quel est le problème que vous avez déclaré au sujet des ADF ?
R. La Colonel nous a dit de dire la vérité, rien que la vérité.
Q. Qui est-ce qu'on vous a cité ?
R. Le chef Boroso.
La Defense du prévenu Boroso ne comprend absolument rien, car ayant lu le dossier, il n'avait pas vu de liste des témoins du Ministère Public.
La Cour renvoie la Défense à l'article 249 : le Président est investi d'un pouvoir discretionnel et la découverte de la vérité revient au Président.

Identification du renseignant
Nom : Mumbere Biondi Joseph, Né à Kitcholu vers 1969, Etudes faites : Infirmier A3, Profession : Infirmier.
Ministère Public à Mumbere
Q. Est-ce que vous connaissez monsieur Boroso ?
R. Oui.
Q. Depuis quand vous êtes chez les ADF ?
R. Non, je n'étais pas chez les ADF.
Q. Comment connaissez-vous Boroso ?
R. Je le connais comme étant bandit.
Q. Comment vous le connaissez ?
R. C'était un jour, le soir, je préparais ma nourriture chez moi. Trois hommes sont arrivés me demander si je connais un certain Docteur Bongoma. Après, ils m'ont demandé ma carte. Après leur avoir remis ma carte, ils m'ont embarqué avec mes biens et m'ont amené jusqu'à Eringeti, puis à Mavivi, les yeux bandés. Après, nous sommes encore rentrés jusqu'à Eringeti et là-bas, j'avais aperçu le chef Boroso. Lui était parti avec d'autres militaires et moi je suis parti avec trois militaires jusqu'en brousse. Arrivé là-bas, premièrement ils m'ont demandé si je peux prier dans leur église.
Q. Lorsque vous étiez dans la forêt, avez-vous vu Boroso ?
R. Boroso travaillait avec les ADF, il avait un gros ventre.
Q. Où est-ce qu'il allait avec eux ?
R. Dans la brousse.
Q. Comment connaissez-vous Boroso ?
R. Je le connais très bien, je sais qu'il était leur transporteur et il avait dit qu'il est Mwami du village et qu'il va leur montrer le chemin.
Q. Est-ce qu'avant de vous amener en brousse, il y avait deux militaires devant la maison de Boroso ?
R. Oui.
Q. Qu'est-ce que Boroso avait amené dans la brousse ?
R. Ils allaient piller.
Q. Qu'est-ce qu'ils avaient dans le colis ?

R. Ils avaient des sacs.
Si le Ministère Public a fait cet exercice d'amener monsieur Biombi, c'est pour tirer les choses au clair.
Conseiller à Mumbere
Q. Combien de fois avez-vous vu Boroso dans la réunion ?
R. Deux fois.
Q. C'était quand ?
R. La première fois, c'était la journée ; la deuxième, la nuit.
Q. Est-ce que vous étiez libre ou enfermé ?
R. J'étais enfermé.
Q. Comment lui qui était enfermé dans la maison avait vu Boroso ?
R. Je l'ai vu à travers la fenêtre.
Q. Est-ce que vous connaissez le village de Boroso ?
R. Non, j'avais les yeux bandés.
Q. Combien de jours était-il attaché sur l'arbre ?
R. Pendant deux jours.
Q. Vous avez précisé qu'il a dit avoir vu notre client deux fois ?
R. La première fois, c'était la journée ; la deuxième fois, la nuit.
Q. C'était quand, à quelle heure que vous l'avez vu ?
R. A 19 heures.
Identification de monsieur Bendera Théophile qui comparait en kiswahili :
Nom : Mutembezi Bendera Théophile, Né à Tungutu, le 25 mai 1961, Profession : Cultivateur, Etudes faites : deuxième secondaire, Adresse : Eringeti-Luna.
Ministère Public
Q. Connaissez-vous Boroso ?
R. Oui, il est mon petit-frère.
Q. Comment vous vivez avec lui ?
R. Lui est chef du village et moi, je suis cultivateur.
Q. N'avez-vous jamais entendu qu'il collabore avec les ADF ?
R. En tout cas, s'il fait quelque chose, tout le village saura que le chef travaille avec Mboma et Maïs et les envoyait chez les ADF avec des colis. Et ils marchaient au vu de tout le monde.
Q. Qui est le chef des ADF qu'on citait ?
R. Chef Braïda.
Q. Avez-vous déjà entendu le problème de jeton ?
R. Il nous rançonnait avant même d'avoir instauré le système de jeton. Il fallait payer chez Mboma et Maïs pour avoir l'autorisation de couper les bois.
Ministère Public à Mboma :
Q. Que dites-vous par rapport au rançonnement à partir des jetons ?
R. En tout cas non, lui aussi coupait les bois.
Ministère Public à Théophile
Q. Que dites-vous par rapport à ces déclarations ?
R. Tout le monde sait qu'à Eringeti, Maïs et Mboma faisaient payer le jeton.

Ministère Public à Mboma
Q. Comment vous justifiez-vous par rapport à ces déclarations ?
R. Ce que je vous dis, c'est la vérité.
La cause est renvoyée à vendredi, le 3 mars 2017.

Audience publique du 3 mars 2017

RP N° 0155/2017
RMP N° 0738/KN6/2017
En chambre foraine à laquelle siègent :

1. Col. Mag. Ntshaykolo Esosa Masele Jean Paulin, 1er Président ;
2. Maj. Mag. Kabondo Pibwe Serge, Conseiller ;
3. Lt Col. Ndiba Bulangiti, Juge Assesseur ;
4. Lt Col. Simisi Tuve Serge, Juge Assesseur ;
5. Lt Col. Mpoy Teddy Léonard, Juge Assesseur ;
6. Gén. Maj. Mokunto Kiyana Tim 1er AGF, Ministère Public ;
7. Mag. Bonyoma Kaisala Rigobert, Greffier.

En cause : l'Auditeur militaire supérieur Près la Cour militaire opérationnelle du Nord-Kivu, Ministère Public.
Contre : Monsieur Mwami Boroso-Bin-Bendera II Désiré Undelema et Consorts.
Prévenus de :

- Participation à un mouvement insurrectionnel ;
- Association des malfaiteurs.

A l'appel de la cause, les prévenus cités ci-haut comparaissent en personne et assistés par leurs conseils : Me John Muhindo Muyisa, conjointement avec Me Constant Kalumende pour le compte du chef Boroso.
Les collectifs des avocats pour le compte du reste des prévenus non assistés : Me David Wambale, avocat au barreau de Kisangani ; Me Joël Shanyungu, avocat au barreau de Goma ; Me Jean-Marie Singa, avocat au barreau de Goma.
Comparait le renseignant Mutembezi Théophile :
Le Ministère Public intervient en sollicitant à la Cour de permettre à ce qu'on termine d'abord avec le renseignant Mumbere Biondi.
Défense de Boroso à Mumbere Biondi :
Q. Pouvez-vous préciser l'itinéraire que vous avez emprunté avec les ADF, lorsque vous étiez capturé ?
R. Lorsque nous sommes arrivés au niveau de la route, nous étions descendus pour prendre la destination de la brousse. Par après, on m'a bandé les yeux. J'avais passé deux jours à Oïcha, en train de chercher une maison à location ; et lorsque je commençais à préparer la nourriture, il y avait deux personnes qui sont venues me demander s'il y a un Docteur dans les parages. Moi, j'ai refusé, puis ils m'ont demandé de l'argent. Je n'en avais pas. Ils m'ont pris pour partir avec moi. Nous avons pris la direction de Mavivi jusqu'à Eringeti.

J'avais toujours les yeux bandés. Arrivé à Eringeti, moi je suis resté dans le véhicule et eux sont allés voir le chef d'Eringeti. J'étais surveillé par trois militaires. Par après, nous avons pris la direction de la forêt. Une fois arrivés là-bas, c'est maintenant qu'ils m'ont ôté la bande.
Q. De Mavivi à Eringeti, quelle autre agglomération avez-vous traversée pour arriver à Eringeti ?
R. Je suis nouveau dans le milieu. Je ne connais pas les villages. Lorsque nous sommes arrivés au centre d'Eringeti, nous nous sommes arrêtés.
Q. La localité de Mavivi, à laquelle il fait allusion se situe entre Beni-Oïcha et Oïcha-Eringeti.
R. Le prévenu ne connait pas le milieu.
Q. Pouvez-vous confirmer que vous étiez bandé jusqu'à la forêt ?
R. On m'avait déjà enlevé cette bande.
Q. Comment vous qui étiez bandé vous avez su que vous êtes arrivé à Eringeti ?
R. C'est lorsque nous sommes arrivés à Eringeti que j'avais vu.
Q. Est-ce que vous avez vu ou on vous a informé ?
R. J'ai vu de mes propres yeux.
Q. Par quel moyen monsieur Boroso transportait-il ses biens-là pendant qu'il était lui-même là-bas ?
R. Il transportait la nuit, ensemble avec les ADF dans des sacs.
Défense militaire de Kakule à Mumbere Biondi :
Q. Comme vous avez vécu avec ces gens en forêt, pouvez-vous les reconnaitre ?
R. Non.
Q. Par quel moyen étiez-vous parti à Eringeti ?
R. A pied.
Q. Confirmez-vous qu'au cours de la confrontation que vous avez citée, Mwami Boroso collaborait avec les ADF ?
R. Oui.
Ministère Public
Premier élément, monsieur Boroso était en contact avec les ADF
Deuxième élément, monsieur Boroso transportait de lui-même jusqu'à la forêt les biens des ADF.
Premier Président à Boroso :
Q. Est-ce que Boroso était en contact avec les ADF ?
R. Oui.
Q. Lorsque Mumbere était en brousse, ils amenaient ensemble avec les ADF les biens en brousse ?
R. Non.
Défense de Boroso à Mumbere :
Q. Avant d'être capturé, connaissiez-vous Boroso ?
R. Non.
Q. Comment a-t-il su que c'est monsieur Boroso lorsqu'il l'a vu en brousse ?

R. Je l'ai reconnu lorsqu'on citait son nom quand ils transportaient les biens.
Observation : l'avocat Défense de Boroso fait observer à la Cour que monsieur le renseignant Mumbere se contredit de lui-même ; et la défense précise que lui qui avait les yeux bandés, il a vu Boroso par la fenêtre.
Ministère Public à monsieur Mumbere :
Q. Vous nous avez dit que Mwami Boroso avait un gros ventre ?
R. Oui.
Ministère Public à Boroso :
Q. Est-ce que la taille que vous avez aujourd'hui, l'aviez-vous quand nous nous sommes rencontrés ?
R. Non. Je pesais même 100 kilos.
Comparait Mutembezi Théophile :
Q. Vous souvenez-vous qu'en date du 20 octobre 2014, il y avait l'un des membres de votre famille qui était décédé ?
R. Oui, c'était ma tante.
Q. Est-ce que vous avez organisé le deuil de la tante ?
R. Non.
Ministère Public à Boroso :
Q. Vous souvenez-vous qu'en date du 20 octobre 2014, il y avait deuil dans votre maison ?
R. C'était le fils de mon petit-frère Musavuli.
Q. Vous souvenez-vous qu'on avait arrêté Théophile ?
R. Oui.
Q. Pourquoi était-il arrêté ?
R. Car il était collaborateur des ADF.
Ministère Public à Théophile :
Q. Pourquoi étiez-vous arrêté au T2 ?
R. Le T2 m'avait dit que c'est mon grand-frère Boroso qui me fait arrêter.
Le Ministère Public passe à la lecture du PV d'audition de Boroso de la cote 77 à 78 (voir PV dossier).
Q. Reconnaissez-vous le problème de 110$?
R. Non, le prévenu ne reconnait pas.
Le Ministère Public constate que lorsqu'il accusait son frère Kakule, cela était vrai, mais lorsque Théophile parle de chef, Mwami refuse catégoriquement.
Ministère Public à Théophile :
Q. Qu'est-ce qu'on vous a dit lorsque vous étiez au T2 ?
R. Ils étaient avec trois éléments de la police militaire (P.M).
Q. Entre vous, Maïs et Kakule, qui collabore avec les ADF ?
R. C'est Boroso ; même tout le village connait cela.
Ministère Public à Boroso :
Q. Quelle est votre réaction par rapport à ces déclarations ?
R. Mon frère Théophile m'a toujours combattu pour m'arracher le pouvoir depuis la mort de mon père.
Défense de Boroso à Théophile :

Q. Entre Braïda et Boroso qui envoyait Maïs aller prendre les frais ?
R. Braïda est le grand chef des ADF et Boroso est le grand chef du village.
Premier Président à Boroso :
Q. Connaissez-vous monsieur Yenga ?
R. Il est de notre famille.
Q. Où se trouve-t-il pour le moment ?
R. Depuis qu'il était capturé, je ne sais plus.
Premier Président à Théophile :
Q. Quelles autres personnes avez-vous connues en brousse ?
R. Il y a Jackson, qui est Major des ADF, et l'autre, une fille, qui s'est déjà mariée. C'est le père d'Assani Yenga qui est allé prendre l'argent pour le mariage et jusqu'à présent ses enfants sont chez lui.
Défense de Boroso à Théophile :
Q. Depuis que Yenga était capturé, revient-il visiter ses enfants chez Boroso ?
R. Oui.
Q. Vous qui saviez qu'il est chez les ADF, aviez-vous déjà dénoncé auprès des autorités ?
R. Oui.
Q. Confirmez-vous que chef Boroso est collaborateur des ADF ?
R. Oui.
Q. Comment avez-vous su que Yenga est major des ADF ?
R. De la manière dont les gens vivent, vos familles doivent savoir qui vous êtes, par exemple, des militaires.
Q. Est-ce que vous participez aussi à des réunions du comité de sécurité ?
R. Oui, lorsque la réunion est programmée à Eringeti.
Q. Confirmez-vous que vous avez un conflit de pouvoir avec votre frère Boroso ?
R. Non, faux et archifaux.
L'avocat Défense de Boroso dépose une note à la Cour pour prouver qu'il y avait conflit de pouvoir.
Q. Pourquoi n'a-t-il pas cité le nom de son client hier ? Vous n'avez cité que Braïda ?
R. La Cour précise qu'hier, Mutembezi avait confirmé le concours de Boroso et le prévenu affirme qu'il a dit cela.
Défense militaire de Kakule Baraka à Théophile :
Q. Est-ce qu'il est exploitant du bois ou pas ?
R. J'avais l'habitude d'acheter mon bidon de mazout pour aller couper les bois.
Q. Où coupiez-vous les bois ?
R. A Kikongo
Q. A qui vous remettiez le droit d'exploitation des bois ?
R. Aux Nalu qui faisaient la loi.
Q. Que dites-vous par rapport aux déclarations de Mboma qui dit que vous lui avez remis 110$ pour aller les déposer chez les Nalu ?

R. Non.
Q. A qui est-ce que vous avez vu Kakule remettre personnellement le jeton ?
R. Tout le monde est au courant que Kakule faisait cela.
Q. Aviez-vous personnellement vu monsieur Kakule en train de percevoir de l'argent ?
R. Oui, je l'avais vu de mes propres yeux.
Observation : C'est lorsque monsieur Baraka était en prison que monsieur avait cité notre client comme garde du corps d'un commandant ADF.
Pour le compte de la Défense de Boroso à Théophile :
Q. Qui est Anguabo ?
R. C'est ma tante.
Q. Où est-elle pour le moment ?
R. Elle était enlevée le jour où elle est partie au champ et c'est Boroso qui connait cela.
Premier Président à Boroso :
Q. Que dites-vous par rapport à ces déclarations ?
R. Je ne reconnais pas cela. S'il a des preuves, qu'il les produise.
Premier Président à Théophile :
Q. Avez-vous des preuves ?
R. Ce problème était connu de tous, il y avait même une bagarre dans notre famille à cause de cet argent.
Baraka à Boroso :
Q. Quel jour vous m'avez remis de l'argent pour aller le déposer chez les ADF ?
R. En aucun jour je lui avais remis de l'argent, à moins qu'il vous le prouve.
Observation du Ministère Public : concernant la note que la défense de Boroso vient de déposer à la Cour, elle n'a aucune importance et cela n'engage pas la Cour.
Ministère Public au commandant OPJ Papy :
Le Ministère Public fait allusion à monsieur Winie pour préciser à la Cour concernant ce qui s'est passé hier.
Papy comparait en français :
Noms : Bangili Mokpu Papy ; Grade : Commissaire ; Matricule : 1197609898495 ; Unité : Commissariat Ter d'Oïcha ; Fonction : Chef de Bureau renseignement
Ministère Public à Papy :
Q. Est-ce que vous connaissez monsieur Boroso ?
R. Oui.
Q. Vous avez établi le PV dans quelle condition ?
R. C'était lorsque le comité de sécurité était arrivé ici à Beni, nous avons reçu mission d'aller perquisitionner la maison de Boroso à Eringeti avec comme consigne qu'il y a deux voitures à bord des quelles il y avait des trainings venant de Butembo via Boroso à Eringeti.
Q. Boroso, avez-vous entendu ?

R. Oui.
Q. Avez-vous posé à Boroso la question concernant les 900$?
R. Je ne m'en souviens plus.
Après lecture faite par l'officier du Ministère Public, l'OPJ Papy se souvient que c'est l'un des frères de Boroso qui avait dit que c'est Boroso qui l'a fait arrêter. D'ailleurs son frère ne voulait même pas qu'on amène Boroso.
Ministère Public à Boroso :
Q. Quelle est votre réaction par rapport à sa réponse ?
R. Il répondait en état d'ivresse.
Q. Est-ce que vous lui aviez donné à boire avant de l'entendre ?
R. De ma part, non. Peut-être qu'il a bu à Eringeti.
Ministère Public à Papy :
Q. Est-ce que vous aviez bu avant d'être chez l'OPJ ?
R. J'avais bu au deuil, et c'est un policier qui m'a offert à boire.
Ministère Public à Boroso et à Théophile :
Q. Qui est Maïs dans votre famille ?
R. Tous : C'est le fils de notre tante Mandey.
Ministère Public à Théophile :
Q. Que faisait Maïs pour le compte de Boroso ?
R. Il avait deux missions dans le travail qu'il réalisait : couper les bois et récolter de l'argent.
Défense :
Q. Quel élément suspect avez-vous retrouvé lors de la perquisition ?
R. Nous avons retrouvé deux paires de bottines dans son domicile, qui appartenaient à ses gardes du corps, car il avait quatre policiers dans son domicile.
Q. Avez-vous interrogé d'autres personnes lors de la descente à Eringeti chez Boroso ?
R. Non.
Q. Vous êtes-vous entretenu avec d'autres personnes lors de votre descente ?
R. Oui.
Q. Est-ce qu'on vous avait cité d'autres personnes qui collaborent avec les ADF ?
R. Non.
Ministère Public à l'OPJ Papy :
Q. Depuis quand êtes-vous affecté à Oïcha ?
R. Depuis 2012.
Q. Aviez-vous déjà été saisi du cas de Boroso ou aviez-vous des informations sur lui ?
R. Oui.
Q. Aviez-vous déjà entendu parler de Kakule Baraka ?
R. Oui, nous étions au courant des informations sur Kakule Baraka, mais il n'était pas seul ; il y avait aussi Maïs, tous sont en collaboration avec les ADF.

Le prévenu Kakule Baraka : Selon les dires de l'OPJ Papy, c'est vrai que j'étais en collaboration avec les ADF ; mais je n'ai jamais travaillé avec les ADF. C'est mon grand-frère qui m'a fait arrêter.
Défense Kakule à l'OPJ Papy :
Q. Est-ce que le commissaire Papy avait des fichiers ?
R. Après l'arrestation de Kakule, c'est après la perquisition dans la maison de Boroso que nous avons fait des fichiers.
Ministère Public à Monsieur Boroso :
Lecture du PV d'audition à la page 77 et 78 et cote 83 pour le prévenu Boroso. Toutes les questions qu'on lui avait posées dans ce PV, il les rejette catégoriquement.
Ministère Public à monsieur Kakule Baraka, cote 48 :
Q. Est-ce l'OPJ Cpt Gaston vous a foueté ?
R. Non.
Le Ministère Public procède à la lecture du PV d'audition cote 44.
Voir cote 123 ; 124 (OMP) Kakule Baraka.
Ministère Public à Boroso :
Q. Est-ce que vous avez un frère répondant au nom de Balemba ?
R. Oui.
Après, le Ministère Public continue avec la lecture du PV d'audition de Kakule Baraka, voir cotes 123, 124 et 138. Le prévenu Baraka accepte certaines questions qu'on lui avait posées tandis que d'autres, il les rejette en bloc.
Observation de la défense concernant la personne que le renseignant Théophile avait évoquée. C'était lui-même qui avait remis la somme de 110$.
La défense de Boroso :
Avant leur attaque de 2009, les ADF faisaient la loi.
La cause est renvoyée à jeudi 9 mars 2017.

Audience publique du 9 mars 2017

RP N° 0155/2017
RMP N° 0738/KN6/2017
En chambre foraine à laquelle siègent :
1. Col. Mag. Ntshaykolo Esosa Masele Jean Paulin, 1er Président ;
2. Maj. Mag. Kabondo Pibwe Serge, Conseiller ;
3. Lt Col. Ndiba Bulangiti, Juge Assesseur ;
4. Lt Col. Simisi Tuve Serge, Juge Assesseur ;
5. Lt Col. Mpoy Teddy Léonard, Juge Assesseur ;
6. Gén. Maj. Mokunto Kiyana Tim 1er AGF, Ministère Public ;
7. Mag. Bonyoma Kaisala Rigobert, Greffier.

En cause : l'auditeur militaire supérieur Près la cour militaire opérationnelle du Nord-Kivu, Ministère Public.

Contre : Monsieur Mwami Boroso-Bin-Bendera II Désiré Undelema et Consorts.
Prévenus de :
- Participation à un mouvement insurrectionnel ;
- Association des malfaiteurs.

A l'appel de la cause, les prévenus cités ci-haut comparaissent en personne et assistés par leurs conseils : Me John Muhindo Muyisa, conjointement avec Me Constant Kalumende pour le compte du chef Boroso.
Les collectifs des avocats pour le compte du reste des prévenus non assistés : Me David Wambale, avocat au barreau de Kisangani ; Me pépin Kahindo Kalway ; Me Joël Shanyungu, avocat au barreau de Goma ; Me Jean Marie Singa, avocat au barreau de Goma ; Me Nathan Tagirabo, avocat au barreau de Kisangani ; le Défenseur militaire agréé Kiwunga Makila.
Identigfication du renseignant qui comparait en français :
Noms : Kasereka Lucien Faustin ; né à Mayimoya vers 1991 ; Etudes faites : 2ème primaire ; Domicilié à : Kanunu Mangbauto
Le MP fait observer à la Cour que d'autres prévenus ne sont pas concernés dans ce dossier. S'ils sont là, c'est par erreur. Donc il demande à la Cour de les dissocier et les remettre à sa disposition : Monsieur Muhindo Mutsuva ; Monsieur Muhindo Makuta Saidi ; Monsieur Paluku Moïse Kasokala et Monsieur Kambale Kiyoma.
Me Joël Shanyungu réagit par rapport à l'observation du MP.
Ministère Public : Le cas du Mwami Bulembo est particulier par rapport au dossier de Mwami Bamukoka qu'il avait vu lors de l'enlèvement des prêtres et dans le dossier relatif à sa participation à l'attaque de Kididiwe.
Défense de Baraka Kakule Mboma au renseignant :
Q. Est-ce que vous étiez le garde du corps du commandant Papy ?
R. Oui.
Q. Combien de fois, lorsque vous étiez garde du corps, Braïda avait-il vu Kakule ?
R. Aucune fois.
Q. Quelles étaient vos réactions lorsque les gens disaient que Kakule Baraka venait voir le commandant Braïda et en même temps venir prendre des informations et aller les livrer à la population.
R. Non.
Premier Président au renseignant :
Q. Confirmez-vous que vous étiez garde du corps du commandant ADF Braïda ?
R. Oui.
Q. Etiez-vous seul ?
R. Depuis 2004 à 2007.
Conseiller :
Q. Lorsque vous étiez là chez le commandant Braïda, quel autre prévenu vous avez vu en brousse ?

R. Le Mwami Boroso.
Q. Vous étiez au nombre de combien ?
R. Nous étions au nombre de douze.
Q. Que veniez-vous faire au village ?
R. A la recherche de kaunga (farine de maïs) chez le Mwami Boroso.
Q. Lui arrivait-il parfois de se rendre aussi en brousse ?
R. Non, parfois on me refusait de dire certaines choses.
Q. Quel autre travail vous a-t-il été confié à réaliser à l'extérieur ?
R. De 2007 à 2010, j'étais comme agent de renseignement et on m'envoyait comme un éclaireur.
Q. Quelles sont ces choses dont vous disposiez ?
R. Les habits.
Q. Est-ce que vous quittiez la brousse jusqu'au village ?
R. Il y avait d'autres qui quittaient la brousse jusqu'au village.
Q. Quand vous quittiez la brousse, où est-ce que vous dormiez ?
R. Je quittais la brousse et je venais même jusqu'ici à Beni-ville. Je dormais chez les putes que je payais.
Q. Dans quel village ou ville avez-vous fait le travail d'observateur ?
R. Je passais par la forêt.
Q. Vous avez exercé cette fonction pendant trois ans ?
R. Oui.
Q. Confirmez-vous que le commandant ADF vous interdisait de dire certaines choses ?
R. Oui.
Premier Président à monsieur Boroso :
Q. Que dites-vous par rapport aux déclarations de Kasereka, selon lesquelles les ADF venaient chez vous et que vous vous rendiez aussi chez les ADF ?
R. C'est faux et archifaux ; c'est du mensonge.
Conseiller à Kasereka Lucien :
Q. Aviez-vous vu de vos yeux Mwami Boroso chez les ADF ?
R. Oui.
Conseiller à Mwami Boroso :
Q. Que dites-vous par rapport à ces déclarations ?
R. C'est du mensonge.
Ministère Public à Kasereka :
Q. Où étiez-vous arrêté ?
R. A Oïcha.
Q. Où est-ce qu'on vous a amené au juste ?
R. Devant le Général Bahuma et je lui montrais là où se cachaient les ADF.
Ministère Public à Winie :
Q. Depuis quand vous êtes entré chez les ADF ?
R. Depuis 2003.
Q. Est-ce que la brigade à laquelle vous apparteniez était auprès de Braïda ?
R. Oui.

Q. Est-ce qu'il vous connaissait lorsque vous étiez en brousse ?
R. Oui, il peut me connaitre parce que j'étais chef et officier des renseignements.
Selon Mwami Boroso par rapport à Kasereka, je l'ai connu à l'auditorat lorsqu'il disait que les ADF m'avaient remis un fusil pour venir le vendre.
Ministère Public à Kasereka :
Q. Que dites-vous ?
R. C'était seulement pour que je puisse cacher d'autres choses.
Ministère Public à Boroso :
Q. Est-ce qu'il y a des écoles à côté de votre maison ?
R. Oui, il y a trois écoles.
Q. Entre l'école et votre maison, il y a combien de mètres ?
R. A peu près cent mètres.
Ministère Public à Kasereka :
Q. Est-ce que vous avez vu le kaunga de vos propres yeux ?
R. Oui, c'était six sacs avec deux motos.
Ministère Public à Boroso :
Q. Que dites-vous par rapport à ces déclarations ?
R. Ce que je peux dire est que c'est un montage.
Q. Quel est ce montage ?
R. Pour monsieur Boroso, c'est le Ministère Public qui a fait ce montage.
Si je dis que c'est un montage, c'est parce que je l'avais arrêté avec des piles et je l'avais achéminé auprès du capitaine Kalao, puis il était conduit au T2. Il a par après payé 100$, puis a été relâché.
Après les jeux des questions et réponses, le Ministère constate que tout ce qu'on dit du Mwami Boroso est vraiment du mensonge.
Me John défense Boroso à Kasereka Lucien :
Q. Est-ce qu'il peut confirmer que le jour où vous êtes venus transporter la farine, vous n'étiez pas arrivés vous tous (douze) ?
R. Non.
Q. Lorsque vous étiez arrivé à Eringeti, c'était en quelle année ?
R. En 2012.
Q. Est-ce que vous confirmez que le chef des ADF avait remis le fusil au chef Boroso pour venir le vendre ?
R. Oui, je le confirme.
Q. Est-ce que vous connaissiez monsieur Winie ?
R. Oui, lorsque j'étais à la défense à Kasese.
Q. Quand est-ce que vous êtes venus transporter la farine chez Boroso ?
R. En 2006.
Q. Arrivait-il que les ADF collaborent avec nos militaires (FARDC) et la population et c'était en quelle année ?
R. En 2004.
Q. Lorsque vous êtes venus récupérer la farine, est-ce qu'il y avait déjà l'affrontement ?

R. Oui, les FARDC nous attaquaient déjà.
L'avocat du prévenu Boroso fait savoir à la Cour que le renseignant Kasereka Lucien est entrain de mentir contre son client.
Q. Vous souvenez-vous du jour à vous étiez chez le Mwami Boroso, vous aviez vu deux jeunes qui faisait la course ?
R. Non, je n'avais vu personne.
Q. Quelle autre chose connaissez-vous par rapport aux armes que vous cachez ?
R. Le prévenu sollicite la protection de la part de la Cour car, déclare-t-il : « je vais dire la vérité ». Concernant les deux armes, nous étions à Mayimoya et je suis allé chez Braïda et il me dira qu'il y a une mission à me donner. Nous sommes partis et le commandant Braïda me dira de le rejoindre à Eringeti. Arrivé sur le lieu, j'avais trouvé le commandant Braïda chez Mwami Boroso. Nous étions un peu éloignés quand l'on entendait le commandant Braïda dire qu'il y a une mission à Kasuo et que le commandant Braïda remette une arme aux deux jeunes. Comme il y avait trois armes, il avait remis une arme à Mahoro et Sinameni. En les approchant, j'ai constaté que ce sont des Rwandais et par après, nous sommes partis avec eux. Arrivés à Kasuo, j'ai constaté que cette mission était dure pour moi à tel point que j'avais pris la fuite jusqu'au sortir du village, puis je suis allé me présenter chez le chef. Et comme j'avais l'arme sur moi, je l'avais cachée dans les herbes. Après, la population est arrivée avec des policiers et des militaires pour me poser la question de savoir là où j'avais caché l'arme. Après que je l'ai récupérée, j'ai immédiatement été arrêté et conduit à Kanyabayonga où j'ai été fort tabassé et il n'y avait que du sang qui coulait sur mon corps. A une petite distraction des militaires, j'avais pris la fuite jusqu'à arriver ici à Beni pour ma démobilisation. A Beni, je me suis croisé avec un papa qui m'amena chez le Général Bauma. Là, on m'a proposé d'être pisteur et aller montrer là où étaient cachés les ADF. Je lui ai dit que les ADF ont déjà construit à Madina et je lui ai donné une liste de quelques pisteurs pygmées. Après avoir reçu cette mission, nous sommes allés ensemble avec eux. Je les voyais passer, je faisais un plan et le remettre au Général qui, par la suite me donna une nouvelle mission, celle d'aller collaborer avec les M23. C'est après qu'il est parti en Ouganda.
Q. C'est pour ce secret que vous avez sollicité votre protection ?
R. Oui.
Ministère Public : Il y avait collaboration avec les ADF et les FDLR et il y avait aussi les éléments du M23. C'est cette collaboration qui s'inscrit comme un secret qu'il ne peut pas dire en public ; et la troisième chose c'est que le Mwami Boroso était collaborateur du commandant Braïda.
Q. A quelle année précise vous êtes arrivé voir Mwami Boroso avant de vous rendre à Kasuo ?
R. Depuis 2009.
Q. Quel moyen de transport aviez-vous utilisé ?

R. Les pieds.
Q. Combien de jours aviez-vous fait ?
R. Deux semaines et demie.
Q. Aviez-vous déjà été au village Lese ?
R. Oui, plusieurs fois.
Q. Est-ce que vous étiez déjà en contact avec Boroso à Lese ?
R. Avant Lese, dans un chemin qui mène à Katonga.
Q. Vous souvenez-vous qu'au PV de confrontation à l'auditorat, vous aviez dit qu'il avait remis les deux armes à Boroso ?
R. Si j'avais dit cela c'était pour cacher ce que j'avais à dire.
Q. Confirmez-vous que vous avez menti à l'auditorat ?
R. Oui, je le confirme.
Q. Comment l'argent de récolte leur arrivait en brousse ?
R. Il y a un jour et une fois nous sommes arrivés récupérer chez Boroso et une autre fois, Boroso lui-même était venu à moto de couleur rouge.
Q. Winie, comment l'argent vous parvenait en brousse ?
R. En 2005, nous avons reçu les informations selon lesquelles les Ougandais exploitaient le bois dans la brousse où nous étions. Après les enquêtes, nous les avons arrêtés tous et les avons amenés devant le commandant FARDC pour leur interdire l'exploitation de bois.
Premier Président à Kasereka :
Q. Par quel moyen avez-vous dit que vous communiquiez avec Braïda ?
R. Par téléphone.
Q. Les militaires, selon vos dires, qu'on vous a donnés, étaient de quel groupe ?
R. M23
Q. Vous étiez démobilisé en quelle année ?
R. En 2010.
Q. Quel était le deuxième groupe des ADF ? Sont-ils différents des autres ?
R. Oui.
Q. Selon vous, où sont-ils ?
R. Silence
Premier Président à Winie :
Q. Avec combien de militaires le commandant Braïda se déplaçait-il ?
R. C'est par rapport à la mission.
Q. Est-ce qu'il arrivait parfois qu'il se déplace avec douze militaires ?
R. Oui.
Défense de Boroso à Winie :
Q. Vous vous souvenez avoir dit que monsieur Boroso collabore avec les Ougandais pour venir attaquer les FARDC ?
R. Oui.
Q. Est-ce qu'il reconnait que lorsqu'il était en brousse, il y avait un certain Mboma qui récoltait de l'argent ?
R. Ce n'était pas ma mission principale.

Ministère Public : A la fin 2004-2005 lors de l'opération Keba, on engageait les ADF[26].
Winie : L'avocat est en train de tout faire pour sortir son client du piège où il est déjà pris au cou. C'est que monsieur Boroso était déjà préparé pour corrompre à cause de l'argent qu'il a.
Le Ministère public félicite beaucoup le renseignant Winie qui nous dit que nous sommes en face des agents doubles. Monsieur Boroso avait conçu sa fortune chez les ADF.
La Cour suspend l'audience pour l'identification d'un renseignant à huis clos.
Identification de la dame (X) que nous identifions comme suit. Elle comparait en kiswahili :
Noms : Adidja Soki, Né à : Maboya (âge adulte), Etudes faites : Néant, Etat-civil : veuve et mère de deux enfants, Domiciliée à Oïcha, Q/ Masosi.
La défense sollicite à la Cour la connaissance de la matière ou de l'information que la renseignante va nous préciser.
Selon le Ministère public, la renseignante vient préciser à la Cour si elle a personnellement vu Boroso chez les ADF.
Après l'apparition de la renseignante X, le MP sollicite à la Cour qu'elle puisse passer tous les prévenus débout afin que X les voit.
Ministère public à la dame X :
Q. Vous pouvez apercevoir tous les prévenus ; qui est-ce que vous avez déjà vu ?
R. Oui, je vois et je reconnais chef Boroso parmi tous les prévenus.
Q. N'avez-vous reconnu aucune autre personne ?
R. Aucune.
Q. Est-ce vrai que vous étiez dans la forêt chez les ADF ?
R. Oui.
Q. C'est depuis quel âge que vous étiez chez les ADF ?
R. J'étais trop petite.
Q. Avez-vous d'enfants et combien ?
R. Oui, deux enfants.
Q. Lorsque vous étiez chez les ADF, aviez-vous vu Boroso en brousse ?
R. Oui.
Q. Par quel moyen avez-vous vu chef Boroso ?
R. Lorsqu'un visiteur arrive, même si nous n'avons pas le droit d'aller là où se trouvent les hommes, nous avons le droit d'aller voir.
Q. Dans quelle condition l'avez-vous vu ?
R. C'est lorsque nous partions prendre du sel et de la farine chez lui et parfois nous nous croisions au champ.
Premier Président à la Dame X :

[26] Une forme de néoinstitutionalisme de connivence : une armée régulière collabore avec des troupes rebelles étrangères. Pour plus de détails sur le néoinstitutionnalisme appliqué au mode opératoire des ADF, lire Jaribu Muliwavyo, Thèse déjà citée, p. 55.

Q. Comment est le chef Boroso ?
R. Il est gros et court.
Q. A-t-il des barbes ?
R. Non.
Le Ministère Public sollicite à la Cour que l'enfant était enlevé à l'âge de cinq ans et qu'il demande à la défense d'être calme. Lorsque la dame X sera guérie, nous pourrons la faire revenir.
La Défense du prévenu Boroso insistait toujours que la Dame X se lève pour pointer le doigt à monsieur Boroso.
Le Ministère Public n'avait plus besoin que la Dame X comparaisse ; comme elle était malade, il la retire.
Monsieur Boroso : Ce que je dis est la vérité, je ne peux pas dire des mensonges. Notre territoire de Beni est déjà vendu. Ceux qui coupaient les têtes des gens et tuaient sont tous partis du Rwanda. Je voudrais que la Cour puisse amener le jeune qui est au cachot de la police pour qu'il vienne témoigner, car il a la carte mémoire de tous les massacres.
Le Ministère nous cite la personne à qui il fait allusion pour qu'il vienne témoigner et le décharger.
Q. Qui vous avait dit que vous avez tué les gens ?
R. Le prévenu refuse de parler en insistant que la Cour puisse donner l'avis favorable à sa demande. Sinon il ne va plus rien dire aussi longtemps que la Cour ne pourra pas faire appel à Djamil Mukulu, qui est le grand chef des ADF pour qu'il soit confronté par devant la Cour.
Premier Président au prévenu Boroso
Lorsqu'il y a des PV dans le dossier d'audition de l'OPJ et de l'OMP, c'est à cette voie que le Ministère avait saisi la Cour pour une décision de renvoi. Lorsque le Ministère Public saisit la Cour par l'ordre de tradition directe, c'est qu'il faut dire qu'il y a des vraies versions. Et ce que le prévenu est en train de réclamer et demander à la Cour, cette Cour ne peut pas le faire.
Selon l'avocat Défense du prévenu, vu aussi l'âge du prévenu, il faut que la Cour comprenne son émotion.
Comparait monsieur Okabo Mabruki François :
Q. Connaissez-vous monsieur Winnie ?
R. Oui, je le connais comme le fils de mon grand-père aîné.
La même question à Winnie :
Q. Connaissez-vous monsieur Okabo Mabruki François ?
R. Oui, je le connais.
Q. Comment vous l'avez connu ?
R. Je l'ai connu lorsque nos militaires l'avaient arrêté au motif que nos militaires, au nombre de six, étaient portés disparus dans son territoire. Moi, étant officier des renseignements, toute personne qui est arrêtée par nos militaires, je devrais l'interroger pour savoir ce qu'il a fait au juste. Après l'avoir interrogé, nous avons remarqué qu'il n'y était pour rien ; seulement

qu'il avait un problème avec Donat qui était orpailleur. C'est après l'avoir interrogé que nous l'avons relâché.

Premier Président à Bitwimi Ngombe Nyama, qui comparait en kiswahili, langue de son choix.

Conseiller à Bitwimi :

Q. Connaissez-vous Mateso et qui est-il ?

R. Oui, je le connais ; c'est mon oncle.

Q. Connaissez-vous monsieur Winnie ?

R. Je connais Winnie, car nous avons grandi ensemble.

Q. Est-ce que vous êtes au courant qu'il était ADF ?

R. Oui.

Q. Est-ce qu'il arrivait parfois que vous vous rencontriez avec Winnie depuis qu'il était chez les ADF ?

R. Non.

Q. Vous n'étiez jamais en relation avec l'ancien président Idi-Amin ?

R. C'est ma mère qui est allée se marier dans cette famille.

Q. N'êtes-vous jamais arrivé en Ouganda ?

R. Nous, nous sommes de Lubiriha.

Q. Quand est-ce que vous avez connu Okabo ?

R. Nous sommes tous habitants de Kisiki et nous avions tous grandi ensemble jusqu'à ce qu'il est devenu chef.

Q. C'est en quelle année que vous étiez chef chez les ADF ?

R. Entre 2002 et 2003.

Ministère Public à Winnie :

Q. Que dites-vous par rapport à ces déclarations ?

R. Ce qu'il dit, c'est la vérité. Lorsque nous avons pris la colline- et cette guerre était dure pour nous- nous sommes descendus et nous l'avons trouvé dans son champ et tout le monde qu'on avait rencontré, on faisait de lui un ADF.

Défense à Okabo Mabruki

Q. Est-ce que vous connaissez les enfants de la famille de Ngombe Nyama ?

R. Non.

Q. Quel est l'autre nom de Winnie ?

R. Je m'appelle Winnie Kitobi Bin Mateso Ngombe Nyama.

Q. Devant l'OMP, vous étiez accusé de collaborer avec les ADF. Selon vous, vous aviez dit que si votre village Kisiki est mal réputé, c'est à cause de quatre enfants de la famille Ngombe Nyama ?

R. C'est à partir de Winnie qui était parti chez les ADF.

Q. Winnie, parmi les enfants de Ngombe Nyama, combien ont adhéré dans les ADF ?

R. Mon père avait trente-six enfants et il n'y a que moi seul qui étais dans la brousse chez les ADF.

Q. Etiez-vous au courant que Bitwimi était arrêté ?

R. Moi, j'étais à Kampala, au cachot.

Q. Où est-ce que Bitwimi était arrêté ?
R. A Samboko.
Q. Winnie, est-ce que vous êtes tous de la même famille ?
R. Oui, Bitwimi c'est mon cousin et Okabo c'est le fils du frère de mon grand-père.

Audience publique du 10 mars 2017

RP N° 0155/2017
RMP N° 0738/KN6/2017
En chambre foraine à laquelle siègent :

1. Col. Mag. Ntshaykolo Esosa Masele Jean Paulin, 1er Président ;
2. Maj. Mag. Kabondo Pibwe Serge, Conseiller ;
3. Lt Col. Ndiba Bulangiti, Juge Assesseur ;
4. Lt Col. Simisi Tuve Serge, Juge Assesseur ;
5. Lt Col. Mpoy Teddy Léonard, Juge Assesseur ;
6. Gén. Maj. Mokunto Kiyana Tim 1er AGF, Ministère Public ;
7. Mag. Bonyoma Kaisala Rigobert, Greffier.

En cause : l'auditeur militaire supérieur Près la cour militaire opérationnelle du Nord-Kivu, Ministère Public.
Contre : Monsieur Mwami Boroso-Bin-Bendera II Désiré Undelema et Consorts.
Prévenus de :

- Participation à un mouvement insurrectionnel ;
- Association des malfaiteurs.

A l'appel de la cause, les prévenus cités ci-haut comparaissent en personne et assistés par leurs conseils : Me John Muhindo Muyisa, conjointement avec Me Constant Kalumende, tous avocats au barreau de Kisangani
Les collectifs des avocats pour le compte du reste des prévenus non assistés : Me David Wambale, avocat au barreau de Kisangani ; Me pépin Kahindo Kalway ; Me Joël Shanyungu, avocat au barreau de Goma ; Me Jean Marie Singa, avocat au barreau de Goma ; Me Nathan Tagirabo, avocat au barreau de Kisangani ; Me Ayane Ayalinga Umumokile Défenseur militaire agréé Kiwunga Makila.
Comparait monsieur Batshurana Musubao, qui s'exprime en kiswahili, langue de son choix :
Q. Avez-vous exercé la fonction de chef de payage ?
R. La première phase, c'était de 2007 à 2009 ; la deuxième, de 2011 jusqu'au jour où j'ai été arrêté.
Q. Combien de routes pouviez-vous contrôler ?
R. Une route seulement.
Q. Où est-ce que vous êtes allé ?
R. Je suis allé à Bunia.

Q. Est-ce que vous connaissez Pitshou ?
R. Oui, c'est mon beau-fils.
Q. Lorsque vous êtes parti pour Bunia, qui avait assumé l'intérim ?
R. Il y avait quelqu'un qui assumait l'intérim.
Q. Lorsque vous avez quitté Eringeti, il n'y avait plus de désordre ?
R. Non.
Q. N'étiez-vous pas en collaboration avec les ADF ?
R. Non, mais ils venaient nous surprendre parfois au travail.
Q. Pourquoi devant l'auditeur, vous n'avez pas dit cela.
R. J'avais dit qu'ils venaient nous surprendre.
Q. Qui est Pitshou et qu'est-ce qu'il faisait ?
R. Il était agent.
Q. Qu'est-ce que vous dites concernant Ando Kanzire, qui affirmait que vous étiez avec les ADF ?
R. Non, je ne reconnais pas cela.
Monsieur le Premier Président :
Q. Pouvez-vous nous expliquer par rapport au conflit que vous aviez et votre implication avec les ADF ?
R. Avant, c'était vraiment très dur lorsque je travaillais. Quand la route n'était plus en bon état, les motards et les exploitants se lamentaient et faisaient des marches. Comme Boroso était chef, il faisait des rapports et excitaient même la population à se soulever, car il ne cherchait que ma suspension. Comme j'avais travaillé pendant deux ans, c'est après ma suspension que Boroso a occupé ma place pour ce travail de route. C'est à ce moment que j'ai compris que c'est Boroso qui était à la base de ma suspension par l'administrateur du Territoire. Après moi, pendant la période de Boroso, les cantonniers ne travaillaient pas, au point que l'administrateur a trouvé mieux de me réhabiliter ; aussi y avait-il une note du ministre. Lors de ma réhabilitation, Boroso n'était pas content de mon retour. Parfois, il tentait de m'éliminer physiquement.
Premier Président au prévenu Mopepe Batshurana :
Q. Précisez-vous qu'il y avait un conflit entre vous et Boroso ?
R. Oui.
Q. Pourquoi êtes-vous accusé que vous travaillez avec Boroso pour ravitailler les ADF ?
R. Non.
Q. Est-ce qu'il arrivait de fois que vous alliez déposer de l'argent chez les ADF ?
R. Non.
Q. Depuis quand vous étiez affecté comme attributaire ?
R. Depuis le mois de novembre 2007.
Ministère Public à Mopepe Batshurana :

Le Ministère précise à la Cour qu'il ne poursuit pas monsieur Mopepe pour ravitaillement des ADF avec monsieur Boroso, mais qu'on le poursuit pour participation à un mouvement insurrectionnel.
Q. Saviez-vous que lorsque vous étiez à Bunia, vous étiez recherché par nos services des renseignements ?
R. Non, je ne savais rien.
Après lecture de son PV devant l'OMP, le prévenu avait reconnu qu'il était en collaboration avec les ADF.
Q. Saviez-vous que vous étiez recherché quand vous étiez à Bunia ?
R. Le prévenu a répondu qu'il ne l'a su que lorsqu'il était arrêté à Bunia.
Comme le prévenu refuse de reconnaitre ses déclarations devant l'officier du Ministère Public, le Ministère Public passe à la lecture du PV.
Après lecture, le prévenu reconnait quand même que les ADF revenaient parfois après trois mois pour se ravitailler et à la question lui posées de savoir s'il remettait de l'argent, il rétorque à la Cour : « Devant les armes, que pouvais-je faire ? ».
Le prévenu Mopepe Batshurana : Je parlais de la deuxième phase de ma présence à Eringeti : en tant qu'attributaire et comme à cette époque ce sont les ADF qui faisaient la loi, tout le monde faisait de sa manière pour se sauver. C'est alors que je payais mes cantonniers pour leur permettre de bien travailler, car ils subissaient chaque fois des dérangements des ADF. Après mon départ, je ne savais plus rien des ADF.
L'Avocat Défense de Mopepe Batshurana sollicite à la Cour si monsieur Moterne pouvait revenir pour le cas de son client.
Ministère Public :
Q. Avant, vous étiez d'abord arrêté à Eringeti, puis relâché ?
R. Non, seulement à Bunia.
Q. Pouvez-vous nous citer les noms de toutes vos filles ?
R. Muhindo Bebika Bayiseya ; Kavira Antoinette ; Noëlla Bayiseya ; Kabugho Bayiseya ; Francine Bayiseya.
Q. N'avez-vous pas une fille mariée aux ADF ?
R. Non.
Q. Zahba Bayiseya est à Butembo, elle vient de décrocher un diplôme. 2004-2005 : opération Keba ; 2009-2010 : opération Rwenzori.
Quand avait commencé votre premier contrat ?
R. Depuis 2007.
Q. De 2007 à 2008, y avait-il une position des FARDC à Eringeti ?
R. C'est en 2010.
Q. Votre suspension de contrat, c'était quand ?
R. En 2010.
Q. Alors votre reprise de contrat ?
R. C'était le 13 juin 2011.
Q. De 2011 à 2014, n'y avait-il aucun problème sur la route de Kainama ?
R. Non.

Q. Les cantonniers portaient quelle tenue et de quelle couleur ?
R. Ils portaient des gilets rouges.
Q. Avez-vous un fils répondant au nom d'Emery ?
R. Oui, j'ai un fils répondant au nom d'Emery.
Q. Pourquoi était-il arrêté ?
R. Je ne sais pas, car j'étais déjà en prison.
Q. Avez-vous un fils répondant au nom de Donnât et où est-il ?
R. Oui, j'ai un fils répondant au nom de Donnât, mais je ne sais pas là où il est pour le moment.
La Défense du prévenu Mopepe sollicite à la Cour de faire comparaitre monsieur Winnie Ngombe Nyama.
Q. Pouvez-vous expliquer à la Cour, lorsque les ADF passaient à Kainama, s'ils rencontraient les cantonniers ?
R. Avant que ce monsieur puisse commencer à jouir de son contrat, nous avions déjà l'information sur cette route et nous étions au nombre de trois commandants : le commandant Braïda, le commandant Philippe et le Commandant Winnie. Nous avons causé avec les habitants de Kainama lorsque nous étions informés de la réhabilitation de cette route. Nous avons vite rassemblé cette population pour lui interdire de se mêler de cette affaire. Après cette consultation, nous avons semblé comprendre que c'est peut-être le Gouvernement qui veut réhabiliter cette route. Après, nous avons organisé un groupe pour stabiliser les gens qui vont travailler dans cette route ; et vous pouvez lui poser la question, depuis qu'il était chassé et agressé, est-ce que cette route était déjà réhabilitée ?
Q. Vous en tant qu'officier des ADF, aviez-vous déjà vu Mopepe venir déposer de l'argent chez vous les exploitants des bois ?
R. Moi, comme je faisais mon rapport général, il y avait des gens parmi les exploitants, qui ne voulaient pas payer l'argent. Nous avons saisi trois machines et parmi elles, il y avait une pour Mopepe, qu'il ne voulait pas venir récupérer.
Q. Entre la période de 2007 et 2009, les ADF circulaient librement à Eringeti sans inquiétude ?
R. Non. C'était depuis le 14 décembre 2005 que nous avons cessé de circuler, mais seulement à l'Est.
Q. Quel était votre degré de collaboration avec la population à partir de 2005 jusqu'au moment où vous avez cessé de circuler ?
R. ADF est un mouvement Djihadiste qui marche selon la loi du Coran. S'il y a quelqu'un qui vole, il va être jugé par rapport au Coran ; et selon le Coran, un voleur, après avoir volé, il faut lui couper les bras.
Ministère Public à Boroso :
Q. Que dites-vous par rapport aux déclarations de Mopepe ?
R. C'est bien moi qui avais fait le rapport aux autorités pour qu'il puisse être suspendu.

Q. Avez-vous suivi les déclarations de Winie que selon le plan des ADF, cette route ne pouvait pas être en bon état et que c'est vous qui étiez le commanditaire des désordres et soulèvements des motards ?
R. Non, la route était réhabilitée.
Défense Boroso à Mopepe :
Q. Lorsque vous étiez attributaire, quand est-ce qu'il y avait soulèvement des motards ?
R. C'était en 2004 ; ils avaient même cassé la barrière.
Q. Pouvez-vous confirmer qu'en 2010, les ADF circulaient librement à Eringeti ?
R. Non, pas en 2010, mais plutôt en 2005 ; et le 24, je me rendais ici à Beni pour l'achat des vêtements, c'est après moi qu'il y avait attaque.
Q. En quelle année on vous a exigé 100$ et une chèvre pour récupérer votre tronçonneuse ?
R. En 2009.
Q. Quel âge avait Emery et Donat ?
R. Des adultes.
Ministère Public à Mopepe :
Q. Combien d'enfants au total aviez-vous ?
R. Vingt-six enfants.
Q. Aviez-vous une tronçonneuse ?
R. Oui, j'avais une tronçonneuse.
Q. Quand est-ce qu'on commençait à payer les droits des exploitants des bois ?
R. Je ne sais pas.
Comparait monsieur Kamondo Mapoli en kiswahili, la langue de son choix :
Q. Vous êtes accusé que c'est vous qui collectiez de l'argent des piles aux exploitants pour le compte des ADF ?
R. Je ne connais pas cela.
Q. Pourquoi étiez-vous cité par Boroso que vous étiez aussi collaborateur des ADF ?
R. Il y avait un conflit avec mon père au sujet de l'argent que Boroso lui avait remis pour qu'il puisse aller lui acheter de l'or dans sa carrière. A son départ, en cours de route, mon père était tabassé par des inconnus et était blessé. Au retour de mon père de la carrière, monsieur Boroso est revenu pour réclamer son argent. Et comme j'avais refusé que mon père paie cet argent, c'est là la cause même de mon arrestation.
Boroso : Mapoli qui comparait ici, ce n'est pas Mapoli que j'ai cité. Lui il était plutôt bombeur.
Q. Qu'est-ce que vous dites par rapport aux déclarations de Mapoli, qui est par devant vous ?
R. Celui qu'il vient de citer, était le frère de son père à qui j'ai remis de l'argent pour aller acheter de l'or.
Q. Vous lui avez remis combien d'argent ?
R. Il y a déjà trois ans passés, je ne peux plus reconnaitre.

Premier Président à Kamondo Mapoli :
Q. Dans votre mot de la fin, vous avez insisté devant l'OPJ que votre père puisse venir témoigner que Boroso collaborait avec les ADF ?
R. Non, je n'avais pas dit cela.
Défense Boroso à Mapoli :
Q. Selon vous, qui avait pillé la carrière de Boroso ?
R. Comme il y avait conflit avec mon père, ce sont les ADF qui ont pillé sa carrière.
Q. Est-ce que monsieur Kamondo avait évoqué le conflit qui existait entre vous Boroso et son père devant l'OPJ ?
R. Oui, il l'avait évoqué, mais j'avais refusé.
L'Avocat Défense de Mapoli voulait faire savoir à la Cour que son client n'y est pour rien. Selon Boroso, le Mapoli qui est ici n'est pas celui qu'il avait cité.
Ministère Public à Mopepe :
Q. Qui est le Mapoli que vous avez cité ?
R C'est Mapoli Mupera.
La Ministère public renvoie la Cour à la Cote 84. Après lecture, quelque part, il avait cité le nom de Kamondo Mapoli.
Q. Ne vous êtes-vous pas confronté avec Kamondo devant l'OPJ ?
R. Oui, nous étions confrontés.
Ministère public à Kamondo Mapoli
Q. Est-ce que vous n'étiez pas confronté avec Boroso ?
R. C'est le chef Boroso qui m'a fait arrêter.
Q. Vous souvenez-vous que vous aviez une attestation de perte de pièce ?
R. Oui.
Q. Où est-ce que vous avez eu cette attestation ?
R. Chez le chef de poste.
Q. Qui avait signé cette attestation ?
R. C'est le chef de poste.
Ministère Public à Boroso :
Q. Aviez-vous l'autorisation de signer les attestations ?
R. Non.
Ministère public : Après lecture des PV des déclarations, le prévenu Mapoli accepte que cette attestation soit passée par le chef Boroso pour dire que c'est ce dernier qui avait cité Mapoli Kamondo et Mboma.
L'Avocat Défense du prévenu Mapoli précise que son client n'avait pas dit que c'est Boroso qui avait signé son attestation. Elle a plutôt été signée par une autorité compétente de la place.
Q. Qu'est-ce que le MP peut dire et quel conseil peut-il donner à notre client ?
R. N'eût-été l'accusation de monsieur Boroso, nous ne pouvions même pas connaitre Mapoli.

Avocat Défense de Boroso : le prévenu Boroso n'avait jamais cité Mapoli Kamondo. Il avait cité Mapoli Mubura pour qui nous allons aider le MP à le rattraper.
Premier Président : La Cour a pris acte des déclarations de toutes les parties. C'est à la Cour d'en décider.
Défense de Baraka à Boroso :
Q. Est-ce vous qui avez cité monsieur Baraka Mboma ?
R. Non. C'est lui-même qui avait accepté devant l'OPJ.
L'avocat Défense de Baraka précise que le Baraka qui était cité n'est autre que le Baraka qui était décédé.
Kakule Baraka voulait préciser la Cour concernant le nom de Kakule Baraka, que lui et l'autre Baraka étaient arrêtés et que c'est l'autre Kakule Baraka, le défunt qui était membre du groupe des ADF.
Ministère public : Pour plus de précision, le prévenu Kakule Baraka a été identifié et c'est la même identification qui est dans le PV de l'OPJ.
La cause est renvoyée à vendredi le 17 mars 2017.

Audience publique du 30 mars 2017

RP N° 0155/2017
RMP N° 0738/KN6/2017
En chambre foraine à laquelle siègent :

1. Col. Mag. Ntshaykolo Esosa Masele Jean Paulin, 1er Président ;
2. Maj. Mag. Kabondo Pibwe Serge, Conseiller ;
3. Lt Col. Ndiba Bulangiti, Juge Assesseur ;
4. Lt Col. Simisi Tuve Serge, Juge Assesseur ;
5. Lt Col. Mpoy Teddy Léonard, Juge Assesseur ;
6. Gén. Maj. Mokunto Kiyana Tim 1er AGF, Ministère Public ;
7. Mag. Bonyoma Kaisala Rigobert, Greffier.

En cause : l'auditeur militaire supérieur Près la cour militaire opérationnelle du Nord-Kivu, Ministère Public.
Contre : Monsieur Mwami Boroso-Bin-Bendera II Désiré Undelema et Consorts.
Prévenus de :

- Participation à un mouvement insurrectionnel ;
- Association des malfaiteurs.

A l'appel de la cause, les prévenus cités ci-haut comparaissent en personne et assistés par leurs conseils : Me John Muhindo Muyisa, conjointement avec Me Constant Kalumende, tous avocats au barreau de Kisangani, pour le compte de Boroso.
Tandis que les prévenus Musubao, Mopepe sont assistés par : Me Pépin Kahindo Kalway ; Me Charles Ayane Ayalinga Umumokile.
Comparait monsieur Winnie Bwanandeke

Ministère Public à monsieur Winnie Bwanandeke : Le Ministère, pour une petite démonstration, dessine un petit triangle avec trois sommets : 1er sommet : Boroso ; 2ème sommet : Bongu

Q. Est-ce que vous connaissez monsieur Boroso ?

R. Oui.

Q. C'est qui ?

R. Il est chef de Bambuba-Kisiki.

Q. Boroso, connaissez-vous chef Kalume I ?

R. Oui.

Q. Comment était-il mort ?

R. A la guerre de 1944.

Q. Alors Kalume II ?

R. Il est mort par maladie.

Ministère Public à Winnie :

Q. Comment Kalume III est mort ? La cause de sa maladie ?

R. Lorsque je suis sorti de Goma, en 2011, lors de ma démobilisation, j'avais croisé mon frère Kalume III quand le mwami Bamukoka venait le voir pour se convenir sur la question des déplacés de guerre et que lui aussi pouvait être gardé comme déplacé parmi la population, mais c'étaient des Hutu. En lui proposant cela, Kalume n'était pas d'accord. Après, le Mwami Bamukoka est allé voir le Mwami Boroso pour que ce dernier puisse aller convaincre Mwami Kalume. Après la conversation, ils ne se sont pas mis d'accord. Après il est allé voir le commandant Feza. Kalume lui avait refusé cette offre de recevoir les déplacés. Cependant Boroso, lui, avait accepté la demande. C'est pour cela qu'on a fait tuer le chef Kalume III, en le faisant emporter par les éléments ADF dans la brousse. Après sa mort, on avait nommé Kalume IV. Il est advenu un motard qui répondait au nom de Maïs, le frère propre du chef Boroso. Tôt le matin, le chef Boroso était sorti de la brousse, aperçu par Okabo qui était dans le barza. L'un des gardiens habillés en tenue de la police, portait un stick-grenade. Il y avait des gens qui suivaient l'évènement et Okabo voulait les ligoter.

Ministère Public à Boroso :

Q. Que dites-vous par rapport aux déclarations de Winnie ?

R. Premièrement, le chef Kalume III était mort à l'hôpital, mais ce qui concerne Mwami Bamukoka, je ne le connais pas. Cependant, pour Kalume, nous étions des beaux-frères.

Q. Connaissez-vous le Mwami Bamukoka ?

R. Je le voyais souvent à la réunion au bureau du Territoire.

Q. A part la réunion, vous n'avez pas d'autres relations ?

R. Non.

Q. Vous n'avez jamais causé avec lui au téléphone ?

R. Oui, une fois. C'est quand il avait arrêté mon petit-frère.

Q. C'était en quelle année ?

R. En 2012.

Q. Est-ce que le chef Kalume III était encore en vie ?
R. Oui.
Q. Qu'est-ce qu'on reprochait à votre petit-frère ?
R. On lui reprochait la contrefaçon monétaire (billets de banque) et le fétichisme.
Ministère Public à Winnie :
Q. Qui vous a appris que Mwami Bamukoka est allé voir Kalume III ?
R. C'est lui-même Kalume III.
Q. N'avez-vous pas vu vous-même le Mwami Bamukoka avec quelqu'un d'autre chez Kalume III ?
R. Non. C'était chez Machozi d'Opira qui avait dit qu'on est en train de comploter contre Kalume III. C'est par après qu'il y a eu opération des ADF où ils ont emporté au moins vingt-cinq personnes en brousse.
Ministère Public à Okabo Mabruki :
Q. Quelle est votre réaction par rapport à ces déclarations ?
R. Oui, ce qu'il vient de dire est vrai.
Q. Que pouvez-vous dire concernant la mort de Kalume III ?
R. C'est le chef Boroso qui n'était pas ami à Kalume, qui était à la base de sa mort. En ce qui concerne les vingt-cinq personnes emportées, vingt-trois d'entre elles étaient relâchées et le chef avait commencé à écrire des lettres aux autorités pour leur faire voir que c'est lui qui est chef. Et moi et le chef Machozi, nous n'étions que deux qui avions refusé de signer la lettre de Boroso. C'est par après que le chef Machozi était aussi enlevé. Après quelques temps, nous avions remarqué le passage de Maïs sur la route avec une moto et, par la suite, trois personnes sous la paillotte du chef de Groupement et que le chef est sorties de la brousse. Nous lui avons demandé d'où il est sorti, il ne nous a pas répondu. Nous sommes allés demander aux hommes qui étaient avec Maïs, l'un portant la tenue de la police et l'autre avec un manteau, d'où est-ce qu'ils venaient. Ils nous ont répondu qu'ils venaient arrêter le chef. Et je lui avais demandé s'ils lui ont déjà envoyé une quelconque invitation, il ne m'a pas répondu. C'est ainsi qu'Okabo et moi avions commencé à menacer ces gens et avons soulevé toute la population qui sortait de la première messe. La mère du chef, voyant cela, a dit qu'elle ne veut pas de troubles. C'est ainsi que nous nous sommes dirigés à la police quand Maïs est directement reparti à moto. Les deux hommes en tenue ont pris la fuite en empruntant la route de Mayimoya. C'est après ces tiraillements que nous avons compris que c'est lui qui était à la base de tout cela et tout ce qu'il voulait préparer.
Ministère Public à Boroso :
Q. Est-ce que vous écriviez des notes ?
R. Ce n'était pas moi seul, nous étions plusieurs chefs. Machozi avait signé.
Ministère Public à Okabo :
Q. Est-ce vrai que Machozi avait signé cette note ?
R. C'est après les contestations des autres chefs que Machozi avait signé.
Ministère Public à Winnie :

Q. Avez-vous appris que Mwami Boroso entretenait des gens ?
R. Oui, le chef Boroso, comme Mwami de Bambuba-Kisiki, collaborait avec les ADF et c'est de cette manière qu'il voulait créer un groupe d'ADF Bambuba-Eringeti, surtout que, dans sa vision, il voyait que Winnie était encore dans la brousse alors que moi je n'y étais plus.
Okabo : La tribu qui donne de la force au Bambuba-Kisiki ce sont les Nande qui disent qu'ils vont nous exterminer tous comme nous ne sommes pas originaires de Bambuba-Kisiki. Après, monsieur Okabo dépose une note à la Cour pour que celle-ci soit lue à l'intention de tous.
La Cour procède à la lecture de la note. Après sa lecture :
Q. Quel commentaire apportez-vous à cette note ?
R. Premièrement, cette note consistait à nous faire exterminer, nous qui n'étions pas originaires ;
Deuxièmement, nous qui étions les non originaires de chez les Bambuba et comme nous n'avions pas d'argent, ils allaient nous faire disparaitre. Enfin, la note fait allusion à tous les massacres qui se font dans ce Territoire de Beni et le groupement Bohiro.
Le Ministère revient sur les trois sommets du triangle et ce qui se passe dans ce triangle va se dévoiler entre Bambuba, Batalinga et Bupakombe.
Ministère Public à Boroso :
Q. Quelle est votre réaction par rapport à cette note ?
R. Je ne peux pas trop dire à propos de la note, car je ne connais absolument rien.
La Défense du prévenu Boroso émet une observation en ce qui concerne la déposition de Winnie, ceci le surprend. On croyait plutôt que ce dernier allait dire qu'il avait vu votre client dans la brousse ; mais il n'y a que deux personnes qui parlent du conflit du pouvoir coutumier.
Premier Président à la Défense :
Q. Quelle est votre réaction par rapport aux trois têtes du triangle ?
R. En ce qui concerne son client, il est poursuivi en tant qu'individu, pas comme Mumbuba. Il n'intervient pas pour une tribu quelconque.
Défense d'Okabo à Boroso :
Q. Est-ce qu'il a assisté au deuil de Mwami Kalume III ?
R. Oui. Lorsque j'avais appris que le Mwami Kalume III était mort, nous avons pris la route à bord de ma jeep avec mon chauffeur jusqu'au deuil. Arrivé sur place, le fils du défunt était venu vers moi. En me saisissant au corps et me dire qu'il ne veut pas que mon sang puisse être versé ; que je ne puisse pas assister au deuil.
Q. Que dites-vous des massacres de Mukoko avant le dialogue ?
R. Il n'y avait aucun massacre avant le dialogue.
La Défense : Concernant mon client, monsieur Okabo, il n'a jamais tué les gens et n'a jamais participé à un massacre. C'est leurs conflits.
Boroso : Le problème des massacres ne concerne pas Boroso. Pourquoi m'est toujours imputé le problème des massacres de Beni ? C'est le Gouvernement

qui en est l'auteur. C'est pourquoi j'ai dit au début qu'il y avait des Rwandais et qu'ils sont rentrés au Rwanda.
Premier Président à Boroso :
Q. Qui êtes-vous ?
R. Je suis chef, précisément Mwami.
Q. Qui représentez-vous ?
R. Je représente le Gouvernement.
Q. Quel est le rôle que joue le Gouvernement ?
R. C'est pour nous protéger, et moi je protège ma population.
Ministère Public : Celui qui nous met à la piste de Kisofer, c'est Bonge La Chuma. La piste de Kisofer, Mwami Boroso ne connait pas. C'est la théorie du Ministère public de trois têtes de triangle. Lorsque le ministère tire ses pillons, c'est pour vous permettre de vous défendre tout comme lorsqu'il va pousser d'autres pillons restés.
L'Avocat défense des prévenus Kamondo Mapoli et autres voulait savoir au sujet des propos du prévenu Boroso, car c'est la deuxième fois qu'il dénonce devant la Cour qu'il y a des gens qui ont été envoyés du Rwanda pour apprendre à tuer à coups de machette ; qui les a envoyés et qui les entrainent ?
Boroso : Je vous précise que c'est le Gouvernement provincial qui les a choisis et les a envoyés au Rwanda.
Premier Président : Nous disons que lorsque vous avez des témoins à décharge, il faut apporter des preuves, et s'il nous faut demander au Gouvernement provincial, c'est une personne morale. Il faut citer les noms.
L'avocat Défense de Boroso sollicite à la Cour que son client soit lavé. Il faut la comparution de Kisofer.
Selon le Ministère public, monsieur Kisofer n'est pas concerné dans cette affaire.
Selon la préoccupation de Maitre David Wambale, que le prévenu Boroso cite le nom avec précision pour qu'advienne le fait de noyer ou décharger le prévenu Boroso.
Défense du prévenu, Maitre Nathan insiste que monsieur Kisofer soit interpellé à la Cour.
Winnie pour la précision : Monsieur Boroso veut toujours tirer les choses à longueur, il veut toujours se retirer de cette affaire. Il faut savoir le pourquoi de cette guerre. Pourquoi cette guerre avait commencé. Et les massacres, qui meurent ? Les gens sont en train de sourire, mais cette note que nous venons de lire cache beaucoup de choses.
Le Ministère Public voulait faire comprendre à la Défense qu'elle puisse être apaisée. Tous ceux qui sont cités par quiconque seront présentés.
Comparait Mwami Bulemo Ando Kanzire :
Noms : Mwami Bulemo Ando Kanzire ; né à : Mayimoya, le 25 janvier 1997 ; âgé de 18 ans ; Profession : Cultivateur.
Ministère Public à Mwami Bulemo :
Q. Est-ce que vous connaissez messieurs Mopepe et Boroso ?

R. Oui, Boroso comme Mwami d'Eringeti.
Q. Vous connaissez quel autre ?
R. Il collaborait avec les ADF.
Q. Comment il collaborait avec les ADF ?
R. C'est lui qui nous amenait des vivres.
Q. L'aviez-vous vu de vos propres yeux ?
R. Il collaborait avec nos chefs. Ce sont eux qui lui envoyaient de l'argent et nous allions retirer à Nzalawa. Et Mopepe venait déposer les vivres à partir des contacts qu'il entretenait avec le chef Feza.
Ministère Public à Mopepe :
Q. Etes-vous d'accord avec ces propos ?
R. Non, je ne reconnais rien.
Maitre Charles Ayale à Mwami Bulemo :
Q. Qu'est-ce qu'il faisait à côté du chef Feza ?
R. J'étais son combattant.
Q. Est-ce que le chef l'informait avec qui il causait.
R. Lui nous disait seulement qu'il a déjà donné de l'argent à quelqu'un et que nous partions retirer.
Q. Pourquoi devant le Ministère Public vous avez nié en trois reprises en faveur de monsieur Mopepe et qu'après quelques temps et surtout aujourd'hui, vous parlez sans hésitation ?
R. Je suis coincé ; c'est lui qui me disait de le défendre et que même si on m'amenait à Kinshasa, il allait m'envoyer de l'argent.
Q. Quels sont les vivres qu'il allait retirer ?
R. Riz, farine de maïs, l'huile, le haricot et du sel.
Défense de Mwami Boroso à Mwami Bulemo :
Q. Est-ce qu'il sait qu'il était pour la première fois à côté du Mwami Boroso ?
R Oui, je reconnais.
Maitre Charles Ayale à Mwami Bulemo :
Q. A quel endroit vous alliez rétirer ces vivres et dans quel village précisément ?
R. A Nzalawa et la deuxième fois à Mukoko à côté de l'église adventiste.
Q. Devant le MP, vous avez déclaré que c'était au kiosque de monsieur Mopepe ?
R. Non, il ment.
Q. Qui trouviez-vous au kiosque ?
R. Lui-même.
Défense de Boroso à Winnie :
Q. Pourquoi Mwami Bulemo se contredit dans ses déclarations ?
R. En ce qui concerne ses déclarations, si la Cour m'avait invité, c'est pour pouvoir l'éclairer. Pour la précision, chez les ADF, nous n'avions pas le système qu'un chef puisse communiquer aux combattants ce qu'ils allaient faire. Et nous avions l'habitude d'envoyer trois personnes au point que, dès qu'il y a une qui est décédée ou blessée, l'autre prend la relève.

La cause est renvoyée au vendredi.

Audience publique du 3 avril 2017

RP N° 0155/2017
RMP N° 0738/KN6/2017
En chambre foraine à laquelle siègent :

1. Col. Mag. Ntshaykolo Esosa Masele Jean Paulin, 1er Président ;
2. Maj. Mag. Kabondo Pibwe Serge, Conseiller ;
3. Lt Col. Ndiba Bulangiti, Juge Assesseur ;
4. Lt Col. Simisi Tuve Serge, Juge Assesseur ;
5. Lt Col. Mpoy Teddy Léonard, Juge Assesseur ;
6. Gén. Maj. Mokunto Kiyana Tim 1er AGF, Ministère Public ;
7. Mag. Bonyoma Kaisala Rigobert, Greffier.

En cause : l'auditeur militaire supérieur Près la cour militaire opérationnelle du Nord-Kivu, Ministère Public.
Contre : Monsieur Mwami Boroso-Bin-Bendera II Désiré Undelema et Consorts.
Prévenus de :

- Participation à un mouvement insurrectionnel ;
- Association des malfaiteurs.

A l'appel de la cause, les prévenus cités ci-haut comparaissent en personne et assistés par leurs conseils : Me Joël Shanyungu ; Me Charles Ayane Ayalinga Umumokile ; Me Jean Marie Singa ; Me Nathan Tagirabo ; Me David wambale
Et pour le compte du prévenu Boroso-Bin-Bendera II Désiré Undelema, Me John Muhindo Muyisa, conjointement avec Me Constant Kalumende, tous avocats au barreau de Kisangani.
Ministère Public au chef Boroso :
Q. Avez-vous compris ce qu'Okabo avait dit à l'audience passée ?
R. Il peut y revenir.
Ministère Public au chef Okabo :
Q. Pouvez-vous expliquer à la Cour ce que vous aviez déclaré à l'audience de la fois passée ?
R. Okabo relate les faits : C'était un dimanche vers 10 heures ou 11 heures et ce jour, il y avait plusieurs personnes qui partaient à l'église, une moto s'est arrêtée devant sa parcelle, avec trois personnes à bord : une avait une tenue de la police et l'autre la tenue civile. Le chef, en apercevant la moto, a pris fuite dans la brousse. En sortant de la brousse, le chef revient son cœur battant. Nous lui avons demandé ce qui n'allait pas, il nous répondra : je viens de voir une moto que conduisait le frère de Boroso répondant au nom de Maïs avec deux autres personnes que je suspecte. J'ai dit au chef de rester sur place et que j'aille voir. Lorsque je suis arrivé à leur rencontre, je leur ai demandé d'où

ils venaient. Ils m'ont répondu qu'ils viennent arrêter le chef. Et à moi de leur poser la question de savoir où est le papier qui montre qu'ils viennent l'arrêter. Ils ont commencé à hausser la voix. J'avais ainsi vite compris que ce sont des ennemis. J'ai vite informé toute la population qu'il faut les tabasser et que moi je vais mourir avec celui qui détient la grenade. Quand la maman de Kalume IV est arrivée, elle nous a suppliés de ne pas faire des troubles et par après, ils étaient partis. Arrivé dans une école à Mudole, j'avais trouvé un petit, Mangaiko. Je lui ai posé la question de savoir s'ils sont passés par là. Dès qu'ils aperçurent les vrais policiers, Maïs a directement démarré la moto et les deux autres messieurs, l'un qui avait la tenue de la police et l'autre en tenue civile, ont pris la fuite. C'est à ce moment que j'ai vite compris que ce sont des rebelles, or je pouvais aller demander à leur poste.
Q. Etes-vous arrivé chez l'Administrateur du Territoire ?
R. Oui, nous étions devant l'Administrateur.
Ministère Public à Mwami Boroso :
Q. Est-ce que ce que vient de dire Okabo est vrai ?
R. Je n'en savais rien. Je l'avais appris ici à la Cour.
Ministère Public à Okabo :
Q. Qui est cet Administrateur ?
R. C'est monsieur Amisi Kalonda.
Ministère Public à Mwami Bulemo comme étant renseignant :
Q. Vous rappelez-vous, lorsque vous étiez devant nous chez le Magistrat Hubert, que vous avez cité quelques noms ?
R. Oui, je les avais cités.
Q. Qu'est-ce que vous avez dit et quels sont ces noms ?
R. J'avais cité les noms de Boroso, Mopepe et Bitwimi ; des noms que j'avais cités sans les connaitre et les voir chez les ADF.
Premier Président : Comme il était convenu que l'Administrateur retourne ici à Beni le mercredi, il pourra se présenter à l'audience prochaine.
L'avocat Défense du prévenu Boroso sollicite aussi la comparution de Kisofer.
Ministère Public : A cette proposition, le Ministère Public ne voulait pas la comparution de Kisofer, car dans ce dossier, il n'est pas question de ce dernier.
Avocat Défense de Bitwimi à Mwami :
Q. Aviez-vous déjà vu Bitwimi avant que vous le citiez ?
R. Nous avons grandi avec son fils, mais Bitwimi je ne l'ai jamais vu ni reconnu en brousse.
Ministère Public : A cette époque, Bitwimi n'était pas ici à Beni. Ce dernier se retrouvait à Kinshasa. Ce n'est pas parce que nous l'avons présenté.
Avocat Défense de Bitwimi à Mwami :
Q. Connaissiez-vous Bitwimi avec son fils et là où il habitait ?
R. Oui, je les connais tous, ils habitaient au quartier Matete.
Le MP à Winnie :
Q. Qu'est-ce que vous connaissez de monsieur Bitwimi ?

R. Nous comme ADF, lorsque nous sommes descendus à Tshutshubo, c'est là que nous avons retrouvé monsieur Bitwimi en tant que cultivateur. Et comme il ne pouvait pas rester avec nous, il s'est déplacé pour aller s'installer ailleurs.
Le Ministère Public procède à la lecture du PV de Mwami qui avait cité Bitwimi sans le connaitre et l'avoir vu.
L'Avocat Défense à Mwami :
Q. A quelles date et année avez-vous intégré le groupe des ADF ?
R. Je me suis intégré en novembre 2010.
Q. En 2010, aviez-vous vu Bitwimi à Mayimoya ?
R. A cette époque, j'étais en province Orientale.
La cause est renvoyée à vendredi et interviendra la comparution de l'Administrateur du Territoire de Beni Monsieur Amisi Kalonda.

Audience publique du 11 avril 2017

RP N° 0155/2017
RMP N° 0738/KN6/2017
En chambre foraine à laquelle siègent :
1. Col. Mag. Ntshaykolo Esosa Masele Jean Paulin, 1er Président ;
2. Maj. Mag. Kabondo Pibwe Serge, Conseiller ;
3. Lt Col. Ndiba Bulangiti, Juge Assesseur ;
4. Lt Col. Simisi Tuve Serge, Juge Assesseur ;
5. Lt Col. Mpoy Teddy Léonard, Juge Assesseur ;
6. Gén. Maj. Mokunto Kiyana Tim 1er AGF, Ministère Public ;
7. Mag. Bonyoma Kaisala Rigobert, Greffier.

En cause : l'auditeur militaire supérieur Près la cour militaire opérationnelle du Nord-Kivu, Ministère Public.
Contre :
- Monsieur Mwami Boroso-Bin-Bendera II Désiré Undelema ;
- Monsieur Gabriel Kamondo Mapoli ;
- Monsieur Kakule Baraka Tshongo alias Mboma ;
- Monsieur Musubao Batshurana Mopepe ;
- Monsieur Bitwimi Ngombe Nyama ;
- Monsieur Okabo Mabruki François.

Prévenus de :
- Participation à un mouvement insurrectionnel ;
- Association des malfaiteurs.

A l'appel de la cause, les prévenus cités ci-haut comparaissent en personne et assistés par leurs conseils : Me John Muhindo Muyisa, conjointement avec Me Constant Kalumende, pour le compte du prévenu Boroso-Bin-Bendera II Désiré Undelema.

Pour les prévenus Mboma et consorts : Me Joël Shanyungu ; Me Charles Ayane Ayalinga Umumokile ; Me Jean Marie Singa ; Me Pépn Kalway ; Me David wambale.

A cette audience, il était question que le prévenu Okabo puisse présenter ses documents à la Cour.

Ministère Public à Okabo :

Q. Après avoir déposé votre première note à la Cour, qu'est-ce qui vous est arrivé ? Est-ce qu'il y a eu des menaces ?

R. L'un des ADF, qui est en prison, m'avait dit que, comme j'interviens beaucoup dans cette affaire, je serai tué.

Q. Qui vous a menacé en prison ?

R. C'était Jophre Ali.

Le Ministère a fait savoir à toutes les parties au procès qu'il faut d'abord vérifier les trois sommets du triangle.

En ce qui concerne les renseignants, nous aurons besoin de :

1. L'Administrateur du Territoire de Beni, Monsieur Amisi Kalonda ;
2. Jophrée-Ali et ;
3. Monsieur Winnie.

La cause est renvoyée à jeudi le 13 avril 2017.

Audience publique du 13 avril 2017

RP N° 0155/2017

RMP N° 0738/KN6/2017

En chambre foraine à laquelle siègent :

1. Col. Mag. Ntshaykolo Esosa Masele Jean Paulin, 1er Président ;
2. Maj. Mag. Kabondo Pibwe Serge, Conseiller ;
3. Lt Col. Ndiba Bulangiti, Juge Assesseur ;
4. Lt Col. Simisi Tuve Serge, Juge Assesseur ;
5. Lt Col. Mpoy Teddy Léonard, Juge Assesseur ;
6. Gén. Maj. Mokunto Kiyana Tim, 1er AGF, OMP ;
7. Mag. Bonyoma Kaisala Rigobert, Greffier.

En cause : l'auditeur militaire supérieur Près la cour militaire opérationnelle du Nord-Kivu, Ministère Public.

Contre :

- Monsieur Mwami Boroso-Bin-Bendera II Désiré Undelema ;
- Monsieur Gabriel Kamondo Mapoli ;
- Monsieur Kakule Baraka tshongo alias Mboma ;
- Monsieur Musubao Batshurana Mopepe ;
- Monsieur Bitwimi Ngombe Nyama ;
- Monsieur Okabo Mabruki François.

Prévenus de :

- Participation à un mouvement insurrectionnel ;

- Association des malfaiteurs.

A l'appel de la cause, les prévenus cités ci-haut comparaissent en personne et assistés par leurs conseils : Me David Wambale conjointement avec le Défenseur militaire Kiwunga Makila pour le reste des prévenus ; tandis que Me John Muhindo Muyisa, conjointement avec Me Constant Kalumende interviennent pour le compte du prévenu Boroso-Bin-Bendera II Désiré Undelema.

Avocat défense du prévenu : Il y avait une note de menace introduite par le prévenu Okabo à la Cour, dont il faut procéder à la lecture. Cette lecture est faite par le Conseiller. Une note de réplique intervient et la deuxième qui n'avait pas d'entête.

Premier Président à Mwami Okabo Mabruki :

Q. Vous avez amené ces deux notes. Quelle motivation contiennent-elles ?

R. Le chef Boroso s'est fait camarade de notre chef Kalume III. Après, il est mort par empoisonnement. Suite à sa mort, on avait investi le chef Kalume IV et c'est encore Boroso qui commençait à le combattre. C'est après qu'il y a eu combat entre les tributs Babohio et le clan Ombi. Arrivé en 2013, comme le chef Boroso était le plus fort, il voulait s'accaparer de toute la terre. Quand Machozi voulait prendre la relève, il était aussi combattu par le chef Boroso. Lorsque j'avais vu la dernière lettre de 2016, c'est alors que j'ai vite compris que cette guerre de terre ne va pas prendre fin. Elle sera de longue haleine.

Selon l'avocat Défense des prévenus, vous allez constater que dans cette note, il y a aussi la signature du Mwami Bamukoka.

Identification du Mwami Bamukoka qui comparait comme renseignant :

Mwami Saa Mbili Bamukoka, Fonction : Chef de chefferie de Watalinga.

Q. Vous avez été désigné chef ou Président de la commission d'arbitrage des conflits coutumiers ?

R. Oui.

Q. Reconnaissez-vous ce que Mwami Okabo vient de dire et ce que nous venons de lire ?

R. Non, nous n'avons pas encore été au courant.

Q. N'en avez-vous pas entendu parler ?

R. Non.

Q. Est-ce que la question a été soulevée au dialogue social[27] ?

R. Non.

Q. Est-ce que la question a été soulevée à la Conférence Amani[28] à Goma ?

R. Il y a déjà beaucoup d'années passées, je ne me souviens plus.

Premier président au chef Boroso :

---

[27] Province du Nord-Kivu, *Rapport final du dialogue social sur la sécurité en territoire de Beni tenu du 14 au 16 mars 2013*, Oïcha, 2013.

[28] République Démocratique du Congo, *Actes de la Conférence sur la paix, la sécurité et le développement au Nord et Sud-Kivu tenue à Goma du 27 décembre 2007 au 5 janvier 2008*, Goma, 2008.

Q. Avez-vous écouté la lecture de la note et ce que Okabo vient de dire ?
R. Oui, j'ai suivi.
Q. Qu'est-ce que vous dites et quelle est votre réaction ?
R. Comme le Groupement Bambuba-Kisiki est en train d'écrire des notes aux autorités, cela ne va pas causer des massacres.
Q. Que dites-vous concernant les conflits des tribus ?
R. En ce qui me concerne, c'est Bangatshu qui allait réclamer cette terre, mais aujourd'hui ce sont les tribus Ngamala qui réclament.
Q. Confirmez-vous qu'il y a un conflit de terre ?
R. Oui, il y a conflit de terre.
Mwami Boroso : Je ne suis pas chef des animaux, je suis chef des populations et je me contente de ce qu'on me donne. Etant chef, je ne peux pas être tueur de la population que je dirige.
L'Avocat Défense de Boroso soutient que son client vient de soulever un problème très important qui est celui de Baungatshu-Luna. C'est Ngamala qui était en conflit avec le chef Kalume IV.
Ministère Public au chef Boroso :
Q. Est-ce qu'il reconnait cette signature sur la note ?
R. Oui, il reconnait la signature.
Q. Qui avait signé ?
R. C'est bien moi, chef Boroso.
Le Ministère Public voulait faire savoir à la Cour que c'est Boroso qui est l'auteur de tous ces conflits.
Ministère Public au chef Bamukoka :
Q. Comment vous n'êtes pas au courant de tous ces conflits ? Vous ne savez rien alors que le chef Boroso vient de dire que ces conflits sont connus de tous ?
R. Je ne connais pas cette histoire, car d'autres problèmes se limitent au niveau de l'Administrateur du Territoire.
Après l'intervention de Mwami Okabo, le Ministère public sollicite qu'on amène la carte du Territoire de Beni. Le Ministère voulait faire savoir que sur cette carte, là où il y a des astérisques de la couleur rouge, tout comme vous allez voir aussi qu'il y a des chiffres, combien de fois il y avait eu des massacres. Les losanges indiquent les positions ADF. Avec les losanges vides, ce sont des positions conquises par des FARDC.
Pourquoi y a-t-il toujours une forte concentration de la population au Secteur de Beni-Mbau ? Concernant le dire d'Okabo, nous allons situer les différents Groupements. Concernant le chef Mwami Bamukoka, il est de Watalinga.
Okabo : Les clans qui composent le Bambuba-Kisiki sont toujours des grands clans. Notre Groupement Bambuba-Kisiki va du Nord au Sud. Vers Oïcha, la localité de Mukoko et de Bamohio. Ces massacres étaient plus perpétrés à Babohio. Une autre localité de Babohio, c'est Kisiki.

Arrivée du chef Boroso chez Ombi : quand je suis la note de 2016, ce qu'on nous dit c'est souvent au sujet de Bandani. Les enlèvements s'étaient faits à Kokola et Mayimoya.
Le Ministère Public voulait faire savoir à la Cour et à l'intention de tous qu'en voyant ces villages (Mukoko, Kisiki, Mbao), ce sont les membres de ses clans qui sont victimes.
Ministère Public à Boroso :
Q. Etes-vous d'accord de ce qui vient d'être dit ?
R. C'est faux et il est menteur.
Le 17 octobre 2014 : Vingt-deux victimes et un militaire ;
Le 27 novembre 2014 : Six morts et trois blessés acheminés à Goma, après j'étais arrêté ;
Le 29 septembre 2015 : on avait massacré ;
Le 1er mai 2016 : il y avait la mort de mon grand-frère Omeza Mangaya. Après, dans une entité, il y avait six morts. Dans mon entité de Baungatshu Luna, il y avait aussi des morts.
J'ai vingt-six ans au pouvoir et je connais très bien l'administration de mon entité. Ce que vient de dire le chef Okabo n'est pas vrai. Je lui pardonne en tant que chrétien. Concernant les massacres, ce sont nous les innocents qui sommes en prison alors que les vrais massacreurs circulent en liberté et la vérité finira toujours par éclater un jour.
Selon le Ministère Public, Dieu ne peut pas descendre pour justifier les gens. Or, ils n'utilisent que des personnes comme des Winnie et autres, comme Okapi pour nous relater ce qui s'est passé concernant les massacres.
Q. Qui sont ces gens qui sont morts à Mukoko ?
R. Je ne sais pas.
Q. Comment?
R. Mongo-Mongo.
Q. Ceux qui sont morts à Mongo-Mongo étaient de quels clans ?
R. Des Nyali et des Nande.
Q. Est-ce que les Nyali viennent de la Province Orientale ?
R. Oui.
Mwami Boroso : Je sais qu'au sujet de mon grand-frère qui était mort, j'informais souvent la hiérarchie et j'informais toujours les commandants des FARDC. Après avoir plusieurs fois informé, il n'y avait pas de solution. J'avais aussi informé le chef du contingent Népalais et le Représentant de la Monusco. Même lorsque nous étions dans des réunions, je parlais aux chefs et il n'y avait que du retard.
Ministère Public :
Q. Quelle est la tribu qui était massacré dans votre secteur ? Pouvez-vous citer les noms ?
R. Onila Manzala ; Paluku Maboko Dunia mon beau-frère ; le Kapita Osamba. Il y avait aussi la mort de Mukaka.

Ministère Public : Parmi toutes ces victimes, au regard de leur nombre, nous ne pouvons pas distinguer ceux qui sont dans le clan d'Okabo.
Mwami Boroso : Je voulais dire que, quand le rebelle arrive pour tuer, il ne commence pas par trier les tribus.
L'avocat Défense d'Okabo précise à la Cour que si son client se retrouve par devant la Cour, c'est pour un conflit. D'ailleurs par l'intervention du renseignant Winnie, lorsque Okabo était dans la brousse, il était relâché par les ADF parce que lui était cité par plusieurs personnes pour conflit de terre.
L'avocat Défense de Mwami Boroso à Okabo :
Q. Vous avez dit que la plupart des victimes des massacres étaient de votre clan ; quand avez-vous eu cette perception des faits ?
R. Si j'avais dit cela, c'était lorsque j'étais en prison. On me combattait. C'est alors que mes frères étaient massacrés.
Après son intervention, ils sollicitent que tous ceux qui ont apposé leurs signatures viennent aussi témoigner.
Le Ministère Public ne voit rien en ce qui concerne les deux notes. Ce qu'il ajoute à ces notes des menaces.
Ministère Public au chef Boroso :
Q. Qu'est-ce que vous êtes allé faire aux Etats-Unis ?
R. Je suis membre de SOFEPADI.
Q. De quoi avez-vous parlé aux Etats-Unis ?
R. Nous avons parlé de beaucoup de choses.
Défense du prévenu Boroso à Okabo : l'avocat de Boroso voulait savoir si, lorsque les assaillants venaient, ils ciblaient les tribus.
Q. Ngamala est de quel clan ? Mamba ou Ombi ?
R. Il est de clan Ombi.
Alors que son client est du clan Babohio.
Q. Est-ce que tous les signataires sont des Babohio ?
R. Non, ils ne sont pas tous Babohio.
Votre Groupement a trois clans : Ombi ; Mamba et Babohio.
Son avocat voulait faire savoir à la Cour que les deux clans, Ombi et Mamba, sont des frères et ils considèrent les Babohio comme des vanants.
Indentification :
Noms : Jophrée-Ali ; né en Ouganda vers 1997 ; Fils de Ali et de : Nuru ; Ville : Ouganda ; Etudes faites : 2ème secondaire ; il comparait comme renseignant.
Q. Qu'avez-vous échangé avec Okabo après l'audience de vendredi passé ; c'était au sujet de quoi en prison ?
R. Nous avons causé avant de venir à l'audience. Nous avons causé oui ; il m'avait dit que mon nom a été cité à l'audience en ce qui concerne ce qui a été témoigné au sujet de Bamukoka et que je vais comparaitre le jeudi.
Q. Qu'est-ce qu'ils ont dit au juste ?
R. Ils ont dit que, comme je suis en train de témoigner pour le chef Bamukoka, je risquerai de mourir car il est un grand chef.

Q. Qu'est-ce que vous avez dit au chef Okabo à propos de Boroso ?
R. Je n'avais rien dit.
Conseiller à Okabo :
Q. Qu'est-ce qu'il a dit à propos du chef Boroso ?
R. Que nous ne puissions pas témoigner sur ce qui le concerne.
Après, le prévenu Okabo informe la Cour que Mwami Boroso lui a envoyé quelques versets bibliques.
Ministère Public à Boroso
Q. Est-ce que vous connaissez ces versets ?
R. Le prévenu Boroso ne reconnait pas.
Le Ministère sollicite à la Cour qu'on puisse faire un petit exercice consistant à ce que Boroso puisse écrire.
Après, le Ministère constate que Mwami Boroso est un menteur.
Enoncé des versets bibliques : Ecl 3 : 1-8 ; Prov. 27 :1-7 et 12-13 ; Michée 7 : 1-4.
Après lecture de tous ces versets, le Ministère Public constate qu'il y a un temps pour tout. Un temps pour régner comme chef, un temps de comparaitre devant le juge et un temps pour être condamné.
Le Ministère sollicite les comparutions d'Amisi Kalonda et du chef Kalume IV.
La cause est renvoyée à lundi 24 avril 2017.

Audience publique du 2 mai 2017

RP N° 0155/2017
RMP N° 0738/KN6/2017
En chambre foraine à laquelle siègent :

1. Col. Mag. Ntshaykolo Esosa Masele Jean Paulin, 1er Président ;
2. Maj. Mag. Kabondo Pibwe Serge, Conseiller ;
3. Lt Col. Ndiba Bulangiti, Juge Assesseur ;
4. Lt Col. Simisi Tuve Serge, Juge Assesseur ;
5. Lt Col. Mpoy Teddy Léonard, Juge Assesseur ;
6. Gén. Maj. Mokunto Kiyana Tim 1er AGF, OMP ;
7. Mag. Bonyoma Kaisala Rigobert, Greffier.

En cause : l'auditeur militaire supérieur Près la cour militaire opérationnelle du Nord-Kivu, Ministère Public.
Contre : Monsieur Mwami Boroso-Bin-Bendera II Désiré Undelema et consorts.
Prévenus de :

- Participation à un mouvement insurrectionnel ;
- Association des malfaiteurs.

A l'appel de la cause, les prévenus cités ci-haut comparaissent en personne et assistés par leurs conseils : Me Joël Shanyungu ; le Défenseur militaire

Kiwunga Makila ; Me John Muhindo Muyisa, conjointement avec Me Constant Kalumende pour le compte du prévenu Boroso-Bin-Bendera II Désiré Undelema ; Me Jean-Marie Singa.
Comparait l'Administrateur du Territoire de Beni :
Noms : Amisi Kalonda Bernard ; né à : Kibombo, le 2 avril 1963 ; Etat-civil : marié ; Profession : Agent de l'Etat ; Fonction : Administrateur du Territoire de Beni ; Etudes faites : L2 en Sociologie.
Ministère Public aux renseignants Amisi Kalonda, et Okabo Mabruki :
Q. Vous souvenez-vous un jour, un dimanche, que les hommes sont venus chercher le Mwami Kalume IV ? Expliquez-nous ce qui s'est passé.
R. C'était un certain dimanche, nous étions assis. Le chef Kalume IV était sorti derrière la maison très essoufflé. Nous lui avons demandé de quoi il s'agissait et il va nous dire qu'il y a le frère de Mwami Boroso qui est venu avec ses hommes pour le chercher. C'était Maïs, à cinquante mètres de sa maison, avec deux hommes qu'il suspectait. L'un portait la tenue de la police et l'autre la tenue civile. Nous avons pris le courage d'aller vers eux. Arrivés devant ces hommes, on leur a posé la question de savoir d'où ils venaient, ils nous ont répondu qu'ils viennent du parquet. Alors nous leur avons demandé le papier qu'ils ont amené pour arrêter un grand chef. Or, celui qui portait la tenue avait une grenade sur lui. En voyant cela, j'avais soulevé les jeunes pour entourer ces gens. Après la maman du chef est venue nous dire de ne pas semer des troubles. Comme il y a le frère du chef Boroso, Maïs qui est connu, vous devez patienter. Nous disait-elle par la suite, je suis allé demander au niveau du parquet si réellement ils étaient venus de là. De mon retour, je suis allé voir monsieur l'Administrateur pour lui dire que le frère de Boroso, qui se trouve en brousse, est venu chercher le chef Kalume IV.
Ministère Public à Monsieur l'AT Amisi Kalonda :
Q. Quelle est votre réaction par rapport à cet acte de tentative d'enlèvement du chef Kalume IV ?
R. Dans cette affaire, j'ai deux versions : il y a un jour où le chef de Groupement Kalume IV m'avait informé qu'il y avait deux hommes qui sont venus avec les documents du parquet lui signifiant qu'il est invité au parquet. Je me suis demandé comment ils pouvaient venir arrêter quelqu'un sans même informer la police. Deuxième version, c'est concernant le document.
Q. Aviez-vous déjà entendu parler de Maïs ?
R. Non.
Q. Ce jour-là, Okabo n'avait jamais parlé de Maïs ?
R. Il y avait un tiraillement entre les deux, Okabo et Boroso s'accusaient mutuellement.
Q. Avez-vous entendu parler d'Eyenga ?
R. Oui, c'était le frère de Boroso.
Q. Avant la rencontre, n'avez-vous jamais parlé d'Eyenga ?
R. Non, mais on entendait les gens dire qu'Eyenga se trouvait dans la brousse.
Ministère Public à Boroso :

Q. Est-ce qu'il y avait des tiraillements ?
R. Oui, il y avait des tiraillements.
Ministère Public à Okabo :
Q. Est-ce que ce jour-là du dimanche, il y avait une personne qui est allée informer ?
Défense de Boroso :
Q. Quelle est la suite réservée à l'accusation sur l'appel téléphonique à la recherche de Kalume IV pour la tentative d'enlèvement ?
R. Moi je suis connu au parquet et presque par tous les chefs. Quiconque serait recherché dans mon entité, il faut que je sois informé. Après mon investigation, j'ai vite compris que ce document ne venait pas du parquet.
Premier Président :
Q. Vous dites que vous n'avez rien fait comme vous êtes connu par les chefs ?
R. Non.
Défense de Boroso au renseignant Amisi
Q. N'avez-vous jamais entendu parler du nom de Maïs ?
R. Non.
Q. Est-ce que dans cette réunion, vous n'avez pas entendu de sa bouche Okabo parler ou citer le nom de Maïs ?
R. Non.
Q. Après cette réunion, pourquoi avez-vous amené Okabo ?
R. C'est dans cette réunion, qui était tenue par le T2, qu'il était question qu'on puisse amener Okabo pour le confronter avec Boroso.
Premier Président à Okabo :
Q. Quelle est votre réaction ?
R. C'est vrai.
Défense de Boroso au chef AT :
Q. Pourquoi n'avez-vous pas foncé en profondeur pour savoir qui voulait enlever le chef Kalume IV ?
R. Moi je suis coordonnateur. Il y a la police et le bureau T2 comme des services spécialisés. Je ne pouvais plus mener des investigations.
Défense de Boroso à Okabo :
Q. Que dites-vous par rapport aux déclarations de l'AT, selon lesquelles il n'avait pas entendu le nom de Maïs ?
R. Je dis que peut-être monsieur l'Administrateur n'avait pas fait attention sur le nom de Maïs.
Observation de la Défense : Le nom de son client n'a jamais été cité comme membre de ce mouvement.
Q. Avant les tiraillements entre Okabo et Boroso, il n'avait jamais entendu le nom d'Okabo ?
R. Bien avant dans son village, Okabo était capturé sous la casquette de chef des ADF. Après quelques temps, il était relâché. C'est la population qui disait qu'il était Major chez les ADF. Concernant Boroso, ce sont des rumeurs qui circulaient toujours que ce dernier a des frères chez les ADF.

Défense Makila à l'AT :
Q. Est-ce qu'il peut confirmer devant la Cour cette autre chose concernant l'enlèvement du chef Kalume IV ?
R. Ce sont des tâtonnements. A notre niveau à Oïcha, nous n'avons pas de confirmation. Il fallait que le chef Kalume IV lui-même se défende, car c'est lui seul qui était présent.
Défenseur Makila à Boroso :
Q. Est-il vrai que, dans la réunion avec l'AT, vous avez sorti une liste et que parmi les noms, il y avait celui de Maïs avec ceux de tous les suspects ?
R. Non, je n'avais jamais sorti une quelconque liste devant l'AT.
Défenseur Makila à l'AT :
Q. Aviez-vous vu la liste que Boroso avait sortie dans cette réunion ?
R. En tout cas, je n'avais vu aucune liste.
Ministère Public à l'AT :
Q. Entre la tentative d'enlèvement du chef Kalume IV et la tenue de la réunion, il s'est passé combien de temps ?
R. Environ trois mois.
Okabo confirme que c'était trois mois.
Q. Aviez-vous informé le chef de la police de la tentative d'enlèvement ?
R. Personnellement non ; mais il était informé par ses services.
Le Ministère, pour éclairer la Cour, précise que le nom de Maïs n'était pas apparu pour la première fois ici à l'audience. C'est son client lui-même qui avait cité le nom de Maïs. Vous comprendrez aussi la manœuvre de Bororso. C'est Okabo qui devait accuser Boroso, subitement Boroso est vite venu accuser Okabo.
Comparait Mwami Kalume IV :
Identification :
Noms : Acumavu Ngiamasuwa Pascal Kalume IV ; né à : Mbau, le 29 mars 1986 ; Etudes faites : 2ème Doctorat Médecine ; Etat-civil : Marié et père de 3 enfants ; Fonction : Chef de Groupement Bambuba/Kisiki ; Domicilié à Oïcha, il y a de cela un mois.
Ministère Public au chef :
Q. Quelle est la cause de la mort de votre frère Kalume IV ?
R. Selon ceux qui le gardaient, il était mort de la cirrhose de foie.
Q. Où étiez-vous tout ce temps-là ?
R. J'étais à Butembo.
Q. Comment les relations étaient vécues entre les membres de famille ?
R. Ils parlaient de Boroso, ils disaient que c'est lui qui a tué mon père.
Q. Qu'est-ce que vous avez fait ?
R. Je l'avais protégé, car ma population voulait le tabasser.
Q. Qui vous ont choisi comme chef ?
R. Les membres de famille.
Q. Est-ce qu'à l'enterrement de votre papa, Boroso était présent ?
R. Oui.

Q. Est-ce qu'il était content de votre investiture ?
R. Non.
Q. Après votre installation, n'y avait-il pas quelques problèmes orchestrés de la part de Boroso ?
R. Il ne voulait pas de moi. Il ne me respectait pas ; d'ailleurs il voulait aussi me faire tuer.
Q. Vous souvenez-vous de ce qui vous est arrivé un certain dimanche ?
R. Oui. C'était un dimanche, nous étions dans le barza avec mon grand-frère et j'étais en communication. Comme la causerie était longue, le grand-frère me dira d'aller dehors. En sortant, j'avais aperçu deux hommes, l'un portait la tenue de la police et l'autre en civil. En les voyant, j'avais pris la fuite pour aller informer le chef Okabo.
Q. Connaissez-vous le chef Bamukoka ?
R. Oui, je le connais.
Q. Est-ce qu'ils avaient des contacts entre eux chefs ?
R. Oui, en tant que chefs coutumiers.
Q. Après la mort de votre père, est-ce que le Mwami Bamukoka avait pris en charge les études de votre fils cadet ?
R. Oui.
Ministère Public à Mwami Bamukoka :
Q. Est-ce que vous confirmez ces propos ?
R. Oui, je l'avais pris en charge.
Ministère Public à Mwami Boroso :
Q. Est-ce que vous confirmez que Kalume IV vous a dit de fuir parce que la population voulait vous lapider ?
R. Oui.
Q. Avant son installation, il y avait des sous-estimations de votre part, vous ne vouliez pas ?
R. Il y avait contestation.
Q. Connaissez-vous Mutembezi et Kakule ?
R. Oui, ce sont mes collègues.
Q. Connaissez-vous Front Oeucuménique de Libération de Mbusa ?
R. Non, je ne connais pas.
Q. Connaissez-vous Ngamala ?
R. Oui, je le connais.
Ministère Public : C'est Ngamala qui était le président de Front Œcuménique de Libération de Mbusa.
Q. Est-ce que vous étiez au courant de la contestation de l'installation de Kalume IV ?
R. Oui, même jusqu'à présent, il y a toujours des contestations.
Maïs c'est l'homme des mains de Boroso. Vous constaterez que Boroso était l'un des contestateurs du règne de Kalume III et Kalume IV.
Défense de Boroso à Kalume IV :

Q. Selon vous, au sujet de la mort de votre père, entre la cirrhose de foie et dire que c'est Boroso qui avait tué votre père, qu'est-ce qui est juste ?
R. Ce sont les médecins qui avaient établi ce diagnostic.
Q. Selon vous ?
R. Silence
Premier Président à l'AT Amisi Kalonda :
Q. Confirmez-vous que ce conflit existe et qu'il y a des correspondances dans votre bureau ?
R. Oui, il y a plusieurs correspondances.
Q. Parmi les signataires, y avait-il aussi Boroso ?
R. Oui.
La défense de Boroso voulait tout simplement apporter des éclaircissements aux propos émis par le Ministère Public selon lesquels la population ne veut plus le retour de Boroso ; même Jésus qui était saint, la foule disait qu'on le crucifie.
Q. En faveur de quel camp avez-vous signé ? Celui du chef Boroso ?
R. En faveur du camp Kamala.
Défense de Boroso au chef Kalume IV :
Q. Lors de vos réunions, est-ce qu'il entendait dire ou citer le nom de Boroso comme collaborateur des Nalu, lui qui était dans son entité ?
R. C'est lui-même qui disait que ce n'était pas lui, mais que c'étaient les enfants de leur famille.
Q. Est-ce que vous connaissez monsieur Haule Mutembezi ?
R. Oui.
Q. Savez-vous qu'il était pisteur des FARDC ?
R. Oui.
Q. C'est vous qui l'avez recommandé.
R. Oui, c'était sur demande de feu papa.
Q. Qu'est-ce qui vous a poussé de le recommander ?
R. C'est dans son village où il y avait des pistes, et nous l'avions trouvé courageux.
Administrateur du Territoire : Au début des opérations, on avait tenu une réunion et il m'avait demandé d'initier tous les chefs de village.
Le Ministère Public voulait faire comparaitre monsieur Pascal, qui était aussi enlevé ensemble avec Machozi.
Identification :
Noms : Moera Pascal Mboyo, Né à : Mayimoya, le 23 avril 1996, Fils de Moere et de Machozi, Etudes faites : 3ème T Agronomie, Etat-civil : Célibataire.
Q. Qu'est-ce qui vous est arrivé dans votre famille ?
R. Nous étions chez nous et papa était vers Tungudu, où il avait vu des suspects. Le soir, quelques personnes frappaient à la porte et parlaient français et kiswahili. Papa ne voulait pas ouvrir la porte. Après leur insistance, papa a ouvert la porte. Ces hommes disaient qu'ils sont les agents de l'ANR. Ils sont

entrés dans la maison et ils nous ont fait sortir, ma mère et moi. Ils ont amené nos poules.
Q/ Est-ce que vous causez avec votre père ?
R. Oui.
Q. Qui était dans cette rencontre ?
R. Le chef Boroso.
Q. Qu'est-ce qu'il faisait dans cette réunion ?
R. C'était pour apposer sa signature.
Q. Est-ce que votre père avait aussi signé ?
R. Non, maman lui avait défendu de signer. Boroso avait signé dans un état d'inconscience, après s'être rétabli, il s'est mis à contester.
Ministère Public à Okabo :
Q. Pourquoi le chef Machozi était enlevé ?
R. C'était lorsque la délégation venait de Goma ; au cours d'une rencontre avec les membres de cette délégation, Machozi protestait contre leurs propos. C'est après ces contestations qu'il a été enlevé jusqu'à présent.
Défense de Boroso à Pascal :
Q. Qu'est-ce qui a empêché votre père d'apposer sa signature ?
R. Je ne sais pas.
Q. Quand est-ce que votre père était kidnappé ?
R. En 2012.
Q. Cela fait combien de temps que votre père vous a dit qu'il ne voulait pas apposer sa signature ?
R. Je ne sais pas.
Q. Quel âge aviez-vous ?
R. Dix-sept ans.
Monsieur Boroso voulait narrer une petite histoire concernant les massacres et les tueries.
Après, le Ministère Public intervient en précisant que, pour le moment, il n'est pas poursuivi pour raisons des massacres, qu'il est poursuivi pour sa collaboration avec les ADF. Selon le Ministère Public, à ce moment, on voulait seulement démontrer l'existence des conflits de trois sommets.
Après l'intervention du Ministère Public, Monsieur le Premier Président de la Cour ne voulait pas lui accorder la parole.
La cause est renvoyée à jeudi 4 mai 2017.

Audience publique du 19 mai 2017

RP N° 0155/2017
RMP N° 0738/KN6/2017
En chambre foraine à laquelle siègent :

1. Lt. Col Mag Ntshaykolo Esosa Masele JP, 1er Président ;
2. Col. Omeonga Taunya José, Juge Assesseur ;
3. Lt Col. Ndiba Bulangiti, Juge Assesseur ;

4. Lt Col. Simisi Tuve Serge, Juge Assesseur ;
5. Col. Busoki Wa Karaku, Juge Assesseur ;
6. Gén. Maj. Mokunto Kiyana Tim, 1er AGF, OMP ;
7. Maj. Madoli Nzoki Guy Martin, Greffier.

En cause : l'auditeur militaire supérieur Près la cour militaire opérationnelle du Nord-Kivu, Ministère Public.

Contre : Monsieur Mwami Boroso-Bin-Bendera II Désiré Undelema et consorts.

Prévenus de :

- Participation à un mouvement insurrectionnel ;
- Association des malfaiteurs.

La cause est appelée à 15 heures 20 minutes.

A l'appel de la cause, les prévenus cités ci-haut comparaissent en personne et assistés par leurs conseils : Me Pépin Kalwaghe pour Mupepe ; Me Constant Kalumende ; Me David wambale ; Me Nathan Tagirabo.

Remise contradictoire lundi 21 mai 2017.

Audience publique du 21 mai 2017

RP N° 0155/2017

RMP N° 0738/KN6/2017

En chambre foraine à laquelle siègent :

1. Lt. Col Mag Ntshaykolo Esosa Masele JP, 1er Président ;
2. Col. Omeonga Taunya José, Juge Assesseur ;
3. Lt Col. Ndiba Bulangiti, Juge Assesseur ;
4. Lt Col. Simisi Tuve Serge, Juge Assesseur ;
5. Col. Busoki Wa Karaku, Juge Assesseur ;
6. Gén. Maj. Mokunto Kiyana Tim, 1er AGF, MP ;
7. Maj. Madoli Nzoki Guy Martin, Greffier.

En cause : l'auditeur militaire supérieur Près la cour militaire opérationnelle du Nord-Kivu, Ministère Public.

Contre : Monsieur Mwami Boroso-Bin-Bendera II Désiré Undelema et consorts.

Prévenus de :

- Participation à un mouvement insurrectionnel ;
- Association des malfaiteurs.

La cause est appelée à 11 heures 30 minutes.

A l'appel de la cause, les prévenus cités ci-haut comparaissent en personne et assistés par leurs conseils : Me Pépin Kalwaghe pour Mupepe ; Me Constant Kalumende et Me John Mughisa ; Me David wambale ; Défenseur Militaire Kiwunga Makila ; Me Jean Marie Singa ; Me Charles Umomuku.

Q. Quelle est l'incidence de l'inimitié dans cette cause ?

R. Défense : dans la décision du renvoi, il est bien précisé que monsieur Mupepe collabore avec Boroso sur le ravitaillement des ADF.

Ministère Public : Selon le renseignant, il y avait des conflits sur les frais de payage route. Il était impossible pour Mupepe de faire travailler ces gens s'ils ne s'entendaient pas avec les ADF. Même ceux qui avaient des tronçonneuses payaient des redevances auprès de Mboma.
Q. Reconnaissez-vous votre signature ?
R. Oui.
Q. Avez-vous lu cette lettre ?
R. La lettre était adressée au chef de poste d'Eringeti.
Q. Avez-vous appris la tentative d'enlèvement de chef Kalume IV ?
R. Aucune idée. J'ai appris cela à la radio quand l'Administrateur du Territoire est venu répondre.
Q. Pourquoi Okabo est arrêté ?
R. J'avais appris qu'il était mêlé dans l'histoire des ADF. J'avais appris cela à la réunion de sécurité. Boroso a été indexé à la mort du chef de Groupement Bambuba Kisiki. Okabo fait aussi partie de cette famille.
Q. Selon Okabo, ces conflits ont provoqué des tueries dans votre entité ?
R. Je ne saurai pas expliquer cela. Les ADF ont surtout vécu dans le secteur de Beni-Mbau. Les autres viennent aussi de l'Ouganda pour renforcer ceux qui sont à Beni Mbau.
Q. Avez-vous voulu faire une étude sociologique de massacres ?
R. J'étais reçu à Kinshasa par le Ministre à propos de ces massacres. Je n'ai pas eu de réponses claires à propos des questions posées.
Comparait monsieur Lomande Paluku Remy, né à Oïcha, le 10 septembre 1961, fils de Lomande (en vie) et de Kahindo Mafuta (en vie) ; Profession : Agent de l'Etat, chef de Secteur de Beni-Mbau ; G3 Sciences politiques et Administratives ; Domicilié à Mbau ; Quartier Administratif.
Q. L'axe routier Eringeti-Kainama se trouve dans votre entité ?
R. Oui.
Q. Avez-vous appris le conflit entre Mupepe et Boroso ?
R. Oui, sur la gestion des recettes de l'axe Eringeti-Kainama. Boroso soupçonnait Mupepe qu'il ne gérait pas bien, et d'avoir construit sa maison grâce à l'argent perçu. Quand nous avons voulu vérifier, nous avons appris que Mupepe est arrêté à l'auditorat et je n'ai pas pu vérifier le fait.
Q. Qui vous a appris l'existence de ce dossier ?
R. Boroso lui-même.
Q. Avez-vous mis les deux personnes autour d'une table pour trouver la solution à l'amiable ?
R. Je ne me rappelle plus.
Q. Mupepe, pouvez-vous rappeler au chef de Secteur ?
R. Vous vous rappeler quand vous m'avez réhabilité dans mon travail et que Boroso avait refusé que je puisse rentrer, nous étions invités chez vous pour nous réconcilier.
Q. Chef de Secteur, votre réaction ?
R. Je les avais entendus, mais séparément.

Ministère Public : La Défense a appelé le chef de Secteur pour constater qu'il n'y avait pas d'amitié et quelle était l'incidence sur le fait de la cause.
Q. Moterne qui avait apporté la nouvelle que les ADF allaient attaquer Eringeti ?
R. Boroso, s'il parle de Maïs, ce sont des gens que lui-même utilisait.
Q. Qui était le chef d'Encadrement Administratif ?
R. Monsieur Roger. Il est maintenant muté à Goma.
Q. Qui vous a vendu cette moto ?
R. Un taximan d'Eringeti, qui a été tué par les ADF.
Q. Boroso, connaissez-vous ce monsieur ?
R. Je l'ai connu ce jour qu'il est mort, tué par les ADF.
Q. Le vendeur de la moto était-il vivant lorsque les ADF menaçaient d'attaquer Eringeti ?
R. Il était vivant. Je n'avais rien fait sur la personne qui m'a vendu la moto, c'était sous menace.
Q. Boroso, qui vous avait demandé d'amener l'argent ?
R. Le chef de poste d'Encadrement m'a demandé de partir avec Maïs. Arrivé à la Monusco, je suis descendu pour l'attendre. Au retour, il est venu avec une lettre que nous avons présentée au chef de poste d'Encadrement.
Q. Vous étiez combien de personnes dans la salle ?
R. Cinq personnes.
Q. Aviez-vous la moto sur place ?
R. Non, ça se trouvait chez moi. Quand je l'ai amené, Boroso a dit qu'on n'avait pas besoin de la moto, mais plutôt de l'argent.
Ministère Public : Kakule Mboma qui nous a parlé de ce problème de la moto, cote 143.
Q. Entre vos déclarations devant le MP et celles d'aujourd'hui, lesquelles la Cour peut prendre en considération ?
R. Celui qui m'avait auditionné écrivait en français ; or je parlais en kiswahili. Il m'a demandé de signer et j'ai signé.
Q. Quelle tribu a été la plus touchée dans ce massacre ?
R. Toutes les tribus sont touchées. Comme la tribu Nande est majoritaire, c'est la tribu la plus touchée.
Q. Vous trouvez normal d'entendre l'enlèvement d'une personne dans votre entité deux ans après ?
R. La personne même ne m'a pas intéressé. Je ne suis pas magicien pour l'imaginer.
Comparait Mutarani Moterne Modeste, Commandant Adjoint, OPJ PSPEF :
Q. Avant 2011, avez-vous travaillé à Eringeti ?
R. Oui.
Q. Etiez-vous victime de la moto chez les ADF ?
R. C'était vers 2006, un certain lundi vers 11 heures, le chef est allé voir le chef d'Encadrement Administratif, comité du Secteur, lui disant qu'il y a des gens qui ont encerclé Eringeti à cause de la moto que j'ai achetée. Ils m'ont

demandé une moto neuve. J'ai payé 600$, Boroso est parti avec cet argent. Je ne sais pas à qui est-ce qu'il l'a remis.
Q. Etiez-vous en contact avec ceux qui demandaient cet argent ?
R. C'est Boroso qui était en contact avec eux. Quand j'ai voulu remettre la moto, Boroso l'a refusée pour me demander de l'argent.
Q. Boroso s'était-il retiré pour demander à ces gens ou comment ?
R. Il ne s'est pas retiré. Sur place, il a demandé de l'argent.
Q. Boroso, avez-vous suivi ces déclarations ? Votre réaction ?
R. A partir de 13 heures, j'étais chez moi. Le chef de poste d'Encadrement m'a appelé. Il m'a expliqué comment Maïs lui a dit que les ADF veulent attaquer Eringeti à cause de leur moto. Nous étions aussi avec l'agent de l'ANR.
Q. Avez-vous connu les relations de monsieur Boroso avec Mboma ?
R. J'ai connu Mboma comme frère de Boroso.
Q. Avez-vous su tous les collaborateurs des ADF ?
R. Non.
Q. Comment a été perçue la réparation de la route Eringeti-Kainama ? Monsier Winnie ?
R. Nous avons appris cela en 2005. Nous les cadres des ADF nous sommes allés à Kainama. Nous avons rassemblé la population pour lui dire que celui qui va réhabiliter cette route, aura ouvert un front contre nous. Nous avons cru que ce sont les arrangements des FARDC pour amener leurs engins contre nous. Comme les travaux continuaient, nous avons mis une équipe pour décourager ces gens. Il fallait mettre la main sur le chef qui a fui pour nous laisser sa machine. Nous avons pris la machine au lieu de 500$. La mission de Boroso a connu des succès et celle de la réhabilitation a pris fin. Je suis prêt à dénoncer tout le monde qui cherche à déranger les gens à Beni.
Q. Mupepe, pendant combien de temps avez-vous travaillé ?
R. Depuis juillet 2007 jusque fin 2009, j'ai fait la route Eringeti-Kainama soit 48 Km.
Q. Vos cantonniers étaient-ils protégés par la police ?
R. Il n'y avait ni police, ni armée.
Q. Mupepe, vous ne donniez rien aux ADF ?
R. Rien. Je travaillais avec les gens du village où j'arrivais.
Q. Donniez-vous de l'argent aux ADF ?
R. Oui, par contrainte.
Q. Monsieur Winnie, qui cherchiez-vous ?
R. Monsieur Mupepe.
Q. Dans quel cadre vous êtes-vous rencontrés ?
R. Dans un cadre d'urgence ; nous étions avec le chef de poste d'Encadrement, l'agent de l'ANR et Maïs.
Q. En quelle langue vous étiez-vous entretenu ?
R. En kiswahili, déclarent Mabruki, Kakule et Mapoli.

Q. Le chef de poste vous a-t-il demandé votre appréciation, si les ADF allaient attaquer Eringeti ?
R. Non, nous n'étions que six policiers, il n'y avait pas de militaires.
Q. Qui avait dit que les ADF n'avaient plus besoin de la moto, mais plutôt de l'argent ?
R. C'est le Mwami Boroso.
Q. Avez-vous été intimidé par les ADF ?
R. Non, je n'avais vu aucun ADF.
Q. Après avoir été victime de cet acte, avez-vous informé la hiérarchie ?
R. Oui, c'est la raison pour laquelle j'ai été permuté à Mamove.
Q. A part la moto, les ADF avaient-ils exigé quelque somme à la population ?
R. Ceux qui exploitaient les bois. En défaut, on récupérait leurs machines et ils payaient.
Q. La hiérarchie connaissait cela ?
R. Oui.
Q. Auprès de qui ils payaient cette somme ?
R. Je ne sais pas.
Q. A part le jour de l'incident, avez-vous entendu que monsieur Boroso est intervenu comme intermédiaire des ADF ?
R. Je ne savais pas que monsieur Boroso est intermédiaire des ADF.
Winnie : Nous avons entendu ce projet de réhabilitation de la route en 2005. Le fait pour moi de quitter chez les ADF ne pouvait pas arrêter le projet.
Q. Boroso, pendant combien de temps avez-vous travaillé ?
R. Deux à trois mois ; c'était pendant la pluie. Le chef de secteur m'avait appelé pour me demander de laisser ce travail à Mupepe.
Défense : On constate que Boroso a fait une année. La feuille d'audience parle d'octobre 2010 et juin 2011.
Q. Vous avez mis le bâton dans la roue contre Mupepe. Avec Boroso, vous n'avez pas l'intérêt de l'empêcher. Les trois kilomètres que Boroso avait réhabilités étaient moins dangereux par rapport à ce que Mupepe avait fait ?
R. Nous avons demandé de l'argent à Mupepe pour qu'il puisse se décourager.
Mupepe : Lettre d'affectation de Boroso en 2010.
Q. Avant votre suspension, y a-t-il eu des manifestations ?
R. Oui, ceux des chauffeurs et des motards.
Q. Pourquoi Mupepe a été suspendu ?
R. Je ne sais pas du fait que je n'étais pas encore en fonction. Je voulais éviter de savoir ce qui s'était passé entre Boroso et Mupepe.
Q. Mupepe, lorsque vous étiez suspendu, étiez-vous à Eringeti ?
R. J'étais à Beni et à Eringeti.
Q. Aviez-vous déclaré que vous avez fui les représailles de Boroso ?
R. Oui.
Ministère Public : A partir de Kinshasa, nous avons eu des nouvelles selon lesquelles Boroso a une milice à Tshutshubo. Malgré les dérangements,

Mupepe a continué avec la route. Les manœuvres de Boroso étaient pour freiner l'arrangement de la route à une année pour 3 Km.
Q. Qu'alliez-vous fait pour que la route ne soit pas réhabilitée ?
R. Lui créer des obstacles pour qu'il se décourage.
Q. Aviez-vous demandé les différentes sommes d'argent perçues ?
R. Oui, on prenait tout ce qu'on trouvait sur eux.
Q. Cela a-t-il continué chez Mupepe comme chez Boroso ?
R. Mupepe travaillait avec les FARDC. Il fallait lui demander de l'argent. Boroso travaillait avec nous, comment lui demander de l'argent.
Q. Boroso, avez-vous suivi ces déclarations de Winnie ? Votre réaction ?
R. Si j'étais chez les ADF, comment ils ont saisi ma machine et j'ai payé 150$? Winnie avait déclaré ici qu'il m'a vu à la prison de Ndolo. C'est le conflit du Groupement qui amène Winnie à déclarer tout cela.
Q. Est-il exigé à tous les chefs ADF de voir Boroso, le reconnaitre ou l'entendre ?
R. Je n'ai pas travaillé avec les ADF.
Winnie : Boroso dit que nous nous sommes vus à Ndolo. La fonction que j'assumais chez les ADF, je ne pouvais pas collaborer avec lui. J'avais des officiers que j'envoyais sur le terrain.
Q. Quand avez-vous quitté chez les ADF ?
R. En 2010.
Q. Mupepe, en quelle année Boroso a eu à gérer la route ?
R. Début de l'an 2010.
Défense : Notre client a eu à gérer cette route en 2011. Nous avons des documents. Nous demandons de bien recevoir les propos de Winnie, mais il y a des contradictions. Il vient de balayer tous ces propos.
Q. Boroso, combien de kilomètre avez-vous aménagé ?
R. Trois kilomètres.
Défense : Notre client n'a pas géré la route en 2010. Il y a des témoignages. Il y a une personne qui a géré la route après la suspension de Mupepe.
Remise contradictoire mardi 23 mai 2017, jeudi 25 mai 2017, vendredi 26 mai 2017 et lundi 29 mai 2017.

Audience publique du 29 mai 2017

RP N° 0155/2017
RMP N° 0738/KN6/2017
En chambre foraine à laquelle siègent :

1. Lt. Col Mag Ntshaykolo Esosa Masele JP, 1er Président ;
2. Col. Omeonga Taunya José, Juge Assesseur ;
3. Lt Col. Mpoy Teddy Serge, Juge Assesseur ;
4. Lt Col. Simisi Tuve Serge, Juge Assesseur ;
5. Col. Busoki Wa Karaku, Juge Assesseur ;
6. Gén. Maj. Mokunto Kiyana Tim, 1er AGF, OMP ;

7. Maj. Madoli Nzoki Guy Martin, Greffier.

En cause : l'auditeur militaire supérieur Près la cour militaire opérationnelle du Nord-Kivu, Ministère Public.

Contre : Monsieur Mwami Boroso-Bin-Bendera II Désiré Undelema et consorts.

Prévenus de :

- Participation à un mouvement insurrectionnel ;
- Association des malfaiteurs.

La cause est appelée à 11 heures 50 minutes.

A l'appel de la cause, les prévenus cités ci-haut comparaissent en personne et assistés par leurs conseils : Me John Mughisa et Me Constant Kalumende.

Comparait monsieur Abamba Ekangindo Daniel alias Kelekele, né à Dilolo en 1954, fils d'Abamba Yamba (décédé) et de Kanekele (en vie) ; Profession : exploitant minier Kamanyola, village bagatsu Luna ; marié à Madame Jeanne Lolova et père de 25 anfants ; Etudes faites : 3ème primaire ; domicilié à Eringeti-centre (Renseigant).

Q/ Quels sont les problèmes que vous avez avec Boroso ?

R. Le 8 mai 2013, quand j'entrais à la carrière, Boroso m'a appelé pour me faire une mise en garde que moi Kelekele je discute avec lui sur sa terre : vous allez voir, m'a-t-il prévenu La nuit, six personnes sont venues me piller tout en me disant que c'est Boroso qui les avait envoyés. Ils n'ont pas besoin de me tuer comme ils m'ont beaucoup pillé.

Q. Combien de jours sont passés depuis qu'ils vous ont dit cela jusqu'au jour de pillage ?

R. Le 8 mai 2013, le même jour.

Q. Est-ce que d'autres personnes ont vu ces bandits ?

R. Tous ceux qui travaillaient dans la carrière.

Q. Qu'est-ce que Kasuku vous a dit ?

R. Les gens de Kasuku sont venus avec des bandits.

Q. Où est Kasuku pour le moment ?

R. Il est à Kamanyola ?

Ministère Public : Nous voyons comment Boroso résout ses problèmes. Il a des bandits qui parlent kiswahili de l'Ouganda.

Q. Quel est le nom de votre secrétaire ?

R. Bodina Apinga Philipe.

Q. Où est-ce qu'il est pour le moment ?

R. Je ne sais pas. Il a fui la guerre.

Q. L'aviez-vous envoyé en mission en Ituri ?

R. Non, il est parti voir sa famille.

Q. Il est de quelle province ?

R. Province Orientale.

Q. Actuellement Ituri ?

R. Oui.

Ministère Public : Boroso avait envoyé son secrétaire aller solliciter le FPI pour lutter contre Okabo et les autres. Vous l'avez aussi envoyé en Ituri.
Q. Connaissez-vous monsieur Nzangu Alezaro ?
R. Il est enseignant. Il était DG à la carrière de mon fils.
Q. Le MP présente une photo à Boroso. La personne sur la photo s'appelle Jean Michel ?
R. Le prévenu ne voit pas ?
Ministère Public : Il a à sa disposition monsieur Bodina Apinga et Nzangu Alezaro Jean Michel.
Défense : Kelekele croit qu'il va se décharger devant la Cour. Nous n'avons jamais reçu une plainte de la part de monsieur Kelekele, accusant notre client.
Q. Avez-vous porté ce fait devant les instances judiciaires ?
R. Nous avons commencé par la police d'Eringeti. On m'a envoyé au T2 d'Oïcha, c'était le 9 mai 2013. Le T2 l'avait appelé, il est venu. Le T2 avait demandé de l'argent, je n'avais rien. Boroso est venu m'accuser au parquet, il est venu avec tous les Bambuba. Nous avons comparu, on nous a demandé de revenir le jeudi et le lundi. Il a pris le dossier du parquet pour le tribunal. J'ai reçu l'invitation du Tripaix. Je suis arrivé au Tripaix. On nous a dit que nous allons comparaitre à Oïcha. Le juge m'a demandé pourquoi je suis là. J'ai fait sortir mes documents du Nord-Kivu et de la Province Orientale. On nous a demandé de revenir le 6. Je suis revenu seul, Boroso avec ses douze avocats. On nous a demandé de revenir. Nous avons fini par des va-et-vient.
Q. Boroso ?
R. Nous avons comparu. Kelekele est allé m'accuser à l'ANR Oïcha et j'avais même payé 180$.
Le Ministère Public renvoie à la Cote 152-153 pour Kelekele.
Q. Pour l'affaire de carrière, avez-vous saisi le Parquet ?
R. Oui.
Q. Qui exploite la carrière ?
R. C'est moi.
Q. Boroso, connaissez-vous Kelekele ?
R. Oui.
Q. Votre réaction ?
R. Il a vendu un village. Il y avait des conflits qui ont été amenés au parquet.
Q. Kelekele, qui a ce dossier au Parquet ?
R. Un magistrat dont j'ignore le nom.
Q. Que dites-vous des bandits ?
R. Dire que j'ai envoyé des bandits, c'est faux. Pour la carrière, j'avais payé de l'argent et on avait demandé à Kelekele de quitter la carrière, il a refusé. On est venu le piller. On avait envoyé des agents à la carrière pour dire que Kelekele n'est plus DG. On m'avait installé et j'ai commencé à travailler. Un jour la nuit, j'ai reçu un appel du DG qu'on vient de le piller. J'ai informé le Colonel qui a dit que partir par route, ça ne sera pas possible. Nous sommes dans une autre province, la province Orientale. Je suis allé voir les militaires.

Comme le commandant n'était pas là, je suis rentré. Le DG est arrivé pour me dire que la femme de Kelekele est venue dire que, comme nous avons récupéré la carrière, nous allons voir.
Q. Quel est le nom de votre fils ?
R. Musubao Bienvenu.
Ministère Public : pour votre information, j'ai envoyé des gens pour arrêter votre DG.
Q. Les 180$, on devrait les remettre à qui ?
R. Il fallait les remettre entre les mains de Kelekele. J'avais remis à l'adjoint du chef de Bureau.
Q. Avant de remettre les 180$, l'occupant légitime était Kelekele ?
R. On voulait nous partager la concession de la carrière. Quand j'ai refusé, on m'a demandé de rembourser les 180$ de Kelekele au bureau de l'ANR.
Q. Dans la nuit du 8 au 9 mai, les ennemis sont venus vous attaquer ; êtes-vous encore retourné à la carrière ?
R. Le chef avait dit qu'on morcelle la carrière. Boroso a refusé. Depuis ce jour-là, je n'arrive plus à la carrière.
Défense : C'est un dossier de conflit de carrière.
Ministère Public : La réalité de l'attaque de Kelekele ne fait l'objet d'aucun doute. Ce qui oppose les deux c'est la paternité de cette attaque.
Q. Kelekele, aviez-vous appris l'attaque de la carrière quand Boroso était là ?
R. Je me trouvais dans la Province Orientale. On avait arrêté ma femme. Je suis venu, j'avais appris que les jeunes de Boroso ont pillé la carrière.
Défense : La contrée était insécurisée.
Remise contradictoire le 30 mai 2017.

Audience publique du 30 mai 2017

RP N° 0155/2017
RMP N° 0738/KN6/2017
En chambre foraine à laquelle siègent :

1. Lt. Col Mag Ntshaykolo Esosa Masele JP, 1er Président ;
2. Col. Omeonga Taunya José, Juge Assesseur ;
3. Lt Col. Mpoy Teddy Serge, Juge Assesseur ;
4. Lt Col. Simisi Tuve Serge, Juge Assesseur ;
5. Col. Busoki Wa Karaku, Juge Assesseur ;
6. Gén. Maj. Mokunto Kiyana Tim, 1er AGF, OMP ;
7. Maj. Madoli Nzoki Guy Martin, Greffier.

En cause : l'auditeur militaire supérieur Près la cour militaire opérationnelle du Nord-Kivu, Ministère Public.
Contre : Monsieur Mwami Boroso-Bin-Bendera II Désiré Undelema et consorts.
Prévenus de :

- Participation à un mouvement insurrectionnel ;

- Association des malfaiteurs.

La cause est appelée à 14 heures 40 minutes.

A l'appel de la cause, les prévenus cités ci-haut comparaissent en personne et assistés par leurs conseils : Me Blachard Mbiya ; Me David Wambale ; Me Joël Shanyungu et Me Nathan Tagirabo.

Le chef de Secteur Beni Mbau, M. Rémy Lumande, présente le rapport qu'on lui a demandé comme devoir à faire.

Q. Okabo, rappelez au chef de secteur en bref.

R. Le conflit de Babohio, Mamba et Hombi, nous, on croyait que ce conflit se limitait au niveau du Groupement. Le kidnapping était surtout chez les Babohio. Les massacres de 2014 ont commencé au village de Babohio. Ce qui nous a confirmé, c'est la lettre de Mamba et de Hombi. Ils ont demandé au Gouverneur de faire sortir ces gens de chez les Babohio et Bahira. Nous avons compris que ce sont eux qui sont en train de mourir.

Chef de Secteur : Je ne peux pas affirmer ici que ce sont les Mvuba (Bambuba) qui tuent les Nande. Nous avons neuf villages, aucun de ces villages n'est épargné. Il y a une part de vérité dans ces dires. Il y a de ces villages qui ont plus été frappés par les massacres que d'autres.

Q. Quelle est la localité Mbuba qui n'a pas été frappée par le massacre ?

R. Bohio. Il y a deux localités des Banande. Il n'y a aucune localité où les Bambuba sont majoritaires.

Les rescapés : quatre rescapés présentés par le chef de secteur.

1. Avoza Viro Guilaine, née à Makulia, fille de Kasereka Munana (en vie) et de Kavira (en vie). Célibataire et mère d'un enfant ; Etudes faites : néant ; Profession : Cultivatrice et domiciliée à Eringeti, Quartier Madrandele (Renseignante).

Q. Vous souvenez-vous de la date où vous avez failli être tuée ?

R. J'oublie un peu.

Q. Relatez à la Cour.

R. C'était vers 19 heures, je préparais le foufou. Papa m'a posé la question de savoir si j'ai entendu les coups de feu. J'ai entendu papa crier : ouvrez la porte. J'ai ouvert la cuisine. Nous sommes entrés sous le lit. Ces gens sont arrivés, ils ont cassé la porte avec la machette. Ils ont voulu tuer papa. Ils ont demandé des chèvres. Six poules, neuf canards et neuf chèvres ont été récupérés et papa a profité pour fuir. Ils sont entrés dans notre chambre. Ils m'ont demandé d'enlever tous les habits. J'ai demandé de me tuer au lieu de me violer. Ils ont dit qu'ils vont me violer avant de me tuer. Ils m'ont violé, puis ils ont fait pénétrer le bâton dans mon vagin. Par la suite, ils ont laissé le bâton pour faire pénétrer le canon de fusil dans le vagin. Ils ont pris l'argent que j'avais, même l'argent que papa avait gardé. Ils voulaient me tuer, l'autre a dit de ne pas me tuer et que je vais transporter leurs biens. Ils m'ont prise et nous sommes partis. En cours de route, ils ont fait tomber quelque chose. L'un d'eux est parti, il m'a laissé avec un enfant. Quand un animal faisait des mouvements dans la forêt, ils ont cru que ce sont des FARDC. Ils se sont cachés, j'ai profité

pour fuir. Comme je n'avais pas d'habits et le ventre ma faisait mal, je suis allé tomber quelque part quand les éléments FARDC les ont poursuivis, ils m'ont récupérée par après.
Q. Ces gens parlaient quel kiswahili ?
R. Le swahili de RR.
Q. Ils avaient quelle tenue ?
R. Des tenues FARDC déchirées et des godillots.
Q. Premiers massacres de Linzo ?
R. Le premier épisode : sept personnes.
Q. Ils avaient pris quelle direction ?
R. Ils ont pris la direction de Bialos.

2. Comparait monsieur Masumbuko Yakobo, né à Nkayala, le 24 août 1984, fils de Mutobola (décédé) et de Kahindo (décédée) ; Etudes faites : Néant ; marié à Madame Kavira et père de 3 enfants ; Profession : Cordonnier à Eringeti.
Q. Vous souvenez-vous de la date où vous avez failli être tué ?
R. Le 1er novembre 2014 à Eringeti.
Q. Avez-vous relaté à la Cour ?
R. Vers 19 heures, quand les Nalu retournaient de là où ils sont partis, ils ont cassé la porte. Ils nous ont demandé de faire sortir les enfants et ils ont commencé à découper les gens.
Q. Ils parlaient quelle langue ?
R. Le Kiganda.
Q. Comment s'habillaient les agresseurs ?
R. Tenue FARDC.
Q. Etiez-vous blessé ?
R. Voyez ma tête et les bras.
Q. Vous étiez à combien à la maison ?
R. Neuf personnes. Les autres sont morts. Nous sommes restés deux : maman et moi.
Q. Avez-vous vu de là où ils sont venus ?
R. Ils avaient dévié la position défensive des FARDC pour entrer en brousse. Je n'avais pas su d'où ils venaient.

3. Comparait monsieur Kakayi Katara Jean Baptiste, né à Oïcha en 1949, fils de Bazira (décédé) et d'Angaboni (décédée) ; marié à madame Marguerite et père de 4 enfants ; Etudes faites : 3ème primaire ; Profession : Cultivateur (renseignant).
Q/ Qu'est-ce que vous avez vécu à Tenambo le 8 octobre 2014 ?
R/ Nos militaires étaient venus relever les autres, qui étaient partis en guerre. On a arrangé la position défensive. Nous avons vu ces militaires descendre encore pour chercher la boisson. Vers 19 heures, on a voulu tuer un Blanc à cinquante mètres de la position défensive. Nous avons entendu les coups de feu, ils ont tiré sur une fille au ventre et ont tiré aussi sur moi, puis ils sont

partis à Mamiti. Le blanc et la fille ont été acheminés à Goma. Moi, j'ai été hospitalisé à Oïcha.
Q. Avez-vous entendu les coups de feu ?
R. On avait tiré sur la fille.
Q. Avez-vous vu ceux qui ont tiré ?
R. Non, c'était la nuit.
Q. A-t-on tiré sur votre chien ?
R. C'est la balle tirée sur ma jambe qui a touché le chien, qui était à côté de moi, lorsque je mangeais. J'ai reçu deux balles.
Q. L'attaque a eu lieu le même jour de relève ?
R. Le même jour que les militaires relevaient les autres, qui partaient à Madina. Huit morts, dont quatre enfants.

4. Comparait monsieur Eneriabo Clavin, né à Yakubi en 1996, fils de Papy (en vie) et de Petromère (en vie). Etudes faites : 6ème primaire ; marié à madame Mbambu ; Profession : Taximen moto.

Q. Le 12 octobre 2015, qu'avez-vous vécu ?
R. J'étais au parking de Tenambo. Je suis allé voir si les gens sont là. Je suis rentré du parking, arrivé chez le chef, son enfant m'a dit de rentrer au village, il y a quelque chose qu'il a oublié. Au moment où j'amenais le chef, nous avons trouvé les gens qui venaient du rond-point. Quand l'enfant du chef a vu qu'il y avait beaucoup de balles, il a sauté pour fuir. La balle a touché le moteur de ma moto. J'ai fui, je me suis caché après avoir traversé six parcelles. Comme j'étais blessé à la jambe, j'ai vu une personne qui m'a aidé jusqu'à la barrière. Je me suis efforcé jusqu'à arriver à l'hôpital général d'Oïcha, où on était avec le président. Le matin, le président est allé à la morgue. Il a trouvé l'enfant du chef qui était mort. On avait dit à mes parents que je suis aussi décédé.
Q. L'attaque a eu lieu à quelle heure ?
R. A 16 heures à Mukobo.
Q. N'avez-vous pas vu les gens qui tiraient ?
R. Non.
Q. N'avez-vous pas entendu parler de ces gens ?
R. Non.
Remise contradictoire jeudi 1er juin 2017.

Audience publique du 1er juin 2017

RP N° 0155/2017
RMP N° 0738/KN6/2017
En chambre foraine à laquelle siègent :

1. Lt. Col Mag Ntshaykolo Esosa Masele JP, 1er Président ;
2. Col. Omeonga Taunya José, Juge Assesseur ;
3. Lt Col. Mpoy Teddy Serge, Juge Assesseur ;
4. Lt Col. Simisi Tuve Serge, Juge Assesseur ;

5. Col. Busoki Wa Karaku, Juge Assesseur ;
6. Gén. Maj. Mokunto Kiyana Tim, 1er AGF, OMP ;
7. Maj. Madoli Nzoki Guy Martin, Greffier.

En cause : l'auditeur militaire supérieur Près la cour militaire opérationnelle du Nord-Kivu, Ministère Public.

Contre : Monsieur Mwami Boroso-Bin-Bendera II Désiré Undelema et consorts.

Prévenus de :

- Participation à un mouvement insurrectionnel ;
- Association des malfaiteurs.

La cause est appelée à 11 heures 35 minutes.

A l'appel de la cause, les prévenus cités ci-haut comparaissent en personne et assistés par leurs conseils : Me Constant Kalumendo ; Me David Wambale ; Me Déo Shota ; Me Nathan Tagirabo et le Défenseur Militaire agréé.

Q. Avez-vous l'habitude d'aller en Ituri ?
R. J'y suis allé une fois.
Q. N'êtes-vous pas allé à Bunia ?
R. A Buna, il y a mon fils.
Q. Votre fils boit quel type d'eau ?
R. Rwenzori.
Q. Vous empruntez quelle route ?
R. Komanda-Ituri
Q. Pour aller à Njanda, vous étiez avec qui ?
R. Avec le secrétaire. Quelqu'un m'avait dit qu'il connait là où il y a une borne qui camouffle du mercure rouge ; c'est Safari. Il y a dix ans passés.
Q. N'êtes-vous jamais arrivé à Ngiti ?
R. J'y suis déjà arrivé.
Q. Avec qui avez-vous parlé ?
R. Germain Katanga ; la borne se trouvait dans son entité.

Ministère Public : Boroso est allé voir Germain Katanga pour régler ces conflits avec les autres ; alliance avec FPI.

Q. Vous êtes allé seulement une fois à Djanda ?
R. Seulement une fois. Arrivé au lieu indiqué, nous n'avons pas trouvé la borne.
Q. Ministère Public : avez-vous un fils répondant au nom de Bienvenu ?
R. Oui.

Le Ministère Public demande à Boroso de prévenir son fils, qu'il arrête de déranger la population, car il risque d'être arrêté.

Q. Continuez à relater les faits.
R. Nous nous sommes connus avec Germain lors de la guerre de Bemba. Germain Katanga était arrivé à Eringeti. C'est là qu'il m'a parlé de la borne de mercure. Nous avons passé nuit à Djanda. Germain Katanga n'était pas présent. Le lendemain, nous sommes allés à Geti pour entrer en brousse. Je suis rentré. Après quelques jours, on m'a encore appris qu'il y a une borne sur

le mont Hoyo. Celui qui connaissait l'endroit était introuvable. Nous avons jugé bon de rentrer en empruntant la route de Komanda. Après avoir constaté que j'ai perdu beaucoup d'argent, j'ai laissé.

Q. En aucun jour vous êtes parti avec la moto ?

R. Avec la moto, je suis allé voir une femme. Je suis parti avec Mbale.

Q. Est-il enseignant ?

R. Oui.

Q. Il est aussi Ngiti ?

R. Oui.

Q. Etes-vous sûr que c'était trois fois ?

R. Oui.

Q. Comment avez-vous connu votre secrétaire ?

R. Quand les gens qui fuyaient la guerre étaient arrivés chez nous, ils manquaient de la nourriture.

Comparait Mbondima Akenga Phillipe, né à Songolo, le 23 avril 1970, fils de Mbunia (décédé) et d'Ambaze (en vie). Profession : Cultivateur à Bandifese ; D6, marié à madame Azesu et père de quatre enfants, domicilié à Bandifese (Renseignant).

Comparait monsieur Jango Alezo Jean, né à Tchabi, le 2 décembre 1980, fils d'Alezo (décédé) et d'Abesi Agnès (en vie), Enseignant à l'EP Kambruku, Conventionnée protestante, D6 Pédagogie ; marié à madame Bayasi Neema Jeannette, père de quatre enfants ; domicilié à Kamango (Renseignant).

Q. Combien de jours avez-vous fait avec Jango ?

R. Nous avons fait aller-retour.

Q. Pourquoi vous êtes allés avec Jango ?

R. C'est chez eux là-bas ; il connaissait chez la femme en question. Elle était à Agaba.

Q. Distance entre Agaba et Tchabi ?

R. 20 Km et plus.

Q. Jango a vécu à Agaba ?

R. Chez eux, c'est à Tchabi.

Q. Pourquoi vous avez pris Jango ?

R. C'était samedi.

Q. C'était en quelle année ?

R. En 2010.

Q. Germain Katanga, vous l'avez vu quand ?

R. Pendant la guerre d'effacer le tableau[29].

Q. Etes-vous allé voir Germain Katanga avec votre secrétaire ?

R. Oui, Mali, technicien, deux venant de Butembo, Safari, Bachire. Nous étions neuf personnes.

Q. Quand vous êtes passé à la carrière, avez-vous vu l'enseignant ?

[29] Pour plus de détails sur l'opération « Effacer le tableau », lire Jaribu Muliwavyo, Thèse déjà citée, p291.

R. La première fois, l'enseignant n'était pas là.
Comparait monsieur Jango Alezo Jean
Q. Connaissez-vous Mwami Boroso ?
R. Oui, comme chef qui nous a accueillis à Eringeti en 2005, en provenance de l'Ituri.
Q. Entre vous et Mbondima, qui est arrivé le premier ?
R. J'ai connu Mbondima à Tchabi. Il m'a trouvé à Tchabi. C'est là que je suis né. J'étais en 1ère CO et lui est venu en 5ème secondaire.
Q. Avez-vous vécu ailleurs que Tchabi ?
R. Non.
Q. Vous est-il arrivé d'accompagner Boroso à Geti ?
R. Une fois, c'était un certain samedi qu'il est venu demander l'autorisation à l'école. Nous sommes allés à Geti pour dormir à Bunia. Sa femme était à Agaba.
Q. Où avez-vous connu cette femme ?
R. A Eringeti.
Q. Avant 2010, êtes-vous parti avec Boroso à Geti ?
R. Quand mon père est décédé, nous étions quatre personnes. Mwami Boroso avec son secrétaire partaient là-bas. Nous nous sommes croisés avec eux pour nous séparer à Djanda. Il était avec son secrétaire, Dido et les trois jeunes gens, ça fait six personnes. C'était en 2005 et la deuxième fois en 2010.
Q. Mwami Boroso, votre réaction ?
R. Oui, ce qu'il dit, c'est vrai.
Q. Etiez-vous huit ou six personnes ?
R. Nous étions huit personnes. C'est moi qui suis parti avec ces gens ; lui partait au deuil.
Q. Boroso est parti à Geti combien de fois ?
R. L'autre fois, il est parti avec son secrétaire. J'habite dans le même quartier que son secrétaire. Pour arriver chez moi, je passe par chez lui. Un jour j'ai demandé à sa femme, elle m'a dit qu'il est allé à Geti avec Mwami ; c'était en 2006.
Q. C'était pour quelle recherche ?
R. Ils parlaient de borne. Je ne sais de quelle borne il s'agissait.
Défense : Mwami Boroso, en dehors de ses fonctions, il s'intéresse aussi aux mines. Pour aller dans un milieu qu'on ne maitrise pas, il faut se faire accompagner. Avec Jango, ils ont fait la route ensemble une fois, l'autre fois, ils se sont croisés.
Q. Avez-vous géré la carrière de Mwami Boroso ?
R. Boroso n'avait pas de carrière, c'est son enfant qui en avait une que j'ai gérée pendant quelques mois. Moi, comme gérant, je restais à Eringeti. Les creuseurs ont été attaqués à la carrière.
Q. Vous avez parlé de la femme de Boroso lors de votre audition.
R. J'avais dit que nous sommes passés à Geti, il a vu son collègue chef de collectivité et nous sommes rentrés.

Q. Connaissez-vous monsieur Ibrahim Kamondo ?
R. Oui.
Q. Souvenez-vous que lors de l'attaque, on avait ravi une somme d'argent à monsieur Ibrahim ?
R. Oui.
Q. Est-ce que cela a créé un conflit avec Boroso ?
R. Mwami Boroso avait demandé à monsieur Ibrahim de rembourser cet argent, mais lui, a dit qu'il a subi les brûlures de cette attaque. Il ne peut pas rembourser cet argent.
Q. Avez-vous entendu que Mwami Boroso voulait lui ravir une parcelle ?
R. Oui.
Q. Boroso, votre réaction ?
R. C'était une affaire de 3000$. Je ne lui ai pas fait payer cet argent. J'ai cherché l'argent à lui remettre. Il est allé consommer cet argent avec ma tante maternelle et quand je voulais le lui faire payer, ma tante s'est à son tour fâchée et j'ai abandonné cela.
Comparait monsieur Mbondima Akenga Philippe :
Q. Depuis quand étiez-vous secrétaire ?
R. De 2004 jusqu'à 2015.
Q. Combien de fois avez-vous accompagné monsieur Boroso à Geti ?
R. Deux fois ; décembre 2006 et mai 2007. En 2006, nous sommes passés par Pumo-Zambalika, nous sommes arrivés à Djanda. Nous nous sommes vus avec papa Avezo, un habitant du milieu.
Q. Connaissez-vous Germain Katanga ?
R. Non, mais j'entendais parler de lui.
Q. Vous avez entendu que Germain Katanga est arrivé à Eringeti ?
R. Il est arrivé à Eringeti.
Q. Vous l'avez vu à Eringeti ?
R. Oui, à partir de ce jour-là, je l'ai connu.
Q. Est-ce que vous l'avez vu à Geti ?
R. Non.
Q. Pourquoi avez-vous vu monsieur Avezo ?
R. Nous sommes allés à la recherche des bornes. C'est un jeune homme, Bura, qui nous a conduits chez Avezo. Nous étions quatre personnes : Mwami, Bura, Norbert et moi.
Q. Ce jour, avez-vous vu Jango ?
R. Oui, nous sommes allés ensemble à partir d'Eringeti et nous nous sommes séparés dans un village appelé Zunguluka.
Q. La deuxième fois, 2007 ?
R. Deuxième fois, au mois de mai, nous sommes passés par Apumo jusqu'à Djanda.
Q. Boroso, votre réaction ?
R. Nous sommes arrivés chez le papa de Germain Katanga, qui est venu nous rejoindre à Veba.

Q. Avez-vous vu Germain Katanga à Veba ?
R. Oui.
Ministère Public : Ils savent pourquoi ils ne veulent pas citer Germain Katanga. Comme il a refusé, ils ont trouvé leurs alliés, les ADF.
Boroso : Je ne suis pas allé voir Germain Katanga pour la rébellion. Il est en prison, on peut l'appeler.
Q. Pourquoi vous refusez de citer le nom de Germain Katanga ?
R. Je n'ai pas hésité de citer le nom de Germain Katanga.
Le Ministère Public a la conversation avec Germain Katanga.
Remise contradictoire demain 2 juin 2017.

Audience publique du 2 juin 2017

RP N° 0155/2017
RMP N° 0738/KN6/2017
En chambre foraine à laquelle siègent :

1. Lt. Col Mag Ntshaykolo Esosa Masele JP, 1er Président ;
2. Col. Omeonga Taunya José, Juge Assesseur ;
3. Lt Col. Simisi Tuve Serge, Juge Assesseur ;
4. Lt Col. Mpoy Teddy Serge, Juge Assesseur ;
5. Col. Busoki Wa Karaku, Juge Assesseur ;
6. Gén. Maj. Mokunto Kiyana Tim, 1er AGF, OMP ;
7. Maj. Madoli Nzoki Guy Martin, Greffier.

En cause : l'auditeur militaire supérieur Près la cour militaire opérationnelle du Nord-Kivu, Ministère Public.
Contre : Monsieur Mwami Boroso-Bin-Bendera II Désiré Undelema et consorts.
Prévenus de :

- Participation à un mouvement insurrectionnel ;
- Association des malfaiteurs.

La cause est appelée à 13 heures 25 minutes.
A l'appel de la cause, les prévenus cités ci-haut comparaissent en personne et assistés par leurs conseils : Me Constant Kalumendo et Me David Wambale, tous avocats au barreau de Kisangani et le Défenseur Militaire agréé Kiwunga Makila.
Comparait Boroso-Bin-Bendera :
Q. Vous souvenez-vous de l'année où vous avez vu Germain Katanga ?
R. En 2005, au mois de décembre.
Ministère Public : En 2004, décembre, Geramain Katanga était à Kisangani. Ils sont nommés généraux avec le Général Kisembo. En décembre, Germain Katanga n'était pas à Geti.
Q. Boroso, votre réaction ?
R. Les jours sont passés, je l'ai vu, il était encore civil.
Q. La première fois de voir Germain Katanga, vous étiez avec qui ?

R. La première fois que j'ai vu Germain Katanga, j'étais seul, la deuxième fois avec Jango ; c'était pour voir une femme.
Q. Monsieur Jango, qu'est-ce que Mwami Boroso vous a dit avant d'aller à Geti ?
R. Il m'avait dit d'aller visiter Geti.
Q. Où avez-vous appris l'histoire de femme ?
R. Je l'ai entendu ici. Nous sommes allés à Geti, il a présenté des civilités à son collègue chef et nous sommes rentrés.
Q. Est-ce que Boroso a vu une femme ?
R. Non.
Q. Mwami Boroso ?
R. Je ne suis pas fou. Je suis parti avec lui pour le problème d'une femme. Partout, j'avais des femmes. Nous sommes allés jusqu'à Agaba.
Q. Connaissez-vous la femme de Boroso de Geti ?
R. Je ne la connais pas.
Défense : Il avait dit dans l'audience d'hier qu'il avait connu cette femme au marché d'Eringeti. Boroso l'a intéressée, comme c'est une femme de chez elle, elle l'a connue.
Ministère Public : Vous voyez le secrétaire, ce que Mwami dit, il le dit aussi. Il ne peut pas dire le contraire. Ce que dit Mwami c'est que Jango a entendu l'histoire de la femme ici.
Q. Au départ d'Eringeti, qu'alliez-vous, selon Mwami, faire à Geti ?
R. De présenter les civilités au chef et de visiter Geti.
Ministère Public : Les massacres de Mayangos et Beni ville intéressent Mbunguma et les massacres de Mbau intéressent Boroso.
Massacres de Beni-Mbau :

- Massacre Mukoko, le 2 octobre 2014 vers 19 heures 30 minutes. Les ADF recherchent Kabagana et Sumbuka, ils sont Hema et Mbuba de ces deux tribus. Les ADF les considèrent comme traitres. Ces pisteurs des FARDC sont exécutés.
- Apetina, le 4 octobre 2014, l'ennemi tue Kikuva Lusenge qui se trouve sur le passage.
- Le 5 octobre 2014, l'ennemi est repéré par le chef Linzo. Celui-ci avertit le commandant 311 Bataillon, il envoie la patrouille de combat. L'ennemi tue sept personnes qui sont retrouvées sur le chemin des ADF. L'ennemi est poursuivi par la patrouille de combat, un élément de ce groupe revient vers Oïcha et tue deux personnes.
- Le 6 octobre 2014, l'ennemi s'attaque à la position FARDC à Mayimoya et à la population. Un autre groupe a réussi à piller les biens de la population. L'ennemi tue trois personnes.
- A Kisiki, l'ennemi va tuer cinq personnes.
- Le 8 octobre 2014, l'ennemi fait une incursion à Mamiki. Il cherchait à sanctionner certains collaborateurs ADF, considérés comme traitres pour avoir aidé une compagnie à installer son campement. On a tué à

Mamiki douze personnes. Ce jour-là, le Blanc a failli être tué. Le Blanc nous a dit qu'il s'agit de Major Byamungu.

- Le 17 octobre 2014, les ADF venant de Tshutsubo attaquent Eringeti. Ce groupe vient pour piller la population. Il se divise en deux. Vingt-quatre personnes sont tuées. On tue pour décourager les Nande.
- Le 19 octobre 2014, l'ennemi vient vers Mbau-Male. Les ADF et leurs alliés tuent un cultivateur. L'ennemi va rencontrer un cultivateur à Ngite, il va le tuer.
- Le 24 octobre 2014, l'ennemi, à la recherche des vivres, a attaqué Kokola, quatre personnes sont tuées.
- Le 30 octobre 2014, l'ennemi à Kambila Tswiyi, huit personnes tuées. Pourchassé par les FARDC, l'ennemi va tuer deux personnes à Eringeti.
- Le 5 novembre 2014, deuxpersonnes tuées au PK 25.
- Le 10 novembre 2014, deux personnes tuées à Mbau.
- Le 13 novembre 2014, deux personnes tuées à Maisafi.
- La 15 novembre 2014, cinq personnes sont tuées à Kainama.
- Le 20 novembre 2014, plus de vingt personnes tuées à Nyemba. Le même ennemi tue une personne à Masulukwede, il tue aussi sept personnes à Kivomba.
- Le 1er décembre 2014, l'ennemi veut traverser, il tue quatre personnes.
- Le 6 décembre 2014, vers 18 heures, le commandant ADF armé de machette et AKA 47 fait incursion à Hayili et tue dix-sept peronnes à l'arme blanche. Le même ennemi va tuer vingt et une personnes à Madumbi.
- Le 7 décembre 2014, vers 17 heures, l'ennemi fait incursion à Apetina, quatre personnes tuées par balle et deux à l'arme blanche.
- Le 8 décembre 2014, à Mololia, sept personnes tuées.
- Le 4 février 2015 vers 18 heures, un groupe d'ADF armé des machettes arrive à Kambi ya Miba et tue quatre personnes.
- Le 18 février 2015 vers 13 heures, les cultivateurs, revenant de leurs champs, sont surpris par les ADF à Matukata, une personne est tuée.
- Vers 9 heures, les ADF habillés en FARDC font incursion à Kainama Matiba, tuent vingt-huit personnes.
- Le 8 au 9 mai 2015, l'ennemi est signalé à l'Ouest de Mavivi à Matembo, douze personnes tuées.
- Le 11 mai 2015, quatorze personnes tuées à Longo Mavivi.
- Le 13 mai 2015, quinze personnes à Katimadoga, seize personnes à Sabu. Vers Musuku, l'ennemi tue deux personnes.
- Le 26 juin 2015, les ADF attaquent Mayimoya, ils pillent, ils tuent plusieurs personnes et enlèvent plusieurs autres personnes.
- Le 14 juillet 2015, l'ennemi attaque Kainama, onze personnes tuées.

- Le 18 septembre 2015, à Magulikene, il va tuer par machette six personnes.
- Le 30 octobre 2015, l'ennemi attaque une compagnie à Linzo et tue cinq personnes dans leur repli.
- Le 24 novembre 2015, l'ennemi attaque une position des FARDC et tue six personnes.
- Le 29 novembre 2015, vers 16 heures, l'ennemi attaque Eringeti, vingt-trois personnes sont tuées.
- Le 26 novembre 2015, l'ennemi attaque Malolu.
- Le 5 juillet 2016, l'ennemi entre à Tenambo et, sous la pluie, tue dix personnes et se ravitaille des produits pharmaceutiques. Les FARDC, en poursuivant l'ennemi, récupèrent des chèvres et tuent un ADF.
- Le 13 août 2016, trente-sept personnes sont tuées à Rwangoma. Il s'agissait des représailles des ADF après que leurs positions furent conquises par les FARDC.
- Le 22 août 2016 à Oïcha, neuf personnes tuées.

Le problème des ADF est de fois lié aux représailles. A douze reprises, Oïcha a été attaquée.
Remise contradictoire lundi 5 juin 2017.

Audience publique du 16 mars 2017

RP N° 0146/2016
RMP N° 803/KN6/2017
En chambre foraine à laquelle siègent :

1. Lt Col. Mag. Ntshaykolo Esosa Masele Jean Paulin, 1er Président ;
2. Col. Omeonga Taunya José, Juge Assesseur ;
3. Col. Ndiba Bulangiti Matthieu, Juge Assesseur ;
4. Col. Busoki Wa Karaku, Juge Assesseur ;
5. Com. Sup. Ppl Ngumbi Kulinga, Juge Assesseur ;
6. Gén. Maj. Mokunto Kiyana Tim, 1er AGF, Ministère Public ;
7. Maj. Madoli Nzoki Guy Martin, Greffier.

En cause : l'auditeur militaire supérieur Près la cour militaire opérationnelle du Nord-Kivu, Ministère Public.
Contre : Monsieur Mwami Bulembo Ando Kanzire, alias Radjabu.
Prévenus de :

- Participation à un mouvement insurrectionnel ;
- Crime contre l'humanité par déportation ou enlèvement ;
- Terrorisme

La cause est appelée à 15 heures.
A l'appel de la cause, les prévenus cités ci-haut comparaissent en personne et assistés par leurs conseils :
Remise contradictoire vendredi 17 mars 2017

Audience publique du 16 mars 2017

RP N° 0164/2017
RMP N° 807/KN6/2017
En chambre foraine à laquelle siègent :

1. Lt Col. Mag. Ntshaykolo Esosa Masele Jean Paulin, 1er Président ;
2. Col. Omeonga Taunya José, Juge Assesseur ;
3. Col. Ndiba Bulangiti, Assesseur ;
4. Col. Busoki Wa Karaku, Juge Assesseur ;
5. Com. Sup. Ppl Ngumbi Kulinga, Juge Assesseur ;
6. Gén. Maj. Mokunto Kiyana Tim, 1er AGF, Ministère Public ;
7. Maj. Madoli Nzoki Guy Martin, Greffier.

En cause : l'auditeur militaire supérieur Près la cour militaire opérationnelle du Nord-Kivu, Ministère Public.
Contre :

- Monsieur Saa Mbili Bamukoka ;
- Monsieur Nkayalua Bankale Etienne.

Prévenus de :

- Participation à un mouvement insurrectionnel ;
- Crime contre l'humanité par déportation ou enlèvement.

La cause est appelée à 12 heures 50 minutes.
A l'appel de la cause, les prévenus cités ci-haut comparaissent en personne et assistés par leurs conseils : Me John Muhindo Muyisa et Me Constant Kalumende pour Saa Mbili Bamukoka. Me Nathan Tagirabo et le Défenseur militaire Kiwunga Makila pour Nkayalua Bankale Etienne ; les Parties civiles représentées par Me Kaniki et Me Jonathan Piema et Me Matokeo, tous avocats.
Q. La distinction de qualité d'offre est-elle de l'Ordre National de Léopard ?
R. Dans l'Ordre National, je suis Chevalier de l'Ordre National. Avec le débat de mes avocats, le MP a dit que cet Ordre est abrogé.
La Cour constate que l'exception soulevée par Saa Mbili Bamukoka est sans objet. La Cour poursuit l'instruction.
Q. Que savez-vous des combattants ADF dans votre chefferie ?
R. Moi personnellement je sais que sur toute l'étendue de Beni, il y a ce mouvement. Depuis 1991 jusqu'en 2005, il y a eu plusieurs mouvements. Le premier mouvement des Kasindiens, les FARDC nous ont libérés de ce mouvement. Après, les ADF ont été poursuivis par les FARDC en 2005. Quand j'ai été à Kinshasa, j'ai mené beaucoup de plaidoyers.
Q. Vous rappelez-vous vos propos tenus à la presse.
R. En dehors de la salle, j'avais déclaré cela. Quand nous étions dans la salle en présence de toutes les autorités, j'ai présenté mon rapport venant du chef Nkayalua. Selon la population, ils ont vu ces prêtres ; même le représentant de l'ICCN était présent. Qu'il puisse prendre des mesures pour libérer ces

prêtres et la population qui était kidnappée. Dans la salle, j'avais parlé du chef de Ndama.

Q. Monsieur Nkayalua, votre réaction ?

R. Je vais commencer par ce qui concerne les ADF. J'ai commencé mon travail en 2005. Il y avait la présence des ADF. Ils contrôlaient dix localités. C'était le 11 novembre 2005, il y avait des éléments FARDC qui étaient venus, commandés par B52. La chefferie a été libérée. A partir du 25 décembre 2005, il y avait une position chez moi, jusqu'aujourd'hui. Il y a eu changement de commandement dans cette position. Aujourd'hui, je suis avec les FARDC. Même en 2004, je n'avais pas de relations avec les ADF. Selon le communiqué de la réunion de sécurité, on nous a demandé de dénoncer tous les cas suspects. J'ai dit à mon chef de chefferie qu'un passant m'avait informé qu'il a vu douze militaires avec trois personnes qui étaient propres.

Q. Monsieur Bamukoka, vous recevez un rapport de trois personnes propres, vous déclarez avoir vu trois prêtres et leurs ravisseurs ; qu'en dites-vous ?

R. Je n'avais pas d'autres idées. Les trois personnes dont on avait parlé, ce sont des prêtres. Après la salle, la presse était devant moi.

Q. Avez-vous vérifié l'information avant de la diffuser ?

R. Le chef de Ndama, qui travaillait avec les FARDC, est un homme qui disait toujours la vérité. Même les rumeurs, on devrait les transmettre pour qu'on vérifie. J'ai trouvé nécessaire de dire cela là où il y a des décideurs.

Q. Vous confirmez devant la Cour que vous n'y êtes pour rien ?

R. Ni de près, ni de loin ; je ne suis pas dans le dossier qui se rapporte à l'enlèvement des prêtres. Par contre, mon souci est de tout faire pour que ces prêtres soient retrouvés.

Q. Entre vous et le chef Nkayalua, qui avait donné aux ADF une portion de terre ?

R. Dans notre coutume, ce n'est pas le chef de chefferie qui donne la terre. C'est le chef de village qui distribue des terres et pour régulariser le document, on se présente au chef de Groupement ou de chefferie. A ma connaissance, aucun chef de village n'a donné de terres aux ADF.

Q. Chef Nkayalua, vous avez déclaré que les ADF ont pris une portion de terre à Ndama ?

R. Je suis en mariage avec les FARDC. Chez moi, il n'y a aucun endroit où les ADF sont installés.

Q. En 2017, vous étiez entendu par l'Officier du MP. A la question de savoir entre vous et le chef Bamukoka, qui a donné la terre aux ADF, qu'avez-vous répondus ?

R. J'avais dit qu'aucun chef n'a donné de terres aux ADF.

Q. Avez-vous lu le PV avant de signer ?

R. Mon avocat avait lu avant de signer.

Premier Président lui donne lecture de ses déclarations.

Q. Votre réaction ?

R. J'avais retrouvé cela comme ça avant que je sois chef. J'ai commencé en 2005, les ADF existaient déjà.
Q. Comment avez-vous su que les trois prêtres ont été retrouvés dans votre localité ?
R. J'avais dit qu'un passant m'avait dit cela et j'ai informé le chef qui a dit, à son tour, qu'il a vu douze militaires avec trois personnes propres.
Q. Avez-vous assuré la ration aux ADF en la récoltant auprès de la population ?
R. Bamukoka, je ne l'ai jamais fait. Ce que je sais est qu'à un certain moment, on a eu à collecter des rations pour les FARDC en présence de leurs S4.
Le Ministère Public remercie Bamukoka pour sa dignité et son calme devant la Cour. Que Mwami Mbunguma se comporte aussi comme lui.
Q. Bamukoka, connaissez-vous un lieu appelé Muliazuba ?
R. Je ne le connais pas.
Q. Neuf mille personnes ont été formées en 1999 ?
R. J'étais à Kinshasa.
Q. Connaissez-vous Madina ?
R. Je n'ai jamais été à Madina. J'ai entendu parler de Madina quand les FARDC ont pris Madina.
Q. Avant les opérations Sukola I, y avait-il des camps des ADF dans votre chefferie ?
R. Je n'ai pas de précisions.
Q. Vous êtes un chef de chefferie responsable ?
R. Oui, j'ai commencé en 1983. Dans ma déposition, j'avais dit qu'il y a des groupes armés.
Q. Avez-vous su qu'il y a des ADF bien que vous n'ayez pas encore visité ce lieu ?
R. Oui.
Q. Y avait-il infiltration de l'Ouganda à Watalinga ?
R. A partir de l'Ouganda, je sais que des gens s'infiltraient pour entrer au Congo. Le mouvement ADF est venu de l'Ouganda. Cela suppose qu'il y a eu infiltration.
Q. Entre 2005 et 2006, les ADF étaient-ils en bon terme avec la population ?
R. Oui, c'est la raison pour laquelle j'avais fait des plaidoyers pour que les FARDC puissent les chasser.
Q. Colonel Hilaire Kombi ?
R. Nkayalua : je ne le connais pas.
R. Bamukoka : je le connais. Nous avons eu des tracts selon lesquels Hilaire va venir attaquer Watalinga. Je suis allé voir le chef d'entité dont il est originaire pour leur dire que notre entité n'est pas celle qui allait recevoir des rebelles.
Q. En quelle année vous êtes allé voir le chef de Secteur Ruwenzori ?
R. Je ne me souviens plus.
Q. A cette époque, y avait-il la présence du Colonel Lusenge ?

R. Non, il faut me donner du temps pour vérifier.
Q. Pourquoi les prêtres se sont retrouvés chez vous à Watalinga ?
R. On a parlé de Musuku, qui n'est pas de Watalinga.
Ministère Public fait comparaitre comme renseignant : Mwami Bulembo ; Winnie ; Amadi Okapi.
Q. Pourquoi n'avez-vous pas dit que c'est selon les informations reçues, mais vous avez dit que vous avez vu des prêtres qui sont en vie ?
R. Dans la salle de réunion, je parlais en kiswahili. J'ai dit que le chef de Ndama m'a livré l'information sur les prêtres, venant de la population.
Q. Pouvez-vous désigner les personnes qui vous ont dit cela ?
R. Je n'ai pas vérifié l'information.
Q. L'information reçue était avant l'installation des FARDC dans votre entité ?
R. Les FARDC étaient déjà là.
Q. En quelle date on avait vu les prêtres ?
R. Deux semaines avant le dialogue d'Oïcha.
Q. Qui est votre chef direct ?
R. L'Administrateur du Territoire.
Q. L'aviez-vous informé ?
R. Je l'ai informé. Je l'ai fait en présence de tous les décideurs Monusco, FARDC au dialogue.
Q. Pourquoi ne l'avez-vous pas dit sur place au lieu de le dire au dialogue social ?
R. Dans le dialogue social, on nous a demandé la situation sécuritaire de nos entités et j'ai profité pour le dire en présence des décideurs. Dans nos entités, l'effectif est moindre.
Q. Nkayalua, quand avez-vous reçu l'information sur les prêtres ?
R. C'était avant le dialogue.
Ministère Public : Bamukoka avait situé entre le 4 et le 5 mars. Les prêtres sont enlevés en octobre. Ils sont aperçus au mois de mars, mais ils sont toujours propres par rapport à ceux qui les gardent.
Q. Distance qui vous sépare avec Bamukoka (Nkayalua) ?
R. 25 km
Q. Entre vous et Bamukoka, il n'y avait pas de positions militaires ?
R. La position se trouve à Kamango.
Q. Ceux qui vous ont informé, les ont-ils vus le même jour qu'ils vous ont informé ou quelques jours après ?
R. Ils n'ont pas précisé.
Q. Nkayalua, souvenez-vous, après l'exposé de mon client, que vous avez pris le micro pour dire quelque chose ?
R. C'est faux.
Q. Avez-vous le CD de ce dialogue ?
R. La partie de mes déclarations.
Q. Quelle est la langue qu'utilisait Bamukoka ?

R. Au dialogue, j'ai parlé en kiswahili. Devant la presse, je me suis efforcé de parler en français.
Q. Nkayalua, il parlait en quelle langue ?
R. En kiswahili.
Q. Chef Nkayalua, après avoir reçu l'information, pourquoi n'avez-vous pas amené ces gens chez Bamukoka ?
R. Vu la distance qui nous sépare, je n'ai pas de moto chez moi. Même le réseau n'est pas bon.
Ministère Public : Pour le chef Nkayalua et le Mwami Bamukoka, le problème des prêtres, c'est une affaire banale.
Q. Chef Nkayalua insiste qu'il n'a jamais parlé de prêtres, il a parlé de trois personnes propres ?
R. J'ai plus de vingt-cinq chefs de villages. Si je suis allé avec le chef de Ndama, c'est pour le problème des prêtres. La décision précise sur la date de déportation des prêtres, ce jour-là, j'étais chez moi. Mon rôle est de donner les informations.
Q. Oui ou non, le chef Bamukoka vous a demandé de vous lever au dialogue ?
R. Oui, après il m'a demandé de m'asseoir.
Q. Pourquoi, il vous a demandé de vous lever ?
R. Je ne sais pas.
Q. Quand le chef Bamukoka avait dit qu'il avait vu ces prêtres, qu'est-ce que vous avez dit ?
R. Je ne m'en souviens pas.
La Cour constate qu'il y a lien entre le dossier du Colonel Lusenge et le dossier de Mwami Bamukoka et qu'il y a lieu de faire jonction.
Ministère Public : Chef Nkayalua dit qu'il ne connait pas Hilaire Kombi alors qu'il est son beau-frère. Les prêtres sont passés entre les mains d'Hilaire Kombi. Quand il est sorti, le chef Nkayalua sait là où il a laissé les prêtres.
Défense : L'information que nous avons reçue de passants, qui ont vu trois personnes propres et douze militaires propres contrairement à ce que dit le MP, nous n'avons ni téléphone, ni moyens de transport. Quand nous avons eu le transport, nous sommes allés informer le chef.
Q. Nkayalua, le jour où vous avez eu l'information, y avait-il des éléments FARDC ?
R. Oui, les FARDC étaient là.
Q. Monsieur Nkayalua, vous avez l'information selon laquelle trois personnes propres étaient gardées par les douze militaires en 2013, les FARDC étaient dans votre entité ?
R. J'ai reçu l'information après deux jours. J'ai informé mon chef, mais quand j'ai reçu l'information, les militaires n'étaient pas présents, ils étaient à Kamango.
Q. Chef Bamukoka, c'étaient des passants ou des chasseurs ?
R. Quand il m'avait informé, il avait dit des chasseurs.

Q. Avez-vous connu la situation géographique exacte des prêtres, là où ils étaient gardés.
R. Non.
Comparait Mwami Bulembo Ando Kanzira Pierre, alias Radjabu, né à Oïcha, le 1er janvier 1997, fils d'Anglere (décédé) et de Masika (en vie) ; Originaire de Kisiki ; groupement de Bambuba-Kisiki, Secteur de Beni Mbau, Territoire de Beni, Province du Nord-Kivu.
Q. Etiez-vous de l'équipe qui a enlevé les prêtres ?
R. Oui.
Q. Aviez-vous entendu le nom de Bamukoka dans cet enlèvement ?
R. Oui. En bref, on nous avait dit que le chef de chefferie avait demandé de prendre les prêtres, c'est Afande Feza qui l'avait dit.
Q. Comment les prêtres étaient transférés en brousse ?
R. C'était la nuit à 21 heures. Nous avons été transportés par le véhicule jusqu'à 25 Km et puis nous sommes descendus en brousse. C'est une pajero de couleur grise qui nous a transportés, à 5 Km il y avait des FARDC.
Q. Mwami Bamukoka, votre réaction ?
R. C'est faux.
Q. Quel itinéraire avez-vous suivi avec les prêtres enlevés ?
R. Après avoir quitté la paroisse, nous avons contourné la position militaire pour sortir devant cette position.
La Défense soulève le commentaire fait par certains medias qui n'est pas digne.
Remise contradictoire vendredi 17 mars 2017 pour instruction.

Audience publique du 17 mars 2017

RP N° 0164/2017
RMP N° 807/KN6/2017
En chambre foraine à laquelle siègent :

1. Lt Col. Mag. Ntshaykolo Esosa Masele Jean Paulin, 1er Président ;
2. Col. Omeonga Taunya José, Juge Assesseur ;
3. Col. Ndiba Bulangiti Matthieu, Juge Assesseur ;
4. Col. Busoki Wa Karaku, Juge Assesseur ;
5. Com. Sup. Ppl Ngumbi Kulinga, Juge Assesseur ;
6. Gén. Maj. Mokunto Kiyana Tim, 1er AGF, Ministère Public ;
7. Maj. Madoli Nzoki Guy Martin, Greffier.

En cause : l'auditeur militaire supérieur Près la cour militaire opérationnelle du Nord-Kivu, Ministère Public.
Contre :

- Monsieur Saa Mbili Bamukoka ;
- Monsieur Nkayalua Bankale Etienne.

Prévenus de :

- Participation à un mouvement insurrectionnel ;
- Crime contre l'humanité par déportation ou enlèvement.

La cause est appelée à … heures … minutes.
A l'appel de la cause, les prévenus cités ci-haut comparaissent en personne et assistés par leurs conseils :

Audience publique du 20 mars 2017

RP N° 0146/2016
RMP N° 803/KN6/2017
En chambre foraine à laquelle siègent :

1. Lt Col. Mag. Ntshaykolo Esosa Masele Jean Paulin, 1er Président ;
2. Col. Omeonga Taunya José, Juge Assesseur ;
3. Col. Ndiba Bulangiti Matthieu, Juge Assesseur ;
4. Col. Busoki Wa Karaku, Assesseur ;
5. Com. Sup. Ppl Ngumbi Kulinga, Juge Assesseur ;
6. Gén. Maj. Mokunto Kiyana Tim, 1er AGF, Ministère Public ;
7. Maj. Madoli Nzoki Guy Martin, Greffier.

En cause : l'auditeur militaire supérieur Près la cour militaire opérationnelle du Nord-Kivu, Ministère Public.
Contre : Monsieur Mwami Bulembo Ando Kanzire, alias Radjabu.
Prévenus de :

- Participation à un mouvement insurrectionnel ;
- Crime contre l'humanité par déportation ou enlèvement.
- Terrorisme

La cause est appelée à 11 heures 10 minutes.
A l'appel de la cause, les prévenus cités ci-haut comparaissent en personne et assistés par leurs conseils : Me Déo Shota Mugaruka, Me Blaise Matokeo pour les parties civiles, Franck Utawa, Me Jonathan Piema.
L'audience est suspendue momentanément pout attendre le Conseil de Mwami Bulembo.
Identité du prévenu
Nom : Mwami Bulembo ; Post nom : Ando Kanzire ; Prénom : Pierre, alias Radjabu. Né à Oïcha, le 25 janvier 1997 ; Fils de Anglere Mwami Didier (décédé) et de Masika Fatuma (en vie) ; Originaire de Kisiki ; Groupement de Bambuba Kisiki ; Secteur de Beni ; Territoire de Beni ; Province du Nord-Kivu. Etudes faites : 4ème primaire ; Etat-civil : marié à madame Masika Asinatha et père de 2 enfants ; profession : cultivateur ; Culte : Nzambe Malamu ; domicilié à Ndalia.
Après lecture de la décision de renvoi par le Greffier sur ordre du Premier Président, ce dernier explique au prévenu les faits mis à sa charge.
Q. Vous avez comparu devant l'OPJ et le Ministère public à la question de savoir pourquoi vous êtes arrêté. Vous avez répondu que vous êtes combattant ADF ; confirmez-vous cela ?

R. Oui.
Q. Vous avez dit qu'on vous a pris de force. Où et quand ?
R. En novembre 2010, dans la Province Orientale.
Q. Connaissez-vous monsieur Flavien.
R. Oui, il est combattant.
Q. Est-ce bien lui qui est venu vous prendre avec cinq combattants ADF ?
R. Non.
Q. Reconnaissez-vous avoir été recruté par Flavien ?
R. Oui.
Q. Qu'est-ce qui s'est passé à votre arrivée chez les ADF ?
R. J'ai subi une formation militaire à Nadui.
Q. Qui était votre commandant ADF ?
R. Commandants Feza et Braida.
Q. Quand avez-vous quitté chez les ADF pour revenir à la cité ?
R. En 2015.
Q. Quelle arme avez-vous appris à manier ?
R. Arme AKA (le prévenu indique l'arme AKA).
Q. A part Feza et Braida, qui d'autres vous formaient ?
R. Commandant Abdou.
Q. A combien d'attaques contre la population avez-vous participé ?
R. Première attaque à Eringeti ; on cherchait les vivres.
Q. Vous étiez combien de combattant lors de cette attaque ?
R. Nous étions nombreux. Nous étions au nombre de cent cinquante.
Q. Etiez-vous armés ?
R. Nous étions armés avec AKA et PKM.
Q. Comment se présente l'arme PKM ?
R. Avec des chaines.
Q. Qui était le commandant lors de cette attaque ?
R. Commandant Abdou.
Q. Quelle arme aviez-vous lors de cette attaque ?
R. Je transportais les vivres ; je n'étais pas armé.
Q. A part AKA et PKM, n'y avait-il pas d'autres armes ?
R. On utilisait aussi les bombes artisanales.
Q. Qui fabriquait ces bombes ?
R. Ce sont les chefs, sur place au campement des ADF.
Q. A part les vivres, aviez-vous transporté aussi d'autres choses ?
R. De l'huile, du riz, de haricot et des poissons.
Q. Aviez-vous pris toutes ces choses en route ou chez les gens ?
R. On les prenait dans des boutiques.
Q. Ces boutiques étaient-elles fermées ou ouvertes ?
R. Les boutiques étaient fermées. On cassait les cadenas.
Q. Lors de l'attaque de la position des FARDC, y a-t-il eu des morts ?

R. Notre côté, il y a eu des morts et des blessés ; chez les FARDC, je ne sais pas. Chez les civils, il y a eu des morts. Personnellement, j'avais vu cinq cadavres à côté de l'hôpital.
Q. Vous perlez de l'hôpital, êtes-vous entré à l'hôpital ?
R. Il y avait plusieurs groupes. C'est l'autre groupe qui était à l'hôpital. J'étais dans le groupe affecté dans le quartier à côté de l'hôpital.
Q. Qu'est-ce que votre groupe avait fait ?
R. Prendre les vivres.
Q. Deuxième attaque, c'était où ?
R. A Linzo.
Q. Avez-vous participé personnellement ?
R. Oui.
Q. Comment s'était déroulée cette attaque ?
R. Nous sommes sortis au camp Matembe jusqu'à l'école primaire de Linzo. Ceux qui étaient devant nous ont commencé l'attaque. Nous nous sommes précipités pour prendre les vivres et retourner.
Q. Qui ont commencé l'attaque ?
R. Les ADF.
Q. Avant d'attaquer, y avait-il des réunions ?
R. Avant d'attaquer, on nous rassemblait pour nous dire comment on allait opérer.
Q. Qui présidait ces réunions avant les attaques ?
R. Commandant Feza.
Q. Dans l'attaque de Linzo, vous étiez combien ?
R. Premier groupe : quatre-vingts personnes ; deuxième groupe : nonante personnes. Il n'y avait que deux groupes.
Q. Qu'est-ce qu'on avait indiqué comme cible.
R. Sur la route, le premier groupe va attaquer et le deuxième groupe va suivre.
Q. Les deux groupes étaient-ils armés ?
R. Oui.
Q. Y avait-il des morts et des blessés ?
R. Oui.
Q. Avez-vous participé à l'attaque de Nobili ?
R. Moi, j'étais resté, c'est l'autre groupe qui était parti. Le premier groupe était parti et nous sommes venus les rejoindre pour prendre les vivres.
Q. Y a-t-il eu aussi des morts ?
R. De notre côté, il y a eu des morts. Chez la population civile, je n'ai pas de précision. Nous sommes venus pour prendre seulement des vivres.
Q. L'attaque de Mamove et de Mayimoya ?
R. Je ne connais pas.
Q. A quelle attaque avez-vous participé ?
Q. Eringeti, Linzo, Mukoko, Mamundyoma à 25 Km route Kamongo. A Mukoko, le premier groupe attaquait et nous ne venions que pour prendre les

vivres. Tout le monde portait l'arme. On récupérait les vivres avec son arme. J'avais une arme AKA avec des munitions.

Q. Comment s'est déroulée l'attaque de Mukoko ?

R. Nous sommes sortis du centre au vu des FARDC. Ils ont commencé l'attaque. Nous sommes venus pour prendre les vivres et partir.

Q. A Mbau, que savez-vous de l'enlèvement des prêtres ?

R. Quand on enlevait les prêtres, j'étais là. Nous sommes venus du camp Zaro. Nous avons quitté le matin. Nous sommes venus nous positionner aux environs de Mbau et à 21 heures, nous avons commencé l'opération.

Q. Qu'est-ce qu'on vous a dit avant de partir ?

R. Nous allons à Mbau prendre les prêtres ; quelqu'un avait commandité l'enlèvement des prêtres.

Q. Qui vous a demandé d'enlever les prêtres ?

R. Celui qui nous a envoyé est à côté de moi, le chef de Secteur Saa Mbili Bamukoka.

Q. Qu'est-ce qui vous permet d'affirmer que c'est réellement le Mwami Bamukoka qui vous avait envoyés ?

R. On nous avait envoyé de l'argent par l'hélicoptère. Il y avait une maman qui avait ramassé cet argent et est allée le remettre aux prêtres. Nous sommes venus récupérer cet argent et récupérer les prêtres. Notre argent venait de Kamango. Celui qui avait envoyé cet argent, son nom était marqué sur le colis, le chef de Secteur Saa Mbili Bamukoka.

Q. Cet argent provenait de quelle activité ?

R. Les chefs nous ont dit que l'argent va venir de Kamango et cet argent va nous servir pour acheter des vivres.

Q. Qui avait demandé de prendre les prêtres ?

R. C'est bien le chef des Watalinga à partir de sa parcelle, il parlait avec les chefs au téléphone.

Q. Comment l'enlèvement s'est déroulé ?

R. A Mbau, nous nous sommes organisés en deux groupes. Le premier groupe à la paroisse, l'autre groupe en route vers Mantumbi où je me trouvais. Notre groupe attendait le groupe qui était parti à la paroisse prendre les prêtres. Une fois que l'opération était terminée, on nous a appelés pour partir. C'est par après qu'il y a eu crépitement des balles.

Q. Quel moyen de transport aviez-vous ?

R. Nous sommes sortis de la forêt à Oïcha pour Mbau. Nous les avons transportés à bord du véhicule. Après nous sommes descendus pour partir. Le véhicule est venu d'Eringeti.

Q. Qui avait envoyé ce véhicule ?

R. Le patron d'Eringeti, monsieur Manu.

Q. Ce patron d'Eringeti avait-il des relations avec Mwami Bamukoka ?

R. Non, on travaillait avec lui. On lui envoyait de l'argent et il nous amenait des vivres.

Q. Qui l'avait informé que vous avez pris des prêtres ?

R. Le véhicule était à notre disposition, une Prado de couleur grise.
Q. Confirmez-vous que c'est Mwami Bamukoka qui vous avait envoyé pour enlever les prêtres ?
R. Oui, je le confirme.
Q. Avez-vous informé Bamukoka de la réussite de l'opération ?
R. Ce sont les chefs qui avaient des contacts avec lui.
Q. Au nombre de combien ces prêtres étaient ?
R. De trois, les prêtres de l'Eglise catholique : Edmond, Bamutupe, j'oublie le nom de l'autre.
Q. Où ces prêtres étaient-ils gardés ?
R. Dans la forêt.
Q. Cette forêt était-il dans la chefferie du Mwami Bamukoka ?
R. C'était dans la chefferie du Mwami.
Q. Vous étiez au nombre de combien pour garder les prêtres ?
R. Je ne sais pas le nombre.
Q. Etait-il arrivé au Mwami de venir voir les prêtres ?
R. Quand nous avons amené les prêtres, les chefs nous ont dit d'aller prendre les visiteurs. C'étaient des jeunes gens qui étaient kidnappés et nous sommes allés les déposer à Madina.
Q. Avant de quitter le campement des ADF, les prêtres étaient-ils vivants ?
R. Oui.
Q. Les ADF ont gardé les prêtres pendant combien de temps ?
R. Quand nous sommes allés déposer les visiteurs à Madina, nous avons laissé les prêtres là-bas.
Q. Que dites-vous de l'hélicoptère ?
R. Selon moi, l'hélicoptère avait laissé tomber cet argent le soir et la maman est venue récupérer cet argent le matin.
Q. Vous étiez au nombre de combien ?
R. Premier groupe : Septante personnes et le 2ème groupe : Septante-trois personnes.
Q. Comment Cent quarante-trois personnes ont pris place à bord d'un véhicule ?
R. Un groupe a pris place à bord du véhicule et l'autre groupe à pied. J'étais parmi les piétons.
Q. Avez-vous vu Bamukoka chez les ADF ou vous êtes arrivés chez Bamukoka dans son barza ?
R. Il parlait avec les chefs au téléphone.
Ministère public : Il y a eu deux groupes : un groupe chargé de prendre les prêtres et l'autre groupe chargé de la protection en cas d'intervention.
Q. Mwami Bamukoka, lorsque Mwami Bulembo évoque l'argent, ça ne vous rappelle absolument rien ?
R. Quand on a fait la déportation des prêtres, j'étais chez moi à Kamango. Je ne connais rien sur la déportation des prêtres.

Ministère Public : Que le colonel Kumbu comparaisse ici pour vous dire ce que Mwami Bamukoka lui avait déclaré en dehors du PV.
La Cour constate que le prévenu Saa Mbili Bamukoka est aussi poursuivi pour la déportation de trois prêtres catholiques, de même que Mwami Bulembo. La Cour ordonne la jonction de procédure RP N° 0146/016 et 0164/017.
Remise contradictoire lundi 27 mars 2017.

Audience publique du 20 mars 2017

RP N° 0164/2017
RMP N° 807/KN6/2017
En chambre foraine à laquelle siègent :

1. Lt Col. Mag. Ntshaykolo Esosa Masele Jean Paulin, 1er Président ;
2. Col. Omeonga Taunya José, Juge Assesseur ;
3. Col. Ndiba Bulangiti Matthieu, Juge Assesseur ;
4. Col. Busoki Wa Karaku, Juge Assesseur ;
5. Com. Sup. Ppl Ngumbi Kulinga, Juge Assesseur ;
6. Gén. Maj. Mokunto Kiyana Tim, 1er AGF, Ministère Public ;
7. Maj. Madoli Nzoki Guy Martin, Greffier.

En cause : l'auditeur militaire supérieur Près la cour militaire opérationnelle du Nord-Kivu, Ministère Public.
Contre :

- Monsieur Saa Mbili Bamukoka ;
- Monsieur Nkayalua Bankale Etienne.

Prévenus de :

- Participation à un mouvement insurrectionnel ;
- Crime contre l'humanité par déportation ou enlèvement.

La cause est appelée à 13 heures 30 minutes.
A l'appel de la cause, les prévenus cités ci-haut comparaissent en personne et assistés par leurs conseils : Me John Muhindo Muyisa et Me Constant Kalumende pour Saa Mbili Bamukoka. Me Nathan Tagirabo et le Défenseur militaire Kiwunga Makila pour Nkayalua Bankale Etienne.
La Cour ordonne la jonction de procédure RP 0146/017 et 0164/017.
Comparait le Lt Col. Kumbu Ngoma Jean Baptiste, Subst. de l'Auditeur Militaire Supérieur Près la CMOPS/ NK (renseignant)
Q. C'est vous qui aviez auditionné Bamukoka ?
R. Oui.
Q. Pouvez-vous dire à la Cour ce que Bamukoka vous a déclaré en dehors du PV, des choses que vous ne pouvez pas dire au PV.
R. Il m'avait dit qu'il ne peut pas dire au PV. Les prêtres ont été enlevés suite à l'argent qu'ils ont reçu de la Monusco.
Q. Bamukoka, qu'en dites-vous ?
R. C'est faux.

Ministère Public : Vous constaterez que les prêtres ont été enlevés pour question d'argent.
Q. Mwami était-il assisté ce jour-là ?
R. Non, il n'était pas assisté.
Q. Etait-il à la première ou à la deuxième audition ?
R. C'était à la première audition.
Q. Quel pouvoir avait Bamukoka d'empêcher le MP à poser ses actes ?
R. Lors de l'interrogatoire, j'avais soulevé certains points et lors de l'audience, certaines contradictions seront relevées.
Comparait Mwami Bulembo :
Q. Comment avez-vous su ce qui s'était passé au couvent ?
R. On nous avait relaté.
Q. Comment l'autre prêtre était mort ?
R. Il était fatigué. On lui avait aussi demandé s'il veut devenir musulman, il a refusé.
Q. Comment était-il décédé ?
R. On l'avait amené à l'écart, on ne sait pas comment ça s'était passé.
Q. Comment avez-vous amené les prêtres ?
R. Avant d'arriver au 5 Km à la position des FARDC, nous avons contourné pour sortir au PK 6, c'est au PK 24 que nous sommes entrés en brousse.
Q. Avez-vous amené les prêtres dans l'autre campement ?
R. Nous avons traversé avec eux la rivière Semuliki, près du village Katibombo, nous les avons laissés là-bas.
Q. Quand est-ce que les prêtres ont été enlevés ?
R. Nous avons enlevé les prêtres en décembre.
Q. Nkayalua, quand est-ce que les passants vous ont déclaré avoir vu les gens propres au parc ?
R. Avant le dialogue social. Quand on m'a apporté le message, c'est après deux jours que j'ai informé le Mwami.
Ministère Public : L'enlèvement, le 19 octobre 2012 ; le dialogue social au mois de mars 2013. Selon Bamukoka, c'est entre le 3 et le 5 mars 2013 qu'on lui a livré l'information.
Q. Qu'avaient les prêtres sur eux ?
R. De petits sacs. Ils changeaient des habits après avoir lavé ce qu'ils portaient.
Q. Connaissez-vous Tchutchubo ?
R. Nkayalua, non.
Q. Nkayalua, entre Ndama et Katibombo
R. Je ne sais pas préciser.
Q. Les prêtres étaient-ils amenés à Ruwenzori ou à Katibombo ?
R. Je suis chef chez moi. J'ai informé le chef qui est passé.
Q. Pourquoi les passants n'avaient-ils pas raconté au Chef qui était avant vous ?
R. Je ne sais pas s'ils avaient vu l'autre chef ; ils m'ont trouvé chez moi pour me donner cette information.

Q. Mwami Bamukoka, on vous a parlé de trois prêtres ou de trois personnes ?
R. On m'avait parlé de trois prêtres.
Q. Connaissez-vous Mwami Bulembo ?
R. Non.
Q. Comment expliquer qu'il ne cite que vous ?
R. Moi aussi je m'étonne d'être cité par lui.
Q. Avez-vous des antécédents avec Mwami Bulembo ?
R. Non.
Q. Mwami Bulembo, avez-vous tué les gens par machettes ?
R. Il y avait des gens avec des machettes.
Q. Vous étiez dans quel groupe ?
R. Il y avait le groupe de Nalu et le groupe d'éléments ADF. Je suis du groupe de Nalu.
Q. Quand étiez-vous démobilisé et quand étiez-vous encore retourné chez les ADF ?
R. Je ne me suis jamais démobilisé. Je suis sorti une fois chez les FARDC qui m'ont récupéré jusqu'aujourd'hui.
Q. Combien de personnes avez-vous tué ?
R. Je ne connais pas le nombre.
Q. Avez-vous quand même tué des gens ?
R. Comme j'utilisais l'arme.
Q. Quand on a enlevé les prêtres, avez-vous vu l'argent ?
R. Non.
Q. Etiez-vous du groupe qui était à Mantumbi ?
R. Oui.
Q. Entre Mantumbi et la paroisse, il y a combien de kilomètres ?
R. Je ne sais pas ?
Q. Que dites-vous de vos contradictions ? Etiez-vous à la paroisse devant la porte d'entrée ou sur la route de Mantumbi ?
R. Nous sommes arrivés tous à la paroisse et le commandant nous a demandé d'aller sur la route de Mantumbi.
Q. Connaissez-vous le village Lese ?
R. Lese, c'est vers Semuliki.
Q. Avez-vous un camp à Lese ?
R. Oui, nous avons fait avec les prêtres une semaine, après nous sommes allés à Katibombo.
Q. Les prêtres étaient-ils enlevés pour inaugurer une cathédrale à Nadui ou pour l'argent ?
R. Les prêtres étaient enlevés pour l'argent.
La Défense de Mwami Bulembo sollicite une remise pour bien s'imprégner du dossier et être à jour avec ses contradicteurs.
Le Ministère Public soutient la requête de la Défense de Mwami Bulembo. Il demande que le prêtre survivant puisse comparaitre.
La Cour accède à la requête de faire comparaitre le prêtre survivant.

Q. Qui conduisait le véhicule qui vous a servi d'amener les prêtres ?
R. C'est l'un d'entre nous qui conduisait.
Q. La maman qui avait ramassé l'argent, est-elle aussi ADF ?
R. Je ne sais pas.
Remise contradictoire lundi 27 mars 2017.

Audience publique du 27 mars 2017

RP N° 0171/2017
RMP N° 807/KN6/2017
En chambre foraine à laquelle siègent :
1. Lt Col. Mag. Ntshaykolo Esosa Masele Jean Paulin, 1er Président ;
2. Col. Omeonga Taunya José, Juge Assesseur ;
3. Col. Ndiba Bulangiti Matthieu, Juge Assesseur ;
4. Col. Busoki Wa Karaku, Juge Assesseur ;
5. Com. Sup. Ppl Ngumbi Kulinga, Juge Assesseur ;
6. Gén. Maj. Mokunto Kiyana Tim, 1er AGF, Ministère Public ;
7. Maj. Madoli Nzoki Guy Martin, Greffier.

En cause : l'auditeur militaire supérieur Près la cour militaire opérationnelle du Nord-Kivu, Ministère Public.
Contre :
- Monsieur Saa Mbili Bamukoka ;
- Mwami Bulembo Ando Kanzire, alias Radjabu ;
- Monsieur Nkayalua Bankale Etienne.

Prévenus de :
- Participation à un mouvement insurrectionnel ;
- Crime contre l'humanité par déportation ou enlèvement.
- Terrorisme

La cause est appelée à 15 heures 00 minute.
A l'appel de la cause, les prévenus cités ci-haut comparaissent en personne et assistés par leurs conseils : Me Déo Shota Mugaruka ; Me John Mughisa ; Me Nathan Tagirabo et le Défenseur Militaire Kiwunga Makila ; Me Jonathan Piema et Me Blaise Matokeo pour les parites civiles.
Comparait le Père Paluku Kateko Mundu Joseph, Paroisse Biambo-Butembo :
Q. Comment avez-vous vécu l'enlèvement de trois prêtrees ?
R. C'était le 19 octobre 2012, nous étions avec les pères Kakule et Edmond. Il y avait un qui était à Beni ; il est revenu à Mbau vers 17 heures. Il est passé chez son petit-frère à Mbau. Il est arrivé à 19 heures. Après avoir terminé le repas, nous sommes allés à la télévision. Nous étions trois et le quatrième, Edmond, faisait la lessive. Vers 21 heures, comme nous étions abonnés à un groupe électrogène, j'ai dit aux autres d'aller dormir du fait qu'on allait éteindre. Je suis allé dormir, on a éteint. Dix minutes après, j'entends les menaces à la porte. Ils ont commencé à taper sur la porte. La porte était bloquée. Sous mon lit, je ne savais pas ce qui se passait. Ils se sont dégagés de

ma porte pour aller vers la cuisine et ils sont partis. Je suis resté chez moi, je ne savais pas ce qui s'est passé. Vers 6 heures 30 minutes, je suis allé à la porte pour ouvrir, elle était bloquée. Une fenêtre était ouverte. J'ai vu quelqu'un à l'extérieur. Je suis sorti par la fenêtre. Nous avons constaté que les autres portes étaient ouvertes et on est venu faire le constat.
Q. Est-ce qu'il y avait des menaces avant cet événement ?
R. Non.
Q. Qui était le plus ancien parmi vous ?
R. Père Edmond Bamutupe. Moi je venais de faire une année.
Q. Entre vous, il n'y avait aucun problème ?
R. Non.
Q. Pourquoi vos collègues ont-ils été enlevés ?
R. Je ne sais pas.
Q. Nous avons dans cette équipe Mwami Bulembo qui a dit qu'il y avait une femme qui a ramassé de l'argent qu'elle avait remis aux prêtres et que les bandits sont venus réclamer cet argent ?
R. Il n'y avait pas le problème d'argent. Après deux ans, le conseiller à la présidence est venu m'entendre à ce propos.
Q. S'il y avait de l'argent remis à l'un de vous, alliez-vous le savoir ?
R. Oui, nous sommes tous dans une communauté.
Q. Etiez-vous tout le temps ensemble ?
R. Etre tout le temps ensemble, on avait d'autres occupations, mais à propos de l'argent, on allait le savoir.
Q. Avez-vous des ouvriers ?
R. Un cuisinier et une fille-mère pour laver les habits. Le cuisinier est à Mbau, la fille-mère a été kidnappée. Le cuisinier quittait à 17 heures et la fille à 16 heures.
Q. Y a-t-il eu des menaces envers les prêtres ?
R. J'écoutais la radio. J'ai entendu quand ils sont arrivés à la cuisine. Ils ont dit qu'il n'y a personne apparemment. Ils ne cherchaient rien que les prêtres.
Q. Qui était le Curé ?
R. Père Kakule Wasukundi Anselme et l'ancien Curé Père Augustin Sirimirwa qui a quitté Mbau deux jours avant l'événement. Il est parti à bord du véhicule d'un ami qui est venu le prendre.
Q. Ces gens parlaient quelle langue ?
R. Kiswahili ordinaire.
Q. Après l'événement, étiez-vous resté à Mbau ?
R. On m'a changé de communauté ; je suis maintenant à Oïcha.
Ministère Public : Le Père Augustin peut comparaitre comme témoin :
Q. Parmi vous, il y avait ceux qui ont fait quelques jours.
R. Il y avait deux, le Curé deux semaines et le Père Jean-Pierre aussi deux semaines.
Ministère Public : Les déclarations de Mwami Bulembo coïncident avec les déclarations du Père, selon lesquelles il n'a pas été enlevé du fait qu'il a été

enfermé dans sa chambre, mais il n'y a pas eu de problème d'argent comme l'a déclaré Mwami Bulembo. Le grand souci est de savoir pourquoi les prêtres ont été enlevés.
Q. Cette nuit, avez-vous entendu les crépitements des balles à Mbau ?
R. Non.
Q. Lorsqu'ils menaçaient à la porte, aviez-vous échangé des paroles avec eux ?
R. Non.
Remise contradictoire demain mardi 28 mars 2017.

Audience publique du 28 mars 2017

RP N° 0171/2017
RMP N° 807/KN6/2017
En chambre foraine à laquelle siègent :

1. Lt Col. Mag. Ntshaykolo Esosa Masele Jean Paulin, 1er Président ;
2. Col. Omeonga Taunya José, Juge Assesseur ;
3. Col. Ndiba Bulangiti Matthieu, Juge Assesseur ;
4. Col. Busoki Wa Karaku, Juge Assesseur ;
5. Com. Sup. Ppl Ngumbi Kulinga, Assesseur ;
6. Gén. Maj. Mokunto Kiyana Tim, 1er AGF, Ministère Public ;
7. Maj. Madoli Nzoki Guy Martin, Greffier.

En cause : l'auditeur militaire supérieur Près la cour militaire opérationnelle du Nord-Kivu, Ministère Public.
Contre :

- Monsieur Saa Mbili Bamukoka ;
- Mwami Bulembo Ando Kanzire, alias Radjabu ;
- Monsieur Nkayalua Bankale Etienne, alias Muganda.

Prévenus de :

- Participation à un mouvement insurrectionnel ;
- Crime contre l'humanité par déportation ou enlèvement ;
- Terrorisme

La cause est appelée à 11 heures 10 minutes.
A l'appel de la cause, les prévenus cités ci-haut comparaissent en personne et assistés par leurs conseils : Me Nathan Tagirabo et le Défenseur Militaire Kiwunga Makila pour Nkayalua Bankale ; Me Déo Shota Mugaruka pour Mwami Bulembo ; Me John Mughisa pour Mwami Saa Mbili Bamukoka ; Me Kaniki Paluku, Me Jonathan Piema et Me Blaise Matokeo pour les parties civiles.
Comparait le Père Joseph Paluku :
Q. Ce jour-là de l'événement, il y aurait trois sœurs dans le salon ?
R. Il n'y avait pas de sœurs, on se préparait à dormir.
Q. Aviez-vous un téléphone cette nuit ?
R. J'avais un téléphone.

Q. Pourquoi n'avez-vous pas alerté le service de sécurité ?
R. Il était impossible d'appeler à cette heure. Quand j'ai vu qu'ils n'étaient plus là, j'ai fait un texto à un prêtre à Butembo pour signaler le service de sécurité.
Q. Le temps que vous avez passé à Mbau, y avait-il une position militaire au PK25 ?
R. Il n'y avait pas de position militaire.
Q. Quand vous êtes entré dans la maison, votre collègue était-il à l'extérieur en train de faire la lessive ?
R. Oui.
Q. Mais vous avez une fille-mère chargée de faire la lessive. Comment expliquer cette situation ?
R. Les sous-vêtements, c'est nous-mêmes qui faisons la lessive.
Ministère Public : Le père Joseph avait effectivement appelé puisque à partir de Butembo, on avait appelé la position qui était aux environs.
Q. Connaissez-vous Mwami Bamukoka ?
R. De nom. Je viens de le connaitre comme je le vois maintenant.
Q. Bamukoka fréquentait-il votre paroisse ?
R. Nous sommes de Beni Mbau, lui, il est de Watalinga.
Q. Après l'enlèvement des prêtres, y a-t-il eu des contacts entre Bamukoka et les prêtres ?
R. Non.
Q. Y a-t-il eu des recherches effectuées au niveau de la congrégation ?
R. Il y a eu des recherches le même jour.
Q. Dans ces recherches, vous n'avez pas contacté les notabilités ?
R. Toutes les autorités étaient contactées.
Q. Bamukoka, étiez-vous contacté ?
R. Après le dialogue social à Oïcha, j'ai vu le président des chrétiens de Mbau pour lui demander s'il y a eu de suivi. Aussi un membre de la famille du prêtre enlevé est venu aussi me demander.
Q. Muganda, étiez-vous contacté après l'enlèvement des prêtres ?
R. Non.
Q. Avant le dialogue, vous n'aviez pas contacté Mwami Bamukoka ?
R. Je ne me souviens pas.
Ministère Public : Colonel Lusenge, nous avions voulu que vous soyez présent. Pendant que les prêtres sont en brousse, vous êtes passé à Beni-Mbau. Ce que nous avons reçu comme témoignage est que les prêtres se trouvaient à Beni-Mbau avant d'arriver à Watalinga. Nous voulions que vous soyez entendu comme renseignant.
Comparait Lusenge Muhindo David, Colonel, Matricule 168970299145
Q. Avez-vous appris l'enlèvement des prêtres ?
R. A travers la Radio Okapi, quand j'étais à Bangadi ; je n'étais pas au Nord-Kivu.
Q. Quand vous êtes arrivé ici, avez-vous entendu cette nouvelle ?

R. Non.
Q. Bamukoka, l'enlèvement des prêtres, est-ce un fait quelconque ?
R. Cest vraiment regrettable, Beni-Mbau et Watalinga, il y a la rivière Semuliki qui nous sépare. Nous sommes plutôt près de Ruwenzori.
Q. Avez-vous appris que les agents de la Monusco ont été enlevés par Kakolele ?
R. A l'époque du RCD/KML.
Ministère Public : Les gens peuvent être enlevés à Beni jusqu'à Kamango. C'est ce que Kakolele a fait avec les deux pilotes de la Monusco à pied jusqu'à Kamango. Nous constatons qu'aucune mesure n'a été prise.
Q. Avez-vous contacté les Abbés de votre paroisse pour leur dire qu'on a vu vos collègues en brousse ? Bamukoka ?
R. Je ne me souviens plus.
Q. Le président des chrétiens de Mbau est-il venu vous voir après le dialogue social ?
R. Oui.
Q. Avez-vous fait un rapport ?
R. Il n'y avait pas moyen de faire un rapport du fait que j'étais visité par plusieurs personnes.
Q. L'importance du dialogue social pour vous, Bamukoka ?
R. C'était pour sensibiliser les groupes armés à quitter la brousse.
Le Ministère Public constate qu'aucune sensibilisation n'a été faite en faveur de la libération des prêtres.
La Défense dépose sur le banc certains documents.
Ministère Public : L'homme moyen placé dans le temps et le lieu, l'homme enlevé à Beni s'est retrouvé à Kamango. Les prêtres enlevés à Mbau, nous entendons qu'il sensibilise la population, cela n'a pas été fait. Même quand Nkayalua a dit qu'il a vu les prêtres, il n'a rien dit. Mwami Bulembo qui a dit que c'est Mwami Bamukoka qui a commandité l'enlèvement des prêtres, un kidnappeur ne peut pas demander de rechercher ses amis kidnappeurs.
Défense : Tout ce que Bamukoka avait déclaré, cela n'engage que lui. Notre client Nkayalua n'a pas déclaré cela.
Le Ministère Public n'a pas encore donné le rôle joué par Bamukoka et Muganda pour l'enlèvement des prêtres.
Premier Président : Pourquoi n'avez-vous pas organisé des recherches même quand Muganda vous a dit qu'on a vu des prêtres ?
Bamukoka qui dit : J'ai fait 34 ans au pouvoir. Les gens de ma chefferie vivent en paix. Le chef de Ndama n'avait pas dit qu'il les a vus dans ma chefferie. C'était dans le parc. Et j'ai fait sortir cet exposé au dialogue pour que le Gouverneur vienne faire le suivi. J'ai fait mon travail. J'ai fait mon rapport. Je continue à dire que je ne suis pas mêlé ni de près, ni de loin dans l'enlèvement des prêtres.
Ministère Public : Mwami Bamukoka veut dire que le Gouverneur n'a rien fait. Nous étions engagés contre le M23. Nous avons engagé l'opération

Sukola I. Le Gouverneur a un souci permanent à l'égard de toutes les personnes enlevées. Au moins, nous voulons savoir ce qui est arrivé à ces trois prêtres enlevés.
Bamukoka dit : Si je dis qu'il n'y a pas eu suivi du Gouverneur par rapport au dialogue, c'est pour vous dire que l'armée ne peut pas réussir si la population n'est pas impliquée.
Q. En tant que Gouvernement de la chefferie, qu'avez-vous prise comme décision ?
R. Nous sommes en réunion avec les membres de la chefferie, comme il y avait dialogue social, nous avons amené ce rapport attestant que ces gens ont été vus dans le parc. Et ma population était limitée, elle ne pouvait pas aller au-delà.
Q. Avez-vous informé le commandant militaire sur place ?
R. Après la réunion, chacun a fait le rapport à son autorité.
La partie civile demande la présence de l'Etat congolais dans cette affaire.
Q. Colonel Lusenge, pouvez-vous nous situer votre champ vendu par le chef Muganda ?
R. Plus ou moins 6 Km après la maison de Mwami de Ndama.
Q. Mwami de Ndama, votre réaction ?
R. S'il faut estimer, le champ était à Ndama, 4 Km.
Q. Par rapport à Kikingi ?
R. Kikingi dans le Secteur Ruwenzori à 6 Km.
Q. Par rapport à Musuku ?
R. Plus ou moins 24 Km.
Q. Nous sommes à Ndama, nous prenons le champ du Colonel Lusenge, et Musuku c'est dans la même direction ?
R. Non.
Comparait le Père Augustin Sirimirwa : paroisse Saint Sacrément de Butembo, Congrégation des Augustins (Renseignant).
Q. En quelle année avez-vous pris fonction à la paroisse notre dame des pauvres de Mbau ?
R. En 2009. Avant, j'étais vicaire, j'ai fait deux ans. Avant, j'étais formateur des jeunes qui se préparaient à la vie sacerdotale. J'ai quitté Kinshasa en 2005 pour Nairobi en 2007, puis nommé à Mbau comme vicaire.
Q. Quand avez-vous quitté Mbau ?
R. Deux jours avant l'enlèvement des prêtres.
Q. Quelle est votre lecture personnelle sur l'enlèvement des prêtres ?
R. L'enlèvement nous a surpris, nous ne comprenons rien.
Q. Aucune hypothèse ?
R. Non.
Q. On a entendu parler des histoires d'argent, avez-vous entendu cela comme rumeur ?
R. Je l'ai appris au début de l'année passée.

Q. Mwami Bulembo nous dit qu'il a fait partie de l'équipe d'enlèvement. Nous avons appelé le Père Joseph pour voir si les déclarations de Mwami Bulembo et du Père Joseph sont concordantes. Mwami nous a parlé de l'argent remis aux prêtres de la paroisse notre dame des pauvres par une femme ; avez-vous une idée sur ça ?
R. Aucune idée.
Q. Deux ou trois mois, un préfet a été tué avant l'enlèvement, quel est le mobile de ce meurtre ?
R. Je ne sais pas.
Q. Le connaissez-vous personnellement ?
R. Oui, il fut mon collaborateur ; on échangeait souvent sur les problèmes de l'école.
Q. Il n'avait pas dit qu'il a peur dans sa vie ?
R. Non.
Q. Pour vous, sur l'assassinat et l'enlèvement des prêtres, vous n'avez aucune idée ?
R. Aucune idée.
Q. Deux jours avant votre départ, êtes-vous rentré là pour voir ?
R. Non. Le premier jour, j'ai demandé de les accompagner, le Supérieur a refusé.
Q. Avez-vous envoyé le message pour partager la douleur avec vos collègues ?
R. Je l'ai fait par mes Supérieurs.
Q. Quand est-ce que vous avez quitté la communauté et par quel moyen ?
R. J'ai quitté après le repas de midi à bord d'une voiture appartenant à un ami qui venait d'Oïcha pour Butembo. J'ai profité pour partir avec lui.
Q. Avez-vous dit au revoir aux chrétiens ?
R. Je l'ai fait à une messe de dimanche.
Défense : selon l'information que nous avons reçue, il a quitté un jour avant l'événement et d'une manière incidentielle. Il n'a pas fait la remise et reprise.
Q. Avez-vous entendu parler de Mwami Bamukoka ?
R. J'entendais parler de lui, mais pas de figure.
Q. Quand devriez-vous quitter la paroisse ?
R. Je devais quitter le 31 août. Je ne devrais pas quitter précipitamment.
Q. Souvenez-vous avoir reçu l'argent dans un sac sur lequel on avait écrit Mwami Bamukoka ?
R. Je n'ai jamais vu ce sac.
Q. Le nom Kitakya, qu'est-ce que ça vous rappelle ?
R. Un notable de Mbau qui était décédé. Un certain moment, il vivait à Kinshasa et il est mort à Kinshasa. Après sa mort, sa famille a voulu marquer son nom d'un cachet spécial, elle a voulu créer/organiser une association portant son nom. Celle-ci a existé le premier jour à la paroisse, après elle a disparu.
Q. Qui avait demandé l'autorisation à la paroisse ?

R. La famille, papa Ferdinand et le petit-frère du défunt.
Q. Kitakya c'est quoi pour vous ? Le MP ne veut pas vous bousculer.
R. C'est une association.
Le Ministère Public présente les statuts notariés en 2008, parmi les membres fondateurs, la deuxième personne : Sirimirwa Augustin.
Q. Votre réaction ?
R. J'étais conseiller.
Q. Etiez-vous conseiller, Père Augustin ?
R. J'ai été premièrement conseiller. Ceux qui ont écrit ces statuts, ils ont retenu mon nom comme membre.
Ministère Public : Père Augustin est coordonnateur. Le 1er février 2008, première réunion au domicile, mais pas à la paroisse. Lorsque le Père veut s'éloigner de Kitakya, le MP s'inquiète. Cette fondation a servi le passage d'un fonds vers un groupe. Le Père Augustin ne s'est pas acquitté de son devoir. Le temps qu'on est venu le prendre, on ne l'a pas trouvé. On a pris les autres. On croyait que le Père allait nous informer sur la fondation, comment ça fonctionnait. La congrégation se comporte comme si cette affaire ne l'intéresse pas. Nous allons chercher à comprendre l'attitude de Père Augustin.
Père Augustin : tout ce que le MP vient de dire, ce sont des racontars.
Q. Connaissez-vous Palmba ?
R. C'est une communauté sacerdoniste.
Q. Connaissez-vous toute personne qui travaille là ?
R. Non.
Q. Connaissez-vous Kasereka Antibo comme chrétien à Mbau ?
R. Non.
Q. La même nuit, une sentinelle a été enlevée par les mêmes ADF ?
R. Ce jour, on ne nous a pas parlé de celui-là. Je l'ai appris par après.
Défense : La même nuit, Kasereka Antibo a été aussi enlevé.
Le Ministère Public confirme le fait. On l'avait chassé du fait qu'il était ivre. Une autre personne a été enlevée, ensuite relâchée, mais la sentinelle, on n'a pas de ses nouvelles.
Remise contradictoire lundi 3 avril 2017.

Audience publique du 3 avril 2017

RP N° 0171/2017
RMP N° 807/KN6/2017
En chambre foraine à laquelle siègent :

1. Lt Col. Mag. Ntshaykolo Esosa Masele Jean Paulin, 1er Président ;
2. Col. Omeonga Taunya José, Juge Assesseur ;
3. Col. Ndiba Bulangiti Matthieu, Juge Assesseur ;
4. Col. Busoki Wa Karaku, Assesseur ;
5. Com. Sup. Ppl Ngumbi Kulinga, Juge Assesseur ;

6. Gén. Maj. Mokunto Kiyana Tim, 1er AGF, Ministère Public ;
7. Maj. Madoli Nzoki Guy Martin, Greffier.

En cause : l'auditeur militaire supérieur Près la cour militaire opérationnelle du Nord-Kivu, Ministère Public.

Contre :

- Monsieur Saa Mbili Bamukoka ;
- Mwami Bulembo Ando Kanzire, alias Radjabu ;
- Monsieur Nkayalua Bankale Etienne, alias Muganda.

Prévenus de :

- Participation à un mouvement insurrectionnel ;
- Crime contre l'humanité par déportation ou enlèvement ;
- Terrorisme

La cause est appelée à 11 heures 30 minutes.

A l'appel de la cause, les prévenus cités ci-haut comparaissent en personne et assistés par leurs conseils : Me Nathan Tagirabo et le Défenseur Militaire Kiwunga Makila pour Nkayalua Bankale Etienne ; Me Déo Shota Mugaruka pour Mwami Bulembo Ando Kanzire ; Me John Mughisa pour Mwami Saa Mbili Bamukoka ; Me Kaniki Paluku ; Me Jonathan Piema et Me Blaise Matokeo pour le compte de la partie civile.

Comparait monsieur Saa Mbili Bamukoka :

Q. Votre réaction par rapport aux déclarations du Colonel Lusenge qui dit qu'à cette époque, il n'était pas à Watalinga, mais il était à Dungu en opération en mars 2013 ?

R. Colonel Lusenge est apparu après l'arrestation des terroristes qui étaient avec Muhumuza. Avant cela, je ne sais pas s'il était dans l'entité.

Q. Muganda, quand est-ce que le Colonel Lusenge s'est présenté devant vous ?

R. C'était au mois de janvier 2013.

Q. Colonel Lusenge, votre réaction ?

R. Le chef s'est trompé de la date. J'ai donné la date à mon avocat. Arrivé à Goma, le Gouverneur m'avait obligé de causer avec les journalistes le 7 octobre 2013.

Q. Etes-vous arrivé à Goma après votre passage chez le chef Bankale ?

R. Oui, après mon passage.

Q. Quand êtes-vous arrivé chez le chef Bankale ?

R. 2013, fin juin.

Q. Quand êtes-vous arrivé à Kampala ?

R. Au mois de juillet.

Q. Est-ce que les officiers ougandais étaient chez le Mwami Bamukoka ?

R. Ils sont arrêtés après moi quand ils voulaient rentrés chez eux.

Q. Comment avez-vous su cela ?

R. C'était passé à la radio.

Q. Pourquoi êtes-vous venu avec eux ?

R. Quand ils ont su que je suis élément FARDC, ils ont sollicité de venir avec moi pour des raisons qu'ils connaissent, de venir chercher l'argent ici à Beni.
Q. Quels sont leurs noms ?
R. A part Adrien, j'ignore les noms des autres.
Q. Souvenez-vous avoir donné leurs noms devant cette même Cour ?
R. Je ne me rappelle plus.
La Cour ordonne la jonction de cette cause avec le dossier du Colonel Lusenge. Toutes les causes de Mwami Mbunguma jointes avec la cause de Colonel Lusenge sont jointes avec la cause de Mwami Bamukoka.
Ministère public : La jonction ça fait lourd, mais vers la fin ça sera clair.
Q. Est-ce que Maitre David peut nous faire des repères de date comme le Colonel Lusenge vient de dire ?
R. Quand nous avons parlé avec notre client, il est arrivé que les faits se soient passés au milieu de 2013. Nous avons parlé avec Aimé Kabwave, le journaliste au Gouvernorat de province, on nous dira que le Colonel Lusenge, quand il est arrivé à Goma, il est passé à une interview. Il a parlé d'octobre 2013. A peine à l'arrivée du Colonel Lusenge, j'ai demandé à un confrère d'aller rencontrer ce journaliste comme nous sommes en collectif.
Ministère public : prenons le repère constaté par tout le monde, le dialogue social en mars 2013 à Oïcha.
Q. Colonel Lusenge, savez-vous qu'il y a eu dialogue social ?
R. On m'avait parlé de ça.
Q. Est-ce qu'en dialogue social on a évoqué le cas du colonel Lusenge ?
R. Oui, comme je le sais, on avait parlé de beaucoup d'histoires. On avait cité plusieurs personnes comme Colonel Kavawaseyi et autres.
Q. Muganda, avez-vous entendu le nom du Colonel Lusenge ?
R. Oui, j'ai entendu le nom de David Lusenge. Après le dialogue, il m'a dit qu'il ne s'appelle pas John Wambale, mais plutôt David Lusenge.
Q. Colonel Lusenge, quel jour êtes-vous parti à Goma ?
R. Un dimanche.
Ministère Public : Dimanche 14 avril 2013. Celui qui l'avait accompagné, c'est Maitre Kavota, qui est ici présent, en tant que représentant de la société civile.
Q. Colonel Lusenge, êtes-vous parti avec Maitre Kavota ?
R. Oui, nous sommes partis avec lui.
Défense : Le dialogue a été sanctionné par un document. Les différents noms cités se trouvent dans le document. Etant donné que l'OMP a ces repères, nous avons aussi notre repère, monsieur le journaliste.
Remise contradictoire demain où toutes les causes jointes seront appelées.
Le Ministère Public veut entendre monsieur Winnie.
La Cour rappelle à la barre tous les prévenus.
Comparait monsieur Winnie Bwanandeke safari Kitobi Ismaeli : né le 2 décembre 1968 (Renseignant).
Q. Rappelez à la Cour ce que vous savez de la mort de Kalume III ?

R. Quand j'avais quitté Goma pour Beni, c'était le 8 mars 2011. Je me suis rencontré avec le chef Kalume III comme mon frère. Il a commencé à me raconter ce qui s'est passé. Il y avait un jour, Bamukoka est arrivé chez lui. Il a fait deux jours en vue de le séduire avec de l'argent pour une mission précise. Il y a des refugiés Nande et Hutu venus de l'Ouganda à qui il faut donner des terres. Il lui a dit qu'il ne peut pas prendre cette responsabilité. Il n'est pas le seul Mumbuba qui puisse causer avec ces gens. Comme il n'y a pas eu un terrain d'entente, il est allé chez le chef Boroso qui est venu séduire Kalume III comme il était son ami, mais il n'a pas réussi. Après quelques jours, Kalume III a reçu la nouvelle de cette séduction qu'il a refusée et il a constaté que ça peut lui faire du mal. Le chef Machozi faisait circuler cette histoire. Les ADF ont enlevé vingt-cinq personnes, vingt-trois ont été relâchées, Machozi et son notable sont restés. On ne connait pas leur sort. Kalume III a été aussi paniqué par une guerre froide. Quand Kalume III est décédé, il fallait que son fils lui succède. Son fils lui a succédé, la guerre a continué, car il a fallu que son fils soit aussi tué. Une moto avec trois personnes a stationné devant lui. Celui qui conduisait, c'est le frère du chef Boroso, Maïs. Parmi les trois, l'un portait la tenue de la police et l'autre en tenue civile. Le chef s'est échappé pour se retrouver chez le chef Okabo. Le chef Okabo lui a demandé ce qui se passe, on lui a expliqué. Le chef Okabo est allé vérifier avec son frère, ils ont rencontré ces gens. Le conducteur de la moto était débout un peu à l'écart. Le chef Okabo a demandé à ces deux gens d'où ils venaient. Ils ont dit qu'ils viennent du parquet de Beni, mais ils n'avaient de document venant du parquet. Le chef Okabo a fait appel à la population pour tabasser ces gens. La maman de Kalume IV venait de l'Eglise. C'est elle qui a calmé la situation. Comme ils connaissaient le frère de Boroso, il a été décidé de les laisser partir et on va vérifier après. La moto, au lieu de prendre la direction de Beni, elle a plutôt pris une autre direction. Le chef Okabo a essayé de vérifier auprès de la police de la place et on a expliqué au chef comment la moto est partie.

Q. Pour vous, celui en tenue policière et celui en tenue civile, qui sont-ils ?

R. Celui en tenue policière avait une grenade, la direction qu'ils avaient prise c'est celle des ADF, puisque moi-même je fus ADF.

Q. Ceux qui cherchaient des terrains, qui sont-ils ?

R. Des réfugiés ougandais.

Ministère Public : D'une part, les réfugiés rwandais Hutu qui veulent s'installer à Tshutshubo. Mwami Kalume III refuse la damande de Bamukoka qui est allé voir Boroso, leur démarche échoue. On cherche à éliminer Kalume III. Celui qui apporte la nouvelle, Machozi, c'est lui qui a été enlevé. Kalume III empoisonné, son fils Kalume IV a failli être tué par les ADF.

Winnie déclare : Si mes frères refusent qu'ils n'ont pas de contacts avec les ADF, pour montrer qu'ils ont des liens avec eux, nous allons molo molo.

Q. Bamukoka, avez-vous vos bulletins de l'école primaire et secondaire ?

R. Non.

Ministère Public : Mwami Bamukoka, son parcourt de l'école, il est passé par Rutshuru à l'école secondaire.
Q. Mwami Bamukoka, votre réaction par rapport aux déclarations de Winnie ?
R. Quand j'ai appris cette histoire à la radio, j'ai vu qu'il y a une main noire derrière moi. Je ne connais pas cet homme. Chef Kalume est mort de la maladie, il faut vérifier à l'hôpital de Oïcha. J'étais chargé d'aller à son enterrement, devant les autorités, nous avons constaté qu'il est mort de cirrhose de foie. J'ai trois groupements, je ne peux pas aller négocier un terrain. Cet homme est sorti de la brousse en 2011. Si la famille du Chef Kalume a déjà porté plainte contre moi, est-ce que ces gens sont vraiment sortis de chez les ADF. Les ADF savent que je coopère avec les FARDC. Ils ont même incendié ma résidence lors de leur incursion. Si j'étais le leur, ils n'allaient pas incendier ma résidence. S'il y a un conflit de pouvoir entre cette famille et Boroso, cela ne m'engage pas. Eux, ils ont leur entité et j'ai la mienne. En 2005, il y a eu attaque simultanée, opération Keba I. Je suis Mutalinga pour succéder à mon père.
Q. Dans votre entretien avec Kalume III, qui d'autre était là ?
R. Nous n'étions qu'à deux, c'était chez lui. J'ai quitté le mouvement ADF en 2010.
Q. Avez-vous apprécié les propos tenus par Kalume III du fait que vous étiez aussi parmi les ADF ?
R. Ça ne m'a jamais plu.
Q. A qui vous êtes-vous adressé ?
R. A personne.
Défense : Winnie est en train de raconter des faits qui lui ont été racontés par une personne qui est morte. Les propos de Winnie ne sont pas ceux qui ont été tenus dans le procès Boroso.
Q. Winnie, qui vous a raconté ces histoires ? Pourquoi ne pas dire que ce sont des faits relatés par monsieur Okabo ? Vous avez fait combien de jours de causerie avec Kalume III ?
R. J'arrivais chez lui comme frère et je rentrasis.
Q. Winnie, connaissez-vous Kalume IV ?
R. Je suis Mbuba de Kisiki, mais je n'ai pas grandi à Kisiki. Il y a des gens de Kisiki qui ne peuvent pas me connaitre.
Q. Kalume III vous a-t-il fait part qu'il a dit à d'autres personnes les propos de Bamukoka ?
R. Il avait dit aux autres. Il y a aussi un chef de localité, Okabo. On peut lui demander s'il n'est pas au courant.
Q. Avez-vous entendu parler de Bamukoka comme collaborateur des ADF ?
R. Notre ennemi, une fois qu'on le séduisait, s'il refuse, on va le combattre. Au début, il était notre ennemi, mais actuellement il ne l'est plus.
Renseignant : Monsieur Winnie.
Remise contradictoire à mardi 4 avril 2017.

Audience publique du 31 janvier 2017

RP N° 0157/2017
RMP N° 0739/KNG/2017
En chambre foraine à laquelle siègent :

1. Lt Col. Mag. Ntshaykolo Esosa Masele Jean Paulin, 1er Président ;
2. Maj. Mag. Kabondo Pibwe Serge, Conseiller ;
3. Col. Ndiba Bulangiti Matthieu, Assesseur ;
4. Lt Col. Tuve Simisi Serge, Juge Assesseur ;
5. Lt Col. Mpoy Teddy Léonard, Juge Assesseur ;
6. Gén. Maj. Mokunto Kiyana Tim, 1er AGF, Public ;
7. Maj. Madoli Nzoki Guy Martin, Greffier.

En cause : l'auditeur militaire supérieur Près la cour militaire opérationnelle du Nord-Kivu, Ministère Public.

Contre :

- Monsieur Mbunguma Kitobi André ;
- Monsieur Kasereka Balabala alias Pharaon ;
- Monsieur Kambale Saloiboko Lambert. ;
- Monsieur Mbula Olenga Jean-Marie ;
- Monsieur Bakola Mutela Jean-Pierre ;
- Monsieur Kakule Sibendire Benedicto, alias Bekeve ;
- Monsieur Kahindo Kangeriti Philemon ;
- Monsieur Kasereka Shahetera Salomon ;
- Monsieur Katembo Kapisa Emmanuel ;
- Monsieur Mutokambali Sivirwa Yves ;
- Monsieur Kasereka Kitsa Léandre ;
- Monsieur Valindawa Kisonia Christian ;
- Monsieur Paluku Mbogha Charles ;
- Monsieur Kasereka Kayikolo Jonas alias Kas Kas ;
- Monsieur Kule Mbimba Pierre.

Prévenus de :

- Association des malfaiteurs ;
- Crime contre l'humanité par meurtre ;
- Détention illégale d'armes de guerre.

La cause est appelée à 16 heures 00 minute.
Remise à une date ultérieure qui sera communiquée à toutes les parties.

Audience publique du 21 février 2017

RP N° 0157/2017
RMP N° 0739/KNG/2017
En chambre foraine à laquelle siègent :

1. Lt Col. Mag. Ntshaykolo Esosa Masele Jean Paulin, 1er Président ;
2. Col. Omeonga Taunya José, Juge Assesseur ;
3. Col. Ndiba Bulangiti Matthieu, Juge Assesseur ;
4. Col. Busoki Wa Karaku, Juge Assesseur ;
5. Com. Sup. Ppl Ngumbi Kulinga, Juge Assesseur ;
6. Gén. Maj. Mokunto Kiyana Tim, 1er AGF, Ministère Public ;
7. Maj. Madoli Nzoki Guy Martin, Greffier.

En cause : l'auditeur militaire supérieur Près la cour militaire opérationnelle du Nord-Kivu, Ministère Public et parties civiles.
Contre : Monsieur Mbunguma Kitobi André et Consorts
Prévenus de :

- Association des malfaiteurs ;
- Crime contre l'humanité par meurtre ;
- Détention illégale d'armes de guerre.

La cause est appelée à 10 heures 45 minutes.
A l'appel de la cause, les prévenus cités ci-haut comparaissent en personne et assistés par leurs conseils : La Cour commet l'office de tout le collectif d'avocats : Me Kasereka Sirika pour le prévenu Bakola ; Défenseur militaire Kiwunga Makila pour le prévenu Kakule Sibendire ; Me Charles Muleso, Me David Wambale, Me Joël Shanyungu et Me Nathan Tagirabo. Le Défenseur militaire agréé assiste tous les autres prévenus non assistés. Les parties civiles comparaissent, représentées par Me Jonathan Piema.

Identités des prévenus

1. Mbunguma Kitobi André, né à Beni, le 24 novembre 1979 ; fils de Olenga Kitobi Grégoire (décédé) et de Kavira saliboko (en vie). Originaire de Boikene, Chefferie de Beni-Mbau, Territoire de Beni, Province du Nord-Kivu. Etudes faites : 5 ans PP ; profession : chef de localité (agent de l'Etat) ; Etat civil : marié à madame Kavira et père de 7 enfants ; Confession religieuse : catholique ; domicilié à Boikene.
2. Kasereka Balabala alias Pharaon, né à Mavivi, le 19 janvier 1961 ; fils de Kadi Donato (en vie) et de Mbambu Mutso. Originaire de Boikene, Secteur de Batangi-Mbau, Territoire de Beni, Province du Nord-Kivu. Etudes faites : Néant ; Etat-civil : marié à Anawema Alimasi et père de 7 enfants ; Profession : cultivateur (chef kapita) ; Confession religieuse : protestante ; Domicilié à la cellule Kipriyani, Commune Mulekera, Ville de Beni.
3. Kambale Saliboko Lambert, né à Paida, le 25 juillet 1957 ; fils de Paluku Gabriel (en vie) et de Kabugho Bernadette (en vie). Originaire de Butero Isale ; Secteur de Bashu, Territoire de Beni, Province du Nord-Kivu ; Etat-civil : marié à Mbambu Ernestine et père de 4 enfants. Profession : cultivateur ; Etudes faites : Néant ; Culte : adventiste ; Domicilié à la Cellule Gbadolite, Quartier Boikene, Commune Ruwenzori.
4. Mbula Olenga Jean-Marie, né à Kasinga, le 12 décembre 1968 ; fils de Kima Bandongi Pierre (décédé) et de Marguerite Katikati (en vie).

Originaire de Kasinga, Secteur de Beni-Mbau, Territoire de Beni, Province du Nord-Kivu. Profession : agent de l'Etat ; Fonction : Chef notable de la localité de Boikene ; Etudes faites : 5ème primaire ; Etat-civil : marié à Kavira Mutokambali et père de 3 enfants ; Confession religieuse : protestante ; Domicilié au village Kasinga.

5. Bakole Mutela Jean-Pierre, né à Oïcha, le 18 juillet 1962 ; fils de Bakola Tshongu (décédé) et de Kavira Sibanzuri (décédée). Originaire de Mavivi=> Bahira Kanda Mavivi ; Secteur de Beni Mbau, Territoire de Beni, Province du Nord-Kivu. Profession : agent de l'Etat ; Fonction : chef de localité de Bahira Kanda Mavivi ; Etudes faites : 5 ans PP ; Matricule : 570670 ; Grade : 210 ; Etat-civil : marié à madame Kavugho et père de 10 enfants. Confession religieuse : protestante ; Domicilié à Mavivi.

6. Kakule Shibandire Benedicto, alias Bekeve, né en Ouganda-Kasese, le 12 décembre 1973 ; fils de Kiamunyonge (décédé) et de Kisimbi Julienne (en vie). Originaire de Kainama ; Groupement de Batangi-Mbau, Chefferie de Bashu, Territoire de Beni, Province du Nord-Kivu. Profession : cultivateur ; Etudes faites : 2ème primaire ; Etat-civil : marié à madame Tsumbu Lukusa et père de 13 enfants ; Confesion religieuse : église anglicane ; Domicilié au Quartier Boikene, Commune Mulekera, Av. Reconciliation, Ville de Beni.

7. Kahindo Kangeneti Philemon Edmond, né à Kalongolero, le 17 mai 1956 ; fils de Kahemulu (décédé) et de Mutsimbule (décédée). Originaire de Kalongolero ; Groupement de Masiki, Secteur de Bashu, Territoire de Beni, Province du Nord-Kivu ; Etudes faites : 5 ans PP ; Etat-civil : veuf et père de 6 enfants. Profession : tradi-praticien et cultivateur ; Confession religieuse : protestante ; Domicilié à Boikene, Cellule Nyamwisi, Commune Ruwenzori, Ville de Beni.

8. Kasereka Syahetera Salomon, né à Bwasinge en 1964 ; fils de Kambale Kabinua (décédé) et de Kavira Liliane (en vie). Originaire de Kaviku Luma, Secteur de Baswagha, Territoire de Lubero ; Etat-civil : marié à madame Kahindo Visakirya et père de 15 enfants. Profession : cultivateur ; Etudes faites : néant ; Culte : CBCA ; Domicilié à la Commune de Beu, Quartier Rwangoma, Av. Mapendo.

9. Katembo Kapisa Emmanuel, né à Musienene-Buharati, le 25 décembre 1971 ; fils de Kambale Tsongo (décédé) et de Kahindo (en vie). Originaire de Buharati, Secteur de Baswagha, Territoire de Lubero, Province du Nord-Kivu ; Etat-civil : marié à madame Kahindo Regine et père de 6 enfants. Etudes faites : A3 Sciences infirmières ; Profession : infirmier ; Domicilié à Beni, Quartier Ngongolio, Commune Mulekera.

10. Kasereka Kitsa Léandre, né à Beni, le 6 décembre 1971 ; fils de Kamabo Nicolas (décédé) et de Kavuhu Rose (en vie). Originaire de Butakorola Bashu Bafa Kombe, Secteur de Beni-Mbau, Territoire de Beni, Province du Nord-Kivu ; Etat-civil : marié à madame Kavugho Kakundika et père de 5 enfants. Profession : menuisier charpentier ; Etudes faites : A3

menuiserie à Paida IPP ; Culte : catholique ; Domicilié au Quartier Kasabinyole, Av. Kalumendo N° 47, Commune Ruwenzori.

11. Valindawa Kisonia Sivihwa Christian, né à Musienene, le 8 novembre 1959 ; fils de Musayi (décédé) et de Yalala (en vie). Originaire de Musienene, Secteur de Isale-Vuhovi, Territoire de Beni, Province du Nord-Kivu ; Etat-civil : marié à madame Masika Wangayamuka et père de 4 enfants ; Etudes faites : G3 Histoire à l'ISP Bukavu, Culte : catholique ; Profession : encadreur spirituel.

12. Paluku Mbogha Charles, né à Lume, le 7 avril 1979 ; fils de Mathe Limasi (en vie) et de Mbambu Masudi (en vie). Originaire de Lume ; Secteur de Ruwenzori, Territoire de Beni, Province du Nord-Kivu ; Etat-civil : marié à madame Kahindo Kisaka Solange et père de 3 enfants. Etudes faites : G2 Histoire et Sciences sociales ; Culte : CBCA ; Domicilié à la Commune de Ruwenzori, Quartier Boikene, Cellule Munzambayi, AV. Salama N° 22, Ville de Beni.

13. Kasereka Kayikolo Jonas, alias Kas Kas, né à Paida, le 11 décembre 1986 ; fils de Kambale Amisi (en vie) et de Kahindo Muteri (en vie). Originaire de Taliata, Chefferie de Beni-Mbau, Territoire de Beni, Province du Nord-Kivu ; Etat-civil : marié à madame Mbambu et père de 3 enfants ; Profession : agent de la Croix-Rouge, chef de section, tradi-praticien ; Culte : CECA 20 ; Domicilié à Beni, Quartier Kasanga II, Commune de Beu.

14. Kule Mbimba Pierre, né à Mehunga, le 25 mai 1977 ; fils de vilungeru Iriho (décédé) et de Masika Mwenge (en vie). Originaire de Mehunga Kavalia, Secteur de Ruwenzori, Territoire de Beni, Province du Nord-Kivu ; Etat-civil : marié à madame Masika Kavugho et père de 2 enfants ; profession : cultivateur, chef coutumier Muhunga Kavalia ; Etudes faites : 5ème primaire ; Culte : catholique ; Domicilié à Kavalia centre.

15. Mutokambali Sivirwa Yves, né à Paida en 1977 ; fils de Jacques Akuarimamba (en vie) et de Keweru Mélanie (en vie). Originaire de Boikene ; Secteur ou Chefferie : Bashu Bapakombe, Territoire de Beni, Province du Nord-Kivu ; Etat-civil : marié à madame Kavira Esther et père de 4 enfants ; Etudes faites : néant ; Profession : cultivateur et chef ; Culte : CEPAC ; Domicilié au Quartier Ma Campagne, Commune Mulekera.

Après la lecture des décisions de renvoi par le greffier sur ordre du Premier Président, la Cour demande s'il y a des préalables.

La Défense sollicite la remise dans une semaine pour mieux préparer la défense.

La Partie civile sollicite la remise pour citer l'Etat congolais.

La Ministère Public sollicite la remise pour présenter le prévenu Kakule Makambo, prend la disposition utile pour qu'il soit ici la semaine prochaine en provenance de Kinshasa. Le Ministère Public dépose sur le banc les PV des victimes des massacres de Mvemba.

Remise contradictoire lundi, le 6 mars 2017.

Devoir de citer l'Etat congolais comme civilement responsable.

Audience publique du 6 mars 2017

RP N° 0157/2017
RMP N° 0739/KNG/2017
En chambre foraine à laquelle siègent :

1. Lt Col. Mag. Ntshaykolo Esosa Masele Jean Paulin, 1er Président ;
2. Col. Dunia Kashindi Fabien, Juge Assesseur ;
3. Col. Ndiba Bulangiti Matthieu, Juge Assesseur ;
4. Col. Busoki Wa Karaku, Juge Assesseur ;
5. Com. Sup. Ppl Ngumbi Kulinga, Juge Assesseur ;
6. Gén. Maj. Mokunto Kiyana Tim, 1er AGF, Ministère Public ;
7. Maj. Madoli Nzoki Guy Martin, Greffier.

En cause : l'auditeur militaire supérieur Près la cour militaire opérationnelle du Nord-Kivu, Ministère Public et parties civiles.

Contre : Monsieur Mbunguma Kitobi André et Consorts
Prévenus de :

- Association des malfaiteurs ;
- Crime contre l'humanité par meurtre ;
- Détention illégale d'armes de guerre.

La cause est appelée à 10 heures 25 minutes.
A l'appel de la cause, les prévenus cités ci-haut comparaissent en personne et assistés par leurs conseils : Me Joël Shanyungu pour Mbula Olenga Jean Marie ; Kasereka Sikira pour Bakola Mutela ; Me Joël Shanyungu pour tous les autres prévenus non assistés. Me Paluku Kaniki représente toutes les parties civiles et Me Jonathan Piema, avocat au barreau de Kisangani.
Comparait le prévenu Mbunguma Kitobi André :
Q. Pourquoi êtes-vous devant la Cour ?
R. C'est à partir d'ici que je vais le savoir.
Q. Avez-vous reçu la décision de renvoi ?
R. Oui.
Q. Reconnaissez-vous l'association de gens cités ci-après ?
R. Je les reconnais comme des chefs de village.
Q. Qui reconnaissez-vous parmi ces gens ?
R. Bakola, Kasereka Balabala, Kakule Shibendire, Kasereka Kitsa Léandre et Mbula Olenga Jean Marie.
Le Ministère Public propose que tous les prévenus soient assistés pour une égalité des armes.
Comparait le prévenu Kambale Saliboko Lambert :
Q. Qui est votre avocat ?
R. J'ai déjà un autre avocat, Me Joël Shanyungu.
Comparait le prévenu Kakule Mbimba Pierre en Kinande :
Q. Vous étiez arrêté à Bulongo, pourquoi ?

R. J'étais arrêté en chemin en provenance de Kampala. Je transportais les objets de la coutume, des choses différentes : un tambour, une hache authentique, une corde en nylon.
Q. A quoi servaient toutes ces choses ?
R. C'était des fétiches. Comme on était en train d'égorger les gens, ce sont des fétiches de protection pour éviter que les gens soient égorgés.
Q. Qui avait demandé ces fétiches ?
R. Messieurs Charles Mbogha et Shahetera.
Q. C'était Kasereka Shahetera ?
R. Oui.
Q. Qui étiez-vous pour qu'on vous demande les fétiches ?
R. Je suis chef coutumier.
Q. Connaissez-vous monsieur Mandefu ?
R. Non.
Q. N'avez-vous jamais été membre de groupe Mayimayi ?
R. Non.
Q. Pourquoi avez-vous déclaré devant l'OPJ que vous êtes membre de Mayimayi Mandefu ?
R. Je n'avais pas dit cela.
Q. N'avez-vous pas déclaré que votre Etat-major se trouve dans le parc ?
R. Je n'avais pas dit cela.
Q. Avez-vous utilisé ces fétiches ?
R. Je ne les ai pas utilisés. J'ai été arrêté en cours de route.
Comparait Kasereka Shahetera (en Kinande) :
Q. Avez-vous suivi les déclarations de monsieur Kakule ? Reconnaissez-vous ces faits ?
R. Ce qu'il dit est vrai.
Q. Qui vous a demandé d'arranger ces fétiches ?
R. Quand j'ai vu nos frères tués, j'étais obligé de faire ces fétiches.
Q. Avez-vous agi seul ou avec les autres ?
R. Cela est venu de moi-même.
Q. Qui est Kyandenga ?
R. Je n'ai jamais entendu parler de ce nom. Je l'entends aujourd'hui.
Q. Kyandenga ?
R. Non.
Q. Pourquoi avez-vous déclaré ça devant l'OPJ ?
R. On m'obligeait d'accepter que je suis partisan de groupes Mayi mayi, ADF alors que je suis cultivateur. On m'a posé la question : vous connaissez le groupe de Mayi mayi ? J'ai répondu par non.
Q. A la question de savoir si vous connaissez le chef Mbunguma, vous avez répondu par oui et Kyandenga est le chef de la bande ?
R. Je ne sais pas lire.
Q. Avez-vous aussi déclaré que Kapisa est le recruteur et le chef est à Butembo. Reconnaissez-vous cela ?

R. C’est faux.
Q. C’est faux ? Vous ne connaissez pas la fonction du chef Mbunguma ?
R. Je le connais comme chef des cultivateurs.
Q. Pourquoi, à part toutes vos déclarations devant l’OPJ, vous ne reconnaissez qu’avoir demandé à monsieur Kakule de préparer les fétiches ?
R. Quand j’ai vu les corps de nos frères, j’ai pris la décision de chercher quelqu’un pour contrecarrer les tueries. J’ai appelé mon beau-fils Charles Mbogha. Je lui ai demandé si on peut nous fabriquer ce que Kakule avait dit.
Q. Devant l’OPJ, si vous étiez parmi ceux qui ont attaqué l’OZACAF, qui en est le commanditaire, quelle était votre réponse ?
R. Je ne connais pas tout cela.
Q. Attaque de Nyaleke et OZACAF ?
R. Je ne les connais pas.
Q. Pourquoi avez-vous, devant l’OPJ, répondu par affirmatif ?
R. Non, je n’avais pas accepté.
Q. Ce n’est pas vous qui avez cité les commanditaires de cette attaque ?
R. Non.
Q. Comment avez-vous utilisé ces fétiches ?
R. Il m’avait dit que c’est le propriétaire de ces fétiches qui allait savoir les utiliser. J’avais demandé qu’on puisse les utiliser dans mon champ. Le propriétaire, c’est Kakule Mbimba.
Q. Kakule Mbimba a dit que c’est vous qui lui avait demandé de préparer ces fétiches ?
R. Quand j’ai vu que mon cœur était fatigué, je lui ai demandé de faire ces fétiches.
Comparait monsieur Paluku Mbogha Charles :
Q. A quoi servaient ces fétiches ?
R. Chercher à connaitre les auteurs des massacres et les décourager.
Q. N’êtes-vous pas membre d’un groupe Mayimayi ?
R. Je n’ai jamais été membre.
Q. Shahetera à la question de l’OPJ, reconnaissez-vous avoir commis l’assassinat et être détenteur d’une arme de guerre ; quelle était votre réponse ?
R. Tout ça c’est faux.
Q. Si vous étiez là pour protéger les gens, pourquoi étiez-vous arrêté ?
R. Parce que nous avons fait des choses mauvaises qui n’ont pas plu au Gouvernement.
Q. Quelle est cette mauvaise chose ?
R. Je devais me rassurer avant de payer une chèvre sur tout ce qu’on allait faire. Parce que j’avais arrêté le voleur, mais je n’avais pas ce pouvoir. J’ai pris les mesures de chercher ces gens alors que je n’avais pas le pouvoir.
Q. Connaissez-vous Saliboko ?
R. Oui, comme le chef des champs.
Q. Pasteur Bernard ?
R. Non.

Q. Pourquoi vous l'avez reconnu devant l'OPJ ?
R. C'est faux.
Ministère Public : Cote 325 : Reconnaissez-vous vos déclarations faites devant l'OPJ dont lecture vous est faite ? Shahetera a comparu devant le MP en kiswahili même s'il a changé aujourd'hui.
Q. L'OPJ vous a demandé de signer sans vous en faire lecture ?
R. Oui.
Q. En quelle langue avez-vous comparu devant l'OMP ?
R. Je parlais en kiswahili qui se coupait à tout moment. On ne m'avait pas demandé la langue de mon choix.
Q. Le fait d'aller consulter un féticheur, est-ce une infraction ?
R. Ceux qui m'ont arrêté ont dit que c'est une infraction.
Ministère Public : La défense n'était pas avec nous quand on cherchait Shahetera. Nous savons que Shahetera était soit à Luna, soit à Bulongo.
Q. Shahetera, avez-vous rejeté toutes les déclarations faites devant l'OPJ ?
R. On ne m'avait pas fait la lecture de ces PV.
Q. Et devant le MP ?
R. Je ne peux pas accepter une chose que je n'ai jamais faite.
Q. N'avez-vous pas déclaré avoir vu des armes chez le chef Mbunguma dans un carton ?
R. Monsieur Léandre m'avait appelé un jour dans le barza. Mutokambali est venu nous trouver. Le Magistrat Hubert nous a fait asseoir un jour avec Léandre.
Q. Qu'est-ce que vous êtes allé faire à Semuliki avec Kakule et Léandre ?
R. Je ne suis jamais arrivé là-bas.
La Cour lui donne lecture de sa réponse.
Q. Reconnaissez-vous cette réponse ?
R. Oui.
Q. Que venait faire les deux Ougandais que vous avez accompagnés sur ordre du chef Mbunguma ?
R. Je ne sais pas.
Q. Y avait-il deux Ougandais ?
R. Oui.
Q. Comment avez-vous su que ce sont des Ougandais ?
R. A partir de leur langue. Ils nous ont rencontrés dans le barza du chef Jean-Marie ?
Q. Reconnaissez-vous être parti à Semuliki avec deux Ougandais sur ordre du chef Mbunguma ; qu'est-ce que vous êtes allés faire à Semuliki ?
R. Je ne suis pas arrivé à Semuliki.
La Cour retient que vous êtes resté chez le chef Jean-Marie.
Q. Qui d'autre a poursuivi la route ?
R. Mutokambali et Léandre, avec les deux Ougandais.
Q. Qu'est-ce qu'ils sont allés faire à Semuliki ?
R. Je ne sais pas.

Comparaissent Mutokambali Sivirwa Yves et Monsieur Kasereka Kitsa Léandre :
Q. Avez-vous suivi les déclarations de Shahetera ?
R. Oui.
Q. Confirmez-vous les déclarations de Shahetera ?
Réponse de Mutokambali : c'est vrai.
Réponse de Léandre : Je refuse. Nous sommes partis avec les officiers Congolais, le Colonel Adrien, le capitaine et un lieutenant.
Q. Où est le colonel Adrien ?
R. On nous a arrêtés ensemble, ce sont le Magistrat Hubert et le Colonel Ntumba qui savent là où ils sont maintenant. Ce qui me pousse à dire que ce sont des officiers de FARDC. Ce qu'ils travaillaient avec les équipements de FARDC.
Q. Ces officiers étaient-ils en tenue militaire ?
R. Nous avons commencé le voyage chez le chef Mbunguma. Nous sommes allés prendre la farine chez le chef Jean Marie. Nous avons trouvé Shahetera là-bas. La farine dont on avait parlé, nous avons plutôt touvé des armes et ils ont porté des tenues militaires sur place.
Q. Chef Mbunguma, confirmez-vous les déclarations de Mutokambali ?
R. Je reconnais le colonel Adrien, le Général Kakolele qui m'avait dit que ces gens sont venus chercher là où les ADF ougandais ont l'habitude de passer. Dans l'armée congolaise, il y a des Ougandais, des Rwandais et d'autres nationalités. J'ai entendu qu'ils parlaient le kiswahili, mais pas le kiganda.
Q. Comment, arrivés chez le chef Jean-Marie, ils ont récupéré les armes et les tenues militaires avant d'aller à Semuliki ?
R. Ils ont dit qu'ils sont allés à la recherche des ADF.
Q. Shahetera, avez-vous déclaré que ces deux personnes étaient des Ougandais ?
R. A partir de leur tonalité langagière.
Q. Mbunguma dit que ce sont des FARDC ?
R. Je ne sais pas.
Q. Le colis récupéré par ces gens, c'était quel colis ?
R. On m'a dit que ce sont des armes.
Q. De cette nature ? (Le Premier Président indique l'arme AKA 47)
R. Oui.
Ministère Public : Il y a plusieurs dossiers, mais ce dossier est isolé. Il y a des dossiers qui ont des ramifications. Il y a un dossier pour lequel on a cité Adrien et un autre pour lequel on a cité Kakolele. Nous aurons à expliquer ces ramifications au moment utile.
Q. Quelle est l'unité des FARDC qui a œuvré avec le Général Kakolele ?
R. Je suis chef coutumier, je ne suis pas militaire.
Q. Il vous est arrivé de travailler avec les officiers FARDC ?
R. Oui, je travaille avec eux comme des militaires FARDC.
Q. Avez-vous travaillé avec le Général Mundos ?

R. Oui.
Q. Saviez-vous où il travaillait ?
R. Il était combattant.
Q. Où se trouvait le bureau du Général Kakolele ?
R. Il m'appelait chez lui à la maison.
Ministère Public : Kakolele n'a jamais été dans la même armée que moi, et il n'a jamais été nommé général.
Q. Mutokambali, étiez-vous arrivé à Semuliki avec les Ougandais ?
R. Quand nous sommes sortis chez le chef Mbunguma, ils étaient en tenue civile, avec des sacs. Nous avons pris la voiture.
Remise contradictoire mardi 7 mars 2017 pour la poursuite d'instruction.

Audience publique du 7 mars 2017

RP N° 0157/2017
RMP N° 0739/KNG/2017
En chambre foraine à laquelle siègent :
1. Lt Col. Mag. Ntshaykolo Esosa Masele Jean Paulin, 1er Président ;
2. Maj. Mag. Kabondo pibwe Serge, Conseiller ;
3. Col. Ndiba Bulangiti Matthieu, Juge Assesseur ;
4. Lt Col. Tuve Simisi Serge, Juge Assesseur ;
5. Lt Col. Mpoy Teddy Léonard, Juge Assesseur ;
6. Gén. Maj. Mokunto Kiyana Tim, 1er AGF, Ministère Public ;
7. Maj. Madoli Nzoki Guy Martin, Greffier.

En cause : l'auditeur militaire supérieur Près la cour militaire opérationnelle du Nord-Kivu, Ministère Public
Contre : Monsieur Mbunguma Kitobi André et Consorts
Prévenus de :
- Association des malfaiteurs ;
- Crime contre l'humanité par meurtre ;
- Détention illégale d'armes de guerre.

La cause est appelée à 11 heures 40 minutes.
A l'appel de la cause, les prévenus cités ci-haut comparaissent en personne et assistés par leurs conseils : Blanchard Mbiya, avocat pour Mbunguma, Kasereka Sikira pour Bakola Mutela ; Me David Wambale et Me Nathan assistent les autres prévenus. Me Paluku Kaniki et Me Jonathan Piema représentent les parties civiles.
Le nouveau Juge assesseur prête serment sur réquisitoire du MP.
Remise contradictoire lundi 13 mars 2017.

Audience publique du 13 mars 2017

RP N° 0157/2017
RMP N° 0739/KNG/2017

En chambre foraine à laquelle siègent :

1. Lt Col. Mag. Ntshaykolo Esosa Masele Jean Paulin, 1er Président ;
2. Col. Omeonga Taunya José, Juge Assesseur ;
3. Col. Ndiba Bulangiti Matthieu, Juge Assesseur ;
4. Col. Busoki Wa Karaku, Juge Assesseur ;
5. Com. Sup. Ppl Ngumbi Kulinga, Juge Assesseur ;
6. Gén. Maj. Mokunto Kiyana Tim, 1er AGF, Ministère Public ;
7. Maj. Madoli Nzoki Guy Martin, Greffier.

En cause : l'auditeur militaire supérieur Près la cour militaire opérationnelle du Nord-Kivu, Ministère Public et parties civiles.

Contre : Monsieur Mbunguma Kitobi André et Consorts
Prévenus de :

- Association des malfaiteurs ;
- Crime contre l'humanité par meurtre ;
- Détention illégale d'armes de guerre.

La cause est appelée à 12 heures 30 minutes.
A l'appel de la cause, les prévenus cités ci-haut comparaissent en personne et assistés par leurs conseils : Me John Mughisha, Me Blanchard Mbiya, Me Constant Kalumendo pour Mbunguma ; Kasereka Sikira pour Bakola Mutela Jean-Pierre ; Me Paluku Kaniki, Me Jonathan Piema et Me Matokeyo pour les parties civiles. La RDCongo est représentée par son Conseil, Me Barume Mugugu, Me David Wambale, Me Nathan Tagirabo, Me Charles Umomuki. Le Défenseur militaire Kiwunga Makila et Me Joël Shanhungu pour le prévenu non assisté.
Comparaissent les prévenus Mbunguma Kitobi André, Kasereka Shahetera et Kule Mbimba :
Q. Connaissez-vous les gens qui étaient partis à Semuliki ?
R. Oui.
Q. Ces gens travaillaient-ils avec les FARDC ?
R. Oui.
Q. Travaillaient-ils avec Kakolele ?
R. Oui.
Q. Vous souvenez-vous que Kakolele était membre du PPRD ?
R. Je le connais comme élément FARDC et membre du PPRD.
Le Ministère public rappelle au prévenu un certain nombre de numéros de téléphone trouvés dans l'appareil du prévenu Mbunguma et lui donne lecture de ces PV.
Q. Reconnaissez-vous vos déclarations ?
R. Il y a des vraies et des fausses.
Q. Qu'est-ce qu'il y a de vrai ?
R. Là où on dit que Kakolele est membre de PPRD.
Q. Vous confirmez que monsieur Kakolele est Général et membre de PPRD ?
R. Oui.

Q. Connaissez-vous une autre personne qui est Général et membre de PPRD ?
R. Non.
Q. Kakolele était avec Adrien en quelle année ?
R. En 2013.
Q. Avez-vous suivi l'attaque de Nyaleke en 2010 ?
R. Oui, il n'y a rien que j'ai fait lors de l'attaque de Nyaleke.
Q. Pourquoi êtes-vous arrêté avec Kasereka Pharaon ?
R. On avait trouvé chez Pharaon la nourriture et des munitions. Avec l'autre, ils voulaient faire la rébellion. On les avait arrêtés et amenés à Goma. C'est le Colonel Birotsho qui m'avait arrêté pour m'amener à Goma. On m'avait laissé quand on avait arrêté Sibendire.
Q. En 2013, vous souvenez-vous avoir appelé le Maire pour le problème de Mayimayi ?
R. Mon grand-frère avait arrêté dix éléments Mayimayi avec des armes. Je les avais amenés au T2.
Q. Connaissez-vous monsieur Saliboko ?
R. Oui, quand j'avais arrêté les Mayi mayi, Saliboko avait disparu du village.
Q. Connaissez-vous Kabaose ?
R. J'ai entendu parler de lui à la radio.
Premier Président : Monsieur Mbunguma, prévenu devant la barre perturbe le déroulement de l'audience. Suite à cela, l'audience est momentanément suspendue.
Monsieur Mbunguma demande pardon à la Cour pour le comportement qu'il vient d'afficher et sollicite, s'il y a moyen, qu'on le laisse se reposer aujourd'hui pour comparaitre demain.
Le Ministère Public demande au prévenu Mbunguma de rester dans la salle afin de suivre la comparution des autres.
Remise contradictoire demain mardi 14 mars 2017.

Audience publique du 14 mars 2017

RP N° 0157/2017
RMP N° 0739/KNG/2017
En chambre foraine à laquelle siègent :

1. Lt Col. Mag. Ntshaykolo Esosa Masele Jean Paulin, 1er Président ;
2. Col. Omeonga Taunya José, Juge Assesseur ;
3. Col. Ndiba Bulangiti Matthieu, Juge Assesseur ;
4. Col. Busoki Wa Karaku, Juge Assesseur ;
5. Com. Sup. Ppl Ngumbi Kulinga, Juge Assesseur ;
6. Gén. Maj. Mokunto Kiyana Tim, 1er AGF, Ministère Public ;
7. Maj. Madoli Nzoki Guy Martin, Greffier.

En cause : l'auditeur militaire supérieur Près la cour militaire opérationnelle du Nord-Kivu, Ministère Public et parties civiles.
Contre : Monsieur Mbunguma Kitobi André et Consorts

Prévenus de :

- Association des malfaiteurs ;
- Crime contre l'humanité par meurtre ;
- Détention illégale d'armes de guerre.

La cause est appelée à 14 heures 20 minutes.

A l'appel de la cause, les prévenus cités ci-haut comparaissent en personne et assistés par leurs conseils : Me John Muhindo Mughisha, Me Blanchard Mbiya, Me Constant Kalumendo pour Mbunguma Kitobi André ; Kasereka Kasika pour Bakola Mutela Jean Pierre ; Me David Wambale, Me Nathan Tagirabo, Me Charles Umomuki, Me Joël Shanhungu et la Défense militaire pour le prévenu non assisté. Me Barume Mugugu, avocat, représente La RDCongo.

Comparaissent messieurs Mbunguma Kitobi André, Kasereka Shahetera Salomon, Mutokambali Sivirwa Yves, Kasereka Kitsia Léandre :

Q. Mbunguma, que connaissez-vous de l'attaque de Nyaleke en 2010 ?

R. Je connais Kabaose, il est venu chez moi pour faire la rébellion, il est allé à Mayangos pour faire la rébellion.

Q. Avez-vous été au courant de l'attaque de Nyaleke ?

R. J'avais informé le T2 sept jours avant.

Q. Reconnaissez-vous que votre fille a été retrouvée à Nyaleke, on voulait tirer sur elle ?

R. Je ne reconnais pas.

Q. Kakolele vous a-t-il invité chez lui ?

R. Oui, il m'a montré Adrien. Il a dit qu'il va organiser la poursuite contre les ADF. Mon problème était de les amener à Semuliki, là où les ADF ont l'habitude de traverser dans leurs mouvements du nord au sud.

Q. Qu'est-ce que vous alliez faire dans cette mission ?

R. Mayangos est habité. J'ai donné des consignes que celui qui n'est pas connu qu'on le récupère.

Q. Avez-vous mis des gens à la disposition de Kakolele et Adrien ?

R. Oui, Léandre et Mutokambali.

Q. Kasereka Kitsa Léandre, votre réaction ?

R. C'est vrai.

Q. Mutokambali Sivirwa, votre réaction ?

R. C'est vrai. Nous nous sommes rencontrés avec Adrien chez Mbunguma.

Q. Mbunguma, c'est vrai ça ?

R. Oui.

Q. En quelle année étiez-vous arrêté pour être amené à Goma ?

R. En 2009.

Q. A qui appartenait la nourriture et les munitions ?

R. A Sibenda.

Q. Kakule Sibendire, le colis qu'on avait saisi chez Mbunguma, c'était des armes et des munitions ?

R. Je ne sais pas, je me trouvais en Province Orientale.

Q. Pourquoi êtes-vous rallié avec Kavawaseli ?
R. Je fais cela du fait que la forêt était vide.
Q. Pourquoi avez-vous déclaré ça ?
R. Après mon retour en 2011, je n'ai pas voulu rester sans parti politique ; j'ai adhéré au PPRD.
Q. Avez-vous travaillé avec le Général Mundos ?
R. J'ai travaillé avec le Général Mundos, le Général Mushale, le Colonel Chirimwami et le Colonel Ntumba.
Q. L'histoire de votre famille ?
R. Mon père était Mwami de Boikene, décédé en 2013.
Q. Avant la mort du père de Posombili, comment était répartie la terre ?
R. Notre terre n'est pas divisée ; Paluku Posombili avait hérité la terre de son père.
Q. Prenons la route de Mavivi, qui occupait le côté droit et qui occupait la partie gauche ?
R. Notre père occupait tous les deux côtés.
Q. Vous n'avez pas eu à posséder des armes ?
R. Je n'ai pas d'armes.
Q. Bakola Jean Marie, votre frère Mbunguma n'a jamais possédé une arme ?
R. A vrai dire, Mbunguma avait une arme.
Q. Mutokambali, Mbunguma avait-il une arme ?
R. Il avait une arme, c'était à l'époque d'Adrien. Quand il est allé nous présenter chez Adrien, nous sommes allés avec Léandre. Nous étions trois personnes. Arrivé à Kasinga, nous sommes descendus, on nous a invités au barza de Mwami.
Q. Connaissez-vous cette arme ?
R. Non.
Q. Vous souvenez-vous avoir amené des gens au champ où on avait déterré l'arme et 40 munitions ?
R. C'est cela que je voulais dire.
Q. De votre retour de Goma, vous avez trouvé des gens qui voulaient vous destituer, quelle était votre réaction ?
R. Je leur avais demandé ce que j'ai fait comme mal.
Q. Votre réaction devant Rugo ?
R. On m'avait dit que le Colonel Chirimwami a besoin de moi. Je suis arrivé, on m'a arrêté. Il m'a dit que je vais rester là-bas jusqu'à ce que le colonel Chirimwami soit de retour. Ce jour-là, j'avais travaillé avec le Général Mundos. Il m'a demandé de chercher les chefs à bord de son véhicule. Le compromis était de commencer le travail le lundi. Ce lundi matin, le major Rugo est venu m'arrêter. J'avais un rendez-vous avec le Général Mundos. Quand il m'a appelé, c'est alors que le Colonel Chirimwami m'a libéré. Vendredi, on me dira que le Colonel Ntumba a besoin de moi. On m'a amené à bord du véhicule militaire. Quand je suis arrivé chez le Colonel Ntumba, il m'a amené à l'auditorat. Il m'a demandé le problème de massacres en me

disant que j'ai tué mon frère Bambiti. Je regrette la mort de mon frère. S'il était vivant, je n'allais pas connaître tous ces problèmes.
Q. Vous souvenez-vous de la confrontation avec votre frère Jean Marie Olenga ?
R. Mbunguma : oui.
R. Jean Marie Olenga : oui.
Ministère Public donne lecture de ces PV 248-253.
Q. Mbunguma, votre réaction ?
R. Je le reconnais.
Q. Jean-Marie Olenga, votre réaction ?
R. Je le reconnais aussi.
Q. Après lecture de ces questions-réponses, monsieur Mbunguma, vous vous rappelez cela ?
R. J'avais dit ceci : quand mon grand-frère Paluku Posombili avait arrêté les Mayimayi, il m'a appelé pour les récupérer. C'était un vendredi, et à cet effet, on m'avait envoyé un message de la part des Mayimayi.
Q. Mbunguma, avez-vous une arme ?
R. Oui.
Q. Vous avez- le numéro de cette arme ?
R. Je ne savais pas que l'arme portait un numéro.
Q. Vous avez passé combien de jour avec cette arme ?
R. Cette arme était passée entre les mains de plusieurs personnes.
Q. Qui sont ces personnes ?
R. Je ne peux pas les citer au risque de les faire arrêter. Imaginez-vous quelqu'un qui est calme dans sa maison, entrainer son arrestation, ça sonne mal.
Q. Jean-Marie Olenga, vous souvenez-vous de trois armes dotées par Mbunguma ainsi que des munitions et de la nourriture ?
R. Oui.
Q. Mbunguma, vous souvenez-vous de ces questions-réponses dont lecture vous est faite ?
R. Oui.
Q. Chef Jean-Marie, vous souvenez-vous aussi des questions –réponses ?
R. Oui.
Q. Mbunguma, votre réaction ?
R. J'avais dit cela dans ma déclaration. Je n'avais pas demandé à ces gens leur destination. Quand on avait pris ces Mayimayi, Saliboko était porté disparu, je ne sais pourquoi.
Q. Kambale Saliboko, est-ce que c'est bien lui qui a tué Posombili ? (chez Mbunguma)
R. Ce sont des suppositions.
Q. A propos d'Evariste Bambili, qu'en dites-vous, Jean Marie ?
R. C'est vrai.
Ministère Public : Monsieur Evariste Bambili (témoin)

Q. Mbunguma, vous souvenez-vous avoir travaillé avec le Colonel Lusenge, Kakolele et Adrien qui voulaient organiser la rébellion ?
R. J'avais dit que j'ai cité le colonel Lusenge par erreur. J'avais déclaré cela à Kinshasa.
Remise contradictoire à mardi 16 mars 2017.

Audience publique du 16 mars 2017

RP N° 0157/2017
RMP N° 0739/KNG/2017
En chambre foraine à laquelle siègent :

1. Lt Col. Mag. Ntshaykolo Esosa Masele Jean Paulin, 1er Président ;
2. Col. Omeonga Taunya José, Juge Assesseur ;
3. Col. Ndiba Bulangiti Matthieu, Juge Assesseur ;
4. Col. Busoki Wa Karaku, Juge Assesseur ;
5. Com. Sup. Ppl Ngumbi Kulinga, Juge Assesseur ;
6. Gén. Maj. Mokunto Kiyana Tim, 1er AGF, Ministère Public ;
7. Maj. Madoli Nzoki Guy Martin, Greffier.

En cause : l'auditeur militaire supérieur Près la cour militaire opérationnelle du Nord-Kivu, Ministère Public et parties civiles.
Contre : Monsieur Mbunguma Kitobi André et Consorts
Prévenus de :

- Association des malfaiteurs ;
- Crime contre l'humanité par meurtre ;
- Détention illégale d'armes de guerre.

La cause est appelée à 16 heures 20 minutes.
Remise contradictoire mercredi 17 mars 2017.

Audience publique du 17 mars 2017

RP N° 0157/2017
RMP N° 0739/KNG/2017
En chambre foraine à laquelle siègent :

1. Lt Col. Mag. Ntshaykolo Esosa Masele Jean Paulin, 1er Président ;
2. Col. Omeonga Taunya José, Juge Assesseur ;
3. Col. Ndiba Bulangiti Matthieu, Juge Assesseur ;
4. Col. Busoki Wa Karaku, Juge Assesseur ;
5. Com. Sup. Ppl Ngumbi Kulinga, Juge Assesseur ;
6. Gén. Maj. Mokunto Kiyana Tim, 1er AGF, Ministère Public ;
7. Maj. Madoli Nzoki Guy Martin, Greffier.

En cause : l'auditeur militaire supérieur Près la cour militaire opérationnelle du Nord-Kivu, Ministère Public et parties civiles.
Contre : Monsieur Mbunguma Kitobi André et Consorts
Prévenus de :

- Association des malfaiteurs ;
- Crime contre l'humanité par meurtre ;
- Détention illégale d'armes de guerre.

La cause est appelée à 11 heures 30 minutes.

A l'appel de la cause, les prévenus cités ci-haut comparaissent en personne et assistés par leurs conseils : Me John Muhindo Mughisha, Me Blanchard Mbiya, Me Constant Kalumendo pour Mbunguma Kitobi André ; Kasereka Kasika pour Bakola Mutela Jean Pierre ; Me David Wambale, Me Nathan Tagirabo, Me Charles Umomuki, Me Joël Shanhungu et la Défense militaire pour le prévenu non assisté. Me Jonathan Piema, Me Blaise Matokeyo pour les parties civiles.

Monsieur François Mwanza Kalindura, Interprète, né à Kisangani, le 25 mai 1994 ; fils de Omar Lukabia et de Mangaza Kalundura (en vie). Interprète traducteur français-swahili, swahili-français ; il prête serment et la Cour prend acte de ce serment.

Comparaissent les prévenus Mbula Olenga Jean-Marie, Mbunguma Kitobi André, Kambale Saliboko Lambert.

Q. Confirmez-vous que les Mayimayi pour lesquels vous avez contacté le Maire sont ceux-là arrêtés par Mwami Posombili ?

R. Oui.

Q. Est-ce que ces Mayi mayi allaient chez Jean Marie Olenga ?

R. Je ne sais pas.

Q. Les « Mayimayi » de Jean Marie Olenga sont lesquels ?

R. Les « Mayimayi » arrêtés sont au nombre de dix. Je ne sais pas si c'étaient les Mayimayi de Jean Marie Olenga.

Q. Jean Marie Olenga, etiez-vous confronté avec Mbunguma ?

R. Oui.

Q. Vous souvenez-vous avoir dit que vous étiez tous contrôlés par Mbunguma ?

R. Oui.

Ministère Public : Les « Mayi mayi » que Mbunguma avait livrés au Maire, sont ceux arrêtés par Mwami Posombili. La mort du chef Posombili vient de Mbunguma.

Q. Jean-Marie, vous avez soutenu que vous et les dix « Mayi mayi », étiez sous les ordres de Mbunguma. Le jour de massacres, Mbunguma est passé, il a cru que c'est vous qui étiez tué alors que c'était votre femme ?

R. Le matin, le Mwami Mbunguma est arrivé et il s'est arrêté devant le cadavre de cette maman. Il s'est exclamé : c'est cette maman qui est morte alors qu'au barza personne n'est mort, même le chef !

Q. Avez-vous des problèmes avec Mbunguma ?

R. Oui.

Q. Chef Mbunguma, avez-vous fait le suivi de dix « Mayimayi » que vous avez transférés devant les autorités ?

R. J'ai appelé le Maire qui a envoyé le T2 pour amener les dix « Mayimayi » au bureau. Le chef Kangereti avait envoyé des gens chez moi. Il m'a menacé en me disant que je vais chercher le chemin pour fuir. Après avoir arrêté le chef Kangereti, il a dit que Beni va tomber et je dois chercher là où je vais fuir. Le jour où les Mayimayi avaient attaqué Beni, Jean Marie avait disparu.
Q. Jean Marie, après combien de jour avez-vous su que les Mayimayi sont arrêtés ?
R. Le même jour.
Q. Avez-vous su que les Mayimayi étaient les vôtres ?
R. Oui.
Q. Etiez-vous avec Mbunguma ?
R. Oui.
Q. Avez-vous soufflé au chef Mbunguma devant Mwami Bambiti que les Mayimayi étaient les vôtres ?
R. Mwami Mbunguma connaissait cela. Ils préparaient les cultivateurs qui allaient recevoir les garde-parcs.
Q. Pourquoi avez-vous fui ?
R. Du fait que Mbunguma cherchait à tuer tout le monde.
Défense : Les dix Mayimayi, Mbunguma ne les reconnait pas. Ils étaient sous les ordres du chef Jean Marie qui les a reconnus.
Ministère public : Cote 84, MP donne lecture des PV de monsieur Mbunguma, questions-réponses.
Q. Reconnaissez-vous les questions et réponses ainsi données ?
R. Je reconnais cela sauf vers la fin, ces Mayimayi étaient venus chez Saliboko et arrêtés chez Bambiti.
Q. Saliboko, êtes-vous Mupakombe ?
R. Non, je suis Nande.
Q. Saliboko, reconnaissez-vous l'histoire de ces Mayimayi ?
R. Oui, mon nom est sali. Les gens de la société civile sont là. Les Mayimayi sont arrivés chez moi, mais je ne les connaissais pas. Ils ont dit qu'ils sont venus chercher les champs en 2013. J'étais considéré comme le président des cultivateurs. Je leur ai dit que le lendemain je ne serai pas disponible. Ils ont dit qu'ils vont patienter. Ils avaient des sacs, des lances ; ils ont même aidé mes gens à travailler. Ils m'ont demandé les noms de ces frères que je n'ai pas connus. Je leur ai dit qu'ils se sont trompés de lieu. Je savais qu'ils sont des cultivateurs, des serviteurs. Je leur ai demandé de me précéder. J'ai trouvé Bambiti dans son barza. Je lui demandé où sont ces gens. Bambiti a téléphoné aux gens qui faisaient le salongo. Comme j'allais travailler les noix de palme, je suis parti, puis j'ai reçu le coup de téléphone que les gens qui sont chez moi sont arrêtés et le petit-frère qui les accompagnaient à dit que je suis son grand-frère, et tout le monde était chez moi. J'ai pris la fuite à Butembo. Le chef m'a demandé de venir. Les Mayimayi sont arrêtés et mis à la disposition des autorités. Je suis revenu, on m'a amené à l'ANR. On nous a dit de revenir le

lendemain. A la Mairie, je me suis croisé avec le chef de l'ANR. Il nous a demandé de revenir avec Richard le lendemain.
Q. Les gens qui sont arrivés chez vous, qui les a envoyés ?
R. Ce sont des cultivateurs, je ne sais pas qui les a envoyés.
Q. Qui vous a demandé de fuir ?
R. Le chef Mbunguma, il m'a dit qu'ici ça chauffe.
Q. Qui a arrêté les Mayi mayi ?
R. Le grand-frère de Mbunguma.
Q. Quand avez-vous su que Mbunguma était le chef de Mayimayi ?
R. A l'ANR à Oïcha.
Q. Vous confirmez que Mbunguma et Jean Marie vous ont demandé de vous cacher ?
R. Oui, le chef Jean Marie est arrivé chez moi et madame m'a appelé pour me dire de fuir.
Q. Et le chef Mbunguma, qu'est-ce qu'il avait fait ?
R. Je me suis rencontré avec le chef Mbunguma une fois seulement en 2013.
Q. Par quel moyen le chef Mbunguma vous a demandé de fuir ?
R. J'avais le téléphone. Ils m'ont appelé pour me demander de fuir. C'est par après qu'ils sont passés chez ma femme.
Q. Mbunguma, votre réaction ?
R. C'est faux. Après avoir reçu les Mayimayi, je ne l'ai plus appelé. Il était auparavant sous mes ordres.
Q. Le Chef Mbunguma dit que vous êtes dangereux et c'est vous qui avez tué le chef Posombili, qu'en dites-vous ?
R. Le T2 Ngabo m'avait jeté au cachot et il est allé à Goma. Le T2 Théo a commencé à m'interroger. Il a envoyé des gens chez Bambiti, ils ont échangé à propos des Mayi mayi. Il a dit que Saliboko n'a pas de liens avec les Mayimayi. Ce sont des Mayi mayi de mon frère. Il est venu me taper en me disant que je suis son aîné, mais quant à lui, il est mon chef, il va me prouver qu'il est grand. C'est Bambiti Posombili qui a donné la vraie information que les Mayimayi appartenaient à Mbunguma.
Q. Jean Marie ?
R. Les Mayi mayi étaient pour Mbunguma. Qu'il cesse de distraire la Cour. Shahetera est ici présent.
Ministère Public : On a tué Posombili à cause des Mayi mayi. Vous savez qui était responsable. Vous avez l'assassin de Bambiti Posombili.
Comparait Kasereka Shahetera Salomon :
Q. Jean Marie, pourquoi avez-vous cité Shahetera ?
R. C'est mon frère qui avait demandé à Shahetera de chercher ces gens pour faire ce travail.
Q. Pouvez-vous nous rappeler ce que vous nous avez dit la fois passée : où étiez-vous arrêté, où alliez-vous et pour quoi faire ?
R. Je ne me souviens plus.
Q. Qu'avez-vous dit ?

R. On m'avait arrêté à Bulongo. Je revenais de Lume pour prendre Mbimba afin qu'il nous prépare les fétiches.
Q. Quand on vous a posé la question de savoir si vous êtes avec les Mayimayi, qu'avez-vous dit ?
R. J'ai dit que je n'ai jamais été avec les Mayimayi.
Q. Jean Marie, pouvez-vous nous dire comment Shahetera étaient avec les Mayimayi ?
R. Mbunguma est venu nous trouver avec Shahetera. Il a dit ceci : je viens des rénions ; le problème des champs est devenu difficile. L'ICCN a pris des dispositions. Shahetera a mis la machine en marche. On a donné la responsabilité à Shahetera de trouver des jeunes dont plusieurs d'entre eux se trouvent à Kitona.
Q. Parmi les dix Mayimayi arrêtés, y avait-il des Mayimayi recrutés par Shahetera ?
R. Oui, dit Jean Marie.
Q. Shahetera, votre réaction ?
R. C'est la guerre des champs qui est ici. Ces jeunes gens dont on a parlé, je ne peux plus les reconnaitre. C'est faux.
Q. Mbunguma vous a-t-il trouvé avec le chef Jean-Marie chez lui ?
R. Il m'avait dit que le chef Mbunguma était chez lui. Quand je suis arrivé, j'ai vu Léandre avec Mutokambali et deux autres personnes. Mbunguma n'est pas venu. Ces deux personnes parlaient comme des Ougandais.
Q. Jean Marie, était-ce le jour où Léandre et Mutokambali étaient venus ?
R. Non, c'était un autre jour.
Q. Le jour où Adrien est venu avec Léandre et Mutokambali, est-ce le jour où Mbunguma vous a trouvé avec Shahetera ?
R. Mbunguma n'était pas venu ce jour-là.
Q. En aucun jour Mbunguma vous a trouvé avec Jean Marie dans son barza ?
R. Il nous a déjà trouvé et il nous a parlé de la guerre de Mayangos.
Q. Mbunguma, votre réaction ?
R. Notre problème de parc n'a aucun lien avec les Mayimayi.
Q. Jean Marie, vous parlez avec Shahetera en quelle langue ?
R. En kiswahili.
Q. Mbunguma, vous ne vous souvenez plus de votre déclaration sur l'ICCN et les Mayimayi ?
R. Je ne me souviens plus.
Ministère Public : Il nous a pourtant développé que les Mayimayi arrêtés par le chef Posombili sont des Mayimayi de Mbunguma. Le MP relie la mort de Posombili à l'arrestation des Mayimayi. Mbunguma qui était le porte-étendard, c'est bien lui qui appelle le Maire. Le MP ne fait que le rappel de l'histoire. Les faits amnistiés ne nous concernent pas.
Q. Mwami Mbunguma et Mwami Jean-Marie, comment avez-vous été informés que le chef Posombili a arrêté les dix Mayi mayi ?

R. Mbunguma : le chef Posokimbili, qui m'avait appelé au téléphone, m'avait dit que ce sont des gens de Jean-Marie.
R. Jean-Marie : c'est le chef Mbunguma qui m'avait appelé
Q. Saliboko, confirmez-vous que les gens qui sont arrêtés chez vous ont dit qu'ils allaient à Kasinga ?
R. Oui.
Q. Entre Mbunguma et Jean Marie, qui gère Kasinga ?
R. Mwami Jean Marie.
Q. Comment avez-vous déclaré que Mbunguma vous a demandé si vous avez reçu son message ?
R. De mon retour, je me suis croisé avec Mbunguma. Il m'a demandé si j'avais reçu son message. Nous nous sommes parlé au téléphone, après il est allé voir ma femme.
Q. Saliboko, avez-vous informé vos chefs qu'il y avait des gens qui cherchaient des champs ?
R. C'était un terrain qui était sous mon contrôle.
Q. Shahetera, où se trouve monsieur Mbimba actuellement ?
R. Il est avec nous ici.
Q. Le problème de Jean Marie et Mbunguma concernait-il l'ICCN ?
R. Je ne peux pas le savoir.
Q. Shahetera, vous avez déclaré avoir récupéré monsieur Mbimba pour faire des fétiches ; vous avez quel pouvoir chez les Bapakombe ?
R. Je suis avec Jean Marie.
Q. Voulez-vous dire que c'est Jean-Marie qui vous a envoyé ?
R. Lui aussi allait se réjouir puisque les gens étaient en train de mourir.
Q. Mbunguma avait-il su que Jean-Marie vous a confié cette mission ?
R. Si ce que nous transportions était ici, on allait comprendre de quoi il s'agissait.
Défense : Mbunguma ne connait pas ces Mayimayi. Ces Mayimayi étaient pour Jean-Marie.
Q. Saliboko, avez-vous été désigné comme chef d'une portion de terre de Mbunguma ?
R. Oui.
Q. Pourquoi on vous a demandé de fuir au moment où vous n'étiez pas concerné ?
R. On m'a demandé de fuir pour que mon nom ne soit pas Sali. Les visiteurs ont dit que je suis leur grand-frère.
Q. Est-ce que les visiteurs ont cité le nom de Mbunguma ?
R. Ils ont dit qu'ils sont venus chercher les champs.
Q. Ils étaient porteurs des lances. Ont-ils fait des champs avec les lances ?
R. J'ai dit ceci : ils avaient des machettes, mais quand le chef Bambiti les a arrêtés, il a retrouvé sur eux des lances.
Q. Jean-Marie, Shahetera vous a-t-il montré une personne que lui-même a recrutée ?

R. Oui.
Q. Shahetera, votre réaction ?
R. Chef Jean Marie et Mbunguma savent ce qu'ils sont en train de faire.
Q. Shahetera, qu'avez-vous dit à monsieur Mbimba ?
R. Je lui ai posé la question de savoir comment les gens sont en train de mourir ?
Q. Qui vous avait envoyé ?
R. C'est moi-même.
Ministère Public : Mwami Mbunguma a reconnu ici être le chef de milice, cote 248à 254 de confrontation. Il y a deux groupes de Mayi mayi : le groupe de 2009
Q. En 2009, Mbunguma vous êtes-vous rencontré avec Kavasewa ?
R. Oui.
Q. Votre rencontre était basée sur quoi ?
R. Il cherchait un terrain pour former les Mayimayi.
Ministère Public : Cote 194 à 200, les Mayimayi arrêtés à l'OZACAF, une opération a été menée par Mwami Mbunguma pour libérer les Mayimayi.
Q. Jean Marie, qu'avez-vous déclaré de l'attaque de l'OZACAF ?
R. Les Mayimayi ont dit comment le chef leur a demandé de garder les champs et il les a encore fait arrêter. Nous allions libérer ces Mayimayi.
Le Ministère Public donne lecture des déclarations de Mwami Jean Marie sur l'attaque de l'OZACAF.
Défense : Comment le chef Mbunguma allait encore organiser l'attaque de l'OZACAF pour libérer les dix Mayimayi arrêtés par lui au moment où les Mayimayi étaient en colère contre lui pour avoir arrêté les leurs ? Saliboko doit être l'entraîneur de ces dix Mayimayi. Il cite Mbunguma par vengeance. Cote 199 à 201, dans l'entreprise de monsieur Jean Marie, il y avait Shahetera, Saliboko et Kangeriti.
Le Ministère Public émet l'intention que monsieur Mbunguma ne soit pas défendu.
Q. Jean Marie, l'opération de l'OZACAF était avant ou après l'arrestation de dix Mayimayi ?
R. Après l'arrestation de dix Mayi mayi.
Ministère Public : C'est Mbunguma qui a récupéré et préparé les Mayimayi. Il les a faits arrêter, les Mayi mayi sont arrivés à l'OZACAF, il s'organise par la suite pour les libérer. Cote 325 à 330.
Q. Mwami Mbunguma, quand êtes-vous arrivé à Kinshasa ?
R. Janvier 2015.
Ministère Public donne lecture du PV de Shahetera.
Q. Souvenez-vous de vos déclarations ?
R. Oui.
Les armes ont été remises peu avant l'attaque de l'OZACAF.
Parties civiles : Mbunguma a appelé le Maire de la Ville par contrainte. Cote 131.

Q. Mwami Mbunguma, vous êtes-vous battu avec chef Posombili ?
R. Je lui ai plutôt donné un coup.
Q. Avez-vous, à cet effet, demandé la liste de ces travailleurs et leur carte d'identité ?
R. Non.
Q. Pourquoi avez-vous donné un coup à Posombili ?
R. C'était le problème des limites des entités. Je leur avais dit que nous puissions nous mettre d'abord d'accord au sujet de nos problèmes avec l'ICCN. Quand je n'avais pas encore terminé à parler, il a haussé la voix, il a commencé à m'injurier et je lui ai donné une gifle. Quand il voulait aussi me gifler, les gens l'ont calmé.
Q. Est-ce une attitude d'un chef ?
R. J'ai supporté pendant 5 heures et la réunion n'était pas terminée.
Q. C'était avant ou après l'arrestation des Mayi mayi ?
R. Après l'arrestation des Mayi mayi.
Q. Votre réaction devant la Cour, est-ce que la Cour vous a condamné ?
Premier Président dit que ce n'était qu'une simple observation.
Parties civiles : La liste que Mwami Mbunguma avait demandée, ce sont les gens qui ont été tués dans les massacres de Ngadi et de Katoro.
Q. Comment expliquer que vous ayez demandé la liste le lendemain du jour où il y a eu massacres ?
R. J'ai pris Kangeriti. Il a dit que dans 48 heures, Beni va tomber. Les massacres se sont passés en octobre 2014. Après huit réunions, à la neuvième réunion, Jean Marie m'a appelé. Je suis venu, la réunion n'a pas eu lieu. Nous avons convoqué la dixième réunion. Bambiti est arrivé presque à la fin de la réunion. Ils me demandaient pourquoi j'ai donné la terre aux nande. Bambiti a pris la parole pour dire que nous sommes tous en dessous de lui. C'est le papa lui-même qui lui a donné ce pouvoir. Après avoir donné une gifle à Bambiti, nous nous sommes réconciliés, il n'y avait plus de problème.
Q. Vous avez dit que Bambiti vous a appelé au téléphone pour vous dire qu'il a arrêté dix Mayi mayi. Qui ont dit qu'ils sont des Mayi mayi de Jean-Marie ? Pourquoi ne pas amener aussi Jean Marie ?
R. Jean Marie est mon frère.
Q. Avez-vous dit que la véranda de Jean Marie était votre véranda ?
R. C'est notre véranda de Kasinga.
La démarche de MP est de chercher les motifs de la mort de Posombili.
Remise contradictoire lundi 20 mars 2017.

Audience publique du 20 mars 2017

RP N° 0157/2017
RMP N° 0739/KNG/2017
En chambre foraine à laquelle siègent :

1. Lt Col. Mag. Ntshaykolo Esosa Masele Jean Paulin, 1er Président ;

2. Col. Omeonga Taunya José, Juge Assesseur ;
3. Col. Ndiba Bulangiti Matthieu, Juge Assesseur ;
4. Col. Busoki Wa Karaku, Juge Assesseur ;
5. Com. Sup. Ppl Ngumbi Kulinga, Juge Assesseur ;
6. Gén. Maj. Mokunto Kiyana Tim, 1er AGF, Ministère Public ;
7. Maj. Madoli Nzoki Guy Martin, Greffier.

En cause : l'auditeur militaire supérieur Près la cour militaire opérationnelle du Nord-Kivu, Ministère Public et parties civiles.
Contre : Monsieur Mbunguma Kitobi André et Consorts
Prévenus de :

- Association des malfaiteurs ;
- Crime contre l'humanité par meurtre ;
- Détention illégale d'armes de guerre.

La cause est appelée à 15 heures 00 minute.
A l'appel de la cause, les prévenus cités ci-haut comparaissent en personne et assistés par leurs conseils : Me John Muhindo Mughisha, Me Blanchard Mbiya, Me Constant Kalumendo pour Mbunguma Kitobi André ; Kasereka Kasika pour Bakola Mutela Jean Pierre ; Me Charline Masika pour Katembo Kapisa Emmanuel ; Me David Wambale, Me Nathan Tagirabo, Me Charles Umomuki et la Défense militaire agréé Kiwunga Makila pour les prévenus non assistés.
Masika Mujulu Charline, mariée, originaire de Mutwanga Lume, secteur de Ruwenzori, Territoire de Beni, interprète et traductrice qui prête serment. Article 64 CJM.
Comparaissent Kaserreka Shahetera Salomon, Mutokambali Sivirwa Yves, Mbunguma Kitobi André, Kasereka Kitsia Léandre et Mbula Olenga Jean Marie.
Q. Reconnaissez-vous avoir été avec Mutokambali et Léandre et vous étiez restés alors que les autres ont continué la route jusqu'à la rivière Semuliki ?
R. Oui.
Q. Monsieur Léandre, reconnaissez-vous le fait ?
R. Oui.
Q. Qu'est-ce que vous êtes allé faire là à Semuliki ?
R. Nous étions envoyés par le chef Mbunguma, y compris les trois militaires, avec comme mission d'aller faire la pêche et le chef m'avait instruit de bien contrôler ce qu'ils allaient faire.
Q. Connaissez-vous ces militaires ?
R. Je connais le colonel Adrien, l'autre capitaine et le lieutenant.
Q. Vous êtes parti avec qui ?
R. Avec Mutokambali.
Q. Mutokambali, confirmez-vous ces déclarations ?
R. Oui.
Q. Ces trois militaires, qu'est-ce qu'ils avaient sur eux ?

R. Nous sommes montés dans le véhicule, on ne savait pas ce qu'ils portaient sur eux.
Q. Ils portaient quelle tenue ?
R. Tenue civile.
Q. Léandre, confirmez-vous ce fait ?
R. Ils avaient des colis sur eux, de petits colis.
Q. Mutokambali ?
R. Ils avaient des mallettes.
Q. Pourquoi êtes-vous passés chez le chef Jean-Marie ?
R. Ils ont dit qu'ils ont leur farine de maïs que nous allons consommer à la rivière Semuliki.
Q. Avez-vous récupéré le maïs ?
R. Les maïs étaient devenus des armes.
Q. Mutokambali, confirmez-vous ce fait ?
R. Oui.
Q. Mbula Olenga Jean-Marie, avez-vous suivi ces déclarations ?
R. Oui.
Q. Ardien, le capitaine et le lieutenant étaient en route sur ordre du chef Mbunguma, ils sont passés chez vous ?
R. Oui, c'était la nuit à 20 heures. Mwami avait acheminé les armes bien avant 6 heures et ces gens sont venus la nuit.
Q. Comment avez-vous su que ce sont des armes ?
R. C'était dans des cartons. Quand on déchargeait, j'ai vu que ce sont des armes.
Q. Combien d'armes ?
R. Je ne sais pas combien d'armes. C'est Shahetera qui était là et qui peut en connaitre le nombre.
Q. Où étaient gardées ces armes ?
R. On ne les avait pas gardées chez moi. Les armes étaient gardées en brousse.
Q. Quand on avait amené les armes, Shahetera était-il là ?
R. Je n'étais pas présent quand les armes sont arrivées. C'est Jean Marie qui m'avait appelé pour me dire que les armes sont arrivées, son frère vient de les amener ; il allait venir le soir. Nous avons vu venir quatre personnes. J'ai reconnu deux parmi elles, Léandre et Mutokambali. Nous avons ouvert le colis ; c'est l'un des visiteurs qui a l'ouvert.
Q. Jean Marie, votre réaction ?
R. Je n'avais pas touché à ce colis.
Q. Qui avait réceptionné le colis ?
R. Il y avait des Mayi mayi qu'on préparait dans le barza ; le colis était gardé en brousse dans le champ.
Q. Qui est le propriétaire de ce champ ?
R. Il est déjà mort, un papa policier.
Q. Shahetera, où étaient gardées les armes ?

R. Nous les avons trouvées en brousse. Nous avons pris le colis pour ouvrir dans le barza. Nous avons remarqué que c'était des armes.
Q. Il y avait combien d'armes ?
R. J'ai vu que c'étaient six armes ; les visiteurs chacun deux armes, Mutokambali une et Léandre une autre. Ils sont partis et nous sommes restés. Depuis ce jour-là, on ne s'est plus vu. Nous nous sommes rencontrés en prison.
Q. Mutokambali, avez-vous pris une arme ?
R. Oui.
Q. Quel type d'arme ?
R. Il indique l'arme AKA.
Q. Léandre, est-il vrai que vous avez pris une arme ?
R. Une arme sans chargeur. On m'a dit d'ajouter au colis que je portais.
Q. Vous dites que c'était trois personnes et vous deux ; comment expliquer que chacun de trois a pris deux armes ?
R. Adrien deux armes, le capitaine une arme avec une caisse et l'autre une arme avec des bombes de lance-roquette et les deux autres armes sur le colis que nous portions.
Q. C'est avec ces armes que vous êtes allés pêcher ?
R. C'est ce qui m'a fait peur. Je croyais qu'il y avait des filets dans le colis. Il n'y avait que peu d'hameçons, mais pas de filets.
Q. Mbunguma, votre réaction à propos des armes et munitions ?
R. Je savais qu'il y avait des armes sans être informé de type d'arme. Je savais qu'ils étaient des militaires confirmés. Ils m'ont dit qu'ils vont travailler discrètement. J'ai laissé le colis chez Jean-Marie, mais je n'ai pas vu Shahetera, Léandre et Mutokambali. Je leur ai demandé de surveiller leur mouvement.
Q. Depuis quand avez-vous vu les militaires réguliers venir vous demander de garder les armes et que vous les transportiez jusqu'à une autre destination pour les cacher ?
R. Je n'ai jamais vécu cela ; je croyais que c'était leur stratégie.
Q. C'était la première fois pour vous ?
R. Oui.
Q. Combien de jours avez-vous fait à Semuliki ?
R. Trois jours, après nous sommes rentrés. Nous étions surveillés pour ne pas fuir. J'avais demandé l'autorisation d'aller prendre la farine de maïs chez le chef Jean-Marie ; nous sommes partis avec Mutokambali et nous avons profité de l'occasion.
Q. Mutokambali, qu'est-ce qui s'est passé pendant les trois jours à la rivière Semuliki ?
R. Je connaissais deux parmi ces militaires. Ils pêchaient avec leurs armes ; ils portaient tous des tenues militaires.
Q. Léandre ?

R. Ils ont porté des tenues à partir de Kasinga. Arrivés à la rivière, ils ont enterré les armes sous un arbre. Chacun est resté avec une arme avec laquelle ils nous surveillaient.
Ministère Public : Voudriez-vous dire que Manu est entre les mains du MP.
Remise contradictoire demain mardi 21 mars 2017.

Audience publique du 21 mars 2017

RP N° 0157/2017
RMP N° 0739/KNG/2017
En chambre foraine à laquelle siègent :
1. Lt Col. Mag. Ntshaykolo Esosa Masele Jean Paulin, 1er Président ;
2. Col. Omeonga Taunya José, Juge Assesseur ;
3. Col. Ndiba Bulangiti Matthieu, Juge Assesseur ;
4. Col. Busoki Wa Karaku, Juge Assesseur ;
5. Com. Sup. Ppl Ngumbi Kulinga, Juge Assesseur ;
6. Gén. Maj. Mokunto Kiyana Tim, 1er AGF, Ministère Public ;
7. Maj. Madoli Nzoki Guy Martin, Greffier.

En cause : l'auditeur militaire supérieur Près la cour militaire opérationnelle du Nord-Kivu, Ministère Public et parties civiles.
Contre : Monsieur Mbunguma Kitobi André et Consorts
Prévenus de :
- Association des malfaiteurs ;
- Crime contre l'humanité par meurtre ;
- Détention illégale d'armes de guerre.

La cause est appelée à 11 heures 10 minutes.
A l'appel de la cause, les prévenus cités ci-haut comparaissent en personne et assistés par leurs conseils : Me John Muhindo Mughisha pour Mbunguma Kitobi André, Kasereka Kasika pour Bakola Mutela Jean-Pierre ; Me Blanchard Mbiya pour le prévenu Balabala Kapisa Emmanuel ; Me Constant Kalumendo, Me David Wambale, Me Nathan Tagirabo, Me Charles Umomuki pour les prévenus non assistés. Me Franck Lutawa, Me Jonathan, Me Blaise Matokeyo pour les parties civiles.
Comparaissent les prévenus Mbunguma, Shahetera, Mutokambali et Léandre :
Q. La remise des armes avec Adrien en quelle date ?
R. Mois de mars 2013.
Q. Shahetera, confirmez-vous cette date ?
R. Je ne me rappelle cette date.
Q. Mutokambali, confirmez-vous cette date ?
R. Pas de précision sur la date.
Q. Léandre, confirmez-vous cette date ?
R. Première quinzaine du mois de mars 2013.

Q. Shahetera, pourquoi n'avez-vous pas accompagné Léandre et Mutokambali à la rivière ?
R. Les choses que j'ai vues m'ont effrayé.
Q. Confirmez-vous qu'il y avait des Mayi mayi dans le barza le jour où Mbunguma est venu déposer des armes chez Jean-Marie ?
R. Quand on m'avait appelé, j'ai trouvé Jean-Marie seul. Il m'a dit que son frère a amené un colis. Il m'a demandé d'ouvrir. J'ai dit que nous ne pouvons pas ouvrir un colis que nous n'avons pas emballé. Quand ils sont arrivés, nous avons récupéré le colis pour ouvrir. Nous avons constaté qu'il y avait des armes. Ils sont partis avec Mutokambali et Léandre.
Q. Pourquoi n'avez-vous pas dénoncé auprès du chef ?
R. Quel chef encore, nous étions avec le chef.
Q. Pourquoi n'avez-vous pas dénoncé auprès du chef Jean-Marie ?
R. Le dossier nous a dépassés.
Q. Léandre, pourquoi n'avez-vous pas dénoncé ?
R. Tous les chefs qui semaient l'insécurité, c'est le chef Mbunguma qui transmettait le rapport, je leur ai fait le rapport.
Q. Mutokambali ?
R. Je n'avais plus aucune autorité à qui faire rapport.
Q. Vous souvenez-vous de la date à laquelle on vous a appelé pour récupérer les Mayi mayi ?
R. En 2012.
Q. En quelle date Adrien et son complice sont venus récupérer le colis,
R. Ça doit être en 2012, premièrement, c'était les Mayi mayi, après le problème des armes.
Q. Léandre ?
R. Les armes d'abord, après on a récupéré les Mayi mayi. C'était en 2013.
Q. Pourquoi, après que vous êtes revenu au village, vous êtes rentrés pour récupérer les armes ?
R. J'ai vu que travailler avec les armes au champ, c'est de l'insécurité.
Q. Avec qui étiez-vous parti récupérer les armes ?
R. Avec le lieutenant.
Q. Mutokambali, les armes récupérées étaient-elles confiées à monsieur Adrien ?
R. Oui, le Mwami m'avait dit que ces hommes sont ici. Vous allez récupérer les armes déposées à Semuliki. Nous sommes allés avec Léandre pour les récupérer.
Q. Mbunguma, confirmez-vous ce fait ?
R. Oui.
Q. Avez-vous informé le chef Jean Marie Mutokambali ?
R. Non.
Q. Léandre ?
R. Oui, je le lui avais dit. Nous avons remis ces armes aux propriétaires.
Q. Chef Jean-Marie, vous confirmez cela ?

R. C'est faux.
Q. Vous saviez que ce sont des armes de guerre ou vous ne saviez pas que c'était interdit aux civils de détenir les armes ?
R. Mutokambali : je savais que c'est mauvais. C'est la raison pour laquelle j'ai dit à Léandre que c'est mauvais de travailler avec ça.
R. Léandre : je savais. Ce n'est pas nous qui avions ces armes. On nous a demandé de les aider à les transporter.
Q. Selon vous, avez-vous bien agi ou mal agi ?
R. Je n'ai rien fait de mal. La mission était officielle.
Q. Avez-vous vu leur ordre de mission, Léandre ?
R. Je n'ai pas de compétence pour demander l'ordre de mission à un grand officier qui est passé chez mon chef.
Défense : Le chef Mbunguma se promenait en véhicule à double cabine. Les gens sont passés par le chef.
Q. Jean-Marie, avant le problème des Mayi mayi, travailliez-vous en bon terme avec Mbunguma ?
R. Pour le problème des Mayi mayi, nous étions ensemble en 2012.
Q. Lors de l'attaque de l'OZACAF, Mbunguma n'était pas avec vous ?
R. Il était avec nous, ce groupe lui appartenait.
Q. Est-ce que Mbunguma avait participé à l'attaque ?
R. Je ne sais pas, car j'étais sorti bien avant.
Q. Kangeriti, Mbunguma était avec vous à l'attaque de l'OZACAF ?
R. Je ne connais pas cela. D'ailleurs, je ne suis pas Mayi mayi.
Q. Mbunguma, confirmez-vous qu'à cette époque, vous vous promeniez en véhicule à double cabine avec des autorités ?
R. J'étais chez moi, les autorités venaient me demander des informations.
Q. Jean-Marie, qu'en dites-vous ?
R. Il travaillait avec le colonel Bisambaza.
Q. Mbunguma ?
R. En 2012, avec Eric Rorimbere, il y avait la présence de Kavawaseli à Mayangos. J'ai informé le Maire de la Ville. Nous sommes partis avec le commandant pour lui montrer la position de ces gens. Le commandant-secteur avait envoyé le major pour les pourchasser.
Q. Léandre, quelle relation avez-vous avec le chef Mbunguma au moment de votre mission avec Adrien ?
R. Nous sommes des cultivateurs dans son entité. Mbunguma m'appelle oncle. Il m'avait confié une partie de terrain pour travailler.
Q. Mutokambali ?
R. Il est mon oncle. S'il me donne du travail, je ne peux pas refuser.
Q. Shahetera ?
R. C'est bien lui mon chef, il m'a même donné un champ. Je suis tombé dans le piège du fait que Jean-Marie m'avait appelé. Il est mon chef de champ.
Q. Les armes étaient pour en faire usage ou simplement à transporter ?
R. Léandre : c'était à transporter ; celle me confiée n'avait pas de chargeur.

Q. Mutokambali : on nous a fait transporter les armes.
Le Ministère public est fatigué de tous ces bandits, de ces Mayi mayi, tous de la même famille.
Q. Mars 2013, qui était le commandant-secteur à Beni, Mbunguma ?
R. Je n'ai pas de précision.
Ministère Public : Mars 2013, le Général Eric était en séminaire, c'est le colonel Bisambaza qui faisait l'intérim, celui-là même qui a fait défection. Il est en Ouganda ; après lui, c'était le colonel Dieudonné Muhima.
Q. Avez-vous collaboré avec tous les commandants qui étaient à Beni ?
R. Oui.
Q. Avez-vous entretenu une milice à ce temps ?
R. Non.
Q. Mahelingi ne vous dit rien ?
R. Aujourd'hui Mahelingi a des cultivateurs.
Ministère Public : Cote 248 à 254
Q. Lors de la confrontation, vous avez accepté que vous lui aviez remis trois armes ?
R. J'avais dit cela par colère. Oui, j'accepte.
Q. Vous souvenez-vous que nous vous avons lu tout le PV ?
R. Oui.
Q. Avez-vous informé le commandant-secteur ?
R. Non.
Ministère Public : Mbunguma collabore avec le commandant-secteur, en même temps il fait autre chose en cachette !
Q. Connaissez-vous Hilaire Kombi ?
R. Non, quand il avait quitté les FARDC, il voulait faire la rébellion avec Kavawaseli.
Le Ministère Public fait comparaitre le Colonel Muhindo Lusenge David, Matricule : 168790299145, Unité : 11 Régiment Militaire, Directeur-Adjoint des Opérations (renseignant)
Q. Avez-vous connu Kakolele ?
R. Oui. Avant la réunification, il était dans le mouvement RCD/KML ; après la réunification, je ne connais pas sa fonction.
Q. Ne savez-vous pas que Kakolele a été nommé au grade de Colonel comme vous au sein des FARDC ?
R. Je n'ai pas de précisions.
Ministère Public : Kakolele était un officier d'APC
Q. Mbunguma, quand étiez-vous avec Kakolele comme cadre du PPRD ?
R. En 2012.
Q. Les armes étaient en mars 2013 ?
R. Oui.
Q. L'avez-vous vu avec le galon de Général ?
R. Il disait qu'il est en repos dans son fief.
Q. 2012-2013, qui était commandant-secteur ?

R. Le Colonel Eric Ruhorimbere.
Q. Avez-vous informé le colonel Eric quand vous avez amené les armes chez Jean Marie ?
R. Kakolele a facilité nos séjours à Kinshasa. C'était en novembre et décembre 2012. J'ai confirmé qu'il était militaire des FARDC puisqu'il m'a fait parvenir là où je n'allais pas arriver.
Q. En dehors d'Adrien, Léandre et Mutokambali, y avait-il d'autres Mayi mayi, Jean Marie ?
R. Oui.
Q. Est-ce que Mbunguma connaissait la présence de ces Mayi mayi ?
R. Oui.
Q. Mbunguma ?
R. Il n'y avait pas de Mayi mayi, c'était les membres de famille.
Q. Kavawaseli, vous le connaissez bien ?
R. Oui.
Q. Vous avez fait le Mayi mayi avec lui ?
R. Je lui avais fait un terrain pour faire son travail.
Le Ministère Public donne lecture du PV de Mbunguma, où il reconnait avoir travaillé avec Lusenge, qui voulait faire la rebellion avec Kakolele et Sibenda. Au mois de mars, Mbunguma a déposé un colis à Semuliki.
Q. Colonel Lusenge, à quelle date étiez-vous arrêté chez le chef de Ndama ?
R. Juillet 2013.
Q. Vous avez quitté quand ?
R. Septembre 2013.
Comparait Mwami Nkayalua Bankale Etienne, né à Ndama, le 2 octobre 1972, chef de localité Ndama depuis 2004 (Renseignant).
Q. Quand est-ce que le Colonel Lusenge est arrivé chez vous ?
R. Janvier 2013.
Q. Colonel Lusenge, votre réaction ?
R. C'est faux.
Ministère Public : Nous avons des répères, dialogue social à Oïcha. Mars, avril 2013, colonel Lusenge était déjà à Watalinga.
Q. Colonel Lusenge, savez-vous que vous êtes sorti en brousse après le dialogue social ?
R. Oui.
Ministère Public : Nous trouvons Adrien à la même période avec Mbunguma et encore Adrien est avec le Colonel Lusenge en Ouganda. Nous avons préféré que le dossier du Colonel Lusenge et Nkayalua soit joint avec celui des armes de Semuliki.
Défense : La requête du MP est celle de la jonction avec le dossier Mbunguma. Nous considérons que c'est un motif insuffisant. Nous trouvons utile que la connexion soit établie.
Ministère Public : Mwami Mbunguma a déclaré que le Colonel Lusenge voulait faire la rébellion avec Adrien et Shibenda. Nous voulons savoir si les

armes trouvées chez le chef de Ndama sont les mêmes armes qu'on a amenées à Semuliki. La Cour va d'abord approfondir les déclarations du chef Mbunguma qui, à un moment, a dit qu'il a été cité par erreur.
Le Premier président donne lecture à la question-réponse pour voir si Mbunguma a quelque chose à ajouter.
Q. Mbunguma, reconnaissez-vous avoir fait ces déclarations par erreur ?
R. Oui.
Q. Comment expliquez-vous que cette erreur coïncide avec le problème du colonel Lusenge ?
R. C'était par erreur ; j'étais fatigué.
Q. Si c'était par erreur, pourquoi avez-vous contresigné ?
R. A Kinshasa, j'avais dit que j'ai commis une erreur de citer le Colonel Lusenge.
Q. Souvenez-vous que c'était le PV de confrontation avec Jean-Marie Olenga ?
R. Je me souviens maintenant.
Q. A la même question posée à Olenga, autre chose à ajouter ?
R. Rien à ajouter.
Q. Justifiez-vous cette erreur ?
R. Pendant cette année de 2014, j'avais beaucoup de traumatisme.
Q. Jean-Marie, avez-vous reçu trois armes du chef Mbunguma ?
R. Oui.
Q. Chef Mbunguma, est-ce vrai ou faux que vous avez remis des armes, munitions et vivres chez le chef Jean Marie ?
R. Je lui avais remis le colis d'Adrien qui contenait des armes.
Q. Est-ce le colis que vous avez déposé à 6 heures ou un autre colis ?
R. Je ne me souviens plus.
Q. Jean-Marie, ces armes, vous les avez reçues où ?
R. Chez moi à Kasinga.
Q. Ce sont des armes récupérées par Léandre et Mutokambali ?
R. Non, ce sont d'autres armes.
Q. Ces armes étaient destinées à faire quoi ?
R. A combattre les gardes parcs qui dérangeaient la population.
Q. Pourquoi vous n'avez pas demandé au MP de vous donner du temps parce que vous étiez fatigué ?
R. Les gens préféraient rester en prison au lieu d'être dérangés par les questions du Colonel Ntumba. Il était comme un Léopard.
Q. Tout ce qui est dans le PV, est-ce une erreur ?
R. Non.
Q. Qu'est-ce qui est erreur ici ?
R. Que j'aie le temps de lire ce PV.
Défense : Certains aveux que notre client a faits devant le MP, il ne les a pas faits en toute honnêteté. L'état mental n'était pas en toute quiétude.
La Défense retire sa parole qui nuit au MP.

La Cour constate la jonction de procédure avec le dossier Mbunguma qui charge le colonel Lusenge.
La Cour ordonne la jonction de la cause enrôlée sous le RP N° 0163/017 avec le RP N° 0157/017.
Remise à une date ultérieure qui sera communiquée à toutes les parties.

Audience publique du 2 février 2017

RP N° 0154/2017
RMP N° 0742/KNG/2017
En chambre foraine à laquelle siègent :

1. Lt Col. Mag. Ntshaykolo Esosa Masele Jean Paulin, 1er Président ;
2. Col. Dunia Kashindi Fabien, Juge Assesseur ;
3. Col. Ndiba Bulangiti Matthieu, Juge Assesseur ;
4. Col. Busoki Wa Karaku, Juge Assesseur ;
5. Com. Sup. Ppl Ngumbi Kulinga, Juge Assesseur ;
6. Gén. Maj. Mokunto Kiyana Tim, 1er AGF, Ministère Public ;
7. Maj. Madoli Nzoki Guy Martin, Greffier.

En cause : l'auditeur militaire supérieur Près la cour militaire opérationnelle du Nord-Kivu, Ministère Public.
Contre :

- Colonel Lusenge Muhindo david ;
- Monsieur Nyakalwa Mbakale Etienne.

Prévenus de : Détention illégale d'armes ou des munitions de guerre.
La cause est appelée à 16 heures 22 minutes.
A l'appel de la cause, les prévenus cités ci-haut comparaissent en personne et assistés par leurs conseils : Me David Wambale assiste le Colonel Lusenge Muhindo.
Remise contradictoire demain 3 février 2017.

Audience publique du 3 février 2017

RP N° 0154/2017
RMP N° 0742/KNG/2017
En chambre foraine à laquelle siègent :

1. Lt Col. Mag. Ntshaykolo Esosa Masele Jean Paulin, 1er Président ;
2. Col. Dunia Kashindi Fabien, Juge Assesseur ;
3. Col. Ndiba Bulangiti Matthieu, Juge Assesseur ;
4. Col. Busoki Wa Karaku, Juge Assesseur ;
5. Com. Sup. Ppl Ngumbi Kulinga, Juge Assesseur ;
6. Gén. Maj. Mokunto Kiyana Tim, 1er AGF, Ministère Public ;
7. Maj. Madoli Nzoki Guy Martin, Greffier.

En cause : l'auditeur militaire supérieur Près la cour militaire opérationnelle du Nord-Kivu, Ministère Public.

Contre :

- Colonel Lusenge Muhindo David ;
- Monsieur Nyakalwa Mbakale Etienne.

Prévenus de : Détention illégale d'armes ou des munitions de guerre.
A l'appel de la cause, les prévenus cités ci-haut comparaissent en personne et assistés par leurs conseils :
Faute de temps, remise contradictoire lundi 6 février 2017.

Audience publique du 6 février 2017

RP N° 0154/2017
RMP N° 0742/KNG/2017
En chambre foraine à laquelle siègent :

1. Lt Col. Mag. Ntshaykolo Esosa Masele Jean Paulin, 1er Président ;
2. Col. Dunia Kashindi Fabien, Juge Assesseur ;
3. Col. Ndiba Bulangiti Matthieu, Juge Assesseur ;
4. Col. Busoki Wa Karaku, Juge Assesseur ;
5. Com. Sup. Ppl Ngumbi Kulinga, Juge Assesseur ;
6. Gén. Maj. Mokunto Kiyana Tim, 1er AGF, Ministère Public ;
7. Maj. Madoli Nzoki Guy Martin, Greffier.

En cause : l'auditeur militaire supérieur Près la cour militaire opérationnelle du Nord-Kivu, Ministère Public et parties civiles.
Contre :

- Colonel Lusenge Muhindo David ;
- Monsieur Nyakalwa Mbakale Etienne.

Prévenus de : Détention illégale d'armes ou des munitions de guerre.
La cause est appelée à 11 heures 00 minute.
A l'appel de la cause, les prévenus cités ci-haut comparaissent en personne et assistés par leurs conseils : Me Charles Muleso et Me David Wambale pour le compte du Colonel Lusenge Muhindo ; Me Nathan Tabirabo pour le prévenu Nyakalwa.
Comparait Monsieur Nyakalwa :
Q. Reconnaissez-vous ce dossier ? (PV de saisi)
R. Oui.
Q. Arme RPG 7 et arme AKA 47 qui étaient retrouvées dans votre résidence ?
R. C'était plutôt en dessous de ma résidence, dans la brousse. C'était en 2012, vers la fin de l'année, mon beau-frère m'avait dit qu'il cherchait un champ. Je lui ai dit que chez moi au village, il y a des champs. En 2013, mon beau-frère est venu avec un autre monsieur, il me l'a présenté comme mon beau-frère. Monsieur Johny est allé voir le champ d'une valeur de 1300$. Quand on lui a montré les limites de ce champ, monsieur Johny était intéressé. Il a acheté des

bêches et des machettes, il a commencé à cultiver. Le Gouverneur de la Province du Nord-Kivu a invité tous les chefs de localité à qui il a donné des communiqués signifiant qu'il y a un Colonel Lusenge David que veut accueillir la Cour. J'ai vu mon beau-frère qui me dit que c'est bien lui David Lusenge, si je peux lui pardonner. Quand j'ai présenté David Lusenge au chef de chefferie, le chef m'a dit que ma mission était terminée.
Q. A qui appartient ces armes.
R. Au colonel David.
Q. Qu'est-ce qui vous confirme que ce sont des armes du Colonel David ?
R. Parmi ces gens, monsieur Thomas m'avait dit au mois d'octobre que tous les outils avaient été enterrés sous un palmier. Son deuxième fils, Muhumuza Adrien, était venu avec une délégation des FARDC pour récupérer les outils. Il a commencé à déterrer ces armes dans la brousse. C'était pendant la guerre du 11 juillet 2013, tout le monde cherchait à enterrer ses outils pour fuir.
Q. Muhumuza Adrien est-il le fils du Colonel Lusenge ?
R. C'est son travailleur. Le deuxième fils, c'est Salongo Thomas.
Q. Colonel Lusenge, connaissez-vous monsieur Salongo Thomas ?
R. Il est Ougandais.
Q. Ce n'est pas votre fils ?
R. Non.
Q. Comment vous vous êtes connus ?
R. Adrien et Thomas sont tous des Ougandais. Ils se sont retrouvés en brousse. Ils m'ont dit qu'ils ont besoin de l'argent et c'est pour cela qu'ils peuvent cambrioler les banques à Beni. Ils m'avaient amené en Ouganda. Quand ils ont remarqué que je suis colonel, ils m'ont laissé. Ils avaient deux armes, un pistolet et une arme AKA. Je me suis séparé d'eux pour transmettre le message au chef, puis je suis allé à Goma pour Bweremana.
Q. Le Général Bahuma était-il au courant de cela ?
R. C'est bien lui qui m'avait envoyé de l'argent de transport.
Q. Pourquoi avez-vous violé la consigne pour venir au Nord-Kivu ?
R. J'étais à Dungu. Le commandant Régiment m'avait proposé un Régiment alors qu'il avait déjà attribué tous les régiments à d'autres personnes. J'avais demandé d'aller à Kisangani, on m'avait débarqué. Je suis devenu comme un enfant de la rue. Je suis venu au Nord-Kivu, j'ai appelé le Général Bahuma qui m'a envoyé de l'argent pour transport afin de le rejoindre.
Q. Vous étiez chez le chef pour se cacher ?
R. Oui.
Q. Est-ce que dans l'armée, on peut se déplacer de cette manière ?
R. J'étais devenu comme un enfant de la rue. J'avais appelé les autorités militaires pour les informer avant d'arriver chez le Général Bahuma.
Q. Combien d'argent était mis à la disposition de celui qui allait vous retrouver ?
R. 32.000$ selon la radio Okapi.
Q. Quel était le rôle des Ougandais qui étaient avec vous ?

R. Ils disaient, comme je connaissais bien Beni, qu'on vienne attaquer une banque.
Q. A qui appartenait cette brousse où on a récupéré des armes ?
R. Comme j'avais donné une avance, cette brousse m'appartenait.
Q. Comment expliquer que ces armes se sont trouvées dans votre champ ?
R. Je ne sais pas. Quand on avait trouvé ces armes, j'étais à Rutshuru comme commandant Régiment.
Q. Nkayalwa, ce sont ces armes ?
R. Oui.
Q. Ces Ougandais avaient-ils des cartes d'identité ?
R. Oui.
Q. Quelle était votre réaction quand on avait déterré des armes ?
R. J'ai été directement arrêté.
Q. Colonel, confirmez-vous que ces Ougandais avaient des cartes d'électeur ?
R. Je ne sais pas.
Q. Pourquoi ces Ougandais avaient aussi acheté des champs ?
R. J'avais moi-même acheté le champ. Les Ougandais m'avaient trouvé là-bas et j'avais eu le courage de voir le chef et de l'informer sur l'intention des Ougandais.
Q. Colonel, pourquoi êtes-vous devant la Cour ?
R. Du fait que ces armes se sont retrouvées dans mon champ.
Q. Avez-vous bien agi ou mal agi ?
R. J'avais mal agi suite aux souffrances.
Ministère Public lui pose la question de savoir s'il a autre chose à dire.
Q. Nyakalwa, avez-vous comparu devant l'OPJ ?
R. Oui, quand j'étais chez le capitaine Gaston, il m'avait obligé de comparaitre en français.
Q. Avez-vous parlé de 1300$, 50 shillings et 10$?
R. Oui.
Le Ministère Public renvoie la Cour à la cote 7 et donne lecture de la déclaration du prévenu.
Q. Colonel, qui est Thomas Salongo ?
R. C'est un Ougandais.
Q. Etiez-vous à Mambasa seul ?
R. Oui.
Q. Où vous êtes-vous rencontrés avec Thomas Salongo ?
R. En Ouganda à Kampala.
Q. Est-ce que Thomas Salongo n'est pas braconnier ?
R. Il est braconnier.
Le Ministère Public donne lecture des déclarations du Colonel Lusenge devant l'OMP.
Témoin : Chef Bamukoka Saambili.
Remise contradictoire lundi 13 février 2017.

Audience publique du 13 février 2017

RP N° 0160/2017
RMP N° 0804/KNG/2017
En chambre foraine à laquelle siègent :

1. Lt Col. Mag. Ntshaykolo Esosa Masele Jean Paulin, 1er Président ;
2. Col. Dunia Kashindi Fabien, Juge Assesseur ;
3. Col. Ndiba Bulangiti Matthieu, Juge Assesseur ;
4. Col. Busoki Wa Karaku, Juge Assesseur ;
5. Com. Sup. Ppl Ngumbi Kulinga, Juge Assesseur ;
6. Gén. Maj. Mokunto Kiyana Tim, 1er AGF, Ministère Public ;
7. Maj. Madoli Nzoki Guy Martin, Greffier.

En cause : l'auditeur militaire supérieur Près la cour militaire opérationnelle du Nord-Kivu, Ministère Public.
Contre : Colonel Lusenge Muhindo David
Prévenus de :

Association des malfaiteurs ;
- Violation de consigne.

La cause est appelée à 13 heures 50 minutes.
A l'appel de la cause, les prévenus cités ci-haut comparaissent en personne et assistés par leurs conseils : Me Charles Muleso et Me David Wambale, tous avocats aux barreaux de Kisangani et de Goma.

Audience publique du 13 février 2017

RP N° 0154/2017
RMP N° 0742/KNG/2017
En chambre foraine à laquelle siègent :

1. Lt Col. Mag. Ntshaykolo Esosa Masele Jean Paulin, 1er Président ;
2. Col. Dunia Kashindi Fabien, Juge Assesseur ;
3. Col. Ndiba Bulangiti Matthieu, Juge Assesseur ;
4. Col. Busoki Wa Karaku, Juge Assesseur ;
5. Com. Sup. Ppl Ngumbi Kulinga, Juge Assesseur ;
6. Gén. Maj. Mokunto Kiyana Tim, 1er AGF, Ministère Public ;
7. Maj. Madoli Nzoki Guy Martin, Greffier.

En cause : l'auditeur militaire supérieur Près la cour militaire opérationnelle du Nord-Kivu, Ministère Public et parties civiles.
Contre :

- Colonel Lusenge Muhindo david ;
- Monsieur Nyakalwa Mbakale Etienne.

Prévenus de : Détention illégale d'armes ou des munitions de guerre.
La cause est appelée à 15 heures 45 minutes.

A l'appel de la cause, les prévenus cités ci-haut comparaissent en personne et assistés par leurs conseils : Me Nathan Tabirabo, avocat, et le Défenseur Militaire Kiwunga Makila pour le prévenu Nyakalwa.
La Cour ordonne la jonction des dossiers.
Le Ministère Public retient le défaut à l'égard de deux prévenus en fuite.
Q. Juin 2013, où étiez-vous ?
R. Je suis arrivé à Ndama au mois de juillet. Au mois de juin, je devrais être à Mambasa.
Q. Que faisiez-vous ?
R. Je commandais la 81ème Brigade.
Q. Comment êtes-vous sorti de Mambasa pour vous retrouver au Nord-Kivu ?
R. J'étais devenu garçon de la rue, je n'avais pas de travail, ma prime était coupée. Je quémandais à tout moment. J'ai sollicité une feuille de route pour rejoindre Kisangani et opter pour l'Etat-major le plus proche : 8ème Région Militaire à Goma.
Q. Avez-vous eu une feuille de route pour la 8ème Région Militaire ?
R. Non.
Q. Pourquoi n'avez-vous pas eu de feuille de route ?
R. J'étais dans la brousse, j'avais une feuille de route pour Kisangani. A trois reprises, j'étais débarqué. J'ai demandé au taximan moto de me déposer à Mambassa. Dungu- Mungbere-Mambasa au lieu d'arriver à Kisangani, Ndama-Goma-Bweremana à l'Etat-major 8ème Région Militaire.
Q. Avec la feuille de route, vous étiez destiné où ?
R. A Kisangani.
Q. Est-ce que l'itinéraire était d'arriver à Goma et Bweremana ?
R. Non.
Q. Est-il autorisé à un militaire de faire un déplacement sans feuille de route ?
R. La situation peut amener quelqu'un à partir pour se justifier après. 8ème et 9ème Région Militaire sont mes chefs. En temps normal, il est interdit de se déplacer sans feuille de route, mais il y a des situations exceptionnelles. J'étais devenu garçon de la rue, je n'avais pas d'escorte. Je préparais à manger seul ; d'ailleurs je n'avais pas à manger. J'ai jugé bon de chercher là où je pouvais être en contact avec les chefs hiérarchiques.
Q. Est-ce qu'on vous avait retiré votre grade de colonel ?
R. Non, j'étais commandant-brigade, puis commandant-régiment pendant une semaine.
Q. Si vous n'êtes plus commandant-brigade, commandant-régiment, est-il autorisé de voyager sans feuille de route, même si on a retiré tous les avantages ?
R. Le Règlement Militaire n'a pas parlé de souffrances pendant les opérations.
Q. Après Bweremana, où êtes-vous parti ?
R. Dispo T3.
Q. A Dungu, quelle arme aviez-vous ?
R. J'étais seul, en tenue civile sans arme.

Q. Comment êtes-vous arrivé à Ndama ?
R. Je suis arrivé à Ndama au mois de juillet 2013 pour chercher à atteindre Bweremana. Je suis arrivé à Bweremana en novembre 2013.
Q. Quand avez-vous rencontré messieurs Adrien et Salongo ?
R. J'étais au champ, on cherchait du bois rouge. Les militaires UPDF nous ont arrêtés pour m'amener en Ouganda. C'est là que j'ai vu Adrien et son frère. En Ouganda, je leur ai dit que je suis officier FARDC et c'est à partir de là que j'ai été reconnu par les officiers UPDF.
Q. Combien de temps avez-vous passé à Ndama ?
R. Plus ou moins trois mois.
Q. Après avoir été reconnu par les officiers ougandais, quelle était la suite ?
R. Ils m'ont proposé me donner des experts pour cambrioler les banques. Ils m'ont donné messieurs Adrien et Thomas, des militaires UPDF. Ils ont proposé les banques de Beni, si ça ne tient pas, il fallait aller à Bunia. Devant eux, j'avais accepté, mais intérieurement, j'avais refusé. Nous sommes venus avec eux en empruntant la route Kamango jusqu'au champ au village Ndama. Ces militaires UPDF étaient en tenue civile, l'un avec AKA crosse pliante et l'autre avec un revolver. Nous sommes arrivés à mon champ. Il y avait une paillotte. Je dormais au village pour venir travailler au champ. Je les laissais dormir au champ pour venir les rejoindre le matin.
Q. Qui vous a donné la maison au village ?
R. Le chef du village. Adrien et Thomas sont venus le lendemain. Je les ai précédés avec les trois autres personnes, militaires ougandais, et cela a fait cinq personnes. Après 4 jours, je les ai abandonnés pour aller informer le chef de la chefferie et continuer mon voyage. Thomas et Adrien sont venus avec les divers
Q. Les trois militaires ougandais avaient quelle arme ?
R. AKA crosse pliante et le pistolet.
Q. Où les avez-vous amenés ?
R. Dans mon champ.
Q. Avez-vous acheté ce champ ?
R. J'avais donné 20$ pour montrer que c'est mon champ.
Q. Après, Adrien et Thomas vous ont rejoint ?
R. Oui, avec des cigarettes, houes et autres.
Q. Quel était leur objectif ?
R. De chercher de l'argent. Ils avaient dit qu'au Congo il y a beaucoup d'argent. Il faut cambrioler la banque ici à Beni, si ça ne tient pas, aller à Bunia.
Q. Avez-vous logé tous les cinq dans votre champ ?
R. Les trois étaient là, mais Adrien et Thomas faisaient des tours.
Q. Vous étiez avec qui à la maison ?
R. Avec Kakule qui était joueur.
Q. Kakule savait aussi cette mission ?
R. Je lui avais dit qu'il y a un dossier que je ne sais pas gérer, je dois partir.

Q. Où vous êtes-vous rencontré avec Kakule ?
R. A Ndama. C'est bien lui le propriétaire de la maison. Il est originaire de Ndama. Le chef du village était à 100 mètres de nous.
Q. Etes-vous dans le même dossier avec le chef du village ?
R. Non.
Q. Pourquoi n'avez-vous pas dit au chef ?
R. Comme le chef me demandait le 10% pour l'achat de cette forêt, j'ai jugé bon de dire au chef Bamukoka.
Q. Après avoir dit au chef, combien de jour avez-vous fait ?
R. Le même jour, je leur ai dit que je pars chercher la cigarette et j'ai profité pour prendre la moto et je suis parti.
Q. Pourquoi n'avez-vous pas informé le chef qui était plus proche de vous ?
R. Le chef qui était tout près de moi, était dans un débit de boisson. J'ai jugé bon au lieu d'informer ce chef, de dire cela à Bamukoka pour ne pas propager l'information.
Q. Le chef Nkayalwa avait-il vu ces Ougandais ?
R. Non.
Q. Comment avait-il déclaré qu'Adrien et Thomas sont vos enfants ?
R. Ils étaient passés chez le chef pour me chercher et on les avait amenés chez moi au champ.
Comparait monsieur Nkayalwa Mbakale Etienne :
Q. Avez-vous vu messieurs Adrien et Thomas ?
R. Oui, ils étaient venus avec les cartes d'électeur comme des travailleurs du Colonel Lusenge qui était connu comme John Bwambale.
Q. Colonel Lusenge, confirmez-vous ces déclarations ?
R. Je les confirme.
Q. Qu'est-ce qu'ils étaient venus faire auprès de vous ?
R. Avant de voir ces gens, j'ai vu John Bwambale qui est venu prendre la forêt chez moi ; 500 mètres carré. On lui a demandé 1500$. Il a payé les frais de délimitation, l'équivalent de 20$ soit 50 000 Shelling en monnaie Ougandaise.
Q. A qui était remis cet argent ?
R. A celui qui avait vendu le champ, monsieur Ondubo ; il est à Ndama II.
Q. Colonel, confirmez-vous cela ?
R. J'avais donné 20$.
Q. Vous qui étiez en cavale, comment alliez-vous trouver les 1300$ alors que vous n'aviez pas d'argent ?
R. A partir de Mambasa, le général Bahuma avait envoyé 300$ à ma femme. Après des acrobaties, j'ai trouvé 200$. Comme j'avais la dette du motard, j'ai payé 30$ pour rester avec 170$. Comme le Général Bahuma attendait que j'arrive chez lui, j'ai utilisé cet argent pour le transport. Il n'y avait pas eu débat autour du champ. J'avais dit que je n'ai pas d'argent. Je vais d'abord payer le droit de délimitation et le reste, je vais payer lors de mon retour de Goma. C'était une façon de me camoufler ; il y avait aussi une barrière devant.

Comparait le nommé Saambili Bamukoka Roger, né à Oïcha, le 17 avril 1960 ; fils de Sambili et de Tabaguha (décédée), originaire de Kamango, Territoire de Beni, Chefferie Watalinga, Province du Nord-Kivu ; Domicilié à Kamango (Renseignant)

Défense : Le témoin a été cité pour l'autre dossier. La Cour n'a pas encore fait la jonction de ces deux causes. Le témoin sera entendu en fonction de quoi ? Aussi le MP a-t-il fait une fuite en avant, car pour les co-auteurs qu'il poursuit par défaut, aucun élément au dossier ne prouve que les deux co-prévenus sont poursuivis par défaut.

Ministère Public : Pour la jonction, pas de problème.

Q. Connaissez-vous le Colonel Lusenge ?

R. Oui, il est officier supérieur FARDC.

Q. Avant ça, vous ne l'avez pas connu ?

R. Tout le monde l'a connu à Beni, à l'époque de l'APC.

Q. Dans quelle circonstance vous avez rencontré le colonel ?

R. Nous avons reçu l'information de la population de Ndama qu'il y a un groupe de suspects. J'ai alerté tous les services de sécurité. Quand ces gens sont arrivés à Kahondo, ils ont demandé aux taximen de les transporter sans passer par la frontière. Et les taximen les ont amenés chez les agents de sécurité. Le Colonel Muhumuza, le Capitaine Thomas, le Lieutenant Eric Richard, monsieur Samy, Me Tsali et monsieur Kakule, on les a amenés à Kamango, avec des pièces à conviction. Ils ont déclaré qu'ils ont été formés au Darfour. On les a remis au capitaine Lwamba et pour le moment, nous disons que ces gens sont entre les mains de David officier/FARDC. Comme ces gens ont cité le colonel David, j'ai fait appel au chef de Ndama pour nous l'amener. Quand le colonel David est arrivé, nous lui avons demandé s'il connait ces gens. Colonel David a dit que ces gens sont venus pour cambrioler les banques. J'ai informé ma hiérarchie. J'ai demandé au colonel de sortir de la brousse. Il est colonel, plus tard, il sera Général. Le colonel David dit qu'il est venu de lui-même chez moi. C'est faux et archifaux. L'autorité provinciale a tout fait pour que David arrive à Goma. J'ai fait le suivi pour vérifier si David était arrivé à Goma.

Ministère Public : Qu'est-ce que je vous ai dit en dehors de votre dossier ?

R. De dire la vérité et vous allez voir dans quelle mesure m'aider.

Q. Vous maintenez vos déclarations précédentes ?

R. C'est moi qui aurais informé le chef.

Q. Le chef dit que vous êtes arrêté après avoir arrêté vos co-auteurs ?

R. Ce n'est pas vrai.

Q. Chef Bamukoka, le colonel David est passé chez vous avant de voir le chef de Ndama ?

R. C'est faux, peut-il avoir un témoin oculaire quand il est passé chez moi ? Je l'ai vu quand le Général Bahuma a libéré notre contrée. Il est venu comme colonel. Si on a arrêté ses collaborateurs, on les a mis à la disposition du

capitaine et le capitaine à la disposition du major. Ces gens ont été arrêtés après moi quand ils voulaient rentrer en Ouganda.
Q. Chef, qu'est-ce que le colonel vous a dit ?
R. Le colonel David ne m'a jamais rencontré chez moi.
Remise contradictoire mardi, le 14 février 2017 à 10 heures.

Audience publique du 14 février 2017

RP N° 0163/2017
RMP N° 0742/KNG/2016
En chambre foraine à laquelle siègent :
1. Lt Col. Mag. Ntshaykolo Esosa Masele Jean Paulin, 1er Président ;
2. Col. Dunia Kashindi Fabien, Juge Assesseur ;
3. Col. Ndiba Bulangiti Matthieu, Juge Assesseur ;
4. Col. Busoki Wa Karaku, Juge Assesseur ;
5. Com. Sup. Ppl Ngumbi Kulinga, Juge Assesseur ;
6. Gén. Maj. Mokunto Kiyana Tim, 1er AGF, Ministère Public ;
7. Maj. Madoli Nzoki Guy Martin, Greffier.

En cause : l'auditeur militaire supérieur Près la cour militaire opérationnelle du Nord-Kivu, Ministère Public et parties civiles.
Contre :
- Colonel Lusenge Muhindo david ;
- Monsieur Nyakalwa Mbakale Etienne.

Prévenus de :
- Détention illégale d'armes ou des munitions de guerre ;
- Association des malfaiteurs ;
- Violation de consigne.

La cause est appelée à 10 heures 55 minutes.
A l'appel de la cause, les prévenus cités ci-haut comparaissent en personne et assistés par leurs conseils : Me Charles Muleso et Me David Wambale pour le Colonel Lusenge Muhindo David ; Me Nathan Tagirabo, avocat, et le Défenseur Militaire Kiwunga Makila pour le prévenu Nyakalwa.
Comparait Mwami Bamukoka :
Q. Colonel, vous êtes passé chez le chef Bamokoka avant de passer chez le chef de Ndama ?
R. Oui.
Q. Chef Bamukoka, le Colonel est passé chez vous bien avant d'arriver chez le chef de Ndama ?
R/ Non.
Ministère Public : Pour le Colonel Lusenge, ça ne pose pas de problème, mais pour le chef Bamukoka, ça pose problème parce qu'il a connu le Colonel Lusenge bien avant et il a envoyé le chef de Ndama pour trouver un champ.
Q. Chef Bamukoka, avez-vous entendu le complot préparé par les Ougandais pour attaquer le Congo comme Colonel Lusenge vous l'a dit ?

R. Moi, si j'entends parler de complot, j'informe les autorités. Tout ce que nous subissons ici, ça provient de l'Ouganda. Je n'avais rien entendu.
Le Ministère Public lui donne lecture de ses déclarations : « Quand on avait arrêté les terroristes ougandais, j'avais demandé au chef de Ndama de chercher le Colonel Lusenge. Je lui ai demandé ce qu'il gagnerait s'il travaillait avec les Ougandais. Le comité de suivi avait envoyé un avion pour l'amener à Goma ».
Q. Colonel Lusenge, souvenez-vous avoir dit cela au chef Bamukoka ?
R. Je lui ai parlé, mais pas comme il l'a dit. Je lui ai dit : Mwami, on m'avait arrêté, amené en Ouganda et je suis relâché. Il y a des Ougandais qui se préparent pour attaquer Beni et Bunia. Je confirme avoir transmis l'information.
Q. Etes-vous arrivé chez le chef de Ndama avant d'aller en Ouganda ?
R. Oui.
Q. Mwami, votre réaction ?
R. Le Colonel Lusenge n'est pas passé chez moi avant d'aller en Ouganda. J'ai entendu parler de lui quand on a arrêté les Ougandais. On peut lui poser lui-même cette question.
Q. Colonel Lusenge, où sont Adrien et Thomas ?
R. Ils sont des Ougandais.
Le Ministère Public cite la cote 35, question N° 12.
Q. Chef de Ndama, Colonel Lusenge avait-il donné 20$ ou 50.000 schellings ?
R. 50.000 schellings.
Q. Colonel Lusenge, d'où est venu 50.000 schelling ?
R. J'avais donné 20$ qu'on a changés en shillings.
Q. Chef de Ndama, comment est-ce que le Colonel est arrivé chez le chef Bamukoka ?
R. C'est moi qui l'ai amené chez le chef Bamukoka.
Q. Est-ce que le Colonel était arrêté ou pas ?
R. Il n'était pas arrêté.
Q. L'avez-vous arrêté ou amené chez le chef Bamukoka ?
R. Je l'avais amené.
Q. Colonel, votre réaction ?
R. Je suis arrivé chez le Mwami deux fois : la première, quand je suis allé pour le problème de champ et la deuxième, je suis allé seul.
Q. Chef Bamukoka, votre réaction ?
R. C'est le chef de Ndama qui l'a amené.
Q. Chef de Ndama, combien de mois le Colonel avait fait chez vous ?
R. Il a fait trois mois.
Q. Colonel Lusenge, combien de jours avez-vous fait ?
R. Deux à trois mois.
Q. Que faisiez-vous pendant tout ce temps ?
R. J'étais en cachette en train de chercher par où passer ; les barrières étaient presque partout.

Q. Chef de Ndama ?
R. Les barrières étaient plutôt à Semuliki et Mbau-Kamango.
Q. Connaissez-vous le Colonel Lwanga ?
R. J'ai travaillé avec lui à l'APC, il était à Butembo.
Q. Etiez-vous en contact avec lui avant d'arriver à Goma ?
R. Oui.
Ministère Public : Le Colonel quitte son poste.
Q. Quand avez-vous quitté Dungu ?
R. Juin 2013.
Q. Chef de Ndama, le Colonel est arrivé chez vous en quelle date ?
R. Janvier 2013.
Ministère Public : Colonels Lusenge et Lwanga, deux officiers en divagation ! Celui qui a sauvé Beni c'est le Colonel Kalonda. Tous les officiers ont été contactés par Monsieur Mbusa. Les officiers ex-APC, leur mission était de participer à l'attaque de Beni. Parmi eux, il y a des officiers qui sont des Généraux.
Q. Y avait-il des officiers à Nobili ?
R. Il y avait des FARDC.
Le Ministère Public donne lecture à partir de la cote 59.
Q. Souvenez-vous de votre appel +212 ?
R. +211 appel du Soudan.
Le Ministère Public insiste sur l'indicatif +212 du Maroc qui dit : rappelez-moi, j'ai quelque chose d'important à vous dire.
Q. Quelle était votre réponse ?
R. C'est le petit-frère de Kakolele qui me demandait de l'argent.
Q. Qui est Kamundu ?
R. C'est un ex élément APC. Il était à Kitona, démobilisé. Il était déserteur. Il m'avait appelé, je lui ai dit de partir à Kitona pour être démobilisé par la voie normale.
Q. Vous souvenez-vous des messages des tueries à Beni ?
R. Le message est arrivé quand j'étais en fonction à Rutshuru. On me l'avait envoyé pour me faire part de la suite après les tueries des civils à Beni. C'était au mois de février 2015 que j'ai informé le Général.
Ministère Public : Le 14 novembre 2014 à 20 heures, il reçoit le message pour informer le Général en février 2015 !
Q. Qu'est-ce que les Ougandais avaient comme arme ?
R. Une arme AKA et un pistolet.
Q. N'avez-vous pas parlé de deux pistolets et un Uzi ?
R. Ils avaient des armes, mais j'étais sous surveillance. Ils portaient des jaquettes, je ne sais pas ce qu'ils portaient, mais j'avais vu l'AKA.
Q. Qui était leur patron ?
R. Un papa très noir, élancé ; patron d'Adrien et Thomas qui leur avait promis une prime.
Q. Chef de Ndama, savez-vous qu'il y avait des armes enterrées ?

R. Non.
Q. Alors, lorsque l'OPJ vous a demandé si on avait enterré des armes à côté de votre champ, quelle était votre réaction ?
R. J'avais peur.
Q. Quand est-ce que le Colonel David est arrivé dans votre localité de Ndama ?
R. Janvier 2013.
Q. Devant l'OPJ, pourquoi avez-vous parlé de 2011 ?
R. C'est faux.
La Défense cite les cotes 6 et 7.
Q. Combien de champs avez-vous vendu au Colonel ?
R. Un champ de 500 mètres carré.
Défense : Il a vendu deux champs, lui-même un champ et l'autre, celui du chef Odumbo.
Q. C'est vous qui avez amené les soldats pour montrer là où se trouvaient les armes ?
R. Oui.
Q. Comment avez-vous su qu'il y avait une cache d'armes ?
R. Au mois d'octobre, un des cultivateurs du Colonel Lusenge m'avait dit qu'il y avait des matériels enterrés là-bas à côté du palmier. Au mois de février, des soldats sont arrivés pour déterrer ces armes.
Q. Combien de mètres vous séparent du champ du Colonel Lusenge ?
R. 4 kilomètres.
Q. Avez-vous de contact téléphonique avec Thomas ?
R. Nous étions des réfugiés quand il m'avait appelé.
Q. Quand vous êtes allés déterrer les matériels, avez-vous trouvé des houes ?
R. Ils avaient menti ; au lieu des houes, nous avons trouvé des armes.
Q. Où est-ce que monsieur Thomas a trouvé votre numéro de téléphone ?
R. Je ne sais pas.
Q. Etes-vous en contact avec Thomas ?
R. Non.
Q. Où avez-vous trouvé son numéro devant le Magistrat ?
R. C'est le Magistrat lui-même qui a fait sortir le numéro.
Q. Quand vous avez amené le Colonel chez le Mwami Bamukoka, il était avec qui ?
R. Il était seul.
Q. Mwami, vous avez dit que, quand vous avez arrêté les terroristes, vous avez demandé qu'on vous amène le Colonel Lusenge. Où étaient les terroristes quand le Colonel est arrivé ?
R. J'avais remis ces terroristes au capitaine Lwamba. Quand on a amené le Colonel Lusenge, j'ai commencé à dialoguer avec lui. Il est venu sans arme. Il a dit qu'il est prêt à quitter la brousse. Les dispositions étaient prises au niveau de Beni. L'avion est venu pour le prendre et l'amener à Goma avec l'autre Colonel dont le Général a cité le nom.

Q. Avez-vous demandé au Colonel à propos de ces terroristes ?
R. Oui, le Colonel a dit qu'il connait Thomas et Adrien comme des soldats ougandais.
Q. Avez-vous participé au dialogue social ? Connaissiez-vous la destination des abbés qu'on avait enlevés ?
R. Je suis venu comme témoin sur les faits précis tels qu'écrits sur le papier.
Ministère Public : Dans la recherche de la vérité, vous pouvez nous autoriser de sortir de ce qui est concerné
Q Avez-vous vu les Abbés qui ont été enlevés ?
R. Il y a des témoins qui ont déclaré avoir vu ces abbés.
Q. Cette information est-elle vraie ou fausse ?
R. Dans le dialogue, tout le monde livrait son information pour trouver la paix ici à Beni. Personne n'est allé vérifier cette information.
Q. Ngayalwa, cette information était-elle vraie ou fausse ?
R. Nous n'avons pas accédé à la vérité. C'était en 2012, quand un passager venant du parc avait trouvé douze militaires avec trois personnes proprement habillées ; c'était ça.
Q. John Bwambale, pourquoi vous lui avez donné un faux nom ?
R. Je cherchais le moyen de continuer la route. J'étais en tenue civile. Je voulais arriver à l'objectif sans être arrêté ; c'était un sobriquet.
Q. Qui conduisait la moto quand vous étiez avec le Colonel ?
R. Nous étions deux ; c'est moi Ngayalwa qui conduisait.
Q. De votre retour de l'Ouganda, étiez-vous surveillé par les militaires UPDF ?
R. Oui.
Q. Qui vous a permis de passer la nuit à la maison ?
R. Je passais la nuit avec Thomas et Adrien.
Q. Pourquoi avez-vous déclaré que vous étiez avec le propriétaire de la maison ?
R. La maison avait deux portes. Eux étaient dans une pièce et moi avec le propriétaire dans l'autre chambre.
Q. Est-ce que le chef du village était au courant de votre départ pour l'Ouganda et de votre retour avec les Ougandais et tout ce qu'on préparait ?
R. Le chef du village n'était pas informé, mais j'avais informé le Mwami Bamukoka.
Q. Chef de Chefferie, étiez-vous informé ?
R. Non.
Q. Comment était organisé l'accueil du Colonel Lusenge ?
R. Comme tout citoyen qui cherchait le champ ; même celui qu'il nous a présenté comme son beau-frère, monsieur Daniel.
Q. Devant l'OPJ, vous avez dit que les armes étaient retrouvées à 200 mètres de votre parcelle ; devant la Cour, 4 kilomètres ?
R. C'est à ce niveau que son travailleur a menti qu'il a caché ces outils de travail. C'était tout près de son champ.

Q. A qui avez-vous délégué le pouvoir pour la transaction de la vente du champ ?
R. A Matakene Motene, le chef décédé.
Défense : Le champ appartenait à monsieur Adibo.
Q. C'était par acrobatie ou spontanément que le Colonel Lusenge s'était présenté devant vous sous ce nom ?
R. Quand j'ai fait la restitution de ce que nous avons eu au dialogue social, qu'il a parlé de beau-frère, je vous ai trompé. C'est moi David Lusenge.
Q. Pourquoi n'avez-vous pas embarqué le colonel dans un même convoi avec les terroristes que vous avez remis aux mains des FARDC, étant donné qu'ils avaient cité le Colonel Lusenge ?
R. Les terroristes sont sortis avec les armes. Le Colonel est sorti sans arme. Quand j'ai informé les autorités, elles ont demandé qu'on l'amène à Beni.
Q. Quels sont les moyens qu'on avait mis à votre disposition pour quitter Dungu jusqu'à Kisangani, à part la feuille de route ?
R. On ne m'avait rien remis à part la feuille de route.
Q. N'étiez-vous pas programmé pour le vol de la Monusco ?
R. J'étais programmé, mais à trois reprises, j'ai raté le vol.
Q. Barrières d'Eringeti, c'était gardée par quels militaires ?
R. Militaires FARDC.
Q. Est-ce le Général Bahuma qui contrôlait là-bas ?
R. Oui.
Q. Si le Général Bahuma donnait l'ordre de vous faire passer, est-ce qu'on allait refuser ?
R. On allait me faire passer.
Ministère Public : Le Colonel Lusenge avait utilisé sa tribu au lieu d'utiliser la hiérarchie militaire.
Q. Où est-ce que vous vous êtes rencontré avec Kakule ?
R. A Kamango.
Ministère Public : Celui qui l'amène, c'est un présumé ADF.
Q. Lors du dialogue social, avez-vous entendu votre voix sur la destination des prêtres ?
R. Oui.
Q. Etiez-vous en contact avec les gens qui ont enlevé les prêtres et qui demandaient de l'argent ?
R. Silence.
Le Ministère Public ordonne l'arrestation de Mwami Bamukoka sur les faits d'enlèvement des prêtres.
Le Colonel Lusenge donne la lumière au sujet de sa sortie à Mambasa. Il n'avait pas de téléphone, pas moyen d'arriver à la cabine du fait qu'il se cachait.
La Défense demande que ces gens arrêtés, mis à la disposition des FARDC, témoignent devant la Cour.

Le Ministère Public poursuit le Colonel Lusenge pour détention illégale d'armes et munitions, violation de consigne et association des malfaiteurs.
La Défense demande de voir monsieur Thomas comparaitre.
Remise contradictoire à lundi 20 février 2017.

Audience publique du 20 février 2017

RP N° 0163/2017
RMP N° 0742/KNG/2016
En chambre foraine à laquelle siègent :

1. Lt Col. Mag. Ntshaykolo Esosa Masele Jean Paulin, 1er Président ;
2. Col. Dunia Kashindi Fabien, Juge Assesseur ;
3. Col. Ndiba Bulangiti Matthieu, Juge Assesseur ;
4. Col. Busoki Wa Karaku, Juge Assesseur ;
5. Com. Sup. Ppl Ngumbi Kulinga, Juge Assesseur ;
6. Gén. Maj. Mokunto Kiyana Tim, 1er AGF, Ministère Public ;
7. Maj. Madoli Nzoki Guy Martin, Greffier.

En cause : l'auditeur militaire supérieur Près la cour militaire opérationnelle du Nord-Kivu, Ministère Public et parties civiles.
Contre :

- Colonel Lusenge Muhindo David ;
- Monsieur Nyakalwa Mbakale Etienne.

Prévenus de :

- Détention illégale d'armes ou des munitions de guerre ;
- Association des malfaiteurs ;
- Violation de consigne.

La cause est appelée à 14 heures 00 minute.
A l'appel de la cause, les prévenus cités ci-haut comparaissent en personne et assistés par leurs conseils : Me Charles Muleso, conjointement avec David Wambale, avocat et Me Nathan Tagirabo, conjointement avec le Défenseur Militaire Kiwunga.
Concernant ce dossier, la Cour avait déjà ordonné la jonction avec le dossier de chef Bamukoka qui devrait être appelé, mais il sera appelé demain mardi, le 21 février 2017.
Le Ministère Public voulait mettre ce dossier du prévenu Colonel Lusenge David comme quelqu'un qu'on devrait déjà arrêter parce que, depuis qu'il était sorti de la brousse, il avait laissé des armes cachées, aussi était-il en connivence avec les hommes de Kakolele. Il est du devoir du Ministère public d'expliquer à la Cour pourquoi un officier quitte son unité illégalement pour se retrouver à Goma.
Q. Lorsque vous aviez quitté la brousse pour aller à Goma, étiez-vous seul ?
R. J'étais accompagné par les gens de la société civile.
Q. Vous étiez avec qui ?

R. Le Lieutenant-Colonel Lwanga Charles.
Q. En brousse, il avait quel grade ?
R. Il était Major.
Q. Lorsque vous êtes sorti de la brousse, étiez-vous arrivé ici à Beni chez vous à Ntoni ?
R. Je suis arrivé à Ntoni à bord d'un véhicule.
Q. A votre arrivée à Beni, qui vous a arrêté ?
R. Personne ne m'avait arrêté ici à Beni.
Ministère Public : A la dernière audience, vous nous avez dit que c'est le Général Bahuma qui a envoyé de l'argent pour le transport ; et lors du voyage, au niveau des barrières, les militaires pouvaient ne pas vous arrêter à cause de lui ?
R. Le prévenu ne répond pas à cette question.
Le Ministère public poursuit le Colonel Lusenge, c'est par rapport aux faits appris.
Avocat Conseil de la Défense du Prévenu Colonel Lusenge : Son client est un officier et il a une identité.
Défense au prévenu Colonel Lusenge :
Q. La mission qu'on vous a confiée à Dungu, l'avez-vous terminée ?
R. Je ne l'avais pas terminée.
Q. Qui vous a désigné pour être commandant-brigade ?
R. C'était venu du niveau hiérarchique.
Q. Est-ce qu'il y avait des mésententes entre vous et vos chefs ?
R. Oui.
Q. De quoi s'agissait-il au juste ?
R. C'était la façon de mener les opérations qui avait changé.
Q. Après cette mésentente, qu'est-ce qui vous a été causé comme tort ?
R. J'ai été suspendu et après le motif était purement technique, ce que je ne peux dire en public.
Après quelques questions lui posées, il précise en disant qu'il n'avait pas quitté Dungu par sa propre volonté, mais il y avait quelque chose.
Q. A part cette comparution, a-t-il été une fois traduit en justice par la hiérarchie ?
R. Non, c'est la toute première fois.
L'avocat Conseil du prévenu dit que son client était à Ndama au vu de son co-prévenu et il n'avait pas d'arme. Pourquoi le Ministère public le poursuit pour détention illégale des armes de guerre ?
Le Premier Président émet une observation en voulant tout simplement dire qu'il faut plutôt chercher à découvrir la vérité au lieu de revenir dans le passé.
L'Avocat Conseil de la Défense n'est pas d'accord avec l'accusation que soutient le MP à l'égard de son client qu'il s'est caché dans la brousse avec les armes. Il serait mieux que le Ministère Public apporte la preuve.
La cause est renvoyée à mardi, le 21 février 2017.

Audience publique du 21 février 2017

RP N° 0163/2017
RMP N° 0742/KNG/2016
En chambre foraine à laquelle siègent :

1. Lt Col. Mag. Ntshaykolo Esosa Masele Jean Paulin, 1er Président ;
2. Col. Dunia Kashindi Fabien, Juge Assesseur ;
3. Col. Ndiba Bulangiti Matthieu, Juge Assesseur ;
4. Col. Busoki Wa Karaku, Juge Assesseur ;
5. Com. Sup. Ppl Ngumbi Kulinga, Juge Assesseur ;
6. Gén. Maj. Mokunto Kiyana Tim, 1er AGF, Ministère Public ;
7. Maj. Madoli Nzoki Guy Martin, Greffier.

En cause : l'auditeur militaire supérieur Près la cour militaire opérationnelle du Nord-Kivu, Ministère Public et parties civiles.
Contre :

- Colonel Lusenge Muhindo David ;
- Monsieur Nyakalwa Mbakale Etienne ;
- Monsieur Adrien Muhumuza (en fuite) ;
- Monsieur Thomas Salongo (en fuite).

Prévenus de :

- Détention illégale d'armes ou des munitions de guerre ;
- Association des malfaiteurs ;
- Violation de consigne.

La cause est appelée à 16 heures 44 minutes.
A l'appel de la cause, les prévenus cités ci-haut comparaissent en personne et assistés par leurs conseils : David Wambale pour le Colonel Lusenge ; Me Nathan Tagirabo et le Défenseur Militaire Kiwunga pour Nyakalwa Mbakale.
Remise contradictoire lundi 27 février 2017.

Audience publique du 27 février 2017

RP N° 0163/2017
RMP N° 0742/KNG/2016
En chambre foraine à laquelle siègent :

1. Lt Col. Mag. Ntshaykolo Esosa Masele Jean Paulin, 1er Président ;
2. Col. Dunia Kashindi Fabien, Juge Assesseur ;
3. Col. Ndiba Bulangiti Matthieu, Juge Assesseur ;
4. Col. Busoki Wa Karaku, Juge Assesseur ;
5. Com. Sup. Ppl Ngumbi Kulinga, Juge Assesseur ;
6. Gén. Maj. Mokunto Kiyana Tim, 1er AGF, Ministère Public ;
7. Maj. Madoli Nzoki Guy Martin, Greffier.

En cause : l'auditeur militaire supérieur Près la cour militaire opérationnelle du Nord-Kivu, Ministère Public et parties civiles.
Contre :

- Colonel Lusenge Muhindo David ;
- Monsieur Nyakalwa Mbakale Etienne ;
- Monsieur Adrien Muhumuza (en fuite) ;
- Monsieur Thomas Salongo (en fuite).

Prévenus de :

- Détention illégale d'armes ou des munitions de guerre ;
- Association des malfaiteurs ;
- Violation de consigne.

La cause est appelée à 15 heures 07 minutes.

A l'appel de la cause, les prévenus cités ci-haut comparaissent en personne et assistés par leurs conseils : David Wambale pour le Colonel Lusenge ; Me Nathan Tagirabo et le Défenseur Militaire Kiwunga pour Nyakalwa Mbakale Etienne.

Remise contradictoire mardi 28 février 2017.

Audience publique du 28 février 2017

RP N° 0163/2017

RMP N° 0742/KNG/2016

En chambre foraine à laquelle siègent :

1. Lt Col. Mag. Ntshaykolo Esosa Masele Jean Paulin, 1er Président ;
2. Col. Dunia Kashindi Fabien, Juge Assesseur ;
3. Col. Ndiba Bulangiti Matthieu, Juge Assesseur ;
4. Col. Busoki Wa Karaku, Juge Assesseur ;
5. Com. Sup. Ppl Ngumbi Kulinga, Juge Assesseur ;
6. Gén. Maj. Mokunto Kiyana Tim, 1er AGF, Ministère Public ;
7. Maj. Madoli Nzoki Guy Martin, Greffier.

En cause : l'auditeur militaire supérieur Près la cour militaire opérationnelle du Nord-Kivu, Ministère Public et parties civiles.

Contre :

- Colonel Lusenge Muhindo David ;
- Monsieur Nyakalwa Mbakale Etienne ;
- Monsieur Adrien Muhumuza (en fuite) ;
- Monsieur Thomas Salongo (en fuite).

Prévenus de :

- Détention illégale d'armes ou des munitions de guerre ;
- Association des malfaiteurs ;
- Violation de consigne.

La cause est appelée à 13 heures 06 minutes.

A l'appel de la cause, les prévenus cités ci-haut comparaissent en personne et assistés par leurs conseils : David Wambale pour le Colonel Lusenge ; Me Nathan Tagirabo et le Défenseur Militaire Kiwunga pour Nyakalwa Mbakale.

Remise contradictoire mardi 07 mars 2017.

Audience publique du 7 mars 2017

RP N° 0163/2017
RMP N° 0742/KNG/2016
En chambre foraine à laquelle siègent :

1. Lt Col. Mag. Ntshaykolo Esosa Masele Jean Paulin, 1er Président ;
2. Maj. Mag. Kabondo Pibwe Serge, Coneiller ;
3. Col. Ndiba Bulangiti Matthieu, Juge Assesseur ;
4. Lt Col. Tuve Simisi Serge, Juge Assesseur ;
5. Lt Col. Mpoy Teddy Léonard, Juge Assesseur ;
6. Gén. Maj. Mokunto Kiyana Tim, 1er AGF, Ministère Public ;
7. Maj. Madoli Nzoki Guy Martin, Greffier.

En cause : l'auditeur militaire supérieur Près la cour militaire opérationnelle du Nord-Kivu, Ministère Public et parties civiles.
Contre :

- Colonel Lusenge Muhindo David ;
- Monsieur Nyakalwa Mbakale Etienne ;
- Monsieur Adrien Muhumuza (en fuite) ;
- Monsieur Thomas Salongo (en fuite).

Prévenus de :

- Détention illégale d'armes ou des munitions de guerre ;
- Association des malfaiteurs ;
- Violation de consigne.

La cause est appelée à 16 heures 44 minutes.
A l'appel de la cause, les prévenus cités ci-haut comparaissent en personne et assistés par leurs conseils : David Wambale pour le Colonel Lusenge ; Me Nathan Tagirabo et le Défenseur Militaire Kiwunga pour Nyakalwa Mbakale.
Remise contradictoire mardi, le 14 mars 2017.

Audience publique du 14 mars 2017

RP N° 0163/2017
RMP N° 0742/KNG/2016
En chambre foraine à laquelle siègent :

1. Lt Col. Mag. Ntshaykolo Esosa Masele Jean Paulin, 1er Président ;
2. Col. Dunia Kashindi Fabien, Juge Assesseur ;
3. Col. Ndiba Bulangiti Matthieu, Juge Assesseur ;
4. Col. Busoki Wa Karaku, Juge Assesseur ;
5. Com. Sup. Ppl Ngumbi Kulinga, Juge Assesseur ;
6. Gén. Maj. Mokunto Kiyana Tim, 1er AGF, Ministère Public ;
7. Maj. Madoli Nzoki Guy Martin, Greffier.

En cause : l'auditeur militaire supérieur Près la cour militaire opérationnelle du Nord-Kivu, Ministère Public et parties civiles.

Contre :

- Colonel Lusenge Muhindo David ;
- Monsieur Nyakalwa Mbakale Etienne ;
- Monsieur Adrien Muhumuza (en fuite) ;
- Monsieur Thomas Salongo (en fuite).

Prévenus de :

- Détention illégale d'armes ou des munitions de guerre ;
- Association des malfaiteurs
- Violation de consigne.

La cause est appelée à 14 heures 10 minutes.

A l'appel de la cause, les prévenus cités ci-haut comparaissent en personne et assistés par leurs conseils : David Wambale pour le Colonel Lusenge ; Me Nathan Tagirabo et le Défenseur Militaire Kiwunga pour Nyakalwa Mbakale.

Remise contradictoire jeudi 16 mars 2017.

Audience publique du 16 mars 2017

RP N° 0163/2017

RMP N° 0742/KNG/2016

En chambre foraine à laquelle siègent :

1. Lt Col. Mag. Ntshaykolo Esosa Masele Jean Paulin, 1er Président ;
2. Col. Omeonga Taunya José, Juge Assesseur ;
3. Col. Ndiba Bulangiti Matthieu, Juge Assesseur ;
4. Col. Busoki Wa Karaku, Juge Assesseur ;
5. Com. Sup. Ppl Ngumbi Kulinga, Juge Assesseur ;
6. Gén. Maj. Mokunto Kiyana Tim, 1er AGF, Ministère Public ;
7. Maj. Madoli Nzoki Guy Martin, Greffier.

En cause : l'auditeur militaire supérieur Près la cour militaire opérationnelle du Nord-Kivu, Ministère Public et parties civiles.

Contre : Colonel Lusenge Muhindo David et Consorts

Prévenus de :

- Détention illégale d'armes ou des munitions de guerre ;
- Association des malfaiteurs ;
- Violation de consigne.

La cause est appelée à 16 heures 20 minutes.

A l'appel de la cause, les prévenus cités ci-haut comparaissent en personne et assistés par leurs conseils.

Remise contradictoire vendredi 17 mars 2017.

Audience publique du 20 mars 2017

RP N° 0163/2017

RMP N° 0742/KNG/2016

En chambre foraine à laquelle siègent :

1. Lt Col. Mag. Ntshaykolo Esosa Masele Jean Paulin, 1er Président ;
2. Col. Omeonga Taunya José, Juge Assesseur ;
3. Col. Ndiba Bulangiti Matthieu, Juge Assesseur ;
4. Col. Busoki Wa Karaku, Juge Assesseur ;
5. Com. Sup. Ppl Ngumbi Kulinga, Juge Assesseur ;
6. Gén. Maj. Mokunto Kiyana Tim, 1er AGF, Ministère Public ;
7. Maj. Madoli Nzoki Guy Martin, Greffier.

En cause : l'auditeur militaire supérieur Près la cour militaire opérationnelle du Nord-Kivu, Ministère Public et parties civiles.

Contre : Colonel Lusenge Muhindo David et Consorts

Prévenus de :

- Détention illégale d'armes ou des munitions de guerre ;
- Association des malfaiteurs ;
- Violation de consigne.

La cause est appelée à … heures … minutes.

A l'appel de la cause, les prévenus cités ci-haut comparaissent en personne et assistés par leurs conseils :

Faute de temps, remise contradictoire mardi 21 mars 2017.

Audience publique du 21 mars 2017

RP N° 0163/2017

RMP N° 0742/KNG/2016

En chambre foraine à laquelle siègent :

1. Lt Col. Mag. Ntshaykolo Esosa Masele Jean Paulin, 1er Président ;
2. Col. Dunia Kashindi Fabien, Juge Assesseur ;
3. Col. Ndiba Bulangiti Matthieu, Juge Assesseur ;
4. Col. Busoki Wa Karaku, Juge Assesseur ;
5. Com. Sup. Ppl Ngumbi Kulinga, Juge Assesseur ;
6. Gén. Maj. Mokunto Kiyana Tim, 1er AGF, Ministère Public ;
7. Maj. Madoli Nzoki Guy Martin, Greffier.

En cause : l'auditeur militaire supérieur Près la cour militaire opérationnelle du Nord-Kivu, Ministère Public et parties civiles.

Contre : Colonel Lusenge Muhindo David et Consorts

Prévenus de :

- Détention illégale d'armes ou des munitions de guerre ;
- Association des malfaiteurs ;
- Violation de consigne.

La cause est appelée à 13 heures 45 minutes.

A l'appel de la cause, les prévenus cités ci-haut comparaissent en personne et assistés par leurs conseils : Me Charles Muleso pour le Colonel Lusenge ; Me Nathan Tagirabo et le Défenseur Militaire Kiwunga pour Nyakalwa Mbakale. Les parties civiles sont représentées par leurs conseils habituels.

Comparait Ngayalwa Bankale Etienne :
Q. Monsieur Ngayalwa, connaissez-vous Thomas Salongo ?
R. Oui.
Q. Comment était-il ?
R. Il était plus élancé qu'Adrien.
Q. Quand avez-vous su qu'il avait des armes chez vous ?
R. Je l'ai connu le jour où Adrien est venu avec les FARDC pour les récupérer.
Q. Avez-vous été auditionné devant l'OPJ ?
R. J'étais intimidé devant les FARDC.
Q. 1300$, avez-vous déclaré ça ?
R. Oui, on ne sait pas prononcer cela en kiswahili.
Q. 50.000 shelling?
R. Oui.
Q. Vingt dollars?
R. Je l'ai déclaré.
Q. Quand vous avez dit que vous avez arrêté le Colonel Lusenge, est-ce vrai ou faux ?
R. C'est vrai.
Q. Vous avez fui Ndama à un certain moment ?
R. C'est vrai.
Le Ministère Public donne lecture du PV de Nkayalua.
Défense : Notre client était en fuite. Il reçoit l'appel de Thomas Salongo. Il a parlé des biens cachés par celui-ci.
Ministère Public : Comment l'OPJ allait savoir l'arrestation de l'ANR ?
Q. Chez le Magistrat, avez-vous dénoncé les difficultés trouvées chez l'OPJ ?
R. Non.
Q. Léandre, quand on a ouvert le sac, qu'est-ce qui était dedans ?
R. Six armes et une lance-roquette.
Ministère Public : Il n'y avait pas de lance-roquette, mais plutôt de bombe castor.
Q. Mutokambali, avez-vous restitué les armes ?
R. Oui, Léandre et moi.
Q. Léandre ?
R. Quand nous sommes sortis de la rivière Semuliki, il y avait une moto sur laquelle nous avons entassé des colis. La moto ne roulait pas bien. J'ai demandé à Mutokambali de les déposer chez son propriétaire.
Q. La lance-roquette était-elle dans le colis ?
R. Oui.
Ministère Public : Nous avons retrouvé des bombes chez le chef de Ndama et la lance-roquette. Nous avons parlé de trois armes. Mbunguma dit que les trois armes étaient venues de Semuliki. Jean-Marie dit que c'étaient des armes pour combattre les garde-parcs.
Q. Léandre, avez-vous fait rapport au chef Mbunguma ?
R. Oui.

Q. Mbunguma, avez-vous reçu le rapport ?
R. Oui, Léandre m'avait parlé de six armes de Semuliki.
Q. Y avait-il des armes qui manquaient dans le colis ?
R. Il y avait trois armes qui manquaient.
Q. Jean Marie, qu'est-ce qui est arrivé avant, le colis ou les trois armes ?
R. Les trois armes sont arrivées avant le colis.
Q. Shahetera, étiez-vous présent lorsqu'on a ouvert le colis ? Il y avait combien d'armes ?
R. Il y avait six armes ; je ne sais pas s'il y avait autre chose.
Q. Mbunguma, Janvier- Mars 2013, vous vous êtes vu avec Adrien combien de fois ?
R. Je n'ai pas de précision.
Ministère Public : Adrien est à la Monusco –Goma. Qui s'est rendu à la Monusco ? Est-ce un officier ADF ? Monsieur Mbunguma est-il avec le commandant-secteur ou est-il alors avec les officiers ADF ?
Q. Colonel Lusenge, quand étiez-vous dans la forêt de Watalinga ?
R. Juillet, août, septembre 2013.
Q. Le Ministère Public demande au Colonel Lusenge s'il reconnait quelqu'un qui était avec lui dans le même avion pour Goma ?
R. Je reconnais quelqu'un qui m'a accompagné.
Nkayalua : au mois de juillet, il y avait eu guerre au village. Personne n'était là. Il était chez moi au mois de janvier jusqu'au mois de mars. C'est après le dialogue social que je l'ai amené devant les autorités.
Q. Colonel Lusenge, votre réaction ?
R. Je vais vérifier sur mes documents.
Ministère Public : Le Colonel Lusenge est directeur des opérations. Il ne peut pas oublier la date où il est allé à Goma en sortant de la brousse. Le Colonel sait pourquoi il ne veut pas être à Ndama à cette période.
Q. Colonel, qui est Adrien ?
R. C'est un Ougandais, élément de l'UPDF.
Q. Nkayalua, qui est Adrien ?
R. Il est Congolais comme il me l'avait dit.
Q. Shahetera ?
R. Avec leur kiswahili, il est Ougandais.
Q. Chef Mbunguma, le kiswahili d'Adrien était de quel type ?
R. Il parlait le vrai kiswahili. Il se présentait comme officier congolais et Kakolele l'a présenté comme officier des FARDC.
Ministère Public : Nous allons vérifier s'il s'agit du même Adrien. Il s'appelle Muhumuza.
Q. Colonel Lusenge, l'autre nom d'Adrien ?
R. Muhumuza.
Q. Adrien était de quelle armée ?
R. UPDF, il portait la tenue de cette armée.
Q. Colonel Lusenge, quand êtes-vous allé en Ouganda ?

R. Je vais consulter mes documents.
Le Ministère Public voulait connaitre le mouvement du Colonel Lusenge en mars 2013.
Q. Chef de Ndama, quand avez-vous vu Adrien chez vous ?
R. Au mois de février.
Q. Quand avez-vous amené le Colonel David chez le chef Bamukoka ?
R. Fin mars 2013, Colonel David est venu chez moi comme cultivateur originaire de Butembo. Même chose pour Adrien avec une carte d'électeur, où c'est mentionné originaire de Bafuasende ; Thomas Salongo, originaire de Mambasa.
Q. Où avez-vous trouvé la carte d'électeur ?
R. C'est Adrien qui avait fait ça au niveau de Kampala : on m'a pris en photo pour la fabriquer.
Ministère Public : Mwami Bamukoka nous a dit que le Colonel Lusenge est parti en Ouganda.
Q. Colonel, comment avez-vous reçu cette carte ?
R. Quand j'ai quitté Dungu, je me suis présenté devant le chef sans présenter la carte. Quand on m'a présenté le champ pour cultiver, les éléments de l'UPDF nous ont arrêtés avec les deux joueurs. On a libéré les joueurs et j'étais amené en Ouganda pour vérifier mon statut. Quand ils ont reconnu que je suis élément FARDC, ils m'ont fait retourner au Congo.
Q. Nkayalua ?
R. C'est bien lui qui a présenté Adrien et Thomas comme ses travailleurs. Quand quelqu'un arrive au village, la première chose est de prendre son identité.
Q. Qu'en dites-vous, pour l'identité ?
R. Quand Adrien est venu, il s'est présenté chez le chef. La carte était faite avec le nom de John Bwambale.
Q. Quand est-ce que les deux gens sont venus ?
R. Ces gens sont venus après. Quand il avait déjà trouvé le champ à cultiver, le Colonel est venu avec une personne qu'il appelait beau-frère Kendia.
Q. Quand est-ce que les deux autres gens sont venus ?
R. Après un mois ; au mois de février.
Q. Avez-vous reçu les deux émissaires de Kavawaseli ?
R. Oui, les deux éléments nous ont trouvés au champ.
Q. Vous rappelez-vous que Thomas était chasseur ?
R. Oui.
Q. Les deux éléments qui travaillaient avec le Colonel, sont-ils réellement arrivés au mois de février ?
R. Oui, ils étaient avec lui jusqu'au mois de mars. Quand j'ai amené le Colonel chez le chef, ils ne m'ont pas dit là où ils sont partis.
Q. Ndama-Beni, combien de temps ?
R. A pieds, deux jours ; par moto un jour.

Ministère Public : Il est possible pendant la même période qu'Adrien puisse être aperçu à Ndama et à Beni.
Q. Est-ce qu'il arrivait qu'Adrien ne se fasse pas voir ?
R. Ils étaient tous au nombre de cinq, des spécialistes pour ouvrir le coffre. Je suis resté avec eux quarre jours et le cinquième, je suis parti chez le chef Bamukoka.
Q. Vous souvenez-vous d'un patron qui était resté en Ouganda ?
R. Oui.
Q. Il fallait qu'il vous ravitaille en logistique ?
R. Adrien a dit qu'il reste deux jours pour aller se voir avec le patron. Ils nous ont suivi après avec Thomas. Je suis venu avec les trois personnes.
Q. Est-ce qu'Adrien vous laissait sortir ?
R. Il arrivait qu'Adrien aille chez une femme. Nous étions partis chez Muganda à trois : Adrien, Thomas et moi.
Ministère Public : Le colis de bombes nous rappelle les bombes de castor. Il est possible qu'Adrien se trouve à Ndama et au même moment avec le chef Mbunguma.
Parties civiles : Est-ce que ces gens-là ne sont pas les mêmes gens qui ont enlevé les prêtres et ces mêmes gens qui ont amené la nouvelle au chef Nkayalua ?
Q. Colonel Lusenge, vous souvenez-vous avoir comparu devant le MP le 6 avril 2015 ?
R. Oui.
Q. A la question de savoir qui sont Thomas et Muhumuza, votre réponse était laquelle ?
R. Ce sont des braconniers.
Q. Adrien est-il aussi braconnier ?
R. Oui.
Q. Etes-vous allé chez Adrien à Kampala ?
R. Oui.
Q. Pourquoi n'avez-vous pas parlé d'Adrien comme Major UPDF ?
R. Ce n'était qu'une partie de la réponse.
Les deux autres jonctions sont remises à une date ultérieure qui sera communiquée à toutes les parties. Jonction RP N°0163/017 et RP N° 0157/017.

Audience publique du 4 avril 2017

RP N° 0163/2017
RMP N° 0742/KNG/2016
En chambre foraine à laquelle siègent :

1. Lt Col. Mag. Ntshaykolo Esosa Masele Jean Paulin, 1er Président ;
2. Col. Omeonga Taunya José, Juge Assesseur ;
3. Col. Ndiba Bulangiti Matthieu, Juge Assesseur ;

4. Col. Busoki Wa Karaku, Juge Assesseur ;
5. Com. Sup. Ppl Ngumbi Kulinga, Juge Assesseur ;
6. Gén. Maj. Mokunto Kiyana Tim, 1er AGF, Ministère Public ;
7. Maj. Madoli Nzoki Guy Martin, Greffier.

En cause : l'auditeur militaire supérieur Près la cour militaire opérationnelle du Nord-Kivu, Ministère Public et parties civiles.

Contre :

- Colonel Lusenge Muhindo David ;
- Monsieur Mbunguma Kitobi André ;
- Monsieur Saambili Bamukoka.

Prévenus de :

- Association des malfaiteurs ;
- Détention illégale d'armes ou des munitions de guerre ;
- Crime contre l'humanité ;
- Violation de consigne.

La cause est appelée à 11 heures 40 minutes.

A l'appel de la cause, les prévenus cités ci-haut comparaissent en personne et assistés par leurs conseils : David Wambale pour le Colonel Lusenge ; Me Déo Shota pour Mwami Bulembo ; Me John Mughisa pour Saambili Bamukoka et Mbunguma ; Me Kasereka Sikira pour Bakola Mutela ; Me Blanchard Mbiya pour Kasereka Balabala et Mbunguma Kitobi ; Me David Wambale et le Défenseur Militaire agréé pour le reste de prévenus non assistés. Me Kaniki et Me Jonathan pour les parties civiles.

Comparait le Colonel Lusenge Muhindo David :

Ministère Public : C'est très honteux pour le Colonel Lusenge de tout ce qu'il dit comme mensonge. Le MP dépose un article de la Radio Okapi du lundi 15 avril 2013 et modifié le samedi. Le MP donne lecture de l'intégralité de cet article : « Au moment où Adrien est aperçu à Beni avec Léandre et Mutokambali, le Colonel Lusenge se trouve à Ndama ; et au moment où les prêtres sont enlevés, le Colonel Lusenge se trouve chez le chef de Ndama ». Voilà l'observation du Ministère Public. Le MP va revenir sur lui tout à l'heure.

Q. Colonel Lusenge, votre réaction après la lecture de l'article de la Radio Okapi par le MP ?

R. Sincèrement, quand je suis arrivé à Goma, le Gouverneur m'a demandé d'être interviewvé par les journalistes de plusieurs presses. Il faut vérifier la date sincèrement. Ce n'est pas cette date du 27 octobre 2013.

Q. Etes-vous parti dans le même avion avec Maitre Kavota ?

R. Oui.

Q. Comment Maitre Kavota est arrivé au mois d'avril 2013 ?

R. Que Maitre Kavota vérifie bien la date.

Q. Combien de fois avez-vous voyagé avec Maître Kavota ?

R. Une fois.

Q. Dans quelle circonstance ?
R. Au sujet de ce dont nous parlons ici.
Q. Est-ce après le dialogue social que vous avez voyagé avec Maitre Kavota ?
R. Dialogue social au mois de mars, le mois d'octobre c'est après.
Q. C'était à bord de quel avion ?
R. J'ai oublié l'avion en question.
R. Parmi les journalistes, y avait-il aussi ceux de la Radio Okapi ?
R. Oui.
Q. Après le dialogue social, Nkayalua est rentré chez lui. Vous vous êtes présenté comme David Lusenge et non comme John Bwambale, qu'en dites-vous ?
R. Mwami est venu me demander le 10% du champ. Je lui ai demandé de patienter pendant deux jours. Je lui ai demandé d'aller chez Mwami Bamukoka pour en parler. Aussitôt arrivé, j'ai informé le chef de l'intention de ces gens qui étaient avec moi ; j'ai également exprimé à Mwami Bamukoka mon intention de partir, et il m'a demandé de partir. Il y avait un motard qui cherchait des passagers pour aller à Beni. Je lui ai donné 4000 FC, nous sommes allés avec le motard. Chef Bankale croyait qu'on allait en parler alors que je venais de partir pour toujours.
Q. Où avez-vous laissé Adrien ?
R. Je les ai laissés au champ.
Q. Pourquoi n'avez-vous pas dit au chef Bamukoka ?
R. J'ai dit au chef Bamukoka avant de partir.
Q. Etes-vous sorti suite à la sensibilisation du chef après le dialogue social ?
R. C'était au mois d'octobre que j'ai quitté là-bas.
Q. Pourquoi êtes-vous parti voir le Gouverneur ?
R. J'allais voir le Général Bahuma pour le problème de transport et c'est le Gouverneur qui a envoyé ce moyen de transport. Je suis passé chez lui avant d'aller à Bweremana.
Q. Chez Mwami Bamukoka, avez-vous communiqué avec le Gouverneur au téléphone ?
R. Non.
Comparait Bamukoka :
Le Ministère Public veut que comparaisse monsieur Okapi comme renseignant.
Q. Chez les ADF, avez-vous entendu le nom de Mwami Bamukoka.
R. Oui, il avait fait entrer les Ougandais chez lui pour des réunions.
Q. Avez-vous entendu qu'il travaillait avec les ADF ?
R. On avait dit que Mwami a changé de camp pour travailler avec les Ougandais.
Q. Auparavant, travaillait-il avec les ADF ?
R. C'est lui qui a changé de camp, il travaillait avec les ADF.
Q. Votre réaction, Mwami Bamukoka ?
R. Je ne les connais pas. Tout ce qu'il dit c'est faux.

Q. Quelle est la période exacte au courant de laquelle Mwami Bamukoka s'est converti pour les Ougandais ?
R. J'ai connu Bamukoka ici. J'ai entendu son nom quand les ADF sont allés faire la vengeance chez lui ; et on avait tué le chef de Groupement, Nelson, qui avait bouffé leur argent.
Q. Bamukoka, votre réaction ?
R. C'est le 11 juillet 2013 que cette attaque a eu lieu. On avait attaqué le chef de groupement et sa famille. On avait aussi attaqué le commandant de la police et le chef de l'ANR ; le chef Kwambuka Balebula Nelson, c'est le chef de Groupement en question.
Défense : Le premier renseignant dit : au plus tard qui nous a rejoint ; le second dit : au plus tard qui nous a abandonné. Voilà cette contradiction pour Bamukoka.
Q. Le Colonel Lusenge est arrivé chez vous avec le chef de Ndama, il a parlé avec vous, vous l'avez encouragé de partir en lui offrant deux bières, qu'en dites-vous, Bamukoka ?
R. Après le dialogue social, nous avons reçu le coup de fil de la population de Ndama qui a vu un groupe de gens en route. Arrivé à Kahondo, ils cherchaient la moto. Les motards les ont transportés pour les amener vers nos services de sécurité, tous confondus, les ayant arrêtés. Il y avait le Colonel Muhumuza, le Capitaine Moses Thomas, le Lieutenant Eric Richard, Monsieur Samo, Monsieur Chay et Monsieur Kakule qui ont été mis à la disposition des FARDC sous commandement du Capitaine Lwamba. Ils étaient venus de Ndama avec le Colonel Lusenge. J'ai appelé le chef de Ndama pour lui demander de chercher le Colonel Lusenge. Je lui ai décrit le Colonel. Le chef du village nous l'avait amené sain et sauf.
Ministère Public : La date d'arrivée du Colonel Lusenge pour le fait qui ne concerne que lui. Nous souhaitons que les questions qu'on pose au Mwami Bamukoka ne soient que sur les faits qui ne concernent que lui. Winie a quitté en novembre 2010 ; Okapi nous a raconté l'attaque de 2013. Le MP demande la comparution de monsieur Jofrin Ali, le grand renseignant de l'organe de la loi.
Comparait Jofrin Ali, né à Katwe, District de Kampala en 1997 ; Nationalité : ougandaise (Renseignant).
Q. Comment avez-vous adhéré au mouvement ADF ?
R. J'étais chez nous, en train de regarder la télévision. Un garçon est venu me dire que mon oncle m'a appelé pour aller étudier à Nairobi. Je l'ai suivi, nous sommes arrivés au Rwanda, puis au Congo à Goma. Il m'a dit que nous allons au Kenya. Nous sommes entrés dans une voiture ; il m'a dit que nous allons à l'aéroport pour prendre l'avion. Arrivé en brousse, la voiture s'est arrêtée. Les gens sont sortis de la brousse et ils nous ont récupérés. J'ai trouvé d'autres gens qui étaient assis. Nous avons commencé la route ; après un jour, nous sommes arrivés à Madina. Nous sommes entrés dans une maison où on nous a identifiés. Après un jour, on nous a amenés à la parade. On a commencé à

nous mettre au courant du service intérieur. J'ai créé la camaraderie avec les gens avec qui nous sommes venus. Je leur ai raconté comment je suis arrivé là-bas. On m'avait arrêté. J'ai fait sept mois avant de reprendre la vie normale.
Q. Avez-vous fait la formation militaire ?
R. Oui, vouloir ou pas, on vous la faisait subir.
Q. Comment êtes-vous arrivé chez les FARDC ?
R. Je vivais tout en cherchant comment fuir. Quand les FARDC sont arrivés entre 2009 et 2010, ils étaient loin de nous. Quand l'avion a commencé à bombarder, on a créé de petits groupes.
Q. Avez-vous entendu le nom de Mwami Bamukoka ?
R. Oui, les gens disaient que les ADF coopéraient avec le Mwami Bamukoka. Un jour, le chef Feza était là. J'ai vu un homme qui est venu en tenue civile. J'ai demandé à mon ami : qui est ce monsieur ? Il m'a dit que c'est le chef Bamukoka. Il est entré chez le chef Jamil. L'enfant de Jamil me dira par après que le chef Bamukoka avait laissé 15.000$. Après trois jours, j'ai entendu que les pasteurs ont été enlevés et amenés au camp Maduadua.
Ministère Public : Voilà Mwami Bamukoka, quelques jours avant l'enlèvement des prêtres chez Jamil Mukul.
Q. En quelle date avez-vous vu Mwami Bamukoka chez les ADF ?
R. Je ne peux pas me souvenir de la date.
Q. Les pasteurs étaient de quelle église ?
R. Je n'avais pas demandé s'ils étaient de quelle église.
Q. Ils étaient amenés dans quel camp ?
R. Camp Maduadua.
Q. En quelle année avez-vous quitté la brousse ?
R. En 2014.
Q. De quelle église êtes-vous ?
R. Je suis catholique.
Q. Connaissez-vous la différence entre pasteur et prêtre ?
R. Non.
Q. Chez quel commandant ADF étiez-vous de garde ?
R. Nous étions chez Jamil Mukul.
Q. Pouvez-vous estimer le temps où vous avez vu Bamukoka chez les ADF et le temps où vous avez quitté les ADF ?
R. Je l'ai vu en 2013.
Q. C'était au début, au milieu ou à la fin de 2013 ?
R. Je ne me souviens plus.
Q. Aviez-vous l'habitude de demander l'identité de toute personne qui arrivait chez Jamil Mukul ?
R. Les gens qui arrivaient là-bas n'entraient pas chez le chef. Lui, il est entré directement chez le chef ; c'est pour cela que j'ai demandé qui est celui-là.
Q. Les pasteurs sont venus chez Jamil Mukul ou chez les ADF ?
R. Ils sont arrivés au camp Maduadua.

Q. Mwami Bamukoka avait-il laissé de l'argent sur place ou il l'avait laissé quelque part ?
R. Il l'avait déposé au bureau du chef.
Q. Connaissez-vous le camp Maduadua ?
R. Oui, je suis déjà arrivé là-bas.
Q. Où se trouve le camp Maduadua par rapport aux camps Madina et Semuliki ?
R. Si vous quittez Madina vers le camp, vous allez faire 50 minutes.
Q. Connaissez-vous la route Mbau-Kamango ?
R. Oui.
Q. Par rapport à la route Mbau-Kamango ?
R. Vous allez tourner le dos vers la route.
Q. Quelle tenue portez-vous pour distinguer celui qui est en tenue civile ?
R. Les uns sont en tenues FARDC, les autres en demi tenues : militaire et civile, tenue militaire mélangée : tâche-tâche et FARDC.
Bamukoka remercie la Cour. Depuis le matin, il y a deux personnes qui cherchent à m'impliquer dans le dossier des ADF. Depuis janvier 2013, j'étais chez moi. Le Gouvernement avait pris la mesure de me sécuriser. Après le dialogue, je suis rentré chez moi. Au mois de juillet, il y a eu attaque. Nous avons tous replié à Nobili. C'est en 2014, au mois d'avril, que les FARDC nous ont libérés. Je me demande si ce jeune ne fait pas la confusion avec une autre personne. J'ai maintenant 57 ans, si les gens voulaient faire le complot contre moi, je ne cesserai jamais d'être patriote congolais.
Q. Pourquoi seulement vous, mais pas un autre chef ?
R. Parmi tous les chefs dans le Territoire de Beni, celui qui est près des FARDC et celui qui sensibilise la population c'est le Mwami Saambili que les ADF cherchent à salir.
Ministère Public : Parmi les récits de Jofrin, il faut faire allusion aux événements plutôt qu'aux dates. Les gardes ne sont pas des surveillants. Jofrin nous dit qu'il est arrivé le matin et le soir il est parti.
Comparait Nkayalua Bankale :
Q. Combien de femmes avez-vous ?
R. Actuellement j'ai deux femmes.
Q. Auparavant, vous aviez combien de femmes ?
R. J'en avais épousées treize.
Q. Mbambu Maligula Jeannette, vous la connaissez ?
R. Oui, c'est ma femme.
Q. Etiez-vous arrêté à l'ANR ?
R. Oui, c'est le 28 septembre 2013. J'ai vu le beau-frère avec Simon. C'était pendant la guerre. J'étais à la position militaire. Ils étaient venus faire le suivi du champ du Colonel Lusenge. Le 13 novembre 2013, nous avons entendu les gens crier les Nalu, Nalu. J'ai vu le beau-frère Daniel et Simon ligotés. Ils m'ont dit qu'ils venaient voir le champ. Le 16 novembre, lorsque je me préparais d'aller voir les militaires à leur position, j'ai vu un agent de l'ANR

venir me demander l'identité de ces gens. J'ai dit que ce sont mes beaux-frères. Je croyais qu'ils sont rentrés à Beni. J'ai fait cinq jours, après on m'a amené chez un autre OPJ. J'ai été auditionné, après on m'a envoyé à l'ANR. Le 6 décembre, on m'a amené à Mambango. On avait récupéré mon téléphone. Le 7 décembre, on m'a libéré et je suis rentré chez moi.
Q. Pourquoi vous les appelez beaux-frères ?
R. Ils m'appellent beau-frère et moi je les appelle ainsi.
Q. Vous ne connaissez pas la relation entre Tedia et votre femme ?
R. Je ne connais pas.
Q. Quelle relation entre Tedia et le Colonel Lusenge ?
R. Tedia m'avait présenté le Colonel Lusenge comme son oncle.
Ministère Public : Tedia qui est venu avec le Colonel Lusenge au mois de janvier, le même Tedia est poursuivi par la clameur publique comme ADF !
Q. Depuis le début du procès, avez-vous vu votre femme ?
R. Ça fait six mois que je ne la vois plus.
Q. C'est la première fois que je vous parle du Colonel Hilaire ?
R. Non.
Ministère Public : Il ne reconnait pas le Colonel Hilaire ; il sait le pourquoi. A un certain moment, nous allons revenir sur le Colonel Hilaire.
Q. Quand vous êtes allé doter votre femme Mbambu, on vous avait présenté le Colonel Kombi Hilaire ?
R. Non.
Q. Jofrin, connaissez-vous Mwami Bulembo ?
R. Non.
Les Parties civiles constatent que les éléments ADF, qui ne se connaissent pas, parlent de l'argent autour duquel les prêtres ont été enlevés.
Q. Pourquoi après le dialogue, qu'est-ce qui fait que, un mois après, le Colonel puisse être sensibilisé ? Avez-vous su que John Wambale, c'est bien lui Colonel Lusenge ?
R. Je ne savais pas c'est bien lui le Colonel David Lusenge.
Q. Savez-vous que le Colonel Lusenge et les autres tentaient de faire la rébellion ?
R. Non, du fait qu'ils avaient leurs cartes d'identité.
Q. Après la sensibilisation, cela a pris combien de temps pour que David Lusenge soit sensibilisé ?
R. Quand il m'a dit que c'est lui David Lusenge, cela m'a pris du temps. Je l'ai amené chez mon chef. J'ai connu le Colonel Lusenge comme joueur et cultivaeur. C'était au terrain de football que le Colonel Lusenge est venu me voir et me dire que c'est bien lui Colonel Lusenge.
Q. Colonel Lusenge, votre réaction ?
R. C'est faux.
Q. Avez-vous informé le chef de Ndama de l'intention des autres gens qui étaient au champ ?
R. Non.

Q. Bamukoka, avez-vous été au courant de l'information du Colonel David Lusenge ?
R. Quand on a arrêté Muhumuza, c'est lui qui a parlé de Colonel Lusenge et j'ai appelé le chef de Ndama pour l'amener devant moi.
Q. Chef de Ndama, votre réaction ?
R. C'est faux. Après la sensibilisation, le Colonel m'a dit que c'est bien lui le Colonel Lusenge et nous sommes allés sous la pluie chez le chef Bamukoka.
Q. Bamukoka, votre réaction ?
R. Ce sont eux qui font la confusion. Les gens qu'on avait arrêtés, nous les avons mis à la disposition des FARDC. Le Chef du village dit que c'est lui qui avait amené le Colonel Lusenge et ce dernier dit qu'il est venu chez moi pour le problème de 10%, c'est faux.
La Défense soulève trois thèses :

- Sensibilisation de Mwami Nkayalua
- Bamukoka qui a demandé d'amener devant lui le Colonel Lusenge après arrestation de Muhumuza
- La bonne volonté du Colonel Lusenge qui s'est présenté devant le Mwami Bamukoka, il lui a fait part de son intention de se rendre à Goma.

Q. Où est le capitaine Lwamba, pour le moment, pour nous donner des précisions sur la date ?
R. C'est ce que je viens de dire tout à l'heure. Je ne sais pas là où il est pour le moment. Il était chez le Major Mughisa 801 Régiment.
Q. Bamukoka affirme qu'on a d'abord arrêté le colonel Muhumuza et les autres, après, le colonel Lusenge est arrivé ; avez-vous informé les services de sécurité ?
R. Le chef de Ndama et le Colonel David sont arrivés en retard. Nous avons parlé avec le colonel David. J'ai appelé le Gouverneur, il lui a aussi parlé. J'ai fait appel à un taximan-moto, le Gouverneur a dit que toutes les dispositions sont prises. Quand il est parti, nous avons appris qu'il était déjà chez le Gouverneur en avril.
Q. Colonel Lusenge, votre réaction ?
R. Je reconnais avoir reçu deux bouteilles. J'ai pris la moto moi-même pour partir à Beni.
Q. Pourquoi n'avez-vous pas parlé au chef Bamukoka du problème de 10% ?
R. Pour moi, le problème était de lui dire l'intention des gens que j'ai laissés au champ.
Q. Confirmez-vous que le chef Bamukoka vous connait personnellement ?
R. Oui, le problème de 10% c'était une ruse. Arrivé chez le Mwami, je lui ai donné la vraie version. Après mon départ, on a mis la main sur ce groupe puisqu'ils ne connaissaient pas la route.
Q. Le chef Bamukoka dit qu'après l'arrestation du groupe de Muhumuza, il vous a dénoncé. C'est comme cela qu'il a demandé au chef de Ndama de vous amener devant lui.

R. Si ces gens disaient que je suis en brousse, ils allaient envoyer les services de sécurité pour me prendre là où j'étais.
Q. Quel était votre intérêt particulier de protéger le colonel Lusenge ?
R. Les autres étaient récupérés avec les effets militaires, nous les avons mis à la disposition des FARDC. Le colonel Lusenge était en tenue civile, nous l'avons mis à la disposition du dialogue social et le Gouverneur l'avait reçu.
Défense : Le colonel David est sorti avant ce groupe et le groupe du colonel Muhumuza était arrêté après.
Mwami Bamukoka dit que, si réellement il avait eu la nouvelle, c'est faux. Je connais bien le colonel Lusenge. J'ai appelé le chef de Ndama pour lui faire part de sa présence dans son entité ; je lui ai décrit le colonel Lusenge.
Q. Colonel Lusenge, devant Mwami Bamukoka, avez-vous pris le soin de lui parler de 10% ?
R. Non.
Q. Avez-vous appris l'enlèvement des prêtres ?
R. J'ai suivi à la radio.
Q. Quand vous êtes parti en Ouganda, vous êtes revenu avec combien de personnes ?
R. Leurs noms se trouvent sur la liste qu'on avait citée ici.
Q. Quand le colonel Lusenge était chez vous pour le problème de champ, est-ce au même moment que les passants ont vu le groupe de gens parmi lesquels les autres étaient bien habillés ?
R. Les passants nous ont apporté la nouvelle, lui était dans son champ.
Q. Là où se trouvait le champ de David Lusenge et là où les passants ont vu trois personnes bien habillées dans un groupe de gens, quelle distance les sépare ?
R. C'étaient trois personnes bien habillées et douze militaires. Le champ du colonel Lusenge est au Nord, le côté de Musuku, est à l'ouest ; de mon village au champ de David, c'est 4 kilomètres et Kikingi 6 kilomètres et de là où venaient ces gens, 18 kilomètres.
Q. Quand les chasseurs sont venus vous en faire part, c'était avant ou après que le colonel Lusenge se soit présenté chez vous ?
R. Le rapport, c'était avant le dialogue et le colonel Lusenge est sorti après le dialogue.
Ministère Public : Les prévenus se contredisent eux-mêmes. Le MP va profiter de leur contradiction. Lorsque le colonel est sorti, nous lui avons accordé une amnistie. Nous ne le poursuivons pas du fait de la désertion. Nous avons voulu encourager la reddition de tous ceux qui sont en brousse. Les autres sont sortis, entre autres Kavawaseli et le colonel Kombi. Si nous revenons sur le Colonel Lusenge, c'est du fait qu'il a laissé des armes en brousse, le Colonel Lusenge, pour le MP, il n'existe pas, c'est un menteur. Le MP donne lecture du PV de confrontation du colonel Lusenge et de Mwami Bamukoka. Le Capitaine Lwamba était au 808ème régiment actuellement 3408, qui est basé au Sud-Kivu ; le capitaine Lwamba est à Zibira. Le MP rappelle au colonel Lusenge

que dans le PV de confrontation, il a accepté toutes les déclarations de Mwami Bamukoka.
Q. Est-ce que le champ du colonel Lusenge se trouve à 4 kilomètres de chez vous ?
R. Oui.
La Défense donne lecture de PV de constat, précisant qu'on avait récupéré les armes derrière la maison du chef de Ndama, à 200 mètres, dans son jardin.
Q. Confirmez-vous que ces objets dangereux étaient retrouvés dans votre jardin ?
R. Les objets étaient retrouvés à mon absence, nous étions en fuite. On pouvait même les récupérer et les amener chez moi.
Q. Dans votre résidence, y a-t-il des jardins ?
R. J'ai plutôt un champ de cacao derrière ma maison.
Q. Colonel, à qui avez-vous laissé la responsabilité de votre champ ?
R. Je n'avais rien fait. On avait coupé 10 mètres carré là où nous avons placé une paillotte.
Q. Nkayalua ?
R. Il n'avait pas cultivé, il avait installé une paillotte.
Q. Colonel Lusenge avait-il informé le chef Bamukoka qu'il avait installé une paillotte ?
R. Non.
Défense : Il n'y avait lieu qu'en partant il puisse laisser un gardien de la concession.
Ministère Public : Après le départ du colonel Lusenge, Tedia est venu vérifier la concession de ce dernier.
Remise contradictoire vendredi 7 avril 2017et mardi 11 avril 2017.

Audience publique du 11 avril 2017

RP N° 0172/2017
RMP N° 0807/KNG/2017
En chambre foraine à laquelle siègent :

1. Lt Col. Mag. Ntshaykolo Esosa Masele Jean Paulin, 1er Président ;
2. Col. Omeonga Taunya José, Juge Assesseur ;
3. Col. Ndiba Bulangiti Matthieu, Juge Assesseur ;
4. Col. Busoki Wa Karaku, Juge Assesseur ;
5. Com. Sup. Ppl Ngumbi Kulinga, Juge Assesseur ;
6. Gén. Maj. Mokunto Kiyana Tim, 1er AGF, Ministère Public ;
7. Maj. Madoli Nzoki Guy Martin, Greffier.

En cause : l'auditeur militaire supérieur Près la cour militaire opérationnelle du Nord-Kivu, Ministère Public et parties civiles.
Contre :

- Colonel Lusenge Muhindo David ;
- Monsieur Mbunguma Kitobi André ;

- Monsieur Saambili Bamukoka ;
- Monsieur Nkayalua Bankale Etienne ;
- Mwami Bulembo Ando Kanzire Pierre et Consorts.

Prévenus de :

- Association des malfaiteurs ;
- Détention illégale d'armes ou des munitions de guerre ;
- Crime contre l'humanité ;
- Violation de consigne.

La cause est appelée à 13 heures 50 minutes.

A l'appel de la cause, les prévenus cités ci-haut comparaissent en personne et assistés par leurs conseils : David Wambale pour le Colonel Lusenge ; Me John Mughisa, Me Constant Kalumendo, Me Blanchard Mbiya pour le compte de Mbunguma Kitobi André et Saambili Bamukoka; Me David Wambale, Me Charles Umomuki, Me Joël Shanyungu, Me Nathan Tagirabo et le Défenseur Militaire agréé pour le reste de prévenus non assistés. Me Kasereka Sikira pour Bakola Mutela et katembo Kapisa ; Me Blanchard Mbiya pour Kasereka Balabala alias Pharaon et Mbunguma Kitobi ; Me Kaniki Paluku, Me Jonathan Piema et Me Blaise Matokeo pour les parties civiles.

Comparait monsieur Kasereka Balabala, alias Pharaon :

Q. Que savez-vous de cette affiliation et qu'est-ce que vous avez à dire à propos de l'accusation du MP ?

R. C'est faux, vous pouvez regarder ma comparution à l'auditorat ; voyez et vérifiez bien.

Q. Vous ne reconnaissez pas avoir participé à un quelconque mouvement organisé par Mbunguma ?

R. Je ne reconnais rien.

Q. Etiez-vous dans une association composée de Kaniki et Mambeyi ?

R. Moi-même je suis capita, chef, et les deux autres, chacun avait son entité.

Q. N'étiez-vous pas informé qu'on avait saisi les vivres des ADF ?

R. je ne l'avais ni vu, ni entendu.

Q. A la question de MP, étiez-vous informé qu'on avait saisi les vivres des ADF ?

R. Votre réponse : le chef Mbunguma m'avait demandé si j'avais une place pour cacher ces vivres. Je lui avais remis une clé de la chambre pour déposer les sacs de farine et de haricot et le chef Birotso est venu fouiller la chambre et il a récupéré les armes.

Q. Votre réaction ?

R. C'était en 2009, on nous avait amené à Goma, mais cela ne concernait pas les Nalu. Les vivres n'étaient pas pour les Nalu.

Q. A qui appartenaient ces vivres ?

R. Les vivres appartenaient à Sibenda, il n'y avait pas d'armes, mais plutôt des munitions.

Q. Pourquoi avez-vous parlé de quatre armes ?

R. J'avais répondu que c'était des munitions.

Q. Pourquoi avez-vous précisé qu'il s'agit de quatre armes AKA 47 ?
R. J'avais dit que c'était des munitions ; je ne connais pas la marque des munitions. J'avais fait louer ma maison.
Q. Pourquoi l'OPJ a précisé que c'était quatre armes et munitions ?
R. Je n'avais pas vu les armes.
Q. Mbunguma n'avait pas de place chez lui pour garder ces munitions ?
R. Je ne sais pas, c'est Sibenda qui m'avait sollicité pour une place. Mbunguma est venu me dire que Sibenda me cherchait pour loger une femme.
Q. Qui vous a sollicité pour la place ?
R. C'est Mbunguma.
Q. Quand avez-vous appris les massacres dans tous ces villages ?
R. J'étais chez moi à la maison ; je ne connais pas la date ; je n'ai pas étudié.
Q. Qui vous a informé des massacres ?
R. C'est un cultivateur qui est venu m'informer ; je n'avais pas demandé son nom.
Q. Pourquoi avez-vous dit que c'est le chef Mbunguma qui vous a informé à 5 heures et qu'aujourd'hui vous changez de version ?
R. Je n'ai pas cité le nom de Mbunguma.
Q. Savez-vous devant qui avez-vous comparu à l'auditorat ?
R. Devant le major Hubert.
Q. Pour quel intérêt peut-il vous imputer ce fait ?
R. C'était terrible, on nous obligeait de parler. Il avait une arme derrière lui et nous étions entourés des militaires.
Q. A la question de savoir pourquoi les gens sont morts dans votre entité et le chef Mbunguma, qui vous a informé ?
R. J'avais répondu que cette entité n'est pas la mienne.
Le Premier Président lui donne lecture de sa réponse :
Q. Est-ce votre réponse ?
R. J'avais déclaré cela.
Q. Pourquoi avez-vous déclaré que devant le magistrat vous étiez coincé ?
R. Il avait des militaires à côté de nous avec des armes ; il n'y avait pas moyen de bouger.
Q. Etes-vous Kapita ?
R. Oui, c'est le chef Grégoire Kitobi qui m'avait donné cette portion de terre.
Q. Etiez-vous amené à Goma ?
R. Oui, mais quand Sibenda est venu, on m'a libéré.
Ministère Public : Quand Mbunguma veut cacher une chose, il s'adresse à Kasereka Balabala.
Q. Avez-vous su que Mbunguma avait tapé sur le chef Posombili ?
R. Oui.
Q. On vous avait confié une portion de terre à Nvemba ?
R. Non.
Q. Saliboko, qui vous a montré la terre à Nvemba ?

R. Quand on m'avait appelé lors de la mort de nos frères, je me suis croisé avec Muhindo qui m'avait dit que les chefs ont convoqué une réunion. Celui qui ne va pas venir, il va perdre sa portion de terre. Ce chef, c'est Balabala, sur ordre du chef Mbunguma.
Q. Balabala, votre réaction ?
R. C'est faux. Quand on m'avait appris la mort de ces gens, je voulais partir, les militaires m'ont empêché en cours de route.
Le Ministère Public donne lecture de PV de Kasereka Balabala et de l'une des victimes de Nvemba.
Q. Pourquoi avez-vous supposé que ce sont les cultivateurs de Bakola Jean Pierre qui ont commis ces massacres de Nvemba ?
R. Ils se disputaient des champs.
Le Ministère Public sollicite qu'on puisse un peu parler de l'organisation et, à cet effet, qu'on fasse appel à Olenga Jean-Marie et Mutokambali.
Comparaissent Mbula Olenga Jean-Marie et Mutokambali Sivirwa Yves :
Q. Mutokambali, quel rapport avez-vous avec Mbunguma et Jean-Marie ?
R. Mbunguma m'appelle oncle paternel cadet, Jean-Marie, mon beau-frère et mon oncle paternel.
Q. Mbunguma, votre réaction ?
R. C'est moi qui suis son oncle paternel.
Q. Mbunguma, vous appelez Jean-Marie grand-frère ?
R. Oui.
Q. Mbula Olenga Jean Marie, expliquez-nous votre organisation ?
R. Tambatamba, le grand-frère de Kima, qui est mon père, est celui à qui on a confié le pouvoir. Le chef Kima ne pouvait pas gérer la terre et la localité. Ils ont conclu que Kima gère la terre et la localité qu'on la confie à une autre personne, Kitobi Grégoire, père de Mbunguma.
Mbunguma : ce n'est pas ça, il confond les choses. Mangolikene, Nyaleke, Kasinga et Boikene sont ses quatre localités.
Q. Avant Kitobi Grégoire, y avait-il une localité ?
R. Il y avait la chefferie à l'époque de Shukulete Makatano. Notre localité était Bashu Bapakombe. Ma mère est de Mabolio.
Q. Jean Marie, la différence entre chef de localité et chef de terre ?
R. Le chef de localité est chargé de l'administration, l'entité est sous la gestion du chef terrien.
Q. Mbunguma, êtes-vous chef de localité et chef de terre ?
R. La localité a quatre notabilités ; la notabilité est administrée par le chef de terre.
Q. Jean Marie ?
R. Je suis notable de Kasinga.
Q. Est-ce que le chef de localité peut donner de terre dans votre juridiction ?
R. Non.
Q. Comment Mbunguma est plus fort que vous, Jean Marie ?

R. C'est dangereux, mon père était victime d'empoisonnement du secrétaire de chef Grégoire.
Q. Mutokambali, êtes-vous aussi dans la famille ?
R. Oui.
Q. Connaissez-vous le chef Grégoire ?
R. Oui.
Q. Qui est Jacques Apalimamba ?
R. C'est mon père propre. C'est Tambatamba qui a fait que mon père soit notable.
Q. Qui était le chef Grégoire à cette époque ?
R. Chef de localité.
Q. Est-ce que le chef Jacques Apalimamba était menacé ?
R. C'est plutôt le chef Badingi.
Ministère Public : Il y a des problèmes de terre et de succession à Mayangos.
Remise contradictoire à jeudi 13 avril 2017.

Audience publique du 13 avril 2017

RP N° 0172/2017
RMP N° 0807/KNG/2017
En chambre foraine à laquelle siègent :

1. Lt Col. Mag. Ntshaykolo Esosa Masele Jean Paulin, 1er Président ;
2. Col. Omeonga Taunya José, Juge Assesseur ;
3. Col. Ndiba Bulangiti Matthieu, Juge Assesseur ;
4. Col. Busoki Wa Karaku, Juge Assesseur ;
5. Com. Sup. Ppl Ngumbi Kulinga, Juge Assesseur ;
6. Gén. Maj. Mokunto Kiyana Tim, 1er AGF, Ministère Public ;
7. Maj. Madoli Nzoki Guy Martin, Greffier.

En cause : l'auditeur militaire supérieur Près la cour militaire opérationnelle du Nord-Kivu, Ministère Public et parties civiles.
Contre :

- Colonel Lusenge Muhindo David ;
- Monsieur Mbunguma Kitobi André ;
- Monsieur Saambili Bamukoka ;
- Monsieur Nkayalua Bankale Etienne ;
- Mwami Bulembo Ando Kanzire Pierre et Consorts.

Prévenus de :

- Association des malfaiteurs ;
- Détention illégale d'armes ou des munitions de guerre ;
- Crime contre l'humanité ;
- Violation de consigne.

La cause est appelée à 14 heures 00 minutes.
A l'appel de la cause, les prévenus cités ci-haut comparaissent en personne et assistés par leurs conseils : David Wambale pour le Colonel Lusenge ; Me

John Mughisa, Me Constant Kalumendo, pour le compte de Mbunguma Kitobi André et Saambili Bamukoka ; Me David Wambale et le Défenseur Militaire agréé pour pour le reste de prévenus non assisté. Me Kasereka Sikira pour Bakola Mutela et Katembo Kapisa ; Me Blanchard Mbiya pour Kasereka Balabala alias Pharaon et Mbunguma Kitobi ; Me Kaniki Paluku, Me Jean Marie Nsinga pour les parties civiles.

Ministère Public au prévenu Mutokambali :

Q. Est-ce que vous vous souvenez qu'avant que Grégoire ne meure, il n'avait pas rassemblé les gens ?

R. Non.

Q. Savez-vous qu'on devait choisir Mbunguma ?

R. La majorité de la famille n'était pas présente.

Q. Qui n'était pas présent ?

R. Le membre de famille de Babusiya.

Q. Est-ce que vous étiez aussi invité ?

R. Non.

Q. Pourquoi vous n'avez pas été cité, ni invité ?

R. Car je ne suis pas de leur famille.

Q. Comment vous êtes alors arrivé ?

R. Je suis allé de moi-même.

Q. Qu'est-ce que vous avez vu de mal ?

R. Le fait de créer un autre groupe.

Q. Qu'était ce groupe ?

R. J'avais vu d'autres figures des Ougandais.

Q. Qu'est-ce que vous avez fait ?

R. Nous sommes rentrés avec Léandre et Adrien.

Q. Etes-vous rentrés avec les armes ?

R. Nous les avons laissées à Semuluki.

Q. Pourquoi vous êtes encore retournés à Semuliki ?

R. Pour récupérer les armes.

Q. Où est-ce que vous avez déposé ces armes ?

R. Chez Mwami Mbunguma et aussi chez Kakolele.

Q. Vous les avez transportées à bord de quel véhicule ?

R. RAV 4 de couleur rouge.

Q. Est-ce que Léandre causait avec le Mwami Bamukoka pour se rendre avec ces gens à Watalinga ?

R. Non.

Q. Avez-vous assisté à la rencontre de Mwami Bamukoka et Léandre ?

R. Non. Ce que je sais est que Mwami Mbunguma avait envoyé Léandre en Ouganda, chez Iremangoma[30].

[30] Charles Wesley Mumbere, connu sous son titre royal Irema-Ngoma, est le roi ou Omusinga du royaume africain de Rwenzururu en Ouganda, résultat du mouvement sécessionniste Rwenzururu du peuple Bakonzo dans la région montagneuse de

Q. Aviez-vous entendu que Mwami Mbunguma allait voir Boroso ?
R. Oui, ils allaient avec Léandre chez Mwami Boroso.
Ministère Public au prévenu Saliboko :
Q. Etiez-vous au courant que Mwami Mbunguma avait arrêté quelques personnes ?
R. Oui.
Le Ministère Public dit que Saliboko est dans Mayangos.
Q. Où serait votre champ ?
R. A Kadou près de Bambiti.
Les Mayimayi, qui sont arrivés chez Saliboko, devraient aller chez Boroso. Avant les massacres, il y avait des contacts qu'ils effectuaient. Il y avait Mwami Boroso et Mwami Mbunguma qui collaboraient, aussi y avait-il des contacts avec le Mwami Bamukoka.
Avocat Défense au prévenu Mutokambali Yves :
Q. Avant d'être chez vous, vous habitiez où ?
R. Je restais chez Mbunguma.
Q. Lorsque vous êtes retournés après avoir suspecté ces gens-là à Semuliki, où êtes-vous retournés ?
R. Chez Mwami Mbunguma.
Défense Militaire au prévenu Mutokambali Yves :
Q. Pouvez-vous vous souvenir des personnes qui étaient présentes lorsque Mwami Mbunguma et Boroso étaient en contact ?
R. Le prévenu refuse de citer les noms de gens. Ce que je peux dire est que moi-même j'étais présent.
Q. A quel moment vous vous êtes rendu à la rivière Semuluki lorsque Mbunguma vous a envoyé ?
R. Je ne sais plus.
Défense à Léandre :
Q. C'était à quelle date que vous vous êtes rendus à Semuliki ?
R. C'était au mois de mars 2016.
Q. Est-ce vous qui avez dit à Mutokambali qu'Adrien s'est rendu à Watalinga ?
R. C'est faux, il ment.
Défense à Mutokambali :
Q. Quelle est votre réaction ?
R. Je vois que nous sommes en train de nous confondre.
Léandre : J'avais parlé l'autre fois par devant la Cour qu'après notre retour à Semuliki, nous ne sommes rentrés qu'à deux avec Mutokambali. Adrien n'était pas là.

---

l'ouest de l'Ouganda. Cette tribu est proche de celle des Banande de l'est de la RDC vivant autour du Ruwenzori. Pour plus de détails sur le royaume du Ruwenzori, lire Jaribu Muliwavyo, *La guerre des ADF dans le Ruwenzori. Entre xylocopeisation et privatisation du territoire*, EUE, Beau Bassin, 2018, pp.66 – 159.

Premier Président à Léandre :
Q. Est-ce qu'Adrien n'était pas passé par Watalinga ?
R. Nous les avons chassés.
Q. Pourquoi l'avez-vous fait retourner ?
R. Moi je le voyais comme un commandant FARDC.
Q. Comment avez-vous su qu'il était un officier FARDC ?
R. Selon moi, Adrien s'est présenté comme étant un officier FARDC envoyé par Mbunguma. Pour la deuxième fois, il s'est présenté au niveau du rond-point avec une jeep des FARDC, en tenue tâche-tâche avec des galons de colonel et l'autre colonel, qui était aussi à bord de la jeep, originaire du Sud-Kivu, avec des militaires qui les gardaient. C'est ainsi que je les ai considérés comme militaires.
Avocat Défense de Mbunguma à Yves et Léandre :
Q. Quand est-ce que vous aviez vu Mutokambali pour la dernière fois ?
R. A Semuliki.
La même question à Mutokambali :
Q. Quand aviez-vous vu Mutokambali pour la dernière fois ?
R. Depuis Semuliki, nous ne nous sommes plus vus. C'est après deux mois que je l'ai encore vu chez Mbunguma.
Premier Président au prévenu Léandre :
Q. Pourquoi vous étiez arrêtés ensemble avec Adrien ?
R. Nous n'étions pas arrêtés ensemble.
Défense à Léandre :
Q. Avant d'être à Semuliki, aviez-vous vu Adrien ?
R. Non.
Défense à Mutokambali :
Q. Avant d'être vu à la descente de Semuliki, aviez-vous vu Adrien ?
R. Non.
Défense à Léandre :
Q. Alors, après votre descente de Semuliki, vous vous êtes vu avec Léandre ?
R. J'avais déjà dit par devant la Cour que j'avais vu Adrien partir à la pêche, mais une pêche sans filet, mais avec une arme.
Premier Président à Mutokambali :
Q. Confirmez-vous que ces armes, que vous avez récupérées à Semuliki, vous les avez remises à Mbunguma et les acheminées chez Kakolele ?
R. Oui.
Premier Président à Léandre :
Q. Confirmez-vous que ces armes, que vous avez récupérées à Semuliki, vous les avez remises à Mbunguma et il les acheminées chez Kakolele ?
R. A cette question, c'est Mutokambali qui peut vous répondre, car c'est lui qui les avait accompagnés.
Défense Me David à Léandre :
Q. Lorsque vous avez terminé la mission de Semuliki, aviez-vous eu peur ? Pourquoi n'aviez-vous plus rencontré Adrien ?

R. Je vous ai dit que Mutokambali n'avait pas eu peur jusqu'à la fin.
Avocat Défense du prévenu, Me David, sollicite la comparution du Major Mangban.
Défense Partie Civile à Léandre :
Q. Où est-ce que Mbunguma vous a présenté Adrien ?
R. A Boikene.
Premier Président au Colonel Lusenge :
Q. Pouvez-vous décrire monsieur Muhumuza Adrien ?
R. Il est élancé.
Ministère Public : Selon le Ministère Public, il connait personnellement Adrien Muhumuza avec certitude. Le Ministère public voulait tout simplement faire savoir à Léandre qu'il ne peut pas faire une confusion avec Adrien pour ce qu'ils avaient vu chez Mbunguma et à Semuliki.
Défense de Mbunguma à Léandre :
Q. Dans quelle circoncstance vous vous êtes séparés avec le colonel Adrien ?
R. C'est lorsque nous étions au niveau de l'auditorat.
Q. Combien d'Adrien avez-vous connu à cette époque-là ?
R. Il n'y a qu'un seul.
Q. Comment était-il entré en possession de votre numéro ?
R. Nous restions ensemble avec lui, il ne pouvait qu'avoir mon numéro.
Défense de Bamukoka à Léandre :
Q. Avant d'arrêter les gens qui étaient à Watalinga, est-ce que Mwami était au courant ?
R. Non.
La cause est renvoyée au 14 avril 2017.

Audience publique du 2 mai 2017

RP N° 0172/2017
RMP N° 0807/KNG/2017
En chambre foraine à laquelle siègent :

1. Lt Col. Mag. Ntshaykolo Esosa Masele Jean Paulin, 1er Président ;
2. Col. Omeonga Taunya José, Juge Assesseur ;
3. Col. Ndiba Bulangiti Matthieu, Juge Assesseur ;
4. Col. Busoki Wa Karaku, Juge Assesseur ;
5. Com. Sup. Ppl Ngumbi Kulinga, Juge Assesseur ;
6. Gén. Maj. Mokunto Kiyana Tim, 1er AGF, Ministère Public ;
7. Maj. Madoli Nzoki Guy Martin, Greffier.

En cause : l'auditeur militaire supérieur Près la cour militaire opérationnelle du Nord-Kivu, Ministère Public et parties civiles.
Contre :

- Colonel Lusenge Muhindo David ;
- Monsieur Mbunguma Kitobi André ;
- Monsieur Saambili Bamukoka ;

- Mwami Bulembo Ando Kanzire Pierre ;
- Monsieur Nkayalua Bankale Etienne, alias Munganda, et Consorts

Prévenus de :

- Association des malfaiteurs ;
- Détention illégale d'armes ou des munitions de guerre ;
- Crime contre l'humanité par meurtre, déportation ou enlèvement ;
- Violation de consigne.

La cause est appelée à 14 heures 00 minutes.

A l'appel de la cause, les prévenus cités ci-haut comparaissent en personne et assistés par leurs conseils : David Wambale pour le Colonel Lusenge ; Me John Mughisa, Me Constant Kalumendo, pour le compte de Mbunguma Kitobi André et Saambili Bamukoka ; Me Blanchard Mbiya pour Kasereka Balabala alias Pharaon et Mbunguma Kitobi ; Me David Wambale, me Nathan Tagirabo et le Défenseur Militaire agréé pour le reste de prévenus non assistés. Me Déo Shoto pour Mwami Bulembo ; Me Kaniki Paluku pour les parties civiles.

Comparait Monsieur l'Administrateur du Territoire de Beni :

Q. Est-ce que le pouvoir de Bamukoka est contesté quelque part ?

R. Oui, par une seule personne.

Q. Mwami Bamukoka, qu'en dites-vous ?

R. Le pouvoir est contesté, mais je ne sais pas celui qui le conteste.

Comparait monsieur Mowa Rangi Ndangano Matthieu, né à Usena, le 22 décembre 1956, Marié à Kavira Kasika Jeannette et père de sept enfants, Profession : sans emploi ; D6 ; Domicilié à Mabalako (Renseignant).

Q. Pourquoi vous dites que vous êtes disigné chef de Watalinga ?

R. Mon grand-père Mowa, qui était le chef de Watalinga avait arrêté le policier et lui aussi avait été arrêté et il est mort. On a nommé le premier chef qui, lui aussi était arrêté et mort. On a désigné le deuxième qui est aussi mort. On a désigné Katombi qui était jeune et par la suite, on a désigné Saambili I, Saambili II et lui, il est Saambili III.

Q. Où est né Saambili Bamukoka ?

R. On avait chassé la maman de Bamukoka qui avait commis l'adultère. Elle est allée donner naissance à Bamukoka Saambili à Rutshuru. Il est Hutu par son père biologique et c'est là qu'il a fait ses études.

Ministère Public : Bamukoka est un Hutu. Rappelez-vous notre sommet de triangle qui connait des contestations.

Q. Comment Bamukoka, qui est né à Rutshuru, est revenu encore à Watalinga pour prendre le pouvoir ?

R. Avant la mort de son père, il a été invité là-bas. Il est au pouvoir depuis 1982, sans Arrêté.

Q. Saambili Bamukoka avait combien de fils ?

R. Il avait trois fils.

Q. Est-ce que Makoya n'avait pas d'enfant ?

R. Il avait des enfants.

Défense : Notre client est poursuivi pour d'autres infractions, il y a des instances quant à ce.
Ministère Public : Nous voulons démontrer le triangle de trois sommets.
Q. Mwami Bamukoka, votre réaction ?
R. Ce monsieur ne connait pas l'histoire de la chefferie de Watalinga. Ce nom n'est pas là.
Ministère Public : La défense ne veut pas suivre les démarches du MP. Nous disons que nous venons de recevoir l'information que Bamukoka n'a pas seulement séjourné à Rutshuru comme Nande de Rutshuru, mais il est Hutu de Rutshuru. Nous reprochons Mwami Bamukoka et Boroso leur collaboration avec les ADF.
Défense : Où est-ce que Mowa a appris ça, que notre client est né à Rutshuru d'un ancien garde parc Hutu.
Q. Administrateur du Territoire, avez-vous été saisi de la négociation de terre de Bamukoka auprès de Chef Kalume IV ?
R. Non.
La Défense sollicite la comparution de Major Mangban pour jeudi 4 mai 2017.
Comparait Mwami Kalume IV :
Q. Notre client est-il passé chez vous du vivant de votre père pour solliciter une terre à Tsotsovu ?
R. Je ne sais pas. Je peux me renseigner auprès de ceux qui étaient avec mon père de son vivant.
Q. De votre règne, est-il passé chez vous, chef Bamukoka ?
R. Non.
Comparait Mwami Muganda :
Q. Connaissez-vous Kikere ?
R. Oui, il a parlé de trois personnes qui étaient propres ; il est agent de l'ANR.
Ministère Public : A cette question, la réponse de monsieur Kikere est neutre. Il a dit qu'il a appris l'affaire des prêtres à la radio.
Comparait Mwami Bulembo :
Q. Où êtes-vous passé après avoir récupéré les prêtres ?
R. Au PK 25, nous avons contourné la position FARDC au PK 5 pour sortir à 18 Km et continuer la route jusqu'au PK 25 et entrer jusqu' à la rivière Semuliki pour ainsi se retrouver dans la chefferie de Watalinga.
Q. Mwami Bamukoka, quand est-ce qu'on a vu les prêtres ?
R. Deux semaines avant le dialogue social.
Ministère Public : Les prêtres se sont bien retrouvés à Watalinga. Ils y sont restés longtemps.
Q. Muganda, vous étiez avec qui quand on a vu les prêtres ?
R. C'est Kikere qui était le chef d'antenne là-bas.
Q. Administrateur duTerritoire, avant le dialogue d'Oïcha, avez-vous entendu l'existence des prêtres ?
R. Non.

Ministère Public : Pourquoi ce sont seulement Bamukoka et Munganda qui ont vu les prêtres ? Ce sont alors les organisateurs de cet enlèvement.
Q. Mwami Bulembo, êtes-vous arrivés avec les prêtres à Nadwi ?
R. Non, les prêtres sont restés à Watalinga.
Q. Avec combien de prêtres étiez-vous arrivés à Watalinga ?
R. Trois prêtres, ils étaient tous vivants.
Défense : Nadwi n'est pas dans la chefferie de Watalinga, mais plutôt dans le secteur de Beni-Mbau.
Ministère Public : Mathématiquement, les prêtres étaient dans le Watalinga.
Défense : A l'audience prochaine, nous allons déposer les propos tenus à la presse et au dialogue social pour notre client Mwami Bamukoka. Au dialogue social, il a dit que l'un de ses chefs lui a dit il y a des personnes qui ont vu les prêtres. Mais devant la presse, il a assumé ses responsabilités : « J'ai vu les prêtres, mais les personnes qui ont été vues à Musuku n'étaient pas des prêtres ; sinon l'un ne serait pas tué entre 5 et 18 Km ».
Le Ministère Public demande à la Cour de prendre les déclarations de Mwami Bulembo, comme il dit, compte tenu de son âge et de son niveau d'étude : les personnes qu'on a vues, ce sont des prêtres.
La Défense Sollicite la comparution du Maître Omar Kavota.
Premier Président dit que la Cour appréciera.
Q. Quelle est la version que la Cour peut retenir ? Chef de Ndama a déclaré au dialogue social qu'il a vu les prêtres ; devant la presse, vous avez dit que vous avez personnellement vu les prêtres ?
R. J'avais dit que selon les informations, mon chef a vu les prêtres ; les deux versions sont vraies.
Ministère Public : Il sera relevé à la fin de ce procès qui est réellement Mwami Bamukoka.
Remise contradictoire à jeudi 4 mai 2017.

Audience publique du 4 mai 2017

RP N° 0172/2017
RMP N° 0807/KNG/2017
En chambre foraine à laquelle siègent :

1. Lt Col. Mag. Ntshaykolo Esosa Masele Jean Paulin, 1er Président ;
2. Col. Omeonga Taunya José, Juge Assesseur ;
3. Col. Ndiba Bulangiti Matthieu, Juge Assesseur ;
4. Col. Busoki Wa Karaku, Juge Assesseur ;
5. Com. Sup. Ppl Ngumbi Kulinga, Juge Assesseur ;
6. Gén. Maj. Mokunto Kiyana Tim, 1er AGF, Ministère Public ;
7. Maj. Madoli Nzoki Guy Martin, Greffier.

En cause : l'auditeur militaire supérieur Près la cour militaire opérationnelle du Nord-Kivu, Ministère Public et parties civiles.
Contre :

- Colonel Lusenge Muhindo David ;
- Monsieur Mbunguma Kitobi André ;
- Monsieur Saambili Bamukoka ;
- Mwami Bulembo Ando Kanzire Pierre ;
- Monsieur Nkayalua Bankale Etienne, alias Munganda, et Consorts

Prévenus de :

- Association des malfaiteurs ;
- Détention illégale d'armes ou des munitions de guerre ;
- Crime contre l'humanité par meurtre, déportation ou enlèvement ;
- Violation de consigne.

La cause est appelée à 11 heures 25 minutes.

A l'appel de la cause, les prévenus cités ci-haut comparaissent en personne et assistés par leurs conseils. Ils sont constitués de David Wambale pour le Colonel Lusenge ; Me John Mughisa, Me Constant Kalumendo, pour le compte de Mbunguma Kitobi André et Saambili Bamukoka ; Me Blanchard Mbiya pour Kasereka Balabala alias Pharaon et Mbunguma Kitobi ; Me Kasereka Sikira pour Bakola Mutela ; Me Déo Shoto pour Mwami Bulembo Ando Kazire ; Me David Wambale, Me Nathan Tagirabo, Me Charles Umumoki, Me Joël Shanyungu et le Défenseur Militaire agréé Kiwunga Makila pour le reste de prévenus non assistés. Me Kaniki Paluku assiste au compte des parties civiles.

Comparait Major Mangbau Angbongbo (Renseignant) :

Q. Pourquoi n'avez-vous pas associé le Colonel Lusenge à la descente lorsque vous avez déterré les armes ?

R. Je ne savais pas où était le colonel David Lusenge.

Q. Avec qui étiez-vous lors de cette descente ?

R. J'étais à l'Etat-Major. Notre chef, le colonel Janvier, m'a appelé pour le rejoindre là où il était. J'ai trouvé le commandant 311 Brigade, commandant Michel, déployé à Kamango. J'ai trouvé le colonel Janvier, commandant Michel et l'autre en tenue civile avec l'escorte du commandant Michel.

Q. Vous avez parlé de monsieur Adrien, source protégée, qu'est-ce que cela veut dire ?

R. Le Colonel Janvier m'a dit : celui-ci est venu de Kinshasa, il est notre Conseil National de sécurité. Vous serez là comme observateur.

Q. Comment êtes-vous l'auteur du procès de saisi ?

R. Je ne sais pas l'auteur de ce procès de saisi.

Q. Que dites-vous du PV de saisi que vous avez signé ?

R. On avait écrit et je suis seulement venu pour signer.

Défense : L'auteur ne connait pas le contenu de ce PV. Adrien est venu du Conseil National de sécurité de Kinshasa. Les armes étaient emballées dans un sachet dans le jardin potager du chef Bankale.

Q. Colonel Lusenge, les officiers ougandais, quelle arme ?

R. Pistolet et arme Uzi.

Q. Où étaient abandonnées ces armes ?

R. Ils les détenaient eux-mêmes.
Q. Chef Nkayalua, quelles étaient les armes déterrées ?
R. Je ne connais pas le nom ; il pointe les armes.
Q. Magistrat Mangbau, quelles sont ces armes ?
R. RPG 7 et AKA 47.
Q. Colonel Lusenge, connaissez-vous ces armes ?
R. Non.
Q. Nkayalua, qui d'autre était là lors du déterrement de ces armes ?
R. Le travailleur du Colonel Lusenga, monsieur Adrien Muhumuza.

Ministère Public : La défense aurait pu poser la première question au MP : Pourquoi ne pas amener le colonel Lusenge lors de la descente ? Nous apprenons que le colonel Lusenge aurait laissé les armes sous la protection du chef de Ndama Nkayalua. Le MP devrait d'abord vérifier ; le MP travaille selon ses méthodes. S'agissant du procès-verbal de saisi signé par le Magistrat Mangbau, qui le conteste, l'irrégularité antérieure doit faire objet d'un mémoire unique. A part le PV de Magistrat Mangbau, nous avons aussi fait le PV de saisi signé par Munganda. Les armes sont devant vous, saisies dans la maison de Mwami Nkayalua. Les armes n'ont pas été saisies dans la concession du colonel Lusenge, mais plutôt derrière la maison de Nkayalua.

S'agissant de source protégée, la défense connait l'expression de témoin protégé même devant la Cour T1, T2 et T3. Le MP peut utiliser les forces armées, la police et le service des renseignements.

S'agissant d'Adrien Muhumuza, nous le connaissons comme un officier ADF qui s'est rendu à la Monusco dans le cadre de la collaboration. La Monusco nous a parlé de la reddition d'Adrien qui avait le grade de colonel chez les ADF. Nous avons appris qu'Adrien avait des informations au procès de Mamadou. Nous avons écrit à la Monusco pour l'utiliser. Dans le domaine clé des renseignements, on ne brûle pas la source ; c'est une source protégée. Nous continuons à travailler avec Adrien pour savoir ce qui se passe à Mayangos. Adrien a été arrêté avec Léandre, nous l'avons séparé d'avec Léandre. Adrien nous a amené jusqu'à Ndama pour récupérer les armes.

Boroso, le grand collaborateur des ADF, c'est lui qui a fait arrêter Okabo et Mboma. C'est bien Boroso qui utilisait Mboma chez les ADF.

Mwami Bamukoka, nous travaillons avec lui ; mais nous apprenons qu'on l'a vu chez les ADF et il est en complicité d'enlèvement des prêtres.

Nous avons connu Adrien, nous avons travaillé avec lui, mais il nous a trompés dans beaucoup de choses. Nous allons mettre la main un jour sur lui en utilisant tous les services de sécurité.

Défense : Selon le MP, il n'y avait pas d'opportunité d'effectuer une descente avec le colonel Lusenge. Le colonel Lusenge qui était à Rutshuru, l'organe de loi pouvait faire appel à lui à tout moment. Le PV de constat signé par le renseignant qui le nie, nous allons en tirer toutes les conséquences.

Défense de Nkayalua : Comment on a fait monsieur Bankale propriétaire de ces armes ? Léandre nous a dit qu'il a vu Adrien à bord d'un véhicule des

FARDC, habillé en grade de colonel. Adrien est le sommet de sommet, puis il apparait dans tous les dossiers.
Q. Combien de fois avez-vous aperçu Adrien ?
R. Une fois seulement.
Q. Habillé en quelle tenue ?
R. Tenue civile.
Q. Nkayalua, où étiez-vous quand l'équipe du Major est venue ?
R. J'étais chez moi.
Q. Nkayalua, à combien de mètres de votre maison on a saisi ces armes ?
R. De chez moi, il y a 300 mètres dans la forêt.
Q. Magistrat, qu'est-ce que vous dites de ce PV de constat ?
R. Je n'ai pas écrit, ni signé ce PV de constat.
Q. L'endroit où on a déterré ces armes, qui en est le propriétaire ?
R. Je suis chef et toute la terre, c'est la mienne.
Q. Sous l'autorité de qui était ce terrain ?
R. Ça se trouvait dans mon champ, juste derrière ma maison.
Q. Quelle est la dimension de votre champ ?
R. Je ne sais pas.
Q. Le champ que vous avez cédé au colonel Lusenge avait quelle dimension ?
R. Lui-même avait dit 500 mètres carrés.
Q. Mwami Munganda, lorsque vous voulez cultiver, est-ce que vous n'estimez pas la distance ?
R. Là, je ne sais pas.
Q. Les 300 mètres où on a déterré les armes, c'est derrière votre maison ou à côté ?
R. Derrière ma maison.
Ministère Public : Mwami Munganda a été interrogé après la saisie des armes, cote 5-10.
Le Ministère Public donne lecture de ces questions-réponses.
Q. Munganda, avez-vous suivi vos déclarations à chaud ?
R. Oui.
Q. Confirmez-vous ces déclarations à propos des armes derrière votre habitation ?
R. C'est faux.
Défense : Nous avons dit que nous avons des informations à partir des appels de Thomas Salongo. Nous avons des outils de travail, le PV d'audience atteste cela. Vous allez tirer toutes les conséquences attribuées aux valeurs du dossier.
Le Ministère Public évoque la Cote 73, là où Nkayalua a parlé des houes et des machettes.
Q. Dans votre maison, vous y cachez des houes et des machettes ?
R. Nous étions tous des réfugiés, chacun cachait ses effets.
Ministère Public : Pendant la guerre, on ne peut pas cacher des houes et des machettes. On cache des choses importantes telles que des armes. Le MP cite cote 74 pour Bankale, le Major Mangbau, c'est un homme de terrain. Celui

qui a écrit c'est l'OPJ, le capitaine Gaston comme rédacteur de ce PV. La signature, c'est bel et bien celle du Major Mangbau.
Comparait monsieur Agbalimamba Mutokambali Jacques, né à Sobiede, le 15 juillet 1943, Domicilié à Sobiede.
Q. Etes-vous le père biologique de Mutokambali ?
R. Oui.
Q. Mutokambali, reconnaissez-vous ce monsieur ?
R. Oui, c'est mon père.
Q. Monsieur Jacques, le nom de votre père ?
R. Mutokambali.
Q. Le nom de votre grand-père ?
R. Agbalimamba.
Q. Le nom du père de Sokulu ?
R. Je ne connais pas bien.
Q. Le nom de votre grand-père est Sukulutu ?
R. Le chef Grégoire appelait mon père oncle.
Q. Pourquoi Grégoire qui n'est pas de votre règne est votre père ?
R. Père Tambatamba m'avait mis au pouvoir. Après sa mort, on m'a déchu de ce pouvoir.
Q. Entre vous et Grégoire Kitobi, qui devrait succéder à Tambatamba ?
R. C'est la sœur de Tambatamaba, qui est vivante, qui peut le dire ; moi je ne sais pas.
Q. Jean Marie, qu'en dites-vous ?
R. Quand Tambatamba est mort, on a confié le pouvoir à Grégoire ; lui, il était chef notable.
Q. Où êtes-vous pour le moment ?
R. A Mutwanga, j'ai acheté un terrain là-bas.
Q. Mbunguma ?
R. Je regrette les propos de mon grand-frère. S'agissant du pouvoir, Tambatamba et Grégoire sont des frères. Nous avons trois barza. En 1962, on a déchu Tambatamba pour lui succéder par Grégoire. De 1962-2003, j'ai pris le pouvoir quand mon père était encore vivant. Pour le moment, ma tante est encore vivante et c'est elle qui est au pouvoir ; elle avait déclaré que son frère n'a pas mis au monde.
Q. Etes-vous d'accord avec nous qu'au sein de Bapakombe, il y a des conflits, monsieur Mbunguma ?
R. Pas au sein de Bapakome, mais dans notre famille.
Ministère Public : Nous avons des contestations de pouvoir dans notre sommet des triangles.
Comparaissent Monsieur Kasereka Shahetera et Monsieur Kasereka Kayikolo Jonas :
Q. Kasereka Kayikolo, connaissez-vous monsieur Shahetera ?
R. Oui.
Q. Quel genre de relation entre vous deux ?

R. Je suis infirmier tradi-praticien.
Q. Où avez-vous fait vos études pour être infirmier ?
R. J'ai fait la pratique moderne à la CBCA.
Q. Qu'est-ce qui vous lie à Shahetera ?
R. Il m'avait demandé de lui chercher des médicaments. En 2013, je cherchais la maison ; je lui ai dit que je n'ai pas ce médicament.
Q. A part le médicament, de quoi avez-vous parlé ?
R. A part ça, je ne connais rien d'autre. Au niveau de T2, on m'avait dit que je suis en complicité avec les Mayi mayi.
Q. Qu'avez-vous déclaré au moment où il y avait des armes à côté de vous ?
R. Je ne comprenais pas ce qu'on me demandait.
Q. Donnez-vous aussi des ordonnances aux malades par écrit ?
R. Oui.
Q. Vous faites les ordonnances médicales en quelle langue ?
R. En français.
Q. Etes-vous capable de lire un document en français ?
R. Un peu.
Q. Avez-vous comparu à l'auditorat ?
R. Tout n'est pas sorti de mon cœur.
Q. Qu'avez-vous déclaré ?
R. En aucun jour Shahetera ne m'avait demandé de lui chercher des Mayi mayi. Je suis agent de la Croix-Rouge. En aucun jour Shahetera est arrivé dans mon moulin à Paida pour me demander de lui chercher des jeunes gens pour son groupe de Mayi mayi.
Q. Etiez-vous confronté avec Shahetera ?
R. Oui.
Cote 361, le Premier Président lui donne lecture de ses déclarations.
Q. Reconnaissez-vous vos déclarations ?
R. Shahetera n'était pas là.
Q. Shahetera, étiez-vous présent quand Kayikolo faisait ses déclarations ?
R. Non.
La cote 362, le Premier Président lui donne lecture des déclarations de Shahetera.
Q. Reconnaissez-vous vos déclarations ?
R. J'avais plutôt demandé à Kayikolo de me chercher le médicament pour mon enfant.
Q. Qu'est-ce que le MP vous a demandé pour répondre comme vous avez répondu à la cote 362 ?
R. C'est faux.
Q. Comment expliquer que Shahetera réagit comme il vient de répondre ; il nie tout devant l'OMP comme si vous ne l'avez pas accusé ?
R. Shahetera a voulu que je sois arrêté. Il est venu chez moi au moulin avec le colonel Ntumba et le major Mbangbau.
Q. Cette paraphe n'est pas la vôtre ?

R. Non.
Q. Pourquoi monsieur Kasereka peut-il nier de vous avoir demandé de lui chercher des jeunes gens pour être des Mayi mayi et de vous demander d'être Mayi mayi si vous n'avez pas déclaré ainsi ?
R. J'avais dit que je suis de la Croix-Rouge.
Q. A la question de savoir si vous confirmez vos déclarations devant l'OPJ, quelle était votre réponse ?
R. Je n'étais pas ivre, j'étais normal et je sais tout ce que j'ai répondu. Colonel Ntumba voulait qu'on écrive ce qu'il dictait.
Q. Entre vous deux, qui était arrêté le premier ?
R. C'est Kasereka Shahetera qui était arrêté le premier.
Q. Kayikolo, pourquoi étiez-vous arrêté ?
R. Moi, on m'avait appelé au téléphone pour être arrêté.
Q. Shahetera, c'était ainsi ?
R. Oui.
Q. De quoi avez-vous parlé ?
R. Lui, parlait avec le militaire au moment où j'étais déjà arrêté.
Q. Avez-vous échangé le numéro de téléphone ?
R. Il m'avait remis son numéro de téléphone en 2013 quand je cherchais la maison de location pour mon dispensaire.
Q. Vous appeliez Shahetera pour quel objectif ?
R. Quand je l'appelais, le réseau n'était pas bien ; le téléphone était entre les mains du major Mangbau.
Q. Comment Shahetera est arrivé pour qu'on vous arrête ?
R. Je lui avais demandé d'arriver au moulin de Kasero pour me voir. Quand ils sont arrivés à Paida, ils m'ont demandé de les trouver à la station d'essence. Je l'avais appelé quatre fois.
Q. Pouvez-vous rappeler l'année où vous étiez arrêté et l'année où vous avez demandé les médicaments ?
R. Le médicament en 2013 et l'arrestation en 2015, dit Shahetera.
Kayikolo : En 2013, au mois d'août, un jeudi, j'avais appelé Shahetera dimanche, le 8 février 2015.
Q. Shahetera, avez-vous adhéré à un mouvement pour solliciter Kayikolo d'adhérer aussi à ce mouvement ?
R. Non.
Ministère Public :
Q. C'est quoi Lume ?
R. C'est en revenant de Lume qu'on m'avait arrêté. Eux ont dit qu'ils venaient de Lume.
Ministère Public : Shahetera est Mayi mayi avec Mbunguma. Il a participé aux massacres. Ce n'est pas pour rien qu'on a arrêté Kayikolo. Son numéro a beaucoup insisté pour appeler Shahetera et il est tombé au piège.
Q. Reconnaissez-vous que la corne remonte en 2013 ?
R. Oui.

Q. 2014, vous n'êtes pas intéressé à la corne ?
R. J'étais dans mes affaires.
Q. La corne servait à quoi ?
R. A mélanger avec de l'huile pour appliquer au dos de l'enfant de Shahetera.
Q. Avez-vous entendu Shahetera vous citer comme Mayi mayi ?
R. Non.
Q. Etiez-vous confronté avec Shahetera ?
R. On lui avait posé deux questions, après on lui avait demandé de signer.
Ministère Public : Vous étiez entendu au même moment avec Shahetera, quand il dit non, on écrit non, pourquoi pas vous ? Les PV sont vrais.
Q. Shahetera, quand vous étiez entendu, y avait-il des armes sur la table ?
R. On circulait avec des armes à l'extérieur.
Défense de Shahetera : Les déclarations faites par Kayikolo n'engagent que lui.
Q. Kayikolo, avez-vous appelé Shahetera en vue de lui faire part de la corne d'antilope pour soigner son enfant ?
R. Il l'avait cherché, mais en vain.
Q. Pourquoi durant une année, il n'y avait pas d'urgence pour l'appeler ? Pourquoi n'avez-vous pas attendu un jour après ?
R. Je l'ai appelé le dimanche vers 16 heures pour être arrêté à 17 heures. Ce jour-là, j'avais activé des unités.
Défense Kayikolo : La maladie à laquelle nous avons fait allusion, on peut souffrir même pendant 10 ans.
Q. Comment êtes-vous arrivé au lieu de rendez-vous ?
R. On m'avait arrêté là où on vend de l'essence.
Q. Jean Marie Olenga, Connaissez-vous Kayikolo ?
R. Non.
Q. Avez-vous entendu le nom du colonel Matumi ?
R. Non.
Q. A la question de savoir pourquoi vous n'avez pas dénoncé le recrutement de Shahetera ?
R. Il a répondu qu'il y a eu des menaces de la part du colonel Matumi.
La Défense a une liste des témoins à déposer au greffe.
Remise contradictoire à vendredi 5 mai 2017.

Audience publique du 5 mai 2017

RP N° 0172/2017
RMP N° 0807/KNG/2017
En chambre foraine à laquelle siègent :

1. Lt Col. Mag. Ntshaykolo Esosa Masele Jean Paulin, 1er Président ;
2. Col. Omeonga Taunya José, Juge Assesseur ;
3. Col. Ndiba Bulangiti Matthieu, Juge Assesseur ;
4. Col. Busoki Wa Karaku, Juge Assesseur ;

5. Com. Sup. Ppl Ngumbi Kulinga, Juge Assesseur ;
6. Gén. Maj. Mokunto Kiyana Tim, 1er AGF, Ministère Public ;
7. Maj. Madoli Nzoki Guy Martin, Greffier.

En cause : l'auditeur militaire supérieur Près la cour militaire opérationnelle du Nord-Kivu, Ministère Public et parties civiles.

Contre :

- Colonel Lusenge Muhindo David ;
- Monsieur Mbunguma Kitobi André ;
- Monsieur Saambili Bamukoka ;
- Mwami Bulembo Ando Kanzire Pierre ;
- Monsieur Nkayalua Bankale Etienne, alias Munganda, et Consorts.

Prévenus de :

- Association des malfaiteurs ;
- Détention illégale d'armes ou des munitions de guerre ;
- Crime contre l'humanité par meurtre, déportation ou enlèvement ;
- Violation de consigne.

La cause est appelée à 11 heures 40 minutes.

A l'appel de la cause, les prévenus cités ci-haut comparaissent en personne et assistés par leurs conseils. Ils sont constitués de Me Charles Sabisa pour Katembo Kapisa Emmanuel ; Me John Mughisa, Me Constant Kalumendo, pour le compte de Mbunguma Kitobi André et Saambili Bamukoka ; Me Blanchard Mbiya pour Kasereka Balabala alias Pharaon et Mbunguma Kitobi ; Me Kasereka Sikira pour Bakola Mutela ; Me Nathan Tagirabo, Me Charles Umumoki, Me Joël Shanyungu et le Défenseur Militaire agréé Kiwunga Makila pour le reste de prévenus non assistés ; Me Kaniki Paluku pour les parties civiles.

Comparait Maitre Omari Kambale Kavota, Défenseur des droits humains : Défenseur judiciaire près le TGI Goma, Butembo et Beni ; Domicilié à Beni Quartier Kimemi, Commune Mulekera, Rue Mbuti N°75, Marié sans enfant.

Le défenseur de Bamukoka demande que la carte soit exposée.

Q. Avez-vous fait des déclarations à la radio sur l'enlèvement des prêtres ?

R. Oui, je suis passé à une interview à la Radio Okapi.

Q. Avez-vous donné l'itinéraire de l'enlèvement des prêtres ?

R. Je n'avais donné l'itinéraire. Comme porte-parole, j'avais dit que nous avons des informations que les prêtres sont en vie entre Oïcha et Mavivi.

Q. Avez-vous parlé de Secteur de Ruwenzori ?

R. Dans l'interview, j'ai dit que les prêtres sont en vie entre Oïcha et Mavivi.

Q. Le contenu de vos déclarations à la RFI ?

R. Le Premier Président, comme l'enregistrement est trouvable, peut directement nous le balancer.

Défense : Il serait important de confronter ces déclarations à la Radio Okapi et à la RFI.

Ministère Public : La défense nous amène à l'époque où nous étions dans les hypothèses. On est allé à Mwenda pour contacter ceux qui ont détenu des prêtres. Nous avons pris Mbau jusqu'à la rivière Semuliki. Pourquoi avoir pris ce que Maitre Kavota a déclaré, il y a 5 ans. Des hypothèses signalent que les prêtres sont en vie selon le porte-parole de la Société Civile. Nous ne sommes plus dans les hypothèses ; nous avons suffisamment avancé.

Défense : Maitre Kavota a fait des déclarations ; il a donné des hypothèses sur l'itinéraire des prêtres.

La première hypothèse est l'itinéraire nous tracé par Mwami Bulembo. L'hypothèse de Maitre Kavota est que les prêtres seraient détenus entre Mbau et Mavivi. C'est différent de Mbau, route Kamango ; et il dit dans la vallée de la Semuliki. Plus tard, il sera appuyé par un journaliste que c'est après le village Kilya. Il serait anormal que ces gens évoluent avec les prêtres jusqu'à Ruwenzori pour atteindre Musuku. Le N° 208 du journal les Coulisses, page 8 où la journaliste dit avec affirmation le déplacement des prêtres. Dans l'itinéraire, ils ont passé quatre jours dans le champ de monsieur Shaolin Saliboko.

Q. Saliboko, votre nom est aussi Shaolin ?

R. Non.

Q. Déclinez votre identité ?

R. Kambale Saliboko Lambert.

Défense : N°261, 262 du 15 décembre 2013 au 10 janvier 2014, il a été identifié comme Kambale Saliboko alias Shaolin.

Q. Où se situe votre champ ?

R. A Mavivi.

Q. Distance entre Mavivi et Mayangos ?

R. On passe à Masulukwede pour arriver à Mayangos.

Q. Avez-vous gardé les prêtres dans votre champ pendant quatre jours ?

R. Premier Président demande quelle est la valeur probante d'un journaliste dans un procès.

Ministère Public : Au lieu de nous amener dans des hypothèses de journalistes, qu'ils nous amènent à 5 Km à l'Est dans le champ de Saliboko, où les affaires se sont passées entre les mains de Hilaire Kombi qui aurait remis pour gardiennage entre les mains de chef Munganda et Mwami Bamukoka est attaqué pour avoir violé le secret.

Défense de Bamukoka : Munganda a dit à notre client que les prêtres sont vus à Kilya et Musuku dans le Ruwenzori.

Ministère Public : Mbau-Mavivi selon Maitre Kavota, Mbau-Mayangos selon les Coulisses, dans le champ de Shaolin. On est passé par où ? On se retrouve à Kilya et à Musuku. La Cour abandonnera toutes les hypothèses non vérifiées. Il n'y a que les deux complices, Munganda et Bamukoka.

Défense de Munganda : Si l'éditeur du journal « Les Coulisses » est là, nous avons quelques questions à lui poser ; qu'il vienne nous donner des preuves. Notre client a participé à l'enlèvement des prêtres, il y a un doute. Notre client a vu trois hommes propres. Pour que la vérité éclate, il convient de faire comparaitre le colonel Hilaire Kombi.

Q. Munganda, y avait-il un campement des ADF dans votre entité ?
R. C'était avant 2005, ils étaient à Gbagbayi, Musuku. Ils étaient chassés par les FARDC en 2005.
Q. L'ennemi de 2013 est venu d'où ?
R. Le 13 juillet 2013, c'était l'attaque de Kamango qui nous a fait fuir.
Q. Bamukoka, d'où est venu l'ennemi qui a attaqué Kamango ?
R. Ils sont venus de Semuliki-Mutakati pour attaquer Kamango.
Le Ministère Public présente un document à Bamukoka et lui demande s'il peut le reconnaitre. Ce document, nous l'avons retrouvé dans la résidence de Jamil Mukul. Le MP présente un deuxième document à Bamukoka.
Q. Reconnaissez-vous votre signature ?
R. Oui, je ne faisais que légaliser les actes de chefs.
La Défense de Bamukoka dépose sur le banc les déclarations de Maitre Kavota.
Q. Votre réaction, Maitre Kavota ?
R. C'est la Radio Okapi qui dit cela. Ces déclarations n'engagent pas Maitre Kavota comme individu. Ce sont des déclarations des Nations Unies.
Ministère Public : La défense fuit ces informations comme s'il s'agissait de nouvelles informations. Nous avons interrogé Hilaire Kombi sur ces faits, même Saliboko. Mais quelqu'un qui nous dit : j'étais avec ceux qui ont enlevé les prêtres. Qu'on demande à Mwami Bulembo, c'est lui qui cite Bamukoka. Il dit des choses vérifiables, qu'on ne cherche pas à distraire la Cour.
Défense de Bamukoka : Nous vous soumettons les informations de la société civile. C'est à la Cour de les soumettre aux débats.
Comparaissent Mbunguma Kitobi André, Kasereka Balabala, Mbula Olenga Jean Marie, Kakule Sibendire Benedicto alias Bekeve et Kahindo Kangereti Philémon.
Q. Kangereti, étiez-vous condamné ?
R. J'ai été arrêté dans le dossier des Mayi mayi et j'ai été amnistié.
Q. Quelle relation avez-vous avec Mbunguma et Jean marie ?
R. Ce sont mes chefs.
Remise contradictoire à lundi 8 mai 2017.

Audience publique du 8 mai 2017

RP N° 0172/2017
RMP N° 0807/KNG/2017
En chambre foraine à laquelle siègent :

1. Lt Col. Mag. Ntshaykolo Esosa Masele Jean Paulin, 1er Président ;
2. Col. Omeonga Taunya José, Juge Assesseur ;
3. Col. Ndiba Bulangiti Matthieu, Juge Assesseur ;
4. Col. Busoki Wa Karaku, Juge Assesseur ;
5. Com. Sup. Ppl Ngumbi Kulinga, Juge Assesseur ;
6. Gén. Maj. Mokunto Kiyana Tim, 1er AGF, Ministère Public ;

7. Maj. Madoli Nzoki Guy Martin, Greffier.

En cause : l'auditeur militaire supérieur Près la cour militaire opérationnelle du Nord-Kivu, Ministère Public et parties civiles.

Contre :

- Colonel Lusenge Muhindo David ;
- Monsieur Mbunguma Kitobi André ;
- Monsieur Saambili Bamukoka ;
- Mwami Bulembo Ando Kanzire Pierre, alias Radjabu ;
- Monsieur Nkayalua Bankale Etienne, alias Munganda et Consorts.

Prévenus de :

- Association des malfaiteurs ;
- Détention illégale d'armes ou des munitions de guerre ;
- Crime contre l'humanité par meurtre, déportation ou enlèvement ;
- Violation de consigne.

La cause est appelée à 11 heures 30 minutes.

A l'appel de la cause, les prévenus cités ci-haut comparaissent en personne et assistés par leurs conseils. Il s'agit de David Wambale pour le Colonel Lusenge ; Me John Mughisa, Me Constant Kalumendo, pour le compte de Mbunguma Kitobi André et Saambili Bamukoka ; Me Blanchard Mbiya pour Kasereka Balabala alias Pharaon et Mbunguma Kitobi. Aussi, Me Kasereka Sikira assiste Bakola Mutela ; Me Déo Shoto pour Mwami Bulembo Ando Kazire ; Me Charles Umumoki pour Mupepe, Kangereti et Valindawa ; Me Joël Shanyungu pour Mbula Olenga ; Me Nathan Tagirabo et le Défenseur Militaire agréé Kiwunga Makila pour le reste de prévenus non assistés. Me Kaniki Paluku et Me Blaise matokeyo assistent au compte des parties civiles.

Comparait Monsieur Kahindo Kangeneti Philémon :

Q. Vos relations entre Mbunguma, Jean Marie et vous ?

R. Ce sont mes chefs coutumiers, pas d'autres relations.

Q. Olenga Jean marie, parlez-nous de l'attaque de Nyaleke, les parties en confrontation.

R. Groupe Semi est allé attaquer ; Kaboya Masesi lui, son groupe est allé affronter les garde-parcs.

Q. Kangeneti était du groupe ?

R. Non, il n'y a aucune relation entre nous deux.

Q. Kangeneti, comment étiez-vous arrêté ?

R. 2013-2014, j'étais en prison à Kinshasa. Je suis arrivé ici en 2014. Après deux jours, il y a eu des massacres ici. Là où je suis allé m'aviser, le colonel Ntumba m'a demandé de les aider. Il m'a dit que, comme je n'avais pas d'éléments, le colonel Ntumba va me garder jusqu'au jour suivant, étant donné que j'étais amnistié.

Q. Pourquoi étiez-vous détenu à la prison de Ndolo ?

R. Du fait que j'avais fourni des renseignements sur l'attaque de l'OZACAF. Je suis arrêté au mois de mai 2013. Après les enquêtes, le responsable était arrêté et il a déclaré que je suis innocent. J'étais amnistié. Comme je n'avais

pas d'argent, on m'a dit d'attendre le retour des autres. Le chef des Mayi mayi était là, monsieur Mandefu.
Q. Etiez-vous arrêté à Beni pour être transféré à Ndolo ?
R. Oui.
La défense dépose sur le banc quelques documents attestant la libération de monsieur Kangeneti.
Ministère Public : Kangeneti a été amnistié sans problème. Nous insistons pour que Kangeneti soit poursuivi pour association des malfaiteurs, car libéré, il se retrouve de nouveau dans les massacres de Mayangos.
Q. Jean Marie, connaissez-vous Kangeneti ?
R. Oui.
Q. Comme Mayi mayi ?
R. Oui, parce que je l'ai trouvé en train de leur parler.
Le Ministère Public donne lecture des questions-réponses de la Cote 257.
Q. Jean-Marie, vous souvenez-vous de ces questions-réponses ?
R. Oui.
Ministère Public : Jean-Marie connait l'histoire de cette attaque et Kangeneti fait partie de cette attaque. Les personnes arrêtées par Posombili, sont celles qui étaient chez Saliboko.
Q. Saliboko, pouvez-vous situer votre champ sur la carte ?
R. Non.
Q. Mbunguma, où se trouve le champ de Saliboko ?
R. Je n'ai jamais été dans ce champ.
Saliboko répond que c'était tout près de Kadou de Mayangos.
Q. D'où sont venus les Mayi mayi ?
R. Ils sont venus d'Eringeti.
Ministère Public : Les Mayi mayi viennent de chez Boroso, on les retrouve dans le champ de Saliboko ; ils sont censés aller à Kasinga chez Jean-Marie Olenga.
Q. Saliboko, avez-vous vu Kangeneti parmi les Mayi mayi ?
R. Non, j'avais dit que j'avais entendu le nom de Kangeneti à la radio, qu'il est guérisseur du sida.
Q. A la question de savoir si Saliboko connait Kangeneti, Jean-Marie avait répondu ?
R. Très bien, nous avons travaillé ensemble lors de la confrontation.
Ministère Public : Shahetera est retrouvé partout à Kilijiwe, à Lume, avec Mbunguma et Kayikolo. Le Ministère Public donne lecture du PV de Kangeneti.
Kangeneti : Je ne connais pas Shahetera.
Q. Avez-vous lu le PV avant de signer ?
R. Oui.
Q. Pourquoi avez-vous attaqué l'OZACAF ?
R. Pour libérer les Mayi mayi.

Ministère Public : Kangeneti a été amnistié comme Kombi Hilaire, mais nous les poursuivons pour d'autres faits. Le MP donne lecture du PV de confrontation.
Q. Kangeneti, connaissez-vous votre signature ?
R. Ça ressemble à ma signature.
Q. Mbunguma, dans quelle condition avez-vous cité Kangeneti ?
R. Quand on m'avait arrêté, j'ai dit que Kangeneti avait envoyé quelqu'un chez moi pour me demander 250$ en vue d'arrêter les massacres. Deux jours avant l'attaque de l'OZACAF, il avait envoyé quelqu'un chez moi pour me demander de quitter la maison, car, me prévenait-il, dans deux jours, la ville de Beni va tomber. J'avais informé le Maire de la ville qui a saisi l'ANR qui a envoyé des éléments pour prendre Kangeneti.
Q. S'agissant de la mort de Posombili, deux personnes auxquelles vous avez fait allusion ?
R. Kangeneti et Saliboko.
Ministère Public : Le fait de l'attaque de l'OZACAF sur le plan légal, nous avons oublié ; mais les familles des militaires tués n'oublient pas.
Q. Pourquoi avez-vous cité Kangeneti et Saliboko ?
R. Saliboko n'était plus au champ. Les massacres se passent à la sortie du champ. Kangeneti m'avait demandé 250$ pour arrêter les massacres.
Q. Kangeneti, reconnaissez-vous avoir laissé le message chez Mbunguma ?
R. J'avais une moto. De mon retour de Kinshasa, j'ai demandé les 250$.
Mbunguma cite : Kavira, sa mère ; Kaniki, sa petite-sœur et Didi Vuma.
Q. Kangeneti, vous souvenez-vous de ce numéro de téléphone 0818139869 ?
R. Non.
Q. Vous souvenez-vous de votre carnet ?
R. Oui.
Q. Le numéro vodacom retrouvé dans votre carnet ?
R. Le numéro de Mbusa Nyamwisi.
Q. Connaissez-vous monsieur Balinande ?
R. Président de Kyaghanda Yira National.
Q. Est-ce bien lui qui vous a donné ce numéro de vodacom ?
R. Il m'avait donné son numéro. J'avais demandé à Mbusa Nyamwisi de m'aider. Il m'avait envoyé chez notre député Arsène Mwaka pour m'aider.
Saliboko : J'étais à Nyaleke quand Posombili est mort, et si c'était moi, pourquoi on le cherchait comme celui qui a tué Posombili au lieu de me chercher.
Ministère Public : Si nous poursuivons Kangeneti, il est parmi les gens qui ont déclaré arrêter les massacres de Mayangos. Il connait l'origine de ces massacres.
Q. Mbunguma, lorsque Kangeneti a demandé 250$, c'était dans quelle circonstance ?
R. En 2014, après les massacres de Ngadi et Kadou, il s'est croisé avec Didi Vuma. Il est venu avec lui chez moi à la maison. Didi Vuma lui a demandé de

dire ce qu'il avait déclaré et il l'a fait. Quand on m'avait arrêté, je m'en suis souvenu et je l'ai cité.
Q. Comment il allait arrêter ces massacres ?
R. Il avait dit qu'il avait des gris-gris à faire pour arrêter ces massacres.
Renseignant : Didi Vuma et le pasteur qui détient la moto de notre client
Ministère Public : Le sang de Beni-Ville et Territoire crie vengeance.
Défense : Le MP poursuit le prévenu pour participation à un mouvement de fait amnistié.
Q. Kangeneti, les personnes que vous avez contactées dès votre retour à Beni en revenant de Kinshasa ?
R. Parmi tous les membres de la famille, c'est Mbunguma.
Q. Et Didi Vuma ?
R. C'est le conseiller de Mbunguma.
Q. Aviez-vous eu la suite des Mayi mayi que vous aviez fait arrêter ?
R. Non.
Q. Où était le groupe des Mayimayi que vous aviez fait arrêter ?
R. A Kitona.
Q. Kangeneti, comment avez-vous appris la mort de Mambiti ?
R. C'est au marché que nous l'avons apprise.
Q. C'était avant ou après les 250$?
R. Je ne m'en souviens plus.
Q. Quelles sont vos réactions face à Mbunguma pour qui c'est vous qui avez tué Mambiti ?
R. Les gens qui étaient dans ces massacres, nous sommes avec eux ici, ils peuvent le dire.
Q. Parmi les gens qui ont participé aux massacres, vous pouvez les citer ?
R. Grâce Kasereka, Mafusele qui est à l'Equateur, Sebitaga Kisofere.
Le Ministère Public dispose la police, l'armée, les renseignements.
Q. Boroso, connaissez-vous Sebitaga ?
R. Il est venu me trouver au cachot. C'est bien lui Kisofere.
Q. Insistez-vous pour la comparution de Kisofere ?
R. Oui.
Le Ministère Public voulait présenter Kisofere au même moment que l'autre Kisofere qui était à Kinshasa, les deux à la fois pour que la défense soit assurée.
Q. Qu'est-ce que Grâce Kasereka a fait ?
R. Il avait parlé de ces massacres et que lui-même était là. Ils ont tué des gens à 20 heures à Ngadi. Ils sont venus d'Eringeti avec des éléments FARDC. Ils sont arrivés à 18 heures pour opérer à 20 heures.
Q. Connaissez-vous les noms de ces éléments FARDC ?
R. Non.
Ministère Public : Qui traduit Kasereka Bawere Grâce devant la Cour pour les massacres de Ngadi ? A Kididiwe, nous avons Mbunguma, Jean-Marie et Shahetera. Kasereka Grâce n'était pas seul à Ngadi, les autres sont ici présents.

Bafusela est inconnu, mais s'il est à Angenga, il s'agit de Kakule Makambo, jugé et condamné pour avoir participé aux massacres de Muzambayi. Qui nous dit qu'il n'est pas seul ?
Défense : En quelle qualité Boroso a été appelé devant la Cour ?
Premier Président : La Cour a fait appel à Boroso pour un point précis, mais pas comme renseignant.
Ministère Public : Nous rappelons à la défense qu'il s'agit de Kakule Makambo, jugé pour massacres de Muzambayi en 2014, Kangeneti pour Ngadi, Tubameme et Kadou.
Mbunguma : Je regrette le fait que c'est Kisofere qui déclare qu'il était parmi les organisateurs. Ces gens-là doivent venir déclarer devant vous.
Q. Mbunguma, est-ce le même groupe qui a attaqué l'OZACAF, qui a perpétré les massacres ?
R. Je ne connais personne de ce groupe.
Q. Pourquoi avez-vous pensé seulement à ces deux personnes ?
R. Avant les massacres, Saliboko était au champ, Kangeneti pour les 250$ qu'il avait demandés avant les massacres.
Q. Quel genre de relation avez-vous pour vendre le champ de Saliboko ?
R. Saliboko était parmi les gens que je respectais. Mon père lui avait cédé une portion de terre. Quand il est devenu Mayi mayi, j'ai cédé ce terrain à une autre parsonne à part le terrain cultivé.
Comparait Paluku Amisi Grâce, 2ème classe, matricule : 190137174687, 31ème Brigade à Mambasa, chef entenne Bulongo, en détention à Kangbayi (renseignant à décharge de Paluku Mbogha Charles).
Q. Reconnaissez-vous cette personne ?
R. Oui, je l'avais arrêtée à Bulongo. J'étais à la barrière, je l'avais vu avec des faux indices, des lances, des houes, machettes, haches et cornes de bœuf.
Q. C'était en quelle date ?
R. Février 2015.
Q. Mbogha Charles, confirmez-vous ces déclarations ?
R. Oui, avec une petite modification.
Q. A cette occasion, combien de personnes avez-vous arrêté ?
R. Avant cela, j'avais arrêté Shahetera à la barrière, après Charles Mbogha et Kule Mbimba. Il y avait aussi la peau d'animal et de petits morceaux de bois, d'étoffe.
Q. Tous les trois étaient présents ?
R. Oui, mais celui qui avait ces effets, c'est Shahetera.
Q. Où avez-vous arrêté Mbogha et Kule ?
R. Bulongo-cité, vers Mutwunga.
Q. Avez-vous saisi et transféré ces biens ?
R. Oui, au niveau du T2.
Défense : Notre client n'a jamais fréquenté Kididiwe et Mayangos. Ces effets, qui ont été pris à l'occasion de leur arrestation, sont constitutifs de l'infraction.

Ministère Public : Les conditions de leur arrestation n'empêchent pas d'être recrutés par Shahetera.
Shahetera, faute d'interprète, sera entendu à l'audience prochaine.
Q. Charles Mbogha, qu'est-ce vous voulez encore dire ?
R. Qu'il retire la lance.
Q. Charles dit qu'il n'y avait pas de lance.
R. Il y avait une petite lance.
R. Charles Mbogha, je n'avais rien vu.
Comparait monsieur Valindawa Kisonia Christian :
Ministère Public : Il s'est retrouvé à un mauvais endroit à un mauvais moment. Il s'est retrouvé avec Léandre, il l'a hébergé.
Q. Où et quand avez-vous été arrêté ?
R. A Butembo, le 31 janvier 2015.
Q. A quelle heure ?
R. Le matin, entre 7 heures 30 et 8 heures.
Q. Qui était dans votre maison à ce moment précis ?
R. Je n'étais pas à la maison, j'étais en ville.
Q. Motivation de votre arrestation ?
R. Je ne sais pas.
Q. Qu'est-ce qu'on vous reprochait au PV ?
R. Le Magistrat n'avait rien dit.
Q. La parcelle que Léandre devrait vendre se trouve où ? On vous a posé cette question ?
R. Oui ?
Q. Qu'est-ce qu'on vous avait demandé ?
R. Qui est Léandre pour moi ? J'ai répondu que je suis son oncle cadet.
Q. Pourquoi avez-vous dit que vous êtes des cousins ?
R. J'avais déclaré que je suis son oncle paternel cadet et je l'encadre spirituellement.
Q. Pourquoi avez-vous reçu Léandre ?
R. Il revenait de Goma, je l'ai reçu comme mon fils. Il est venu le soir, le matin je l'ai accompagné pour vendre sa parcelle et nous sommes arrêtés tous ensemble.
Q. La fameuse vente s'est-elle réalisée ?
R. La vente s'est faite.
Q. Léandre, connaissez-vous Matebe ?
R. Oui, Territoire de Rutshuru, sur la route Jomba. En janvier 1997, j'y ai fait la formation politico-militaire.
Q. Etiez-vous avec votre oncle paternel ?
R. Non.
Q. Aviez-vous comparu à l'auditorat ?
R. Oui.
Q. Vous souvenez-vous de la confrontation entre vous deux ?
R. Oui.

Le Ministère Public revient sur la Cote 312.
Q. Vous souvenez-vous que vous étiez avec Valindawa à la formation politico-militaire ?
R. Oui.
Ministère Public : Ils étaient tous à Matebe, ce qui n'est pas une infraction, mais ils se connaissent bien.
Article 22 CPO Livre I. MP donne lecture de cet article.
Défense : Le Ministère Public reconnait que son client n'a pas de lien avec ceux qui ont commis les massacres de Beni.
Remise contradictoire demain mardi 9 mai 2017.

Audience publique du 11 mai 2017

RP N° 0172/2017
RMP N° 0807/KNG/2017
En chambre foraine à laquelle siègent :

1. Lt Col. Mag. Ntshaykolo Esosa Masele Jean Paulin, 1er Président ;
2. Col. Omeonga Taunya José, Juge Assesseur ;
3. Col. Ndiba Bulangiti Matthieu, Juge Assesseur ;
4. Col. Busoki Wa Karaku, Juge Assesseur ;
5. Com. Sup. Ppl Ngumbi Kulinga, Juge Assesseur ;
6. Gén. Maj. Mokunto Kiyana Tim, 1er AGF, Ministère Public ;
7. Maj. Madoli Nzoki Guy Martin, Greffier.

En cause : l'auditeur militaire supérieur Près la cour militaire opérationnelle du Nord-Kivu, Ministère Public et parties civiles.
Contre :

- Colonel Lusenge Muhindo David ;
- Monsieur Mbunguma Kitobi André ;
- Monsieur Saambili Bamukoka ;
- Mwami Bulembo Ando Kanzire Pierre ;
- Monsieur Nkayalua Bankale Etienne, alias Munganda, et Consorts.

Prévenus de :

- Association des malfaiteurs ;
- Détention illégale d'armes ou des munitions de guerre ;
- Crime contre l'humanité par meurtre, déportation ou enlèvement ;
- Violation de consigne.

La cause est appelée à 11 heures 00 minutes.
A l'appel de la cause, les prévenus cités ci-haut comparaissent en personne et assistés par leurs conseils. David Wambale pour le Colonel Lusenge, Kambale Saliboko et Mutokambali ; Me John Mughisa pour Mbunguma Kitobi André et Saambili Bamukoka ; Me Blanchard Mbiya pour Kasereka Balabala alias Pharaon et Mbunguma Kitobi ; Me Kasereka Sikira pour Bakola Mutela ; Me Déo Shoto pour Mwami Bulembo Ando Kazire ; Me David Wambale, Me Nathan Tagirabo, Me Charles Umumoki, Me Joël Shanyungu et le Défenseur

Militaire agréé Kiwunga Makila pour le reste de prévenus non assisté ; Me Kaniki Paluku pour les parties civiles.
Comparait Kasereka Balabala Pharaon :
Q. Vous souvenez-vous qu'à l'audience passée, monsieur Mbunguma vous a chargé de réunir tous les cultivateurs qui devaient se présenter avec leurs cartes d'électeur ?
R. Oui.
Q. Avez-vous fait ce travail ?
R. C'était à chacun des chefs de faire ce travail ; moi c'était le mardi et j'avais terminé.
Q. Reconnaissez-vous Savira Matata ?
R. Non.
Q. Mwendo Yuna ou Yuma ?
R. Non.
Q. Chef de village Ngite ?
R. Je connais le notable Tito.
Le Ministère Public évoque la Cote 395
Q. Saliboko, avez-vous vu Pharaon ?
R. Non.
Q. Connaissez-vous là où on avait tué les gens à Nvemba ?
R. Oui.
Q. C'était chez vous ou chez Pharaon ?
R. Chez moi.
Le Ministère Public donne lecture du PV de Monsieur Mwendo Yuma.
Q. Balabala Pharaon, reconnaissez-vous que les gens étaient réunis à Nvemba ?
R. Les gens étaient réunis le jeudi, mais je n'étais pas là. Pour moi, j'avais terminé le mardi.
Q. Vous avez sensibilisé les gens pour se réunir le jeudi ?
R. Ils avaient dit qu'ils devaient faire la patrouille, c'est le chef qui nous a parlé de la patrouille.
Q. Mbunguma, donnez-vous le programme de patrouille ?
R. Le dimanche, j'étais avec les rescapés de Kasinga. J'ai été avec le Colonel Ntumba, le colonel Chrimwami et le Général. J'ai amené ces gens auprès d'eux. Le Général a demandé de les auditionner. Ils ont suspecté un camp à Mughalika et à Nzuma. On devait leur montrer là où se trouvaient ces gens. J'ai demandé aux chefs de sensibiliser tout le monde que les militaires vont faire la patrouille et d'un coup, nous avons entendu la mort de ces gens.
Q. Pourquoi les gens devraient se munir des cartes ?
R. Une fois qu'il se trouve en présence des militaires, qu'il présente sa carte. S'il y a quelqu'un qui n'a pas de carte, je saurai le défendre.
Q. Les massacres de Kasinga, c'est en quelle date ?
R. Avant les massacres de Nvemba.
Ministère Public :

1er novembre : Kasinga-Munzambayi-Tubameme, Eringeti-Ondoto
5 novembre : Ngave- PK5
10 novembre : Mbau
13 novembre : Masaka
15 novembre : Kainama
Q. Balabala, connaissez-vous Carlos ?
R. Oui.
Q. Saliboko ?
R. Oui, il est mort.
Q. Connaissez-vous Kambale Kalenga
R. Balabala : Non. ; Saliboko : Non.
Q. Mbunguma, qui est Shaolin ?
R. Quand nous étions petits, on appelait tout Karateka Shaolin.
Q. Kasereka Matapi ?
R. Saliboko : je le reconnais, il m'aidait à produire la braise.
Le Ministère Public donne lecture de PV de témoin 2.
Q. Kasereka Balabala, votre réaction ?
R. C'est le chef Carlos qui a mal fait.
Q. Connaissez-vous Kavira Mutaluma ?
R. Balabala : Non. ; Saliboko : Non.
Le Ministère Public donne lecture de PV de Kavira Mutaluma, témoin 3.
Q. Votre réaction, Balabala Pharaon ?
R. Chacun avait son entité.
Q. Savia Matata, vous le connaissez ?
R. Non.
Ministère Public revient sur la Cote 407 et donne lecture de PV de Savia Matata.
Q. Balabala Pharaon, connaissez-vous Katembo Musafiri ?
R. Non.
Le Ministère Public donne lecture de PV de Katembo Musafiri.
Q. Qu'est-ce que votre père vous a raconté au sujet des massacres ?
R. On m'avait dit que ce sont les chefs qui nous ont tués. Ils ont convoqué la réunion, mais jusqu'à 13 heures, ils ne sont pas venus. A 14 heures, les assaillants ont surgi. Ils ont acheté la boisson alcoolique. Le 2ème groupe est arrivé avec des militaires qui sont déployés. Le chef de ces gens a demandé à Carlos de manger. Ils ont détaché la grosse chèvre. Ils ont tué le propriétaire de la chèvre et le chef. A leur retour, Carlos a demandé où est le chef. On dira qu'il est allé chercher autre chose. Quelqu'un qui venait à moto avec la braise a été arrêté par un militaire. Il a vu de loin des gens ligotés. Il a jugé bon de fuir. Mon père, comme il ne buvait pas, il était à l'écart. Quand il a vu ce jeune homme en train de fuir, lui aussi a profité pour fuir. Malheureusement, comme il est vieux, il est tombé et sa jambe a gonflé. Il a été récupéré par les militaires jusqu'au PC de Mbau et au T2.
Q. Où est votre père pour le moment

R. A Ngite Mavivi.
Ministère Public : Nous allons vous présenter le papa de Saliboko et Muhindo qui vont nous indiquer ceux qui les ont sensibilisés à la réunion.
Mbunguma : Les FARDC qui étaient là sont ceux qui ont causé la mort à ces gens.
Q. Pour organiser la patrouille, les FARDC faisaient des réunions ?
R. Carlos vendait des boissons ; il n'y a pas souvent de réunion le jeudi.
Ministère Public : Les gens se sont étonnés de la réunion de ce jeudi. C'est le jour où les gens vont au marché pour chercher du sel.
Premier Président : Mbunguma, le mieux est d'apporter la preuve.
Mbunguma : J'ai donné le rapport des ADF aux colonels Ntumba et Chirimwami quatre jours avant les massacres.
Parties civiles : Mbunguma a dit que, quand les gens sont en train de mourir, ce sont les FARDC, mais Muhindo, qui a vu, dit que ce ne sont pas les FARDC.
Défense de Mbunguma : Nous avons déposé une requête pour appeler certaines personnes qui vont éclairer la Cour.
Comparait Kakule Shibendire Benedicto alias Bekeve:
Le Ministère Public demande la comparution de monsieur Kangeneti.
Q. Etes-vous chercheur en pharmacologie ?
R. Je suis chercheur scientifique moderne.
Q. C'est la première fois d'être arrêté ?
R. Non.
Q. A part l'affaire de l'amnistie, étiez-vous arrêté ?
R. Au sujet de la mort de mon père, il y avait un conflit avec mon frère. On a supposé que j'ai tué mon père. Ma mère a cru au fait que mon père a été décapité.
Ministère Public : Son père a été découpé à plusieurs morceaux ; Kangeneti a été soupçonné commis cette horreur.
Défense : Si notre client était poursuivi, il serait condamné par un jugement.
Q. Mbunguma, avez-vous appris cette histoire ?
R. J'étais encore jeune.
Ministère Public : Le père de Kengeneti est mort en 1996. Kengeneti est libéré par l'arrivée de l'AFDL.
Défense : Qu'on nous présente des preuves. La Cour n'est pas saisie du fait de meurtre de notre père.
Ministère Public : Que la cause de Kasereka soit appelée avant qu'il dispose.
Comparait Kakule Shibendire Benedicto alias Bekeve:
Q. Avez-vous quelque chose à dire à la Cour ?
R. Rien du tout.
Q. Connaissez-vous messieurs Olenga et Mbunguma ?
R. Je les connais tout en ne les connaissant pas. Je les connais comme des chefs, mais pas ce qu'ils font comme travail.
Q. Kasereka Balabala et Shahetera ?

R. Non.
Q. Parmi ces gens, qui connaissez-vous ?
R. Personne.
Q. Où étiez-vous arrêté ?
R. On m'avait arrêté au niveau du stade ; je revenais de l'hôpital.
Q. Qu'est-ce qu'on vous a dit avant l'arrestation ?
R. On m'a demandé mon nom, où est-ce que j'habite et on m'a amené à l'auditorat pour comparaitre le lendemain à 10 heures. On m'a posé une question que je ne comprenais pas. J'ai répondu que pendant les massacres, les femmes dormaient à la maison et nous protégions les femmes à l'extérieur. On m'avait demandé si je connais les Mayi mayi. Je ne suis dans aucun groupe.
Q. Olenga, connaissez-vous ce monsieur ?
R. Comme habitant de Boikene.
Q. Ne faisait-il pas partie des Mayi mayi ?
R. Non.
Q. Qui parmi vous ici était Mayi mayi faisant partie de ceux qui ont attaqué l'OZACAF ?
R. Shahetera et Kangeneti.
Q. Ce sont eux qui peuvent connaitre le groupe auquel ils appartiennent ?
R. Oui.
Q. Shahetera, connaissez-vous Kakule Shibendire ?
R. Non.
Q. Kangeneti, connaissez-vous Kakule Shibendire ?
R. Un jeune de notre quartier, je ne connais pas ce qu'il fait.
Q. N'avait-il pas fait partie d'un mouvement que vous connaissez ?
R. Je ne peux rien dire de lui pour ne pas pécher contre Dieu.
Q. Ministère Public : Votre nom de Bekeve ?
R. Ce sobriquet m'a été attribué à cause du football.
Q. Etes-vous entré dans la rébellion ?
R. Non.
Q. En aucun moment vous vous êtes retrouvé avec les militaires ?
R. En 1997, nous avons amené des véhicules à Kisangani avec des vivres ; c'est alors que nous, chauffeurs, nous avons été récupérés.
Q. Etiez-vous en contact avec les militaires ?
R. C'étaient les véhicules des civils.
Q. Vous n'avez jamais parlé avec les militaires ?
R. Parler de quoi ?
Ministère Public évoque la cote 117 et donne lecture de ses PV.
Q. Vous souvenez-vous de ces questions-réponses ?
R. Je n'avais pas déclaré cela.
Q. Etiez-vous avec Mbunguma le jour où le chef Bambiti a arrêté les Mayi mayi ?
R. Ce sont eux qui m'ont trouvé là-bas ; nous étions au Salongo.

Ministère Public soulève la cote 119.
Q. Mbunguma, le jour où vous avez reçu l'appel du chef Bambiti, étiez-vous en réunion avec Bekeve ?
R. Je ne me souviens plus.
Q. Etiez-vous d'accord que vous étiez en réunion ce jour-là avec le chef Mbunguma
R. Oui.
Q. Et le chef Jean Marie était là ?
R. Oui, il est arrivé en retard.
Q. Reconnaissez-vous avoir accompagné les deux ?
R. Oui.
Q. Connaissez-vous Kasereka Musoni Jean ?
R. Je l'ai vu quand il était venu témoigner.
Q. Témoigner quoi ?
R. Il avait dit du n'importe quoi. On m'avait demandé si je le connais. J'ai répondu par non.
Le Ministère Public fait allusion à la cote 136-140, PV de Kasereka Musoni Jean.
Q. Reconnaissez-vous vous être confronté avec Kasereka ?
R. Oui.
Le Ministère Public fait appel à monsieur Mutokambali Sivirwa Yves.
Q. Mutokambali, avez-vous appris, avant les massacres de Mayangos, que Mbunguma est allé voir Boroso ?
R. Oui, nous étions chez le chef Mbunguma, sous un arbre. Le chef Mbunguma a pris Bekeve à moto de marque DT, couleur rouge, pour aller à Eringeti.
Q. Chef Boroso, avez-vous reçu Mbunguma et Bekeve à moto rouge ?
R. Oui.
Q. Qu'est-ce qu'ils sont venus faire ?
R. C'était en février 2014 vers 14 heures, j'ai vu Mbunguma à moto rouge avec Bekeve. J'ai ouvert la porte du salon, nous nous sommes assis. Mbunguma a dit : nous sommes envoyés chez vous par le Maire pour faire le recrutement des jeunes. J'ai demandé la lettre du Maire, il a dit qu'il est lui-même la lettre. Je les ai chassés chez moi.
Q. Bekave, votre réaction ?
R. C'est du mensonge.
Q. Mbunguma, votre réaction ?
R. Que Dieu lui pardonne. Je l'ai vu en prison. Je n'ai jamais parlé avec Boroso. S'il a quelque chose qu'il cherche, qu'il y aille lentement, mais pas en indexant les gens de la sorte.
Q. Boroso, votre réaction ?
R. Comment Yves a su qu'ils étaient chez moi.
Q. Mutokambali, comment avez-vous su ?

R. Quand ils sont revenus d'Eringeti, je leur ai demandé d'où ils venaient. Ils m'ont répondu qu'ils viennent d'Eringeti. Je ne savais pas ce qu'ils sont allés chercher. C'est par après que j'ai entendu qu'ils sont allés chercher des gens.
Q. Bekeve, qu'en dites-vous ?
R. Je ne sais rien.
Q. Mutokambali, à qui avez-vous posé la question ?
R. C'est la femme de Mbunguma qui lui a demandé et Mbunguma lui a répondu.
Q. Mbunguma vous a-t-il posé cette question ?
R. Non.
Q. Boroso, pourquoi n'avez-vous pas averti les autorités ?
R. J'ai cru qu'ils sont venus me tenter, car un jour à Ndolo, Bekeve m'avait dit que bien que vous ayez refusé aujourd'hui, vous êtes avec nous ici en prison.
Q. Bekeve, votre réaction ?
R. C'est faux, vous pouvez demander au chef Okabo, nous nous sommes disputés avec lui.
Ministère Public : La défense de Bekeve qui dit que je suis en contact permanent avec Kakolele ; je ne sais pas s'il est mon secrétaire particulier, il est défenseur militaire. Il n'est pas comme les autres avocats, il est officier. En dehors de l'audience, je peux le poursuivre.
Défense de Mbunguma : Il y a une contradiction. Boroso dit qu'il les avait reçus à 13 heures, Mutokambali dit qu'ils sont partis très tôt matin et revenus au moment où il préparait du café.
Boroso : C'est lui qui m'a dit que je les ai chassés de chez moi selon monsieur Jackson.
Q. Quel est votre nom ?
R. Kambale Sivyaleghana Jackson.
Comparait Kambale Sivyaleghana Jackson, né à Oïcha e 1983 ; fils de Kambale (en vie) et de Kavira (en vie) ; Cultivateur ; Domicilié à Butembo (Renseignant)
Déclare qu'il ne peut pas être renseignant, il a son dossier, il ne connait pas ce que Boroso a déclaré.
Q. Boroso, quand Jackson vous a posé cette question, étiez-vous seul ?
R. J'étais avec Bakola Mutela et eux aussi étaient à deux.
Q. Bakola, avez-vous entendu leur réaction ?
R. Oui.
Q. Boroso dit que vous étiez avec lui quand on est venu lui dire comment il a chassé Mbunguma et Bekeve ?
R. Non.
Ministère Public : Bakola partage la même cellule avec Mbunguma, le même repas. Vous jugerez les déclarations des uns et des autres.
Q. Boroso et Mbunguma, est-ce qu'il vous arrive de vous rendre visite ?
R. Tous répondent par non.

Q. Vous êtes des Bami voisins, comment expliquer que vous n'entreteniez aucune relation ?
R. Mbunguma : nous avons deux groupements. Je travaille plus en ville, mais pas en Territoire.
R. Boroso : Lui n'arrive jamais en Territoire dans des réunions. C'est son père qui arrivait dans des réunions au Territoire.
Q. Boroso, c'était à quel mois ?
R. Mars.
Q. Mutokambali, c'était à quel mois ?
R. Je ne me souviens plus.
Q. Avant l'événement, à quel mois ?
R. Un mois avant les massacres de septembre.
Q. A cette période, Léandre a-t-il effectué un déplacement ?
R. Oui, il est allé en Ouganda chez le chef Iremangoma.
Ministère Public : Les gens qui ont attaqué l'auditorat, ils viennent de ce côté-là. Les Mayi mayi sont fréquemment recrutés à Eringeti.
Q. Mbunguma, avez-vous déjà connu un accident avec votre moto rouge ?
R. Non.
Remise contradictoire demain vendredi 12 mai 2017.

Audience publique du 12 mai 2017

RP N° 0172/2017
RMP N° 0807/KNG/2017
En chambre foraine à laquelle siègent :

1. Lt Col. Mag. Ntshaykolo Esosa Masele Jean Paulin, 1er Président ;
2. Col. Omeonga Taunya José, Juge Assesseur ;
3. Col. Ndiba Bulangiti Matthieu, Juge Assesseur ;
4. Col. Busoki Wa Karaku, Juge Assesseur ;
5. Com. Sup. Ppl Ngumbi Kulinga, Juge Assesseur ;
6. Gén. Maj. Mokunto Kiyana Tim, 1er AGF, Ministère Public ;
7. Maj. Madoli Nzoki Guy Martin, Greffier.

En cause : l'auditeur militaire supérieur Près la cour militaire opérationnelle du Nord-Kivu, Ministère Public et parties civiles.
Contre :

- Colonel Lusenge Muhindo David ;
- Monsieur Mbunguma Kitobi André ;
- Monsieur Saambili Bamukoka ;
- Mwami Bulembo Ando Kanzire Pierre ;
- Monsieur Nkayalua Bankale Etienne, alias Munganda, et Consorts.

Prévenus de :

- Association des malfaiteurs ;
- Détention illégale d'armes ou des munitions de guerre ;
- Crime contre l'humanité par meurtre, déportation ou enlèvement ;

- Violation de consigne.

La cause est appelée à 10 heures 40 minutes.

A l'appel de la cause, les prévenus cités ci-haut comparaissent en personne et assistés par leurs conseils. Il s'agit de David Wambale pour le Colonel Lusenge, Kambale Saliboko et Mutokambali ; Me John Mughisa pour Mbunguma Kitobi André et Saambili Bamukoka ; Me Blanchard Mbiya pour Kasereka Balabala alias Pharaon et Mbunguma Kitobi. Aussi, Me Kasereka Sikira plaide pour Bakola Mutela ; Me Déo Shoto pour Mwami Bulembo Ando Kazire ; Me David Wambale, Me Nathan Tagirabo, Me Charles Umumoki, Me Joël Shanyungu et le Défenseur Militaire agréé Kiwunga Makila pour le reste de prévenus non assistés ; Me Kaniki Paluku pour les parties civiles.

Comparait Monsieur Katembo Kapisa :

Q. Avez-vous déjà été condamné ?

R. Non.

Q. Dans quelle circonstance avez-vous connu monsieur Shahetera ?

R. C'était au mois de juillet 2011, je travaillais à Mandume au dispensaire. Il y avait deux personnes, Mbale qui était malade et son ami. Celui qui était malade devait être hospitalisé. Je l'ai gardé pendant une semaine. Monsieur Baroni est venu me voir. Il a dit qu'il est Mayi mayi, il était venu libérer les prisonniers à Kangbayi, il aimerait partir avec moi pour les soigner. J'ai trouvé cette histoire étrange pour moi. Je l'ai géré en prenant la décision de venir à Beni. Je me suis dirigé vers le Kyaghanda Yira, j'ai trouvé le président, son adjoint et le conseiller. Je leur ai tout raconté pour qu'ils m'acheminent chez le Maire de la ville. Comme il faisait soir, ils m'ont dit de passer la nuit et au matin, un papa m'a amené chez le Maire de la ville. Il m'a demandé de le trouver à la mairie. J'étais le premier à être reçu chez lui. Il a appelé le chef militaire, il m'a demandé de lui raconter tout. Il m'a demandé d'aller à Mandume, puis l'appeler. J'ai rencontré les gens là-bas, je l'ai appelé, il a dit qu'il va venir après quatre jours. Comme il ne venait pas, ces gens sont partis. Après quelques jours, ils sont encore revenus me solliciter pour aller avec eux. J'ai rappelé le chef que ces gens sont ici. Ils ont dit qu'ils vont venir à Beni. Le chef m'a dit de venir avec eux jusqu'à Beni. Nous sommes arrivés à 16 heures. Ils sont partis passer la nuit à Munzambayi et moi je suis allé passer la nuit chez nous après leur avoir promis que nous allons nous rencontrer le jour de la réunion. J'ai rappelé le chef, il m'a dit de lui faire signe le jour de la réunion. C'est le jour de la réunion que j'ai connu Shahetera. J'ai donné l'adresse au chef. La réunion a commencé à 9 heures. J'ai rappelé le chef qui n'est pas venu jusqu'à la fin de la réunion. J'ai appelé mon frère Sindani qui est honorable à Kinshasa. Il m'a dit qu'il va envoyer quelqu'un avec qui je vais travailler. Celui-là m'a appelé, un monsieur qui s'appelle Richard. Nous nous sommes rencontrés avec lui, il m'a amené chez un chef à qui j'ai tout raconté. Le lendemain, le chef qui présidait la réunion m'a appelé pour l'amener à Kabasha. J'ai informé au chef militaire du lieu de rencontre, au

marché. Je l'ai vu à côté de la Regideso. Je l'ai salué et les militaires sont venus nous arrêter. Je suis rentré. L'autre aussi m'a appelé pour l'accompagner à Kokola. C'était monsieur Barongi. J'ai donné l'adresse, on l'a arrêté. Dans cette réunion, ils se préparaient d'attaquer l'OZACAF. Il y avait aussi Mandefu. Shaentera était comme le chef de Mayangos. On sollicitait le champ chez Shahetera. C'est là que j'ai connu Shahetera.
Q. Dans cette réunion, vous parliez en Kinande ?
R. Oui, Kinande et kiswahili.
Q. Shahetera parlait en quelle langue ?
R. En Kinande.
Interprète, Colonel Simisi Tuve, Matricule : 173980830105, Dipo EM Secteur Opérationnel Sukola I Nord.
Un jour j'ai vu Barongi et Mbale. Ils m'ont dit que ce sont eux qui ont attaqué la prison de Kangbayi. Yalala m'a amené chez le Maire, j'ai lui ai raconté cela. Shahetera, je l'ai vu à la réunion, il est connu comme chef de Mayangos.
Q. Shahetera, votre réaction ?
R. Borangi m'a appelé chez lui, me signalant qu'il a quelque chose à me dire. Il me dira qu'il a besoin d'un champ. Quand j'ai entendu ce qu'il disait, j'ai réalisé que je ne pouvais pas entrer dans leur affaire. Je n'avais pas de champ à leur donner et je ne suis pas chef.
Q. Etiez-vous à la réunion à côté du terrain ?
R. Oui.
Q. Qui était le commandant de l'armée, son nom ?
R. Je ne connais pas son nom.
Q. Le commandant vous a-t-il donné le numéro de téléphone ?
R. Oui.
Q. Sous quel nom avez-vous écrit son numéro ?
R. Il m'avait remis son numéro sur un bout de papier pour que je puisse l'appeler en cas de besoin et après la causerie que j'efface le numéro ; c'était ça la consigne.
Ministère Public : Le récit de monsieur Kapisa est cohérent. Il a raconté à monsieur le Maire. Nous n'allons pas trouver le numéro de l'officier de l'armée, sinon on allait déjà l'apprendre.
Q. Le fait se passe en quelle année ?
R. En 2011.
Ministère Public : Avec Kisofere, c'était l'attaque de 2013 ; l'OZACAF a été attaqué deux fois.
Q. Mbunguma, la réunion avec Hilaire, c'est en quelle année ?
R. Je n'ai pas eu de réunion avec Hilaire, mais avec Kavawaseli, fin 2009 début 2010.
Q. Cette réunion a eu lieu où ?
R. A Kanzuli.
Ministère Public : Shahetera, on le retrouve partout.

Q. Shahetera, reconnaissez-vous avoir cité Kapisa comme recruteur des Mayi mayi ?
R. C'est faux.
Q. Shahetera, vous souvenez-vous avoir dit que Mbunguma avait envoyé Mutokambali et Léandre à Semuliki ?
R. J'avais dit cela.
Ministère Public : PV OPJ cote 50-51 de Shahetera ; devant l'OMP cote 325-331. Nous disons c'est vrai que Kapisa nous a aidés et nous a facilités à connaitre le groupe et Kisofere nous a aidés d'arrêter Paulin en 2013. Deux années plutôt, il nous a aidés. En dehors des déclarations, nous n'avons pas d'autres faits à charge de monsieur Kapisa Emmanuel.
Q. Shahetera, avez-vous quelque chose à dire ?
R. Tout ce que vous dites, ça n'engage que vous.
Comparait monsieur Tumba Milamilo : né à Butembo en 1979, fils de Tulonga (en vie) et de Nyasa (en vie), Domicilié à Boikenen, Avenue des Ecoles N°1, 6ème primaire.
Q. Avez-vous un ami qui s'appelle Kasereka ?
R. Oui.
Q. Où est-il ?
R. Je ne sais pas.
Q. Connaissez-vous ce monsieur à côté de vous ?
R. Oui, c'est un voisin.
Q. Vous souvenez-vous que vous avez bu un jour ensemble ?
R. Nous avons pris de la boisson et nous étions ivres, puis lui est venu s'asseoir à côté de nous pour nous dire qu'ils ont besoin des jeunes pour combattre les « katakata »[31]. Les armes vont venir de Tanzanie par Kankole et l'autre groupe viendra de Butembo.
Q. Bekeve, votre réaction ?
R. C'est faux.
Q. Bekeve vous a-t-il dit avant, pendant ou après avoir bu ?
R. Nous étions déjà ivres.
Comparait madame Kavira Mutuama Gorethe, née à Masereka, le 7 octobre 1961 ; niveau d'étude 6ème primaire ; Domiciliée à Ngite I ; Groupement Batangi-Mbau, Secteur Beni-Mbau ; Mariée à Paluku Mahamba et mère de 5 enfants ; Cultivatrice. (Beni)
Q. Etiez-vous à Nvemba lors des massacres ?
R. Oui.
Q. Où cultiviez-vous ?
R. A Nvemba Masulukwede.
Q. Qui était le Kapita de votre champ ?
R. Pharaon.

[31] Surnom kiswahili pour désigner les égorgeurs ou les massacreurs des civils.

Comparait madame Neema Kangeti Nziavake, née à Mavivi en 1992 ; Etudes faites : 2 ans primaires, Domiciliée à Ngite II, Groupement Batangi-Mbau, Cultivatrice ; Mariée à monsieur Paluku Mao et mère de 3 enfants. (Mavivi)
Q. Où est votre mari ?
R. Au village.
Q. Qui était le capita de votre champ ?
R. Pharaon.
Comparait monsieur Muhindo Justin, né à Mbau, le 7 octobre 1989, fils de Tito (en vie) et de Masika (décédée) ; niveau d'étude 6 ans primaires ; Domicilié à Ngite II ; Chef de la localité de Ngite. (Goma)
Comparait Kasereka Balabala Pharaon, Mbunguma Kitobi André, Saliboko Lambert
Victime Beni qui comparait :
Q. Connaissez-vous Pharaon ?
R. Oui, mon chef.
Q. Et Saliboko ?
R. Oui, il fut aussi chef chez nous.
Q. Le jour où on a tué, étiez-vous aussi à la réunion ?
R. Non, j'étais au champ ; ce sont mes enfants qui étaient partis.
Q. Qui vous a parlé de la réunion ?
R. Pharaon, en disant que chacun amène ses pièces d'identité. La réunion se tenait chez Carlos.
Q. Etait-ce un jeudi, le jour du marché ?
R. Oui.
Q. Pourquoi la réunion le jour du marché ?
R. Je ne sais pas.
Q. Qui était à la réunion ce jour-là ?
R. Mes enfants qui avaient entre 19 et 25 ans.
Q. Par rapport aux massacres, Saliboko n'était-il plus Kapita ?
R. Il n'était plus chef, cela faisait déjà plus ou moins six mois.
Q. Entre Nvemba Masulukwede et Mavivi, où est-ce qu'il y a eu massacres ?
R. Nvemba de Masulukwede.
Q. Qui était le chef de votre localité ?
R. Pharaon.
Q. Ce n'est pas Carlos ?
R. Carlos était cultivateur.
Comparait victime Goma.
Q. Connaissez-vous Saliboko ?
R. Oui.
Q. Pharaon ?
R. Oui.
Q. Avez-vous appris la nouvelle de la réunion ?
R. J'ai appris ça en route, chez un ami qui m'a parlé de la réunion du jeudi. Il est parti passer la nuit au champ et nous avons appris la nouvelle de la mort

des gens. On a fait appel aux jeunes pour transporter les cadavres. J'étais parmi les gens qui accompagnaient les FARDC, la police et l'ANR. Nous avons trouvé beaucoup de morts chez Carlos.
Q. Qui avait parlé de cette réunion ?
R. Pharaon.
Q. Avait-on cité le nom de Saliboko ?
R. Non.
Q. Dans quelle localité est situé le village de Nvemba où les massacres ont eu lieu ?
R. C'est au niveau de Nzuma que les massacres ont eu lieu, en aval de Mavivi.
Q. Votre ami vous a dit celui qui allait tenir la réunion ?
R. Il n'avait pas précisé celui qui allait tenir la réunion.
Q. Avez-vous parlé de la patrouille des FARDC dans cette contrée ?
R. Non.
Comparait Madame de Mavivi
Q. Etiez-vous chez Carlos lors des massacres ?
R. Oui.
Q. Qu'est-ce que vous êtes allés faire là-bas ?
R. Nous sommes partis à la réunion.
Q. Qui vous a parlé de la réunion ?
R. Pharaon.
Q. Vous étiez arrivés à quelle heure ?
R. A 8 heures, on nous a demandé d'aller nous faire identifier. C'est monsieur Edouard qui nous enregistrait dans un cahier. Les militaires ont surgi sous la pluie, nous sommes entrés dans la maison. Un militaire était devant la porte. Ils ont commencé à ligoter les papas, puis les mamans. Ils ont commencé à taper sur les dos des papas. Un militaire m'a jeté par terre. Mon bébé regardait le chef des bourreaux. Il commençait à sourire. Le chef m'a demandé de prendre le bébé et ils ont commencé à tuer les gens. J'ai profité pour fuir.
Q. Avez-vous reconnu le chef ?
R. Je ne le connais pas. Il portait un pantalon training, un tricot et avait une arme.
Q. Avez-vous parlé avec un militaire ?
R. Il était à la porte, il m'a demandé de donner le bébé au pygmée. Ils avaient des armes, des couteaux. Ils ont tué les gens avec les machettes. Un jeune a surgi ; quand il voulait fuir, on a tiré sur lui, il a été blessé et il est vivant.
Q. Ces gens parlaient quelle langue ?
R. Kiswahili avec tonalité de R R[32].
Q. Ils portaient quelle tenue ?
R. La victime pointe la tenue portée par les FARDC.
Ministère Public : A Sun City avec le RCD/K-ML, on a doté les militaires des tenues vertes.

[32] Le RR désigne le kiswahili avec tonalité kinyarwanda.

Q. Zofré à Madina, avez-vous entendu l'histoire des tenues vertes chez les ADF ?
R. Oui.
Q. Avez-vous entendu parler des chefs militaires FARDC qui amenaient des tenues militaires chez les ADF ?
R. Oui, Kamulete.
Q. C'est Carlos ou Caros ?
R. C'est Caros.
Mbunguma : Je suis très content de voir les rescapés. Kambale est à Kinshasa. Quatre jours avant les massacres, j'ai parlé avec les FARDC. Parmi eux, il y avait Adrien. Aujourd'hui on dit qu'il est ADF. Tout ce qu'on disait, c'est lui qui le transmettait chez les ADF.
Ministère Public : Mbale est en extra muros. Il est en prison, mais il travaille en dehors de la prison. Vous nous parlez d'Adrien. Vous avez connu Adrien avant moi.
Comparait monsieur Nkulu Musekuse, né à Mumba, le 23 aout 1949 ; fils de Kima (décédé) et de Lusamba (décédée), Chef du Quartier Adjoint de Ngadi ; Domicilié au Qaurtier Ngadi, Commune Ruwenzori.
Q. Avez-vous reçu la nouvelle venant d'un major FARDC à propos des massacres ?
R. Un major est venu nous voir à propos de ces massacres. C'est le colonel Gaby qui a envoyé la nouvelle à ce major qui nous disait de passer la nuit avec lui à l'extérieur. Deux semaines après les massacres, j'ai comparu au T2. Trois semaines après, on m'a libéré.
Q. Le major ne vous a pas parlé des assaillants ?
R. Non.
Q. Quelle était sa source d'information ?
R. Le major avait appris cela chez le colonel pour qu'il déplace sa femme.
Q. Avec qui avez-vous veillé ?
R. Avec des militaires.
Q. Après les tueries, qu'avez-vous appris sur l'identité de ces assaillants et ce jour, que dire de la mort du chef Mambiti ?
R. Les massacres ont commencé en route pour se terminer chez Mambiti.
Q. Le colonel Gaby est de quelle unité ?
R. Il est de 1006
Q. La nouvelle était une information ou une rumeur ?
R. On ne croyait pas à cela.
Q. Mbunguma, comment avez-vous su qu'on allait attaquer Nvemba ?
R. Mes deux cultivateurs qui avaient vu ces gens ont été arrêtés par eux.
Q. Musekuse, vous souvenez-vous d'une jeune fille qui a été atteinte d'une balle au ventre ?
R. Oui.
Q. Peut-on retrouvé cette fille ?
R. Elle est à Goma ; je peux demander à son père.

Q. Vous souvenez-vous nous avoir amené une tenue ?
R. Oui.
Q. Qu'est-ce qui était écrit sur cette tenue ?
R. Ministère Public répond : tenue verte avec mention FAC.
Q. On vous a parlé du Colonel Gaby ?
R. Oui.
Q. Combien de garçons avez-vous ?
R. Six garçons, ils sont en ville de Beni.
Ministère Public : Un des fils du chef continue à gérer la milice de monsieur Mbunguma. Le MP continue à mener des recherches si cela est vrai et va mettre la main sur ce fugitif.
Remise contradictoire à lundi prochain 15 mai 2017.

Audience publique du 15 mai 2017

RP N° 0172/2017
RMP N° 0807/KNG/2017
En chambre foraine à laquelle siègent :

1. Lt Col. Mag. Ntshaykolo Esosa Masele Jean Paulin, 1er Président ;
2. Col. Omeonga Taunya José, Juge Assesseur ;
3. Col. Ndiba Bulangiti Matthieu, Juge Assesseur ;
4. Col. Busoki Wa Karaku, Juge Assesseur ;
5. Com. Sup. Ppl Ngumbi Kulinga, Juge Assesseur ;
6. Gén. Maj. Mokunto Kiyana Tim, 1er AGF, Ministère Public ;
7. Maj. Madoli Nzoki Guy Martin, Greffier.

En cause : l'auditeur militaire supérieur Près la cour militaire opérationnelle du Nord-Kivu, Ministère Public et parties civiles.
Contre :

- Colonel Lusenge Muhindo David ;
- Monsieur Mbunguma Kitobi André ;
- Monsieur Saambili Bamukoka ;
- Mwami Bulembo Ando Kanzire Pierre ;
- Monsieur Nkayalua Bankale Etienne, alias Munganda, et Consorts.

Prévenus de :

- Association des malfaiteurs ;
- Détention illégale d'armes ou des munitions de guerre ;
- Crime contre l'humanité par meurtre, déportation ou enlèvement ;
- Violation de consigne.

La cause est appelée à 11 heures 20 minutes.
A l'appel de la cause, les prévenus cités ci-haut comparaissent en personne et assistés par leurs conseils. Ils sont constitués de David Wambale pour le Colonel Lusenge, Kambale Saliboko et Mutokambali ; Me John Mughisa pour Mbunguma Kitobi André et Saambili Bamukoka ; Me Blanchard Mbiya pour

Kasereka Balabala alias Pharaon et Mbunguma Kitobi. Me Kasereka Sikira plaide pour Bakola Mutela ; Me Déo Shoto pour Mwami Bulembo Ando Kazire ; Me David Wambale, Me Nathan Tagirabo, Me Charles Umumoki, Me Joël Shanyungu et le Défenseur Militaire agréé Kiwunga Makila pour le reste de prévenus non assistés ; Me Blaise Matokeo pour les parties civiles.
Comparait Mwami Bamukoka :
Q. Avez-vous été averti de l'attaque de Kamango ?
R. L'attaque était par surprise.
Q. Le Maire vous a-t-il demandé de quitter Kamango ?
R. Oui.
Q. Que vous a demandé le Maire sur l'imminence de l'attaque de Kamango ?
R. Je ne me souviens plus.
Q. Ne vous a-t-il pas demandé de quitter Kamango ?
R. C'est comme s'il me l'avait dit, mais la route était aussi coupée.
Q. Avez-vous appelé à Kinshasa pour informer quelqu'un là-bas ?
R. Je ne me souviens plus, mais j'ai appelé des gens.
Q. Avez-vous eu des soupçons qu'on vous appelle pour vous arrêter ?
R. Non, la guerre a commencé à la position militaire. On nous visait nous, les autorités. J'ai quitté chez moi vers la ville.
Q. Où était le chef de Bawisa ?
R. Chez lui à Kamango.
Q. Avez-vous appelé le chef de Bawisa pour l'informer ?
R. J'avais informé tous mes chefs de Groupement et le commandant de la police. Le chef de Bawisa a été informé par un autre chef de Groupement.
Q. Aviez-vous de problème avec le chef de Bawisa ?
R. Non.
Q. Un de vos petits-frères n'a-t-il pas eu des échanges violents avec le chef de Bawisa ?
R. Oui, j'étais en mission à Beni. Le chef m'avait suivi ici à Beni pour m'en informer. Un jour, il était avec le colonel en train de boire. Il a vu ma femme aussi boire à côté d'eux. Il a soupçonné madame d'être amie de l'autre qui était là.
Q. C'est à cette occasion que l'agent de Médecins sans frontière (MSF) a été enlevé ?
R. Oui.
Comparait monsieur Zofré.
Q. Qu'est-ce que vous avez appris de la mort du chef de Bawisa ?
R. Depuis longtemps dans le groupe des ADF, il y avait carence des médecins. Les ADF avaient besoin des médecins pour soigner des gens et former les autres médecins. Il y avait mission d'attaquer Kamango pour chercher les médecins et enlever le chef qui était là. Le groupe d'attaque est parti accomplir cette mission ; ils ont amené le véhicule du médecin et celui du chef. Les docteurs ont été acheminés à Madina : une femme, deux hommes et un chauffeur, cela fait quatre personnes. Ils ont commencé à transporter des effets

suite à la contre-attaque des FARDC. On a brûlé ce véhicule pour le jeter à la Semuliki.
Q. Est-ce qu'on avait déjà pris le médecin d'Oïcha.
R. Oui, le docteur d'Oïcha était arrivé avant la machine (appareil de radiologie)
Q. Pourquoi on visait Mwami de Bawisa ?
R. La mission était d'enlever les Médecins et de tuer le chef de Bawisa.
Q. D'où est venue cette décision de tuer le chef ?
R. De chef Bamukoka.
Ministère Public : L'enlèvement des Médecins n'était pas un hasard, c'est Bamukoka qui a réalisé cela. Madame Chantal, qui était parmi ces gens a recouvré la liberté. Elle est chez elle, mais les autres ne sont toujours pas retrouvés. Mwami de Bawisa était mort puisqu'il était devenu gênant pour le trafic qui se faisait chez les ADF.
Q. Bamukoka, votre réaction ?
R. Si j'avais appelé les ADF, comment ont-ils brûlé chez moi et emporté mes biens ?
Q. Qui avait commandé l'opération d'Oïcha, le kidnapping du docteur Mukongoma ?
R. Philippe est entré à l'hôpital, il a dit au docteur : nous avons besoin de toi. Quand il a commencé à résister, on l'a pris de force pour le mettre dans le véhicule et l'amener en brousse.
Q. Etiez-vous dans l'opération des massacres à Kamango ?
R. Non.
Q. Pour quel intérêt suiviez-vous cette attaque de Kamango ?
R. Quand vous apprenez que les gens veulent quitter le camp, vous allez poser la question de savoir ce qu'ils sont partis faire et au retour vous allez demander ce qui s'est passé.
Q. Avez-vous vu ces médecins sans frontières ?
R. Oui.
Q. En quelle année le docteur Mukongoma a été enlevé ?
R. En 2012.
Q. Avez-vous participé à ce rapt ?
R. Non.
Q. Avez-vous déclaré que vous avez amené le docteur ?
R. Non.
Q. Pourquoi avez-vous déclaré avoir entendu parler de Mwami Bamukoka une fois en 2013. Pourquoi n'avez-vous pas déclaré aussi pour l'attaque de Kamango en 2012 ?
R. Je ne peux pas dire ce que je n'ai pas entendu.
Q. Pouvez-vous conclure qu'à l'audience précédente, celle du 2 mai, vous n'avez pas entendu Bamukoka appeler les ADF venir enlever les médecins ?
R. J'ai entendu.

Q. Entre l'attaque de Kamango et la visite de notre client à Madina, quel événement a précédé l'autre ?
R. Aucune réponse.
Q. Ceux qui sont descendus, avez-vous dit pourquoi ils ont brûlé les biens de Bamukoka ?
R. Je ne sais pas si ses biens ont été brûlés.
Q. Quel est le nom du chef Jamil qui vous a rappelé que Bamukoka a déposé les 15000$?
R. C'est Richard.
Mwami Bamkoka : L'OMP a dit que c'est lui qui a appelé les ADF pour enlever les médecins sans frontières et tuer le chef de Groupement puisqu'il faisait obstacle au trafic de leurs biens à la frontière de Nobili alors qu'il y a un garçon de Bukavu qui est passé et a dit que le chef a été tué pour des dettes. Zofré, dans ses déclarations, avait déjà cité mon nom et même celui de Mwami Bulembo. Tout ce qu'on dit sur moi, c'est faux. 30 ans de service, je n'ai jamais trahi le Gouvernement.
Défense : Les propos de Zofré sont contraires à la tactique des ADF. Comme disait Winni, les exécutants ne savent pas ce qu'ils allaient faire. Ce n'est que sur le terrain qu'ils sont au courant.
Comparait monsieur Winni : Quand le commandant ADF a reçu une mission, il ne peut pas dire aux exécutants. Richard est toujours à côté de son père, il connait ce qui se passe. Il peut dire à ses amis. Bamukoka a fait scolariser l'enfant de Kalume III.
Ministère Public : Richard est l'un des enfants de Jamil, il est combattant. C'est bien lui qui a tiré sur Mamadou les deux roquettes. Il est tireur de lance-roquette. Il y a contradiction entre Zophré et Okapi. Okapi a dit que Bamukoka a été attaqué du fait qu'il a eu une réunion avec les Ougandais sans faire rapport. Pourquoi seulement lors de l'enlèvement des médecins sans frontières, les médecins de Kamango sont protégés par Bamukoka. Il y a beaucoup de personnes qui accusent Bamukoka.
Zophré : Richard était mon ami. Nous avons été arrêtés avec lui quand on jouait au football.
Partie civile : Zophré a cité Bamukoka et Feza. Mwami Bulembo a aussi cité Feza ; ce qui n'est pas un hasard.
Comparait monsieur Agaba Balikigamba Ismael : né à Luanoli, le 5 mai 1982 ; fils de Abdou Mokia (décédé) et de Masuela Zainabo (en vie) ; 6 ans PP ; Domicilié à Nobili.
Q. Avez-vous fait la formation militaire ?
R. Oui, en Ouganda.
Q. En quelle année avez-vous quitté l'armée ougandaise ?
R. Suite à la déclaration de mon père qui disait que je suis Congolais et non Ougandais.
Q. Connaissez-vous Bamukoka ?
R. Oui, le chef de Chefferie de Watalinga.

Q. Mwami de Bawisa ?
R. Oui.
Q. Bamukoka, est-ce Mwami Bulya qui s'occupait des marchandises qui passaient à Nobili ?
R. Je ne sais pas.
Q. Y avait-il un problème entre le chef Bulya et Bamukoka ?
R. Oui, en 2012, il y avait un mouvement à la douane. Les véhicules venaient et passaient. Toute la douane était entre ses mains. Un jour, le chef Bulya voulait arrêter un véhicule, le chauffeur a refusé. Quand on a arrêté le véhicule, on a ouvert la bâche. Il y avait des bœufs et d'autres marchandises en termes des vivres. Le chauffeur a appelé le chef de Groupement qui a donné l'ordre au chef Bulya qui a laissé passer le véhicule. Le véhicule est parti pour retourner avec du bois. J'ai demandé au chef, il a dit que ce Groupement a des problèmes. Quand je suis arrêté à Ndolo, je ne suis pas ADF. Comme je connais l'anglais, j'ai voulu savoir comment mon frère est mort. Un jour, j'ai demandé à Zophré s'il savait quelque chose de la mort de mon frère. Il a dit que son chef laissait tout passer. Lui a été tué et jeté dans la toilette. En 2013, j'étais à Oïcha, j'ai demandé pourquoi on avait enlevé le docteur d'Oïcha, il a dit qu'il y avait un problème de médecin. C'est le chef de Watalinga qui leur avait indiqué l'emplacement de ce docteur. Bamukoka, tout le monde a peur de lui, même les vieux. Nous avons quitté en 1991 pour rentrer au pays en 1997. L'ONG est venue nous aider à construire des maisons à quatre chambres. Quand on terminait, on récupérait la clé d'une chambre et la clé de la toilette. La deuxième femme de papa voulait qu'on puisse construire pour elle, et c'est comme cela qu'on a commencé à construire. J'ai enlevé tous les biens. Maman s'est fâchée et elle est allée porter plainte. On a fait appel à notre papa à cause de cette maison qu'on voulait construire. Le papa a été arrêté et les gens ont informé l'ONG. Ils sont venus au bureau de la chefferie. Ils ont trouvé le papa. La chefferie a taxé une amende de 150.000fc et le papa est sorti. On a construit pour la deuxième femme de papa dans une autre parcelle.
Q. Bamukoka, connaissez-vous l'ONG ADRA ?
R. Oui.
Q. Pourquoi on réservait une clé ?
R. C'est faux, l'ONG est là, personne ne prenait la clé.
Q. Connaissez-vous Renzao ?
R. C'est un demi-frère. Notre maman est Mutalinga et son père Munyabwisha, moi aussi Mutalinga.
Q. Est-ce qu'il n'est pas Hutu ?
R. Qu'est-ce que cela a à faire avec son dossier ?
Ministère Public : Renzao est connu à Beni, il est Hutu. Nous avons entendu ici lorsqu'on a dit que la maman de Bamukoka a été chassée enceinte. Elle est allée rejoindre son mari Hutu à Rutshuru.
Q. Bamukoka, votre réaction ?

R. Les gens cherchent toujours à fabriquer des histoires sur mon nom. Le renseignant de monsieur Agaba, c'est Zophré. Agaba est l'instructeur des ADF à Tsutsubo. Il a longtemps vécu à 25 Km. Il volait des chèvres pour les amener chez les ADF. Quand il a fui à Nobili, il a été arrêté. ADRA, c'est comme les autres ONGs qui volent au secours des vulnérables. Elle a construit des maisons. Pour le problème de véhicule venant de l'Ouganda, à Nobili il y a tous les services. S'il y a des trafics suspects, l'un des services allait le dire en précisant qui est le propriétaire de ce véhicule et où est-ce qu'on déposait ces marchandises. Je n'ai pas un dépôt chez moi. Il y a quatre jours qu'on a appris qu'on prépare quelqu'un qui viendra parler comme Agaba.
Q. En quelle année étiez-vous arrêté ?
R. En 2014.
Q. Quel est le motif de votre arrestation ?
R. Le fait que j'étais absent au village. J'ai quitté Watalinga pour Oïcha chez mes frères.
Q. Vous souvenez-vous que vous voliez des chèvres pour les amener chez les ADF ?
R. C'est faux.
Q. Zophré, pourquoi on avait tué le chef Bulya ?
R. Il y avait un conflit avec le chef Bamukoka. Il arrêtait les marchandises qui passaient là-bas.
Ministère Public : Zophré nous raconte ce qu'il a entendu et Agaba nous raconte ce qu'il a vu.
Q. Bamukoka, est-ce que le chef Bulya a été jeté dans la toilette ?
R. L'information passe à la radio. Après des recherches, on a trouvé qu'il était jeté dans la toilette.
Q. Etiez-vous parti avec le chef de Groupement en brousse ?
R. Quand la chefferie était menacée, il y avait des rites cérémoniaux pour éviter certaines choses. C'était au village, pour essayer de faire ce que les sages ont dit.
Le Ministère Public donne lecture de PV d'un renseignant qui a été entendu et le dépose sur le banc.
Q. Bamukoka, votre réaction ?
R. C'est quand on a amené le père et la mère de cet enfant, même le nom de cet enfant qui a été égorgé.
Q. Avez-vous dit qu'on prépare quelqu'un comme Agaba ?
R. J'avais dit quatre jours avant, je savais qu'on prépare une personne qui est ici Agaba.
Q. Qui a préparé Agaba ?
R. Pas de réponse.
Ministère Public : Nous n'allons pas arrêter avec Agaba. Nous avons deux chefs de cité de Nobili. Nous allons les amener devant la Cour.
Remise contradictoire demain mardi 16 mai 2017.

Audience publique du 16 mai 2017

RP N° 0172/2017
RMP N° 0807/KNG/2017
En chambre foraine à laquelle siègent :

1. Lt Col. Mag. Ntshaykolo Esosa Masele Jean Paulin, 1er Président ;
2. Col. Omeonga Taunya José, Juge Assesseur ;
3. Col. Ndiba Bulangiti Matthieu, Juge Assesseur ;
4. Col. Busoki Wa Karaku, Juge Assesseur ;
5. Com. Sup. Ppl Ngumbi Kulinga, Juge Assesseur ;
6. Gén. Maj. Mokunto Kiyana Tim, 1er AGF, Ministère Public ;
7. Maj. Madoli Nzoki Guy Martin, Greffier.

En cause : l'auditeur militaire supérieur Près la cour militaire opérationnelle du Nord-Kivu, Ministère Public et parties civiles.

Contre :

- Colonel Lusenge Muhindo David ;
- Monsieur Mbunguma Kitobi André ;
- Monsieur Saambili Bamukoka ;
- Mwami Bulembo Ando Kanzire Pierre ;
- Monsieur Nkayalua Bankale Etienne, alias Munganda, et Consorts.

Prévenus de :

- Association des malfaiteurs ;
- Détention illégale d'armes ou des munitions de guerre ;
- Crime contre l'humanité par meurtre, déportation ou enlèvement ;
- Violation de consigne.

La cause est appelée à 11 heures 30 minutes.
A l'appel de la cause, les prévenus cités ci-haut comparaissent en personne et assistés par leurs conseils. Il s'agit de David Wambale pour le Colonel Lusenge, Kambale Saliboko et Mutokambali ; Me John Mughisa pour Mbunguma Kitobi André et Saambili Bamukoka ; Me Blanchard Mbiya pour Kasereka Balabala alias Pharaon et Mbunguma Kitobi ; Me Kasereka Sikira pour Bakola Mutela. Me Déo Shoto plaide pour Mwami Bulembo Ando Kazire ; Me David Wambale, Me Nathan Tagirabo, Me Charles Umumoki, Me Joël Shanyungu et le Défenseur Militaire agréé Kiwunga Makila pour le reste de prévenus non assistés ; Me Kaniki Paluku pour les parties civiles.
Comparait monsieur Kambale Masimengo Jacques, né à Beni, le 23 février 2000 ; fils de Kakule Kadeu Janvier (décédé) et de Pascaline (décédée) ; 2 ans PP, élève ; Domicilié à Kanzuli à Beni.
Q. Comment êtes-vous sorti de chez les ADF et se retrouver ici à Beni.
R. Je suis passé par la Monusco, puis à la section chargée de la démobilisation des Enfants Associés aux Forces Armées ou aux Groupes Armés (EAFGA). On m'a remis un document attestant que je suis mineur. J'étais au campement de Mutara. C'est entre 2005 et 2013 que je suis chez les ADF.

Q. Comment vous étiez-vous retrouvé chez les ADF ?
R. Oui, nous revenions de Beni pour Bunia ; au niveau d'Eringeti, on nous attaqués. On a tué mes parents et mes frères ainsi que d'autres passagers. Moi, on m'a amené en brousse. C'était Rachid qui avait refusé de me tuer. J'étais encore en première année primaire.
Q. Quel âge avez-vous maintenant ?
R. 16 ans.
Q. Quand êtes-vous sorti de chez les ADF ?
R. Février 2013.
Q. Dans quel camp étiez-vous chez les ADF ?
R. Au camp de Mutara ; c'est très loin, près d'Abialos.
Le Ministère Public fait appel à monsieur Winni pour indiquer la position d'Abialos et Mutara.
Q. En dehors de ce camp, étiez-vous dans un autre camp ?
R. Nous arrivions à l'Etat-Major de Madina.
Q. Connaissez-vous un autre camp ?
R. Oui, Maliobo.
Q. Par où êtes-vous sorti en vous échappant des mains des ADF ?
R. Nous avons quitté Mutara pour Butembo. De retour, en passant par Eringeti, nous sommes passés par Mbau. Nous avons vu Feza qui nous a dit qu'il va prendre les vivres à Kamango. Nous avons laissé nos soldats au parc. Nous sommes allés en six à Kamango. Feza est sorti avec Rachid chez le chef Bamukoka. Nous sommes restés en quatre. En nous rendant compte que nous ne sommes pas de ce milieu, nous avons profité chacun pour fuir.
Q. C'était la première fois que vous arrivez à Kamango chez Bamukoka ?
R. Non, j'y suis arrivé trois fois : la première fois pour prendre les vivres ; la deuxième fois chez le chef Bulya où Bamukoka avait appelé tous les chefs ; l'autre fois, j'ai vu Bamukoka en route.
Q. Connaissez-vous la maison de Bamukoka ?
R. Monusco à droite, sa maison à gauche.
Bamukoka : Nous voilà encore dans un cas de distraction. Il vient de dire que ma résidence est devant la Monusco alors qu'elle est à Kakagua.
Q. Avez-vous reçu la carte d'électeur à l'âge de 16 ans ?
R. A la radio, on avait déclaré que celui qui a 14 ans peut se faire enrôler.
Q. Reconnaissez-vous avoir trompé les agents de la CENI pour vous faire enrôler ?
R. Je suis Congolais ; l'essentiel est d'avoir ma carte.
Q. Vous avez déclaré que vous êtes ADF ?
R. En 2008, nous avons quitté la brousse pour l'Ouganda. On m'a montré Bamukoka. Il a parlé avec le chef Rachid. Nous étions contre la population quand elle déclarait que : nous avons vu les ADF. Nous étions avec Rachid, Feza, Chuma et d'autres. Nous sommes sortis de la brousse jusque chez le chef Bulya. Nous avons demandé au chef Bulya l'adresse de la résidence de

Bamukoka, c'était en 2012. Avec cette connaissance du milieu à l'occasion du retrait des vivres, c'était normal qu'en 2013 j'en profite de fuir.
Q. Quand avez-vous vu la résidence de Bamukoka pour la dernière fois ?
R. En 2013, au mois de février.
Q. Quel est votre vrai niveau d'étude ?
R. J'ai repris mes études au centre de promotion sociale de récupération.
Q. En 2008, n'avez-vous pas vu Bamukoka ?
R. Premièrement, il est venu demander la permission qu'il y avait ces gens qui allaient travailler la route Kamango ; en 2008, nous étions partis prendre Kalume qui nous a appris l'armement. Deuxièmement, quand les gens disaient qu'ils nous voyaient au parc. Et enfin, quand nous sommes venus prendre les vivres en 2013.
Q. En 2013, avez-vous vu le chef Bamukoka ?
R. Oui, je l'ai vu.
Q. Le jour où vous avez fui, vous avez vu Bamukoka ?
R. Oui.
Q. Quelle distance sépare la résidence de Bamukoka de la position de la police où vous êtes restés ?
R. S'il faut estimer, de la tribune jusqu'à l'immeuble Galerie.
Q. Qu'est-ce que vous êtes allé faire à Butembo ?
R. Voir notre patron, nous étions deux personnes.
Défense : Butembo, c'est un mineur. La doctrine nous met en garde de témoignage produit par l'enfant. Butembo n'a jamais rencontré Mwami Bamukoka. Il a même oublié l'événement le plus important, la 4ème fois que Bamukoka les avait amenés à bord de son véhicule. Il a déclaré : les chefs sont allés voir Bamukoka, nous, nous sommes restés. Ce qui prouve qu'il n'a pas vu Bamukoka.
Q. Pour récupérer les vivres, c'était chez Bamukoka ou ailleurs ?
R. Nous étions là où nous avions l'habitude de trouver les vivres, mais les vivres n'étaient pas là. On l'a appelé, il a dit qu'il est chez lui. Nous sommes restés à la police et les chefs sont allés chez lui ; c'était pendant la journée.
Q. A la police, vous êtes restés entre les mains de quel commandant ?
R. Nous étions à côté de l'Etat-Major de la police.
Q. Vous étiez parti voir Bamukoka comme qui ?
R. Il n'était pas rebelle, mais il travaillait avec les rebelles.
Q. Le véhicule de Bamukoka était de quelle marque ?
R. Un OPJ a la même marque de couleur métallique ; c'était en 2012.
La Défense parle de certaines incohérences. Avant juillet 2013, Bamukoka n'a jamais été voisin de la Monusco. Butembo, dans sa minorité, est en train de dire des choses qu'il ne connait pas et qu'il ne comprend pas.
Bamukoka : En 2012, j'ai le commandant des FARDC, de la police à côté de moi. Tout ce qu'il dit c'est du mensonge.
Le Ministère Public agit en saint Thomas. Il ne croit pas à tout ce qu'on lui dit ; il vérifie. Mwami Bamukoka semble connaitre Butembo même s'il est

voilé. Le MP reporte le fait. C'est à vous d'évaluer les éléments fournis. La défense vous demande de croire à ce que Zophré Nyabirungu a déclaré : il parle d'un enfant, mais pas de mineur. La jurisprudence parle d'enfant le mineur âgé de 9 ans.
Q. Bamukoka est venu vous voir pour le problème de la route. Il vous a trouvé dans quel camp ?
R. Il nous a trouvé en route, sur la route Mbau-Kamango.
Q. Bamukoka, avez-vous chargé des gens pour arranger la route Kamango ?
R. Il y en avait.
Ministère Public : Butembo est parti avec Rachid à Butembo pour voir un autre chef pas Bamukoka ; il est déjà entre les mains du MP.
Comparaissent colonel Lusenge, Mbunguma, Nkayalua, Balabala Pharaon, Kayikolo Jonas, Shahetera :
Q. Kayikolo, vous vous souvenez que devant le Magistrat, on a parlé d'un certain colonel Matumo ?
R. C'est le colonel Ntumba qui m'a demandé si je connais le colonel Matumo. J'ai répondu que je ne suis pas Mayi mayi.
Le Ministère Public évoque les Cote 330-355, Question 12 ; Mp donne lecture de ce PV : les armes ont été saisies, on a cité le colonel Matumo, le colonel Lusenge et Sibe, c'était en 2009. En 2005, Sibe a été arrêté. Il voulait créer un mouvement. Il a attaqué une banque et l'argent a été emporté. Le Colonel Lusenge, on le retrouve avec les armes à Kasindi, qui sont saisies le 1er janvier 2013 chez Muhindo Edouard. Cote 263 : réaudition de Mwami Mbunguma : il y a un groupe géré par Mbunguma et le colonel Lusenge que nous n'arrivons pas à détecter.
Q. Colonel Lusenge, votre réaction ?
R. Je ne connais pas ces armes. Pour les Mayi mayi, il s'agit d'un autre Lusenge, mais pas moi.
Défense de colonel Lusenge : On a saisi les armes, on cite le colonel Lusenge. On sait là où se trouve le colonel Lusenge, on ne l'interpelle pas. On attend ce dossier pour se souvenir de l'autre dossier.
Kayikolo : On vient me mettre dans le dossier de Mbunguma que je ne connais même pas. Je suis ici pour les cornes d'antilope avec Shahetera. Le militaire me demandait pourquoi je ne voulais pas devenir militaire. Moi, je leur ai répondu que je suis infirmier, celui qui m'a fait arrêter, c'est Shahetera.
Défense dépose sur le banc le brevet de son client Kayikolo. Il serait bon de faire venir le colonel Matumo.
Ministère Public : les aveux contenus dans le PV sont l'objet de preuve.
La Défense demande de retenir ces éléments à titre d'information et de ne pas en tenir compte.
Ministère Public : le Colonel Lusenge est pris en délit de mensonge devant la Cour. Le PV du MP restera dans la vérité.
Remise contradictoire à jeudi 18 mai 2017.

Audience publique du 18 mai 2017

RP N° 0172/2017
RMP N° 0807/KNG/2017
En chambre foraine à laquelle siègent :

1. Lt Col. Mag. Ntshaykolo Esosa Masele Jean Paulin, 1er Président ;
2. Col. Omeonga Taunya José, Juge Assesseur ;
3. Col. Ndiba Bulangiti Matthieu, Juge Assesseur ;
4. Col. Busoki Wa Karaku, Juge Assesseur ;
5. Com. Sup. Ppl Ngumbi Kulinga, Juge Assesseur ;
6. Gén. Maj. Mokunto Kiyana Tim, 1er AGF, Ministère Public ;
7. Maj. Madoli Nzoki Guy Martin, Greffier.

En cause : l'auditeur militaire supérieur Près la cour militaire opérationnelle du Nord-Kivu, Ministère Public et parties civiles.
Contre :

- Colonel Lusenge Muhindo David ;
- Monsieur Mbunguma Kitobi André ;
- Monsieur Saambili Bamukoka ;
- Mwami Bulembo Ando Kanzire Pierre ;
- Monsieur Nkayalua Bankale Etienne, alias Munganda et Consorts.

Prévenus de :

- Association des malfaiteurs ;
- Détention illégale d'armes ou des munitions de guerre ;
- Crime contre l'humanité par meurtre, déportation ou enlèvement ;
- Violation de consigne.

La cause est appelée à 11 heures 50 minutes.
A l'appel de la cause, les prévenus cités ci-haut comparaissent en personne et assistés par leurs conseils. Ils sont constitué de David Wambale pour le Colonel Lusenge, Kambale Saliboko et Mutokambali ; Me John Mughisa pour Mbunguma Kitobi André et Saambili Bamukoka ; Me Blanchard Mbiya pour Kasereka Balabala alias Pharaon et Mbunguma Kitobi ; Me Kasereka Sikira pour Bakola Mutela. Me Déo Shoto plaide pour Mwami Bulembo Ando Kazire ; Me David Wambale, Me Nathan Tagirabo, Me Charles Umumoki, Me Joël Shanyungu et le Défenseur Militaire agréé Kiwunga Makila pour le reste de prévenus non assistés ; Me Blaise Matokeo pour les parties civiles.
Comparaissent Colonel Lusenge Muhindo David, Bamukoka, Mbunguma, Nkayalua, Kangeneti
Comparaissent Maitre Didi Nvuma, Alinde et Paluku
Kakule Nvuma Didi, né à Kyondo en 1953, fils de Kambale Wasukundi (décédé) et de Kaswera Musukali (décédée) ; Domicilié à Ntoni (Renseignant).
Q. Connaissez-vous monsieur Kangeneti ?
R. Oui, comme cultivateur.
Q. Qu'est-ce que vous faites dans la vie ?

R. Je suis cultivateur à Mayangos, Mbunguma est mon chef.
Q. Vous souvenez-vous, un jour, que Kangeneti est venu vous voir pour vous exposer un problème au mois d'octobre ou novembre ?
R. Avant l'attaque de l'OZACAF, Kangeneti m'avait demandé pourquoi nous avons pris douze Mayi mayi. Je suis allé dire à Mwami.
Q. Kangeneti vous a-t-il parlé de 250$?
R. Non.
Q. Vous n'êtes pas allé dire à Mbunghuma que Kangeneti a demandé 250$ pour arrêter l'attaque ?
R. Non.
Q. Mbunguma, votre réaction ?
R. Après les massacres de Kadou, Didi venait chez moi. Il s'est rencontré avec Kangeneti. Il lui a dit que, si je lui donnais 250$, il va arrêter les massacres. Didi est venu me le dire et le lendemain, ils sont venus tous deux me voir.
Q. Didi, vous rappelez-vous cela ?
R. Oui.
Q. Vous vous rappelez que vous étiez tous deux chez Mbunguma.
R. Oui.
Q. Kangeneti, Didi Nvuma dit avant l'attaque de l'OZACAF, vous lui avez dit des mauvaises choses.
R. Je ne lui avais pas dit cela, mes PV sont à l'ANR.
Q. Où se sont-ils rencontrés (Didi et Kangeneti) ?
R. Au petit marché de Mayangos.
Q. Kangeneti, vous vous rappelez vous être rencontré avec Didi au marché de Mayangos et chez Mbunguma ?
R. Oui, j'avais besoin de 250$ pour retirer la moto.
Q. Que vient faire Didi Nvuma dans votre affaire de moto ?
R. Il est mon père.
Q. Didi, Kangeneti vous a-t-il parlé de sa moto ?
R. Non.
Q. Kangeneti, votre réaction ?
R. Je lui en avais parlé.
Défense de Kangeneti : Nous n'avons jamais refusé que nous sommes avec Didi. Nous avons laissé notre moto chez un pasteur. Nous avions besoin de 250$ pour retirer la moto.
Ministère Public : Quelqu'un qui veut rendre service, il va contacter Mbunguma pour arrêter les massacres de Mayangos, maintenant il veut s'éloigner de Mayangos. Le fait de citer Kangeneti dans les massacres de Mayangos n'écarte pas Mbunguma. C'est comme cela qu'il a fait lors de l'attaque de l'OZACAF. Maitre John, vous êtes dans l'action du MP. Vos visites répétées à Kangbayi alors que vos clients sont ici.
Q. Didi, que savez-vous de la mort de monsieur Posombili ?

R. C'était le problème de chef Kapita. Il y avait conflit des limites de deux personnes. Posombili voulait s'imposer et il s'est battu avec Mbunguma. Le jugement a eu lieu et le problème était fini.
Ministère Public : Didi amène la mort de Bambiti Posombili à la bagarre de Mbunguma et Posombili, qui est mort, alors que Mbunguma est vivant.
Q. Qu'est-ce que Kangeneti nous a dit pour l'arrestation de douze Mayi mayi ?
R. Que nous avons mal agi d'arrêter les Mayi mayi.
Q. Avez-vous déclaré que le conflit entre Mbunguma et Posombili avait pris fin ?
R. Après la réconciliation, on leur a demandé de manger ensemble.
Mbunguma : Entre moi et Posombili il n'y avait pas de conflit, mais plutôt entre Emmanuel et Posombili. Je l'avais tapé comme un parent qui tape son enfant. Quand on a voulu me limoger, il avait dit de me laisser continuer à travailler. Ce sont les allégations des gens qui disent que c'est moi qui l'ai tué.
Ministère Public : Posombili a laissé un testament. La famille de Posombili m'écoute, elle m'envoie des messages que Dieu vous a envoyés pour que la vérité éclate.
Q. Didi Nvuma, est-ce vous qui les avait séparés ?
R. Oui.
Q. Mbunguma, vous rappelez-vous que votre frère avait un choc à lui.
Q. Vous l'avez frappé comme qui ?
R. Comme un chef subordonné à moi. Il y avait un problème entre le parc et la chefferie. Lui et l'autre se battaient pour les limites. Je le calmais pour qu'on termine la réunion, il refusait et je l'ai alors frappé.
Q. Didi, vous prétendez avoir séparé la bagarre. Si quelqu'un donne une gifle, faut-il le séparer ?
R. Mbunguma avait donné deux coups de poing à Posombili. J'étais tout près de Posombili. Je me suis levé pour les séparer.
Défense Kangeneti : 250$ pour arrêter les massacres, nous ne connaissons pas ; l'origine des massacres, nous ne la connaissons pas non plus.
Ministère Public : PV de Rutangi Emmanuel qui était en conflit des limites avec Posombili. Cote 153, MP donne lecture de ce PV.
Comparait monsieur Paluku Kasamira Nestor, né à Bonga, le 23 décembre 1964, fils de Paluku (en vie) et de Ngwangu (en vie) ; agriculteur, 2 ans PP ; Domicilié à la Commune Ruwenzori, Avenue Munganga N° 28 (Renseignant).
Q. Mbunguma, connaissez-vous une association dénommée UAEPCO ?
R. Oui.
Q. Qui l'a créée ?
R. Elle a commencé en 2000, créée par mon père et les cultivateurs. Quand on l'a chassé de Mayangos, l'association a disparu. On a ensuite créé une association de gestion des conflits. On nous a recommandé de créer une autre association pour le conflit avec le parc. Kasamira, Président et moi, Conseiller.

Q. Kasamira, êtes-vous d'accord avec ça ?
R. Oui.
Q. Le but de votre association ?
R. Défendre les pêcheurs et les agriculteurs.
Q. Mbunguma, y-a-il aussi des pêcheurs ?
R. Oui, quand j'ai déclaré sur le PV, il n'y avait pas de pêcheurs.
Q. Kasamira, y avait-il des pêcheurs ?
R. Les pêcheurs y étaient depuis 2005.
Ministère Public : Kakule Makambo nous a dit comment il a été dans cette association des pêcheurs. Il a participé aux massacres de Muzambayi et il a tué une personne.
Comparait monsieur Muhindo Kalikole Alinde, né à Beni, le 16 mai 1972, fils de Olenga (décédé) et de Malya (en vie) ; Chef de Quartier Boikene, Domicilié à la Commune Mulekera, Quartier Masiani, Avenue Mbongo N° 21 (Renseignant).
Q. Lien familial avec Mbunguma ?
R. Mon petit-frère, troisième après moi, même père et même mère.
Q. En août 2014, vous avez participé à une réunion. Quel était le but de cette réunion ?
R. Oui, sur la mégestion de Boikene.
Q. Avez-vous voulu destituer Mbunguma ?
R. Oui.
Q Que reprochiez-vous à Mbunguma ?
R. Quand il recevait, il bouffait seul. Il n'était pas réceptif aux conseils ; il ne voulait pas collaborer avec la hiérarchie.
Q. Lui aviez-vous reproché d'installer des chefs qui n'étaient pas de la famille ?
R. Oui, les chefs Balabala et Saliboko.
Q. Avez-vous appris que Mbunguma entretenait une milice ?
R. Nous avons peur de lui ; je ne sais pas.
Ministère Public : Cote 99, PV de monsieur Alinde ; MP donne lecture de ce PV.
Q. Vous souvenez-vous de ces questions-réponses ?
R. Oui.
Q. Avez-vous une copie de la lettre de Mavivi ?
R. Je peux la retrouver.
Q. Mbunguma, votre réaction ?
R. Dans la famille, il n'y avait pas de désordre pour que je sois limogé. C'est bien lui qui voulait me destituer. Il s'est attaqué à Kasereka qui était Nande, Saliboko qui est remplacé par ma petite sœur. Il a attaqué même la petite-sœur et Kasereka Balabala. Il n'a pas participé à mon investiture. Nous avons travaillé avec lui et le chef de Groupement. Son souci était que je ne sois pas investi comme chef alors que mon père m'avait choisi de son vivant.

Q. Alinde, lors de la réunion, y avait-il de la lettre la hiérarchie qui était présentée ?
R. Le chef de localité doit faire rapport au chef de Groupement. Il n'y avait pas de lettre. Nous avons montré que le petit-frère a été condamné par défaut.
Ministère Public : Par le TMG Beni sur l'attaque de Nyaleke.
De voir le greffier pour ce jugement.
Q. Qui a investi Pharaon et Saliboko ?
R. C'est Mbunguma qui les a mis là-bas.
Q. Pharaon, qui vous a investi comme chef ?
R. Chef Grégoire.
Q. Saliboko, qui vous a investi comme chef ?
R. C'est le chef qui m'a investi.
Q. Alinde, avez-vous tenu des propos menaçants à Jean Marie et Mbunguma ?
R. Non.
Mbunguma : Dans la dernière réunion, Jean-Marie m'avait appelé pour me dire qu'il y a des problèmes qui concernent ma destitution. Quand je suis arrivé, Alinde a menacé Jean-Marie que s'il avait une arme, il allait tirer sur lui et partir en Ouganda du fait qu'il avait refusé d'apposer sa signature. Il a même laissé la maman, qui l'avait amené, pour partir seul.
Q. Alinde, votre réaction ?
R. C'est faux.
Q. Jean-Marie, votre réaction ?
R. Ce que Mwami Mbunghuma a dit est vrai. Le dossier qui concerne le limonage de Mbunguma était programmé lors du quarantième jour ; la dernière signature était la mienne pour le limoger.
Q. Pourquoi n'avez-vous pas été investi comme vous êtes aîné ?
R. Je faisais le commerce ; j'étais gérant d'une coopérative de bois.
Q. Mbunguma, étiez-vous condamné par le TMG/ Beni et pourquoi ?
R. Quand Kavawaseli avait attaqué Nyaleke, j'étais condamné à la peine capitale.
Q. Avez-vous interjeté appel ou opposition ?
R. Non, j'avais fui quand on avait arrêté mon frère qui avait participé à la réunion.
Ministère Public : Ce n'est pas la première fois que Mbunguma a à faire à la justice. L'affaire des munitions avec Pharaon.
Q. Avez-vous un grand-frère du côté de votre mère, pas du côté de votre père, Jean Pierre ?
R. Oui.
Q. Mbunguma ?
R. Oui.
Ministère Public : Jean-Pierre qui devait succéder à son père, Mbunguma l'a empoisonné. Nous reviendrons sur la mort de son grand-frère Jean-Pierre.
Mbunguma : Jean-Pierre est mort quand j'étais déjà investi.
Q. Est-ce que Jean-Pierre est mort quand Mbunguma était déjà investi ?

R. Alinde : il était déjà investi.
R. Jean-Marie : il était déjà investi.
Comparait monsieur Paluku Makako Gabriel, né en 1936, Domicilié à Ngite II ; Cultivateur à Masulukwede et à Nvemba (Renseignant)
Q. Saliboko, c'est votre père ?
R. Oui.
Q. Paluku, connaissez-vous ce monsieur ?
R. C'est mon fils.
Q. Quand on a tué les gens à Nvemba, où étiez-vous ?
R. A Nvemba. Quand je suis venu me faire soigner à Ngite, j'avais rencontré des ennemis, je suis rentré à Nvemba. On m'avait dit qu'il y a recensement. Il y avait la musique. Les ennemis avaient acheté la boisson. Là où j'étais, j'ai vu quelqu'un fuir. J'ai dit l'ennemi est arrivé. J'ai cherché comment fuir. Ma jambe avait gonflé. Les militaires sont venus me ramasser. Le véhicule est venu de Mbau. On m'a donné quatre bananes. On m'a envoyé à Beni à l'auditorat où j'étais auditionné et on m'a fait retourner à Ngite.
Q. Où avez-vous eu l'information demandant que les gens soient enregistrés ?
R. C'est Pharaon qui me l'avait dit.
Q. Etiez-vous enregistré ?
R. Non, on avait enregistré les premiers arrivants.
Q. Avez-vous entendu qu'il y avait quelqu'un qui enregistrait ?
R. Le propriétaire de ce lieu m'avait dit que je suis arrivé en retard ; je serai enregistré le lendemain ; et la guerre est survenue.
Q. Pharaon, votre réaction ?
R. C'est vrai. Je l'ai fait chez moi le mardi ; le Kapita qui l'avait fait ce jour-là, je ne connais pas.
Comparait monsieur Paluku Mathe Innocent, né à Beni, le 11 janvier 1961 ; fils de Maende (en vie) et de Masikwe (en vie), 2ème primaire ; Cultivateur à Nvemba II, Domocilié à Ngite I.
Q. Savez-vous écrire ?
R. Un peu.
Q. Vous souvenez-vous du jour des massacres à Nvemba ?
R. Oui, j'étais cultivateur à Nvemba. C'était mardi, le 18, Pharaon est venu dire à notre chef Carlos de préparer les cartes. Même ceux qui n'ont pas de cartes, tous les cultivateurs, le jour de la réunion, ils vont venir. Je suis cultivateur chez Kaniki.
Q. Est-ce vous qui enregistriez les gens qui étaient réunis ?
R. C'est moi et dans un cahier quand Pharaon n'était pas encore arrivé. Jusqu'à 13 heures, Pharaon n'était pas arrivé. Je croyais qu'il allait venir avec maman Kaniki, avais-je ajouté. J'ai dit à Carlos que je vais chez moi ; dès qu'ils arrivent, vous me faites signe. J'ai entendu des bruits suspects. J'ai fermé la porte pour aller derrière la maison. J'ai vu des gens suspects. Je suis entré dans la brousse pour fuir. On a cassé la porte, tout a été emporté. Il y a eu une forte pluie, j'ai passé la nuit en brousse. Quand je suis sorti pour vérifier

la maison, la porte était cassée. Quand je me trouvais sur la route, Pharaon et Kaniki sont venus me dépasser. Ils étaient à moto. Ils se sont arrêtés. Je leur ai remis la carte ramassée sur le lieu du drame.
Q. Distance qui vous sépare de Carlos ?
R. 350 mètres.
Q. Qui a donné l'ordre à Pharaon de regrouper les gens ?
R. Pharaon disait que l'ordre vient de Mbunguma.
Q. Pharaon, votre réaction ?
R. Chacun avait son entité. Ce qu'il dit, c'est vrai.
Q. Pouvez-vous nous donner la carte d'électeur que Paluku vous a donnée.
R. Je l'avais donnée à monsieur Nestor, le secrétaire.
Q. Avez-vous vu Pharaon quand il est venu parler à Carlos de la réunion ?
R. Oui, le mardi.
Q. Pharaon vous a-t-il dit d'établir la liste des cultivateurs ?
R. C'est Carlos qui avait dit que, comme Pharaon n'arrivait pas, on pouvait commencer à enregistrer.
Q. La carte ramassée était-elle une carte d'électeur ?
R. Oui.
Q. Avez-vous lu le nom qui se trouvait sur la carte ?
R. Nous sommes sortis à cause de la peur, il n'y avait pas moyen de lire. Je l'ai ramassée à l'extérieur de la maison devant ma porte.
Comparait monsieur Tituse Moholia Muteku, né à Mbau en 1953, fils de Mukteku (décédé) et de Bamukale (décédée) ; Cultivateur à Kungubamba et à Nvemba, 3ème primaire ; Domicilié à Mangoka Mbau.
Q. Où étiez-vous lors des massacres ?
R. Dans mon champ à Nvemba.
Q. N'étiez-vous pas arrivé chez Carlos ?
R. Non. C'était mercredi matin, je suis allé saluer Carlos. J'ai vu Pharaon venir nous annoncer que nous tous nous devons être recensés. Je suis rentré chez moi au champ. Jeudi matin, j'ai dit à ma femme que je vais me faire recenser. J'ai demandé qu'on puisse me recenser le premier, sitôt fait, je suis rentré travailler dans mon champ. Vers 16 heures, j'ai voulu retourner là-bas, j'ai vu le papa de Saliboko, nous sommes restés avec lui. Nous avons vu un garçon qui venait en courant, nous avons tous profité pour fuir. Quelqu'un nous a suivis pour nous demander le couteau. Je lui ai répondu que nous n'avions pas de couteau. Celui qui a le couteau est resté chez Carlos. Dieu était avec nous, il ne nous a pas fait du mal, il est parti et c'est comme cela que nous étions sauvés avec le papa de Saliboko.
Q. Pharaon, voire réaction ?
R. Je ne refuse pas.
Q. Le militaire qui poursuivait le jeune homme, pouvez-vous le décrire ?
R. Il avait l'ancienne tenue militaire déchirée ; il parlait le kiswahili local, il était de courte taille.

Ministère Public : On nous a parlé de l'ancienne tenue FAC. Nous avons dit comment ces tenues sont arrivées ici.
Comparait madame Masika Muhongya Pascaline, née à Musienene, le 17 juillet 1986 ; fille de Kasereka (en vie) et de Masika (en vie), cultivatrice à Masulukwede ; Etudes faites : néant ; Domociliée à Mavivi I, Batangi Beni-Mbau ; Mariée à monsieur Kambale Kasande Alexis et mère de six enfants (Komanda).
Comparait mademoiselle Masika Kasomo Judith, née à Beni, le 1er décembre 1993, fille de Musubao (décédé) et de Kahweri Kula Julienne (décédée), ménagère célibataire ; Domiciliée à la Cellule Ma Campagne, Quartier Kalinda, Diplômé D6 (Kasindi).
Comparait monsieur Muhindo Vasombere Alfred, né à Oïcha, le 5 juillet 1982, fils de Paluku Ndalabo (en vie) et de Kahindo (décédée) ; cultivateur à Nvemba I, 2 ans PP ; Marié à Masika Julienne et père dde quatre enfants ; Domicilié à la Cellule Madrandele, Quartier Kalinda (Mutwanga).
Comparait monsieur Munganga Nzala, né à Beni, le 24 mai 1967 ; fils de Tsongo (décédé) et de Mumbere (décédée), agent de l'Etat, marié à madame Kahindo et père de huit enfants, 3 ans PP, Domicilié à Beni, Avenue Munganga, Quartier Kasabinyole, Commune Ruwenzori.
Comparait le renseignant de Mutwanga :
Q. Qu'est-ce que vous faites dans la vie ?
R. Je suis cultivatrice.
Q. Vous souvenez-vous des massacres de Nvemba, un certain jeudi ?
R. Oui, j'ai quitté Beni pour Nvemba. A partir de mardi, on nous a parlé de la réunion qui serait tenue par le chef Saliboko. Je suis tout près de la route qui mène vers chez le chef. Il nous a demandé d'être à la réunion chez le chef Carlos.
Q. Etiez-vous arrivé chez le chef Carlos ?
R. J'étais parti voir d'abord mes braises avant d'arriver à la réunion. Quand je revenais du champ, j'ai vu des militaires qui m'ont demandé d'où est-ce que je venais. Il y avait d'autres personnes derrière. Celui qui était devant moi reculait tout en me regardant. J'ai jugé bon qu'on puisse tirer sur moi en courant. J'ai fui vers la brousse. Vers 16 heures, j'ai entendu le coup de feu. J'ai trouvé un papa en brousse. Nous avons cherché la route, nous sommes partis avec lui. Nous avons vu quatre cadavres. Je suis rentrée encore en brousse pour sortir au camp des militaires à Mavivi. On m'a amené chez le chef. Je lui ai raconté tout ce qui s'est passé. Celui qui nous a demandé d'aller à la réunion, c'était Pharaon, pas Saliboko. Ils portaient des tenues vertes, avec des godillots neufs ; ils parlaient kiswahili.
Q. Pharaon, votre réaction ?
R. Quand nous étions en réunion chez Mbunguma, il nous a demandé de dire aux cultivateurs d'être enregistrés. Il y aura des gens qui vont faire la patrouille. Et s'il faut demander à Mbunguma, on me charge de quelque chose que je ne connais pas.

Q. Mbunguma, qui allait faire la patrouille ?
R. Dimanche, avant d'autres massacres de Nzuma, j'avais amené les gens chez le colonel Chirimwami, le Général Mushale, le Colonel Ntumba et Adrien. Lors de la réunion, le Colonel Chirimwami va sensibiliser les militaires pour faire la patrouille dans ce secteur. J'ai demandé de sensibiliser tous les cultivateurs d'amener leurs cartes et de se faire enregistrer. C'était le lundi, et le jeudi nous avons appris les massacres, de Nvemba. Je demande la présence du colonel Chirimwami. Adrien était comme interprète quand nous étions avec le colonel Chirimwami, le général Mushale et le colonel Ntumba.
Q. Avez-vous dit que vous allez réunir les gens chez Carlos ?
R. Non.
Ministère Public : Selon votre raisonnement, c'est Adrien qui informe les ADF.
Q. Est-ce que le Général Mushale, le colonel Chirimwami et le colonel Ntumba savaient qu'il y avait réunion chez Carlos ?
R. Chaque chef faisait la réunion chez lui.
Remise contradictoire vendredi 19 mai 2017.

Audience publique du 19 mai 2017

RP N° 0172/2017
RMP N° 0807/KNG/2017
En chambre foraine à laquelle siègent :

1. Lt Col. Mag. Ntshaykolo Esosa Masele Jean Paulin, 1er Président ;
2. Col. Omeonga Taunya José, Juge Assesseur ;
3. Col. Ndiba Bulangiti Matthieu, Juge Assesseur ;
4. Col. Busoki Wa Karaku, Juge Assesseur ;
5. Com. Sup. Ppl Ngumbi Kulinga, Juge Assesseur ;
6. Gén. Maj. Mokunto Kiyana Tim, 1er AGF, Ministère Public ;
7. Maj. Madoli Nzoki Guy Martin, Greffier.

En cause : l'auditeur militaire supérieur Près la cour militaire opérationnelle du Nord-Kivu, Ministère Public et parties civiles.
Contre :

- Colonel Lusenge Muhindo David ;
- Monsieur Mbunguma Kitobi André ;
- Monsieur Saambili Bamukoka ;
- Mwami Bulembo Ando Kanzire Pierre ;
- Monsieur Nkayalua Bankale Etienne, alias Munganda et Consorts.

Prévenus de :

- Association des malfaiteurs ;
- Détention illégale d'armes ou des munitions de guerre ;
- Crime contre l'humanité par meurtre, déportation ou enlèvement ;
- Violation de consigne.

La cause est appelée à 12 heures 10 minutes.

A l'appel de la cause, les prévenus cités ci-haut comparaissent en personne et assistés par leurs conseils : Me Blanchard Mbiya, Me Pepin Kalwaghe, Me Charles Umumoki, Me Kasereka Sikira, Me John Mughisha et Constant Kalumendo, Me Nathan Tagirabo.
La RD Congo représentée par Me Barume et Me Jeef Kalumbu, Me Blaise Matokeo.
Comparait mademoiselle Kahindo Posombili Bebe, née Paida en 1983, fille de Bambona Kitobi (décédé) et de Mado Kapiteni (en vie) ; ménagère, 2 ans PP ; célibataire et mère de 2 enfants ; Domiciliée à Boikene.
Q. Quelles sont vos relations avec Bambili Posombili ?
R. Mon grand-frère.
Q. Mbunguma comme qui ?
R. Mon grand-frère.
Q. Mbunguma, connaissez-vous maman Bébé ?
R. Oui.
Q. Avez-vous parlé avec Posombili avant sa mort.
R. Il est arrivé chez moi deux jours avant sa mort.
Ministère Public : il est mort le 15 octobre.
Q. Qu'est-ce qu'il vous a dit ?
R. Il a dit, ma sœur, j'ai faim. Je lui ai donné à manger. Il a refusé à boire. Il a dit que ce jour, c'est dangereux.
Comparait monsieur Ligima Innocent, né à Kilomoto, le 7 juillet 1957 ; fils de Lombo (décédé) et de Virayi (décédée), 6ème primaire, Cultivateur, veuf et père de huit enfants ; Domicilié à Boikene.
Comparait monsieur Kakule Kisaka, né à Butembo, le 21 janvier 1965, fils de Kambale Mbogha (décédé) et de Kahindo (décédée), 4ème primaire ; cultivateur, divorcé et père de deux enfants, Domicilié à Boikene.
Comparait mademoiselle Kahindo Posombili Bébé :
Q. Rappelez à la Cour la conversation que vous avez eue avec Posombili deux jours avant sa mort ?
R. Je lui ai donné à manger et il a refusé à boire. Il a dit ce jour, c'est dangereux. Je ne suis pas en bon terme avec mon frère. Il m'a donné des coups ; il est venu chez moi pour me demander s'il y a des espaces à donner aux visiteurs pour cultiver. Il a dit que chez lui il n'y a pas de place. Son frère a dit : on verra. Deux jours après, il est mort.
Q. Vous ne connaissez pas le nom de celui qui voulait acheter le champ ?
R. C'est Madule que le grand-frère avait amené pour occuper une partie.
Q. Est-ce que votre grand-frère vous a parlé des gens avec qui Mbunguma est parti avant sa mort ?
R. Il m'a dit que Mbunguma est venu avec des gens dont la physionomie est inconnue.
Q. Problème entre Mbunguma et Posombili ?
R. C'est le problème de pouvoir. Nos vieux n'avaient plus de force pour travailler. On vérifiait le comportement des jeunes, comme le papa de

Mbunguma avait un bon comportement, on l'a désigné. Quand il a vieilli, il avait un enfant qui a mis à côté Grégoire. Mbunguma a tué Grégoire pour rester au pouvoir. Comme il avait une partie de terre, il a cherché à tuer Bambiti pour rester avec les deux parties.
Q. Pour Bambiti, le danger venait d'où ?
R. Quand son frère est venu pour vendre une partie, il a refusé ; c'est cela le problème.
Q. Pour vous, qui a tué votre frère ?
R. C'est Mbunguma.
Q. La nuit de la mort de votre frère, Mbunguma avait-il appelé quelqu'un pour lui annoncer cette mort ?
R. Il a appelé notre oncle Pharaon entre 3 heures et 4 heures du matin.
Q. Mbunguma ?
R. J'ai appelé un cultivateur de Nvemba Kadou qu'on appelait Vanyanya qui m'avait dit qu'on a tué votre frère sur mon téléphone Airtel entre 3 heures et 4 heures du matin.
Q. Saliboko, avez-vous entendu l'histoire de quelqu'un qui était envoyé par Mbunguma pour que Bambiti lui donne la terre ?
R. Le lieutenant m'a dit que Mbunguma avait envoyé quelqu'un chez Bambiti pour lui donner une portion de terre. Bambiti avait refusé.
Ministère Public : Avant de mourir, Bambiti a laissé un testament. Il a désigné Mbunguma comme son assassin.
Q. Maman Bébé, pourquoi avez-vous peur de Mbunguma ?
R. On le respecte comme notre grand-frère, on n'avait pas d'argent ; tout c'est l'argent.
Ministère Public : Avant la mort de Bambiti, Mbunguma est allé lui rendre visite avec les inconnus.
Q. Saliboko, qui est le lieutenant qui vous a dit cela ?
R. J'ignore son nom, il était au cachot ici au T2.
Q. C'était en quelle date ?
R. Mois d'août 2013 ; c'était à cause de Mayi mayi que Bambiti avait arrêtés chez lui. Saliboko, s'il m'avait dit qu'ils sont mes frères, je n'allais pas avoir ce problème. Ce lieutenant avait essayé de réunir les deux, Bambiti n'est pas revenu.
Q. Selon vous, le conflit était après arrestation de Mayi mayi et le refus de Posombili de donner une portion de terre à la demande de Mbunguma ?
R. Oui.
Mbunguma : Je regrette de ce que ma sœur vient de dire. Je n'ai pas de problème avec elle. Je cherche celui qui a tué mon grand-frère. Quand votre oncle paternel aîné est mort, nous nous sommes partagés des tâches avec mon grand. Il est parti avant le 40ème jour. Il est mort, nous n'avons pas organisé le 40ème jour, mais c'était plutôt le deuil de mon grand-frère. Mon souci était de combattre les garde-parcs pour qu'ils nous trouvent la place pour cultiver, de justifier les limites entre la chefferie et le parc. Si j'ai tué mon frère, pourquoi

les massacres continuent jusqu'à présent ? Si les Mayi mayi de Saliboko étaient pour moi, j'avais tout le moyen de les libérer. J'ai fait le parcours avec ses Mayi mayi et les cultivateurs pour les remettre entre les mains de T2. Les Mayi mayi de l'OZACAF, je n'ai pas été avec eux.

Q. Qu'est-ce qui vous rassure que Mbunguma a tué Bambiti ?

R. Le conflit était permanent, aussi, Mbunguma est cupide.

Q. Est-ce Mbunguma seul qui a tué ou il a utilisé les autres ?

R. A cause de l'argent, Mbunguma avait même dit que si on l'arrêtait, il n'allait pas laisser ce travail.

Ministère Public : Mbunguma, c'est l'organisateur et c'est bien lui qu'on dénonce. Souvent Mbunguma, pour passer chez Jean-Marie, savait que, si ces Mayi mayi n'arrivaient pas, Jean Marie allait le dénoncer. Jean-Marie a dit que la libération des gens à l'OZACAF, c'est l'affaire de Mbunguma. Nous allons expliquer le pourquoi de ces massacres.

Comparait monsieur Logima Innocent (Tigre) :

Q. A quelle période êtes-vous arrivé chez le chef Bambiti ?

R. En 2001, je venais de Bunia comme réfugié. Chef Bambiti est mort à ma présence. J'étais toujours auprès de lui.

Q. Pouvez-vous nous relater sa mort ?

R. Il y a eu complicité de le tuer à partir de Nvemba. Celui qui l'avait tapé à la véranda parce qu'il refusait de l'argent alors qu'il ne connaissait pas l'origine de cet argent. Celui qui l'avait tapé à la véranda lui avait dit : tu verras. Même si les massacres sont perpétrés, c'était pour tuer Bambiti.

Q. Rappelez-vous l'arrestation des Mayi mayi à Kadou ?

R. Je me souviens. C'était le jour de Salongo, mais je n'étais pas là.

Q. Avant la mort de Bambiti, avez-vous vu Mbunguma avec les gens inconnus ?

R. Je ne me souviens pas. Le jour où il l'avait tapé, il lui a dit qu'il tu ne ferais plus longtemps.

Q. Qu'est-ce qui s'est passé à la mort de Bambiti ?

R. Quand nous avons entendu le coup de feu à Ngadi, nous avons demandé et on nous a dit que ce sont des patrouilleurs. Pas même plus de 20 minutes, ils sont arrivés chez nous. Bambiti et moi, nous étions à la maison. Quatre personnes à la véranda quand Bambiti nous a demandé de dire aux autres que nous allons couper les bananes. J'ai vu quatre coups de lampe, il n'y avait pas moyen de signaler Bambiti. Nous avons fui. Ils ont dit toi, Tigre, ton jour arrivera. Ils ont dit à Bambiti : nous sommes venus vous tuer, et directement, ils ont commencé à le tuer.

Q. A un certain moment, le téléphone de Bambiti avait disparu ?

R. Les ennemis étaient venus de Mavivi. Ils sont arrivés au Nganda de cette maman. Ils ont commencé à menacer des gens. Ils sont venus trouver Bambiti à la véranda. On lui a administré beaucoup de coups de fouets. On lui a demandé d'entrer dans la maison et il a fermé la porte. Ils sont partis avec le téléphone, après quelques jours, j'ai vu Bambiti avec le téléphone. Je lui ai demandé de quitter ce milieu, il a refusé. Pas même un mois, il y a eu massacres.

Q. Qu'est-ce qui vous a fait penser que c'est Mbunuma qui a tué Bambiti ?

R. Ils ont dit que nous sommes envoyés par Mbunguma.

Q. Mbunguma, votre réaction ?

R. Toute personne qui va passer par ici, il dira du n'importe quoi. Comme dit le MP, le sang de Bambiti va montrer ce lui qui l'a tué. Il est allé à Kaou parce qu'il a peur de la dette de la parcelle. J'ai même remis des parcelles pour les gens dont Bambiti a reçu de l'argent. Tout ce qu'il a dit, c'est du mensonge.

Q. Le jour où le téléphone était égaré et le jour où Mbunguma avait giflé son inférieur, quel évènement a précédé l'autre ?

R. C'était d'abord à cause du problème de Nvemba qu'on l'avait tabassé pour avoir refusé de l'argent.

Q. C'était pour quel deuil qu'il fallait couper des bananes ?

R. Une maman était morte au petit marché.

Q. Est-ce que Mbunguma connaissait ce deuil ?

R. Je ne sais pas. Je ne causais pas avec lui au téléphone.

Q. Maman Bébé, avant sa mort, y avait-il levée de deuil ?

R. Je ne sais pas. Lui habitait au champ et moi à Boikene.

Q. Le jour de la mort de Bambiti, vous aviez peur et vous avez fui quand vous aviez entendu la voix dire : on nous a envoyés pour vous tuer. C'était avant de briser la porte ou après ?

R. Quand on a cassé la porte, on a dit : on nous a envoyés pour vous tuer. C'est Mbunguma qui nous a envoyés.

La Défense dit qu'il y avait un mouvement suspect ; il a même dit à son chef de quitter le milieu après avoir retrouvé le téléphone ; la contrée était déjà insécurisée. Il faut qu'on dise aujourd'hui que Mbunguma était à la base de la mort de son frère, surtout que ces gens étaient habillés en soutanes.

Q. Bébé, avez-vous appris que votre frère avait perdu son téléphone ?

R. Oui, ces mêmes bandits sont venus déposer ce téléphone à la véranda.

Q. Tigre, qu'est-ce qui s'est passé avant les coups ou la disparition de téléphone ?

R. C'est pour l'événement de Nvemba où il y a eu les coups, ensuite la disparition du téléphone.

Q. Bébé, entre la bagarre de Mbunguma et Posombili ainsi que la perte du téléphone, qu'est-ce qui a précédé ?

R. C'est l'événement de Nvemba où il y a eu des coups.

Comparait monsieur Kakule Kisaka :

Q. Etiez-vous cultivateur à Kadou ?

R. Oui, depuis 1983.

Q. Pouvez-vous nous raconter l'histoire de Kadou ?

R. Le premier chef, Kitoko, qui est allé à Boikene, papa de Bambiti est allé garder ce siège. Il initiait Bambiti dont le père avait donné le pouvoir au papa de Mbunguma. Quand ils sont devenus vieux, on a investi Mbunguma. Lors

de son investiture, le chapeau a refusé de se mettre sur la tête. C'est le conflit de la limite qui a entrainé les massacres de Nvemba. Nous sommes étonnés du fait que le chef donne des coups et prend le tabouret pour taper sur quelqu'un. Chez moi, j'ai un chien qui a commencé à crier. J'ai demandé à l'enfant de retirer le chien. Il y avait des filles et des hommes. Je leur ai demandé s'ils ont faim que je leur cherche des bananes. Les gens étaient nombreux à l'extérieur, on m'a raté avec des machettes. J'ai profité pour fuir et l'enfant a aussi profité de cette occasion pour fuir. Le matin, on m'avait amené à l'hôpital général, ensuite à Goma. Mbunguma est arrivé avec trois personnes chez cette maman. Le lundi et le jeudi, il y a eu massacres.
Q. Connaissez-vous ces gens qui étaient avec Mbunguma ?
R. Non.
Q. C'était à quelle heure ?
R. C'était à 15 heures.
Q. Avez-vous eu la nouvelle des gens que Bambiti avait arrêtés ?
R. Oui, à Nvemba.
Q. Est-ce que Mbunguma était présent ce jour-là ?
R. Mbunguma, on l'avait appelé au téléphone.
Ministère Public : Kakule n'a pas participé à la mort de Bambiti. Il nous a raconté la bagarre de Mbunguma avec Bambiti. Il nous a dit que Mbunguma était là le lundi avec des gens au visage inconnu.
Q. Mbunguma, comment le renseignant a dit que vous avez voulu taper votre grand-frère d'un tabouret ?
R. C'est faux.
Q. N'avez-vous pas utilisé une autre chose pour le taper ?
R. Non.
Q. Etiez-vous avec Mbunguma et les trois personnes chez cette maman ?
R. Je les ai vus en train de passer.
Q. Comment avez-vous su que ces personnes sont des étrangers ?
R. Nous sommes sur le terrain ; il faut connaitre le visage que vous voyez.
Q. Mbunguma, vous étiez-vous rendu chez Bambiti avec les trois personnes ?
R. Non.
Mbunguma : La perte du téléphone, c'était en 2012, le problème des Mayi mayi en 2013.
Kakule : Les massacres sont arrivés suite au conflit des limites.
Q. Kakule, avez-vous appris la bagarre entre Mbunguma et Bambiti. La bagarre a-t-elle eu lieu avant la perte de téléphone ou après ?
R. Le téléphone était perdu suite à l'événement de Nvemba.
Ministère Public : Il a dit la bagarre d'abord, ensuite la perte du téléphone. La défense de Mbunguma prend en considération ce que leur client a dit. 0975113082, le manipulateur Mbunguma nous a fourni un numéro qu'il n'utilise pas beaucoup. Ce téléphone a été utilisé le 13 et toute la journée il n'appelle pas. Le 14, le téléphone n'est en activité que deux fois : 14 heures, un SMS et à 18 heures ; le 15 et le 16, aucune activité.

Remise contradictoire le lundi prochain.

Audience publique du 22 mai 2017

RP N° 0172/2017
RMP N° 0807/KNG/2017
En chambre foraine à laquelle siègent :

1. Lt Col. Mag. Ntshaykolo Esosa Masele Jean Paulin, 1er Président ;
2. Col. Omeonga Taunya José, Juge Assesseur ;
3. Col. Ndiba Bulangiti Matthieu, Juge Assesseur ;
4. Col. Busoki Wa Karaku, Juge Assesseur ;
5. Com. Sup. Ppl Ngumbi Kulinga, Juge Assesseur ;
6. Gén. Maj. Mokunto Kiyana Tim, 1er AGF, Ministère Public ;
7. Maj. Madoli Nzoki Guy Martin, Greffier.

En cause : l'auditeur militaire supérieur Près la cour militaire opérationnelle du Nord-Kivu, Ministère Public et parties civiles.
Contre :

- Colonel Lusenge Muhindo David ;
- Monsieur Mbunguma Kitobi André ;
- Monsieur Saambili Bamukoka ;
- Mwami Bulembo Ando Kanzire Pierre ;
- Monsieur Nkayalua Bankale Etienne, alias Munganda et Consorts.

Prévenus de :

- Association des malfaiteurs ;
- Détention illégale d'armes ou des munitions de guerre ;
- Crime contre l'humanité par meurtre, déportation ou enlèvement ;
- Violation de consigne.

La cause est appelée à 11 heures 30 minutes.
A l'appel de la cause, les prévenus cités ci-haut comparaissent en personne et assistés par leurs conseils : Me David Wambale, Me Blanchard Mbiya, Me Deo Shota, Me Charles Umumoki, Me Kasereka Sikira, Me John Mughisha et Constant Kalumendo, Me Nathan Tagirabo.
Me Blaise Matokeo représente toutes les parties civiles.
Comparait monsieur Lumande Paluku Remy, chef de Collectivité, Secteur Beni-Mbau.
Q. Mwami relève dans votre entité ?
R. Oui.
Témoin : Mwami Kapupa.
Q. Groupement et localité de Mbunguma, est-ce que les relations sont bonnes ?
R. Je n'ai jamais entendu des tiraillements, les relations sont bonnes.
Q. Chef Bakola ?
R. Chef de village de Mavivi.
Q. Bakala vous a-t-il soulevé un problème ?

R. L'administrateur nous a demandé de se rendre à Mavivi, il disait que le chef de village a une milice. Nous nous sommes rendus à Mavivi. Nous avons entendu le chef Bakola et la population. Quel genre de milice ? Les enfants de Bakola qui dérangeaient les cultivateurs. Nous avons présenté le document. Les auteurs disaient qu'ils ont signé le document sans connaitre le contenu. Nous n'avons rien trouvé de cette milice et l'audience était levée.
Le Ministère Public donne lecture de la lettre écrite par Agrippa.
Q. Bakola, votre réaction par rapport à cette lettre ?
R. Le village de Mavivi est comme un paradis, pas de tribalisme. Quand l'administrateur a reçu cette lettre, il sait comment je travaille. Même le chef de Secteur et le chef de Groupement. Quand Mbunguma a fait entrer ces gens chez moi, nous avons parlé avec lui et les choses sont terminées. Deuxième fois, Alinde a fait entrer ces gens ; la société civile nous a appelés. La troisième fois, il a encore fait entrer ces gens. Il a organisé des gens pour détruire les champs ; nous sommes allés à la police. J'ai fait sortir mes documents, il a manqué quoi faire. Le chef a donné l'ordre de mission, chacun est rentré chez lui. L'administrateur nous a réunis à l'Eglise catholique. Il peut même venir témoigner, je ne suis pas tribal. Toutes les tribus sont là.
Q. Avez-vous des problèmes avec Mbunguma ?
R. Je n'ai pas de problème avec lui ; c'est son chef de quartier qui mettait des gens chef moi.
Q. Mbunguma, avez-vous des problèmes avec Bakola ?
R. Bakola lui-même a dit qu'il n'a pas de problème avec moi. Moi non plus je n'ai pas de problème avec Bakola. Il a plutôt des problèmes avec ses cultivateurs.
Q. Pourquoi avez-vous parlé de Mbunguma ?
R. Je croyais que c'est Mbunguma qui faisait entrer des gens chez moi alors que c'était plutôt Alinde.
Le Chef du Secteur dit qu'il n'a pas la maitrise de la situation géographique, car à peine qu'il est arrivé au pouvoir en 2010, les kidnappings ont commencé. Il n'a pas eu le temps de circuler, d'arriver au fin fond.
Comparait Kavira Mutokambali, née à Beni, fille d'Amuali Mwamba (en vie) et de Kavira (en vie), Mariée à monsieur Jean-Marie Olenga et mère de six enfants ; Profession : cultivatrice. Etudes faites : néant. (Renseignant).
Q. Quand a eu lieu les massacres de Kasinga ?
R. Je ne sais pas ; mon mari était déjà arrêté.
Q. C'était à quelle heure ?
R. Je n'ai pas regardé la montre.
Q. Comment avez-vous su que ce sont des assaillants ?
R. Ils venaient de tuer des militaires à Maelingi.
Q. Sont-ils entrés chez vous ?
R. Je ne sais pas parce que j'avais déjà fui ; ils sont arrivés derrière ma maison.
Q. N'avez-vous pas entendu leurs voix ?
R. Ils parlaient le kiswahili que je ne comprenais pas.

Q. N'avez-vous entendu une voix qui disait : ne le tue pas, c'est la femme du chef ?
R. Non.
Q. Ont-ils tiré ?
R. Derrière ma maison, quand ils sont arrivés dans la maison du grand-frère de mon mari.
Q. Dans le trou, avez-vous entendu ce qu'ils disaient ?
R. Non, par après j'ai entendu « Dévote, venez prendre votre nourriture, nous partons ».
Ministère Public : Nous avons fait venir la femme de Jean-Marie. Quelqu'un a dit que quand les assaillants sont arrivés, l'un d'eux a dit : « ne la tue pas, c'est la femme du chef ».
Comparait monsieur Olenga Ngamala Michel, né à Kasinga en 1952, fils de Kimabadogi (décédé) et de Mbangu Katikati (en vie) ; marié à madame Masika Murogo et père de 5 enfants ; cultivateur, études faites : néant ; Domocilié à Kasinga.
Q. Jean Marie Olenga, avez-vous des liens de parenté avec Michel Olenga ?
R. Oui, c'est le fils aîné de mon père.
Q. Distance qui sépare votre maison de celle de Michel ?
R. 20 mètres.
Q. Qu'avez-vous entendu et vu lors des massacres de Kasinga ?
R. C'était à 20 heures, je me trouvais au lit. Je suis sorti pour fuir, j'ai passé la nuit dans la brousse pour rentrer à 12 heures. Les militaires sont venus. Ils m'ont demandé de montrer là où j'ai passé la nuit. Je leur ai montré. Ces gens sont passés là où j'ai passé la nuit, tout près de chez moi. Ils ont pris trois chèvres, ils ont tué la femme de mon petit-frère.
Q. Ces gens étaient-ils nombreux ?
R. Oui, il y avait même des enfants qui criaient.
Remise contradictoire le mardi 23 mai 2017.

Audience publique du 23 mai 2017

RP N° 0172/2017
RMP N° 0807/KNG/2017
En chambre foraine à laquelle siègent :

1. Lt Col. Mag. Ntshaykolo Esosa Masele Jean Paulin, 1er Président ;
2. Col. Omeonga Taunya José, Juge Assesseur ;
3. Col. Ndiba Bulangiti Matthieu, Juge Assesseur ;
4. Col. Busoki Wa Karaku, Juge Assesseur ;
5. Com. Sup. Ppl Ngumbi Kulinga, Juge Assesseur ;
6. Gén. Maj. Mokunto Kiyana Tim, 1er AGF, Ministère Public ;
7. Maj. Madoli Nzoki Guy Martin, Greffier.

En cause : l'auditeur militaire supérieur Près la cour militaire opérationnelle du Nord-Kivu, Ministère Public et parties civiles.

Contre :

- Colonel Lusenge Muhindo David ;
- Monsieur Mbunguma Kitobi André ;
- Monsieur Saambili Bamukoka ;
- Mwami Bulembo Ando Kanzire Pierre ;
- Monsieur Nkayalua Bankale Etienne, alias Munganda et Consorts.

Prévenus de :

- Association des malfaiteurs ;
- Détention illégale d'armes ou des munitions de guerre ;
- Crime contre l'humanité par meurtre, déportation ou enlèvement ;
- Violation de consigne.

La cause est appelée à 11 heures 40 minutes.

A l'appel de la cause, les prévenus cités ci-haut comparaissent en personne et assistés par leurs conseils : Me Joël Shanyungu, Me David Wambale, Me Jean Marie Singa, Me Blanchard Mbiya, Me Pepin Kahindo Kalwaghe, Me Charles Umumoki, Me Kasereka Sikira, Me John Mughisha et Constant Kalumendo, Me Nathan Tagirabo.

Me Kaniki Paluku et Me Blaise Matokeo représentent les parties civiles.

Comparaissent Mwami Mbunguma et Bakole Mutela :

Renseignant monsieur Kapupa Kasapau Augusitn, né à Oïcha, le 24 février 1982 ; fils de Masali Kapupa (en vie) et de Undukadi Palao (en vie) ; G3 ; marié à madame Sikujuwa et père de 2 enfants ; Fonction : chef de groupement, profession : Agent de l'Etat ; Domicilié à Mavivi.

Q. Vous êtes de quel Groupement ?

R. Batangi-Mbau, quinze localités et une localité incorporée en ville de Bashu Bapakombe, chef de localité Mwami Mbunguma.

Q. Bakola est-il aussi chef de localité ?

R. Chef de localité de Mavivi.

Q. Entre Mavivi et Bashu Bapakombe, il y a quelle localité ?

R. Il y a Bashu Bapakombe, localité de Matembo qui a disparu et la troisième localité de Mavivi, je n'ai pas de précision sur la limite qui nous sépare d'avec la ville.

Q. La localité de Bashu Bapakombe est-elle incorporée en ville ?

R. Une grande partie, en ville et une petite partie en Territoire.

Q. Est-ce que le chef Mbunguma vous fait rapport ?

R. Pas du tout.

Q. Avez-vous géré le conflit de Mbunguma et Bakole ?

R. Les cultivateurs qui habitaient le parc, le conflit entre le parc et les cultivateurs, nous avons réuni au tour d'une table Apagrima, Bakola et Mbunguma. Les habitants de Boikene plaçaient les gens derrière chaque localité. Ce dernier temps, Munguma était derrière Apagrima.

Q. Avez-vous signé un ordre de mission ?

R. Oui, la mission était d'identifier les cultivateurs. J'ai confié cette mission à Monsieur Isaya Mwaka. Après la mission, j'ai eu le dénombrement de ceux qui se trouvaient aux champs.
Q. Avez-vous appris qu'on a détruit certains champs ?
R. J'ai reçu la lettre des membres d'Apagrima, une copie qui m'était réservée.
Q. L'exécution de l'ordre de mission a-t-elle causée problème ?
R. Non, l'ordre de mission n'a pas fait problème du fait que les gens cultivent jusqu'aujourd'hui.
Q. De quelle tribu êtes-vous ?
R. Nande.
Q. Bakola ?
R. Nande
Q. Mbunguma ?
R. Mupakombe.
Q. Mavivi c'est chez vous ?
R. C'est le commencement du Groupement.
Q. Le Nvemba où on a tué, c'est quel Nvemba ?
R. Nvemaba parc, côté Ngite.
Q. Bakole, la terre pour laquelle vous engagez une dispute, est-elle dans le parc ?
R. Non, il y a des bambous qui séparent les limites du parc.
Q. Les bambous que vous avez plantés ?
R. Oui.
Ministère Public : il n'y a de limites naturelles.
Comparait monsieur Kambale Kavirua Roger, né à Butembo, le 20 juillet 12969 ; fils de Kambale (en vie) et de Kavugho (en vie) ; 3 ans PP ; Cultivateur à Nvemba Mavivi ; Marié à madame Masika et père de 6 enfants ; domicilié à Mavivi centre (Renseignant).
Q. Connaissez-vous cette lettre ?
R. Oui.
Q. Que dites-vous des déclarations de chef Kapupa ?
R. Il a bien parlé, mais il a feint de dire que nous nous sommes entendus avec Mbunguma. Notre dossier avec le parc, nous avons gagné 124 hectares. Nous faisons des assemblées avec le chef Bakola. Nous étions avec des avocats et le dossier était politisé. On faisait des réunions avec l'ICCN. Pour la délimitation de 2002, on nous a trompés, une partie était restée. Ceux qui combattaient l'ICCN allaient partager la partie que nous avons récupérée ; c'est Nvemba chefferie. Nous avons perdu 9200$ pour ce dossier. Mwami Bakola nous a abandonnés pour se rallier à d'autres chefs, il a même commencé à organiser des réunions avec sa famille. Il a dit que nous les Nandes, nous n'avons pas de terre ; que nous rentrions chez nous. Pour le moment, nous sommes derrière.
Q. Bakola, votre réaction par rapport aux propos de Roger ?

R. Ce que Roger vient de dire est que nous avons lutté pour récupérer les 124 hectares. Roger avait reçu 100/100 pour la première fois ; en 2002, Roger a eu 200/100.
Q. Roger, votre réaction ?
R. Je n'ai pas même un mètre.
Q. Roger, êtes-vous de Butembo ?
R. Oui.
Q. Bakola ?
R. Muyira.
Q. Kapupa ?
R. Batangi, il est Mundande, mais ils sont arrivés ici bien avant.
Ministère Public : Nous avons un problème de terre ; on veut renvoyer Roger à Butembo. S'il peut avoir une terre.
Q. Qu'est-ce que Mwami Mbunguma est venu faire ici ?
R. Il n'a rien fait. Les volontaires, qui n'ont pas de terre, sont ceux qui donnaient de l'argent. Bakole, comme il nous a abandonnés, nous sommes allés derrière 124 pour chercher de terre.
Q. Quelle milice a été créée ?
R/ Ma femme a remarqué le comportement des enfants qui la menaçaient de quitter le champ pour aller à Butembo. Ils ont détruit le champ. La troisième fois, ils étaient habillés des herbes, il y avait le deuxième fils de Bakola, Richard, qui avait le téléphone, il communiquait avec son père à main libre.
Q. Bakola, avez-vous un fils qui s'appelle Richard ?
R. Kambale Tsongo Richard.
Comparait madame Masika Vahoni Cirozi, née à Butembo, fille de Kambale Katsuva (en vie) et de Masika Vihirua (en vie), marié à monsieur Kambale Kavirua Roger et mère de six enfants ; profession : cultivatrice, 2 ans PP, Domiciliée à Mavivi centre.
Q. Pouvez-vous nous dire ce que vous avez vécu ?
R. La première fois, quand j'étais au champ, j'ai entendu du bruit au champ du voisin. Après 30 minutes, ils sont arrivés chez moi ; ils m'ont dit : « à partir d'aujourd'hui, vous n'allez plus arriver ici. Nous allons partager ce champ en trois ». Je leur ai dit qu'avant de le partager, il faut m'enterrer. Ils coupaient le maïs à leur passage. Dans leur retour, ils ont coupé des bananes pour me montrer que le champ ne m'appartient pas. Roger a appelé son père pour lui dire que je refuse de quitter le champ. Son papa a répondu : ça va. J'ai demandé aux enfants de partir. Je suis allé signaler la police, le Groupement et la société civile.
Q. Qu'est-ce que ces gens avaient dans leurs mains ?
R. Ils avaient des machettes.
Q. Avez-vous reconnu ces gens ?
R. Ce sont les gens du village : Kasero, Jacques, Machafu, Musa, Karo, Merveille, Kabucho, Richard de la famille de Mwami Bakola.

Ministère Public : première mission : recenser les cultivateurs ; deuxième mission : évaluer la situation.
Q. Votre réaction après leur mission ?
R. Après ce que maman vient de dire, j'ai vu la plainte d'Apagrima, et on avait convoqué un forum.
Ministère Public : passif ou complice, toujours coupable.
Q. Avez-vous parlé du chef Mbunguma ? Cote 106-107
R. Je ne me souviens plus.
Q. Mbunguma, avez-vous donné 101 hectares ?
R. Derrière 124 hectares, Mwami Mbunguma nous a donné de terre.
Q. Mbunguma, avez-vous donné des terres ?
R. Oui, nous avons pris trois collines comme redevance de Mavivi. Notre souci était de récupérer une partie du parc selon les limites de 1934. Après le forum, on a donné les 124 hectares ; je ne me suis pas intéressé de 124. Je suis allé chercher la terre au parc. J'ai demandé aux gens de rentrer au parc et de cultiver. C'est ce qui a fait que je m'intéresse au problème de Mavivi. Je leur ai demandé qu'on combatte d'abord l'ICCN et après, nous allons nous mettre autour d'une table pour partager la terre.
Comparait madame Bébé :
Q. Votre oncle pharaon vous a dit que Mbunguma l'avait appelé à 3 heures pour lui annoncer la mort de votre frère Bambiti ?
R. Oui.
Q. Mbunguma, vous souvenez-vous aussi de cela ?
R. Oui.
Q. Quel est le nom de celui qui vous a dit cela ?
R. Wanyanya, le voisin de Didi Nvuma.
Q. Didi Nvuma, avez-vous entendu ce que Mbunghuma a dit ?
R. Oui, il est cultivateur.
Q. Où est Wanyanya ?
R. Il était ex-militaire. Il est rentré dans l'armée.
Ministère Public : Nous avons retrouvé le véritable Wanyanya.
Comparait 1er Sergent major Tsingbo Omokala, né en 1972, incorporé en 1996-1997, Unité 301 Régiment/Génie ; Détachement Etat-Major Sukola I ; fonction : chef section (Renseignant).
Q. Mbunguma, est-ce bien lui Wanyanya ?
R. Oui.
Q. Wanyanya, connaissez-vous cette maman ?
R. Oui, c'est la sœur de Posombili.
Q. L'autre ici à côté ?
R. C'est papa Didi.
Q. Et celui qui a le micro ?
R. C'est Mbunguma ?
Q. D'où vient le nom de Wanyanya ?

R. Nous de la Génie-Militaire, nous avons cultivé un champ. Mon champ avait beaucoup de Nyanya, aubergine en kiswahili. La population qui ne connaissait pas mon nom commençait à m'appeler Wanyanya.
Q. Maman Bébé, vous rappelez-vous de Wanyanya lors de l'arrestation de douze Mayi mayi ?
R. J'avais dit que Wanyanya est connu de tous.
Q. Comment avez-vous connu le chef Bambiti ?
R. J'avais un champ que papa Didi m'avait donné pour cultiver. C'est bien lui qui m'avait présenté au chef Bambiti.
Q. De quoi est-ce que Bambiti vous a parlé au sujet du conflit entre lui et Mbunguma ?
R. Il m'avait dit que son père était chef. Il avait confié le pouvoir au papa de Mbunguma en attendant que je grandisse.
Q. Comment avez-vous arrêté les douze Mayi mayi ?
R. Je faisais le Salongo. Bambiti m'a appelé pour me dire qu'il a vu des gens suspects. Il les a interpellés, ils ont refusé. Il m'a demandé d'interrompre le Salongo pour les interpeller. Je les ai arrêtés pour les amener chez le chef Bambiti. Nous avons trouvé le chef avec d'autres gens dans le barza. Nous les avons ligotés pour les fouiller. Nous avons trouvé des lances, des couteaux et autres choses. Le chef a appelé le Mwami Mbunguma pour les récupérer et ils sont partis avec eux. Le chef avait donné des jeunes gens pour escorter ces jeunes ligotés avec Mbunguma et Didi jusques là où le véhicule FARDC était.
Q. Avez-vous trouvé deux chargeurs garnis ?
R. Deux chargeurs garnis avec sac de couchage.
Q. Etes-vous habitué au chef Mbunguma ?
R. Comme chef, il nous donnait des conseils.
Q. Avez-vous son numéro téléphone ?
R. Je n'avais pas son numéro téléphone.
Q. Quand Bambiti est mort, où étiez-vous ?
R. A Mayangos, 6 Km de là où était Bambiti.
Q. Quand avez-vous entendu la mort de Bambiti ?
R. A 5 heures, par les gens qui venaient du marché.
Q. Vous étiez avec qui ?
R. Nyumba, Gorove, Pitchen et autres.
Q. Avez-vous appelé le chef pour lui faire part de la mort de Bambiti ?
R. Non, nous nous sommes rencontrés avec le chef à Kadou.
Ministère Public : Le sang de Bambiti pousse Mbunguma à citer le nom de Wanyanya. On croyait que Wanyanya est à Lubumbashi.
Q. Mbunguma, votre réaction ?
R. Il m'avait appelé à 4 heures du matin pour m'annoncer la mort de Bambiti.
Q. Est-ce 15 minutes seulement que le chef Bambiti vous a données pour escorter les douze Mayi mayi ?
R. Ce sont les cultivateurs de Kadou sous ma responsabilité.
Q. Avez-vous des relations particulières avec Mbunguma ?

R. On déposait des braises là où se trouvaient les jeunes pour remettre au chef Mbunguma.
Q. Il ne vous est pas arrivé d'appeler Mbunguma pour les braises ?
R. C'est Mwami Bambiti qui partageait les braises chez lui et chez le chef Mbunguma.
Défense : Wanyanya communiquait avec notre client bien avant même la mort de Bambiti ; c'est bien Wanyanya qui ment.
Q. D'autres fois, vous appeliez Wanyanya au téléphone au sujet de la mort de Posombili à 4 heures. A part ça, vous ne vous êtes pas appelé avec lui ?
R. Wanyanya, je travaillais beaucoup avec lui. Je l'ai désigné comme chef pour le salongo. Il m'a même amené l'ivoire qui se trouve chez moi aujourd'hui. Papa Didi peut nous aider à savoir si je parlais avec lui au téléphone.
Q. Didi, parlaient-ils au téléphone ?
R. Je ne sais pas.
Q. Avant de quitter Kadou, aviez-vous averti les autorités ?
R. J'avais dit au Maire de la Ville.
Q. Wanyanya, vous souvenez-vous qu'un jour les gens vous ont arrêté en cours de route ?
R. Ma femme m'avait appelé pour me dire que l'enfant est malade. J'ai vu Posombili au barza vers 5 heures. J'ai continué le chemin dans le champ de cacao. J'ai trouvé un groupe de cinq personnes qui m'ont demandé si je connais Wanyanya. J'ai dit que Wanyanya arrive ici le matin, mais il n'est pas encore arrivé. Ils m'ont demandé sept bières. Je leur ai donné 7000 FC que j'avais. Ils m'ont demandé de dire à Wanyanya et son chef Bambiti qu'ils ont arrêté leurs Mayi mayi et qu'ils vont voir.
Q. Avez-vous appelé Mbunguma au téléphone pour lui remettre l'ivoire ?
R. C'est Bambiti qui l'avait appelé pour lui remettre l'ivoire que les gens avaient ramassé quand ils produisaient la braise.
Q. Vous souvenez-vous des vivres des gens qui construisaient le barza à Nyaleke ?
R. Nyaleke, je n'étais pas là. Chacun avait son secteur.
Q. Les gens qui vous cherchaient et vous ont ravi 7000fc, à qui d'autre avez-vous dit cela ?
R. J'avais appelé Posombili au téléphone pour le lui dire.
La Défense fait observer que Wanyanya a été trouvé aujourd'hui même pour l'amener ici ; il a partagé l'information à Bambiti décédé. Comment le Ministère Public a-t-il accédé à l'information ?
Ministère Public : J'ai deux Wanyanya, le vrai et le faux. Si je ne parlais pas avec Wanyanya, comment je pouvais connaitre le vrai Wanyanya ? Le MP recueille les informations.
Défense : Nous continuons à soutenir jusqu'à ce stade que notre client est innocent.
Comparait Saambili Bamukoka :

Renseignant : monsieur Renzaho Voté Luc alias Bokul, fils de Renzaho Jean (décédé) et de Nakabi Suzanne (en vie) ; né à Goma en 1970 ; 5 ans PP ; profession : agent de l'Etat ; marié à Musemakweli et père de sept enfants ; Domicilié au Quartier Kasabinyole, avenue Saidi N°76, Commune Ruwenzori.
Q. Votre père s'appelle Renzaho ?
R. Oui, il était conservateur.
Q. Votre maman ?
R. Elle était chez moi. Quand elle est devenue malade, le grand-frère l'a récupérée.
Q. Votre père est de quel Territoire ?
R. Rutshuru.
Q. Votre mère ?
R. Watalinga.
Q. Comment votre mère s'est retrouvée à Goma ?
R. Notre père travaillait à la Coopérative de Pêcheurs de Vitshumbi (COOPEVI) ; notre mère était sa deuxième femme quand notre père travaillait.
Q. Quel est votre tribu ?
R. Hutu de Rutshuru.
Q. Bamukoka, connaissez-vous monsieur Renzaho ?
R. Il est mon petit-frère. Avant que maman se marie à monsieur Renzaho, elle s'est marié d'abord au Mwami de Watalinga. Dire que j'ai grandi à Rutshuru, c'est faux.
La Défense présente une fiche signalétique qui indique les noms de tous les enfants. Saambili Bamukoka est le troisième fils.
Q. Etes-vous troisième fils de votre père ?
R. Oui.
Q. Du côté de votre mère ?
R. Je suis le troisième fils.
Q. Après vous, votre mère a-t-elle eu un autre enfant avec un autre père ?
R. Non.
Remise contradictoire, jeudi 25 mai 2017.

Audience publique du 25 mai 2017

RP N° 0172/2017
RMP N° 0807/KNG/2017
En chambre foraine à laquelle siègent :

1. Lt Col. Mag. Ntshaykolo Esosa Masele Jean Paulin, 1er Président ;
2. Col. Omeonga Taunya José, Juge Assesseur ;
3. Col. Ndiba Bulangiti Matthieu, Juge Assesseur ;
4. Col. Busoki Wa Karaku, Juge Assesseur ;
5. Com. Sup. Ppl Ngumbi Kulinga, Juge Assesseur ;

6. Gén. Maj. Mokunto Kiyana Tim, 1er AGF, Ministère Public ;
7. Maj. Madoli Nzoki Guy Martin, Greffier.

En cause : l'auditeur militaire supérieur Près la cour militaire opérationnelle du Nord-Kivu, Ministère Public et parties civiles.

Contre :

- Colonel Lusenge Muhindo David ;
- Monsieur Mbunguma Kitobi André ;
- Monsieur Saambili Bamukoka ;
- Mwami Bulembo Ando Kanzire Pierre ;
- Monsieur Nkayalua Bankale Etienne, alias Munganda et Consorts.

Prévenus de :

- Association des malfaiteurs ;
- Détention illégale d'armes ou des munitions de guerre ;
- Crime contre l'humanité par meurtre, déportation ou enlèvement ;
- Violation de consigne.

La cause est appelée à 11 heures 05 minutes.

A l'appel de la cause, les prévenus cités ci-haut comparaissent en personne et assistés par leurs conseils : Me Joël Shanyungu, Me David Wambale, Me Déo Shota, Me Blanchard Mbiya, Constant Kalumendo et le Défenseur Militaire agréé Kiwunga Makila

Me Kaniki Paluku et Me Blaise Matokeo représentent les parties civiles.

Comparaissent Mwami Mbunguma et Bakole Mutela, Olenga Jean Marie, Mutokambali Sivirwa Yves :

Comparait monsieur Muhindo Makasi Emmanuel, né à Beni, le 12 mai 1982, fils de Evariste (en vie) et de Mwamini (en vie) ; profession : cultivateur à Alungupa, 6ème primaire, Veuf et père de 3 enfants ; Domicilié à Alungupa (Partie Civile).

Q. Dans quelle circonstance avez-vous perdu votre femme et votre fils ?

R. C'était le 1er novembre 2014, nous étions en train de fuir. Un jour, nous sommes rentrés à la maison, il n'y avait pas à manger. J'ai demandé à ma femme de ne pas sortir. La nuit, nous avons entendu les coups de feu. J'ai demandé à ma femme si elle les entendait. Elle a marqué son accord. J'ai commencé à déplacer les enfants en demandant à ma femme de se cacher sous le lit des enfants. Je me suis caché sous notre lit avec le bébé et les autres enfants. Les bandits ont commencé par casser la porte. Ils sont entrés et ils ont tué ma femme et mon enfant Exaucé. J'ai profité pour fuir avec les autres enfants. En brousse, j'ai appelé le chef Jean Marie pour l'informer. C'était entre 20 heures et 21 heures. Vers 23 heures, ils sont arrivés pour m'appeler. Ils m'ont informé que mon enfant est mort. Je les ai informés que ma femme est aussi morte. Je suis venu leur montrer le cadavre de ma femme. Le véhicule est venu transporter les corps pour la morgue. Les militaires m'ont amené chez eux pour me faire retourner le matin et les gens sont venus assister au deuil.

Q. Quand avez-vous entendu les crépitements des balles ?

R. Pas même 20 minutes ; ils sont arrivés chez moi à 20 heures 20 minutes.

Q. Jean-Marie, vous rappelez-vous les massacres de Kasinga ?
R. Oui.
Q. Les massacres ont-t-ils commencé à Kasinga même ?
R. Ça commencé à Buili, le premier coup de feu, je l'ai entendu à 18 heures 30 minutes. J'avais alerté le service du T2 pour que les militaires nous viennent au secours.
Q. Qu'est-ce qui vous a poussé d'appeler les militaires bien avant ?
R. Ces gens ont été aperçus bien avant. Ils venaient vers Tubameme et ils demandaient où est le chef Jean Marie.
Q. A qui demandaient-ils le chef Jean Marie ?
R. Nous tous nous fuyons ; je ne me souviens plus.
Q. Est-ce qu'il y a eu affrontement entre les militaires et ces gens ?
R. Cela a commencé au rond-point Buili.
Q. Quelle distance sépare le rond-point et la maison des victimes ?
R. Un kilomètre.
Q. Quand il vous appelait, où étiez-vous ?
R. J'étais à Bel Air.
Q. Exaucé avait quel âge ?
R. Il était en deuxième primaire, il avait 9 ans.
Q. Emmanuel, que faisait votre femme ?
R. Cultivatrice tout en pratiquant le petit commerce.
Q. Jean-Marie, avez-vous prévenu les militaires avant l'événement ?
R. Oui.
Q. Qu'est-ce qui vous a poussé à appeler les FARDC ?
R. On a passé la journée avec les FARDC. Quand les gens les ont aperçus, j'ai appelé les FARDC. C'est Kambale Kibondo qui m'avait appelé.
Q. Emmanuel, étiez-vous informé que Jean Marie était recherché ?
R. Comme chef, il devait se cacher. De ma part, je n'avais rien entendu.
Q. Où passiez-vous la nuit pendant l'insécurité ?
R. A Bel Air, nous tous avec le chef.
Ministère Public : Emmanuel a fait face à son destin. Ils ont terminé tard le travail. Ils ont jugé dormir chez eux au lieu d'aller à Bel Air.
Comparait monsieur Evariste Makasu Mulango, né à Sobieda, le 5 juin 1961, fils de Martin Nguru (décédé) et de Marie Mariote (décédée) ; profession : cultivateur à Mayangos/ Bamusengeni ; marié à madame Masika Mwamini et père de neuf enfants ; 3ème primaire ; Domicilié à Lose Lose/ Ruwenzori.
Q. Où étiez-vous lors de cet événement ?
R. A Sobieda. Ça a commencé à Buili. Les enfants m'ont demandé d'éteindre la radio. Mes jeunes filles m'ont dit qu'on a tué les gens à Kasinga. Je suis arrivé à Kasinga à 6 heures 30 minutes. J'ai vu Mbunguma habillé en culotte. Arrivé là-bas, il s'est étonné de voir comment la maman de là où nous nous retrouvions est morte. Il a vérifié si les autres gens des alentours ont échappé aux massacres. Il demandait là où se trouve le barza du chef Jean-Marie.
Q. Qu'est-ce qui vous a poussé de vous adresser au chef Jean-Marie ?

R. Jean Marie est venu au deuil. Il nous a raconté comment il est en conflit avec Mbunguma. Je lui ai fait part de ce que Mwami Mbunguma était venu me demander après cet événement.
Q. Jean Marie, qu'est-ce qui vous a poussé de dire que Mbunguma pouvait envoyer des gens pour vous tuer ?
R. Je ne m'entendais pas avec lui. Il y a des gens qui ont hérité de leur père et d'autres pas.
Q. Qui ont hérité de leur père ?
R. Moi, j'ai hérité de mon père.
Q. Et le Mwami Mbunguma ?
R. Il n'a rien hérité.
Q. Posombili avait-il une terre ?
R. Oui, Posombili avait une portion de terre.
Q. Jean-Marie, étiez-vous au courant de l'histoire de Posombili et Mbunguma à propos de terre ?
R. Oui.
Q. Etes-vous convaincu que votre frère cherchait à vous tuer ?
R. Oui.
Ministère Public : Emmanuel, l'assassin de votre femme et votre enfant, c'est Mbunguma. Il cherchait à tuer son frère, mais il a tué votre femme et votre enfant.
Q. Mbunguma, votre réaction ?
R. Je ne peux pas tuer mes frères. Mes frères sont et resteront toujours mes frères. Jean Marie, Evariste sont mes frères et Emmanuel est mon fils. S'ils cherchent le pouvoir, pas ici. Je cherche la terre pour mes frères et je combats les gens du parc.
Q. Jean Marie, est-ce le pouvoir que vous cherchez ?
R. Non.
Q. Evariste, Mbunguma avait quel état à son arrivée, après l'événement ?
R. Il avait l'humeur de celui qui venait nous consoler.
Défense : Olenga n'a jamais convoité le pouvoir de Mbunguma. Comme Mbunguma est arrêté, on cherche à le détourner de son pouvoir.
Q. Après cet événement, avez-vous eu l'information sur les gens qui ont tué votre femme et votre fils ?
R. Je sais que ce sont des Nalu.
Q. Jean-Marie, n'avez-vous pas pris part à la réunion des gens qui voulaient détrôner Mbunguma ?
R. Je ne peux pas signer un document qui se rapporte à Mayangos parce que derrière lui, il y a d'autres gens.
Q. Evariste, après que Mbunguma fut arrivé chez vous, est-il allé chez Jean Marie ?
R. Non.
Q. Emmanuel, pouvez-vous évaluer les 200 mètres qui vous séparent de Jean Marie ?

R. Neuf parcelles.
Q. Les gens qui sont passés à Semuliki, provenant de chez Mbunguma, la relation était-elle bonne ?
R. C'est cela le problème. Quand nous avons refusé de les accompagner, premièrement il a commencé avec des Mayi mayi pour protéger les cultivateurs.
Q. Quand Alinde voulait destituer Mbunguma, vous avez refusé et vous avez même appelé Alinde ; comment était votre relation ?
R. J'ai peur de tous les deux. Au deuil du chef Grégoire, on voyait des militaires la nuit, différents de ceux qu'on voyait la journée. Il y avait des gens qui me cherchaient la nuit ; et on m'avait demandé de quitter ce lieu pour ne revenir qu'aux cérémonies marquant le 40ème jour. Mbunguma connaissait le jour de la réunion. Je l'avais appelé pour le lui rappeler.
Q. Yves, avez-vous suivi les militaires qui étaient au deuil ?
R. Il y avait des FARDC et des Ougandais.
Q. Jean Marie, c'était en quelle année ?
R. En 2012.
Q. Est-ce qu'en 2012 les Ougandais étaient ici ?
R. J'ai oublié ; ce n'étaient pas les Ougandais. Il y avait un groupe des Rwandais.
Ministère Public : Il ne s'agit pas des militaires rwandais, mais plutôt des militaires Tutsi congolais.
Q. Yves, est-ce que Jean-Marie était recherché ce jour ?
R. Oui, il y avait deux groupes : le premier groupe des FARDC, qui était avec Alinde, et le deuxième groupe du Colonel Rohorimbere, qui était avec le chef Mbunguma et qui cherchait Jean-Marie ; et je suis allé dire au chef Jean-Marie de se cacher.
Q. Emmanuel, ces gens avaient-ils des torches ?
R. Non, c'était sous la lune.
Q. Comment étaient ces gens ?
R. Ils étaient en tenue militaire, ils parlaient un kiswahili différent du nôtre.
Ministère Public : La défense de Mbunguma a un raisonnement déformé. Mbunguma arrive, il s'exclame en disant : c'est cette maman qui est morte ; mais de l'autre côté, ils sont tous là. Lorsque Jean-Marie raconte à Evariste le conflit avec Mbunguma, Evariste lui raconte le fait de Mbunguma. Il est à moto à plus ou moins 250 mètres de son frère ; pourquoi ne pas aller le voir.
Partie civile : Il y a un lien entre les Nalu et ceux qui ont participé à cette association des malfaiteurs.
Défense : Il n'y a aucun soubassement qui peut démontrer que Mbunguma est l'auteur de ces massacres.
Q. Mbunguma, après votre arrivée chez Evariste, étiez-vous arrivé chez Jean Marie ?
R. Oui.
Q. Jean-Marie, confirmez-vous cela ?

R. C'est faux.
Q. Mbunguma, votre réaction ?
R. Je suis arrivé chez lui, il n'y était pas ; j'ai trouvé d'autres gens qui étaient là.
Q. Evariste, après que Mbunguma vous a parlé, est-il parti chez Jean Marie ?
R. Non.
Mbunguma : Les massacres de Kasinga ont commencé à Munzambayi. On avait tué un militaire. Le matin, je suis allé vérifier à Munzambayi. Quand j'étais là, les gens sont venus de Bel Air pour me dire qu'à Kasinga, les gens sont morts. Je suis allé à Kasinga. Je suis passé chez Evariste et chez Jean-Marie qui n'était pas là. On a même ramassé des cadavres.
Remise contradictoire demain vendredi 26 mai 2017 et lundi 29 mai 2017.

Audience publique du 29 mai 2017

RP N° 0172/2017
RMP N° 0807/KNG/2017
En chambre foraine à laquelle siègent :

1. Lt Col. Mag. Ntshaykolo Esosa Masele Jean Paulin, 1er Président ;
2. Col. Omeonga Taunya José, Juge Assesseur ;
3. Col. Ndiba Bulangiti Matthieu, Juge Assesseur ;
4. Col. Busoki Wa Karaku, Juge Assesseur ;
5. Com. Sup. Ppl Ngumbi Kulinga, Juge Assesseur ;
6. Gén. Maj. Mokunto Kiyana Tim, 1er AGF, Ministère Public ;
7. Maj. Madoli Nzoki Guy Martin, Greffier.

En cause : l'auditeur militaire supérieur Près la cour militaire opérationnelle du Nord-Kivu, Ministère Public et parties civiles.
Contre :

- Colonel Lusenge Muhindo David ;
- Monsieur Mbunguma Kitobi André ;
- Monsieur Saambili Bamukoka ;
- Mwami Bulembo Ando Kanzire Pierre ;
- Monsieur Nkayalua Bankale Etienne, alias Munganda et Consorts.

Prévenus de :

- Association des malfaiteurs ;
- Détention illégale d'armes ou des munitions de guerre ;
- Crime contre l'humanité par meurtre, déportation ou enlèvement ;
- Violation de consigne.

La cause est appelée à 15 heures 35 minutes.
A l'appel de la cause, les prévenus cités ci-haut comparaissent en personne et assistés par leurs conseils : Me David Wambale, Me Blanchard Mbiya, Me John Mughisa, Me Nathan Tagirabo.
Me Kaniki Paluku représente les parties civiles.

Comparait Monsieur Katembo Kisoki Jean de Dieu : né à Beni, le 16 avril 1964, fils de Muhindo Kisoki (en vie) et de Béatrice (en vie) ; agent de l'Etat, fonction : ANR/Mulekera ; Domicilié à Beni/Ville, (renseignant) Commune Mulekera, Quartier Kalinda, Avenue Madesu N° 55.
Le Ministère Public ne veut pas mettre en détention sa deuxième femme et sa sœur.
Q. Etiez-vous à Kipeyayo lorsque Bambiti avait arrêté les Mayi mayi ?
R. Oui, j'avais même amené ces Mayi mayi jusqu'à la rivière pour les laisser entre les mains des FARDC. Mwami Mbunguma avait dit que ce sont ses cultivateurs que Bambiti avait arrêtés. Il m'a demandé de laisser les planches pour les amener. Je lui ai demandé comment ces cultivateurs seront libérés, il m'a dit qu'ils vont sortir d'une manière ou d'une autre.
Q. Etiez-vous arrêté à l'auditorat ?
R. Oui.
Q. Qui était le Kapita ?
R. Colonel Ngabo à l'extérieur, à l'intérieur du cachot il y avait Kisembo alias Mayele, son adjoint et moi, le commandant PM.
Q. Mbunguma, vous a-t-il trouvé au cachot ?
R. Oui, je ne savais pas auparavant. Quand j'ai vérifié, j'ai trouvé que c'est Mwami Mbunguma. Je l'ai amené dans ma cellule. Je lui ai demandé pourquoi il est arrêté. Il a dit qu'il va me le dire par après. La nuit, il m'a demandé le téléphone, ce jour-là on ne lui a pas donné le téléphone. Le jour suivant, il a demandé le téléphone, on le lui a donné par pitié. Il a communiqué en utilisant des mots codés. Mayele nous a demandé de le torturer. Nous les avons fait rentrer dans la cellule pour amener Jean Pierre. Il dit qu'il ne connait pas les causes de son arrestation. Nous avons pris sur lui 20$. Avant de sortir, j'ai demandé à Mbunguma de prendre mon avocat. Il a dit que dans trois jours, il va sortir. J'ai dit cela au colonel Ntumba. Vers 13 heures, il a demandé le téléphone. Il a une fois de plus parlé avec des mots codés. Vers 16 heures, je suis rentré à la maison. Trois jours après, l'auditorat a été attaqué ; je suis venu pour rappeler le colonel Ntumba.
Q. Jean Marie, étiez-vous arrêté après Mbunguma ?
R. Oui.
Q. Est-ce qu'on vous a pris 20$?
R. C'était 50$.
Q. Mbunguma, votre réaction ?
R. On m'avait invité à l'auditorat. Je croyais que c'était une réunion de sécurité. Quand je suis arrivé, on me dira que c'est moi qui ai tué des gens.
Q. A propos des cultivateurs, sont-ils réellement les vôtres ?
R. c'est faux.
Q. Alliez-vous sortir après trois jours ?
R. C'est faux. Je ne savais pas que ce Gouvernement allait m'arrêter longtemps au moment où je travaillais pour son compte. J'avais mes avocats.

La défense sollicite la comparution de monsieur Katembo à l'audience prochaine.
Q. Reconnaissez-vous avoir dit à un chauffeur de déposer les planches pour conduire les Mayi mayi ?
R. Les Mayi mayi étaient une dizaine. Ils pouvaient s'asseoir même sur les planches.
Q. Pour vous, le transport était-il gratuit ?
R. C'était gratuit.
Remise contradictoire, le mardi 30 mai 2017.

Audience publique du 30 mai 2017

RP N° 0172/2017
RMP N° 0807/KNG/2017
En chambre foraine à laquelle siègent :

1. Lt Col. Mag. Ntshaykolo Esosa Masele Jean Paulin, 1er Président ;
2. Col. Omeonga Taunya José, Juge Assesseur ;
3. Col. Ndiba Bulangiti Matthieu, Juge Assesseur ;
4. Col. Busoki Wa Karaku, Juge Assesseur ;
5. Com. Sup. Ppl Ngumbi Kulinga, Juge Assesseur ;
6. Gén. Maj. Mokunto Kiyana Tim, 1er AGF, Ministère Public ;
7. Maj. Madoli Nzoki Guy Martin, Greffier.

En cause : l'auditeur militaire supérieur Près la cour militaire opérationnelle du Nord-Kivu, Ministère Public et parties civiles.
Contre :

- Colonel Lusenge Muhindo David ;
- Monsieur Mbunguma Kitobi André ;
- Monsieur Saambili Bamukoka ;
- Mwami Bulembo Ando Kanzire Pierre ;
- Monsieur Nkayalua Bankale Etienne, alias Munganda et Consorts.

Prévenus de :

- Association des malfaiteurs ;
- Détention illégale d'armes ou des munitions de guerre ;
- Crime contre l'humanité par meurtre, déportation ou enlèvement ;
- Violation de consigne.

La cause est appelée à 11 heures 30 minutes.
A l'appel de la cause, les prévenus cités ci-haut comparaissent en personne et assistés par leurs conseils : Me David Wambale, Me Blanchard Mbiya, Me John Mughisa et Constant Kalumendo, Me Déo Shota, Me Nathan Tagirabo, Me Jean-Marie Singa, Me Joël Shanyungu et le Défenseur Militaire agréé Kiwunga Makila.

Me Kaniki Paluku et Blaise Matokeo représentent les parties civiles.
Comparait Monsieur Kalikona Kyoghe Norbert : né à Oïcha, le 26 juin 1964, fils de Mafuta (décédé) et de Kolakavona (en vie) ; Profession : chef de Groupement Batalinga ; marié à madame Nakubinga et père de 12 enfants ; Domicilié à Kamango (Renseignant).
Q. Avez-vous assisté à une cérémonie coutumière en 2013 avec chef Bamukoka ?
R. Oui.
Q. Il y avait combien de cérémonie ?
R. Chaque localité faisait sa cérémonie, avec le chef Bamukoka, deux cérémonies ; la troisième cérémonie était pour préparer la guerre, la quatrième cérémonie Boky, puis la cérémonie Mutakata pour que les massacres des ADF n'arrivent pas chez nous. Le 6 juillet 2013, c'était la dernière cérémonie. Malgré cela, le 11 juillet 2013, les ADF ont attaqué la chefferie. Après deux jours, les FARDC sont arrivés et ont chassé les ADF le 13 juillet 2013.
Q. Quels types d'activités ont été organisés dans la cérémonie du 6 juillet 2013 ; c'est quoi Boky ?
R. Nous avons entretenu le cimetière pour que la guerre n'arrive pas. Nous avons d'abord amené une chèvre et une poule pour cette cérémonie afin d'éviter les massacres des ADF.
Q. A part cela, vous n'avez rien fait d'autre ?
R. Nous avons commencé à nous adresser aux ancêtres. C'est la raison pour laquelle nous avons égorgé une chèvre et une poule.
Q. Il est dit que vous avez égorgé un bébé ?
R. C'est faux.
Q. En tant que chef de groupement à Watalinga, avez-vous été au courant de la collecte des vivres des ADF ?
R. C'est faux.
Q. N'y avait-il pas un campement des ADF à Watalinga ?
R. Avant 2005, il y en avait. Le 24 décembre 2005, les FARDC les ont délogés par le major B52. Pour trouver les vivres des militaires c'était difficile. On collectait ces vivres au marché de Nobili. Un militaire et un civil s'occupaient de cette collecte.
Ministère Public : Hindou, c'est l'unité de la 31ème Brigade.
Q. Il vous est arrivé de participer à une réunion des trois chefs de groupement et le chef Bamukoka ainsi que le commandant Feza ?
R. Je n'ai jamais entendu cela.
Défense : Un Renseignant avait déclaré que, lors de la cérémonie, on avait égorgé un bébé. Le Renseignant devant cette Cour aujourd'hui parle d'une chèvre et d'une poule qui étaient égorgées ; et la collecte des vivres étaient pour les FARDC.
Ministère Public : Mwami Bamukoka, c'est dieu à Kamango, et le chef de Groupement c'est son sujet.
Q. Avez-vous entendu la disparition d'un bébé ?

R. Jamais.
Q. Bamukoka répond par Oui, mais c'était à Nobili.
Q. Qui vous a dit que les ADF allaient vous attaquer ?
R. Il y avait des combats à Beni-Mbau, les gens fuyaient vers Kamango.
Q. Quelle guerre en 2013 ?
R. Il y avait des menaces depuis 2012. On avait tué un policier. Les gens commençaient à fuir vers la chefferie de Watalinga.
Le Ministère Public note qu'il n'y avait pas de raisons particulières qu'on puisse avancer qu'on allait attaquer Kamango.
Q. Chef de Ndanda, est-ce que les ADF n'étaient pas aux environs de Ndanda ?
R. Ils y étaient.
Q. Est-ce qu'ils vous ont attaqués ?
R. Non.
Q. A quoi a servi la cérémonie du 6 juillet ?
R. Bien que les ADF soient venus, les FARDC sont parvenus à les chasser.
Ministère Public : Nous ne pouvons pas demander à Mwami de Batalinga de venir s'accuser lui-même. On nous a dit que Bamukoka était accueilli comme un prince chez Jamil Mukul. Il a servi des vivres venant de l'Ouganda chez les ADF. Qui nous a contredits ?
Comparait monsieur Basime Ntula Kwanbuka Hubert, né à Lwanoli, le 6 juillet 1982, fils de Ntula (en vie) et de Kaba (en vie) ; fonction : Chef de groupement de Bawisa ; profession : Agent de l'Etat ; G3 en Droit ; Domicilié à Kisegweta (Renseignant).
Q. Depuis quand êtes-vous chef de Groupement de Bawisa ?
R. Depuis octobre 2013.
Q. Quelle distance sépare Kisegeta de Nobili ?
R. Silence.
Q. Un véhicule qui quitte l'Ouganda pour Kamango peut-il passer par Kisegeta ?
R. C'est faux. Un véhicule qui quitte Nobili pour Kamango ne peut pas passer par Kisegeta.
Q. Nobili dépend de quel Groupement ?
R. C'est une localité dans le Groupement de Bawisa.
Q. Avez-vous un bureau à Nobili ?
R. Non.
Q. Votre prédécesseur, Nelson, avait-il un bureau à Nobili ?
R. Non, mais il y avait une paillotte dans laquelle il se distrayait à Nobili. Cette paillotte était pour une autre personne.
Q. Est-il interdit à un chef de rester à Nobili même pendant un ou deux mois ?
R. Il n'est pas interdit.
Q. Est-ce vous qui avez succédé à Nelson ?
R. Oui, c'est mon oncle paternel cadet.
Q. Avant Nelson, c'était votre père ?

R. Oui.
Q. Où étiez-vous avant votre intronisation ?
R. J'ai terminé mes études en 2008-2009 ; j'ai ensuite été préfet des Etudes, puis chef.
Q. Vous arrivait-il de parler avec Nelson ?
R. Oui.
Q. Selon vous, quelles sont ses relations avec Bamukoka ?
R. Papa Nelson, on m'avait dit qu'il avait couché avec la femme de Mwami Bamukoka et on avait réparé. Après vérification, on a trouvé que c'était une fausse accusation. J'ai participé à la première rencontre et lors de la deuxième rencontre, j'étais parti à l'école.
Q. Avez-vous appris la disparition d'un bébé ?
R. Oui.
Q. Comment ça s'était passé ?
R. Il y avait une maman qui vendait des haricots et dont le bébé dérangeait. Une autre maman lui a demandé de l'aider à bercer le bébé et cette maman en a profité pour fuir avec l'enfant.
Q. Chef Bamukoka, pour aller chez les ADF, faut-il passer par Kamango ?
R. Je ne peux pas répondre à cette question ; je ne suis pas un ADF.
Comparait monsieur Basaliza Simana Samson ; né à Molobia, le 9 octobre 1968 ; fils de Simana (décédé) et de Kwedema (en vie), PP5, fonction : chef de Groupement Bahumu, veuf et père de 7 enfants ; Domicilié à Molobia, Renseignant.
Q. Avez-vous appris la collecte des vivres pour les ADF dans la chefferie de Watalinga ?
R. Non.
Q. De quel genre de collecte avez-vous entendu parler ?
R. On faisait la collecte des vivres pour les FARDC. C'était chaque jour de marché sur les trois endroits, sur ordre du comité de sécurité. On remettait au commandant et c'est lui qui distribuait à toutes les positions militaires.
Q. Vous souvenez-vous du nom d'un commandant FARDC ?
R. Non.
Q. Avez-vous appris que votre collègue Nelson avait arrêté un véhicule avec des vivres des ADF ?
R. Non.
Q. Avez-vous appris le conflit qui s'était produit entre Nelson et Bamukoka ?
R. On avait dit que le pauvre Nelson avait connu la femme de Mwami Bamukoka ; après vérification, c'était une fausse nouvelle.
Q. Est-ce qu'il vous est arrivé, vous les trois chefs de Groupement et le chef Bamukoka, de participer à une réunion avec les ADF ?
R. C'est faux.
Mnistère Public : Nous allons poser quelques questions à ces chefs après l'audience.
Q. Chef de Ndama, quelle distance sépare Ndama de Musuku ?

R. Trois kilomètres.
Ministère Public : Mughalika est en paix avec les ADF. Chaque cultivateur donnait quelque chose aux ADF. Chef de Ndama déclare qu'aucune collecte n'était faite par la population en faveur des ADF. Les ADF cultivaient eux-mêmes. Ils ont laissé des champs que les FARDC ont récupérés comme butin de la guerre.
Comparait monsieur Byakutagha Mbuluku Désiré ; né à Boku en 1948 ; fils de Mbuluku (décédé) et de Lubiande (décédée) ; Etudes faites : néant ; fonction : vieux sage du village Boku ; profession : cultivateur, marié à madame Elize et père de dix-huit enfants. (Renseignant).
Q. De quel Groupement êtes-vous ?
R. Batalinga.
Q. Quel est votre village ?
R. Boku.
Q. Où étiez-vous le 11 juillet 2013 ?
R. Je n'ai pas quitté le village.
Q. Que connaissez-vous de l'attaque de Kamango ?
R. Le matin, nous avons entendu les coups de feu. Nous nous sommes réveillés, nous avons vu les rebelles. Nous avons fui en Ouganda et à Nobili. On a tué des gens. L'Etat nous a envoyé des militaires qui ont chassé ces rebelles. Nous qui étions à Nobili, les militaires nous ont demandé de retourner à Kamango.
Comparait monsieur Agaba.
Q. A quel endroit monsieur Nelson avait arrêté un véhicule et il vous a demandé de rejoindre ce véhicule ?
R. A Nobili.
Q. Est-ce que le véhicule peut passer à Kisegeta ?
R. Non.
Défense : A l'audience du 15 mai 2017, Agaba avait déclaré que le chef Nelson était à son bureau à Nobili. Nous avons voulu savoir si le chef de Bawisa avait son bureau à Nobili ?
Q. Agaba, chef Nelson avait-il un bureau à Nobili ?
R. C'était un endroit où il se reposait pour surveiller la façon dont on travaillait.
Q. Agaba, chef Nelson avait-il une paillotte où il se reposait à Nobili ?
R. Oui, mais son bureau se trouvait à Kiswebera.
Q. Agaba, vous le connaissez ?
R. Je peux le connaitre, mais ça fait beaucoup de jours.
Q. Chef de Bawisa, vous le connaissez ?
R. Non.
Q. Etiez-vous avec votre oncle tous les jours ?
R. Non.
Bamukoka : Tout ce qu'Agaba dit ne concorde avec aucune réalité. Nous avons tous les services à Nobili. Le véhicule quitte la douane jusqu'à 2 Km.

Je sais que le chef de Groupement n'a jamais utilisé ce jeune. Le problème de parcelle que ce jeune avait avec sa famille l'a obligé de fuir. Il a fait beaucoup de jours sans arriver au village. L'ANR l'avait arrêté pour avoir volé une chèvre.
Ministère Public : Un bien qui appartient à Bamukoka, qui peut oser l'arrêter ? Celui qui a osé, Nelson, il est mort.
Q. Agaba, votre réaction ?
R. Il n'y a aucun chef qui peut travailler à Watalinga sans les ordres de Mwami Bamukoka. Nous avons douze barzas de Bawisa. C'est le défunt Bulia qui m'a incité à vendre la parcelle, dire que je n'étais pas avec lui, c'est faux.
Ministère Public : Pour les gens qui viennent de l'Ouganda, c'est Bamukoka qui légalise les champs à Kamango.
Comparait monsieur Ambayaya Bakali Gilbert ; né à Kamango, le 2 mai 1964 ; fils de Bakali (décédé) et de Angali (en vie) ; Etudes faites : néant ; profession : cultivateur à Kamango ; Domicilié à Kamango. (Renseignant).
Q. Vous souvenez-vous être bénéficiaire d'une maison construite par ADRA ?
R. Oui.
Q. La maison avait combien de chambres ?
R. Quatre chambres.
Q. Avez-vous occupé toutes les chambres ?
R. Oui.
Q. Toutes les trois chambres à coucher ?
Q. On avait construit pour ma mère. Au-devant, une porte, et l'autre porte au milieu.
Q. Comment ADRA répartissait les clés ?
R. C'est du mensonge.
Le Premier Président demande au renseignant de se retirer.
Comparait monsieur Katembo Kisoki Jean de Dieu :
Q. Les personnes arrêtées et embarquées dans votre véhicule, saviez-vous que ce sont des Mayi mayi ?
R. Chef Mbunguma m'a appelé à côté pour me dire que ce sont ses cultivateurs que le chef Posombili a arrêtés. Ils seront libérés. Nous faisons payer 40$ jusqu'à Kipeyayo. Le chef Mbunguma m'a promis qu'il va acheter du carburant. Quand nous sommes arrivés, je lui ai demandé le carburant, il n'a rien répondu.
Q. Comment avez-vous su que Bambiti les avait envoyés pour les escorter ?
R/ C'est bien lui-même qui l'avait dit.
Q. Qu'est-ce que vous êtes allé faire à Kipeyayo ?
R. C'était pour transporter les bois.
Q. Où est-ce que Mwami Mbunguma vous a trouvé ?
R. Sur place à Kipeyayo.
Q. Quand est-ce que vous avez su que ces gens sont des Mayi mayi ?
R. Ici à Beni.

Q. Avez-vous dit à une autre personne ce que Mbunguma vous a dit que d'une manière ou d'une autre, ces gens seront libérés ?
R. A cette époque, personne ne pouvait causer avec lui du n'importe quoi.
Q. Aviez-vous suspecté les conversations de Mbunguma au cachot ?
R. J'avais dit au colonel Ntumba que Mbunguma avait dit que dans trois jours, il ne sera plus au cachot. Le colonel m'a demandé de continuer à le filer.
Défense : Renseignant plein de mensonges. Il a dit 20$. Jean-Marie vient, il parle de 50$. Notre client est victime de n'avoir pas payé le carburant.
Ministère Public : De la manière dont Katembo est arrêté, on a dit qu'il s'est présenté comme agent de l'ANR et son chef l'a arrêté. Maitre John, fais attention. Ce n'est pas de cette manière qu'on peut présenter un agent de l'ANR.
Défense : Il s'est présenté lui-même hier comme agent de l'ANR.
Remise contradictoire à jeudi 1er juin 2017.

Audience publique du 1er juin 2017

RP N° 0172/2017
RMP N° 0807/KNG/2017
En chambre foraine à laquelle siègent :

1. Lt Col. Mag. Ntshaykolo Esosa Masele Jean Paulin, 1er Président ;
2. Col. Omeonga Taunya José, Juge Assesseur ;
3. Col. Ndiba Bulangiti Matthieu, Juge Assesseur ;
4. Col. Busoki Wa Karaku, Juge Assesseur ;
5. Com. Sup. Ppl Ngumbi Kulinga, Juge Assesseur ;
6. Gén. Maj. Mokunto Kiyana Tim, 1er AGF, Ministère Public ;
7. Maj. Madoli Nzoki Guy Martin, Greffier.

En cause : l'auditeur militaire supérieur Près la cour militaire opérationnelle du Nord-Kivu, Ministère Public et parties civiles.
Contre :

- Colonel Lusenge Muhindo David ;
- Monsieur Mbunguma Kitobi André ;
- Monsieur Saambili Bamukoka ;
- Mwami Bulembo Ando Kanzire Pierre ;
- Monsieur Nkayalua Bankale Etienne alias Munganda et Consorts.

Prévenus de :

- Association des malfaiteurs ;
- Détention illégale d'armes ou des munitions de guerre ;
- Crime contre l'humanité par meurtre, déportation ou enlèvement ;
- Violation de consigne.

La cause est appelée à 11 heures 30 minutes.
A l'appel de la cause, les prévenus cités ci-haut comparaissent en personne et assistés par leurs conseils : Me David Wambale, Me Déo Shota, Me Kasereka

Sikira, Me Nathan Tagirabo, Me John Mughisa et Me Constant Kalumendo,.le Défenseur militaire agréé Kiwunga Makila.
Me Kaniki Paluku représente les parties civiles.
Le Ministère Public demande la jonction de deux dossiers des massacres de Kilijiwe, de Mbusa Kima Salimboko Henri et Mwami Mbunguma Kitobi André.
Remise contradictoire à vendredi 2 juin 2017.

Audience publique du 2 juin 2017

RP N° 0172/2017
RMP N° 0807/KNG/2017
En chambre foraine à laquelle siègent :

1. Lt Col. Mag. Ntshaykolo Esosa Masele Jean Paulin, 1er Président ;
2. Col. Omeonga Taunya José, Juge Assesseur ;
3. Col. Ndiba Bulangiti Matthieu, Juge Assesseur ;
4. Col. Busoki Wa Karaku, Juge Assesseur ;
5. Com. Sup. Ppl Ngumbi Kulinga, Juge Assesseur ;
6. Gén. Maj. Mokunto Kiyana Tim, 1er AGF, Ministère Public ;
7. Maj. Madoli Nzoki Guy Martin, Greffier.

En cause : l'auditeur militaire supérieur Près la cour militaire opérationnelle du Nord-Kivu, Ministère Public et parties civiles.
Contre :

- Colonel Lusenge Muhindo David ;
- Monsieur Mbunguma Kitobi André ;
- Monsieur Saambili Bamukoka ;
- Mwami Bulembo Ando Kanzire Pierre ;
- Monsieur Nkayalua Bankale Etienne alias Munganda et Consorts.

Prévenus de :

- Association des malfaiteurs ;
- Détention illégale d'armes ou des munitions de guerre ;
- Crime contre l'humanité par meurtre, déportation ou enlèvement ;
- Violation de consigne.

La cause est appelée à 12 heures 55 minutes.
A l'appel de la cause, les prévenus cités ci-haut comparaissent en personne et assistés par leurs conseils, Me Blanchard Mbiya, Me Constant Kalumendo et Me John Mughisa ; Me David Wambale, Me Joël Shanyungu, Me Déo Shata et le Défenseur Militaire agréé Kiwunga Makila.
La RDcongo est représentée par Me Kalumbu.
Me Kaniki Paluku et Blaise Matokeo représentent les parties civiles.
Comparait Mwami Bulembo Ando Kanzire Pierre :
Q. Mwami Bulembo, vous rappelez-vous des gens que vous avez vu à Kididiwe ?
R. Saliboko et l'autre ici à côté.

Q. Relatez-nous les faits ?
R. Nous les avons vus au champ. Nous sommes arrivés avec les militaires ADF. Ils nous ont donné du foufou, nous l'avons amené au moulin. Nous avons préparé du riz ; nous sommes restés à 46, eux sont partis à Kididiwe. Ils nous ont appelés et nous les avons rejoints à la paillotte. Henri était seul à la paillotte. Le secrétaire nous a rencontrés là-bas.
Q. Où est le secrétaire ?
R. Il est décédé.
Q. Henri Saliboko, votre réaction ?
R. C'est faux, je l'ai connu à l'auditorat.
Q. Mwami Bulembo ?
R. Je peux même montrer là où il était. Une maman était ici, elle a reconnu la voix d'Henri qui disait : ne tuer pas ce papa, il faut que sa femme dise où est l'argent. J'étais là, cette maman se cachait sous le bananier.
Q. Henri ?
R. J'étais à Kasinga. J'avais déjà vendu mon champ. Quand j'étais à Kasinga, les militaires ont demandé au secrétaire de leur donner quelqu'un pour leur montrer la route.
Ministère Public : Ceux qui ont été cité dans les massacres de Kididiwe, c'est non seulement Henri, mais aussi Shahetera. Quand Léandre, Mutokambali et Adrien étaient à Semuliki, vous retrouvez Shahetera. On cite Mumbere, les pagnes de chef Bosco qui sont retrouvés chez Mumbere. A part les déclarations de la Renseignante, Mwami Bulembo a vu Saliboko.
Q. Comment était-il habillé, en quelle tenue ?
R. Tenue civile, habillé en pantalon.
Q. Ce jour faisait-il sombre ou clair ?
R. Sous la lune, vers 18 heures 45 minutes.
Q. Etes-vous arrivé à Kasinga ?
R. Nous nous sommes arrêtés à Kididiwe. Je ne suis pas arrivé à Kasinga.
Q. Pouvez-vous vous souvenir de la date ?
R. Je ne me souviens plus de la date, mais c'était en 2014.
Q. Mumbere Selemani, connaissez-vous Kididiwe ?
R. Oui, c'est là où se trouve mon champ.
La Cour estime être suffisamment éclairée, mais le MP veut revenir sur Mwami Boroso.
Massacres de Mayangos et Beni-Ville :

- Le 2 octobre 2014 : Secteur de Beni-Mbau, dix jours après les massacres de Beni-Ville ;
- Le 15 octobre 2014 : massacres de Ngadi, Kadou, Tubameme : trente et une personnes tuées.
- Le 20 novembre 2014 : plus de soixante personnes tuées à Nvemba ;

Nous allons démontrer pourquoi les massacres de Mayangos ont continué malgré l'arrestation de Mbunguma, un motif pour nous de le disculper.
Remise contradictoire à lundi 5 juin 2017.

Audience publique du 9 août 2017

RP N° 0172/2017
RMP N° 0807/KNG/2017
En chambre foraine à laquelle siègent :

1. Lt Col. Mag. Ntshaykolo Esosa Masele Jean Paulin, 1er Président ;
2. Col. Omeonga Taunya José, Juge Assesseur ;
3. Col. Ndiba Bulangiti Matthieu, Juge Assesseur ;
4. Col. Busoki Wa Karaku, Juge Assesseur ;
5. Com. Sup. Ppl Ngumbi Kulinga, Juge Assesseur ;
6. Gén. Maj. Mokunto Kiyana Tim, 1er AGF, Ministère Public ;
7. Maj. Madoli Nzoki Guy Martin, Greffier.

En cause : l'auditeur militaire supérieur Près la cour militaire opérationnelle du Nord-Kivu, Ministère Public et parties civiles.
Contre :

- Colonel Lusenge Muhindo David ;
- Monsieur Mbunguma Kitobi André ;
- Monsieur Saambili Bamukoka ;
- Mwami Bulembo Ando Kanzire Pierre ;
- Monsieur Nkayalua Bankale Etienne, alias Munganda et Consorts.

Prévenus de :

- Association des malfaiteurs ;
- Détention illégale d'armes ou des munitions de guerre ;
- Crime contre l'humanité par meurtre, déportation ou enlèvement ;
- Violation de consigne.

La cause est appelée à 11 heures 20 minutes.
A l'appel de la cause, les prévenus cités ci-haut comparaissent en personne et assistés par leurs conseils : Me David Wambale pour le Colonel David Lusenge, Kambale Saliboko et Mutokambali ; Me Joël pour Shahetera et Mbula Olenga, Me Blanchard Mbiya pour Mbunguma et Kasereka Balabala, Me John Mughisa, Me Nathan Tagirabo, Me Charles Mbogha pour Léandre et Bankale ; Me Charles Umumoki pour Mupepe, Kangeneti et Valindawa. Le Défenseur militaire pour Kakule Shibendire et Kulei Mbimba. Me Kasereka Sikira pour Bakola Mutela Jean Pierre.
Me Kaniki Paluku représente les parties civiles.
Comparait Monsieur Kambale Saliboko :
Q. Avez-vous reçu les gens dans votre champ ?
R. Oui.
Q. Combien de gens ?
R. Sept personnes.
Q. Connaissez-vous certaines d'entre ces personnes ?
R. Non.
Q. Pourquoi les avez-vous accueillies chez vous ?

R. Le chef a dit ici que son papa m'avait attribué les fonctions de distributeur des champs. Ils étaient venus chercher les champs, ils ont fait deux jours.
Q. Qui vous les avait recommandés ?
R. On les a conduits chez moi.
Q. Avaient-ils obtenu les portions de terre pour cultiver ?
R. Non.
Q. Pourquoi ?
R. Ils ont dit que ce n'était pas l'endroit prévu pour eux, ils se sont égarés.
Q. C'est après combien de jours qu'ils se sont rendus compte qu'ils s'étaient égarés ?
R. Deux jours.
Q. Combien de nuits chez vous ?
R. Deux nuits. Ils m'avaient trouvé chez moi, ils me cherchaient. J'avais d'autres préoccupations. Le soir, ils m'ont demandé les noms de certaines personnes que je ne connais pas, qu'ils ont trouvées à Eringeti. Ils demandaient si c'était Mayangos de Kasinga. C'était pendant la journée. Ils étaient conduits par des pygmées. Ils avaient trouvé les pygmées en train de boire ; ils leur ont demandé chez le chef de Kasinga où leurs collègues ont trouvé des champs. Ils m'ont trouvé le soir au moment où je travaillais la braise. Ils m'ont présenté leurs cartes.
Q. Ne vous ont-ils pas dit la nuit qu'ils cherchaient le Mayangos de Kasinga, pas de Mavivi ?
R. Ils ne m'ont pas parlé en profondeur. C'est le lendemain qu'ils ont cité ces noms en me demandant si, ici, c'est quel Mayangos. J'ai dit Mavivi. Eux cherchaient le Mayangos de Kasinga.
Q. C'était en quelle date ?
R. C'était en 2013, au début de l'année.
Ministère Public : Si on ne fait pas attention dans ce dossier, nous allons tourner en rond. Le MP rappelle ce que Saliboko a dit : Cote 415-421.
Défense : Si le prévenu comparait, ce n'est pas pour faire avaler à la Cour les procès-verbaux.
Ministère Public : Pour ce même groupe, vous trouverez Saliboko, Shahetera. Dans nos PV, nous avons enlevé le passé, nous sommes au présent.
Partie civile : A part les cotes du MP, Saliboko est resté constant : Cote 67.
Comparaissent messieurs Shahetera et Charles Mbogha :
Q. Shahetera, quelle relation avez-vous avec Charles Mbogha ?
R. Il est mon gendre.
Q. A part celle-là, y a-t-il une autre relation qui vous lie ?
R. Non.
Q. En provenance de Lume, Charles Mbogha était-il utile pour les fétiches ?
R. Sa tâche était de me donner l'adresse de là où se trouvent les fétiches.
Q. Charles Mbogha a un champ à Kasinga ?
R. Je ne sais pas.
Q. Shahetera, reconnaissez-vous avoir géré les Mayi mayi ?

R. Je n'ai jamais été dans le groupe des Mayi mayi.
Q. Les fétiches d'arrêter les massacres, les avez-vous faits seul ou vous étiez concentré avec les autres ?
R. J'avais le souci de chercher ceux qui tuaient les gens, car le Gouvernement ne voulait pas les chercher.
Ministère Public : On cherchait ceux qui tuaient les gens ; Shahetera tuait les gens, on l'a vu à Kididiwe.
Comparait monsieur Sebitaga Rupanda Bienvenu Paluku Kisofere : né à Ruwenzori en 1982, fils de Sebitaga Rwajenge (décédé) et de Kasorase (en vie) ; profession : militaire, 807 Régiment FARDC, Nationalité : Rwandaise (Hutu) ; Matricule : 84212180400 ; grade : Lieutenant.
Q. Où êtes-vous passé ?
Ministère Public : Vous constaterez qu'il est farceur. Le Major Kabange qui est dans ce Régiment est ici ?
Comparait Major Kabange Didoaye, Matricule : 178980775230, Unité : 3204 Régiment, fonction : Adjudant S1 Bataillon.
Q. 3204, avant c'était quel Régiment ?
R. 807 Régiment.
Q. Kisofere, vous le connaissez ?
R. Oui, il était en 2ème Bataillon ; j'étais à l'Etat-major Bataillon.
Q. Commandant du 1er Bataillon ?
R. Bahati Sahina Augustin, il a été Lieutenant-Colonel.
Q. Commandant Régiment ?
R. Colonel Kahasha.
Q. Comment appelle-t-on l'Unité qui dépend de l'Etat-major Régiment ?
R. Compagnie Kitunga.
Q. Quand étiez-vous lieutenant ?
R. Depuis 2006.
Q. Que veut dire OG ?
R. J'ai oublié.
Ministère Public : Kisofere trompe sur son identité et sur sa qualité. Le MP rappelle à Kisifere qu'il peut être poursuivi pour avoir fourni de faux renseignements. Nous disons à Mbunguma et Boroso qu'ils se trompent de croire que c'est la personne qui va les dédouaner. Il va les distraire.
La Cour précise que ce numéro n'est pas de FARDC.
Défense : le renseignant est déjà démoralisé, humilié. On aura à attendre le jour où le prévenu aura besoin de lui.
Q. Kisofere, êtes-vous démoralisé ?
R. Non.
Q. Pouvez-vous répondre à des questions ?
R. Oui.
Défense de Kangeneti : C'est son client qui a cité Kisofere.
Q. Kisofere, que connaissez-vous des massacres de Beni ?
R. Je connais ceux qui ont organisé des massacres de Beni Ville et Territoire.

Q. Pouvez-vous citer les noms de ceux qui ont organisé des massacres de Beni Ville et Territoire ?
R. C'était en 2013 au mois d'août, j'étais chez moi à la maison. J'ai reçu l'appel du Colonel Bisambaza me demandant de venir chez lui. Je suis arrivé chez lui. Il m'a dit qu'il y a un plan pour que la ville tombe entre les mains du M 23. Il a cité Masumbuko Nyonyi, Julien Paluku, Chef de cité d'Oïcha, Bamukoka, Amisi Kalonda, Colonel Ngabo, Tito Buzuru et Colonel Murenzi. Il a dit que nous ne pouvons pas faire cela sans les Mayi mayi. Il m'a confié la mission de parler avec eux moyennant l'argent pour nous laisser le passage. Je suis allé voir certains chefs Mayi mayi.
Q. Etiez-vous condamné ?
R. J'ai comparu, mais je n'étais pas condamné.
Q. Qu'est ce qui peut prouver à la Cour que ces noms appartiennent aux organisateurs ?
R. Après, avec le colonel Bisambaza, nous étions en réunion. Je refusais d'adhérer à ces massacres. J'étais aussi dans cette réunion.
R. Ngadi a été retenu comme lieu des massacres et vous êtes l'un des massacreurs ?
R. Oui, j'ai participé à la réunion, j'ai eu de l'argent et je me suis adhéré.
Q. Ngadi a été retenu ?
R. Kadou a été dans le plan. Le chef de Boikene a dit qu'il n'y a pas moyen de nous laisser passer ; il fallait le neutraliser.
Q. Kangeneti était aussi du nombre ?
R. Je le connais comme prévenu.
Q. Qu'est-ce qui peut prouver que ce que vous dites est vrai ?
R. Il y avait la carte et on m'avait arrêté pour dire que j'ai trahi.
Q. Bamukoka avait reçu combien ?
R. Lui-même sait ce qu'il avait reçu.
Q. Combien avez-vous reçu ?
R/ 12.800$.
Q. Avez-vous comparu devant le juge ?
R. Devant le juge en 2012 pour viol, au TGI/Beni.
Le Ministère Public donne lecture de réquisition au fait d'emprisonnement de monsieur Kisofere du 6 juillet 2013. Evadé de la prison centrale de Beni ; le colonel Bisambaza, Commandant Secteur ai, colonel Tito et major Ngabo au cours de recherche, Kisofere est repris. On utilisait Kisofere pour récupérer les Mayi mayi en fuite. Il a eu le temps de connaitre le Maire, il a eu le temps d'escroquer de l'argent. On l'a retourné en prison. Il a écrit à monsieur le Maire le 22 septembre 2016. Le MP donne lecture de cette lettre. Qu'on laisse la distraction pour passer à l'essentiel.
Q. Kangeneti, pourquoi avez-vous cité Kisofere ?
R. Il a dit qu'il a les CD des réunions qu'on organisait au sujet des massacres.
Ministère Public : Nous disons et nous répétons, vous êtes d'accord que Kangeneti est Mayi mayi. Il a été amnistié en 2013. Nous ne poursuivons pas

Kangeneti pour ce fait, il est poursuivi pour avoir participé aux massacres de Mayangos. L'un de ses co-prévenus, c'est Mbunguma qui a fait la même réflexion. Nous avons entendu ceux qui ont réuni les gens à Nvemba, même réseau en 2009 à Semuliki, même réseau à l'OZACAF.
Q. Kisofere, les Mayi mayi utilisés, ne sont pas ceux qui comparaissent ici ?
R. Il n'y a personne ici, à part Mwami Bamukoka.
La Cour demande à Monsieur Kisofere, qui détient l'enregistrement, de le mettre à la disposition de la Cour.
Q. Est-ce qu'un groupe de Mayi mayi a été contacté pour les massacres de Ngadi ?
R. Le groupe de Mayi mayi dirigé par Sadoki, Alinde et nous les FDLR.
Q. Etes-vous le proche de Alinde ?
R. Nous étions avec lui en présence du colonel.
Q. Quel mécanisme faisiez-vous pour quitter la prison et aller à la réunion ?
R. C'était le 1er juin 2013. Nous étions en réunion en juillet, aout et septembre. C'est le 27 octobre 2013 que je suis retourné en prison.
Comparait monsieur Bakola Mutela Jean Pierre.
Q. Etes-vous le chef de la localité de Mavivi ?
R. Oui.
Q. Connaissez-vous Mbunguma ?
R. Oui, nous sommes des voisins.
Q. Quel rapport avez-vous avec lui ?
R. Aucun rapport.
Q. Vous parlez d'envahissement de terre par Mbunguma, confirmez-vous cela ?
R. Oui. Le milieu appelé Nvemba, c'est là que mon papa Kambale Kiboko est mort dans le parc. La population a voulu se venger. Mon père a maitrisé la situation. Les garde-parcs ont sollicité une place, mon père la leur a cédée. Ils ont commencé à déplacer les bornes, puis on a interdit à la population d'entrer dans les champs. J'ai été investi avec cet antécédent. Une délégation est venue de Kinshasa pour les enquêtes, elle a vérifié les faits et a demandé à la population de reprendre les champs. J'ai plaidé auprès du Gouverneur, j'étais avec Kitobi. J'avais pris la parole pour démontrer à l'ICCN où se trouvaient les limites du parc. Ils ont dit que le parc était limité par le vol d'oiseau.
Q. Au sujet du conflit, vous parliez avec qui ?
R. Avec Mbunguma.
Q. L'association est composée de qui ?
R. APAGRIMA est chapotée par moi.
Q. Votre accusation est basée sur l'association de Mbunguma, qu'en dites-vous ?
R. Qu'est-ce que je peux faire de ce groupe de jeunes, je suis plus vieux que tout le monde. Quand mes cultivateurs étaient là, Mbunguma a fait entrer aussi ses cultivateurs. Quand Alinde est intervenu, nous sommes allés à la police.
Q. APAGRIMA ne fait-il pas partie du groupe de Mbunguma ?

R. Non, les garde-parcs disaient qu'ils chassaient les Nalu.
Q. On vous accuse d'avoir entretenu les milices qui ont massacré à Nvemba ?
R. Pour quel intérêt puis-je faire cela ? Le commandant de la police avait dit que c'est un conflit de terre. Il nous a envoyés au Groupement. J'ai fait sortir mes documents. Le chef du Groupement m'a donné raison.
Q. Vous êtes accusé des massacres de Nvemba ; qui a tué à Nvemba ?
R. Nveamba, dont vous parlez, est à 15 Km vers Ngite. Comment je peux arriver là-bas ? Pour quel intérêt ? Je ne connais pas ceux qui ont tué à Nvemba.
Q. Vous êtes où ?
R. Chef de localité de Mavivi.
Q. Entre Mavivi et Nvemba, combien de kilomètre ?
R. On avait des gens à Nvemba vers Ngite à 15 Km.
Ministère Public : Dix à douze kilomètre de Mavivi.
Q. Est-ce que douze kilomètre c'est beaucoup ?
R. Pas de réponse.
Q. Nvemba, ce n'est pas là où se trouve votre champ ?
R. Non.
Q. APAGRIMA, qu'est-ce que cela veut dire ?
R. Association paysanne des agriculteurs de Mavivi.
Q. Pourquoi avez-vous créé cette association ?
R. Lutter contre la répression des garde-parcs et récupérer nos champs. Nous l'avons créée pour aller au tribunal nous défendre. Les garde-parcs nous avaient demandé de sortir pour qu'ils combattent les ADF, car les balles ne choisissent personne.
Q. Pourquoi avez-vous morcelé les champs ?
R. C'est Alinde qui l'a fait. Je suis le propriétaire ; pourquoi encore abîmer mon propre patrimoine ?
Le Ministère Public lui donne lecture de ses PV. Il a agi par les voies de fait.
Q. Connaissez-vous Kasereka Musokoni ?
R. Non. Toutefois je me souviens qu'il cultivait là-bas.
Q. Où est Kasereka Musokoni ?
R. Il reste à Ngite.
Q. Mwami Mbunguma, avez-vous suivi ces déclarations ?
R. Je n'ai pas de problème avec Bakola, il a des problèmes avec ses cultivateurs. Il a morcelé leurs champs.
Q. Bakola Mutele, votre réaction ?
R. On a accusé les jeunes gens qui ont redressé les champs. Le chef de Groupement avait demandé de remettre tout le monde dans ses droits.
Q. Qui est Isaya Mwaka ?
R. Il est Kapita de Mavivi III.
Le Ministère Public donne lecture de l'ordre de mission qui parle de contrôle pour évaluation, mais pas pour redressement. A Nvemba, il y a conflit de terre. En évoluant dans ce dossier, nous allons nous poser la question de savoir qui

a organisé la réunion à Nvemba où les Katakata ont surgi. Entre Bakola et Mbunguma, on saura qui a organisé la réunion de Nvemba.
Q. Mbunguma ?
R. Massacres de Nvemba, quatre jours avant, j'avais informé le colonel Chirimwami, le colonel Ntumba.
Q. Quelle information avez-vous reçu ?
R. Deux cultivateurs de chez moi étaient pris par les Katakata, ils étaient revenus. La troisième personne aussi était sortie, elle a parlé des massacres de Kaloa. J'avais amené ces gens devant le général Mushale, le colonel Chirimwami et le colonel Ntumba. Ils ont promis qu'ils vont envoyer des gens.
Q. Les rescapés savaient-ils qu'on allait tuer des gens dans des endroits précis ?
R. Ils ont dit qu'ils ont vu ces gens dans les environs du lieu des massacres.
Q. Jean Marie, est-ce qu'on a vu Mbunguma sur le lieu des massacres ?
R. Oui.
Q. Qu'est-ce qu'il avait dit ?
R. Il a dit : j'ai regretté la mort de cette maman. Il a par la suite demandé si le chef est mort ainsi que d'autres jeunes de cet endroit.
Ministère Public : Les cultivateurs de Mayangos se rencontrent avec les Katakata qui les amènent à Nzuma. Mwami Mbunguma veut tuer son frère. Il vient encore dénoncer les gens qui ont voulu tuer son frère. C'est normal que le même Mbunguma regrette ; je prends à témoin Bamukoka qui m'a aidé dans beaucoup de choses. Cela n'empêche pas qu'il soit astreint devant la Cour. Mwami Mbunguma nous a aidés dans beaucoup de choses, mais il nous a poignardés au dos.
Défense : Agent de l'ANR et monsieur Evariste pour Mbunguma.
Comparait monsieur Kasereka Balabala alias Pharaon :
Q. Quelles sont les relations qui vous unissent avec Mbunguma ?
R. Il est mon chef, je suis son grand-frère dans la famille.
Q. A part ça, d'autres relations ?
R. Aucune.
Q. Qu'est-ce qu'il y avait dans ce sac des maïs ?
R. Des munitions.
Q. Comment savez-vous qu'il y avait des munitions ?
R. Quand les militaires m'ont signalé qu'il y avait des munitions, j'ai dit à Sibendire qui avait pris ma maison en location d'amener ces deux sacs de maïs.
Q. N'y avait-il pas d'armes ?
R. Non.
Q. Il y avait combien de munitions ?
R. Une seule boite de munitions.
Q. La boite de munitions était seulement dans un sac ?
R. Oui.
Q. Qui avait amené ces deux sacs de maïs ?

R. Le Chef Mbunguma m'avait demandé si j'avais de la place pour loger monsieur Sibendire ainsi que sa femme.
Q. Comment expliquer que vous avez parlé de quatre sacs de farine et un sac de haricot et pourtant on avait trouvé quatre armes de guerre ?
R. Il n'y avait pas d'armes ; nous étions traumatisés par la présence des militaires.
Q. C'était où ?
R. A l'auditorat.
Q. Pourquoi avez-vous fait de telles déclarations ?
R. Nous étions mal à l'aise.
Q. N'avez-vous pas été arrêtés avec le chef Mbunguma par Birotsho ?
R. Si.
Q. Les munitions de guerre venaient d'où ?
R. Je ne pouvais pas fouiller le colis d'un voisin. C'est quand on a ouvert que j'ai vu le contenu.
Q. Pourquoi avez-vous dit : cacher, c'est mauvais ?
R. Du fait que j'ai déclaré tout ce que je viens de dire.
Q. Est-ce monsieur Sibendire qui avait amené ce sac ? Mbunguma, qu'en dites-vous ?
R. En 2009, nous étions arrêtés. Sibendire et ses amis étaient venus chercher un endroit pour créer la rébellion au moment où j'étais en difficulté avec les garde-parcs. Ils ont trouvé une place chez Pharaon. Ils étaient arrêtés à Mutwanga avec les armes, on ne sait pas le contenu de ce sac où il y avait des munitions.
Q/ C'était quel type de munitions ?
R. Munitions de guerre.
Q. Combien de munitions ?
R. Je ne sais pas.
Ministère Public : Les deux prévenus défendus par un même Conseil, les complices de longue date 2009.
Q. Pharaon, est-ce Mbunghuma votre grand-frère ?
R. Oui.
Ministère Public : Selon la Cote 84, il n'est pas de la famille de Mbunguma. Le 24 novembre 2014, il y a eu massacres à trois endroits : à Kindiomba, Masulukwede et à Nvemba (Soixante et une personnes lâchement tuées en une journée).
Q. Avant les massacres, avez-vous participé à une réunion ?
R. Chaque lundi, le chef convoque une réunion.
Q. Qu'est-ce qui a été dit dans cette réunion ?
R. Je ne reconnais plus.
Q. Est-ce qu'il était prévu la réunion des cultivateurs ?
R. Chaque fois que le chef convoque une réunion, il nous demande tous de bien encadrer les cultivateurs.
Le Ministère Public donne lecture de PV de Kasereka Balabala Pharaon.

Q. Vous souvenez-vous de ces questions-réponses ?
R. Oui.
Ministère Public : Réunion convoquée par le chef Mbunguma le lundi, on demande aux cultivateurs d'amener leurs cartes ; le jeudi, les gens sont massacrés.
Q. Kapita, où étiez-vous ?
R. A Nzuma.
Q. Existe-t-il un conflit entre Mbunguma et Jean Pierre ?
R. Oui, pour les limites de terre.
Ministère Public : A Nvemba, il y a des survivants. Ils ont été entendus.
Q. Si vous organisez une rébellion avec Sibendire, est-ce que vous nous aidez ?
R. Il y a le temps où je ne vous aidais pas ; il y a aussi le temps où je vous ai aidé sans reculer.
Remise contradictoire à jeudi 11 novembre 2017.

Audience publique du 9 juin 2017

RP N° 0178/2017
RMP N° 0880/KNG/017
Siègent MM:
1. Col. Mag. Jean Paulin Ntshaykolo Esosa Masele, 1er Président ;
2. Col. Omeonga Taunya José, Juge Assesseur ;
3. Col. Ndiba Bulangiti Matthieu, Juge Assesseur ;
4. Col. Busoki Wa Karaku, Juge Assesseur ;
5. Com. Sup. Ppl Ngumbi Kulinga, Juge Assesseur ;
6. Gen. Maj. Mokunto Kiyana Tim 1er AGF, Ministère Public ;
7. Mag. Madoli Nzoki Guy Martin, Greffier.

En cause : L'Auditeur Militaire Supérieur près la Cour militaire opérationnelle du Nord-Kivu, Ministère Public
Contre : Monsieur Hamadi Shabani Eli Okapi.
Poursuivis pour :
- Participation à un mouvement insurrectionnel ;
- Association des malfaiteurs.

La cause est appelée à 11 heures 45 minutes.
A l'appel de la cause, le prévenu régulièrement cité comparait en personne, assisté de ses Conseils : Me Défenseur militaire agréé Kiwunga Makila Guy.
Identité du prévenu
Hamadi Shabani Eli Okapi, né à bukavu, le 7 novembre 1980, fils de Shabani Bangwa (décédé) et de Tshibalonza Tshiba (décédée), Originaire d'Itombwe, Secteur de Fizi, Territoire de Fizi, Province du Sud-Kivu, Etat-civil : marié à Madame Ramazani Alifa Fanny, père de 05 enfants, Culte : Musulman, Etuds faites : 2 ans PP, Profession : creuseur d'or, Domicilié à Nyanya, dans la Province Orientale.

Q. Avez-vous déjà été condamné ?
R. Non.
Q. Qu'avez-vous à dire sur ces accusations ?
R. Je reconnais avoir facilité l'évacuation des colis vers la destination. J'achetais, je les amenais à moto jusqu'à l'endroit prévu.
Q. Qu'est-ce que vous achetiez pour amener à cet endroit ?
R. Beaucoup d'articles divers y compris des produits pharmaceutiques.
Q. Il y avait aussi des vivres ?
R. Oui.
Q. Vous les acheminiez jusqu'à quel endroit ?
R. A Oïcha, après la barrière, au niveau de la route. Il y avait quelqu'un qui m'attendait là-bas.
Q. Qui vous attendait là-bas ?
R. On ne pouvait pas le voir. On faisait des communications par téléphone.
Q. Qui était le propriétaire de ces produits ?
R. Bref, c'était pour les ADF, mais on ne pouvait pas les voir.
Q. Vous contestez d'avoir transporté les gens après la barrière d'Oïcha ?
R. Oui, je les ai transportés plusieurs fois.
Q. D'où venaient ces gens que vous transportiez vers la barrière ?
R. A partir du centre de Beni et je les déposais juste après la barrière d'Oïcha.
Q. Etaient-ils dans la maison ou sur la route ?
R. Celui qui les amenait me disait qu'ils sont à telle place, venez les prendre et les amener.
Q. Qui vous appelait ?
R. Je voyais seulement le numéro, mais je ne connaissais pas celui qui appelait.
Q. Comment vous ne saviez pas celui qui vous appelait et vous obéissiez à ses directives ?
R. Je ne connaissais que celui qui m'a intégré dans ce réseau, mais les autres, je ne les connaissais pas.
Q. Qui vous a intégré dans ce réseau ?
R. Monsieur Sidiki, il est congolais.
Q. Les biens que vous transportiez, c'était pour les ADF ?
R. Oui, pour les ADF.
Q. Où est Sidiki pour le moment ?
R. Il est chez les ADF.
Q. Les produits de première nécessité étaient pour les ADF ?
R. Oui.
Q. Comment monsieur Sidiki vous a reconnu ?
R. Je vivais avec lui à Goma.
Q. Depuis quand ?
R. Après l'éruption volcanique en 2003 jusqu'en 2007-2008. Nous nous sommes revus en 2011. C'est à ce moment qu'il m'a connecté à ce travail. Il était notre enseignant.

Q. C'était dans quelle mosquée ?
R. A la mosquée de Katindo.
Q. Lorsqu'il vous contactait, vous saviez que c'est pour les ADF ?
R. Juste après avoir travaillé, c'est maintenant que j'ai su cela.
Q. Vous avez continué à travailler pour les ADF après avoir su cela ?
R. Je me suis préparé pour fuir.
Q. L'argent avec lequel vous payez les biens des ADF, c'était pour vous ou pour les ADF ?
R. L'argent, je le recevais chez Hassan, il est Kadafi, résident à Butembo.
Q. Quel montant vous remettait-on ?
R. Le montant variait selon la réquisition.
Q. Qu'entendez-vous par réquisition ?
R. La demande qui provenait des ADF.
Q. Quel est le vrai nom de Kadafi ?
R. Hassan Kadafi.
Q. Qu'est-ce qu'il faisait comme activité ?
R. Il était changeur de monnaie.
Q. Il vous avait dit d'où provenait cet argent ?
R. Il me disait qu'il retirait au niveau de la banque.
Q. Que dites-vous de deux bombes et mortier 60 mm ?
R. Je reconnais les avoir gardés chez moi.
Q. Où les déteniez-vous ?
R. Ici à Beni.
Q. De qui avez-vous reçu ces effets ?
R. De deux personnes : Konde et Kito.
Q. Où est-ce que la remise avait-elle eu lieu ?
R. A côté de la clôture de l'usine de l'ENRA. J'étais appelé au téléphone. Je me suis dirigé vers Mavivi. Nous sommes entrés ensemble sur la route ; c'est vers ENRA qu'ils m'ont remis ce colis.
Q. L'arme et les bombes étaient à découvert ou cachées ?
R. C'était caché dans un sac. Il y avait quelque chose comme la couverture. Je croyais que c'était de l'argent.
Q. Quelle consigne transmise par rapport à cette remise ?
R. J'ai reconnu que c'est la même personne avec qui je travaillais. Il m'a dit : pardon, gardez ces histoires, il y a urgence. Je suis allé garder ça dans ma maison à Ntoni-Ma Campagne.
Q. C'était votre propre maison ?
R. J'étais locataire.
Q. Savez-vous que cette arme et ces bombes étaient saisies entre les mains de Fiston Muhoha ?
R. Je ne savais pas. Quand j'ai reconnu que ces objets étaient suspects, je les ai enterrés. J'ai entendu parler de ça ici même ; je ne savais pas de quoi il s'agissait. J'ai enterré le colis près de la cuisine.
Q. Pendant combien de temps avez-vous travaillé avec les ADF ?

R. De 2011 à 2014.
Q. Aviez-vous un salaire ?
R. Oui.
Q. On vous payait combien ?
R. On me donnait à manger et ma moto travaillait.
Q. Toutes les courses de la moto étaient facturées chez les ADF ?
R. Oui.
Q. Comment on vous donnait à manger ?
R. On me remettait de l'argent dont le montant n'était pas fixe.
Q. Combien on vous a remis en 2012 ?
R. Le travail n'était pas du début jusqu'à la fin du mois. On pouvait même rester six mois sans travailler avec eux et faire autre chose.
Q. Vous avez reçu de l'argent entre les mains d'une autre personne des ADF ?
R. J'ai dit qu'il y avait de l'argent que nous recevions chez notre ami Banza. Ça ne dépassait pas ce que j'ai déclaré.
Q. Que faisiez-vous comme activité, s'il n'y avait pas de travail chez les ADF ?
R. J'amenais de la marchandise à la carrière et je faisais le troc contre de l'or.
Q. Ce n'était pas des carrières des ADF ?
R. Je n'étais pas informé qu'à Beni il y avait des carrières de l'or ; j'ai appris cela à la prison.
Q. Sidiki vous a-t-il initié au djihadisme ?
R. Oui.
Q. Pour le moment, il est chez les ADF ?
R. Ça fait beaucoup d'années que je ne suis pas en contact avec lui.
Q. C'est la raison pour laquelle vous avez traîné chez les ADF ?
R. Si vous demandez à tous les musulmans, djihad signifie se concentrer, donner de l'offrande.
Q. Bangwa Okapi, c'est vous ?
R. Oui.
Q. Devant l'OPJ, vous aviez déclaré que vous étiez au camp ADF/ Bitopi, que dites-vous de ces déclarations ?
R. La première fois que j'ai vu Sidiki, on s'est rencontré en 2011. Je sais que quelque part il y avait un camp appelé Bitopi.
Ministère Public : Okapi nous intéresse ; il a plusieurs informations à donner à la Cour.
Q. Comment étiez-vous arrêté ?
R. J'étais à Nyanya, je venais de Mambasa. Il y avait une nouvelle carrière. J'ai pris des gens, nous sommes partis, nous avons travaillé jusqu'à la fin du mois. Je suis revenu prendre de l'argent à la maison. Nous avons fait trois jours de marche. Les jambes étaient gonflées. J'ai vu le Capitaine Mamiti. Nous avons grandi avec lui à Bukavu. Il a mis des gens en garage. Ça faisait un mois que nous ne nous sommes plus vus. Il a commencé à regretter mon absence. Nous nous sommes encore revus. Parmi les gens que le Capitaine

avait signalés, l'un a dit à sa femme. Quand je suis allé charger le téléphone, le Capitaine est venu me prendre, nous sommes partis chez lui. J'ai passé la nuit chez lui. Le matin, il m'a présenté à ses connaissances comme étant son frère, mais pour le moment, je suis arrêté.
Q. N'eût-été le Capitaine, aujourd'hui, vous seriez dans votre histoire de carrière ?
R. Oui.
Ministère Public : Okapi ne s'est pas rendu de lui-même, il a été arrêté.
Q. En dehors des vivres, il y avait des gens que vous ameniez chez les ADF ?
R. Oui.
Q. Ces gens venaient d'où ?
R. La plupart de l'Ouganda.
Q. Il y avait aussi des Congolais ?
R. Oui.
Q. Les Congolais savaient qu'ils allaient chez les ADF ?
R. Nous étions tous intéressés d'aller chez les ADF. Nous ne savions rien en profondeur. Il a fallu en connaitre le danger pour que nous prenions la fuite.
Q. Qu'est-ce qui vous a poussé à fuir les ADF ?
R. C'est suite au combat entre FARDC et ADF.
Q. Quand étiez-vous chez les ADF ?
R. Je l'ai déjà dit, de 2011 à 2014.
Q. Pourquoi avez-vous fui Beni ?
R. C'était l'arrivée de nouveaux visiteurs qui venaient de l'Ouganda. Nous avons attendu une semaine, ils ne sont pas arrivés. Papa Tsongo a essayé de leur téléphoner, le matin il m'a demandé d'aller à Kasindi. J'ai vérifié à Kasindi, on m'a dit qu'il y a un véhicule plein de jus, venant de l'Ouganda, a été arrêté. Je suis rentré. Nous avons reçu l'appel où on nous demandait de les rencontrer. Nous avons trouvé cela suspect et chacun a cherché son chemin pour fuir.
Comparait monsieur Alliance Maroyi Félix, né à Bukavu, le 26 juin 1991, fils de Juma (en vie) et de Itumba murega (en vie), en détention à la prison de Kangwayi.
Q. Comment vous êtes-vous retrouvé chez les ADF ?
R. Je travaillais à Bukavu. J'ai fait connaissance d'Eric, qui m'a trouvé très intéressant. Il m'a proposé de m'envoyer au Canada pour étudier. Ça faisait quatre mois, je le voyais comme un aventurier. Un jour, il m'a demandé si j'étais prêt pour aller au Canada. J'ai répondu par oui. Un mois après, nous nous sommes retrouvés, il m'a remis 200$ pour arriver à Goma prendre l'avion. J'ai pris le bateau pour Goma. Un motard est venu me prendre à Goma, pour m'amener à l'hôtel. Nous avons fait un jour, il est venu nous dire que le vol pour Kampala est annulé. Nous avons pris le bus pour Butembo. Après une nuit à Butembo, nous avons pris le taxi pour Beni. On rencontrait des gens qui me demandaient si c'est moi qui partais au Canada. Ils s'échangeaient le message d'Eric. A Beni on m'a amené au restaurant. Ils

m'ont demandé de laisser mes téléphones. A 20 heures, on avait pris la route avec la moto, nous avons fait 2 heures. Nous sommes arrivés dans une maison abandonnée, nous avons vu des gens en tenue militaire. Ils ont dit qu'Eric les a envoyés pour nous sécuriser.
Q. Quels gens dont vous ne voulez pas citer les noms ?
R. Okapi, je l'ai vu à Bukavu, j'ai de bons souvenirs avec lui. Il m'avait prodigué des conseils. Il m'avait dit que vous êtes en deux et vous serez unis au Canada.
Q. Avez-vous les nouvelles de votre ami ?
R. Il voulait fuir au Canada et on a tiré sur lui.
Q. Okapi, souvenez-vous de son histoire ?
R. Oui, nous sommes tous passés par la même voie.
Q. A cause de vos activités, les jeunes gens sont morts ?
R. Oui, j'étais simple transporteur.
Q. C'était en quelle année ?
R. Janvier 2014.
Q. Vous êtes tous passés par la même voie ?
R. On nous disait tous que nous allons à l'étranger.
Q. Combien de temps avez-vous passé en brousse ?
R. Trois jours.
Q. Vous n'avez pas vu Paluku ?
R. C'est par curiosité que je l'ai vu. C'est Kadafi qui m'avait dit, avant de sortir, en me montrant les gens qui passaient ; il m'avait dit que celui qui est habillé de telle manière, c'était tel.
Q. Signification de djihad ?
R. Manière de se concentrer devant Dieu.
Ministère Public lui donne lecture de ses déclarations sur le djihadisme.
Q. Kito est un Nande de Butembo ?
R. Oui, il avait sa famille ici à Beni.
Q. Combien de fois avez-vous vu Kito ?
R. Deux fois : première fois quand il était de passage avec des enfants venus d'Ouganda ; la deuxième fois quand il m'a remis ce colis qu'il gardait chez sa sœur, mais que sa sœur a trouvé suspect.
Q. Vous reconnaissez à un certain moment avoir gardé un mortier et les deux bombes ?
R. Oui.
Q. Vous reconnaissez avoir indiqué à Muhoha au téléphone là où se trouvaient des bombes ?
R. Oui.
Q. Il s'est passé combien de temps depuis qu'on a remis ces effets et qu'on est venu les récupérer ?
R. Un ou deux mois.
Q. A Mambasa, il n'y avait pas d'autorités militaires pour les signaler ?
R. J'avais peur.

Comparait monsieur Hamuli Banza Sulemani, alias Bongela Chuma[33], né à Goma, le 30 aout 1982, fils de Zakaria Banza (en vie) et d'Amina Sarah (en vie), Profession : combattant ADF.
Q. Vous connaissez Okapi ?
R. Très bien.
Q. Comment l'avez-vous connu ?
R. De mon retour du Kenya en 2007, j'ai été affecté comme chef de Mosquée-Katindo. On m'avait dit qu'ici à côté, il y a la maison de Shabani, on étudie là-bas. Je lui ai demandé de venir chez lui. J'ai trouvé Amadi Shabani. Je lui ai demandé le programme de leur formation. Il m'a présenté ce programme. Je lui ai demandé d'amener ce programme à la mosquée pour que tout le monde en profite. Ils sont venus le dimanche, je les ai accueillis. Le deuxième dimanche, il a laissé aussi le programme à la maison, je suis allé chez l'autre Amadi Musa, il m'a dit que le premier programme est terminé. Quand on terminait le programme, on mettait les gens à la disposition de Hamadi Musa.
Q. Hamadi, votre réaction ?
R. J'étais basé à Beni pour le transport des colis.
Q. Bongela Chuma, votre réaction ?
R. C'est Abudiyadi qui m'avait dit que dès que ces enfants finissent ce programme, il faut qu'ils viennent à Beni pour continuer.
Q. Quel était le sort de ceux qui ne terminaient pas le programme ?
R. Ils restaient sur place, mais pour tous les élèves que j'ai formés, ils ont tous réussi.
Q. Les personnes qui devraient venir à Goma, mais elles ne sont arrivées à Beni ?
R. Oui.
Q. Avez-vous entendu que les gens étaient interceptés à Mubambiro ?
R. Non, mais c'est à partir de la prison que j'ai appris que les gens qui venaient du Rwanda étaient arrêtés.
Q. Quel est le nom de la première femme de Bisimwa ?
R. J'ai oublié son nom.
Q. C'est vous qui l'avez amenée en brousse ?
R. Oui. Je l'ai déposée après la barrière de Kikanda à Oïcha.

[33] D'autres sources présentent Sheikh Suleyman Zackaria Mbanza alias Bonge la chuma comme un sujet de nationalité rwandaise, né à Kabuhanga au Rwanda et dont le père Mze Zackaria Bahandore (ancien chauffeur à Kigali) avait migré en RDC, précisément dans le territoire de Nyiragongo en 1992. Bonge la chuma a d'abord été prédicateur dans la mosquée de Byahi, puis à Birere au centre-ville de Goma avant d'être l'imam de la mosquée de Katindo dans la même ville. Déguisé en congolais, son statut de Sheikh lui a facilité le recrutement de plusieurs jeunes Hutu de Gisenyi au Rwanda, de Masisi et de Goma en RDC au compte des ADF. Il continue le même travail de mobilisation dans le maquis. Il est facilement joignable à partir de ses amis vivant entre Goma et Gisenyi.

Q. La deuxième femme aussi, vous l'avez amenée en brousse ?
R. Oui, elle est partie de son propre gré.
Q. Entre Bisimwa et Francine, qui est partie la première ?
R. Elles sont parties le même jour.
Le Ministère Public veut donner lecture du PV de Francine Bosekota et à l'audience prochaine de faire comparaitre Bisimwa.
Bongela Chuma : Okapi était chef de tout ce qui se passait ici à l'extérieur. L'ADF ulitisait des secrets, il fallait être malin. Moi, j'ai reçu Maroyi, je l'ai formé, il était courageux. Chez les ADF, si on est paresseux, on vous tue. C'est Okapi qui était chef.
Q. A part cette femme décédée, comme vous avez dit que vous étiez chez les ADF et que vous avez quitté et que vous aviez le souci de vous présenter devant les autorités politico-militaires mais vous aviez peur, il n'y a pas d'autres personnes ?
R. Non.
Remise contradictoire lundi 12 juin 2017.

Audience publique du 20 juin 2017

RP N° 0175/2017
RMP N° 0870/KNG/017
Siègent MM:
1. Col. Mag. Jean Paulin Ntshaykolo Esosa Masele, 1er Président ;
2. Col. Omeonga Taunya José, Juge Assesseur ;
3. Col. Ndiba Bulangiti Matthieu, Juge Assesseur ;
4. Com. Sup. Ppl Ngumbi Kulinga, Juge Assesseur ;
5. Lt Col. Mpoy Teddy Léonard, Juge Assesseur ;
6. Gen. Maj. Mokunto Kiyana Tim 1er AGF, Ministère Public ;
7. Mag. Madoli Nzoki Guy Martin, Greffier.

En cause : L'Auditeur Militaire Supérieur près la Cour militaire opérationnelle du Nord-Kivu, Ministère Public.
Contre : Monsieur Songolea Bomanu Emmanuel
Poursuivis pour :
- Participation à un mouvement insurrectionnel ;
- Association des malfaiteurs.

La cause est appelée à 14 heures 45 minutes.
A l'appel de la cause, le prévenu régulièrement cité, comparait en personne, assisté de ses conseils : Me Jean Marie Singa, avocat au Barreau de Kisangani et le Défenseur militaire agréé Kiwunga Makila.
Comparait Mwami Bulembo
Q. Vous avez quel âge ?
R. 20 ans.
Q. Quand étiez-vous chez les ADF ?
R. En 2010.

Q. Avez-vous participé à l'enlèvement des prêtres ?
R. Oui.
Q. Etiez-vous transporté à bord du véhicule ?
R. Oui.
Q. A qui appartient ce véhicule.
R. Au chef de la chefferie avec qui on comparaissait à la tribune.
Q. Pourquoi avez-vous cité Manu Patron ?
R. Le véhicule du Mwami Bamukoka se trouvait chez lui. Quand nous sommes venus chez Bamukoka pour chercher de l'argent, il a dit que l'argent est logé chez les prêtres. Qu'on aille chez Manu Patron récupérer le véhicule de la couleur grise.
Q. Comment avez-vous connu Manu Patron ?
R. C'est Bamukoka qui connaissait chez lui et qui le connaissait.
Q. N'avez-vous pas vu Manu avant et après l'enlèvement des prêtres ? Comment vous nous avez amené chez Manu Patron ?
R. C'était une maison en brique. On parlait avec Bamukoka, qui nous disait : allez tout près de l'antenne, vous allez voir Manu Patron.
Ministère public : En dehors des déclarations de Mwami Bulembo, nous n'avons pas d'autres preuves.
Q. Songolea, le véhicule peut-il entré dans votre parcelle ?
R. Oui.
Q. Deux véhicules peuvent entrer dans votre parcelle ?
R. Oui.
Ministère public : Nous n'avons que les déclarations de Mwami Bulembo et celles de Songolea Bomanu. Lors de délibéré, vous allez les départager pour savoir qui des deux dit vrai.
Q. Lors de la récupération de la jeep chez Manu Patron, qui était votre commandant ?
R. C'est le commandant Feza qui nous a envoyés.
Q. Avez-vous vu personnellement Manu Patron ?
R. Non. C'est Mwami Bamukoka qui était en contact avec lui.
Q. Etiez-vous du groupe qui était parti retirer le véhicule ?
R. Oui. Nous sommes rentrés avec un groupe jusqu'à Mbau, l'autre groupe est parti récupérer le véhicule. Nous étions restés à côté du bureau de la police.
Q. Reconnaissez-vous avoir décrit devant le MP Manu Patron, court et sombre ?
R. Oui.
Q. C'est bien lui qui est à côté de vous ?
R. Oui.
Ministère public : Il est normal que Mwami Bulembo se contredise, c'est un phénomène tout à fait naturel. Nous pouvons croire au témoin faillible ; personne ne peut avoir une mémoire photographique.
Remise contradictoire pour réquisitoire et plaidoirie dans deux semaines.

Audience publique du 9 juin 2017

RP N° 0179/2017
RMP N° 0881/KNG/017
Siègent MM:

1. Col. Mag. Ntshaykolo Esosa Masele Jean Paulin, 1er Président ;
2. Col. Omeonga Taunya José, Juge Assesseur ;
3. Col. Busoki Wa Karaku, Juge Assesseur ;
4. Lt Col. Simisi Tuve Serge, Juge Assesseur ;
5. Lt Col. Mpoy Teddy Léonard, Juge Assesseur ;
6. Gén. Maj. Mokunto Kiyana Tim 1er AGF, Ministère Public ;
7. Mag. Madoli Nzoki Guy Martin, Greffier.

En cause : L'Auditeur Militaire Supérieur près la Cour militaire opérationnelle du Nord-Kivu, Ministère Public
Contre : Monsieur Asubuyi Tabwerima Emmanuel, alias Manu Pétrole.
Poursuivis pour :

- Participation à un mouvement insurrectionnel ;
- Association des malfaiteurs.

La cause est appelée à 11 heures 55 minutes.
A l'appel de la cause, le prévenu régulièrement cité comparait en personne assisté de ses conseils : Me David Wambale, avocat au Barreau de Kisangani.
Identité du prévenu
Asubuyi Tabwerima Emmanuel, alias Manu Pétrole né à Oïcha, le 25 décembre 1969, fils de Biabu (décédé) et de Irande (décédée), Originaire de Kyondo-Mageria, Secteur de Bambusa Kisiki, Territoire de Beni, Province du Nord-Kivu, Etat-civil : marié à Madame Kavira Maliyakose, père de 02 enfants, Culte : musulman, Etudes faites : 3 ans PP, Profession : Cultivateur, responsable restaurant Riviera/Beni ; Bar Eringeti, Culte : Anglican, Domicilié à Eringeti/Centre, Q/ Songolea.
Q. Avez-vous déjà été condamné ?
R. Non.
Q. Vous êtes actuellement à la prison Kangwayi ?
R. Oui.
Remise à 3 heures pour permettre au Conseil de lire le dossier.

Audience publique du 9 juin 2017

RP N° 0175/2017
RMP N° 0870/KNG/017
Siègent MM:

1. Col. Mag. Jean Paulin Ntshaykolo Esosa Masele, 1er Président ;
2. Col. Omeonga Taunya José, Juge Assesseur ;
3. Col. Ndiba Bulangiti Matthieu, Juge Assesseur ;

4. Col. Busoki Wa Karaku, Juge Assesseur ;
5. Com Sup Ppl Ngumbi Kulinga, Juge Assesseur ;
6. Gen. Maj. Mokunto Kiyana Tim 1er AGF, Ministère Public ;
7. Mag. Madoli Nzoki Guy Martin, Greffier.

En cause : L'Auditeur Militaire Supérieur près la Cour militaire opérationnelle du Nord-Kivu, Ministère Public

Contre : Monsieur Songolea Bomanu Emmanuel

Poursuivis pour :

- Participation à un mouvement insurrectionnel ;
- Association des malfaiteurs.

La cause est appelée à 11 heures 33 minutes.

A l'appel de la cause, le prévenu régulièrement cité comparait en personne assisté, de ses conseils : Me Jean Marie Singa, avocat au Barreau de Kisangani et le Défenseur militaire agréé Kiwunga Makila.

Identité Du Prévenu

Songolea Bomanu Emmanuel, né à Eringeti, le 1er janvuier 1963, fils de Bomanu (décédé) et de Muleru (décédée), Originaire de Kainama, Groupement de Bambuba Kisiki, Secteur de Beni-Mbau, Province du Nord-Kivu, Etudes faites : 6 ans primaires, Etat-civil : marié à Kaswera Goreth, père de six enfants, Domicilié à Eringeti/Centre, Profession : Commerçant.

Q. Vous êtes en détention à la prison Kangwayi ?

R. Oui.

Q. Avez-vous déjà été condamné ?

R. Non.

Q. Avez-vous reçu ce document ?

R. Oui.

Défense du prévenu sollicite une remise pour compulser le dossier.

Le Premier Président accorde une remise dans une heure.

Remise à une date ultérieure qui sera communiquée par les parties et remise contradictoire jeudi 20 juillet 2017.

Audience publique du 3 juillet 2017

RP N° 0178/2017

RMP N° 0880/KNG/017

Siègent MM:

1. Col. Mag. Jean Paulin Ntshaykolo Esosa Masele, 1er Président ;
2. Col. Omeonga Taunya José, Juge Assesseur ;
3. Col. Ndiba Bulangiti Matthieu, Juge Assesseur ;
4. Col. Busoki Wa Karaku, Juge Assesseur ;
5. Com. Sup. Ppl Ngumbi Kulinga, Juge Assesseur ;
6. Gen. Maj. Mokunto Kiyana Tim 1er AGF, Ministère Public ;
7. Mag. Madoli Nzoki Guy Martin, Greffier.

En cause : L'Auditeur Militaire Supérieur près la Cour militaire opérationnelle du Nord-Kivu, Ministère Public
Contre : Monsieur Hamadi Shabani Eli Okapi.
Poursuivis pour :
- Participation à un mouvement insurrectionnel ;
- Association des malfaiteurs.
La cause est appelée à 16 heures 10 minutes.
A l'appel de la cause, le prévenu régulièrement cité comparait en personne, assisté de ses Conseils : Me Défenseur militaire agréé Kiwunga Makila Guy.
Remise contradictoire mardi 04 juillet 2017 et jeudi 06 juillet 2017.

Audience publique du 6 juillet 2017

RP N° 0178/2017
RMP N° 0880/KNG/017
Siègent MM:
1. Col. Mag. Jean Paulin Ntshaykolo Esosa Masele, 1er Président ;
2. Col. Omeonga Taunya José, Juge Assesseur ;
3. Col. Ndiba Bulangiti Matthieu, Juge Assesseur ;
4. Col. Busoki Wa Karaku, Juge Assesseur ;
5. Com. Sup. Ppl Ngumbi Kulinga, Juge Assesseur ;
6. Gen. Maj. Mokunto Kiyana Tim 1er AGF, Ministère Public ;
7. Mag. Madoli Nzoki Guy Martin, Greffier.

En cause : L'Auditeur Militaire Supérieur près la Cour militaire opérationnelle du Nord-Kivu, Ministère Public
Contre : Monsieur Hamadi Shabani Eli Okapi.
Poursuivis pour :
- Participation à un mouvement insurrectionnel ;
- Association des malfaiteurs.
La cause est appelée à 15 heures 39 minutes.
A l'appel de la cause, le prévenu régulièrement cité comparait en personne, assisté de ses Conseils : Me Défenseur militaire agréé Kiwunga Makila Guy.
Remise contradictoire demain 07 juillet 2017.

Audience publique du 7 juillet 2017

RP N° 0178/2017
RMP N° 0880/KNG/017
Siègent MM :
1. Col. Mag. Jean Paulin Ntshaykolo Esosa Masele, 1er Président ;
2. Col. Omeonga Taunya José, Juge Assesseur ;
3. Col. Ndiba Bulangiti Matthieu, Juge Assesseur ;
4. Col. Busoki Wa Karaku, Juge Assesseur ;
5. Com. Sup. Ppl Ngumbi Kulinga, Juge Assesseur ;

6. Gen. Maj. Mokunto Kiyana Tim 1er AGF, Ministère Public ;
7. Mag. Madoli Nzoki Guy Martin, Greffier.

En cause : L'Auditeur Militaire Supérieur près la Cour militaire opérationnelle du Nord-Kivu, Ministère Public

Contre : Monsieur Hamadi Shabani Eli Okapi.

Poursuivis pour :

- Participation à un mouvement insurrectionnel ;
- Association des malfaiteurs.

La cause est appelée à 11 heures 25 minutes.

A l'appel de la cause, le prévenu régulièrement cité comparait en personne, assisté de ses conseils : Me Défenseur militaire agréé Kiwunga Makila Guy.

Comparait monsieur Bisimwa Shabani Alfred

Q. Okapi, dans quelles circonstances la femme de Bisimwa et Bisimwa lui-même se sont retrouvés en brousse ?

R. Moi, j'ai amené la première femme jusqu'à la barrière de Oïcha. Elle s'est retrouvée en brousse avec ses contacts qu'elle faisait. Après, je n'ai plus eu de contact avec elle. Elle est venue avec ses trois enfants. Bisimwa est venu après, trois à quatre mois plus tard après l'arrivée de sa femme.

Q. Bisimwa, est-ce vrai ?

R. Ma femme est venue avant moi, mais pour le contact, c'est faux.

Q. Avez-vous vu votre femme à Beni ?

R. Non, je ne l'ai plus revue jusqu'aujourd'hui.

Q. Avez-vous demandé à Okapi votre femme ?

R. Okapi m'a dit que ma femme se trouve à Mambasa, là où se trouve sa femme.

Q. Okapi, votre réaction ?

R. Bisimwa a dit que sa femme est allée là où ce n'était pas son souhait.

Q. Bisimwa ?

R. Quand Okapi allait là-bas, il me mettait en contact avec ma femme.

Q. Okapi ?

R. Il a parlé avec sa femme deux ou trois fois sans mon intermédiaire. Son souci était de voir sa femme et ses enfants. Il était en contact avec sa femme qui le sollicitait de la rejoindre.

Q. Bisimwa, étiez-vous arrivé à Mambasa ?

R. C'est bien lui qui m'avait amené à moto jusqu'à Mambasa où se trouve sa femme.

Le Ministère Public donne lecture du PV de Francine Bosekota ; Cote 34-35 et 36, dossier de poseur des bombes.

Q. Que dites-vous des déclarations de Francine Bosekota ?

R. Certaines sont vraies et d'autres fausses. On ne parlait pas avec elle au téléphone. Depuis que nous sommes arrivés avec elle en brousse, on nous a séparés et je ne l'ai plus revue.

Q. Comment expliquer qu'elle est partie facilement ?

R. Quand nous sommes arrivés là-bas, on a trouvé beaucoup d'enfants mal nourris ainsi que des femmes. On les avait confiés à Francine pour s'occuper d'eux et elle est sortie facilement avec eux jusqu'à Beni. J'ai compris cela après quand je demandais où est ma femme.
Q. Okapi, Bisimwa est-il parti ensemble avec Basekota ?
R. Je les ai amenés tous jusqu'à la barrière, là où on a l'habitude de déposer les colis.
Remise contradictoire mardi 11 juillet 2017 pour réquisitoire et plaidoirie.

Audience publique du 25 septembre 2017

RP N° 0178/2017
RMP N° 0880/KNG/017
Siègent MM:

1. Col. Mag. Ntshaykolo Esosa Masele Jean Paulin, 1er Président ;
2. Col. Omeonga Taunya José, Juge Assesseur ;
3. Col. Ndiba Bulangiti Matthieu, Juge Assesseur ;
4. Com. Sup Ppl Ngumbi Kulinga, Juge Assesseur ;
5. Lt Col. Mpoy Teddy Léonard, Juge Assesseur ;
6. Gén. Maj. Mokunto Kiyana Tim 1er AGF, Ministère Public ;
7. Mag. Madoli Nzoki Guy Martin, Greffier.

En cause : L'Auditeur Militaire Supérieur près la Cour militaire opérationnelle du Nord-Kivu, Ministère Public
Contre : Monsieur Hamadi Shabani Eli Okapi.
Poursuivis pour :

- Participation à un mouvement insurrectionnel ;
- Association des malfaiteurs.

La cause est appelée à 11 heures 10 minutes.
A l'appel de la cause, le prévenu régulièrement cité comparait en personne assisté de ses Conseils : Me Joël Shanyungu et Me Déo Shota, tous avocats et le Défenseur militaire agréé Kiwunga Makila Guy.
Comparait monsieur Hamadi Shabani Okapi
Q. Etes-vous prêt pour le réquisitoire du MP ?
R. Oui.
Q. N'avez-vous rien à dire au MP ? Nous avons l'impression que vous cachiez quelque chose après avoir dit la vérité.
R. Peut-être Dieu seul sait ce qui est caché du fond de mon cœur pour dire que j'ai quelque chose que je cache. Je n'ai rien du tout.
Le Ministère Public présente ses réquisitoires de dire établies en fait comme en droit les infractions d'association des malfaiteurs et de participation à un mouvement insurrectionnel mises à charge de Hamadi Shabani Okapi et de le condamner avec admission des circonstances atténuantes.

- A 10 ans de servitude pénale principale pour participation à un mouvement insurrectionnel ;
- A 10 ans de servitude pénale principale pour association des malfaiteurs.

Faisant application de l'article 7 CPM à 10 ans de servitude pénale principale. Aux frais d'instance à tarifier par le greffier ; ou à toute autre peine que la Cour estimera équitable.

La Défense plaide coupable, de le condamner à de très larges circonstances atténuantes en divisant la peine proposée par le MP en trois. Frais comme le droit.

Q. Le Ministère Public vous a proposé avec admission des circonstances atténuantes à 10 ans de servitude pénale principale. Votre Conseil a plaidé coupable, mais sollicite de très larges circonstances atténuantes, même en divisant la peine proposée par le MP trois fois ; quel est votre dernier mot ?

R. Tout parent ne peut être content de son enfant qui a commis du tort, mais je vous demande de me laisser libre.

Débats clos, la cause prise en délibéré, le prononcé à la huitaine.

Audience publique du 3 juillet 2017

RP N° 0179/2017

RMP N° 0881/KNG/017

Siègent MM:

1. Col. Mag. Jean Paulin Ntshaykolo Esosa Masele, 1er Président ;
2. Col. Omeonga Taunya José, Juge Assesseur ;
3. Col. Ndiba Bulangiti Matthieu, Juge Assesseur ;
4. Col. Busoki Wa Karaku, Juge Assesseur ;
5. Com. Sup. Ppl Ngumbi Kulinga, Juge Assesseur ;
6. Gen. Maj. Mokunto Kiyana Tim 1er AGF, Ministère Public ;
7. Mag. Madoli Nzoki Guy Martin, Greffier.

En cause : L'Auditeur Militaire Supérieur près la Cour militaire opérationnelle du Nord-Kivu, Ministère Public

Contre : Monsieur Asubuyi Tabwerima Emmanuel, alias Manu Pétrole.

Poursuivis pour :

- Participation à un mouvement insurrectionnel ;
- Association des malfaiteurs.

La cause est appelée à 13 heures 05 minutes.

A l'appel de la cause, le prévenu régulièrement cité comparait en personne assisté de ses conseils : Me Charles Mapati, avocat au Bareau de Goma et Me David Wambale, avocat au Bareau de Kisangani.

Comparait monsieur Okabo Mabruki François, fils de Mabruki (en vie) et de … (en vie), chef de localité Mabolio Kisiki.

Q. Qu'est-ce qui vous a poussé à citer Manu Pétrole ?

R. En décembre 2005, il y a eu affrontement entre FARDC et ADF. Le chef de poste administratif avait convoqué une réunion. Le chef d'encadrement avait appelé les chefs de localité. On a commencé à dire qu'ici à Eringeti, il y a des gens qui ravitaillent les ADF. On a cité Manu Pétrole et Petit. Il était dans la cité, mais il ravitaillait les ADF. C'est le chef Barthélemy qui l'avait dénoncé.
Q. Manu Pétrole, avez-vous entendu les déclarations de monsieur Okabo ?
R. Oui, c'est faux. A partir de 2006, j'ai commencé à vendre au dépôt de maman Nicole. On vend presque trente casiers par semaine.
Le Ministère Public sollicite la comparution de monsieur Barthélemy.
Remise contradictoire jeudi 6 juillet 2017.

Audience publique du 6 juillet 2017

RP N° 0179/2017
RMP N° 0881/KNG/017
Siègent MM :
1. Col. Mag. Jean Paulin Ntshaykolo Esosa Masele, 1er Président ;
2. Col. Omeonga Taunya José, Juge Assesseur ;
3. Col. Ndiba Bulangiti Matthieu, Juge Assesseur ;
4. Col. Busoki Wa Karaku, Juge Assesseur ;
5. Com. Sup. Ppl Ngumbi Kulinga, Juge Assesseur ;
6. Gen. Maj. Mokunto Kiyana Tim 1er AGF, Ministère Public ;
7. Mag. Madoli Nzoki Guy Martin, Greffier.

En cause : L'Auditeur Militaire Supérieur près la Cour militaire opérationnelle du Nord-Kivu, Ministère Public
Contre : Monsieur Asubuyi Tabwerima Emmanuel, alias Manu Pétrole.
Poursuivis pour :
- Participation à un mouvement insurrectionnel ;
- Association des malfaiteurs.

La cause est appelée à 11 heures 24 minutes.
A l'appel de la cause, le prévenu régulièrement cité comparait en personne assisté de ses Conseils : Me Charles Mapati, avocat au Bareau de Goma et Me David Wambale, avocat au Bareau de Kisangani.
Comparait monsieur Barthélemy Buroso Andonga, né à Eringeti en 1976, fils de Mangala (décédé) et de Mangala Evela (en vie), Etudes faites : 4ème primaire, Marié à Madame Chantal Kavugho, père de 11 enfants, Profession : Agent ANR (chef de village Eringeti- Kasana).
Q. Okabo, vous pouvez rappeler à la Cour dans quelles circonstances Manu a été cité comme collaborateur des ADF ?
R. Sept mois après mon investiture, il y a eu guerre entre FARDC et ADF/NALU. Le chef d'encadrement nous a appelés comme chefs de localité. Il nous a dit que parmi les ADF, il y a des enfants du village. Que les chefs puissent veiller sur ça pour transmettre des rapports. Quand j'ai été arrêté et

amené devant l'OPJ, il m'a demandé de citer les noms des gens qui collaborent avec les ADF. Je me suis rappelé le nom de Manu Pétrole et je l'ai cité tout en précisant que c'est le chef Barthélemy qui avait cité ce nom quand il était chef.
Q. Barthélemy, votre réaction ?
R. C'est faux. Je suis devenu chef en 2007. Manu n'a jamais collaboré avec les ADF. Manu a commencé à vendre du pétrole, ensuite il a vendu dans un dépôt d'une maman à Eringeti. Je l'ai connu depuis son enfance.
Q. Okabo, votre réaction ?
R. Il y a eu réunion, si je peux rappeler Barthélemy, je peux me tromper à propos de l'année.
Q. Barthélemy, votre réaction ?
R. C'est faux.
Ministère Public : La réunion a eu lieu. Le chef Barthélemy est un menteur. Nous en tiendrons compte pour qu'il ne soit plus à l'ANR.
Q. La réunion a-t-elle eu lieu ?
R. Non.
Q. Vous n'avez jamais tenu une réunion avec Okabo ?
R. On se réunissait à Mbau soit à Kisiki.
Q. Okabo, la réunion a eu lieu où ?
R. A Eringeti.
Q. Le Ministère Public a eu des renseignements selon lesquels la réunion a eu lieu. Qu'en dites-vous ?
R. Je ne peux pas dire des mensonges parce que j'ai peur d'une personne.
Ministère Public présente son réquisitoire :
Il y a un doute sérieux à charge de Manu Pétrole. Le MP demande de l'acquitter au bénéfice de doute.
La Défense plaide non coupable, se rallie au réquisitoire du MP : La doute sérieux plane sur notre client. De dire non établie en fait comme en droit la prévention de la Participation à un mouvement insurrectionnel mise à charge de notre client ; de l'en acquitter.
Le MP réplique : Dans ses fonctions, le MP est libre et indépendant. Lorsque nous avons arrêté quelqu'un, après investigation on le libère, est-ce qu'on va parler de l'arrestation arbitraire ? Si nous creusons, nous allons retrouver Manu Pétrole autour des ADF avec son dépôt.
Défense : l'insuffisance de motif pour laquelle notre client est arrêté.
Q. Le MP sollicite votre acquittement ainsi que vos conseils au bénéfice du doute, quel est votre dernier mot ?
R. Je n'ai rien à dire. Je vous remercie pour m'avoir acquitté. Je demande à la Cour aussi de m'acquitter.
Premier Président : La Cour ne vous a pas encore acquitté.
Débats clos, la cause prise en délibéré, l'arrêt sera rendu dans le délai légal.

Audience publique du 17 juillet 2017

RP N° 0175/2017
RMP N° 0870/KNG/017
Siègent MM:

1. Col. Mag. Jean Paulin Ntshaykolo Esosa Masele, 1er Président ;
2. Col. Omeonga Taunya José, Juge Assesseur ;
3. Col. Ndiba Bulangiti Matthieu, Juge Assesseur ;
4. Col. Busoki Wa Karaku, Juge Assesseur ;
5. Com. Sup Ppl Ngumbi Kulinga, Juge Assesseur ;
6. Lt Col. Mag Nkumbu Ngoma Jean-Baptiste, Substitut Ministère Public ;
7. Capt. Kelo Kobalo Roger, Greffier principal.

En cause : L'Auditeur Militaire Supérieur près la Cour militaire opérationnelle du Nord-Kivu, Ministère Public
Contre : Monsieur Songolea Bomanu Emmanuel
Poursuivis pour :

- Participation à un mouvement insurrectionnel ;
- Association des malfaiteurs.

La cause est appelée à 14 heures 45 minutes.
A l'appel de la cause, le prévenu régulièrement cité comparait en personne, assisté de ses conseils : Me Jean-Marie Singa, avocat au Barreau de Kisangani.
Il comparait en kiswahili, langue de son choix, traduite par un interprète comme suit :
Q. Vous avez suivi la lecture des préventions mises à votre charge, quelle est votre réaction ?
R. Tout ce dont on me reproche est faux. D'ailleurs je ne vends pas les articles qu'ils ont cités. Je ne les ai jamais vus.
Q. Avez-vous un véhicule ?
R. Oui. J'ai un véhicule qui ne transporte que du sable.
Q. Que dites-vous de Rachidi, Abdoul, Mwami Bulemo ?
R. Je ne les connais pas.
Ministère Public
Q. Dites-nous si vous connaissez Rachidi et son équipe ?
R. Non, je ne connais ni Rachidi, ni son groupe.
Q. Confirmez-vous que vous n'avez pas de véhicule ?
R. Oui, j'ai un véhicule, marque Dyna de couleur bleue.
Q. Comment votre véhicule est-il utilisé par Mwami Bulembo Ando ?
R. C'est faux. Comment quelqu'un que je ne connais pas peut-il utiliser mon véhicule ?
Q. Pouvez-vous nous citer les marchandises que vous achetez à Butembo ?
R. Les tôles, les clous etc.
Q. Dites-nous si votre véhicule transporte aussi de l'huile.
R. Oui, mon véhicule transportait de l'huile qu'il fallait aller vendre à Bunia, mais depuis qu'il a connu un accident, les gens en ont peur.
Q. Aviez-vous une jeep ?

R. Non.
Q. Connaissez-vous quelqu'un des Nalu ?
R. Non.
Le Ministère Public conclue que pour le moment, il s'arrête par là ; et de commun accord avec les parties, le Premier Président clos le débat pour renvoyer cette cause contradictoire au jeudi 20 juillet 2017.

Audience publique du 19 octobre 2017

RP N° 0219/2017
RMP N° 0750 bis/KNG/017
Siègent MM:

1. Col. Mag. Ntshaykolo Esosa Masele Jean Paulin, 1er Président ;
2. Col. Omeonga Taunya José, Juge Assesseur ;
3. Col. Ndiba Bulangiti Matthieu, Juge Assesseur ;
4. Com. Sup Ppl Ngumbi Kulinga, Juge Assesseur ;
5. Lt Col. Mpoy Teddy Léonard, Juge Assesseur ;
6. Gén. Maj. Mokunto Kiyana Tim 1er AGF, Ministère Public ;
7. Mag. Madoli Nzoki Guy Martin, Greffier.

En cause : L'Auditeur Militaire Supérieur près la Cour militaire opérationnelle du Nord-Kivu, Ministère Public
Contre : Monsieur Kasereka Lucien Faustin.
Poursuivis pour :

- Association des malfaiteurs
- Participation à un mouvement insurrectionnel ;

La cause est appelée à 14 heures 00 minutes.
A l'appel de la cause, le prévenu régulièrement cité comparait en personne assisté de ses Conseils : Me David Wambale, Me Déo Shota, Me Joël Shanyungu, tous avocats et le Défenseur militaire agréé Kiwunga Makila.
Après l'identification du prévenu et la lecture du libellé des préventions par le greffier, remise contradictoire lundi 23 juillet 2017 ; remise à une date ultérieure qui sera appelée avec le dossier de Mwami Boroso.

Audience publique du 4 décembre 2017

RP N° 0175/2017
RMP N° 0870/KNG/017
Siègent MM:

1. Col. Mag. Jean Paulin Ntshaykolo Esosa Masele, 1er Président ;
2. Col. Omeonga Taunya José, Juge Assesseur ;
3. Col. Ndiba Bulangiti Matthieu, Juge Assesseur ;
4. Com. Sup. Ppl Ngumbi Kulinga, Juge Assesseur ;
5. Lt Col. Mpoy Teddy Léonard, Juge Assesseur ;

6. Gen. Maj. Mokunto Kiyana Tim 1er AGF, Ministère Public ;
7. Mag. Madoli Nzoki Guy Martin, Greffier.

En cause : L'Auditeur Militaire Supérieur près la Cour militaire opérationnelle du Nord-Kivu, Ministère Public

Contre : Monsieur Songolea Bomanu Emmanuel

Poursuivis pour :

- Participation à un mouvement insurrectionnel ;
- Association des malfaiteurs.

La cause est appelée à 12 heures 30 minutes.

A l'appel de la cause, le prévenu régulièrement cité, comparait en personne, assisté de ses conseils : Me Jean-Marie Singa, avocat au Barreau de Kisangani et le Défenseur militaire agréé Kiwunga Makila.

Q. Mwami Bulembo, confirmez-vous avoir déclaré que le véhicule qui a participé à l'enlèvement des prêtres, est de Manu Patron ?

R. Oui.

Q. Est-ce que ce véhicule est de Mwami Bamukoka ?

R. Oui.

Q. Manu Songolea Bomanu, connaissez-vous Mwami Bamukoka ?

R. Oui.

Q. Avez-vous entendu parler de Mwami Bamukoka ?

R. Non.

Q. Où habitez-vous ?

R. A Eringeti.

Q. N'avez-vous jamais entendu parler de Mwami Bamukoka ?

R. J'ai entendu parler de lui.

Q. Pourquoi voulez-vous vous éloigner de Bamukoka ?

R. Je n'avais pas bien compris la question.

Mwami Bamukoka déclare qu'il ne connait pas Manu Patron.

Ministère Public : Premier Président, vous avez entendu les déclarations de Manu Patron, de Mwami Bulembo et de Mwami Bamukoka.

La Défense demande qu'on puisse passer au réquisitoire et à la plaidoirie.

Le Ministère Public présente ses réquisitions. Il est en difficultés d'établir les charges mises à la disposition de Manu Patron et que le véhicule qui a servi pour l'enlèvement des prêtres est de Manu. Le doute profite plus à l'accusé.

La Cour est indépendante aux réquisitions du MP, elle demande d'acquitter Manu Patron.

Le MP demande la main levée du véhicule de Manu Patron.

La Défense plaide non coupable et salue l'honnêteté du Ministère Public.

Non établies en fait comme en droit les préventions à charge du prévenu, au bénéfice de l'en acquitter, mettre les frais à charge du trésor public.

Q. Le Ministère Public sollicite votre acquittement au bénéfice du doute, la défense mêmement ; quel est votre dernier mot ?

R. J'accepte d'avoir été accusé faussement.

Débats clos, la cause prise en délibéré pour l'arrêt qui sera rendu le mercredi de la semaine en cours.

Audience publique du 13 octobre 2017

RP N° 0172/2017
RMP N° 0807/KNG/2017
En chambre foraine à laquelle siègent :

1. Lt Col. Mag. Ntshaykolo Esosa Masele Jean Paulin, 1er Président ;
2. Col. Omeonga Taunya José, Juge Assesseur ;
3. Col. Ndiba Bulangiti Matthieu, Juge Assesseur ;
4. Col. Busoki Wa Karaku, Juge Assesseur ;
5. Com. Sup. Ppl Ngumbi Kulinga, Juge Assesseur ;
6. Gén. Maj. Mokunto Kiyana Tim, 1er AGF, Ministère Public ;
7. Maj. Madoli Nzoki Guy Martin, Greffier.

En cause : l'auditeur militaire supérieur Près la cour militaire opérationnelle du Nord-Kivu, Ministère Public et parties civiles.
Contre :

- Colonel Lusenge Muhindo David ;
- Monsieur Mbunguma Kitobi André ;
- Monsieur Saambili Bamukoka ;
- Mwami Bulembo Ando Kanzire Pierre ;
- Monsieur Nkayalua Bankale Etienne, alias Munganda et Consorts.

Prévenus de :

- Association des malfaiteurs ;
- Détention illégale d'armes ou des munitions de guerre ;
- Crime contre l'humanité par meurtre, déportation ou enlèvement ;
- Violation de consigne.

La cause est appelée à 11 heures 43 minutes.
A l'appel de la cause, les prévenus cités ci-haut comparaissent en personne et assistés par leurs conseils : Me Contant Kalumendo pour le compte de Mbunguma Kitobi André, Saambili Bamukoka ; Me Charles Umumoki, Me Joël Shanyungu pour tous avocats et le Défenseur militaire Kiwunga Makila pour tous les prévenus non assistés.
Les parties civiles représentées par Me Blaise Matokeo.
Dès l'ouverture de l'audience, le Premier Président demande à toutes les parties :
Messieurs John Muhindo et Jules
L'OMP : Lorsque Kangbayi a été attaqué, plusieurs prévenus ont pris la fuite. Et les fugitifs ont été entendus et que la procédure à leur égard soit réputée contradictoire. Nous sommes presqu'à la fin de l'instruction du triangle de mort de Beni, dirigé par Mwami Bamukoka et de l'autre côté Mbunguma. En 2013, Mbunguma a réactivé son réseau avec plusieurs coprévenus. Il y a eu la réunion et ils sont allés vers la chefferie de Watalinga là où nous retrouvons

le colonel Lusenge et consort. Mwami Bamukoka, nous le retrouvons avec les autres de là. L'un sera emprisonné au nom du défunt Kalume.
Mwami Bamukoka a tué son frère Bosomi. Et lorsque les Mayi mayi ont attaqué la prison de Kanguayi, la première personne à être tué c'est Wanyanya. Bosomi a attrapé un groupe des Mayi mayi qui viennent du groupe de Boroso. Mutokambali Yves, avant la première attaque, nous dit que Mbunguma est allé chez Boroso pour d'autres attaques.
Le procès de Beni se fixe le nom de « Massacres de Beni ». Nous avons donné les noms de leurs auteurs. Nous avons un homme comme Grâce qui a tiré sur une fille qui, jusqu'aujourd'hui est vivante, Mwami Mbunguma qui a tué son frère. Nous aurons le temps de parler de chaque prévenu et du rôle qu'il a joué. Les officiers des Forces armées ont été cités. Le rapport des Nations Unies a cité plusieurs officiers des FARDC qui étaient devant votre Cour ici et vous les avez acquittés, tels que le Major Byamungu, le colonel Freddy Kabare et le colonel Katsanzu. Nous nous inclinons devant cette décision de la Cour qui est souveraine. C'est pourquoi les autres officiers tels que le Général de Brigade Akili Mundos reviennent devant la barre pour que la population de Beni comprenne où se trouve la vérité. Et nous avons ce privilège d'aider la Cour Militaire de céans pour que ces renseignants, dans leurs déclarations, puissent éclairer davantage la Cour.
Muhindo Akili Mundos Jacques, Matricule : voir la base de données ; Commandant 31ème brigade basée en Mambasa ; Renseignant.
Colonel Muhima Bantheti Dieudonné ; Matricule : 173972590155, Unité Secteur Commandant second Sukola Nord II ; Sud-Kivu. Unité basée à Bukavu ; Renseignant.
Lieutenant-Colonel Nzanzole Pulikua Tipi François Joseph ; Matricule : 196773269276, unité Commandement 312e brigade de défense principale basée à Opira ; fonction : Commandant Brigade ; renseignant.
Monsieur Muhindo Wema Kenedy ; né à Musienene, le 2 octobre 1957, profession : journaliste manageur de la Radio Soleil Butembo ; président de l'agence de presse Syfia-International ; réside à Butembo, Quartier Mukuna, Cellule Kiaghala N°317, Commune Bulengera.
Paluku Christophère Bienvenu, né à Boyambi en 1982 ; profession : chauffeur, en détention ; Renseignant.
Bodina Akenge Philippe ; né à Songololo, le 23 avril 1972 ; profession : secrétaire de la localité Bahongotsu, en détention ; Renseignant.
Déplacement pour identifier Jean-Paul Paluku Ngahangondi ; né à Oïcha, le 10 décembre 1982 ; profession : défenseur des droits humains CRDH (Convention pour le Respect des Droits Humains) ; Adresse : Oïcha, Quartier Batsotsi, Avenue Babila N°4, Territoire de Beni. Comparait sous le nom de Butembo en anonymat.
Thembo Kalimuli Emmanuel Dieudonné, né à Beni, le 25 décembre 1961, profession : enseignant à IOS et ISTAD et UAC/ Beni et politicien. Adresse :

Avenue Recodi N°48 ; Quartier Résidentiel ; Commune Bungulu de Beni ; sous anonymat Isiro.
Défense : Nous avons des craintes pour la vie de ces deux renseignants puisqu'ils sont connus par leurs voix.
Comparution du Général Mundos :
L'OMP : Nous avons beaucoup de questions à poser au général, mais nous voulons d'abord réunir des éléments avant que nous intervenions. Auparavant, le prévenu Boroso avait cité le Maire de la ville et le général Mundos qui était en formation. Aujourd'hui, il a terminé, nous le mettons à la disposition de la Cour pour répondre à des éventuelles questions.
Comparution du Renseignant Butembo en kiswahili :
OMP : Dans nos recherches, nous savons que vous avez des informations de massacres de Beni Ville et Territoire. Je ne connais pas si je peux commencer par quel rapport. L'OMP fait un résumé.
Phénomène Kidnapping ; 2 octobre 2014 : les massacres.
Pour ce qui concerne le kidnapping, nous avons recensé les victimes et initié les plaintes que nous avons déposées pour chacun de phénomène et l'auditorat a dépêché les magistrats sur le terrain, et ils ont mené des enquêtes. Les criminels parlent en kiswahili ougandais, tantôt rwandais, tantôt local ; et que les massacres se faisaient tout près des positions des FARDC et de la Monusco.
Q. Etes-vous journaliste ?
R. Non.
Q. Dites-nous si c'est votre rapport ?
R. Oui. Il est à moi.
Q. Aviez-vous cité Mwami Mbunguma dans votre rapport ?
R. Oui.
Q. Qu'avez-vous dit à son propos ?
R. Il y a une équipe qui était sur le terrain, elle a mené des enquêtes que nous avons publiées dans nos rapports.
OMP-page 21 : Butembo parle des auteurs des massacres. Vous avez parlé des ADF et des locaux.
Q. Vous retrouvez-vous dans votre rapport ?
R. Oui.
Q. Avec qui Mbunguma était en contact ?
R. Je peux dire ceci : quand nous avions reçu cette information d'une personne dont je ne veux pas citer le nom ici, il était en contact avec Feza et l'APC.
Q. Comme qui d'APC ?
R. C'est vrai, mais je ne saurai pas citer son nom ici.
Q. Mbunguma, Léandre travaillait-il chez les APC ?
R. Je ne connais pas.
Q. Le connaissez-vous ?
R. Oui.
Q. Kakolele était-il dans l'APC ?

R. Oui, mais actuellement dans les FARDC.
OMP : Ce que dit Butembo est de fois vérifiable.
Q. Butembo, avez-vous parlé du Général Mundos ?
R. Oui.
Q. Quel est le rapport que vous aviez établi par rapport au général Mundos et aux massacres ?
R. Quand le général Mundos était commandant des opérations, il y a eu beaucoup de massacres. Après le changement opéré à la tête de l'opération FARDC, l'on a constaté une diminution.
Q. Avez-vous des preuves attestant que les officiers FARDC sont impliqués dans les massacres ?
R. Oui, nous disposons des preuves que nous mettrons à la disposition de la Cour.
Q. Aviez-vous parlé du Colonel Katshanzu Hangi ?
R. Oui.
Q. Avez-vous les noms de ces quatre ADF ?
R. La source ne nous a pas donné leurs noms.
Q. Vous pouvez protéger la source, mais pas les noms des ADF ?
R. Il m'a parlé des ADF et il m'a dit d'autres éléments qu'il a promis nous communiquer.
OMP : Vous avez plagié le rapport de 2016 d'une ONG. Vous avez fait copier-coller.
Q. Vous avez parlé de trois ADF à Mughalika, pouvez-vous nous donner leurs noms ?
R. Ma source va les donner.
OMP : Comment puis-je poser la question au général Mundos tant que je n'ai pas d'éléments pour le poursuivre ? Nous voulons que, s'il y a une personne qui dispose des informations selon lesquelles certains officiers des FARDC sont impliqués dans les massacres, nous dise pour que la Cour soit éclairée.
Q. Avez-vous suivi le procès du défunt Mamadou ?
R. Non, je n'étais pas ici.
Q. Général Mundos, votre réaction par rapport aux passages que nous avons lus dans ce rapport. En 2014,

1. Huit personnes choisies par vous pour les massacres ;
2. Recrutement de trois personnes ADF à Mughalika ;
3. Vous dotez les ADF des uniformes et des armes.

Q. Quelle différence entre ADF/Mughalika et Jamil ?
R. Butembo répond que les ADF/Mughalika sont les résidus des ADF de l'Ouganda.
Q. Votre réaction, Général Mundos ?
R. Je suis surpris par la fausseté et par la rumeur qui sont dans ce rapport. Il parle de Mughalika où j'étais par trois fois et je n'étais pas seul ; j'étais avec d'autres officiers chargés d'opérations. J'ai pris le chemin Mughalika-

Butembo jusqu'à Goma avant de retourner. Et c'est le Général Amisi qui m'autorisait de le faire.
Défense : Comment le changement de commandement a-t-il diminué les massacres ?
Butembo : Si vous avez bien suivi le rapport, nous avons cité le nom de ces officiers.
Q. Qui ?
R. Général Mundos. Il a recruté une personne dans un hôtel, une personne dont je dispose du nom. Nous avons enquêté et une personne qui en avait parlé était arrêtée.
Q. Aviez-vous visualisé la vidéo qui constitue le soubassement de votre rapport ?
R. Oui.
Q. Avez-vous vu le visage du Général Mundos ?
R. Non.
Défense de Mbunguma : Le Premier Président préfère que Butembo rencontre d'abord le Ministère Public avant que d'autres questions par rapport aux données ne soient posées.
Q. Avez-vous le nom de celui qui était arrêté ?
R. Oui. Il s'appelle monsieur Oscar ; mais j'ai tous ses noms. Il fut arrêté par le service de l'ANR.
Q. Isiro, avez-vous entendu parler d'un certain Oscar ?
R. Oui, le 20 décembre 2014, nous avions un collègue que monsieur Oscar nous avait dit qu'il était consulté par le Général Mundos à quatre reprises pour qu'il devienne massacreur. Et il nous a dit que, comme nous ne voulons pas changer la Constitution, il faut créer cette situation pour que les élections n'aient pas lieu. C'est ainsi que nous l'avions porté devant les cours et tribunaux.
Q. Etiez-vous au dialogue social ?
R. Oui.
Q. A part la déclaration d'Oscar, aviez-vous d'autres preuves qui attestent que le Général Mundos est dans les massacres de Beni Ville et Territoire ?
R. Oui. Il avait organisé un meeting ici à Beni où il a informé la population que les vrais et faux FARDC endeuillent la ville de Beni. Et moi j'ai lu un article dans lequel Kagame et Kabila étaient sur une photo ; le premier veut créer une autre République en RDC.
Q. La réunion de la Mairie et la rencontre à l'hôtel la Référence, qu'est-ce qui précède ?
R. La rencontre à la Référence.
Q. C'était en quelle date ?
R. C'est entre le 20 et 24 décembre 2014.
Q. Y avait-il la proposition de la révision constitutionnelle en 2014 ?
R. Oui, il y avait le projet de la révision constitutionnelle déposée à l'Assemblée Nationale, qui a été refusé par la population.

Q. D'après vous, y avait-il projet de révision constitutionnelle à 2014 ?
R. D'après moi, non.
Q. En quoi le Général Mundos est-il impliqué dans les massacres ?
R. J'ai constaté qu'il y a des liens avec ce que le Général Mundos disait qu'il y a des officiers massacreurs qui sont impliqués dans le commerce.
Maitre Kambale Kavota Omar, défenseur des droits humains :
Q. Alors que vous étiez en atelier, il y avait un monsieur qui ne disait rien, se moquait de vous et disait que vous n'allez rien faire puisque l'organisateur de ces tueries, c'est bel et bien le Général Mundos ?
R. A l'époque, j'étais vice-président de la société civile. On a eu à organiser un carrefour sur les tueries à Beni. Et tout haut, les membres avaient dit qu'ils avaient des preuves démontrant que le Général Mundos était l'auteur des tueries de Beni. Et comme on travaillait en équipe, on a eu à l'entendre puisqu'il n'était pas invité. Nous l'avions mis à la disposition de la justice. C'est après qu'il y a eu attaque de la prison T2 et à l'auditorat il y a eu même des morts.
Q. Aviez-vous échangé avec Oscar ?
R. En tant qu'organisateur, j'ai eu sommairement à échanger avec lui.
Q. Isiro, aviez-vous accepté d'être confronté au Général Mundos.
R. Non, j'avais souhaité qu'Oscar soit confronté au Général Mundos.
Q. Aviez-vous dit avoir doigté le Général Mundos : c'est vous le massacreur ; et le Général Mundos est resté 15 minutes sans parler et c'était devant la Mairie ?
R. Ça je ne me rappelle pas.
Q. Vous dites aussi que le représentant de la Monusco a dit qu'il a compris pourquoi le Général Mundos ne veut pas une patrouille mixte avec les FARDC ?
R. C'est à la radio Okapi.
Q. Connaissez-vous où se trouve Oscar ?
R. Nous avons appris qu'il était à l'auditorat et qu'il est transféré à la prison de Kangbayi ; mais aujourd'hui nous n'avons pas de ses nouvelles.
OMP : Le Ministère Public fait tout ce qui est de son devoir pour présenter toutes les personnes citées dans les massacres de Beni Ville et Territoire.
Q. Aviez-vous déjà sollicité un changement au niveau du commandement ?
R. Maitre Kambale Kavota : je fus porte-parole de la société civile. Il n'y avait jamais eu de demande de ces gens-là.
Lusenge Tshika Kiyundu Oscar, renseignant, comparait en kiswahili :
Q. Isiro, dites-vous si c'est monsieur Oscar qui est devant vous ?
R. Ça fait longtemps. Je ne l'avais vu qu'une seule fois.
Maitre Kavota : Oui, c'est bien lui.
Maitre John : Oui, c'est bien lui, puisque nous l'avions assisté au parquet. C'est dans la même affaire ; sa famille m'a consulté et je l'avais suivi.
Q. Qui est votre officier traitant à l'ANR ?

R. C'est monsieur Roger, son collaborateur, mais représentant de l'ANR en ville de Beni.
Q. Vous vous êtes présenté à qui ?
R. Il y avait une liste et je me suis fait enregistrer.
Q. Etiez-vous arrêté à Lubero ?
R. Oui, puis libéré.
Q. Qu'aviez-vous dit au forum ?
R. J'avais dit que les massacres se font à 500 mètres comme s'il n'y a pas d'autorités et cela m'avait amené à conclure que d'autres officiers étaient des massacreurs.
Q. Qui des officiers aviez-vous cité ?
R. Je suis de Lubero. Je n'avais pas cité de noms puisque je ne connais personne.

Audience publique du 14 novembre 2017

RP N° 0172/2017
RMP N° 0807/KNG/2017
En chambre foraine à laquelle siègent :

1. Lt Col. Mag. Ntshaykolo Esosa Masele Jean Paulin, 1er Président ;
2. Col. Omeonga Taunya José, Juge Assesseur ;
3. Col. Ndiba Bulangiti Matthieu, Juge Assesseur ;
4. Col. Busoki Wa Karaku, Juge Assesseur ;
5. Com. Sup. Ppl Ngumbi Kulinga, Juge Assesseur ;
6. Gén. Maj. Mokunto Kiyana Tim, 1er AGF, Ministère Public ;
7. Maj. Madoli Nzoki Guy Martin, Greffier.

En cause : l'auditeur militaire supérieur Près la cour militaire opérationnelle du Nord-Kivu, Ministère Public et parties civiles.
Contre :

- Colonel Lusenge Muhindo David ;
- Monsieur Mbunguma Kitobi André ;
- Monsieur Saambili Bamukoka ;
- Mwami Bulembo Ando Kanzire Pierre ;
- Monsieur Nkayalua Bankale Etienne, alias Munganda et Consorts.

Prévenus de :

- Association des malfaiteurs ;
- Détention illégale d'armes ou des munitions de guerre ;
- Crime contre l'humanité par meurtre, déportation ou enlèvement ;
- Violation de consigne.

La cause est appelée à 11 heures 43 minutes.
A l'appel de la cause, les prévenus cités ci-haut comparaissent en personne et assistés par leurs conseils : Me Contant Kalumendo pour le compte de Mbunguma Kitobi André, Saambili Bamukoka ; Me Charles Umumoki, Me

Joël Shanyungu pour tous avocats et le Défenseur militaire Kiwunga Makila pour tous les prévenus non assistés.
Les parties civiles représentées par Me Blaise Matokeo.
Le Ministère Public fait l'observation à la Radio Mungano, qui a cité les noms des témoins que Tsiro a cités en secret, et à l'intention de toutes les presses.
Q. Isiro, confirmez-vous vos propos selon lesquels le Général Mundos avait dit que son tir va tout droit à l'objectif ?
R. Oui.
Comparait monsieur Wema Kenedy :
Q. Connaissez-vous le GEC ?
R. C'est le groupe d'étude sur le Congo qui mène des recherches sur les questions spécifiques : il est partenaire de l'Université de New York et de Kinshasa.
Q. Avez-vous travaillé avec GEC ?
R. Oui.
Q. Avez-vous participé à l'élaboration du rapport de GEC de 2007 ?
R. J'ai participé en amont à des recherches, mais les parties en aval, je n'ai pas participé.
Q. Au rapport de quelles tueries avez-vous participé ?
R. Je posais des questions spécifiques à des familles des rescapés. Au chef, je demandais comment il a géré la population après les tueries.
Q. Avec qui avez-vous travaillé pour l'élaboration de ce rapport ?
R. Christian Muke et Esaïe Liko. Les partenaires nous ont dit qu'il y a d'autres chercheurs au Congo à l'Université.
Q. Quelle était la méthodologie utilisée par la GEC ?
R. La méthodologie était sous forme des questionnaires ; on faisait la version électronique.
Q. Avez-vous lu le rapport de GEC ?
R. Oui, j'ai trouvé des questions que j'ai posées et celles des autres chercheurs.
Q. Selon les éléments que vous avez trouvés auprès des rescapés, quelles étaient leurs réponses ?
R. Le massacre de Kitobia quand j'étais à Oïcha : le premier que j'ai trouvé a dit que ces gens étaient habillés en soutanes et l'autre me dira que ce sont des gens habillés en tenue militaire.
Q. Selon les rescapés, les assaillants parlaient quelle langue ?
R. En kiswahili locale selon les deux rescapés rencontrés en premier lieu. Deuxième cas, les rescapés de Mamiki : j'ai rencontré les enfants, l'un de 6 ans et l'autre de 12 ans. Le 8 octobre, massacres de Mamiki, douze personnes tuées.
Q. On vous avait parlé de monsieur le Blanc ?
R. Oui.
Q. Avez-vous parlé de monsieur qui avait reçu la balle dans la jambe pendant qu'il était dans son champ ?

R. Il était à Goma aux soins médicaux. J'ai parlé avec Le Blanc. C'est bien lui qui était visé. Ce sont des FARDC.
Q. En tant que chercheur, avez-vous suivi le procès de monsieur le Blanc sur la personne qu'il a voulu tuer ?
R. Non.
Ministère Public : Quand le MP lit le rapport de GEC, le problème du major Byamungu réapparait. Avant votre rapport, nous avions arrêté le major Byamungu. Il a été confronté à Le Blanc deux fois.
Kanedy : A ce sujet, il s'agit du rapport de GEC.
Q. Connaissez-vous le regard croisé ?
R. Oui, le travail a été demandé en juin 2016.
Q. Confirmez-vous, que bien que le major Byamungu a voulu tuer Le Blanc, il est devenu colonel en prison ?
R. Je suis allé voir Le Blanc qui m'a dit que Byamungu est devenu colonel.
Q. Connaissez-vous le Général Mundos, le Colonel Muhima et le Colonel Tipi Ziro Ziro ?
R. Je connais le colonel Muhima, qui a travaillé ici. Le Général Mundos, je ne le connais pas bien. Les gens disaient que, quand on atteignait le colonel Ziro Ziro, lui, il vient et il poursuit ces gens.
Ministère Public : Rapport de JEC : « Qui sont les tueurs de Beni » ? On parle des FARDC, massacres de Mayangos, de Mamiki et de Ngadi.
Q. N'avez-vous pas fait des recherches sur Mayangos et Ngadi ?
R. Non.
Le Ministère Public donne lecture de rapport de Tenambo et Mamiki.
Q. Dans aucun récit, on a cité le nom du Général Mundos ?
R. Non.
Q. On n'a pas cité le nom du colonel Muhima Dieudonné ?
R. Non.
Q. N'avez-vous pas participé à l'élaboration du rapport de cette année ?
R. Non.
Q. Avez-vous lu ce rapport ?
R. Oui, je n'ai pas senti une nette différence.
Q. Quels sont les principes d'une recherche ?
R. Hypothèse à vérifier, une méthodologie pour vérifier cette hypothèse.
Q. Butembo II, avez-vous aussi participé à des recherches avec GEC ?
R. Je me limitais à leur montrer les victimes.
Q. A propos du Général Mundos, est-ce que vous vous êtes référé à GEC ?
R. Il y a des éléments nouveaux à part le rapport de GEC.
Le Ministère Public veut que Tsiro puisse suivre le rapport d'audition.
Q. Isiro, vous retrouvez-vous dans l'élément ?
R. Oui.
Q. Confirmez-vous ces éléments ?
R. Oui, je les confirme. Le premier élément : les déclarations de Mbusa Nyamwisi : le Général Mundos est le commandant des FARDC et des Nalu.

Son Excellence, Mbusa avant les tueries, savait que les massacres allaient être organisés et il avait informé les autorités.
Ministère Public : Nous sommes devant la Cour, vous dites une chose, il faut porter la preuve.
Q. Le deuxième élément ?
R. Dans la salle de la Mairie, j'avais dit que le Général est le commandant des opérations des FARDC. Les massacres de Ngadi et Nvemba, que nos unités puissent arriver en retard, même deux jours après les massacres, et que les FARDC ne s'intéressent qu'à ramasser les corps pour les amener à la morgue, comme s'ils étaient des éléments de la Croix Rouge. Je lui avais dit que je suis consulté par la population. C'est bien lui qui est en train d'orchestrer les massacres. Kadou, 6 heures après les massacres, et Nvemba, deux jours après.
Q. Colonel Muhima, étiez-vous dans la ville lors des massacres ?
R. Les massacres de Ngadi vers 19 heures 30 minutes, je suis arrivé sur le terrain à 19 heures 45 minutes. J'ai trouvé le commandant 1006 Régiment et ses éléments.
Ministère Public : Le chef de quartier a comparu ici. Il a déclaré que les FARDC sont intervenus à Ngadi immédiatement.
Q. Pouquoi vous n'êtes pas intervenus à Kadou ?
R. De Ngadi à Kadou, c'est une heure et demie de marche. Personne ne nous a alertés sur les massacres de Kadou.
Ministère Public : Le premier à savoir qu'il y a massacres à Kadou c'est Mbunguma, qui l'a appris à 3 heures du matin. Il a reçu le rapport des gens qui ont tué Posombili.
Q. A quel moment êtes-vous arrivés à Nvemba ?
R. Le lendemain des massacres, entre 10 heures et 11 heures. On n'a pas eu l'information au moment opportun. L'unité qui devait intervenir à Nvemba était à Ngadi. Or, il faut 3 heures de marche !
Q. Comprenez-vous le raisonnement d'Isiro ?
R. Oui, mais c'est très loin de notre raisonnement.
Q. Isiro, c'était votre raisonnement ?
R. En français on dit : « Au-delà de la faiblesse, il y a la complicité ».
Comparait monsieur Muhindo Kibukiro Simon : né à Muhangi, le 10 avril 1950 ; profession : agent de l'Etat ; fonction : Superviseur de l'Office pour la bonne gouvernance de la lutte contre la corruption, Quartier résidentiel, Commune Bungulu, Avenue Kisiki N°4 (Renseignant) Ndjili.
Premier Président : Article 233 CJM : rappelle à l'intention du public.
Q. Avez-vous participé au dialogue au mois de novembre 2014 ?
R. Oui.
Q. Avez-vous entendu parler de monsieur Oscar ?
R. Non.
Q. Un monsieur qui a parlé du Général Mundos au cours de cette assise ?
R. Quand nous étions au carrefour, un jeune a dit qu'il avait été sollicité par le général Mundos pour aller en brousse. Il a été sollicité quatre fois. Nous

avons compris que c'est un jeune détraqué qu'on a mis à la disposition de l'ANR.
Q. Tsiro, quelle observation faites-vous par rapport aux déclarations de monsieur Ndjili ?
R. Ce monsieur était avec nous au carrefour. Il ne parlait pas, ne tremblait pas. Nous avons invité monsieur Mughendi de la Monusco, le Ministre provincial ; personne n'a constaté la folie. Bien qu'il ne fût pas invité comme monsieur Kavota l'a dit, on l'a amené à l'auditorat. Il y avait des PV qu'on pouvait nous amener. Après le séminaire de la Mairie, monsieur Kavota avait accompagné le Général Mundos à Kinshasa, même à Mambasa pour le laver. Monsieur Kavota qui nous avait invités au dialogue social, nous a pris pour des imbéciles quand il nous a déposé des éléments pour les exploiter.
Ministère Public présente les PV de monsieur Oscar.
Q. La date d'arrestation de monsieur Oscar ?
R. Le deuxième jour de cette assise.
Ministère Public donne lecture de ces PV et le message qu'on lui a envoyé le soir : le matin, je suis allé voir Oscar comme Okapi m'avait envoyé le message et nous avons parlé avec Oscar. Comme il y avait audience, il n'y avait pas moyen de continuer avec la conversation.
Isiro : Maitre Kavota est allé avec le Général Mundos à Kinshasa pour démentir ce qu'on a entendu parler sur cet officier de haut rang devant les journalistes.
Q. Maitre Omar Kavota, vous êtes-vous rendu à Kinshasa avec le Général Mundos ?
R. Je ne me suis jamais rendu à Kinshasa avec le général Mundos.
Q. Général Mundos ?
R. Non.
Q. Isiro, est-ce que le Général Mundos est allé avec Maitre Kavota à Kinshasa ?
R. Le document qui nous le prouve est là.
Ministère Public signale que le nom du Général Mundos n'est indiqué nulle part dans une conférence tenue par Maitre Kavota et Kataliko.
Q. Maitre Kavota, êtes-vous allé à Mambasa ?
R. Oui.
Q. Quelle reproche faites-vous à Maitre Kavota pour s'être rendu à Mambasa ?
R. Après Kinshasa, il a fait une déclaration que le Général Mundos n'est pas impliqué dans les tueries et cela s'est passé à la radio à partir de Mambasa.
Isiro : J'ai reçu un appel venant de Kinshasa du major Esdras que je dois faire attention.
Q. Général Mundos, quand vous étiez à la Mairie, aviez-vous fait allusion aux officiers qui faisaient le commerce de cacao, bois et café ?

R. J'avais dit que nous allons mener des investigations et j'ai fait sortir un ordre permanent qui interdisait aux officiers de faire le trafic de cacao et des bois.
Q. Colonel Muhima ?
R. Une délégation était venue chez moi, après on m'avait invité à l'auditorat à propos du commerce des bois.
Q. Général Mundos, combien de temps avez-vous passé en tête des opérations ? Nombre de personnes capturées et tuées ? Qui sont les tueurs à Beni ?
R. J'ai lancé l'opération Sukola I en tant que chargé des opérations et renseignements et j'ai quitté Beni en 2015. 90% de gens qui sont devant la Cour, c'est moi qui les ai capturés et j'ai libéré autant de personnes.
Colonel Muhima : Si je suis arrivé à 10 heures, à ce moment j'étais commandant second chargé des opérations. Il y avait une unité qui était parti avant et qui s'est égarée faute de pisteurs. Mais ils sont arrivés à la destination et ont commencé à nettoyer le terrain.
Le Ministère Public informe que Bongela Chuma, Kasereka Valère ont été arrêtés sous le commandement du Général Mundos.
Q. Isiro, est-ce que le Général Mundos est parti avec Maitre Kavota à Kinshasa ?
R. Le document qui le prouve est là.
Le Ministère Public signale que le nom du Général Mundos n'est indiqué nulle part dans une conférence tenue par Maitre Kavota et Kataliko.
Remise contradictoire à jeudi, le 16 novembre 2017.

Audience publique du 16 novembre 2017

RP N° 0172/2017
RMP N° 0807/KNG/2017
En chambre foraine à laquelle siègent :

1. Lt Col. Mag. Ntshaykolo Esosa Masele Jean Paulin, 1er Président ;
2. Col. Omeonga Taunya José, Juge Assesseur ;
3. Col. Ndiba Bulangiti Matthieu, Juge Assesseur ;
4. Col. Busoki Wa Karaku, Juge Assesseur ;
5. Com. Sup. Ppl Ngumbi Kulinga, Juge Assesseur ;
6. Gén. Maj. Mokunto Kiyana Tim, 1er AGF, Ministère Public ;
7. Maj. Madoli Nzoki Guy Martin, Greffier.

En cause : l'auditeur militaire supérieur Près la cour militaire opérationnelle du Nord-Kivu, Ministère Public et parties civiles.
Contre :

- Colonel Lusenge Muhindo David ;
- Monsieur Mbunguma Kitobi André ;
- Monsieur Saambili Bamukoka ;
- Mwami Bulembo Ando Kanzire Pierre ;

- Monsieur Nkayalua Bankale Etienne, alias Munganda et Consorts.

Prévenus de :

- Association des malfaiteurs ;
- Détention illégale d'armes ou des munitions de guerre ;
- Crime contre l'humanité par meurtre, déportation ou enlèvement ;
- Violation de consigne.

La cause est appelée à 11 heures 43 minutes.

A l'appel de la cause, les prévenus cités ci-haut comparaissent en personne et assistés par leurs conseils : Me Constant Kalumendo pour le compte de Mbunguma Kitobi André, Saambili Bamukoka ; Me Charles Umumoki, Me Joël Shanyungu pour tous avocats et le Défenseur militaire Kiwunga Makila pour tous les prévenus non assistés.

Les parties civiles représentées par Me Blaise Matokeo.

OMP : Butembo II nous avait dit que pour asseoir ses déclarations, il va nous donner les noms. Effectivement, il nous a donné deux noms : un sujet américain et un certain Esaïe qui est en fuite. Mais il nous a donné un document que nous voulions d'abord visualiser avant le débat.

Après avoir visualisé le film, le Ministère Public demande à Butembo II de résumer le contenu.

Butembo II : Oui, un garçon nous avait contactés et il nous a dit comment un officier des FARDC avait voulu lui faire des propositions dans ce sens.

Page 23 de votre rapport, vous parlez de huit personnes recrutées et trois personnes associées aux ADF, l'offre des tenues…

Q. Quel est le rapport entre les vidéos de toute à l'heure et le Général Mundos ?

R. Aucun.

Q. Vous n'avez pas d'autres éléments que les déclarations d'Oscar ?

R. Oui.

Q. Esaïe et l'Américain sont-elles des personnes qui peuvent vous donner les informations ?

R. C'est possible.

OMP : par rapport au Général Mundos, vous ne nous donnez pas d'éléments probants.

Kundebibi Majamoyi Adonga, né à Eringeti, le 15 juillet 1986, profession : chef de localité d'Eringeti Kasana ; Domicilié à Eringeti Kasana ; comparait comme renseignant.

Kambale Musabuni Faustin, né à Kiali-Butembo en 1968 ; profession : Vice-Président de la Société Civile d'Eringeti.

Q. Butembo II, aviez-vous appris que le renseignant que nous venons d'entendre sur vidéo a été entendu à Kasana ?

R. Oui, il avait dit qu'il a été entendu et a déclaré la même chose comme dans la vidéo.

Q. Dites-nous s'il vous a dit qu'il s'était rétracté ?

R. Il m'avait dit qu'on lui interdisait de faire une telle déclaration juste pour sa sécurité.
OMP à Kundebibi :
Q. Connaissez-vous cette personne sur la vidéo ?
R. Oui.
Q. Comment ?
R. Elle a vécu dans ma localité.
Q. Connaissez-vous ses parents ?
R. Non.
Q. Avez-vous des problèmes avec elle ?
R. Non, sauf qu'elle a engrossé la fille de mon grand-frère.
Q. Comment a-t-elle cité votre nom dans l'histoire des massacres ?
R. Oui, un jour j'avais reçu le coup de fil du chef de la Société Civile, monsieur Mbale, qui me dit qu'il avait besoin de me rencontrer.
Comparait Lieutenant-Colonel Tipi Zéro Zéro :
Q. Connaissez-vous Kundebibi ?
R. Oui.
Q. Quelle est votre réaction par rapport à cette déclaration ?
R. Ma conscience est tranquille, c'est un montage. Qui m'a donné cet argent ? Pour en faire quoi ? Par ma qualité de commandant de bataillon, je dirige plus de huit cents personnes. J'ai besoin de ce monsieur pour que je sois confronté à lui.
Q. Butembo, Mumbere avait-il fait cette déclaration dans votre bureau ?
R. Oui.
Q. Avez-vous pris contact avec Kundebibi ?
R. Non, car il m'avait dit que le dossier se trouvait au T2.
Kambale Musabuni Faustin, pharmacien :
Q. Vous ne savez pas ce que Mumbere a dit à propos de Kasana
R. Non.
Q. L'aviez-vous vu après sa libération ?
R. Non.
Q. Y avait-il eu des massacres pendant que la nouvelle circulait au sujet de l'argent que le colonel Tipi Zéro Zéro aurait donné à Kundebibi ?
R. Oui, avant c'était à Luna et après à Kumukunu.
OMP : nous avons enquêté sur les dires de monsieur Mumbere, mais nous n'avons pas encore trouvé la piste sur laquelle nous pouvons ouvrir un dossier pour saisir la Cour.
Q. Butembo II, aviez-vous un autre élément sur lequel on peut se fonder ?
R. Pour le moment, non.
Q. Vous rappelez-vous votre intervention sur une chaine étrangère ?
R. Oui, c'est sur France 24.
Q. Quel était le contenu ?
R. J'avais parlé de la sécurité de la ville de Beni.
Q. De quoi était-il question ?

R. Que certains officiers étaient impliqués dans les massacres de Beni Ville et territoire.
Q. Dites-nous si c'est en quelle année, avant ou après la nouvelle de Mumbere ?
R. Début 2016.
Q. Isiro, aviez-vous déclaré que le Général Mundos était formé comme terroriste ?
R. Je ne me rappelle pas.
Maitre Kavota : Oui, c'était dans une émission et j'avais dit qu'il a suivi la formation d'anti-terroriste.
Q. Oscar, pouvez-vous nous rappeler ce que vous m'avez dit ?
R. Oui, je suis prêt.
Q. Dites-nous ce que vous nous avez dit ?
R. En mars 2014, nous étions recrutés. Je n'avais pas eu le temps d'aller à Kitona et à Kamina à cause de ma santé. Un jour, un ami m'a approché et m'a demandé pourquoi je n'étais pas allé au centre. Je lui ai répondu que ma santé ne me l'a pas permis. Il m'a dit ça va, mais il rentre à la maison et qu'il me verra le lendemain. Quand il est revenu, il m'a dit qu'il a un boulot à me proposer. J'ai dit pas de problème tout en lui demandant si c'est quel boulot. Il m'a répondu qu'il saura le jour où il verra le chef. C'est ainsi que deux jours après, il m'a invité pour que l'on descende ensemble à la place où se trouvait le chef. C'était vers le mois de mars.
Q. Comment êtes-vous arrivé à la troisième assise ?
R. J'étais choisi au compte de l'ANR pour couvrir l'assise ; et pendant l'atelier, c'était en équipe de carrefour.
Q. Quelle est la nouvelle que vous leur avez apportée ?
R. Je leur ai dit que les personnes qui nous apportent des informations ne sont pas protégées.
OMP : Quand vous arrivez à Beni, vous ne connaissiez pas le Général Mundos. C'est grâce à votre ami que vous l'avez connu.
Q. Comment l'avez-vous connu ?
R. A Lubero, nous étions dans notre mouvement. Un jour, il avait reçu l'appel du Général Hilaire qui m'a dit qu'il me mettra en contact avec une personne. C'est ainsi que nous nous sommes familiarisés.
Q. Vous avez dit que vous vous êtes rencontrés avec le Général Mundos à l'hôtel Rock ?
R. Oui.
Q. Où se trouve la piscine de l'hôtel Rock ?
R. Je ne sais pas la situer ; elle est à droite lorsque vous entrez.
OMP : A droite de l'entrée de l'hôtel Rock, il n'y a pas de piscine.
Q. Vous aviez dit que vous avez le numéro du Général Mundos que vous nous avez donné.
R. Oui, un numéro qui se termine par 1111.
Q. Etiez-vous à la résidence du Général Mundos ?

R. Oui, route Kasindi ; il faut traverser le pont et après, dépasser le marché, on vire à gauche.
OMP : Oscar a dit la vérité par rapport au numéro de téléphone et l'adresse, mais pas l'hôtel Rock comme il a dit et expliqué par rapport à la piscine.
Kahindo Katali Chirac, né à Beni, le 13 juillet 1980 ; fils de Muhindo (décédé) et de Kavira ; profession : journaliste reporteur de l'Agence Congolaise de presse ; adresse : Avenue Mbula N°489, Quartier Botine.
OMP : Chirac et Oscar se connaissent bien et se disent des amis.
Q. Kisangani, c'est l'ami dont vous parlez ?
R. Oui.
Q. Connaissiez-vous le Général Mundos avant ?
R. Non, mais j'attendais parler de lui à Goma et lorsqu'il est devenu commandant 31ème brigade.
Comparait monsieur Kisangani :
Q. Connaissez-vous monsieur Oscar ?
R. Oui.
Q. Et le Général Mundos ?
R. Oui.
Q. A quelle occasion l'aviez-vous connu ?
R. C'était fin mars 2014 à la Mairie. J'étais venu déposer un document et à cette occasion, il s'était présenté à moi comme agent de l'ANR.
Q. Etiez-vous au centre de regroupement de Mambangu ?
R. Non, j'étais déjà suspendu par ma hiérarchie.
Q. Connaissez-vous le Général Hilaire ?
R. Non.
Q. Oscar, combien de fois étiez-vous avec Kisangani ?
R. Trois fois : pour la première fois à Butembo en 2012, la deuxième fois à Mambangu en 2013 et la troisième fois ici à Beni en mars 2014.
R. Kisangani : nous nous sommes vus une seule fois ici à Beni à la Mairie ; mais les autres, je n'en sais rien.
Q. Rappelle à Kisangani ici présent ce qu'il vous a dit ?
R. Oscar : Il m'avait dit qu'il voulait me mettre en contact avec un patron pour « une coop ».
Q. Où vous a-t-il proposé cette offre ?
R. C'est ici à la Mairie.
Q. Votre réaction ?
R. Kisangani : c'est faux. Je n'ai jamais proposé à Oscar une telle offre.
Q. Quel travail faites-vous avec le Général Mundos.
R. Sensibilisateur de la jeunesse.
Q. Où teniez-vous vos réunions ?
R. A Oïcha et à l'hôtel ici dans la ville de Beni.
Q. Connaissez-vous Mwami Mbunguma ?
R. Oscar : Oui, c'était à la prison en 2014.
R. Kisasngani : Oui, nous avions travaillé avec lui pour cette sensibilisation.

Comparait Mwami Mbunguma :
Q. Connaissez-vous le Général Mundos ?
R. Oui.
Q. Etiez-vous déjà arrêté ?
R. Oui, c'était au mois d'octobre 2015 à Mayangos. Les cultivateurs avaient des problèmes avec les ADF et le Général Mundos avaient envoyé les militaires pour le ratissage.
Kisangani : j'étais arrêté à cause de Mwami Mbunguma.
Q. A cause de vous, Kisangani était arrêté ?
R. Mwami Mbunguma : Oui.
Comparait monsieur Christopher :
Q. Connaissez-vous monsieur Oscar ?
R. Oui, à la prison.
Q. Comment l'avez-vous connu ?
R. Pas de réponse.
OPM : Nous entendrons tout le monde. Nous voulons aussi entendre le Redoc de l'ANR puisque nous avons déjà obtenu l'autorisation de l'ADG.
Remise contradictoire le 17 novembre 2017.

Audience publique du 17 novembre 2017

RP N° 0172/2017
RMP N° 0807/KNG/2017
En chambre foraine à laquelle siègent :

1. Lt Col. Mag. Ntshaykolo Esosa Masele Jean Paulin, 1er Président ;
2. Col. Omeonga Taunya José, Juge Assesseur ;
3. Col. Ndiba Bulangiti Matthieu, Juge Assesseur ;
4. Col. Busoki Wa Karaku, Juge Assesseur ;
5. Com. Sup. Ppl Ngumbi Kulinga, Juge Assesseur ;
6. Gén. Maj. Mokunto Kiyana Tim, 1er AGF, Ministère Public ;
7. Maj. Madoli Nzoki Guy Martin, Greffier.

En cause : l'auditeur militaire supérieur Près la cour militaire opérationnelle du Nord-Kivu, Ministère Public et parties civiles.
Contre :

- Colonel Lusenge Muhindo David ;
- Monsieur Mbunguma Kitobi André ;
- Monsieur Saambili Bamukoka ;
- Mwami Bulembo Ando Kanzire Pierre ;
- Monsieur Nkayalua Bankale Etienne, alias Munganda et Consorts.

Prévenus de :

- Association des malfaiteurs ;
- Détention illégale d'armes ou des munitions de guerre ;
- Crime contre l'humanité par meurtre, déportation ou enlèvement ;

- Violation de consigne.

La cause est appelée à 11 heures 43 minutes.

A l'appel de la cause, les prévenus cités ci-haut comparaissent en personne et assistés par leurs conseils : Me Constant Kalumendo pour le compte de Mbunguma Kitobi André, Saambili Bamukoka ; Me Charles Umumoki, Me Joël Shanyungu tous avocats et le Défenseur militaire Kiwunga Makila pour tous les prévenus non assistés.

Les parties civiles sont représentées par Me Blaise Matokeo.

OMP : Hier, nous étions en train de faire une certaine vérification. Mais nous voulons rappeler aux organes de presse qu'il y a trois choses qu'ils doivent observer. La vérité, l'équilibre et la justice. Ils ne doivent pas seulement se borner sur les déclarations d'Oscar. On devrait aussi considérer celles des autres prévenus.

Comparait monsieur Oscar :

Q. Aviez-vous reçu une décision de renvoi ?

R. Oui, c'est par rapport au dossier de Goma.

Q. Qu'est-ce qu'on vous reprochait ?

R. Je suis venu ici en tant que patriote pour défendre la terre de Lubero. Nous nous sommes organisés pour défendre, mais notre groupe n'avait pas de nom.

Q. Avait-on retrouvé dans votre poche, le jour de votre arrestation, une carte d'un militaire garde-parc ?

R. Non, je ne sais pas si quelqu'un qui tue une personne peut encore prendre sa carte et la mettre dans sa poche.

Q. Pourquoi ?

R. C'est occasionner sa trahison.

Q. Savez-vous que Janvier avait un autre bureau ailleurs ?

R. Non.

Q. Pourquoi avez-vous eu peur de déposer pendant la nuit ?

R. Il fallait que je voie un membre de famille avant de déposer.

Q. Est-ce que le Magistrat Hubert vous a torturé lorsqu'il vous entendait sur PV ?

R. Non.

Q. Pourquoi vous ne lui avez pas dit la vérité ?

R. Parce que Maitre Kavota était à l'Auditorat, et comme le jour de mon arrestation il avait déclaré que s'il faut mourir, que je meure.

Q. Vous aviez dit que vous étiez fatigué de la brousse ?

R. Oui.

Q. Etiez-vous dans la brousse de Mambango ?

R. Oui.

Q. A combien y étiez-vous ?

R. Nous étions nombreux.

Q. Dites-nous pourquoi vous avez regagné la brousse ?

R. Pas de réponse.

Coordonnateur de la Société Civile de Oïcha, monsieur Kasusa Siwako Valère, né à Idio, le 14 octobre 1955 ; fils de Kasereka Ngangondi (décédé) et de Kafiro (décédée) ; profession : Président de la Société Civile de Batangi Bingo ; Etudes faites : 6ème primaire.
Q. Vous arrive-t-il de visiter les détenus en prison ?
R. Je n'ai jamais visité les prévenus ; les visiter comme qui ?
Q. Le reconnaissez-vous ?
R. Christopher : Oui, je le connais.
Q. Sous quel nom le connaissez-vous ?
R. Monsieur Kasusa Valère.
Q. Connaissez-vous ce monsieur ?
R. Adjudant 2ème classe Ngoy : Oui, c'est bien lui. Je le connais avec le boss qui est sur son front. C'est avec lui que j'avais beaucoup parlé.
Q. Après la rencontre de Kangbayi avec Kasusa, l'aviez-vous encore vu ?
R. Christopher : Non.
Q. Aviez-vous vu monsieur Christopher au cachot de la police ?
R. Kasusa : Oui, avec mon avocat Pépé.
Q. Pourquoi étiez-vous arrêté ?
R. Parce que j'avais tué une personne. La police m'a libéré, mais pas le parquet.
Défense de Mbunguma : Christopher a entendu le nom de Kasusa à la radio parce que son arrestation fait beaucoup de bruit.
Q. Aviez-vous insisté que Christopher comparaisse ?
R. Oui, c'est Mwami Boroso qui a sollicité le premier.
Mwami Boroso : avant que je ne parle, je préfère qu'on lise ce passage biblique : Matthieu 10, 26-28. J'ai connu Christopher le 13 février 2017 à 10 heures 30 minutes.
Q. Christopher, vous avez parlé de Kalimuli ?
R. Oui.
Q. Qu'est-ce qu'il avait dit ?
R. Il a dit qu'il y a un certain Oscar qui viendra et qu'on fera tout pour qu'ils sortent à n'importe quel prix.
Lecteur : Kahindo Kangeneti Philemon :
Q. Vous avez fait quelles études ?
R. Je suis PP5.
Q. Avez-vous mené des recherches en pharmacologie ?
R. Oui.
Q. On a cité Kisamaza, si oui, où est-il ?
R. Oui, mais je ne sais pas où il est.
Q. Qui citait les noms ?
R. C'est Christopher qui citait les noms et j'écrivais. Il a donné beaucoup de noms. Il voulait même élargir la liste, j'ai refusé.
Q. N'aviez-vous pas encore donné ce document à la Cour ?
R. Non.

Audience publique du 1er décembre 2017

RP N° 0172/2017
RMP N° 0807/KNG/2017
En chambre foraine à laquelle siègent :

1. Lt Col. Mag. Ntshaykolo Esosa Masele Jean Paulin, 1er Président ;
2. Col. Omeonga Taunya José, Juge Assesseur ;
3. Col. Ndiba Bulangiti Matthieu, Juge Assesseur ;
4. Col. Busoki Wa Karaku, Juge Assesseur ;
5. Com. Sup. Ppl Ngumbi Kulinga, Juge Assesseur ;
6. Gén. Maj. Mokunto Kiyana Tim, 1er AGF, Ministère Public ;
7. Maj. Madoli Nzoki Guy Martin, Greffier.

En cause : l'auditeur militaire supérieur Près la cour militaire opérationnelle du Nord-Kivu, Ministère Public et parties civiles.
Contre :

- Colonel Lusenge Muhindo David ;
- Monsieur Mbunguma Kitobi André ;
- Monsieur Saambili Bamukoka ;
- Mwami Bulembo Ando Kanzire Pierre ;
- Monsieur Nkayalua Bankale Etienne, alias Munganda et Consorts.

Prévenus de :

- Association des malfaiteurs ;
- Détention illégale d'armes ou des munitions de guerre ;
- Crime contre l'humanité par meurtre, déportation ou enlèvement ;
- Violation de consigne.

La cause est appelée à 11 heures 43 minutes.
A l'appel de la cause, les prévenus cités ci-haut comparaissent en personne et assistés par leurs conseils : Me Constant Kalumendo pour le compte de Mbunguma Kitobi André, Saambili Bamukoka ; Me Charles Umumoki, Me Joël Shanyungu pour tous avocats et le Défenseur militaire Kiwunga Makila pour tous les prévenus non assistés.
Les parties civiles représentées par Me Blaise Matokeo.
Q. Oscar, le connaissez-vous ?
R. Oui.
Q. Comment s'appelle-t-il ?
R. Freddy Molegwa Kashudi, né à Bukavu, le 23 mars 1969 ; fils de Molegwwa et Tshambala tous décédés. Etudes faites : D6 ; fonction : chef de poste adjoint de l'ANR à Mabalako sous l'anonymat de monsieur Boyoma.
Q. Connaissez-vous Oscar ?
R. Boyoma : Oui.
OMP : Vous êtes arrivé à l'ANR, avez-vous rapporté à Roger le problème du Général Mundos ?

R. J'avais dit que j'ai été conduit par mon grand-frère Freddy qui m'a conduit chez Roger et qui m'a facilité de rencontrer le Redoca.
Q. Connaissez-vous Boyoma ?
R. Oui.
Q. Comment le connaissez-vous ?
R. Boyoma est l'ami de mon grand-frère qui me l'a présenté.
R. Boyoma : Je suis l'ami de son grand-frère Jean Marie qui avait un litige. Quand l'on s'était vu, il m'a dit qu'il a un petit-frère démobilisé qui était Mayi mayi.
Leur requête : Si l'organe de la loi peut vérifier si le contact de Roger et Redoca sont vrais. Le Ministère Public avait dit que certains renseignants soient assistés.
Q. Où étiez-vous le jour de l'arrestation d'Oscar ?
R. Boyoma : J'étais en investigation à Boikene.
Q. Quel était le motif de son arrestation ?
R. On m'avait dit qu'il avait dévié la mission.
Q. Vous dites que vous étiez à Boikene ?
R. Oui.
Défense : Celui qui arrête c'est l'ANR et celui qui le détient, c'est le T2. Nous voulons que le Ministère Public nous aide à comprendre comment on est arrivé à mettre la main sur Oscar dépêché dans un forum.
OMP : Nous avons fait défiler les renseignants devant la Cour, entre autres Ndjili, Maitre Kavota, et ils nous ont tout dit à ce propos.
Q. Avez-vous entendu parler de Général Mundos ?
R. Roger est mon grand collaborateur, il ne m'avait jamais dit cela. On parle seulement de la démobilisation. Vous nous avez parlé du Général Mundos qui recrutait les jeunes pour perpétrer les massacres hors de votre camp.
Q. Oscar, votre réaction ?
R. C'est Boyoma qui m'avait amené à l'ANR. Je ne lui avais jamais dit cela. Je l'avais dit à Roger.
Q. Boyoma a dit qu'il est le grand collaborateur de Roger ; s'il avait entendu cela, il vous l'informerait. Votre réaction ?
R. Je l'avais dit à Roger. S'ils avaient parlé entre eux, je ne pouvais pas le savoir.
Q. Comment pouvez-vous nous confirmer que, ce que vous dites, c'est la vérité alors que les déclarations du Ministère Public sont soumises à débats ? Quelles sont vos preuves que vous pouvez fournir à cette Cour pour qu'elle les soumette au débat ?
R. Tout ce que le Général Mundos m'a dit, je l'ai déjà dit à la Cour. C'est maintenant le tour de la Cour d'apprécier.
Q. Avez-vous encore d'autres preuves ?
R. Le cas du militaire arrêté à Boikene avec machette en mains, les habits entachés de sang.

Q. Lorsque vous avez apporté la nouvelle du Général Mundos à l'ANR, cette dernière vous a-t-elle arrêté ?
R. Non, l'ANR a dit qu'on fasse le suivi.
Q. Dites-vous si votre entretien avec Roger était verbal ou il écrivait quelque part ?
R. Il écrivait dans un petit carnet.
Q. Etiez-vous ensemble avec Roger dans le bureau du Redoca ?
R. Oui.
Observation de la Défense : Nous avons deux requêtes : si l'organe de la loi peut vérifier les informations d'Oscar livrées à Roger ainsi qu'aux autorités de l'ANR. De deux, nous souhaitons, comme l'a dit le Ministère Public, que certains renseignants soient assistés.
OMP : Pour la première requête, nous disons que monsieur Oscar ne dit que des mensonges. Pour la deuxième, le Ministère Public ne trouve pas un inconvénient ; que ça soit Butembo II ou Oscar, ils peuvent avoir des avocats pour les assister.
La Cour fait sienne la déclaration du Ministère Public et demande que le dossier d'Oscar qui se trouve au greffe soit fixé au lundi.
Mbusa Jules assisté par le collectif des avocats : Me Nathan et consorts.
Mbusa Bwiranda Jules, né à Beni, le 22 décembre 1992 à Boyoka ; fils de Kakule (décédé) ; profession : acheteur de café dans le Territoire de Beni. Etudes faites : 2ème année CO.
Q. Pourquoi étiez-vous arrêté ?
R. J'étais arrêté à Butembo pour raisons de marche ou la manifestation quand il fallait pleurer les morts de Beni.
Q. Etes-vous soupçonné d'appartenir à un mouvement Mayi mayi ?
R. Oui.
Q. Pouvez-vous dire qui vous a envoyé venir me voir ?
R. C'est le chef Kalitsho.
OMP : Kalitsho, c'est Bongela Chuma parce qu'il y a seulement un jeu.
Q. Pouvez-vous nous signifier ce qu'il vous a dit en prison ?
R. J'étais arrêté et envoyé à Kangbayi. Là, j'ai rencontré Kalitsho, Léandre, Shahetera et les autres.
Q. Quand est-ce que vous aviez fait cette déclaration ?
R. C'est avant l'évasion de la prison.
Q. Dites-nous si d'autres personnes, à part ceux de la prison, vous ont dit de parler comme cela ?
R. Ce ne sont pas seulement ceux qui sont en prison qui me proposaient de dire tous ces mensonges.
Défense : Léandre est en fuite, nous l'avions assisté en son temps. Aujourd'hui, il n'est pas avec nous. Christopher et Jules Mbusa ont changé de version après sa fuite. La Cour constatera que certains prévenus ont fait un revirement et appréciera.

La Défense émet une observation : Nous n'avons pas de question à poser au renseignant Jules Mbusa. Il ne cite que les gens qui sont en cavale.
Q. Connaissez-vous seulement Shahetera et Charles ?
R. Pas de réponse.
Q. Vous rappelez-vous de ce que Jules Mbusa a dit ?
R. Henri Salimbongo : Non.
Observation de la Défense : Nous disons que Jules a menti puisque Henri Salimbongo est le grand Mayi mayi, Beau-frère de Mwami Mbunguma.
Q. Butembo, où étiez-vous lorsque les prêtres de Mbau étaient enlevés ?
R. A Bafwasende, avant de revenir ici.
Q. Est-ce que vous vous êtes occupé de leur dossier ?
R. Nous avions enquêté.
Q. Après le rapport d'Oïcha, vous étiez-vous occupé de ce dossier ?
R. Oui.
Q. Aviez-vous fait quelque chose pour les faire libérer ?
R. Non.
Observation : Mwami Mbunguma et Mwami Bulembo sont du groupe des ADF qui ont enlevé les prêtres catholiques. Et Butembo II avait dit qu'il voulait tout faire pour qu'ils soient libérés.
Q. Avez-vous d'autres éléments que nous pouvons exploiter au sujet du Général Mundos ?
R. Non.
Q. Aviez-vous des indications sur les trois ADF de Mughalika ?
R. Je suis en train de vous informer pour que vous appréciiez.
Q. Dites-nous si Esaïe est membre de votre association ?
R. Oui, il l'est.
Observations de la Défense : Nous disons que Butembo II donne les noms au Ministère Public.
Q. Faites-vous rapport au Gouvernement et aux organes étrangers ?
R. Oui, mais le présent rapport n'était pas encore distribué. Il se trouvait encore au niveau du bureau.
Général Mundos : Le groupe d'étude sur le Congo a élaboré un rapport en 2016, a réservé une copie à l'ONU et demande au Ministère Public de l'exploiter. Et lorsqu'on l'exploite, on voit les noms des personnes ici codés. Le rapport en soi est en anglais.
Q. Vous avez décidé d'infiltrer le réseau ex-APC et leurs alliés dirigés par John Tshibangua. Avez-vous eu l'ordre de la hiérarchie pour infiltrer ce mouvement ?
R. Non.
Q. Etes-vous ex-élément de l'APC ?
R. Colonel Lusenge : Oui.
Q. Connaissez-vous Adrien ?
R. Général Mundos : Oui, à l'auditorat lorsqu'il était cité dans le problème de cache d'arme à Semuliki.

Q. Vous avez Adrien au sein de la 31ème brigade et il a occupé une fonction au grade de lieutenant-colonel deux semaines avant les massacres ; qu'en dites-vous ?
R. Je l'ai connu à l'auditorat lorsqu'il a été arrêté. Il n'a jamais été élément de la 31ème brigade et au mois d'octobre, notre unité n'avait pas de colonel. La plupart des officiers supérieurs avaient le grade de major.
Q. Avez-vous travaillé avec le colonel Dieudonné Muhima et ex-APC en relation avec les autres, entre autres le colonel Lusenge qui a reçu un message à son téléphone lui annonçant qu'il sera une personne importante après les massacres ?
R. Colonel Lusenge : C'est vrai.
Q. Vous avez donc décidé de pénétrer les massacreurs ?
R. Le colonel Dieudonné Muhima était mon adjoint. Avec lui, nous avons eu à démanteler les ADF. Je profite de cette occasion pour dire que je n'ai jamais été dans un groupe rebelle.
Q. Connaissez-vous le colonel Charles Lwanga ?
R. Colonel Dieudonné : Oui.
R. Colonel Lusenge : Oui.
Q. Un de vos officiers au grade de major avait enlevé les chargeurs des armes des militaires avec lesquelles l'on devrait pourchasser les massacreurs ; quelle est votre réaction ?
R. C'est faux.
Q. Quelles sont vos relations avec Mwami Mbunguma et Boroso ?
R. Les Mwami Mbunguma et Boroso sont des autorités légalement établies. Et je pouvais entretenir de bonnes relations avec ces autorités coutumières pour leur soutien.
Q. Avez-vous offert au Général Mundos une de vos sœurs pour qu'il infiltre les ADF ?
R. C'est faux. Que Dieu punisse celui qui a livré cette information.
Q. C'est votre propre frère Okabo qui l'a dit ?
R. Il a dit cela en rapport avec le conflit du pouvoir.
Q. Vous tenez des réunions avec Mwami Mbunguma, qu'en dites-vous ?
R. Général Mundos : Nous faisons chaque fois des réunions officielles.
R. Mwami Mbunghuma : Pas de réponse.
Q. Okabo, le rapport dit que vous avez tenu des réunions avec le Général Mundos à Eringeti, est-ce vrai ?
R. Oui.
Q. A cette réunion, vous leur avez demandé de vous mettre en contact avec Feza ?
R. Général Mundos : En attendant les noms des personnes citées, je me rappelle que c'était une réunion officielle. Mais dire que j'avais organisé cette réunion pour rencontrer une personne, c'est faux.
Q. Mwami Mbunguma, le Général Mundos et le colonel Ntumba sont venus vous voir après les massacres. Le Général Mundos vous a payé un billet pour

aller à Kinshasa et de votre retour, vous aviez eu beaucoup d'argent ; votre réaction ?
R. C'est faux. C'est plutôt le PPRD qui m'avait envoyé de l'argent pour payer le billet afin de me permettre d'aller faire le rapport de la situation de Beni et Butembo à ses membres.
Q. Vous ont-ils donné de l'argent ?
R. Oui.
Q. Page 37 et 42 : Les preuves des implications des FARDC dans les massacres au sein du rapport de Check au sujet du gros véhicule rempli d'armes ?
R. Général Mundos : Il y a trop d'incohérence dans ce récit. Le gros véhicule est souvent conduit par les chauffeurs logisticiens et non par mon garde du corps. Butara ne se trouve pas non plus sur la route Kamango.
Q. Connaissez-vous Charles Lwanga ?
R. Oui.
Q. On vous accuse d'avoir facilité l'infiltration des rebelles rwandais à partir de Rutshuru ?
R. C'est faux. Cela n'est pas dans mes attributions.
R. Lieutenant-colonel Tipi Zero Zero : Entendre que les immigrants passent, je ne l'ai jamais appris. Aussi, il ne me revient pas, dans mes attributions de placer les militaires sur les routes.
R. Mwami Boroso : Oui, il y a des postes sur la route. Il y a deux postes.
Q. Général Mundos, votre réaction ?
R. C'est faux, puisque l'immigration n'est pas dans nos attributions. Je ne connais pas Sifuri.
Q. Le rapport de Check confirme que, le jour des massacres d'Apetina, les éléments de la 31ème brigade, juste après les massacres, ont commencé à tirer en l'air ; qu'en dites-vous ?
R. La 31ème brigade avait pour mission de contrôler la frontière de l'Ouganda et les batillions des ADF récupérés. Le 312ème bataillon était à Kainama. La 31ème brigade n'était pas dans les agglomérations.
R. Lieutenant-colonel Tipi Zero Zero : La carcasse de la jeep qui se trouve à Kainama, je suis toujours à sa surveillance.
Q. A la page 53 de ce rapport ; connaissez-vous Arbanza et Jonas ?
R. Mwami Boroso : Pas de réponse.
OMP : Nous avons survolé de manière synthétique les accusations portées contre le Général Mundos, le colonel Dieudonné Muhima et le Lieutenant-colonel Tipi Zero Zero.
Q. Butembo II, avez-vous aussi des questions à poser devant les prévenus.
R. Non.
Observation de la Défense : Nous disons que le Lieutenant-colonel Tipi Zero Zero est de même avis.
Q. Est-il arrivé que vous demandiez au Mwami Mbunguma de rassembler les gens pour la réunion ?

R. Général Mundos : Non.
R. Mwami Mbunguma : le 23 novembre 2014, le matin, j'avais rencontré le Général Mundos et lui ai présenté ma carte. Il m'a donné son véhicule pour ramasser les notables. J'ai même passé le message à la radio. Le 24 novembre 2014, je serai arrêté, ensuite relâché pour être repris le 28 novembre.
Q. D'après vous, qui sont ceux qui tuent ou alors les massacreurs ?
R. Je ne suis pas au-dessus de la justice et ma réponse ne peut en aucun cas influencer la justice qui doit émettre le dernier mot à ceux-là. L'ennemi est hybride : ADF et alliés.
OMP : Les chefs qui étaient réunis par Mwami Mbunguma sur demande du Général Mundos en date du 23 novembre 2014 étaient rentrés sains et saufs. Mais nous poursuivons Mbunguma pour les massacres de soixante personnes. Je pense que la Cour a compris que certaines autorités étaient citées par mauvaise foi par certains compatriotes jaloux. Nous croyons avoir terminé avec le Général Mundos. Nous aimerions que la Cour les laisse regagner leurs unités respectives. Et nous allons revenir sur Oscar pour d'autres faits.
Le Premier Président de la Cour de céans accepte la demande du Ministère Public et autorise donc le Général Mundos et d'autres officiers à regagner leurs unités respectives. Il demande par la suite au Greffier de fixer l'affaire du prévenu Oscar avant de renvoyer contradictoirement toutes les causes inscrites au rôle à lundi prochain, date suivant le calendrier.

Audience publique du 4 décembre 2017

RP N° 0172/2017
RMP N° 0807/KNG/2017
En chambre foraine à laquelle siègent :

1. Lt Col. Mag. Ntshaykolo Esosa Masele Jean Paulin, 1er Président ;
2. Col. Omeonga Taunya José, Juge Assesseur ;
3. Col. Ndiba Bulangiti Matthieu, Juge Assesseur ;
4. Col. Busoki Wa Karaku, Juge Assesseur ;
5. Com. Sup. Ppl Ngumbi Kulinga, Juge Assesseur ;
6. Gén. Maj. Mokunto Kiyana Tim, 1er AGF, Ministère Public ;
7. Maj. Madoli Nzoki Guy Martin, Greffier.

En cause : l'auditeur militaire supérieur Près la cour militaire opérationnelle du Nord-Kivu, Ministère Public et parties civiles.
Contre :

- Colonel Lusenge Muhindo David ;
- Monsieur Mbunguma Kitobi André ;
- Monsieur Saambili Bamukoka ;
- Mwami Bulembo Ando Kanzire Pierre ;
- Monsieur Nkayalua Bankale Etienne, alias Munganda et Consorts.

Prévenus de :

- Association des malfaiteurs ;

- Détention illégale d'armes ou des munitions de guerre ;
- Crime contre l'humanité par meurtre, déportation ou enlèvement ;
- Violation de consigne.

La cause est appelée à 14 heures 20 minutes.

A l'appel de la cause, les prévenus cités ci-haut comparaissent en personne et assistés par leurs conseils : Me Huhindo Mugisa et Me Constant Kalumendo pour le compte de Mbunguma Kitobi André, Mwami Saambili Bamukoka et Mwami Boroso ; Me Charles Umumoki, Me Jean-Marie Singa tous avocats et le Défenseur militaire Kiwunga Makila pour tous les prévenus non assistés.

Les parties civiles représentées par Me Kaniki et Me Blaise Matokeo, avocats.

Q. Mbunguma, est-ce que votre sœur Kaniki visitait Léandre ?

R. Oui.

Q. Est-ce que votre femme visitait aussi Pharaon quand vous étiez en prison ?

R. Oui.

Le Ministère Public projette l'image de la conférence tenue par le Général Marcel Mbangu et le Général Fall à propos des massacres de Beni.

Le Commandant a précisé qui sont les tueurs de Beni. Ce sont les ADF. Les uns sont condamnés et les autres sont devant nous, en train de nous regarder.

Pour le Ministère Public, il faut que Kasereka Lucien comparaisse comme renseignant dans le dossier de Mwami Boroso.

La Défense de Mbunguma sollicite la comparution du chef de quartier Jules et monsieur Godé Paluku Vyakuno pour le confronter aux messieurs Kangeneti et Mbunguma.

Comparait monsieur Paluku Vyakuno Godefroid, né à Maboya, le 17 octobre 1968.

Son Conseil, Maitre Pépin Kavota n'est pas présent alors qu'il fallait que le prévenu comparaisse en sa présence.

Remise contradictoire demain mardi 5 décembre 2017.

Audience publique du 4 décembre 2017

RP N° 0219/2017

RMP N° 0750 bis/KNG/017

Siègent MM:

1. Col. Mag. Ntshaykolo Esosa Masele Jean Paulin, 1er Président ;
2. Col. Omeonga Taunya José, Juge Assesseur ;
3. Col. Ndiba Bulangiti Matthieu, Juge Assesseur ;
4. Com. Sup Ppl Ngumbi Kulinga, Juge Assesseur ;
5. Lt Col. Mpoy Teddy Léonard, Juge Assesseur ;
6. Gén. Maj. Mokunto Kiyana Tim 1er AGF, Ministère Public ;
7. Mag. Madoli Nzoki Guy Martin, Greffier.

En cause : L'Auditeur Militaire Supérieur près la Cour militaire opérationnelle du Nord-Kivu, Ministère Public

Contre : Monsieur Kasereka Lucien Faustin.

Poursuivis pour :

- Association des malfaiteurs ;
- Participation à un mouvement insurrectionnel.

La cause est appelée à 13 heures 15 minutes.

A l'appel de la cause, le prévenu régulièrement cité comparait en personne assisté de ses conseils : Me Charles Umomuki Ayalinga, avocat.

Q. Etiez-vous à un certain moment au rang des ADF ?

R. Oui, en 2004, j'avais entre 13 à 14 ans.

Q. Etiez-vous à un certain moment escorte du commandant Braida ?

R. Oui. J'entends dire qu'il est Mululu de Mahagi ; il est Congolais.

Q. On vous envoyait chercher la ration ?

R. On allait ensemble avec lui. On cherchait de la nourriture en brousse et chez Mwami Boroso.

Q. Vous êtes originaire d'où ?

R. De Mayimoya.

Q. Quelle ration avez-vous prise chez Mwami Boroso ?

R. Six sacs de maïs et un bidon d'huile moteur. Deuxième fois, sur le chemin de Maisafi, pour récupérer de l'argent de bois qu'il percevait. Première fois en 2005, quand nous sommes venus prendre la farine de maïs, en 2006 quand nous sommes venus prendre de l'argent.

Q. Mwami Boroso, votre réaction ?

R. Je voudrais que vous donniez lecture du PV quand nous avions comparu à l'auditorat. Ce que Kasereka a dit, qu'ils étaient venus prendre la farine de maïs, c'est faux. Kasereka avait dit qu'ils m'ont vendu l'arme, c'est faux. Il a dit que je suis venu avec ma voiture dans le terrain, il a donné la couleur de ma voiture qui est fausse.

Q. Kasereka, étiez-vous avec Winy en brousse ?

R. Oui.

Q. A propos de la voiture, l'avez-vous déclaré ?

R. Oui, pour qu'on arrête Boroso, mais c'est faux.

Q. Qu'avez-vous dit de faux ?

R. Winy et moi avons amené une arme chez Boroso.

Q. Quelles sont les informations que vous connaissez de Mwami Boroso ?

R. En 2005 quand les FARDC nous ont attaqués, on manquait des vivres. On allait prendre chez Mwami Boroso. C'est un ancien collaborareur des ADF. Il appelait notre commandant au téléphone et j'avais décroché comme notre commandant n'était pas là. Il a dit « c'est moi Mwami Boroso, les militaires sont à Eringeti pour nous attaquer ».

Q. Quand vous avez parlé de la voiture de Mwami Boroso, il était déjà aux arrêts ?

R. Oui. Les militaires me demandaient de ne pas citer le nom de Mwami Boroso.

Ministère Public : Mwami Boroso se présentait auprès des officiers comme c'est lui qui dénonçait les ADF. Mboma a déclaré que quand il faisait le

footing, il a vu des gens suspects qui sortaient de chez Mwami Boroso, mais c'est bien lui qui a fait arrêter Mboma. Mwami Boroso a été très influent chez les militaires.
Q. Kasuru, c'est quoi ?
R. En 2007, ils ont dit que les gens vont aller en Ouganda. On m'a soustrait pour chercher à amener des vivres au camp. Braida m'avait aussi envoyé pour aller chercher de l'or. On parlait deux fois, le matin et le soir. Il m'a rappelé, je suis arrivé à Mayimoya. Je me suis dirigé vers l'école. J'ai croisé Braida qui m'a reconnu. Il m'a demandé d'aller là où se trouvaient les autres ADF. Braida est venu avec Mwami Boroso et des motards. Braida nous a dotés des armes. Il nous a demandé d'aller à Kasira, nous sommes partis avec les deux motards. On nous a donné de l'argent. On se promenait la nuit. Nous avons fait deux semaines et nous avons vu les combattants que nous sommes venus prendre. Ils étaient plus ou moins cinquante personnes. Les chefs sont venus pour nous demander si nous avons préparé le terrain pour les recevoir. Ils nous ont dit d'attendre ceux qui sont venus de Masisi. Ils nous ont proposé leur plan de guerre. Je ne voulais plus combattre. Le soir, j'ai fui pour passer la nuit quelque part dans la brousse. Je me dirigeais vers Kirumba quand j'ai vu un jeune qui cultivait. Je me suis présenté auprès de lui comme rebelle. Il m'a demandé de voir le chef de cité et je suis arrivé là-bas pour me présenter à son fils.
Q. A Kasuru, il s'agit de quel rebelle ?
R. FDLR
Q. Mahoro est un ADF ou FDLR ?
R. FDLR.
Q. Où avez-vous vu pour la première fois Mahoro ?
R. A l'école, là où nous avons commencé le voyage.
Q. Mwami Boroso, quelle est votre réaction ?
R. Aucun jour j'ai parlé avec les FDLR, mais plutôt avec les FARDC. Je leur ai donné des pisteurs, nous avons gagné des combats. Tout ce qu'il a dit, c'est faux.
La Défense sollicite la jonction avec le dossier de Mwami Boroso, étant donné qu'il n'a pas accès à ce dossier. Il n'est pas l'avocat conseil de Kasereka Lucien.
Ministère Public : Kasereka peut comparaitre seul, mais Me John peut solliciter l'autorisation d'accéder au dossier. Nous allons faire venir Lucien Kasereka comme renseignat dans le dossier Mwami Boroso.
Défense de Kasereka Lucien : Si la Cour estime que les faits sont établis, et de les mettre à charge de Mwami Boroso.
Remise contradictoire demain 5 décembre 2017.

Audience publique du 5 décembre 2017

RP N° 0219/2017

RMP N° 0750 bis/KNG/017

Siègent MM :

1. Col. Mag. Ntshaykolo Esosa Masele Jean Paulin, 1er Président ;
2. Col. Omeonga Taunya José, Juge Assesseur ;
3. Col. Ndiba Bulangiti Matthieu, Juge Assesseur ;
4. Com. Sup Ppl Ngumbi Kulinga, Juge Assesseur ;
5. Lt Col. Mpoy Teddy Léonard, Juge Assesseur ;
6. Gén. Maj. Mokunto Kiyana Tim 1er AGF, Ministère Public ;
7. Mag. Madoli Nzoki Guy Martin, Greffier.

En cause : L'Auditeur Militaire Supérieur près la Cour militaire opérationnelle du Nord-Kivu, Ministère Public

Contre : Monsieur Kasereka Lucien Faustin.

Poursuivis pour :

- Association des malfaiteurs ;
- Participation à un mouvement insurrectionnel.

La cause est appelée à 13 heures 24 minutes.

A l'appel de la cause, le prévenu régulièrement cité comparait en personne, assisté de ses Conseils : Me Charles Umomuki Ayalinga, avocat.

Q. Pourquoi êtes-vous arrêté ?

R. On m'avait dit que je montrais aux FARDC les positions des ADF.

Q. Où est votre arme ?

R. Je l'avais remise aux FARDC depuis fin 2009 à Kirumba, en présence du chef et de la population.

Q. Depuis quand étiez-vous devenu ADF ?

R. J'étudiais à l'église catholique. De mon retour, Braida m'a pris pour partir avec lui. Il m'a amené à Tsutsubo. Nous avons marché toute la nuit. Nous avons commencé à étudier la madrasa, ensuite la formation militaire. On nous a dotés des armes, nous sommes allés à Kasese. Braida m'avait demandé de partir avec lui et je suis devenu son garde-corps.

Q. C'est lorsque vous étiez chez les ADF que vous les ravitailliez ?

R. Oui.

Q. Quelles sont les autres autorités militaires et politiques avec qui vous travailliez ?

R. Je travaillais avec l'APC.

Q. Qui est Braida ?

R. L'un des commandants des ADF, il est Lulu.

Ministère Public : Il a été démobilisé en 2009, lorsque nous avons commencé l'opération contre les ADF. Il a été pris comme pisteur, il a été accusé comme ADF. Il y a l'inopportunité de poursuite pour tout celui qui veut quitter les groupes armés. Nous avons voulu qu'il comparaisse pour faire des déclarations contre Mwami Boroso.

Défense de Mwami Boroso :

Q. En quelle année vous êtes venus vous ravitailler chez Mwami Boroso ?

R. En 2005.
Q. Après, avez-vous eu l'opportunité de revenir à Eringeti ?
R. Quand nous sommes venus prendre l'argent des exploitants de bois.
Q. Mwami Boroso, quelle est votre réaction par rapport à la perception des exploitants des bois ?
R. Il n'y a aucun exploitant dont j'avais perçu de l'argent.
Q. Comment et depuis quand êtes-vous chez les ADF ? Vous collaboriez avec l'APC alors qu'en 2004 à l'issue de la réunification de 2023, celle-ci n'existait plus ?
R. Je savais qu'on travaillait avec l'APC, après je voyais des militaires là-bas, je ne savais pas les distinguer.
Q. Mwami Boroso, comment avez-vous remis de l'argent réclamé par les ADF ?
R. Le chef de poste m'avait demandé d'aller avec le motard vérifier les gens qui réclamaient de l'argent. Nous sommes allés là où nous avons vu un jeune élancé, noir, c'est à lui que nous avons remis cet argent.
Q. Savez-vous ce que vous avez déclaré avant cette audience ?
R. Je suis dépassé, j'ai oublié. Je suis endeuillé.
Q. Lucien, quand avez-vous su que les APC n'étaient plus, mais que c'étaient des FARDC ?
R. En 2005, quand le Colonel Bahati nous a dit que nous ne sommes plus des APC, mais nous sommes des FARDC.
Ministère Public : Il y a des militaires APC qui sont avec nous jusqu'aujourd'hui.
Remise contradictoire jeudi 7 décembre 2017 pour réquisitoire et plaidoirie.

Audience publique du 7 décembre 2017

RP N° 0219/2017
RMP N° 0750 bis/KNG/017
Siègent MM:

1. Col. Mag. Ntshaykolo Esosa Masele Jean Paulin, 1er Président ;
2. Col. Omeonga Taunya José, Juge Assesseur ;
3. Col. Ndiba Bulangiti Matthieu, Juge Assesseur ;
4. Com. Sup Ppl Ngumbi Kulinga, Juge Assesseur ;
5. Lt Col. Mpoy Teddy Léonard, Juge Assesseur ;
6. Gén. Maj. Mokunto Kiyana Tim 1er AGF, Ministère Public ;
7. Mag. Madoli Nzoki Guy Martin, Greffier.

En cause : L'Auditeur Militaire Supérieur près la Cour militaire opérationnelle du Nord-Kivu, Ministère Public
Contre : Monsieur Kasereka Lucien Faustin.
Poursuivis pour :

- Association des malfaiteurs ;
- Participation à un mouvement insurrectionnel.

La cause est appelée à 14 heures 42 minutes.
A l'appel de la cause, le prévenu régulièrement cité comparait en personne assisté de ses Conseils : Me Charles Umomuki Ayalinga et Me Singa Jean-Marie.
Ministère Public : Kasereka Lucien, c'est un enfant prodigue. Il a dit comment il était chez les ADF, comment il était chez Braida, comment il était chez les FDLR. Il s'est rendu avec l'arme, il nous aidés comme pisteur pendant les opérations contre les ADF. Application de CPO article 218, qui énumère les dispo d'exemptions des peines.
La Défense plaide, dans le sens l'organe de la loi, d'exempter le prévenu de toutes peines.
Q. Il est vrai que vous étiez combattant ADF, il est vrai que vous vous êtes rendu pour être démobilisé. Le Ministère Public dit que vous étiez actif pour aider les FARDC contre les ADF, il a requis de vous exempter de toutes peines et votre défense a abondé dans le même sens, quel est votre dernier mot ?
R. Je remercie la Cour et le pays pour avoir constaté que j'ai abandonné ces histoires depuis longtemps.
Débats clos, la cause prise en délibéré, le prononcé à la huitaine.

Audience publique du 5 décembre 2017

RP N° 0172/2017
RMP N° 0807/KNG/2017
En chambre foraine à laquelle siègent :

1. Lt Col. Mag. Ntshaykolo Esosa Masele Jean Paulin, 1er Président ;
2. Col. Omeonga Taunya José, Juge Assesseur ;
3. Col. Ndiba Bulangiti Matthieu, Juge Assesseur ;
4. Lt Col. Mpoy Teddy Léonard, Juge Assesseur ;
5. Com. Sup. Ppl Ngumbi Kulinga, Juge Assesseur ;
6. Gén. Maj. Mokunto Kiyana Tim, 1er AGF, Ministère Public ;
7. Maj. Madoli Nzoki Guy Martin, Greffier.

En cause : l'auditeur militaire supérieur Près la cour militaire opérationnelle du Nord-Kivu, Ministère Public et parties civiles.
Contre :

- Colonel Lusenge Muhindo David ;
- Monsieur Mbunguma Kitobi André ;
- Monsieur Saambili Bamukoka ;
- Mwami Bulembo Ando Kanzire Pierre ;
- Monsieur Nkayalua Bankale Etienne, alias Munganda et Consorts.

Prévenus de :

- Association des malfaiteurs ;
- Détention illégale d'armes ou des munitions de guerre ;
- Crime contre l'humanité par meurtre, déportation ou enlèvement ;
- Violation de consigne.

La cause est appelée à 11 heures 45minutes.

A l'appel de la cause, les prévenus cités ci-haut comparaissent en personne et assistés par leurs conseils : Me David Wambale, Me Déo Shota et Me Joël Shanyungu, avocats, assistent tous les prévenus nos assistés ; Me Muhindo Mughisa et Me Constant Kalumendo pour le compte de Mbunguma Kitobi André, Mwami Saambili Bamukoka et Monsieur Boroso Bin Bendera II ; Les parties cilviles représentées par Me Kaniki et Me Blaise Matokeo, avocats. Me Pépin Kavota assiste le renseignant Paluku Vyakuno Godefroid.

Comparait monsieur Paluku Vyakuno Godefroid :

Q. Monsieur Godefroid, avez-vous suivi l'arrestation des Mayimayi par Mbunguma ?

R. Oui.

Q. Avez-vous parlé à Kangeneti ? Qu'est-ce qu'il vous a dit ?

R. Je me suis rencontré avec Kangeneti qui m'a dit : je vais vous dire ce que Mbunguma nous a fait. Il nous a rendu un mauvais service. Il a pris nos gens à Nvemba. Notre objectif était de récupérer la ville de Beni. Mbunguma nous a rendu un mauvais service. Vous allez lui dire que nous ne sommes plus de commun accord avec lui. Je suis allé à Boikene chez Mbunguma. Je lui ai rapporté cela. Il m'a dit par la suite qu'un certain vendredi, lors de salongo, Wanyanya a arrêté dix personnes. Il a appelé Bambiti qui a appelé à son tour Mbunguma pour informer le Maire de la ville afin qu'on aille les prendre et les acheminer à Beni.

Q. Qui a arrêté ces gens ?

R. C'est Wanyanya qui les avait arrêtés lors de salongo.

Q. Où étaient arrêtés ces gens ?

R. A Kadou.

Comparait monsieur Kangeneti :

Q. Qu'avez-vous dit à monsieur Godefroid ?

R. Je l'ai vu en aval du rond-point Nyamwisi. Je lui ai dit que comme nos Mayimayi sont arrêtés et comme je viens de voir Godefroid, je l'ai envoyé chez Mbunguma. Comme il participe à la réunion de sécurité, qu'il puisse en parler dans cette rénion, puisqu'aussi, je venais d'apprendre que le mercredi, ça va barder au sujet du conflit de Mayangos.

Q. Gode, où étaient les Mayimayi arrêtés ?

R. Je ne sais pas.

Q. Qui dit vrai entre vous et Kangeneti ?

R. C'est moi qui dis vrai.

Q. Kangeneti, vous saviez bien que leur chef venait vous solliciter depuis 2009 afin que vous pratiquiez des fétiches pour eux, car étant des Mayimayi.

R. Ce groupe, je l'ai connu en prison.

Q. Comment expliquer que vous n'ayez pas vu les Mayi mayi arrêtés ? Comment avez-vous su que ce sont vos patients ?

R. Je n'ai pas parlé des Mayimayi. Un Mayimayi qui est venu me parler de ses compagnons arrêtés à l'OZACAF s'appelle Seti.

Q. Qui était ce chef-là ?
R. Leur féticheur. Il est de Lubero.
Q. Avez-vous parlé aux autorités de la sollicitation depuis 2009 de leur chef Seti ?
R. Non.
Q. Pourquoi n'avez-vous pas parlé aux autorités de l'attaque de l'OZACAF au lieu d'aller chez Mbunguma ?
R. J'ai voulu trouvé la solution dans le calme au lieu de faire couler le sang. La hiérarchie me parlait de cadre politique, cependant les jeunes me parlaient de la frappe de l'OZACAF.
Q. Avez-vous établi la liste des tueurs de Beni ? Il advient que cette liste a été dictée par Christopher et que vous avez cité les noms des autorités politico-militaires, mais pas le nom de Seti. Comment pouvez-vous expliquer cela ?
R. Seti, je l'ai cité en 2013 devant l'ANR.
Q. Qu'est-ce qui rassure que notre client Mbunguma participait à la réunion de sécurité ?
R. Je sais qu'il est notre Mwami. Il participe à la réunion de sécurité chaque lundi s'il est présent.
Q. Quel jour étiez-vous arrêté ?
R. On m'avait arrêté le mardi.
Défense de Mbunguma : Le message de Kangeneti était une menace de la part de notre client Mbunguma pour avoir arrêté les Mayimayi. Kangeneti est le chef des Mayimayi arrêtés à l'OZACAF. Juste après son arrestation le mardi, les Mayimayi sont venus attaquer l'OZACAF le mercredi suivant. Pas d'élément probant sur l'arrestation de Mbunguma.
Défense de Kangeneti : pas de lien entre l'arrestation de Kangeneti et la mort de Bambiti. Sa mort est un arbre qui cache la forêt. Le fait de 2013 n'a rien à faire avec celui de 2014 sur la mort de Bambiti.
Défense de Mbunguma : Avec l'arrestation des Mayi mayi à Kadou, notre client n'a fait que dénoncer ; il n'a pas tué son frère Bambiti.
Défense de Kangeneti : Mbunguma a déclaré que Kangeneti est venu lui demander de l'argent et la moto. Mbunguma avait soupçonné Kangeneti d'être parmi les massacreurs.
Ministère Public : Fin 2012, Mbunguma était reçu au Conseil de sécurité spéciale. Jean Marie nous a dit que les Mayi mayi étaient pour lui et Mbunguma. Quand Saliboko est recherché, qui lui a demandé de fuir ? Ce sont Mbunguma et Jean-Marie. Mbunguma est au conseil de sécurité locale. Il organise l'attaque de l'OZACAF. Les démarches de Maitre John démontrent la duplicité de son client Mbunguma.
Q. Kangeneti, lorsque vous avez envoyé Godefroid chez Mbunguma lui dire que l'OZACAF sera attaqué, est-ce que Mbunguma en était aussi au courant ?
R. Je ne sais pas s'il était au courant.
Q. Quel est l'autre nom de Seti ?
R. On l'appelait aussi Masunzu.

Ministère Public : Seti avait organisé l'attaque de l'auditorat pour libérer Mbunguma. Il a été condamné par défaut au TMG/Beni.
La Défense de Mbunguma sollicite le jugement condamnant monsieur Seti par défaut. Sollicite la comparution de monsieur Jules qui a reçu Adrien Muhimuza et Mbunguma chez lui.
Q. Comparait monsieur Katembo : Qu'est-ce que vous voulez dire à la Cour ?
R. L'attaque de l'OZACAF était commandée par Mbunguma. Si vous pouvez lui demander où est-ce qu'il a passé la nuit.
R. Chez moi, dit Mbunguma.
R. Katembo dit qu'il avait passé la nuit chez sa troisième femme qui avait fui à Bunia quand on avait arrêté Mbunguma. Mais pour le moment, comme elle est ici, il y a lieu qu'elle comparaisse.
Q. Mbunguma, n'avez-vous jamais répondu au sujet de l'attaque de l'OZACAF ?
R. En aucun jour.
Q. Comment Kangeneti avait envoyé les gens chez vous au lieu de voir les autorités ?
R. Kangeneti avait envoyé Godefroid pour me dire que dans 48 heures, Beni sera tombé. Où est-ce que je serais comme je viens d'arrêter ses éléments.
La Défense de Bankale Etienne demande où est Adrien Muhimuza.
Le Ministère Public travaille avec tout le monde : Mwami Mbunguma, Mwami Bamukoka.Il a travaillé avec Ardien pour découvrir la cache d'armes du colonel Lusenge et arrêter Léandre. Mais nous constatons qu'Adrien est à l'école de Mbunguma. Au moment où nous avons les déclarations du colonel Lusenge, Adrien nous a échappé. Adrien a proposé au colonel Lusenge d'attaquer les banques de Beni. Est-ce que le MP ne peut pas le poursuivre ?
Premier Président : Si le témoin de Mwami Mbunguma se présente, la Cour donnera l'opportunité à ce témoin.
Remise contradictoire le lundi 11 décembre 2017 pour les conclusions : réquisitoire et plaidoiries.

Audience publique du 18 décembre 2017

RP N° 0172/2017
RMP N° 0807/KNG/2017
En chambre foraine à laquelle siègent :

1. Lt Col. Mag. Ntshaykolo Esosa Masele Jean Paulin, 1er Président ;
2. Col. Omeonga Taunya José, Juge Assesseur ;
3. Col. Ndiba Bulangiti Matthieu, Juge Assesseur ;
4. Col. Gakuzi Kahungu Ezéchiel, Juge Assesseur ;
5. Com. Sup. Ppl Ngumbi Kulinga, Juge Assesseur ;
6. Gén. Maj. Mokunto Kiyana Tim, 1er AGF, Ministère Public ;
7. Maj. Madoli Nzoki Guy Martin, Greffier.

En cause : l'auditeur militaire supérieur Près la cour militaire opérationnelle du Nord-Kivu, Ministère Public et parties civiles.

Contre :

- Colonel Lusenge Muhindo David ;
- Monsieur Mbunguma Kitobi André ;
- Monsieur Saambili Bamukoka ;
- Mwami Bulembo Ando Kanzire Pierre ;
- Monsieur Nkayalua Bankale Etienne, alias Munganda et Consorts.

Prévenus de :

- Association des malfaiteurs ;
- Détention illégale d'armes ou des munitions de guerre ;
- Crime contre l'humanité par meurtre, déportation ou enlèvement ;
- Violation de consigne.

La cause est appelée à 12 heures 20 minutes.

A l'appel de la cause, les prévenus cités ci-haut comparaissent en personne et assistés par leurs conseils : Me David Wambale, avocat, et Kiwunga Makila assistent tous les prévenus non assistés ; Me Blachard Mbiya pour le compte de Mbunguma Kitobi André et Kasereka Balabala, et à titre conservatoire pour Mwami Saambili Bamukoka et Monsieur Boroso Bin Bendera II ; Les parties civiles représentées par Me Kaniki et Me Blaise Matokeo, avocats.

Défense Maitre David Wambale plaide pour le compte de :

1. Colonel Lusenge Muhindo David.

Association de malfaiteurs ; détention illégale d'arme de guerre et violation de consigne : la défense plaide non coupable ; non établies en fait comme en droit toutes les infractions, de le renvoyer de toutes poursuites.

2. Monsieur Kambale Saliboko Lambert.

Non établi le crime contre l'humanité par meurtre sur le massacre de Nvemba. Non établie l'association des malfaiteurs.

3. Monsieur Kamondo Mapoli Gabriel

Non établie l'infraction de l'association de malfaiteurs. Non établie l'infraction de participation à un mouvement insurrectionnel. De l'en acquitter.

4. Monsieur Mutokambali Sivirwa Yves.

Non établie l'infraction de l'association de malfaiteurs. Non établi l'infraction de crime contre l'humanité par meurtre. De l'en acquitter.

Parties civiles répliquent : Personne n'a nié qu'il y a eu des massacres à Tubanene, Kadou, Nvemba, Oïcha etc. Les préjudices causés doivent être réparés. Les victimes sont des cultivateurs. On a fait de Mayangos une base arrière. Adrien s'est retrouvé avec colonel Lusenge et avec Mwami Mbunguma.

Ministère Public réplique :

1. Mwami Mbunguma

Les Mayi mayi sont cogérés par Mwami Boroso et Mwami Mbunguma. Quand Mbunghuma est arrêté, les massacres ne s'arrêtent pas. Il est l'homme extrêmement dangereux, le grand manipulateur. On dit qu'on n'a pas confronté Grâce à Mbunguma, Mbunguma a un autre niveau que Grâce. On n'a pas vu Mbunguma sur le terrain ; Mbunguma c'est un chef, il est en train de suivre les opérations jusqu'à 3 heures. Confirme ce que le MP a dit à propos de Mwami Mbunguma.

2. Mwami Bamukoka

Le MP n'a pas trouvé l'incrimination de Mwami Bamukoka sur l'enlèvement des prêtres. S'agissant de ses relations avec les ADF, nous avons la certitude. Nous avons été cléments envers Mwami Bamukoka, car Kamango est isolé ; il a vécu une situation particulière.

3. Mwami Boroso

Il a voulu écraser tout le monde. Il a été comme représentant des ADF. Il transmet les menaces des ADF, amène de l'argent des ADF, il est chargé de récolter les redevances au bénéfice des ADF.

4. Kahindo Kangeneti Philemon

Le Ministère Public ne le poursuit pas pour les faits amnistiés, pas puisqu'il a tué son propre père qu'il a découpé en morceau. Il cherche de l'argent pour protéger les gens à Mayangos comme féticheur.

5. Mbula Olenga Jean-Marie

Il reconnait tout le rôle qu'il a joué avec son frère Mbunguma.

6. Mbusa Kima Salimbongo alias Henri

Il est Mayi mayi, pisteur, tueur, pisteur du 1006 Régiment. Il a été suspecté de la manière dont il montrait les cadavres comme s'il était parmi les égorgeurs ; et il a été arrêté. Le MP le considère comme égorgeur et le traite comme tel.

7. Kasereka Vahwere Grâce

Le MP ne s'attarde pas sur lui.

8. Mwami Bulembo Ando Kanzire

De fois il se contredit. Il faut tenir compte de son âge chez les ADF à 8 ans. Il a grandi chez les ADF, il a été enlevé par les ADF.

9. Nkayalua Bankale Etienne alias Muganda

Il y a doute sur l'enlèvement des prêtres. Il est le bras droit de Mwami Bamukoka. Il ne peut pas vivre à Ndama sans qu'il ne soit en contact avec les ADF.

10. Colonel Lusenge Muhindo David

Nous disons que, lorsque vous sortez, il faut être sincère. Il ne faut pas laisser les hommes et les armes en brousse.

11. Kasereka Balabala alias Pharaon

Le MP ne s'attarde pas sur lui. Il a sensibilisé des gens qui ont été massacrés chez Carlos.

12. Kakule Shibendire Benedicto alias Bakave

On l'a dénoncé et il a été arrêté.

13. Kambale Saliboko Lambert

Nous l'avons confondu avec Saliboko Shaolin, comme disait Maitre David. Saliboko Lambert a été cité comme l'un des recenseurs, mais personne ne l'a reconnu. Son père a été chez Carlos. Est-ce que Saliboko aurait pu laisser son père aller en réunion chez Carlos, nous disons non. Nous n'avons pas d'élément indiquant qu'il a été mêlé au massacre de Mayangos.

14. Mutokambali Sivirwa Yves

Pas d'élément sur le massacre de Mayangos.

15. Okabo Mabruki ;
16. Bakola Muteba Jean Pierre ;
17. Gabriel Kamondo Mapoli ;
18. Kakule Baraka Tsongo alias Mboma ;
19. Musubao Batshurana Mupepe ;
20. Bitwini Ngombe Nyama.

Le Ministère Public reconduit ses moyens.

Défense Maitre Blanchard contre-réplique :

Pour Mwami Mbunguma et pour monsieur Balabala, il réitère ses moyens.

Défense Maitre David Wambale contre-réplique :

Pour Kahindo Kangeneti Philemon, on ne peut pas condamner une personne sur la base d'une opinion. Pour Musubao Batshurana Mupepe, reconduit ses moyens.

Défense : Maitre Joël Shanyungu contre-réplique :

Pour Mbusa Kima Salimbongo alias Henri, de dire non établi et réitère ses moyens. Pour Mbula Olenga Jean-Marie, il contre-réplique et réitère ses moyens. Pour Bitwini Ngombe Nyama, de l'en acquitter comme dit le MP.

Remise contradictoire demain mardi 19 décembre 2017 pour la poursuite de la contre réplique.

Audience publique du 19 décembre 2017

RP N° 0172/2017

RMP N° 0807/KNG/2017

En chambre foraine à laquelle siègent :

1. Lt Col. Mag. Ntshaykolo Esosa Masele Jean Paulin, 1er Président ;
2. Col. Omeonga Taunya José, Juge Assesseur ;
3. Col. Ndiba Bulangiti Matthieu, Juge Assesseur ;
4. Col. Busoki Wa Karaku, Juge Assesseur ;
5. Com. Sup. Ppl Ngumbi Kulinga, Juge Assesseur ;
6. Gén. Maj. Mokunto Kiyana Tim, 1er AGF, Ministère Public ;
7. Maj. Madoli Nzoki Guy Martin, Greffier.

En cause : l'auditeur militaire supérieur Près la cour militaire opérationnelle du Nord-Kivu, Ministère Public et parties civiles.

Contre :

- Colonel Lusenge Muhindo David ;
- Monsieur Mbunguma Kitobi André ;

- Monsieur Saambili Bamukoka ;
- Mwami Bulembo Ando Kanzire Pierre ;
- Monsieur Nkayalua Bankale Etienne, alias Munganda et Consorts.

Prévenus de :

- Association des malfaiteurs ;
- Détention illégale d'armes ou des munitions de guerre ;
- Crime contre l'humanité par meurtre, déportation ou enlèvement ;
- Violation de consigne.

La cause est appelée à 12 heures 24 minutes.

A l'appel de la cause, les prévenus cités ci-haut comparaissent en personne et assistés par leurs conseils : Me John Muhindo Mughisa, conservatoire pour Mwami Saambili Bamukoka, Mbunguma Kitobi André et Monsieur Boroso Bin Bendera II ; Me David Wambale, avocat, et Kiwunga Makila assistent tous les prévenus nos assistés ; Les parties civiles représentées par Me Kaniki et Me Blaise Matokeo, avocats.

Défense de Maitre John Muhindo Mughisa contre-réplique :

1. Mbunguma Kitobi André : La thèse selon laquelle Mbunguma est l'un des commanditaires. Non établies toutes les préventions mises à sa charge.
2. Saambili Bamukoka : il a git à un élément extérieur de lui, contrainte irrésistible.
3. Boroso Bin Bendera II Désiré Undelema : Tsutsubo n'est pas sous contrôle de Mwami Boroso ; il ne peut pas envoyer des gens pour recruter dans un secteur qui n'est pas sous sa dépendance. Il a git à un élément extérieur de lui, contrainte irrésistible. Non établies toutes les préventions à charge de tous les prévenus pour doute, insuffisances des preuves et contraintes irrésistibles. L'action des parties civiles non fondée.

Défense de Maitre Nathan Tagirabo contre réplique :

Nkayalua Bankale Etienne alias Muganda : Le Ministère Public ne l'a pas énervé sur l'aspect détention d'arme ; association de malfaiteurs n'est pas établie. L'action des parties civiles non fondée. Les conditions légales ne sont pas réunies.

Défense Militaire agréé contre réplique :

1. Okabo Mabruki François, réitère ses moyens.
2. Kakule Baraka Tsongo, alias Mboma : il a agi par contrainte ; non imputabilité, contrainte irrésistible.
3. Kakule Shibendire Benedicto, alias Bekeve : le prévenu a été avec Jean et Ntumba pendant les massacres. Les propos des gens qui étaient autour du feu, on allait interpeller tout le monde. Non établies les préventions mises à charge de tous les prévenus, de les acquitter.

Parties civiles sollicitent la réparation des préjudices subis pour tous les prévenus concernés.

Le Ministère Public propose les peines suivantes :

Le Ministère Public vous propose les peines de la manière suivante :

1. Colonel Lusenge Muhindo David, à 10 ans de servitude pénale principale.
2. Mbunguma Kitobi André, à la peine de mort.
3. Saa Mbili Bamukoka, à 4 ans de servitude pénale principale.
4. Boroso Bin Bendera, à la peine de mort.
5. Nkayalua Bankale, à 3 ans de servitude pénale principale.
6. Okabo Mabruki, acquitté.
7. Kahindo Kangeneti, à la peine de mort.
8. Bakole Mutela Jean-Pierre, acquitté.
9. Mbula Olenga, à 24 mois de servitude pénale principale.
10. Mwami Bulembo Ando Kanzire, à 2 ans de servitude pénale principale.
11. Kamondo Mapoli, acquitté.
12. Kakule Baraka Tsongo, à 5 ans de servitude pénale principale.
13. Musubao Batsurana, état de nécessité, pas de peine bien que les faits sont établis.
14. Bitwini Ngombe Nyama, acquitté.
15. Kasereka Balabala, à la peine de mort.
16. Kambale Saliboko, de l'acquitter pour doute.
17. Kakule Shibendire, à 20 ans de servitude pénale principale.
18. Mutokambali Sivirwa Yves, à 24 mois de servitude pénale principale.
19. Mbusa Kima Salimbongo, à 20 ans de servitude pénale principale.
20. Kasereka Vahwere Grâce, à la peine de mort.
21. Kasereka Shahetera Salomon, à la peine de mort.
22. Katembo Kipisa Emmanuel, à la peine de mort.
23. Kasereka Kitsia Léandre, à la peine de mort.
24. Valindawa Kisonia Christian, à la peine de mort.
25. Paluku Mbogha Charles, à la peine de mort.
26. Kasereka Kayikolo Jonas, alias Kas Kas, à la peine de mort.
27. Kule Mbimba Pierre, à la peine de mort.
28. Mumbere Selemani, à la peine de mort.
29. Adrien Muhumuza, à la peine de mort.
30. Thomas Salongo, à la peine de mort.

Réponses des prévenus :

1. Colonel Lusenge Muhindo David, je suis un bon citoyen. Le dossier de Beni, je n'ai participé à aucun massacre. Je me rallie à mon avocat.
2. Mbunguma Kitobi André, je suis chef des gens, je suis chef depuis 2003. J'ai cherché des terres pour la population, je ne peux pas la tuer.
3. Saa Mbili Bamukoka, je suis connu depuis 34 ans comme chef. Je suis innocent de tout.
4. Boroso Bin Bendera, depuis 1991, j'ai travaillé pour le Gouvernement. Que le Seigneur agisse pour que je rentre à la maison.

5. Nkayalua Bankale Etienne, je ne me suis jamais mêlé dans les groupes de malfaiteurs.
6. Okabo Mabruki, je me rallie à mon avocat et au MP. Je suis innocent.
7. Mbula Olenga Jean Marie, je me rallie à mon avocat.
8. Bakole Mutela Jean Pierre, je suis innocent
9. Kahindo Kangeneti Philémon, je suis innocent. Je me rallie à mon avocat.
10. Mwami Bulembo Ando, je remercie le MP, je me rallie à mon avocat.
11. Kamondo Mapoli Gabriel, je suis innocent.
12. Kakule Baraka Mboma, je suis innocent, je me rallie à mon avocat.
13. Musubao Batshurana Mupepe, je me rallie au MP et à mon avocat.
14. Bitwini Ngombe Nyama, je me rallie au MP et à mon avocat
15. Kasereka Balabala Pharaon, je remercie la Cour. Je suis innocent.
16. Kambale Saliboko Lambert, je remercie mon avocat. Je vous demande de m'acquitter.
17. Kakule Shibendire, je suis innocent, je me rallie à mon avocat.
18. Mbusa Kima Salimbongo, je suis innocent, je me rallie à mon avocat.
19. Kasereka Vahwere Grâce, je remercie la Cour. Tout ce qui s'est passé, ce n'était pas de ma propre volonté. Je me rallie à mon avocat.
20. Mutokambali Sivirwa Yves, je remercie la Cour. Je me rallie à mon avocat.

Débats clos, la cause prise en délibérée pour un arrêt qui sera rendu à la huitaine.

PUERILITE ET JACQUERIE DE JUSTICE

Audience publique du 9 juin 2017

RP N° 0180/2017
RMP N° 0879/KNG/2016
En chambre foraine à laquelle siègent :

1. Lt Col. Mag. Ntshaykolo Esosa Masele Jean Paulin, 1er Président ;
2. Col. Omeonga Taunya José, Juge Assesseur ;
3. Lt Col. Simisi Tuve Serge, Juge Assesseur ;
4. Col. Busoki Wa Karaku, Juge Assesseur ;
5. Lt Col, Mpoy Teddy Léonard, Juge Assesseur ;
6. Gén. Maj. Mokunto Kiyana Tim, 1er AGF, Ministère Public ;
7. Maj. Madoli Nzoki Guy Martin, Greffier.

En cause : l'auditeur militaire supérieur Près la cour militaire opérationnelle du Nord-Kivu, Ministère Public.
Contre : Monsieur Musubao Mafungula Hubert
Prévenus de :

- Participation à un mouvement insurrectionnel ;
- Association des malfaiteurs ;

La cause est appelée à 12 heures 10 minutes.
A l'appel de la cause, les prévenus cités ci-haut comparaissent en personne et assistés par leurs conseils : Me Jean Noël Kambale Vangisivavi et Me Gathe Epumbulu Séraphin, tous avocats au Barreau de Goma.
Identité du prévenu
Musubao Mafungula Hubert Né à Butembo, le 10 octobre 1976, fils de Kahindo Mambura (en vie) et de Kavugho Vumi (en vie) ; originaire de Kivetya, Secteur de Bashu, Territoire de Beni ; Province du Nord-Kivu ; Etat-civil : marié à Madame Kavira et père de 4 enfants ; études faites : 6 ans primaires ; Profession : commerçant, domicilié à Butembo ; Quartier/ Mukuna, Cellule de Kihinga ; Commune Bulengera.
Q. Avez-vous déjà été condamné ?
R. Non.
Q. Etes-vous en liberté ?
R. Oui.
Remise à une date ultérieure.

Audience publique du 27 juin 2017

RP N° 0180/2017
RMP N° 0879/KNG/2016
En chambre foraine à laquelle siègent :

1. Lt Col. Mag. Ntshaykolo Esosa Masele Jean Paulin, 1er Président ;
2. Col. Omeonga Taunya José, Juge Assesseur ;
3. Col. Ndiba Bulangiti Matthieu, Juge Assesseur ;
4. Col. Busoki Wa Karaku, Juge Assesseur ;
5. Com. Sup. Ppl Ngumbi Kulinga Bernard, Juge Assesseur ;
6. Gén. Maj. Mokunto Kiyana Tim, 1er AGF, Ministère Public ;
7. Lieutenant Ngoma Lubuka Raphaël, militaire supérieur Près la cour militaire opérationnelle du Nord-Kivu, Ministère Public.

Contre : Monsieur Musubao Mafu [illegible]bert
Prévenu de :

- Participation à un mouvement insurrectionnel ;
- Association des malfaiteurs ;

La cause est appelée à 15 heures 26 minutes.
A l'appel de la cause, les prévenus cités ci-haut comparaissent en personne et assistés par leurs conseils : Me César Mbaka-Se-Mbaka, avocat au Barreau de Bandundu, Me Jean-Noël Vangisivavi et Me Gathe Epumbulu Séraphin, avocats au Barreau de Goma.
Premier Président :
Q. Monsieur Musubao Mafunghula Hubert, peux-tu nous confirmer si l'Etablissement de commerce vous appartient ?
R. J'ai ouvert mon alimentation dénommée « Alpha » à Butembo en 2011, un super marché. En 2016, j'ai ouvert à Bunia une alimentation. A Butembo, j'ai encore ouvert une boutique.
Q. Avez-vous des documents pour toutes ces activités ?
R. Oui, j'ai tous mes documents déposés au parquet militaire.
OMP : Monsieur le Premier Président, c'est vrai, nous avons tous ces documents que nous allons verser dans le dossier.
Q. Monsieur le Premier Président, Monsieur Alpha a commencé par la vente du sable. Il creusait du sable, il avait gagné quel chiffre ?
R. J'ai creusé du sable, je vendais du savon et d'autres articles.
OMP : Monsieur le Premier Président, l'argent que Monsieur Musubao utilisait c'est l'argent des ADF. Nous n'allons pas vous en acquitter, mais il y a un temps qui semble un peu sombre. Monsieur le Premier Président, si vous pouvez appeler Okapi et qu'il vous décline son identité.
Monsieur Okapi, né le 7 novembre 1980 à Bukavu, fils de Bangwa (décédé) et de Chibalonza (décédée).
Premier Président : La Cour opérationnelle va vous entendre comme renseignant.

OMP : T'approvisionnes-tu à l'alimentation Alpha afin d'envoyer ces articles aux ADF/NALU ?
R. Oui.
Q. Est-ce qu'il vous arrive de majorer le prix de marchandises.
R. Oui, on le fait de temps en temps.
Q. Est-ce que cela vous arrive à ce que vous envoyez à désactiver la majoration de prix ?
R. Oui, cela se faisait très souvent.
Q. Monsieur, y a-t-il des relations particulières entre l'alimentation Alpha et les ADF ? Ceux-ci s'intéressent-ils beaucoup à l'alimentation Alpha ?
R. Lorsqu'il y a tricherie, on appelle Alpha, et les ADF sont chaque fois au courant.
Q. Pourquoi, de tous les commerçants, nous nous intéressons à l'alimentation Alpha ?
R. Je ne vous prends pas comme mon ennemi.
Premier Président : Lorsque la Cour aura vérifié la cause, elle va réagir. Si elle trouve que tu es fautif, elle prendra une décision.
Q. Il y a plusieurs grands commerçants qui ne sont pas enquêtés. Il nous revient de te demander, à toi, ici présent, de présenter tes moyens.
R. Comme je vous l'avez dit, j'avais commencé à vendre du sable.
OMP : Monsieur le Premier Président, permettez-moi d'autoriser à monsieur Musubao de se détendre un peu. Comme il sera bientôt 16 heures, qu'il parte et qu'il puisse revenir à la prochaine audience.
Premier Président : Prenez votre temps d'aller vous préparer afin d'être en mesure de nous présenter vos moyens.
OMP : Monsieur le Premier Président, qu'il prenne un petit recul afin de se préparer suffisamment.
La présente cause est remise à jeudi 29 juin 2017.

Audience publique du 29 juin 2017

RP N° 0180/2017
RMP N° 0879/KNG/2016
En chambre foraine à laquelle siègent :

8. Lt Col. Mag. Ntshaykolo Esosa Masele Jean Paulin, 1er Président ;
9. Col. Omeonga Taunya José, Juge Assesseur ;
10. Col. Ndiba Bulangiti Matthieu, Juge Assesseur ;
11. Col. Busoki Wa Karaku, Juge Assesseur ;
12. Com. Sup. Ppl Ngumbi Kulinga Bernard, Juge Assesseur ;
13. Gén. Maj. Mokunto Kiyana Tim, 1er AGF, Ministère Public ;
14. Lieutenant Ngoma Lubuka Raphaël, Greffier.

En cause : l'auditeur militaire supérieur Près la cour militaire opérationnelle du Nord-Kivu, Ministère Public.
Contre : Monsieur Musubao Mafungula Hubert

Prévenu de :

- Participation à un mouvement insurrectionnel ;
- Association des malfaiteurs ;

La cause est appelée à 16 heures 45 minutes.

A l'appel de la cause, les prévenus cités ci-haut comparaissent en personne et assistés par leurs conseils : Me César Mbaka-Se-Mbaka, avocat au Barreau de Bandundu, Me Jean-Noël Vangisivavi et Me Gathe Epumbulu Séraphin, avocats au Barreau de Goma.

OMP : Monsieur le Premier Président, nous déposons le document de monsieur Musubao Mafungula Hubert séance tenante. Comme il fait l'heure, nous souhaitons que l'instruction de la présente cause soit remise à ce lundi 3 juillet 2017.

Premier Président : L'instruction de la présente cause est renvoyée à ce lundi 3 juillet 2017. Plus rien n'étant en cause dans le rôle, l'audience de ce jour est suspendue.

Audience publique du 3 juillet 2017

RP N° 0180/2017
RMP N° 0879/KNG/2016
En chambre foraine à laquelle siègent :

1. Lt Col. Mag. Ntshaykolo Esosa Masele Jean Paulin, 1er Président ;
2. Col. Omeonga Taunya José, Juge Assesseur ;
3. Col. Busoki Wa Karaku, Juge Assesseur ;
4. Col. Ntiba Bulangiti Matthieu, Juge Assesseur ;
5. Com.Sup. Ppl Ngumba Kulinga Bernard, Juge Assesseur ;
6. Gén. Maj. Mokunto Kiyana, Tim 1er AGF, Ministère Public ;
7. Maj. Madoli Nzoki Guy Martin, Greffier.

En cause : l'auditeur militaire supérieur Près la cour militaire opérationnelle du Nord-Kivu, Ministère Public.

Contre : Monsieur Musubao Mafungula Hubert

Prévenus de :

- Participation à un mouvement insurrectionnel ;
- Association des malfaiteurs ;

La cause est appelée à 11 heures 05 minutes.

A l'appel de la cause, le prévenu cité ci-haut comparait en personne et assistés par ses conseils : Me César Mbaka-Se-Mbaka, avocat au Barreau de Kindu, Me Jean Noël Vangisivavi et Me Gathe Epumbulu Séraphin, avocats au Barreau de Goma.

Q. Avez-vous autre chose à déclarer ?

R. Pour avoir de l'argent, j'ai commencé par creuser du sable et j'ai aussi ouvert une boutique. En 1994, j'ai ouvert un étalage au marché. De 1994 à 1995, j'ai négocié une porte où je vendais des marchandises en gros. J'ai commencé par me rendre à Goma pour vendre de la bière et des cigarettes. En

2011, je vendais des articles divers, j'ai également ouvert une alimentation. De 2001 à 2003, j'avais ouvert à Butembo.
Q. N'avez-vous pas reçu un quelconque financement de quelque part ?
R. Pour réduire le transport, j'ai profité pour ouvrir à Beni. J'ai reçu le financement de la banque la Cruche. En 2006, j'ai eu la chance d'aller à Nairobi. En 2008, j'ai également eu la chance d'aller à Bumba.
Q. Dans quel organisme avez-vous reçu le crédit ?
R. La Cruche, en 2005 ; en 2010, la BIC ; en 2017, la BCDC.
Q. N'avez-vous pas reçu le financement d'un individu ?
R. Non.
Q. Comment les chefs des ADF connaissent les prix de vos denrées ?
R. La boutique est ouverte à tout le monde, il y a aussi des travailleurs qui donnent des prix à tout le monde.
Q. Okapi, vous approvisionnez seulement à l'alimentation Alpha ou également dans d'autres Etablissements ?
R. Dans d'autres Etablissements aussi.
Q. Est-ce qu'on vous posait la même question sur les prix dans d'autres établissements comme dans l'établissement Alpha ?
R. Non.
Q. Vous demandait-on d'aller seulement à l'alimentation Alpha ?
R. Oui.
Q. En 2005, quel était votre capital ?
R. Je peux voir dans mes notes. Je payais la patente, il n'y avait pas moyen de déclarer à la DGI. C'est en 2006 que j'ai eu le registre de commerce.
Q. Quel est le montant de l'emprunt à la Cruche ?
R. 10.000$.
Q. Quel document avez-vous présenté comme garantie ?
R. Actes de vente, j'avais mon chantier.
Défense : Notre client a reçu à la banque la Cruche 10.000$, en 2006 : 30.000$, en 2010 : 70.000$; BIC : en 2011 : 100.000$, en 2012 : 150.000$, en 2013 : 200.000$, en 2014 : 200.000$; BCDC : en 2016 : 250.000$, on ne les lui a pas accordés.
Q. Combien avez-vous emprunté à la Cruche ?
R. La Coopérative la Cruche était tombée en faillite. L'avocat a déposé ce document de compte.
La Défense sollicite une remise à vendredi pour se référer à un expert de la banque.
Remise contradictoire à vendredi 7 juillet 2017.

Audience publique du 7 juillet 2017

RP N° 0180/2017
RMP N° 0879/KNG/2016
En chambre foraine à laquelle siègent :

1. Lt Col. Mag. Ntshaykolo Esosa Masele Jean Paulin, 1er Président ;
2. Col. Omeonga Taunya José, Juge Assesseur ;
3. Col. Busoki Wa Karaku, Juge Assesseur ;
4. Col. Ntiba Bulangiti Matthieu, Juge Assesseur ;
5. Com.Sup. Ppl Ngumba Kulinga Bernard, Juge Assesseur ;
6. Gén. Maj. Mokunto Kiyana, Tim 1er AGF, Ministère Public ;
7. Maj. Madoli Nzoki Guy Martin, Greffier.

En cause : l'auditeur militaire supérieur Près la cour militaire opérationnelle du Nord-Kivu, Ministère Public.

Contre : Monsieur Musubao Mafungula Hubert

Prévenu de :

- Participation à un mouvement insurrectionnel ;
- Association des malfaiteurs ;

La cause est appelée à 12 heures 00 minute.

A l'appel de la cause, le prévenu cité ci-haut comparait en personne et assisté par ses conseils : Me César Mbaka-Se-Mbaka, avocat au Barreau de Kindu, Me Jean Noël Vangisivavi et Me Gathe Epumbulu Séraphin, avocats au Barreau de Goma.

La Défense dépose à la Cour les relevés de compte de leur client en provenance de la banque en faillite la Cruche. Total : 430.000$ jusqu'à 2010. La BIC, au total : 650.000$. Pour la BCDC, il y a eu une seule opération dont nous avons déjà déposée la pièce devant cette Cour.

Ministère Public :

Q. Mouvement crédit sur une période : 115.000$. Pourquoi aviez-vous besoin d'emprunter 10.000$?

R. Il y a retrait et virement : 13.100 + 734 + 4.000 + 14.350 + 7.300 + 5.400 + 7.200 + 6.550 + 6.800 + 4.900 + 1.900 + 11.000 + 4.500 + 5.900 + 3.450 + 5.180 + 2.750 + 10.000 =115.004

Q. Vos crédits n'étaient-ils pas pour couvrir l'argent venu de chez les ADF ?

R. Non.

Q. Alpha, pouvez-vous emprunter sans payer les intérêts ?

R. Non.

Ministère Public : Le tableau n'est pas réaliste, c'est un tableau fantaisiste. Même les Etats-Unis ont des dettes, mais vous, comment se fait-il que vous n'avez pas de dette ?

Remise contradictoire à mardi 11 juillet 2017 pour réquisition et plaidoirie.

Audience publique du 11 juillet 2017

RP N° 0180/2017

RMP N° 0879/KNG/2016

En chambre foraine à laquelle siègent :

1. Lt Col. Mag. Ntshaykolo Esosa Masele Jean Paulin, 1er Président ;

2. Col. Omeonga Taunya José, Juge Assesseur ;
3. Col. Busoki Wa Karaku, Juge Assesseur ;
4. Col. Ntiba Bulangiti Matthieu, Juge Assesseur ;
5. Com.Sup. Ppl Ngumba Kulinga Bernard, Juge Assesseur ;
6. Gén. Maj. Mokunto Kiyana, Tim 1er AGF, Ministère Public ;
7. Maj. Madoli Nzoki Guy Martin, Greffier.

En cause : l'auditeur militaire supérieur Près la cour militaire opérationnelle du Nord-Kivu, Ministère Public.

Contre : Monsieur Musubao Mafungula Hubert

Prévenus de :

- Participation à un mouvement insurrectionnel ;
- Association des malfaiteurs.

La cause est appelée à 12 heures 00 minute.

A l'appel de la cause, le prévenu cité ci-haut comparait en personne et assisté par ses conseils : Me César Mbaka-Se-Mbaka, avocat au Barreau de Kindu, Me Jean Noël Vangisivavi et Me Gathe Epumbulu Séraphin, avocats au Barreau de Goma.

La Défense présente un autre tableau des relevés de compte avec les intérêts.

Le Ministère Public constate que la Défense ne sait pas faire le calcul des intérêts.

Q. Alpha, avez-vous des problèmes avec la douane ?

R. Oui.

Q. Le dossier était-il arrivé au Tribunal ?

R. Oui.

Q. Comment c'était passé ?

R. J'avais donné de l'argent au déclarant qui voulait faire passer frauduleusement les marchandises, en complicité avec les agents de la douane. Les marchandises étaient saisies et votre client a encore payé de l'argent et le déclarant était accusé au Tribunal de Grande Instance de Beni et condamné à un an. Il a interjeté appel, le dossier est pendant.

Le Ministère Public présente ses réquisitions :

De dire établie en fait comme en droit l'infraction de participation à un mouvement insurrectionnel. Monsieur Musubao n'est qu'un gérant ; de le condamner avec les circonstances atténuantes suite à sa délinquance primaire à 10 ans de servitude pénale principale.

La Défense plaide non établie l'infraction mise à charge du prévenu Musubao Mafunghula Hubert ; de l'en acquitter et de le renvoyer de toutes poursuites sans frais, car :

1. Qualifications incompatibles ;
2. Le seul renseignant Okapi qu'on a présenté devant la Cour, le juge ne peut jamais fonder ses moyens sur un seul renseignant. Non pertinence de la déclaration du renseignant Okapi ;

3. Non fondement de l'action en raison d'insuffisance de preuve et pour doute ;
4. Présomption légale, Article 228 CCL II ;
5. Non établissement des faits ;
6. Non fondement de l'action pour absence d'élément intentionnel.

Recevable non fondée la présente action ; de l'en acquitter et de le mettre hors de poursuite sans frais.

Ministère Public : nous requérons également 10 ans de servitude pénale principale pour association des malfaiteurs. Faisant application de l'article 7 CPM à 10 ans et aux frais d'instance qui seront tarifés par le greffier à défaut de payement dans le délai, deux mois de CPP.

Défense : Notre client n'a pas de liens avec les ADF/NALU. Le doute persiste. Le MP ne sait pas si c'est Musubao qui est en connivence avec les ADF ou si ce sont ses travailleurs.

Q. Le Ministère Public vous propose 10 ans à chacune des infractions. Faisant application de l'article 7 CPM à 10 ans de servitude pénale principale et aux frais d'instance à tarifier par le greffier ; à défaut deux mois de CPP. Vos conseils sollicitent votre acquittement ; quel est votre dernier mot ?

R. Je me rallie aux propos de mes conseils.

Débats clos, la cause est remise en délibérée pour un arrêt à la huitaine.

RESEAU CONGOLAIS DE RECRUTEMENT ADF : DE KISANGANI A UVIRA

Audience publique du 31 janvier 2017

RP N° 0156/2017
RMP N° 0791/KNG/2016
En chambre foraine à laquelle siègent :

1. Lt Col. Mag. Ntshaykolo Esosa Masele Jean Paulin, 1er Président ;
2. Maj. Mag. Kabondo Pibwe Serge, Juge Assesseur ;
3. Lt Col. Tuve Simisi Serge, Juge Assesseur ;
4. Col. Ntiba Bulangiti Matthieu, Juge Assesseur ;
5. Lt Col. Mpoy Teddy Leonard, Juge Assesseur ;
6. Gén. Maj. Mokunto Kiyana, Tim 1er AGF, Ministère Public ;
7. Maj. Madoli Nzoki Guy Martin, Greffier.

En cause : l'auditeur militaire supérieur Près la cour militaire opérationnelle du Nord-Kivu, Ministère Public.
Contre : Monsieur Ongala Barwini
Prévenu de : Participation à un mouvement insurrectionnel ;
La cause est appelée à 16 heures 30 minutes.
Faute de temps, remise à jeudi, le 2 février 2017.

Audience publique du 2 février 2017

RP N° 0156/2017
RMP N° 0791/KNG/2016
En chambre foraine à laquelle siègent :

1. Lt Col. Mag. Ntshaykolo Esosa Masele Jean Paulin, 1er Président
2. Col. Ntiba Bulangiti Matthieu, Juge Assesseur
3. Col. Dunia Kashindi Fabien, Juge Assesseur
4. Col. Busoki Wa Karaku, Juge Assesseur
5. Com. Sup. Ppl Ngumbi Kulinga, Juge Assesseur
6. Gén. Maj. Mokunto Kiyana Tim, 1er AGF, Ministère Public
7. Maj. Madoli Nzoki Guy Martin, Greffier

En cause : l'auditeur militaire supérieur Près la cour militaire opérationnelle du Nord-Kivu, Ministère Public.
Contre : Monsieur Ongala Barwini
Prévenu de : Participation à un mouvement insurrectionnel ;
La cause est appelée à 16 heures 25 minutes.

A l'appel de la cause, les prévenus cités ci-haut comparaissent en personne et assistés par leurs conseils : Me John Mughisa et Me Constant Kalumendo assistent le prévenu Ongala Barwini.
Remise contradictoire à demain vendredi 3 février 2017.

Audience publique du 3 février 2017

RP N° 0156/2017
RMP N° 0791/KNG/2016
En chambre foraine à laquelle siègent :

1. Lt Col. Mag. Ntshaykolo [illegible] Masele Jean Paulin, 1er Président ;
2. Col. Ntiba Bulangiti Matt[illegible]e Assesseur ;
3. Col. Dunia Kashindi Fabien, Juge Assesseur ;
4. Col. Busoki Wa Karaku, Juge Assesseur ;
5. Com. Sup. Ppl Ngumbi Kulinga, Juge Assesseur ;
6. Gén. Maj. Mokunto Kiyana Tim, 1er AGF, Ministère Public ;
7. Maj. Madoli Nzoki Guy Martin, Greffier.

En cause : l'auditeur militaire supérieur Près la cour militaire opérationnelle du Nord-Kivu, Ministère Public.
Contre : Monsieur Ongala Barwini
Prévenu de : Participation à un mouvement insurrectionnel ;
La cause est appelée à 11 heures 16 minutes.
A l'appel de la cause, le prévenu cité ci-haut comparait en personne et assisté par ses conseils :
Faute de temps, remise contradictoire à lundi 6 février 2017.

Audience publique du 6 février 2017

RP N° 0156/2017
RMP N° 0791/KNG/2016
En chambre foraine à laquelle siègent :

1. Lt Col. Mag. Ntshaykolo Esosa Masele Jean Paulin, 1er Président ;
2. Col. Ntiba Bulangiti Matthieu, Juge Assesseur ;
3. Col. Dunia Kashindi Fabien, Juge Assesseur ;
4. Col. Busoki Wa Karaku, Juge Assesseur ;
5. Com. Sup. Ppl Ngumbi Kulinga, Juge Assesseur ;
6. Gén. Maj. Mokunto Kiyana Tim, 1er AGF, Ministère Public ;
7. Maj. Madoli Nzoki Guy Martin, Greffier.

En cause : l'auditeur militaire supérieur Près la cour militaire opérationnelle du Nord-Kivu, Ministère Public.
Contre : Monsieur Ongala Barwini
Prévenus de : Participation à un mouvement insurrectionnel ;
La cause est appelée à 16 heures 25 minutes.

A l'appel de la cause, le prévenu cité ci-haut comparaissent en personne et assistés par ses conseils : Me John Mughisa et Me Constant Kalumendo, tous avocats assistent le prévenu Ongala Barwini.
Faute de temps, remise contradictoire à demain mardi 7 février 2017.

Audience publique du 7 février 2017

RP N° 0156/2017
RMP N° 0791/KNG/2016
En chambre foraine à laquelle siègent :

1. Lt Col. Mag. Ntshaykolo Esosa Masele Jean Paulin, 1er Président ;
2. Col. Ntiba Bulangiti Matthieu, Juge Assesseur ;
3. Col. Dunia Kashindi Fabien, Juge Assesseur ;
4. Col. Busoki Wa Karaku, Juge Assesseur ;
5. Com. Sup. Ppl Ngumbi Kulinga, Juge Assesseur ;
6. Gén. Maj. Mokunto Kiyana Tim, 1er AGF, Ministère Public ;
7. Maj. Madoli Nzoki Guy Martin, Greffier.

En cause : l'auditeur militaire supérieur Près la cour militaire opérationnelle du Nord-Kivu, Ministère Public.
Contre : Monsieur Ongala Barwini
Prévenu de : Participation à un mouvement insurrectionnel ;
La cause est appelée à 16 heures 25 minutes.
A l'appel de la cause, le prévenu cité ci-haut comparait en personne et assisté par ses conseils : Me John Mughisa et Me Constant Kalumendo, tous avocats au Barreau de Kisangani et Me Blachard Mbiya, avocat au Barreau de Mbuji Mayi.
Identité du prévenu
Ongala Barwani, né à Kisangani, le 6 juin 1974 ; fils de Hadji Ongala (décédé) et de Atawa Mashida (décédée), District de la Tshopo ; Province de la Tshopo ; Etat-civil : marié à madame Fatuma Badete et père de 6 enfants ; études faites : étudiant en L2 Sciences d'Information et Communication ; profession : Etudiant L2 et Imam Représentant urbain des musulmans à Kisangani ; Domicilié à Goma ; Culte : musulman.
Défense : Sollicite un temps pour déposer un mémoire unique qui est en train d'être imprimé.
La Cour Militaire est opérationnelle ; le délai peut même aller à 3 heures. La demande est rejetée, dit le Premier Président, mais les renseignants sont là ; la Cour vous accorde le temps de préparer votre mémoire unique.
Remise contradictoire à jeudi 9 février 2017.

Audience publique du 9 février 2017

RP N° 0156/2017
RMP N° 0791/KNG/2016

En chambre foraine à laquelle siègent :

1. Lt Col. Mag. Ntshaykolo Esosa Masele Jean Paulin, 1er Président ;
2. Col. Ntiba Bulangiti Matthieu, Juge Assesseur ;
3. Col. Dunia Kashindi Fabien, Juge Assesseur ;
4. Col. Busoki Wa Karaku, Juge Assesseur ;
5. Com. Sup. Ppl Ngumbi Kulinga, Juge Assesseur ;
6. Gén. Maj. Mokunto Kiyana Tim, 1er AGF, Ministère Public ;
7. Maj. Madoli Nzoki Guy Martin, Greffier.

En cause : l'auditeur militaire supérieur Près la cour militaire opérationnelle du Nord-Kivu, Ministère Public.

Contre : Monsieur Ongala Barwini

Prévenu de : Participation à un mouvement insurrectionnel ;

La cause est appelée à 11 heures 5 minutes.

A l'appel de la cause, le prévenu cité ci-haut comparait en personne et assisté par ses conseils : Me Blanchard Mbiya, Me John Mughisa et Me Constant Kalumendo, respectivement avocats au Barreau de Mbuji Mayi et de Kisangani.

Comparait le prévenu Ongala Barwani :

Q. Connaissez-vous monsieur Amadi Itema ?

R. Je l'ai connu le jour de la confrontation à l'auditorat militaire de Kisangani.

Q. Reconnaissez-vous lui avoir donné ce document ?

R. Je ne reconnais pas. C'est un dimanche que j'étais arrêté ; lundi matin, je serai appelé par l'auditeur qui m'a dit que je suis arrêté pour avoir remis une feuille de route à un musulman. Quand j'ai vu la feuille de route, qui ne porte pas de sceau, la signature n'était pas la mienne. J'ai appelé le secrétaire avec le classeur, on a vérifié, le nom ne s'y trouvait pas. L'auditeur m'a dit que la feuille de route originale se trouve à Kinshasa. Quand on a scanné, il n'y avait pas de sceau, mais l'original portait un sceau.

Q. Vous avez dit que la signature n'est pas la vôtre ?

R. J'ai dit que la signature semble être la mienne.

Q. Pourquoi avez-vous signé sur le PV ?

R. A la confrontation, j'ai refusé la feuille de route et le français que j'ai utilisé. La signature me ressemble.

Q. Avez-vous déposé les deux copies de feuille de route au greffe ?

R. Oui, je suis le représentant des musulmans à Kisangani. J'offre des feuilles de route aux musulmans. Je garde la photocopie. J'ai fait venir ces photocopies pour que vous puissiez vérifier.

Q. Monsieur Utema était-il arrêté ?

R. Le jour de la confrontation, il était là comme s'il était libre. Après la confrontation, il a pris la moto et est parti.

Q. Selon Utema, vous avez imprimé à côté de SOFICOM, vous avez signé la feuille de route et il est parti sans sceau.

R. Je passe souvent au cyber pour mes recherches et pour le dossier de la communauté, je n'ai jamais été avec Utema au cyber.

Défense : Les deux pièces ont des particularités : la pièce déposée par le MP porte des mentions qui sont fausses. Nous étions à la cinquième feuille de route délivrée. La feuille de route du MP porte N°12. Nous avons l'habitude de marquer la date par un marqueur ; aussi la feuille de route du MP n'est pas au classeur ; la signature n'est pas la nôtre. Notre client délivre les feuilles de route au sein de sa juridiction. Il est le représentant au niveau de la ville. La feuille de route du MP n'a pas de cachet. L'écriture du document du MP a une autre police.
Ministère Public : Le comportement de Sheik Ongala me rappelle Banza qui n'a pas étudié. Il nie tout ce qu'il a déclaré devant nous. Les avocats de monsieur Ongala ont même intimidé le MP qu'ils sont des avocats de la CPI. Le MP demande si le Lieutenant Ngomu, qui est aussi cité, est dans la salle.
Comparait le Lieutenant Ngomu Lumaliza Gilbert, Matricule : 177898718709 ; Unité : Auditeur militaire garnison Beni, Commandant Détachement, détention à la prison centrale de Beni.
Q. Lieutenant, comment vous vous êtes croisés avec Utema J.P ?
R. J'allais à Matonge, j'ai stationné quelque part. J'ai vu JP que j'ai connu à Kisangani. Je lui ai posé la question de savoir où il allait. Il a dit qu'il va à Zanzibar en Tanzanie. Est-ce que la famille était informée de ce voyage ? Il a dit : non. A Kisangani, il passait nuit dans la mosquée ; Ils sont nombreux, ceux qui passent nuit à la mosquée de Beni. Je l'ai amené chez moi à la maison, j'ai informé ses parents. Ils se sont étonnés. Ils ont commencé à pleurer, je les ai calmés. Ils étaient à la mosquée musulmane ici au quartier Cité Belge. Patrick l'a amené vers OZACAF. Ils se sont croisés avec des hommes armés qui les ont fouillés et les ont fait retourner jusqu'à la mosquée. Ils étaient nombreux ; les autres sont partis à Zanzibar.
Q. Où est la feuille de route de cet enfant ?
R. Je l'avais remise à l'Auditorat.
Q. C'était l'originale ou la photocopie ?
R. La photocopie.
Ministère Public : Nous n'avons pas inventé le nom de monsieur Ongala. Le MP donne la déclaration faite par monsieur Ongala à l'auditorat lors de la confrontation : « C'est bel et bien ma signature ».
Q. A la question de savoir si vous connaissez Amadi ?
R. J'ai dit que chez les musulmans, les Amadi sont nombreux.
Q. Quand vous a-t-on présenté Amadi ?
R. J'ai dit que je ne le connais pas.
Ministère Public : Quand on dit que c'est possible, cela veut dire que vous ne le connaissez pas ?
Q. Est-ce qu'il arrive que vous signiez une feuille de route au-delà de 100 kilomètres de Kisangani ?
R. Non. J'ai dit ceci : si l'Imam provincial me laisse l'intérim, je peux signer ; mais il ne m'a jamais laissé l'intérim.

Q. Connaissez-vous le cyber café qui se trouve à côté de SOFICOM à Kisangani ?
R. Oui.
Le Ministère Public cite la cote 14-17 et donne lecture des déclarations d'Utema Amadi.
Q. Votre résidence se trouve-t-elle à côté de la mosquée centrale de Kisangani ?
R. C'est très loin de la mosquée centrale.
Q. A la question de savoir si vous confirmez vos déclarations précédentes devant l'OMP ?
R. J'avais dit que je me réserve.
Q. Est-ce que vous avez dit que vous ne reconnaissez pas votre signature devant l'OMP ?
R. J'avais dit que je ne reconnais pas monsieur Utema. Moi j'avais dit que je n'ai jamais donné un document sans sceau. Avec la technologie, on peut prendre votre signature et on la met sur un document.
Q. Est-ce que la signature est la vôtre, mais apposée sur un document que vous ne connaissez pas ?
R. Ce n'est pas ma signature.
Ministère Public : Sous couvert de sa fonction normale de Sheikh, il est le recruteur des ADF.
Défense : En tenant compte des contradictions de la part de monsieur Utema, notre client n'a jamais acheté une moto TVS. Nulle part monsieur Ongala n'a accepté les accusations portées à sa charge. Nous ne savons pas si, sur base de la photocopie, l'on peut fonder sa conviction.
Monsieur Ongala déclare : s'ils étaient quatre, j'allais les mettre sur une même feuille de route. On a demandé à monsieur Utema si le jour de voyage il m'avait vu, il a répondu par non. Je suis futur assistant. Ce que le recteur m'avait dit c'était pour enseigner l'arabe comme j'ai la maitrise de cette langue. Et pour la future candidature de député, il a émis son inquiétude sur ce que je vais faire de ce mouvement.
La Défense signifie à la Cour que les faits mis à charge de son client, c'est un montage. La feuille de route versée par le MP et les feuilles de route versées par nous, les paraphes et les signatures ne sont pas identiques. Pourquoi l'on n'a pas apposé le sceau ? Certainement que l'on savait que notre client n'allait pas accepter. La Défense demande à l'OMP de leur présenter l'original de la feuille de route : à ce moment, nous ne dirons plus rien.
Ministère Public : Les ADF sont des ADF, est-ce que ce sont des originaux ? Ont-ils des originaux ? Ils viennent avec des copies. Le MP dit qu'il n'a pas d'original, mais une copie. Il demande à monsieur Barwani d'observer la signature de ces deux documents. Il demande d'observer les boucles de ces deux signatures. Nous avons demandé un document signé par monsieur Barwani à l'époque. Il présente le document et l'on demande à monsieur Barwani s'il reconnait cette signature, monsieur Barwani accepte.

Q. Lorsque vous envoyez les gens à Zanzibar, est-ce que vous signez des feuilles de route collectives ?
R. Je n'ai jamais envoyé des gens à Zanzibar.
Q. Oui ou non vous faites saisir vos feuilles de route là où a indiqué le jeune Amadi ?
R. C'est là que je saisis mes documents.
Ministère Public : Nous avons commencé les enquêtes à Beni pour voir s'il y avait d'autres jeunes avant d'aller à Kisangani. Nous sommes allés à la mosquée, il y en avait.
Q. Ongala, savez-vous conduire une moto ?
R. Oui.
Ministère Public : Nous apportons une feuille de route dans ce dossier qui est reconnu formellement par monsieur Ongala. Tout ce dont monsieur Amadi charge et décharge monsieur Ongala est vrai. Nous ne reprochons rien aux PV du jeune Amadi.
Défense : selon la Cote 16, le jeune Amadi a été conduit par une autre personne, mais pas par monsieur Ongala. Il a décrit monsieur Ongala comme quelqu'un qui avait la barbe et il a parlé avec lui en lingala ; ce qui n'est pas le cas. La Défense souhaite qu'une confrontation soit faite entre leur client et monsieur Amadi devant la Cour. Monsieur Amadi n'est pas connu dans la communauté ; la feuille de route n'est pas non plus répertoriée dans notre classeur.
Q. Est-ce que vous enregistrez tous les musulmans dans un cahier ?
R. Tous les nouveaux musulmans sont enregistrés.
Remise contradictoire à jeudi, le 16 février 2017 pour le réquisitoire et la plaidoirie.

Audience publique du 20 février 2017

RP N° 0156/2017
RMP N° 0791/KNG/2016
En chambre foraine à laquelle siègent :

1. Lt Col. Mag. Ntshaykolo Esosa Masele Jean Paulin, 1er Président ;
2. Col. Ntiba Bulangiti Matthieu, Juge Assesseur ;
3. Col. Dunia Kashindi Fabien, Juge Assesseur ;
4. Col. Busoki Wa Karaku, Juge Assesseur ;
5. Com. Sup. Ppl Ngumbi Kulinga, Juge Assesseur ;
6. Gén. Maj. Mokunto Kiyana Tim, 1er AGF, Ministère Public ;
7. Maj. Madoli Nzoki Guy Martin, Greffier.

En cause : l'auditeur militaire supérieur Près la cour militaire opérationnelle du Nord-Kivu, Ministère Public.
Contre : Monsieur Ongala Barwini
Prévenu de : Participation à un mouvement insurrectionnel ;
La cause est appelée à 12 heures 00 minutes.

A l'appel de la cause, le prévenu cité ci-haut comparait en personne et assisté par ses conseils : Me Blanchard Mbiya, Me John Mughisa et Me Constant Kalumendo respectivement avocats au Barreau de Mbuji Mayi et de Kisangani.

Réquisitoire du Ministère Public :

Par ces motifs : Requérons qu'il plaise à votre Cour de céans de dire établie en fait comme en droit l'infraction mise à charge du prévenu Ongala Barwani.

- De le condamner sans admission des circonstances atténuantes ;
- De le condamner à une peine capitale ;
- De mettre les frais à charge du Trésor Public ;
- De le condamner à toute autre peine que votre Cour jugera utile.

Plaidoirie de la Défense présentée par les avocats Défense du prévenu :

Par ces motifs : Qu'il plaise à votre Cour Militaire de céans de dire non établie en fait comme en droit l'infraction mise en charge du prévenu Cheik Ongala Barwani et de renvoyer le prévenu libre de toute poursuite judiciaire, et ce sera justice.

Réplique du Ministère Public :

Selon le Ministère, concernant les étudiants musulmans, pour aller étudier à l'étranger, il n'y a pas question de livrer une feuille de route ; c'est une question maffieuse. En adhérant au mouvement ADF, il sait ce qu'il y a ; en recrutant, il sait ce qu'il y a. Selon le Ministère Public, ce n'est pas une feuille de route officielle, mais c'est une feuille de route marginale.

Contre réplique de la Défense :

Il n'y a aucun élément scientifique qui atteste sa participation ; il ne pouvait pas utiliser l'entête de la COMICO ; et il ne pouvait pas non plus utiliser sa qualité et sa signature. Pourquoi le Ministère Public qui, après avoir auditionné les gens qui sont passés par devant lui et n'ayant rien trouvé, ne pouvait plus le déférer à la Cour ? La Défense voulait que le Ministère Public prouve l'authenticité de la pièce.

Premier Président au prévenu Ongala Barwani :

Q. Quel est votre dernier mot ?

R. Je me rallie aux propos de mes avocats conseils et je sollicite l'acquittement.

Le Premier Président déclare les débats clos.

Audience publique du 5 janvier 2017

RP N° 0145/2016

RMP N° 0757/KNG/2016

En chambre foraine à laquelle siègent :

1. Lt Col. Mag. Ntshaykolo Esosa Masele Jean Paulin, 1er Président ;
2. Maj. Mag. Kabondo Pibwe Serge, Conseiller ;
3. Col. Ndiba Bulangiti Matthieu, Juge Assesseur ;
4. Lt Col. Simisi Tuve Serge, Juge Assesseur ;

5. Lt Col. Mpoy Teddy Léonard, Juge Assesseur ;
6. Lt Col. Mag Kumbu Ngoma Jean Baptiste, OMP ;
7. Maj. Bonyoma Kaisala Rigobert, Greffier.

En cause : l'auditeur militaire supérieur Près la cour militaire opérationnelle du Nord-Kivu, Ministère Public.

Contre : Banza Rachidi et Joseph Christoph

Prévenus de :

- Participation à un mouvement insurrectionnel ;
- Association des malfaiteurs.

La cause est appelée à 11 heures 05 minutes.

A l'appel de la cause, les prévenus cités ci-haut comparaissent en personne et assistés par leurs conseils : Me Joël Shanyungu, avocat au Barreau de Goma et Kisangani, conjointement avec le défenseur militaire Kiwunga Makila.

Identification des prévenus

1. Banza Rachidi Roger alias Mudjaribu, né à Goma, le 5 août 1977 ; fils de Banza (en vie) et de Amina (en vie) ; originaire de Munigi, Secteur de Bukumu, Territoire de Nyiragongo, Province du Nord-Kivu ; Etat-civil : célibataire ; études faites : 4ème primaire ; profession : motard/ ATAMOVOB-Goma ; culte : musulman ; Domicilié à Goma, Quartier Ndosho, Avenue de l'Enseignant N°38, Commune de Karisimbi.
2. Joseph Christoph Kashindiye, né à Goma, le 4 avril 1984 ; fils de Christoph Kashindiye (décédé) et de Héhène Atanase Kanga (en vie) ; Etat-civil : marié à madame Alima Djuma et père de 2 enfants ; profession : petit commerce ; études faites : 6ème primaire ; religion : catholique ; originaire d'Ilagala, Secteur de Kididi Sunuka, Province de Kigoma en République de Tanzanie, Domicilié en Tanzanie- Ilagala.

Concernant cette cause, les avocats Défense des prévenus sollicitent la remise à jeudi de la semaine prochaine. Le MP quant à lui, sollicite à la Cour la remise à lundi. La Cour décide de renvoyer cette cause à jeudi et demande à toutes les parties de déposer la liste des témoins à décharge au greffe.

Audience publique du 13 janvier 2017

RP N° 0145/2016
RMP N° 0757/KNG/2016
En chambre foraine à laquelle siègent :

1. Lt Col. Mag. Ntshaykolo Esosa Masele Jean Paulin, 1er Président ;
2. Maj. Mag. Kabondo Pibwe Serge, Conseiller ;
3. Col. Ndiba Bulangiti Matthieu, Juge Assesseur ;
4. Lt Col. Simisi Tuve Serge, Juge Assesseur ;
5. Lt Col. Mpoy Teddy Léonard, Juge Assesseur ;
6. Gén. Maj. Mokunto Kiyana Tim, 1er AGF OMP ;
7. Maj. Bonyoma Kaisala Rigobert, Greffier.

En cause : l'auditeur militaire supérieur Près la cour militaire opérationnelle du Nord-Kivu, Ministère Public.
Contre : Banza Rachidi et Joseph Christoph
Prévenus de :

- Participation à un mouvement insurrectionnel ;
- Association des malfaiteurs.

La cause est appelée à 11 heures 05 minutes.
A l'appel de la cause, les prévenus cités ci-haut comparaissent en personne et assistés par leurs conseils : Me Joël Shanyungu, avocat au Barreau de Goma et Kisangani, conjointement avec le défenseur militaire Kiwunga Makila ; David Wambale conjointement avec Me Ayane Ayalinga.
Premier Président au prévenu Rachidi Roger :
Q. Où et quand avez-vous été arrêté ?
R. A Butembo, vers 10 heures du matin du 15 mars 2016.
Q. Reconnaissez-vous que lors de votre arrestation on vous a retrouvé avec un document ?
R. C'est après deux mois et deux semaines après mon arrestation que le magistrat Hubert est venu avec ce document. En me le présentant, j'ai nié, ainsi m'a-t-il fait une gifle.
Q. Avez-vous accepté après avoir reçu cette gifle ?
R. Non, j'avais dit que lors de mon arrestation, c'était les identités de mon client que je transportais à moto, monsieur Christoph.
Q. Les documents que vous déclarez, ce sont ceux qui sont dans le dossier ?
R. Non, j'avais catégoriquement refusé que ces documents ne nous appartenaient pas.
Q. Vous n'avez vu ces documents qu'à l'auditorat ?
R. Oui.
Q. Vous employez le terme « nous » avec qui ?
R. On nous montrait tous comme nous étions au bureau ; même lorsqu'on avait appelé Joseph, il avait refusé.
Premier Président au prévenu Joseph :
Q. Aviez-vous ces documents à l'auditorat ?
R. Oui.
Q. Reconnaissez-vous que ces documents vous appartenaient ?
R. Moi, je n'étais qu'un simple passager. Je n'avais aucun document, sauf mon sac.
Q. Alors, qu'est-ce que le motard avait ?
R. Il avait une jaquette.
Q. Est-ce que vous aviez vérifié ce qui se trouvait dedans ?
R. Moi, en tant que simple passager, je ne pouvais pas vérifier ce qui se trouvait dans le sac. Seulement, arrivé à la barrière, après la fouille, nous étions interpellés après qu'on est tombé sur le document. Un des policiers s'exclame que je suis Ougandais alors que je suis Tanzanien.
Q. Quel document aviez-vous en quittant la Tanzanie pour entrer au Congo ?

R. J'avais mon passeport.
Q. Alors, pourquoi votre passeport ne se retrouve pas ?
R. J'avais le passeport et le soulier.
Q. Où et quand étiez-vous arrêté ?
R. J'avais quitté Goma via Butembo, et comme le kiswahili du Congo était compliqué pour moi !
Q. Vous êtes entré à partir d'où pour être au Congo ?
R. A partir de Kalemie.
Q. C'était en quelle date ?
R. C'était le 12 mars 2016.
Q. Quelle était votre destination ?
R. Ma destination était Butembo.
Q. Qui est-ce que vous veniez voir au Congo, précisément à Butembo ?
R. Chy, ma tante.
Q. C'était votre oncle ou votre tante ?
R. C'était ma tante ; je croyais qu'elle est à Goma.
Q. Pourquoi vous avez dit que c'était l'oncle ?
R. Pas de réponse.
Q. Qui habite à Katoyi ?
R. C'est mon oncle.
Q. Comment s'appelle votre tante ?
R. Elle s'appelle Noelia Atanas.
Q. Connaissez-vous l'adresse de votre tante à Butembo ?
R. Je l'avais sur papier.
Q. Etiez-vous sûr que vous alliez la retrouver à Butembo ?
R. C'est mon frère qui m'avait informé, surtout que nous avons quitté là-bas il y a longtemps.
Q. Votre tante est de quelle nationalité ?
R. Elle est Congolaise.
Q. Alors, votre père est de quelle nationalité ?
R. Il est de Kindu ainsi que ma mère.
Q. Pourquoi vous avez acquis la nationalité tanzanienne ?
R. C'est parce que nous étions comme des déplacés et que nous étions libres de prendre n'importe quelle nationalité.
Q. Pourquoi votre tante, qui est à Butembo, ne sait pas que vous êtes arrêté ?
R. Je ne l'ai jamais vue jusqu'aujourd'hui.
Q. Où et quand vous vous êtes rencontrés avec Banza ?
R. Moi je me suis présenté comme étant passager et c'est le chauffeur, qui m'avait amené, qui m'a présenté chez le motard.
Premier Président au prévenu Banza :
Q. Où avez-vous rencontré monsieur Joseph Christoph ?
R. A Butembo.
Q. Que faisiez-vous à Butembo ?
R. Je venais de Goma pour amener un client sur ma moto jusqu'à Butembo.

Q. Vous ne connaissiez pas encore Butembo ?
R. Non.
Q. Pourquoi vous aviez accepté de conduire quelqu'un à une adresse que vous ne connaissiez pas ?
R. Je suis motard, mon souci est de chercher de l'argent.
Q. La dame que vous avez transportée à Goma vous a payé combien ?
R. 40$US.
Q. Est-ce que ces 40$US ne pouvaient pas vous satisfaire à payer le carburant ?
R. Moi, je suis motard. Comme j'avais un autre client qui devait payer 60.000fc, je ne pouvais pas laisser cet argent.
Q. Est-ce que vous pouvez vous souvenir du mensonge que vous avez dit devant le magistrat Hubert ?
R. Un homme ne peut jamais se souvenir de mensonge déjà dit.
Q. Pourquoi avez-vous volé le sac de cette dame ?
R. Je n'ai pas volé.
Conseiller à Christoph Joseph :
Q. Qu'est-ce qui était dans le sac ?
R. Je ne savais pas ce qui était dans le sac.
Conseiller au prévenu Banza :
Q. Qu'est-ce qui vous a poussé de mentir devant le magistrat Hubert ?
R. Parce que j'avais peur de mourir.
Premier Président au prévenu Joseph Christoph :
Q. Votre père est de quelle origine ?
R. Il est de Maniema et il est Congolais.
Premier Président au prévenu Banza :
Q. Etes-vous motard de Goma ?
R. Oui.
Q. Où devriez-vous amener monsieur Joseph ?
R. C'est le chauffeur, qui l'avait transporté, qui connaissait l'adresse.
Q. Alors, l'autre motard, qui est-ce qu'il avait transporté ?
R. Un homme et une fille de 13 ans.
Q. Ils avaient quel teint ?
R. L'homme était noir et la fille avait des cheveux tressés.
Conseiller à Christoph Joseph :
Q. Quand êtes-vous arrivés à Goma ?
R. C'était vers 22 heures.
Q. Il n'y avait pas d'autres motards qui étaient là ?
R. Il y avait des motards, mais il n'y avait pas moyen de faire descendre quelque chose.
Q. Quand êtes-vous alors arrivés à Butembo ?
R. C'était la nuit.
Premier Président au prévenu Joseph Christoph :
Q. Vous ne connaissez pas ces documents ?

R. Le prévenu ne reconnaît pas.
Ministère Public : Nous voyons que tous ces documents nous montrent qu'il est venu de Tanzanie et ils portent la même date que celle qu'il nous a livrée du 12 mars 2016 et qu'il a traversé la frontière de la Tanzanie et du Burundi.
Q. Pourquoi ces documents se sont retrouvés entre vos mains ?
R. Le prévenu ne reconnait pas.
Le Ministère Public ne soutient pas que ces documents aient été saisis entre les mains de Joseph plutôt que de Banza. (Voir PV d'audition à la cote 9). Nous regrettons comment nous sommes devant les ADF types.
Q. Banza, pourquoi vous avez renié votre propre frère ?
R. Je sais pourquoi j'avais refusé.
Q. Où est-ce que vous étiez arrêté ?
R. A Butembo, à Mughalika.
Q. Pour quitter Beni jusqu'à Mavivi, on paye combien ?
R. C'est 2000fc.
Ministère Public à Banza :
Q. Le passager vous a proposé combien ?
R. Il devait me payer 2000fc, mais c'est le chauffeur qui avait dit 6000fc.
Q. Qui est Bonge La Chuma ?
R. C'est mon grand-frère.
Q. Est-ce que vous connaissez Okapi ?
R. Non, je ne le connais pas.
Ministère Public à Joseph :
Q. Reconnaissez-vous que le magistrat Hubert vous a giflé ?
R. Non.
Q. Même question à Banza : le Magistrat Hubert vous a-t-il aussi tabassé ?
R. Non.
Le Ministère Public regrette comment Banza, devant la Cour, confirmait qu'il était frappé par le Magistrat Hubert. Le Ministère réalise que sous cet état de s'exprimer, il devait le tabasser de nouveau ou alors le fusiller.
Q. Est-ce que Magistrat Hubert vous a tabassé avant de vous entendre un peu ?
R. C'est quand j'avais refusé de reconnaitre ces documents.
Q. Ce PV a-t-il été écrit avant que vous soyez tabassé par le Magistrat Hubert ?
R. Il m'avait tapé avant de m'interroger.
Avocat Défense donne la précision : bien sûr que le client a été auditionné et réauditionné et qu'il a été tabassé pour n'avoir pas reconnu les documents.
Le Ministère Public poursuit :
Q. Ce PV a-t-il été écrit avant que vous soyez tabassé ?
R. C'était après mon audition.
Q. Il vous a administré combien de gifles ?
R. Deux.
Q. Etiez-vous blessé ?
R. Non.
Q. Lorsque vous étiez arrêté, n'aviez-vous pas un sac ?

R. J'avais une jaquette que j'avais pliée et attachée à ma moto.
Ministère Public à Joseph :
Q. Qu'est-ce que Banza avait dans son sac ?
R. Je ne sais pas.
Ministère Public : N'est-ce pas Joseph nous a dit qu'il avait un sac de bande verte.
Ministère Public au prévenu Banza :
Q. Quel mensonge avez-vous dit devant le MP, car vous aviez peur après avoir été battu ?
R. Le prévenu ne répond pas.
Le Ministère Public passe à la lecture de PV d'audition de l'OMP.
L'Avocat Défense sollicite avec insistance à la Cour la présence de Chef Muhindo.
La Cour décide de libérer les renseignants.
Avocat Défense : Par le fait que la Défense insiste que son client avait déclaré avoir été tabassé, après le PV d'audition, la Défense n'est pas contente des agissements du MP vis-à-vis de son client en disant « Angalia macho yake, il est ADF » et le non-respect de l'Article 19 de la Constitution de la République. Si son client persiste qu'il a fait objet d'un quelconque traitement, c'est parce qu'il a subi les caprices de son client qui était à la recherche de l'argent. Il peut même transporter un à deux ou plusieurs clients. En dehors de ces documents, où se trouve la moto de son client et sa chaussure ? Voilà pourquoi la Défense réclame toujours la présomption d'innocence.
La Ministère Public confirme que Banza et Christoph étaient des ADF, en disant « est-ce que la défense en la regardant dans les yeux, le MP peut frapper Banza ».
Ministère Public au prévenu Banza :
Q. Qu'aviez-vous sur votre moto avant d'être tabassé ?
R. Je n'avais rien sur ma moto.
Q. Votre colis était de quelle sorte ?
R. Je n'avais rien comme colis, je n'avais que la jaquette.
Le Ministère Public passe à la lecture de PV de l'OMP. (Voir PV OMP à la cote 13).
Le Ministère pose la question à la Défense pour savoir où seraient la tante et l'oncle. Il n'y en a pas, où est le sort du papier sur lequel se trouvait l'adresse. Concernant la moto, le MP a ouvert le dossier contre les agents qui l'ont saisie. Dès que cette moto sera retrouvée, le MP rassure pouvoir la montrer au propriétaire tout en précisant qu'elle ne lui reviendra jamais.
Premier Président : Concernant la moto, la Cour ne peut que poursuivre ce qui a été présenté dans le PV d'objet saisi.
Avocat Défense : Pour tout ce qui est de la torture subie par mon client, selon Laurent Mutata, la torture morale reste imprescriptible et ce n'est pas à la Défense d'apporter des preuves. C'est l'organe de la loi qui devait le faire,

mais il ne l'a pas fait. Il ne peut s'arroger l'affirmation gratuite que mon client est ADF.
Premier Président : Concernant la moto, la Cour appréciera.
La cause est renvoyée à mercredi prochain.

Audience publique du 18 janvier 2017

RP N° 0145/2016
RMP N° 0757/KNG/2016
En chambre foraine à laquelle siègent :

1. Lt Col. Mag. Ntshaykolo Esosa Masele Jean-Paulin, 1er Président ;
2. Maj. Mag. Kabondo Pibwe Serge, Conseiller ;
3. Col. Ndiba Bulangiti Matthieu, Juge Assesseur ;
4. Lt Col. Simisi Tuve Serge, Juge Assesseur ;
5. Lt Col. Mpoy Teddy Léonard, Juge Assesseur ;
6. Gén. Maj. Mokunto Kiyana Tim, 1er AGF, OMP ;
7. Maj. Bonyoma Kaisala Rigobert, Greffier.

En cause : l'auditeur militaire supérieur Près la cour militaire opérationnelle du Nord-Kivu, Ministère Public.
Contre : Banza Rachidi et Joseph Christoph
Prévenus de :

- Participation à un mouvement insurrectionnel ;
- Association des malfaiteurs.

La cause est appelée à 16 heures 35 minutes.
A l'appel de la cause, les prévenus cités ci-haut comparaissent en personne et assistés par leurs conseils : Me Joël Shanyungu, avocat au Barreau de Goma et Kisangani, conjointement avec le défenseur militaire Kiwunga Makila ; et Nathan Twagirabo, David Wambale.
Remise de la cause au 20 janvier 2017.

Audience publique du 20 janvier 2017

RP N° 0145/2016
RMP N° 0757/KNG/2016
En chambre foraine à laquelle siègent :

1. Lt Col. Mag. Ntshaykolo Esosa Masele Jean-Paulin, 1er Président ;
2. Maj. Mag. Kabondo Pibwe Serge, Conseiller ;
3. Col. Ndiba Bulangiti Matthieu, Juge Assesseur ;
4. Lt Col. Simisi Tuve Serge, Juge Assesseur ;
5. Lt Col. Mpoy Teddy Léonard, Juge Assesseur ;
6. Gén. Maj. Mokunto Kiyana Tim, 1er AGF, OMP ;

7. Maj. Bonyoma Kaisala Rigobert, Greffier.

En cause : l'auditeur militaire supérieur Près la cour militaire opérationnelle du Nord-Kivu, Ministère Public.

Contre : Banza Rachidi et Joseph Christoph

Prévenus de :

- Participation à un mouvement insurrectionnel ;
- Association des malfaiteurs.

La cause est appelée à 15 heures 05 minutes.

A l'appel de la cause, les prévenus cités ci-haut comparaissent en personne et assistés par leurs conseils : Me Joël Shanyungu, avocat au Barreau de Goma et Kisangani, conjointement avec le défenseur militaire Kiwunga Makila ; et Me Nathan Twagirabo, David Wambale.

Premier Président de la Cour : demande à toutes les parties s'il y a des questions à poser.

Le Ministère Public voulait faire comparaitre quelqu'un comme témoin.

La Défense ne voit pas la nécessité de ce témoin par devant la Cour, car c'est une Cour à qui on écrit de droit. Selon la Défense, le Ministère Public peut le faire venir à l'audience et s'il advenait que son client refuse, quelle sera la conséquence.

Pour le Ministère Public, il ne voit aucun inconvénient par rapport à la comparution de ce témoin.

La cause est renvoyée à lundi ; devoir de faire comparaitre les témoins.

Audience publique du 25 janvier 2017

RP N° 0145/2016

RMP N° 0757/KNG/2016

En chambre foraine à laquelle siègent :

1. Lt Col. Mag. Ntshaykolo Esosa Masele Jean-Paulin, 1er Président ;
2. Maj. Mag. Kabondo Pibwe Serge, Conseiller ;
3. Col. Ndiba Bulangiti Matthieu, Juge Assesseur ;
4. Lt Col. Simisi Tuve Serge, Juge Assesseur ;
5. Lt Col. Mpoy Teddy Léonard, Juge Assesseur ;
6. Gén. Maj. Mokunto Kiyana Tim, 1er AGF, OMP ;
7. Maj. Bonyoma Kaisala Rigobert, Greffier.

En cause : l'auditeur militaire supérieur Près la cour militaire opérationnelle du Nord-Kivu, Ministère Public.

Contre : Banza Rachidi et Joseph Christoph

Prévenus de :

- Participation à un mouvement insurrectionnel ;
- Association des malfaiteurs.

La cause est appelée à 11 heures 05 minutes.

A l'appel de la cause, les prévenus cités ci-haut comparaissent en personne et assistés par leurs conseils : Me Nathan Tagirabo conjointement avec David

Wambale, tous avocats Près la Cour d'appel de Kisangani et au barreau de Kisangani.
Ministère Public :
Q. Etes-vous un motard de Goma ?
R. Oui.
Q. N'avez-vous jamais travaillé avec les ADF ?
R. Non.
Q. Connaissez-vous monsieur Christoph ?
R. Je le connais seulement comme étant passager.
Le Ministère Public appelle le prévenu Bisimwwa.
Q. Est-ce que vous connaissez monsieur Okapi ?
R. Oui, je le connais.
Q. Si nous le faisons venir ici, est-ce que vous allez le reconnaitre ?
R. Oui.
La Ministère présente monsieur Okapi par devant la Cour.
Identification du renseignant qui comparait en kiswahili :
Amadi Shabani Elie, alias Okapi Michaël, né à Bukavu, le 7 novembre 1980 ; études faites : 2ème année C.O ; fonction : creuseur d'or ; Etat-civil : marié et père de 5 enfants ; village : Fizi ; Territoire de Fizi ; Province du Sud-Kivu ; Domicilié à Nyanya.
Ministère Public à Bisimwa :
Q. Est-ce que vous connaissez Okapi
R. Oui, c'est mon grand-frère.
Ministère Public à Okapi :
Q. Est-ce que vous connaissez Banza ?
R. Oui, il s'appelle Mudjaribu.
Ministère Public à Mudjaribu :
Q. Est-ce que vous vous appelez Mudjaribu ?
R. Oui.
Ministère Public à Okapi :
Q. Comment vous vous êtes connus ?
R. Il est taximan motard.
Q. Qu'est-ce que vous faisiez avec lui ?
R. Nous transportions les effets des ADF jusqu'à Oïcha.
Q. Quand est-ce que vous faisiez cela ?
R. Il y a de cela six mois passés.
Q. Où est-ce que vous transportiez ces bagages ?
R. A Oïcha.
Q. Banza, êtes-vous déjà arrivé à Oïcha ?
R. Non.
Q. Bisimwa, connaissez-vous Muhoya Fiston ?
R. Oui.
Q. Banza, connaissez-vous Muhoya Fiston ?
R. Banza ne le reconnait pas.

Ministère Public à Okapi :
Q. Comment connaissez-vous Muhoya Fiston ?
R. Il faisait partie des transporteurs qui allaient à Oïcha.
Ministère Public à Banza :
Q. N'êtes-vous jamais arrivé à Oïcha, Mbau ?
R. Non.
Q. Okapi, avez-vous déjà vu comment Banza conduit la moto ?
R. Oui, c'est un bon motard.
Q. C'est dans quelle circonstance que vous l'avez connu ?
R. Il avait un colis sur sa moto, puis il avait fait preuve d'expérience en faisant demi-tour devant les roulages qui se sont rendu compte qu'il est un bon motard.
Q. Que signifie l'enfant prodigue (Mupotevu) ?
R. Je ne sais pas.
Le Ministère voulait faire savoir au prévenu Banza comment Okapi était comme lui, mais lui s'est converti.
Q. Où seraient vos parents : votre père et votre mère ?
R. Ils sont tous à Goma, vivants.
Le Ministère public renvoie la Cour à la cote 12 du PV OMP.
Défense du prévenu au renseignant Okapi :
Q. Lui étant à Nyanya, comment avait-il su que son motard est arrêté ?
R. En tout cas, il y a de cela plusieurs années que je ne suis plus en contact avec lui. Il y a de cela deux ans.
Q. N'avez-vous pas appris qu'il était resté à Goma ?
R. C'est chez eux.
Premier Président à Okapi :
Q. Qu'est-ce qui a fait que vous vous dispersiez ?
R. Nous étions recherchés. C'est cela qui m'avait poussé à fuir.
Q. Peut-être que vous confondez les noms. Connaissez-vous le nom d'Okapi ?
R. Non, même devant le magistrat Hubert, je ne l'avais pas reconnu. Je croyais qu'il me demandait au sujet de l'animal Okapi.
Q. Lorsque vous niiez, est-ce que le magistrat Hubert vous a frappé ?
R. Non.
Défense du prévenu à Okapi :
Q. Reconnaissez-vous avec précision monsieur Banza ?
R. Oui, car il était motard.
Q. Combien de voyages avez-vous effectué avec Mudjaribu de Oïcha à Butembo ?
R. Plus de trois voyages.
Q. Etiez-vous aussi motard ?
R. Oui, je roulais avec une moto, mais je n'étais pas motard.
Q. Comment et dans quelle circonstance avez-vous connu Banza ?
R. A partir de Suleiman Zacharia qui est son frère.
Q. Lorsqu'il vous a confié Banza, lui aviez-vous dit ce que vous alliez faire ?

R. Tout se faisait dans la discrétion, on ne pouvait pas le lui signifier si vite.
Q. Vous avez travaillé pendant combien de temps ?
R. Il y a longtemps que nous ne sommes plus ensemble.
Premier Président à Banza :
Q. Reconnaissez-vous avoir déjà travaillé avec Okapi ?
R. Non. Le prévenu ne reconnaît rien.
Défense à Okapi :
Q. Depuis quand avez-vous travaillé ensemble ; et quand vous êtes-vous séparés ?
R. Depuis 2014.
Défense à Banza :
Q. Depuis quand vous vous êtes séparés avec Okapi ?
R. Depuis le mois de mars 2016.
Ministère Public : Zacharia Suleiman Bonge La Chuma, alias le Borgne, est le frère propre à Banza. Tous étaient dans un même groupe. Mais ils étaient dispersés, chacun avec sa destination.
Ministère Public à Okapi :
Q. Lorsque vous manquiez de l'argent, où est-ce que vous pouviez vous en approvisionner ?
R. Chez Mudjaribu.
Ministère Public à Banza :
Q. Connaissez-vous le problème d'argent ?
R. Non, je ne connais pas.
Ministère Public : Je pose cette question, car monsieur Banza avait encore quelque somme qu'il gardait : 3000$USD (trois mille dollars américains).
Monsieur le Premier Président voulait que cette cause soit renvoyée au vendredi, mais le Ministère Public n'était pas prêt pour requérir ; il voulait d'abord que tous les prévenus puissent être confrontés.
La Défense voulait que le Ministère public puisse requérir, car leurs prévenus sont en prison ; ils veulent savoir leur sort.
Ministère Public : Pour mieux comprendre le rôle des uns et des autres, il faut que la Défense s'apaise.
La cause est renvoyée au vendredi et cette séance prochaine est prévue pour le réquisitoire et la plaidoirie.

Audience publique du 6 avril 2017

RP N° 0145/2016
RMP N° 0757/KNG/2016
En chambre foraine à laquelle siègent :
1. Lt Col. Mag. Ntshaykolo Esosa Masele Jean-Paulin, 1er Président ;
2. Maj. Mag. Kabondo Pibwe Serge, Conseiller ;
3. Col. Ndiba Bulangiti Matthieu, Juge Assesseur ;
4. Lt Col. Simisi Tuve Serge, Juge Assesseur ;

5. Lt Col. Mpoy Teddy Léonard, Juge Assesseur ;
6. Gén. Maj. Mokunto Kiyana Tim, 1er AGF, OMP ;
7. Maj. Bonyoma Kaisala Rigobert, Greffier.

En cause : l'auditeur militaire supérieur Près la cour militaire opérationnelle du Nord-Kivu, Ministère Public.

Contre : Banza Rachidi et Joseph Christoph

Prévenus de :

- Participation à un mouvement insurrectionnel ;
- Association des malfaiteurs.

La cause est appelée à 11 heures 05 minutes.

A l'appel de la cause, les prévenus cités ci-haut comparaissent en personne et assistés par leurs conseils : David Wambale, avocat au barreau de Kisangani conjointement avec Me Charles Ayane Ayalinga, avocat au Barreau de Goma et Kisangani et le défenseur militaire agréé Kiwunga Makila.

Après comparution des avocats conseils des prévenus, monsieur le Premier Président de la Cour accorde la parole afin de présenter le réquisitoire.

Réquisitoire du Ministère public :

Par ces motifs, requérons qu'il plaise à la Cour Militaire opérationnelle du Nord-Kivu de :

- Dire établie en fait comme en droit l'infraction de participation à un mouvement insurrectionnel mise en charge du prévenu Banza Rachidi Roger alias Mudjaribu, établie à sa charge l'infraction d'association des malfaiteurs. Condamne par conséquent sans admission des circonstances atténuantes :
- A la peine de mort pour participation à un mouvement insurrectionnel ;
- A la peine capitale pour association des malfaiteurs et faire l'application de l'article 7 CJM une seule peine de mort et mettre les frais à charge du Trésor Public.

Pour Joseph Christoph, requérons qu'il plaise à la Cour Militaire opérationnelle du Nord-Kivu :

- De dire établie en fait comme en droit l'infraction d'association des malfaiteurs mise en sa charge avec admission des circonstances atténuantes à 20 ans de servitude pénale principale et mettre les frais à charge du Trésor Public.
- De condamner les deux prévenus à toute autre peine qu'elle estimera en bonne justice et cela sera œuvre de la bonne justice équitable.

Plaidoirie de la Défense du prévenu Banza Rachidi Roger par le Défenseur militaire Kiwunga Makila :

Par ces motifs, plaise à la Cour Militaire opérationnelle du Nord-Kivu :

- De dire principalement non établie en fait comme en droit l'infraction de participation à un mouvement insurrectionnel mise à charge de Banza Rachidi Roger.

- De dire non établie en fait comme en droit l'infraction d'association des malfaiteurs mise à charge du prévenu Joseph Christoph et si dans sa souveraineté avec des circonstances atténuantes. Par conséquent les renvoyer à toutes poursuites judiciaires et les en acquitter et mettre les frais en charge du Trésor Public.

Premier Président au prévenu Banza :

Q. Qu'est-ce que vous dites ?

R. Moi je travaillais au compte de mon patron IGD que vous avez déjà arrêté au niveau de l'auditorat. Je travaillais comme quelqu'un qui cherche l'argent.

Premier Président au prévenu Joseph Christoph :

Q. Qu'est-ce que vous dites ?

R. Je ne sais même pas ce qui m'a poussé à venir au Congo.

Le Premier Président déclare les débats clos et promet d'en délibérer.

SEXUALITE : STATEGIE DE TRAFIC DES RENSEIGNEMENTS

Audience publique du 6 juin 2017

RP N° 0173/2017
RMP N° 0813/KNG/2017
En chambre foraine à laquelle siègent :

1. Lt Col. Mag. Ntshaykolo Esosa Masele Jean Paulin, 1er Président ;
2. Col. Omeonga Taunya José, Juge Assesseur ;
3. Col. Ndiba Bulangiti Matthieu, Juge Assesseur ;
4. Col. Busoki Wa Karaku, Juge Assesseur ;
5. Com. Sup. Ppl Ngumbi Kulinga, Juge Assesseur ;
6. Gén. Maj. Mokunto Kiyana Tim, 1er AGF, Ministère Public ;
7. Maj. Madoli Nzoki Guy Martin, Greffier.

En cause : l'auditeur militaire supérieur Près la cour militaire opérationnelle du Nord-Kivu, Ministère Public.
Contre :

- Monsieur Kahindo Mbindule Ladislas ;
- Monsieur Bernard Mwania Kubeta ;
- Monsieur Holabo Duabo Bienvenu ;
- Madame Mwaka Muheha Sarah ;
- Monsieur Mousa Batrane Abakar ;
- Kalyamba Luanda Alphonse.

Prévenus de :

- Crime de guerre ;
- Participation à un mouvement insurrectionnel ;
- Association des malfaiteurs.

La cause est appelée à 11 heures 40 minutes.
A l'appel de la cause, les prévenus cités ci-haut comparaissent en personne et assistés par leurs conseils : Me Blanchard Mbiya, Me Constant Kalundero et Me John Mughisa, tous avocats, assistent les prévenus Mousa Batrane Abakar, Holabo Duabo Bienvenu, Bernard Mwania Kubeta et Kahindo Mbindule Ladislas ; Me David Wambale, avocat assiste Kalyamba Luanda Alphonse ; Madame Mwaka Muheha Sarah, comparait seule sans être assistée.
Identite des prévenus

1. Kahindo Mbindule Ladislas, né à Butembo, le 15 décembre 1959, fils de Kahindo Léonard (décédé) et de Kavira Thérèse (en vie) ; originaire de Komba, Secteur Baswagha, Territoire de Lubero, Province du Nord-Kivu ; Etudes faites : D6 ; Etat-civil : veuf sans enfants ; Résident à Butembo,

Avenue Président de la République N°195, Quartier Kambali, Commune Vulamba. Comparait en swahili, langue de son choix.
Q. Avez-vous déjà été condamné ?
R. Non.

2. Bernard Mwania Kubeta, né à Tshabi, le 27 octobre 1962, fils de Constantin Mankunku (décédé) et de Feza Alimasi (en vie) ; originaire de Tshabi, Secteur Ikama, Territoire de Pangi, Province de Maniema ; Etudes faites : L2 en Sociologie ; Etat-civil : marié à madame Christine Salumu Keno et père de 7 enfants ; Résident sur Avenue du Centre N° 01, Quartier Cité Belge, Commune Bungulu, Ville de Beni. Comparait en français, langue de son choix.
Q. Avez-vous déjà été condamné ?
R. Non.

3. Holabo Duabo Bienvenu, né à Nyankunde, le 11 novembre 1975, fils de Duabo Dieudonné (décédé) et de Nganabo Emiliane (en vie), originaire de Boya I, Secteur Mobala, Territoire d'Irumu, Province de l'Ituri ; Etudes faites : D6 Biochimie ; Etat-civil : marié à Kambale Kasoki Darlène et père de 4 enfants ; Résident au Quartier Résidentiel, Avenue Kisoki N°12, Ville de Beni, Commune Bungulu. Comparait en français, langue de son choix.
Q. Avez-vous déjà été condamné ?
R. Non.

4. Muheha Mwaka Shingwa Sarah, née à Bukavu, le 25 mai 1975, fille de Mushajili Shingwa (en vie) et de Esther Kilangana (en vie), originaire de Mepopo, Groupement Bolebole, Secteur Mobala, Territoire Yangambi, Province de la Tshopo ; Etudes faites : Infirmier A2 ; Etat-civil : mariée à Wadri Edjala et mère de cinq enfants ; Résidente au Quartier Benengule, Avenue Musemakweli N°17, Ville de Beni, Commune Beu. Comparait en français, langue de son choix.
Q. Avez-vous déjà été condamné ?
R. Non.

5. Mousa Batrane Abakar, né à Masakory, le 6 novembre 1956, fils de Abakar Mousa (décédé) et de Fatime Abakar (décédée), originaire de Masakory, Province de Charibagirmi, de Nationalité tchadienne ; Etudes faites : L2 en Sciences Politiques ; Etat-civil : marié à Masika Elpo et père de 13 enfants ; Résident au Quartier Le Volcan, Avenue du Gouverneur N°15, Ville de Goma, Commune Goma. Comparait en français, langue de son choix.
Q/ Avez-vous déjà été condamné ?
R/ Non.

6. Kalyamba Luanda Alphonse, né à Nyabiondo, le 29 septembre 1962, fils de Luanda Antoine (décédé) et de Ndakola Atosha (décédée), originaire de Kishodja, Secteur de Osso Banyungu, Territoire de Masisi, Province du Nord-Kivu ; Etudes faites : G3 Management ; Etat-civil : marié à madame Nsimire Zihalirwa et père de 6 enfants ; Résident au Quartier Cité Belge,

Avenue Mayala N°4, Ville de Beni, Commune Bungulu. Comparait en swahili, langue de son choix.
Q. Avez-vous déjà été condamné ?
R. Non.
La Défense sollicite une brève remise pour prendre connaissance du dossier.
Le Ministère Public sollicite la comparution de maman Sarah. Vous avez posé la question à maman si elle a été arrêtée, jugée et condamnée ; elle a répondu par la négation. Maman Sarah a été jugée et condamnée par défaut pour stellionat. Elle a fui pour se réfugier chez les ADF.
Q. Avez-vous été condamné pour stellionat ?
R. C'est faux.
Ministère Public : Je n'ai pas instruit ce dossier, mais je vais prendre connaissance lors des débats.
Défense : Nous ne sommes pas des paresseux ; le dossier a été remis au greffe hier soir. Notre requête s'instruit dans le cadre d'un droit équitable. En lisant des décisions, nous avons trouvé un certain nombre de corrections que nous allons mettre dans le mémoire unique.
Article 229 CJM : Nous sommes aussi intéressés de l'identité de maman Sarah par rapport à l'identité qu'elle avait déposée comme renseignante dans le dossier Bonge la Chuma. Elle a menti sur son identité.
Ministère Public : Nous sommes devant la Cour Militaire Opérationnelle. Le délai peut être réduit à 3 heures. Le délai maximum qui peut être accordé à des cas exceptionnels est de 24 heures.
Remise contradictoire à jeudi 8 juin 2017.

Audience du jeudi 8 juin 2017

RP N° 0173/2017
RMP N° 0813/KNG/2017
En chambre foraine à laquelle siègent :

1. Lt Col. Mag. Ntshaykolo Esosa Masele Jean Paulin, 1er Président ;
2. Col. Omeonga Taunya José, Juge Assesseur ;
3. Col. Ntiba Bulangiti Matthieu, Juge Assesseur ;
4. Col. Simisi Busoki Wa Karaku, Juge Assesseur ;
5. Com. Sup. Ppl Ngumbi Kulinga, Juge Assesseur ;
6. Gén. Maj. Mokunto Kiyana Tim, 1er AGF, Ministère Public ;
7. Maj. Madoli Nzoki Guy Martin, Greffier.

En cause : l'auditeur militaire supérieur Près la cour militaire opérationnelle du Nord-Kivu, Ministère Public.
Contre :

- Monsieur Kahindo Mbindule Ladislas ;
- Monsieur Bernard Mwania Kubeta ;
- Monsieur Holabo Duabo Benvenu ;
- Madame Mwaka Muheha Sarah ;

- Monsieur Mousa Batrane Abakar ;
- Kalyamba Luanda Alphonse.

Prévenus de :

- Crime de guerre ;
- Participation à un mouvement insurrectionnel ;
- Association des malfaiteurs.

La cause est appelée à 11 heures 35 minutes.

A l'appel de la cause, les prévenus cités ci-haut comparaissent en personne et assistés par leurs conseils : Me Blanchard Mbiya, Me Constant Kalundero et Me John Mughisa, tous avocats, assistent les prévenus Mousa Batrane Abakar, Holabo Duabo Bienvenu, Bernard Mwania Kubeta et Kahindo Mbindule Ladislas ; Me David Wambale et Me Charles Muleso, avocats, assistent Kalyamba Luanda Alphonse ; Me Charles Matsipa assiste Madame Mwaka Muheha Sarah.

Le Ministère Public demande à la Cour de vérifier l'identité de la prévenue Sarah Mwaka Muheha qui a été condamnée par le Tripaix/Beni si c'est la même Sarah.

Comparait Sarah Mwaka Muheha :

Q. N'avez-vous jamais été notifiée que vous étiez condamnée par le Tripaix ?

R. C'est une autre affaire. C'est un problème qui engageait mon père et dont il a été acquitté.

Q. Donnez-nous votre identité ?

R. Muheha Mwaka Chingwa Sarah.

Q. Avez-vous déjà été condamnée ?

R. Oui.

Q. Quelle est la condamnation que rapporte l'attestation judiciaire ?

Le Ministère Public précise que devant la Cour, madame Sarah a donné une autre identité.

Q. De quelle tribu êtes-vous ?

R. Butu

Q. Quelle est la localité d'origine de votre père ?

R. Bolebole.

Q. N'est-il pas du Sud-Kivu ?

R. Non.

La Défense ne sait pas ce que cela peut entrainer comme conséquence en droit. Elle a donné ses identités.

Défense de monsieur Kalyamba Luanda Alphonse : Mémoire unique Article 121 CJM et 174 CPM, la Cour n'est pas compétente de juger leur client et il y a obscurité de libellé.

Article 91, point 1 : Loi portant organisation et compétence judiciaire. De dire ces moyens recevables et fondés. De réserver les frais.

Défense de monsieur Kahindo Mbindule Ladislas, Bernard Mwania Kubeta, Holabo Duabo Bienvenu et monsieur Mousa Batrane Abakar :

1. L'incompétence de la Cour. Article 24 du Statut de Rome, point 1 ; Ordonnance du 9 janvier 2008 portant implantation de la Cour Militaire Opérationnelle.
2. Les procès-verbaux illisibles cote 14-64, de mettre à côté des procès-verbaux ou d'exiger à l'Organe d'accusation de produire des procès-verbaux à l'original, car doutant de leur véracité et de leur authenticité. La Défense Moussa Batrane : Article 28 CJM et 29 CJM, de dire recevables et fondés tous nos moyens.

Ministère Public : Les PV intéressent Winyi. En quoi ces PV posent problème à monsieur Moussa Batrane. Winyi, ne conteste pas ces PV.

Le Professeur Nyabirungu fait une distinction entre la loi pénale de fond : une loi qui supprime une incrimination ; et la loi pénale de forme : le principe, c'est l'application immédiate.

Le texte qui crée la Cour Militaire opérationnelle, c'est la loi de compétence. Les faits de 2004 sont à la disposition de la Cour, sauf s'ils ont connu un premier jugement ; bien que la Cour ait été créée en 2008. L'article 174 CPM est abrogé par la loi N°15023.

En 2005, nous sommes en opération avec les Ougandais. Article 222 CPO au lieu de nous renvoyer à l'article 174 CPM. L'article 106 règle cela de manière générale. L'article 112 est une exception à l'article 106. La loi 15023, l'article 207 CPM, l'article 117 CJM et l'article 119 CJM. Vous direz les mémoires uniques recevables et vous les rejetterez tous, puis vous aurez à vous prononcer sur votre compétence devant tous les prévenus quand nous aurons à débattre sur le fond.

Défense de monsieur Kalyamba Luanda Alphonse : le fait d'enrôler les enfants implique le recrutement. Les enfants ont été pris chez leurs parents et retournés chez leurs parents ADF. Notre client faisait un travail pour lequel l'Etat congolais le reconnaissait. La Cour va se déclarer incompétente.

Ministère public : il ne faut pas revenir sur l'article 121 qui s'applique sur la Cour Militaire.

Débats sur ces exceptions clos, la Cour prend ces exceptions en délibéré pour un arrêt qui sera rendu dans le délai raisonnable.

La remise à une date ultérieure qui sera communiquée à toutes les parties.

Audience publique du 8 juin 2017

RP N° 0174/2017
RMP N° 0877/KNG/2017
En chambre foraine à laquelle siègent :

1. Lt Col. Mag. Ntshaykolo Esosa Masele Jean Paulin, 1er Président ;
2. Col. Omeonga Taunya José, Juge Assesseur ;
3. Col. Ntiba Bulangiti Matthieu, Juge Assesseur ;
4. Col. Simisi Busoki Wa Karaku, Juge Assesseur ;
5. Com. Sup. Ppl Ngumbi Kulinga, Juge Assesseur ;

6. Gén. Maj. Mokunto Kiyana Tim, 1er AGF, Ministère Public ;
7. Maj. Madoli Nzoki Guy Martin, Greffier.

En cause : l'auditeur militaire supérieur Près la cour militaire opérationnelle du Nord-Kivu, Ministère Public.
Contre : Bwanandeke Safari Kitobi
Prévenu de :

- Participation à un mouvement insurrectionnel ;
- Association des malfaiteurs.

La cause est appelée à 15 heures 00 minute.
A l'appel de la cause, le prévenu cité ci-haut comparait en personne et assistés par son conseil : Défense militaire agréé Kiwunga Makila.
Identité du prévenu
Bwanandeke Safari Kitobi alias Isamel Winyi, né à Beni, le 2 novembre 1968, fils de Mateso Ngombe Nyama (décédé) et de Sindani Mariamu (décédée), originaire de Kisiki, Secteur de Beni Mbau, Territoire de Oïcha ; Province du Nord-Kivu ; Etudes faites : 3 ans PP ; Etat-civil : marié à madame Kavowa et père de 3 enfants ; Résident à Goma, Avenue Kibaka, Quartier Bel air.
Q. Avez-vous déjà été condamné ?
R. Non.
Q. Etes-vous actuellement en détention ?
R. Oui.
Après lecture de la décision de renvoi par le greffier, sur ordre du Premier Président, la Cour explique au prévenu les faits pour lesquels il est poursuivi.
La Défense présente le mémoire unique : il est certain que son client était dans le mouvement ADF, mais en 2010, il est venu se rendre. Aujourd'hui, nous sommes surpris de voir qu'il est poursuivi pour le même fait pour lequel il s'est rendu. Nous avons déposé sa carte de démobilisation.
Ministère Public : On n'a pas encore identifié Winyi et on n'a pas suivi sa prévention. La perception ne pourrait être acquise pour Winyi en 2019. La perception, c'est un délai. Les actes posés par Winyi sont couverts d'amnistie. Le 30 juillet 2006, le MP a été en brousse. Il a signé un accord avec Matthieu Ngudjolo. L'accord a été contresigné par monsieur Bonus de la Monusco ; mais Matthieu Ngudjolo a été arrêté et amené à la CPI.
La Défense de Winyi utilise des expressions inappropriées. De recevoir le mémoire et de le rejeter.
Défense de Winyi : Au nom de la paix, condamner Winyi à la peine de la mort, c'est décourager les autres.
Remise contradictoire à lundi 12 juin 2017.

Audience publique du 27 juin 2017

RP N° 0174/2017
RMP N° 0877/KNG/2017
En chambre foraine à laquelle siègent :

1. Lt Col. Mag. Ntshaykolo Esosa Masele Jean Paulin, 1er Président ;
2. Col. Omeonga Taunya José, Juge Assesseur ;
3. Col. Ntiba Bulangiti Matthieu, Juge Assesseur ;
4. Col. Simisi Busoki Wa Karaku, Juge Assesseur ;
5. Com. Sup. Ppl Ngumbi Kulinga, Juge Assesseur ;
6. Gén. Maj. Mokunto Kiyana Tim, 1er AGF, Ministère Public ;
7. Maj. Madoli Nzoki Guy Martin, Greffier.

En cause : l'auditeur militaire supérieur Près la cour militaire opérationnelle du Nord-Kivu, Ministère Public.

Contre : Bwanandeke Safari Kitobi

Prévenu de :

- Participation à un mouvement insurrectionnel ;
- Association des malfaiteurs.

La cause est appelée à 15 heures 00 minutes.

A l'appel de la cause, le prévenu cité ci-haut comparait en personne et assisté par son conseil : Me Nathan Tagirabo.

Q. Tu es reproché d'avoir été au mont Ruwenzori ensemble avec les ADF/Nalu muni d'une arme ?

R. Oui.

Q. Veuillez nous relater les faits de la cause.

R. A l'époque de la deuxième République, je fus membre de sécurité à la frontière de Kasindi. L'ancien responsable de la République du Zaïre, le Président Mobutu, traitait avec nous d'une manière secrète. Comme je fus fils du milieu, on m'avait confié la mission de procéder au recrutement des membres afin de composer le groupe. Par après, le Gouvernement de l'Ouganda avait compris que le Président Mobutu complotait avec les ennemis pour envahir l'Ouganda. Suite à cela, le gouvernement de l'Ouganda avait à son tour préparé le Président Laurent Désiré Kabila avec l'AFDL pour attaquer le Zaïre. Comme le Gouvernement de la deuxième République m'utilisait, j'étais contraint de rester à Kasindi ou à Beni. J'étais dans l'obligation de rejoindre la brousse au parc d'où nous étions repartis en différents groupes. J'avais, un moment après la brousse, rejoint l'Ouganda qui m'avait accueilli et j'étais pardonné. Au moment de la révolution du Congo, il y avait plusieurs groupes armés et je faisais partie du groupe de Nyamwisi. Par après, j'étais obligé de suivre l'idéologie pour le changement de mentalité et d'esprit. En 2006, j'avais rejoint le vieux Djamil Mukulu qui m'avait accepté, voire pardonné. Nous avons eu à combattre avec les FARDC. J'avais fait part de la délégation qui négociait avec l'ONU pour sortir de la brousse. Les membres de la délégation venaient de me préciser que pour que je puisse me rendre, ils vont assurer ma sécurité pendant trois mois. Cette délégation était accompagnée du Général Mayala Vainqueur qui avait représenté le Gouvernement. J'étais logé à l'hôtel Beni et il avait été décidé que le Gouverneur du Nord-Kivu puisse me loger. Après un certain temps, le Président Kabila avait envoyé une délégation pour me demander mon état de

besoin. L'autorité m'avait envoyé une enveloppe que j'avais reçue en mains propres. Je suis allé voir le Général Mayala et j'avais décidé de me démobiliser. Je suis rentré à Oïcha pour m'installer. Le Gouvernement de l'Ouganda commençait à me séduire pour que je puisse le servir militairement ; j'ai refusé leur offre. De là, le Gouvernement de l'Ouganda voulait que je sois mis en mort. Je me suis déplacé pour Butembo. Tellement qu'il continuait à me solliciter, je suis parti à Goma pour m'y installer. Les menaces étaient devenues fréquentes si bien que j'étais en insécurité totale. J'avais sollicité à un de mes patrons pour que j'aille en exil à l'étranger. Il m'avait promis de m'aider, mais le seul moyen, c'était de me rendre à Kampala. Comme le Gouvernement de Kampala était vraiment hostile à ma personne, j'avais préféré emprunter la voie du Rwanda afin de préparer mon exil pour l'étranger. La personne qui voulait m'aider m'a pris jusqu'en Ouganda à Kampala, où j'étais logé dans un hôtel et j'étais conduit au service de sécurité de DEMIAP par un Major, où j'étais interrogé. Comme je logeais à l'hôtel, je suis tombé dans l'impossibilité de payer les frais d'hébergement. J'étais dans l'obligation de quitter l'hôtel. J'étais reçu comme réfugié, l'on cherchait à me faire sortir hors de la frontière. Ils ont demandé mon avis afin de me rendre ce service. Le HCR m'a mis en contact avec le Gouvernement Belge pour plaider auprès de deux Gouvernements, celui de l'Ouganda et de Nairobi pour s'entendre afin de me sécuriser.
Premier Président :
Q. Connais-tu madame Sarah ?
R. Oui, je la connais fort bien. C'est depuis 2012 que j'avais reçu l'appel de mon oncle fonctionnaire de l'ONU, qui m'avait intéressé de la situation des enfants retenus chez eux afin de les remettre. C'était l'occasion de faire connaissance de madame Sarah. Elle m'avait amené tour à tour des enfants.
Q. Pour quelle raison avez-vous reçu ces enfants ?
R. Ce sont les enfants des ADF/Nalu qui vivaient à l'extérieur du pays. Nos enfants résident à Butembo, Kiwanja, Kirumba et Goma. Ils étaient pour la plupart âgés de 3 à 12 ans. Ce sont nos enfants ADF. Nous habitons la brousse et nos enfants habitent la ville.
Q. Où et dans quel endroit vous avez reçu ces enfants ?
R. C'est à Oïcha et la seconde fois au PK5, la troisième fois, chez le chef Kikongo à Oïcha.
Q. De quelle manière étiez-vous en contact ?
R. C'est au moyen de téléphone. Elle était en contact avec mon oncle et de là, nous avons commencé à communiquer au téléphone.
Q. Ces enfants avaient tout au plus quel âge ?
R. Le plus âgé avait au moins 5 ans ; c'était en 2007.
Q. Est-ce que vous avez encore revu ces enfants ?
R. Tous ces enfants étaient remis aux mains propres d'une seule maman. Les conditions qui étaient exigées étaient que les enfants soient remis à leurs responsables.

Q. A ce moment-là, madame Sarah œuvrait dans quelle structure ?
R. Elle portait le gilet de la Monusco reconnu.
Q. Ils vous donnaient les enfants en tant que qui ?
R. En tant que responsable des militaires qui l'aidait pour qu'elle sache qu'elle remettait les enfants à un responsable que j'étais à ce moment. La première fois, ils étaient quatre, mais madame Sarah avait peur croyant qu'on peut les tuer. Je l'avais obligé de se faire accompagner de ma mère et l'oncle Kawele. La troisième fois, elle était accompagnée d'un homme.
Q. De quelle madame Sarah faites-vous allusion ?
R. C'est madame Sarah qui est assise derrière moi.
Q. Quel est le nom de madame Sarah que vous connaissez encore ?
R. Elle répond au nom de Muheha Bibiche.
Q. Madame Muheha, présentez-vous à la barre. Est-ce que votre Conseil est là ?
R. Non.
Q. Connaissez-vous monsieur Batrane Mousa ?
R. Maman Sarah m'avait proposé de lui trouver l'acheteur de l'uranium. En cherchant le preneur, je me suis vu avec monsieur Mousa qui a sollicité de voir cette matière. Nous nous sommes rendus chez monsieur Mousa Batrane, mais il s'agissait d'une mauvaise matière. La seconde fois, maman Sarah m'a demandé de trouver un preneur du mercure rouge, mais l'on ne s'était pas mis d'accord sur le prix. Madame Sarah était rentrée avec le produit. Elle fut mon épouse comme tel.
Q. C'est depuis quand que vous viviez avec elle ?
R. C'est depuis 2010 que je vivais avec elle. Elle habitait chez moi à la maison.
Q. Comment est-ce qu'elle trouvait ces matières ?
R. A ce moment-là, moi je me trouvais à Goma et elle travaillait dans une structure de l'ONU.
Monsieur Mousa Batrane comparait en personne, assisté par son conseil, Maitre John Muhindo Mughisa.
Premier Président :
Q. Votre réaction à ces propos ?
R. Oui, je reconnais avoir reçu monsieur Winyi. Il y a le gardien de ma parcelle qui est venu me signaler qu'il y a un musulman qui est venu me voir. Il était accompagné des militaires. Je lui avais exigé d'entrer seul et que les militaires restent dans la voiture. J'avais demandé à Winyi pourquoi il était accompagné des militaires. Il m'avait dit qu'il est démobilisé, raison pour laquelle il est accompagné de ces militaires. La seconde fois il est venu avec deux femmes, l'une était son épouse et l'autre sa sœur. Je leur avais offert un verre, mais sa sœur avait refusé de boire et je lui avais remis 100$ pour se faire soigner parce qu'elle souffrait. Lorsqu'elles étaient venues, madame Sarah avait dans son sac la matière qu'elle m'avait montrée. Je leur avais dit que la matière est mauvaise. Je les ai reçus dans mon jardin se trouvant dans ma parcelle. J'avais tout noté dans mon agenda. Pour des précautions, je lui avais dit de ne plus se

présenter avec ces femmes. Mais surpris, un dimanche, je le revois venir chez moi avec ces femmes.
Premier Président :
Q. Monsieur Bwanandeke, avez-vous l'habitude de porter les habits des musulmans ?
R. Oui, je porte toujours les habits musulmans.
L'OMP : Pour le moment, monsieur Mousa n'est pas concerné. Nous allons nous occuper de lui prochainement. Il peut s'asseoir. Nous voudrions nous occuper de monsieur Bwanandeke.
Q. Est-ce que vous habitez avec madame Sarah à Oïcha ?
R. Oui, je vivais avec elle à Oïcha, mais j'ignore l'année. Elle venait de temps à temps chez moi avant d'aller à Butembo.
Q. Qui est Miriam ?
R. Elle fut la femme de l'un de mes collègues que Djamil Mukulu avait chassé de la brousse.
Q. C'est pour dire que vous viviez à Oïcha et en brousse ?
R. Oui, je vivais en brousse et à Oïcha en 2009.
Q. A part Mariam, il n'avait pas d'autres femmes que vous receviez à Oïcha ? Est-ce que madame Sarah recevait certaines personnes à Oïcha ?
R. J'ignore tout cela.
Q. Revenons en 2007 pour le problème des enfants. Comme qui avez-vous pris contact avec les enfants ? Je veux vous confronter à un renseignant. Nous fermons la parenthèse. Monsieur Bwanandeke, est-ce que vous connaissez monsieur Kibwama ?
R. Oui. Je connais monsieur Kibwana qui voulait faire ses affaires, mais Djamil Mukulu l'avait mis à mort.
Q. Qui avait dirigé le commando qui avait donné la mort à monsieur Kibwana ?
R. Il s'agit de deux personnes : monsieur Paluku et quelqu'un d'autre.
L'OMP : Monsieur le Premier Président, il y a des personnes qui comparaissent ici présentement. Monsieur Bwanandeke ne vous a pas raconté la manière dont il était arrêté pour être amené à Kinshasa.
R. Oui, il y avait un problème entre nous dans la famille ; les enfants de ma tante qui étaient en conflit pour le partage de l'héritage. Toute la famille était rassemblée à Kasindi. J'étais obligé d'y prendre part comme aîné de la famille. Il y avait plusieurs personnes qui avaient assisté à la réunion. Avant la réunion, nous avions exigé la présence d'un photographe afin de filmer notre rencontre. Pendant notre rencontre, nous avons vu deux jeeps venir à la parcelle et ceux qui étaient à bord sont descendus pour demander si Winyi était présent. Quand j'avais entendu cela, je suis sorti à leur rencontre pour me présenter devant le commandant de ces militaires.
Q. Est-ce que vous saviez que les FARDC avaient des problèmes avec les ADF/Nalu ? Vous êtes-vous présenté comme une autorité quelconque ?

R. Je savais que le Gouvernement ougandais cherchait à m'éliminer. J'avais avec moi les documents justificatifs à présenter aux autorités.
Q. Trouvez-vous cela normal, le fait de partir et d'être arrêté par le service de sécurité étranger ? Comprenez-vous pourquoi vous étiez arrêté par le service de sécurité ? Monsieur Winyi, parlez peu et disons-nous la vérité, fils de serpent. Est-ce que vous connaissez que le blindé de la Monusco était brûlé ?
R. C'est en 2013 quand j'avais quitté Butembo pour aller à Goma.
L'OMP : Etiez-vous parmi les personnes qui avaient brûlé le blindé de la Monusco ?
Premier Président :
Q. Comme vous aviez dit que vous étiez démobilisé par le DDRR, avez-vous votre carte ?
R. Lorsque j'étais arrêté pour être transféré à Kinshasa, tous mes documents y compris la carte étaient saisis et restés à la DEMIAP. Si vous pouvez prendre contact avec la DEMIAP, ils vont vous le confirmer. J'ai les documents qu'on m'avait remis. Il y a celui des FARDC et celui de la Monusco.
Q. C'est à quelle occasion que vous avez obtenu ces documents ?
L'OMP : Monsieur le Premier Président, le document est authentique et il est signé par des personnes responsables. Mais l'OMP veut seulement savoir l'activisme de monsieur Bwanandeke Winyi.
Premier Président : La Cour Opérationnelle trouve nécessaire de procéder à la jonction des causes enrôlées sous RP 0174-0173.
Défense : Monsieur le Premier Président, nous avons en son temps déposé notre mémoire que nous devons débattre avant la jonction de cette cause.
Premier Président : Monsieur Bwanandeke, vous savez que les ADF s'attaquent à la population civile.
R. En son temps, nous on s'occupait d'autres actions et non celles de s'attaquer à la population.
Q. Quand avez-vous quitté chez les ADF ?
R. C'est depuis 2010 que j'avais quitté définitivement chez les ADF.
Q. Qu'est-ce que les ADF avaient comme mission ?
R. C'est pour faire respecter le Djihadisme et non le système anglais de l'Ouganda, celui d'imposer la Charia.
Q. Pourquoi toutes ces tueries au Congo ?
R. Les ADF avaient d'autres objectifs. Ils collaboraient avec les Congolais. Mais après avoir quitté chez eux, cela m'étonne que les ADF puissent commencer à tuer mes frères !
L'OMP : Comment se faisait le recrutement ?
R. Il y a trois phases : dans les églises, avec la prédication dans les mosquées ; deuxièmement, lorsque nous combattons dans un milieu, nous récupérons tous les jeunes gens ; troisième catégorie, nous conscientisons les jeunes à nous rejoindre par la ruse.
Q. Avez-vous participé à un combat contre les FARDC ?

R. En 2005, nous avons eu un combat contre les FARDC, mais le vieux Djamil Mukulu ne voulait pas faire la guerre contre les Congolais. Il voulait que le Gouvernement congolais et celui de l'Ouganda fassent de leur mieux pour nous faire retourner à l'amiable en Ouganda.

Défense Bwanandeke : Notre client vient de vous démontrer comment les ADF ne voulaient pas s'attaquer à l'armée congolaise. Ces ADF voulaient retourner chez eux en Ouganda. Ceux qui sont venus après notre client, n'ont que l'idéologie de tuer pour justifier l'ampleur de leur mouvement.

Les deux causes jointes sont remises en date de jeudi 29 juin 2017.

Etant donné que le Conseil de madame Sarah n'est pas présent, la présente cause est remise à jeudi.

Audience publique du 29 juin 2017

RP N° 0173/2017

RMP N° 0813/KNG/2017

En chambre foraine à laquelle siègent :

1. Lt Col. Mag. Ntshaykolo Esosa Masele Jean Paulin, 1er Président ;
2. Col. Omeonga Taunya José, Juge Assesseur ;
3. Col. Ntiba Bulangiti Matthieu, Juge Assesseur ;
4. Col. Simisi Busoki Wa Karaku, Juge Assesseur ;
5. Com. Sup. Ppl Ngumbi Kulinga, Juge Assesseur ;
6. Gén. Maj. Mokunto Kiyana Timothée, 1er AGF, Ministère Public ;
7. Lieutenant Ngoma Lubuka Raphaël, Greffier.

En cause : l'auditeur militaire supérieur Près la cour militaire opérationnelle du Nord-Kivu, Ministère Public.

Contre :

- Monsieur Kahindo Mbindule Ladislas ;
- Monsieur Bernard Mwania Kubeta ;
- Monsieur Holabo Duabo Benvenu ;
- Madame Mwaka Muheha Sarah ;
- Monsieur Mousa Batrane Abakar ;
- Kalyamba Luanda Alphonse.

Prévenus de :

- Crime de guerre ;
- Participation à un mouvement insurrectionnel ;
- Association des malfaiteurs.

La cause est appelée à 11 heures 00 minute.

A l'appel de la cause, les prévenus cités ci-haut comparaissent en personne et assistés par leurs conseils : Me Blanchard Mbiya, Me Constant Kalundero et Me John Mughisa, tous avocats, assistent les prévenus Mousa Batrane Abakar, Holabo Duabo Bienvenu, Bernard Mwania Kubeta et Kahindo Mbindule Ladislas ; Me David Wambale et Me Charles Muleso, avocats, assistent

Kalyamba Luanda Alphonse ; Me Charles Matsipa assiste Madame Mwaka Muheha Sarah.
Le Premier Président procède à la lecture du jugement avant de dire le droit en ce qui concerne les différents mémoires uniques introduits par les céans qui déclarent obscur le libellé, qui réclament l'exclusion de certains procès-verbaux, l'incompétence personnelle et temporaire de la Cour.
Les parties confirment avoir retourné les enfants auprès de leurs parents ; que la Cour a décidé recevables, mais prématurés et joint tous ces mémoires aux faits. La Cour Militaire Opérationnelle du Nord-Kivu décide de poursuivre l'instruction.
L'OMP : Monsieur le Premier Président, il est question que le greffier puisse harmoniser son extrait de rôle. Il ne s'agit pas de monsieur Kahindo Mbindule Ladislas et Consorts, mais plutôt de madame Muheha Mwaka Sangwa Sarah et Consorts.
Premier Président : Monsieur, l'organe de la loi a deux noms codés que le greffier vient de nous remettre. Il s'agit de monsieur Z et de madame X.
Le Premier Président fait isoler Monsieur Z.
L'OMP : Monsieur le Premier Président, madame Sarah est poursuivie pour plusieurs griefs ; elle nous a même infiltrés et nous allons le démontrer.
Premier Président : Monsieur Bwanandeke, à l'audience passée, vous nous avez dit que madame vous avait emmené des enfants.
Q. Comment avez-vous reconnu madame Sarah ?
R. J'avais connu madame Sarah de la manière que voici : c'est après avoir reçu un appel téléphonique de la part de mon oncle répondant au nom de Kawele qui est agent de Nations Unies. C'était en date du 24 décembre 2005 auprès du chef Kikongo à Oïcha. Moi j'habitais le camp de Nadwi des ADF/Nalu.
La première fois, j'avais une petite fille. Ils étaient accompagnés de ma mère biologique puisqu'ils avaient peur de me rejoindre de crainte qu'ils ne soient inquiétés par mes éléments. La seconde fois, ils m'avaient ramené quatre garçons. La troisième ils m'avaient amené les jumeaux.
Q. Comment est-ce que vous avez réellement connu madame Sarah ?
R. Madame Sarah faisait partie de membres des Nations Unies qui cherchaient à me faire quitter la brousse pour la réinsertion.
Q. Prévenue madame Sarah, votre réaction aux dires de monsieur Bawandeke Winyi ?
R. Oui, je confirme tout ce que monsieur Winyi dit à propos des enfants.
Q. Concernant votre relation sexuelle charnelle avec Winyi ?
R. Oui, je voulais qu'on puisse réparer pour résoudre le problème des enfants.
Q. C'est la Cour Militaire Opérationnelle qui a la police d'audience. Répondez.
R. J'avais une mission vraiment spéciale de le rencontrer. Nous étions avec Ladislas, Bienvenu et monsieur Kawele. Lorsque nous sommes arrivés à Mbau, nous avons récupéré la mère biologique de Winyi et nous sommes

descendus tous ensemble. Monsieur Winyi nous avait quittés sans toutefois nous prévenir. Nous avions tenté une fois de le rejoindre, il a accepté de nous recevoir. Pendant notre première rencontre ce jour-là, à notre retour, mon chef avait exigé une réunion afin d'organiser la rencontre puisque les ADF/Nalu menaçaient de venir récupérer leurs enfants de force.
Q. Avant votre départ à sa rencontre, est-ce que vous saviez que Winyi faisait partie des ADF/Nalu ?
R. Oui, puisque Winyi était venu en tenue militaire avec son arme.
Q. Il était vêtu de quelle manière ?
R. Il portait les bottines jambières et vêtu en tenue militaire et l'opération s'était passée derrière leur maison et il y avait des gens qui revenaient du champ.
Défense de madame Sarah : Ma cliente avait le devoir de se rendre pour remettre ces enfants. D'après sa déclaration dans le procès-verbal, elle était munie d'un ordre de mission.
Premier Président :
Q. Où serait ce document auquel vous faites allusion ?
R. Dans la plupart des cas, on remettait cet ordre de mission au bureau après avoir effectué la mission.
L'OMP : Nous allons commencer par vos dernières déclarations sur les questions vous posées dans le procès-verbal. Pouvez-vous lire votre réponse telle qu'écrite ?
R. En ce temps, nous étions avec monsieur Bernard.
Q. Qui fut Kalyaba à cette époque ?
R. Monsieur Kalyaba fut mon chef direct.
Q. Est-ce que les autorités de la République savaient toutes activités ?
R. Non.
Q. Qui supervisait toutes ses activités ?
R. C'est Serf
Q. Donnez-nous le cursus que ces enfants avaient suivi.
R. Pas de réponse.
Premier Président :
Q. Vous ne nous avez pas dit où est-ce que vous avez récupéré ces enfants.
R. C'est après le combat entre les ADF/Nalu et les FARDC que ces enfants étaient récupérés.
L'OMP :
Q. Dans quelle circonstance avez-vous reconnu monsieur Ismaël Bwanandeke ? Voir cote 92 : l'OMP procède à la lecture du procès-verbal en rapport avec la déclaration faite par Sarah.
Q. Est-ce que ces enfants faisaient partie de tous ces enfants auxquels vous faisiez allusion ?
R. Oui. Ils faisaient tous partie de ces enfants.
Q. Prévenu Bwanandeke, d'où venaient tous ces enfants ?
R. Ils habitaient la ville de Butembo et certains à Goma.

L'OMP : C'est maman Sarah avec leur organisme qui avait pris les enfants pour les ramener en brousse. Voilà, monsieur le Premier Président, Sarah qui avait pris les enfants en ville pour les ramener en brousse.
Monsieur le Premier Président, voir cote 136, déclaration de monsieur Kalyaba Luanda. En premier lieu, nous vous remettons le certificat de décès de monsieur Kalyaba. Monsieur Kalyaba est mort d'une manière vraiment violente. Il avait subi plusieurs traumatismes.
Q. Connaissez-vous madame Sarah ?
R. Elle répond au nom de madame Bibiche Wadri.
L'OMP demande à madame Sarah de ne pas pleurer ; qu'elle puisse tenir bon puisqu'elle a fait tuer beaucoup de gens. L'OMP procède à la lecture du procès-verbal. Le défunt Kalyaba avait reconnu que c'est madame Sarah qui avait assumé l'intérim de 2005 à 2006.
Madame Sarah : monsieur l'organe de la loi, nous étions avec monsieur Ladi Bernard. C'est bien lui qui assumait toute cette responsabilité en tant que chef de bureau.
Q. De mars 2005 à janvier 2006 ?
R. Non, j'ignore.
Q. Vous avez œuvré à CEREO en quelle année ?
R. C'était de 2005 jusqu'en 2008.
L'OMP : Il y a la réponse donnée par monsieur Kalyaba, contenue dans le procès-verbal. Vous ne faisiez plus partie de CEREO depuis 2008.
Madame Sarah : C'est à la réunion que monsieur Kalyaba était en contact avec monsieur Bwanandeke Winyi.
Q. Prévenu Winyi, est-ce vous qui avez appelé ?
R. Non. C'est monsieur Kawele qui avait pris langue avec monsieur Winyi qui cherchait à menacer afin de venir récupérer les enfants.
Q. Avez-vous reconnu la voix qui parlait au téléphone en main libre ?
Prévenu Winyi : Moi j'étais sollicité chez le vieux Djamil Mukulu d'avouer que la voix était la mienne ; mais ce sont eux qui m'avait sollicité.
L'OMP : Monsieur le Premier Président, tout à l'heure, madame Sarah a parlé de la contrainte alors que ce sont eux qui avaient sollicité la récupération des enfants.
Madame Sarah : Lorsque monsieur avait pris langue avec monsieur Kawele, nous n'étions pas au courant. C'est par après que nous étions saisis du problème. On ne sait pas alors qui avait demandé ces enfants.
L'OMP : Monsieur le Premier Président, nous avons les photos d'un enfant avec sa petite taille ; il sait déjà monter l'arme AKA. Il n'y a pas eu contrainte comme tel. Monsieur le Premier Président, tous les témoins de madame Sarah sont décédés.
Q. Prévenu Winyi, qu'est devenu monsieur Kawele ?
R. Il est déjà décédé. Monsieur le Premier Président, tous les témoins de madame Sarah sont morts.

L'OMP : Prévenu Winyi, je suis avec votre garde du corps que j'aurai justement à présenter ici.
Q. Est-ce qu'en brousse, madame Sarah ne vous a pas apporté certains effets ?
R. Oui, elle m'apportait certains biens.
Défense de madame Sarah : Monsieur le Premier Président, nous avons fouillé dans le procès-verbal, d'où notre cliente n'était pas confrontée. En ce qui concerne le décès de monsieur Kawele, c'est seul le prévenu Winyi qui peut nous le confirmer s'il est mort ou s'il est encore en vie. Nous voulons seulement faire voir à monsieur l'organe de la loi de nous le démontrer. Article 82 : la Défense évoque la disposition de récupération des enfants par leurs parents.
Premier Président : Dites-vous clairement, monsieur de la Défense, votre opinion.
L'OMP a posé des questions. On vous a accordé la parole pour que vous puissiez aussi poser des questions. Par contre vous, à votre tour, vous ne faites qu'émettre des observations. La Cour vous accorde la parole afin de poser des questions.
Q. Prévenu Winyi, vous savez que madame Sarah œuvrait à un organisme ; quand elle travaillait, c'était en quelle qualité ?
R. Oui, j'avais connu madame Sarah en tant que membre de CEREAO.
Premier Président :
Q. Madame Sarah, avez-vous des préalables ?
R. Je voudrais poser des questions à l'OMP.
Premier Président : Madame Sarah, il n'est pas possible. La loi ne permet pas de lui poser des questions puisqu'il est l'organe poursuivant. Il est là pour vous charger. Vous devez éviter de poser les questions à l'OMP.
Madame Sarah : je voudrais poser la question à monsieur Winyi. Nous étions vêtus en tenue de service, nous étions munis de différentes fiches. Je comprends pourquoi Kawele nous avait fuis ce jour-là.
Premier Président :
Q. Est-il autorisé de ramener les enfants dans la zone de conflits alors que le Gouvernement ne l'autorise pas ?
Madame Sarah : J'avais agi tel qu'il m'était ordonné. Je ne recevais que des ordres de mes chefs qui sont là et qui sont mieux placés pour donner de plus amples explications. Pendant l'identification, nous avons su que ces enfants étaient tous des Ougandais.
Premier Président : Comment l'enfant Kanza, renvoyé en Ouganda, était-il retourné en brousse ?
Défense :
Q. Tous ces enfants étaient-ils retournés en brousse ?
R. Oui, nous avons retourné tous ces enfants en brousse.
Prévenu Winyi : Oui, j'ai des enfants.
Q. Est-ce que Kawele vous avait réellement fui ce jour-là ?

R. Oui, Kawele nous avait fuis et nous l'avons trouvé là où le véhicule était resté. Nous étions vraiment frustrés et découragés, Bienvenu et moi.
Défense de Winyi : Nous voulons, monsieur le Premier Président, émettre une observation : les enfants en question venaient de la brousse ; mais leurs parents souhaitaient qu'ils pussent étudier au lieu de les laisser sans études.
Défense de Winyi à Madame Sarah : Que la Cour puisse poser la question à madame Sarah de savoir quel est le dispositif pris par leur organisme pour faire le suivi ?
Madame Sarah : Notre organisme faisait le suivi des enfants qui étaient non encadrés.
Premier Président :
D'après vous, vous avez organisé le regroupement familial alors que le camp des ADF/Nalu était toujours attaqué par les FARDC.
Q. Quel mécanisme avez-vous monté pour l'intérêt des enfants, un mécanisme que vous avez mis en place pour le suivi des enfants ADF envoyés en brousse ?
Premier Président :
J'ai répondu par un exemple palpable. Nous avions onze enfants avec nous dont deux des FARDC. Il n'y avait aucun mécanisme puisque les enfants étaient entre les mains propres de leurs parents.
Défense de Winyi : Comment la remise des enfants se faisait directement avec le parent ou par personne interposée suivant le protocole
Premier Président : A qui les enfants devaient-ils être remis ?
Madame Sarah : Aux parents propres des enfants qui furent les femmes des ADF/Nalu.
Q. Ces enfants appartenaient aux femmes des ADF ?
R. Winyi : Oui, nous vivions ensemble avec nos femmes, même pendant le combat, nous étions avec les enfants.
Premier Président : Est-ce qu'il était possible, lors des attaques, de faire le déplacement avec les enfants. N'avaient-ils pas attrapés les coups des balles lors des attaques ?
Prévenu Winyi : Oui, cela était déjà arrivé.
Q. Madame Sarah, est-ce que cela est vraiment normal ?
R. Non.
Défense : Monsieur, nous avons mené des contacts.
L'OMP sort six dispositions traitant de l'enfant. Il évoque cette disposition en ce qui concerne l'intérêt supérieur des enfants.
Q. Prévenu Winyi, Où sont vos enfants, en brousse ou en ville ?
R. Ils sont nés en ville et non en brousse. Tous les enfants retournés, leur destin c'est de prendre l'arme.
Q. Madame Sarah, qui est monsieur Bernard ?
R. Il fut mon chef puisqu'il était parmi les responsables qui décident au sein du Centre d'Encadrement d'Enfants Rescapés et non Accompagnés (CEERA)

Monsieur le Premier Président, à tout moment, chacun signait selon ses responsabilités en harmonie avec les réunificateurs.
Le Premier Président invite le prévenu Winyi à voir les photos d'un enfant qui était photographié avec une arme. Lorsque l'enfant est à côté de son propre parent, peut-il apprendre ce métier ?
Q. Monsieur Winyi, vous avez dit que les ADF contestent le djihadisme ; que signifie le djihadisme ?
R. C'était pour combattre le système anglais qui existe en Ouganda. Nous avons le souhait d'imposer la charia en Ouganda.
Q. Votre souci est-il d'imposer la charia sur la terre congolaise, suivre la loi islamique, imposer la loi islamique, l'esprit du courage ?
R. Les ADF voulaient imposer la charia en Ouganda.
Q. Qu'est-ce qui vous a intéressé dans l'Islam ?
R. Quand je suis arrivé en brousse, j'étais soumis aux idéologies djihadistes et j'avais compris cette idéologie. Par après, j'étais contraint de ne plus continuer. Toutefois, le djihadisme respecte les enfants et les vieillards. Il est interdit de leur faire du mal ou les tuer. Notre objectif est de changer le système de l'Ouganda et non du Congo.
Q. Prévenu Bwania Kubeta, votre réaction aux dires de madame Muheha Sarah ?
R. Monsieur le Premier Président, je voudrais vous préciser sur tous les points qui peuvent éclairer votre religion. En premier lieu, je ne fus pas le chef de Sarah. On travaillait dans des bureaux différents. En février 2005, je suis engagé par Cerf ; en 2006, je suis fils officié. En 2008 au 30 juin 2010, je suis senior d'office du programme de protection de l'enfant ; chef d'antenne ici à Beni. Il y a eu du travail conjoint avec CEERA et Cerf, car il y a eu l'accord d'œuvrer ensemble. Dans l'accord, le défunt Kalyamba assumait les fonctions de Directeur. Tous les documents sont transférés à Goma. Dans les accords, tout est bien défini. La mission consiste à la recherche familiale et la réunification. Cerf, c'est l'organisme de financement et d'exécution. Toutes les autorités résidaient à Goma, suivant les accords, et Beni était le centre d'éducation.
Premier Président : Revenons aux vrais faits da la cause.
Q. Avez-vous participé au retour des enfants dans la brousse ?
R. Non.
Q. N'avez-vous pas vraiment participé ?
R. C'est mon collègue Bienvenu. Pour la première fois, il était accompagné de monsieur Lady, le chauffeur, madame Muheha, monsieur Kawele et l'enfant qu'on devrait réunifier. Ils étaient partis sur la route de Beni. Pour la seconde fois, j'étais commis à remplir d'autres tâches. Je n'étais pas au courant de ce qui se passait dans l'autre secteur. Pour la troisième fois, je n'étais pas non plus au courant de la chose, parce que faisant autre chose ailleurs.
Premier Président : Madame Sarah, votre réaction ?

R. Monsieur le Premier Président, je voudrais éclairer certaines choses. Il y a eu des accords signés entre tous les organismes. Monsieur Alison était venu personnellement piloter cette réunification.
Q. Prévenu Mwania ?
R. Monsieur Alison n'était pas venu à Beni. Beni était seulement le lieu d'exécution.
Q. A qui l'enfant devait être remis ?
R. C'est à ses parents.
Q. A qui la fillette devait être remise ?
R. Je n'avais pas assisté à cette activité.
L'OMP : Logistique et appui financier ;
Q. En quoi consiste l'appui logistique ?
R. Il y avait des vélos, la moto et le véhicule pour accomplir les missions.
L'OMP : Prévenu Mwania, cela veut dire que le véhicule partait jusqu'à Beni-Mbau. Vous n'êtes pas international ; lui est déjà parti alors qu'il devrait comparaitre ici. Comment votre chef CEERA avait subi des menaces ? Vous êtes vraiment irresponsable. Monsieur le Premier Président, nous allons encore interroger Kalyamba. Avant tout, que madame Sarah vienne répondre.
Q. Qui avait présidé la réunion ce jour-là ?
R. C'est monsieur Bernard.
Q. Monsieur Bernard, votre réaction ?
R. Madame Sarah est en train de mentir.
L'OMP : Monsieur le Premier Président, nous allons lire la déclaration de monsieur Kalyamba. L'OMP procède à la lecture du procès-verbal d'audition.
Q. Prévenu Bernard, est-ce que monsieur Kalyamba avait menti ?
R. Oui, il avait menti.
Q. Quelles étaient vos responsabilités ?
R. J'étais agent technique.
Q. Décrivez vos responsabilités, vos tâches ?
R. J'élaborais la fiche technique et la disponibilisait auprès des partenaires. Sur la fiche, il y avait la rubrique de l'enfant sorti du groupe armé (enfant soldat) ; et l'enfant non accompagné, celui qui est séparé de sa famille.
Q. Saviez-vous que le véhicule de Cerf était utilisé ?
R. Oui.
Q. Dans votre département, vous ne participiez pas à la réunification ; pourquoi cette fois-là vous avez été intéressé ?
Madame Sarah réagit à la place : Vous êtes parti laisser certains enfants à Butembo. Cette fois, j'étais seule membre de CEERA, il n'y avait pas d'autres personnes.
L'OMP : Monsieur le Premier Président, voilà comment Kalyamba a déclaré dans le procès-verbal, voir cote 147. L'organisme Cerf, un organisme irresponsable. Les onze enfants dont les noms sont cités, puisqu'ils sont arrivés au fins contact, ils vont remettre les enfants en brousse auprès des ADF suite à ce que Winyi fut l'oncle d'un certain commandant des ADF. Cet

organisme se débarrasse des enfants ! Nous allons fermer leurs bureaux partout où ils se trouvent ; ils sont des criminels. Prévenu Bernard, savez-vous que les agents de Cerf étaient convoqués par les services de l'ANR ? Monsieur le Premier Président, aucune autorité ne pouvait autoriser qu'on retourne les enfants auprès des ADF. C'est Bernard qui avait tenu la réunion. C'est lui qui avait tout fait pour faire retourner les enfants en brousse.
Remise contradictoire à lundi 3 juillet 2017.

Audience publique du 3 juillet 2017

RP N° 0173/2017
RMP N° 0813/KNG/2017
En chambre foraine à laquelle siègent :

1. Lt Col. Mag. Ntshaykolo Esosa Masele Jean Paulin, 1er Président ;
2. Col. Omeonga Taunya José, Juge Assesseur ;
3. Col. Ntiba Bulangiti Matthieu, Juge Assesseur ;
4. Col. Simisi Busoki Wa Karaku, Juge Assesseur ;
5. Com. Sup. Ppl Ngumbi Kulinga, Juge Assesseur ;
6. Gén. Maj. Mokunto Kiyana Tim, 1er AGF, Ministère Public ;
7. Lieutenant Ngoma Lubuka Raphaël, Greffier.

En cause : l'auditeur militaire supérieur Près la cour militaire opérationnelle du Nord-Kivu, Ministère Public.
Contre :

- Madame Sarah Mwaka Muheha Sangwa ;
- Monsieur Kahindo Mbindule Ladislas ;
- Monsieur Bernard Mwania Kubeta ;
- Monsieur Holabo Duabo Benvenu ;
- Monsieur Mousa Batrane Abakar ;
- Kalyamba Luanda Alphonse.

Prévenus de :

- Crime de guerre ;
- Participation à un mouvement insurrectionnel ;
- Association des malfaiteurs.

La cause est appelée à 12 heures 26 minutes.
A l'appel de la cause, les prévenus cités ci-haut comparaissent en personne et assistés par leurs conseils : Me Charles Matsipa assiste Madame Mwaka Muheha Sarah ; Me Blanchard Mbiya, Me Constant Kalundero et Me John Mughisa, tous avocats, assistent les prévenus Mousa Batrane Abakar, Bernard Mwania Kubeta; Défense Militaire pour Kalyamba Luanda Alphonse, Holabo Duabo Bienvenu et Kahindo Mbindule Ladislas.
Comparait Madame Sarah Mwaka Muheha Sangwa :
Q. Vous souvenez-vous de ce dont on avait parlé, la première fois qu'on s'était vu ?
R. Je ne me souviens plus.

Ministère Public : Maman Sarah a tenté de me pénétrer. Tous les officiers ne disent que du bien de maman Sarah. C'est une femme très rusée.
Q. Le Colonel Chirimwami vous a-t-il envoyé dans une mission quelconque ?
R. J'ignore un peu. Quand Winyi est rentré de l'Ouganda, notre chef m'a fait signe de son retour. Les Ougandais n'ont pas fait allusion aux deux ans qu'il a fait en Ouganda. J'ai rencontré Winyi, je lui ai passé le numéro du Colonel Chirimwami. J'ai appelé le chef DDRRR, Winyi a parlé avec le Colonel Ambroise et le Colonel Chirimwami. Quand Winyi est arrivé à Kasindi, il cherchait à harmoniser avec la DDRRR. La sœur de Winyi m'a appelé et m'a donné le numéro de Winyi.
Q. Aviez-vous dit au Colonel Chirimwami que Winyi et vous, vous avez vécu ensemble ?
R. Non.
Q. Colonel Chirimwami vous a-t-il envoyé de l'argent ?
R. Oui.
Q. Quand Winyi est arrivé à Kangwayi, vous ne l'avez jamais visité ?
R. Non.
Q. De quoi s'est-on parlé la dernière fois ?
R. De papa de Butembo qui était à Kangbayi. Les ordonnances de mise en liberté n'étaient pas entre mes mains ; c'était entre les mains des militaires de l'Auditorat.
Comparait le Colonel Ebundani Mbombo, Unité : 3308 Régiment Admin Log Régt, Matricule : 159783097830, Carte N°253993.
Q. Connaissez-vous maman Sarah ?
R. Je la connais comme épouse de mon cousin, lieutenant Mangombe Simon, Opérateur Régiment, déployé du côté de Beni, actuellement à Zibira.
Q. Comment vous êtes-vous rencontré avec maman Sarah ?
R. Parmi les éléments du Régiment qui nous a relevés du Sud-Kivu, il y avait mon cousin qui m'avait dit que sa femme est ici à Beni. Il l'a appelée au téléphone pour l'informer. Quand nous sommes arrivés au PK 5, maman Sarah m'a appelé pour me demander ce dont j'ai besoin. J'ai demandé la casserole et le brasero et le lendemain, elle est venue avec. Quand j'ai été opéré, elle venait me rendre visite. Quand ma famille est arrivée, elle a cherché une maison pour moi. Après un certain moment, quand son époux est arrivé, il a fait une semaine chez elle, puis il est rentré au Sud-Kivu.
Maman Sarah : Quand nous sommes arrivés à Mbau, j'ai payé un motard qui lui a amené ces effets, puisque nous étions dans un véhicule humanitaire à deux, on ne pouvait pas arriver là-bas.
Q. C'était en quelle année ?
R. Juillet 2015.
Q. En quel mois avez-vous envoyé le bidon et le brasero au Colonel ?
R. Je n'ai pas de précision.
Q. Qu'est-ce qui prouve que vous étiez l'épouse du lieutenant Mangombe ?

R. Nous étions avec lui à Bunia. Il me proposait le mariage. Sa mère est aussi venue me voir.
Q. Est-ce que maman Sarah était accompagnée d'une autre personne en amenant le brasero, le bidon et la casserole ?
R. Maman Sarah est venue avec un motard.
Q. C'était votre motard ou un motard quelconque ?
R. Un motard trouvé sur place, dit maman Sarah.
Comparait monsieur Katembo Mukangilwa Mukanos, né à Oïcha, le 24 novembre 1982, fils de Salomon Bule (en vie) et de Marie Kiyungilu (en vie) ; Profession : humanitaire MSF ; Fonction : point focal basé à Beni.
Q. Etes-vous collègue de maman Sarah ?
R. Non.
Q. Etiez-vous à Butembo avec maman Sarah ?
R. Pour raison d'enquête.
Q. Etiez-vous avec elle jusqu'à Mbau ?
R. Le 24 juillet 2015, j'ai reçu l'appel de maman Sarah. Quand je suis arrivé au bureau, j'ai appelé maman Sarah qui est arrivée à 10 heures 30. Elle m'a dit que son beau-frère est arrivé, il est colonel. Le 24, je devrais être à Oïcha. Nous sommes partis avec maman Sarah. Elle a appelé le colonel qui était sur la route de Kamango. J'ai abandonné maman Sarah à Mbau pour faire Oïcha. Après une heure, elle m'a appelé au moment où j'étais déjà à Beni.
Q. Maman Sarah, Mukanos c'est votre collègue pour quel service ?
R. J'ai évolué avec Mukanos pendant deux ans dans les activités de MSF.
Q. Mukanos, avez-vous effectué des missions ensemble ?
R. Effectivement.
Q. Votre réaction par rapport à sa version ?
R. Il ment, nous avons fait route ensemble jusqu'à Oïcha. C'est bien lui qui a payé le motard. Quand le colonel Mathieu était opéré, j'étais à Butembo. Il m'a appelé pour m'indiquer là où il était.
Q. C'était pour quelle mission à Oïcha ?
R. On supervisait les filles et les garçons rescapés.
Q. Dans quel service étiez-vous ?
R. Service de crise de MSF.
Q. Qui était membre de cette cellule de crise ?
R. Arnold, Mukanos et moi.
Q. En qualité de qui interveniez-vous ?
R. En qualité de chef d'équipe.
Q. Mukanos, votre réaction ?
R. Au mois de juillet, nous étions là seuls, monsieur Arnold était en mission.
Q. Comment expliquer qu'un partenaire extérieur soit chef ?
R. On faisait des protocoles de trois mois renouvelables. J'étais le chef d'équipe.
Q. Mukanos était-il votre chauffeur ?
R. Oui.

Q. Ne vous a-t-il pas laissé au carrefour de Mbau ?
R. Non.
Q. La mission d'Oïcha, c'était en quel mois ?
R. Je n'ai pas de précision.
Premier Président : Comment expliquer que votre ordre de mission soit de janvier ?
Ministère Public : Il s'agit d'un ordre de mission de Boga, en Ituri. Etre chef de mission ne signifie pas qu'on est chef des autres.
Q. Mukanos, êtes-vous agent MSF ?
R. Oui.
Q. Avez-vous la preuve ?
R. J'ai ma carte qui est présentée à la Cour.
Q. Valable pour combien d'année ?
R. Une année.
Q. Vous êtes agent MSF depuis quand ?
R. Depuis 2014.
Q. Maman Sarah, avez-vous une carte ?
R. Non.
Ministère Public : Les cartes indiquent qu'elle a été nettoyeuse à la Monusco, service DDRRR.
Q. Reconnaissez-vous ces cartes ?
R. Oui.
Q. Quelle était votre fonction ?
R. Cleaner au camp DDRRR. J'étais en contact permanent avec les combattants au camp.
Comparait le lieutenant Androzo Zagba, Unité : 3204 Régiment basé à Mayimoya ; Fonction : Commandant Second Régiment Administrateur de Logistique ; Matricule : 169…
Q. Connaissez-vous maman Sarah ?
R. Oui, elle était mariée dans notre quartier à Bunia et je suis venu la voir ici à Beni.
Q. Où priait-elle ?
R. 8ème CEPAC, c'est là qu'ils se sont mariés.
Q. Depuis quand êtes-vous musulmane ?
R. En 2009 quand je suis entrée à la Monusco. Mes chefs étaient musulmans, nous sommes allés suivre une formation en Tanzanie. Je me suis convertie à l'islam.
Q. Comment vous êtes-vous retrouvé à Beni ?
R. En 2011, un jour au centre à Oïcha, j'ai vu passer maman Sarah. Je l'ai appelée, on s'est salué et de là, elle a commencé à me rendre visite au camp.
Q. Pourquoi vous n'organisez pas vos visites en dehors du camp ?
R. Quand j'étais à Beni à l'hôtel, je l'appelais, de fois elle n'était pas disponible. Toutefois, elle venait me rendre visite à Mukakira au camp.

Ministère Public : Lorsqu'on a attaqué Mukakira, on a retrouvé le corps de Rasta qui était souvent au camp. C'est bien lui qui a indiqué aux ADF la position des FARDC.
Q. Maman Sarah, votre réaction ?
R. Je passais à Mukakira plusieurs fois. On faisait des formations dans les camps militaires. Je faisais l'interprète du français, lingala et anglais. C'était dans presque tous les camps militaires.
Q. Comment expliquer que dans votre fonction de cleaner, vous n'étiez pas élevée à d'autres fonctions par rapport aux missions que vous exercez ?
R. Dans notre bureau, j'étais la seule qui parlait lingala et on m'utilisait dans plusieurs missions.
Ministère Public : Elle était journalière. Elle pouvait être utilisée à d'autres tâches et être payée à la tâche.
Q. Avez-vous suspecté la visite de maman Sarah dans le camp ?
R. Je ne faisais pas le renseignement pour suspecter ses visites.
Q. Aviez-vous déjà vu maman Sarah avec Mukanos vous rendre visite ?
R. Non.
Q. Comment expliquer que, monsieur Mukanos vous a remis une bouteille de whisky pour faciliter le rapport sexuel avec maman Sarah ?
R. Mukanos m'a remis plusieurs bouteilles de whisky, mais dire que j'ai des relations sexuelles avec maman Sarah, cela est faux.
Q. Votre réaction, maman Sarah ?
R. En 2015, nous nous sommes rencontrés à Goma, D'Arc, Mukanos et moi.
Q. Où avez-vous débuté des relations intimes ?
R. A Beni. Je suis allée le voir à Ntoni dans un hôtel. Je l'ai trouvé avec deux bouteilles de whisky. L'autre était déjà vide. Il m'a dit que je suis ADF. Mukanos lui a donné 100$ pour qu'il me prenne en photos dans ma nudité et les lui envoyer par WhatsApp. C'était en 2016.
Q. Quel problème avez-vous avec Mukanos ?
R. Nous étions à deux quand j'ai amené le bidon, le brasero et la casserole. C'est Mukanos qui a dit à Nicaise tout cela.
Q. D'arc ?
R. En décembre avec l'insécurité, je n'ai effectué aucune sortie pour Beni.
Ministère Public : Renseignant Colonel Kambale, à la prochaine audience.
Comparait mademoiselle Masika Adidja, née à Mabalia en 1994, fille de Kasereka Bwakyanakazi (décédé) et de Kavugho (décédée) ; Profession : ménagère ; Etat-civil : Célibataire et mère de deux enfants ; Etudes faites : néant ; Domiciliée à Oïcha/Mababeka (Kisiki).
Comparait monsieur Mumbere Abdallah, né à Eringeti, le 8 juin 1991 ; fils de Kasereka (en vie) et de Masika Katipa (en vie) ; Profession : taximen motard ; Etudes faites : néant ; Etat-civil : marié à madame Kahindo et père d'un enfant ; Domicilié à Oïcha/Mababeka (Boikene).
Comparait le Renseignant Kisiki :
Q. Etiez-vous chez les ADF ?

R. Oui.
Q. Comment êtes-vous arrivé là-bas ?
R. On m'avait emporté à l'âge de 5 ans. Je suis sorti en 2012.
Q. Dans la brousse, avez-vous entendu parler de maman Sarah ?
R. Oui, elle arrivait là-bas avec des munitions. Elle faisait des réunions avec des chefs. Son mari c'est Winyi, je l'ai connu à Tchutchubo.
Q. Quand vous êtes sorti de la brousse, avez-vous vu maman Sarah ?
R. Je l'ai vue à Oïcha où je lui ai jour parlé un jour.
Q. Etiez-vous arrivé à la Monusco ?
R. Oui, maman Sarah travaillait à la Monusco. Elle nous empêchait de mal parler des gens de la brousse.
Q. Avez-vous vu des gens suspects chez maman Sarah ?
R. Oui, ils venaient chercher des vivres. De fois, on amenait des malades chez elle.
Q. Maman Sarah, votre réaction ?
R. C'est faux ; je la reconnais par sa voix chez Adidja. Elle est sortie juste après Winyi.
Q. Quel est le rapport entre les gardes du corps de Winyi et Kisiki ?
R. Elle est venue avec les gardes du corps de Winyi pour dire qu'ils ont vu des ADF à Samboko, alors que c'était des cultivateurs.
Q. Avez-vous habité Oïcha ?
R. J'ai fait trois à quatre mois à Oïcha.
Q. Lui aviez-vous montré votre maison à Oïcha ?
R. Si c'est la même personne, oui. On faisait le suivi après la réunification.
Q. Selon vous, avait-elle un enfant ?
R. En 2010, elle avait un enfant.
Q. Kisiki, votre premier enfant a quel âge ?
R. Il a deux ans.
Q. Le deuxième enfant a quel âge ?
R. Un an et demi.
Q. Etes-vous sorti avec un enfant de la brousse ?
R. Non.
Q. Qu'avez-vous fait quand vous avez appris qu'il y a des visiteurs suspects chez maman Sarah ?
R. J'ai informé la police, malheureusement, elle venait de déménager de cet endroit.
Q. Comment avez-vous décelé la nuit que ces gens étaient suspects ?
R. On voyait leur façon de marcher ; même si maman Sarah nie, tout est connu.
Comparait le Renseignant Boikene :
Q. Etiez-vous chez les ADF ?
R. Oui, depuis 2000.
Q. Comment êtes-vous sorti de là ?
R. En 2008, quand on nous a frappés.

Q. Connaissez-vous les chefs ADF ?
R. Feza et Pasara.
Q. Connaissez-vous monsieur Winyi ?
R. Oui, il était chef ; je l'ai laissé en brousse.
Q. Maman Sarah, vous la connaissez ?
R. Oui, je l'ai vue entre Oïcha et Eringeti. Elle était venue avec un véhicule et des armes. Pour la deuxième fois, elle nous a amené des munitions ; une autre fois, elle nous a amené des unités vers 17 heures. Maman Sarah avait donné l'adresse d'un jeune garçon sur qui l'on a tiré. C'était Mupanda, il est sorti de la brousse.
Q. Winyi, connaissez-vous Mupanda ?
R. Je le connais. Il avait abandonné les ADF. Il est mort.
Q. Maman Sarah, votre réaction ?
R. C'est faux ; je ne connais même pas Mupanda.
Q. Winyi, reconnaissez-vous la voix de ce garçon ?
R. Par sa voix, je ne reconnais pas de qui il s'agit.
Q. Par quel moyen maman Sarah est arrivée à Opira.
R. Par véhicule.
Q. A quel endroit maman Sarah a-t-elle remis les unités ?
R. Tout près de Kokola.
Q. C'était à bord de quel véhicule ?
R. De couleur grise.
Remise contradictoire à mardi 4 juillet 2017.

Audience publique du 4 juillet 2017

RP N° 0173/2017
RMP N° 0813/KNG/2017
En chambre foraine à laquelle siègent :

1. Lt Col. Mag. Ntshaykolo Esosa Masele Jean Paulin, 1er Président ;
2. Col. Omeonga Taunya José, Juge Assesseur ;
3. Col. Ntiba Bulangiti Matthieu, Juge Assesseur ;
4. Col. Simisi Busoki Wa Karaku, Juge Assesseur ;
5. Com. Sup. Ppl Ngumbi Kulinga, Juge Assesseur ;
6. Gén. Maj. Mokunto Kiyana Timothée, 1er AGF, Ministère Public ;
7. Lieutenant Ngoma Lubuka Raphaël, Greffier.

En cause : l'auditeur militaire supérieur Près la cour militaire opérationnelle du Nord-Kivu, Ministère Public.
Contre :

- Madame Sarah Mwaka Muheha Sangwa ;
- Monsieur Kahindo Mbindule Ladislas ;
- Monsieur Bernard Mwania Kubeta ;
- Monsieur Holabo Duabo Benvenu ;
- Monsieur Mousa Batrane Abakar ;

- Kalyamba Luanda Alphonse.

Prévenus de :
- Crime de guerre
- Participation à un mouvement insurrectionnel ;
- Association des malfaiteurs.

La cause est appelée à 11 heures 20 minutes.
A l'appel de la cause, les prévenus cités ci-haut comparaissent en personne et assistés par leurs conseils : Me Charles Matsipa assiste Madame Mwaka Muheha Sarah ; Me Blanchard Mbiya, Constant Kalumendo et Me John Mughisa, pour Mousa Batrane Abakar, Bernard Mwania Kubeta, Holabo Duabo Bienvenu ; Défense Militaire pour Bwanandeke Safari Kitobi alias Winyi.
Comparait monsieur Holabo Duabo Benvenu :
Q. Que savez-vous de la livraison des enfants aux ADF ?
R. Le chef m'avait demandé d'accompagner ces enfants dont la liste est dans le dossier. Monsieur Carlos Diaz a ordonné à monsieur Bernard de remettre ces enfants aux ADF. Monsieur Carlos est sorti du bureau quand j'échangeais avec Bernard qui me demandait d'accompagner maman Sarah dans cette mission de réunification.
Q. Avec qui êtes-vous parti ?
Q. Maman Sarah, monsieur Winyi, le chauffeur et moi. En cours de route, on s'est arrêté à Mbau. Maman Sarah avec Winyi sont descendus pour prendre une maman. Nous sommes partis jusqu'à Eringeti. Maman Sarah et Winyi ont demandé au chauffeur de faire retourner le véhicule. Monsieur Winyi, qui était en communication, a demandé au chauffeur d'arrêter le véhicule à Tenambo, à côté de la maison du chef Kikongo. Il y avait un sentier. Maman est descendue avec un enfant, suivi d'une autre maman, monsieur Winyi et moi. Le chauffeur est resté à côté du véhicule. A 800 mètres, monsieur Winyi s'est arrêté. Il a dit qu'il a interrogation à l'institut. Il a commencé à courir. Je l'ai poursuivi en courant vers le véhicule. Maman Sarah et l'autre maman ont continué le chemin. Je me suis arrêté en cours de route pour suivre maman Sarah. A presque 400 mètres, nous sommes tombés dans une embuscade. J'ai vu monsieur Winyi entouré des soldats. Maman Sarah a remis l'enfant entre les mains de Winyi. Elle a pris le document et elle a fait signer la remise des enfants à Winyi. Nous sommes rentrés. J'ai dit au chef qui a dit que je suis le responsable pour accompagner maman Sarah, c'était la première fois.
Quelques jours plus tard, maman Sarah est allée récupérer quatre enfants. Nous sommes partis sur l'axe Mbau-Kamango. Maman Sarah parlait avec Winyi. Au niveau du PK 5, nous sommes descendus avec les quatre enfants. Nous avons fait route ensemble pour nous croiser avec Winyi. Maman Sarah a pris le certificat de remise pour le faire signer à Winyi, qui a remis les enfants à leur maman. J'ai fait rapport à mon chef. Un papa, qui était aussi là, a demandé à Winyi ses deux enfants. J'ai demandé à maman Sarah s'il y a

encore deux enfants ; elle a répondu par affirmatif. Nous sommes partis jusqu'au lieu où on a remis le premier enfant. Nous avons remis les deux enfants entre les mains de Winyi et ce papa. Monsieur Winyi m'a demandé comment nous sommes entrés en possession de ces enfants. On peut tout priver, sauf l'information. Les cultivateurs nous voient. Winyi m'a demandé de rester avec eux. J'ai refusé après une longue discussion. Les FARDC et la Monusco travaillent ensemble. Maman Sarah est intervenue auprès de Winyi. Il a dit qu'il me laisse, mais il craint qu'il y ait le retour. Il m'a libéré. J'ai couru jusqu'au véhicule et maman Sarah nous a rejoint au véhicule.
Q. Winyi, est-ce vrai ce qu'il dit ?
R. C'est vrai ; je ne voulais pas qu'il reste avec nous. Je voulais savoir ce qui est au fond de son cœur pour voir la répercussion de ne pas me condamner, de condamner celui qui l'avait envoyé. J'ai fait mon travail.
Ministère Public : Si monsieur Holabo peut reconstituer sur la carte les différentes remises des enfants.
Première remise : entre Oïcha-Mukoko, à 1 km ½ de la route.
Q. D'où veniez-vous, monsieur Winyi ?
R. Nadwi
Deuxième remise : axe Mbau-Kamango, au PK 5
Q. Monsieur Winyi, votre réaction ?
R. Je ne suis pas retourné au camp après deux jours. On m'a amené le deuxième groupe d'enfants.
Q. Est-ce qu'un papa avait réclamé ses enfants ?
R. Oui, c'est mon élément ; c'était les enfants de Feza.
Q. Monsieur Bernard Mwania Kubeta, votre réaction ?
R. Ce qu'il a dit, c'est vrai. Je revenais d'une mission de Goma. Monsieur Carlos m'avait demandé d'accompagner l'équipe de CEERA. Pendant que je me préparais, Bienvenu est arrivé. J'ai dit à Carlos que, comme cela ne relève pas de mes attributions, Bienvenu peut le faire.
Q. Quelle est la vérité ? Est-ce Holabo qui vous a informé ou c'est vous qui avez informé Holabo ?
R. Holabo a dit vrai.
Q. Monsieur Holabo, où étiez-vous dans votre mission ?
R. J'étais à Lubero, mon lieu d'affectation.
Q. Il s'est passé combien de temps le moment où vous avez entendu parler de ces enfants et de leur remise ?
R. Une année, j'avais reçu un appel anonyme qui m'a dit que je suis le responsable. Je ne veux pas remettre leurs enfants, les sept enfants ADF. Vouloir ou pas, nous allons les récupérer de force, ont-ils dit. J'ai informé Calvin comme responsable de ce programme, il n'a rien dit. Jean de Dieu non plus n'a pas donné une réponse claire à la réunification de ces enfants.
Q. Entre le coup de fil et la réunification de ces enfants, il s'est passé combien de temps ?
R. Presque deux mois.

Q. Est-ce que ce n'était pas la voix de Winyi ?
R. Non.
Q. Monsieur Bernard, votre réaction ?
R. Il avait partagé cette information de coup de fil.
Q. Qui est Jean de Dieu Muhindo ?
R. C'est un ancien agent.
Le Ministère Public donne lecture du PV de monsieur Bernard.
Q. Vous souvenez-vous de vos déclarations ?
R. Oui, ça fait dix ans ; mais ce que Bienvenu a dit est vrai.
Q. Saviez-vous que les enfants allaient être retournés aux ADF ?
R. Oui.
Q. Est-il normal ?
R. Non.
Q. Monsieur Holabo, saviez-vous que ces enfants allaient être retournés chez les ADF ?
R. Oui.
Q. Par contrainte, au risque de perdre mon travail.
Q. Que vient faire CEERA ?
R. ONG partenaire de Save the Children, la recherche familiale et la réunification familiale.
Q. Maman Sarah, en quelle année avez-vous travaillé avec CEERA ?
R. De 2003 à 2008.
Ministère Public : Cote 140, audition de monsieur Kalyamba, cote 143-144.
Q. Monsieur Bienvenu, êtes-vous avec Save the Children ?
R. Non, depuis 2010.
Q. Monsieur Bernard, êtes-vous avec Save the Children ?
R. Non, les bureaux ont été fermés en 2010.
Q. Maman Sarah, connaissez-vous Binos ?
R. C'est mon frère, il est à Kampala ; bishop d'une église tout juste à côté de l'auditorat.
Ministère Public : Monsieur Binos s'est retrouvé à Kampala, dans une maison inachevée, avec de jeunes filles qu'il acheminait en Asie.
Q. Holabo, vous vous rappelez avoir dit que maman Sarah était allée chez les ADF ?
R. Je l'avais dit.
Ministère Public : cote 200-201.
Q. Bienvenu, confirmez-vous vos déclarations ?
R. Oui.
Q. Holabo, vous êtes de quelle tribu ?
R. Bira en Ituri.
Le Ministère Public ne posera plus de questions à maman Sarah ; soit des gens mentent, soit elle ignore.
Q. Winyi, vous n'avez pas réclamé les enfants ; on vous a remis les enfants ; pourquoi n'avez-vous pas refusé.

R. Vous avez perdu les enfants, on vous les amène ; est-ce que vous les refuserez en tant que parent.
Q. Ces enfants sont-ils venus de maisons de Butembo, de Kirumba ou ce sont des enfants des rescapés de la frappe FARDC-MONUSCO ?
R. Nos enfants ayant plus de douze ans restaient en ville. Les enfants remis à Save the Children n'étaient pas de la frappe des FARDC. Ces enfants vivaient en ville de Butembo.
Q. Maman Sarah, les enfants que vous avez remis sont-ils des enfants des rescapés de la frappe FARDC-MONUSCO ?
R. Oui.
Ministère Public : L'organe de la loi vous a donné les noms de l'Officier qui a récupéré ces enfants à Butembo, le colonel Birotso. La maison est connue à Butembo.
Q. Maman Sarah, le premier contact avec Winyi était de quelle manière ?
R. Winyi était dans le bureau de Save the Children.
Q. C'était en quelle année ?
R. En 2007.
La Défense donne la cote 152.
Q. Monsieur Winyi, dans quelle circonstance avez-vous connu maman Sarah ?
R. Je l'ai connu quand elle m'a amené le premier enfant.
Q. Quelle promesse vous a-t-il faite ?
R. Quelle promesse ! Je n'avais pas dit cela.
Q. Qu'est-ce que vous avez dit de votre oncle Willy ?
R. Willy m'avait dit que vous savez quelque chose de vos enfants qui ont été récupérés à Butembo par contact téléphonique ; les processus sont en cours pour les faire retourner chez vous.
Défense de Bernard évoque la cote 63-64, nous avons un contrat signé par Save the Children avec l'autre partenaire CEERA.
Q. Holabo, en quel mois y a-t-il eu réunification ?
R. Entre janvier-mars 2007.
Ministère Public : A en croire la Cote 152 de monsieur Kalyamba, l'initiative est de Save the Children fin mission, il fallait remettre les enfants. Maman Sarah s'est rendue en brousse chez les ADF. Cote 177.
Comparait monsieur Kanyunyu John : né à Beni, le 28 décembre 1978 ; fils de Kyota Kinyanga (en vie) et de Kavugho (en vie) ; Profession : Journaliste indépendant, N°082 (Renseignant).
Q. Connaissez-vous maman Sarah ?
R. Oui.
Q. Votre réaction à propos du PV lu ?
R. Quand les opérations ont commencé, elles étaient lancées par le Général Bahuma, son Adjoint, le Général Mundos et le colonel Chirimwami T2. Elles ont commencé quand j'étais à Goma. Mon souci était de couvrir l'opération de traque des ADF. On accompagnait les FARDC pendant les opérations. On

échangeait des photos avec le Major Bienvenu. On prenait des photos avec des enfants rescapés ou des retournés.
Q. Que faisiez-vous avec maman Sarah ?
R. Maman Sarah accompagnait le colonel Chirimwami et le Major Bienvenu à Oïcha.
Q. Avez-vous aussi reçu monsieur Winyi ?
R. Non.
Q. Maman Sarah, lors de ces opérations, Winyi était-il encore en brousse ou était-il sorti ?
R. Il était déjà sorti.
Q. Holabo, qu'entendez-vous par cas par cas ?
R. Il fallait étudier le dossier de chaque enfant.
Q. La situation était-elle examinée cas par cas avant de réunifier ?
R. Bernard dit qu'il ne sait pas.
R. Maman Sarah dit non en précisant que c'est son chef Alphonse qui était à la première réunion.
Q. Avez-vous bien agi ?
R. Maman Sarah dit non ; c'était par contrainte.
Q. Maman Sarah, avez-vous exécuté ce qui vous dépasse ?
R. Oui.
Q. Holabo, avez-vous vérifié cette information de maman Sarah chez les ADF ?
R. Non, c'est un agent de CEERAO qui m'a informé.
Q. Winyi, étiez-vous informé de la prise des enfants à Butembo ?
R. Oui.
Q. Etiez-vous à l'enquête de ces enfants ADF ?
R. C'était nécessaire de demander où sont amenés nos enfants.
Défense de Winyi : on parle de 2011 au moment où nous n'étions plus en brousse.
Q. Winyi, après la réunification, avez-vous reçu maman Sarah ?
R. Après la réunification des enfants, on parlait avec maman Sarah. Si j'avais besoin de quelque chose, elle me l'amenait.
Comparait Colonel Kambale Kisumba Martin (Renseignant) :
Q. Connaissez-vous maman Sarah ?
R. A partir de Beni, elle se promenait avec le Major Kambale, qui m'a dit que maman nous donnait les informations des ADF et elle travaillait au MSF.
Q. Lui avez-vous confié une mission ?
R. Oui, le chef d'Etat-major avait donné l'ordre d'arrêter les gens à Goma. Quand ils sont arrivés, je les ai mis à la disposition de l'OPJ Gaston. Après l'audition, j'ai constaté qu'il n'y avait rien. J'ai demandé à maman Sarah de rester avec ces gens pour me faire rapport. Elle ne m'avait rien fait comme rapport.
Q. Est-ce que vos chefs étaient contents de cet acte de maman Sarah avec ces gens ?

R. Non, on m'a d'ailleurs collé une demande d'explication et une sanction.
Le Ministère Public donne lecture de PV du colonel Kambale. Maman Sarah a pénétré presque tout le monde.
Q. Colonel Kambale, avez-vous dit à maman Sarah de dire aux prévenus de ne pas dire la vérité.
R. Non.
Maman Sarah : le colonel Kambale est venu me voir chez moi à la maison. Il m'a dit : comme vous êtes musulmane, pénétrez-les, cherchez la vérité.
Q. Comment maman Sarah pouvait se comporter ?
R. Je n'étais pas chez elle à la maison. Elle est venue au bureau. J'étais encore nouveau et je lui ai confié cette mission.
Q. Maman Sarah, étiez-vous en contact avec l'Adjoint des Opérations et Renseignement ?
R. C'était parmi mes attributions.
Q. Madame Sarah, quel est le processus de réunification que CEERAO avait mis en place ?
R. Processus normal et spécifique. Processus spécifique ; CEERAO n'a jamais fait le processus normal.
Q. Quelle est la tâche de CEERAO ?
R. Recherche familiale, réunification.
Q. Quel est le processus normal ?
R. Documentation de l'enfant, recherche familiale et réunification familiale pour les enfants sortis des groupes armés et suivi.
Q. Avez-vous réunifié les enfants sans passer par le statut prévu par le CEERAO ?
R. C'est difficile pour moi de l'affirmer. Je n'étais pas à la première réunion. Save the Children a pris lui-même ce jour-là pour faire la réunification.
Q. Winyi, est-ce les jumeaux étaient les enfants de Feza ?
R. Non.
Q. Les autres enfants appartenaient-ils aux chefs ADF ou aux soldats de rang ?
R. Il y avait ceux qui appartenaient au médecin et d'autres, aux soldats de rang.
Remise contradictoire à jeudi 6 juillet 2017.

Audience publique du 6 juillet 2017

RP N° 0192/2017
RMP N° 0813 et 0877/KNG/2017
En chambre foraine à laquelle siègent :

1. Lt Col. Mag. Ntshaykolo Esosa Masele Jean Paulin, 1er Président ;
2. Col. Omeonga Taunya José, Juge Assesseur ;
3. Col. Ntiba Bulangiti Matthieu, Juge Assesseur ;
4. Col. Simisi Busoki Wa Karaku, Juge Assesseur ;
5. Com. Sup. Ppl Ngumbi Kulinga, Juge Assesseur ;

6. Gén. Maj. Mokunto Kiyana Tim, 1er AGF, Ministère Public ;
7. Lieutenant Ngoma Lubuka Raphaël, Greffier.

En cause : l'auditeur militaire supérieur Près la cour militaire opérationnelle du Nord-Kivu, Ministère Public.

Contre :

- Madame Sarah Mwaka Muheha Sangwa ;
- Monsieur Kahindo Mbindule Ladislas ;
- Monsieur Bernard Mwania Kubeta ;
- Monsieur Holabo Duabo Benvenu ;
- Monsieur Mousa Batrane Abakar ;
- Kalyamba Luanda Alphonse.

Prévenus de :

- Crime de guerre par enrôlement des enfants
- Participation à un mouvement insurrectionnel ;
- Association des malfaiteurs.

La cause est appelée à 12 heures 17 minutes.

A l'appel de la cause, les prévenus cités ci-haut comparaissent en personne et assistés par leurs conseils : Me Charles Matsipa assiste Madame Mwaka Muheha Sarah ; Me Blanchard Mbiya, Me Constant Kalumendo et Me John Mughisa, pour Mousa Batrane Abakar, Bernard Mwania Kubeta, Holabo Duabo Benvenu ; Défense Militaire pour Bwanandeke Safari Kitobi alias Winyi.

Comparait madame Sarah Mwaka Muheha Shingwa :

Q. N'êtes-vous pas allée voir monsieur Simon au PK 5 ?

R. Non, je l'ai vu une fois quand nous étions en mission avec Mukanos.

Q. Mukanos, connaissez-vous Simon ?

R. Oui.

Q. Etes-vous allé avec maman Sarah au PK 5 ?

R. Nous étions allés avec maman Sarah au pont Semiliki.

Q. N'êtes-vous jamais allé à Bulongo avec maman Sarah ?

R. Non.

Q. Maman Sarah ?

R. Nous sommes allés à Bulongo plusieurs fois.

Q. Connaissez-vous Anifa Mukanos ?

R. Oui.

Q. Où est Anifa ?

R. Juste après l'avoir retournée à sa famille d'accueil, je ne sais plus là où elle est.

Le Ministère Public révèle qu'Anifa a été retournée chez les ADF par maman Sarah.

Q. Est-ce Monsieur Bernard qui avait pris la décision de la remise des enfants aux ADF ?

R. La hiérarchie de Save the Children.

Ministère Public : CEERAO n'a pas décidé de la remise des enfants. C'est Save the Children de Royaume Uni qui a décidé de la remise des enfants aux ADF. Les exécutants, ce sont Holabo et le chauffeur. Le MP donne lecture de monsieur Kahindo, le chauffeur.
Q. Bernard, avez-vous présidé une réunion avec CEERAO pour ces enfants ?
R. Non.
Q. Holabo, vous nous avez dit, un autre jour, que quelqu'un vous a appelé ; comment a-t-il eu votre numéro ?
R. Moi je croyais que c'est maman Sarah qui avait remis mon numéro.
Q. Comment avez-vous su que c'est maman Sarah qui a donné votre numéro ?
R. Je l'ai dit ainsi, au niveau de Beni, que c'est maman Sarah qui s'occupait de ces enfants ADF et l'appel était venu des ADF.
Q. Maman Sarah, votre réaction ?
R. Les allégations de mon collègue Bienvenu sont fausses. Winyi est parti au bureau de Save the Children. Moi personnellement, je ne connaissais pas Winyi.
Ministère Public : Cote 92-93.
Q. Maman Sarah, avez-vous à votre disposition deux enfants ? Lesquels ?
R. Oui, Jafari et Soki.
Ministère Public : Les enfants ont tranquillement été gérés dans leurs familles d'accueil. On est allé les récupérer pour les retourner chez les ADF.
Q. Etiez-vous chez CEERAO ou chez Save the Children ?
R. Chez CEERAO, en partenariat avec Save the Children.
Q. Maman Sarah, parlez-nous d'Anifa et son fils.
R. Anifa était la femme d'un poseur des bombes. Elle a été logée à Ntoni. Anifa était grosse. J'étais en mission, c'est mon collègue Mukanos qui l'a amenée à Bulongo. Mon collègue Mukanos me dira qu'Anifa est toujours en connivence avec les ADF. Nous sommes allés à la famille d'Anifa à Bulongo. Son papa nous a accueillis. Anifa avait sa cabine pour vendre des unités. L'argent est venu de monsieur Elie. Anifa nous a donné le numéro d'Elie. L'argent qu'elle envoyait à son mari à Kinshasa et la réception de cet argent constituait le sujet de ce que nous sommes allés expliquer à son papa. Elie, on l'appelait Pasta à Beni. Son papa nous a dit qu'Anifa est partie un jour à Butembo sans faire signe. On partageait l'information avec les officiers FARDC. Un jour, nous sommes partis avec le colonel Kambale à Bulongo. Je l'ai présenté au papa d'Anifa comme officier des renseignements des FARDC.
Q. Winyi, Jafari et Soki étaient les enfants de qui ?
R. Jafari était l'enfant d'un homme de rang ; quant à Soki, j'ignore son père.
Q. Elie ou Anifa ?
R. Je ne sais pas.
Q. Où est Anifa et son fils Ismaël ?
R. J'ai été informé ici par Bonge la Chuma qu'Anifa est en brousse. Anifa, on l'avait mise dans une école ici à Beni. Elle a fui pour rentrer à Bulongo. Son père l'a amené chez sa tante d'où elle a encore fui. A la mort de sa mère, Anifa

n'est pas venue et par après, nous avons appris qu'Anifa est partie en Ouganda avec son mari qui est libéré.
Ministère Public : les cotes 230-236, nous avons entendu le papa d'Anifa.
Q. Maman Sarah, avec qui êtes-vous allés voir le papa d'Anifa ?
R. Avec Mukanos, à bord de la jeep en couleur rouge.
Q. Pourquoi êtes-vous allés chercher Anifa ?
R. C'est suite au rapport de Mukanos signalant qu'Anifa a des pistes sérieuses qui peuvent nous aider.
Q. Mukanos, votre réaction ?
R. C'est faux.
Q. Après lecture de ce PV, votre réaction, maman Sarah ?
R. On était parti avec le colonel Kambale, qui a fait rapport au Général Kasereka, qui a donné 20$. Quand Anifa a fui l'école, elle n'était plus chez moi. Elle n'a même pas terminé la première période. Il y a des choses vraies et fausses.
Q. Avez-vous envoyé Anifa visiter Zacharie ?
R. Je ne sais pas.
Comparait monsieur Bisimwa Mousa Shabani Alfred, né à Bukavu en 1979, fils de Musengeti (en vie) et de Chibalonza (en vie).
Q. Etiez-vous le seul Alfred en prison ?
R. Oui.
Q. Etiez-vous avec Zacharie ?
R. Oui.
Q. Anifa est-elle venue vous rendre visite ?
R. Oui, la première fois, elle n'avait rien amené. Elle a dit que maman Sarah l'avait envoyée. La deuxième fois, elle m'a amené à manger et 16.000fc.
Ministère Public : cote 222, PV de Zacharie
Q. Mukanos, avez-vous dit à Zacharie que maman Sarah avait retourné Anifa et son fils en brousse ?
R. Je ne me souviens pas.
Q. Mukanos, Mbambu Abigaël, la connaissez-vous ?
R. Nous l'avons trouvée à l'auditorat. Nous avions demandé de nous la remettre afin que nous la retournions dans sa famille.
Q. Monsieur Bernard, avez-vous parlé avec Kalyamba au sujet de la remise des enfants ?
R. Non.
Q. Monsieur Bernard, avez-vous tenu une réunion ?
R. C'est faux, le chef de bureau Carlos était là ; je ne pouvais pas tenir une réunion en sa présence.
Q. Mukanos, avez-vous aussi une mission de réunifier les enfants ?
R. Non.
Q. En quelle qualité étiez-vous en contact avec Bonge la Chuma ?
R. Comme point focal de la cellule en prison.
Q. Par qui étiez-vous envoyé ?

R. Par Philippe Libero, mon coordonnateur.
Q. Pourquoi étiez-vous allé voir Bonge la Chuma ?
R. Pour récolter auprès de lui des informations sur les kidnappés.
Maman Sarah : Je ne comprends pas comment, quelqu'un qui a fait deux ans en prison, on peut faire un suivi auprès de lui.
Ministère Public : MSF a continué à chercher des informations sur les kidnappés ; pour dire que MSF a ses méthodes d'approches.
Q. Mukanos, avez-vous dit à Bonge la Chuma que maman Sarah a retourné Anifa et son fils en brousse ?
R. Je ne me souviens pas du tout.
Madame Sarah : Le papa d'Anifa était parmi mes renseignants ; je m'étonne qu'il ne soit pas là.
Ministère Public : Le père d'Anifa, un des renseignants du MP, nous n'avons pas pu le contacter pour l'informer.
Q. Winyi, lors de trois réunifications des enfants, qui avait remis en mains propres les enfants ?
R. C'est madame Sarah qui me remettait le papier pour signer.
Q. Est-ce que Bienvenu avait participé ou il était témoin oculaire ?
R. Je ne savais pas s'il était témoin, car ils portaient tous les habits de Save the Children.
Q. Madame Sarah, lorsque vous avez remis les enfants, avez-vous remis à Winyi une fiche de réunification ? Est-ce que Winyi avait reçu une copie ? Avez-vous aussi remis à CEERAO une copie ?
R. Oui, nous étions avec Save the Children qui gardait le tout.
Q. Le terme de convention entre Save the Children et maman Sarah ainsi que CEERAO, c'est comment ?
R. C'est mon chef qui a émis ces déclarations ; c'est mieux de se référer à lui.
Q. Avez-vous signé en tant qu'agent de Save the Children ou de CEERAO ?
R. Je ne sais pas si c'est moi ou bien Bienvenu.
Q. Qui avait récupéré ses fiches de réunification ?
R. C'était Bienvenu.
Q. Winyi ?
R. C'est maman Sarah qui faisait tout, même prendre des photos.
Q. Maman Sarah, votre réaction ?
R. Moi je peux signer comme agent CEERAO et lui, à son tour, peut le faire comme agent Save the Children.
Q. Madame Sarah, qui est Elie ?
R. C'était le chef de bureau à l'époque.
Q. Que veut dire « sous la conduite » ?
R. C'était bien lui le chef à l'époque, l'Administrateur.
Q. Qui avait donné l'ordre de réunir les enfants ?
R. La première réunion, je n'étais pas là. J'ai reçu l'ordre de monsieur Alphonse. Je n'avais pas beaucoup de détails. J'ai spéculé.

Q. Monsieur Elie était-il au courant de la remise des enfants aux ADF ?
R. C'est bien lui l'Administrateur.
Défense : Il peut y avoir un acte d'engagement signé avec l'Etat congolais qui ne peut en aucun cas être à la portée des agents.
Premier Président : Pour la Cour, l'instruction préparatoire est complète.
Pour le MP, les responsables sont partis, chacun sera responsable de ses actes.
Défense de maman Sarah : cote 152.
Q. Bernard, étiez-vous informé que toute l'équipe portait le gilet de Save the Children ?
R. Non.
Q. Winyi, citez les noms des enfants réunis ?
R. Je ne me souviens plus, toutefois il y avait Love.
Défense : Save the Children a signé un contrat avec l'Etat congolais.
Ministère Public : Qui a décidé de la remise des enfants en brousse ? N'est-ce pas Save the Children !
Q. Monsieur Bernard, vous souvenez-vous de monsieur Jean de Dieu Muhindo ?
R. C'est un ancien agent de Save the Children.
Q. Avez-vous reconnu que ce que Holabo a dit est vrai ?
R. Oui.
Q. Bernard, qui avait donné l'ordre de retourner les enfants en brousse ?
R. C'est la hiérarchie au niveau de Goma, monsieur Martin Muhindo, qui était le chef. La réception des enfants en 2006, pour faire exécuter la décision, c'était le chef de bureau de Beni. Nous n'étions que des exécutants.
Ministère Public : Dans cette activité, il n'y a aucune initiative de CEERAO. Willy avait contacté Winyi qui entre en contact avec Save the Children. Comme témoin : Maitre Kavota et d'autres personnes pour vous faire voir le degré de pénétration des services des renseignements par maman Sarah.
Maman Sarah : En 2009, quand j'ai intégré DDRRR, avant mon arrivée, Winyi était en contact avec DDRRR. Comme Winyi écoutait beaucoup sa mère, on se réferait à sa mère. Si on remettait quelque chose à Winyi, on donnait à sa mère. Quand Winyi est sorti, il est sorti avec des armes et ses militaires. La Renseignante Kisiki, je l'ai revue trois fois. Elle s'est démobilisée pour la première fois, pour la deuxième fois, elle s'est mariée. Je voudrais vous montrer la qualité de la renseignante. Elle a menti.
Remise contradictoire à lundi 10 juillet 2017.

Audience publique du 10 juillet 2017

RP N° 0192/2017
RMP N° 0813 et 0877/KNG/2017
En chambre foraine à laquelle siègent :

1. Lt Col. Mag. Ntshaykolo Esosa Masele Jean Paulin, 1er Président ;

2. Col. Omeonga Taunya José, Juge Assesseur ;
3. Col. Ndiba Bulangiti Matthieu, Juge Assesseur ;
4. Col. Simisi Busoki Wa Karaku, Juge Assesseur ;
5. Com. Sup. Ppl Ngumbi Kulinga, Juge Assesseur ;
6. Gén. Maj. Mokunto Kiyana Tim, 1er AGF, Ministère Public ;
7. Lieutenant Ngoma Lubuka Raphaël, Greffier.

En cause : l'auditeur militaire supérieur Près la cour militaire opérationnelle du Nord-Kivu, Ministère Public.

Contre :

- Madame Sarah Mwaka Muheha Sangwa ;
- Monsieur Kahindo Mbindule Ladislas ;
- Monsieur Bernard Mwania Kubeta ;
- Monsieur Holabo Duabo Benvenu ;
- Monsieur Mousa Batrane Abakar ;
- Kalyamba Luanda Alphonse.

Prévenus de :

- Crime de guerre par enrôlement des enfants ;
- Participation à un mouvement insurrectionnel ;
- Association des malfaiteurs.

La cause est appelée à 15 heures 05 minutes.

A l'appel de la cause, les prévenus cités ci-haut comparaissent en personne et assistés par leurs conseils : Me Charles Matsipa assiste Madame Mwaka Muheha Sarah ; Me Blanchard Mbiya, Constant Kalumendo et Me John Mughisa, pour Mousa Batrane Abakar, Bernard Mwania Kubeta, Holabo Duabo Bienvenu ; Défense Militaire pour Bwanandeke Safari Kitobi alias Winyi.

Comparait monsieur Kahindo Muke Christian, né à Zela, le 22 novembre 1975, fils de Jules Muke (en vie) et de Kavugho Mayani (décédée) ; marié à madame Kamala Malama José et père de 5 enfants ; profession : journaliste au journal Rafiki à Beni, Domicilié en Ville de Butembo, Commune Bulengera, Quartier Evêché, Cellule Buhungi N°184 (Renseignant).

Comparait monsieur Kavusa Kamundu Elias, né à Kizongera en 1995, fils de Kakule (décédé) et de Kahambu (décédée), marié à madame Kavugho et père de 4 enfants ; Profession : cultivateur à Isale (Renseignant).

Q. Madame Sarah, connaissez-vous monsieur Kavusa ?

R. Je l'ai vu le jour de leur libération à l'Auditorat.

Q. N'êtes-vous pas venu le voir à propos de leur libération ?

R. Je suis venu après leur libération. Un motard est venu me dire qu'il a son père à l'Auditorat. Vous avez libéré les uns et les autres sont restés. Maitre Kavota avait dit que vous demandez de l'argent.

Q. Qui vous a donné les ordonnances de mise en liberté provisoire ?

R. Le Colonel Kumbu a remis au commandant détachement et je suis parti avec ce commandant détachement.

Comparait Kumbu Ngoma, Lieutenant-Colonel Magistrat substitut de l'Auditorat Militaire Opérationnel (renseignant).
Q. Avez-vous remis les ordonnances de mise en liberté provisoire entre les mains de madame Sarah ?
R. J'avais remis le mandat d'élargissement. Quand je vous ai soumis le problème, vous m'avez accordé de leur octroyer la mise en liberté provisoire. J'ai remis les ordonnances de mise en liberté provisoire au gradé d'Elite. J'ai appelé maman Sarah ; ils sont partis avec d'Elite. Après, maman Sarah est venue me dire que leur vie est devenue difficile. J'ai remis le mandat d'élargissement à maman Sarah.
Q. Avez-vous signé le mandat d'élargissement sous mon avis ?
R. Ça c'est vrai.
Q. Comment Maitre Kavota demandait de l'argent à mon nom ?
R. Il avait demandé quelque chose ; il avait ravi les ordonnances de mise en liberté provisoire.
Ministère Public : Quand j'ai entendu cette histoire, j'ai demandé au Magistrat Hubert d'ouvrir un dossier contre Maitre Kavota.
Q. Maitre Kavota ?
R. J'ai été consulté par le bourgmestre. Un des membres de sa famille était arrêté au T2 avec deux autres personnes. Ces gens ont été transférés à l'Auditorat. J'ai signifié à l'organe de la loi que ces gens sont arrêtés pour un problème de champ, il n'y a rien d'ADF. Je continue à reprocher l'organe. Le jour où ils étaient libérés, je suis allé les voir moi-même à la prison. J'attendais l'appel du bourgmestre qui, après des recherches menées, ils ont été retrouvés chez maman Sarah, qui a demandé 35$ pour le transport au lieu de 500$ demandé bien avant la négociation. Maman Sarah avait envoyé son taximan qui a récupéré ces trois messieurs et les a amenés chez elle. L'un d'eux a réussi à s'échapper. Il y avait aussi le capitaine John. Maman Sarah a utilisé son taximan pour accompagner l'un d'eux au village pour vendre le champ. Je leur ai demandé de dire à cette maman que l'argent est à Beni ; qu'on l'amène chez moi au cabinet. Je me suis décidé d'aller voir personnellement le colonel Kumbu. Il m'a amené chez le major Hubert. Je lui ai signifié que, parmi les gens libérés, on exige de l'argent à certains. Le Major Hubert va faire appel à maman Sarah ; et monsieur Kamundu qui s'exclamera que c'est cette maman qui nous demande de l'argent.
Q. Sarah, qu'est-ce que Christian vient faire dans cette affaire ?
R. Je ne sais pas.
Q. Est-ce vous qui détenez le document ?
R. Le mandat d'élargissement, oui.
Q. Comment ces documents sont arrivés entre vos mains ?
R. Le colonel Kumbu m'avait donné le mandat d'élargissement, les ordonnances de mise en liberté provisoire que le gradé d'Elite détenait. Nous sommes partis avec lui à la prison. Le bourgmestre est venu, il a voulu prendre

son frère, je me suis imposé pour qu'il prenne aussi les autres qui n'ont pas de famille.
Comparait monsieur Kasereka Kalivwa Pascal, bourgmestre de la Commune de Bungulu (Renseignant)
Q. Quelle est votre version de fait ?
R. J'ai attendu Maitre Kavote et maman Sarah. J'ai pris contact avec Maitre Kavota. Maman Sarah m'a reçu chez elle sans me connaitre. L'information, je l'ai reçue chez Maitre Kavota. Maman Sarah m'avait dit que les autres n'avaient pas de place. Je les ai amenés chez moi. Ils m'ont dit que maman Sarah avait leurs documents. C'était samedi. Le lundi, quand ils sont partis à l'auditorat, maman Sarah a envoyé son taximan et une autre personne qui demandaient 35$ à chacun pour le transport. Je leur ai demandé de voir Maitre Kavota. Après, ils diront encore que le Général Mukuntu demande un cadeau.
Comparait monsieur Kavusa :
Q. Qui entre Maitre Kavota et maman Sarah a demandé de l'argent ?
R. C'est maman Sarah.
Q. Christian, connaissez-vous maman Sarah ?
R. Je l'ai vue au mois de mai lors des opérations entamées par le Général Bahuma. Elle était avec les militaires.
Q. Connaissez-vous Maitre Kavota ?
R. Oui, j'ai eu l'information venant d'Isale que Kayero était arrêté au T2 ensuite transféré à l'auditorat. Ils ont obtenu la liberté provisoire et ils sont chez le bourgmestre. Je suis venu voir le bourgmestre, il m'a dit que ces gens sont partis. A propos du montant de 2000$ qu'on disait lui avoir remis, il m'a demandé de voir Maitre Kavota. A partir d'Isale, on me dira que Kayero est déjà à Isale.
Remise contradictoire à jeudi 13 juillet 2017.

Audience publique du 13 juillet 2017

RP N° 0192/2017
RMP N° 0813 et 0877/KNG/2017
En chambre foraine à laquelle siègent :

1. Lt Col. Mag. Ntshaykolo Esosa Masele Jean Paulin, 1er Président ;
2. Col. Omeonga Taunya José, Juge Assesseur ;
3. Col. Ntiba Bulangiti Matthieu, Juge Assesseur ;
4. Col. Simisi Busoki Wa Karaku, Juge Assesseur ;
5. Com. Sup. Ppl Ngumbi Kulinga, Juge Assesseur ;
6. Gén. Maj. Mokunto Kiyana Tim, 1er AGF, Ministère Public ;
7. Lieutenant Ngoma Lubuka Raphaël, Greffier.

En cause : l'auditeur militaire supérieur Près la cour militaire opérationnelle du Nord-Kivu, Ministère Public.
Contre :

- Madame Sarah Mwaka Muheha Sangwa ;

- Monsieur Kahindo Mbindule Ladislas ;
- Monsieur Bernard Mwania Kubeta ;
- Monsieur Holabo Duabo Benvenu ;
- Monsieur Mousa Batrane Abakar ;
- Kalyamba Luanda Alphonse.

Prévenus de :

- Crime de guerre par enrôlement des enfants ;
- Participation à un mouvement insurrectionnel ;
- Association des malfaiteurs.

La cause est appelée à 11 heures 15 minutes.

A l'appel de la cause, les prévenus cités ci-haut comparaissent en personne et assistés par leurs conseils : Me Charles Matsipa assiste Madame Mwaka Muheha Sarah ; Me Blanchard Mbiya, Me Constant Kalumendo et Me John Mughisa, pour Mousa Batrane Abakar, Bernard Mwania Kubeta, Holabo Duabo Bienvenu ; Défense Militaire pour Bwanandeke Safari Kitobi alias Winyi.

Défense de monsieur Bernard Mwania Kubeta et de monsieur Holabo Duabo Bienvenu sollicite la mise en liberté provisoire de leurs clients. Comme ils se sont comportés en bons citoyens après l'évasion de la prison centrale de Kangwayi, ils sont retournés d'eux-mêmes et qu'il plaise de tenir compte de l'état de santé de l'un de leurs clients.

Défense de madame Sarah Mwaka Muheha sollicite la mise en liberté provisoire de sa cliente liée à la maladie de diabète. Son adresse est bien connue à Beni.

Ministère Public : Pour Madame Sarah, s'agissant de son diabète, elle sera soignée là où elle est.

Monsieur Bernard, le MP l'avait placé en liberté provisoire. Le MP le retient du fait que le prévenu ne puisse pas embrouiller la Cour ; il reste en détention.

S'agissant de monsieur Holabo, sa mise en liberté provisoire ne va pas gêner la recherche de la vérité. Le MP émet un avis favorable.

La Cour répond sur le banc : La crainte de la mise en liberté provisoire pour embrouiller la suite de l'instruction et la gravité de fait.

Pour maman Sarah, la maladie n'est pas le motif, la Cour rejette sa demande.

Monsieur Bernard, la Cour rejette sa demande, mais elle en tiendra compte lors du délibéré suite à la gravité de fait.

Monsieur Holabo, le Cour ordonne sa mise en liberté provisoire sous condition qu'il se présente à l'audience et qu'il acte sa présence tous le mercredi et le samedi.

Comparait monsieur Mousa Batrane :

Q. Monsieur Winyi, aviez-vous déclaré que vous étiez avec Mousa avant votre arrestation ?

R. J'ai connu Mousa en 2010. Madame Sarah m'avait appelé me disant qu'elle a l'uranium et que je puisse chercher un preneur à Goma. Les gens m'ont

amené chez Mousa Batrane. Nous avons parlé avec lui et il m'a demandé d'amener la matière. Madame Sarah a amené le propriétaire de la matière. Nous sommes arrivés chez Mousa Batrane, il a testé ; c'était une fausse matière. La troisième fois, madame Sarah a amené le mercure rouge en poudre. Mousa a teste, c'était ok. Ils ne se sont pas convenus pour le prix, madame Sarah est partie. L'autre fois, nous sommes partis encore chez Mousa, accompagné de maman Sarah et sa sœur.
Q. Mousa, votre réaction ?
R. Il est arrivé vendredi, accompagné de deux gardiens de FARDC. Mes gardes sont venus me faire signe. Je les ai accueillis. Il m'a dit qu'il est dans le cadre de business. Je lui ai demandé d'entrer seul. Il m'a dit qu'il est sorti du mouvement de Ruwenzori. Il m'a parlé de minerais, je lui ai demandé de le voir. Il est parti pour revenir le dimanche. Il m'a présenté maman Sarah comme sa femme et l'autre comme sa sœur. Ils m'ont présenté le mercure rouge en poudre. Nous ne nous sommes pas convenus sur le prix. L'autre fois, il est venu avec des femmes. Nous avons laissé les femmes quelque part pour échanger nous deux. Je lui ai posé cinq questions, il n'a pas répondu. Il a dit qu'il a quitté ce mouvement à cause de l'injustice.
Q. Maman Sarah, vous rappelez-vous que vous avez reçu la mission de filer Mousa ? Qui vous a donné cette mission ?
R. C'est Dicon.
Q. Winyi vous a-t-il dit qu'il allait rencontrer Mousa ?
R. Oui.
Q. Mousa, achetez-vous aussi l'uranium ?
R. Non, j'avais testé pour le décourager.
Ministère Public : Monsieur achète aussi l'uranium ; il est dangereux !
Q. Madame Sarah, qu'avez-vous trouvé comme résultat dans votre filature à l'endroit de Mousa ?
R. Winyi m'avait informé qu'il est en contact avec quelqu'un qui a besoin de cette bouteille. Nous sommes partis avec les deux propriétaires de la bouteille. Quand j'allais chez Mousa, je voulais savoir s'il est en contact avec les ADF. Je suis allé une première, deuxième et troisième fois. Quand nous étions à la mosquée, Mousa nous a montré deux photos des militaires djihadistes chez lui. Mousa a commencé par nous relater comment il était arrêté par l'ANR.
Q. Winyi, qui avait dit que Mousa est Amir de Hadi ?
R. Oui, Mousa est Amir de Hadi Congoman.
Q. Vous souvenez-vous de vos déclarations attestant que Mousa cherchait à créer un mouvement Djihadiste en Afrique centrale ?
R. Oui.
Q. La mosquée de Katindo a-t-elle été construite par l'argent de Mousa ?
R. Oui.
Le Ministère Public donne lecture des déclarations de maman Sarah.
Q. Devant Mousa et devant la Cour, confirmez-vous vos déclarations faites devant le Ministère Public ?

R. Pas de réponse.
Q. Devant Mousa, Hadi est le premier Iman de Katindo ?
R. Je confirme.
Q. Mousa allait-il créer un mouvement djihadiste en Afrique centrale ?
R. Ce n'était pas venu de lui.
Q. Mousa avait-il envoyé des gens en Tanzanie pour suivre la formation d'Imam ?
R. Ce n'était pas venu de lui, c'est un enfant qui avait dit cela.
Q. La mosquée de Katindo a-t-elle été construite par l'argent propre de Mousa et Nhuru ?
R. Je confirme.
Q. Mousa a trompé le Gouverneur qu'il s'agit d'un orphelinat alors que cet orphelinat est l'œuvre d'une femme qui est sortie de la brousse, madame Yalala ?
R. C'est madame Yalala qui avait trompé le Gouverneur.
Q. Est-ce que Mousa connait madame Yalala ?
R. Oui.
Q. Mousa savait que madame Yalala est sortie de chez les ADF ?
R. Il a su quand il était arrêté.
Q. Mousa, pouvez-vous rappeler les faits que madame Sarah met à votre charge ?
R. Madame Sarah a dit que j'ai envoyé Congoman en brousse ; j'ai construit la mosquée de Katindo avec Nhuru et Hadi était le premier Iman de Katindo.
Ministère Public : Hadi premier Iman de Katindo, la mosquée de Katindo est construite par votre argent propre, madame Yalala est une femme sortie de la brousse.
Q. Votre réaction ?
R. Je ne connais rien de tout cela.
Q. Winyi, connaissez-vous Hadi ?
R. Oui, monsieur Hadi je l'ai connu en 2004. Quand ils sont entrés dans le mouvement ADF, ils étaient deux. Je me suis rencontré avec eux, ils m'ont dit comment ils se sont enrôlés. Hadi m'a dit qu'il est de Goma. Il voulait être Interahamwe, mais avec la religion, il ne pouvait pas y parvenir. Un papa l'avait confié à monsieur Munzanganda, c'était monsieur Mousa. Quand je me suis croisé avec Mousa, il m'a dit qu'il a été arrêté pour le problème des ADF.
Q. Quel est l'autre nom de Hadi ?
R. J'ai vu ce nom sur le document du MP Congoman.
Q. Hadi s'appelait-il aussi Congoman quand vous l'avez trouvé à Mughalika ?
R. Oui.
Q. Monsieur Mousa a-t-il confié Hadi à monsieur Monzanganda pour aller en brousse ?
R. Oui.
Q. Mousa, votre réaction ?
R. C'est faux, il y a plusieurs Mousa.

Q. Lorsque vous étiez à Goma, avez-vous évoqué le nom de Hadi ?
R. En aucun jour.
Q. Comment pouvez-vous expliquer que vous n'avez pas parlé de monsieur Hadi ? Où est-ce que maman Sarah a entendu le nom de Hadi ?
R. Le jeune Hadi, je me promenais avec lui. J'étais avec Hadi quand j'avais un rendez-vous avec maman Sarah. Je l'ai présenté comme mon frère congolais. Un jour, quand nous avions rendez-vous avec maman Yalala, nous étions avec maman Sarah. Je l'ai présenté chez maman Sarah, lui signifiant qu'elle s'occupe de nos enfants. Quand je suis arrivé à Goma, monsieur Mousa m'a dit comment il était arrêté à cause des ADF. Il avait logé une maman ADF qu'on voulait arrêter, mais elle a fui. Quand j'ai vu Mousa, je me suis souvenu de Mousa dont Hadi m'avait parlé. C'est en 2011 que j'ai connu le nom de Mousa Batrane, que c'est lui qui avait fait entrer Hadi en brousse.

Ministère Public : Nous parlons de monsieur Mousa Batrane Tchadien.
Q. Etes-vous arrivé à Kinshasa avant ou après votre rencontre avec Mousa Tchadien ?
R. Après.
Q. Mousa, de qui avez-vous parlé à monsieur Winyi ?
R. Troisième visite, il est venu avec deux femmes. Je lui ai posé des questions ; il a dit que c'est à cause de l'injustice qu'il a quitté la brousse. Je lui ai posé la question de savoir s'il est musulman ? Pourquoi vous tuez les gens ? Vous, Congolais, pourquoi vous vous mêlez avec les Ougandais, des Rwandais pour tuer vos frères Congolais.
Q. Monsieur Winyi ?
R. Je ne voulais pas entrer en profondeur avec lui.
Q. En quelle année avez-vous reçu monsieur Winyi ?
R. En octobre 2010.
Comparait monsieur Saa Mbili Bamukoka Roger, Mwami de la Chefferie de Watalinga (renseignant).
Q. En octobre 2010, où étiez-vous ?
R. J'étais déjà ici.
Q. En 2010, y avait-il beaucoup de massacres ?
R. Il n'y avait pas eu de massacres.
Q. Winyi avant de sortir, y avait-il beaucoup de massacres ?
R. A propos de la population, il n'y avait pas de massacres.
Ministère Public : Vous constatez que monsieur Mousa raconte des histoires : il n'y avait pas de tueries en 2010. Hadi est allé en brousse par l'intermédiaire de monsieur Mousa. Il a été en contact avec Bonzanganda et l'orphelinat a été construit pour loger les ADF.
Q. Madame, par votre initiative, avez-vous commencé les visites chez Mousa avec Winyi.
R. Oui.
Q. Qui vous a confié la mission de pénétrer monsieur Mousa ?

R. Dicon et madame Christine, même mission pour pénétrer aussi monsieur Winyi.
Q. Madame, reconnaissez-vous avoir accepté de reconnaitre tous les autres prévenus sauf monsieur Mousa ?
R. J'avais déclaré avoir reconnu tous les prévenus qui étaient au T2.
Q. Mousa vous a-t-il parlé de monsieur Hadi ?
R. Non, c'est monsieur Winyi qui m'a parlé de monsieur Hadi et je l'ai vu dans le cadre de la démobilisation. Il voulait aussi sortir de la brousse.
Q. Dans quelle circonstance on vous a parlé de la création du mouvement Djihadiste ?
R. Chez madame Christine.
Q. Monsieur Mousa, connaissez-vous madame Yalala ?
R. Mousa la reconnait sous le nom de Rukia.
Q. Lorsque Mousa vous a parlé de Yalala, avec qui étiez-vous ?
R. Mariam, Winyi, Mousa et moi.
Q. Winyi, vous souvenez-vous de cela ?
R. Non.
Q. Winyi, vous souvenez-vous des reproches de monsieur Mousa au sujet des combattants ADF ougandais qui tuent les Congolais, un comportement qui n'est pas propre aux musulmans ?
R. Oui.
Q. Winyi, Hadi vous a parlé de Mousa, c'était quel Mousa ?
R. Hadi m'avait parlé de Mousa sans précision. Quand j'ai vu monsieur Mousa, il m'a dit qu'il a été arrêté à cause d'une femme ADF qu'il a logée chez lui et qui a fui. J'ai cru qu'il s'agit du même Mousa.
Q. Sarah, étiez-vous présente quand Mousa et Winyi échangeait à propos des ADF ?
R. Non.
Q. Combien de fois étiez-vous en contact avec monsieur Mousa ?
R. Madame Sarah : plusieurs fois.
R. Winyi : quatre fois.
Q. Vous aviez dit que pendant trois mois, vous étiez en contact avec monsieur Mousa trois fois par semaine. Est-ce vrai ?
R. Oui, c'était pour une simple visite.
Q. Mousa, combien de fois étiez-vous en contact avec maman Sarah et Winyi ?
R. Trois fois.
Q. Madame Sarah, avez-vous fait rapport à celui qui vous a envoyé et au service de sécurité ?
R. Il peut se référer au service DDRRR.
Q. Madame Sarah, avez-vous demandé à Winyi le rapport de leur entretien avec Mousa ?
R. Non.
Remise contradictoire à jeudi 20 juillet 2017.

Audience publique du 20 juillet 2017

RP N° 0192/2017
RMP N° 0813 et 0877/KNG/2017
En chambre foraine à laquelle siègent :

1. Lt Col. Mag. Ntshaykolo Esosa Masele Jean Paulin, 1er Président ;
2. Col. Omeonga Taunya José, Juge Assesseur ;
3. Lt Col. Mpoy Teddy Léonard, Juge Assesseur ;
4. Col. Simisi Busoki Wa Karaku, Juge Assesseur ;
5. Com. Sup. Ppl Ngumbi Kulinga, Juge Assesseur ;
6. Gén. Maj. Mokunto Kiyana Tim, 1er AGF, Ministère Public ;
7. Lieutenant Ngoma Lubuka Raphaël, Greffier.

En cause : l'auditeur militaire supérieur Près la cour militaire opérationnelle du Nord-Kivu, Ministère Public.
Contre :

- Madame Sarah Mwaka Muheha Sangwa ;
- Monsieur Kahindo Mbindule Ladislas ;
- Monsieur Bernard Mwania Kubeta ;
- Monsieur Holabo Duabo Bienvenu ;
- Monsieur Mousa Batrane Abakar ;
- Kalyamba Luanda Alphonse.

Prévenus de :

- Crime de guerre par enrôlement des enfants ;
- Participation à un mouvement insurrectionnel ;
- Association des malfaiteurs.

La cause est appelée à 12 heures 6 minutes.
A l'appel de la cause, les prévenus cités ci-haut comparaissent en personne et assistés par leurs conseils : Me Charles Matsipa assiste Madame Mwaka Muheha Sarah ; Me Blanchard Mbiya, Me Constant Kalumendo et Me John Mughisa pour Mousa Batrane Abakar, Bernard Mwania Kubeta, Holabo Duabo Bienvenu ; Défense Militaire pour Bwanandeke Safari Kitobi alias Winyi.
Comparait monsieur Mousa Batrane :
Q. Quand étiez-vous arrêté ?
R. En 2010.
Q. Pourquoi étiez-vous arrêté ?
R. Suite à une dame qu'on appelait Shanga.
R. Comment avez-vous connu Shanga ?
R. Dans la concession de ma parcelle, il y a plus de quarante-cinq familles. Cette femme est venue chez moi et me dira qu'elle a six enfants, on l'a chassée là où elle était ; elle n'a pas de place. Je lui ai demandé d'aller à la mosquée et de m'amener deux personnes. Elle a dit qu'elle venait de Rutshuru, elle ne

connait personne. Je l'ai envoyée à la concession. Deux ans après, les agents de l'ANR sont venus m'arrêter.
Q. Combien d'année est-elle restée chez vous ?
R. Elle a fait six mois, elle est partie à mon absence. J'étais à l'étranger ; c'est l'ANR qui m'a informé.
Q. Quel âge avaient les enfants ?
R. Douze ans, dix ans et huit ans. Le dernier avait un an. Elle m'avait dit qu'elle était veuve. Elle a fait six mois à Goma et qu'on vient de la chasser.
Ministère Public : Mousa est un maquisard qui gère un groupe armé.
Q. Qui gère votre concession ?
R. Il n'y a que des Nyumba Kumi.
Q. Qui est Lisala ?
R. Il est Tchadien comme moi.
Q. Gère-t-il la concession ?
R. Non, il ne s'entendait pas avec les autres ; il les mettait mal à l'aise. Je l'ai mis en garde de ne pas déranger les autres.
Q. Pourquoi cette coïncidence ? Les enfants ADF sont logés chez vous, monsieur Okapi ! Ça ne fait pas trop de hasard ?
R. A ma concession, il y a plus de quarante familles. Je ne connais personne. Il y a un agent ANR et même un policier dans cette concession.
Ministère Public : Alidi c'est aussi un hasard ? Qui a dit qu'il a été mis en contact avec Monzanganda par monsieur Mousa ?
Mousa : Quand on parle de monsieur Monzanganda, je ne le connais pas ; quand on parle de Mousa, il y a plusieurs Mousa.
Ministère Public : Monsieur Winyi rencontre monsieur Alidi en brousse. Quand il vous voit, il fait allusion à monsieur Mousa dont Alidi lui a parlé.
Mousa : Je n'ai aucun intérêt avec les ADF. Quand l'ANR m'a arrêté, j'ai été libéré après deux jours puisque je suis innocent.
Comparait Madame Sarah Mwaka Muheha Sangwi
Q. Mukanos, vous souvenez-vous de la réponse que vous avez donné à la Cour, selon laquelle vous parliez à Bonge la Chuma et maman Sarah avait renvoyé Anifa en brousse ?
R. Oui.
Q. Avez-vous l'autorisation d'aller à la prison ?
R. Oui.
Q. Qui vous donnait l'autorisation d'entrer en contact avec les détenus ?
R. Mes autorités.
Ministère Public : Vous n'avez pas l'autorisation de fréquenter les détenus. Selon les informations que nous avons, vous servez de relais entre les détenus et les gens de l'extérieur.
Q. Allez-vous en Ouganda ?
R. Oui.
Q. Connaissez-vous un chef ADF ?
R. Non.

Ministère Public : Mukanos est allé négocier de l'argent et c'est grâce à lui qu'on a libéré Bravo.
Q. Etiez-vous à Butembo avec maman Sarah ?
R. Oui.
Q. Maman Sarah, étiez-vous avec Mukanos ?
R. Oui.
Ministère Public : Mukanos, vous êtes à la disposition de MP.
Q. Mousa, avez-vous entendu parler de Kakule Musesa ?
R. Non.
Q. Reconnaissez-vous cette photo ?
R. Oui, la mienne.
Q. Monsieur Holabo, pouvez-vous vous souvenir de la date où vous avez quitté Lubero pour Beni et qu'on vous a demandé d'accompagner Willy et madame Sarah ?
R. Je ne me souviens plus.
Q. Est-ce le même jour que Bienvenu est venu de Goma ?
R. Oui.
Q. Madame Sarah, avant de remettre les enfants à Winyi, la réunion a eu lieu quel jour ?
R. La réunion a eu lieu le même jour.
Q. Bienvenu, qu'en dites-vous ?
R. Monsieur Holabo n'y avait pas participé, moi non plus.
Q. Madame, pour le compte de quel organisme travaillez-vous ?
R. Pour le compte de CERAO.
Q. Bernard, monsieur Holabo a-t-il reçu l'ordre de vous ?
R. J'ai transmis l'ordre.
Q. Monsieur Bernard, la fois passée vous aviez dit que vous êtes d'accord avec les déclarations de monsieur Holabo ?
R. Oui.
Q. Avez-vous menti ?
R. Je n'avais pas l'intention de mentir.
Q. Holabo, combien de semaines avez-vous fait à Lubero ?
R. Trois semaines.
Q. Les menaces étaient-elles avant d'aller à Lubero ?
R. Oui.
Q. Avez-vous partagé les informations de ces menaces avec les autres ?
R. Oui.
Q. Madame Sarah, qui a récupéré les enfants à ces différents endroits ?
R. Je suis venu avec les enfants qui étaient chez moi. Pour les autres, nous avons effectué des tours avec Holabo.
Q. Monsieur Bernard, quand êtes-vous parti à Goma ?
R. Je n'ai pas de précision.
Q. Monsieur Holabo, avez-vous des relations personnelles avec les membres des ADF ?

R. Non.
Q. Qui vous a appelé ? Comment a-t-il obtenu votre numéro ?
R. L'appel était anonyme ; en plus, je croyais que c'est maman Sarah qui avait donné mon numéro du fait qu'elle était en contact avec eux.
Q. Monsieur Bernard, quel est le processus en amont et en aval ?
R. Lorsque les enfants étaient placés dans les familles d'accueil, la durée n'était pas déterminée.
Holabo : Après avoir eu des solutions sur les recherches familiales, le partenaire les soumet à la hiérarchie. Elles peuvent ou ne pas être acceptées.
Q. Winyi, avez-vous menacé des gens à mort ?
R. Ce que madame Sarah a dit, je le considère d'une autre façon. C'est Willy qui m'avait appelé le premier pour me dire qu'ils sont prêts pour retourner les enfants. J'ai informé, à Londres, mon chef Djamil. Il m'a demandé d'ouvrir l'œil. Eux, ils ont déjà abandonné ce programme. Au moment où j'étais déjà en route, j'ai insisté pour ce rendez-vous.
Q. Etiez-vous chargé du recrutement des ADF ?
R. Non, je contrôlais les combattants ADF sous mes ordres.
Q. Les enfants que vous avez reçus les avez-vous enrôlés ou remis à leurs familles ?
R. Les enfants d'une année, est-ce qu'on peut les enrôler ?
Q. Est-ce qu'un enfant ADF, à l'âge de maturité, ne peut pas devenir véritable ADF ?
R. Ça, c'est normal.
Q. Monsieur, est-ce que monsieur Carlos vous a détaillé l'ordre venu de Goma ?
R. Non.
Q. Pourquoi avez-vous confirmé que l'ordre était venu de Goma ?
R. C'est le principe général ; c'est le responsable du programme qui décide des activités sur le terrain.
Q. Monsieur Willy travaillait pour quel organisme ?
R. Bernard : je ne sais pas.
Holabo : je ne sais pas. Je le voyais avec maman Sarah.
Madame Sarah : il était interprète chez la Monusco. CERAO est venu après. Tout s'est passé au bureau de Save the Children avec Willy.
Q. Monsieur Bernard, selon les déclarations de monsieur Kalyamba, avez-vous voulu que les enfants soient remis parce que Save the Children était fin contrat ?
R. C'est une fausse déclaration.
Ministère Public : Dans quelle circonstance Bernard dit que l'ordre vient de Goma ?
Q. Est-ce Holabo qui était l'agent technique ?
R. Bernard et moi. Le rôle était de vérifier s'il y avait à accepter ou à rejeter. Ensuite on propose au coordonnateur.

Ministère Public : Les responsables de Save the Children doivent répondre de leurs actes. La Monuc a utilisé Save the Children qui a retourné les enfants chez les ADF.
Monsieur Bernard : Lors de l'identification, j'avais parlé de mon passage chez Save the Children. Lors de la réunification, je n'étais plus agent technique de Save the Children.
Q. Bernard, l'équipe qui est allé en réunification, comment s'était-elle habillée ?
R. J'étais déjà au bureau.
Q. Winyi, les gens qui ramenaient les enfants, portaient-ils le tricot de Save the Children ?
R. Oui.
Q. Holabo, y avait-il des signes distinctifs de ces tenues ?
R. Il y avait la marque Save the Children et l'autre, Save the Children avec un ajout.
La Défense dépose sur le banc les responsabilités de Save the Children.
Q. Est-ce Monsieur Bernard, qui avait donné l'ordre de retourner les enfants en brousse ?
R. Pour l'équipe Save the Children, l'ordre est venu de Goma.
Remise contradictoire dans deux semaines pour réquisitoire et plaidoirie.

Audience publique du 31 juillet 2017

RP N° 0202/2017
RMP N° 0913 /KNG/2017
En chambre foraine à laquelle siègent :

1. Lt Col. Mag. Ntshaykolo Esosa Masele Jean Paulin, 1er Président ;
2. Col. Omeonga Taunya José, Juge Assesseur ;
3. Lt Col. Mpoy Teddy Léonard, Juge Assesseur ;
4. Col. Simisi Busoki Wa Karaku, Juge Assesseur ;
5. Com. Sup. Ppl Ngumbi Kulinga, Juge Assesseur ;
6. Gén. Maj. Mokunto Kiyana Tim, 1er AGF, Ministère Public ;
7. Maj. Madoli Nzoki Guy Martin, Greffier.

En cause : l'auditeur militaire supérieur Près la cour militaire opérationnelle du Nord-Kivu, Ministère Public.
Contre : Katembo Mukandirwa Mukanos
Prévenus de :

- Participation à un mouvement insurrectionnel ;
- Association des malfaiteurs.

La cause est appelée à 11 heures 50 minutes.
A l'appel de la cause, les prévenus cités ci-haut comparaissent en personne et assistés par leurs conseils : Me Jules Keke, avocat au barreau de Bukavu.
Identite du prévenu

Katembo Mukandirwa Mukanos, né à Oïcha, le 24 novembre 1982 ; fils de Salomon Bulere (en vie) et de Marie Kiyungulu (en vie) ; originaire de Vahyana ; Secteur de Beni Mbau ; Territoire de Beni ; Province du Nord-Kivu ; Etudes faites : Diplôme d'Etat ; Etat-civil : marié à madame Kalongao Lombahe et père de 3 enfants ; Profession : agent MSF/France, point focal, Cellule de Crise ; Résident à Beni ; Quartier Kalinda ; Commune Mulekera, Avenue Rondo N°6.
Le Défense sollicite une courte remise pour compulser le dossier en vue de mieux préparer la défense du prévenu à la huitaine, ensuite une demande de mise en liberté provisoire.
Ministère Public : La Défense a assisté à l'interrogatoire de monsieur Mukanos.
Défense : J'ai déposé la demande de lever copie, jusqu'à présent je n'ai pas de suite.
Ministère Public : A la huitaine, c'est trop. Dans 48 heures, c'est amplement suffisant.
Défense : Dans la huitaine, cela va lui permettre de communiquer les pièces à leur cabinet à Goma.
Premier Président : La Cour accorde jusqu'à jeudi.
Défense : L'état dans lequel nous nous trouvons, ne nous permet pas de nous défendre. Le rapport médical nous a fixé un rendez-vous. Nous sollicitons une liberté provisoire ; notre fuite n'est pas à craindre, nous avons une adresse connue. Nous nous engageons à respecter toutes les conditions que la Cour exigera.
Ministère Public : Mukanos a été consulté le 30 ; il a été consulté en détention. Il a un rendez-vous le 31, il doit être maintenu en détention compte tenu de la gravité des faits mis à sa charge et sa liberté peut gêner la poursuite de l'instruction.
Premier Président : La Cour précise que la conditionnalité d'obtenir la liberté provisoire n'est pas liée à la fuite à craindre, mais aussi à la gravité des faits. Elle rejette la requête.
Remise contradictoire à jeudi 3 août 2017.

Audience du jeudi 3 août 2017

RP N° 0202/2017
RMP N° 0913 /KNG/2017
En chambre foraine à laquelle siègent :

1. Lt Col. Mag. Ntshaykolo Esosa Masele Jean Paulin, 1er Président ;
2. Col. Omeonga Taunya José, Juge Assesseur ;
3. Lt Col. Mpoy Teddy Léonard, Juge Assesseur ;
4. Col. Simisi Busoki Wa Karaku, Juge Assesseur ;
5. Com. Sup. Ppl Ngumbi Kulinga, Juge Assesseur ;
6. Gén. Maj. Mokunto Kiyana Tim, 1er AGF, Ministère Public ;

7. Maj. Madoli Nzoki Guy Martin, Greffier.

En cause : l'auditeur militaire supérieur Près la cour militaire opérationnelle du Nord-Kivu, Ministère Public.

Contre : Katembo Mukandirwa Mukanos

Prévenu de :

- Participation à un mouvement insurrectionnel ;
- Association des malfaiteurs.

La cause est appelée à 12 heures 40 minutes.

A l'appel de la cause, le prévenu cité ci-haut comparait en personne et assisté par ses conseils : Me Jules Keke, avocat au barreau de Bukavu et Me Marcellin Majaliwa, avocat au barreau de Bandundu.

Comparait le prévenu Katembo Mukandirwa :

Q. En quoi consiste votre fonction ?

R. Je fus chauffeur. Le 30 mars 2015, je suis nommé comme point focal.

Q. En juin 2017, êtes-vous allé à Kangbayi ?

R. Non.

Q. Que faisiez-vous à Kangbayi ? Où étaient les Saperita ?

R. Je n'ai jamais été à Kangbayi.

Q. N'aviez-vous pas procédé à des réunifcations des familles avec Maman Sarah ?

R. Non.

Comparait Madame Julie Esasa Nenope, née à Kisangani, le 28 mai 1980 ; fille de Akana Gabriel (en vie) et de Nelube Marie (en vie) ; Ménagère, actuellement en prison comme prévenue, condamnée à 7 ans par le TMG/ Beni en appel ; Célibataire et mère d'un enfant ; Maman Kapita générale.

Comparait Madame Kabasasia Egurone, née à Kamango en 1980 ; fille de Kayalua (en vie) et de Bambazia (en vie) ; Ménagère, actuellement en prison de femme à Beni, condamnée à 10 ans par le Tripaix ; Célibataire et mère de 2 enfants.

Q. Connaissez-vous Madame Mbambu Abigaël ?

R. Oui, elle était prisonnière remise à MSF. Je l'ai connue à la prison.

Q. N'avez-vous pas procédé à la réunification de cette dame ?

R. Non.

Q. Qui l'avait fait ?

R. C'est MSF, par Philippe.

Q. Connaissez-vous madame Anifa ?

R. Oui, elle était dans la maison d'accueil.

Q. N'avez-vous pas fait route avec madame Sarah pour Bulongo en visite d'Anifa, femme de Fiston, membre des ADF ?

R. Oui, c'était en janvier 2015. Moi mon rôle était de conduire le véhicule jusqu'à Bulongo.

Défense : C'est Christine qui représentait MSF, pas Philippe.

Ministère Public : Abigaël est au bureau, elle passe en prison. MSF m'appelle pour solliciter que madmae Abigaêl passe dans la maison d'accueil. Après beaucoup d'insistance, j'ai accordé. Elle est passée dans la maison d'accueil.
Q. Vous avez procédé à combien de réunifications des femmes ?
R. Pendant que j'étais chauffeur, je ne me souviens pas. Comme point focal, nous avons réunifié neuf femmes dont trois Congolaises, deux Rwandaises et, les autres, des Ougandaises.
Q. Vous avait-il demandé de communiquer avec madame Mbambu Abigaël au téléphone ?
R. Oui, une fois. Moi, j'amenais la nourriture des prisonniers et les médicaments.
Q. Où est-elle ?
R. Je ne sais pas.
Q. Etes-vous parti avec elle en Ouganda ?
R. Oui, on était avec elle dans l'avion MSF.
Q. Qui lui avait autorisée de partir en Ouganda ?
R. Monsieur Philippe.
Q. Etait-elle rentrée avec vous ?
R. Oui.
Ministère Public : MSF s'est entretenu avec nous pour les rendus et les capturés. Madame Abigaël n'est pas une rendue, elle était prévenue. Nous avons dit à madame Christine que Madame Abigaël doit être trouvable à tout moment. MSF a jugé bon de la remettre à sa famille. Les incompréhensions entre MSF et moi ne posent pas de problème.
Q. Quand et où avez-vous vu Madame Abigaël pour la première fois ?
R. A l'auditorat.
Q. Avez-vous déclaré que vous ne vous occupez pas de l'entretien de Madame Abigaël avec les autres membres de MSF parce que Madame Abigaël parlait français. Vous ne vous occupez que de la nourriture et des médicaments de l'enfant de Madame Abigaël ?
Q. Oui.
Q. Savez-vous que vous mentez ?
R. Non.
Q. A l'auditorat, lui avez-vous remis le savon ou la nourriture ?
R. Je ne me souviens plus ; mais je crois que non.
Q. A la prison, ne parlez-vous pas avec Madame Abigaël ; même de l'état de santé de son enfant ?
R. Je croyais qu'il s'agit d'un long entretien.
Q. Combien de fois avez-vous visité Madame Abigaël ?
R. Trois fois. Pour la première fois, quand son enfant était malade, je lui ai remis 10$ en francs. Pour la deuxième fois, je lui ai laissé des habits et 10$ en francs. Pour la troisième fois, MSF m'a demandé de lui donner de l'argent : 40$ en francs.
Q. Quel était l'objet de votre visite ?

R. Il était question de déposer ce que le MSF m'avait donné.
Q. Avez-vous présenté de l'argent au Directeur de la prison ?
R. La capita était présente.
Q. Avez-vous signifié au Directeur que vous allez directement remettre de l'argent à la prévenue ?
R. je ne savais pas que c'était une obligation.
Q. Qui a remis le téléphone à Madame Abigaël ?
R. Ce n'est pas moi.
Ministère Public : Pourquoi devant le MP, vous avez dit : « C'est moi qui ai remis le téléphone sur invitation du MSF ».
Q. Avez-vous su que Madame Abigaël avait un téléphone ?
R. Oui, c'est mon collègue Arnold qui le lui avait remis.
Q. Pourquoi n'avez-vous pas informé les autorités ?
R. Je n'étais pas au pays, j'étais à Kampala.
Q. Avez-vous remis de l'argent aux autres femmes ?
R. A Claudine j'ai remis 25$ en Franc congolais.
Q. Avez-vous donné la carte Sim à Madame Abigaël ?
R. Non.
Q. Avez-vous parlé à Madame Abigaël ?
R. Madame Julie m'avait fait un flash téléphonique à 23 heures. J'ai émis un appel pour lui dire que je suis en Ouganda. Elle me dira que Madame Abigaël a envie de me parler. Elle m'a passé Madame Abigaël et on s'est parlé. Par la suite, j'ai fait le rapport le matin.
Q. Avez-vous parlé à madame Julie cette fois seule ?
R. Julie dérange avec des flashs pour demander de l'argent.
Q. A propos de la réunification de Madame Abigaël, qu'en dites-vous ?
R. MSF avait décidé, par l'entremise de Philippe, de la remettre à sa famille.
Q. Avez-vous vu le document signé par MSF et l'auditorat ?
R. J'y ai jeté un coup d'œil.
Ministère Public : Nous avons extrait trois femmes : Abigaël, Neema et Masika.
Q. Comment ces trois femmes sont arrivées à la maison d'accueil ?
R. Nous étions partis dans la voiture, Christine, les trois femmes et moi.
Comparait monsieur Kabandani Kalubi Hubert, Lieutenant, Substitut de l'Auditeur militaire de garnison Beni.
Q. Mukanos avait-il parlé à Madame Abigaël avant d'aller à la prison ?
R. Oui, quand Madame Abigaël était interpellée, comme elle avait un enfant, elle passait la nuit à mon bureau. Mukanos est passé avec Christine trois fois. Mukanos disait que c'est moi qui bloquais le dossier. Un autre jour, Mukanos est passé remettre les savons. Il a profité pour voir Madame Abigaël. Mukanos et Christine sont passés me dire que l'enfant est malade. Je les ai référés à la hiérarchie qui m'a demandé de mettre Madame Abigaël dans un centre hospitalier sous garde. Mukanos était plus intéressé à Madame Abigaël.
Q. A l'extraction de trois femmes, Mukanos était-il présent ?

R. Mukanos a facilité le transport de la prison à l'auditorat et de l'auditorat à la maison d'accueil.
Q. Qui a mis le sceau de l'auditorat ?
R. Avant de remettre les trois femmes, j'ai demandé à Christine d'écrire une décharge. Elle m'a dit qu'elle va envoyer Mukanos qui est venu avec une enveloppe Khakhi pour laquelle Christine lui a demandé d'apposer le sceau sur le document qui se trouve dedans. J'ai envoyé Mukanos chez le secrétaire pour apposer ce sceau.
Q. Mukanos, étiez-vous trois fois à l'auditorat ?
R. Je ne me souviens plus.
Q. Lieutenant Kabandani, les trois fois, c'était dans quelle circonstance ?
R. La première fois, c'est quand il est venu remettre le savon ; la deuxième fois, c'est quand il est venu voir Madame Abigaël, son enfant étant malade et la troisième, c'est quand il est venu voir Madame Abigaël et son époux. Mais c'est plus de trois fois que Mukanos était avec Christine ; seulement quand Mukanos venait remettre les savons, il était seul.
Comparait Madame Julie Asasa Nenobe :
Q. Madame Julie, connaissez-vous monsieur Mukanos ?
R. Oui.
Q. Madame Abigaël ?
R. Oui.
Q. Est-ce que Mukanos visitait Madame Abigaël ?
R. A tout moment, jusqu'à la cellule où j'étais avec Madame Abigaël.
Q. Est-ce que les visiteurs entraient jusqu'à la cellule ?
R. Non, ils ont l'habitude de rester au salon, mais Mukanos venait avec une dame ; ils entraient jusqu'à la cellule.
Q. Est-ce que Mukanos avait remis une carte Sim à Madame Abigaël ?
R. Oui, avec un téléphone noir, marque itel.
Le Premier Président présente un téléphone noir marque itel à la renseignante.
Q. Est-ce le téléphone de cette marque ?
R. Oui, qui n'a pas de batterie avec une seule carte Sim.
Q. Est-ce Madame Abigaël a une fois parlé sur votre téléphone ?
R. Elle est venue avec sa carte Sim et elle a utilisé mon téléphone pendant un mois. Mukanos parlait à Madame Abigaël sur mon téléphone six à sept fois par semaine.
Q. Mukanos, votre réaction ?
R. Je ne reconnais qu'une seule fois.
Q. Mukanos appelait-il quand il était à Beni ou ailleurs ?
R. Avant de partir en Ouganda, il venait dire à Madame Abigaël qu'il part en Ouganda, voir ses frères qui y résident.
Q. Avez-vous le numéro qu'il utilisait une fois arrivé en Ouganda ?
R. Oui, dans mon agenda, il y avait des numéros de l'Ouganda, un seul de Tanzanie, de l'Afrique du Sud et de l'Angleterre.
Q. Qui appelait à partir de Tanzanie ?

R. C'est le monsieur qui disait qu'il cherchait sa sœur. Je suis allé chercher Madame Abigaël pour lui remettre le téléphone.
Q. Qui lui a donné votre numéro ?
R. Je ne sais pas. Ça doit être Madame Abigaël.
Q. Comment avez-vous su que c'est Mukanos qui a donné votre numéro au Général ADF ?
R. Ce numéro sur lequel on cherchait Madame Abigaël m'avait appelé la nuit. Je lui ai passé le téléphone pour qu'elle parle avec son frère. Après conversation, j'ai récupéré le téléphone pour noter ce numéro.
Q. Avez-vous vu de l'argent ?
R. Ma fille est venue me demander si j'avais vu de l'argent en précisant que Madame Abigaël est en train de compter de l'argent. J'ai demandé à Madame Abigaël. Elle m'a dit que son papa lui a envoyé de l'argent à partir de l'Ouganda.
Q. Le frère de Madame Abigaël avait-il dit que l'argent qu'il avait envoyé est en route ?
R. Oui.
Q. Comment avez-vous entendu ?
R. Le téléphone était toujours en main libre pour une bonne communication.
Q. Est-ce vous-même qui avez vu l'argent ou c'est votre fille qui est venue vous en parler ?
R. J'ai accompagné Mukanos jusqu'à la sortie de la prison et moi-même j'ai vu l'argent.
Q. Avez-vous entendu dire Mukanos que, si le Général refuse de mettre Madame Abigaël en liberté, un jour, l'évasion aura lieu.
Ministère Public : Le Général dont on parle, c'est Benjamin. Si nous avons arrêté Madame Abigaël et son époux, ce sont des réseaux importants des ADF.
Q. Qu'avez-vous fait quand vous avez vu cet argent, 7000$?
R. Elle m'a donné mon droit de 50$.
Q. En quelle date Mukanos avait amené ce téléphone ?
R. Vers le mois de juillet l'an 2016 à 11 heures.
Q. Dans quelle circonstance ?
R. Le téléphone avec lequel il est venu faisait de bruit. J'ai ainsi appelé le directeur pour saisir tous les téléphones.
Q. Pourquoi n'avez-vous pas informé le Directeur à propos de l'argent ?
R. Elle avait dit que c'est l'argent de leur service ; et elle m'avait aussi donné mon droit.
Q. Y a-t-il eu évasion à la prison des femmes ici à Beni ?
R. Non.
Ministère Public : Dans le procès-verbal de découverte, il est rapporté que l'histoire se passe en 2016. Madame Julie est en prison pour avoir demandé de l'argent au nom du Général. Elle a peur du Général. Quand Mukanos est arrêté, Madame Julie a commencé à parler de l'argent et l'affaire de téléphone.

Q. Qu'est-ce qui rassure que ce téléphone a facilité le contact entre Tanzanie, Afrique du Sud et ailleurs ?
R. Madame Abigaël n'a pas gardé ce téléphone pour longtemps. Elle passait des communications avec le téléphone de Julie.
Q. Avez-vous vu vous-même cet argent ou c'est votre fille qui vous en a parlé ?
R. Quand Mukanos arrive, elle entre jusqu'à la cellule. Je l'ai accompagné ; il est venu avec de l'argent, moi-même j'ai vu.
Q. Avez-vous fait rapport au surveillant ?
R. Je n'avais pas fait rapport ; elle avait dit que son argent vient de l'UCBC.
Q. Etiez-vous entré dans la cellule ?
R. Non. Les trois fois que j'étais là, j'étais accompagné d'elle.
Q. Comment Madame Abigaël est sortie de la prison ?
R. C'est Mukanos qui est venu la prendre.
Comparait Madame Kabasasi Edirove :
Q. Connaissez-vous monsieur Mukanos ?
R. Oui.
Q. A partir d'où l'avez-vous connu ?
R. A partir de la prison.
Q. Mukanos avait-il remis le téléphone à Madame Abigaël ?
R. Oui, à la prison de femmes.
Q. Mukanos avait-il remis de l'argent à Madame Abigaël ?
R. Oui, j'ai appelé maman Julie pour le lui dire.
Q C'était combien ?
R. Je ne sais pas.
Q. C'était en quel mois ?
R. C'était au mois de juin de l'an 2016.
Q. Etiez-vous dans la même cellule avec Madame Abigaël ?
R. Oui.
Q. Mukanos, Madame Abigaël et Madame Kabasabia étaient-elles dans une même cellule ?
R. Non, elle était venue me voir au salon pour me poser son problème, sollicitant qu'elle a besoin de l'argent pour acheter des bougies.
Q. Julie, êtes-vous avec elle dans une même cellule ?
R. Oui.
Q. Julie, est-ce que Mukanos a remis de l'argent à une autre femme ?
R. Il avait donné de l'argent à la grand-mère ougandaise.
Remise contradictoire au 4 août 2017. La renseignante Julie doit amener son carnet pour éclairer la Cour.

Audience publique du 4 août 2017

RP N° 0202/2017
RMP N° 0913 /KNG/2017

En chambre foraine à laquelle siègent :

1. Lt Col. Mag. Ntshaykolo Esosa Masele Jean Paulin, 1er Président ;
2. Col. Omeonga Taunya José, Juge Assesseur ;
3. Col. Ndiba Bulangiti Mathieu, Juge Assesseur ;
4. Col. Simisi Busoki Wa Karaku, Juge Assesseur ;
5. Com. Sup. Ppl Ngumbi Kulinga, Juge Assesseur ;
6. Gén. Maj. Mokunto Kiyana Tim, 1er AGF, Ministère Public ;
7. Maj. Madoli Nzoki Guy Martin, Greffier.

En cause : l'auditeur militaire supérieur Près la cour militaire opérationnelle du Nord-Kivu, Ministère Public.

Contre : Katembo Mukandirwa Mukanos

Prévenu de :

- Participation à un mouvement insurrectionnel ;
- Association des malfaiteurs.

La cause est appelée à 12 heures 35 minutes.

A l'appel de la cause, le prévenu cité ci-haut comparait en personne et assisté par ses conseils : Me Jules Keke, avocat au barreau de Bukavu et Me Marcellin Majaliwa, avocat au barreau de Bandundu.

Q. Madame Julie, avez-vous amené le carnet de répertoire ?

R. Oui. (Elle présente le carnet à la Cour)

Q. Ce carnet est propre ?

R. Oui.

Q. Pourquoi il est si propre ?

R. Je le gardais dans la pochette de ma Bible.

Kaka Jos : +256 772 637 730

Kangbayi : - Vodacom : 0825912711 ;- 0827477583

Maitre Samy : Airtel ; Mukandirwa : 0991096848 ; Manzameli : 0819418190.

Q. N° qui commence avec +44, qui avait appelé ?

R. Mukandiwa avait dit qu'on allait m'appeler ; et que si on m'appelait, il faut remettre le téléphone à Madame Abigaël.

Q. Pourquoi pour les autres numéros vous avez mis des noms, mais pour le numéro de Tanzanie, il n'y avait pas de nom ?

R. Celui qui avait appelé de l'Angleterre, c'est Mousa. Raison pour laquelle j'ai mis Mousa 1, 2 et 3.

Q. Est-ce la même personne qui appelait à partir de Londres ?

R. C'est presque quatre personnes ; chacun avait son numéro.

Q. Pourquoi avez-vous écrit le nom de Mousa ?

R. C'est Mousa qui appelait souvent.

Q. Comment avez-vous su que tel code est un numéro pour la Tanzanie, l'Afrique du Sud et l'Angleterre ? Etes-vous expert ?

R. J'ai beaucoup voyagé. Je connais tous les codes. Cela ne veut pas dire que je suis contre Mukandirwa et Madame Abigaël. Je dis ce qui est vrai.

Q. Premier appel de Londres, l'appareil était-il sur haut-parleur ?

R. Oui.

Q. L'appel était émis à quelle heure ?
R. A 23 heures 10 minutes. Madame Abigaël était dans ma cellule. C'est moi la cheffe.
Q. A part l'appel au sujet de 7000$, n'y avait-il pas eu d'autres appels ?
R. Elle parlait souvent. Je ne pouvais pas suivre toutes ses causeries. Comme Mukanos avait dit hier que je le flashais, c'est Madame Abigaël qui me demandait de le faire pour qu'il appelle puisqu'elle avait à lui dire.
Q. Mukanos avait appelé sur quel numéro ?
R. La renseignante indique ce numéro dans son carnet.
Q. Pourquoi n'avez-vous pas écrit le numéro de Mukanos ?
R. Je viens de faire sortir ce numéro de mon téléphone ; jusqu'à présent, ce numéro est dans mon répertoire.
Comparait Katembo Mukandirwa Mukanos :
Q. Reconnaissez-vous avoir appelé Madame Julie quand vous étiez en Ouganda ?
R. Oui.
Q. Avez un numéro de l'Ouganda ?
R. Oui.
Ministère Public : Madame Julie a voyagé avec de grandes personnalités. Elle n'est pas moindre. Le même numéro se trouve chez Madame Abigaël. C'est le + 256 772 637 730.
Comparait monsieur Kambale Manzameli Donat :
Q. Vous rappelez-vous le numéro qui se termine par 730 ?
R. Rien du tout.
Q. Ce numéro de Manzameli, c'est pour qui ?
R. C'est le numéro de mon père.
Q. Est-ce Madame Abigaël votre épouse ?
R. Oui.
Ministère Public : Celui qui se présente comme Général chez les ADF a été condamné. Aucun reproche sérieux ne se fait au carnet qui vient de confirmer les déclarations sur les PV de Madame Julie.
Défense : Cote 30, le téléphone a été remis au Directeur et Mukanos a retiré le téléphone. Madame Julie déclare qu'elle avait demandé au Directeur de ravir tous les téléphones qu'il a gardés dans son bureau. Quand Madame Abigaël est sortie de la prison, elle est venue chercher son téléphone, mais le Directeur n'était pas là. Elle a dit que Mukanos va passer retirer ce téléphone. Quand Mukanos est venu, le Directeur n'était plus à Beni.
Q. Qui a remis le téléphone à Madame Abigaël ?
R. Arnold, agent MSF, sur ordre de MSF.
Q. Comment la dame a su que ce numéro est du Général ADF ?
R. Ministère Public : Madame Julie a dit que ce numéro l'a appelé. Celui qui appelait à ce numéro s'est présenté comme Général ADF.
Q. Monsieur Manzameli, avez-vous su que votre épouse avait eu un téléphone ?

R. Oui, je l'ai appelé au téléphone de la société. Elle m'a dit qu'elle a reçu un téléphone par monsieur Arnold de MSF.
Q. Monsieur Manzameli, qui est Kaka Jos ?
R. C'est le grand-frère de Madame Abigaël ; il est pasteur en Ouganda.
Q. Mukanos, avez-vous visité Donat à l'auditorat ?
R. Non.
Ministère Public : C'est le téléphone que Madame Abigaël avait utilisé ; le PV du directeur le confirme.
Q. Dans quelle circonstance avez-vous reçu des individus, qui sont venus parler à Madame Abigaël et que vous avez trouvé suspects ?
R. Mukanos est venu avec deux personnes très timides dans la prison. Je les ai trouvés suspectes, car l'une avait le même visage que celui de Madame Abigaël, qui a dit que son frère est vendeur de cacao. Mukanos m'avait pris en photo pour aller les faire sortir en Ouganda. Jusqu'à présent, ma vie est en danger.
Comparait monsieur Zeroche Mukiranya, surveillante de la prison des femmes et des hommes depuis 2010 (Renseignante)
Q. Depuis quand êtes-vous surveillante ?
R. Depuis 2010.
Q. Connaissez-vous Madame Abigaël ?
R. Oui.
Q. Mukanos ?
R. Oui, comme frère de Madame Abigaël et assistant des femmes qui avait des problèmes en rapport avec les ADF.
Q. Connaissez-vous le Commandant PM ?
R. Oui.
Q. Dans quelle cellule était-elle ?
R. Dans la même cellule que Madame Abigaël et Madame Julie.
Q. Après le départ de Madame Abigaël, Mukanos arrivait-il avec la même fréquence ?
R. Il venait voir Claudine.
Q. Dans la même fréquence ?
R. Non, il venait avec sa voiture qu'elle gérait à l'extérieur pour lui remettre la semoule de maïs.
Q. Claudine était-elle malade ?
R. Oui.
Q. Mukanos lui amenait-il des médicaments ?
R. Oui, les antirétroviraux.
Q. Madame Abigaël avait-elle reçu un téléphone ?
R. Je l'ai appris par Madame Julie. Suite à son rapport, le directeur avait ravi tous les téléphones. Il le remettait à chaque membre de famille. Quand le colonel Kumbu est venu nous auditionner en prison, il a appelé le Directeur qui a indiqué l'emplacement de ce téléphone et on a retrouvé le téléphone avec une carte Sim. Mais je n'ai jamais entendu cette histoire d'argent.

Q. Mukanos, reconnaissez-vous avoir parlé à Madame Julie ?
R. Oui.
Q. Combien de fois avez-vous vu Madame Abigaël ?
R. Trois fois.
Q. Devant le MP, c'était combien de fois ?
R. Le Ministère Public cite les cotes 50-51 : il a parlé de quatre fois.
Q. Avez-vous trompé ?
R. Oui.
Comparait Madame Mwaka Muheha Singwa Sarah :
Q. Avez-vous connu Paluku Ousmane ?
R. Oui, c'est un capturé ADF qui était venu avec sa femme et ses enfants.
Q. Avez-vous reçu sa famille ?
R. J'ai été consulté par Thierry et Arnold qui m'ont appelé pour partager les informations. De temps en temps, Thierry venait me prendre. Le premier à être réunifié, c'était Ayubu, ensuite les enfants d'Ousmane. Nous sommes allés voir ACOPE avec Mukanos. Comme humanitaire, papa Didi a accepté de prendre cette famille en charge. Après un mois, ACOPE m'a appelé pour me demander où sont les enfants d'Ousmane au moment où on a déjà fait la réunification.
Q. Mukanos avait quelle qualité ?
R. Il était chauffeur de MSF.
Q. Mukanos, votre réaction ?
R. Le 7 juillet, nous sommes venus soigner des gens à l'auditorat.
Q. Etiez-vous avec maman Sarah quand les enfants d'Ousmane sont allés au parking de Butembo ?
R. Non.
Q. Mukanos ?
R. On peut vérifier à l'ACOPE si j'étais enregistré ce jour.
Remise contradictoire à jeudi 10 août 2017.

Audience publique du 14 août 2017

RP N° 0202/2017
RMP N° 0913 /KNG/2017
En chambre foraine à laquelle siègent :

1. Lt Col. Mag. Ntshaykolo Esosa Masele Jean Paulin, 1er Président ;
2. Col. Omeonga Taunya José, Juge Assesseur ;
3. Col. Ndiba Bulangiti Mathieu, Juge Assesseur ;
4. Col. Simisi Busoki Wa Karaku, Juge Assesseur ;
5. Com. Sup. Ppl Ngumbi Kulinga, Juge Assesseur ;
6. Gén. Maj. Mokunto Kiyana Tim, 1er AGF, Ministère Public ;
7. Maj. Madoli Nzoki Guy Martin, Greffier.

En cause : l'auditeur militaire supérieur Près la cour militaire opérationnelle du Nord-Kivu, Ministère Public.

Contre : Katembo Mukandirwa Mukanos
Prévenus de :

- Participation à un mouvement insurrectionnel ;
- Association des malfaiteurs.

La cause est appelée à 11 heures 25 minutes.
A l'appel de la cause, le prévenu cité ci-haut comparait en personne et assisté par ses conseils : Me Jules Keke, avocat au barreau de Bukavu et Me Marcellin Majaliwa, avocat au barreau de Bandundu.
Q. Mukanos, avez-vous accompli le devoir qui vous a été donné.
R. Oui.
Q. Mukanos, avez-vous connu Manzameli avant de le voir à l'auditorat ?
R. Non.
Q. Donat, en quelle date étiez-vous arrêté ?
R. En février 2016.
Q. Mukanos, expliquez comment ces numéros se trouvent dans le téléphone de Donat avant février 2016 ?
R. C'est le 30 mars 2016 que j'ai commencé à utiliser ces numéros.
Q. Quel est votre numéro de téléphone que vous utilisez ?
R. 0994106232
Q. Le numéro est en activité depuis quand ?
R. Je ne sais pas.
Q. Donat, comment expliquer que le numéro de Mukanos se trouve dans votre téléphone ?
R. Ce téléphone m'a été remis par mon beau-frère quand j'amenais les enfants à Bukavu.
Ministère Public : Le téléphone de Donat lui a été remis par son beau-frère Benjamin[34], un grand responsable ADF. Le MP est convaincu que Mukanos est dans le réseau ADF.
Q. Donat, comment le numéro, qui se termine par 800, se trouve dans votre téléphone ?
R. Je ne sais pas.
Q. Donat, votre beau-frère vous a-t-il remis le téléphone avec la carte sim ?
R. Non.
Ministère Public : La réquisition, nous demandons l'identité et l'adresse. A l'époque, le MP était en train d'introduire le dossier à charge de monsieur Donat. Après l'audition de madame Julie, le MP évolue. C'est maintenant que le MP vérifie les numéros de messieurs Donat, Benjamin et Mukanos.

---

[34] Benjamin Kisokeranyo, Fils de l'ancien rebelle sécessionniste ougandais Fenehasi Bwambale Kisokeranyo, est l'ancien Chef des renseignements des ADF. Il est né au maquis en RDC et a travaillé au côté de Jamil Mukulu avant son arrestation le mardi 11 janvier 2022 à Uvira au Sud-Kivu en RDC.

Défense : Le téléphone de Mukanos a été saisi, ensuite restitué pour être saisi de nouveau sans un PV de saisie au moment où nous avons un PV de restitution.
Ministère Public : S'agissant du téléphone de Mukanos, saisi et restitué, on ne peut pas le saisir ; il n'est pas encore tard, on peut faire le PV de saisie. Nous disons à la Défense qu'elle est auxiliaire de la justice. Qu'est-ce que le MP a à faire avec le téléphone de Mukanos ? Le MP ne peut pas tripoter le téléphone de Mukanos.
Défense : Le contenu de cette communication.
Ministère Public : La communication que Mukanos a assurée au moment où Madame Abigaël était en prison. Mukanos est un élément, agent des ADF.
Comparait Madame Julie :
Q. Madame Julie, quand est-ce que Madame Abigaël a reçu le téléphone de Mukanos ?
R. Vers septembre et octobre de l'an 2016.
Q. Combien de temps Madame Abigaël a fait avec le téléphone ?
R. Trois jours.
Q. Avez-vous reçu de l'argent de Mukanos ?
R. Non.
Q. Le directeur de la prison avait-il saisi tous les téléphones ?
R. Oui.
Q. Le directeur avait-t-il aussi saisi le téléphone de Madame Abigaël ?
R. Oui, le directeur avait appelé les membres de la famille de la prévenue pour retirer le téléphone. Quand Madame Abigaël est sortie de la prison, elle est venue retirer son téléphone au moment où le directeur était à Goma.
Comparait monsieur Kitalebe Lutete John, IPJ de l'Auditorat Militaire Supérieur opérationnel du Nord- Kivu. (Renseignant).
Q. Avez-vous auditionné Madame Abigaël ?
R. Oui.
Q. Avez-vous saisi le téléphone de Madame Abigaël ?
R. Oui.
Q. Où se trouve le téléphone sans couvercle avec une carte Sim ?
R. Ministère Public : Madame Abigaël n'est pas traduite devant vous ; le MP peut vous amener le téléphone.
Q. Julie, avez-vous vu Madame Abigaël venir avec une carte Sim ?
R. Madame Abigaël est venue avec une carte Sim quand Mukanos est venu avec le téléphone. Elle a récupéré sa carte Sim, qui était dans mon téléphone, pour la mettre dans ce téléphone. Quand le directeur a récupéré tous les téléphones, elle a enlevé sa carte Sim.
Q. Mukanos, avez-vous parlé à Donat le jour de l'audience ?
R. Non.
Q. Donat ?

R. Mukanos m'avait dit que c'est Arnold qui avait donné le téléphone à Madame Abigaël. J'avais dit que c'est MSF et Mukanos qui m'ont donné des précisions que c'était Arnold.
Q. Mukanos ?
R. Il y avait deux personnes entre nous à ce jour d'audience.
Défense : Nous allons emmener la preuve attestant que c'est Arnold qui avait amené le téléphone.
Q. Où vous a-t-on remis le téléphone ?
R. A Goma, quand j'allais remettre ses enfants, il m'a amené à l'hôtel pour me remettre le téléphone. Il avait plusieurs téléphones.
Le Ministère Public présente le téléphone de Madame Abigaël qui était saisi à l'auditorat.
Le Premier Président vérifie si le numéro 0997818018 va réapparaitre au téléphone de Madame Abigaël avec les noms parmi ceux figurés dans son répertoire. Le nom n'est pas réapparu, mais monsieur Manzameli a reconnu certains noms au répertoire de Madame Abigaël.
Ministère Public : Nous avons dit que nous trouvons ces numéros dans le téléphone de monsieur Donat ; il fallait donc vérifier.
Remise contradictoire à jeudi 17 août 2017.

Audience publique du 17 août 2017

RP N° 0202/2017
RMP N° 0913 /KNG/2017
En chambre foraine à laquelle siègent :

1. Lt Col. Mag. Ntshaykolo Esosa Masele Jean Paulin, 1er Président ;
2. Col. Omeonga Taunya José, Juge Assesseur ;
3. Lt Col. Mpoy Teddy Léonard, Juge Assesseur ;
4. Col. Ndiba Bulangiti Mathieu, Juge Assesseur ;
5. Com. Sup. Ppl Ngumbi Kulinga, Juge Assesseur ;
6. Gén. Maj. Mokunto Kiyana Tim, 1er AGF, Ministère Public ;
7. Maj. Madoli Nzoki Guy Martin, Greffier.

En cause : l'auditeur militaire supérieur Près la cour militaire opérationnelle du Nord-Kivu, Ministère Public.
Contre : Katembo Mukandirwa Mukanos
Prévenu de :

- Participation à un mouvement insurrectionnel ;
- Association des malfaiteurs.

La cause est appelée à 11 heures 30 minutes.
A l'appel de la cause, le prévenu cité ci-haut comparait en personne et assisté par ses conseils : Me Jules Keke, avocat au barreau de Bukavu, et Me Marcellin Majaliwa, avocat au barreau de Bandundu.
La Défense dépose sur le banc certaines pièces.
Comparait le prévenu Mukanos :

Q. A qui appartient ce numéro ?
R. C'est le numéro MSF qui est en ligne.
Q. Est-ce que jusqu'à présent ce numéro est en ligne ?
R. Jusqu'à mon arrestation, ce numéro était ouvert.
Le Ministère Public demande la comparution de monsieur Arnold et une réquisition à Airtel pour demander quand est-ce que ce numéro a cessé d'émettre.
Q. Est-ce que monsieur Arnold est ici à Beni ?
R. Il est au Mali.
Q. Le Ministère Public demande si MSF est autorisé de remettre un téléphone à un prévenu dans la prison.
R. Premier Président : C'est à l'organe de la loi.
Le Ministère Public produit sur le banc un mémorandum du CICR, dont le Premier Président demande au greffier de faire lecture intégrale.
Ministère Public : votre réaction ?
Le Ministère Public a émis ce mémorandum pour montrer au MSF qu'ils ne sont pas autorisés de remettre le téléphone en prison. La comparution de monsieur Arnold s'avère indispensable.
Défense : le MP a déposé une réquisition pour laquelle lui-même n'a pas eu de réponse. Ça doit passer par Kinshasa pour répondre et monsieur Arnold est un expatrié qui est aujourd'hui au Mali et peut-être demain, il sera dans un autre pays. Il y a un représentant de MSF à qui on a confié le mandat de représenter l'organisation.
Ministère Public : La réquisition faite par le MP concernait une autre cause. Le document est fabriqué pour le besoin de la cause. Nous savons pourquoi nous réclamons monsieur Arnold.
Premier Président : La Cour n'est pas saisie pour les faits de MSF, mais plutôt pour les faits mis à charge de Mukanos.
Le Ministère Public insiste sur la réquisition de la société Airtel.
Remise contradictoire à jeudi 24 août 2017, vendredi 25 août 2017, mardi 29 août 2017.

Audience publique du 31 août 2017

RP N° 0202/2017
RMP N° 0913 /KNG/2017
En chambre foraine à laquelle siègent :

1. Lt Col. Mag. Ntshaykolo Esosa Masele Jean Paulin, 1er Président ;
2. Col. Omeonga Taunya José, Juge Assesseur ;
3. Lt Col. Mpoy Teddy Léonard, Juge Assesseur ;
4. Col. Ndiba Bulangiti Mathieu, Juge Assesseur ;
5. Com. Sup. Ppl Ngumbi Kulinga, Juge Assesseur ;
6. Gén. Maj. Mokunto Kiyana Tim, 1er AGF, Ministère Public ;

7. Maj. Madoli Nzoki Guy Martin, Greffier.

En cause : l'auditeur militaire supérieur Près la cour militaire opérationnelle du Nord-Kivu, Ministère Public.
Contre : Katembo Mukandirwa Mukanos

Prévenu de :

- Participation à un mouvement insurrectionnel ;
- Association des malfaiteurs.

La cause est appelée à 14 heures 45 minutes.
A l'appel de la cause, le prévenu cité ci-haut comparait en personne et assisté par ses conseils : Me Jules Keke, avocat au barreau de Bukavu, et Me Marcellin Majaliwa, avocat au barreau de Bandundu.
Le Ministère Public souhaite la comparution de Monsieur Philippe.
Comparait Julio Philippe Dos Santos Liberio, Nationalité portugaise ; Coordonnateur de la Cellule de crise MSF/France (Témoin).
Le Ministère Public voit une procuration spéciale faite à Paris, mais la copie n'est pas légalisée. Toutefois, nous croyons en monsieur Philippe et nous passons outre.
Q. Que voulez-vous de ce document ?
R. MSF a décidé de donner un téléphone à Madame Abigaël.
Q. Au Portugal, peut-on décider de donner un téléphone à un prisonnier ?
R. Dans le contexte qui était d'actualité, le MSF a décidé ainsi.
Q. MSF était-il en contact avec l'auditorat militaire ?
R. Oui.
Q. Est-ce que le MSF m'avait demandé quelque chose et j'ai refusé ?
R. Le déplacement de Claudine et Adidja.
Ministère Public : La première fois que nous discutions, Monsieur Philippe parlait de téléphone donné dans la maison d'accueil.
Q. Avons-nous demandé ?
R. Personne n'a transmis l'ordre, ni Emina, ni Christine.
Q. Pensez-vous que si vous signez ce document, vous couvrez Mukanos ?
R. Christine et Mukanos étaient en Ouganda. Nous avons parlé du téléphone au niveau de la maison d'accueil. Vous, à votre niveau, vous avez parlé de la prison. J'ai dit que nous avons commis une bêtise. Pourquoi accepterons-nous cette bêtise ? Par le fait que cette bêtise vous la faites assumer à Mukanos.
Ministère Public : Il n'y a pas que ce que vous dites, il y a ceux qui ont vu Mukanos remettre le téléphone. Mukanos peut être poursuivi pour subordination de témoin. Donat vous a dit comment Mukanos l'a influencé pour dire que c'était Arnold.
Comparait Madame Sarah Muheha Mwaka Singwa :
Q. A quelle heure vous êtes-vous retrouvés avec Mukanos chez ACOPE ?
R. Nous avons fait trois rotations, d'abord pour informer sur la situation des enfants vulnérables au matin, ensuite vers 16 heures, nous sommes venus récupérer les enfants pour les amener dans la maison d'accueil.

Clinique : pour le montage, le démontage et l'apport de la nourriture ainsi que du traducteur.
Philippe : Pourquoi maman Sarah dit qu'elle est coordonnatrice, fondatrice de la cellule de crise, comme membre de MSF ?
Ministère Public : Maman Sarah voulait se faire prévaloir.
Pour Philippe : C'est la volonté de nuire.
Maman Sarah : Lorsque nous sommes en mission avec Philippe, il me présente comme cellule de crise.
Ministère Public : En dehors de MSF, Mukanos a eu des activités extra muros.
Q. Mukanos, pourquoi en 2015, maman Sarah a été arrêtée par le général Mundos ?
R. Le général l'avait mise à la disposition du capitaine Gaston qui m'a appelé pour vérifier si maman Sarah travaillait pour le compte de MSF. Je lui ai demandé de présenter sa carte de MSF et il m'a demandé de dire partout que madame Sarah n'est pas de MSF. C'est par là que débute le conflit avec maman Sarah.
Ministère Public : Philippe, vous êtes avec un ADF. Désolidarisez-vous des ADF. Vos affaires iront loin.
Q. Philippe, quelles sont les activités de Mukanos en mars 2015 ?
R. Il était point focal, recherchait les informations et nouait des contacts.
Q. Mukanos, avez-vous appelé maman Julie sur un numéro MSF de l'Ouganda ?
R. C'est Julie qui m'avait flashé ; quand j'ai émis un appel, elle m'a demandé si je suis en Ouganda. J'ai répondu par oui. Elle m'a passé Abigaël.
Q. Avez-vous donné votre numéro de Kampala à Julie ?
R. Elle m'avait flashé sur mon numéro congolais pour éviter la consommation des crédits. J'ai ainsi utilisé le numéro MSF.
Q. Maman Julie, votre réaction ?
R. Mukanos m'avait donné le numéro. C'est quand il était là que je l'ai flashé pour qu'il parle à Abigaël. Avant de partir, il est venu nous dire qu'il part en Ouganda.
Q. Mukanos ?
R. C'est faux.
Q. Julie ?
R. Le numéro de l'Ouganda, c'est bien lui qui me l'avait donné ; il l'avait aussi donné à Abigaël.
Défense : Le timing était bien précisé. Déclaration de Sarah et Didi. Nous disons que les déclarations de Sarah ne sont pas fondées.
Ministère Public : L'auteur du document a dit lui-même qu'il n'a pas donné de timing. Le contact que Mukanos a préparé était sur l'attaque de la prison.
Remise contradictoire pour le jeudi 7 septembre 2017.

Audience publique du 31 juillet 2017

RP N° 0192/2017
RMP N° 0813 et 0877/KNG/2017
En chambre foraine à laquelle siègent :

1. 1. Lt Col. Mag. Ntshaykolo Esosa Masele Jean Paulin, 1er Président ;
2. Col. Omeonga Taunya José, Juge Assesseur ;
3. Lt Col. Mpoy Teddy Léonard, Juge Assesseur ;
4. Col. Simisi Busoki Wa Karaku, Juge Assesseur ;
5. Com. Sup. Ppl Ngumbi Kulinga, Juge Assesseur ;
6. Gén. Maj. Mokunto Kiyana Tim, 1er AGF, Ministère Public ;
7. Lieutenant Ngoma Lubuka Raphaël, Greffier.

En cause : l'auditeur militaire supérieur Près la cour militaire opérationnelle du Nord-Kivu, Ministère Public.
Contre :

- Madame Sarah Mwaka Muheha Sangwa ;
- Monsieur Kahindo Mbindule Ladislas ;
- Monsieur Bernard Mwania Kubeta ;
- Monsieur Holabo Duabo Benvenu ;
- Monsieur Mousa Batrane Abakar ;
- Kalyamba Luanda Alphonse.

Prévenus de :

- Crime de guerre par enrôlement des enfants ;
- Participation à un mouvement insurrectionnel ;
- Association des malfaiteurs.

La cause est appelée à 12 heures 25 minutes.
A l'appel de la cause, les prévenus cités ci-haut comparaissent en personne et assistés par leurs conseils : Me Charles Matsipa assiste Madame Mwaka Muheha Sarah ; Me Blanchard Mbiya, Constant Kalumendo et Me John Mughisa, pour Mousa Batrane Abakar, Bernard Mwania Kubeta, Holabo Duabo Bienvenu ; Défense Militaire pour Bwanandeke Safari Kitobi alias Winyi.
Comparait madame Sarah Mwaka Muheha :
Q. Dans quelle circonstance avez-vous connu Kawele ?
R. Au bureau de Save the Children. C'est papa Bernard qui m'avait présenté monsieur Willy Kawele.
Q. Bernard, vous confirmez cela ?
R. Non, je ne le connais pas. Je l'ai vu à bord de la voiture.
Q. A quelle heure êtes-vous arrivé à Save the Children ?
R. A 9 heures.
Q. Bernard ?
R. Je suis arrivé au bureau à 11 heures. Raison pour laquelle on m'avait donné le temps de me reposer.

Q. Holabo, qui vous a donné le briefing ?
R. Pas le briefing comme tel ; c'est bien Bernard qui m'a demandé d'accompagner maman Sarah à la réunification. J'ai vu maman Sarah, Willy et l'enfant. Willy venait comme partenaire de l'ONG PIRPA.
Le Ministère Public ne comprend pas des relations entre Willy et MSF, puis entre Willy et maman Sarah.
Q. A quelle période les enfants étaient remis à Save the Children et CERAO ?
R. Le 26 décembre 2006.
Ministère Public : Les enfants arrivent en provenance de Save the Children à CERAO le 26 décembre 2005.
Q. Holabo, est-ce maman Sarah qui a donné votre numéro ?
R. Oui.
Q. Pourquoi maman Sarah ?
R. C'est bien elle qui fait le suivi des enfants ADF.
Q. Maman Sarah ?
R. ACOP, Save the Children et CERAO sont les trois organismes qui travaillaient en partenariat.
Ministère Public : par qui Feza et Amisi sont-ils passés pour avoir le numéro de Holabo ? C'est par maman Sarah qui était en contact avec les ADF.
Q. Comment avez-vous su que Kawele était interprète à la Monusco ?
R. La réunion a presque duré une demi-journée ; on se parlait.
Q. Holabo, qui vous a libéré quand Winyi vous a pris en otage ?
R. C'est maman Sarah.
Ministère Public : Un homme est terrorisé, mais maman Sarah reste calme.
Q. Maman Sarah, votre réaction ?
R. Nous étions menacés tous, moi-même j'ai aussi pleuré. La maman de Winyi qui est là aussi a pleuré. Winyi nous a relâchés pour le seul motif que sa famille n'a pas de problème.
Défense de madame Sarah : Notre cliente prend connaissance de Winyi lors de la remise des enfants, mais pas avant leur remise.
Q. Winyi, quand avez-vous connu maman Sarah ?
R. Quand elle m'avait amené le premier enfant.
Q. Holabo, quel entendement donnez-vous au terme « imagination » ?
R. C'est maman Sarah qui faisait le suivi des enfants. Quand j'ai été menacé, j'ai fait allusion à maman Sarah.
Q. Holabo, avez-vous fait rapport au bureau de Save the Children ?
R. Oui.
Q. Qui prend l'initiative de réunifier les enfants ?
R. C'est CERAO.
Q. Holabo, pourquoi n'avez-vous pas pensé à Willy ?
R. J'ai trouvé Willy à la réunification des enfants. La menace à la réunion dont parle maman Sarah, je n'étais pas là.
Q. Maman Sarah, la remise des enfants a eu lieu en quelle année ?
R. En 2007.

Q. Winyi, vers 2007-2010, j'étais en contact avec maman Sarah à travers mon oncle Willy. Pour la première fois, maman Sarah m'a remis un enfant, ensuite quatre enfants et deux enfants, votre réaction ?
R/ C'est correct, sauf quelque part, ce n'est pas au PK 5, mais c'était auprès du chef Kikongo.
Ministère Public : Winyi dit que c'est son oncle Kawele qui l'appelle et qui lui donne le numéro de maman Sarah. Maman Sarah parle avec Winyi bien avant le jour de la réunion.
Q. Maman Sarah, étiez-vous une quinzaine de personnes dans la réunion ?
R. Oui.
Q. Pourquoi seulement maman Sarah ?
R. C'est moi qui supervisais les familles d'accueil.
Q. Maman Sarah ?
R. Le détail entre 2007-2010, je n'étais pas en contact avec Winyi. On coordonnait au téléphone. Kawele détenait le téléphone du bureau.
Q. Winyi, avez-vous menacé votre oncle Willy ?
R. Non.
Q. Maman Sarah, avez-vous parlé à Winyi au téléphone ?
R. Nous avions parlé à Winyi quand nous étions dans le véhicule.
Q. Holabo, où avez-vous pris la maman de Winyi ?
R. A Mbau.
Ministère Public : Maman Sarah se trouve en amont, au milieu et en aval.
Q. Maman, pourquoi avez-vous amené un enfant au lieu d'amener tous les enfants à la fois ?
R. La première remise était brusque, on décidait au bureau.
Holabo présente deux T-shirt avec comme détail, l'un pour le partenaire Save the Children.
Q. Reconnaissez-vous avoir réuni les enfants et leurs parents ?
R. Chez ACOPE, c'était les enfants d'Assumani, comme membre de cellule de crise MSF. J'étais avec Mukanos.
Comparait monsieur Katembo Makandirwa Mukanos :
Q. Confirmez-vous les propos de maman Sarah ?
R. Non.
Q. Didi Kambale Lubunga, le connaissez-vous ?
R. Un ancien de l'ACOPE.
Q. Etiez-vous en contact avec lui ?
R. Quand nous sommes allés soigner les enfants.
Ministère Public : Donne la déclaration de Didi Kambale.
Q. Votre réaction, Mukanos ?
R. Ce n'est pas vrai ; nous sommes allés visiter ces enfants chez Didi. Nous les avons administrés des soins étant avec Arnold et maman Sarah qui nous les a montrés à Butembo.
Q. Maman Sarah ?

R. Monsieur Didi n'a pas menti. Je suis allée vers ACOPE en tant qu'agent MSF, cellule de crise.
Q. En tant qu'agent MSF, qu'est-ce que vous êtes allée faire chez ACOPE ?
R. Je suis allée voir si les enfants d'Assumani sont au T2 pour qu'ACOPE s'occupe d'eux. J'avais dit à Thierry que comme il est nouveau, il y a ACOPE qui peut se charger de ces enfants.
Q. Mukanos ?
R. C'est Philippe qui était là.
Ministère Public : Mukanos a un agenda caché. Il va chez ACOPE sans être envoyé par ses chefs. Maman Sarah, vous vous intéressé des enfants d'Assumani ; Assumani n'est pas n'importe qui. Il est membre du réseau ADF.
La Défense du prévenu Mousa ne s'est pas présentée. Mousa déclare que ses conseils se sont déplacés. Ils avaient en tête la remise pour deux semaines, celle projetée pour jeudi 3 août 2017.
Remise contradictoire à jeudi 3 août 2017.

Audience publique du 3 août 2017

RP N° 0192/2017
RMP N° 0813 et 0877/KNG/2017
En chambre foraine à laquelle siègent :

1. 1. Lt Col. Mag. Ntshaykolo Esosa Masele Jean Paulin, 1er Président ;
2. Col. Omeonga Taunya José, Juge Assesseur ;
3. Lt Col. Mpoy Teddy Léonard, Juge Assesseur ;
4. Col. Simisi Busoki Wa Karaku, Juge Assesseur ;
5. Com. Sup. Ppl Ngumbi Kulinga, Juge Assesseur ;
6. Gén. Maj. Mokunto Kiyana Tim, 1er AGF, Ministère Public ;
7. Lieutenant Ngoma Lubuka Raphaël, Greffier.

En cause : l'auditeur militaire supérieur Près la cour militaire opérationnelle du Nord-Kivu, Ministère Public.
Contre :

- Madame Sarah Mwaka Muheha Sangwa ;
- Monsieur Kahindo Mbindule Ladislas ;
- Monsieur Bernard Mwania Kubeta ;
- Monsieur Holabo Duabo Bienvenu ;
- Monsieur Mousa Batrane Abakar ;
- Kalyamba Luanda Alphonse.

Prévenus de :

- Crime de guerre par enrôlement des enfants
- Participation à un mouvement insurrectionnel ;
- Association des malfaiteurs.

La cause est appelée à 11 heures 40 minutes.

A l'appel de la cause, les prévenus cités ci-haut comparaissent en personne et assistés par leurs conseils : Me Charles Matsipa assiste Madame Mwaka Muheha Sarah ; Me Blanchard Mbiya, Constant Kalumendo et Me John Mughisa, pour Mousa Batrane Abakar, Bernard Mwania Kubeta, Holabo Duabo Bienvenu ; Défense Militaire pour Bwanandeke Safari Kitobi alias Winyi.

Comparait madame Sarah Mwaka Muheha Shingwa :

Q. A quelle date avez-vous commencé à travailler à la Monusco ?

R. En 2009.

Q. Comment étiez-vous engagée ?

R. Quand j'étais à la CERAO, il y avait un programme de DDRRR. Après la CONADER, il y avait une formation à Goma. J'ai eu l'opportunité d'entrer à la Monusco à travers madame Justine et Caroline.

Q. Quelles sont les activités que vous avez menées en DDRRR en 2008 ?

R. J'étais en formation à Goma.

Q. Avez-vous des traces de votre participation en 2008 ?

R. Peut-être le MOP.

Q. Holabo, avez-vous entendu parler de maman Sarah sur les activités des enfants en 2008 ?

R. Non.

Ministère Public : Maman Sarah disparait en 2007 pour aller chez les ADF. Elle réapparait en 2009.

Q. Pouvez-vous amener un élément de vos activités entre 2007et 2009 ?

R. Avant que j'entre à la DDRRR, on a contacté Kalyamba comme mon chef.

Q. Quand seras-tu disposée à amener l'élément de preuve ?

R. Jusqu'à lundi prochain.

Comparait monsieur Mousa Batrane Abakar :

Q. Pouvez-vous donner le nom de votre chauffeur ?

R. C'est le chauffeur de grand camion. Il s'appelle Alphonse.

Q. Combien de chauffeur avez-vous ?

R. Six chauffeurs : Adrama, il est Tchadien ; Alphonse, il est Congolais ; Kasereka : Japonais ; Idrisa : Ghanéen ; Ndume, il est actuellement au Rwanda, il est fils de Goma ; il habite Birere ; Assani, l'aide-chauffeur, il est Congolais de Rutshuru ; Kaneza qui a engagé Assani à partir de Nairobi. Le Ghanéen logeait à l'hôtel ; même chose pour le Tchadien.

Q. Pourquoi vous ne citez pas Kakule Musesa ?

R. Je ne le connais même pas. J'ai cessé de travailler avec les chauffeurs en 1992.

Q. En 2008 ?

R. 2007, 2008 et 2009, je n'étais pas au Congo. Je venais et je repartais.

Q. En 2008, n'y avait-il pas une délégation qui était venu du Tchad pour vous voir ?

R. Non. En 2008, une délégation qui est venue du Tchad s'est installée à Mughalika. Une cinquantaine est restée à Nadwi. Batrane entretenait des contacts avec ces rebelles.
Q. Votre réaction par rapport à ces informations ?
R. Je n'ai jamais vu ces rebelles. Moi-même je suis rebelle chez moi au Tchad. Je suis un grand rebelle au point qu'on ne peut pas me mettre au même rang que les ADF. Je suis connu aux Etats-Unis, en Grande-Bretagne. Nous sommes onze rebelles au Tchad, au Soudan. Je suis le seul à qui on a accordé le visa.
Q. Avez-vous des résidences au Soudan et au Nigéria ?
R. Oui, même en Belgique et en Ouganda.
Ministère Public : Mousa Batrane, bien qu'opposant à son beau-frère Idriss Deby, il se mêle aux ADF. Madame Shanga, Mousa ne la connait pas. Il la loge parmi les gens qui sont logés chez lui avant d'aller en brousse. Winyi, qui a entendu parler de Mousa à Isale, s'est rendu compte que c'est Mousa Tchadien. Dans la même concession, il y a un agent de l'ANR, un policier et cinq Nyumba Kumi.
Défense : Kakule Musesa, comme chauffeur de Mousa, il n'y a eu aucun élément de preuve.
Ministère Public : Si vous organisez votre plan dans un endroit caché, ça va attirer l'attention des gens. Dans votre concession, nous avons suivi des communications suspectes. La présence d'un agent de l'ANR et du policier ne vous dédouanera pas.
Q. Quelles sont vos activités au Congo ?
R. Je suis au Congo comme commerçant. J'ai le passeport du Tchad. Je suis allé en Grande-Bretagne, où j'ai demandé l'asile pour ma famille. En Grande-Bretagne, on m'a remis un document avec lequel je me promène partout, sauf en France où je ne peux pas demander le visa.
Q. Est-ce qu'au Congo on vous connait comme rebelle ?
R. J'ai écrit, mais jusqu'à présent, sans suite.
Ministère Public : Nous ne pouvons pas garder chez nous un grand rebelle.
Mousa : J'ai une femme qui est Congolaise ; si vous doutez, je peux prendre la nationalité congolaise.
Remise contradictoire le lundi 7 août 2017, après le complément d'enquête, pour le réquisitoire et la plaidoirie.

Audience publique du 7 août 2017

RP N° 0192/2017
RMP N° 0813 et 0877/KNG/2017
En chambre foraine à laquelle siègent :

1. 1. Lt Col. Mag. Ntshaykolo Esosa Masele Jean Paulin, 1er Président ;
2. Col. Omeonga Taunya José, Juge Assesseur ;
3. Col. Ndiba Bulangiti Matthieu, Juge Assesseur

4. Lt Col. Mpoy Teddy Léonard, Juge Assesseur ;
5. Com. Sup. Ppl Ngumbi Kulinga, Juge Assesseur ;
6. Gén. Maj. Mokunto Kiyana Tim, 1er AGF, Ministère Public ;
7. Capitaine Kelo Kobalo Roger, Greffier.

En cause : l'auditeur militaire supérieur Près la cour militaire opérationnelle du Nord-Kivu, Ministère Public.

Contre :

- Madame Sarah Mwaka Muheha Sangwa ;
- Monsieur Kahindo Mbindule Ladislas ;
- Monsieur Bernard Mwania Kubeta ;
- Monsieur Holabo Duabo Bienvenu ;
- Monsieur Mousa Batrane Abakar ;
- Monsieur Bwanandeke Safari Kitobi, alias Winyi ;
- Kalyamba Luanda Alphonse, décédé.

Prévenus de :

- Crime de guerre par enrôlement des enfants
- Participation à un mouvement insurrectionnel ;
- Association des malfaiteurs.

La cause est appelée à 12 heures 6 minutes.

A l'appel de la cause, les prévenus cités ci-haut comparaissent en personne et assistés par leurs conseils : Me Charles Matsipa assiste Madame Mwaka Muheha Sarah ; Me Blanchard Mbiya, Maitre Benjamin Juliano, Constant Kalumendo et Me John Mughisa, pour Mousa Batrane Abakar, Bernard Mwania Kubeta, Holabo Duabo Bienvenu ; Défense Militaire pour Bwanandeke Safari Kitobi alias Winyi. Kahindo Mbindule Ladislas, évadé, ne comparait pas et il n'y a personne pour le représenter.

Ministère Public : Madame Sarah nous avait promis un document ; nous voulons que ce document soit soumis au débat.

Madame Sarah Mwaka Muheha :

Q. Que voulez-vous de ce document.

R. C'est une preuve qui démontre que j'animais un club d'insertion des enfants pendant cette période. Telle était mon travail avant d'entrer à la Monusco.

Observation du Ministère Public : Nous disons qu'on a présenté un document en photocopie dont nous doutons de l'authenticité. Un document rempli de différentes mains.

Madame Sarah : Oui, ce sont les photocopies des protocoles que nous avons singés avec les chefs des institutions. C'est moi le chef de CERAO et je vous confirme que c'est la même main qui se trouve sur tous ces documents, même si ce ne sont les mêmes écritures. C'est ainsi que la même main a écrit Muheha et Muthunga.

Quant à la Cour de céans, elle constate que Muthunga est écrit en majuscule et Muheha en minuscule.
Les réquisitoires du Ministère Public :
Le ministère public, dans ses réquisitoires écrits, lus par lui-même, dont les dispositifs sont ainsi libellés :

- Dit l'action publique mue contre le prévenu Kalyamba Alphonse décédé éteinte. Et demande à la Cour de céans de constater son extinction.
- Retenir le défaut pour le compte du prévenu Kahindo Mbindule Ladislas pour son évasion.
- Dit établies en fait comme en droit les infractions de crime de guerre par enrôlement des enfants de moins de 18 ans, participation à un mouvement insurrectionnel, et association des malfaiteurs mises à charge de :

1. Madame Sarah Mwaka Muheha Sangwa ;
2. Monsieur Bernard Mwania Kubeta ;
3. Monsieur Holabo Duabo Bienvenu ;
4. Monsieur Mousa Batrane Abakar.

Non pour le prévenu Bwanandeke Safari Kitobi alias Winyi.
En conséquence :

1. Acquitter Monsieur Bwanandeke Safari Kitobi, alias Winyi, pour l'application du programme DDRRR.
2. Condamner Madame Sarah Mwaka Muheha Sangwa sans admission des circonstances atténuantes, mais, pour sa féminité, à la peine de servitude à perpétuité pour crime de guerre par enrôlement d'enfants de moins de 18 ans, participation à un mouvement insurrectionnel, et association des malfaiteurs.

Faisant l'application de l'article 7, la condamne à l'unique peine de servitude pénale à perpétuité.

3. Pour Monsieur Holabo Duabo Bienvenu, avec admission des circonstances atténuantes liées à sa sincérité et son aide au Ministère public à 2 ans de servitude pénale principale.
4. Pour Monsieur Mousa Batrane Abakar, sans admission des circonstances atténuante à 20 ans de servitude pénale principale.
5. Pour Monsieur Bernard Mwania Kubeta, avec admission des circonstances atténuantes à 10 ans de servitude pénale principale.
6. Pour Kahindo Mbindule Ladislas, par défaut à la peine capitale.

Le Premier président renvoie la cause contradictoire au mardi 8 août 2017.

Audience publique du 10 août 2017

RP N° 0192/2017
RMP N° 0813 et 0877/KNG/2017
En chambre foraine à laquelle siègent :

1. 1. Lt Col. Mag. Ntshaykolo Esosa Masele Jean Paulin, 1er Président ;
2. Col. Omeonga Taunya José, Juge Assesseur ;
3. Col. Ndiba Bulangiti Matthieu, Juge Assesseur
4. Lt Col. Mpoy Teddy Léonard, Juge Assesseur ;
5. Com. Sup. Ppl Ngumbi Kulinga, Juge Assesseur ;
6. Gén. Maj. Mokunto Kiyana Tim, 1er AGF, Ministère Public ;
7. Capitaine Kelo Kobalo Roger, Greffier.

En cause : l'auditeur militaire supérieur Près la cour militaire opérationnelle du Nord-Kivu, Ministère Public.

Contre :

- Madame Sarah Mwaka Muheha Sangwa ;
- Monsieur Kahindo Mbindule Ladislas ;
- Monsieur Bernard Mwania Kubeta ;
- Monsieur Holabo Duabo Benvenu ;
- Monsieur Mousa Batrane Abakar ;
- Monsieur Bwanandeke Safari Kitobi, alias Winyi ;
- Kalyamba Luanda Alphonse, décédé.

Prévenus de :

- Crime de guerre par enrôlement des enfants ;
- Participation à un mouvement insurrectionnel ;
- Association des malfaiteurs.

La cause est appelée à 12 heures 06 minutes.

A l'appel de la cause, les prévenus cités ci-haut comparaissent en personne et assistés par leurs conseils : Me Charles Matsipa assiste Madame Mwaka Muheha Sarah ; Me Blanchard Mbiya, Maitre Benjamin Juliano, Constant Kalumendo et Me John Mughisa, pour Mousa Batrane Abakar, Bernard Mwania Kubeta, Holabo Duabo Bienvenu ; Défense Militaire pour Bwanandeke Safari Kitobi alias Winyi. Kahindo Mbindule Ladislas, évadé, ne comparait pas et il n'y a personne pour le représenter.

Plaidoirie des défenses des prévenus :

1. Pour la prévenue Sarah Mwaka Muheha Sangwa :

La Défense a dit qu'il y a obscurité du libellé par rapport aux articulations et surtout la date de la commission des faits. Elle fait voir à la Cour de céans que l'article 23 bis point 3 se rallie à l'article 32 point 2 du Statut de Rome. Par ce motif, la Cour dira, si par impossible retiendra ses moyens développés dans sa note de plaidoirie. Les raisons sus-évoquées sont fondées et demande son acquittement pure et simple.

2. Pour Monsieur Mousa Batrane Abakar :

Il y a l'inexistence de l'élément matériel, intellectuel de l'infraction : Participation à un mouvement insurrectionnel compte tenu des imprécisions sur la personne de Mousa Batrane Abakar ; voir cotes 15-16-27.

D'ailleurs Sarah Mwaka s'est retranchée, elle qui avait la mission de filer Mousa Tchadien en disant que c'est Winyi qui a dit qu'il était membre des ADF. Cotes 97-109.
Dire non établie l'infraction de crime de guerre par enrôlement des enfants de moins de 18 ans qui s'avère impossible. Absence de l'élément matériel et si par impossible, la Cour retiendra de très larges circonstances atténuantes liées aux contraintes et l'acquitter parce que l'élément moral est non établi en fait comme en droit pour cette prévention par manque d'éléments constitutifs.
Tout seul, Mousa ne peut pas former une association. C'est pourquoi la Cour l'acquittera purement et simplement parce qu'il y a doute sur la personne de Mousa.

3. Quant aux prévenus Bernard Mwania Kubeta et Holabo Duabo Bienvenu, la Défense plaide non coupable pour toutes les infractions mises à leur charge et demande leur acquittement faute de preuves.
4. Pour le prévenu Bwanandeke Safari Kitobi alias Winyi :

La Défense se rallie au réquisitoire du Ministère Public en respectant les accords internationaux. Elle sollicite de la Cour l'acquittement pure et simple de leur client.
Réplique du Ministère public :
Le Ministère Public reconduit ses réquisitions sur toutes les formes et au fond. Il a précisé que la Cour pourrait condamner Madame Sarah avec circonstance atténuante parce qu'elle est femme en retenant toujours la peine de servitude pénale à perpétuité.
Quant au prévenu Mousa Batrane Abakar, il l'a qualifié de rebelle tchadien, il sollicite à la Cour de le chasser hors du pays. Il a aussi dit que la Cour de céans pourra condamner les prévenus à toutes autres peines qu'elle estime justes et équitables. Ainsi sera justice.

Audience publique du 11 août 2017

RP N° 0192/2017
RMP N° 0813 et 0877/KNG/2017
En chambre foraine à laquelle siègent :

1. 1. Lt Col. Mag. Ntshaykolo Esosa Masele Jean Paulin, 1er Président ;
2. Col. Omeonga Taunya José, Juge Assesseur ;
3. Col. Ndiba Bulangiti Matthieu, Juge Assesseur
4. Lt Col. Mpoy Teddy Léonard, Juge Assesseur ;
5. Com. Sup. Ppl Ngumbi Kulinga, Juge Assesseur ;
6. Gén. Maj. Mokunto Kiyana Tim, 1er AGF, Ministère Public ;
7. Capitaine Kelo Kobalo Roger, Greffier.

En cause : l'auditeur militaire supérieur Près la cour militaire opérationnelle du Nord-Kivu, Ministère Public.
Contre :

- Madame Sarah Mwaka Muheha Sangwa ;

- Monsieur Kahindo Mbindule Ladislas ;
- Monsieur Bernard Mwania Kubeta ;
- Monsieur Holabo Duabo Benvenu ;
- Monsieur Mousa Batrane Abakar ;
- Monsieur Bwanandeke Safari Kitobi, alias Winyi ;
- Kalyamba Luanda Alphonse, décédé.

Prévenus de :
- Crime de guerre par enrôlement des enfants ;
- Participation à un mouvement insurrectionnel ;
- Association des malfaiteurs.

La cause est appelée à 13 heures 00 minute.
A l'appel de la cause, les prévenus cités ci-haut comparaissent en personne et assistés par leurs conseils : Me Charles Matsipa assiste Madame Mwaka Muheha Sarah ; Me Blanchard Mbiya, Maitre Benjamin Juliano, Constant Kalumendo et Me John Mughisa, pour Mousa Batrane Abakar, Bernard Mwania Kubeta, Holabo Duabo Bienvenu ; Défense Militaire pour Bwanandeke Safari Kitobi alias Winyi. Kahindo Mbindule Ladislas, évadé, ne comparait pas et il n'y a personne pour le représenter.
Réplique de la Défense :
Toutes les Défenses ont reconduit leur plaidoirie en sollicitant de la Cour de céans l'acquittement pure et simple de leurs clients. Elles plaident non coupables toutes les préventions mises en charge de leurs clients.
Quant à la parole accordée en dernier lieu à :
Madame Sarah Mwaka Muheha Sangwa :
Elle dit qu'elle est la fille de ce pays ; elle a servi son pays, la République Démocratique du Congo et ne mérite pas la récompense qu'a proposée le Ministère Public. Elle se rallie à la plaidoirie de sa Défense en plaidant non coupable de toutes les infractions mises en sa charge et demande de la Cour de céans son acquittement.
Mousa Batrane Abakar :
Il dit qu'il a pris la République Démocratique du Congo comme sa seconde patrie. Il plaide non coupable et demande son acquittement.
Bwanandeke Safari Kitobi alias Winyi :
Il se rallie à la plaidoirie de sa Défense en remerciant toutes les autorités.
Bernard Mwania Kubeta :
Il salue l'honnêteté de l'Officier du Ministère Public. Il n'est plus dans cette affaire.
Holabo Duabo Bienvenu :
Il se rallie aux plaidoiries de ses avocats et demande humblement à la Cour de céans son acquittement.
Le Premier Président de la Cour Militaire Opérationnelle du Nord-Kivu, Cour de céans déclare les débats clos, prend la cause en délibéré pour rendre son arrêt dans le délai raisonnable.

CONCLUSION

Le présent ouvrage qui fait éclore le contenu du procès contre les rebelles ADF à Beni, nous soumet à une évidence de certaines vérités voilées dans le phénomène ADF.

La complexité des faits qui concourent à ce que ce mouvement soit actif dans la région ciblée part de la dimension identitaire dans le recrutement et la stratégie de ce recrutement jusqu'à l'implantation du système dont le mode opératoire s'avère complexe. Toute la région des Grands-Lacs est prise comme champ magnétique où tout s'opère avec une extension sur presque toute l'Afrique de l'Est, qui offre une connexion sur le monde asiatique et, de manière spécifique, le Moyen Orient, considéré comme l'épicentre des mouvements terroristes.

S'il faut s'atteler aux faits commis, dénoncés et consentis par les prévenus, il ressort que l'entreprise malsaine conçue sous la connotation des ADF est le fruit d'une planification qui offrirait une opportunité à la déstabilisation de l'Etat congolais à partir d'une zone donnée pour ainsi accéder aux ressources naturelles y existant par une exploitation illicite et éventuellement réaliser un rêve expansionniste.

Les méandres parcourus pour atteindre un tel objectif s'aperçoivent sous diverses facettes au point qu'il sera pénible pour le Gouvernement congolais de démanteler ce réseau savamment installé.

Partant du mode et/ou de la stratégie de recrutement, ceci a comme outil le mensonge où s'énonce les variantes d'envoi de potentiels candidats aux études, d'octroi de l'emploi, de pratique de commerce aisé, etc. Faisant usage de tels stratagèmes, beaucoup sont ainsi recrutés inconsciemment.

Pour faire asseoir leur mouvement ADF, les grands animateurs ont opté pour la terreur qu'il faut imposer aux recrues, impliquer la notabilité locale, entre autres, les chefs coutumiers, à adhérer à la cause pour faciliter, dans la mesure du possible, l'atteinte de l'objectif poursuivi. C'est ainsi qu'avec la complicité de certains chefs coutumiers, des autorités politico-administratives (Administrateur du Territoire, agents de la DGM, DGDA, ANR), des chefs religieux, des Mayi mayi ainsi qu'une frange de militaires congolais et de la MONUSCO, les massacres des populations s'organisent au point de rendre certaines contrées ciblées vides, voire invivables.

Face à une pareille criminalité, l'Etat veut justifier sa responsabilité en imposant la guerre à ces malfaiteurs allant jusqu'à organiser un procès contre les capturés, les rendus et les complices.

Dans leurs déclarations à diverses audiences, les prévenus avouent certaines vérités vécues, allant dans le sens d'une complicité délibérée dans le chef des autorités politiques et militaires congolaises et même de la MONUSCO. A ce dérapage s'associent d'autres réalités existant dans la contrée, dont la plupart versent dans les conflits aussi bien coutumiers que fonciers, avec comme conséquence l'orchestration des règlements de compte sous couvert des massacres perpétrés par les ADF.

Ainsi donc, la complicité dont fait sournoisement montre les autorités étatiques à tous les niveaux et face aux crimes dénoncés par les prévenus, les juges au procès brillent par une passivité sans précédent dans leur manière de dire le droit. C'est amèrement que l'on constate que pour ceux dont les faits sont clairement et irréfutablement établis, leurs infractions demeurent impunies. Et s'il arrivait qu'il y ait simulation d'infliger une quelconque peine, il s'organisait dans la sphère politico-administrativo-judiciaire des évasions massives des détenus déjà condamnés pour purger leurs peines en prison et ce, dans l'optique de dissimiler les preuves avérées et évidentes.

Les consciences averties jugent une telle manœuvre d'un stratagème monté au niveau de la haute politique du pays et qualifient le procès d'une tragédie politico-judiciaire où les coupables sortent tête haute parce qu'injustement innocentés et les victimes enfossées davantage au cachot du désespoir. Au lieu que le pur droit soit dit en toute équité, il s'observe un procès où les sentences sont prononcées de manière arbitraire et expéditive, où tout revêt un caractère beaucoup plus politique que judiciaire. Le théâtre à jouer est que l'on fasse voir aux yeux du monde que l'objectif poursuivi est d'arrêter les massacres alors que, dans le subconscient gouvernemental, rien de ce qui verse dans le souci de mettre un terme aux tueries ne peut, en aucun cas, lui être étrange ; car au moment où tout est mis en œuvre pour une solution définitive, c'est maintenant que les morts se comptent en grand nombre au sein de la paisible population. Tous ces faits réunis poussent l'opinion à réaliser que le procès tel qu'organisé, s'aperçoit comme un montage crapuleux dont l'objectif parait celui d'innocenter des autorités politico-militaires et des partenaires étrangers soupçonnés d'être de mèche avec les massacreurs. Cette justice téléguidée fait penser à un cochon qui dévore ses porcelets.

Tout compte fait, s'il advient qu'au niveau de hautes instances de la RDC y soient placées des autorités consciencieuses, le vœu le plus ardent que peuvent émettre les victimes est que ce procès contre les rebelles ADF à Beni soit refait aux fins de permettre aux animateurs de la justice de dire le droit et le vrai, exempté de toute influence politique.

De ce fait, il est souhaitable que les défenseurs des droits humains et d'autres personnes intéressées facilitent les victimes des massacres à accéder au vrai droit. Ceci passe par la sensibilisation des familles des victimes à collecter les données statistiques sur le nombre exact des morts, amorcer le processus de déclaration de décès à l'administration de l'état civil, documenter les dégâts collatéraux notamment les incendies des villages, des véhicules et des marchandises sur les tronçons routiers pour étoffer les éléments de preuve de la « tragédie ADF ».

Ce récit est un projet de plaidoyer pour les intéressés dans la recherche d'un fonds d'indemnisation des victimes étant donné que les ADF eux-mêmes avec complices semblent ne pas être à la hauteur de réparer les préjudices commis. Le fonds d'indemnisation des victimes devra intégrer un plaidoyer pour l'ouverture d'un procès véritablement équitable qui sera supervisé par des instances internationales à l'instar de la Cour Pénale Internationale ou carrément plaider en faveur de la création d'un Tribunal pénal spécial pour la RDC. Ce n'est que de cette manière que les préjudices commis peuvent être réparés, les victimes indemnisées et que, par voie de conséquence, au nom de la justice bien pratiquée, la nation congolaise reprenne son estime en chaire de droit ; car, dit-on, «la justice élève la Nation».

BIBLIOGRAPHIE

1. Ouvrages

- Evelyne Serverin, *Sociologie du droit,* La Découverte, Paris, 2000.

- Georges Gurvitch, *Eléments de sociologie juridique*, Dalloz, Paris, 2012.

- Jaribu Muliwavyo, *La guerre des ADF dans le Ruwenzori. Entre xylocopelisation et privatisation du territoire*, EUE, Beau Bassin, 2018.

- Thierry Delpeuch, Laurence Dumoulin et Claire de Galembert, *Sociologie du droit et de la justice*, Armand Colin, Paris, 2014.

2. Thèse inédite

Jaribu Muliwavyo, *Gouvernance sécuritaire antagonique et violence des forces démocratiques alliées dans la région de Ruwenzori. Enjeux et stratégies des acteurs,* Thèse de doctorat en Sciences Politiques et Administratives, Université de Kisangani, 2021.

3. Textes officiels

- Province du Nord-Kivu, *Rapport final du dialogue social sur la sécurité en territoire de Beni tenu du 14 au 16 mars 2013*, Oïcha, 2013.

- République Démocratique du Congo, *Actes de la Conférence sur la paix, la sécurité et le développement au Nord et Sud-Kivu tenue à Goma du 27 décembre 2007 au 5 janvier 2008*, Goma, 2008.

- République Démocratique du Congo, Constitution de la République Démocratique du Congo du 18 février 2006 telle que modifiée par la loi n°11/002 du 20 janvier 2011 portant révisions de certains articles, *Journal Officiel de la RDC*, n° spécial, Kinshasa, le 5 février 2011.

4. Articles des Revues et de Presse

- Kahindo Muke Christian, « L'évasion de Kangbayi trahit le Général-Major Mukuntu », *Journal Rafiki*, n° 23, Beni, 25 juin-25 juillet 2017.

- Kasasira Risdel, « Who is ADF's Jamil Mukulu? », *Daily Monitor*, Kampala, 20 Friday, August 7th, 2015.

- Kirunda Aboubakar, « ADF's Mukulu charged with terrorism », *Daily Monitor*, Kampala, Thurday, July 23, 2015.

- New vision, « Mukulu's 40 days end », *New vision*, Kampala, July 12, 2015.

- Okunda Ivan, « Jamil Mukulu case Uganda's », *Saturday Monitor*, Saturday, Kampala, May 19, 2018.

- Roland Pourtier, Du zaïre au Congo : un territoire en quête d'un Etat, *Afrique contemporaine*, n° 183, vol 3, 1997.

TABLE DES MATIERES

Structures éditoriales du groupe L'Harmattan

L'Harmattan Italie
Via degli Artisti, 15
10124 Torino
harmattan.italia@gmail.com

L'Harmattan Hongrie
Kossuth l. u. 14-16.
1053 Budapest
harmattan@harmattan.hu

L'Harmattan Sénégal
10 VDN en face Mermoz
BP 45034 Dakar-Fann
senharmattan@gmail.com

L'Harmattan Cameroun
TSINGA/FECAFOOT
BP 11486 Yaoundé
inkoukam@gmail.com

L'Harmattan Burkina Faso
Achille Somé – tengnule@hotmail.fr

L'Harmattan Guinée
Almamya, rue KA 028 OKB Agency
BP 3470 Conakry
harmattanguinee@yahoo.fr

L'Harmattan RDC
185, avenue Nyangwe
Commune de Lingwala – Kinshasa
matangilamusadila@yahoo.fr

L'Harmattan Congo
219, avenue Nelson Mandela
BP 2874 Brazzaville
harmattan.congo@yahoo.fr

L'Harmattan Mali
ACI 2000 - Immeuble Mgr Jean Marie Cisse
Bureau 10
BP 145 Bamako-Mali
mali@harmattan.fr

L'Harmattan Togo
Djidjole – Lomé
Maison Amela
face EPP BATOME
ddamela@aol.com

L'Harmattan Côte d'Ivoire
Résidence Karl – Cité des Arts
Abidjan-Cocody
03 BP 1588 Abidjan
espace_harmattan.ci@hotmail.fr

Nos librairies en France

Librairie internationale
16, rue des Écoles
75005 Paris
librairie.internationale@harmattan.fr
01 40 46 79 11
www.librairieharmattan.com

Librairie des savoirs
21, rue des Écoles
75005 Paris
librairie.sh@harmattan.fr
01 46 34 13 71
www.librairieharmattansh.com

Librairie Le Lucernaire
53, rue Notre-Dame-des-Champs
75006 Paris
librairie@lucernaire.fr
01 42 22 67 13

www.ingramcontent.com/pod-product-compliance
Lightning Source LLC
LaVergne TN
LVHW011213061026
849535LV00001BA/9
9782140489518